DICCIONARIO IDEOLÓGICO
ATLAS LÉXICO DE LA LENGUA ESPAÑOLA

RAFAEL DEL MORAL

DICCIONARIO IDEOLÓGICO

ATLAS LÉXICO DE LA LENGUA ESPAÑOLA

Herder

Esta obra ha sido publicada con una subvención de la Dirección
General del Libro, Archivos y Bibliotecas del Ministerio de Cultura,
para su préstamo público en Bibliotecas Públicas, de acuerdo
con lo previsto en el artículo 37.2 de la Ley de Propiedad Intelectual.

Diseño de la cubierta: Claudio Bado

ISBN: 978-84-254-2599-8

1ª edición, 2ª impresión, 2017

Imprenta: Liberdúplex
Depósito legal: B - 31.768 - 2009
Printed in Spain – Impreso en España

Herder
www.herdereditorial.com

ÍNDICE

ÍNDICES

INTRODUCCIÓN

EL UNIVERSO DE LAS PALABRAS

Las palabras son unidades teñidas de magia. La habilidad en su uso distancia a unas personas de otras. La torpeza en la elección relega a quienes, incapaces de dar nombre adecuado a los hechos y las cosas, las utilizan mal para organizar sus propios pensamientos o para vulnerar la sensibilidad de quien las oye. La reflexión sobre la manera de manejarlas, de tratarlas, de acariciarlas o vilipendiarlas debe conducirnos a un mejor uso, a un acuerdo con nuestro pensamiento que nos facilite dar justo nombre al entorno. Las palabras, las expresiones, llegan a turbar, a conmocionar o sobrecoger, e igualmente a encantar, hechizar o seducir, y también con ellas conseguimos rehusar a quien molesta o inclinar a quien cautiva. Pueden pasearse por la mente y complacerla o herirla junto con asuntos transcendentes o triviales, réplicas inofensivas o insultantes, interpretaciones llevaderas o doloridas. Esa habilidad mental o expresiva para ponerle nombre a las cosas ha sido y sigue siendo privilegio de unos cuantos sabios, y desdicha de quienes no han sido capaces de llamar a las cosas como más conviene. Y como la realidad no es sino la lectura que hacemos de ella con las palabras, más vale emparejar los conceptos con las voces que más les favorecen.

Consideramos necesario para ello que nuestro patrimonio léxico quede fotografiado en un diccionario de orden lógico, de campos semánticos, en un práctico y versado atlas de vocablos, en una de esas clasificaciones que ya sirvieron para la lengua griega y para el sánscrito, y que actualmente prestan un envidiable servicio como fiel instrumento de consulta al inglés, al francés y al ruso, y del que este libro pretende dotar al español.

Este manual clasifica más de 200 000 palabras y expresiones de todas las épocas y del hispanismo actual. Nace con el propósito de servir de ayuda a cientos de millones de usuarios que podrían hacerse las siguientes preguntas: ¿cuántas palabras dedicamos a nombrar en abstracto o en concreto determinada realidad? ¿Disponemos de la más adecuada para lo que queremos decir o existen otras con mayor propiedad y justeza? ¿Son las mismas en todos los dominios hispanohablantes? ¿De qué manera y en qué orden rozan sus significados? ¿Con qué adjetivos, todos agrupados, podemos describir la belleza de una persona, la posición de los hombres frente a las riquezas? ¿Con qué sustantivos damos nombre a los libros según su contenido o a las personas según su relación con la música? ¿De qué verbos nos servimos para distinguir las acciones realizadas con los brazos? ¿Cómo disponer de todas ellas de manera que los significados se entrecrucen, superpongan, froten o acaricien? El orden aquí elegido pretende que el hablante conozca las palabras que son, las que siendo no utilizamos, las que fueron y ya no son, las que acaban de ser y las recién incorporadas, las que frecuentan el uso coloquial, las ingeniosas, las que se usan como variantes en el inmenso dominio del hispanismo y también, por qué no, las vulgares y malsonantes.

Muchos estudiantes, profesores, investigadores y usuarios de la segunda o tercera lengua de la humanidad tal vez agradezcan tener a su alcance la posibilidad de consultar ordenadamente el léxico, el valor en sí y el relacional que corresponde a cada palabra.

Los apartados han sido sometidos, necesariamente, a la ecuanimidad del autor porque el léxico nace y crece de manera desbaratada y ajustado a las caprichosas necesidades, porque las palabras recogen una amplia diversidad de situaciones en el tiempo y en el espacio, y porque no existen compartimentos mágicos. Por eso el lexicógrafo ha de transformarse en taxónomo del mundo, en observador de la realidad visible e invisible, concreta y abstracta, para proporcionar al usuario una mirada lógica y, cuando menos, poco discutible, aunque siempre debatible, de su entorno.

Los epígrafes, base de la clasificación, no son conceptos en busca de significado, sino campos de significados:

PALABRAS QUE DESIGNAN LOS CONTACTOS ENTRE LA TIERRA Y EL MAR	SITUACIONES EN QUE UNA PERSONA HABLA Y OTROS ESCUCHAN
21.05 tierra y mar continente, península — isla, ínsula, islote, atolón, cayo, columbrete · MONTÓN DE ARENA CASI A FLOR DE AGUA: médano · DE HIELO: iceberg — CONJUNTO DE ISLAS: archipiélago litoral — cabo, promontorio, morro, pezón, punta, repunta, arrecife, EN GAL castro · lengua de tierra — golfo, regolfo, bahía, rada, cala, caleta, concha, abertura, abra, abrigo, abrigadero, ancón, anconada, ensenada, broa, estuario, fondeadero, grao, saco, seno, DESUS angra, ESTRECHO Y PROFUNDO: fiordo · lengua de agua — albufera, marisma, albina — puerto, muelle, dársena, ancladero, desembarcadero, atracadero, fondeadero, surgi-	**50.08 conferencia** discurso, parlamento, alocución, alegación, alegato, prédica, proclama, argumentación, disertación, charla, enunciado, DESP soflama, DESUS eloquio pregón, p. literario monólogo, soliloquio · INÚTIL E INSUSTANCIAL: vaniloquio, ELOGIOSO: laudatoria, panegírico, RECRIMINATORIO: filípica, catilinaria, MOLESTO: perorata, EN BOCA DE PERSONAJE FEMENINO CÉLEBRE: heroida, EN BOCA DE LA PERSONA MUERTA: idolopeya, LAMENTO POR LA MUERTE: elegía, DESP E IRÓN speech — MIL arenga — RELIG sermón, homilía, plática, prédica, predicación, vespertina o vespertino, sermón de tabla, palabra de Dios COLOQ algarabía, guirigay, chinchorrería, matra-

dero, apostadero, refugio, abrigo · DONDE SE CONSTRUYEN Y REPARAN BUQUES: astillero
— orilla, costa, playa, ribera, borde · cornisa, acantilado
— estrecho, bocana, canal, brazaje, ría, manga
fondo, profundidad, fosa abisal, SI FORMA ESCALÓN: cantil, SI ES POCO PROFUNDO: bajío · MENOS PROFUNDO E INUNDADO POR EL MAR: marisma

quería, explicaderas · MODOS: tonillo, retintín, recancanilla, locuela · música celestial
PARTES: introito, exordio, insinuación · argumentación, narración, proposición, periodo · epílogo, epilogación · refutación · FINAL EFICAZ: peroración

LA UTILIDAD

En este diccionario podemos descubrir las fronteras significativas entre unas palabras y otras, elegir el término que más conviene, recordar la palabra que alguna vez supimos y hemos olvidado o toparnos con una nueva que no sospechábamos que existía, y también indagar o complacernos en la riqueza léxica de un ámbito de nuestro interés.

A. ELEGIR EL TÉRMINO ADECUADO PARA CADA CONTEXTO

Imaginemos que no recordamos el nombre de ese hueco que suele hacerse alrededor de los árboles para su riego. He aquí las posibilidades para su localización:

La cavidad tiene relación, por su forma, con el espacio, y en ese capítulo se encuentra el epígrafe **17.06 entrante**, con el siguiente listado:

— hoyo, rehoya o rehoyo, vacío, pozo, foso, fosado, pileta, socavón, bote, cama, cava, cavada, cepa, clota, seno, ÁL, CANTB Y RI torco, EL QUE DEJA UN ANIMAL POR HABER HOZADO: hozadura, DONDE SE OCULTAN LOS CAZADORES A LA ESPERA DE LA CAZA: tollo · PARA JUGAR A LAS CANICAS: gua · AL PIE DE LAS PLANTAS PARA DETENER EL AGUA EN LOS RIEGOS: alcorque o socava o descalce, EN EL LECHO SECO DE UN RÍO PARA BUSCAR AGUA POTABLE: cacimba

Pero también es el resultado de una labor agrícola, por eso en **66.13 riego** (capítulo dedicado a la agricultura), encontramos la siguiente línea:

huerta, regadío, ribera, vega · HOYO AL PIE DE LAS PLANTAS: socava o alcorque · PAL, CADA UNO DE LOS ESPACIOS EN QUE SE DIVIDE UNA HUERTA PARA SU RIEGO: tablada

B. Seleccionar la palabra que corresponde a un determinado significado
Queremos describir y comentar un estilo literario. Buscamos en el capítulo de literatura y en los adjetivos encontramos el epígrafe que puede ofrecernos la palabra buscada:

82.10 elocuente
altilocuente, grandilocuente, altisonante, grandílocuo, magnílocuo, altísono, grandioso, grandísono, pomposo, florido, sentencioso, ceremonioso
fluido, dinámico, plástico, colorista, expletivo, efectista, vivo, ágil, pintoresco, declamatorio, doctoral, de fiesta, de gala
conciso, elíptico, escueto, impresionista, lacónico, lapidario
claro, llano, directo, liso, lúcido, redondo, sencillo, suelto, natural, fácil
agudo
— punzante, incisivo, chispeante, crespo, cínico, exótico, ingenioso, terso
— irónico, cáustico, sarcástico, burlesco, satírico, jocoso, mordaz

---

Decenas de colecciones de adjetivos de este tipo cubren las necesidades del usuario.

C. Descubrir la riqueza léxica de un determinado campo de significados
Sabemos que en el teatro hay actores, directores, espectadores y tal vez recordamos al decorador, al acomodador y en circunstancias especiales al apuntador, pero rara vez tenemos en la memoria el mapa completo de las personas que participan en la función. En el capítulo correspondiente, encontramos la exposición de todas las palabras de ese campo sin que ninguna quede exenta de explicación:

83.03 teatro y personas
EN GRUPO:
— compañía, comparsa, gangarilla, garnacha, COMPAÑÍA PEQUEÑA: bojiganga, COLOQ pipirijaina, farándula, DESUS carátula, ANT cambaleo (SEIS CÓMICOS), ñaque (DOS CÓMICOS)
— **reparto**, repertorio, elenco
— **coro**, corista, coreuta, DESUS suripanta, DIRECTOR DEL CORO EN LAS TRAGEDIAS GRIEGAS: corifeo
autor
— **dramaturgo**, comediógrafo, entremesista, farsista, libretista, mimógrafo, parodista, zarzuelista · autor de teatro

— **empresario** · representante, GRECIA ANTIGUA: corego o corega

— **director**, d. de escena

actor, actriz

— **comediante**, cómico, comediógrafo, personaje, histrión, actor de reparto, cómico de la legua, DESUS farsante, alzapuertas

— **heroína**, farsanta, histrionisa, figuranta, vedette, estrella, dama, d. joven

— **protagonista**, primer actor, héroe · antagonista, contrafigura · suplente o sobresaliente · galán, galancete · intérprete, recitante, declamador

— **cantante**, comprimario · EJECUTABA PARTE BREVE EN LAS ÓPERAS: partiquino

— **figurante**, figura, extra, secundario, acompañamiento, INDEPENDIENTE PARA HACER UN PAPEL: bolo, DE ÍNFIMA IMPORTANCIA: parte de por medio o racionista · QUE CAMBIABA LA VOZ: bululú · QUE RECITABA EL PRÓLOGO: faraute · DESUS, QUE HACE EL PAPEL DE ANCIANO: barba

— COLOQ comicastro, farandulero, sainetero, farsista, figurón · QUE AÑADE PALABRAS DE SU INVENCIÓN: morcillero

gracioso

— **bufón**, bobo, humorista, caricato, bufo, mimo, pantomimo, fantoche, truhán

— DISFRAZADOS: botarga, transformista, CON DISFRAZ GROTESCO: homarrache o moharracho o moharrache

— EN LA COMEDIA DEL ARTE: arlequín, polichinela, pulchinela, Giovanni, Pantaleón, il bufone, il capitano, il dottore, il vecchio, principessa

COLABORADORES:

— **apuntador**, apunte, consueta, DESUS traspunte (AVISA A CADA ACTOR CUANDO HA DE SALIR A ESCENA)

— decorador, diseñador, escenógrafo, maquillador, peluquero, tramoyista

— acomodador, taquillero, arroje, encargada del guardarropa, portero, COLOQ sacasillas, metemuertos, metesillas y sacamuertos

— tramoyista, alumbrante

— CADA UNO DE LOS HOMBRES QUE SE ARROJABAN DESDE EL TELAR: arroje

público

— **espectador**, COLOQ reventador, alabardero (MIEMBRO DE LA CLAQUE), tifus (QUE DISFRUTA PASE DE FAVOR), ANT mosquetería, mosquetero (ASISTEN Y ESTÁN DE PIE)

— concurrencia, respetable, claque (INVITADOS A APLAUDIR)

D. DISPONER, EN IMPREVISIBLE E INIMAGINABLE USO, DE UN CATÁLOGO SISTEMÁTICO DEL LÉXICO Y EXPRESIONES DE LA LENGUA ESPAÑOLA

Cualquier idea aparece en el diccionario y tiene su desarrollo léxico. De manera que si alguien no sabe nada sobre golf y quiere tener un vocabulario adecuado para expresarse con propiedad, puede acudir a la correspondiente sección y descubrir el léxico fundamental.

CRITERIOS DE CLASIFICACIÓN

Partes, capítulos, epígrafes y listados, en este orden, sirven para subordinar y encasillar las palabras y expresiones.

PARTE 3	CUERPO HUMANO
CAPÍTULO	30. ANATOMÍA
epígrafe	30.01 identidad
listados	**nombre** — denominación, DESUS nome · apellido, patronímico · seudónimo, sobrenombre, renombre, antenombre, cognombre, postizo, alias · apelativo, AND sobrehúsa, COLOQ apodo, mote — FORMA ABREVIADA O DIMINUTIVA: hipocorístico — QUE TIENEN EL MISMO NOMBRE: tocayo, homónimo, DESUS colombroño — nombre de pila
listado	**filiación**, ficha · huella dactilar, señas personales, PROPORCIONES Y MEDIDAS: ficha antropométrica
listado	**alcurnia**, advocación o vocación, cognomento, gracia · DESUS agnomento o agnombre
listados	**alma** — **ánima**, conciencia, psiquis, demiurgo · principio vital — **mente**, interior, espíritu, inteligencia, entendimiento, voluntad, yo, sujeto — **ánimo**, aliento, adentros, pecho, sensibilidad
listados	**ser** — ser fantástico, ser imaginario — fantasma, espectro, duende, trasgo, genio, mago, hechicero, lémur (ROMA), DESUS martinico, paparrasolla, ANT larva — monstruo, ogro, gigante, vestiglo, coco, CHILE calchona, SALV, HOND Y NIC ciguanaba o cegua, RD ciguapa — hada, ninfa (GRECIA), apsara (INDIA) — enano, elfo, elfina, gnomo, geniecillo — demonio, diablo, DESUS ayacuá

17

listado	MITAD ANIMAL, MITAD HOMBRE: semidragón, semi-capro o egipán, semicabrón, endriago, anfisbena, arpía, hombre lobo o lobisón, h. de las nieves o yeti, tarasca, sirena

La disposición, la distribución, se apoya en la lógica y se distancia del orden alfabético. Partes, capítulos, epígrafes y listados conectan al modo de un árbol, desde el tronco (partes), pasando por las ramas principales (capítulos) y las secundarias (epígrafes) hasta las alejadas (listados). Una palabra, un concepto, y luego otro, domina desde su significado más amplio o hiperónimo al grupo de palabras o hipónimos que contiene.

La palabra *esfenoides*, aparece entre *etmoides* y *vómer*, y se encuentra precedida de una brevísima explicación: HUESOS, en un listado dependiente de otro. El hiperónimo que define este listado es **nariz**, compartimiento que pertenece al epígrafe **30.02 cabeza**, del capítulo **30. ANATOMÍA**, en la parte **3**, que es la destinada al CUERPO HUMANO. Así pues la voz *esfenoides* está definida por los hiperónimos *cuerpo humano, anatomía, cabeza, nariz* y *hueso*, que a su vez sirven para definir a otras palabras vecinas o cercanas. Los diccionarios semasiológicos o de clasificación alfabética y significados son mucho más exigentes en espacio para cada una de las explicaciones. El resto del significado queda anclado por su colocación en la lista: se trata de un hueso de la nariz entre el *etmoides* y el *vómer*.

> **nariz**, COLOQ napias, trompa, trufa, picota, narizón, narizota, naricilla, narigueta, nariguilla, naso
> — PARTES: ala o aleta, cornete, caballete, fosas nasales, orificio nasal o coana, narina, lóbulo, pituitaria, cornete, silla turca, membrana pituitaria, ventana
> — HUESOS: tabique nasal, etmoides, esfenoides, vómer
> — AÑADIDO EVENTUAL: mucosa, vegetaciones, mucosidad, moquita, mocarrera, moco o COLOQ velas

A. LAS PARTES

Se organizan, en número de ocho, alrededor del ser humano, que ocupa el bloque central de la clasificación, es decir, la tercera, CUERPO HUMANO, y la cuarta, ESPÍRITU HUMANO. En ellas aparecen palabras y expresiones relacionadas con el hombre y la mujer y su entorno vital directo, así como las que se refieren a su mente, razón o pensamiento. Las dos primeras partes (PRINCIPIOS GENERALES y ORDEN DE LOS ELEMENTOS) recogen los términos que, con independencia de los individuos, existen de manera física o conceptual acerca del mundo, la tierra o el universo.

Las partes posteriores (VIDA EN SOCIEDAD, ACTIVIDADES ECONÓMICAS, COMUNICACIONES, ARTE Y OCIO) son inventos del hombre, creaciones, aportaciones al mundo originario.

	PARTES	CAPÍTULOS
MUNDO	1. PRINCIPIOS GENERALES	11. EXISTENCIA · 12. RELACIÓN · 13. CAUSALIDAD 14. ORDEN · 15. CANTIDAD · 16. NÚMERO 17. ESPACIO · 18. TIEMPO 19. MOVIMIENTO
MUNDO	2. ORDEN DE LOS ELEMENTOS	20. UNIVERSO · 21. PLANETA TIERRA 22. FÍSICA · 23. QUÍMICA · 24. MATERIA 25. PRINCIPIOS DE LA VIDA · 26. VIDA VEGETAL 27. ANIMALES TERRESTRES · 28. ANIMALES ACUÁTICOS 29. AVES
HOMBRE Y MUJER	3. CUERPO HUMANO	30. ANATOMÍA · 31. SENTIDOS 32. CICLO DE LA VIDA 33. ENFERMEDAD · 34. SANIDAD 35. COMIDA · 36. BEBIDA 37. CONFECCIÓN · 38. VESTIDO 39. VIVIENDA
HOMBRE Y MUJER	4. ESPÍRITU HUMANO	40. INTELIGENCIA Y MEMORIA · 41. RAZÓN 42. CARÁCTER · 43. ESTADO EMOCIONAL · 44. VOLUNTAD 45. ACTUACIÓN · 46. CIRCUNSTANCIAS DE LA ACTUACIÓN 47. MANERAS DE ACTUAR 48. PENSAMIENTO · 49. ESPIRITUALIDAD
SOCIEDAD	5. VIDA EN SOCIEDAD	50. COMUNICACIÓN ORAL 51. EXPRESIONES DE LA CONVERSACIÓN 52. IMAGEN PROPIA Y MORALIDAD 53. RELACIONES AFECTIVAS · 54. VIDA EN COMÚN 55. DOMINIO Y SUMISIÓN · 56. PRESTIGIO SOCIAL 57. ORGANIZACIÓN TERRITORIAL 58. LEY Y DERECHO · 59. GUERRA Y PAZ
SOCIEDAD	6. ACTIVIDADES ECONÓMICAS	60. TRABAJO · 61. GESTIÓN · 62. INFORMÁTICA 63. ECONOMÍA Y COMERCIO 64. ENSEÑANZA 65. INDUSTRIA 66. AGRICULTURA · 67. GANADERÍA · 68. PESCA 69. OFICIOS
SOCIEDAD	7. COMUNICACIÓN	70. COMUNICACIÓN ESCRITA · 71. LIBRO 72. PRENSA ESCRITA · 73. PRENSA AUDIOVISUAL 74. CORREO · 75. TELEFONÍA 76. CARRETERA · 77. FERROCARRIL 79. TRANSPORTE MARÍTIMO · 79. TRANSPORTE AÉREO
SOCIEDAD	8. ARTE Y OCIO	80. ARTE · 81 ARTES PLÁSTICAS 82. LITERATURA · 83. TEATRO · 84. CINE Y FOTOGRAFÍA 85. MÚSICA · 86. CANTO Y BAILE 87. DEPORTES · 88. TOROS · 89. OCIO

B. LOS CAPÍTULOS

Son unos diez para cada una de las ocho partes y se conciben para que cualquier palabra o expresión tenga cabida en ellos. El orden en que aparecen respeta, en la medida de lo posible, los principios lógicos. Todos van precedidos por el número de la parte a que pertenecen. La tercera, por ejemplo, se inicia con la anatomía y su entorno: primero las que constituyen el ser (**30. ANATOMÍA, 31. SENTIDOS**), a continuación las que refieren su desarrollo (**32. CICLO DE LA VIDA, 33. ENFERMEDAD, 34. SANIDAD**), y luego las necesidades alimenticias (**35. COMIDA, 36. BEBIDA**), para acabar con las de protección (**37. CONFECCIÓN, 38. VESTIDO, 39. VIVIENDA**).

C. LOS EPÍGRAFES

Suman alrededor de 1 600 y están al servicio del desarrollo del capítulo en el siguiente orden:

CONCEPTO ENUNCIADO CON UNA PALABRA O EXPRESIÓN	NOMBRES	GENERALES
		DE PERSONA
		DE LUGAR
		DE TAREA O ACCIÓN
		DE UTENSILIO
	ADJETIVOS Y ADVERBIOS	ADJETIVOS
		ADVERBIOS
	VERBOS Y EXPRESIONES	VERBOS EN SU FORMA SIMPLE
		LOCUCIONES VERBALES
		FRASES DEL INGENIO POPULAR
		REFRANES

El capítulo 21, por ejemplo, **PLANETA TIERRA**, lo forman 24 epígrafes, que guardan continuidad lógica: los catorce primeros están dedicados a la clasificación de nombres o sustantivos: ciencias, historia, divisiones, mar, agua, clima, calor, frío, humedad y viento. Los tres siguientes clasifican a los adjetivos y adverbios que más frecuentan el campo semántico del capítulo: los destinados a la descripción de un territorio, el agua y la meteorología. Los restantes son verbos y expresiones relacionadas con el agua estancada y la corriente, con la lluvia, con el fuego y con la meteorología.

En los epígrafes las palabras se avecinan por significados, yacen pegadas y seguidas en categorías y tipificaciones:

80.14 descripción de los movimientos artísticos

DE LA ANTIGÜEDAD:

— rupestre, primitivo
— mesopotámico, sumerio, acadio, asirio, persa, babilónico, egipcio
— celta, celtíbero, íbero
— cretense, micénico, griego, egeo, fenicio
— etrusco, romano · paleocristiano

DE LA EDAD MEDIA:

— bizantino, ostrogodo, mozárabe, escuela románica catalana, e. románica castellana
— prerrománico español: visigótico, asturiano
— carolingio, merovingio, lombardo
— vikingo, irlandés, anglosajón, escandinavo, germano · románico, cisterciense, gótico, g. flamígero o isabelino, g. manuelino · g. internacional, primitivos flamencos
— musulmán, hispano-musulmán, mudéjar

DE LA EDAD MODERNA:

— plateresco, renacentista, herreriano, manierista
— barroco, churrigueresco, rococó
— escuela de Siena, e. flamenca, renacimiento italiano, escuela veneciana, tenebrismo, escuela holandesa, paisajistas ingleses · escuela sevillana, e. madrileña, e. valenciana

DE LA EDAD CONTEMPORÁNEA:

— neoclasicismo, romanticismo, realismo
— HISTORICISMOS: neogótico, neomudéjar, neorrománico, neorrenacentista
— modernismo, impresionismo, puntillismo, naif o naíf, postimpresionismo, simbolismo, nabis, fauvismo
— VANGUARDIAS HISTÓRICAS: cubismo, futurismo, expresionismo, abstracción, dadaísmo, surrealismo
— arquitectura racionalista, a. organicista
— assemblege, constructivismo, orfismo, antiarte, ready-made, suprematismo, de stil o neoplasticismo, pintura metafísica, nueva objetividad, expresionismo abstracto, espacialismo, art brut, neodadaísmo, pop-art, informalismo, happening, arte cinético, machismo, arte de la tierra, a. feminista, instalación, performance, arte conceptual, op-art, arte corporal o body-art, minimalismo, abstracción postpictórica, arte povera, neoexpresionismo
— EN PINTURA: neoclasicismo, romanticismo, realismo pictórico, impresionismo, puntillismo o divisionismo, post-impresionismo, simbolismo, modernismo · fauvismo o fovismo, **cubismo**, expresionismo, futurismo, abstracción, constructivismo, neoplasticismo, dadaísmo, surrealismo, nueva objetividad, informalismo, tachismo, expresionismo abstracto, nueva figuración, arte naif, a. pop, a. conceptual, hiperrealismo, minimalismo

En el último de los listados del epígrafe anterior aparece la palabra *cubismo*, desprovista de la definición tradicional de los diccionarios. El usuario puede quedar conceptualmente asistido y racionalmente informado por cuatro razones:

a) porque descubre junto a ella otras que comparten, de manera muy cercana, su ámbito, encasilladas y ordenadas cronológicamente;
b) porque el listado va precedido por las versalitas: EN PINTURA, perteneciente a su vez a DE LA EDAD CONTEMPORÁNEA. Se define así el término por encasillarse en el significado que lo anuncia;
c) porque comparte espacios con los listados DE LA EDAD MODERNA, DE LA EDAD MEDIA y DE LA ANTIGÜEDAD, de los que el lector ya tiene una gama de conocimientos previos que han de abrir hueco para acoger a la palabra desconocida;
d) porque los cuatro listados pertenecen al capítulo del **ARTE**.

Quedan así las palabras y expresiones archivadas en significados, en usos, en el tiempo, y en el dominio lingüístico.

D. LOS LISTADOS

Unos 20 000 listados desarrollan el contenido de los epígrafes y procuran tener en cuenta el orden de colocación más favorable para el usuario, que es aquel en el que la palabra o expresión se encuentra en la vecindad de su ámbito significativo.

Las palabras preceden a las expresiones, y éstas a las frases de comparación ingeniosa, y quedan para el final los refranes. Los usos cultos generalizados en el dominio del español preceden a los relegados a regiones o provincias españolas. Siguen los términos desusados (DESUS) y antiguos (ANT); y luego los coloquiales (COLOQ), desprestigiados (DESPREST), malsonantes (MALSON) y vulgares (VULG). Como estos últimos dependen tanto de la subjetividad de los usuarios, y también de la nuestra, y sobre todo del contexto en que se utilicen, hemos tenido que valorar de manera muy general las voces y expresiones precedidas de estas tan sutiles marcas. Somos conscientes de que para algunos usuarios podría parecer malsonante lo que para otros es coloquial, por mencionar uno de entre los muchos transvases apreciativos posibles que dejamos al apego, simpatía y estima del lector. Las voces del español de América vienen ordenadas desde las grandes regiones (AM CENT, AM MER), hasta las que limitan su uso a algunos países. Si varios países utilizan el mismo término, éstos preceden a los que no lo comparten. En algunos casos pueden utilizarse otras ordenaciones lógicas, como de menor a mayor *(números)*, de abajo arriba *(medidas)*, aparición en el espacio *(planetas del sistema solar)* o en el tiempo *(movimientos artísticos)*, el orden también puede regirse por el criterio de uso y, cuando no aparece una disposición evidente para la clasificación, el listado puede recurrir al orden alfabético.

La ordenación de los listados dentro del epígrafe al que pertenecen permite una lectura vertical que se sirve de la palabra guía o palabra en negrita que abre la lista o de una frase en versales, también guía, que marca el significado general de todos los términos precedidos por ella. Un punto medio separa significados afines o avecindados. Una flecha de doble dirección (↔) recuerda los significados enfrentados o antónimos.

Los listados acogen a todas aquellas palabras relacionadas con el campo semántico del epígrafe y condicionadas por el capítulo. Así, el término *siesta* aparece en cuatro epígrafes distintos, en listados precedidos de la palabra guía correspondiente:

- **16.01 números cardinales**, en el listado precedido por la palabra guía **seis**, pues recuerda que es la sexta hora en la división romana del día.
- **18.02 horas**, en el listado precedido por la palabra guía **la hora**, pues se alude con ella a ese momento del día («Sucedió a la hora de la siesta»).
- **30.09 funciones vitales**, en el listado precedido por la palabra guía **sueño**, pues alude a esa función del organismo: «echar la siesta», expresión reflejada también en el apartado de expresiones, precedida del hiperónimo **dormir**.
- **86.03 canto religioso**, en el listado precedido por la expresión guía: EN ALABANZA, pues alude a las composiciones que se tocaban en las iglesias por la tarde.

El verbo *regar*, por su parte, figura en los siguientes epígrafes:

- **21.19 acción y agua**, encabezando un listado.
- **26.12 acciones y plantaciones**, en el listado precedido por la palabra RIEGO y acompañada de un listado de acciones afines: «irrigar · aguar, inundar, anegar, embalsar, encharcar · rociar, mojar, humedecer».
- **36.18 beber**, en el listado precedido por la palabra guía **tomar**, y precedida de la abreviatura FIG, que recuerda el uso retórico del verbo.
- **67.22 ganado y acción**, precedida de las palabras guía LA ABEJA, y con el significado de humedecer los vasos en que está la cría.

Algún usuario podría pensar que campos de conocimiento muy específicos ocupan mayor espacio que otros aparentemente más generales. Y no le faltaría razón. ¿Dónde poner el límite entre el léxico general y el especializado? ¿*Neuralgia*, *electrón* y *escoplo* pertenecen al lenguaje de la cotidianeidad o al particular de la medicina, de la física y de la carpintería? Porque el uso de la lengua es individual y porque el léxico es infinito dentro de la finitud, las fronteras se diluyen sin posibilidad de marca. Al mismo tiempo algunos nombres propios han merecido un lugar en esta clasificación por su calidad de comunes, y por la necesidad de nombrar lugares en el tiempo o en el espacio a los que no se asigna un nombre común preciso. Desde aquí las disculpas para el usuario que descubra algunos de estos desequilibrios y los considere como tales.

LA CONSULTA

Las palabras se alojan en células dependientes, relacionadas mediante fronteras semánticas. Cada una de ellas permite invitar en sus dependencias a otras nuevas, a las recuperadas del pasado y también a las que, desde otras lenguas, son bien recibidas y encajadas. Tres maneras se ofrecen para su manejo:

a) BÚSQUEDA LIBRE por las páginas. La interpretación del orden para navegar solicita del usuario una ligera adaptación de su pensamiento al esquema clasificatorio, y no se aleja de lo que muchas mentes coincidirían en concluir. El orden responde a esquemas y principios tan lógicos que respeta los estamentos más generalizados, y facilita la búsqueda directamente por las páginas del ámbito o campo necesitado.

b) BÚSQUEDA DESDE EL ÍNDICE CONCEPTUAL, en las últimas páginas, en el que aparecen partes, capítulos y epígrafes referidos a cuantas posibilidades de campos de significados rodean al hombre.

c) BÚSQUEDA DESDE EL ÍNDICE ALFABÉTICO, formado por unas 15 000 entradas que recogen capítulos, epígrafes, palabras guía y algunas palabras más que sirven de referencia para el rápido acceso a los conceptos buscados.

De la misma manera podemos localizar la palabra genérica de cualquier concepto junto con alguno de los siguientes significados:

- descripción y... (conceptos que pueden ser descritos: película, obra literaria, obra de arte, belleza, estética...)
- acción y... (acciones, concretas o abstractas, como las realizadas con la cabeza, con las manos, con el cuerpo, por los astros, en la industria, por los animales... y muchos más)
- actitudes... afectivas, artísticas, comunicativas...
- lugar y... (animales, oficios, religión...)
- fórmulas o expresiones (para mostrar el deseo, para mostrar el desprecio...)
- herramientas y...
- tipos de... (aguas, amor, bailes, carnes...)
- personas y... (deporte, literatura, navegación...)
- material y... (agricultura, albañilería, artes plásticas...)

El usuario debe buscar en el índice alfabético palabras generales o hiperónimos que contienen a otras:

- El nombre olvidado de la herramienta de un carpintero habrá que buscarla en «material», en «carpintería» o en «oficios».
- El nombre de un aparato doméstico para calentar el agua lo buscaremos en «electrodoméstico» o en «vivienda», si no recordamos el primer nombre.
- «Flores», «huesos», «gestos», «animales», «eras geológicas» y muchísimas palabras más que contienen a otras.

Al igual que cualquier diccionario, tampoco éste, a pesar de su extensión, contiene todas las palabras y expresiones que existen en español. Algunas por excesivamente antiguas, otras por su uso local especialmente reservado, otras por su reciente y poco arraigado uso y a veces, digámoslo con humildad, por olvido o negligencia. Sea bienvenida cualquier sugerencia de añadido, cualquier comentario para una clasificación que le conceda un espacio más ajustado al cúmulo de ideas, a su espacio lógico correspondiente cualquiera que sea su lugar en el listado.

Agradecemos la comprensión de los lectores que se sientan defraudados por la ausencia o por la inconveniencia clasificatoria. Una dirección de correo electrónico (rdelmoralaguilera@gmail.com) está a disposición de los interesados que deseen añadir, quitar o rectificar palabras y expresiones. Sus opiniones serán siempre bien recibidas y contestadas.

TIPOGRAFÍA

La información tipográfica contribuye a la fácil búsqueda, privilegia la indagación, favorece la localización. Huye, por tanto, de la dificultad descriptiva y de toda traba. Para conseguir eficazmente el objetivo quedan suprimidos todos aquellos signos ortográficos o requerimientos gramaticales o sociales que, aunque exigidos por las normas al uso, ni contribuyen a esclarecer, ni facilitan la información. El manual ofrece y clasifica raíces léxico-semánticas, y no morfemas de número, ni de género, ni de grado, ni flexión verbal.

a) Supresión de letras mayúsculas, de puntuación y de expresiones repetidas

Los principios de párrafo no llevan mayúscula porque no añaden nada a la información deseada y porque su uso podría confundir. Tampoco los finales de párrafo se asisten de la puntuación requerida. Las expresiones que exigen admiración o interrogación prescinden de ella para no multiplicar innecesariamente la tipografía. Para evitar repeticiones de palabras que frecuentan un listado de expresiones, la letra inicial seguida de un punto recuerda la palabra reemplazada.

b) Ajustes en la flexión de las palabras

La información sintáctica y morfológica necesaria para el uso de las palabras en diversos contextos, como puede ser la presencia o ausencia de artículos, la preferencia de los contextos afirmativos o negativos, se describe en las gramáticas, y a veces también en el diccionario de tipo semasiológico, pero en este manual, por razones obvias, no aparece. Los verbos están en infinitivo. Alguna excepción podría darse en expresiones que sólo frecuentan una forma verbal. Los sustantivos aparecen en masculino y en singular, salvo que se trate de palabras que se usan en plural en todos o casi todos los contextos *(nupcias, comicios, amarras, tinieblas...)*. Se desdoblan, sin embargo, las que designan personas: *actor/actriz, zar/zarina...*

Los adjetivos aparecen en masculino y en singular. Hemos preferido no utilizar saturadamente la formulación masculina y femenina. No existe intención alguna de privilegiar una fórmula frente a otra, ni de excluir o silenciar la declinación, sino de ofrecer la forma neutra, única, que facilita la búsqueda. Debe considerar el usuario que éste es un diccionario de raíces, de combinaciones de letras, digamos fonemas, con un significado, no de sufijos o morfemas. Los diccionarios de esperanto, lengua artificial, no necesitan flexión masculino-femenina porque, ajustados a regla sin excepción, sólo se exige que aparezcan las raíces. La tradición de nuestra lengua no permite, para una mayor objetividad, presentar la raíz sin morfemas. Debe el lector ver la forma en su sentido nulo, es decir, como núcleo sin valor morfemático. Evitamos así la trabazón, facilitamos la indagación y cumplimos mejor con nuestro objetivo principal, el de orientar en las mejores condiciones tipográficas.

c) Ayudas en versalita

Las frases de ayuda en versalita dotan a algunas palabras o expresiones del significado que no le proporcionan las vecinas. El caso más frecuente es el de aquellos listados en los que de una lista de sinónimos o casi-sinónimos se separa una o dos voces que necesitan un apoyo conceptual. Comparto y acepto la opinión que puedan tener algunos usuarios sobre la subjetividad de este criterio.

LA TRADICIÓN DE DICCIONARIOS IDEOLÓGICOS

El gramático y retórico Julius Pollux, nacido en Náucratis, Egipto, hacia el año 135, y que vivió unos cincuenta y siete años, concibió una clasificación ideológica para el griego que llamó *Onomasticon,* algo así como «libro para dar nombre a las cosas». Lo dividió en diez partes y lo clasificó por materias. Sirvió para conocer, entre otros términos, los objetos de la vida diaria, listados de insultos o adjetivos que frecuentan la descripción de una obra literaria. En el año 1502, época del renacimiento, se versionó al latín, en Venecia, y resultó de gran utilidad para una mejor contemplación del mundo clásico heleno.

El *Amara Kosha*, el «vocabulario inmortal» o «tesoro de Amara» es una clasificación de unas 10 000 palabras del sánscrito dividida en tres partes. Lo redactó hacia el año 375, en estructurado esquema, el gramático y erudito Amara Simha, tal vez un monje budista. Tenía la intención de servir como ayuda a la memoria en la búsqueda de palabras olvidadas. Hoy se considera un libro clásico de permanente referencia.

Las clasificaciones ideológicas cayeron en el olvido, como tantos otros asuntos relacionados con el conocimiento científico, hasta que Peter Mark Roget publicó en 1852 su *Thesaurus of english words and phrases classified and arranged so as to facilitate the expression of ideas and assist in literary composition*, hoy conocido como *Roget's Thesaurus*. Aquella brillante clasificación fue admirada y consultada por los usuarios como uno de los grandes diccionarios ingleses. Consiguió el *Thesaurus* de Roget una categorización y ordenamiento tan útil e interesante que aún hoy ocupa un lugar en los hogares anglófonos con la misma frecuencia y uso que el *Petit Larousse* preside las consultas de los usuarios francófonos, o el *Diccionario de la Real Academia Española* los acuerdos lingüísticos o discrepancias de los hispanohablantes. Se sirven los anglófonos del diccionario onomasiológico o de significantes con la misma naturalidad con que el resto del mundo usa el alfabético y no echan de menos la modalidad acostumbrada, a pesar de que las palabras ocupan un lugar sin las tradicionales explicaciones que las visten de sentido. El mundo francófono, interesado por un instrumento de parecido servicio y provecho, adaptó la estructura en un diccionario publicado por la prestigiosa editorial Larousse. Hoy gana terreno en su uso, cada vez más amplio. La lengua portuguesa cuenta con la disposición clasificatoria de Carlos Spitzer llamada *Dicionário analógico da língua portuguesa* (1952), obra inspirada en la de Roget. Y la lengua rusa ha desarrollado el *Tematichekii slovar russkogo iasika* [Diccionario temático de la lengua rusa] (2000), distante también de la alfabetización y con tantas variantes y especificidades que sirve de valiosa ayuda a sus usuarios.

Nadie se interesó, sin embargo, por construir ese entramado para la lengua española. Y no parece adecuado pensar que se trate de menosprecio a tan interesante modo del conocimiento, no, más vale explicarlo diciendo que, cuando pudo interesar, cuando pudo interesarnos, apareció un lingüista excepcional, antecesor de una lexicógrafa única: eran Julio Casares y María Moliner. A ellos se sumó un lexicógrafo particularmente capaz de proporcionar un léxico útil, Fernando Corripio.

Julio Casares Sánchez nació en Granada veintitrés años antes que María Moliner, en 1877, y murió en 1964, diecisiete años antes que ella. La historia lo conocerá y recordará por su original legado, recogido en un manual lexicográfico, ya clásico, su *Diccionario ideológico de la lengua española*. El trabajo aúna rigor y amenidad dentro de un nuevo concepto para abordar el estudio de los significados de las palabras y las relaciones de afinidad establecidas entre ellas. Casares estudió derecho, que no lingüística, en la Universidad de Madrid, pero también… música. Con veintinueve años accedió a su primer empleo: formar parte como violinista en la orquesta del Teatro Real de Madrid. Pero aquello no le proporcionó estabilidad económica alguna. Necesitado de actividad laboral menos sujeta a los vaivenes de la fortuna tuvo que buscar otra cosa. Y no se protegió en la jurisprudencia, que era su formación, ni en la enseñanza, amparo de tantos lingüistas, ni siquiera en la vida bohemia y variada de los músicos, no, en nada de eso: hubo de trabajar durante algún tiempo en… un taller de ebanistería. Abandonó por entonces toda actividad remunerada y se concentró en la preparación de unas oposiciones para funcionario en el Ministerio de Estado, es decir, el camino que tanto ha asegurado la estabilidad de los españoles durante el siglo XX. Lo demás, como tantas veces ocurre, fue una carrera guiada por el trabajo y las favorables influencias del azar. Interesado por las lenguas orientales, y estudioso por libre de aquéllas, fue nombrado agregado cultural en la Embajada de España en Tokio. Le interesaba el japonés, pero también el fenómeno lingüístico. De regreso a Madrid cultivó los círculos intelectuales, escribió ensayos y artículos relacionados con la lengua y la literatura, ganó prestigio intelectual y, en su progresivo ascenso en puestos de la Administración, fue nombrado delegado de España en la Sociedad de Naciones, con sede en Ginebra, y más tarde miembro de la Real Academia Española, y luego, en 1936, secretario perpetuo. Desde cargo tan privilegiado, presentó en numerosas ocasiones el proyecto de elaborar, en equipo, su *Diccionario ideológico*. No creyeron en él. Los académicos se mostraron tan reacios a su idea como a incorporar algunas de las propuestas metodológicas a las técnicas lexicográficas tradicionales que regulaban la revisión periódica del *Diccionario de la Real Academia Española*. Ante la falta de entusiasmo, Casares emprendió por cuenta propia la redacción de su legado. Trabajó en su diccionario tal vez unos quince años, y lo publicó en 1942. Aquella primera edición, revisada en la posterior, encontró su versión definitiva en 1959. Desde entonces sus listados permanecen vírgenes, invariados. Nadie los ha modernizado.

Casares había tenido la ocasión de conocer los grandes diccionarios ideológicos que enriquecían la lexicografía inglesa, francesa y alemana sembrada por Roget. La parte alfabética no ofrece novedad: es un mero listado de palabras con su significado. La primera parte, que él llama sinóptica, es una atractiva clasificación de ideas en cuarenta páginas. La central, la llamada analógica, recoge su verdadera aportación al estudio del léxico. Pero a diferencia de las obras europeas, Casares no se atrevió a abordar el revolucionario orden semántico o lógico, o de significados, y, más conservador que sus colegas, se refugió en el alfabético. A pesar de todo, el lector puede partir de su propia competencia lingüística, es decir, de las ideas ya maduras acerca de un concepto, para llegar a todas las palabras que lo designan o que tienen alguna relación de significado con él. Este procedimiento permite, entre otras innovaciones, localizar una voz desconocida a partir de una idea aproximada del concepto general que se busca; seguir la pista de términos emparentados con el que se posee, pero más precisos y exactos que los originariamente concebidos; manejar toda la serie léxico-semántica de una idea o concepto y, en general, tener acceso al vocabulario que integra el campo semántico de una voz. Al conjuro de la idea, a la llamada del concepto, Casares ofrece en tropel las voces, seguidas de las sinonimias, analogías, antítesis y referencias. Nos regala un metódico inventario del inmenso caudal de palabras castizas que por desconocidas u olvidadas no prestan servicio alguno, otras cuya existencia se sabe o se presume, pero que, dispersas y agazapadas en las columnas, resultan inaccesibles mientras no conozcamos de antemano su representación en la frase. Pero lo que destaca, lo que dignifica al diccionario de Casares es que ha reunido las palabras en torno a un hiperónimo o palabra sugerente que él concibe. Como tantos intelectuales del siglo xx que han dedicado su vida a la investigación, que han alejado su pensamiento del mundo para concentrarlo en la lingüística, Casares murió con casi noventa años, probablemente pensando más en la vida de sus revoltosas palabras que en cualquier otra peregrina y triste imagen de la senectud.

María Moliner Ruiz no pertenece exactamente a la generación de Casares, ni siquiera a la de los atildados lingüistas del siglo xx, ni a las clases académicas, ni al encumbrado, y tal vez altivo, cuerpo docente, pero sí a ese reducido grupo de personas decididas, tenaces, capaces de cultivar con mimo y esmero el mágico y seductor mundo de la lexicografía. Mujer interesada por las palabras y sus significados, y para muchos marcadamente natural y franca, al igual que Mark Peter Roget y Julio Casares dedicó buena parte de su vida a la composición de otra gran obra, el *Diccionario de uso del español*. Lo publicó cuando contaba sesenta y seis años. Casares lo había hecho a los sesenta y cuatro y Roget a los setenta y tres. Los tres repertorios son resultado de una labor individual, solitaria, y obras de madurez, que es cuando se han agitado, ajustado y acomodado las palabras multitud de veces en la vida, en lecturas y conversaciones; que es cuando la mente alcanza la cuajada y henchida riqueza léxica. Pues bien, la obra de María Moliner es, una vez más, el resultado de una serie de circunstancias a veces favorables, a veces adversas, pero en una detenida lectura biográfica de la autora parece como si los contratiempos hubieran contribuido a un mejor logro de sus objetivos. Las grandes obras personales no son el resultado de una minuciosa programación, sino el alumbramiento, la conjunción de un abanico de eventos entre los que el trabajo, la inteligencia y la paciencia ocupan un lugar de privilegio.

Si por cualquier circunstancia Moliner hubiera dejado su obra a medias o casi acabada, no la llamaríamos lexicóloga, sino bibliotecaria. Allí, entre libros, debió de encontrar el ambiente necesario para su trabajo. Del detenido análisis de su vida y sus actuaciones descubrimos, en primer lugar, el mundo prodigioso de su infancia y juventud. Hija y nieta de médico rural, tuvo a su alcance la fina y delicada educación de las familias acomodadas. Aunque nació en Paniza, provincia de Zaragoza, a la vez que el siglo xx, a los dos años ya residía en Madrid. Su familia, según todos los indicios, tenía sólidas raíces asentadas en una tradición liberal, y tanto ella como sus dos hermanos estudiaron en la Institución Libre de Enseñanza, cuna de tantos sabios y eruditos del siglo. Perteneció a una de las primeras generaciones de mujeres universitarias: Filosofía y Letras, por entonces tal vez la única carrera femenina, sección de historia, también única especialidad de la universidad de Zaragoza. Y en cuanto termina la licenciatura, busca, a la temprana edad de veintidós años, el mismo acomodo que Julio Casares: una plaza de funcionaria, ganada por oposición, en el Cuerpo de Archiveros, Bibliotecarios y Arqueólogos. Entre 1922, fecha en la que empieza a trabajar como funcionaria, y 1970, año en que se jubila, a María Moliner nadie la conoce por otro oficio que el de bibliotecaria y conservadora de libros. Primero en el archivo de Simancas, después en Murcia, Valencia, y luego, en su traslado a Madrid para acercarse a su marido, en la Escuela Técnica Superior de Ingenieros Industriales. Lo que nadie puede saber muy bien es cuándo, ni cómo, ni por qué, inició la elaboración de su egregia obra. Supongamos que fue hacia la década de los cincuenta, y que, en labor parecida a la constancia que exigen otros menesteres, pero con mente privilegiada, invirtió también unos quince años de trabajo… Conocemos sus instrumentos: una máquina de escribir, un lápiz y una goma… Y sus carencias: nunca dispuso de un privilegio universitario, ni académico, ni de otra institución, ni recibió favor alguno que le permitiera desarrollar ese hormigueo en sus búsquedas, esa clasificación tan ajustada, esas palabras y expresiones tan propias. El hecho es que en 1966 la editorial Gredos, que no Espasa, editorial de la Real Academia Española, publicó el primer volumen del *Diccionario de uso del español*, y un año después el segundo. ¿Qué hace una bibliotecaria ocupando los espacios reservados a los profesores de universidad, a los académicos, a los eruditos? Por entonces, sólo por entonces, cuando María Moliner contaba con sesenta y siete años, el mundo empieza a conocer su obra. Pero poca gente se hizo eco de aquel excepcional evento. El *Diccionario de uso del español*, y esto es lo que aquí interesa, informa, entre otras cosas, de las ideas afines a las palabras, pero también sobre los primos hermanos y primos lejanos, y ofrece ámbitos de parentesco, pero siempre en orden alfabético. Sus listados son interesantes, pero en la práctica resultan poco útiles. Moliner, sin embargo, dejó sembrados los campos.

Fernando Corripio, nacido en Madrid en 1928, murió en 1993 también sin sospechar el relieve de su obra. En 1985 la editorial Herder publicó su aportación a la clasificación del léxico. Si los diccionarios de Casares y Moliner fueron respetados, su *Diccionario de ideas afines* resultó, y sigue siendo, de gran utilidad. Muchas generaciones de redactores de periódicos, de escritores y de estudiantes lo tuvieron sobre su mesa en busca de la palabra necesitada, de ese término rápido y expresivo que ni Casares ni Moliner proporcionaban con la misma eficacia. Nada impedía que aquellos volúmenes blancos y negros, el de Casares y el de Moliner, ocuparan tan amplios espacios en las estanterías de quienes a diario necesitaban redactar. El Corripio, en definitiva, era el que estaba a mano sobre la mesa, con los filos de sus páginas corroídos por el uso. La reciente edición, corregida y aumentada, es de gran ayuda para el estudiante, para el redactor, para el escritor y para cualquier usuario de la lengua. Unas veces gracias a su clasificación alfabética, y otras a pesar de ella. Corripio ofrece torrentes de palabras, agazapadas, seguidas, conectadas, palabras que evocan en abanico posibilidades salpicadas de ideas. Como la ordenación es tradicional, es decir, alfabética, necesita incorporar entradas sin más desarrollo que unos cuantos sinónimos.

En 1995, en la gran década de la lingüística, vio la luz el *Diccionario ideológico Vox*. No es éste un trabajo individual, sino, por primera vez para este tipo de investigación, colectivo. No tiene estructura alfabética, sino, por primera vez también, ideológica. Recoge unas 75 000 palabras, acepciones incluidas, y las clasifica en 1274 grandes campos semánticos, es decir más que Roget, pero menos que Casares, Moliner y Corripio, organizados en cinco partes. Consciente de la limitación, persuadido de la dificultad de sus listados, o tal vez en consideración al usuario tradicional, el *Diccionario ideológico Vox* añade otro diccionario más: el semasiológico, que duplica en extensión a los dos anteriores. Parece como si desde el principio aceptara las limitaciones del ordenamiento conceptual. Añadiremos que no explora en el riquísimo campo de las expresiones, ni en los usos léxicos regionales españoles o americanos. La uniformidad en el tratamiento lo hace interesante como descripción. Resulta, sin embargo, frágil, quebradizo y tan frío que no parece haber llegado a ser una herramienta útil.

En 1998 la editorial Verbum publicó mi *Diccionario temático del español*. La tipificación contiene unas 60 000 palabras ordenadas en un millar de campos semánticos. Los pasos que me llevaron a construir aquel libro se confunden ahora en el pasado. Tal vez quise poner un léxico elemental a disposición de los extranjeros que aprenden nuestra lengua y se me fue la mano y el ímpetu; o quizá fui atacado por ese permanente gusanillo que nos dice cosas aunque no queramos oírlas; o no sé qué…, pero desde algún sitio me sentía empujado a buscar, a ordenar, a pulir, a limar, a ajustar… Hasta que le puse fin, porque las cosas no son eternas, y se lo estregué a mi editor y consejero Pío E. Serrano, a quien tanto debo. Parecía que mis listados, tan mimados, tan permanentemente agitados, habían de quedar, puestos negro sobre blanco, sellados para muchos años, pero apenas habían pasado tres cuando un nuevo e incontrolable anhelo me indujo a corregir, revisar y ampliar epígrafes, campos, listas y listadillos. Desde entonces no he abandonado las pesquisas, y como no he sabido evitar las molestias a los amigos que estos años he frecuentado, quiero desde aquí agradecer aportaciones y consejos a Ignacio del Bosque, que no ha escatimado su ayuda, a quien le debo excelentes ideas y gratísimas charlas mientras él preparaba su brillante *Diccionario combinatorio práctico del español contemporáneo*; y a mi querida editora de Espasa, Celia Villar, tan receptiva y preparada para atender mis consultas. Concha Maldonado, de la editorial SM, me ha dado ánimos y muchas e inteligentes recomendaciones. Debo recordar igualmente a los profesores Matilde del Moral, que revisó el léxico del arte, Rafael López-Amate para la filosofía, Juan Muñoz Tortosa para la psicología, Alberto Fernández-Capel, Fernando del Moral e Inma del Moral para la sanidad, el abogado Antonio Fuertes para el léxico del derecho, y el ingeniero Juan Manuel Arenas para la agricultura y la ganadería, y si olvido algún nombre de aquellos a quienes he molestado con mis insistentes conversaciones le ruego se dé por citado. Y podría seguir buscando y añadiendo y colocando palabras y expresiones, pues el léxico es infinito, si no fuera porque he querido llevarle la contraria a la también profesora Elisabeth de Boisgrollier, mi mujer, que desde antiguo llama a esta dedicación «el mito de Sísifo». Y como no quiero que tenga razón, como tantas veces, lo mandé al editor de nuevo, y ahora con muchas más palabras, ideas y densidad. Y encontré precisamente en Herder, la editorial de mi admirado Fernando Corripio, el soporte necesario para su difusión. No podía tener un apoyo mejor, ni pareja más elegante, ni editorial más propicia. Espero que ahora deje de ser mito, y también anhelo dar descanso a mi mente antes de que el tiempo y las palabras me sequen el cerebro.

¿Cómo acercarse con rapidez y eficacia en busca de la voz necesitada sin el rigor del orden alfabético? Ése es precisamente el problema peor resuelto. Casares, Moliner y Corripio eligieron el mismo procedimiento, la colocación de entradas por orden alfabético, para lo que tuvieron que prescindir del orden lógico de las ideas. Roget necesitó tantas páginas para el índice alfabético como para el cuerpo ideológico, y esa misma solución eligió el *Diccionario ideológico Vox*. El *Diccionario temático del español* optó por un índice de hiperónimos que facilitara la búsqueda, y esa solución me ha parecido también aquí la más práctica aunque exija una postura activa por parte del usuario, que ha de localizar, con ayuda de los índices, el campo semántico por el que muestra interés. La ventaja es que si no acierta en la primera búsqueda, la vecindad puede ayudarle en la localización.

Pocas son las lenguas del mundo que tienen el privilegio de disponer de un estudio semántico ideológico, conceptual o temático de su léxico, apenas una docena. La nuestra, sondeada por los listados de Casares, protegida en los catálogos de Moliner, atizada y sacudida por los empeños de Corripio, manipulada por los del *Diccionario temático*, no queda, sin embargo tan ideológicamente descrita como en los manuales del inglés, del francés y del ruso. El *Atlas léxico de la lengua española* nace con la intención de reflejar, como en mágico espejo, el lugar que le corresponde a cada una de las palabras y expresiones de nuestro patrimonio léxico activo, del conocido aunque nunca usado, y del repartido por los dominios de nuestro idioma. Esa soñada recopilación ha de confiar en sí misma, en su propia estructura. Para ello presenta a la vez, informa al tiempo tanto de significantes o palabras y expresiones como de significados o conceptos, sin rodeos ni contorsiones. Deseo que sea un instrumento de trabajo tan útil como ameno, tan generoso para ofrecer como hospitalario para recibir, que se conciba como manual práctico para los cientos de millones de usuarios del español repartidos por el mundo, y también para los que se acercan interesados; y que se mantenga permeable y caudaloso durante una pacífica vida a través de los años.

El autor

ABREVIATURAS

ÁL	Álava	HUES	Huesca
ALB	Albacete	IRÓN	irónico
ALM	Almería	LAT	latinismo
AM	América	LEÓN	León
AM CENT	América Central	LIT	literatura
AM MER	América Meridional	MÁL	Málaga
AM NOR	América del Norte	MALSON	malsonante
AM TROP	América Tropical	MAR	marina
AND	Andalucía	MED	medicina
ANGL	anglicismo	MÉX	México
ANT	antiguo	MIL	milicia
AR	Aragón	MITOL	mitología
ARG	Argentina	MUR	Murcia
ARQ	arquitectura	MÚS	música
AST	Asturias	NAV	Navarra
ASTRON	astronomía	NIC	Nicaragua
BIOL	biología	PAL	Palencia
BOL	Bolivia	PAN	Panamá
BUR	Burgos	PAR	Paraguay
CANARIAS	Canarias	PERÚ	Perú
CANTB	Cantabria	POES	poesía
CAT	Cataluña	POÉT	poético
CHILE	Chile	PR	Puerto Rico
COL	Colombia	PSICOL	psicología
COLOQ	coloquial	P VASCO	País Vasco
COMP ING	comparación ingeniosa	QUÍM	Química
CR	Costa Rica	RD	República Dominicana
CUBA	Cuba	REF	refranero
DER	derecho	RELIG	religión
DESP	despectivo	RET	retórica
DESPREST	desprestigiado	RI	Rioja
DESUS	desusado	SAL	Salamanca
EC	Ecuador	SALV	El Salvador
EUFEM	eufemismo	SEG	Segovia
EXT	Extremadura	SEV	Sevilla
FIG	figurativo	SOR	Soria
FIL	filosofía	TAUROM	tauromaquia
FILIP	Filipinas	TER	Teruel
FÍS	física	TOL	Toledo
GAL	Galicia	UR	Uruguay
GEOM	geometría	VEN	Venezuela
GRAM	gramática	VIZC	Vizcaya
GRAN	Granada	VULG	vulgar
GUAT	Guatemala	ZAM	Zamora
HOND	Honduras	ZAR	Zaragoza

CLASIFICACIÓN

1. PRINCIPIOS GENERALES

11. EXISTENCIA
11.01 existencia
creación, nacimiento, advenimiento, alumbramiento, aparición, brote, eclosión, erupción, irrupción, surgimiento, mostración, materialización, exteriorización, venida, actualización · big-bang

ente, universo, aseidad, entelequia, entidad, eón, numen, noúmeno, visión, mesmedad

realidad, evento, fenómeno, coyuntura, exposición, exhibición, representación

presencia, manifestación · subsistencia, coexistencia · bilocación, ubicuidad, omnipresencia
11.02 inexistencia
vacío, vacuidad, ausencia, falta, omisión, negación, nada, cero absoluto

incorporeidad, inmaterialidad, impalpabilidad, imperceptibilidad, imponderabilidad, intangibilidad

ausencia, carencia, defecto, falta, penuria, privación, ocultación, ocaso, eclipse

lapsus, laguna, blanco, vano, hueco, olvido

desaparición, dispersión, desmaterialización, neutralización, reabsorción, supresión, borrado, volatilización, disipación, disolución

fin, muerte, destrucción, erradicación, extinción
11.03 materialidad
corporeidad, autenticidad, consubstancialidad, sustantividad, veracidad, certidumbre, credibilidad, substancialización, transustanciación

núcleo, base, bloque, objeto, centro, clave, cogollo, fondo, meollo, médula, miga, migajón, molla, entraña, sustancia, cosa, enjundia, entidad, esencia, quintaesencia, punto, quid, tuétano, yema · parte esencial

materia, realidad, cuerpo, elemento, fenómeno

acto, acción, acontecimiento, hecho, mónada, paso
11.04 inmaterialidad
alma, conciencia, entelequia, espectro, espíritu, psique

esencialismo, espiritualismo, intelectualismo

apariencia, evanescencia, espejismo, fantasía, fantasma, ilusión, invención, irrealidad, falsedad, fingimiento

impalpabilidad, imperceptibilidad, imponderabilidad, incorporeidad, intangibilidad, sobrenaturalidad, volatilidad

imaginación, inspiración, representación, posibilidad, sueño, ensueño, quimera, utopía
11.05 estado
ser, situación, manifestación, actitud

condición, disposición, humor, temperamento, balance, informe, grado, etapa, punto, estadio

situación, posición, mentalidad, sensibilidad

evento, vicisitud, incidente, fenómeno, vivencia, hecho, caso
11.06 circunstancia
accidente, coyuntura, condición, contexto, medio, ambiente, clima

incidente, contingencia, concurso de circunstancias

oportunismo, oportunidad, conveniencia, especulación, empirismo

certeza, certidumbre, certitud, evidencia

ADJETIVOS Y ADVERBIOS
11.07 existente
presente, omnipresente, viviente, patente, evidente, concurrente, concreto, efectivo, obvio, ostensible, sito, conspicuo, mostrable, ubicuo · manifiesto, expuesto, claro

seguro, real, cierto, verdadero, notorio, sabido, público, tangible, palpable, sólido, indudable

existencial, ontológico, visible, auténtico, evidente

de cierto, de seguro, de juro, de fijo, por supuesto, ARG en fija

existencialmente, antológicamente, esencialmente, auténticamente, concretamente, efectivamente, positivamente, realmente

a ciencia cierta, COLOQ como el sol que nos alumbra, como tres y dos son cinco

11.08 inexistente
irreal, inmaterial, hipotético, ficticio, ilusorio, imaginario, increado, inventado, irrealizado, nulo, vano, virtual
impensable, inconcebible · aparente, aparencial, superficial · desaparecido, destruido · quimérico, utópico
ausente
— ausentado, desertor, desterrado, expatriado, huido, invisible, perdido
— difunto, muerto, fallecido, desaparecido
anulado, borrado, erradicado, escondido, olvidado, rayado, suprimido
11.09 material
concreto, real, corpóreo, palpable, sustancial, físico, objetivo, ponderable, encarnado
sustancial, esencial, coesencial, consustancial, fundamental, inherente, inmanente, ingénito, innato, intrínseco, ínsito
primario, primero, primordial, principal
congénito, constitutivo, corporal, inseparable, permanente
básico, cardinal, imprescindible, indispensable, inseparable, intransmisible, propio
materialmente, objetivamente, realmente, sensiblemente, substancialmente, tangiblemente, corpóreamente, físicamente, materialistamente, prosaicamente, realistamente
11.10 inmaterial
espiritual, etéreo, evanescente, fantasmagórico, espectral, impalpable, imperceptible, imponderable, incorporal, intemporal
aéreo, celeste, etéreo, astral, irreal, sutil, volátil, vaporoso, delgado, delicado, evanescente, fino, impalpable, inasible, incorpóreo, ingrávido, COLOQ fililí
sublime, profundo, metafísico · inasible, intangible, inaprensible, inasequible, indecible, inefable
ligero, leve, liviano, tenue, vago o DESUS lieve, lene
idealmente, irrealmente, espiritualmente, abstractamente, teóricamente
11.11 esencial
fundamental, principal, primero, básico, notable, cardinal, primordial, medular, central, sustancial, elemental
necesario, indispensable, imprescindible, inevitable, obligatorio
propio, ingénito, innato, intransmisible, inmanente, inseparable, intrínseco, concreto, inherente
11.12 circunstancial
accidental, aleatorio, causal, incidental, contingente, episódico, eventual, imprevisible, improvisado · extrínseco

relativo, secundario, anecdótico, coyuntural, eventual, fortuito, ocasional, momentáneo, pasajero, fenomenológico

VERBOS Y EXPRESIONES
11.13 existir
hallarse, encontrarse, ubicarse, haber, EN DOS LUGARES A LA VEZ: bilocarse
sentir, sentirse, presenciar, afrontar, comparecer, constar, concurrir · militar, imperar, reinar
nacer, brotar, germinar, fluir, surgir, resultar · materializarse, concretarse, encarnarse, cosificarse · dar cuerpo
vivir, coexistir, convivir, pervivir, persistir, subsistir, yacer, preexistir, coexistir
permanecer
— seguir, durar, perdurar, marchar, resistir, proseguir o ANT provagar, quedar o ANT ficar
— quedarse, mantenerse, prolongarse, desarrollarse, conservarse
— seguir en pie, mantenerse día y noche
11.14 inexistir
morir, sucumbir, disiparse, dispersarse, desvanecerse, apagarse, dejar de ser, FIG hacerse noche, oscurecerse
suprimir, barrer, borrar, anular, eliminar, omitir, anonadar, deshacer, escamotear o escamotar
destruir, exterminar, aniquilar, erradicar · reducir a la nada, llevarse el viento, tragárselo la tierra
anular, abolir, abrogar, cancelar, disolver, erradicar, exonerar, liquidar, rescindir, retirar, revocar, suprimir, suspender
quitar de la lista, borrar del mapa, desaparecer del mapa, aquí fue Troya
11.15 materializar
mostrarse, esenciarse, evidenciarse, ostentarse, revelarse, desvelarse, patentizarse, presentarse, personarse, personificarse, exteriorizarse, significarse, manifestarse
aparecer, trascender, transparentarse, traslucirse
realizarse, darse, cumplirse, verificarse, efectuarse, producirse, terciarse, registrarse
ser patente
— haber, ser, estar, existir
— haber indicios, hacerse notar, dar en los ojos, parecer que quiere
— sacar a luz, hacerse ver, darse a conocer, poner de manifiesto, traer a colación, estar a la vista, e. claro
— COLOQ dar en la nariz, saltar a la vista, salir a la cara
11.16 inmaterializar
disipar, disolver, desmaterializar, desencarnar, aniquilar, espiritualizar, sublimar, volatilizar · abolir, abstraer

desaparecer o ANT desparecer, esfumarse, evaporarse, disolverse, anularse, disiparse, eclipsarse, ocultarse, difuminarse, perderse, borrarse, morir

deshacerse, gastarse, evaporarse, volarse, irse · hundirse · prescribir

perderse, quitarse, sepultarse, sumergirse, sumirse, esconderse

COLOQ zambucar · llevárselo el diablo

COMP ING desaparecer por arte de magia, d. por arte de birlibirloque, convertirse en humo REF Tajada que lleva el gato, tarde vuelve al plato.

11.17 ser

suceder, caecer, contecer, acaecer, acontecer, ocurrir, pasar, advenir, avenir, devenir, haber, llegar, estallar, resultar, mediar, salir, sobrevenir, supervenir, venir

sustanciar, fundamentar, basar, naturalizar, concretar, medular

11.18 estar

poner, ubicar, colocar, acomodar, instalar, emplazar, estacionar, asentar, disponer, aposentar, plantar, dejar, meter, encajar, evidenciar, circunstanciar

condicionar, ambientar, contextualizar

estar por todas partes, e. por doquier, e. en cada esquina, e. a hito, COLOQ e. hasta en la sopa · aparecer por los cuatro costados

12. RELACIÓN

12.01 relación

pertinencia, atingencia o atinencia, coherencia, concatenación, connivencia, connotación, enlace, entendimiento, habitud, nexo, paralelismo, proporción, proximidad

dependencia, referencia, correspondencia, estrechez, interrelación, reciprocidad · filiación, subordinación, sumisión, conexión o conexidad, contacto

lazo, enlace, ilación, ligazón, trabazón, aligación, ligadura, atadura, enlazadura, enlazamiento, encadenamiento, eslabonamiento, engranaje, engarce o engace, articulación · acoplamiento, asociación

unión, reunión, sinergia, sujeción, vinculación, correlación, vínculo, contacto, contigüidad, interacción, interrelación

empalme, junta, juntura, pegadura

parecido, apariencia, analogía, similitud, fidelidad, emulación, reproducción, réplica

proximidad, afinidad, aire, adecuación, mimetismo, paralelismo, simpatía, aproximación, asimilación, atisbo, herencia, paranomasia o paronomasia, atavismo, parejura, paronimia, sombra, vislumbre, DESUS parecencia

12.02 arbitrariedad

desconexión, disociación, unilateralidad

diversificación, heterogeneidad, irregularidad · dualidad, multiplicidad, pluralidad · riqueza, surtido, variedad

emancipación, inconexión, neutralidad, indocilidad, exención, libertad

autarquía, autonomía, autodeterminación, independencia, soberanía, entereza

distintivo, característica, color, coloración, especialidad, especificidad, matiz, particularidad, peculiaridad, pormenor, rasgo, sello, seña, singularidad, tinte, tipicidad, tono

emblema, enseña, divisa, anagrama, brazalete, capona, charretera, empresa, escarapela, estrella, galón, insignia, logotipo, marca, pin, sello, seña, señal, signo, DESUS anteseña

12.03 identidad

igualdad, equidad, paridad, conformidad, correspondencia, aquiescencia, equivalencia, exactitud, concordancia, parejura

coincidencia, consonancia, convergencia, avenencia, empate

uniformidad, homogeneidad, regularidad, unanimidad, equilibrio, monotonía, proporcionalidad, conmensuración, rutina

12.04 disparidad

disonancia, alteridad, discrepancia, inconsecuencia, despropósito, impropiedad, incompatibilidad, incomposibilidad

asimetría, disimetría, desarmonía, desequilibrio, desproporción, heterogeneidad, heteromorfismo, impropiedad, inadecuación, incoherencia, incongruencia, inexactitud, contrapunto

irregularidad, alteración, alejamiento

12.05 semejanza

afinidad, analogía, pertinencia, congruencia, coherencia, adecuación, armonización, regulación, conciliación, aproximación

reciprocidad, correspondencia, correlación, interacción, intercambio, interconexión, interdependencia · compensación, permuta

equiparación, identificación, paralelismo, compulsa, parangón · paridad, proporcionalidad

comparación, confrontación, cotejo

el retrato, el vivo retrato, una especie de · hijo de su madre, h. de su padre · la estampa viva, la imagen viva

12.06 desemejanza

desigualdad, antagonismo, contraste, desacuerdo, desajuste, desconveniencia, desequilibrio, desproporción, diferencia, disconformidad, discordancia, disimilitud, disparidad, distorsión, incompatibilidad, objeción

particularidad, atributo, característica, condición, distinción, especialidad, excepción, peculiaridad, rasgo, sello, señas, singularidad, tinte

alejamiento, separación, distanciamiento, marginalidad, departimiento · anacronismo, asincronismo

sustitución, cambio, conmutación, inversión, rotación, suplantación, permutación · regencia, subdelegación, subdirección, subinspección, subintendencia · hacer las veces de

12.07 conformidad

modelo, tipo, prototipo, arquetipo, biotipo, patrón, estándar, muestra, ideal, ejemplo, paradigma

original, módulo, espejo, espécimen, parangón

padrón, patrón, figurín, molde, horma, plantilla, marcador, metro, maqueta, precedente

ejemplar, borrador, canon, cliché, dechado, estereotipo, exponente, máster, medida, pauta, regla

12.08 inadecuación

imitación, simulación, emulación, repetición, representación, reproducción, simulacro, retrato, eco · imagen, onomatopeya

plagio, refrito, mimetismo, paráfrasis, fingimiento, falsificación, sucedáneo, trasunto · bisutería, oropel

figuración, reminiscencia · efigie, facsímil o facsímile, simulacro, contrahacimiento, contrahechura, COLOQ Y DESUS piada

variante, parodia, caricatura, pastiche, artificio, variedad, variabilidad, alteración, cambio, conversión, alternancia, mutación

copia, doble, imagen, sosia, remedo, reflejo, paralelo, parangón, símil, mimesis

fluctuación, inconstancia, inestabilidad, impermanencia, modulación, oscilación, transformación, versatilidad · disminución, agravación, mejoría, aumento, avatar

ambivalencia, anfibología, dilogía, dualismo, equívoco, indeterminación, tergiversación · doble juego, d. sentido

ADJETIVOS Y ADVERBIOS

12.09 relacionado

pertinente, adicto, aferente, análogo, atañedero, concerniente, correspondiente, dependiente, mutuo, perteneciente, referente, respectivo · anexo, conexo

sometido, subordinado, subyugado, supeditado, feudatario, satélite

afín, atingente o atinente, concerniente, concomitante, conexo, congruente, recíproco, relacionado, relativo, correlativo, respectivo, tocante, vecino

bilateral, simétrico, sinalagmático · equitativo

12.10 arbitrario

absurdo, aberrante, anómalo, anormal, antinatural, atípico, caprichoso, causal, improcedente, irregular, inarmónico, milagroso, prodigioso, sobrenatural, particular, original, paranormal

ridículo, chocante, extravagante, estrafalario, estrambótico, rocambolesco

peculiar, privativo, individual, propio, raro, señalado, separado, singular, típico, voluble

inconveniente, injustificado, inmotivado, inoportuno, insólito

desacostumbrado, inacostumbrado, inhabitual, inusitado, desusado, determinado, discontinuo, especial, específico, excepcional, extraño, extraordinario, fuera de norma, fútil COLOQ parche, pegote · friki

12.11 idéntico

exacto, igual, similar, clavado, análogo, equivalente, equipolente, indistinto, conforme, intercambiable, concordante, concomitante, indiferenciado · homogéneo, emparejado · isócrono

doble, sosia, gemelo, hermanado, MÉX cuate, ANT calaño

uno, par, parejo, parigual, mismo, tanto, pintiparado, propio

conforme, concordante, correspondiente, compatible, idóneo

acorde, acomodado, adaptado, adecuado, apropiado

12.12 alterado

cambiado, transformado, desordenado, revuelto, descomedido, desequilibrado, desproporcionado, destartalado, desmedido, diversiforme

opuesto, apartado, atípico · infiel, falso, ajeno

híbrido, mezclado, postizo, emplasto, heterogéneo, combinado, mixto, cruzado

sui géneris, cosa extraña, cosa rara, rara avis

12.13 semejante

parecido, cercano, comparable, conexo, similar, pareciente, pariente, pintado, pintiparado, propio, redivivo, similitudinario, similar, equivalente, mimético, paralelo, fiel, ANT parigual

próximo, afín, análogo, aparente, aproximado, compañero, comparable, congénere, rayano, umbrátil, vecino

sinónimo, homógrafo, homófono, homónimo, parónimo

copiado, imitado, calcado, duplicado, simulado, fingido, falsificado, parodiado, plagiado, usurpado · imitativo, mimado, mímico

intercambiable, postizo, supletorio, sustitutivo · onomatopéyico · prestado, reproducido

imitador, copista, remedador, simulador, plagiario, caricaturista, émulo, usurpador, parodista, gregario · falsario, trucador · epígono · borrego, camaleón, periquito, mimo

tal cual, a nivel de, a la altura de, otro que tal,

de ese tenor, por el estilo, por el mismo estilo, a tono con

así
— asimismo, talmente, ídem, ítem
— lo propio, lo mismo, eso mismo
— a modo de, a este tenor, por igual, por semejante, por mitades, para el caso
COLOQ mono, mona, arrendajo · escupido · del mismo paño, cortado por el mismo patrón, a imagen y semejanza, a juego con, ni más ni menos

12.14 diferente
diferenciado, desigual, distinto, diverso, dispar, disparejo, desparejo, discorde, disconforme, desacorde, disímil, desparado, desemblante, desemejante, discrepante
divergente, desviado, separado, inconexo, antagónico, incompatible, encontrado, opuesto, incoherente, incongruente o incongruo, discordante, disonante · asimétrico, disimétrico, contrario
heterogéneo, heteromorfo · otro, vario · BIOL anisómero, DESUS desconforme, ANT desparado
sustitutivo, alternativo, cambiable, conmutable, conmutativo, permutable, subsidiario, sucedáneo, sustituible

12.15 adecuado
conveniente, apropiado, proporcionado, correcto, conforme, procedente, congruente, oportuno, propicio, satisfactorio, entonado, ajustado
lógico, adaptado, indicado, digno, pertinente, acertado
perfecto, impecable, incomparable, cabal, ejemplar, modélico, arquetípico, ideal
armonioso, equilibrado, homogéneo, óptimo, sublime, súper, superior
irreprochable, intachable, irreprensible, inimitable, puro, redondo, rotundo, sobresaliente

12.16 inadecuado
incorrecto, improcedente, inconveniente, indebido
ambiguo, ambivalente, anfibológico, connotante, connotativo, contradictorio, disimulado, dudoso, enigmático, equívoco, indeterminado, misterioso, promiscuo · de doble sentido
impropio, inapropiado, incoherente, incongruente, improcedente, desacordado, desacordante, defectuoso, errado, ímprobo
inconcebible, incalificable, inconfesable, indecente, indelicado, indiscreto, infame, infando, infausto, desafortunado, desacertado, desdichado
variable, cambiante, móvil, fluctuante, inconstante, vacilante, caprichoso, fantasista, lunático, versátil

fuera de lugar, f. de propósito, f. de tono, f. de tino

12.17 relacionar
comparar, cotejar, confrontar, enfrentar, compulsar · carear, acarear
parear, parificar, paralelar, parangonar, colacionar, compulsar, equiparar, comprobar · contraponer, contrapuntear
depender, competer, concernir, respectar, atañer, pertenecer, afectar, atingir, referirse, incumbir · conectar, empalmar, engranar, enlazarse
dar ejemplo, dar el tono, dar la lección · darse la mano
hacer al caso, h. escuela
ir con, ir por
mostrar el camino
no ir a la zaga, no ser inferior
poner en paralelo, p. en parangón, p. frente a frente, p. al mismo nivel, p. en el mismo rango
señalar el modelo
ser del caso, ser aplicable
tener que ver
venir a colación, v. a cuento, v. a cuenta de, v. a pelo · v. al caso
COMP ING venir como anillo al dedo, hallar la horma de su zapato, ser tal para cual, ser tres cuartos de lo mismo, ser de la misma cuerda, estar cortados por el mismo rasero
REF De tal palo, tal astilla. Tanto monta, monta tanto. Otro que tal baila.

12.18 discordar
desacordar, desajustar, descuadrar, desentonar, desequilibrar, desfigurar, desligar, desviar, distorsionar, divergir, emancipar, falsear, independizar, liberar, libertar, separar, trucar, variar, discrepar, contravenir
desemejarse, desvirtuarse, diferenciarse, desvincularse, distorsionarse, metamorfosearse
cambiar, sustituir, permutar, conmutar, suplantar, renovar, desbancar, desfalcar, doblar · invertir, suceder
reemplazar, subrogar, recambiar, regentar, relevar, remudar, renovar, representar, revezar, servir, suplir
hacer las veces
— invertirse los papeles, mudar el semblante, mudarse los bolos, ocupar el lugar de, trocarse los bolos
— tomar otro color, t. otro giro
— volverse la tortilla, v. las tornas
COLOQ
— estar en el pellejo, ponerse en la piel
— ser algo de quita y pon

— servir de recambio, s. de repuesto
REF A rey muerto, rey puesto.

12.19 coincidir
concordar, concertar, converger, congeniar, cuadrar, encajar
hermanar, sintonizar, sincronizar · convenir, conciliar, armonizar
concernir, tocar, compartir, responder, corresponder, pertenecer
igualar, asemejar, nivelar, equiparar, equilibrar, identificar · solidarizarse, fraternizar
tomar ejemplo
— seguir el ejemplo, s. las huellas, s. los pasos, s. las pisadas, s. la moda, s. como borrego
— hacer lo propio, h. otro tanto
— inspirarse en, pisar los talones

12.20 distinguir
diferir, distar, divergir, variar, DESUS diferecer
distinguirse, apartarse, deshermanarse, desigualarse, desparecerse, distanciarse, diversificarse, individualizarse, llevarse · establecer diferencias
hacer contraste, h. distinción, h. distingos
no parecerse, no tener nada que ver
ser dos cosas distintas, s. otra cosa, s. otra canción, s. otro cantar, s. otra cuestión · considerar por separado, mediar un abismo
COLOQ
— no tener ni punto de comparación, no haber color, no entrar en docena · estar a años luz
COMP ING
— ser harina de otro costal, s. remiendo de otro paño, s. como de lo vivo a lo pintado, s. como del día a la noche, s. como de la noche al día
— parecerse como un huevo a una castaña

12.21 semejar
asemejar, asemejarse, parecerse, inclinarse, aparentar, recordar, rozar, tender, rayar, aproximarse, asimilarse, evocar, igualar, imitar, pintiparar, recordar, sugerir · madrear, padrear, semblar
reconocer, asimilar, fundirse, confundirse, unificarse
darse un aire, d. la mano
— estar hablando de, oler a, poner en el mismo plano, rayar en, correr parejas, salir a
— ser como, s. algo así como, s. como si fuera, s. del mismo molde, s. del mismo paño, s. el vivo retrato de, s. todo uno
— tener el mismo origen, t. un aire
— tirar a
COLOQ otro que tal, a partes iguales, ídem de lo mismo, tres cuartos de lo mismo, como dos gotas de agua, mitad por mitad · ser como quien dice

COMP ING parecerse como un huevo a otro huevo, estar hecho a imagen y semejanza
REF Dios los cría y ellos se juntan. Juntarse el hambre y las ganas de comer. Ser lobos de una camada. Dos que duermen en el mismo colchón se vuelven de la misma condición. Quien a los suyos parece honra merece. Ser los mismos perros con distintos collares.

12.22 diferenciar
desigualar
— desemparejar, deshermanar, disociar, desamoldar, cambiar, alterar, alternar, conmutar, mutar, permutar, rehacer, remodelar, diversificar, sustituir
— corregir, modificar, enmendar, reajustar, rectificar, reestructurar, manipular, retocar, transformar, variar
— trucar, falsear, tergiversar, preternaturalizar
diferenciarse
— desfigurarse, transfigurarse, transformarse, transmudarse, transustanciarse, desnaturalizarse, despintarse, invertirse, mudarse, demudarse
— tornarse, trocarse, transmutarse, volverse
— deformarse, disfrazarse, desdibujarse, desencajarse, trastornarse, trastrocarse
— señalarse, significarse, singularizarse, particularizarse
pasar a
— parar en, resolverse en, ser otro, dar la vuelta, volver la hoja, venir a parar, volverse del revés, salirse de su paso, reducirse a, romper moldes
— poner en orden, p. en razón · volver las aguas por donde solían ir
COLOQ enmendar la plana, hacer raya · dar la nota, dar el cante

12.23 corresponder
consonar
— concertar, concordar, casar, coincidir, cuadrar, corresponder, venir bien, caer bien
— ir, avenir, combinar, armonizar, encartar, proceder, acomodar
— compaginarse, terciarse, centrarse
ajustar
— encajar, adaptar, adecuar, acomodar, conformar, valer, apropiar
— equilibrar, nivelar, ponderar, compensar, contrarrestar, recompensar, atemperar, compasar
repetir
— reiterar, renovar, reincidir · tornar a, volver a
— copiar, calcar, emular, representar, inspirarse
— plagiar, falsificar · mimar, caricaturizar, parodiar

— **representar**, simular, remedar, apropiar, contrahacer o ANT contrafacer, fingir
— **transcribir**, transflorar, trasladar, trasuntar
— **fotocopiar**, microfilmar, reproducir, mimeografiar, multicopiar, xerocopiar, xerografiar, vaciar
— COLOQ fusilar, piratear, robar

12.24 diferir
desacordar, discordar, desafinar, desajustar, desavenir, descasar, descompensar, desconvenir o disconvenir, desemejar, desentonar, deshermanar, desproporcionar, desvariar, disociar, disonar, discrepar, ANT departir
diferenciar, contrastar, divergir, disimilar, discernir, alejarse, distar, variar, DESUS diferecer
resaltar, disentir, discriminar, contrastar, contrariar
diversificarse, diferenciarse, alejarse, separarse, apartarse, enfrentarse, oponerse, desparecerse, bifurcarse

13. CAUSALIDAD
13.01 causa
motivo
— **razón**, pretexto, cuestión, agente, móvil, estímulo, detonador, factor
— **motivación**, fundamento, justificación, desencadenante, tema o leitmotiv · extracción, filiación
— **excusa**, explicación, alegación, determinación, escapatoria
origen
— **procedencia**, proveniencia, ascendencia, antecedente, iniciación, derivo, formación, gestación, extracción, empiece, arranque, amago
— **principio**
  • preámbulo, prefacio, preludio, proemio, prolegómenos, prólogo, exordio, incoación, introducción, introito, base, núcleo, foco
  • albor, embrión, fermento, génesis, madre, padre, semilla, semillero, venero, vivero
  • fuente, manantial, cuna, nido, oriundez, germen, raíz, nacimiento, etimología · quid, ínput · cimiento, matriz
— **cabeza**, cabecera, apertura, antesala, anuncio, aurora, base, chispazo, escarceo, estreno, indicios, infancia, repunta, umbral
— **idea madre**, i. primera, punto de salida, p. de partida, arranque · cabeza de puente
— LAT ab initio, ab ovo
— COLOQ madre del cordero
fundamento, base, partida, teoría, postulado, axioma, verdad, dogma
génesis, arranque, embrión, encabezamiento, preámbulo · piedra angular

porqué · razón de ser, r. de peso · fuerza mayor, caso de fuerza mayor, condición sine qua non, paso obligado
13.02 efecto
consecuencia
— **desenlace**, deducción, conclusión, alcance, meta, fruto, producto, corolario, resultado o resultancia, eco, fin
— **reacción**, derivación, reflejo, repercusión, réplica, respuesta, secuela, resulta, resultante, fruto, producto · influencia, balance, saldo
finalidad
— **propósito**, motivo, misión, meta, objetivo, plan, destino
— **intención**, determinación, quimera, utopía
13.03 posibilidad
oportunidad
— ocasión, eventualidad, contingencia, coyuntura, escape, evento, expectativa, portillo, resquicio, salida
— éxito, efectividad, eficacia, eficiencia, DESUS eficacidad
— secuela, trascendencia, derivación, resulta, COLOQ carambola
— provecho, provento
— efectismo, golpe de efecto
probabilidad, perspectiva, prospectiva, previsión, suposición, pronóstico, especulación, presunción, horizontes
predestinación, hado, bamba, providencia, destino, sino, signo
13.04 imposibilidad
improbabilidad, impracticabilidad, incapacidad, impotencia, prohibición, contradicción, paradoja, antinomia, utopía
dificultad, impedimento, obstáculo, traba, inconveniente, complicación, escollo, valla, rémora, trance, brete, aprieto
incapacidad, invalidez, inhabilidad, discapacidad
barrera, obstáculo, límite
ilusión, utopía, quimera, irracionalidad, locura · cuadratura del círculo
13.05 necesidad
obligación, deber, responsabilidad, obligatoriedad, convenio, deuda, precepto, servidumbre, atadero
menester, exigencia, precisión
urgencia, premura, apremio, condición, imperativo, orden, ley, regla
determinismo, fatalismo
caso de fuerza mayor
13.06 eventualidad
casualidad
— **contingencia**, potencialidad, virtualidad, capacidad, potencia

— **azar**, sino, hado, acaso · sorteo, rifa
— **hipótesis**, postulado, conjetura, apriorismo
fortuna
— **suerte**, ventura, bienandanza, buenaventura, dicha, acierto, estrella, enhorabuena, lotería
— **golpe de fortuna** · buena sombra, b. suerte · en b. hora, con buen pie, caso fortuito, trébol de cuatro hojas
— COLOQ chiripa, chorra, chamba, carambola, ganga, DESUS bambarria, ARG, PAR Y UR pichincha, CHILE Y UR zapallo
infortunio
— **fracaso**, fatalidad, desdicha, desgracia, malapata, malandanza, sombra, enhoramala
— **mala suerte**, m. racha, m. andanza, m. pata, m. sombra, m. estrella
— COLOQ china, bicha, cenizo, gafe, batacazo · la negra, mal fario

ADJETIVOS Y ADVERBIOS
13.07 causal
motivado, apoyado, basado, fundado · lógico, racional, sensato · de sentido común, sin vuelta de hoja
repentino, súbito, imprevisible, inesperado, insospechado, precoz, impensado, impremeditado, inconsiderado
porque sí
— **sin venir a qué**, así como así, sin motivo, sin más ni más, sin qué ni para qué, por gusto · DESUS por un quítame allá estas pajas
causalmente, accidentalmente, lógicamente, sensatamente
COLOQ
— por chiripa, por narices, por real decreto
— a humo de pajas, a título de inventario · al aire
— fuera de razón, por menos de nada
— ARG así nomás, HOND de puro aire, PERÚ por las puras
13.08 consecuente
explicable, defendible, razonable, comprensible
disculpable, justificable, plausible, procedente
consiguiente, resultante, supeditado, deducido, derivado, relacionado, consecutivo
natural, normal, habitual, usual, común, humano
conforme a la razón, puesto en razón, conforme a regla
consecuentemente, consiguientemente
13.09 posible
accesible, asequible, admisible, agible, alcanzable, concebible, contingible, dable, ejecutable, exequible, factible, operable, practicable, previsible
hacedero, acaecedero, acontecedero

verosímil, creíble, contingente, permitido, virtual, procedente, presumible, aceptable, deseable, llevadero
eventual, potencial, aleatorio · en duda, en el aire, por verse
probable, programable, realizable, viable
13.10 imposible
insostenible, irrealizable, impracticable, inejecutable, inviable · inhacedero, ilusorio, ficticio, inaplicable, insoluble, inasequible, inaccesible
insufrible, insoportable, intratable
impensable, inadmisible, inalcanzable, inaudito, incompatible, incomprensible, inconcebible, increíble, inexplicable, inverosímil
remoto, quimérico, utópico
13.11 necesario
inevitable, indispensable, ineluctable, irremediable, indeclinable
ineludible, inexcusable, irremisible, imprescindible
fundamental, primordial, vital, cardinal, básico, esencial, importante, obligado, primario
forzoso, imperativo, imperioso, obligatorio
13.12 eventual
ocasional, circunstancial, accidental, fortuito, imprevisto, inesperado, inopinado, impredecible, imprevisible
azaroso, aleatorio, casual, ocasional, accidental, espontáneo, volandero
contingente · impensado, inmotivado
de chiripa, de carambola, por ventura · incierto, latente

VERBOS Y EXPRESIONES
13.13 causar
originar
— **motivar**, acarrear, comportar, conllevar, determinar, engendrar, generar, gestar, implicar, ocasionar, pretextar, producir, promover, provocar, suscitar
— **nacer**, partir, salir, surgir, provenir, proceder, arrancar, emanar, promanar, dimanar, emerger, principiar
— **originarse**, producirse, desprenderse, engendrarse, formarse, iniciarse, remontarse, gestarse, generarse, promoverse, hacerse, darse, seguirse
— **influir**, infundir, redundar, fomentar, incidir, incitar, mover a
— **alegar**, argüir, argumentar
— **resultar**, deducir, revertir, trascender, derivar, rendir, sacar, dejar
— **inferir**, implicar, notar, recaer, redundar, reflejar, refluir, refundir, repercutir, resentirse, seguirse

deberse a
— **venir de**, derivarse de, descender a · hacer efecto, h. mella · sacar consecuencias, ser motivo, surtir efecto · tener principio, t. su origen · traer cola, t. consigo · venir a parar
— **tener lugar**
  • dar lugar a, d. producto, d. provecho, d. cuentas de, d. ocasión para
  • echar raíces en, tener razones para, caer por su propio peso
  • ser de cajón, ser una verdad de Perogrullo · ir de suyo
— **por si acaso**, por sí o por no, por lo que pudiere tronar, por lo que pudiera suceder
  • el caso es que, la cosa es que, el hecho es que
COLOQ por si las moscas, por pitos o por flautas, por ce o por be, por fas o por nefas, por hache o por be
REF Con chica brasa se enciende una casa. De aquellos polvos vienen estos lodos. Quien siembra vientos recoge tempestades. De pequeña pelea nace muy gran rencor. Por un clavo se pierde una herradura.

13.14 resultar
deberse, originarse, remontarse, proceder, supeditar, condicionar, influir, afectar
salir, redundar, parar, revertir, recaer, sufrir, refundir, refluir, resolverse, responder, seguirse
provocar, ocasionar, engendrar, promover, generar, producir, desarrollar
derivarse de, depender de, estar en función de, remontarse a, traer como consecuencia, tener efecto, producir efecto

13.15 posibilitar
habilitar, capacitar, permitir, facultar, delegar, encargar, autorizar, acreditar · bendecir, presagiar · investir, otorgar, conceder · preparar, enseñar, adiestrar · caber
ser oportuno, venir a propósito, aprovechar la ocasión, elegir bien, llegar en el buen momento, caer como el agua de mayo
nacer de pie · acudir el juego, a. el naipe · caer de pie, c. la lotería · echar la buena ventura, entrar por las puertas · nacer con estrella, n. con suerte · ponerse en la sabana, tener buen agüero
COLOQ
— estar cantado, e. hecho
— ir a misa, ir a Roma
— no haber más cáscaras, no h. más remedio, no h. más vueltas que darle, no h. más narices · no tener vuelta de hoja
REF De menos nos hizo Dios. De menos hizo Dios a Cañete. Cuando Dios quiere, con todos los vientos llueve.

13.16 imposibilitar
invalidar, inutilizar, inhabilitar, incapacitar, anular · descalificar, prohibir, impedir, suspender · excluir, rechazar, despedir, negar
estar excluido
— estar fuera de cuestión, e. al margen
— ser caso aparte, s. marginal, s. independiente
— no haber nada que hacer, no haber manera
— no ser cuestión, no ser parte
— no tener nada que ver, no t. relación, no t. apelación
— no venir a cuento, no v. al caso
— quemar las naves, cerrarse las puertas
COLOQ
— en el mundo
— por nada, por nada del mundo
— ni por sueño, ni por pienso, ni soñarlo, ni a la de tres
— que no hay tu tía, que si quieres
— pedir la Luna, p. peras al olmo, p. cotufas en el golfo
— hablar de la mar
COMP ING
— buscar una aguja en un pajar
— cuando meen las gallinas, que si quieres arroz Catalina
— estar traído por los pelos o por los cabellos
REF Estar algo tan seguro como agua en cesto. Muerto el perro, se acaba la rabia. De Dios venga el remedio.

13.17 necesitar
precisar, requerir, exigir, implicar, imponer, faltar, pedir, reclamar, deber, hacer falta
ser preciso
— ser menester, s. necesario, s. cosa de, s. cuestión de, s. algo de primera necesidad, s. caso de fuerza mayor
— tener que, t. necesidad
— haber de, h. que, h. menester · no h. más remedio
— hacer por fuerza, h. a la fuerza, h. por necesidad, h. sin remedio
— estar escrito, echarse de menos
necesitar como sea
— a costa de lo que sea, a cualquier precio, a toda costa, a todo trance
— de cualquier manera, de c. modo, de la manera que sea
— en caso de fuerza mayor, en c. extremo, en todo c., en último c., en última instancia, en último extremo
— más pronto o más tarde, más tarde o más temprano
— no poder por menos, no haber más remedio, no tener más remedio, no t. más vuelta
— como último recurso, cueste lo que cueste, llegado el caso, pase lo que pase, por enci-

ma de todo, quiera o no quiera, sea como sea, si hay caso, si llega el caso, sin poderlo remediar, tarde o temprano
LAT conditio sine qua non
COLOQ
— a una mala, estar pidiendo a gritos
— pedir a gritos, p. a voces · no haber más narices

13.18 ser posible
conjeturar, presumir, suponer, prever, temer, inducir, predecir, profetizar, entrever, vislumbrar, intuir, idear
viabilizar, posibilitar, facilitar, adecuar
ser fácil, hacer posible, poder ser, estar dentro de lo posible
caber la posibilidad, poder suceder
reservarse para, r. el derecho de
reunir las condiciones para · correr el riesgo
nunca se sabe, ya veremos

14. ORDEN
14.01 organización
clasificación
— ordenación
— composición, configuración, convención, coordinación, disposición, distribución, estructuración, gradación, jerarquización, numeración, planificación, proporción, repartición
— orden alfabético, o. numérico, o. jerárquico, o. lógico, o. de entrada
método
— método deductivo, m. lógico, m. racional, m. sintético, m. analítico
— **procedimiento**, razonamiento, táctica, técnica, estrategia, estratagema, principio, cálculo
— **sistema**, estructura, armadura, textura, hechura, taxonomía, jerarquía, esqueleto, norma, ordenamiento, vicisitud, sucesión, tenor
— **criterio**, canon, fórmula, guía, línea
— **mandamiento**, comendamiento, instrucción, regulación, gobierno, línea de conducta
— **medida**, modo, módulo, régimen, coto, formalismo, rúbrica
— **plantilla**, pie, receta, rito, vía
14.02 desorganización
desorden
— **dispersión**, desordenación, alteración, divagación, dislocación, desconcierto, desbaratamiento, descomposición, desequilibrio, desajuste, desbarajuste, desarreglo, desvarío, descoordinación, desgobierno, hervidero, embolismo
— **desbandada**, desintegración, descontrol, escurribanda, anarquía
— **desastre**, malogro, desacierto, aborto, monstruosidad, calamidad, nulidad

confusión
— **enredo**, lío, algarabía, atropello, mezcla, mezcolanza, promiscuidad, ANT hetría
— **montón**, ovillo, tumulto, maraña, enmarañamiento, intrincamiento, fárrago, revoltijo o revoltillo
— **barullo**, embrollo, caos, rebujina o rebujiña, revolución
  • tomate, ensalada, pisto
  • Babilonia, trapisonda, belén, Sodoma y Gomorra
  • avispero, enjambre, hormiguero, gallinero, leonera, grillera, manicomio · culebra, ciempiés, laberinto
— **selva**, jungla, berenjenal, espinar, jaral, DESUS argado
— AM entrevero, ARG Y UR matete, VEN bululú, BOL Y CHILE boche, imbunche, COL Y VEN rochela
LAT tótum revolútum, mare mágnum o maremágnum, pandemónium, mixti fori o mixtifori
COLOQ mesa revuelta, arca de Noé, torre de Babel, casa de tócame Roque, portal de belén, merienda de negros, olla de grillos, cajón de sastre, casa de putas
14.03 continuidad
regularidad, costumbre, rutina, naturalidad, convencionalismo
principio, arquetipo, canon, código, consigna, convención, decálogo, directiva, directorio, directriz, estatuto, instrucción, ley, norma, ordenanza, orientación, precepto, prontuario, prototipo, proyecto, referencia, regla, reglamento, ritual
modelo, borrador, ejemplo, espejo, estándar o standard, maqueta, marcador, marco, matriz, molde, muestra, padrón, paradigma, parangón, patrón
plan, esquema, plantilla, simulacro
pauta, calaña, cartel, cartón, casuística, escantillón, espécimen, fórmula, horma, lema, luz, máxima, metro, minuta, módulo, precedente, prescripción, representación, tipo
14.04 discontinuidad
rareza, defecto
singularidad, particularidad, salvedad, irregularidad, inestabilidad, anomalía, desviación, excepción, aberración, intermitencia
extrañeza, fantasía, extravagancia, excentricidad, exotismo, exceso
exclusivismo, chovinismo, localismo, racismo · lista negra
suspensión, separación, detención, variación, variabilidad, transformación
interrupción, paréntesis, intervalo, laguna
cambio, alternancia, desconexión, disruptiva
incidente, accidente, episodio, catástrofe

14.05 agrupamiento
conjunto
— montón, bloque, haz, rimero, ristra, pila, piña, sarta, muestrario, surtido, cúmulo, pléyade, cuerpo, corpus, colección, serie, tanda, lote, remesa
— COLOQ morralla, porretada
grupo
— agrupación, asociación, comunidad, sección, reunión, asamblea, muchedumbre, globalidad, colonia, colectividad, caterva
— sociedad, nación, ayuntamiento, multitud, banda, tribu, etnia
— tropa, batallón, batería, brigada, partida, compañía, tropilla, cuadrilla, patrulla
— manada, bandada, rebaño, hato, hatajo, piara, potrada, recua, yeguada, vacada, enjambre, animalada, animalero
— par, dúo, tándem · trío, terceto, trinidad, trinca, terna · cuarteto, quinteto, sexteto · banda
— COLOQ patulea
repertorio
— agenda, catálogo, índice, indexación, inventario, tabla, listado, listín, serie · temario, elación, memorando o memorándum
— división, distribución, colocación, categoría, clase, puesto, turno, vez, grado, lugar
apartado
— capítulo, artículo, cláusula, concepto, párrafo, periodo, punto
— sección, parte, brazo, casilla, clase, compartimiento o compartimento, departamento, escaque, pieza
— subsección, subclase, subgénero, subgrupo, variedad, tipo, tipología, taxonomía
— jerarquía, rango, género, grupo, especie, ejemplar
— ramo, rama, ramificación, ramillete, racimo, manojo, macolla
— lote, juego, set, kit
— pareja, matrimonio, familia, clan
pertenencia
— inclusión, incorporación, incrustación, inserción, integración, intercalación, inherencia · centro, foco, polo, vértice
— exclusión, apartamiento, descarte, eliminación, erradicación, expulsión · excepción, exención, supresión · omisión, salvedad, rechazo · extracción, extirpación · desecho, desperdicio, despojo, residuo, resto, sobras, trastos
progresión
— sucesión
 • gradación, serial, tirada, tabla, tanda, racha, ráfaga, rastra, reata, sarta, sartal, contal
 • procesión, letanía, rosario, novenario

— línea, andana, batería, renglera o ringlera o rengle, cola, fila, fila india, tiramira, hila, hilada, hilera, liño, cadena, tren, cuerda, ristra o riestra, runfla, runflada, rueda, HUES carraza
— retahíla, alfabeto, horca, horco, escala, ciclo, carrera, serie · semana, septena, trecenario, quincena, quincuagena
— progreso, expansión, evolución, desarrollo, crecimiento, perfeccionamiento · alza, aumento, avance, aceleración, agravación · alargamiento, engrandecimiento, maduración
— degradación, disminución, regresión, declive · baja, freno, bajada, rebaja, bajón, descenso, decrecimiento o descrecimiento, decremento, descrecencia
— COLOQ ringla, ringle
ubicación
— anterioridad, comienzo, origen, inicio, arranque, empiece · anticipación, precocidad, preexistencia · cabeza, frente, fachada, entrada · antecesor, precursor, predecesor, decano · ancianidad, antepasado
— posterioridad, sucesión, continuación, seguimiento, consecuencia · retraso, prórroga, plazo, futuro · epígono, apostilla, posdata · descendiente, sucesor, heredero, retoño
— prolongación, continuidad, continuación, perpetuación, preservación, perseverancia · uniformidad, durabilidad, periodicidad, cronicidad, fidelidad, asiduidad · indefectibilidad, eternidad, infinidad · estabilidad, permanencia, raigambre, encadenamiento · curso, desfile

14.06 alteración
desigualdad
— anomalía, anormalidad, deformidad, desvarío · singularidad, particularidad
— deficiencia, vacío, laguna
— defecto, imperfección, lacra, tacha, tara
— desperfecto, deterioro, deformidad, manquedad, mengua
— fallo, falla, detrimento, falta, incorrección, objeción, pecado, pero, sino
— mancha, mácula, lunar, maca, mota, estigma, impureza, sombra
— desproporción, asimetría, exceso, grosería, hosquedad, irregularidad, fealdad
COLOQ
— movida, barahúnda o baraúnda, barbulla, cirio, cisco, embarullamiento, garbullo, garulla, garullada, maraña, marimorena, mogollón, tiberio, tinglado, tremolina, zurriburri
— trifulca, balumba, guirigay, liorna, marabunta, trápala, zafarrancho, zapatiesta o trapatiesta, zipizape

— **remolino**, bochinche, calabriada, caramillo, desparramo, enredijo, estrapalucio, estropicio
— **galimatías**, fárrago, popurrí, rebumbio, baturrillo o batiborrillo o batiburrillo, jabardillo
— **birria**, bodrio, asco, plasta, buñuelo, catana, pepla o plepa, purrela o purriela, MALSON mierda, caca
— **AM** batiboleo, AM CENT desparpajo, ARG, BOL, PAR Y UR merengue, ARG Y UR sotreta, ARG, PERÚ Y UR macana, ARG batifondo, PR majarete, AM VULG quilombo

ADJETIVOS Y ADVERBIOS
14.07 ordenado
organizado, estructurado, equilibrado, normalizado, coordinado, regularizado, sistematizado, metódico, razonado, calculado, coherente, conforme · tejido, eslabonado
colocado, situado, ubicado, puesto, arreglado, cuidado
acomodado, instalado, emplazado, estacionado, instado, asentado, dispuesto, apostado, aposentado, descansado, plantado, dejado, metido, encajado
dispuesto, preparado, aparejado, aprestado, concertado, ajustado
combinado, compaginado, simétrico, armonioso
14.08 desordenado
revuelto, desorganizado, desajustado, deshilvanado, desparpajado, inconcino, inordenado, descolocado, desequilibrado, degradado, desangelado, deslavazado · en desorden, fuera de orden, en confuso
disperso, desparramado, desperdigado, diseminado, espaciado, esparcido, salpicado, separado, suelto, ralo
complicado, intrincado, enmarañado, rebujado, inextricable, laberíntico, BOL Y CHILE chascón
14.09 clasificado
metodizado
— decretado, estandarizado, estatuido, institucionalizado, instituido, legalizado, legislado, normalizado, preceptuado, prescrito, reglado, reglamentado, regulado, regularizado, tipificado
— puesto en regla
catalogado
— jerarquizado, archivado, fichado, sistematizado, especificado · codificado, repartido, distribuido
— alfabetizado, numerado, reagrupado
— encasillado, repartido, depurado
— combinado, mezclado · contenido, integrado, circunscrito, incluso · comprendido, implícito, inherente

primero
— **primitivo**, original, originario, germinal, embrionario
— **previo**, preliminar, preparativo, preparatorio
— **inicial**, inaugural, incoativo, introductivo, introductorio
— **naciente**, incipiente · en cierne, en embrión, en germen, en mantillas
— **diurno**, matinal, lucífero
anterior
— **precedente**, antecedente, anticipatorio, preliminar
— **primitivo**, arcaico, prehistórico, antihistórico
— **precoz**, prematuro · primigenio, originario, prístino
posterior
— **sucesivo**, consecutivo, siguiente, sucesor
— **después**, detrás, luego, siguiente, subsiguiente, inmediato
— **a continuación**, a renglón seguido
— **uno tras otro**, uno detrás de otro · por su orden
— **en fila**, en fila india, en escalerilla
continuado
— **consecutivo**, consiguiente, continuo, correlativo, corrido, escalonado, interrumpido, secuencial, seguido, sostenido, subsiguiente o subsecuente
— **a la deshilada** o DESUS en deslayo
— **consecutivamente**, sucesivamente, seguidamente, a su vez, por su orden
— **creciente**, gradual, ascendente, evolutivo, progresivo, sucesivo
— **regresivo**, decreciente, descendente
— **cíclico**, crónico, periódico
último
— **póstumo**, ulterior, colofón, epílogo, retaguardia, zaguero, zorrero, trasero, séquito
— **penúltimo**, antepenúltimo
— **definitivo**, terminativo, finalista, conclusivo, concluyente, concluso
— **nocturno**, noctámbulo, nocherniego o nocharniego, trasnochador, noctívago · lechuza · nictálope, licnobio, lucharniego, crepuscular
finalizado
— **acabado**, agotado, apurado, consumado, completo, concluido, consumido, coronado, despachado, extinguido, gastado
— **liquidado**, rematado, terminado, ultimado, concluso
— **final**, conclusivo, concluyente, terminante, terminativo
— **al fin**, al final, al cabo, por fin, por remate, por último, a la postre, al fin y al cabo, en último extremo, en ú. término, en última instancia

14.10 desclasificado
discontinuo, fluctuante, intermitente, interrumpido, remitente · discontinuado, cambiante, variable, alterno, alternante, alternativo

intrincado, inextricable, extravagante, estrafalario, estrambótico, desproporcionado, irregular, asimétrico, deforme, extraño, heteróclito, excepcional, monstruoso, raro

errado, equivocado, inexacto, imperfecto, incorrecto, erróneo, desatinado

de cualquier manera
— a la barata, a la desbandada, a la manera de Telonio, a la remanguillé
— a diestro y siniestro, a trasquilones, a troche y moche, a trochemoche, a trompa y talega, a trompón, a tutiplé
— al retortero, aquí y allí
— cabeza abajo, cada cosa por su lado, de cualquier modo, manga por hombro, patas arriba
— sin orden ni concierto, sin pies ni cabeza

14.11 agrupado
amontonado, apilado, apiñado, arracimado, congregado, conjuntado

unido, apandillado, asociado, coligado, emparejado, ensamblado, globalizado, hermanado, incluido, incrustado, juntado, reunido

aglomerado, conglomerado, aglutinado, colectivizado, concentrado, coleccionado, seriado

14.12 inconexo
aislado
— **abandonado**, clausurado, excluido, disgregado, desvencijado, esparrancado
— **solitario**, soledoso, desierto, solo, individual, particular, señero, separado, suelto
— **exento**, incomplexo, incomunicado, independiente, libre, desunido, disgregado, dispersado

anárquico
— **caótico**, confuso, embrollado, enredado, farragoso, lioso, promiscuo, rebujado, tramado, turbio
— **intrincado**, inextricable, indigesto

separadamente, individualmente, departidamente, aparte, lejos, por separado, uno por uno, cada cosa por su lado

14.13 ordenar
organizar
— **metodizar**
  • sistematizar, regularizar, racionalizar, repartir, reorganizar, restablecer, formar, formalizar, conformar, equilibrar, coordinar, CANTB acaldar
  • poner en orden, p. en regla

— **graduar**, seriar, alinear, enhilar, alfabetizar, numerar, paginar, foliar, indexar, ahilar, enfilar, encadenar, eslabonar, ensartar
— **caracterizar**, especificar, particularizar, individualizar, marcar, etiquetar, combinar, relacionar
— **reglamentar**, normalizar, legislar, decretar, instituir, preceptuar, estatuir, prescribir, estandarizar, institucionalizar, teorizar, reglar
— **normalizarse**, regularizarse, encauzarse, estandarizarse, tipificarse

colocar
— **acomodar**, disponer, componer, compaginar, concertar, adaptar, ajustar
— **preceder**, antecedor, anteponer, prefijar, anticipar, adelantar, aventajar, prevalecer · ir adelante, llevar adelante, abrir camino, ganar terreno, dejar atrás, tomar la delantera
— **suceder**
  • seguir, proseguir, continuar, subseguir, alargar, prolongar, prorrogar, reanudar, empalmar, extender
  • perpetuar, perennizar, eternizar, inmortalizar
  • ir detrás, estar detrás, dar continuación
  • venir detrás, v. después

14.14 desordenar
desorganizar, enredar, revolver, liar, embrollar, embarullar, enmarañar, engarbullar, confundir

turbar, alterar, subvertir, desnaturalizar, viciar, pervertir

descolocar, desalinear, desarreglar, barajar, desbaratar, desconcertar, desquiciar, embarullar, embrollar, engarbullar, trastornar, ANT derranchar

mezclar, enturbiar, diluir, revolver, agitar, menear

14.15 clasificar
uniformar
— **normalizar**, armonizar, estandarizar, homogeneizar, unificar
— **regular**, regularizar, igualar
— **tipificar**, ajustar, asemejar, compensar, equilibrar, estabilizar, romanear, terciar

adecuar
— **adaptar**, acomodar, acordar, ajustar, atemperar, compaginar, conformar, contrabalancear, contrarrestar, corresponder, cuadrar, encajar, homogeneizar, neutralizar, normalizar, readaptar, reajustar, regularizar, someter, templar
— **proporcionar**, equilibrar, nivelar, ponderar, asimilar · dar forma

14.16 desclasificar
desmantelar, desmontar, desembalar, desmembrar, descomponer, desajustar, desarticular · desquiciar, dislocar

desparramar, desperdigar, aventar, desbandarse, desmandarse, diseminar, disgregar, disipar, esparcir, extenderse, ANT destropar

14.17 agrupar
jerarquizar
— **reagrupar**
 • reunir, juntar, integrar, unificar, fusionar, aglutinar
 • unir, atar, ligar, casar, tejer, pegar
 • combinar, alternar, aparear, emparejar, adocenar
 • uniformar, uniformizar, COLOQ guisar, aviar
— **catalogar**
 • codificar, categorizar, archivar, tipificar, distribuir, repartir, subordinar, inventariar
 • equilibrar, espaciar, escalonar
— **correr parejas**, ser todo uno, ser del mismo paño, meter en el mismo saco, estar cortados por el mismo patrón

incluir
— **abarcar**, abrazar, absorber, asimilar, ceñir, cercar, circunscribir, comportar, comprender
— **englobar**, encerrar, entrañar, implicar, importar, incorporar, integrar, rodear, tener, contener
— **emparejar**, aparear, igualar o DESUS aguar o iguar, empardar, enrasar, equilibrar, equiparar, uniformar, uniformizar, compensar
— **enlazar**, entrelazar, casar, relacionar, acoplar, codear, combinar, encadenar, concadenar, interaccionar, concatenar, eslabonar, sumar, trabar, rozar
— atar cabos, poner en contacto

excluir
— **eliminar**, separar, retirar, apartar, arrumbar, arrinconar, abandonar, dejar, quitar, relegar, arredrar o DESUS redrar
— **descartar**, desechar, despreciar, abandonar, marginar, omitir
— **deshacerse**, desembarazarse · expulsar, extraditar, desheredar, RELIG excomulgar
— **aislar**, anatematizar · exiliar, deportar, expatriar, desterrar, desarraigar, desracinar, proscribir, relegar, segregar
— **separar**
 • desunir, extraer, sacar, arrancar, extirpar, descuajar
 • dejar fuera, d. de lado, d. a salvo, d. en desuso
— **rechazar**, despreciar, repudiar, desairar, echar
— **exceptuar** o DESUS exceptar, excepcionar, restringir, salvar, orillar, apartar, aislar
— **no incluir** · quitar del paso, q. de la vista, q. de delante · no tener cuenta de, dar la baja, darle boleto, poner aparte, dejar a salvo, quitarse de encima · señalar con piedra · arrancar de raíz, a. de cuajo

— hacer excepción, h. una salvedad, h. caso omiso
— estar dejado de la mano de Dios

14.18 alterar
enredar
— **alborotar**, turbar, liar, enmarañar, envolver, enzarzar, intrincar, involucrar, confundir, perturbar, degradar, desequilibrar
— **embrollar**, complicar, embolicar, envarbascar o embarbascar, embejucar, encabestrarse, entrampar
poner en desorden
— armar un embrollo, a. un lío
— poner pies con cabeza, p. manga por hombro
— estar todo por medio, e. sin trastes
— no dejar cosa con cosa, no haber cosa con cosa
COLOQ
— engarbullar, envedijar, AR embuñegar, COL Y PAN embolatar
— alborotar el palomar, poner patas arriba, ir cada cosa por su lado, estar sin orden ni concierto, ser una pocilga, y viva la Pepa
— ARG ser un despelote, ser un merengue, estar hecho un chiquero, CUBA Y VEN arroz con mango
COMP ING estar como los órganos de Móstoles, andar manga por hombro
REF A río revuelto, ganancia de pescadores.

15. CANTIDAD
15.01 abundancia
enormidad
— **infinidad**, inmensidad, atrocidad, horror, espanto, aluvión, profusión, prodigalidad
— **multitud**, concurrencia, aglomeración, congestión, caterva, tropel
— **caudal**, cantera, cúmulo, diluvio, dineral, enjambre, granero, haz, masa, millonada, mina, miríada, plaga, pozo, raudal, rimero, ristra, saco, sinfín
— **calderada**, sartenada, carretada, paletada, porretada, oleada, brazada, brazado, puñado, sombrerada, haldada
exceso
— **colmo**, desmesura, despilfarro, saturación, exageración, demasía, avalancha
— **excedente**, sobreproducción, descuello
— **sobejo**, sobra, sobrante, superávit, DESUS sobejanía
COLOQ
— **barbaridad**, bestialidad, brutalidad, enormidad, disparate, horror · burrada, pasada
— la tira, la mar
— un mogollón, un rato, un rato largo, un mar de, un montón de, un sinfín de, un sinnúmero de

— una porrada, una barbaridad, una pila de, una cosa mala, ARG una ponchada
— todo lo imaginable, t. lo habido y por haber, t. lo que hay que
— nada menos que, medio mundo, este mundo y el otro

15.02 escasez
carencia
— **insuficiencia**, deficiencia, ausencia, carestía, mengua, privación, falta, penuria, parquedad, poquedad, parvedad o parvidad, exigüidad, pequeñez, premura, escatima, DESUS escaseza, ANT destricia
— **pobreza**, pobretería, indigencia, miseria, inopia, apuros, necesidades, privaciones
— **añoranza**, morriña, nostalgia
insignificancia
— **menudencia**, pequeñez, exigüidad, nimiedad, pulgarada · nadería, fruslería, piojería · un tanto, alguno que otro
— **trozo**, troncho, pastilla, tajada, tarazón, raja, cala, onza · fragmento, pellizco, porción, ramo, perla, cacho
— **chispa**, pizca, brizna, grisma, triza, ápice, tris, ostugo, pucho, nonada, miga, uña, jota, tilde, brote, punta · átomo, partícula · atisbo, asomo, barrunto · casi nada, un negro de uña
— **migaja** o miaja, minucia, mota, grisma, indicio, jota, muestra, pelo, señal, sombra, sospecha, tilde, vislumbre, adarme, amparo, ápice
— **sorbo**, trago · gota · bocado, bocanada · dedada · cucharada, cucharadita
vacío, hueco, hoyo, agujero, oquedad, cavidad, concavidad, claro, lago, laguna, portillo, blanco, entrante
COLOQ
— ni pizca, ni agua, ni chapa, ni chispa, ni flores, ni gorda, ni gota, ni jota, ni medio, ni papa, ni patata, ni pum, ni rastro, ni señal, ni señales, ni sombra, ni torta
— ni una pizca, ni una brizna, ni una miga, ni una miaja o migaja, ni una palabra, ni una mota de polvo
— ni un grano, ni un ápice, ni un pelín, ni un pelo, ni un amparo, ni un adarme
— ni tanto así, ni por asomo, ni por el forro, ni poco ni mucho, ni para un remedio, ni lo más mínimo, ni media palabra
— un tantico, un tanto así, un si es no es
— nada de nada, nada en absoluto
— MÉX puro bolillo, VULG una madre, ni madre
COMP ING maldita de Dios la cosa, con una mano atrás y otra delante

15.03 aumento
crecimiento
— ampliación, amplificación, multiplicación, proliferación

— alza, subida, escalada, elevación, expansión, explosión, hinchazón, inflación
— dilatación, extensión · enriquecimiento
desarrollo, extensión, prolongación, extendimiento, difusión, dispersión, generalización, ramificación, esparcimiento, aspersión, DESUS esparsión
añadidura, añadido, aditamento, agregación, adición, suma, multiplicación · chorrada, propina, sobrepeso
peso, gravedad, graveza, gravitación, masa, pesantez · caída, carga, lastre · tara

15.04 disminución
devaluación, bajada, bajón, descenso, decremento, decrecimiento, descrecimiento, descrecencia, mengua, menoscabo, merma, ANT esmena
rebaja, detasa, déficit
descuento · sustracción, diferencia, resta
reducción, recorte, desaceleración, regresión, restricción, debilitamiento, amortiguamiento
depreciación, devaluación, desvalorización · adelgazamiento

15.05 medidas
SUPERFICIE DE UN TERRENO: topografía, GLOBO TERRESTRE: geodesia, TIERRAS: agrimensura, ALTURAS: altimetría · MEDIANTE FOTOS: fotogrametría, MEDIANTE EL TAQUÍMETRO: taquimetría
C.G.S. (CEGESIMAL): centímetro (LONGITUD), gramo (MASA), segundo (TIEMPO)
métrico decimal: a - área (SUPERFICIE) · g - gramo (PESO) · l - litro (CAPACIDAD) · m - metro (LONGITUD) · m² - metro cuadrado (SUPERFICIE) · m³ - metro cúbico (VOLUMEN)
DE LONGITUD:
— micra o micrón (0,0001), milímetro (0,001), centímetro (0,01), decímetro (0,1), metro (1) decámetro (10), hectómetro (100), kilómetro (1000), miriámetro (10 000)
— milla (PARA LOS ROMANOS, MIL PASOS: 1478,5 METROS), estadio (UN OCTAVO DE MILLA), estadal (CUATRO VARAS), vara (ENTRE 768 Y 912 METROS), pie (UN TERCIO DE VARA EN ALGUNAS INTERPRETACIONES, MUCHO MENOS EN OTRAS), pica (14 PIES DE PROFUNDIDAD, 3,89 METROS EN ALGUNAS INTERPRETACIONES)
— yarda (0,914 METROS), pulgada (DUODÉCIMA PARTE DEL PIE, UNOS 23 MILÍMETROS), línea (DUODÉCIMA PARTE DE UNA PULGADA), punto (DUODÉCIMA PARTE DE UNA LÍNEA)
— MAR milla (1853 METROS), cable (DÉCIMA PARTE DE LA MILLA), braza (1,6718 METROS), cuadra (ANCHURA DEL BUQUE EN LA CUARTA PARTE DE SU LONGITUD CONTADA DESDE PROA O DESDE POPA)
— ANT ana (UN METRO APROXIMADAMENTE) acena (DIEZ PIES)

— ASTRON párSEC (3,26 AÑOS LUZ), año luz (UNOS DIEZ BILLONES DE KM), unidad astronómica (DISTANCIA DE LA TIERRA AL SOL)

— IMPRECISAS: legua (CAMINO QUE REGULARMENTE SE ANDA EN UNA HORA), vara (ENTRE 768 Y 912 METROS SEGÚN REGIONES), cana (DOS VARAS), paso (DISTANCIA DE CADA MOVIMIENTO AL ANDAR), cordel (CINCO PASOS), cuadra (ENTRE LOS 100 Y 150 METROS), estado (ESTATURA REGULAR DEL HOMBRE) · dedo, mano, palmo (MANO EXTENDIDA, DESDE EL PULGAR HASTA EL MEÑIQUE), codo (DESDE EL CODO HASTA EL EXTREMO DEL DEDO MEDIO), espita (MEDIDA LINEAL DE UN PALMO), coto (MEDIO PALMO)

DE SUPERFICIE:

— micra cuadrada (0,0001 M²), milímetro cuadrado (0,001 M²), centímetro c. (0,01 M²), decímetro c. (0,1 M²), metro c. o centiárea (1 M²), decámetro c. o área (100 M²), hectárea o hectómetro c. (10 000 M²), kilómetro c. (1 000 000 M²)

— fanega (576 ESTADALES CUADRADOS o 64,596 ÁREAS), estadal cuadrado (CUADRADO DE 3,334 METROS DE LADO), estado (49 PIES CUADRADOS), vara cuadrada, milla c., marjal (528,4 M²)

— caballería (3863 ÁREAS), peonada (3 ÁREAS), caña (1,06 M²), celemín (537 M²), maquila (MEDIO CELEMÍN), estadal (11,17 M²) · CAT mojada (49 ÁREAS), besana (2187 CENTIÁREAS), cuartera (UNAS 36 ÁREAS), cuartal (DUODÉCIMA PARTE DE LA CUARTERA), picotín (CUARTA PARTE DEL CUARTAL) · NAV robada (8 ÁREAS Y 98 CENTIÁREAS) · CUBA cordel (14 CENTIÁREAS), caballería (1.343 ÁREAS) · MÉX hacienda (8788,5 HECTÁREAS) · BOL cato (11 282 M²) · COL fanegada (6400 M²) · PERÚ fanegada (6459 M²) · PAR liño (4883,2 M²)

— REINO UNIDO: acre (40,47 ÁREAS), yarda cuadrada (0,914 M²), pie cuadrado (DIMENSIONES VARIAS), pulgada cuadrada (DUODÉCIMA PARTE DEL PIE, PARA LOS INGLESES, 24,4 MM²)

— ROMA ANTIGUA: centuria (200 YUGADAS), escrúpulo (8,76 M²), septunx (1400 M²), heredium (5036 M²), saltus (2 016 000 M²), juregum (VARIABLE)

— GRECIA ANTIGUA: pletro (948,64 M²)

— IMPRECISAS: quiñón (PORCIÓN DE TIERRA DE CULTIVO), embelga (BANCAL QUE SE RIEGA DE UNA SOLA VEZ), huebra (ESPACIO QUE SE ARA EN UN DÍA), aranzada (PORCIÓN QUE LABRA UNA YUNTA DE BUEYES EN UN DÍA), yunta o yugada (SUPERFICIE LABRADA EN UN AÑO POR UNA YUNTA DE BUEYES), fanega o marco (VARIABLE SEGÚN LAS REGIONES), soga (VARIABLE), obrada (ENTRE 1000 Y 6000 M²), tahúlla (ENTRE 11 Y 18 M²).

DE VOLUMEN:

— milímetro cúbico, centímetro c., decímetro c. o litro, metro c., decámetro c., hectómetro c., kilómetro c.

— yarda cúbica, pie cúbico, pulgada cúbica

— ASTRON párSEC cúbico (CUBO DE UN PÁRSEC DE LADO)

— IMPRECISAS: cárcel (MEDIDA PARA LA VENTA DE LEÑAS), carga (CANTIDAD TRANSPORTADA), estéreo (LEÑA QUE PUEDE APILARSE EN UN METRO CÚBICO)

DE CAPACIDAD:

— mililitro, centilitro, decilitro, litro, decalitro, hectolitro, kilolitro

— arroba o cántara (12,56 LITROS), azumbre (UNOS DOS LITROS), fanega (UNOS 55 LITROS), celemín (UNOS 4,6 LITROS), almud (VALORES VARIABLES), canasta (EN SEV, MEDIA FANEGA DE ACEITUNAS), alquez (MEDIDA DE VINO DE DOCE CÁNTARAS) · MEDIDAS FRACCIONARIAS: cuarto, cuartón, cuartillo o folleta, cuartilla, cuarterola, cuartín, cuartinelo

— galón (4,5 LITROS EN GRAN BRETAÑA Y 3,7 EN AM NOR), cuarto, pinta (ENTRE 0,4 Y 0,93 LITROS)

— PARA EL ACEITE: libra (PESO), cachucho (SEXTA PARTE DE UNA LIBRA), cuartán (4,15 LITROS), maquila (PORCIÓN DE ACEITE QUE CORRESPONDE AL MOLINERO), panilla (UN CUARTO DE LIBRA)

— LEÓN miedro (DOCE CÁNTAROS DE VINO, UNOS 190 LITROS), GAL cañado (37 litros), pichola (POCO MÁS DE UN CUARTILLO)

— ANT modio (UNOS 8,75 LITROS) congio (UNOS TRES LITROS), bicongio (DOS CONGIOS), sextario (SEXTA PARTE DEL CONGIO), cuadrantal (48 sextarios), hemina (MEDIO SEXTARIO) acetábulo (CUARTA PARTE DE UNA HEMINA), cotofre (MEDIO LITRO)

— CHILE arroba (3,55 LITROS)

— FILIP ganta (TRES LITROS), chupa (UN OCTAVO DE GANTA)

— ROMA ANTIGUA: ánfora (26,26 LITROS), metreta (DOS ÁNFORAS), semodio (OCHO SECTARIOS), urna

— GRECIA ANTIGUA: ánfora (19,7 LITROS), medimno, cotilo

DE PESO O MASA:

— decigramo, centigramo, miligramo, gramo

— decagramo, hectogramo, kilogramo

— quintal, tonelada

— libra (PESO ANTIGUO DE CASTILLA) marco oro (PESO DE MEDIA LIBRA), castellano (CINCUENTAVA PARTE DEL MARCO ORO, EQUIVALENTE A OCHO TOMINES) adarme (TRES TOMINES) tomín (TERCERA PARTE DEL ADARME)

— arroba (25 LIBRAS), cuartilla (UN CUARTO DE ARROBA), libra (16 ONZAS), cuarterón (UN CUARTO DE LIBRA), onza (ENTRE 24 Y 33 GRAMOS), quilate (1/140 DE ONZA, ES DECIR, 205 MG)

— GUIPÚZCOA: fajo (UNIDAD DE PESO PARA LEÑAS)

— HOND maquila (MEDIDA DE PESO DE CINCO ARROBAS)

DE CALOR:

— caloría, kilocaloría (1000 CALORÍAS), megacaloría o termia (1 000 000 CALORÍAS)

— frigoría (KILOCALORÍA NEGATIVA)
DE SONIDO:
— belio, decibelio, fonio (UN DECIBELIO A LA FRE-
CUENCIA DE 1000 HERCIOS), sonio (40 FONIOS)
MÚLTIPLOS Y SUBMÚLTIPLOS:

p	pico	0,000 000 000 001
n	nano	0,000 000 001
μ	micro	0,000 001
m	mili	0,001
c	centi	0,01
d	deci	0,1
	unidad	1
d	deca	10
h	hecto	100
k	kilo	1000
M	mega	1 000 000
G	giga	1 000 000 000
T	tera	1 000 000 000 000

ADJETIVOS Y ADVERBIOS
15.06 abundante
cuantioso
— **numeroso**, prolijo, prolífico
— **incontable**, inacabable, inagotable, incal-
culable, innumerable, insumable, inconmensurable, interminable, incesante · inex-
haustible, inextinguible, infinito
— **recargado**, exuberante, lujuriante, rico, profuso, exagerado, inmoderado, babélico
— **sobreabundante**, superabundante, abundoso, ubérrimo, copioso, caudaloso, pletó-
rico, largo, nutrido, opíparo, opulento, pingüe, pródigo, próvido
— **amplio**, inmenso, desmesurado, gigantesco, descomunal, monumental, monstruoso,
astronómico, exorbitante, tremendo
— **fecundo**, fértil, fructuoso, rico, opimo
en cantidad
— **en grande**
  • en gran manera, en g. medida, en g. escala
  • en demasía, en extremo, en grueso, en
  montón, en tromba, en tropel, en cantidades industriales
  • ARG en malón, GUAT en paleta, VEN en
  cambote
— **en alto grado**, en grado sumo, en sumo
grado, en grado superlativo
— **con creces**, con ganas
  • sobre manera, sobre modo
  • buen número de, buena parte de
  • cien por cien, ciento por ciento
  • sin fin · al por mayor
— COLOQ lo que no está escrito, lo suyo
además
— también, encima, igualmente, de propina,
amén, de más, otrosí, sobre

— para colmo, para remate, para más inri
— por si fuera poco, a todas estas, a todo esto
— por añadidura, por arrobas, por demás, por
junto, por lo menos
lleno
— **relleno**, atestado, atiborrado, colmado, fornido, nutrido, opulento, saciado, saturado,
sobrado · multitudinario
— **denso**
  • apiñado, aplastado, caliginoso, comprimido, concentrado, consistente, espeso, impenetrable, macizo, mazorral, pastoso, pegajoso, pelmazo, sólido, turbio,
  viscoso
  • sobrante, sobrexcedente, supervacáneo,
  sobrado O ANT sobejo o sobejano
— **espeso**
  • amazacotado, apretado, apretujado, compacto, impenetrable, tupido
  • condensado, consistente, duro, pastoso
mucho
— **muy**, bastante, asaz
— **así**, tanto, tan, bastante, demasiado, más,
menos
— **abundantemente**
  • ampliamente, considerablemente, copiosamente, cuantiosamente, derramada-
  mente, descosidamente, desmesuradamente, enormemente, entesadamente,
  exageradamente, extraordinariamente, extremadamente, exuberantemente, fabulosamente, fecundamente, fértilmente,
  frondosamente, fructuosamente, genero-
  samente, grandemente, inmensamente,
  innumerablemente, intensamente, largamente, llenamente, locamente, numero-
  samente, opulentamente, perdidamente,
  pródigamente, profusamente, prolíficamente, prósperamente, repletamente, ricamente, suficientemente, terriblemente,
  torrencialmente, totalmente
  • completamente, absolutamente, entera-
  mente, íntegramente, plenamente, radi-
  calmente
a fondo
— del todo, al máximo
— hasta el fondo, hasta las cachas, hasta las
cejas, hasta las orejas, hasta las trancas, hasta los topes, hasta el cuello, hasta el techo,
la bandera, hasta el borde · a cercén
— ARG Y UR al mango, VEN hasta los tequete-
ques
— por completo, por entero, por los cuatro
costados · sin mengua · cien por cien, ciento por ciento
de lleno, de plano, de pleno, de cuajo, de raíz,
de sumo, de bote en bote, de principio a fin,

de todo punto, MÉX de a tiro · del todo, en
todo y por todo
de arriba abajo, de banda a banda, de barra a
barra, de cabo a cabo, de cabo a rabo, de
extremo a extremo, de la cruz a la fecha,
de lado a lado, de medio a medio, de parte
a parte, de pe a pa, de pies a cabeza, de
principio a fin, de proa a popa, de punta a
cabo, de punta a punta, de todo en todo,
de tope a quilla, de tope a tope
a lo largo y a lo ancho
COLOQ
— cantidad, horrores
— **a mares**, a chorros, a cántaros, a jarros, a
base de bien, a más y mejor, a más no poder, a manos llenas, a tente bonete, a pote,
a rodo, a barba regalada
— **a manta**, a puñados, a granel, a gran escala, a punta pala, a mansalva, a porrillo, a rabiar, a porradas, a mogollón
— **a docenas**, a decenas, a centenas, a cientos, a centenadas, a centenares, a miles, a
millares, a millones
— **a manojos**, a manadas, a montones, a espuertas, a esportones, a capazos, a carreta-
das, a fanegadas, a cargas · al por mayor
— **a la desbandada**, a barullo, a rodo, a patadas, a tutiplén, a discreción, a morir, a rabiar
— **a lo bestia**, a lo bruto · ARG a carradas, a
rolete · UR a brocha
— una barbaridad, una tonelada, un mazo
— un mar de, un ratón, un buen número
— cantidad de, la mar de, la tira de, ciento y la
madre
— sobremanera o sobre manera, sobremodo o
sobre modo, largo y tendido, en tromba
— por un tubo, tela marinera, ciento y la madre, cosa mala
— de sobra, de lo lindo, de propina, de plus, de
más a más, de toda clase, de todo tipo,
de todos los colores, de toda laya, de todo
como en botica, MÉX de pilón, de ribete
— y pico, y compañía, y demás hierbas, y toda la hostia, y la mar en coche, y toda la
pesca, y la Biblia en verso, y un jamón con
chorreras, y etcétera, y un largo etcétera
COMP ING
— más que el diablo, m. que Dios, m. que otro
poco, m. que Carracuca, m. que siete · m.
de la cuenta
— como hormigas, c. agua, c. arroz, c. tierra,
c. hongos, c. un descosido, c. de aquí a Lima, c. el que más, c. un enano
— para más abundamiento, para parar un
tren, para dar y tomar
— hasta los topes, hasta las cejas, hasta los
ojos · MALSON hasta el culo

15.07 escaso
insuficiente
— **deficiente**, módico, reducido, menguado,
contado, apurado, precario, limitado, tasado, parco, raro, falto, justo, parvo, roído,
corto
— **exiguo**, minúsculo, insignificante, raquítico, irrisorio, ridículo, homeopático
— **desierto**, despoblado, desnudo, consumido, desprovisto, ralo, carente, mesurado
— **pobre**, mísero, miserable, ANT lacerado
— **único**, señero, aislado, solo, huérfano, exclusivo, morondo, moroncho, mero, mondo
— **no más**
  • nada más, y no más, sin añadiduras
  • a secas, a palo seco
  • mondo y lirondo, como alma en pena, y
gracias
poco
— **apenas**, casi nada, no mucho, uno que otro,
alguno que otro, cuatro gatos, tarín barín
— **muy poco**, el canto de un duro, un pelín,
un pelo, una pizca, un pellizco, una gota,
una punta, una sombra, COLOQ por un pelín, AM a puchos, ARG chaucha y palitos,
VEN al detal
— **a duras penas**, a graves p., a malas p., a
pistos, a ramal y media manta
— **en pequeñas dosis**, en d. homeopáticas,
con cuentagotas, un tanto, nada más que,
no más que, por adarmes, por alambique,
por alquitara, por onzas, con mano escasa
— **al menudeo**, al por menor, al detalle · a la
menuda · un si es no es
únicamente, puramente, escasamente, insuficientemente, exiguamente, tasadamente,
parcamente, solamente, apuradamente, di-
minutamente, AM nomás
un bledo, un comino, un pimiento, un ardite,
un pito, un pitoche, un pijo · una leche · AM
MER un pucho
15.08 aumentado
abultado, acrecentado, acrecido, ampliado,
agigantado, agrandado, amplificado, añadido, derramado, dilatado, engrosado, generalizado
alargado, estirado, extendido, esparrancado,
espaciado, esparcido, recargado, reforzado,
ensanchado
crecido, desarrollado, desdoblado, desenrolla-
do, desplegado, hinchado, incrementado,
procreado, engendrado
profuso, proliferado, propagado, pululado, salpicado, sembrado
añadido, adicionado, sumado
15.09 disminuido
reducido, abreviado, acortado, empequeñeci-

do, estrechado, contraído, encogido, restringido, tasado, limitado, circunscrito

menguado, decrecido, mermado, empobrecido, declinado, bajado, descendido, caído

aminorado, atenuado, debilitado, descargado, amainado, limado, moderado, aplacado, mitigado, rebajado, degradado, achicado

cortado, cercenado, mutilado, amputado, truncado, descabezado, recortado, podado, trasquilado, repelado, esmerado

restado, sustraído, quitado, depreciado, descontado, deducido

15.10 medido

calculado, arqueado, computado, contado, estimado, evaluado, tanteado, tasado

comprobado, verificado, observado, contrastado, igualado

calibrado, sopesado

VERBOS Y EXPRESIONES

15.11 abundar

proliferar

— **pulular**, prodigarse, sobreabundar, superabundar · acumularse, amontonarse, congestionarse

— **incrementar**, acentuar, acrecer, acrecentar, alargar

— **acopiar**, acumular, reunir, acaparar, almacenar, atesorar

— **inundar**, rebosar, redundar, desbordar

— **sobrar**, sobrepasar, resobrar, rebosar, redundar, holgar, sobreabundar, sobreexcederse

estar de más

— **estar de sobra**, hacer con creces, ser más de la cuenta

— **ir sin freno**, ir sin límites, ir sin medida, ir sin tasa, ir sin tino, ir de sobra, ir en demasía

— **cargar la mano**, irse la mano, colmar la medida

— echar de largo, e. hasta los topes

COMP ING

— abundar hasta más no poder, a. hasta decir basta, a. hasta dejarlo de sobra, a. como hongos en años de lluvias

— haber para parar un tren, h. para regalar, h. para tirar para el techo

— pasar de castaño oscuro · pasarse de raya, p. de rosca

— salirse de madre, poner a boca de costal

— ser la última gota, ser la gota que colma el vaso

— tener para dar y regalar, t. para dar y tomar

REF

— Lo que faltaba para el duro. No cabíamos al fuego y entró nuestro abuelo. Éramos pocos y parió la abuela. Esa zanahoria faltaba a la olla.

— ARG Éramos pocos y la chancha tuvo cría.

— Lo que abunda, no daña. Nunca lo bueno fue mucho. Por mucho trigo que hubiera, nunca fue mal año. Por mucho pan nunca es mal año.

15.12 escasear

faltar

— carecer, mancar, ralear, restar, enrarecer, escatimar · deshabitar, despoblar

— enrarecerse, DESUS rarefacerse

quedarse corto

— estar por, faltar por, haber que, echar de menos, e. en falta

— quedarse a mitad de camino

— estar en cuadro, quedarse en cuadro, no alcanzar, andar mal de

— no haber para un bocado, no h. para un remedio

COLOQ

— andar escaso, ser habas contadas, faltar el canto de un duro, contarse con los dedos de la mano, si alcanza no llega

— entrar pocos en kilo, e. pocos en docenas

— no quedar ni rastro, no q. ni los rabos, no q. ni gota

— no haber ni señal, no h. para un diente, no h. para un bocado

— no tener ni para empezar

— ser cuatro gatos, no estar ni el Tato

REF Valiente puñado son tres moscas. Ya vendrá el tío Paco con la rebaja.

15.13 aumentar

ampliar

— **ensanchar**, agrandar, engrandar, engrandecer, amplificar, agigantar, engordar, engrosar

— **lastrar**, gravar, agravar, sobrecargar, gravitar

— **agrandarse**, ensancharse, engrandarse, engrandecerse, ampliarse, acentuarse, acrecentarse, agigantarse · alargarse, amplificarse, completarse, prolongarse

— **desarrollar**, desplegar, expandir, explayar, desplayar, generalizar, propagar, espaciar · DESUS transfretar, difundir · desarrollarse, desplegarse, expandirse, generalizarse, propagarse, extenderse

— **ir a más**, tomar vuelo, subir de punto, crecer como una bola de nieve · hacerse extensivo

añadir

— **prolongar**, alargar, estirar, tender, extender, dilatar, incrementar, acrecentar, AR nantar

— **adicionar**, reduplicar, redoblar, multiplicar · redoblarse, incrementarse, intensificarse

— **doblar**, duplicar, triplicar, cuadruplicar, quintuplicar, septuplicar, octuplicar, nanoplicar, centuplicar · pluralizar, globalizar, mundializar

hinchar
— **inflar**, dilatar, engordar, engrosar, abofar, abombar, abotagar o abotargar, bufar, henchir, hispir · CHILE hacer copuchas
— **hincharse**, inflarse, abofarse, abombarse, abotagarse o abotargarse, abultarse, afollarse, ahuecarse, aporrillarse, avejigarse, bufarse, embotijarse, enconarse, entumecerse, henchirse, hispirse, infartarse
esparcir
— **difundir**, disgregar, dispersar, desparcir, desparramar, asperger, asperjar, aspergear, aventar, derramar, desperdigar, diseminar, espolvorear, ANT debandar
— **rociar**, salpicar, derramar
— **sobresalir**, alzarse, coronar, culminar, despuntar, destacarse, dominar, elevarse, empinarse, escollar, imponerse, levantarse, pasarse, preponderar, resaltar
crecer
— **extender**, ampliar, amplificar, engrosar, acrecer, agrandar, ensanchar, alargar, agigantar
— **incrementar**, intensificar, acentuar, reforzar, acrecentar, desarrollar, desenvolver
— **exagerar**, hinchar, abultar, recargar
— **añadir**, adicionar, sumar, anexionar, incorporar
— **ampliarse**, acrecentarse, incrementarse, elevarse
expandir
— **dilatar**, ensanchar, engordar, agrandar, ampliar, amplificar, desplegar, extender, aumentar, prolongar, desarrollar, descomprimir, difundir, estirar, ahuecar
— ganar amplitud, g. envergadura, g. volumen
15.14 disminuir
reducir
— **desinflar**, deshinchar, adelgazar, empobrecer, aminorar, atenuar, bajar, moderar, declinar, encoger
— **empequeñecer**, minimizar, miniaturizar, parvificar, estrechar, angostar · aminorarse, minorarse
— **apretar**, abrazar, apretujar, ceñir, contraer, constreñir, estrangular, comprimir, condensar, embeber, escatimar
— **mermar**, disminuir, cortar, abreviar
decrecer
— **aflojar**, amainar, ensolver, escamochar, escatimar, perder, racionar, ratear
— **menguar**, amenguar, mermar, aminorar, restar, acortar o AR acorzar, recortar, degradar, limar, repelar, comiscar, adelgazar
— **rebajar**, depreciar, devaluar, desvalorizar
— **acortarse**, contraerse, deshincharse, desinflarse, adelgazarse, reducirse, minimizarse

quitar
— **recortar**, descabezar, desmochar, camochar, capolar, chapodar, desfalcar, trasquilar, truncar
— **compendiar**, aligerar, abreviar, sincopar
— **descargar**, descolmar, desinflar, desmenguar, desmochar
— **absorber**, chupar, sangrar, desangrar, desaguar, drenar, vaciar
— **desposeer**, desproveer, desguarnecer, desapoderar, desmandar, desaposesionar, descañonar, desmantelar, DESUS deslinar
restringir
— **aminorar** o minorar, atenuar, mermar, restar, demediar, economizar, escatimar, bajar, decrecer
— **estrechar**, rebajar, disipar, menguar, amenguar, ratear, menoscabar
— **cercenar**, desmochar · cortar, limitar, aligerar, resolver, embutir, fundir, refundir
— **contraer**, ceñir, resumir, abreviar, sincopar, extractar, sintetizar, condensar, compendiar, substanciar
— **reducirse**, concentrarse, comprimirse, oprimirse
— **aliviar**, descargar, desgravar
15.15 medir
evaluar, calcular, tantear, contar, arquear, computar, pesar, regular, graduar, tasar, calibrar, valuar, estimar, apreciar
determinar, establecer, precisar, señalar, marcar

16. NÚMERO
16.01 números cardinales
cero
— nada, nulo
— cero absoluto, desde cero · punto de origen, p. de salida, p. cero, año cero, hora cero
uno
— un, once, mil, un millón · unidad, unicidad, uniformidad, ejemplar, ítem, pieza, elemento, monomio · diario
— UNIDAD Y MITAD DE ELLA: sesquiáltero
dos
— doce, veinte, veintena, doscientos · doble, dual, duplo · segundo · impar, non
— **binario**, bimembre, bipartido, bipartito, bifurcado, bífido, bicípite, binomio · bilocación, bipartición, bisección · bicicleta, tándem · geminado
— par, bis, copla
 • ELEMENTOS IGUALES: gemelos, díada
 • PERSONAS: pareja, mellizos
 • ANIMALES: yunta, mancuerna
 • CANARIAS, ARG, PAR Y VEN PAREJA DE MACHO Y HEMBRA: casal
 • TIEMPO: bimestre, bicentenario

- GEOMETRÍA: paralelismo, paralaje
- MÚSICA: dúo, dueto
- GRAMÁTICA: dual (NÚMERO)
- POESÍA, DOS VERSOS: pareado · DOS SÍLABAS: bisílabo o bisilábico
- EN LA IMPRENTA: duerno
- TIRA ENTRE DOS TELAS: entredós
- ATADO DE DOS PESCADAS DE CECIAL: cobre
- DOS DE BASTOS: matacán · DOS DE ESPADAS: cuca
— **dualismo**, dualidad, duplicidad, dúplice, doblete, dicótomo, dicotomía, dicroísmo

tres
— trío, terno, terna, trinca, tríada, tripleta, tríptico, tricotomía, trino · tricótomo, trífido, trifurcado, trilobulado, trilocular, trimembre, tripartito · trece, treinta, trescientos · tercio, triple
— TIEMPO: trimestre, trienio, tricentenario
— GEOMETRÍA: triedro, trinomio, triángulo, pirámide
— MÚSICA: trío, terceto (JAZZ)
— POESÍA, ESTROFAS: terceto, tercerilla, soleá, haiku · VERSO: trisílabo
— RELIGIÓN: trinidad, triduo
— SOMBRERO DE TRES ALAS: tricornio
— los tres reyes magos · las t. marías, las t. gracias

cuatro
— catorce, cuarenta, cuatrocientos, cuádruplo
— cuadriga, tétrada · cuatripartito
— TIEMPO: cuatrimestre, cuarentón, cuarentena
— GEOMETRÍA: paralelogramo, cuadrado, tetraedro, cuadrante, rombo
— MÚSICA: cuarteto, cuadradillo
— POESÍA, ESTROFAS: cuaderna vía, copla, seguidilla, tirana, cuarteto, cuarteta, redondilla, serventesio · VERSO: tetrasílabo

cinco
— quince, cincuenta, quinientos
— quinto, quíntuplo o quíntuple, cincuentavo
— GEOMETRÍA: pentágono
— TIEMPO: quinquenio, lustro, quindenio, cincuentenario
— MÚSICA: quinteto (CINCO MÚSICOS), pentagrama (CINCO RECTAS)
— POESÍA, ESTROFAS: quinteto, quintilla, lira · VERSO: pentasílabo

seis
— dieciséis, sesenta, seiscientos, sexto o seiseno, seisavo, séxtuplo, media docena
— TIEMPO: siesta · semestre, sexenio · sexagenario
— GEOMETRÍA: hexaedro, hexágono
— MÚSICA: sexteto, hexacordo
— POESÍA, ESTROFAS: sextina, sextilla, sexta rima · VERSO: hexasílabo
— SEIS HACES DE MIES: seico

— JEFE DE SEIS DECURIAS ROMANAS: séviro
— el sexto sentido, el sexto mandamiento

siete
— diecisiete, setenta, setecientos, séptimo, séptuplo
— TIEMPO: semana, semanario, hebdómada (SIETE AÑOS)
— GEOMETRÍA: heptaedro, heptágono
— MÚSICA: séptima de dominante, septeto
— POESÍA, VERSO: heptasílabo

ocho
— dieciocho, ochenta, ochocientos, octavo, octingentésimo, óctuplo
— TIEMPO: octogenario · octaedro, octógono
— MÚSICA: octeto, octava
— POESÍA, ESTROFAS: octava real, octavilla, octava rima · VERSO: octosílabo
— INFORMÁTICA: octeto
— MONEDA: ochavo

nueve
— diecinueve, noventa, novecientos, noveno, decimonoveno, nonagésimo, nónuplo
— TIEMPO: nonagenario
— GEOMETRÍA: eneágono
— POESÍA, VERSO: eneasílabo
— RELIGIÓN: novena
— las nueve musas

diez
— dieciséis, diecisiete, dieciocho, diecinueve, décimo, undécimo, duodécimo, decimotercero, decimocuarto, decimoquinto, decimosexto, decimoséptimo, decimoctavo, decimonoveno
— décuplo, decamerón, decena, decenario, decuria
— TIEMPO: década, decenio
— decagramo, decámetro
— GEOMETRÍA: decaedro
— POESÍA, ESTROFAS: copla de arte mayor, décima o espinela, ovillejo · VERSO: decasílabo
— MONEDA: denario
— ANTIGUO IMPUESTO: diezmo

once
— onceavo u onceno, undécimo, undécuplo · endécada
— GEOMETRÍA: endecágono
— POESÍA, VERSO: endecasílabo
— FÚTBOL: el once inicial

doce
— duodécimo, doceno, dozavo, duodécuplo · lados: dozavado · medianoche, mediodía
— docena, gruesa
— dodecafonía, sonido dodecafónico
— POESÍA, VERSO: dodecasílabo
— los doce meses del año, los d. signos del zodíaco, los d. Césares, los d. trabajos de Hércules, los d. apóstoles

— las doce campanadas, las d. tribus de Israel
trece
— decimotercero, decimotercio, treceno, tredécimo, terciodécuplo
— docena de fraile
catorce, quince, dieciséis, diecisiete, dieciocho, diecinueve
veinte, veintiuno, veintidós, veintitrés...
treinta, treinta y uno, treinta y dos...
cuarenta, cincuenta, sesenta, setenta, ochenta, noventa
cien
— ciento uno, ciento dos, ciento tres...
— doscientos, doscientos uno, doscientos dos...
— trescientos, cuatrocientos, quinientos, seiscientos, setecientos, ochocientos, novecientos
— centena, centenar, centésimo · céntimo, centavo, céntuplo · hecatombe · cien por cien, al cien por cien
mil
— millar (1000), mil uno, mil dos... · dos mil, diez mil (10 000), cien mil (100 000)
— milésimo, millonésimo · milímetro, miligramo, mililitro, micra, kilogramo, kilolitro, kilómetro, tonelada
millón
— un millón (1 000 000), dos millones... · mil millones o un millardo (1 000 000 000) · diez mil millones, cien mil millones · un billón (1 000 000 000 000), un trillón, un cuatrillón, quintillón...
— milenio, milenario
infinito
— ilimitable, inconmensurable, indefinido, indeterminado, DESUS infinido, inmenso
— infinidad, amplitud · infinitesimal
— infinito matemático, i. continuo, axioma del i., conjunto i., cantidad infinita, serie i., número infinito · cálculo infinitesimal
COLOQ
— CANTIDAD INDEFINIDA: tropecientos, ARG Y UR quichicientos, CHILE chorrocientos, MÉX chingomil, VEN sopotocientos
— CANTIDAD MÁS ALTA DE LA DICHA: y pico, CHILE y tanto
16.02 números ordinales
primero, primer, primo · segundo, secundario o segundario · tercer, tercero, terciario, tercio · cuarto · quinto · sexto, seiseno · séptimo, sétimo, septeno · octavo · noveno, nono · décimo, deceno
undécimo, onceno · duodécimo, doceno · decimotercero, decimotercio, treceno, tredécimo · decimocuarto, catorceno · decimoquinto, quinceno · decimosexto · decimoséptimo · decimoctavo, dieciocheno · decimonono, decimonoveno

vigésimo, veinteno, veintésimo, vicésimo · vigésimo primero, vigésimo segundo o veintidoseno, veintitreseno, veinticuatreno, veintiseiseno, veinteocheno o veintiocheno, veintenoveno · trigésimo, treinteno, tricésimo, treintaidoseno · cuadragésimo · quincuagésimo, cincuenteno · sexagésimo · septuagésimo · octogésimo, ochenteno · nonagésimo
centésimo, centeno, centésimo primero... centésimo décimo... ducentésimo, tricentésimo, cuadringentésimo, quingentésimo, sexcentésimo, septingentésimo, octingentésimo, noningentésimo
milésimo, dosmilésimo, tresmilésimo... diezmilésimo, cienmilésimo, doscientosmilésimo... quinientosmilésimo
milmillonésimo · billonésimo
NÚMERO INDETERMINADO DE VECES QUE SE REPITE ALGO: enésimo
OTRAS EXPRESIONES DEL ORDEN:
— **primeramente**, en primer lugar, en cabeza, a la cabeza, a la vanguardia, al frente · ser punta de lanza
— **seguidamente**, siguiente, a continuación
— **finalmente**, en último lugar · a la cola, a la zaga · al final · en retaguardia, en zaga
— **enfrente**, en faz · de cara, de frente
— **en línea**, en hilera, en reata, en fila india
16.03 números partitivos
mitad, subduplo · tercio · cuarto, cuaderna, cuadrante, cuartel, cuarterón · quinto · seisavo, sesma, sexma, sexto · séptimo · ochavo, octavo · noveno
décimo · onceavo u onzavo, undécimo · dozavo o duodécimo, uncia (MONEDA ROMANA QUE VALÍA LA DUODÉCIMA PARTE DEL AS) · treceavo o trezavo · catorceavo o catorzavo · quinceavo o quinzavo, quindécimo · dieciseisavo · diecisieteavo · dieciochavo · diecinueveavo
veintavo o veinteavo, veinteno, vigésimo · treintavo, treinteno, trigésimo, treintaidosavo · cuadragésimo, cuarentavo, cuarentena · cincuentavo, cincuenteno, quincuagésimo · sesentavo, sexagésimo · septuagésimo, setentavo · ochentavo, octogésimo · nonagésimo, noventavo
centavo, céntimo · ducentésimo · tricentésimo · cuadringentésimo · quingentésimo · sexcentésimo · septingentésimo · octingentésimo · noningentésimo
milésimo, diezmilésimo, cienmilésimo
millonésimo, diezmillonésimo, cienmillonésimo, milmillonésimo, diezmilmillonésimo, cienmilmillonésimo
billonésimo
NÚMEROS FRACCIONARIOS: medio, mitad, uno y medio, dos y medio... un tercio, dos tercios...

un cuarto, dos cuartos... un quinto, dos quintos... un onceavo, dos onceavos... un doceavo, dos doceavos... · un centavo

NÚMEROS PROPORCIONALES: doble, triple, cuádruplo, quíntuplo, séxtuplo, séptuplo, óctuplo, nónuplo, décuplo, undécuplo, duodécuplo, terciodécuplo... · céntuplo

OTRAS EXPRESIONES DE LA PARTICIÓN:

— astilla, añico, brizna, chispa, esquirla, gota, grano, gránulo, jirón, limadura, partícula, triza, viruta, raedura, roedura, miga, miaja, rescaño · bocado, mordisco
— ración, porción, raja, loncha, rebanada, tajada, rodaja, fracción, fragmento, parcela, pedazo, segmento, trozo, dosis, hoja
— lado, banda, ala, cabo, costado, extremo, remate, lóbulo, pie, punta, ramal, ramo
— capítulo, título, apartado, párrafo, renglón

16.04 matemáticas

RAMAS: aritmética, geometría, cálculo diferencial e integral, c. vectorial, álgebra, ecuaciones, probabilidad, estadística, lógica, fundamentos o métodos numéricos, investigación

— álgebra, análisis, analítica, aritmética, estadística
— cálculo diferencial, c. infinitesimal, c. integral, c. de probabilidades
— geometría, topología, trigonometría, volumetría

TIPOS Y CUALIDADES DE LOS NÚMEROS: natural, entero, cardinal, ordinal, quebrado · complejo · decimal, fraccionario, partitivo · proporcional, racional, irracional · concreto, abstracto · capicúa · par, impar · real · arábigo, romano

NÚMEROS SEGÚN CONTEXTO:

— cifra, guarismo, logaritmo, carácter, signo, símbolo, conjunto · número negativo, número positivo
— CIFRAS ÁRABES: 0, 1, 2, 3, 4, 5, 6, 7, 8, 9, 10, 50, 100, 500, 1000
— CIFRAS ROMANAS: I, II, III, IV, V, VI, VII, VIII, IX, X, L, C, D, M
— base, exponente, potencia · coeficiente, índice, factor · numerador, denominador · resultado, solución · cociente, factorial, producto, promedio, subduplo, término medio, DESUS gallarín · cuenta, cálculo

fórmula, enunciado, lema, proposición, condición, postulado, axioma, teorema, demostración, corolario · NOTA EXPLICATIVA: escolio

dato, elemento, constante, variable, raíz, expresión, factorial, fracción, función

extracción, intersección, antecedente, consecuente, base, característica, extremo, grado, incógnita, incremento, índice, límite, mantisa, media diferencial, miembro, término

serie, sucesión, progresión, proporción, producto

igualdad, desigualdad, diferencial, equidiferencia, identidad · signo negativo, s. positivo

cálculo

— cálculo algebraico, c. aritmético, c. decimal, c. de derivadas, c. diferencial, c. infinitesimal, c. integral, c. logarítmico, c. matricial, c. de probabilidades, c. tensorial, c. de variaciones, c. vectorial
— cálculo analógico, c. asociativo, c. automático, c. digital, c. electrónico, c. informático, c. numérico · c. exponencial
— raíz cuadrada, r. cúbica
— potencia, ecuación, logaritmo
— regla de tres, prueba del nueve

OPERACIONES:

— suma o adición, sumando, añadido, añadidura, aditamento, añadimiento, apéndice, aumento, ampliación, agestión, sobrepuesto, complemento, incremento, extra, coleta, coletilla, apostura, remate, ribete, AM ñapa o yapa · PARA IGUALAR EL AÑO: embolismo
— resta o sustracción, disminución, diferencia, descuento, exclusión, extracción, deducción, detracción, remoción · sustraendo, minuendo, resto
— multiplicación, doble o duplo, trasdoble o tresdoble, triple o triplo, cuádruple o cuádruplo, quíntuplo, séxtuplo, séptuplo, óctuple u óctuplo, nónuplo, décuplo, undécuplo, duodécuplo, terciodécuplo... céntuplo · sesquiáltero · multiplicación, multiplicador, multiplicando
— división · dividendo, divisor, factor, partidor, submúltiplo · cociente, resto
— potenciación, potencia, exponente
— raíz, radicación, raíz cuadrada, r. cúbica · radical, radicando
— regla de aligación, r. de compañía, r. de interés, r. de tres, r. de tres compuesta

álgebra

— monomio, binomio, trinomio, polinomio
— ecuación, e. de primer grado, e. de segundo grado · incógnita, inecuación
— derivada, integral, límite, logaritmo, antilogaritmo · aplicación diferencial · combinación, permutación, variación · derivación
— expresión entera, e. fraccionaria, e. irracional, e. racional
— progresión geométrica, p. aritmética · equivalencia, fórmula

trigonometría

— seno, coseno, tangente, cotangente, secante, cosecante
— arco, grado, minuto, segundo · radián

16.05 instrumentos para el cálculo

OPERACIONES: ábaco, regla de cálculo, tabla de logaritmos, t. numérica, calculadora, contal, nomograma, tabla, tablero, tara, tarja, torniquete, DESUS aritmómetro · FÍS sirena (NÚMERO DE VIBRACIONES DE UN CUERPO EN TIEMPO DETERMINADO)

GEOMETRÍA:
— regla, tiralíneas, escuadra, cartabón, norma
— falsa escuadra, f. regla
— compás, bigotera, elipsógrafo
— medidor de ángulos, goniómetro, transportador, micrómetro

TOPOGRAFÍA:
— alhidada o alidada, arbalestrilla, cadena, cartabón, cinta, clitómetro, cuadrante, cuerda, curvímetro, dioptra, eclímetro, escuadra de agrimensor, heliotropo, helióstato, hipsómetro, jalón, mira, mira taquimétrica, nivel, pantómetra o pantómetro, piquete, plancheta, retícula, sextante, taquímetro, telémetro, teodolito
— limbo, mirilla, pínula

ADJETIVOS Y ADVERBIOS
16.06 único
solo
— singular, exclusivo, unilateral, unívoco, puntual, monovalente, monobloque · sólo, no más · principio
— en primer lugar, en el p. momento, primeramente, originariamente
— a la cabeza, delante, al principio, en vanguardia
— ab initio, a quo, alfa y omega
cada uno
— a cada uno, uno a uno, de uno en uno, uno por uno, uno que otro, uno tras otro, uno con otro, unos con otros, más de uno, unos cuantos, ir a una, una de dos
— uno mismo, uno y no más, uno de tantos, lo uno por lo otro, cada uno a lo suyo, una de las suyas · todos a una, de una vez
— por barba, por cabeza, a escote
16.07 plural
doble
— duplo, bimembre, binario, bipartito, bilateral, bivalente, ambidextro o ambidiestro, ambivalente
— bicípite, bífido, bifurcado, bilocación, ambos, geminado, dirimo, dual, dualista · bisemanal, bimensual, bimestral, bianual · bipartido
— ambos, ambo, entrambos, dentrambos, ambidiestro o ambidextro, ambivalente
— a pares, ambos a dos, mano a mano, uno y otro, cada dos por tres, en un dos por tres, como dos y dos son cuatro

tercero · tercio · triple, trino, ternario, trimembre, trímero, trivalente, tribásico, triatómico, tripartito · trimestral · trilocular, trilobulado
cuarto · cuatrimestral, cuadripartido
quinto · quinquenal
sexto · hexagonal o sexagonal, hexaédrico, semestral, sexenal
séptimo · septaédrico, septenal
octavo · octogonal, octaédrico, ochentavo, ochavado
noveno o nono
décimo, decenal, undécuplo, duodécuplo, terciodécuplo…
16.08 matemático
infinito, indefinido
exacto, cabal, científico, matemático, clavado, geométrico, justo, milimétrico, minucioso, preciso, propio · riguroso, puntual, infalible · calculado, computado, comprobado · exactamente, matemáticamente
inexacto, aproximado
sumado, adicionado, complementado, suplementado · adicional, adjunto, nuevo, postizo, de propina · suplementario, supernumerario, superádito, superpuesto
restado, sustraído, quitado, deducido, tomado, descontado, rebajado, disminuido, mermado, aminorado, suprimido
multiplicado, duplicado, triplicado, reduplicado, reproducido, repetido, centuplicado
dividido, partido, fraccionado, fragmentado, repartido, distribuido, clasificado, asignado, dosificado, prorrateado
DESCRIBIR EN NÚMEROS LAS EDADES DEL HOMBRE: quinceañero, veinteañero, treintañero, cuarentón o COLOQ cuarentañera, cincuentón o COLOQ cincuentañera, sexagenario, septuagenario, octogenario, nonagenario, centenario

VERBOS Y EXPRESIONES
16.09 calcular
contar, numerar, evaluar, resolver, efectuar
sumar o adicionar, aumentar, agregar, añadir, completar, complementar
restar o substraer, quitar, descontar, mermar, extirpar, cercenar, mutilar, talar, truncar
multiplicar, duplicar, triplicar, cuadruplicar, quintuplicar, sextuplicar, septuplicar, octuplicar, decuplicar, centuplicar · duplicarse, reduplicarse, redoblarse, cuadruplicarse, centuplicarse, multiplicarse, amucharse · proliferar, reproducirse
dividir, partir, tripartir
valorar
— solucionar, cuadrar, cubicar, despejar, componer, extrapolar, fraccionar, igualar, sustituir, invertir, interpolar

— **computar**, derivar, desarrollar, permutar, distribuir, alternar
— **formular**, derivar, integrar, diferenciar, racionalizar · maximizar, minimizar
— **redondear**, reducir, simplificar
— **demostrar**, mostrar, confirmar, acreditar, compurgar, contextuar, documentar, ejemplificar, evidenciar, fundar, justificar
— **elevar** un número al cuadrado, e. un número al cubo, e. a una potencia, e. un número a la potencia n
— **extraer** una raíz, e. la raíz cuadrada, e. la raíz cúbica, resolver una ecuación, integrar una función

echar cuentas
— echar números, hacer cala y cata
— tocar a tanto por barba, t. a tanto por cabeza
— calcular a buen tino, c. a bulto, c. a ojo de buen cubero, c. al tanteo · hacer la cuenta de la vieja
COLOQ
— calcular a ojímetro
— hacer cuentas alegres, h. cuentas galanas, h. las cuentas del gran Capitán
— no dar una en el clavo, váyase lo uno por lo otro

16.10 operar (CON NÚMEROS)
0 partir de cero, poner los contadores a cero, tener la moral a cero, ser un cero a la izquierda
1 unificar, aunar · reunir
2 parear, emparejar, aparear, aparearse, acoplar, doblar, duplicar, desdoblar, reduplicar, binar, germinar · desdoblar
3 triplicar, tresdoblar, terciar · como tres y dos son cinco, de tres al cuarto, decir cuántas son tres y dos, buscarle tres pies al gato · tres cuartos de lo mismo, cada dos por tres, ni a la de tres
4 cuadruplicar, cuartear · ser cuatro gatos, caer cuatro gotas, más ven cuatro ojos que dos, entre cuatro paredes, a cuatro patas, cuatro perras, a cuatro pies, pegar cuatro tiros, a los cuatro vientos, los cuatro jinetes del Apocalipsis, los cuatro evangelistas, los cuatro elementos, los cuatro puntos cardinales, las cuatro verdades
5 quintuplicar, quintar · choca esos cinco, venga esos cinco, con los cinco sentidos, como tres y dos son cinco, poner los cinco dedos en la cara, estar en el quinto pino, descubrir el quinto elemento
6 sextuplicar, sestear, siestear
7 septuplicar, setenar · de siete suelas, bajo siete llaves, los siete pecados capitales, las siete maravillas del mundo, el séptimo arte

8 octuplicar, ochavar (CARPINTERÍA), octavar (MÚSICA) · dar igual ocho que ochenta, más chulo que un ocho
9 nanoplicar
10 diezmar · hacer las diez de últimas, ser mujer diez, tener un diez, sacar un diez · COLOQ me cago en diez
12 adocenarse
13 estar en sus trece o mantenerse en sus trece
100 andar o estar con cien ojos, dar cien patadas, poner a alguien a cien
1000 tener algo a miles, con mil amores, las mil y quinientas, las mil maravillas, decir algo mil veces · REF Al cabo de los años mil vuelven las aguas por donde solían ir. De dichos y refranes hacemos mil planes.

17. ESPACIO
17.01 forma
composición
— **disposición**, configuración, montaje, combinación · textura, urdimbre, armadura, morfología · arquitectura, estructura
— **hechura**, catadura, apostura, empaque, manufactura o manifactura, configuración, conformación, contorno, facción, formación, fachada
— **diseño**, estructuración, calaña, aspecto, apariencia, aire
— **figura**, formato · silueta, perfil, corte, faz
— **esquema**, guión, plan, esqueleto, carcasa
— **geometría** (FIGURAS), trigonometría (ÁNGULOS)
proporción
— **armonía** o harmonía, equilibrio, simetría, estructura, estructuración, euritmia
— **equidad**, identidad, conformidad, igualdad, medida, nivel, orden, ponderación, relación
— **concordancia**, conformidad, correspondencia, reciprocidad, euritmia
cuerpo, figura, prisma, plano, punto, sólido
esfera, globo, bola, pelota, balón, canica, glóbulo, grano, píldora, pompa, pompón, burbuja, ovillo · mundo, orbe
cilindro, columna, rulo, rollo, rodillo, tambor · cono
polígono
— 3 **triángulo** rectángulo, t. acutángulo, t. equilátero, t. escaleno, t. isósceles, t. oblicuángulo, t. obtusángulo
— 4 cuadrado, rectángulo, paralelogramo, paralelepípedo, cuadrángulo, cuadrilátero, tetrágono, rombo, romboide, trapecio, trapezoide
— 5 pentágono
— 6 hexágono, sexángulo
— 7 heptágono

— 8 octógono
— 9 nonágono, eneágono
— 10 decágono
— 11 undecágono, endecágono
— 12 dodecágono
— 15 pentadecágono
poliedro
— pirámide, cubo, tetraedro (CUATRO CARAS), pentaedro (CINCO CARAS), hexaedro (SEIS CARAS), heptaedro (SIETE CARAS), octaedro (OCHO CARAS), decaedro (DIEZ CARAS), dodecaedro (12 CARAS), icosaedro (20 CARAS), trapezoedro (24 CARAS QUE SON TRAPECIOS)
elipsoide, epicicloide, hipocicloide, esferoide, paraboloide, hiperboloide, georama, concoide, cicloide o trocoide
MEDICIONES: altura, área, grado, longitud, perímetro, superficie, volumen
extensión
— amplitud, separación, alejamiento, estiramiento, vuelo
— distancia
  • lejanía, lejura, recorrido, singladura, tirada, tramo, trayecto, travesía, trecho · confín, confines
  • alejamiento, apartamiento, distanciamiento · lontananza · ultramar · COLOQ más allá, años luz, quinto pino, q. infierno, MALSON q. coño
— desplegadura, expansibilidad, envergadura · alcance, propagación
— largo, largura, metraje, kilometraje · gradación, proporción
— ensanche, cabida, capacidad, desahogo · volumen, masa, mole, cuerpo, promontorio, calibre, contorno, corpulencia, espesor, giba
— armatoste, artefacto, mamotreto, tomo
— holgura, hueco, huelgo, huida, margen
altura
— altitud, estatura, peralte, altor, esbeltez, talla, descuello
— elevación, pico, picota, pináculo, pingorota, prominencia, desnivel
— alzada, guinda, talla, cuerda
— cima, ápice, cabeza, cenit, corona, cumbre, cúspide, remate, sumidad, fastigio, hastial
— profundidad, hondura, fondo, caída
anchura
— ámbito, área, capacidad, combés, corro, cuadro, departamento, explanada, vastedad
— recinto, local, circuito
— manga, ancho, anchor, trocha, latitud, vagación · FIG huida, paño
— corpulencia, admisión, aforo, arqueo, cilindrada, contenido, área, entropía, escuadra, extensión, latitud, longitud, magnitud,

luz, masa, porte, superficie · cupo, tonelaje · formato, grandeza, grandor, marco
— grosor, gordura · obesidad
estrechez
— estrechura, apretura, angostura, constricción, contracción, constrictura, estrangulación, estrechamiento · cortedad, delgadez, pequeñez
— achatamiento, aplanamiento, encogimiento, exigüidad · chiribitil, cuchitril
— poquedad, insuficiencia, parvedad o parvidad, parvulez, reducción, miniatura
— desfiladero, cañón, garganta, colada, coladero, hocino, hoz, pasaje, pasadizo, callejón, PERÚ caluma · istmo, pasa
— cuello, degolladura, degüello, gollete, cintura
— menudencia, minucia, átomo, brizna, comino, migaja, partícula, pinta, pizca, chispa, mota, gota, polvo, VULG menucia · MED estenosis
— vecindad, proximidad, cercanía, contigüidad, aproximación, inmediación, propincuidad · adyacencia, inminencia
17.02 deformación
desproporción
— deformidad, asimetría, desigualdad, desemejanza, desequilibrio, incomposición, imperfección, pastiche, COLOQ pegote
— disconformidad, disparidad, contrapunto, contraste · atrocidad, barbaridad, aberración, demasía, descuello, destemplanza
— fealdad, fiereza, hosquedad, monstruosidad, malformación, rareza
— extravagancia, desvarío, perturbación, trastorno, exceso
— amorfía, amorfismo, deformación, distorsión
— defecto, manquedad, deficiencia, desperfecto, deterioro, detrimento, imperfección, anormalidad
— lacra, laguna, lunar, sombra, maca, mácula, mota, mancha, tacha
— tara, pero, sino, vacío
destrozo, daño, desperfecto, efracción, estrapalucio, estropicio, golletazo, ruptura, chasponazo, corrosión, mella, quebranto
segmentación, escisión, fractura, fraccionamiento, abscisión, deterioro, decadencia, desportilladura
rotura
— rozadura, saltadura, avería, carcoma, derogación, detrimento, perjuicio, polilla, sentadura, daño, DESUS confracción
— roto, reventazón, rompedura, rompimiento, rozadura, ruptura, cisura, chasponazo, desconchado, desgarrón

— **arañazo**, grieta, maca, mancha, desconchado, desconchón, desportillado, mengua, menoscabo

— **rugosidad**, arruga, rebaba, escabrosidad, tosquedad · magullamiento, graneado · estría, surco · MED viruela

— **pliegue**, aspereza, basteza, rasguño, raspadura, señal, tocadura

huella

— rastro, traza, vestigio, muesca, pisada, paso

— impacto, impresión, sedimento, estampa

FRAGMENTOS PROCEDENTES DE UNA ROTURA: añico, cacho, cascajo, andrajo, caliche, casco, jirón, DESUS menuza

17.03 abertura

separación

— **bipartición**, bisección, bifurcación, trisección, tripartición, segmentación, fraccionamiento, geminación, parcelación

— **escisión**, división, subdivisión, desunión, abscisión, disyunción

— **fragmentación**, rompimiento, desacoplamiento, desconexión, desjuntamiento, desvinculación, balcanización

— **desgarro**, desarticulación, desmembración, FIG divorcio, segregación, cisma

boquete

— **boca**, bocana, boquera, boquilla, hueco, entrada, paso, tobera, bravera, brecha, ojo

— **ventana**, tronera, lumbrera, lobera, lucerna, registro, sopladero

— **puerta**, porta, portillo · trampa, vano

— **agujero**, canal, emboque, embocadura, aspillera, escotera, escotilla, gatera, resquicio, taladro, respiradero · mirilla, ojal, orificio

— **poro**, porosidad, estoma, grieta

corte

— **cortadura**, rotura, escisión, fisura, muesca, hendidura o hendedura, secesión, separación, tajo

— **raspadura**, rascadura, peladura, rozadura, refregadura, restregadura, erosión, escorchón, estregadura, excoriación o escoriación, fregadura, pelado, refregón, sentadura

17.04 cierre

protección

— **refugio**, resguardo, defensa, salvaguarda, abrigadero, abrigaño, socaire, blindaje, habitáculo, receptáculo, compartimiento, acotamiento, cerco, parteluz

— **caparazón**, envoltorio, envoltijo, concha, involucro, integumento

— **muro**, muralla, murallón, antemural, antemuralla, antemuro, antepecho, baluarte, barricada, cobertizo, dique, malecón, espigón, mamparo, trinchera, empalizada, paladión, espaldera, barrera, paramento

— **valla**, cerca, verja, cercado, seto, varaseto, empalizada

cubrimiento

— **recubrimiento**, revestimiento, envolvimiento, paramento, vestidura, embalaje, envoltura, envoltorio, funda, cartucho, cucurucho, alcartaz

— **cobertor**, cobertura, alfombra, entapizada, tapete, tapiz, sobrecubierta, sobrehaz, toldo, forro, funda

— **cubierta**, cobertizo, cobertera, sobrehaz, tejado, dosel

— **envase**, paquete, carpeta, vaina

— **capote**

  • capucha, capucho, capuchón, caperuza, cobija, cobijón, cubierta, cubierto

  • abrigo, armadura, coraza, escudo

— **cáscara**, corteza, piel, capaza, costra

— **enlucido**, baño, barniz, laca, cromado, dorado, niquelado, plateado, galvanoplastia

cerramiento

— **oclusión**, obstrucción, obturación, bloqueo, taponamiento, atasco, atoramiento, retención, traba, escollo, escollera · estanqueidad · atolladero, atascadero

— **cerrojo**, cerradura, cerraja, candado, pechil

— **tapa**, tapadera, tapadura, casquete, casquillo, tapón, tapín, válvula, obturador, témpano, corcho, taperujo o COLOQ tapirujo, cápsula (SOBRE EL CORCHO DE LAS BOTELLAS), burlete (PUERTAS Y VENTANAS), bitoque (TONEL), botana (ODRE), espiche (CUBA), falsete (CUBA), buzón (CUALQUIER AGUJERO), MAR tapabalazo, EN CARPINTERÍA: tapajuntas, EN MECÁNICA: obús

— **broche**, sello · atolladero

unión

— **cópula**, enlace, enlazamiento, conexión, ligazón, ligadura, fusión, vínculo

— **sujeción**, adhesión, cohesión, adherencia, empalme, entronque

— **atadura**, traba, trabazón, continuidad, nexo, ensamblaje · hermanamiento, inherencia · masa, pasta, MED sínfisis

— **acoplamiento**, acometida, apareamiento, agregación, ayuntamiento, acercamiento, aproximación

— **integración**, acumulación, aglomeración, aglutinación, conglomeración, concentración, apiñamiento, constelación, anexión, fusión, COLOQ cáfila

contacto

— **fricción**, rozadura, rozamiento, tangencia, fricación, adherencia, adyacencia, contigüidad, caricia

— **conexión**, adhesión, adición, anexión, atadura, ayuntamiento, cohesión, concatenación, conchabamiento, cópula, enchufe, en-

lace, fusión, ilación, inherencia, ligazón, trabazón, unión, vínculo
— **aleación**, amalgama, mezcla
— **conjunción**, ensambladura, encastre, engatillado, nexo, pegadura, junta, juntura, espiga, gozne, traba
— **nudo**, lazo, ligadura, costura

tubería
— **tubo**, conducto, manguito, manguita, mangueta, gañote · manguera, gárgola, macarrón, manga, tudel, vaso, vena
— **caño**, cañería, cañón, encañado, aguilón, aludel o alludel, arcaduz o alcaduz, atanor, atarjea o atajea o atajía, cloaca

interioridad
— **interior**, núcleo, médula, fondo, substrato, contenido
— **centro**, medio, mitad, núcleo, foco, seno, entrañas, tripas, corazón, ombligo, vientre, yema, alma, intimidad, punto central
— **eje**, espina · epicentro, homocentro

ocultación
— escondite, escondijo, refugio, rincón, sanctasanctórum · clandestinidad
— disfraz, máscara, careta
— nidal, nido, SAL, PASAJE ANGOSTO Y OCULTO: enfoscadero, VULG MUR cachulera · madriguera, huronera, ladronera
— secreto, tesoro, tollo, zulo, piso franco · DESUS penetral, cobil, latebra · CR Y NIC guaca · DESVÁN OCULTO: zaquizamí, cachimán · cortina de humo

17.05 saliente
relieve
— **realce** o resalte o resalto, elevación, vuelo, asomo
— **levantamiento**, protuberancia, excrecencia, prominencia, turgencia, descuello, asomo, sobrefaz, peruétano, releje o relej, estriberón
— **saledizo** o salidizo, escalón, desnivel, diferencia, entrante, cornisa, vástago, voladizo, espigón
— **apéndice**, borne, espiga, pitón, lomo, lóbulo, papila, ribete, parche, remiendo
— **montículo**, prominencia, caballón, acirate, mole
— **aspereza**
  • barbas, bollón, bolsa, borne, botón, calvero, concreción, deja, esconce, excrecencia, galleo, gorrón, grano, grieta, grumo, reborde, sobrecejo, vástago, vuelo
  • COLOCADO A TRECHOS EN UN PASO DIFÍCIL: estriberón
— **lomo**, loba, lobada, pece, almanta

hinchazón
— **tumefacción**, tumescencia, intumescencia, tuberosidad

— **inflamación**, ampolla, brocino, chichón, edema, enfisema, flemón, forúnculo, grano, lobanillo, nódulo, porcino, sabañón, tolondro, tumor · chepa, corcova, joroba, quiste
— **bulto**, bollo, abombamiento, abultamiento, verdugo, verdugón, seca
— **morro**, pezón, uña, nariz, pico, diente, ceja, cresta, roncha, ronchón
— **botón**, gorrón, deja, rafe, piñón, pescante
— **grumo**, grano, habón, globo, pelota, burbuja · tolondro, turumbón

aguja
— **aguijón** o acúleo, ápice, pico, apículo, peruétano
— **borne**, pivote, punta, apéndice · pezón, piñón, espiga
— **estilete**, punzón, púa, espina, pitón, puya, rejo, rejón, espuela, estoque
— **clavo**, clavete, púa o DESUS puga, chuzo, chuzón, espiche, espigón, lezna
— **filamento**, brizna, cabo, estambre, fibra, filástica, fleco, hebra, hilacho, hilo, pelo, veta
— **pincho**, contrapunzón, gorguz, chuzón, asador, azagaya, chucho, chuzo, espiche, espina, guincho, hebijón, hurgón, pica, plectro, puncha, rancajo, rostro, abrojo, HOND, MÉX Y NIC ahuate, ANT espiote, aresta
— **punción**, aguijada, aguijonazo, alfilerazo, picadura, picotazo, pinchadura, pinchazo, puntura, punzada

extremo
— **extremidad**, terminación, terminal, polo, remate, aguijón, cabo, espolón
— **pico**, cabete, fin, final, fondo, muñón, rabiza, término, testigo, pie
— **punta**, puntera, guardapuntas, EN EL EXTREMO INFERIOR DE UN BASTÓN: regatón, contera, cuento
— **cola**, colilla, colofón, culata, culo, epílogo, popa, popel, rabera, rabillo, rabo, remate, retaguardia, tope, trasera, trasero, zaga, DE UN CIGARRO: chicote
— **cima**, cumbre, cúspide, ápice, vértice, cenit, culminación, emprima, fastigio, picota, pináculo, preeminencia, sumidad

refuerzo
— **reforzado**, cartela, casquillo, codal, escudete, escudo, fuerza, gabita, hombrillo, jimelga, precinta, remonta, ribete, ruedo, suela o ANT jostra
— **arbotante**, botarel, cuchillero, estantal, estribo, fenecí, macho, machón, manguito puntal, recalzo, sopanda, contrafuerte o DESUS contrahorte
— PARED QUE REFUERZA POR EL LADO LOS ESTRIBOS DE UN PUENTE: manguardia

17.06 entrante

hueco
— **oquedad**, hondura, hendidura o hendedura, bolladura, abolladura, alvéolo, célula, celdilla, concha
— **cueva**, depresión, excavación, concavidad, convexidad, profundidad, quebradura
— **hundimiento**, ahondamiento, rehundimiento, ahuecamiento, agrietamiento
— **orificio**, agujero, boquete, cavidad, brecha, racha, silbato, COLOQ tomate
— **hoyo**, rehoya o rehoyo, vacío, pozo, foso, fosado, pileta, socavón, bote, cama, cava, cavada, cepa, clota, seno, ÁL, CANTB Y RI torco, EL QUE DEJA UN ANIMAL POR HABER HOZADO: hozadura, DONDE SE OCULTAN LOS CAZADORES A LA ESPERA DE LA CAZA: tollo · PARA JUGAR A LAS CANICAS: gua · AL PIE DE LAS PLANTAS PARA DETENER EL AGUA EN LOS RIEGOS: alcorque o socava o descalce, EN EL LECHO SECO DE UN RÍO PARA BUSCAR AGUA POTABLE: cacimba
— **raja**, tajo, bisel, pica, corte, sangría, incisión · cortadura, talladura, sajadura, entalladura, escotadura, picadura · COLOQ viaje

holgura
— **huelgo**, bolsa, poro, blanco, bollo o bullón, escotadura, fallo, farda, geoda, huida, luz, mella, nido, ojo, regazo, salto, seno, socarrena, sopeña, vano, vientre
— **grieta**, ranura, fisura, estría, ralladura, rendija, resquicio, brecha, interciso, muesca, mella, roza, sinuosidad, desigualdad, entrante
— **fractura**, quebradura, cisura, rasgadura, rasgón, rasguño

surco o DESUS sulco o EC huacho
— **carril**, carrilada, carrilera, andel, relej o releje, rodada, rodera, roderón
— **cauce**, arroyada, canal, carril, carrilada, carrilera, entrecanal, entrevuelta, estela, reguera, tría, besana, entresurco, torna, LEÓN, PAL Y SAL roderón, DESUS abesana
— **socavón**, zanja, cráter, vacío, torca, cárcava, sibil, cámara, excavación, cuenco, nicho, foso, fosa, badén
— **canal**, garganta, trinchera, excavación, zanja, carcavina, carcavón, galería, hornacho, mina, subterráneo, zapa
— **pozo**, carcavuezo o ANT arcabuezo o cahuerco
— **pliegue**, arruga, anfractuosidad, EN LA CARA: cacaraña, viruela, AM CENT camanance

17.07 línea recta

SEGÚN POSICIÓN RESPECTO A UN PLANO: horizontal, perpendicular, vertical, inclinada, generatriz, oblicua · base, lado, mediana, asíntota, directriz, eje, generador, generatriz, secante, semieje

SEGÚN TRAZADO: recta, mixta, quebrada · contorno
ENTRE SÍ: perpendicular, convergente, divergente, paralela
EN EL POLÍGONO: lado, mediana, mediatriz, perímetro, diagonal, apotema
EN EL ÁNGULO: arista, bisectriz, arco, seno, abscisa, coordenada, coseno, secante, tangente, cosecante, cotangente
EN EL TRIÁNGULO: cateto, hipotenusa
EN LA CIRCUNFERENCIA: radio, diámetro, perímetro, arganel, lúnula
EN EL GRÁFICO: parámetro, calibre, directriz, eje, plano, trazado, esquema · cronograma, diagrama, histograma, monograma
EN EL ARCO: cuerda, sagita

raya
— **flecha**, barra, tira, vareta, sagita, estría, banda, renglón, veta, segmento, radio, eje, arista
— **trazo**, trayecto, recorrido, separación, distancia
— **aguja**, barrote, cánula, espícula, vástago
— **vara**, palo, palote, palitroque, cayado, báculo, estaca, fusta, macana, pértiga, porra, poste, tranca, tirso, verga, caduceo
— **explanada**, llanura, planura, lámina, tabla, lisura, finura, llaneza

línea quebrada
— **inglete**, escuadra, arista, zigzag, caballete
— **codo**, recodo, vivo, chaflán, esquina, recoveco, rincón, zigzag, canto, cantonera
— **doblez**, dobladillo, pliegue, reborde, fuelle, vaina, EN LOS EXTREMOS DE LA TELA PARA QUE NO SE DESHILACHE: bastilla, EN LA ROPA PARA INTRODUCIR UNA CINTA: jareta, PLIEGUE EN LAS TOGAS: cañón, HACIA FUERA: fraile, PARA ACORTAR UNA PRENDA: lorza

línea cruzada
— **cruz**, entrecruzamiento, travesía, travesaño, trabazón, bifurcación, intersección · aspa, tijera, trenza, greca · quiasma
— TIPOS DE CRUCES: cruz anclada, c. ancorada, c. bifurcada, cruceta, crucifijo, cruz esvástica, c. gamada, c. tremolada, c. latina o de la pasión, c. papal, c. patriarcal, c. cardenalicia · c. potenzada, c. recrucetada · c. de Jerusalén, c. de Lorena, c. de Malta, c. de San Andrés, c. de San Antonio, c. de San Pedro · c. egipcia, c. griega, c. celta, c. vasca, c. rusa · c. tau
— **lazo**, ligadura, ligamento, cuerda, abrazadera, sujeción, atadura, ataderas, fiador, grapa o laña, pulpo, remache, argolla, atadero, clavija, gancho, goma, gomita, grapa, pinzas, tenazas, zuncho o suncho, tutor, gato, gatillo, mangana, manguito, precinto, presilla, traba · sujetapapeles

ángulo
— **ángulo recto**, á. semirrecto, á. agudo, á. llano, á. obtuso · á. adyacente, á. alterno, á. consecutivo
— **ángulo entrante**, á. mixtilíneo · á. cosecante, á. cotangente, á. curvo, á. equidistante, á. equilátero, á. homólogo, á. irregular, á. isoperímetro, á. mixto, á. oblicuo, á. paralelo, á. quebrado, á. regular
— **ángulo plano**, á. curvilíneo · á. diedro, á. triedro, á. poliedro · á. entrante ↔ saliente · á. adyacente, á. alterno externo ↔ alterno interno, á. opuesto por el vértice
— ángulo complementario, á. correspondiente, á. esférico, á. oblicuo, á. suplementario
— FÍSICA: ángulo de incidencia, a. de reflexión, a. de refracción
punto, cúspide, vértice, punta, extremo

17.08 línea curva
curvatura
— **corvadura**
  • curvidad, curvatón, combadura, comba, alabeo, arrufadura, flexión, inflexión, desviación, refracción, seno, catenaria
  • circunferencia, círculo, semicírculo
  • conoide, elipsoide, hiperboloide, espiral, hipérbola, toroide
  • elipse, hipérbole
— **torcimiento**, torcedura, retorcimiento, torsión, vuelta, revuelta, codo, recodo, óvalo, asa, ese, gaza, lazada
— **torsión**, contorsión, corcovo, desviación, detorsión, distorsión, supinación
— **doblamiento**, vencimiento, sinuosidad, culebrilla, recoveco, entortadura, serpentina
— **vuelta**, contorno, cerco, circunvolución, circunnavegación, espiral, remolino, rotación, volteo, órbita, rosca
— **rizo**, ondulación, borneo, pliegue, onda, giro, flexura, lemniscata (FORMA SEMEJANTE A UN 8)
— **gancho**, cayado, comba, camba, alacrán, hélice · EN FORMAS DE LETRAS: ese, sigma · EN EL CURSO DE UN RÍO: meandro
— **cinturón**, anillo, ceño, cincha, fajón, faja
— **abrazadera**, vaina, virola
circunferencia
— **redondel**, círculo, ruedo, rueda, roda, rodaja, disco, arandela, carraca, rodezno, roldana, volante
— **corona**, aureola, nimbo, halo
— **tubo**, rulo, canelón, canuto, caño, cañón, cañuto, macarrón, verduguillo
— **anillo**, argolla, aro, malla, ojo, rosca, vilorta
— EN EL ESPACIO: orbe, órbita, ecuador, meridiano, paralelo, eclíptica, trópico, revolución, rotación, periplo

— EN COMPLEMENTOS DEL VESTIDO: aro, arete, zarcillo, vinco, arandela, anillo, anilla, corona, pulsera, brazalete, ajorca, collar, sortija, virola, cincho
— EN HERÁLDICA: virol
— GEOM cicloide, trocoide, redondón, circunvalación
— ARQ roseta, rosetón, ánulo, florón, gradecilla
— EN TRANSMISIONES POR CORREAS: polea o garrucha o trocla
— LA QUE MUEVEN LOS ALFAREROS: tabanque
— DE PERSONAS: corro, rolde
— DE LA NORIA: andaraje, HUELLA DE LA CABALLERÍA QUE SACA AGUA DE UNA NORIA: lendel
— PIEDRA REDONDA: ruejo
— LLENA DE COHETES: girándula, COL rodachina
— EN LA RUEDA: cubierta, cubo, cámara, llanta o calce, neumático, cerco, tambor, tapacubos
— EN LOS CARROS: bocín, calzadura, estornija, loriga, recalzón, estornija, estrinque, AST, CANTB Y SAL camba, AST cambucha, CUBA camonadura
— ROMA ANTIGUA: cerógrafo
— PARA ATAR LAS CABALLERÍAS: trabón, arrendadero
— PARA SUJETAR LAS DUELAS DE LAS CUBAS: cello
— EN TONELES Y BARRILES: sotalugo, PRIMERO DE LOS CUATRO: rumo
— OTROS OBJETOS: abrazadera, argolla, armella, cáncamo, casquillo, cerco, cincho, colgadero, corra, disco, engaste, eslabón, golilla, goma, gomita, guardacabo, hembrilla, herrón, manguito, medallón, rodaja, roela, servilletero, trébede
contorno
— **perfil**
  • ceñidor, cerco, cincho, cuadro, derredor, marco, orilla, orla, perímetro, quicio, recuadro, ribera, ribete, silueta, tiesta, vivo
  • cordoncillo, demarcación
— **cantonera**, trascantonada, guardapuntas, guardarruedas, guardasilla, guardacantón

17.09 orientación
posición, situación, disposición, colocación, posicionamiento, emplazamiento, localización, ubicación · FIGURAS EN UN MISMO PLANO: coplanario
dirección, sentido, rumbo, itinerario, destino, trayecto, trazado, ruta, camino, sendero, trayectoria · horizontalidad, verticalidad
inclinación, cuesta, declive, grada, pendiente, rampa, repecho, ribazo, subida, talud, vertiente
anterioridad
— **cabecera**, cara, delantera, cabeza, testa, testera
— **frontal**, frontis, frontispicio, portada, fachada, faz, frente, flanco, cara, haz, anverso

— frente, flanco, cara, chaflán
— **atrio**, antecámara, antepalco, antesala · MAR proa, beque
posterioridad
— **dorso**, anverso, cola, contrahaz, cruz, culata, envés, espalda, respaldo, retaguardia, reverso, revés, talón, trasera, vuelta, zaga · espaldar
— MAR popa
superioridad
— **cumbre**, cenit, cima, corona, coronación, coronamiento, cresta, culminación, cúspide, elevación, pingorota, suma, sumidad, sumo, superficie, tope, vértice
— **pináculo**, capitel, fastigio, remate, picota, ápice · cresta, copete, penacho · máximo, apogeo
— **cenit**, cielo · plinto, podio, peana, pedestal · máximum, súmmum
— **extremo**, fastigio, ápice, pináculo, remate
inferioridad
— profundidad, hondura, bajura, fondo, base
— excavación, sedimento, suelo, vaguada, subterráneo, soporte, basamento, cimiento, calado, depósito
— asiento, culo, pie, faldón
— poso, hez
lateralidad
— **borde**, ala, banda, barrera, canto, cara, carilla, chaflán, costado, costera, división, filo, frontera, lado, lateral, límite, lomo, medianería, muro, pared, perfil · canto · orilla, ribera · ala, valla
— EN LA CARRETERA: cuneta acera, arcén, bordillo, vera
— EN LOS BUQUES: babor, estribor, amura
— derecha ↔ izquierda

ADJETIVOS, DETERMINANTES Y ADVERBIOS
17.10 descripción de la forma
grande
— **extenso**, espacioso, amplio, desahogado, dilatado, despejado, holgado, sobrado, magno, vasto, MÉX guango
— **grandioso**, espantoso, asombroso, monstruoso, fabuloso
— **enorme**, inmenso, ingente, turgente, vasto, abismal, colosal · amplísimo, grandísimo
— **desmedido**, descomedido, descompasado, desmesurado, desorbitado, inconmensurable, exorbitante, mayúsculo, ímprobo, DESUS frisón
— **de gran tamaño**, de gran magnitud, de consideración
— COLOQ
  • atroz · de mil demonios
  • de campeonato, de espanto, de aúpa, de órdago, de Dios · del copón

  • que ni te cuento, que ni veas
— COMP ING
  • como un piano, c. una casa, c. una catedral, c. un templo
  • de aquí te espero, que para qué, para qué te voy a contar
  • de los de no te menees, de padre y muy señor mío
pequeño
— **menudo**, chico, chiquito, reducido, menguado, sucinto, parvo, meñique
— **delgado**, escurrido, ceñido, ahogado, ajustado, angosto, apretado, capilar
— **minúsculo**, diminuto, exiguo, escurrido, escaso, ínfimo, justo, limitado, mínimo, nimio, parco, parvo, párvulo, recogido
— **ridículo**, insignificante, irrisorio, raquítico
— **inapreciable**, imperceptible, invisible, microscópico, ultramicroscópico, homeopático, infinitesimal
— COMP ING como un comino, como lo negro de la uña
largo
— alargado, dilatado, prolongado, extendido, extenso, lato, dilatado, despejado, desahogado, amplio, oblongo, tirante, ANT luengo
ancho
— anchuroso, espacioso, estirado, abierto, desparramado, difuso, desahogado, desbocado, dilatado, campuroso, grueso, apaisado
alto
— **espigado**, empinado, descollado, destacado, elevado, talludo, esbelto
— **aguzado**, volado, acandilado, ahusado
— **gigante**, gigantesco, agigantado, desaforado, preeminente, coloso, culminante, desmesurado, mastodóntico, monstruoso
— COLOQ larguirucho
— COMP ING como la copa de un pino · que no se lo salta un galgo, que no se lo salta un gitano
corto
— **reducido**
  • limitado, truncado, menudo, diminuto, tasado, ralo, aplastado, chico, chato, romo, insignificante
  • falto, escaso, insuficiente, parco
— **estrecho**
  • angosto, delgado, enjuto, ahogado, apretado, ceñido, comprimido
  • fino, premioso, justo
  • ajustado, chupado, escurrido, capilar
— **incompleto**
  • descabal, descabalado, desmochado, desparejado, fragmentario, mordido, parcial, trasquilado, truncado, cojo, deficiente, CHILE guacho

plano
— apanalado, liso, raso, llano, parejo, terso, calvo, glabro, SAL nidio, DESUS lene, ARG, UR y PAR playo
— igual, igualado, nivelado, horizontal · a nivel
— COLOQ como la palma de la mano
rugoso
— abrupto, apergaminado, arañado, arrugado, áspero, basto, bronco, bruto, deslustrado, escabroso, escalfado, espinoso, fragoso, granoso, granular, granuloso, grosero, nudoso, rasposo, rayado, romo, rudo, tosco
triangular, piramidal
— cuadrado, cuadriforme, apaisado, cuadrangular, rectangular, trapezoidal, trapecial, rómbico, romboidal, prismático
— pentagonal, quincuncial
— hexagonal
— heptagonal
— octagonal · ochavado
— cónico, troncocónico
— estrellado poligonal
circular
— redondeado, semilunar, esférico, cilíndrico
— aovado (HUEVO), concoideo o conquiforme (CONCHA), cónico o conoideo (CONO), elipsoidal (ELIPSE), helicoidal (HÉLICE), parabólico (PARÁBOLA), pisiforme (GUISANTE), troncocónico (CONO TRUNCADO), umbilicado (OMBLIGO)
abombado
— oval, ovalado, aovado, abolsado, acorazonado, embocinado, piriforme, abocinado o embocinado, acampanado o encampanado
— abolsado (BOLSA), abohetado (HINCHADO), piriforme (PERA), infundibuliforme (EMBUDO)
almendrado
— abellotado, amelonado, lenticular, atetado, apezonado, navicular, pisciforme, abarquillado
— MÁS LARGO QUE ANCHO: oblongo
arqueado
— cóncavo, convexo, bicóncavo, biconvexo
— corniforme (CUERNO), horcado (HORCA), arponado (ARPÓN), cornial (CUERNO), parabólico (PARÁBOLA), angular (ÁNGULO), aquillado (QUILLA), arriñonado (RIÑÓN), conquiforme o concoideo (CONCHA), aparasolado (PARASOL), alomado (LOMO)
— inclinado, desnivelado
dentado o denticular, dentellado, serrado, almenado (ALMENA), pectiniforme (PEINE), harpado (DIENTES DE SIERRA), vermiforme (DE GUSANO), torculado (TORNILLO), arrocado (RUECA)
aspado, arpado o harpado, cruciforme, estrellado, erizado, hirsuto, espíneo, radial
arbóreo, arboriforme o dendriforme, arborescente, lotiforme, arracimado, corniforme, lechugado, palmado, palmeado, racimado, repolludo, tuberculoso, dendrítico (RAMA DE ÁRBOL), lechugado (HOJA DE LECHUGA), lotiforme (LOTO), flabeliforme (ABANICO), quincuncial (QUINCUNCE), prismático (PRISMA)
racimado o arracimado (RACIMO), flabeliforme (ABANICO), palmado o palmeado (PALMA)
prominente, abultado, papujado, saliente, saltón, tridente, turgente
picudo, acopetado, acuminado, afilado, agudo, aguzado, ahusado, aleznado o alesnado, apuntado, aquillado, buido, mucronato, piramidal, puntiagudo, puntoso, punzante, reagudo, rostrado, saliente

17.11 descripción de la deformación
amorfo
— deforme, diversiforme, informe, semiforme, multiforme, polimorfo, irregular
deteriorado
— **estropeado**, desgastado, deshilachado o desfilachado, esmerado, manido, raído, usado, sobado, resobado, manoseado, rozado, maltrecho, ANT fadrubado
— **gastado**, desgastado, manido, resobado, sobado, trillado, usado
— **agrietado**, rajado, quebrado, hendido, rasgado, resquebrajado, cuarteado, seccionado, escindido, segmentado, tajado, trozado
— en estado lamentable, en e. lastimoso
roto
— **cascado**, desconchado, desgarrado, desportillado, mellado, astillado, tronchado
— **deshecho**, despedazado, destrozado, descuartizado, desmembrado, desagregado, desmenuzado, descoyuntado, desintegrado, descompuesto, triturado, atomizado, desmigajado
COLOQ
— chuchurrido
— **hecho una lástima**, h. un guiñapo, h. una desdicha, h. un higo, h. polvo, h. pedazos, h. añicos, h. trizas, h. harina, h. jirones, h. cisco, h. una criba, h. migas, h. papilla, h. tabaco, h. unos zorros
— a la virulé, de rota batida
— MALSON hecho una mierda
17.12 abierto
entreabierto, descubierto, destapado, ahuecado, expedito, franco, libre, despejado, desembarazado, descampado, raso, zafo, horro, suelto, correntío, ANT aforrecho
externo, circundante, periférico, envolvente, extrínseco, excéntrico, extramuros, exógeno, exterior, cutáneo, foráneo, superficial
hueco
— **ahuecado**, claro, diluido, enrarecido, esparcido, esponjoso, abolsado, fofo, orondo, papujado, pomposo

— **abolsado**, abullonado, ampón, bofo, esponjoso, flojo, AND, HUECO COMO LA CAÑA: cañarí, HOND guangocho
— **desocupado**, libre, vacío, huero, despejado, expedito, limpio
desierto
— **desértico**, deshabitado, solitario, desocupado, despoblado, abandonado, desmantelado, despoblado, libre, solitario, vacuo, vano, zafo, vacante
— **despojado**, ajeno, desprovisto, destituido, necesitado, privado, horro, falto o ANT faltoso · ingrávido, leve
desprotegido, a campo raso, a cielo abierto, a c. descubierto, a la intemperie, a la rasa, al aire libre, al descubierto, al fresco, al raso, al sereno, en descampado

17.13 cerrado
encerrado, cubierto, embalado, envuelto, embotellado, revestido, tapado, taponado
amurallado, alambrado, atrincherado, empalizado, parapetado, enrejado, vallado
atorado, atrancado, obstruido, ocluido, clausurado
embozado, encapotado, enfundado, forrado, recubierto, tupido
estanco, hermético, lacrado, obturado
interno, interior, intrínseco, íntimo · centrado, céntrico, centrífugo, centrípeto, concéntrico, concentrado · focal · medianero, medio

17.14 salido
prominente
— **saledizo**, saltón, eminente, supereminente, dominante, culminante, encumbrado, cimero, superior, supremo, sumo
— **hinchado**, abofado, abohetado, abotagado o abotargado, abuhado, enconado, trastesado, tumefacto, tumescente, túmido, turgente, vultuoso
— **saliente**, sobresaliente, abultado · conspicuo, elevado, puntero, relevante
— de bulto, en relieve, en saledizo, en voladizo
desunido
— **espaciado**, descosido, incomunicado, independiente, apartado, retirado, recogido, recoleto, retraído · despegado, desprendido
— **deslavazado**, deshilvanado, descuadernado, desvencijado
— **desenganchado**, despegado, desabotonado, desabrochado, desajustado, desanudado, desatado, desceñido, descosido, descuajaringado, desencuadernado, desengarzado, deseslabonado, desgajado, deslabonado
— **descabalado**, desparejado, desvinculado, descoligado, descuadrillado, descolocado, desajustado, desencajado, desincrustado
separado, retirado, apartado, alejado, espa-

ciado, quitado, abandonado, descartado, eliminado, esparrancado, incomplexo, excluido, ANT disyunto o desyunto

17.15 metido
fundido, anudado, atado, cosido, enlazado, ensamblado, fusionado, pegado, soldado, sujetado, unido, zurcido
acoplado, adherente, adjunto, adnato, adscrito, agregado, anexado, apareado, conjunto, reunido, unificado
contiguo
— conexo, aledaño, tangente, adyacente, inherente, inmediato, connivente
— hermanado, incorporado, limítrofe, rayano, reunido
adicional, añadido, agregado, anexo, anejo, integrado, adjunto, adnato, conexo
ajustado, encajado, pegado, incrustado, engarzado
protegido
— a buen recaudo, a cubierto, a la sombra de, a resguardo de, a salvo, al abrigo de, al amparo de, al arrimo de, al socaire de, ARG a reparo de
— **cubiertamente**, encubiertamente, clandestinamente, furtivamente, ocultamente, confidencialmente, misteriosamente, secretamente, sigilosamente, recatadamente, sordamente, subrepticiamente
— **a escondidas**, de contrabando, bajo mano, debajo de la manga, en cifra, en la oscuridad, de incógnito, a puerta cerrada, en puridad
— **hermético** · infranqueable, intransitable
lleno
— **relleno**, completo, ocupado, colmado, cuajado, pleno, preñado, raso, total, cabal, integral, íntegro
— **rebosante**, abarrotado, atestado, repleto, desbordante

17.16 lineal
recto, tieso, rectilíneo, directo, derecho, seguido, sagital, ahilado, tenso, tirante, LEÓN correcho · en línea recta
filiforme (HILO), cordiforme (CUERDA), ensiforme (ESPADA), espiciforme o espigado (ESPIGA), esteliforme (ESTELA)
vertical, empinado, erguido, eréctil, engallado · inclinado en cuesta, POÉT clivoso
a cuerda, a cordel, en pie, a plomo, en pino, en candela, en picado, en derechura
angular, anguloso, esquinado, achaflanado, cuneiforme, isógono, sesgado

17.17 curvo
curvado
— **curvilíneo**, encorvado, recorvo, ondulado, ondulatorio, ondulante, oval, ovalado, la-

deado, engarabitado, anfractuoso, oblicuo, quebrado, sinuoso, serpenteante o serpeante, torcedero, estevado, patituerto, zanquituerto, zancajoso, gacho, befo, zambo, DESUS galindo
— **doblado**, torcido, gurbio, acodado, tortuoso, avieso
— **alabeado**, adunco, arqueado, cambado, combado, combo, comboso, corvo, ensenado, falcado, falciforme, helicoidal, pando
— **sinuoso**, crespo, ensortijado, retorcido, retuerto, rizo, rizado, rosqueado, serpenteado, sigmoideo, sinusoidal, tortuoso, voltizo
— **cóncavo**, convexo, concoideo, elipsoidal, galeiforme, lenticular, orondo, oviforme, papujado, preñado, semilunar

redondo
— circular, esférico, cicloidal, discoidal, espiral, helicoidal, anular, orbital, rollizo, tubular, esferoidal
— parabólico, pandeado, torculado, lenticular, orbicular · concéntrico, excéntrico
GEOM
— coincidente, proporcional, paralelo
— simétrico ↔ asimétrico
— convergente ↔ divergente
— rectilíneo, curvilíneo, equidistante, multilátero, tangencial, vectorial

17.18 descripción de la situación
anterior
— **previo**, precedente, preexistente, preconcebido, preliminar, primero, prístino
— **frontal**, delantero, encabezado, premiso, primicerio, primiclerio, procinto
— MAR proal, proel
posterior
— **ulterior**, postrero, póstumo, postremo, postrimero, pospuesto, siguiente
— **dorsal**, trasero, zaguero, póstumo
— **detrás**, atrás, a continuación, enseguida, inmediatamente, luego, en pos de, redro, a retaguardia, seguidamente, tras, a la zaga
superior
— **culminante**, alto, cimero, dominante, eminente · encimero, somero, empingorotado · prevaleciente, sobresaliente, sumo, supremo
— **empinado**, elevado, suspendido, pénsil, volador, volandero
— **destacado**, eminente, empingorotado, encopetado, encumbrado, excelso, eximio
— prócer, prócero, sublime, supereminente
inferior
— **bajo**, bajero, hondo, ínfimo, básico, subyacente
— **profundo**, subterráneo, subacuático, submarino, abismal · suscrito · sedimentario,

PUNTO DE LA PROFUNDIDAD DE LOS OCÉANOS: isobático
lateral
— **unilateral**, bilateral, colateral, diagonal, transversal, diametral, ladero, oblicuo, adyacente, transverso, atravesado
— **crucial**, cruciforme, cruzado, perpendicular, decuso
— **oblicuamente**, a lo zaíno, al bies, al sesgo, al través, de refilón, de soslayo, de zaino, en diagonal, fuera de escuadra · a repecho, cuesta arriba, pecho arriba
— **paralelamente**, en batería, en paralelo
junto a
— a la derecha ↔ a la izquierda, arriba ↔ abajo, al lado, por este l., por ese l., por los cuatro costados · ANT SUSO (ARRIBA) ↔ ayuso (ABAJO)
— a la par, a orillas de, a la orilla de, a la vera de, a mano, a tiro
— **sobre** ↔ bajo; encima ↔ debajo; por encima ↔ por debajo · en medio · detrás ↔ delante · al revés ↔ al derecho
— al mismo nivel, a ras de tierra, a rapa terrón
— dentro, entre, fuera, frente a · en la cabeza, en la cola
— pegado a, orilla de, en corto, ahí mismo, aquí mismo, no lejos de, en primera fila, en las proximidades
— **al lado**, al alcance, al pie, al borde
— **a mano**, a un paso, a dos pasos, a pocos p., a cuatro p., a un paseo, a continuación, a la orilla, a la puerta, a la vera, a corta distancia, a dos dedos · ARG ahí nomás
— **cerca**, muy cerca, de cerca, aquí, in situ, a la vista, en presencia
— a dos pasos, a cuatro pasos, a la vuelta de la esquina, a tiro de piedra, a tiro de piedra, quemarropa · en la boca del cañón
alrededor de, en torno a, en cerco, en contorno, en derredor, en redondo, a la redonda, al retortero
en algún lugar
— **en alguna parte**
  • en otra parte, en todas partes, por todas partes, en cualquier sitio, a lo largo y a lo ancho
  • de cabo a rabo, de oreja a oreja, de pe a pa, de pies a cabeza, de polo a polo
  • acá y allá, aquí y allá, a una y otra parte, a diestra y a siniestra, acá y acullá
— **en cada esquina**, por doquier, por los cuatro costados
— **aquí**, ahí, allí, acá
  • encima, debajo, arriba, abajo
  • delante, detrás, adelante, atrás
  • dentro, fuera, adentro, afuera
  • cerca, lejos

próximo
— **mediato**, inmediato, contiguo, cercano, allegado, aledaño, propincuo, conexo, proximal, citerior
— **adyacente**, lindante, limítrofe, colindante, confinante, fronterizo, paredaño, tangencial, rayano, junto, vecino, convecino, circunvecino, DESUS limitáneo, finítimo, ANT facero
— **tocando**, rozando, rayando, pegando, junto, yunto

lejano
— **retirado**, alejado, separado, distante, remoto · ANT lueñe
— **perdido**
  • apartado, aislado, inaccesible, extraviado, incomunicado
  • último, ultramarino, ultramontano · telescópico
— **lejos**, a lo lejos, a años luz, a la legua, a cien leguas, a cien mil leguas, a tiro de ballesta, a desmano, a trasmano
— allí abajo, allí arriba
— **a distancia**, a cierta d., a larga d., a bastante d., a considerable d.
— **al otro lado**, al cabo del mundo, al fin del m.
— **en lontananza**, en la otra punta, en las quimbambas

COLOQ
— en las narices, ARG estar ahí nomás
— al ladito · cerquita · a bocajarro, a quemarropa, en mis narices, delante de las n., en mis barbas

COMP ING
— a tiro de honda, a t. de piedra, a toca ropa, a t. penoles, a boca de cañón, a la vuelta de la esquina
— donde Cristo dio las tres voces, d. Cristo perdió el gorro, d. Dios no quiso ir, AM d. el diablo perdió el poncho
— en el quinto pino, en el q. infierno · MALSON Y VULG en el q. coño
— en la quinta puñeta, MÉX en la q. chingada
— más allá del horizonte, perdido de vista · VULG ARG en la loma de los quinotos, en la l. del diablo, en la l. del peludo, MALSON en la l. del orto, CHILE a la chucha de la l. · MALSON en el culo del mundo

determinantes artículos

		masc.	fem.
determinados	s.	el	la
	p.	los	las
a +	s.	al	a la
	p.	a los	a las
de +	s.	del	de la
	p.	de los	de las
indeterminados	s.	uno	una
	p.	unos	unas

determinantes demostrativos

		cerca	medio	lejos
s.	masc.	este	ese	aquel
	fem.	esta	esa	aquella
p.	masc.	estos	esos	aquellos
	fem.	estas	esas	aquellas
raíz		est-	es-	aquel

— PARA SUSTANTIVAR PALABRAS Y ORACIONES: lo

determinantes posesivos

poseedor		cosa poseída	
		s.	p.
1.ª pers.	s.	mi	mis
	p.	nuestro/a	nuestros/as
2.ª pers.	s.	tu	tus
	p.	vuestro/a	vuestros/as
3.ª pers.	s.	su	sus
	p.		

VERBOS Y EXPRESIONES
17.19 formar
modelar
— **conformar**, moldar, amoldar, configurar, plasmar, ochavar, redondear, extrudir, ANT faccionar
— **readaptar**, adaptar, adecuar, ajustar, encajar, acomodar, apropiar, armonizar o harmonizar, asentar, cuadrar, encuadrar, ensamblar, abocinar, achaflanar, casar, ceñir, estibar, sentar, ANT afiblar
— **armar**, arreglar, acondicionar, montar, ordenar, enrejar, escalonar, labrar, forjar, fraguar
reforzar
— **robustecer**, guarnecer, vigorizar, endurecer, fortalecer, fortificar, asegurar, consolidar o solidar, avigorar, entesar
— **apuntalar**, acerar, asentar, entibar, estantalar, fijar, hirmar, intensificar, rafear, recalzar, remendar, revestir
— **renovar**, rehacer, tonificar, vigorar, arreciar, intensificar, ANT barbotear, forcir
— UN EDIFICIO: socalzar, CON BARROTES: abarrotar o embarrotar, CON CAMBRONES: encambronar, CON TORTORES: atortorar, CON ZUNCHOS: enzunchar
realizar
— **ejecutar**, efectuar, consumar, cumplir, cumplimentar, cometer, cristalizar, cuajar, perpetrar, DESUS acuntir
— **actuar**, obrar, operar, cumplir, proceder
— **rehacer**, restaurar, restablecer, rehabilitar, reconstruir, reestructurar, recobrar
— **ejercer**, ejercitar, consumar, implantar, promover, terciar, plantear, participar, elaborar, cumplir, labrar, obrar, pergeñar, plasmar, practicar, producir · ANT facer o fer o her, baratar

— **consumar**, perpetrar, cometer, recrear, reelaborar, reproducir
— **crear**, efectuar, ejecutar, engendrar, confeccionar, forjar, fabricar
llevar a cabo
— **llevar a efecto**
  • llevar a término, ll. a la práctica, ll. adelante
  • poner en práctica, p. en ejecución, p. por obra
  • hacer intervenir, h. efectivo
— **jugar fuerte**
  • jugar con fuego
  • jugarse el tipo, j. el todo por el todo
  • probar fortuna
— **dar cuerpo**
  • acertar a, dar forma, hacer bueno
  • sacar adelante, tener lugar
— **proceder a**, pasar a, ponerse a, meterse a, soltarse a, echarse a · tomar la iniciativa
— **ir haciendo**, tomar parte en, envolverse en
17.20 deformar
desfigurar
— **desigualar**, desemparejar, deshermanar, distorsionar, transformar
— **deteriorar**, trastornar, alterar, descomponer
— **desnaturalizar**, desvirtuar, falsear, viciar, contrahacer, desvanecer, embastecer
— **abollar**, aplastar, macar, macerar, machucar, magullar
derribar
— **destruir**, derruir, derrumbar, demoler, derrocar, desbaratar, descomponer, deturpar o destorpar, inutilizar, cachar, despezonar
— **desintegrar**, desmoronar, descoyuntar, desmembrar, desmenuzar, desmigajar, atomizar
— **desarmar**, desarticular, descuajeringar o descuajaringar, descuadernar, despizcar, desportillar, destrizar o trizar, desvencijar, dilacerar, descantillar, descantonar, descascarillar, descascar, desgajar, desgarrar, desgolletar, DESUS descalandrajar
romper
— **tullir**, baldar, descabellar, despuntar, debilitar, disgregarse, fisurar
— **estropear**, desarreglar, desgraciar, alterar, dañar, descomponer, desconchar, desfigurar, abollar, arañar, chafar, changar, raspar, rozar, echar a perder, DESUS comalecerse, ANT entronecer
— **despedazar**, descomponer, desbocar, desmontar, desboquillar, desbrujar, descular, desfondar, escoñar, trozar, truncar, DESUS profligar, ANT frañer
— **desgarrar**, abrir, arrancar, atomizar, atravesar, cuartear, descuartizar, desgajar, desintegrar, desmigajar, desmoronar, despedazar,

forzar, fraccionar, fracturar, fragmentar, hender, rajar, rasgar, resquebrajar, tronchar
quebrar
— **partir**, seccionar, separar, cercenar, truncar, cortar
— **requebrar**, resquebrar, resquebrajar, quebrantar, cascar, changar
— **rayar**, rasguñar, arañar, rajar o rachar, rasgar, estriar, rascar
— **cuartear**, acanalar, agrietar, sajar, abrir, hender o hendir, mellar, CON LAS UÑAS: arpar, CON LOS DIENTES: atarazar, MORDIENDO: tazar · corroer, carcomer
astillar
— **triturar**, desmigar, desbriznar, escachar, estrellar, fraccionar, fracturar, fragmentar, tronchar, SAL, CORTAR LEÑA MENUDA: retazar · DESUS capolar, carpir, concuasar, ANT estrazar
— **pulverizar**, atomizar, erosionar, desbriznar, disgregar, disociar, anonadar, dinamitar
aniquilar o DESUS anihilar
— **exterminar**, abatir, devastar, desolar, arrasar, diezmar, desmurar, acabar, aplastar, espachurrar, asolar, dilacerar, arruinar
— **rasgar**, afollar, cachar, aportillar, cancerar, trozar, DESUS trucidar, ANT arromper, estrazar, concuasar, ermar
— **desmigar**, agramar, aplastar, arrepistar, astillar, atomizar, capolar, cascamajar, cascar, desbriznar, descomponer, descuartizar, deshacer, desintegrar, desmenuzar, desmigajar, despizcar, desterronar, destrizar, frangollar, machacar, machar, majar, mallar, mascar, masticar, mazar, maznar, moler o DESUS aciberar, picar, pistar, pulverizar, quebrantar, triturar
— **romperse**, dañarse, estropearse, degradarse, desgastarse
— **abollarse**, afollarse o abolsarse, ajarse, alterarse, chafarse, corroerse, deformarse, degenerarse, desarreglarse, desbaratarse, desfigurarse, desflorarse
— **usarse**, apolillarse, aviejarse
— **rasparse**, rozarse, arañarse, desconcharse, carcomerse
— **destruirse**, descomponerse, deshacerse, desintegrarse, destrozarse, inutilizarse, desmoronarse, desgraciarse, deteriorarse
acabar con
— **dar fin**, d. al traste, echar a pique, e. abajo, llevarse por delante
COLOQ
— **esguardamillar**, desmoronar o desbrujar · despachurrar o espachurrar, joderse, jorobarse
— **hacer añicos**, h. cisco, h. fosfatina, h. harina, h. jirones, h. migas, h. papilla, h. pedazos, h. polvo, h. puré, h. tabaco, h. trizas,

h. una tortilla, h. mierda · ARG h. bolsa, h. miñangos, h. moco, h. pomada, h. torta, MÉX h. chuza, CR h. leña
— reducir a cenizas, r. a escombros
— sembrar de sal, saltar en pedazos, poner a sangre y fuego

COMP ING
— no dejar verde ni seco, no d. estaca en pared, no d. piedra sobre piedra, no d. títere con cabeza

17.21 abrir
descubrir
— **entreabrir**, destapar, desenterrar, descerrar, desencerrar
— **desembalar**, desempaquetar, desenrollar, desenvolver
— **descoser**, desabotonar, desabrochar, desatar, descerrajar, desellar
— **desobstruir**, desatrancar, desatascar, destaponar
— **desplegar**, desmembrar, desajustar, departir, disgregar, descarriar, arredrar o DESUS redrar
ahuecar o aocar
— **enhuecar**, escarbar, cajear, socavar, vaciar, esponjar, hornaguear, minar, mullir, canalizar
— **abollar**, relevar, abultar, alzar, inflar, levantar, repujar · hinchar, hispir, mullir
— **labrar**, arar, amelgar, cabecear, escalar, melgar, surcar o DESUS asulcar o sulcar
— **cavar**, excavar, ahoyar, rehoyar, zanjar, fosar, cacarañar, jirpear
desunir
— **escindir**, disgregar, desconectar, desligar, disociar, desatar · bifurcar, tripartir
— **fraccionar**, fragmentar, segmentar, tajar, cuartear, despiezar o destazar, despedazar, apedazar, desmembrar
— **repartir**, subdividir, adecenar o adocenar
— ALGÚN SITIO O TERRENO: parcelar, atajar, ahitar, amojonar, lotear, acuartelar
cortar
— **amputar**, decapitar, descabezar, descuartizar, extirpar, cercenar, degollar, mochar, mutilar, cercenar · castrar, capar
— **tronchar**, trinchar, sajar, segar, talar, tijeretear
— **rasurar**, raspar, podar, trasquilar, repelar
— **pelar**, afeitar, apurar, despatillar, esquilar, mondar, rapar, recortar, tajar, tonsurar, trasquilar, tundir
— **despellejar**, descascarar, descascarillar, descorchar, descortezar, desollar, despeluchar, desvainar, escabuchar, escabullar, escoscar, esfolar, excoriar o escoriar · descamisar, desnudar
partir
— **fragmentar**, desmembrar, segmentar, trin-

car, truncar, tronzar, trujar, cachar, exfoliar, devisar, separar, frangir, DESUS despartir
— **seccionar**, desmoronar
— **apedazar**, despedazar, tajar, retazar, desmenuzar, DESUS capolar
— **deshacer**, desbriznar, descomponer, descuartizar o escuartizar, desintegrar, desmigar, despizcar, destazar, triturar · pulverizar, atomizar
— **mediar**, demediar, bifurcar, bisecar · terciar, tripartir, trifurcarse · cuartear · adecenar · adocenar · subdividir, lotear
— **partir por medio**, partir en dos, p. por mitad, p. mitad por mitad, p. en partes iguales · hacer pedazos, h. rajas
rajar
— **agrietar**, fracturar, quebrantar, tronzar, estallar, resquebrajar · picar, bocadear, despresar, tarazar · abrir en canal · hender
— **abrirse**, cascarse, cuartearse, destrozarse, fracturarse, fragmentarse, quebrarse, resquebrajarse, romperse, fraccionarse, apedazarse, despedazarse, desmembrarse, troncharse
romper
— **quebrar**, fragmentar, atravesar, descerrajar, desgajar, desintegrar, fracturar, rasgar, tronchar
— **desmenuzar**, aciberar, desbriznar, descuartizar, desgarrar, desmembrar, desmigajar, desmoronar, despedazar, destrozar, estrellar, frangollar, mascar, moler, molturar, picar, prensar
punzar
— **empozar**, hincar, enterrar, hundir, bajar, fondear, sumergir, zambullir o zampuzar
— **perforar**, agujerear, ahuecar, horadar, taladrar, barrenar, espitar, acribillar
— **pinchar**, penetrar, atravesar, picar, profundizar, trepanar, aguijar, aguijonear, calar, chuzar, clavar, espichar, espinar, guinchar, hincar, lancinar, mordicar, ponchar, punchar, pungir, punzar, velicar

17.22 cerrar
tapar
— **taponar**, obstruir, ocluir, obturar, opilar, rellenar, aturar, atorar, atarugar, cegar, encorchar, macizar, zaboyar, condenar, entrecerrar, traspellar o traspillar, incomunicar, MED obliterar, MAR calafatear
— **atascar**, atrancar, trancar, tranquear, bloquear, encajar, cegar, hermetizar, presurizar, sellar, recesar, lacrar
encerrar
— sepultar, soterrar, enmascarar, cobijar, encobijar, enclaustrar, esconder o DESUS asconder o absconder, tapujarse, EN EL SENO: enseñar, EN UNA CUEVA: encovar, CON UN TOLDO:

entoldar, CON TIERRA: enterrar, CON CENIZAS: encenizar, echar tierra
— **condenar**
  • acerrojar, atrancar, barbotear, candar, chapar, clausurar, pechar, recesar, sellar, trancar, tranquear, traspellar
  • echar la llave · cerrar herméticamente, c. bajo llave, c. a piedra y lodo
— **introducir**, poner, meter, embutir, embeber, insertar, adentrar, rellenar, sobrellenar, abarrotar, atestar, atiborrar, rebutir, henchir, rehenchir, masificar, mechar, preñar · envasar, enfrascar, enlatar, entonelar · cegar, terraplenar
— **recluir**, aislar, sitiar, acorralar, emparedar, encallejonar, encarcavinar, encarcelar, encastillar, encovar
— **enceldar**, enclaustrar, enjaular, aprisionar, internar, confinar, encalabozar
— **rodear**, bordear, bornear, cercar, circundar, circunscribir, costear, encuadrar, enmarcar, orillar, orlar, ribetear
— **acordonar**, abarcar, acorralar, bojar, bojear, circunnavegar, contornar, contornear, encordar, envolver, estrechar, fajar, festonear, galonear, limitar, pircar
— **abrazar**, ceñir, circuir, circunvalar
— **tapiar**, tabicar, acotar, vallar, chantar, estacar, circuir, claustrar, encambronar, espinar
17.23 sacar
extraer
— **sustraer**, sonsacar, vaciar, expulsar, sangrar, tirar de, entresacar
— **desatorar**, desatancar, desatrancar, desatascar, desobstruir
— **desenroscar**, destornillar o desentornillar o desatornillar
— **desembalar**, desempaquetar, desembolsar, desempacar, desenjaular, desalforjar, desenvainar, desembaular, desvalijar, desmontar
— **desenterrar**, deshincar, desabarrancar, desenzarzar, desacorralar, desembanastar, desempozar, desencajonar, desencerrar, desencovar, exhumar
desocupar
— **despejar**
  • desalojar, apartar, evacuar, desembarazar, desbancar, desembargar, desembozar, desescombrar, despedregar, dragar, quitar, aligerar
  • librarse de, abrir paso, hacer lugar, h. plaza, quitarse de encima
— **desechar**, deshacerse, tirar, desmantelar, descongestionar, desembarazar, desahuciar
extirpar
— **desincrustar**, destripar, desdentar, desclavar, desenclavar

— **deshincar**, desplantar, desencajar, desacoplar, descuajar
— **desenchufar**, desengarzar, deshuesar, desyemar · desembragar
17.24 meter
encajar
— **acoplar**, embutir, ajustar, encuadrar, encastrar, engarzar, enchufar, adosar, entestar
— **introducir**, infiltrar, insertar, inyectar, hincar, jeringar, insuflar, incrustar
— **empotrar**, calar, colar, embocar, encasquetar, internar, penetrar, zampar, ANT choclar
— **engranar**, encarrilar, encasquillar, engoznar, implantar, injertar, endilgar, enjaretar, calzar
— **embalar**, empaquetar, enfrascar, embolsar, entalegar, enfaldar, envalijar · encarpetar, encajonar · enlatar, embotellar, entonelar
— **ocultar**, enterrar, incomunicar
incorporar
— **agregar**, integrar, adjuntar, añadir, acompañar, aliar, anexar, anexionar, asociar, empalmar, vincular
— **adherir**, adhibir, adscribir, adunar, amalgamar, aparear, aplicar, apuntar, ayustar, concadenar
— **confluir**, concurrir, afluir, arrimar, ligar, relacionar, juntar o DESUS yuntar, atracar, apretar, aliar
perforar, agujerear, clavar, clavetear, atornillar
17.25 alinear
enderezar, extender, destorcer, desdoblar, desencorvar, desencrespar, desenrizar, desenrollar, desrizar, rectar, rectificar
aplanar
— **allanar**, explanar, rellanar, emparejar, arrasar, aparar, atortujar, gradar, raer, tablear · desalabear, desarrugar, descolmar, desencorvar
— **nivelar**, igualar, rasar, enrasar, achatar, aplastar, arrellanar, terraplenar, traillar
— **alisar**, enlisar, desbastar, esmerilar, afinar, apomazar, azemar, engrasar, esmerar · lubricar o lubrificar, suavizar
— **pulir**, pulimentar, limar, lijar, lenificar, raer, esmerar, esmerilar, cepillar, raspar, repulir, bruñir, acuchillar, zuñir, EN ALFARERÍA: esturgar · abrillantar, suavizar
— **prensar**, planchar, apisonar, asentar, atablar
afilar
— **amolar**, punzar, despuntar, aguzar, cimar, desmochar, erizar
— **acicalar**, adelgazar, aguzar, reseguir, vaciar, AST cabruñar, SAL encabruñar
— **sacar punta**, s. filo, dar un filo
17.26 curvar
doblar
— **encorvar**, cimbrar, cimbrear, inclinar, ladear, pandear, arquear, agachar, alabear, combar,

acodillar, doblegar, flexionar, mimbrear, mollear, engarabatar
— **plegar**, plisar, torcer, redoblegar, acodar, arquear, acodillar, roblar, volver, inclinar, empandar, enarcar, escarzar, arrugar
rodear
— **enroscar**, arrodear, arrollar, serpentear, MAR adujar, virar en redondo
— **enrollar**, contornar, contornear, arrollar, redolar, remolinar, remolinear, revolver, VOLAR HACIENDO GIROS: volitar
— **virar**, girar, bornear, rotar, rutar, pingar
retorcer
— **acodillar**, alabear, escorzar, ondear, pandear, tornear
— **rizar**, remolinar, arremolinar, encrespar, engarzar, enrizar, ensortijar
— **cruzar**, aspar, entrecruzar, entrelazar, tejer, trabar, tramar, trenzar
abombar
— **alabear**, arquear, combar, engarabatar, abarquillar
— **viciarse**, vencerse, engarabitarse, AR Y MUR cerchearse, COLOQ BOL, CHILE Y MÉX enchuecar

17.27 situar
poner
— **colocar**, acomodar, posicionar, emplazar, orientar, deponer, localizar, establecer, ubicar, instalar, reinstalar, asentar
— **dejar**, posar, depositar, plantar, consignar, reponer · enclavar, varar · estacionar, aparcar
— **colgar**, tender, pender, suspender, ahorcar
anteponer, preponer, anticipar, avanzar, DESUS anteferir, ANT emprimar · abrir el camino, tomar la delantera, estar en primera fila
oponer, enfrentar, adosar, aponer, carear, encarar, aplicar, apostar, montar, encajar, embutir, contraponer, yuxtaponer

18. TIEMPO
18.01 momento
ocasión
— **oportunidad** · memoria, remembranza
— **conmemoración**, aniversario, cumpleaños · celebración
— **intermedio**, entreacto · recreo, vacación
hecho
— **evento**, suceso, pasaje, acontecimiento, acaecimiento, episodio, peripecia, caso, aventura, contingencia, ocurrencia, bienandanza, andanza o andancia o DESUS andulencia
incidente
— **incidencia**, contratiempo, accidente, vicisitud, emergencia, lance, trance, jalón, eventualidad, DESUS frangente, COLOQ torete

— **interrupción**, detención, cese, paro
recordatorio
— **agenda**, apuntación, carnet, chuleta, memoria, souvenir
— **aniversario**, bodas de plata, b. de oro, b. de platino, b. de diamante · centenario, conmemoración, cumpleaños, santo
— **monumento**, inscripción, memento, estela, trofeo · columna, c. rostrada o rostral, obelisco, cipo
MEDIDAS EXACTAS:
— **nanosegundo**, microsegundo, milésima de segundo, décima de segundo, segundo
— **minuto**, cuarto de hora, media hora, tres cuartos de hora · hora
— **día**, jornada · día festivo, d. laborable, d. de labor, d. hábil · fin de semana
— **semana**, quincena
— **mes**, bimestre, trimestre, cuatrimestre, semestre
— **año**, bienio, trienio, cuatrienio, quinquenio o lustro, sexenio, década, quindenio (15 AÑOS)
— **siglo** · milenio
MEDIDAS APROXIMADAS:
— **instante**, momento, instantaneidad, brevedad, fugacidad, intervalo, pausa, COLOQ periquete, santiamén, soplo, tris, flash, rayo, relámpago
— **periodo**, época, era, etapa · plazo, prórroga
— **duración**, continuación, remanencia, persistencia, permanencia, perseverancia, perpetuidad, continuidad, durabilidad
— **frecuencia**, regularidad, periodicidad, asiduidad · cadencia, ciclo · iteración, reiteración, repetición, ritmo
— **infrecuencia**, discontinuidad, intermitencia, irregularidad · excepción, paréntesis, interrupción, suspensión
— **simultaneidad**, contemporaneidad, coexistencia, concomitancia, concurrencia, conjunción, coincidencia · sincronía, sincronización
— **eternidad**, inmortalidad, evo, vida perdurable
MEDIDAS RELATIVAS:
— **prontitud**, prisa, celeridad, velocidad, vivacidad, urgencia, premura, precipitación, rapidez, ligereza, viveza · presteza, presura · brevedad, concisión · aceleración, apresuramiento
— **lentitud**, dilación, duración, morosidad, tranquilidad
— **antelación**, anticipación, anterioridad, precocidad, prelación, adelantamiento, delantera, iniciativa
— **tardanza**, demora, atraso, retraso, dilatoria, moratoria, retardación, prorroga, tregua, remisión, aplazamiento, COLOQ largas

18.02 horas

a primera hora, a última h., en h. avanzada, a cualquier h., a la h. de siempre, a la h. prevista · h. punta, h. valle
en buena hora, de buena h. · en mala h. · la h. de la verdad
la hora exacta, la h. aproximada
la hora de acabar, la h. de empezar, la h. de la siesta, la h. de la modorra, la h. de irse, la h. de acostarse, la h. de la muerte
hora santa · horas canónicas
a la hora de siempre, a la hora habitual
buena hora
COLOQ con la hora pegada al culo

reloj
— despertador, carillón, péndulo, ampolleta, horario, tictac
— cronómetro, cronógrafo, metrónomo
— reloj electrónico, r. automático, r. antimagnético, r. digital, r. estanco, r. sumergible · r. fluorescente · MAR r. acompañante
— reloj analemático, r. ánulo o anular, r. azimutal, r. bifilar, r. cilíndrico
— reloj díptico, r. esférico, r. horizontal, r. oblicuo o inclinado, r. polar, r. vertical
— reloj de péndulo, r. de carillón, r. de pesas, r. de sol, r. de altura, r. de reflexión, r. de luna, r. de refracción
— reloj de pulsera, r. de bolsillo o saboneta, r. de medalla, r. de pared, r. de torre, r. de vela
— reloj de arena o ampolleta, r. de agua o clepsidra, r. de aceite, r. de cuarzo, r. de pilas
PIEZAS:
— aguja, minutero, segundero · manecilla, cuerda
— caja, corona, coronaria, esfera, espiral, cristal, cuadrante, cubo o barrilete, cilindro, tapa, muestra
— bloqueo, caracol, llave, detención, disparador, escape, espira, volante
— engranaje, resorte, muelle, eje, diente, remontoir
— rueda, trinquete, volante, saeta, árbol de ruedas
— péndulo, pesa, compensador
— mano, mostrador, muestra, péndola, puntero
— sonería, sordina
— cadena, leontina · relojera

18.03 días

DE LA SEMANA:
— **lunes**, REF Los lunes, ni las gallinas ponen.
— **martes**, REF El martes, ni te cases ni te embarques. En martes, ni tu tela urdas ni tu hija cases. Buenos y malos martes, los hay en todas partes.
— **miércoles**, REF Miércoles de ceniza, empieza la penitencia y termina la risa.

— **jueves**, REF Pareces el jueves, que siempre está en medio.
— **viernes**, REF El viernes, temor en ciernes.
— **sábado**, REF No hay sábado sin sol, ni mocita sin amor. A cada cerdo le llega su sábado.
— **domingo**, REF Es más grande que un domingo sin paga.

mañana
— **alba**, amanecer, amanecida, aurora, albor, orto, alborada, madrugada · crepúsculo matutino
— **de madrugada**
  • a primera luz · al alba, al canto del gallo, al clarear el día, al despuntar el día, al d. la aurora, al primer gallo, al quebrar el alba, al rayar el alba, al r. el día, al reír el día, al romper el alba, CHILE al alabado
  • con las primeras luces · de buena mañana, de gran mañana · muy de mañana
mediodía, media mañana, al medio día, a la meridiana

tarde
— atardecer, atardecida, siesta · crepúsculo o lubricán
— caída de la tarde, c. del día, c. del sol · puesta del sol · puesto · entre dos luces · a solespones

noche
— **anochecida**, anochecido, entreluces, medianoche, oscuro, queda, sereno, sombras, sonochada, vela, vigilia, vísperas, DESUS conticinio, sobrenoche, ANT concubio · noche cerrada, COLOQ las tantas
— **al anochecer**
  • a altas horas de la noche, a boca de la n., a las tantas de la n., a las tantas de la madrugada
  • al avemaría, al encender los candiles · entre dos luces, muy entrada la noche, ARG cuando las velas arden
— ÚLTIMA DE LAS SEIS PARTES EN QUE SE DIVIDÍA LA NOCHE: dilúculo

18.04 meses

enero · REF Diciembre mojado y enero bien helado. En enero, el agua se hiela en el puchero. Enero caliente, el diablo trae en el vientre. Si en enero canta el grillo, en agosto poco triguillo. De amores el primero, de lunas las de enero. El pollo de enero, debajo de las alas trae el dinero. En agosto y en enero para tomar el sol, no te pongas el sombrero. En enero castañero y en febrero correndero. En enero, el besugo es caballero. En enero, el buey y el varón hacen riñón. Enero y febrero lluviosos y marzo nevoso, hacen un año florido y hermoso. Enero, frío o templado, pásalo abrigado. Por San Antón (17 DE ENERO), gallinita pon.

febrero · REF La justicia de enero es rigurosa, mas llegando febrero, ya es otra cosa. El agua de febrero llena el granero. En febrero, un rato al sol y otro al humero. En febrero, siete capas y un sombrero. Febrero y las mujeres tienen en un día diez pareceres. Por San Blas (3 DE FEBRERO) la cigüeña verás, y si no la vieres, año de nieves. Por San Matías (24 DE FEBRERO) igualan las noches con los días. En febrero no te quites el sombrero.

marzo · REF Cuando marzo mayea, mayo marcea. En marzo la veleta ni dos horas se está quieta. En marzo, marzadas: aire frío y granizadas. Marzo marceador, que de noche llueve y de día hace calor. Marzo ventoso y abril lluvioso hacen el año (o sacan a mayo) florido y hermoso. Cabrito el de marzo, cordero el de enero. Marzo marcea y abril acantalea.

abril · REF Abril es lluvioso y señoril. Abril sonriente, de frío mata a la gente. Agua en abril, granos mil. En abril, aguas mil. En abril, cada gota vale mil. En abril, no quites fil. El frío de abril es peor que el eneril. En abril aguas mil, y todas caben en un barril.

mayo · REF Hasta el cuarenta de mayo no te quites el sayo. En mayo lodo, espigas en agosto. Agua por mayo, pan para todo el año.

junio · REF Agua por San Juan (24 DE JUNIO) quita vino y no da pan. En junio, hoz en puño. Aguas en junio, ni frutos ni pastos en julio. Buen tiempo en junio, verano seguro. Cuando junio llega, busca la hoz y limpia la era. Lo que en junio se moja, en julio se seca.

julio · REF En julio beber y sudar, y el fresco en balde buscar. En julio mi trigo, y en agosto el de mi amigo. Julio normal, seco todo manantial. Por mucho que quiera ser, julio poco ha de llover.

agosto · REF Por agosto, frío en rostro. Agua de agosto, azafrán, miel y mosto. Si en enero canta el grillo, en agosto poco triguillo. Si mientras rige agosto se oyen truenos, racimos abundantes y vinos buenos. Agosto está reñido con Baco y Cupido. Por la virgen de agosto pintan las uvas y por San Judas (28 DE OCTUBRE), ya están maduras. Quien no trilla en agosto, trilla con mal rostro.

septiembre · REF En septiembre, cosecha y no siembres. En septiembre, el que no tenga ropa que tiemble. Septiembre, o lleva los puentes o seca las fuentes. Por septiembre, quien tiene trigo, que siembre.

octubre · REF En octubre podarás, más la encina dejarás. Octubre, las mejores frutas pudre.

Si quieres tener un buen hablar, siémbralo por la Virgen del Pilar (12 DE OCTUBRE). En octubre, el enfermo que no se agarra cae con la hoja de parra. Por Santa Teresa (15 DE OCTUBRE), las nubes traen agua a las presas. En octubre, la tierra estercola y cubre. De duelo se cubre, quien no sembró en octubre.

noviembre · REF A todo cerdo le llega su San Martín (11 DE NOVIEMBRE). En terminado noviembre, quien no sembró, que no siembre. Noviembre tronado, malo para el pastor y peor para el ganado. Treinta días trae noviembre, con abril junio y septiembre, de veintiocho sólo hay uno, los demás de treinta y uno.

diciembre · REF Diciembre es un viejo que arruga el pellejo. Diciembre tiritando, buen enero y mejor año. En diciembre, se hielan las cañas y se asan las castañas. Por diciembre la tierra se duerme. Por Santa Lucía (13 DE DICIEMBRE) mengua la noche y crece el día.

EN EL CALENDARIO REPUBLICANO FRANCÉS: brumario, floreal, frimario, fructidor, germinal, mesidor, nivoso, pluvioso, pradial, termidor, vendimiario, ventoso

18.05 estaciones

primavera · REF Agua de primavera, si no es torrencial, llena la panera. Cuando el invierno primaverea, la primavera invernea. Tras mala primavera, peor invierno espera. Primavera seca, verano lluvioso y otoño desastroso.

verano, estío · REF Sol limpio y hermoso, tiempo de reposo. Ni en invierno ni en verano, te pongas al sol de plano. Un buen año, lodo en invierno y polvo en verano.

otoño · REF Otoño en Castilla, es maravilla. Verano que no dura, otoño asegura. Quince días antes de Todos los Santos (1 DE NOVIEMBRE) y quince días después, sementera es. En otoño, la mano al moño. La otoñada verdadera, por San Miguel (29 DE SEPTIEMBRE) la primera.

invierno · REF A invierno lluvioso, verano abundoso. Frío en invierno, calor en verano, esto es lo sano. En invierno noche clara, el sol que sigue no da la cara. En invierno hornera, y en verano tabernera. No vienen mal las nevadas, que sostienen las heladas. El invierno no es pasado mientras abril no es terminado.

18.06 principio

preámbulo

— introducción, prólogo · salida
— alfa, génesis, íncipit, germen, floración, embrión, cuna, infancia, prolegómenos, inicialización, instauración, umbral

comienzo, apertura, arranque, brote, estreno, inauguración, iniciación, inicio, nacimiento, prueba, tentativa

amanecer, mañana, primavera, alba, aurora

toma de contacto, primeros pasos, puesta en marcha

18.07 fin

término, terminación, acabamiento, vencimiento, coronamiento, culminación, consumación, consunción, conclusión, coronación, ultimación, fenecimiento, agotamiento, cesación, cumplimiento, dejo, final, finiquito, límite, prescripción, remate, DESUS acabijo

clausura, epílogo, omega, ocaso, apocalipsis, apoteosis, extinción · COLOQ cerrojazo, finibusterre

extremo, extremidad, límite, meta, borde, cabo, colofón, orilla, punta, apéndice, cima, coletazo, espiguilla, contera, estrambote, pie, guinda, FINAL DE UN LIBRO: ultílogo

crepúsculo, anochecer · punto final, fin del mundo, juicio final, último suspiro, consumación de los siglos · mane, thecel, fares; LAT gloria patri; ite, missa est

18.08 rapidez

presteza, ligereza, viveza, vivacidad, velocidad, celeridad, agilidad

prontitud, presura, premura, urgencia, brevedad, concisión

prisa, apresuramiento, aceleración, precipitación, apremio, apuro, arrancada, furia, ímpetu, tropelía

18.09 lentitud

parsimonia, remanso, paciencia, dilación, tranquilidad, sosiego, calma, desaceleración

indolencia, languidez, posma, premiosidad, sorna, tardanza, vagar, cachaza, flema, COLOQ pachorra

retraso

— atraso, aplazamiento, demora, detención, dilación, dilatoria, espera, estadía, largas, mora, plazo, prórroga, remisión, retardo, sobrestadía, suspensión, tregua, tropezón, MAR angaria, DESUS inducia

— retroceso, contramarcha, coz, involución, rebote, recejo, rechazo, reculada, regresión, regreso, repercudida, repercusión, retirada, retrocesión, retrogradación, retrogresión · paso atrás, marcha atrás, salto atrás, vuelta atrás

ADJETIVOS Y ADVERBIOS

18.10 pasado

al principio

— al comienzo, a primas, de primeras, en un principio, en ciernes, en fárfara, en flor, en agraz

— ante todo, en primer lugar, en primera instancia, para empezar · a partir de ahora

antiguo

— anticuado, inveterado, arcaico, primitivo, remoto, vetusto, ancestral, prístino, decano, decimonónico

— prehistórico, antediluviano, fósil, arqueológico · rancio, rancioso, apolillado

— viejo, vetusto, envejecido, veterano, obsoleto, desfasado, desusado, engolillado, trasnochado

— lejano, inmemorable, inmemorial, inactual

ayer

— la víspera, ayer tarde, ayer noche, día atrás, el otro día, hace poco, poco ha, no hace mucho, hace mucho, ARG la otra vuelta, CUBA ahora poco

— anoche, anteanoche, anteanteanoche, trasanteanoche

— anteayer, el día anterior, hace dos días, hace tres días · la penúltima semana, la última semana · recientemente, anteriormente

— antes, mucho antes, no hace mucho, por entonces

el año pasado

— en tiempos, tiempo ha, en t. pasado, en otro t., en t. inmemorial, en tiempos remotos

— de antiguo, en lo antiguo, de otros tiempos, de tiempo inmemorial, pasado de moda, chapado a la antigua, en la noche de los tiempos

— a la sazón, en aquella época, en aquel entonces, por aquel entonces

COLOQ

— el año de la nana o de la pera o de la polca · el año catapún

— ARG el año de la escarapela, el tiempo de ñaupa, el t. del jopo, el t. del perejil, el t. de la carreta · CUBA el t. de España

COMP ING

— de antes de la guerra, EC de tiempos del andavete

— del año catapún, del a. de la polca, del a. de la nana, del tiempo de Maricastaña, del t. del rey que rabió, del t. del rey Perico

— desde que el mundo es mundo, desde la noche de los tiempos, desde la primera papilla, desde antes de la guerra

— en tiempos de Maricastaña, en t. de Matusalén, en t. del cólera

— cuando la mili se hacía con lanza, c. Fernando VII gastaba paletó, c. reinó Carolo

— más viejo que andar a gatas, más v. que la nana, más v. que andar a pie, más v. que el diluvio, más v. que el repelón, más v. que la helada, más v. que la sarna, más v. que la tiña, más v. que la tos, más v. que un palmar, ARG más v. que la injusticia

— LAT ab aeterno, in illo tempore
— MALSON Y VULG más viejo que cagar agachado, más v. que mear contra la pared, ARG del año del pedo

18.11 presente
actual
— **coetáneo**, contemporáneo, de nuestros días
— **simultáneo**, sincrónico, isócrono
— **ahora**, a. mismo, en este momento, en este instante, actualmente, en la actualidad
— **hoy**, hoy día, hoy en día, en nuestros días, ANT hogaño
a eso de, al filo de, en la flor de, en lo mejor de · a estas alturas, a estas horas · sobre la marcha
moderno, fresco, joven, naciente, original, inédito, inhabitual, innovado, revolucionario · reciente, estrenado, lozano · sin parangón, sin precedentes
durante, mientras, en tanto, entretanto o entre tanto, mientras t., en este momento, en éstas, en esto, a todo esto, en el ínterin, en éstas y en esotras, en éstas y las otras, en este medio, al tiempo, al mismo tiempo
de ahora en adelante, desde ahora en adelante, en lo sucesivo, de hoy en adelante · ARG de ahora en más, de movida, desde el vamos
simultáneamente, sincrónicamente, paralelamente, a la vez, a la par, a un tiempo, en tanto que, en esto, a una, al mismo tiempo, al paso, en paralelo
a la espera, en espera, a la mira, a la expectativa, en actitud de, en plan de, a punto de, en la brecha · lanza en ristre, al pie del cañón

18.12 futuro
próximo
— mediato, inmediato, venidero, advenidero, prospectivo, inminente, abocado
— posterior, póstumo, pendiente, citerior, contiguo
— **a punto de**, al borde de, a pique de, en trance de, en camino de, a un pelo de, en vías de, en un tris de
en seguida o enseguida
— en el acto, al punto, al instante, acto continuo, acto seguido, ARG, BOL, PERÚ Y UR sobre el pucho
— a continuación, a renglón seguido, a las primeras de cambio, nada más empezar
— sin perder un momento, sin p. tiempo · tan pronto como, de buenas a primeras · DESUS incontinenti, manteniente · ANT aína, adieso
pronto
— luego, en breve, en adelante, en cuanto sea posible

— después, tras, detrás, más tarde, en adelante, más adelante, al cabo de, luego que, a poco de, tan pronto como, así que, desde que, andando el tiempo, al correr el tiempo, a la vuelta de, a la zaga, a raíz de, DESUS deque, ANT aprés, desend
— seguidamente, inmediatamente, posteriormente, ulteriormente
— con posterioridad, más tarde, a la larga, poco después, al cabo de poco, a poco, al rato, al poco rato, MÉX al ratón vaquero
esta tarde, e. noche, e. madrugada
mañana, el día de mañana, mañana por la mañana, pasado mañana
de hoy en adelante, al día siguiente, dentro de dos días
en dos semanas, dos s. después, el año que viene, en el futuro
a corto plazo, en lo por venir, en lo venidero, en lo sucesivo, cualquier día de éstos, un día u otro, a la corta o a la larga, a largo tiempo, de aquí a, dentro de poco, en lo sucesivo, más tarde o más temprano, ARG otra vuelta
a largo plazo, a la larga, a largo andar, con el tiempo, más adelante, a largo tiempo, al cabo del tiempo, a la corta o a la larga, al fin de la jornada, andando el tiempo, antes o después, con el correr del tiempo, más tarde o más temprano, tarde o temprano, en el futuro, a posteriori, ANT a la luenga
COLOQ el año de maría castañas, el año que no tenga jueves, al cabo de Dios te salve

18.13 anterior
anticipado, adelantado, precoz, prematuro, aventajado, temprano, tempranero, provecto
pretérito, retroactivo, retrospectivo
antepasado, viejo, antiguo, prístino, prehistórico, prehelénico, preincaico, precolombino
por adelantado, por anticipado, con antelación, de antemano, en vísperas de, antes de la hora, con tiempo, en agraz

18.14 simultáneo
coincidente, coetáneo, coexistente, contemporáneo, sincrónico, isócrono · paralelo, concomitante
a punto
— a hora, a su tiempo, a tiempo, a propósito, CHILE al callo
— al pelo
— como un clavo, como un reloj · con cuenta y razón
— de perlas, de molde
— en tiempo, en sazón, en su lugar, en su momento
— muy a punto, muy en su punto, muy puesto en su punto

oportunamente, puntualmente, pertinentemente, adecuadamente, convenientemente, apropiadamente, debidamente, exactamente, precisamente, meticulosamente,
rectamente
COLOQ
— a pedir de boca, a las primeras de cambio
— de paso, de pasada, de camino
— ésta es la mía, aquí te pillo aquí te mato
— ya puestos, ya que estamos, ARG ni lerdo ni
perezoso
COMP ING
— como agua de mayo, c. hecho de encargo

18.15 posterior
aplazado
— pospuesto
— otro día, en su día, mañana será otro día ·
veremos
— a su debido tiempo, cuando sea la hora, como Dios quiera, en el momento oportuno
— con el tiempo, dar tiempo al tiempo, tarde
o temprano, a la postre
atrasado, retrasado, demorado, diferido, estadizo, impuntual, moroso, pasado, pendiente, rezagado, tarde, tardío, tardón
en mal momento
— en mal punto, fuera de lugar, f. de propósito
— a deshora, a destiempo, a contrapelo, a
contracorriente
— fuera de hora, f. de propósito, f. de tiempo
· sin tiempo
— tardíamente, morosamente, inoportunamente, inadecuadamente, impropiamente
— a hora avanzada, a última hora
— a las tantas, a las veinte, a las mil y quinientas, a las mil y gallo, a las mil y monas, a las
mil y pico
COMP ING
— no estar el horno para bollos, no e. la Magdalena para tafetanes, CHILE no e. la zorra
para bailes
— haber más días que longanizas
— cuando las ranas críen pelos, a buenas horas mangas verdes, a la vejez viruelas, entre
gallos y media noche

18.16 breve
conciso, sucinto, lacónico, escueto, resumido,
abreviado, compendiado, limitado, reducido, pequeño, ceñido, estrecho
repentino, súbito, instantáneo, automático,
rápido
momentáneo, inmediato, precipitado, brusco,
corto
efímero, fugaz, fugitivo, volátil, voladero, caduco, desechable, transitorio, temporal, pe-
recedero

pasajero, temporal, transitorio
provisional, provisorio, momentáneo, eventual, circunstancial, huidizo, precario
inmediatamente, seguidamente, inminentemente, prontamente, prestamente, raudamente, rápidamente
volando, en un santiamén

18.17 duradero
perdurable
— prolongado
  • persistente, constante, continuo, incesante, seguido
  • de una tirada, de un tirón, de una vez
— estacionario, estático, estable, arraigado,
asentado, firme, tenaz, vivaz, pertinaz, DESUS
diuturno
— persistentemente
  • constantemente, invariablemente, continuamente, en cualquier momento
  • un día sí y otro también
estable
— continuo, asegurado, continuado, crónico,
indefinido, inexhausto, ininterrumpido, permanente, perpetuo, persistente, posante,
seguido, sólido, sostenido · de asiento
— fijo, firme, quieto, regular, definitivo
inalterable
— indeleble, invariable, inconmensurable, incomparable, indestructible, interminable, inextinguible, inagotable, inmutable, inaliena-
ble, indisoluble, imborrable, impermutable,
inconmovible, inquebrantable, imperecedero, inacabable, imborrable, imprescriptible
— perenne, inmortal, perpetuo, sempiterno
— QUE NO SE PUEDE MARCHITAR: inmarcesible
— RELIG eviterno, coeterno
eterno
— infinito, absoluto, eternal, ilimitado, incesante, indefinido, inmortal, inveterado, perdurable, perenne o perennal, permanente,
perpetuo, sempiterno, subsistente, vitalicio
— eternamente, durablemente, impereciera-
mente, inacabablemente, inagotablemente,
inamoviblemente, inextinguiblemente, in-
finitamente, inmóvilmente, interminablemente, perdurablemente, perennalmente,
perennemente, permanentemente, perpetuamente, sempiternamente
— para siempre, para toda la vida, para los
restos · de por vida, a perpetuidad, por los siglos de los siglos, ANT todía
LAT ab aeterno, in aeternum, in perpetuum, in
sécula, in saecula saeculorum, per saecula
saeculorum
COLOQ de tiempo, de largo · para rato · por siempre jamás, por los siglos de los siglos · y lo
que te rondaré morena

COMP ING
— más largo que la cuaresma, más l. que un
ayuno, más l. que un día sin pan, ARG más
l. que puteada de tartamudo, l. como eructo de jirafa, l. como esperanza de pobre
— durar más que la obra de El Escorial, durar
hasta que Colón baje el dedo, inacabable
como la tela de Penélope

18.18 rápido

ágil
— **veloz**, raudo, presto, resuelto, suelto, vivo,
expeditivo, ágil, vertiginoso
— **ligero**, célere, diligente, activo, desalado,
desapoderado, desvalido, puntual
— **presuroso**, precipitado, apresurado, atropellado, correntoso, lanzado, arrebatado,
impetuoso
— **fulminante**, trepidante · hipersónico, supersónico, ultrarrápido, meteórico · de vértigo
— **alado**, dinámico, fugaz, fulgurante, presuroso, raudo, súbito, impetuoso, telegráfico

aprisa
— **deprisa**, muy pronto, acto continuo, acto
seguido, con brevedad, con las mismas
— **al momento**, al instante, al canto, al minuto, al primer envite, al punto, al vuelo
— **a toda prisa**, a bocajarro o boca de jarro, a
bote pronto, a buen paso, a chorros, a escape, a galope, a la carrera, a la improvista,
a la ligera, a la mayor brevedad, a la primera de cambio, a marchas forzadas, a no tardar, a paso de carga, a paso ligero, a pasos
agigantados, a pocos lances, a quema ropa
o quemarropa, a renglón seguido, a reo, a
sobrevienta, a tenazón, a toda velocidad, a
todo correr, a vuelta
— antes de que lo pienses, a. hoy que mañana
— cuando menos se piensa, c. menos lo es-
peres
— cuanto antes, c. antes mejor

de pronto
— de inmediato, de contado, de corrida, de rebato, de relance, de repente, de rota, de salto, de sobresalto, de súbito, de improviso
— de buenas a primeras, de cualquier manera,
de día a día, de golpe, de hoy a mañana, de
la noche a la mañana, de mano, de manos
a boca, de un día a otro, de un momento a
otro
— dentro de nada, d. de poco
— desde ya, lo más pronto posible, el día menos pensado, el mejor día

en breve
— en el acto, en horas, en un instante, en un
momento, en un pensamiento, en un salto,
en un soplo, en un vuelo, en una corrida, en
una escapada, en volandas

— en seguida o enseguida, en contados minu-
tos, en cualquier momento, en el momento menos pensado
— por sorpresa · sin pensar, sin reflexionar, sin
miramiento, sin pararse a pensar, sin saber
cómo, sin sentir, sin tardanza, sin tardar

rápidamente, abreviadamente, brevemente,
bruscamente, casualmente, desapercibidamente, fortuitamente, fugazmente, impensadamente, imprevidamente, improvisadamente, inconsideradamente, inesperadamente, inmediatamente, inminentemente,
inopinadamente, insospechadamente, ins-
tantáneamente, momentáneamente, precipitadamente, precipitosamente, prestamente, prontamente, raudamente, repentinamente, seguidamente, súbitamente,
velozmente

COLOQ
— a espeta perros, a hurta cordel, a la diabla,
a lumbre de pajas, a mata caballo, a remo y
vela, a secas y sin llover
— a toda leche, a t. máquina, a t. marcha, a t.
mecha, a t. pastilla
— a todo gas, a t. meter, a t. trapo, a t. tren
— de antuvión, de bulla, de choz, de estampía,
de golpe y porrazo, de golpetazo, de gol-
petón, de sopetón, de una disparada
— en dos patadas, en dos zancadas, en un periquete, en un pispás, en un santiamén
— decir y hacer, deprisa y corriendo, dicho y
hecho, echando leches
— AM al tiro, ARG y ahí nomás, tras cartón,
CHILE de una, ARG, CHILE Y PERÚ al toque,
CUBA de ahora para ahorita, de ahora para
luego, SALV Y HOND de romplón, SALV tro-
nando y lloviendo, MÉX ya mero, de falon-
dres, RD de una vez

COMP ING
— como caído de las nubes, c. el pensamiento, c. el viento, c. llovido del cielo, c. por
encanto, c. un cohete, c. un rayo, c. un relámpago, c. una exhalación
— más rápido que el viento, más r. que un cohete, más r. que un rayo, más r. que una
bala · ni visto ni oído
— en menos que canta un gallo, en un abrir
y cerrar de ojos, en un avemaría, en un
credo, en un decir amén, en un decir Jesús, en un dos por tres, en un quítame allá
esas pajas, en alza allá esas pajas, en justo
y creyente
— por arte de birlibirloque, sin decir agua va,
visto y no visto
— durar menos que un caramelo en la puerta
de un colegio, durar un suspiro
— AM durar lo que el cazabe en caldo caliente

18.19 lento
tranquilo, tardo, parsimonioso, cansino, flemático, flemudo, reposado, sosegado
perezoso, calmoso, calmudo, desidioso, despacioso, dormido, espacioso, estantío, indolente, moroso, pánfilo, parsimonioso, vilordo, flojo, lerdo, parado, posma, remiso, roncero, soñoliento
pausado, acompasado, flemático, indolente, lánguido, moroso, paciente, premioso, remiso, suave
pesado, pelma, pando, paulatino
COLOQ
— **modorro**, huevón, pelmazo, tolondro, tropezoso, maturrango, tardígrado, pánfilo, pachón, porrón
— **cachazudo**, pachorrudo, zorronglón
— **tortuga**, ganso, ave fría
— **pancho**, campante, paciencudo, cariparejo · de pastaflora
lentamente
— **dulcemente**, espaciosamente, gradualmente, imperceptiblemente, insensiblemente, lánguidamente, lerdamente, mansamente, paulatinamente, pausadamente, perezosamente, pesadamente, quedamente, remisamente, sosegadamente, suavemente, tranquilamente
— **a cámara lenta**
  • a paso de buey, a p. de tortuga, a p. lento, a placer
  • gota a gota, palmo a palmo, paso a paso, poco a poco
  • por grados, por partes · sin precipitarse, sin prisa

18.20 habitual
periódico
— **diario**, cotidiano, semanal, quincenal
— **mensual**, bimensual, trimestral, cuatrimestral, semestral
— **anual**, bianual, trienal, cuatrienal, quinquenal
continuo
— **regular**, crónico, asiduo, cíclico, reiterado, sostenido, mantenido, continuado, estable, repetido, ordinario, acostumbrado, corriente, frecuente, usual, convencional, ritual, sistemático, constante, sólito, tradicional · gradual, progresivo
— **a diario**, día tras día, a lo largo del día, todos los días, cada dos días, de día en día, día por día, ARG vuelta a vuelta
— **con frecuencia**
  • a cada credo, a c. instante, a c. momento, a c. nada, a c. paso, a c. rato, a c. trinque, a c. trinquete, a c. triquitraque · a macha martillo, a menudo
  • cada dos por tres, cada lunes y cada martes

  • de ordinario, de vez en cuando · por regla general, una y otra vez
— **en general** · por lo común, por lo general, por regla general, por lo regular
constante
— **incesante**, continuo, continuado, crónico, corriente, regular, perpetuo · acostumbrado, cíclico
— **de siempre**
  • a todas horas, al uso, como de costumbre, noche y día, para no variar, por los siglos de los siglos, día a día, día y noche, el pan nuestro de cada día
  • de continuo, de por vida, de rigor, de ritual, de sólito
  • desde que el mundo es mundo, desde siempre
  • en todo instante, en todo momento
  • sin interrupción, sin parar
  • todo el día de Dios, t. el santo día, t. el rato
— **seguidamente**
  • sucesivamente, ulteriormente
  • siempre, casi siempre, en general, todavía, aún
  • por lo común, por lo general, por lo regular, por regla general, por punto general
— **habitualmente**, asiduamente, consecutivamente, constantemente, continuamente, crónicamente, duraderamente, establemente, frecuentemente, generalmente, incesablemente, incesantemente, insistentemente, interminablemente, invariablemente, monótonamente, normalmente, perennemente, permanentemente, perseverantemente, persistentemente, regularmente, repetidamente, tenazmente

18.21 inhabitual
infrecuente
— **raro**, incidental, accidental, circunstancial, insólito, inusitado, desacostumbrado, episódico
— **intermitente**, discontinuo, interrumpido, entrecortado, alterno, remitente, recurrente, salpicado · esporádico, ocasional, aislado
— **al azar**, por azar
— **de milagro**, de rebote, de recudida, de rechazo, de refilón, de relance · por ventura, HOND de romplón, CHILE de retruque
— **por casualidad**, por accidente, por descuido, por un causal
— **a dedo**, a voleo, de gracia
ocasional
— **fortuito**, accidental, adventicio, aleatorio, azaroso, casual, contingente, contingible, esporádico, eventual, incidental, inesperado

— **accidentalmente**, anómalamente, anormalmente, casualmente, circunstancialmente, esporádicamente, eventualmente, extrañamente, extraordinariamente, fortuitamente, imprevistamente, inauditamente, infrecuentemente, inhabitualmente, insólitamente, ocasionalmente, raramente
— **rara vez**, en muy pocas ocasiones, en casos contados, por jubileo, por maravilla, por Pascua o por Trinidad
— **a veces**
  • a días, a las veces, a pausas, a rachas, a ratos, a saltos, a sorbos, a trechos, a destiempo
  • una vez que otra, una que otra vez, algunas veces, alguna que otra vez, un día sí otro no
  • de ciento en viento, de raro en raro, de tarde en tarde, de tiempo en tiempo, de cuando en cuando, de vez en cuando, de trecho en trecho
  • en ocasiones, en casos contados
  • con discontinuidad, con interrupciones, con intervalos
  • AM día por medio, ARG cada tanto, de a ratos, a las cansadas, a las perdidas
— **alternantemente**, discontinuamente, entrecortadamente, excepcionalmente, incidentalmente, inconstantemente, infrecuentemente, intercadentemente, intermitentemente, interrumpidamente, mudablemente, raramente, variablemente, versátilmente
— COMP ING
  • de higos a brevas, de uvas a brevas, de uvas a peras, de Pascuas a Ramos
  • cuando Dios quiere, cada muerte de obispo
nunca
— **jamás**, nunca jamás, jamás por jamás, ninguna vez, en la vida, en los días de mi vida, ninguna vez, en ningún tiempo, de n. modo
— ARG ¡cualquier día!, el año verde, el día de la escarapela, CHILE para mayo
— COLOQ jamás de los jamases
— COMP ING
  • el día del juicio, la semana que no tenga viernes
  • cuando las ranas críen pelo, c. san Juan baje el dedo, c. las gallinas canten flamenco
  • para las calendas griegas
  • VULG cuando las gallinas meen

VERBOS Y EXPRESIONES

18.22 comenzar
iniciar
— **empezar**, debutar, emprender, entablar, inaugurar, instaurar, proceder

— **lanzarse**, embarcarse, comprometerse
— **nacer**, emerger, romper, surgir, engendrarse, iniciarse
— **dar inicio**, dar comienzo, dar principio · abrir el fuego, entrar en materia, tomar la iniciativa, colocar la primera piedra
— **venir al caso**, v. a cuento, v. rodado · haber caso, hacer al caso
— **estar a punto de**
  • estar a dos dedos de, e. a pique de, e. al borde de, e. al caer, e. al llegar, e. en poco, e. en vísperas, e. para
  • faltar poco para, llegar por los pelos
— **reanudar**, revivir, resucitar, renacer, remozar · volver a empezar, empezar de nuevo
18.23 durar
perdurar, condurar, continuar, permanecer, persistir, resistir, conservar, aguantar, alargar, seguir
transcurrir, proseguir, prolongar, estirar, persistir, pervivir, preservar, ANT provagar, aturar
avanzar, seguir, perseverar, subsistir, sobrevivir, envejecer
conservarse, mantenerse, extenderse, prolongarse, prorrogarse, perpetuarse, eternizarse
pasar los años, ir adelante, llevar adelante, hacer durar, h. historia, pasar a la historia, hacerse crónico
declinar, decaer, menguar, debilitarse, flaquear, disminuir
COLOQ
— ir pasando, ir tirando, ir marchando, ir para largo
— tirar, hilar largo, haber para rato
— hasta el fin de los tiempos, mientras el mundo sea mundo, por los siglos de los siglos, de nunca acabar, y lo que te rondaré morena
18.24 finalizar
interrumpir
— **atajar**, cerrar, cesar, cortar, detenerse, discontinuar o descontinuar, interceptar, intermitir
— **parar**, pausar, recesar, romper, suspender, desconectar, cortar, cesar, truncar, yugular
— COLOQ cortar el hilo, doblar la hoja, romper las oraciones, dejar en suspenso, correr la cortina, quedarse a mitad
terminar
— **acabar**, arrematar, consumar, concluir, ultimar, finiquitar, liquidar, agotar, replegar, rescindir, resolver, ventilar
— **rematar**, apurar, completar, coronar, clausurar, caducar, cancelar
— **perecer**, desaparecer, fenecer, morir, fallecer, extinguir, exterminar, expirar, ANT finir
— **desembocar**, afluir, apurar
— **anticuarse**, apolillarse

- pasar de moda, p. a la historia
- perderse la costumbre, p. la cuenta · caer en desuso
— **poner punto final**
  - bajar el telón, volver hoja
  - dar carpetazo, dar cerrojazo
  - aquí paz y después gloria, aquí gracia y después gloria

dar fin
— **poner fin**, p punto final
— **dar término**, d. remate, d. de mano, d. por acabado, d. por terminado, d. por concluido, d. los últimos toques, d. el último toque, d. el golpe de gracia
— **llegar a su fin**, ll. a término · poner término, tocar fondo, estar próximo el fin, tener las horas contadas, levantar la sesión, bajar el telón
— **ir a parar**, venir a parar, quedar reducido a
— COLOQ dar al traste, d. las boqueadas, d. los últimos coletazos, d. la última pincelada, d. la última mano, d. carpetazo · no haber más que pedir

atardecer
— **tardecer**, anochecer, oscurecer, tramontar o trasmontar, lobreguecer
— **trasnochar**, sonochar
— **caer el día**, irse el día, terminar el día, hacerse de noche

18.25 adelantar
anticiparse
— **adelantarse**, rebasar, ganar
— **progresar**, avanzar, evolucionar, desarrollarse, incrementarse, prosperar, subir, crecer
— **aventajar**, superar, desbordar, culminar

acelerar
— **aligerar**, apremiar, avivar, apresurar, despabilar
— **precipitarse**, apresurarse, acelerarse, aprestarse, lanzarse
— **ganar tiempo**
  - ganar la acción, g. por la mano, g. terreno
  - dejar atrás, ir por delante, llegar con tiempo, meter prisa, pasar delante, quemar etapas
  - salir a la parada, s. al encuentro
  - tomar la delantera, t. la iniciativa, t. la ofensiva
— **darse prisa**
  - pasar delante, ir zumbando
  - llevar buen ritmo, aligerar el paso, andar de prisa, avivar el paso, decir y hacer

COLOQ
— **trompicar**, trepar, medrar
— ir a toda galleta, ir a todo tren, ir echando leches, MALSON ir con la hora pegada al culo

REF Quien antes nace, antes pace. De diestro a diestro, el más presto.

18.26 concordar
coincidir, encajar, convenir, sincronizar, coexistir
ir, marchar, marcar, mover, funcionar
señalar la hora, dar la h., marcar la h., sonar la h., hacerse la h., llegar la h. · hacer tic-tac · sonar el despertador
venir al caso
— **venir a su hora**, v. en buen momento, v. de perillas, v. de perlas, v. pintiparado, v. que ni pintado
— **aprovechar la ocasión**, tender las velas, tener por la guedeja, ARG aprovechar la boleada

COLOQ
— **hacer furor**, h. ruido
— **estar de actualidad**, e. a la moda, e. al día, e. en la onda, e. en boga, e. en el candelero, e. a la orden del día, e. en la cresta de la ola
— **dar que hablar**, ser del último grito

COMP ING
— **venir rodado**, v. como anillo al dedo, v. como a un santo dos velas, v. como capa en enero, v. a punto de caramelo, v. caído del cielo, v. llovido del cielo
— **suceder en buena hora**

18.27 retrasar
detener
— **pausar**, parar, suspender, cesar, aparcar, estacionar
— **ralentizar**, tardear, relegar, transferir

tardar
— **entretener**, entorpecer, enlerdar, roncear, capear, durar, alargar · eternizarse, extenderse, encanarse
— **retrasarse**, detenerse, descuidarse, demorarse, alargarse, rezagarse, perpetuarse, pasarse, engorrarse, CUBA Y VEN arrancharse

atrasar
— **aplazar**, diferir, retrasar, dilatar, postergar, posponer
— **retardar**, remitir, posdatar, endurar, roncear, emperezar, procrastinar
— **prorrogar**, alargar, demorar, dilatar, retardar, endurar, retroceder, perpetuar, eternizar

dar largas
— **dar a la cuerda**, d. cordelejo, d. tiempo al tiempo, d. un rodeo
— dejar de un día para otro, echar hacia atrás
— estar a la expectativa, e. al acecho
— hacer antecámara, h. tiempo
— llevar de acá para allá, ll. de aquí para allí, ll. de un lado para otro

perder o matar el tiempo, andar o venir con dilatorias, quedarse atrás, traer y llevar

COLOQ
— **enrollarse**, hamaquear, remolonear, perecear, AM lerdear, COL embolatar
— **dar vueltas**, andar con vueltas, marear la perdiz
— **estar al olor**, e. al pairo, e. al husmo
— ir detrás, hacerse el remolón, esperar sentado, pasarse las horas muertas
— dar las uvas, hacer y deshacer, tejer y destejer
COMP ING
— más lento que un desfile de cojos, pasearse el alma por el cuerpo, tener muchas carlancas, t. más conchas que un galápago
— ser el cuento de nunca acabar, ser la vida perdurable
— a buenas horas mangas verdes
REF Quien espera desespera.

19. MOVIMIENTO
Movimientos del cuerpo humano:
▸ 30.11 movimientos
▸ 30.12 gestos
▸ 30.13 golpes
▸ 30.27 acción y gestos
▸ 30.28 acción y cuerpo
▸ 30.29 acción y cabeza
▸ 30.30 acción y brazos
▸ 30.31 acción y piernas
▸ 30.32 ir
▸ 30.33 irse
▸ 30.34 ausentarse
▸ 30.35 llegar
19.01 quietud
estancamiento, inmovilidad, inmovilismo, inactividad, inacción, letargo, marasmo
estabilidad, equilibrio, estatismo, fijeza, fijación
calma, paz, remanso, reposo, sosiego
detención, entumecimiento, paro, parálisis, parada, paralización, permanencia, poso, ocio
19.02 movimiento
desplazamiento
— **movilidad**, motilidad, expansión, dispersión, distensión
— **extendimiento**, generalización, pandiculación, prolongación, ramificación
— **ampliación**, aumento, desarrollo, desenvolvimiento
— **propagación**, prolongamiento, inflamiento, estiramiento, irradiación, difusión
— **expansionismo**, colonialismo, crecimiento
— **circulación**, translación, sacudida, meneo, conmoción, agitación, ajetreo, marcha
lentitud
— **parsimonia**, paciencia, remanso, tranquilidad, sosiego, calma, dilación, deceleración
— **tardanza**, languidez, pachorra, posma, premiosidad, sorna, vagar, cachaza, flema

velocidad
— **celeridad**, agilidad, ligereza, viveza, prontitud, presteza, premura
— **aceleración**, precipitación, apremio, apuro, arrancada, furia, ímpetu, rapidez, tropelía
— **prisa**, AND bulla
19.03 acercamiento
venida
— **llegada**, advenimiento, regreso, retorno, vuelta, arribada, arribo, recalada, aparición · desembarco, aterrizaje
— **acogida**, recepción, meta
— **atracción**, adherencia, absorción, cohesión, captación, gravedad, gravitación, magnetismo
unión
— **reunión**, aproximación, reagrupamiento, confluencia, conjunción, convergencia, aducción
— **fricación**, fricción, rascadura, rascamiento, abrasión, ajamiento, derrape, erosión, restregadura
— **rozamiento**, frotamiento, restregón, rozadura, roce · masaje
— **choque**, impacto, colisión, encontrón, encontronazo, percusión, topetazo, topetón, sacudida, embate · tropezón, traspié, trompicón · beso
contracción
— **reducción**, comprensión, concentración, condensación, estrujamiento, estrangulamiento
— **presión**, coacción, coerción, retracción
— **machaqueo**, machacadura, pistura, molienda
penetración
— **introducción**, integración, incursión, intrusión, irrupción, invasión, intromisión, entronización, infiltración, infusión, transfusión, violación
— **importación**, inmigración
19.04 alejamiento
partida
— **marcha**, zarpa, excursión, expedición, viaje, traslado, mudanza, embarque · TEATRO: mutis, MIL leva
— **traslado**, translación, tránsito, tropel
— **huida**, evasión, fuga, escapada, disparada, espantada, transpuesta
— **emisión**, expulsión, proyección, emanación, efusión, propulsión, explosión, liberación, surgimiento, irradiación, efluvio
— **lanzamiento**, lance, tiro, disparo, ráfaga, balazo, escopetazo, pistoletazo, perdigonada, flechazo, pedrada, chupinazo
— **erupción**, eyección, deyección, echazón
— **rechazo**, repulsa, rechace, expulsión, rebo-

te, repercusión · alejamiento, despido, devolución
— **expatriación**, migración, emigración, éxodo, exilio
separación
— **distanciamiento**, espaciamiento, apartamiento, disyunción, ruptura, divergencia, regresión, retirada, secreción, exportación, abducción
— **extracción**, extirpación, exhumación, desenterramiento
— **escape**, salida, evacuación, egresión, erupción, exudación, flujo, sangradura, exósmosis
— **exhalación**, emanación, emersión, efluvio, expectoración, hemorragia, excreción, defecación, micción, eyaculación
— **bocanada**, borbollón, borbor, borborito, borbotón
19.05 subida
elevación, ascensión, escalada
despegue, levantamiento, alzamiento
levitación, erección, horripilación
pirueta, cabriola, retozo, respingo, corveta, corcovo, balotada, acrobacia, volatín, trenzado
salto
— brinco, bote, rebote, impulso
— salto de campana, s. de carnero, s. de comba, s. de trucha
— salto mortal
19.06 bajada
descenso, caída, declinación, disminución, decadencia, hundimiento, ocaso
postración, reverencia, genuflexión
derrumbe, desplome, tambaleo, tumbo, revuelco, revolcón, despeñamiento
porrazo, trastazo, zarpazo, baquetazo, batacazo, talegada, costalada, costalazo, culada, despeño · defenestración
aterrizaje, amaraje, alunizaje, desembarco
introducción, inmersión, infusión, sumersión, chapuzón
19.07 oscilación
vuelta
— **revuelta**, rotación, revolución, rodeo, contorneo, circunvalación, circunvolución, enroscamiento, periplo, torbellino
— **giro**
  • revolada, curvatura, inversión, rodadura, fluctuación, onda, ondulación, inclinación, circulación
  • movimiento circular, evolución, molinete, remolino, ronda, rotación
— **pirueta**, cabriola, columbeta, voltereta
vacilación
— **vaivén**, balanceo, libración, mecedura, zigzag, incensada · flujo y reflujo, ir y venir

— **contorsión**
  • conmoción, estremecimiento, convulsión, espasmo, palpitación, pulsación, cabezada, cernidillo, tumbo
  • agitación, abaniqueo, tabaleo, turbulencia, revolución
— **sacudida**, meneo, agitación, ajetreo, temblor
— **vuelco**, rebote, torcedura, torcimiento
— **desviación**, inclinación, inflexión, descarrilamiento, escora
— **desvío**, derivación, distorsión
vibración
— **aleteo**, cabeceo, bamboleo, contoneo, traqueteo, zarandeo, zascandileo
— **latido**, coletazo, bandazo, oleada
— **temblor**, tiritera, repeluzno
— COLOQ tembleque, repullo, respingo

19.08 quieto
inmóvil
— estancado, fijo, firme, detenido, inflexible, parado, paralizado, rígido
— inamovible, inconmovible, inmoble
— entumecido, aterido, entelerido, envarado, pasmado, yerto
estático, estadizo, inerte, tieso, clavado, inactivo, inanimado, petrificado, quedo, surto, inmoto
19.09 movido
removido
— agitado, bamboleado, blandido, bullido, palpitado, revuelto, sacudido, temblado, vibrado
— cambiado, desplazado, meneado
— ondeado, oscilado, zarandeado
ágil, alado, volador, ligero
rápido, ultrarrápido, raudo, fulgurante, fulminante, recio, suelto, premioso, presuroso, brusco, acuciante
tardo, lento, pesado, acompasado, pausado, tardío, tardón, cansino, moroso, pelmazo, tardígrado, torpe, MAR zorrero
19.10 acercado
aproximado, arrimado, avecinado, adosado, aplicado, traído
juntado, unido, pegado, reunido, relacionado, tocado · atracado, abordado
integrado, incluido, introducido, aspirado, adoptado, importado, penetrado
recibido, aceptado, admitido
19.11 alejado
sacado, extraído, extirpado, largado, resurgido
lanzado, tirado, autopropulsado
apartado, desviado, retirado, separado, rechazado, ahuyentado, excluido, distanciado, desunido

19.12 levantado
subido, ascendido, alzado, elevado, encumbrado, erguido, realzado, edificado
izado, enarbolado, guindado, encopetado, remontado, superpuesto, coronado, enderezado, erizado
empinado, enhiesto, eréctil, erecto, acandilado, tieso, arrecho, firme, garboso, COLOQ virote
19.13 bajado
descendido, descolgado, desprendido, desmontado, apeado, caído, deslizado, resbalado, precipitado
decrecido, declinado, debilitado
agachado, inclinado, tendido
19.14 oscilado
ondulatorio, ondeante, curvilíneo, oblicuo, oscilatorio, oscilatriz
circulatorio, giratorio, centrípeto, rodadizo, rotatorio, girante
balanceante, basculante, fluctuante, vacilante, pendular
tortuoso, sinuoso, funambulesco, versátil, voluble, laberíntico
COLOQ patituerto

VERBOS Y EXPRESIONES
19.15 mover
dirigir
— guiar, encaminar, encauzar, encarrilar, canalizar, enfilar, conducir, orientar, encabestrar, enristrar, ANT adeliñar o endeliñar
— conducir, pilotar, enfilar, enhilar, enrielar, senderear, rumbear · radio-dirigir, radioguiar, tele-dirigir, tele-guiar
— tirar a, echar hacia, llevar camino de, poner la proa a, hacer rumbo a · guardar el norte
lanzar
— tirar, arrojar, expulsar, proyectar, echar, largar, mandar, DESUS abarrar
— despedir, bolear, sacudir, zumbar, arrear, batir
— disparar, hondear, asaetar, catapultar, tirotear, escopetear, torpedear, bombardear
— expulsar, expeler, desprender, eyectar, excluir, pasaportar
manar, dimanar, surtir, surgir, saltar, fluir, afluir, borbotar o borbotear, borboritar, borbollar o borbollear o borbollonear, egresar
remover, mover, agitar, revolver, mezclar, menear · mecer, mejer, cacear, bastonear
salir
— surgir, aflorar, aparecer, afluir, asomar, emerger, prorrumpir, DESUS exir
— brotar, aflorar, emerger, asomar, nacer, parir, abrirse, apuntar · resurgir, repuntar, ventilarse

— salir a la luz, saltar a la vista, sacar la cabeza, dar señales, dejarse ver, descubrir la oreja, ser perceptible
19.16 parar
detener
— frenar, blocar, bloquear, inmovilizar, paralizar, clavar, encasquillar, aparcar, envarar · MAR anclar
— aquietar, remansar, arremansar, pausar, contener
— dejar parado, d. clavado
— atar las manos, a. de pies y manos
pararse
— frenarse, detenerse, bloquearse, inmovilizarse, encasquillarse, paralizarse, entretallarse, asegurarse · quedarse clavado
— estancarse, clavarse, empalarse, emparamarse, encalambrarse, entumecerse, entumirse, envararse, encalmarse, anquilosarse, agarrotarse, ANT enertarse
centrar, centralizar, concentrar, encentrar, equidistar, focalizar, promediar · cuadrar, intersecar, cruzar
apilar, empilar, elevar, peraltar, empinar, encimar, sobreponer, superponer
adentrar, endentar, enejar, engranar, enllantar, enrayar · enrodar, rodar · calzar
interponer, intercalar, interpolar, interfoliar, entremeter, entreverar
19.17 acercar
recibir, recoger, acoger, ganar, incluir · invadir, irrumpir · dar entrada
ensamblar
— adosar, ajustar, amoldar, adaptar, juntar o yuntar, ligar
— atar, maniatar, lacear, reatar, amarrar, enlazar, anudar, ensogar, aunar, ceñir, encadenar, engrilletar, encorrear, coser, zurcir, casar, engarzar, grapar, encordelar, encordonar, encontrar, rayar, rozar, sujetar
— pegar, adherir, encolar, engomar, engrudar, enligar, apegar, fijar, ANT uñir
— conectar, empalmar, trabar, ensamblar, engatillar, emparejar, remachar
— abrochar, abotonar, enhebillar, anillar, ahorquillar
— fundir, fusionar, refundir, soldar, asociar, cruzar
— consolidar, arraigar, arrizar, asentar, cinchar, encorchetar, engarrafar, entallar, entrecoger, enzunchar, estaquillar, lañar, lastrar, mancornar, precintar, COLOQ acogotar, o DESUS acachorrar
— introducir, envasar, envalijar, enfusar, encerrar, guardar, enterrar, empotrar
reunir
— unir, unificar, reunificar, acopiar, aglomerar,

apeñuscar, entroncar, compilar o copilar, recopilar, recoger, reclutar, coacervar, aglutinar, conglutinar, aunar, agavillar, COLOQ mancornar, DESUS adunar
— **acumular**, acaparar, almacenar, apilar, apiñar, arracimar, atesorar, hacinar, agrupar, coleccionar, reconcentrar, ayuntar, encimar
— **unirse**, sumarse, acumularse, adhibirse, juntarse, superponerse, yuxtaponerse, encontrarse, incorporarse, VEN amorocharse
cubrir
— **recubrir**, envolver, entrevolver, liar, embalar, enrollar, arrollar, fajar, empaquetar, encartuchar, encartonar, preservar, guarnecer, tapar
— **rollar**, forrar, arrebozar, blindar, recatar, traslapar, CUBA emburujar
— **encubrir**, recubrir, enfoscar, aforrar, rebozar, embozar, arrebozar, embetunar, empapelar, chapar o chapear, COLOQ zambucar
— **laminar**, ferrar, planchear, plastificar ARG Y UR retobar
— **empedrar**, embaldosar, empavesar, emparamentar, empastar, abovedar, arenar, enarenar, paramentar, embovedar, techar
revestir
— **arropar**, vestir, abrigar, embozar, arrebujar, encamisar, encapuchar, entapujar, encubertar, COLOQ tapujarse, taperujarse o tapirujarse
— **enfundar**, encauchar, enlatar, enlozar, enmaderar, enmantar, ensabanar, enserar, ensogar, entablar, entalamar, entapizar, toldar, entoldar, entorchar, enzarzar, entrapajar, entapujar
recubrirse, emboscarse, embozarse, enfoscarse, encavarse, enmatarse, hurtarse, zafarse, zambullirse, recatarse, trasponerse o transponerse
aproximar
— **arrimar**, avecinar, allegar, aplicar, asentar, apoyar, tocar, rozar, juntar, yuntar, ayuntar, pegar, emparejar, acular, enrabar · poner al lado, hacer coincidir
— **amontonar**, abigarrar, adjuntar, acomodar, aglomerar, concentrar, mezclar, confundir, confluir
— añadir, yuxtaponer, apretar, aliar, asociar
— **adjuntar**, ajuntar, entrejuntar, ANT ayuntar
— poner en contacto
— **concurrir**, converger, convergir, conciliar, MAR atracar
sujetar
— **enganchar**, asegurar, agarrar, apresar, ceñir, trabar, trincar, fijar, afianzar, abrazar, apuntalar, aprender, embrazar, engafar, UNA PLANTA: rodrigar o enrodrigar o enrodrigonar · echar el gancho

— **encajar**, calar, embutir, encajonar, encestar, incrustar, infiltrar, picar, pinchar, plantar
— **clavar**, atornillar, engrapar
chocar
— **colisionar**, impactar, pegar, dar, tocar, percutir, topar, topetar, estampar, tropezar, trompicar, trompillar, entrechocar, golpetear, trastabillar
— **darse**, besarse, encontrarse, estrellarse
— **darse de cara**, d. de hocicos, echarse encima
atraer
— **tirar**, arrastrar, gravitar, arrebatar, MAR halar, COLOQ jalar
— **captar**, absorber, aspirar, chupar, sorber, FÍS adsorber
frotar
— **rozar**, acariciar, friccionar, frisar, frotar, peinar, rascar, raspar, refregar, sobar · bañar, besar, contactar, enlabiar, lamer, tocar, raer
— **restregar**, acicalar, limpiar, alisar, bruñir, esmerar, ajar, arañar, escarbar, lustrar, limar, lijar, esmerilar, pulir, sacar brillo
— **desgastar**, erosionar, carcomer, corroer · rozarse, gastarse, erosionarse
llenar, rellenar · embasar, embotellar, embotijar, enfrascar, encubar, entonelar, empozar · colmar, colmatar, sobrellenar · abocar, embrocar
19.18 alejar
retirar
— **distanciar**, separar, apartar, espaciar, ladear, esparcir, desarrimar, desalojar, arrumbar
— **evacuar**, espejar, limpiar, aclarar, allanar, desatibar, desatrampar, desbrozar, descombrar, descantar, despejar, relegar, espurrear, eliminar
— **rechazar**
  • repeler, repulsar, ahuyentar, apartar, desechar, echar, espantar, propulsar, rehusar, relanzar, retundir
  • quitar de encima, echar por la borda, tirar por la borda, mondar el haza
  • hacer calle, h. campo, h. corro
desunir
— **desatar**, desabotonar, desabrochar, desamarrar, desanudar, desencajar, desenganchar, desenlazar, deshebillar, desjuntar, deslabonar, desliar, desligar, desmembrar, desparejar, despegar, destrabar, descoser
— **arrancar**, mutilar, descabalar, excluir, omitir, suspender, suprimir, cercenar, borrar, menoscabar · arramblar con, quitar de delante, q. de en medio
— **apartar**, retirar, distanciar, quitar, aislar, confiscar, embargar
— **desjuntar**, descasar, despegar, desligar, desgajar, desafijar, desacomodar, desadap-

tar, desajustar, desamoldar, desacoplar, desconformar, desarreglar, despiezar, despezar, partir
— **soltar**, desmembrar, descomponer, despartir, deslabonar, desenlabonar o deseslabonar, desenzarzar, cribar, desgaritar, diseminar, disgregar, disociar, retraer · FIG soltar amarras
— **dispersar**, esparcir, desparramar, desperdigar, diseminar, barrer, aventar
— **ahuyentar**, espantar, repeler, repudiar, repulsar, declinar, recusar, rehusar, retundir
relegar
— **arrinconar**, confinar, quitar, abandonar, arrumbar, dejar
— **dar de lado**
  • dejar aparte, d. fuera · enterrarse en vida
  • hacer corro aparte, h. rancho aparte, h. sitio
  • hacerse allá o echarse a un lado · hacer lugar, partir peras, tratar por separado, FIG soltar amarras
19.19 subir
alzar
— **levantar**, izar, elevar, enhestar, aupar o upar, empinar, erguir, ascender, romanear, realzar, tirar
— **encumbrar**, coronar, montar, remontar, encimar, guindar, empingorotar, encaramar, arbolar, enarbolar, engaviar
— **levitar**, solevantar, suspender, levar o levar anclas
lanzar
— **abalanzar**, alanzar, aventar, batir, bolear, despedir, disparar, emitir, estampar, estrellar, eyectar, irradiar, jeringar, propulsar, proyectar, relanzar, revolotear, soltar, tirar
— DESUS abarrar o acibarrar · ANT jacer, segudar, COL Y HOND rumbar
tirar al aire, echar una moneda al aire, e. a cara o cruz

19.20 bajar
arrojar, defenestrar, despeñar, escupir
posar
— **depositar**, asentar, abatir, picar, tumbar
— **derribar**, demoler, derruir, derrumbar
— **descolgar**, agachar, inclinar, descender, aterrizar, perder altura
— **caerse**, despeñarse, desplomarse, hundirse
— echar abajo, e. en tierra
comprimir
— **oprimir**, aplastar, apretar, aprisionar, ceñir, constreñir, estrangular, estrujar, prensar, aprensar, pisar
— **exprimir**, estreñir, restriñir, restringir, machacar, pisotear
— **concentrar**, reducir, pulverizar, replegar, estrangular, amazacotar, apelmazar, achicar
— **sorber**, absorber, aspirar, succionar
19.21 oscilar
girar, ladear, bailar, aberrar, invertir, cambiar de dirección
circundar, rodear, orbitar, contornear, caracolear, campanear, remolinear, bordear, bornear, costear, culebrear, revolotear, serpentear, var zallar
torcer, curvar, cimbrar, doblar, arquear, encorvar, corcovar, flexionar, gibar, quebrar
desviar, virar, revirar · desaviar, descaminar, descarriar · declinar, desalinear, distorsionar, extraviar, marrar, rebotar, reflejar, rodear, sesgar
balancear
— acunar, columpiar, cunear, hamacar, hamaquear, mecer, oscilar, remecer
— bambolear, bandear, bascular, blandir, cabecear, cimbrar, fluctuar, revolver, sacudir, tambalear, traquetear, trastabillar, tremolar, zangolotear, zarandear
temblar
— **vacilar**, titubear, campanear, zigzaguear · ondular, ondear, blandir
— **colear**, flamear, tremolar

2. ORDEN DE LOS ELEMENTOS

20. UNIVERSO
20.01 universo y ciencias

ASTROS Y MOVIMIENTOS, ASTRONOMÍA DESCRIPTIVA: astronomía, cosmografía o uranografía, RADIACIÓN EMITIDA: radioastronomía, FOTOGRAFÍA DE LOS ASTROS: astrofotografía, PROPIEDADES FÍSICAS DE LOS CUERPOS CELESTES: astrofísica, DISTRIBUCIÓN Y POSICIÓN DE LOS ASTROS: astrografía, ORIGEN Y EVOLUCIÓN DEL UNIVERSO: cosmología o cosmogonía

SOL: heliografía, LUNA: selenografía

TEORÍAS: big-bang, expansión del universo · FORMACIÓN DEL MUNDO POR EL CONCURSO FORTUITO DE LOS ÁTOMOS: atomismo, TIERRA COMO CENTRO DEL UNIVERSO: geocentrismo, SOL COMO CENTRO DEL UNIVERSO: heliocentrismo

HORÓSCOPO: astrología

VIDA EXTRATERRESTRE: ufología

20.02 orden del universo

creación · cosmovisión · cosmos, macrocosmos, microcosmos

cielo, orbe, firmamento, ANT éter, infinitud, espacio infinito, esfera celeste, bóveda celeste, medio cielo, esfera armilar

galaxia · vía láctea, nuestra galaxia · nebulosa, cúmulo de estrellas · constelación

sol, estrella, enana roja, agujero negro, DE NEUTRONES: púlsar · DE GRAN LUMINOSIDAD: quásar

planeta, globo, g. celeste, mundo, tierra · satélite

cometa · PARTES DEL COMETA: ceratias, cabellera, cola

asteroide, aerolito, meteorito, estrella fugaz, exhalación

20.03 constelaciones

Andrómeda, Andrómeda; Antlia, Máquina; Apus, Ave del Paraíso; Aquarius, Acuario, Aquila, Aguila; Ara, Altar; Aries, Carnero; Auriga, Cochero

Bootes, Boyero

Caelum, Buril; Camelopardus, Jirafa; Cáncer, Cáncer o Cangrejo; Canes Venatici, Perros de Caza o Lebreles; Canis Maior, Can Mayor; Canis Minor, Can Menor; Capricornius, Capricornio; Carina, Quilla o Carena; Cassiopea, Casiopea; Centaurus, Centauro; Cepheus, Cefeo; Cetus, Ballena; Circinus, Compás; Columba, Paloma; Coma Berenices, Cabellera de Berenice; Corona Australis, Corona Austral; Corona Borealis, Corona Boreal; Corvus, Cuervo; Crater, Copa o Cráter; Crux, Cruz del Sur; Cygnus, Cisne; Chamaeleon, Camaleón

Delphinus, Delfín; Dorado, Dorado; Draco, Dragón

Equuleus, Caballo Menor; Eridanus, Erídano

Fornax, Horno

Gemini, Géminis o Gemelos; Grus, Grulla

Hercules, Hércules; Horologium, Reloj; Hydra, Hidra Hembra; Hydrus, Hidra Macho

Indus, Indio

Lacerta, Lagarto; Leo Minor, León Menor; Leo, Leo o León; Lepus, Liebre; Libra, Libra o Balanza; Lupus, Lobo; Lynx, Lince; Lyra, Lira

Mensa, Mesa; Microscopium, Microscopio; Monoceros, Unicornio; Musca, Mosca

Norma, Escuadra o Regla

Octans, Octante; Ophiuchus, Ofiuco; Orion

Pavo, Pavo Real; Pegasus, Pegaso; Perseus, Perseo; Phoenix, Fénix; Pictor, Caballete del Pintor; Pisces, Piscis o Peces; Piscis austrinus, Pez Austral; Puppis, Popa; Pyxis, Brújula

Reticulum, Retículo

Sagittarius, Sagitario; Sagitta, Flecha; Scorpius, Escorpión; Sculptor, Taller del Escultor; Scutum Sobiescianum, Escudo de Sobieski; Serpens, Serpiente; Sextans, Sextante

Taurus, Tauro o Toro; Telescopium, Telescopio; Triangulum Australe, Triángulo Austral; Triangulum, Triángulo; Tucana, Tucán

Ursa Maior, Osa Mayor; Ursa Minor, Osa Menor

Vela, Vela; Virgo, Virgo o Virgen; Volans, Pez Volador; Vulpécula, Zorra

SIGNOS DEL ZODIACO: Aries, el Carnero · Tauro, el Toro · Géminis, los Gemelos · Cáncer, el Cangrejo · Leo, el León · Virgo, la Virgen · Libra, la Balanza · Escorpio, el Escorpión · Sagitario, el Arquero · Capricornio, la Cabra · Acuario, el Aguador · Piscis, los Peces

20.04 estrellas

EN EL HEMISFERIO NORTE (EN VERSALITA LA CONSTELACIÓN A LA QUE PERTENECE): ÁGUILA: Altair · ANDRÓMEDA: Mirach, Sirah · BOYERO: Arturo · CAPRICORNIO: Scheddt · CASIOPEA: Schedir · CEFEO: Alderamin · CISNE: Albireo, Deneb · COCHERO: Cabra, Capella · DRAGÓN: Etanin · GÉMINIS: Castor, Pólux · HÉRCULES: Ras Algethi · LEO: Regulo, Denébola · LIBRA: Zuben-el-Gamali, Zuben-el-Genubi · LIRA: Vega · OFIUCO: Ras Alhaguen · OSA MINOR: Kochab, Alioth, Alkaid, Dubhe, Merak, Mizar, Phedka, Polar · PEGASO: Algenib, Eniph, Markab, Scheat · PERSEO: Algol, Mirfach · SCORPIO: Akrab, Antares · SERPIENTE: Unucali · TAURO: Alción, Aldebarán, Nath · VIRGO: Espiga, Vendimiadora

EN EL HEMISFERIO SUR (EN VERSALITA LA CONSTELACIÓN A LA QUE PERTENECE): BALLENA: Deneb Taitos, Menkar, Mira · CARENA: Canopo · CENTAURO: Agena · CUERVO: Algorab · ERIDANO: Achemar · Hidra: Alphard · LIEBRE: Nihal · ORIÓN: Betelgeuse, Riguel, Alnilam, Alnitak, Bellatrix, Mintaka, Saiph · PERRO MAYOR: Adara, Sirio · PERRO MENOR: Proción · PEZ AUSTRAL: Formalhaut

FASES DE UNA ESTRELLA: nube de gas interestelar, proto-estrella, estrella · e. gigante, e. supergigante, supernova · enana blanca, e. negra, estrellas de neutrones, púlsar, agujero negro

CARACTERÍSTICAS DE LAS ESTRELLAS: magnitud, tamaño, color, diámetro, luminosidad, composición química · distancia a la tierra en años luz

EN EL SOL: corona solar, cromosfera, disco solar, fácula, fotosfera, cerco · mácula, manchas, fulguración, protuberancia, torbellino, viento solar

20.05 planetas y satélites

Mercurio

Venus

Tierra, Mundo · COLOQ de tejas abajo, bajo la capa del cielo
— Luna · FASES: cuarto creciente, c. menguante · luna creciente, l. llena, plenilunio, l. menguante, l. nueva, novilunio · media l., interlunio

Marte: Fobos, Deimos

Júpiter: Metis, Adrastea, Amaltea, Tebas, Io, Europa, Ganimedes, Calisto, Leda, Himalia, Lisitea, Elara, Ananke, Carme, Pasífae, Sinope

Saturno: Atlas, Prometeo, Pandora, Epimeteo, Jano, Mimas, Encélado, Calipso, Tetis, Telesto, Dione, Helena, Rea, Titán, Hiperión, Japeto, Hebe

Urano: Cordelia, Ofelia, Bianca, Cresida, Desdémona, Julio, Portia, Rosalinda, Belinda, Puck, Miranda, Ariel, Umbriel, Titania, Oberón

Neptuno: Tritón, Nereida

Plutón: Caronte

20.06 astros

POSICIONES:
— TIERRA CON RESPECTO AL SOL: solsticio (MÁXIMO DE LUZ AL DÍA O DE OSCURIDAD) ⟷ equinoccio (DÍAS IGUALES A LAS NOCHES)
— TAMAÑO DE UN ASTRO: implosión (DISMINUCIÓN) ⟷ expansión (AMPLIACIÓN)
— DISTANCIA: acortamiento (RELATIVA DE UN PLANETA), curtación (DIFERENCIA DE LA DISTANCIA REAL AL SOL O A LA TIERRA), declinación (ENTRE UN ASTRO Y EL ECUADOR CELESTE)
— EN CONTACTO APARENTE:
  • eclipse, e. parcial, e. anular
  • conjunción (MISMA CASA CELESTE) ⟷ oposición (OPUESTOS)
  • apulso (PARECEN TOCARSE), cuadratura (EN LÍNEA)
  • emersión (SALIDA) ⟷ ocultación (ENCUBRIMIENTO) · orto (VISIÓN DE UNO DESDE EL OTRO) · ocaso (DESAPARICIÓN AL TRANSPONER EN EL HORIZONTE), retrogradación (RETROCESO APARENTE EN SU ÓRBITA) · sínodo (EN EL MISMO GRADO DE LA ECLÍPTICA) · sicigia (CONJUNCIÓN U OPOSICIÓN DE LA LUNA Y EL SOL)
— ÁNGULO: acimut o azimut (MERIDIANO CON EL CÍRCULO VERTICAL QUE PASA POR UN PUNTO DE LA ESFERA CELESTE), amplitud (COMPLEMENTO DEL AZIMUT), ecuación (ENTRE EL MOVIMIENTO MEDIO Y EL APARENTE), elongación (UN ASTRO AL SOL EN RELACIÓN CON LA TIERRA)

FORMA:
— achatamiento de los polos, masa en relación con la de la tierra, volumen en relación con la tierra, diámetro en el ecuador, radio aparente
— inclinación de la órbita, i. del eje
— constituyentes de la atmósfera, densidad media, presión atmosférica

MOVIMIENTOS:
— EN EL ESPACIO: rotación (SOBRE SÍ MISMA), traslación (A LO LARGO DE SU ÓRBITA), inercia (UNIDA AL SISTEMA SOLAR Y LA GALAXIA), DISCO QUE DEMUESTRA LA ROTACIÓN DEL GLOBO TERRESTRE: giroscopio o giróscopo · EJERCIDO POR LA ATRACCIÓN LUNAR: nutación · A LO LARGO DE UNA ÓRBITA COMPLETA: revolución
— SÍSMICOS: terremoto, seísmo, temblor de tierra, maremoto, tsunami o sunami
— aceleración, expansión, implosión, libración, precesión de los equinoccios, retrogradación

— CON RESPECTO A OTRO ASTRO: estacionario, geo-estacionario, rotatorio
— BALANCEO DE NORTE A SUR: trepidación
— RECORRIDO: curso, revolución, elipse · levada o salida, culminación, ocaso, puesta
— revolución sideral, r. sinódica, excentricidad de la órbita, velocidad orbital · periodo de revolución, p. de rotación

MEDIDAS:
— DISTANCIA EN LÍNEA: año luz, pársec, unidad astronómica
— DISTANCIA ANGULAR: ángulo, arco, grado, minuto, segundo, acimut, ángulo acimutal
— DIFERENCIAS DE POSICIÓN: aberración, ecuación, elongación, paralaje
— LOCALIZACIÓN: distancia máxima y mínima a la tierra, d. media al sol, d. en unidades astronómicas
— LUMINOSIDAD: albedo

LÍNEAS:
— horizonte celeste, meridiano c., paralelo c., trópico c., ecuador c., círculo polar, c. austral
— eclíptica, coluro
— órbita, trayectoria
— coordenadas, eje, línea de los ápsides, l. de los nodos
— almicantarat, amplitud, ascensión oblicua, a. recta, declinación o latitud en el universo
— ascendente, austral, boreal, deferente, descendente, heliaco, heliocéntrico, inerrante, meridiano, postmeridiano

PUNTOS:
— LUNA RESPECTO A TIERRA: apogeo ↔ perigeo
— EN RELACIÓN CON LA VERTICAL DE LA TIERRA: cenit ↔ nadir, culminación
— EN RELACIÓN CON EL SOL: afelio ↔ perihelio
— UN ASTRO CON RESPECTO A OTRO: apoastro ↔ periastro
— CADA UNO DE LOS EXTREMOS DEL EJE MAYOR DE LA ÓRBITA DE UN ASTRO: ápside

20.07 universo e instrumentos
PARA LA OBSERVACIÓN: anteojo, telescopio, radiotelescopio
PARA LA MEDIDA DE LOS ÁNGULOS: astrolabio · COMPONENTES DEL ASTROLABIO: arganel, sextante, ballestilla, círculo graduado, cuadrante, quintante, octante, declinógrafo
PARA LA MEDIDA DE LAS RADIACIONES: actinómetro, radiómetro, espectroscopio
PARA LA MEDIDA DEL TIEMPO: cronómetro, cronógrafo
PARA PARÁMETROS RELACIONADOS CON EL SOL: heliómetro, helioscopio, helióstato, gnomon
PARA LA ESFERA CÓSMICA: armilla, esfera armilar, e. celeste, círculo de reflexión, cruz geométrica
PARA EL AGUA: hidrómetro (MIDE EL CAUDAL), reómetro (MIDE LA VELOCIDAD DE UNA CORRIENTE)

ADJETIVOS Y ADVERBIOS
20.08 descripción del universo astronómico
— galáctico, cósmico, cosmológico, estelar, sideral, sidéreo, sinódico, astral, planetario
— interplanetario, interestelar, intergaláctico
— copernicano, ptolemaico, ticónico
— amplio, vasto, extenso, inmenso, dilatado, ilimitado, infinito, interminable, inabarcable, inconmensurable, distante · cerrado, abierto
enigmático, misterioso, mágico, fantástico, imaginario, fascinante
terráqueo, ecuatorial, equinoccial, polar, austral, boreal · estacional, estacionario, geocéntrico, heliocéntrico
PARA LA LUNA: lunar, creciente, menguante, nueva · luminosa, rutilante
PARA EL SOL: solar, heliofísico · ardiente, abrasador, implacable, justiciero, de justicia · luminoso, radiante · reluciente, refulgente, deslumbrante, cegador, brillante, intenso · tenue, pálido, neblinoso, flojo · espléndido · naciente, poniente
PARA UNA ESTRELLA: resplandeciente, brillante, rutilante, deslumbrante, fulgurante, radiante

VERBOS Y EXPRESIONES
20.09 acción en el universo
originarse, expandirse, extenderse · extinguirse
irradiar, oscurecer, relucir, retrogradar, culminar · eclipsar
girar, dar vueltas
LUNA:
— llenar, terciar, quintar · salir, asomar · crecer, menguar, decrecer · ocultarse, meterse
— brillar, alumbrar, irradiar
SOL:
— salir, despuntar, asomar
— alumbrar, lucir, brillar, bañar, dar, calentar, rechizar, dar de lleno
— resplandecer, refulgir, cegar, calentar, abrasar, quemar, deslumbrar
— rayar, tramontar, filtrarse
— declinar, irse, ponerse, ocultarse, eclipsarse, trasponer
ESTRELLA:
— brillar, lucir, centellear, resplandecer, apagarse, titilar · explotar, explosionar, expandirse
— convertirse en supernova, c. en enana blanca · transformarse en agujero negro
ASTROLOGÍA: adivinar, augurar, influir, pronosticar, vaticinar · consultar los astros, hacer un horóscopo, predecir el destino

21. PLANETA TIERRA
▶ **57.** organización territorial
▶ **57.01** historia
▶ **57.02** nación
▶ **57.03** urbe
▶ **57.04** gobierno
▶ **57.05** actitudes políticas
▶ **57.06** situaciones políticas
▶ **57.07** elecciones
▶ **57.08** parlamento
▶ **57.09** instituciones políticas
▶ **57.10** impuesto
▶ **57.11** casa real
▶ **57.12** nobleza
▶ **57.13** dirigente
▶ **57.14** ciudadano
▶ **57.15** ciudadanos en grupo
▶ **57.16** símbolos políticos
▶ **57.17** documentos acreditativos

21.01 planeta tierra y ciencias
ORIGEN Y FORMACIÓN: geogenia o geogonía
DESCRIPCIÓN FÍSICA: geografía, topografía, cartografía, geofísica
PIEDRAS Y ROCAS: geología, orogenia, orografía, mineralogía, petrografía, geotectónica, geognosia, litología, litogenesia o litogénesis, petrografía
HISTORIA, SERES ORGÁNICOS DESAPARECIDOS: paleontología, ARTES DE LA ANTIGÜEDAD: arqueología, GEOGRAFÍA ANTIGUA: paleogeografía, GLACIACIÓN: glaciología
AGUA: hidrogeología, hidrografía, hidrología, oceanografía, hidráulica, hidrometría · AFLUENCIA DE LAS AGUAS HACIA EL INTERIOR: endorreísmo, AFLUENCIA DE LAS AGUAS HACIA EL MAR: exorreísmo
MONTAÑAS: orogenia u orogénesis
MOVIMIENTOS INTERNOS: vulcanología, sismología, tectónica
FÓSILES: bioestratigrafía, icnología, paleofitología, paleontografía
CAVERNAS: espeleología
ESTRATOS: estratigrafía, bioestratigrafía
CORTEZA TERRESTRE: geodinámica, geomorfología

21.02 planeta tierra e historia
PROCESOS GEOLÓGICOS:
— **convulsión**, glaciarismo, glaciación, metamorfismo, morfogénesis
— **fosilización**, deyección, estratificación, gelivación
— **denudación**, abrasión, arroyamiento, buzamiento, corrimiento, detersión, erosión, modelado, subducción
— **erupción**, vulcanicidad · cataclismo
TIEMPOS O PERIODOS GEOLÓGICOS:
— **era arcaica**: periodo arcaico
— **era primaria** o paleozoica: cámbrico, or-

dovícico, silúrico, devónico, carbonífero, pérmico
— **era secundaria** o mesozoica: triásico, jurásico, cretácico
— **era terciaria** o cenozoica: paleoceno, eoceno, oligoceno, mioceno, plioceno
— **era cuaternaria** o antropozoica: pleistoceno o diluvial, holoceno o aluvial
fósil
— alcionito, ámbar, amonites, belemnita, biocalcirrudita, coprolito, cuerno de Amón, dendrita, fitolito, graptolites, herátula, ictiolito, judaica, lengua de víbora, litocálamo, lumaquela, naftadil, numulites, osteolito, trilobites, unicornio, zoolito
— **dinosaurio**, brontosauro, ictiosauro, plesiosauro, tiranosauro, mastodonte, iguanodonte, dinornis, dinoterio, diplodoco, terodáctilo, triceratops
— mamut, paleoterio, megaterio
— FÓSILES Y LUGARES: yacimiento, conchero, terreno de transición, CANTB Y P VASCO cayuela

21.03 planeta tierra y partes
mundo, esfera terráquea · globo terráqueo, g. celeste · aldea global, mundialización · FIG valle de lágrimas · geoide, gaia
corteza terrestre: barisfera, endosfera, hidrosfera, litosfera, nife, plataforma continental, p. submarina, sima · biomasa
atmósfera
— capa atmosférica · corriente atmosférica, c. de aire, bolsa de aire
— corteza oceánica, c. continental · manto, núcleo
— exosfera, frente, heterosfera
— homosfera · PARTES: troposfera, estratosfera, mesosfera
— ionosfera, magnetosfera, mesosfera, metasfera, ozonosfera, protonosfera, termopausa, termosfera, tropopausa, troposfera
DEMARCACIONES:
— **casquetes polares**: polo norte, círculo polar ártico · polo sur, círculo polar antártico
— **ecuador** · trópico de cáncer, t. de capricornio
— **meridiano**, paralelo, antimeridiano, postmeridiano
— **hemisferio**, eclíptica, latitud, longitud
ORIENTACIÓN:
— NORTE: septentrión, tramontana · nordeste, nornoroeste, nornorueste, noroeste
— SUR: mediodía, austro · sudeste, sudoeste, sudsudeste, sudsudoeste
— ESTE: oriente, extremo o., mediano o., próximo o. · levante, naciente · estenordeste, estesudeste
— OESTE: occidente, poniente, ocaso · oesnoroeste, oesnorueste, oesudoeste, oesudueste

tierra, terruño, tierral
— **terrón**, masa, trozo, pedazo, tormo, cepellón, gleba
— **arena**, grava, sablón, sábulo, greda
— **barro**, cieno, fango, lodo, limo, légamo, pecina, humus, lama, resaca, tarquín
— **arcilla**, cal, légamo, mantillo, marga, sílice
— **polvo**, harina, ceniza
terreno
— **circunscripción**, zona, enclave, paraje, sitio, término, parte, recinto · contorno
— **límite**, frontera, cerca, cierre, divisoria
— **mojón**, montante, jalón, poste, testigo, caballete, caballón, hincón, hito, indicación, mota

21.04 relieve
llano
— **llanura**, llanada, plana, planada, explanada, pradera, planicie, ladería, rellano, ENTRE DOS MONTAÑAS: nava
— **meseta**, altiplanicie, altozano, altiplano, alcarria, muela, ajarafe, atalaya, mesa, mirador, miranda, ventorrero, vistillas, teso, reteso, penillanura, terraza, tablazo, AM puna
— **páramo**, sabana, palomera, pampa, estepa, landa, paramera, descampado, CUBA sao
sistema montañoso
— **cadena**, macizo, sierra, cordillera, DESUS tiramira
— **montaña**, monte, montículo · volcán, MATERIA DERRETIDA O EN FUSIÓN: lava
— **cerro**, cerrajón, colina, mamelón, collado, alcor, cueto, promontorio, loma, viso, otero, espigón · EN EL DESIERTO: duna
— **serranía**, derrocadero, desgalgadero, guájar, herriza, pedriza, peñascal, riscal, roqueda
EN LA MONTAÑA:
— **puerto**, cima, promontorio, prominencia, monte, moheda
— **contrafuerte**, escollo, estribación, estribo, morro, muela
— **peña**, risco, peñasco, peñón, pico, picota, tallar
— **tolmo**, hito, mojón
EN LA CUMBRE:
— **cima**, picacho, copete, cresta, cúspide
— **altura**, pico, ceja, teso
— **elevación**, descubridero, dominación, eminencia
— **cuchilla**, ventisquero · PARTE MÁS ALTA DE UNA CIUDAD: acrópolis
— SITIO ELEVADO CERCA DE LA COSTA: hacho
— TIERRA ALTA PRÓXIMA A LA CORDILLERA DE LOS ANDES: puna
depresión
— **cuenca**, hondón, hornacho, vacío, cárcava, SAL agadón

— **barranco**, angostura, abra, arrollada, bajío, cajón, caldera, cañón, cortadura
— **declive**, desfiladero, fiordo, garganta, fosa tectónica
— **hondonada**, hoya, hoyada, quebrada, valle
— **ladera**, declive, pendiente, vertiente, costanilla, talud, ribazo, rampa, repecho, abajadero
— **precipicio**, despeñadero, derrumbadero, desgalgadero, acantilado, cantil, escarpa
— **abismo**, precipicio, fosa, sima
cavidad
— **cueva**, caverna, covacha, covachuela, covezuela, gruta, guarida, hornacho, hornachuela, horado, socavón, antro, cachulera, tuda · cava, bodega, cripta, catacumbas, subterráneo
  • SALIENTES EN FORMA DE CONO HACIA ABAJO: estalactita, HACIA ARRIBA: estalagmita
— **oquedad**, abrigo, albergue, espelunca
— **madriguera**, conejera, latebra, cado, cubil, nido

21.05 tierra y mar
continente, península
— **isla**, ínsula, islote, atolón, cayo, columbrete
  • MONTÓN DE ARENA CASI A FLOR DE AGUA: médano · DE HIELO: iceberg
— CONJUNTO DE ISLAS: archipiélago
litoral
— **cabo**, promontorio, morro, pezón, punta, repunta, arrecife, EN GAL castro · lengua de tierra
— **golfo**, regolfo, bahía, rada, cala, caleta, concha, abertura, abra, abrigo, abrigadero, ancón, anconada, ensenada, broa, estuario, fondeadero, grao, saco, seno, DESUS angra, ESTRECHO Y PROFUNDO: fiordo · lengua de agua
— **albufera**, marisma, albina
— **puerto**, muelle, dársena, ancladero, desembarcadero, atracadero, fondeadero, surgidero, apostadero, refugio, abrigo · DONDE SE CONSTRUYEN Y REPARAN BUQUES: astillero
— **orilla**, costa, playa, ribera, borde · cornisa, acantilado
— **estrecho**, bocana, canal, brazaje, ría, manga
fondo, profundidad, fosa abisal, SI FORMA ESCALÓN: cantil, SI ES POCO PROFUNDO: bajío · MENOS PROFUNDO E INUNDADO POR EL MAR: marisma

21.06 agua embalsada
lago
— **laguna**, lagunilla, chortal, DESUS palude, estaño, AR ibón, HUES libón · SI ES SALOBRE: albariza
— **pantano**, embalsadero, paular, trampal
— **embalse**, estanque, depósito, cisterna, aljibe, balsa, balsete, rebalsa, tanque, pila, pileta, poza, piscina, alcubilla, nansa, AM jagüey, MÉX amanal

— **charco**, charca, lagunar, lagunajo, lagunazo, aguazal, aguachar, poza, cenagal, marjal o almarjal, ciénaga, tolladar, cilanco o chilanco, cocha, lagareta, lavajo o navajo, pecinal, pozanco, regajo, torco, AR badina, BOL curiche · CHARCA QUE SE SECA EN VERANO: bodón o buhedo

— **marisma**, albufera o ANT albuhera, albina, LAGUNAJO QUE QUEDA EN LAS MARISMAS AL RETIRARSE LAS AGUAS: lucio

— CONTENCIÓN: presa, represa, dique, esclusa, compuerta, entrepuerta, empalomado, ataguía, atochada, azud, bocal, mota, parada, tajamar, pesquera, COL tambre, HOND, MÉX Y NIC bordo

barrizal

— **lodazal** o fangal, humedal, lamedal, lapachar, aguazal, tremedal o tembladal o tembladero, tolladar, pantanal, albañal, cenagal, cangrejal, chapatal, bodonal, marjal, AM bañado, COL chucua, EC Y PERÚ bajial, HOND tacotal, MÉX certeneja, NIC agualotal · POR FILTRACIÓN: estero

— CUBIERTO DE HIERBAS: paúl, RESBALADIZO: desbazadero, MOVEDIZO: tollo o tolla, INMUNDO: cloaca, FANGOSO: bujeo

21.07 agua en movimiento

río

— **riacho**, riachuelo, rivera, afluente, subafluente

— **arroyo**, arroyada, arroyuelo, rabión, regajo, regato, roza, EXT fragüín, HUES clamor

— **rambla**, barranco, barranquera, canal, torrentera, zubia

— **corriente**, torrente, surtidero, aguadera, abatidero, canal, canalón, conducto, bajada, recial

— **riada**, crecida, aluvión, avenida, arrollada, ejarbe · desbordamiento, inundación · POSO TRAS LAS RIADAS: horrura, légamo

— **vaciadero**, desaguadero, desaguador, desagüe, PERÚ huaico

— CAUDAL MÍNIMO: estiaje

— CRECIDA POR EL FLUJO DE LA PLEAMAR: alfaida

cauce

— **acequia**, cacera, reguera, agüera, azarbe, hilero, azarbeta

— **chorro**, chorreo, goteo, chorrada, chorreada, chorretada, chorretón, hilo, cachón, COLOQ ARG Y UR chisguete o chijete

fuente

— **manantial**, surtidor, surtidero, saltadero, fontana, chorrera, alfaguara, burga, hontanar, ojo, venero

— **erupción**, fumarola, géiser, mofeta, sofión, solfatara

— **caño**, grifo, espita, pitón, pitorro, ducha

oleaje

— remolino, vorágine, estela, hilero, contracorriente

— grupada, hostigo, golpe de agua

— AL CHOCAR CONTRA UN OBSTÁCULO: rebalaje

PARA CONTENER LA CORRIENTE: compuerta, bocacaz, paradera, tablacho, torga, torna, tornadero, atajadero, MUR Y TER trenque, AR tajadera, traviesa, GRAN alquezar, NAV templadera

21.08 curso de un río y accidentes

nacimiento, cabecera, venaje

cauce

— **curso**, caudal, corriente, madre, hoz, coz, recodo, meandro, horqueta, hilero, cuenca

— **remolino**, cadozo, cascada, catarata, chorrera, rápido

— **remanso**, regajo, rebalsa, restaño, poza, pozo, cancha, esguazo, tablazo, torna, vado, BUR Y PAL tojo

— **boca**, angostura, cañón, escobio, hocino, PERÚ pongo

— **arenal**, estero, sable, alfaque, barra, ZAR leja

— **confluencia**, horcajo · difluencia

— **puente**, pasadera, pasadero, andarivel

— **presa**, dique, ataguía, trenque, obra hidráulica

desembocadura, delta, estuario, embocadura

borde, margen, orilla, ribera, litoral, balsadero o balsadera, costón, hincón, palizada · isla, mejana

21.09 mar

océano, aguas, a. jurisdiccionales

CIENCIAS: oceanografía, batimetría, batometría, hidrografía · CULTIVO DE PLANTAS Y ANIMALES: oceanicultura

PROFUNDIDAD DEL MAR EN DETERMINADO LUGAR: braceaje o brazaje

MITOL náyade, nereida, oceánida, ondina, sirena, tritón

COSTRA SALINA: adarce o alhurreca, albina, espuma de la sal, lama

MOVIMIENTOS:

— **calma**, bonanza

— **marejada**, marejadilla, cabrilleo, ondeo, embate · mar agitado, m. alborotado, m. picado, m. revuelto, m. tranquilo

— **ola**, cachón, onda, azote, tumbo, embate, buey, golpe de mar, DESUS vaga · maremoto, ola gigante, sunami o tsunami · CIMA DE UNA OLA: cresta · SALPICADURA DE LAS OLAS: roción, salsero

— **oleaje**, aguaje, remolino, palomas, palomillas, ardentía, mareta, DESUS trapisonda · cabrillas, borregos · oleada, ondulación, escarceo, mareta, marullo · RIZADO EN LA SUPERFICIE AL PASO DE UN BANCO DE SARDINAS: barbullido

— tempestad, temporal, tormenta, torbellino, vorágine · GOLPE QUE HACE CAMBIAR EL RUMBO DE LA NAVE: embatada

marea

— alta, pleamar, marea montante, m. entrante, influjo
— baja, bajamar, marea menguante, m. saliente, flujo, reflujo · resaca, revesa o reveza

21.10 clima

CÁLIDO: ecuatorial, oceánico, tropical
CONTINENTAL: chino, siberiano
FRÍO: groenlandés, polar
SECO: árido, semiárido, desértico
TEMPLADO: mediterráneo, atlántico
MAPA DEL TIEMPO: isobara, isoterma · frente cálido, f. frío, ascenso térmico · borrasca, anticiclón · altas presiones, bajas p., depresión · corriente caliente, c. fría · velocidad del viento
SITUACIONES ATMOSFÉRICAS:
— sol, nubes, lluvia, aguanieve, nieve, granizo, tormenta, viento · arco iris
— aurora austral, a. boreal, a. polar · sol de medianoche, fosforescencia
— eclipse · meteorito, aerolito, cometa, lluvia de estrellas
VARIABLES METEOROLÓGICAS:
— climatología, bioclimatología · temperatura
— precipitaciones · hidrología, higrometría, pluviometría
— humedad relativa del aire · presión atmosférica
— velocidad del viento · visibilidad

21.11 calor

bochorno, solana, calina, sofoco, ahogo, sofocación, canícula, acaloramiento
insolación, sudor, transpiración, gotas de sudor, FIG fuego
ola de calor
combustión, acaloramiento, canícula, estuosidad, bochorno o vulturno, ardor, fiebre, chicharrera o chicharrina, COLOQ calorina, sofoquina
quemamiento, abrasamiento, quemazón, carburación, torrefacción, cocción, calcinación, ebullición, fusión, cremación, ignición, sublimación, chamusquina o chamusco, resquemo, socarrina
efervescencia, incandescencia
CUALIDAD DE COMBUSTIBLE: combustibilidad
MANTENIMIENTO DE LA TEMPERATURA: homeotermia
fuego o DESUS huego
— hoguera, fogata, fogarada, lumbre, lumbrarada o lumbrerada, hogar, quema, falla, incendio, PARA CADÁVERES: pira, PARA ASAR CASTAÑAS: magosto o magosta, POÉT rogo, DESUS conflagración, COLOQ candela, DESUS almenara o ángaro

— AM fogaje, COL chajuán
— TÉCNICA DEL FUEGO: pirotecnia
encendedor, mecha, cerilla, cerillo, chisquero, incendaja, DESUS alegrador, mechero, pajuela, ALB, AND Y LEÓN velilla
leña, carbón, hupe (MADERA DESCOMPUESTA Y SECA), burrajo (ESTIÉRCOL SECO)
— haz, fajo, camatón, capón, fajina, gabejo, gadejón, garbón, hijuela, samanta
— espinillo, retama, r. blanca, r. de escobas, aulaga, paja brava, tepú
— tronco, leño, nochebueno, AST cádava
— CANTIDAD GRANDE QUE SE ECHA DE UNA VEZ: carbonada, lumbrada
— MENUDA Y FÁCIL DE ARDER:
  • chamarasca, encendajas, escarabajas, yesca, enjuto, tea
  • broza, brusca, chamada, chámara, chamiza, charamusca, chasca, chavasca, colono, desbrozo, desmocho, despunte, escamoche, escamondadura, escamondo, escamujo, fusta, hornija, incendaja, ramaje, ramojo, rozo, sarmiento, seroja o borusca, támara o támbara
— LEÑA MENUDA DE LA PODA: chasca o chavasca o chabasca, hojarasca, frasca, ramón, ramulla, AR rosigo
— PARA ALMACENAMIENTO: leñera, leñero, sarmentera, tinada
— UNIDADES DE MEDIDA: carga, viaje, UN METRO CÚBICO: estéreo, SEG cárcel, CANTB garrote
despabilador
— fuelle, baleo, botafuego, arrimador, soplillo
— PARA ATIZAR LA LUMBRE: allegador, hurgador, hurgón, hurgonero
llama
— llamarada o charamada, fogarada, candelada, caponada, CUANDO SE QUEMA LA LEÑA MENUDA: gozo, DESUS alfamarada, AND Y EXT flama, COL Y EC llamarón · lengua de fuego
— SI ES INSTANTÁNEA: deflagración, fogonazo, AR charada
— SI ES TENUE: soflama
ascua, brasa, pavesa, rescoldo o borrajo, perdón, tizón, tostón, chamizo, chicharrón, POÉT favila, SAL cardeña, AR, NAV Y SEV bolisa
chispa, chispazo, pira, chiribita, centella, morcella · CONTINUADA: chisporroteo
ceniza, carbonilla, escarbillos, escoria, cendra, hormigo, CUANDO SE QUEMA EL PAPEL: monjas
humo, humazo, sahumerio, fumo · humada, humareda, fumada, fumarada, bocanada, ahumada, COLOQ zorrera
hollín, tizne, tiznón, tiznadura, tiznajo, fuligo
ELEMENTOS:
— llama, chispa, humo, ascua, brasa, tizón, yesca

— rescoldo, ceniza, borrajo

ÚTILES:

— allegador, atizador, hurgador, espetón, tira-
brasas

— aventador, despabilador, baleo, fuelle, soplillo

21.12 frío

fresco, frescor, frescura, frialdad, frigidez · fresca, congelación, helor, hielo, nieve · ola de
frío · hipotermia

enfriamiento, aterimiento, entumecimiento,
glaciar, glaciación, hibernación, infrigidación
climatización, refrigeración, congelación

helor, helada, glacial, frialdad, frigidez, gris, rigor, SAL cencío

DESUS frior, fredor, friura

COLOQ rasca, airecillo

21.13 humedad

humidificación, mojadura, empapamiento, hidratación, infiltración

rocío, escarcha, vapor, relente, COLOQ HUMEDAD
DE LA NOCHE: sereno o serena

nubosidad

— **niebla**, bruma, calima, celaje, neblina, nu-
barrón, nubada, nubarrada, vaharina

— **nube**, cirros, cúmulos, nimbos, estratos · nubes altas, cirrocúmulos, cirrostratos, cumu-
lonimbos, altostratos, estratocúmulos, alto-
cúmulos · arrebolada, arreboles, arrumazón,
cargazón, celaje, cerrazón

• nube de lluvia, n. de tormenta, n. de buen
tiempo, n. de verano, n. de desarrollo
vertical, n. ondulada, n. desgarrada

• borregos, carneros

lluvia

— **llovizna**

• sirimiri, aguanieve, cernidillo, mollina, mo-
llizna, chispa, matapolvo, AST Y GAL orvallo,
AR rujiada, AM garúa, CR Y SALV cilampa,
GUAT, HOND Y MÉX chipichipi · cuatro gotas · AGUA Y NIEVE MENUDA: cellisca

• PERÚ, LLUVIA CON SOL: chirapa

• COLOQ aguachirri, calabobo o calabobos,
lluvia meona

— **precipitación**

• aguacero, aguarrada, chaparrada, chaparrón, chapetón, chubasco, diluvio, temporal, torva, tromba, turbonada

• turbión, DESUS argavieso

• borrasca, DESUS oraje

• manga de agua, cortina de agua, sábana
de agua, nube de verano, tormenta de verano, gota fría

— **escampada**

nevada

— **nevasca**, nevazo, neviza, ARG, CHILE Y EC
nevazón · DE COPOS MENUDOS: nevisca

— **granizada**, granizo, pedrisco, carámbano

— **avalancha**, alud, torva, ventisca, ventisco,
argayo de nieve, HUES lurte

— **helada**, hielo · glacial, helero, nevero, ventisquero, HUES conchesta

— **copo**, ampo · aguanieve

— deshielo

tormenta

— **tempestad**, temporal, borrasca o POÉT pro-
cela, cellisca, galerna, cerrazón, manga, remolino, MAR manguera · DESUS oraje, fortuna

— **relámpago** · trueno, tronada

— **rayo**, centella, chispa, culebrilla, culebrina,
fucilazo

sequía, sequedad, aridez, desecación, reseca-
ción, enjutez, estiaje, secano, yesca · infe-
cundidad, infertilidad, marchitamiento

21.14 viento

ESCALA DE VIENTOS: calma, ventolina, flojito, flojo, bonancible, fresquito, fresco, frescachón,
duro, muy duro, temporal, borrasca, huracán

DIRECCIÓN: barlovento, la ronza, sobreviento, sotavento · altano, collada

FUERZA: bonanza, moción, tempestad · barda,
celajería, chubasco

SUAVE: aire, airecillo, brisa, aura, brisote, céfiro,
chiflón, embate, hálito, oreo, ábrego o abrigo o áfrico, anticiclón, aquilón, austro, ba-
guio, caldereta, castellano, vahaje, gris, re-
musgo · CALIENTE Y MOLESTO: bochorno

FUERTE: huracán, tifón, ciclón, monzón, tornado, zarracina, churrusco o zurrusco, siroco,
vendaval, ventarrón, ventisca o ventisco, PO-
CO DURABLE: ventolera, AM VIENTO DEL PACÍFICO:
paraca, EN LOS DESIERTOS DE ÁFRICA Y ARABIA:
simún

DEL NORTE:

— nortada, septentrión, tramontana o tras-
montana, bóreas, tracias, aquilón, zarzagán,
zarzaganillo, galerna, gallego, cauro, coro

— brisa, cecias, maestral, mistral, nordeste,
nornordeste, nornoroeste, nornorueste, noroeste, norueste, lesnordeste

— COLOQ matacabras, descuernacabras

DEL SUR:

— austro, siroco, cierzo o cercera, ábrego,
pampero

— sudeste o sueste, sureste, suroeste, sudoeste o garbino, sudsudeste, sudsudoeste, sur-
sudoeste, lesueste, sudeste o jaloque, sudoeste o lebeche, sudsudeste, sudsudoeste,
ARG Y UR sudestada

DEL ESTE: levante, oriente, solano, subsolano,
leste, euro, estenordeste, estesudeste, noto,
gregal, COLOQ rabiazorras

DEL OESTE: poniente, céfiro, oriente, oeste-nor-
deste, oesnoroeste, oesnorueste, oesnor-

oeste, oesnorueste, oessudoeste, galerna o galerno, AR favonio o fagüeño · PERSISTENTE: ponientada

VIENTO Y ESTADO DEL MAR: calma, llana, rizada, marejadilla, marejada, gruesa, muy gruesa, arbolada, montañosa, confusa · EN LAS COSTAS: virazón, terral · MAR, DURACIÓN LARGA DE UN MISMO VIENTO: collada, INTERMISIÓN DE LA FUERZA: callada

ráfaga, bocanada, corriente, fugada, grupada, manga de viento, racha, ramalazo, refregón, remolino, soplo, torbellino, torva, tremolina, turbulencia, ventada, ventolera, virazón, volada, vórtice, EN EL MAR: embatada, MAR ventola

fuerza, furia, braveza, ímpetu, violencia

calma, calmazo, bonanza, COLOQ calma chicha, ni un pelo de aire

21.15 material meteorológico

HUMEDAD: higrómetro, LLUVIA: pluviómetro

MOVIMIENTOS DE TIERRA: sismógrafo (TERREMOTOS)

PRESIÓN ATMOSFÉRICA: barómetro

TEMPERATURA: termómetro, OSCILACIONES TÉRMICAS: termógrafo

VIENTO: veleta, gobierna, CON FIGURA HUMANA O ANIMAL: giralda · MAR grímpola, catavientos (DIRECCIÓN DEL VIENTO) · anemómetro (INTENSIDAD) · heliógrafo (OSCILACIÓN)

ADJETIVOS Y ADVERBIOS

21.16 descripción de un territorio

COMPOSICIÓN:

— **térreo**, terrero, terrizo, terroso
— **arenífero**, arenoso
— **encenagado**, fangoso, polvoriento
— **barroso**, cenagoso, cienoso, embarrado, anegadizo, alagadizo

SITUACIÓN:

— ártico, polar, boreal, circumpolar
— septentrional, norteño, hiperbóreo
— ecuatorial, subecuatorial, tropical, subtropical, intertropical
— antártico, meridional, austral
— occidental, oriental

OCUPACIÓN HUMANA:

— **urbano**, metropolitano, municipal, ciudadano, público, cívico
— **pueblerino**, aldeano, interurbano, suburbano
— **despoblado**, deshabitado, inhabitado, desavecindado, solitario, desierto, vacío, estepario, soledoso, yermo
— **limítrofe**, lindante, colindante, continuo, fronterizo, medianero, rayano

VEGETACIÓN:

— **exuberante**, frondoso, pródigo, tupido, espeso, silvestre, selvático

— **sombrío**, sombreado, umbrío, umbroso, gris, nebuloso, brumoso, nublado, velado, apagado, mate, pardo, cubierto, nocturno, anochecido, lóbrego, tenebroso, tétrico
— **desértico**, solitario, arenoso, deshabitado, vacío, desolado, inexplorado, devastado, abandonado, inhóspito
— **árido**, infecundo, infructífero, improductivo, infértil, desolado, seco, agotado
— **yermo**, baldío, calmo, enselvado, erial, escabroso, tallar

RELIEVE:

— **llano**, plano, raso, liso, parejo, igual, homogéneo, monótono, aplanado
— **montañoso**, montuoso, serrano, montés, montaraz, montañés, alpino, cerril
— **encrespado**, ondulado, rocoso, accidentado, escabroso, fragoso, pendiente, infranqueable, pino, inclinado
— **agreste**, rudo, tosco, salvaje, bárbaro, bravío, fiero, baldío, calmo, cencido
— **abrupto**, accidentado, alpestre, alpino, cantalinoso, cerril, cismontano
— **enriscado**, arriscado, escarpado, guijarreño, medanoso, montano
— **orogénico**, orográfico, pedregoso, penibético, peñascoso, pirineo, quebrado
— **serrano**, trasalpino, transpirenaico, trasmontano

21.17 descripción del agua

POR SU USO:

— PARA BEBER: potable, natural, mineral, de mesa, de seltz, blanda o delgada, fuerte, gorda, dura, pesada
— CURATIVO: medicinal, mineromedicinal, tónica, termal
— RELIGIOSO: bendita, lustral (SAGRADA QUE SERVÍA A LOS PAGANOS), bautismales

POR SU ESTADO: corriente, marina, dulce, fluvial, lacustre, viva, artesiana, residual, muerta

POR SU COMPOSICIÓN: carbonatada, oxigenada, azoada, ionizada, gaseada, ferruginosa

POR SU TRANSPARENCIA:

— clara, cristalina, transparente, límpida, pura, zarca (DE COLOR AZUL CLARO)
— turbia, inmunda, oscura, opaca, empañada, chocolateada

DE UN RÍO:

— afluente, subafluente, tributario
— subfluvial, submarino, subálveo
— caudaloso, correntoso, crecido, torrencial, torrentoso, profundo, impetuoso, robadizo
— agitado, revuelto, turbulento, impetuoso
— serpenteante, zigzagueante
— pando, vadoso, seco
— SI SE PUEDE O NO CRUZAR HACIENDO PIE: vadeable ⟷ invadeable

DEL MAR:
— marino, marítimo, oceánico, interoceánico, transfretano, ultramarino · submarino · MAR NEGRO: póntico, MAR BÁLTICO: báltico, MAR ROJO: eritreo, ETRUSCO: tirreno · POES ecuóreo, RELATIVO AL DIOS DEL MAR: neptúneo
— agitado, bravo, bravío, embravecido, encrespado, alto, turbulento, revuelto, alterado, perturbado, tenebroso
— tranquilo, en calma, bonancible, aplacerado, pacífico
— abierto, despejado, desembarazado, raso, amplio, dilatado
— POCO PROFUNDO: aplacerado · PROFUNDO: hondo, insondable, abisal, abismal, batial · litoral, PLATAFORMA CONTINENTAL: nerítico, MAR ABIERTA: pelágico, FONDOS: bentónico
— OLAS: ondeante, QUE CAUSA RUIDO CON EL MOVIMIENTO: undísono

21.18 descripción meteorológica
MAL TIEMPO:
— **inestable**, variable, inseguro, desabrido, encrespado, agitado, revuelto, amenazador
— **oscuro**, plomizo, sombrío, turbio, vaporoso, cargado
— **desapacible**, riguroso, turbulento, inclemente, proceloso · húmedo, lluvioso, pluvioso, ventoso, COLOQ tonto
— **tormentoso**, borrascoso, cargado, deshecho, revuelto, tempestoso o tempestuoso, ANT afortunado o fortunoso
— **invernal**, otoñal, fresco, frío, helado, álgido, crudo, gélido, glacial, helador, algente · que corta, que pela, de perros
— **helado**, transido, yerto, arrecho, aterido, congelado, emparamado, entumecido, paralizado, tieso
BUEN TIEMPO:
— **apacible**, benigno, bonancible, suave, templado, tranquilo, agradable
— **encalmado**, estable, grato, plácido, sereno
— **despejado**, soleado, primaveral, veraniego, cálido, caluroso
— **raso**, liso, estrellado, azul
NUBOSIDAD:
— **nublado**, nublo, nubiloso, nubloso o nuboso o ñubloso, anubado, anubarrado, nubífero, brumoso, nebuloso, neblinoso, velado, tendido
— **aborrascado**, aborregado, emborregado, acelajado, aturbonado, ceniciento · encapotado, empedrado, chubascoso, acelajado, encelajado, enfoscado, entoldado, cargado, fosco, hosco
— **cubierto**, cerrado, oscuro, pardo, ennegrecido, gris, grisáceo
— SIN NUBOSIDAD: raso

VIENTO:
— **suave**, apacible, galeno, recalmón
— **ventoso**, airoso, encañonado, vertiginoso, racheado, ciclónico, cortante · caporal, cascarrón, regañón, colado, travesío · helado, ahilado · como el filo de un cuchillo
— **intenso**, recio, tenaz, MAR travesío, altano, CUBA Y PR platanero
— **huracanado**, tormentoso, tempestuoso, borrascoso, ciclonal, vortiginoso
— **aquilonal** ↔ boreal
— anemográfico, anemométrico
ALTAS TEMPERATURAS:
— **ardiente**, candente, abrasador, tórrido, férvido, fragante, rusiente, voraz, incandescente, achicharrante, hirviente, al rojo · RELATIVO AL FUEGO: ígneo, ignescente, ignífero, ignífugo, ignipotente, ignito, ignívomo, pírico, pirofilacio, piróforo, pirógeno
— **caliente**, cálido, caluroso, fogoso · agobiante, ardoroso, atizador, bochornoso, caldeado, calimoso, canicular, churrascado · febril, plomífero, sofocante
— **templado**, tibio, tropical
— **térmico**, atérmico, endotérmico, exotérmico · calorífugo, calorífero, hipocalórico, refractario
BAJAS TEMPERATURAS:
— **helado**, algente, congelado, glacial, helador, frígido, gélido, álgido · riguroso, crudo · COLOQ que corta, que pela
— COMBUSTIBILIDAD: combustible ↔ incombustible · anticombustible · inflamable ↔ ininflamable · apagadizo, inapagable · calorífugo, ignífugo, refractario · incendiario, piróforo · quemado, quemador
— **frío**, fresco, refrigerado, enfriado
HUMEDAD:
— **húmedo**, empapado, aguado, chorreante, acuoso, aguanoso, mojado, rociado, saturado, chorreado, uliginoso, DESUS liento POÉT húmido
— **hidratado**, hidratante, hidrófilo, insecable
— COLOQ como un pato, hecho una sopa, calado hasta los huesos
SEQUÍA:
— reseco, árido, desértico, enjuto, tórrido, anhidro
— estéril, infértil, marchito, infecundo, secante, yermo
— seco, reseco · absorbente, hidrófugo, FÍS higroscópico

VERBOS Y EXPRESIONES

21.19 acción y agua
manar
— **borbotar**, borbollar, borbollear o borbollo-

near, borboritar, borbotear, gorgotear · correr, refluir
— **encauzar**, encañar, encañonar, escotar, sangrar
— **llenar**, embalsar, empantanar, empozar, captar, beber
— **cubrir**, anegar, inundar, derrubiar, rebalsar, ARG rebasar · encharcarse, estancarse
— **enaguazar**, enaguachar o enaguar, enguachinar, represar
regar
— **bañar**, chapalear, chapotear, lavar, rehumedecer, remojar, rezumar, sudar, INTRODUCIRLA HIRVIENDO: escaldar · REPARTIR LAS AGUAS PARA EL RIEGO: adrar, entandar · irrigar, sorregar
— **sumergir**, zambullir o zabullir o zampuzar, anegar, chapuzar o capuzar o zapuzar, hundir, macerar, somorgujar, sumir, FIG ahogar · poner a remojo
— **mojar**, inundar, CANARIAS Y AM enchumbar, zahondar · sopar, ensopar, sopear, sopetear, calar, recalar
— **rociar**, salpicar, dispersar, esparcir o desparcir, asperjar o asperger o aspergear, bautizar, desparramar, difluir, hisopear, rezumar
— **humedecer**, humectar, humidificar, rehumedecer
— **empapar**, embeber, calar, emborrachar, escudillar, ensopar, escaldar, impregnar, untar, macerar, sumergir, saturar
— **mojarse**, humedecerse, impregnarse, infiltrarse, amerarse, empaparse, calarse, recalarse, revenirse
— poner como una sopa, estar hecho una sopa
vaciar
— **desaguar**, achicar, agotar, avenar, desabarrancar, desaprensar, desaguazar, desangrar, desecar, desembalsar, drenar, encañar, entarquinar, escotar, evacuar, extraer, librar, sangrar
— **desembocar**, descargar, afluir, trasegar, verter, volcar
— **derramar**, rebosar, desbordar, reverter, trasverter, gotear, salir · salirse, irse, derramarse, extravasarse, verterse
— **chorrear**, gotear, recalar, rezumar, chapotear, escurrir, sudar, manar
— **chupar**, tragar, succionar, embeber, sorber, DESUS absorber · ordeñar
— **filtrarse**, infiltrarse, entrar, afluir, rezumar, sudar, exudar, condensar
secar
— **deshumedecer**, astringir, desjugar, despichar, disecar, enjugar, enjutar, pasar, torcer, solear · deflegmar · MAR lampacear
— **escurrir**, esponjar, centrifugar, enjugar, enjutar, drenar, deshidratar, liofilizar

— **airear**, desecar, resecar, tender, ventear, ventilar, orear, desavahar
GOLPEAR CON LOS PIES EL AGUA DETENIDA: guachapear
REF Agua pasada, no mueve molino. Nunca digas de esta agua no beberé.

21.20 acción y río
nacer, manar, fluir, afluir, refluir, brotar, salir
descender, bajar, correr, discurrir, llevar · canalizar, desviar, encajonar, encañonar, escotar
crecer, repuntar, arrastrar, arramblar, arroyar · desbordarse, desmadrarse · chorrear, bañar, desaguar · inundar, anegar, apantanar, empantanar, encharcar, enlagunar, empozar
desbravarse, alborotar, ensoberbecerse, hervir, ondear, saltar, picar, reventar, romper · regolfar
remansarse, calmarse
perderse, saltar, sangrar
remontar, vadear, cruzar, atravesar
encauzar, desviar, canalizar
desembocar, derramar, chorrear, verter, vaciar, tributar · EN OTRO RÍO: confluir
PASAR UN RÍO POR EL VADO: vadear

21.21 acción y mar
rizarse, picarse, encresparse, enfurecerse, desencadenarse, aborregarse, albolarse, enojarse, ensoberbecerse, entumecerse
cabrillear, alborotar, encabrillar, ondear, batir, erosionar
RETIRARSE DE LA PLAYA: desplayar, LLEGAR AL NIVEL MÁS BAJO DE LA MAREA: escorar
romper, arbolar, engordar, engrosar, batir, combatir, reventar · bramar, mugir, ulular
amainar, amainarse, encalmarse, calmarse, tranquilizarse, sosegarse, aquietarse, aplacarse, abonanzarse, atemporalar

21.22 llover
cubrirse
— **oscurecerse**, ennegrecerse, entoldarse, revolverse, velarse, cerrarse, cargarse, fraguarse
— **amenazar**, opacar
— cerrarse el cielo, cargarse el tiempo, hacer gris
nublarse
— **encapotarse**, aborregarse, aborrascarse, emborrascarse, encelajarse, entoldarse
— **achubascarse**, afoscarse o enfoscarse, aparatarse, arrumarse, aturbonarse, cargarse, encapotarse, encelajarse
lloviznar
— **chispear**, molliznar, amollinar, molliznear, neblinear, gotear, garuar, harinear, cerner, orvallar, pintear, rociar
— **caer unas gotas**, caer cuatro gotas · correr los canales, meterse el tiempo en agua · descargar el nublado, d. el cielo, d. las nubes · desgajarse el cielo

llover a mares, ll. a jarros, ll. a cántaros, ll. a chaparrón, ll. a chorros, ll. copiosamente, ll. de manera torrencial, ll. a más y mejor, ARG ll. a baldes

diluviar DESUS acantalear, chaparrear, descargar, jarrear

— COMP ING caer chuzos de punta, llover a manta de Dios, ll. capuchinos de bronce, ll. más que cuando entraron a Zafra

empaparse, calarse, asubiarse · ponerse como una sopa, quedar hecho una sopa

nevar, neviscar, cellisquear, algaracear, COLOQ trapear · ablandar, cuajar, fundirse

granizar, AR acantalear

tempestear

— **estallar**, descargar, ANT tempestar · relampaguear, tronar

— **desatarse**, desencadenarse, desenfrenarse, encresparse, enfurecerse, emborrascarse

— descargar el nublado, venirse el cielo abajo

aclarar

— **clarear**, despejar, amainar, escampar, aflojar, abrir, abonanzar, ceder, disminuir, pasar, alambrar, desfogar, deshelar

— **despejarse**, levantarse, calmarse, encalmarse, serenarse, apaciguarse, arrasarse, rasarse, alzarse, desanublarse, desencapotarse, derretirse, sentarse

— **solear**, asolear, insolar, lucir · salir el sol, s. el arco iris

REF

— Alba roja, capa moja. Arreboles al oriente, capa amaneciente. Cielo aborregado, a las veinticuatro horas mojado. Cielo empedrado, suelo mojado. El cielo aborregado, antes de tres días bañado. Luna que amarillea, agua otea. Norte claro y sur oscuro, aguacero seguro. Hormiguitas acordonadas, pronto mojadas. Cerco de sol, moja al pastor.

— Gaviotas en el huerto, temporal en el puerto. Calma que se prolonga muchos días, se resuelve en tormentas bravías.

— Cuando el gallo canta de día, va a cambiar el tiempo, María. Tras las nubes, viene el sol; tras el mal tiempo, otro mejor. San Isidro Labrador (15 DE MAYO) se lleva la lluvia, y trae el sol. Arreboles de la noche, a la mañana son soles. Sapo cantador, buen tiempo barrunta. Cerco de luna, pastor enjuga.

21.23 hacer frío

refrescar

— **escarchar**, helar · tiritar, temblar

— **helarse**, aterecerse, congelarse, emparamarse, entumecerse, inmovilizarse, paralizarse, pasmarse

congelar

— **helar**, refrigerar, DESUS arrecir · entibiarse, sofocarse

— **enfriarse**, congelarse, helarse, arrecirse o arrigirse, aterirse, aterecerse, engabaritarse

— **quedarse aterido**, q. congelado, tener carne de gallina, dar diente con diente

COLOQ quedarse pajarito, q. como un sorbete, q. como un témpano

COMP ING

— hacer un frío que pela, h. un frío que se hielan las palabras

— más frío que el granizo, más f. que el hielo, más f. que el mármol, más f. que la mano del barbero, más f. que la nariz de un perro, más f. que la nieve, más f. que un cadáver, más f. que una perdiz escabechada

REF VULG Cuando el grajo vuela bajo, hace un frío del carajo. Cuando el buey se mete en los rincones, hace un frío de cojones o narices.

21.24 acción y sol

amanecer

— **clarecer**, rayar, repuntar, anunciarse, apuntar, asomar, dibujarse, distinguirse, remanecer

— **alborear**
  • alborecer, mañanear, clarear, aclarar, esclarecer
  • mostrarse, vislumbrarse, traslucirse, atisbarse, revelarse, divisarse

— **salir el sol**, despuntar el alba, clarear el día, entrar el día

— **hacerse de día**, romper el día, abrir el día, apuntar la aurora, despuntar el día, rayar el día, r. el alba, romper el alba, quebrar el alba, q. albores, reír el alba

— **dar el sol**
  • solear · caer el sol de plano, dar el sol para derretir las piedras, hacer un sol de justicia
  • EL DE OTOÑO: hacer un sol de membrillo, VELADO POR NUBES LIGERAS: h. un sol con uñas

— tomar el sol, ponerse al sol, tostarse al sol

anochecer

— **atardecer**, obscurecer, lobreguecer, alobreguecer, ensombrecer, entenebrecerse, tramontar o transmontar o trasmontar

— **caer la tarde**, echarse la noche, hacerse de n., llegar la n., caer la n., cerrar la n.

21.25 acción y fuego

encender o DESUS acender

— **prender**
  • incendiar, inflamar, soflamar, deflagrar
  • prenderse, inflamarse, incendiarse, enyescarse
  • prender fuego, pegar fuego

— **atizar**, avivar, ANT atear
leñar
— aleñar, leñatear · atorar, retazar, rozar
arder
— **llamear**, flamear, flagrar, desfogar, foguear, afogarar, fogarear, fogarizar, POÉT flagrar, ANT enfogar
— **chispear**, chisporrotear, conflagrar, crepitar
— **avivar**, alegrar, atizar, despabilar, cebar, escarbar, emprender, encandilar, escalibar, hurgonear, rescoldar, AND Y CANARIAS abanar · despavesar · alegrar el fuego
— **ahumar**, ahumear, revocar, tiznar, entiznar, AST afumar
quemar
— **calcinar**, achicharrar, tizonear, fundir
— **quemarse**
  • abochornarse, abrasarse, achicharrarse, ahornagarse, ahornarse, asurarse, caldearse, carbonizarse, chamuscarse, chicharrarse, churruscarse, cocerse, encandecerse, enrojarse, incendiarse, requemarse, resquemarse, socarrarse, torrarse, tostarse
  • reducir a cenizas
— **requemar**, resquemar, abrasar, socarrar, inflamar, ahornagar, asurar, carbonizar, chamuscar o DESUS jamuscar
— **incendiar**, flagrar, deflagrar, churruscar, empelar, escaldar, socarrar, sollamar, somarrar
calentar
— **caldear**, asar, cocer, ahornar, hervir, rescaldar, sobrasar, freír, tostar, dorar · asarse, freírse, abrasarse, escaldarse
— **abrasar**, chicharrar, achicharrar, torrar, incinerar
— **acalorar**, abochornar, aborronar, aburar, estufar
sofocar, ahogar, azogar, desfogar, extinguir, matar
desahumar, deshollinar
21.26 hacer calor
caldear, quemar, abochornar
asarse, cocerse, abrasarse, tostarse, achicharrarse
apretar, dejarse caer, llegar la canícula, cantar la chicharra
entrar en calor, templar
calmar, sosegar, apaciguar
COMP ING hacer una calor de mil demonios
21.27 hacer viento
levantarse, desatarse, desencadenarse, declararse, echarse, entablarse, moverse
ventear
— ventar, ventiscar o ventisquear, soplar, azotar, picar, ulular, mugir, rugir, cercear, bramar, huracanar
— cargar, saltar, alargar

— declararse, afirmarse, huracanarse
soplar
— batir, correr, verberar, arrastrar, azotar, rachear, recalar
— HACER QUE SE RECUESTEN LAS MIESES: acamar, LEÓN Y PAL VIENTO DEL CIERZO: cercear · MAR, PERSISTIR DURANTE LA NOCHE: velar
— **silbar**, rugir, mugir, ulular, bramar
cambiar, rolar, regolfarse · MAR nortear, alargarse, llamar
encalmarse, amainar · DISMINUIR SU FUERZA: quedarse

22. FÍSICA
22.01 acústica
sonido, s. grave, s. agudo, ultrasonido, infrasonido, timbre de sonido
ondas sonoras, longitud de onda, velocidad de propagación, reflexión, eco, intensidad, altura
intervalos musicales, escalas · vibración de una nota, v. de una cuerda · acorde, escala tonal
22.02 electricidad
electricidad dinámica, e. estática, e. atmosférica
inducción eléctrica, i. electromagnética
electrónica
— microelectrónica · electrocinética, electromagnética, electrostática, galvanismo, galvanoplastia, electrodinámica cuántica, electroforesis
— piezoelectricidad, piroelectricidad, radioelectricidad, termoelectricidad, triboelectricidad, fotoconductividad, fotoelectricidad, termoelectricidad
energía
— hulla blanca, luz, fluido
— onda eléctrica, o. hertziana, microonda
— chispa, descarga eléctrica, potencial
corriente
— corriente alterna, c. continua, c. inducida, c. reactiva
— corriente monofase, c. bifase, c. trifase
— conductor, generatriz, fotoconductor o fotoconductora, fotoconductriz, superconductor
— corriente en derivación, c. en serie
inducción, inductancia, autoinducción, faradización, galvanización, polarización, automatización, realimentación
polo
— polo negativo, p. positivo
— ánodo, cátodo, diodo, tríodo, electrodo, catión, electrón, ión, neutrón, protón
— acción magnética, inducción electromagnética, acción química, fuerza electromotriz
— campo eléctrico, c. magnético

capacidad
— conductancia, conductividad, frecuencia, impedancia, intensidad, reluctancia, resistencia, superconductividad, tensión, sobretensión, voltaje
— potencial, inducción, autoinducción, intensidad
— fuerza electromotriz, diferencia de potencial

22.03 física atómica
COMPONENTES DEL ÁTOMO:
— protón, neutrón, electrón
— antineutrino, antimuón, antineutrón, antiprotón, ión, lambda, mesón k, mesón pi, muón, neutrino, negatrón, positrón, psi, ypsilon
— antipartícula
— cuark, cuerda
— CARACTERÍSTICAS: masa atómica, número atómico, peso atómico, valencia
MOVIMIENTOS: órbita · ROTACIÓN DE UNA PARTÍCULA: espín · TENDENCIA A LA COMBINACIÓN: afinidad · UNIÓN POR ATRACCIÓN: enlace · UNIÓN ENTRE LAS MOLÉCULAS: cohesión
CAMBIOS:
— excitación ↔ desexcitación · transformación, transmutación · materialización ↔ desmaterialización
— fusión, fisión o escisión
— divergencia, desintegración, ionización, enriquecimiento
— reacción nuclear, radioactivación, radiactividad, reacción en cadena, radiación
— NÚMERO DE ÁTOMOS QUE SE DESINTEGRAN POR UNIDAD DE TIEMPO: actividad

22.04 magnetismo
magnetismo terrestre o geomagnetismo, electromagnetismo, m. nuclear, ferromagnetismo, arqueomagnetismo, paelomagnetismo, biomagnetismo
magnetización, declinación, imantación, inducción, intensidad
campo magnético, flujo magnético, influencia magnética
sonambulismo magnético · hipnosis

22.05 mecánica
dinámica
— aerodinámica, biomecánica, termodinámica, aerostática, hidrostática, cinética, cinemática, hidráulica, hidrodinámica, magnetohidrodinámica
— mecánica de fluidos, m. de gases, m. cuántica u ondulatoria, m. relativista, m. celeste · estática, e. gráfica
— densidad, masa, gravedad, potencia, peso, reacción, tensión, deformación · ecuación de fuerzas, par de fuerzas · gravitación universal

— aceleración, desmultiplicación, equilibrio
— fuerza centrífuga, f. centrípeta, f. viva
— inercia, masa, momento, m. de inercia, potencia, precesión, presión, reacción, resistencia, rozamiento, trabajo, velocidad
— líquidos en movimiento, l. en reposo · presión de los l., principio de Arquímedes, peso específico
energía cinética, e. mecánica, e. potencial
— fuerza motriz, f. axífuga, f. axípeta, f. centrífuga, f. centrípeta · fuerzas paralelas
— trabajo, t. mecánico
movimiento absoluto, m. acelerado, m. constante, m. de rotación, m. del centro de gravedad, m. periódico, m. retardado · m. uniforme, m. uniformemente acelerado, m. uniformemente diforme
velocidad inicial, v. límite, v. media · v. angular, v. angular de rotación
— momento cinético, cantidad de movimiento
— aceleración, deceleración

22.06 óptica
TIPOS: óptica cristalina, ó. electrónica, ó. física, ó. geométrica · magneto-óptica, optoelectrónica
optometría, fotometría, micrografía, actinometría, catoptroscopia, dióptrica, catóptrica
espectro
— difracción, dispersión, reflexión, refracción de la luz, refringencia, línea de absorción
— efecto óptico, ilusión óptica, polarización, arco iris
— análisis espectral, colores
aberración cromática, a. de esfericidad
cromatismo, acromatismo, aplanetismo, astigmatismo
eje focal, distancia f., plano f., longitud f.
ángulo de campo, profundidad del campo

22.07 termodinámica
energía, entropía
evaporación, condensación, solidificación, transmisión de calor, tensión superficial
conducción, disolución, capacidad calórica, capilaridad
CAMBIOS DE ESTADO: ebullición, sublimación, vaporización, condensación
TRASPORTE DE UN FLUIDO POR DESPLAZAMIENTO DE SUS MOLÉCULAS: convección

22.08 instrumentos y unidades de medida
ACÚSTICA:
— resonador, tubo sonoro
— UNIDADES: decibelio, belio
ELECTRICIDAD:
— generador, acumulador, transformador, condensador, alternador, excitador, oscilador, termoconductor, turbogenerador, aislador

— **batería**, cohesor · dínamo, escobillas, espira, garfa, masa, pila, puente, racor, regleta, reóforo, solenoide, tierra, toma de corriente · armadura, elemento, inducido, inductor, par

— arco voltaico, bombilla, tubo de descarga

— **electrodo:** polo (CADA UNO DE LOS TERMINALES), ánodo (POSITIVO), cátodo (NEGATIVO)

— **láser**, máser, radar, magnetrón, moviola, radio, rayos X · microscopio electrónico

— DIVERSOS METALES DESTINADOS A LA FABRICACIÓN DE BOBINAS ELÉCTRICAS DE GRAN RESISTENCIA: platinoide

— UNIDADES: vatio (JULIO POR SEGUNDO), kilovatio (MIL VATIOS), megavatio (MIL KILOVATIOS) · voltio, kilovoltio · amperio, culombio, faradio, franklin o franklinio, gauss o gausio, henrio, julio o joule, ohmio

— INSTRUMENTOS DE MEDICIÓN: amperímetro, vatímetro, voltámetro, galvanómetro, galvanoscopio, reómetro, reóstato, potenciómetro

— célula fotoeléctrica, lámpara electrónica

— lector, l. óptico

— tubo de descarga, t. electrónico, t. de radio, t. de vacío

— válvula electrónica, semiconductor, transductor

FÍSICA ATÓMICA:

— reactor, acelerador de partículas, ciclotrón, sincrotrón, sincrociclotrón

MAGNETISMO:

— brújula, imán, electroimán, polo norte, p. sur

MECÁNICA:

— palanca, p. de Arquímedes, manzana de Newton, péndulo, p. de Foucault

— sifón, vasos comunicantes

— barómetro, manómetro · dinamómetro

— UNIDADES: ergio, julio, kilopondio, kilográmetro o quilográmetro, caballo de vapor

ÓPTICA:

— **prisma**, reflector, luneta, heliógrafo, cristal, lente, caleidoscopio, linterna mágica

— **gafas**, anteojos, antiparras, espejuelos, cuentahílos, impertinentes, quevedos, gafas de cerca, g. de lejos, g. bifocales, g. progresivas · armadura, montura, patilla, puente · estuche

— **monóculo**, anteojo, binóculo, gemelos, binoculares, telescopio, periscopio

— **lentilla**, lentes de contacto

— **microscopio**, m. electrónico, ultramicroscopio, radiotelescopio, estereoscopio, fosforoscopio, polariscopio

— **fotómetro**, optómetro, actinómetro, polarímetro, astigmómetro

— **lupa**, l. de enfoque, luneta, objetivo, ocular, o. celeste, o. terrestre · vidrio, espejuelo, cristal de aumento, menisco

— LENTES: cóncavo ↔ convexo · convergente ↔ divergente · equicóncava ↔ equiconvexa · bicóncava ↔ biconvexa · homofocal, bifocal, biaxial, parabólica, plana, planconvexa · catadióptrico, teleobjetivo, gran angular, convertidor de ojo de pez, c. de ojo de ave, cóncavo-convexo, lenticular

TIPOS DE TERMÓMETROS:

— termómetro de líquido, t. de gas, t. de resistencia, t. bimetálico, t. de máxima y mínima

— MEDIDAS: escala Celsius, e. Fahrenheit, e. absoluta Kelvin, e. Réaumur · par termoeléctrico

— UNIDADES DE MEDIDA: caloría, kilocaloría · grados centígrados o Celsius, g. Fahrenheit, g. Kelvin, g. Réaumur

HUMEDAD Y UTENSILIOS:

— **vaporizador**, humidificador, brumizador, higrómetro, higroscopio, humidímetro, psicrómetro

— **secador**, secadora, secadero, escurridero, tendedero

PESO:

— **balanza**, microbalanza, romana, báscula, carrazón, pesabebés, pesacartas, peso, pesillo (PARA MONEDAS)

— PARTES DE LA BALANZA: astil, brazo, caja, calamón, candela, cruz, cuchillos, fiel, garabato, guindaleta, lengüeta, ojo, pie, pilón, platillo, roseta, tornillos nivelantes · pesa, dineral, pesante, pilón, pote, quilate, réiter (PARA BALANZAS DE PRECISIÓN), DESUS pesga

— MODOS DE PESADA: a bulto, a granel, en horre, COLOQ a ojo de buen cubero

PARA LA DENSIDAD DEL AIRE: aerómetro

PARA LA GRAVEDAD: gravímetro

VERBOS Y EXPRESIONES
22.09 acción y física

ACÚSTICA: disonar, amplificar, ecualizar · auscultar, escuchar, oír

ELECTRICIDAD: conectar, electrizar, deselectrizar, despolarizar, enchufar, desenchufar, fundirse, generar, inducir, producir, radiar

FÍSICA ATÓMICA:

— fisionar ↔ fusionar

— excitarse ↔ desexcitarse

— desmaterializarse, desintegrarse, enriquecerse, ionizarse

— radioactivar, irradiar

MAGNETISMO:

— imantar, imanar, cebar

— desimantar o desimanar

MECÁNICA:

— trabajar, funcionar, marchar, andar, rular

— acoplar, alimentar, conectar, dar cuerda, em-

bragar, endentar, engranar, engrasar, enmalletar, lubrificar, maniobrar, morder, multiplicar, prender, servir
— desacoplar, desconectar, desembragar, desengranar, desmultiplicar
— zafarse

ÓPTICA:
— enfocar ↔ desenfocar
— polarizar ↔ despolarizar
— radiar, irradiar · proyectar
— reflejar, refractar, refringir

TERMODINÁMICA:
— **calentar**, caldear, calecer, escalecer, cocer, acalorar, abrasar, estufar, sofocar, recalentar, sobrecalentar, acalorar
— **quemar**, churruscar, tostar, abrasar, chicharrar, achicharrar, afogarar, enrojar, encandecer, encanecer, canear
— **enfriar**, refrescar, refrigerar, emparamar, encalambrarse, enfriarse, entumirse, helar, pasmar, aterir, aterirse, serenar, templar, entibiar o atibiar, templar
— asar, asfixiar, abochornar, apretar, rechizar

23. QUÍMICA
▶ 23.09 alquimia
▶ 23.13 descripción en alquimia
▶ 23.15 acción y alquimia
23.01 divisiones
química general, q. pura
química analítica, q. aplicada, q. descriptiva, q. experimental, q. fisiológica
química industrial, q. atómica, q. nuclear, q. cuántica
química orgánica, q. inorgánica
mineralogía, cristalografía, electroquímica, farmacéutica, astroquímica, agroquímica, petroquímica, termoquímica, fisicoquímica, bioquímica
23.02 cuerpos
cuerpo, elemento, sustancia, especie, radical, ión, compuesto químico
emulsión, mezcla, precipitado, extracto, esencia, espíritu, flema, magma
estado de los cuerpos
— materia, sustancia, fermento, residuo
— sólido, líquido, fluido, gas, vapor · solución, suspensión
— cuerpo simple, c. compuesto · ácido, base, sal
— cuerpo puro, c. amorfo, c. cristalizado, suspensión coloidal, precipitado, electrolito
cuerpos simples o elementos
— actinio Ac, américo Am, antimonio Sb, argón Ar, arsénico As, astate At, azufre S
— bario Ba, berilio Be, berkelio Bk, bismuto Bi, bromo Br

— calcio Ca, californio Cf, carbono C, cerio Ce, cinc Zn, cloro Cl, cobalto Co, cobre Cu, criptón Kr, cromo Cr, curio Cm
— disprosio Dy
— einstenio Es, erbio Er, estaño Sn, estroncio Sr, europio Eu
— fermio Fm, flúor F, fósforo P, francio Fr
— gadolinio Gd
— helio He, hidrógeno H, hierro Fe, holmio Ho
— iridio Ir, iterbio Yb
— laurencio Lr, litio Li, lutecio Lu
— magnesio Mg, mendelevio Md, mercurio Hg, molibdeno Mb
— neón Ne, neptunio Np, níquel Ni, nitrógeno N, nobelio No
— oro Au, oxígeno O
— plata Ag, platino Pt, plomo Pb, plutonio Pu, polonio Po, potasio K, protactio Pa
— radio Ra, radón Rn
— selenio Se, silicio Si, sodio Na
— talio Tl, terbio Tb, titanio Ti, torio Th, tulio Tm, tungsteno o wolframio W
— unnilpentio Unp, unnilquadium Unq, uranio U
— vanadio V
— yodo I

RADIACTIVOS: plutonio, uranio, radio, torio, actinio, francio, polonio
CARACTERÍSTICAS: estructura molecular, masa molecular, densidad, masa atómica, peso atómico, peso molecular, peso específico, órbita atómica o molecular
IDENTIFICACIÓN: símbolo químico, fórmula química, fórmula molecular, valencia, covalencia, número atómico, nomenclatura, notación
23.03 sustancias de origen mineral
ácido (AUMENTA EN DISOLUCIÓN LA CONCENTRACIÓN DE IONES DE HIDRÓGENO Y SE COMBINA CON LAS BASES PARA FORMAR LAS SALES)
base (EN DISOLUCIÓN AUMENTA LA CONCENTRACIÓN DE IONES DE HIDROXILO Y SE COMBINA CON LOS ÁCIDOS PARA FORMAR LAS SALES)
sal (COMPUESTO QUE RESULTA DE LA SUSTITUCIÓN DE LOS ÁTOMOS DE HIDRÓGENO DE UN ÁCIDO POR RADICALES BÁSICOS)
radical (GRUPO DE ÁTOMOS QUE PASAN INALTERADOS DE UNAS UNIDADES A OTRAS)
ácidos
— carbólico (ANHÍDRIDO CARBÓNICO), cético (EL EXTRAÍDO DE LA CETINA), cianhídrico (MUY VENENOSO), clorhídrico o espíritu de sal (CLORO MÁS HIDRÓGENO), fosfórico (OBTENIDOS POR LA ACCIÓN DEL AGUA SOBRE EL FÓSFORO), hipocloroso (OXÍGENO, HIDRÓGENO Y CLORO), nítrico (ATACA A LOS METALES Y SE EMPLEA EN EL GRABADO AL AGUA FUERTE), sulfúrico o sulfuroso o vitriolo (AZUFRE, HIDRÓGENO Y OXÍGENO), sulfhídrico, hiposulfúrico o hiposulfuroso (AZUFRE Y OXÍGENO)

— celidónico (CONTENIDO EN LA OBTENCIÓN DEL CLORO), fluorhídrico (SE EMPLEA PARA GRABAR EL CRISTAL), fulmínico (VOLÁTIL Y MUY VENENOSO, FORMA SALES EXPLOSIVAS), prúsico (SOLUCIÓN DE ÁCIDO CIANHÍDRICO EN AGUA)

— salicílico o acetilsalicílico (CON EL QUE SE PREPARA LA ASPIRINA), acrílico (FABRICACIÓN DE MATERIALES PLÁSTICOS), barbitúrico (PROPIEDADES SOPORÍFERAS), cianuro (ÁCIDO CIANHÍDRICO)

bases

— hidróxido de bismuto, h. de aluminio, h. de bario o bárico, h. de calcio o cálcico, h. de cobre, h. de cromo, h. de estaño, h. de estroncio, h. de hierro, h. de magnesio, h. de manganeso, h. de plomo, h. de potasio o potásico o potasa, h. de sodio o sódico o sosa
— alcalino, álcali o cali

sales (ÁCIDO + BASE)

— acetato, carbonato, clorato, sulfato, acrilato, arseniato, bicarbonato, borato, cacodilato, hidroclorato o hidroclorato, perborato, permanganato, silicato, prusiato, salicilato, urato, valerianato
— sal marina · almohatre o almojatre o sal amoniacal (COMPUESTO RESULTANTE DE LA SUSTITUCIÓN DE LOS ÁTOMOS DE HIDRÓGENO DE UN ÁCIDO POR RADICALES BÁSICOS)
— bórax o atíncar (ÁCIDO BÓRICO, SOSA Y AGUA), formiato (DE ÁCIDO FÓRMICO), oxalato (DE ÁCIDO OXÁLICO), tartrato (DE ÁCIDO TARTÁRICO), bisulfito (SAL ÁCIDA DEL ÁCIDO SULFUROSO, Y EN ESPECIAL DEL SODIO), sulfito (DEL ÁCIDO SULFUROSO), picrato (DE ÁCIDO PÍCRICO), cianato (DE ÁCIDO CIÁNICO), arsenito (DE ÁCIDO ARSENIOSO), hiposulfito (ÁCIDO HIPOSULFUROSO CON UNA BASE), fluoruro (DE ÁCIDO FLUORHÍDRICO), fosfato (DE ÁCIDO FOSFÓRICO), fulminato (DEL ÁCIDO FULMÍNICO), nitrato (DEL ÁCIDO NÍTRICO CON UNA BASE), ferrocianuro o ferroprusiato (DE ÁCIDO FERROCIANHÍDRICO), cloruro o muriato (DE ÁCIDO CLORHÍDRICO), sulfuro (DE ÁCIDO SULFHÍDRICO), natrón (BLANCA CRISTALIZABLE)

radicales

— metilo (DE METANO), amonio (UN ÁTOMO DE NITRÓGENO Y CUATRO DE HIDRÓGENO), hidroxilo (ÁTOMO DE HIDRÓGENO Y OTRO DE OXÍGENO), carburo (CARBONO + RADICAL SIMPLE), arseniuro (DEL ARSÉNICO), bromuro (DEL BROMO), hidruro (DEL HIDRÓGENO), protosulfuro (PRIMER GRADO DE COMBINACIÓN DE UN RADICAL CON EL AZUFRE), seleniuro (SELENIO CON UN RADICAL SIMPLE), yoduro (PRODUCTO DE LA UNIÓN D EL YODO A UN RADICAL SIMPLE O COMPUESTO), cloruro (DEL CLORO), percloruro (CLORURO QUE CONTIENE LA CANTIDAD MÁXIMA DE CLORO), protocloruro (COMBINACIÓN DE CLORO CON UN RADICAL SIMPLE), hidróxido (UNIÓN DE UN ELEMENTO O UN RADICAL CON EL ANIÓN OH-),

bióxido (COMBINACIÓN DE UN RADICAL SIMPLE O COMPUESTO CON DOS ÁTOMOS DE OXÍGENO), fosfuro (DEL FÓSFORO), amina (SUSTANCIA DERIVADA DEL AMONIACO POR SUSTITUCIÓN DE UNO O DOS ÁTOMOS DE HIDRÓGENO POR RADICALES ALIFÁTICOS O AROMÁTICOS), sulfuro, bisulfuro (COMBINACIÓN DE UN RADICAL SIMPLE O COMPUESTO CON DOS ÁTOMOS DE AZUFRE), seleniuro (DEL SELENIO) arseniuro (DEL ARSÉNICO)

— acilo (DERIVADO DE UN ÁCIDO ORGÁNICO), acetilo (ÁCIDO ACÉTICO), etilo (ETANO), carburo (CARBONO CON RADICAL SIMPLE), amino (UN ÁTOMO DE NITRÓGENO Y DOS DE HIDRÓGENO), amonio (UN ÁTOMO DE NITRÓGENO Y CUATRO DE HIDRÓGENO) · carbonilo (CARBONO Y OXÍGENO)

óxidos (OXÍGENO + METAL)

— bióxido, trióxido o tritóxido, sesquióxido, peróxido, protóxido, óxido metálico
— barita (DE BARIO), cadmía (DE CINC), cal (DE CALCIO), glucina (DE GLUCINIO), circona (DE CIRCONIO), magnesia o leche de tierra (DE MAGNESIO), itría (DE ITRIO)
— termita (MEZCLA DE LIMADURAS DE ALUMINIO Y DE ÓXIDO DE OTRO METAL QUE POR INFLAMACIÓN REDUCE EL ÓXIDO)

nitratos

— nitrato de plata o sal infernal, n. de potasio o potásico o salitre, n. de bismuto, n. de aluminio, n. de amonio o amónico, n. de bario, n. de calcio o cálcico, n. de cobre, n. de estroncio, n. de magnesio, n. de mercurio, n. de plomo

carbonatos

— carbonato de amonio o amónico, c. de bario o bárico, c. de bismuto, c. de calcio o cálcico, c. de cinc, c. de estroncio, c. de hierro, c. de litio, c. de magnesio, c. de plomo, c. de potasio, c. sódico o de sodio
— trona o urao (CARBONATO DE SOSA CRISTALIZADO QUE SUELE HALLARSE FORMANDO INCRUSTACIONES EN LAS ORILLAS DE LOS LAGOS Y GRANDES RÍOS)

sulfatos

— sulfato amónico, s. de potasio, s. de aluminio, s. de bario, s. de calcio, s. de cobre, s. de cromo, s. de hierro, s. de magnesio, s. de manganeso, s. de mercurio, s. de sodio, s. doble de cobre y amonio, s. ferrosoamónico, s. aluminicoamónico
— caparrosa (SULFATO DE COBRE, HIERRO O CINC)
— adarce (COSTRA SALINA QUE LAS AGUAS DEL MAR FORMAN EN LOS OBJETOS QUE MOJAN)
— superfosfato (FOSFATO ÁCIDO DE CAL QUE SE EMPLEA COMO ABONO)
— agua fuerte, a. regia
— vitriolo amoniacal o sulfato de amonio, v. verde o caparrosa verde, v. de plomo o anglesita, v. azul o sulfato de cobre

anhídridos
— anhídrido nítrico, a. silícico, a. sulfúrico, a. bórico, a. sulfuroso, a. carbónico, a. arsenioso

23.04 sustancias de origen vegetal
hidrocarburos (CARBONO E HIDRÓGENO):
— petróleo, nafta (FRACCIÓN LIGERA DEL PETRÓLEO NATURAL), bencina (FRACCIÓN LIGERA DEL PETRÓLEO) · parafina (DESTILACIÓN DEL PETRÓLEO)
— gas natural, metano, etano, propano, isobutano, pentano, hexano, heptano, octano, queroseno
— gasoil, gasolina o gasoleno, ARG, PAR Y UR nafta
— benceno o benzol, fenol, nitrobencina, nitrobenceno
— HIDROCARBURO GASEOSO: acetileno
alcoholes (CONTIENEN EL GRUPO HIDROXILO):
— alcoholato, glicerina
— alcohol aromático, a. de quemar, a. butílico o butanol, a. etilénico, a. etílico o etanol, a. metílico o metanol, a. propílico o propanol, mentol, pentanol, exanol, heptanol, octanol, etanodiol
gases
— éter, etileno, INCOLORO, OLOR IRRITANTE: amoniaco
— METANO MEZCLADO CON EL AIRE: grisú, EN LAS MINAS: mofeta, DE OLOR PENETRANTE COMPUESTO DE NITRÓGENO Y CARBONO: cianógeno
aceites
— aceite de oliva, a. de cacahuete, a. de algodón, a. de soja, a. de nueces, a. de almendras, a. de linaza, a. de coco, a. de cedro o cedróleo, a. de limón o citrina
alcaloides
— DEL OPIO: morfina, DE LAS HOJAS DE COCA: cocaína, DEL TABACO: nicotina, DE LA BELLADONA: atropina, DE LA NUEZ VÓMICA: estricnina, (EL BOLDO): boldina
compuestos orgánicos
— COMPUESTO ORGÁNICO QUE RESULTA DE SUSTITUIR UN ÁTOMO DE HIDRÓGENO DE UN ÁCIDO POR UN RADICAL ALCOHÓLICO: éster o ester
— ESTER DE LOS ÁCIDOS GRASOS CON LA GLICERINA: glicérido
— CADA UNO DE LOS TERNARIOS QUE SE FORMAN COMO PRIMEROS PRODUCTOS DE LA OXIDACIÓN DE CIERTOS ALCOHOLES: aldehído
— PRODUCTO RESULTANTE DE LA REACCIÓN ENTRE UN ALDEHÍDO Y UN ALCOHOL: acetal
— CADA UNO DE LOS QUE RESULTAN AL SUSTITUIR UN ÁTOMO DE HIDRÓGENO DEL AMONIACO O DE LAS AMINAS POR UN ACILO: amida
extraídos de vegetales varios
— EN LOS ALIMENTOS: vitamina, HIDRATO DE CARBONO QUE CONSTITUYE LA PRINCIPAL RESERVA ENERGÉTICA DE CASI TODOS LOS VEGETALES: almidón, PRODUCTO DEL ALMIDÓN: dextrina, DE LA CAÑA DULCE Y DE LA REMOLACHA: sacarosa o azúcar, CENIZAS VEGETALES: potasa, LÍQUENES: cetrarina, PASTA DE FIBRA LEÑOSA Y SUSTANCIA MINERALES, CERA Y CAUCHO: celulita, ZANAHORIA Y OTROS VEGETALES: caroteno o carotina, DE LA ALMENDRA AMARGA: amigdalina, RUBIA: alizarina, ALCORNOQUE: cerina, DE LA CANELA: folio índico, DE LA CANELA BLANCA: canelina
— ÁCIDOS VEGETALES O ANIMALES: ácido acético (VINAGRE), á. ascórbico (VITAMINA C), á. cítrico (LIMÓN), á. ribonucleico (TAMBIÉN LLAMADO ARN, COMPONE LAS CÉLULAS VIVAS), á. desoxirribonucleico (ADN), á. láctico (FERMENTACIÓN DEL AZÚCAR DE LECHE), á. lisérgico (DE EFECTO ALUCINÓGENO), á. nicotínico (VITAMINA DEL GRUPO B CUYA CARENCIA CAUSA LA PELAGRA), á. nucleico (NÚCLEO Y CITOPLASMA DE LAS CÉLULAS VIVAS), á. oleico (SE FORMA EN LA SAPONIFICACIÓN DE LOS CUERPOS GRASOS), á. pícrico (SE EMPLEA EN LA FABRICACIÓN DE EXPLOSIVOS), á. tánico (TANINO), á. tartárico (DEL TÁRTARO DEL MOSTO), á. valeriánico (DE LA RAÍZ DE LA VALERIANA), á. citrato (DE ÁCIDO CÍTRICO), á. úrico (EN LA ORINA)
PRINCIPIOS ACTIVOS: cafeína (DEL CAFÉ), teína (DEL TÉ), teobromina (DEL CACAO)
COLA VEGETAL: ajonje o ajonjo o aljonje, mucílago, bandolina, gluten, ligamaza, tragacanto o alquitira

23.05 sustancias de origen animal
hormonas (SECRECIÓN DE CIERTAS GLÁNDULAS):
— HIPOTALÁMICAS:
  • hormona liberadora de la hormona del crecimiento, h. liberadora de gonadotropinas, h. liberadora de melanocortina
  • hormona inhibidora de melanotropina, h. inhibidora de la hormona de crecimiento o somatostatina
  • factor liberador de la corticotropina
— DE LA HIPÓFISIS ANTERIOR O ADENOHIPÓFISIS:
  • hormona del crecimiento, h. estimulante de los folículos, h. luteinizante, h. estimulante de los melanocitos, h. lactógena o prolactina
  • corticotropina, tirotropina
— DE LA HIPÓFISIS POSTERIOR O NEUROHIPÓFISIS: hormona antidiurética (ADH), oxitocina
— CORTICOSUPRARRENALES: cortisol, aldosterona
— TIROIDEAS: tiroxina (T4), triyodotironina (T3)
— PANCREÁTICAS: insulina, glucagón
— OVÁRICAS: estrógenos, progesterona
— TESTICULARES: testosterona
— PARATIROIDEAS: parathormona (PTH), calcitonina
— PLACENTARIAS: gonadotropina coriónica, estrógenos, progesterona · adrenalina
enzimas (SUSTANCIA PROTEÍNICA PRODUCIDA POR LAS

CÉLULAS VIVAS QUE CATALIZAN CADA UNA DE LAS RE-
ACCIONES BIOQUÍMICAS DEL ORGANISMO):
— fermento, catalizador, apoenzima, coenzima
— maltasa, aurilasa, lipasa, catalasa, diastasa,
ureasa, pepsina, tripsina, quimotripsina, histidina, jerina, liasa, isomerasa, ligasa, sinte-
tasa, oxidorreductasa, transferasa, hidrolasa
aminoácidos (COMPONENTES FUNDAMENTALES DE LAS
PROTEÍNAS):
— analina, valina, leucina, isoleucina, prolina,
metionina, phenilalanina, triptófano
— glicina, serina, threonina, cistina, asparagi-
na, glutamina, tirosina
— aspártico, glutámico
— lisina, arginina, histidina
anticuerpos (REACCIÓN A LA PRESENCIA DE UN ANTÍ-
GENO), antígeno (DA LUGAR A REACCIONES DE DE-
FENSA COMO LA FORMACIÓN DE ANTICUERPOS)
esteroide (SUSTANCIA DE ESTRUCTURA POLICÍCLICA DE
LA QUE DERIVAN COMPUESTOS DE GRAN IMPORTAN-
CIA BIOLÓGICA, TALES COMO ESTEROLES, ÁCIDOS BI-
LIARES, HORMONAS...)
anabolizante (PRODUCTO UTILIZADO PARA AUMENTAR
LA INTENSIDAD DE LOS PROCESOS METABÓLICOS), colina (EN LA BILIS, FORMA PARTE DE LAS LECITINAS Y
ACTÚA COMO NEUROTRANSMISOR), fibrina (DISUEL-
TA EN LA SANGRE), colesterol o colesterina (GÉ-
NESIS DE LA ATEROSCLEROSIS), urea (EN LA ORINA),
tomaína (EN LOS CADÁVERES)
albúmina o albumen (FORMAN LA CLARA DE HUEVO),
caseína (DE LA LECHE)
antocianina (EN EL CITOPLASMA DE LAS CÉLULAS),
acetona (ORINA DE LOS DIABÉTICOS)
ACEITES ANIMALES: aceite de ballena, a. de foca,
a. de bacalao
LAS ABEJAS: cera, ámago o hámago

23.06 sustancias químicas y uso
USADAS EN LA ALIMENTACIÓN:
— sacarosa (AZÚCAR), fructosa (AZÚCAR DE LA FRU-
TA), pectosa (DERIVADA DE AZÚCARES Y UNIDA A
LA CELULOSA EN LA MEMBRANA DE LAS CÉLULAS VE-
GETALES)
— margarina, gelatina, pectina
USADAS EN LA INDUSTRIA:
— GENERALES: resina (FLUYE DE VARIAS PLANTAS), go-
morresina (RESINA MEZCLADA CON MATERIA GO-
MOSA Y ACEITE VOLÁTIL), mucílago o mucilago
(SUSTANCIA VISCOSAS VEGETAL)
— tanino (PARA CURTIR PIELES), cauchotina (DA FLE-
XIBILIDAD E IMPERMEABILIDAD A LAS PIELES), carbo-
nato sódico (FÁBRICAS DE JABÓN), polietileno (EN
LA FABRICACIÓN DE ENVASES), lecitina (EN LA COS-
MÉTICA), estearina (FABRICACIÓN DE VELAS), ni-
troglicerina (EXPLOSIVO DE ALTA POTENCIA), cré-
mor (SE HALLA EN LA UVA Y SE USA COMO PURGANTE
EN MEDICINA Y COMO MORDIENTE EN TINTORERÍA),
anilina (EN LA FABRICACIÓN DE COLORANTES), col-
cótar (EN PINTURA), estearina (USADA EN LA FA-
BRICACIÓN DE VELAS), carbolíneo (PARA IMPERME-
ABILIZAR LA MADERA), lisol (DESINFECTANTE E INSEC-
TICIDA), cato (PARA PROTEGER LAS REDES DE PESCA
CONTRA LA PUTREFACCIÓN)
— pegamoide (HULE RESISTENTE), goma (PARA PE-
GAR O ADHERIR), caucho (MASA IMPERMEABLE MUY
ELÁSTICA)
— celulosa (FORMA LA PARED DE LAS CÉLULAS VEGE-
TALES), nitrocelulosa (DERIVADO DE LA CELULOSA)
EMPLEADAS EN FÁRMACOS O MEDICINA:
— CARDÍACOS: esparteína, alcanfor
— ANESTÉSICOS: cloroformo, cloral
— ANTISÉPTICO: fenol, yodoformo, gas hilarante,
hidroquinona, ácido bórico
— PURGANTE: magnesia o leche de tierra, crémor
— HIPNÓTICO: sulfonal
— TÓNICO: salicina
— DESHIDRATANTE Y DELICUESCENTE: potasa
— DESINFECTANTE: naftalina, ácido fénico
— ANTISÉPTICO Y ANTIPIRÉTICO: hidroquinona
VENENOS:
— ponzoña, tósigo, tóxico · bebedizo, bocado,
bola, morcilla, zarazas
— arsénico, cianuro, curare, cicuta, acónito,
morfina, matacán, cardenillo, ácido prúsico,
agua tofana, alcaloide, argento vivo, canju-
ra, dioxina, estricnina, glucósido, nuez vómica, óxido de carbono, solanina, solimán o
sublimado, toxina, yare
— VENENO EL PRODUCIDO POR ORGANISMOS VIVOS:
toxina
ANTÍDOTOS:
— antitóxico, contraveneno, contrahierba, estelión o estelón, teriaca o triaca
— antiálcali, antialcalino

23.07 propiedades de los cuerpos
acidez, basicidad, alcalinidad, pH
densidad, solubilidad, saturabilidad
absorbicidad, hidratación, miscibilidad, viscosidad, coagulabilidad, volatilidad, radioactividad
combustibilidad, inflamabilidad, causticidad,
punto de fusión, conductibilidad
aromaticidad
isomería, alotropía
afinidad, alcalescencia, aromaticidad, homología
polimorfismo, polivalencia
peso atómico
catalizador, biocatalizador, bioelemento, carbólico, carburante, catalítico, desoxidante,
emulsivo, flujo, fundente, menstruo, oxi-
dante, ozonómetro, reactivo, reductor

23.08 operaciones químicas
investigación
— experimento, elaboración, manipulación
— análisis, síntesis, precipitación, rectificación,

reducción, fijación, neutralización, filtración, concentración, reacción
— diálisis, catálisis
— fusión, unión, combinación
— fisión, disociación

combinación
— infusión, disolución, combustión (OXÍGENO Y MATERIAL OXIDABLE), sacarificación, precipitación, hidratación, sobresaturación, oxidación
— RESULTADO DE LA COMBINACIÓN DE UN CUERPO CON EL AGUA: hidratación, CON EL OXÍGENO: oxigenación, CON PROPIEDADES ALCALINAS: alcalinización, CON EL CALOR: calcinación, CON NITRATO: nitrificación
— CUALQUIER SUSTANCIA HASTA QUE NO ADMITA MAYOR CONCENTRACIÓN: saturación
— DOS O MÁS MOLÉCULAS COMBINADAS: polimerización

separación
— decantación, desecación, electrólisis · ósmosis

cambio de estado
— AL ESTADO SÓLIDO: solidificación, consolidación, congelación, coagulación, cuajamiento, condensación, cristalización, EN POLVO AL PERDER EL AGUA: eflorescencia
— AL ESTADO LÍQUIDO: licuación, licuefacción, fluidificación, condensación
— AL ESTADO GASEOSO: gasificación, vaporación, evaporación, vaporización, evaporización, volatilización, sublimación · destilación, desavahamiento, exhalación · ebullición (A AGITACIÓN)
— OTROS: fermentación (DEGRADACIÓN POR ACCIÓN ENZIMÁTICA), delitescencia (PÉRDIDA DE AGUA AL CRISTALIZAR)

ACCIÓN DE: hidrólisis (EL AGUA), pirólisis (EL FUEGO), termólisis (LA TEMPERATURA), glucólisis (LA GLUCOSA), electrólisis (LA CORRIENTE ELÉCTRICA), fotolisis (LA LUZ)

MEDICIONES: colorimetría (DEL COLOR), volumetría (DEL VOLUMEN), gravimetría (DE LA GRAVEDAD), cromatografía (SEPARACIÓN DE LOS COMPONENTES DE UNA MEZCLA), crioscopia (PESO MOLECULAR)

23.09 alquimia

hermetismo
— secretismo, ocultismo, hechicería, clandestinidad
— química mágica, doctrina oculta, panacea universal, arca cerrada
— quintaesencia, elixir, criptografía, incógnita
— transmutación, metamorfosis, MUTACIÓN DE LOS METALES EN ORO: crisopeya
— reserva, puridad, sigilo, enigma, tapadera, velo, COLOQ gato encerrado
— esfinge, chiticalla

elementos: arsénico, azufre, mercurio, cobre, estaño, plomo, oro, plata, cinabrio, antimonio · piedra filosofal, elixir de la larga vida · menstruo, orina, bilis de toro, sal · rocío, luna, sol · dragón, grial

operaciones: amalgamación, ceración, fusión · destilación, purificación, sublimación · disolución, coagulación, putrefacción · calcinación, carnífice

23.10 química y personas

químico, farmacéutico, investigador, experimentador, manipulador, preparador, biólogo, médico, analista, científico

auxiliar, ayudante, mancebo, mozo de laboratorio

alquimista, mago, archimago · iniciado, adepto, sabio

23.11 instrumentos del laboratorio

FUENTES DE CALOR: horno eléctrico, lámpara de alcohol, crisol, alambique, soplete, estufa para cultivos

PARA LA OBSERVACIÓN: microscopio, polariscopio, espectroscopio, proporcionoscopio, dicroscopio

PARA REDUCIR GASES A MENOR VOLUMEN: condensador

PARA SEPARAR DOS SUSTANCIAS: decantador

PARA DESTILAR: destilador o alambique

PARA SEPARAR MOLÉCULAS DE DIFERENTE TAMAÑO: dializador

FACILITA LA MEZCLA DE GRASAS CON OTRAS SUSTANCIAS: emulsor

VASIJAS PARA LÍQUIDOS:
— pipeta, probeta, p. granulada, redoma, tubo condensador, t. de conexión, t. de ensayo, t. en U, t. en Y, bureta, espita, vaso de precipitación, v. granulado, mortero, matraz
— PARA EL TRANSVASE: embudo, serpentín, sifón
— filtro, papel de filtro, p. de tornasol, p. de cúrcuma

PARA LA TEMPERATURA:
— termómetro · t. clínico, t. de máxima, t. de mínima, t. diferencial · termorregulador, termoscopio, termostato
— calorímetro, hipsómetro, termógrafo
— PARA MEDIR TEMPERATURAS MUY ELEVADAS: pirómetro

OTRAS MEDICIONES:
— balanza de precisión, b. hidrostática, pesalicores (PARA LÍQUIDOS MENOS DENSOS QUE EL AGUA)
— densímetro (DE LÍQUIDOS O SÓLIDOS), aerómetro (DEL AIRE O GASES), densitómetro (ÓPTICA), galactómetro (DE LA LECHE), oleómetro (ACEITES)
— hidrómetro (CAUDAL, FUERZA Y VELOCIDAD)
— refractómetro (REFRACCIÓN), gravímetro (CAMPO GRAVITATORIO), lactómetro (DENSIDAD DE LA LECHE), salerón (DENSIDAD DEL VINO)

— índice de refracción, fluorescencia, peso específico, pleocroismo

UTENSILIOS EN ALQUIMIA: alambique, alquitara, atanor, crisol, redoma, retorta, sublimador, hornillo de atanor

ADJETIVOS Y ADVERBIOS

23.12 descripción de los elementos

sólido, líquido, gas · metal, metaloide, ácido, base, anfótero

azufrado, azufroso · plomizo, plúmbeo · fosforado, fosfórico · sulfúreo, sulfuroso · ferroso, ferrado, férreo, férrico, ferruginoso · acerado, brómico, cálcico, carbónico, cobrizo, crómico, mercurial, sódico

DICHO DE UNA SUSTANCIA O UNA DISOLUCIÓN:

— coloidal o coloideo, haloideo, cristaloide, hidroclórico, isógono, isotónico, isómero, isótopo, levógiro, dextrógiro, eflorescente, fenicado

— electropositiva, electronegativa

— granular, magnesiano, monobásico, monovalente, neutro · halógeno

— insaturado, irreductible, inoxidable

— acetoso, albuminoideo, albuminoso, alcalino, alcaloideo, amiláceo, amoniacal, amorfo, anhidro, arsenical, azoico, básico, benzoico, casitérido, cérido, cinámico, inestable, lábil, naciente

SEGÚN LA ESTRUCTURA MOLECULAR: alifático (CADENA ABIERTA), aromático (DE MAYOR ESTABILIDAD), cristalino (COMO LOS CRISTALES), fotogénico (FAVORECE LA ACCIÓN QUÍMICA DE LA LUZ), polimorfo (CAMBIA DE FORMA)

23.13 descripción en alquimia

cabalístico, hermético, hierático, oculto, cifrado, confidencial, enigmático, esotérico, reservado, sibilino, sibilítico, subrepticio, velado · clandestino, furtivo · top secret

insondable, impenetrable, indescifrable, inescrutable, inescudriñable, inextricable

clandestinamente, confidencialmente, cubiertamente, encubiertamente, escondidamente, furtivamente, secretamente, sordamente, sigilosamente, subrepticiamente

en cifra, en secreto, a escondidas, a hurtadillas

VERBOS Y EXPRESIONES

23.14 acción y química

analizar

— combinar, concentrar, sintetizar, saturar

— disolver, descomponer, disociar, precipitar, recomponer, dosificar

— activar, centrifugar

— acidificar, alcoholizar, catalizar, electrolizar, ionizar

— tratar, combinar, precipitar, rectificar

— neutralizar, reducir

solidificar

— condensar, consolidar, cristalizar

— solidificarse, consolidarse, cristalizarse

— comprimir, apelotonar, apretar, aterronar, macizar

— coagular, congelar, helar, cuajar

— HACERSE GRUMOS: engrumecerse

licuar

— fluidificar, hidratar, hidrolizar, DESUS licuefacer

— licuarse, hidratarse, hidrolizarse

— destilar, dializar, disociar, liofilizar, lixiviar

gasificar

— gasear, vaporear, sublimar

— disipar, evaporar, evaporizar, volatilizar, vaporizar, fumigar

— disiparse, evaporarse, evaporizarse, vaporizarse, volatilizarse

acidificar, alcalizar, salificar, atacar, azoar, carburar, nitrar, oxidar, oxigenar, ozonizar, enlejiar, hidrogenar, dulzurar

desactivar, descarbonatar, descarburar, descomponer, deshidratar, desoxidar, desoxigenar

23.15 acción y alquimia

preparar, dosificar, mezclar, infundir, agitar, macerar, emulsionar, amalgamar

quemar, chamuscar, cauterizar, calcinar

destilar, filtrar, instilar, purificar, levigar

sublimar, elijar, trociscar, pulverizar, fundir, porfirizar · disolver, coagular

soterrar, esconder, recatar, echar tierra

24. MATERIA

▶ 21. planeta tierra
▶ 69. oficios

24.01 materia

sólido

— cuerpo, sustancia, masa, objeto, forma

— pasta, pella, amasijo, amalgama, emplasto, engrudo

— grumo, gacha, magma, cuajo, coágulo, cuajarón, terrón

— polvo, harina, serrín, limadura, carcoma, partícula

— poso, sedimento, depósito, precipitado

líquido

— solución, disolución, emulsión, pócima, poción, fluido, agua, caldo, néctar, loción

— bebida, brebaje, infusión, licor, jugo

— sudor, transpiración

— goteo, infiltración, flujo, fuga

— lavado, ablución, bautizo

— riego, aspersión, inundación

— chorro, manantial, corriente, arroyo, cascada

— secreción, sudor, lágrima, orina

— jugo gástrico, j. pancreático

gas
— **vapor**, vaho, vaharina, vaharada, humo, aire
— **exhalación**, hálito, plasma, fluido, efluvio
— GASES: argo, argón, azoe, butano, carbono, cloro, criptón, flúor, helio, hidrógeno, metano, neo, neón, nitrógeno, oxígeno, radón, xenón · amoniaco, cianógeno, formaldehído, grisú, mofeta, ozono

24.02 mineral
TIPOS:
— silicatos, sorosilicatos, subnesosilicatos, aluminosilicatos, inosilicatos, filosilicatos
— epidotas, feldespatos, halogenuros, piroxenos, plagioclasas, triosas
DE MENAS METÁLICAS: siderita, anglesita, argirita, bauxita, calcopitita, cinabrio, galena, hematites, limonita, magnetita, malaquita, marcasita, oligisto, pirita, sulfuro, blenda, pechblenda
DE GANGA: aragonito, bariecita, calcita, dolomita, fluorita, magnesita, mármol
DE YACIMIENTOS SALINOS: alabastro, bórax, epsomita, nitrato, sal gema, talco, yeso
CRISTAL DE ROCA: claveque, prasio, topacio ahumado (PARDO OSCURO), t. del Brasil (AMARILLO ROJIZO, ROSADO O MORADO), t. de Hinojosa (AMARILLO)
METALES: oro, plata, cobre, platino, hierro, mercurio
SEMIMETALES: arsénico, bismuto, antimonio, selenio
NO METALES: diamante, grafito, azufre
SULFUROS: blenda, niquelina, oropimente, estibina o antimonita, marcasita, calaverita, cinabrio, rejalgar, galena, pirrotina, pirita, calcopirita, molibdenita, cobaltina, argentita, bismutina, cubanita, jordanita
ÓXIDOS: cuprita, tenorita, corindón, oligisto o hematites, valentinita, rutilo, pirolusita, casiterita, espinela, magnetita, cromita, crisoberilo, alejandrita, tantalita
HIDRÓXIDOS: brucita, diásporo, manganita, bohemita, coronadita
HALUROS: silvina, fluorita, criolita, atacamita, sal gema, carnalita
CARBONATOS: calcita, magnesita, siderita · estroncianita · malaquita, azurita · trona, artinita
NITRATOS: nitratina o nitrato de chile, nitro o salitre
BORATOS: bórax, boracita, colemanita
SULFATOS: baritina, anhidrita, celestina, anglesita · yeso, epsomita, delanterita, brocantita, alunita, jarosita, cainita
FOSFATOS Y ARSENIATOS: apatito, lazulita, turquesa, eritrina, monacita, purpurita
SILICATOS: almandino, espesartina, grosularia · circón · andalucita, topacio, zafirina · beri-

lo, aguamarina, esmeralda, turmalina · augita · talco, nacrita · lepidolita, flogopita, margarita, biotita, moscovita, xantofilita · clorita, crisocola
TECTOSILICATOS: cuarzo, ópalo, sílex, ágata, jaspe, calcedonia · sanidina, ortosa · plagioclasa, albita, andesina, labradorita, nefelina, lapislázuli

24.03 roca
PLUTÓNICA: granito, diorita, glabro, pórfido, pegmatita
VOLCÁNICA: andesita, basalto, diabasa, feldespato, obsidiana, ofita, riolita, traquita
SEDIMENTARIA: arcilla, arenisca, bauxita, caliza, caliza dolomítica, caolín, creta, cuarcita, dolomía, esquisto, gres, marga, pizarra, toba
METAMÓRFICA: alabastro, anfibolita, cuarcita, gneis o neis, jaspe, mármol, micacita
NATURAL: bauxita, blenda, filón, ganga, pepita, pirita, vena, veta, óxidos, carbonatos, silicatos, sulfatos, metal nativo

24.04 piedra
LUGARES: **pedregal**, pedrera, pedrero, pedriza, pedriscal, guijarral · cantera, cantizal, banco de piedra
TIPOS: **pedrusco**, pedrejón, mineral, gema, lava, magma, roca, r. madre, piedra volcánica, vidrio, cristal
FORMAS:
— pedrisco, peñasco, peñón, galga
— rocalla, roquedo, roqueta
— canto, adoquín
— china, chino, chinarro, guijo, guija, guijarro, cascajo, bola, bolón
— almendrilla, peladilla, garbancillo
— arena, grava, rajuela
— bloque, lastre
— megalito, monolito
— cubo, prisma, poliedro, círculo, esfera, huevo, rectángulo, triangulo
— TALLADA:
  • cuenta, cabujón, brillante, roseta, rosa, gota, pera, marquesa, camafeo
  • PARTES DE UNA TALLA: faceta, corona, tabla, culata, filetín
COLOR: incolora, roja, azul, amarilla, verde, negra, blanca, rosa, turquesa, plateada, dorada, gris, parda, rojiza, argéntea, crema
PROPIEDADES:
— **dureza**, exfoliación, esquistosidad, fractura, astillosidad, fibrosidad, granulidad, lisura, caras planas
— **opacidad**, transparencia semitransparencia, traslucidez, vidriosidad
PROCESOS DE FORMACIÓN: petrificado, solidificado, estalactita, estalagmita, fosilizado, fusión
ORIGEN: natural, artificial, imitación, síntesis, plás-

ticos, vidrios, imitaciones cerámicas, piedras compuestas

ESTUDIO DE LAS PIEDRAS PRECIOSAS: gemología, mineralogía, geología

CALIDADES: piedra artificial, p. manufacturada · p. sintética · p. falsa · p. de imitación · ENSARTADA EN UNA SORTIJA U OTRA ALHAJA: chatón · ROCA DOLOMÍTICA DE APARIENCIA CAVERNOSA: carniola · ÓPALO QUE ADQUIERE TRANSPARENCIA DENTRO DEL AGUA: hidrófana

TIPOS:

— **brillante**
  • diamante, gema, naife, rubí, balaje, topacio, zafiro, esmeralda, ceramita, corindón, granate, turmalina, espinela, zircón
  • PRESENTACIÓN DE LOS DIAMANTES: bruto, tallado, límpido · incoloro, transparente · amarillo, negro, rosa, azul · carbonado, carbonatado · lignito, azabache
— **silicato:** granate, melanita, colofonita, grosularia, jade, lapislázuli, serpentina, topacio
— carbonato de cobre: malaquita
— sulfuro de magnesio: alabandina
— **piedras silíceas:** jaspe, diaspro, d. sanguino, ópalo, piedra de fusil, p. de lumbre, p. de moca, p. oniquina
— carburo de silicio: carborundo
— **roca silícea:** trípoli o trípol

DEL CUARZO:

— **amatista**
  • citrino, heliotropo, aventurita, calcedonia, pedernal, sílex, moleña, cristal de roca
  • ojo de gato, ojo de tigre
  • piedra de chispa, p. de escopeta
  • cuarzo ahumado, c. rosado, CUBA cuyují
  • venturina (PARDO AMARILLENTO), jacinto de Compostela (CRISTALIZADO DE COLOR OSCURO), AM quijo
— **ágata** o DESUS acates, sanguinaria, calcedonia (MUY TRANSLÚCIDA), nicle (CALCEDONIA CON LISTAS), zafirina (CALCEDONIA AZUL), cepita (FORMADA POR CAPAS CONCÉNTRICAS), ceracate (COLOR DE CERA), cornalina o cornelina o corniola o alaqueca o alaqueque o restañasangre (COLOR ROJIZO), crisoprasa o crisopacio (VERDE MANZANA), heliotropo (VERDE OSCURO CON MANCHAS ROJIZAS), plasma o prasma (VERDE OSCURO), pantera (AMARILLA, MOSQUEADA DE PARDO O ROJO), sardónice o sardónica o sardónique o sardonio o sardio o sardo (AMARILLENTO CON ZONAS MÁS O MENOS OSCURAS)
— **ónice**, ónique, ónix, menfita (DE CAPAS BLANCAS Y NEGRAS)

DEL FELDESPATO: amazonita, ortosa, piedra de luna

DEL BERILIO: berilo, aguamarina

24.05 oro

oro batido, o. blanco, o. cobrizo, o. coronario, o. de copela, o. en polvo, o. fulminante, o. mate, o. molido, o. musivo, o. nativo, o. potable, DESUS o. de tíbar

metal precioso, m. machacado · guanín, púrpura de Casio

ALEACIONES: electro (CUATRO DE ORO Y UNA DE PLATA, COLOR ÁMBAR) · tumbaga (CON COBRE)

TELAS EN ORO: lamé, tisú, jamete, ciclatón, duende, restaño

PRESENTACIÓN:

— **lingote**, barra, pasta, tejo, tejón, pan, bricho
— **moneda**, marco, tael
— **grano**, pepita, briscado, metalla, polvo
— GRADO DE PERFECCIÓN: ley, quilate
— IMITACIÓN: oropel, oropéndola, similor

24.06 plata

parragón, trena, SIN LABRAR: pasta, POÉT argento, DESUS argén o argent

metal precioso, m. machacado

plata agria, p. bruneta, p. córnea, p. de piña, p. encantada, p. gris, p. quebrada, p. roja o rosicler, p. seca

ALEACIONES: electro, pallón, vellón, piedra infernal

AFINES: magistral, colpa, desliz, yapa o llapa

MINERALES DE PLATA: tacana, paco, mulato, pella, plomo argentífero, p. de obra, DESUS catimía, negrillo, quijo

COMBINADOS: bromuro de plata, cloruro de p., fulminato de p., nitrato de p.

platería, orfebrería, percocería, filigrana, galvanoplastia · OBJETOS DE PLATA INSERVIBLES PARA FUNDIR: chafalonía

24.07 hierro

SEGÚN FORMA:

— **lingote**, lámina, tocho, torcho, pletina, barra, media caña, cuadradillo, palastro, pletina, plancha, llanta, lata, hoja de lata
— **alambre**, herrete, arandela o herrón, reja, rejo
— **grano**, limadura, herrumbre, herrín, orín, escamas, escoria, metralla, miñón, moco · óxido, herrumbre, moho
— **chatarra**, cagafierro
— hojalata (LÁMINA DE HIERRO O ACERO, ESTAÑADA POR LAS DOS CARAS)

SEGÚN PERFIL: ele, uve, u, te, doble te

SEGÚN PROCESOS: hierro colado o fundido (EL OBTENIDO EN EL HORNO), h. dulce (LIBRE DE IMPUREZAS), h. albo (EL CANDENTE), h. alfa (A ALTA TEMPERATURA)

HIERRO FORJADO: palanquilla (EN BARRAS DE SECCIÓN CUADRADA), cabilla (EN BARRAS REDONDAS), carretil (DESTINADO A LLANTAS DE CARROS), ANT cellar o arquero (DESTINADO A LAS CELADAS DE LAS BALLESTAS)

COLORES: ocre, colcótar

MINERALES DE HIERRO:

— **pirita**, albín, almagre, almánguena, ancor-

ca, calamita, caparrosa, etites, hematites, hierro espático, junquerita, leberquisa, limonita, marcasita, margajita, marquesita, oligisto, siderita, siderosa, sil
— piedra del águila, p. imán, p. inga
— ALEACIÓN DE HIERRO Y CARBONO: acero
PROCESOS:
— laminado, damasquinado
— carburación, descarburación, afinado
— forja, forjado, fundición, temple, destemple, pudelación, DESUS conflación
— soldadura
24.08 plomo
SEGÚN FORMAS: galápago (LINGOTE), apure (RESIDUO), perdigón (EN LA MUNICIÓN DE CAZA)
óxido de plomo, litargirio, litarge, almártaga, masicote, minio o azarcón
sulfato de plomo, anglesita
acetato de plomo, azúcar de plomo, a. de Saturno
carbonato de plomo, albayalde, cerusa
sulfuro de plomo o galena, hidróxido de plomo, monóxido de plomo
CRISTALIZACIÓN ARBORESCENTE: árbol de Saturno
peltre (CINC, PLOMO Y ESTAÑO)
24.09 cobre
azurita, malaquita, calcopirita
MINERAL DE COBRE: atacamita
cobre quemado, c. verde · verde de montaña, ceniza azul, piedra lipes
alpaca o metal blanco (DE COBRE, NÍQUEL Y CINC, SEMEJANTE A LA PLATA)
bronce (DE COBRE Y ESTAÑO, A VECES CON CINC, COLOR AMARILLENTO ROJIZO)
cuproníquel (COBRE Y NÍQUEL, EMPLEADA EN LA FABRICACIÓN DE MONEDAS)
duraluminio (ALUMINIO CON MAGNESIO, COBRE Y MANGANESO)
similar (CINC CON TRES, CUATRO O MÁS PARTES DE COBRE, COLOR Y BRILLO DEL ORO)
liga (CON ORO EN LA FABRICACIÓN DE MONEDAS)
latón o azófar (DE COBRE Y CINC, COLOR AMARILLO PÁLIDO)
24.10 plástico y afines
baquelita (RESINA SINTÉTICA ÚTIL EN LA PREPARACIÓN DE BARNICES Y LACAS)
marfilina (PASTA QUE IMITA EL MARFIL ÚTIL PARA MODELAR IMÁGENES)
metacrilato (POLIMERIZACIÓN DEL ÁCIDO ACRÍLICO, RESISTENTE A LOS AGENTES ATMOSFÉRICOS)
plexiglás (TRANSPARENTE Y FLEXIBLE ÚTIL PARA TELAS Y TAPICES)
poliéster (RESINA QUE SE ENDURECE A LA TEMPERATURA ORDINARIA, RESISTENTE A LA HUMEDAD Y A LOS PRODUCTOS QUÍMICOS)
polietileno (FABRICACIÓN DE ENVASES, TUBERÍAS Y RECUBRIMIENTOS)

poliuretano (RESINA SINTÉTICA OBTENIDA POR CONDENSACIÓN DE POLIÉSTERES, CARACTERIZADA POR SU BAJA DENSIDAD)
vinilo (POLÍMERO UTILIZADO EN LA FABRICACIÓN DE MUEBLES, TEJIDOS Y DISCOS)
24.11 consistencia
dureza
— **solidez**, rigidez, robustez, sujeción, resistencia, tiesura, aplomo, tenacidad, estabilidad, consolidación, coherencia
— **tensión**, erección · cristalización, petrificación · nudosidad, callosidad
— inalterabilidad, indestructibilidad, impenetrabilidad, impermeabilidad, indisolubilidad, inextensibilidad, inflexibilidad
— FIG acero, bronce, diamante, hierro, piedra, roca, pedernal
densidad
— **corporeidad**, cohesión, masa, espesor, espesura, cuerpo, volumen, molaridad, concreción, trabazón, temple, nódulo
— **presión**, compresión, tensión, aglutinación, conglutinación
— **condensación**, concentración, compactibilidad, apelotonamiento
— **pureza**, puridad, autenticidad
— **pesadez**, gravitación, lastre, masa, corpulencia
— **tara** o peso bruto o total, p. específico, p. molecular, p. neto, p. útil, p. atómico
24.12 inconsistencia
fragilidad
— **debilidad**, endeblez, ligereza, precariedad, vulnerabilidad, finura, corruptibilidad, labilidad
— **alterabilidad**, inestabilidad, friabilidad
— **elasticidad**, flexibilidad, ductilidad, extensibilidad, lenidad, plasticidad, esponjosidad, maleabilidad, nerviosidad
— **pegajosidad**, pastosidad, viscosidad
— **suavidad**, blandura, flaccidez, molicie, morbidez
ligereza
— **levedad**, liviandad, tenuidad, volatilidad
— fluidez, fineza, agilidad
— movilidad, maniobrabilidad, manejabilidad
— inconsistencia, ingravidez, inmaterialidad
24.13 limpieza
pureza, higiene, pulcritud, mundicia, aseo, asepsia, esterilidad, curiosidad
desinfección, purgación, purificación, destilación, detersión, cloración, fluorización
PRODUCTOS DE LIMPIEZA:
— **detergente**, abstergente, abstersivo, detersorio, esméctico
— ácido clorhídrico, cloro, sosa, potasa
— jabón, lejía, amoniaco, aguarrás, bencina,

gasolina, sacamanchas, greda, arena, tastaz, polvos de gas

ACCIÓN Y EFECTO DE LIMPIAR: emundación

24.14 suciedad

marranada, bacinada, cochinada

mugre, polvo, marranería, mugrería, cochinería, guarrería, porquería, cochambre, cochambrería, polución, contaminación, roña, espesura, asquerosidad, ascosidad, bascosidad, mucosidad, HUES bardoma, cargadal, VIZC sarama, DESUS bahorrina, horrura, marea, ANT soeza

inmundicia, impureza, miseria, barredura, lodo, barro, cieno, broza, excremento, gorrinería, pelusa, pelusilla, ANT lijo, sicote, COLOQ caca, moho, VULG mierda, MÉX azolve · DESECHOS DE COMIDA: bazofia

escombro, AR escombra, ESCOMBROS QUE SIRVEN PARA SOLAR: enruna

basura

— **desecho**, residuo, resto, rescaño, echadizo, desperdicio, despojo, detrito, detritus, sobras, sobrante, sobrados, vertidos, escoria, escurriduras, escurrimbres, rebuscallas, mondarajas, remanente, excedente, morralla, inmundicia, broza, ceniza, exceso, COLOQ caspicias, zaborra, ANT recremento, COL retobo, MÉX clazol · EN LAS COLMENAS: fosquera

— **limaduras**, raspaduras, alisaduras, barreduras, caeduras, cortaduras, recortaduras, limpiaduras

— **desperdicios**, rebañaduras, arrebañaduras, mondadura, raeduras, escamocho, bazofia, piltrafas, relieves, DE FRUTOS: cáscara, corteza, peladuras, mondas, cibera, DEL PAN: migajas, regojo, rebojo, AM concho o cuncho

— **chatarra**, carbonilla, cagafierro, cizalla, apure · astillas, virutas, serrín, recortes, escarzo, fraga

— **aguas inmundas**, a. residuales, magma, escurriduras, escurrimbres, evacuación, efluente, secreción

— **heces**, deyección, excrementos

— **marranería**, porquería, mugre, polvo

grasa

— **churre**, pringue, rancio, roña, saín, sebo · polución

— QUE SALE DE LA TELA: suarda, juarda

— QUE QUEDA PEGADO EN LA PARTE EXTERIOR DE LOS LABIOS: bocera, bigotera

mancha

— **cascarria**, chafarrinada o chafarrinón, chorreadura, chorreón, chorretada o churretada, churrete, churretón, culera, dedada, lámpara, lamparón, lúnula, mácula, manchón, manchurrón, mascarón, zarria

— DESUS labe, labeo

— **palomino**, pringón, salpicadura, salpicón, taca, tiznajo, tiznón

— EN LA ROPA INTERIOR: palomino o zurrapa o zurraspa, COLOQ, EN EL ROSTRO: mostacho

LUGAR DE INMUNDICIAS: **basurero**, estercolero, sentina, albañal, FIG cuadra, corral, muladar, pocilga o zahúrda · PARA LAS HECES HUMANAS: letrina, PARA LAS RESES: jamerdana

24.15 materia y personas

gemólogo, diamantista, engastador, lapidario, coleccionista · escultor, grabador, tallador

joyero · batidor, batihoja, orífice, quilatador, tirador

platero, plateador, argentario, argentero · orfebre, percocero, planador

forjador, herrador, herrero, cerrajero, chatarrero, ferretero, ferrón, quincallero, rejero, DESUS ferrero

ADJETIVOS Y ADVERBIOS

24.16 descripción de la materia

líquido, licuable, fluente, fluido, afluente, colicuante, corriente, licuefactible, semifluido

soluble, liposoluble, hidrosoluble, disolvente, delicuescente

anticongelante, anticoagulante, incristalizable, multigrado

gaseoso, gaseiforme, gasificable, vaporoso, volátil

— **aeriforme**, aerodinámico, aerostático

— **etéreo**, deletéreo, evanescente, vaporable, evaporable, sublimatorio · humeante, humoso · respirable ↔ irrespirable · lacrimógeno

— **inerte**, noble, raro

PIEDRA:

— **pétreo**, pedregoso, petrificado, petrífico, petroso · guijarroso, guijeño, guijoso · lapidífico, lapidoso · moleño, megalítico, monolítico

ORO: **áureo**, áurico, aurífero, dorado

PLATA: **plateado**, platino, platereño, argentado, argénteo, argentífero, argentino

HIERRO: **férreo**, férrico, ferrizo, ferroso, ferrugiento, ferrugíneo, ferruginoso, herradero, herrado, herrugento, herrugiento, herrumbroso

PLOMO: **plomado**, plomizo, plomoso, aplomado, plumbado, plúmbico, plúmbeo, saturnino

oxigenado, clórico, nitrado, nítrico

24.17 consistente

resistente, armado, compacto, firme, fuerte, tenaz

duro, pétreo, roqueño

inflexible, infrangible, irrompible, inalterable, inquebrantable, indestructible, acerado · diamantino, adamantino, adiamantado, encallecido, granítico, DESUS jacerino · fijo, rígido, sólido, tieso, yerto, terco

denso, macizo, tupido, espeso, pastoso, apelmazado, apiñado, condensado, compacto, sólido, impenetrable, mazacote, ciego, trabado, apretado

pesado, robusto, corpulento, fuerte, gordo, recio, grave, ponderable, ponderoso, DESUS onusto COLOQ carrasqueño, guijeño, roblizo, trastesado, MADERA: cerne · a prueba de bomba, hecho a machamartillo

COMP ING
— duro como el mármol, d. como una roca, ARG d. como gato lleno de hierba
— más duro que una piedra, más d. que los pies de un banco, más d. que los pies de un santo, más d. que un mendrugo, más d. que un pedrusco, más d. que un roble, más d. que la pata de Perico

24.18 inconsistente

blando
— **flojo,** flácido, bofo, fofo, lacio, laxo, lene, zorollo, blanducho, blandujo, blandengue, maleable, tierno, suelto · mullido, acorchado, almohadillado, esponjoso, carnoso, hongoso, correoso · maduro, papandujo, pultáceo, cedizo, pocho · endeble, endeblucho · blando como manteca
— **pastoso,** pegadizo, pegajoso, adhesivo, aglutinante, cohesivo, coloide, conglutinante, conglutinativo, conglutinoso, emplástico, gelatinoso, glutinoso, lento, mucilaginoso, pegante, peguntoso, pringoso, untoso, ANT englutativo
— **viscoso**
  • aceitoso, oleaginoso, oleoso, untoso, grasiento, graso, craso, seboso, coalescente
  • jabonoso, bituminoso, cremoso, correoso, AM melcochudo
  • coloidal, fangoso
  • escurridizo, resbaladizo, deslizadizo
  • sin consistencia, poca cosa, para poco
  • COLOQ flor de estufa, para pocas fiestas, de mírame y no me toques

flexible, extensible, elástico, flácido, flexuoso, maleable, modelable, moldeable, mórbido, pastoso, mullido, COLOQ papandujo

ligero, liviano, ingrávido, volátil, ligeruelo, vaporoso, aéreo, flotable, frugal, inmaterial

dúctil, deformable, correoso, esponjoso, espumoso, manejable, fluido, fofo, fonje, fungoso, mollar, mustio, plástico · inmiscible, irreducible · cimbrante, cimbreño, DICHO DE LA MADERA: verguío

frágil, frangible, rompible, quebradizo, quebrajoso, fisible, rompedero, rompedizo, saltadizo

alterable, friable, vulnerable, modificable, transformable, inestable, inconsistente, precario, saltadizo, vidrioso, delicado, lábil, mollar

irrompible, inastillable, infrangible, inquebrantable

24.19 limpio

límpido, relimpio, aseado, pulido, pulcro, bruñido, brillante, terso, impecable, impoluto, inmaculado, SAL nidio

lavado, bañado, duchado, aseado, acendrado, alindado, lamido, curioso, decente

claro, neto, nítido, pulcro, puro, soplado, diáfano, resplandeciente, transparente, higiénico, morondo o moroncho, incontaminado, destilado

purificado, virgen, natural, mondo, aséptico, puro

arreglado, engalanado, acicalado, compuesto, terso, sin tacha, COLOQ alindado, lamido

COMP ING
— como un espejo, c. un sol, c. una estrella, c. la plata, c. una patena, c. tacita de plata
— más limpio que el agua clara, más l. que los chorros del oro, más l. que una paloma, más l. que una patena
— limpio de polvo y paja

24.20 sucio

mugriento, apulgarado, arrodalado, costroso, descuidado, escuálido, espeso, incurioso, maculado, manchado, manchoso, mugroso, negro, pegajoso, percudido, poluto, MUR mantillón, ARG Y CHILE pililo, COL Y MÉX frondio, MÉX chamagoso

graso, arrodalado, bisunto, churretoso, churriento, grasiento, morón, pringado, pringoso, roñoso, seboso, tiloso

desaseado, abandonado, adán, astroso, dejado, desaliñado, desastrado, descuidado, desidioso, entelarañado, escachalandrado, incurioso, indecente, molso, pañoso, piojento

asqueroso, cochambroso, inmundo, repugnante, repelente, repulsivo, sórdido

COLOQ
— ascoso, astroso, careto, cerdo, churripuerco, cochino, cutre, gorrino, guarreras, guarro, gusarapiento, lechón, marrano, merdellón, merdoso, morcón, pazpuerca, piojoso, puerco, roñoso, AM chancho
— hecho un asco, h. un Judas, h. una desdicha, h. un Cristo, h. un Adán, h. una porquería, h. un cromo

COMP ING
— como un cromo, c. un puerco, c. un Cristo, ARG c. jabón de mecánico
— más sucio que un escarabajo, más s. que un estercolero, más s. que una araña, más s. que el palo de un gallinero, más s. que las

orejas de un confesor · más tiznado que morillo
— no haber por dónde cogerlo, no poder cogerse ni con pinzas

VERBOS Y EXPRESIONES
24.21 acción y materia
solidificar
— **coagular**, cuajar, condensar, petrificar, precipitar
— **congelar**, helar
licuar
— **licuefacer**, fluidificar, insolubilizar, derretir, fundir, liquidar, reducir
— **diluir**, disolver, descoagular, descuajar, desleír
— **descongelar**, deshelar, desnevar
gasear
— **gasificar**, insuflar, fumigar, vaporar, vaporizar, evaporizar, exhalar
— **evaporar**, sublimar, AR esmerar
— **volatilizarse**, desvanecerse, disiparse
— oxidar, oxigenar, ozonizar, hidrogenar
destilar, alambicar, quemar
24.22 acción y minerales
PIEDRAS PRECIOSAS: aserrar, tallar, exfoliar · pulir · montar, engastar
ORO: **dorar**, desdorar, quilatar, aquilatar, desquilatar, blanquecer, escopetar · apurar, ligar, tocar · armar, cimentar · RELLENAR CON ORO LA PICADURA DE UNA MUELA: orificar · CAVAR Y SECAR LA TIERRA DE LAS MINAS DE ORO: escopetar
PLATA: **platear**, argentar, bañar, recubrir, tratar, nielar · desplatar · blanquear, blanquecer, enarenar, hormiguillar, ligar, repasar, tocar · añadir, llapar, yapar
HIERRO: **adulzar**, cinglar, templar · fundir, fraguar, forjar, ferretear, destemplar · pudelar, galvanizar · tablear, cerrajear, maznar, herrar, herretear, chapar o chapear · cencerrear, guachapear · herrumbrar · oxidarse, herrumbrarse, aherrumbrarse
PLOMO: **aplomar**, desplomar, emplomar
DAR AL HIERRO LAS PROPIEDADES DEL ACERO: acerar, HACER ALGO COMO DE ACERO: enacerar, APLICAR UNA CAPA DE METAL MEDIANTE CORRIENTE ELÉCTRICA: galvanizar, DAR UNA CAPA SUPERFICIAL DE ÓXIDO: pavonar
24.23 endurecer
enrigidecer, endurar, erizar, empedernir
petrificar, cristalizar, vitrificar, fraguar, templar, enacerar
condensar, comprimir, compactar, adensar, aglutinar, apelmazar, apretar, oprimir, concentrar, conglutinar · enfurtir, encerrar, encrasar, trabar, tupir

consolidar, armar, cimentar, fortificar, endurecer, ferretear, fortalecer, reforzar, robustecer, solidificar · dar cuerpo
espesar, encrasar, trabar, adensar, condensar, desmullir, tupir, dar cuerpo · hacer hebra, h. madeja
endurecerse, espesarse, acartonarse, apergaminarse, encallarse
24.24 ablandar
ablandecer, emblandecer, reblandecer, blandear, enternecer, relentecer, enllentecer, lentecer, lenificar
suavizar, mullir, mollificar, remullir, enmollecer, amollar, esponjar, molificar, aflojar, debilitar, acorchar, afofar, ahuecar, alcachofar
sobar, macerar, maznar, manir, flexibilizar, laxar
24.25 manchar
ensuciar, llenar, percudir, pringar, guarrear, untar, tiznar, embarrar, embarrialar, empolvar, enmugrecer, enlodar, entarquinar, amancillar, impurificar, encenegar, embadurnar, emborronar, empercudir, DESUS coinquinar, AND Y MUR retestinar, CHILE, COL Y MÉX enmugrar, BOL, CUBA Y MÉX acochambrar HOND, MÉX Y NIC embijar
mancharse, ensuciarse, untarse, llenarse, pringarse, enfrascarse, embadurnarse, entrapajarse, acochinarse, tiznarse, ANT enlijarse
COLOQ ciscar, marranear, enguarrar, emporcar, cerdear, acochinar, churretear
24.26 limpiar
asear, adecentar, acicalar, deterger, sacudir, restregar, despolvorear, ventear, enlucir, esclarecer, filtrar, CON FUEGO: foguear, CON ZARZAS: zarcear, ANT espejar, LIMPIAR LAS CABALLERÍAS: estrillar · limpiar el polvo, pasar la bayeta, lavar la cara, sacar la cera, hacer sábado
rascar, raspar, raer, entrescara, expurgar, escamondar, SAL anidiar
barrer, cepillar, bruzar, desembarrar, desempolvar o desempolvorar, desmotar, frotar
lavar, fregar, apurar, MAL Y DEPRISA: jamerdar, EN LOS BUQUES: baldear · enjuagar, aclarar · lavarse, limpiarse, asearse, enjuagarse, aclararse
abrillantar, enlustrecer, pulir, esmerar, refinar
lustrar, alustrar, esclarecer, pulimentar, argentar, bruñir, calandrar, charolar, ciclar, diamantar, gratar, satinar, DESUS aluciar
desempañar, glasear, platear
desinfectar, desapolillar, descontaminar, despercudir, despiojar, desratizar, deterger, higienizar, purificar, purgar, esterilizar, humear, pasteurizar, repurgar, mundificar · fumigar, espulgar

25. PRINCIPIOS DE LA VIDA
25.01 biología

RAMAS Y DIVISIONES:

— **fisiología**, anatomía, morfología, morfogénesis, genética, patología, ontogenia, organogenia, embriología, enzimología, medicina · botánica, paleontología, organografía, organología
— **zoología**, veterinaria
— bioclimatología, biodinámica, bioestratigrafía, biofísica, biogeografía, bioingeniería, biomecánica, biometría, biónica, bioquímica, biotecnología, biotipología, filogenia, radiobiología, hidrobiología, macrobiótica, bacteriología
— ecología, historia natural · citogenética, citología

PRINCIPIOS: **evolución**, evolucionismo, selección natural, herencia, medio ambiente · reproducción, regeneración · materia orgánica, m. inorgánica

BIOQUÍMICA: ADN o ácido desoxirribonucleico, ARN o ácido ribonucleico, á. ribonucleótido, á. desoxirribonucleótido · SECUENCIA DE ADN QUE TRANSMITE LOS CARACTERES HEREDITARIOS: gen, CONJUNTO DE GENES: genoma, CONJUNTO DE GENES DE UN INDIVIDUO: genotipo, MANIFESTACIÓN VISIBLE DEL GENOTIPO EN UN DETERMINADO AMBIENTE: fenotipo

ESBOZO QUE DA PRINCIPIO AL DESARROLLO DE UN SER VIVO: germen

PRODUCTO QUE, TRANSPORTADO POR EL SISTEMA CIRCULATORIO, EXCITA, INHIBE O REGULA LA ACTIVIDAD DE OTROS ÓRGANOS: hormona · AMINOÁCIDO PROTEICO: insulina, glicina

lípido, lipoproteína, mielina, queratina · agonista, almidón, carotinoide, colesterol · enzima, escleroproteína · glicólisis, grasa · PROTEÍNAS: hemocianina, hemoglobina · neurotransmisor, nucleico, nucleótido

TEJIDOS ORGÁNICOS, HISTOLOGÍA: cartílago, cuerno, grasa, hueso, mucosidad, músculo, nervio, pelo, piel · tejido adiposo, t. cartilaginoso, t. fibroso, t. glandular, t. mucoso, t. muscular, t. nervioso, t. óseo, t. epitelial

EXALTACIÓN DE LAS PROPIEDADES VITALES DE UN ÓRGANO: eretismo

25.02 vida

TEORÍAS:

— biogénesis, organogénesis, ontogénesis, creacionismo, vitalismo, antropogenia, atavismo
— evolucionismo, darvinismo, neodarvinismo, transformismo, selección natural
— mecanicismo · panspermia · monogenismo, poligenismo

FASES: nacimiento, crecimiento, lucha por la existencia, climaterio, depauperación, muerte · mutación, transformación, tropismo · simbiosis, biosíntesis · generación · resurrección, palingenesia

PRINCIPIOS: termorregulación, homeotermia, biorritmo, homeostasis, recombinación, taxia, mimetismo

TIPOS:

— VIDA EN PRESENCIA DE OXÍGENO LIBRE: aerobiosis, EN AUSENCIA: anaerobiosis
— ORGANISMOS MICROSCÓPICOS: bacteria, protozoo, metazoo, mónera, procarionte o procariota, eucariota
— PLANTAS: hongo, alga, liquen, briofito
— VEGETALES: monocotiledónea, dicotiledónea
— GUSANOS: miriópodo o miriápodo, nematodo
— INVERTEBRADOS: artrópodo, molusco, arácnido, crustáceo, equinodermo, cordado, insecto
— VERTEBRADOS: pez, anfibio, reptil, ave, mamífero
— hombre

FASES DE LA PROCREACIÓN:

— **acoplamiento**, apareamiento, aproximación sexual, coito, cópula, emparejamiento
— **fecundación**, inseminación, fertilización, cierne, concepción, polinización, óvulo, espermatozoide, semilla, criatura, embrión, ovulación
— **gestación**, engendro, feto, barriga, embarazo, gravidez, preñez, tripa, vientre, formación, anidación

TIPOS DE REPRODUCCIÓN: emparejamiento, monogamia, endogamia, exogamia, poligamia, poliandria

MULTIPLICACIÓN: endogénesis, partenogénesis · PARTIENDO DE MATERIA INERTE: abiogénesis · escisión, fisiparidad, gemación

MODOS DE GESTACIÓN: vivíparo (LOS MAMÍFEROS), ovíparo (AVES, INSECTOS), uníparo (UN SOLO HIJO EN CADA PARTO), gemíparo (POR MEDIO DE YEMAS)

25.03 célula

célula madre, c. embrionaria, CONJUNTO DE CÉLULAS EMBRIONARIAS: blastema

adiposa, cartilaginosa, conjuntiva, epitelial, hepática, mucosa, muscular, nerviosa, ósea

ameba, bacteria, espermatozoide, gameto, glóbulo blanco o leucocito, g. rojo o eritrocito, huevo, linfocito, microbio, microorganismo, monocito, óvulo, protozoo, célula huevo, cigoto, neuroglia, neurona

unicelular o mononuclear, pluricelular, multicelular, intercelular, subcelular · diploide, haploide, macrófago

DIVISIONES:

— mitosis (DE LA CÉLULA), amitosis (DEL NÚCLEO), meiosis (SUCESIÓN)
— cariocinesis (DEL NÚCLEO), citocinesis (DEL CITOPLASMA), ovogénesis (DEL HUEVO)

— división celular, d. indirecta o cariocinética, gemación

FASES: profase, anafase, interfase, metafase, telofase

PARTES:

— PRINCIPALES: núcleo, citoplasma, membrana

— OTROS COMPONENTES : aparato de Golgi, axón, centríolo, centrosoma, cilia, citoplasma o protoplasma, citostoma, condrioma, condriosoma, cromatina, cromatóforo, cromonema, cromosoma, dendrita, dictiosoma, ectoplasma, endoplasma, endoploidía, estroma, fagocito, fenotipo, flagelo, gameto, gametocito, genes, genoma, genotipo, glóbulo, lisosoma, membrana, metaplasma, microtubos, mitocondria, mutante, nucleolo, núcleo, orgánulo, pared celular, pigmento, plastos, pseudópodo, retículo endoplasmático, tétrada, vacuola

— ORGÁNULO DE LAS CÉLULAS VEGETALES EN EL QUE TIENE LUGAR LA FOTOSÍNTESIS: cloroplasto · MEMBRANA QUE PROTEGE A LA CÉLULA: cutícula · BASE NITROGENADA FORMADA POR DOS ANILLOS HETEROCÍCLICOS: purina · ORGÁNULO EN EL QUE TIENE LUGAR LAS ÚLTIMAS ETAPAS DE LA SÍNTESIS DE PROTEÍNAS: ribosoma

ALTERACIONES: atrofia, distrofia, hipertrofia

25.04 elementos vitales

cromosomas

— cromosoma X (FEMENINO), cromosoma Y (MASCULINO), cadena de ADN, gen

hormonas

— hormona del crecimiento, foliculina, gonadotrópica, insulina, luteína, metabólica, progesterona, testosterona, tetania, tiroxina

vitaminas

— A, B1, B2, B6, B12, C, D, E, F, H, K

enzimas o fermentos

— levadura, catalizador, biocatalizador

— amilasa, carbohudrasa, cuajo, diastasa, fermento láctico, invertina, lactasa, levadura, lipasa, micoderma, oxidasa, pancreatina, pepsina, peptona, proteasa, quimosina, reductasa, sacarasa, tripsina, ureasa, zimasa

glándulas

— ENDOCRINAS: tiroides, paratiroides, hipófisis o glándula pituitaria, suprarrenales, sexuales, páncreas

— EXOCRINAS: glándula de secreción externa, g. salival, g. sublingual, g. submaxilar, g. parótida, g. lagrimal, g. sebácea, g. sudorípara, g. mamaria

— PARCIALMENTE EXOCRINAS: riñones, hígado, páncreas, testículos, ovario

25.05 microorganismos

microbios

— aeróbios, anaeróbios

— actinomices o actinomiceto, actinomicosis, ameba, bacilo, bacilocoma, bacteria, coco, cocobacilo, cocobacteria, colibacilo, comabacilo, espirilo, espiroqueta, estafilococia, estafilococo, estreptococia, estreptococo, germen, gonococo, hongo, meningococo, micoplasma, micrococo, micrófito, mónada, mónera, neumococo, protista, protozoo, salmonella, vibrión, vírgula, virus

bacilos o bacterias EN FORMA DE BASTONCILLO:

— colibacilo, cocobacilo, comabacilo · bacilo del tifus, b. de la tuberculosis o de Koch, b. del tétano, b. de la peste bubónica

cocos o BACTERIAS ESFÉRICAS:

— estafilococo, estreptococo, meningococo, micrococo, neumococo

protozoos

— acanthometra, ameba, arcella paramecio, balantidium, coccidium, euglena, foraminífero, gregarina, hemosporidio, nosema, opalina, radiolario, sténtor, tripanosoma, vorticela

VERBOS Y EXPRESIONES

25.06 acción y biología

fecundar, fertilizar, polinizar, inseminar · preñar, pisar, saltar, asir, cubrir, tomar, llenar · arraigar, generar, prender

reproducirse, brotar, retoñar, germinar, salir · nacer, engendrar, reengendrar · procrear, propagarse, proliferar, multiplicarse, pulular, perpetuarse, difundirse

fermentar, acidificarse, agriarse, alterarse, catalizar, descomponerse, acidular, pudrirse, transformarse

26. VIDA VEGETAL

▶ **35. comida**

▶ **66. agricultura**

26.01 tipología

PLANTAS Y CIENCIAS:

— DE LOS SERES VIVOS EN GENERAL: biología

— DE LOS VEGETALES: botánica, fitología

— DE LA DESCRIPCIÓN DE LAS PLANTAS: fitografía

— DEL FRUTO DE LAS PLANTAS: carpología

— DE LAS ALGAS: ficología

— DE LOS HONGOS: micología o micetología

CLASIFICACIÓN CIENTÍFICA DE LAS PLANTAS:

— bacterias o microorganismos

— monocotiledóneas, dicotiledóneas

— criptógamas o carentes de flores, fanerógamas o con flores

— algas, hongos, líquenes (SIMBIOSIS ENTRE HONGOS Y CIERTOS TIPOS DE ALGAS), helechos

— gimnospermas, angiospermas

BACTERIAS: micobacteria · bacilo, bacilocoma, comabacilo, actinomiceto, coco, diplococo, estreptococo, espirilo, espiroqueta, vibrión

ALGAS: musgo marino, fuco, ajomate, ceiba, cochayuyo, coralina, diatomea, esfenosira, huiro, lama, laminaria, lechuga de mar, luche, navícula, ocle, ova, ova de río, sargazo

HONGOS:

— agárico, alheña, amanita, anublo o añublo, bejín, boleto, cagarria, callampa, caries, carraspina, casabe de bruja, cenicilla, champiñón, changle, cifela, colmenilla o crespilla, cornezuelo, criadilla, escarzo, faisán, fuligo, galamperna, garzo, gurumelo, herrumbre, hongo yesquero, levadura, llaullau, mízcalo, moho, morfa, morilla, negrilla, negrillo, niebla, níscalo, oídio, pedo de lobo, penicilina, quitasol de bruja, quitasolillo, rabia, rebollón, roya, sarro, senderuela, seta, tizón, trufa

— PARTES: basidio, conidio, espora, esporangio, hifa, micelio, sombrerete, talo, teca

— TIPOS: agaricáceo, ascomiceto, basidiomiceto, conjugado, esquizomiceto, mixomiceto

LÍQUENES: liquen comestible, l. de las paredes, l. islándico

HELECHOS:

— calaguala, culantrillo, doradilla, escolopendra, lepidodendro, nito, polipodio, quilquil, súrtuba

— lengua de ciervo, l. de serpiente · cola de caballo, pie de lobo o licopodio

— helecho común, h. hembra, h. macho, h. arborescente

26.02 vegetación

selva amazónica, s. tropical · jungla o yungla, fosca, AM carrasco

bosque

— bosquecillo, bosquete, floresta, espesura, algaba, luco

— abetal (ABETOS), acebeda (ACEBOS), alameda (ÁLAMOS), alcornocal (ALCORNOQUES), aulagar (AULAGAS), bananero (BANANOS O PLÁTANOS), castañar (CASTAÑOS), encinar o encinal (ENCINAS), lauredal (LAURELES), manzanal (MANZANOS), naranjal (NARANJOS), olivar (OLIVOS), palmar o támara (PALMAS), palmeral (PALMERAS), pinar o pineda (PINOS), robledal (ROBLES)

— BOSQUE ESPESO Y CERRADO: arcabuco o arcabuzal, jaral, lentiscal, carrascal, barzal o balsar

— MATAS Y ARBUSTOS QUE CRECEN BAJO LOS ÁRBOLES DE UN BOSQUE: sotobosque

soto, dehesa, prado, vega, MUR fosca · LIMPIO DE HIERBA Y MATAS: oquedal, COL manigua · calvero o calvijar, vereda, cortafuego ·

boscaje, ramaje, espesura, follaje, floresta, fronda, frondosidad, hojarasca, maleza · abrojal (ABROJOS)

fragosidad, moheda o mohedal, renoval, jaro, matorral o sarda, mazorral, maleza, verdugal (VERDUGOS O RENUEVOS), zarzal · MONTE DE ÁRBOLES LIMPIO DE HIERBA: oquedal

arboleda, parque, huerto, EN AEROPUERTOS, ESTACIONES Y VÍAS PÚBLICAS: isla

prado, campiña, pradera, pradería, fresquedal, herbazal, pastizal, rodil · AST Y CANTB braña · LINDANTE CON UN PUEBLO Y ÁRIDO: ejido · ERIAL LLANO Y EXTENSO: estepa, pampa

finca, huerta, sembrado, parcela, labrado, regadío

pastizal, paradina · bancal

26.03 árboles

FORESTAL: abedul, abeto, acacia, acebo, álamo, alcornoque, aliso, arce, caoba, castaño, c. de Indias, cedro, ceibo, cerezo, ciprés, chopo, ébano, encina, espino, eucalipto, fresno, haya, h. de hoja oscura, higuera, nogal, noguera, olmo, palmera, pino, plátano, roble, sauce, tejo, tilo, taiga

ARBUSTOS:

— FRUTALES: cacto o cactus (FLORES AMARILLAS), frambueso (FRAMBUESA), grosellero (GROSELLA), madroño (MADROÑO), vid (UVA), zarza (ZARZAMORA), zarzaparrilla (ZARZAPARRILLA)

— DEL JARDÍN: adelfa, alheña, aligustre, arrayán, boj, hiedra, jazmín, laurel, lila, madreselva, magnolia, rosal · bonsái, chamizo, cuicuy, talamera

— SILVESTRES: chaparro, espino, jara, majuelo, retama, romero, tomillo, zarza, zarzal

ENFERMEDADES DEL ÁRBOL: acebolladura, griseta, lobanillo, oruga, pata de gallina, procesionaria

26.04 flores

BLANCAS:

— amancay, azahar, azucena, camelia, dama de noche, farolillo o campánula, gamón, gardenia, hortensia, jazmín, magnolia, muguete, nardo, pasionaria, saxífraga, tulipán, vedegambre

— TAMBIÉN AMARILLAS: narciso

— TAMBIÉN AMARILLAS Y LILAS: margarita

— TAMBIÉN AZULADAS Y VIOLETAS: clemátide

— TAMBIÉN AZULES, ROSAS O AMARILLAS: jacinto

ROJAS, ROJIZAS O ROSAS:

— amapola, begonia, capuchina, clavel, cólquico, fucsia, gladiolo o gladíolo, martagón, neguilla, pelargonio, rosa, r. de pitiminí

— TAMBIÉN AMARILLO, ROSA Y VIOLETA: geranio

— TAMBIÉN OTROS COLORES: hibisco

VIOLETAS O MORADAS:

— crisantemo, malva, malvarrosa, matacandiles, nazareno, pensamiento o trinitaria, violeta

— TAMBIÉN BLANCO: lila

— TAMBIÉN BLANCO O ROSA PÁLIDO: glicinia o glicina

AZULES:

— heliotropo, nomeolvides o flor de la raspilla

— TAMBIÉN MORADO O BLANCO: lirio

AMARILLAS:

— cala, flor de lis, f. de un día, galio, girasol, glaucio, junquillo, maravilla o caléndula, prímula

COLORES DIVERSOS O MEZCLADOS:

— alhelí, anémona, azalea, cinia o zinnia, dalia, orquídea, petunia, siempreviva

FLOR TARDÍA O ECHADA POR SEGUNDA VEZ: redrojo

PARTES DE LA FLOR:

— TIPOS DE HOJAS DESDE EL EXTERIOR HACIA EL INTERIOR: cáliz o sépalo, corola o pétalo, estambre (PRODUCTORES DE POLEN, ÓRGANO MASCULINO), pistilo (ÓRGANO FEMENINO)

— PARTES DE LOS PISTILOS: estigma (SUPERIOR, RECIBE EL POLEN), estilo (ARRANCA DEL OVARIO Y SOSTIENE EL ESTIGMA), ovario

— EN EL OVARIO: óvulo

— EN EL ESTAMBRE: androceo, antera, filamento, polen

— EJE DE LAS FLORES: raspa

— FLOR SIN ABRIR: capullo o capillo, botón, bellota

— polen, antera o borlilla (SACO DONDE SE GUARDA EL POLEN), néctar (JUGO AZUCARADO), nectario (GLÁNDULAS QUE SEGREGAN EL NÉCTAR)

PARTES DE LA FLOR DESDE EL TALLO:

— eje floral o receptáculo, rama terminal, tallo modificado

— VERTICILOS: verticilo extremo o cáliz (sépalos), corola (pétalos), androceo (estambres), gineceo (carpelos, SOLDADOS EN UN PISTILO) · DE APÉNDICES FOLIÁCEOS: caliculillo

— EN LOS CARPELOS: placenta, óvulos o semillas inmaduras

— CONJUNTO DE CÁLIZ Y COROLA: perianto o periantio o perigonio

— HOJA DEL PERIANTO: antófilo

HOJAS ESPECIALIZADAS O BRÁCTEAS:

— calículo (SIMULAN UN CÁLIZ), espata o garrancha (GRANDE), gorguera (VERTICILO DE BRÁCTEAS DE UNA FLOR), involucro (BASE), flósculo (CADA UNA DE LAS FLORES QUE FORMAN PARTE DE UNA CABEZUELA)

PRESENTACIÓN:

— bouquet, corona, guirnalda, puñado, ramillete, ramillete, ramo · MUR pomo

— flores artificiales, f. naturales, f. secas · f. marchitas

receptáculos:

— jardinera, macetero, maceta

— búcaro, florero, jarro, jarrón, ramilletero, tiesto, vasija, vaso

26.05 plantas

TIPOS:

— SILVESTRES: acederilla, acónito, achicoria, adormidera, amapola, artemisa, brezo, cardo, corazoncillo, genciana, llantén, malva, manzanilla, margarita, mirobálano, mostaza, mu-

guete, pensamiento silvestre, pie de león, saxífraga, tila, viburno, violeta

— TREPADORAS: hiedra, madreselva, enredadera, glicina, jazmín · viña loca, pasionaria, zarzaparrilla, zarzamora

— ACUÁTICAS: alga, caña, junco, musgo, nenúfar, espadaña, anea

COMPONENTES DE LA PLANTA: raíz, tallo o caña, yema, flor, fruto, semilla, savia, látex, clorofila

— EN LA RAÍZ: tubérculo, bulbo, cofia, pelos, zona pilífera, rizoma · HIJUELO QUE BROTA DE LA RAÍZ: barbado

— EN EL TALLO: albura, caña, duramen, leño, líber, maslo, médula, rama, tocón, tronco, troncho, vara, vástago

— EN LA SEMILLA: germen, embrión, albumen, cotiledones

26.06 ramas

tallo

— escapo, espádice, estabón, estípite, junco, maslo, mástil, tronco, vara, sarmiento, paja, palo, grillo

— EN LAS HORTALIZAS: troncho

— TALLO NUEVO: aljuma o coloq pimpollo, TALLO HERBÁCEO Y SIN HOJAS: bohordo, PRIMERO EN BROTAR: germen

— QUE SE INTRODUCE EN TIERRA PARA REPRODUCIR LA PLANTA: esqueje o EN LA VID: mugrón

— EN EL TALLO: ciclo, entrenudo, médula, pulpa

brote

— rebrote, renuevo, retallo, retoño, vástago o vástiga, yema, acodo, chupón, estolón o latiguillo, hijato, macolla, resalvo, gamonito, hijuelo, súrculo, verdugo, verdugón, ANT follón, AR bornizo, SAL remocho, CUBA güin

— ÓRGANO LARGO Y DELGADO PARA ADHERIRSE: zarcillo, EN LAS RAÍCES LEÑOSAS: sierpe

— rama pequeña o pezón o cabillo, peciolo, pedículo, pedúnculo, rabo, rabillo, EN LA CABEZA DE CEBOLLA: cuello

— PEDAZO SECO DE LA RAMA PODADA QUE QUEDA UNIDO AL TRONCO: tetón, PEDAZO QUE QUEDA EN EL ÁRBOL CUANDO SE ROMPE UNA RAMA: gancho

26.07 hojas

hoja

— pétalo, bráctea, bractéola, pámpano, rebotín, zarcillo, nopalito, porreta, SAL rosjo, EC chilpe

— cascabillo, vaina

— espina, púa, aguja, arista, pinocha, cladodio, estípula

ABUNDANCIA DE HOJAS:

— frondosidad, hojarasca, verdor, verde, espesura, follaje, pampanaje, frondas o frondes

— HOJAS INÚTILES: marojo o malhojo

— EN LA PARTE SUPERIOR DE UN ÁRBOL: copa, EN LA PARTE ALTA DEL PINO: cogollo o cohollo

— ACUMULACIÓN: grumo, yema, repollo

PARTES DE LA HOJA:

— cabillo o pezón (RAMILLA QUE LA SOSTIENE), tallo (LA SUSTENTA), peciolo (PEZÓN QUE LA SOSTIENE) · CUANDO ESTÁ DESPRENDIDA DEL TRONCO: gajo

— CADA UNA DE LAS DOS CARAS: haz, envés

— lámina (PARTE ENSANCHADA), aurícula (PROLONGACIÓN DE LA PARTE INFERIOR), costilla (PLIEGUE SALIENTE EN LA SUPERFICIE), lacinia (CADA UNA DE LAS TIRAS LARGAS), lóbulo o lobo (PORCIÓN SALIENTE)

— vena (CONDUCTO), nervio (HAZ FIBROSO), penca (NERVIO PRINCIPAL), nervadura (CONJUNTO DE NERVIOS), verduguillo (ESPECIE DE RONCHA)

— estoma (ABERTURA MICROSCÓPICA) · clorofila (PIGMENTO PARA LA FOTOSÍNTESIS)

HOJAS CAÍDAS:

— hojarasca, seroja o borusca, frasca, broza, DE LOS PINOS: alhumajo o borrajo o tamuja, DE LA ENCINA O CARRASCA: coscoja

— ADECUADA PARA ENCENDER FUEGO: encendaja

EN LA HOJA:

— ápice, contorno, estípula, lígula, limbo, nervio, pecíolo, zarcillo

— PEZÓN QUE LA SOSTIENE: peciolo

— FLOR O FRUTO: pedículo o pedúnculo

26.08 hierba o yerba

pradera, prado, dehesa, gleba, gramal, herbazal, hierbal, pastizal o zacatal, verde, verdín, herbaje, SAL henasco

césped, gasón, EC, HOND, PAN, PERÚ Y PR grama, CHILE chépica

pasto, heno, alfalfa, forraje, COLOQ ÁL salgue, AM CENT y MÉX zacate, zacatón, ARG abrojillo, MÉX acahual

maleza, yerbajo, AM yuyo, PERÚ cora

haz, manojo, puñado, AR y MUR garba

ADJETIVOS Y ADVERBIOS
26.09 descripción de las flores

EN RELACIÓN CON LA FORMA:

— heteroclamídea o completa (QUE CONSTA DE CÁLIZ, CAROLA, ESTAMBRES Y PISTILOS), homoclamídea o incompleta

— regular o actinomorfa (DE SIMETRÍA RADIAL), irregular

— compuesta (MUCHAS FLORECILLAS EN UN RECEPTÁCULO COMÚN), conglomerada (UNIDAS SIN ORDEN EN UNA RAMA)

— pedunculada (QUE TIENE PEDÚNCULO), sésil o sentada (QUE CARECE DE PEDÚNCULO)

— OTRAS FORMAS: alada (ALA), amariposada (MARIPOSAS), infundibuliforme (EMBUDO), caliciforme (CÁLIZ), desnuda (SIN ENVOLTURAS PROTECTORAS)

— solitaria (QUE NACE AISLADA)

EN RELACIÓN CON EL MOMENTO DEL DÍA:

— diurna (QUE SÓLO DE DÍA TIENE ABIERTAS SUS FLORES), efímera (QUE DURA UN DÍA), nocturna (QUE SÓLO DE NOCHE TIENE ABIERTAS SUS FLORES)

— pensel (QUE SE VUELVE AL SOL)

CÁLIZ Y COROLA:

— aclamídea (SIN), monoclamídea (TIENEN CÁLIZ, PERO NO COROLA), tetrámero (COROLA Y CÁLIZ EN CUATRO PIEZAS), pentámero (COROLA Y CÁLIZ EN CINCO PIEZAS)

— personada (LABIO INFERIOR Y SUPERIOR UNIDOS), campanilla (COROLA DE UNA PIEZA EN FORMA DE CAMPANA), coroliflora (ESTAMBRES UNIDOS CON LA COROLA)

— marcescente (DESPUÉS DE MARCHITARSE, PERSISTEN ALREDEDOR DEL OVARIO)

— bilabiada (TUBO DIVIDIDO EN DOS PARTES)

PÉTALOS Y SÁPALOS:

— SÉPALOS Y PÉTALOS EN DISPOSICIÓN REGULAR: actinomorfa

— apétala, anisopétala, gamopétala, simpétala, monopétala, polipétala

— asépala, sinsépala, gamosépala, monosépala, polisépala

FLORES: biflora (DOS), caulífera (QUE NACEN SOBRE EL TALLO)

ESTAMBRES Y PISTILOS:

— poliandria (CON MUCHOS ESTAMBRES), poliginia (MUCHOS PISTILOS), poliadelfos (ESTAMBRES FORMANDO HACES DISTINTOS)

— unisexual (UN SOLO SEXO), hermafrodita (REÚNE AMBOS SEXOS), dioica (FLORES DE CADA SEXO EN PIE SEPARADO), monoica (FLORES DE CADA SEXO EN UN MISMO PIE)

— talamiflora (INSERCIÓN DE LOS ESTAMBRES EN EL RECEPTÁCULO), ginandra (ESTAMBRES SOLDADOS CON EL PISTILO)

FRESCOR:

— fresca, lozana, marchita, mustia

PLANTA QUE TIENE FLORES: fanerógama, PLANTA DESPROVISTA DE FLORES: criptógama

26.10 descripción de los árboles

SEGÚN LA FORMA:

— acarrascado, achaparrado, acopado, ahilado, aparrado, atropado, copudo, ebrancado, engarbado, espigado, frondoso, sésil

— arbóreo, arborescente, arbustivo, cespitoso, dendriforme

— enredadera, trepador

SEGÚN LAS HOJAS:

— frondoso, tupido, denso

— desnudo, mondón, pelado

SEGÚN LA ÉPOCA DE PRODUCCIÓN DE FRUTAS:

— sanjuanero, santiagueño, vecero, de año y vez

— DICHO DE UN FRUTO TARDÍO: serondo o serótino

DESCRIBIR EL USO:

— frutal, leguminoso · herbáceo, herbario

— maderable, leñoso · medicinal u oficinal, oleífero · resinoso

DESCRIPCIÓN DE LA PRESENCIA DE HIERBA: herboso o yerboso, herbáceo

26.11 descripción de las hojas

POSICIÓN:
— unilateral, alterna, opuesta, ladeada, marginada, radiada, escurrida, imbricada
— dídima (EMPAREJADA), dística (MIRAN ALTERNATIVAMENTE A UNO Y OTRO LADO), terminal (EN EL EXTREMO)
— decurrente (LIMBO EXTENDIDO A LO LARGO DEL TALLO), envainadora (SE EXTIENDE A LO LARGO DEL TALLO)
— pinada o pinnada (HOJUELAS INSERTAS COMO LAS BARBAS DE UNA PLUMA)
— SEGÚN LA PERMANENCIA EN EL ÁRBOL: caduca, perenne, caediza
— QUE SE DESARROLLA EN LUGAR DISTINTO AL HABITUAL: adventicia

FORMA:
— REDONDEADA: acorazonada, aovada, lobulada, palmeada, radical, sésil, sentada
— ALARGADA: acicular (AGUJA), apical (ÁPICE), verticilada (VERTICILO), lanceolada (LANZA), sagitada (SAETA), ensiforme (ESPADA)
— DESIGUAL: anisofilo, anisómero, anisopétalo, aparasolada, cultiforme, flabeliforme (ABANICO), escutiforme (ESCUDO), retorcida, crespa, hendida
— SEGÚN LOS BORDES: recortada, dentada, denticulada, bidentada, aserrada, trifoliada, digitada
— PARTIDA: monoica, bífida, diclina, trífida, pinatífida, escotada
— SEGÚN TEXTURA: vellosa, pubescente, fibrosa, bacilar, membranácea, membranosa, venosa, nervosa

DESCRIPCIÓN DE LA DISPOSICIÓN DE LOS TALLOS:
— apanojado (PANOJA), fruticoso (ASPECTO DE ARBUSTO), pampanoso (PÁMPANO), rastrero (TENDIDO POR EL SUELO), voluble (FORMA ESPIRAS)

VERBOS Y EXPRESIONES
26.12 acción y plantaciones
GENERAL: cultivar, laborar · colonizar
SIEMBRA: plantar, sembrar, diseminar, propagar, repoblar, arborizar, EN LÍNEA RECTA Y A DISTANCIAS IGUALES: comarcar
RIEGO: regar, irrigar · aguar, inundar, anegar, embalsar, encharcar · rociar, mojar, humedecer
EN LA TIERRA: cavar, excavar, binar, escardar, remover, rastrillar, surcar, sallar, resallar · rastrillar, repelar · atetillar, acollar, enfaldar, recalzar · CUBRIR CON TIERRA: aporcar, QUITARLA: desaporcar
ABONO: abonar, fertilizar, encrasar, estercolar, arcillar, nitratar
PROCESOS DE CORTE O LIMPIEZA:
— RAÍZ: arrancar, descuajar

— RAMAS: talar, podar, repodar, cortar, talar, desramar, destallar, recortar, desgajar, desganchar, deshijar, escamujar, maestrear, terciar, MUR desroñar, castrar, chapodar o desvastigar, desmochar, ramonear, DESUS atalar
· LO MARCHITO O SECO: desvahar, escamondar, mondar, remondar
— DIRIGIR LAS RAMAS: aparrar, acopar, acotar, afrailar, armar, cachipodar, enfaldar, frailear, mochar, olivar, remoldar, romper, AST fradar, MUR desroñar, HOND camochar
— HOJAS: deshojar, desmarojar, desfollonar, deslechugar, EN LAS VIDES: despimpollar, despampanar
— CORTEZA: descortezar, AR escarzar
— LOS VÁSTAGOS: deschuponar
— FIBRAS: desvenar
— YEMAS: desyemar
— INSECTOS: descocar
— DESINFECTAR: fumigar
INJERTO: injertar, trasplantar
COSECHA: cosechar, recolectar, recoger · AR Y MUR, ORDEÑAR LAS RAMAS DE LOS ÁRBOLES: esmuñir
DERRIBO DE FRUTOS: varear, batojar, AST solmenar
LIMPIEZA DE RECUBRIMIENTOS: pelar, mondar, descascarar, descascarillar
QUITAR LAS HIERBAS: desherbar o desyerbar, escardar, escardillar, escabuchar, escavanar, traspalar, rozar, sachar, CANTB sorrapar o sorrapear, AM carpir

26.13 acción y plantas
agarrar, arraigar, encepar, prender
nacer
— salir, romper, germinar, crecer, abrirse, arborecer, tallecer, verdear, verdecer
— colorear, encerar, pintar, enverar, mulatear, engarbarse, tomar color
brotar
— asomar, aparecer, apuntar · encepar, echar raíces
— eclosionar, hojecer, florecer, entallecer, arrojar, granar, abrotoñar, pulular, pimpollear, ahijar, serpollar, vegetar, grillarse, apimpollarse, LEÓN ruchar, MUR agarbanzar
— ECHAR BROTES POR LA PARTE EN QUE HA SIDO DESMOCHADO: revenar
— poblarse, hojecer, acogollar (ECHAR COGOLLOS), amacollar (FORMAR MACOLLA), enviciar (ECHAR MUCHAS HOJAS Y POCO FRUTO)
deshojarse, otoñar · marchitarse, ajarse, amarillear, pudrirse, enralecer
rebrotar
— retoñar, retoñecer, retallar, retallecer, embravecer, entalonar
— perpetuarse, prevalecer, reproducirse
enyerbarse, CHILE empastarse

26.14 acción y flores

florecer, florear, aflorar, abrirse, romper, cerner, desabotonar, florar, tramar, encandelar · dar flores, echar flores

cerrarse, desflorar

marchitarse, mustiarse, deshojarse

reflorecer, reavivarse, renovarse

ACCIÓN DE LAS ABEJAS AL CHUPAR EL NÉCTAR DE LAS FLORES: libar

27. ANIMALES TERRESTRES

27.01 animal

CIENCIAS:

— biología, ciencias naturales, historia natural, paleontología
— zoología, ornitología, ictiología, mastozoología, embriología, piscicultura
— zoobiología, zoogeografía, zoografía, zootecnia · taxonomía
— apicultura, avicultura
— taxidermia, vivisección

SEGÚN EL APROVECHAMIENTO HUMANO:

— animal de compañía, a. de labor, a. de carga, a. de tiro, a. de montura, a. de corral, a. de ganadería

EN SENTIDO GENÉRICO:

— alimaña, animalejo, animalillo, animalucho
— bestezuela, bicha, bicho, bicharraco
— cojijo, gusarapo, musaraña, sabandija

PREHISTÓRICOS:

— dinoterio, gliptodonte, hesperornis, ictiosaurio, mamut, mastodonte, megaterio
— dinosaurio, alosaurio, brontosaurio, braquisaurio, diplococo, estegosaurio, iguanodonte, magalosaurio, plesiosaurio, tiranosaurio, tracodonte, tricératops

LEGENDARIOS O FABULOSOS:

— monstruo, vestiglo · lamia (ROSTRO DE MUJER HERMOSA Y CUERPO DE DRAGÓN), leviatán (MONSTRUO MARINO FANTÁSTICO), quimera (CABEZA DE LEÓN, VIENTRE DE CABRA Y COLA DE LEÓN), centimano (QUE TENÍA CIEN MANOS), endriago (FACCIONES HUMANAS Y MIEMBROS DE VARIAS FIERAS), salamandra (ESPÍRITU ELEMENTAL DEL FUEGO), piragón o piral o pirausta (MARIPOSA QUE VIVÍA EN EL FUEGO)
— CON FORMA DE CABALLO: unicornio o monoceronte (CUERNO), centauro o hipocentauro (MITAD HOMBRE, MITAD CABALLO)
— CON FORMA DE REPTIL: dragón (SERPIENTE CORPULENTA CON PIES Y ALAS), semidragón (MEZCLA DE HOMBRE Y DRAGÓN), hidra (CULEBRA ACUÁTICA Y VENENOSA), anfisbena o anfesibena (REPTIL PRODIGIOSO), basilisco o régulo (REPTIL QUE MATABA CON LA VISTA), hipnal (ÁSPID VENENOSA)
— CON FORMA DE AVE: arpía o harpía (AVE DE RAPIÑA CON ROSTRO DE MUJER), ciensayos (PÁJARO DE VELLO MUY ESPESO), fénix (AVE QUE RENACÍA DE SUS CENIZAS), grifo (MITAD ÁGUILA, MITAD LEÓN), hipogrifo (MITAD CABALLO, MITAD GRIFO), rocho (AVE DE GRAN TAMAÑO Y FUERZA)
— CON FORMA DE CABRA: egipán (MITAD CABRA, MITAD HOMBRE), hircocervo (MACHO CABRÍO Y CIERVO), semicapro o semicabrón (MEDIO CABRA Y MEDIO HOMBRE)
— CON FORMA DE LEÓN: esfinge (CABEZA, CUELLO Y PECHO HUMANOS Y CUERPO Y PIES DE LEÓN)
— CON FORMA DE PEZ: sirena (BUSTO DE MUJER Y CUERPO DE AVE, TAMBIÉN REPRESENTADA CON CUERPO DE PEZ), tritón (MEDIO HOMBRE Y MEDIO PEZ)
— CON FORMA DEMONÍACA: demonio, bruja, calchona, camahueto, dracena, endriago, hechicero, hidra, hipnal, lémur, minotauro, quimera, régulo, DESUS ayacuá
— FANTASMAS PARA METER MIEDO: coco, bu, camuñas, cancón, cuco, duende, espantajo, espectro, fantasma, gomia, marimanta, medrana, paparrasolla, papón, quimera, tarasca, tragantona, trasgo, zombi, ANT íncubo, súcubo · DESUS ayacuá, huerco
— OTROS: fauno (SEMIDIÓS DE CAMPOS Y SELVAS), memnónida (AVE QUE IBA DE EGIPTO A TROYA) · AST cuélebre (DRAGÓN)

EN GRUPO: manada · ABEJAS: enjambre · AVES: bandada · CABALLERÍAS ATADAS: reata · CABALLOS: tropilla, caballada · MULAS: mulada, recua · POTROS: potrada · CERDOS: piara · GANADO: cabaña, grey, haberío, hato, punta, rutel · OVEJAS: rebaño · PECES: banco · TOROS: torada · VACAS: vacada · YEGUAS: yeguada

27.02 tipos de animales

TIPOS DE ANIMALES PLURICELULARES O METAZOOS: invertebrados, vertebrados

cordados

— anfibios, aves, mamíferos, peces, reptiles

equinodermos

— cohombro de mar, erizo de mar, estrellas de mar, pluma de mar

moluscos

— bivalvos: almeja, mejillón, ostra
— gasterópodos
    • caracol, buccino, boquinegro, burgado, chapa, sapenco, CANARIAS chuchango, COL Y VEN guarura
    • babosa o babaza o limaza o limaco, CANTB lumiaco
— cefalópodos
    • calamar, nautilo, pulpo
— escafópodos
    • colmillo de mar

artrópodos

— insectos, arañas y escorpiones (APÉNDICES ARTICULADOS QUE SUELEN ACABAR EN UÑAS, Y CUERPO MUY SEGMENTADO)

gusanos
— anélidos (SEGMENTADOS), asquelmintos o nematelmintos (EN FORMA DE SACO), platelmintos y cestodos (PLANOS)
DOS CAPAS CELULARES Y UNA ÚNICA ABERTURA QUE SIRVE DE BOCA Y DE ANO: pólipo, medusa, coral
CON SISTEMA ACUÍFERO DE POROS: esponja de mar

27.03 invertebrados
TIPOS: artrópodos, celentéreos, equinodermos, gusanos, moluscos

artrópodos
— ácaro, alacrán o escorpión, araña, cangrejo, garrapata, langosta, langostino, percebe

celentéreos
— actinia, anémona, coral, hidra, madrépora, medusa, polípero, pólipo

equinodermos
— erizo de mar, estrella de mar, lirio de mar, pepino de mar

gusanos
— gusano arenícola, g. de luz, g. de seda, lombriz, luciérnaga
— oruga, CHILE cuncuna
— tenia, solitaria, sanguijuela o sanguisuela, ascáride, cachazudo, calesa, cogollero, duela, escolopendra, filandria, filaria, lambrija, lombriz, l. intestinal, milo, miñosa, oxiuro, pirgüín, sabela, sangonera, saguaipé, tórsalo, triquina, MÉX tecol

miriópodos o CON RESPIRACIÓN TRAQUEAL:
— cardador, ciempiés, escolopendra
tenia o solitaria, sanguijuela, triquina, anquilostoma, nematelminto, oxiuro, platelminto
· LARVA DE TENIA: equinococo

moluscos
— CON CONCHA: almeja, caracol, lapa, mejillón, ostra, madreperla, nautilo
— SIN CONCHA: babosa, pulpo, calamar, jibia o sepia

procordados
— tunicados, anfioxos

protozoo
— FLAGELADOS: euglena, tripanosoma
— RIZÓPODOS: ameba, arcella, acathomera
— CILIADOS: paramecio, vorticela, balantidium
— ESPOROZOOS: coccidium, gregarina

27.04 mamíferos
elefante (PAQUIDERMOS)
— hipopótamo, rinoceronte · EXTINGUIDOS: mamut, mastodonte
caballo ↔ yegua (ÉQUIDOS)
▶ 67.01 animales de fuerza y carga
▶ 67.18 equino
▶ 67.23 acción y caballo
— mulo, burdégano
— cebra, tapir, tapir americano
— bestia, corcel, cuadrúpedo, cabalgadura,

cuarta, cuartago, cuatropea, solípedo, flete · palafrén, rocín, rocino · babieca, rocinante · yegua · jaca, jaco, hacanea, jamelgo · guía, contraguía, madrina, guindaleta, julo
— CABALLO FÓSIL: paleoterio
— FABULOSO: unicornio
asno, burro, borrico, garañón, jumento, pollino, rozno, rucio, rucho · ASNO SALVAJE: onagro
perro (CÁNIDOS)
▶ 87.14 caza
— GUAT cangrejero, PROPIO DE ARG Y UR aguará
— **lobo**, l. cerval, l. cervario, coyote, chacal, dingo, hiena
gato (FÉLIDOS)
— **felino**, mizo, miau · michino, misino, minino, micho, micifuz, morro, morrongo, morroño, zapaquilda
— gato azul ruso, g. de Abisinia, g. de algalia, g. de Angora, g. de Birmania, g. de chinchilla, g. de la isla de Man, g. de las cartujas, g. montés · g. europeo, g. persa, g. siamés, g. romano
tigre (FÉLIDOS)
— **lince**, caracal, gato montés, CHILE colocolo · gato de algalia o patialbillo o civeta
— **jaguar** o yaguar, pantera, leopardo o pardal o pardo, onza, guepardo, ocelote, VEN cunaguaro, EC Y PERÚ maracayá, AM CENT, COL, EC Y PERÚ tigrillo
— **león**, puma
oso (ÚRSIDOS)
— oso blanco o polar, oso gris, oso pardo
— oso panda · coatí · CR, GUAT, HOND Y NIC pizote
oso hormiguero o tamanduá (DESDENTADOS)
— perezoso o calípedes · pangolín
— armadillo, CHILE quirquincho, UR tatú, VEN cachicamo, ARG Y UR mulita
— EN FÓSIL: prionodonte
nutria o nutra o ludria o lutria (PEQUEÑOS CARNICEROS), huillín, CHILE güillín
— **hiena**, jineta o papialbillo, lataz, mapache, suricata, turón
— **hurón**, vormela · tejón o tajugo o tasugo o tejón
— **visón**, armiño, marta, marta cebellina
— **zorro** o zorra, raposo o raposa, zorro azul, adive o adiva, CHILE culpeo
— **garduña**, CANTB rámila o rezmila
— **comadreja** o mustela o mofeta, AM zorrillo, basáride, SAL donosilla, CANTB villería, AM quique, MÉX cacomiztle, COLOQ satandera
— **mangosta**, melón, meloncillo, melandro, icneumón
— **mofeta** o yaguré o yaguamé, mapurite
— ornitorrinco

conejo (ROEDORES)
— **liebre**, cuy, damán
— **rata** de agua, r. de alcantarilla, r. almizcla-
da, r. de campo, r. taltuza
  • ratón almizclero o almizcleño, r. de campo, musaraña o morgaño o musgaño
  • desmán, pangolín
  • CUBA aire, tucutuco, tunduque
— **ratón**, ARG Y CHILE laucha · agutí, cobaya,
jerbo o gerbo, hámster, hutía o jutía, lirón,
marmota, satirio, tejón, vizcacha, ARG Y UR
apereá, ARG Y CHILE coipo, CUBA conga,
SALV Y GUAT cotuza · conejillo de indias, AM
cui o cuy, CUBA curiel
— **ardilla** o DESUS arda o DESUS esquiu, castor o
DESUS befre o ANT bíbaro, campañol, PROPIO DE
AM MER chinchilla
— **paca**, EC guanta o guatusa
— **zarigüeya**, llaca, marmosa · AM carpincho,
ARG Y PERÚ capibara o capiguara · puerco
espín, coendú
— **topo** (INSECTÍVOROS) erizo, topillo
murciélago (QUIRÓPTEROS)
— vampiro, zorro volador, orejudo, pipistrelo
mono (PRIMATES)
— **chimpancé** o jocó, bonobo, gorila, orangután, pongo
— **mona**, macaco, mico, jimio, tití, maimón,
gibón, dril, araguato, befo, cefo o cepo o
celfo, zambo o papión, ayeaye, coras, AM
colobo, saraguate, machín, ARG, BOL Y PAR
carayá, BOL chichilo, COL caripelado, PERÚ Y
VEN caparro, PERÚ chuva, cotomono
— **coaita** o mono araña o AM brazolargo, mono aullador o ARG, BOL, PAR carayá, cebú,
mono capuchino o negro, ARG Y PAR cay,
VEN obiubi · carablanca, caranegra
— AFRICANOS: babuino, gelada, mandril, cer-
copiteco, cinocéfalo
ballena (CETÁCEOS)
— **ballena azul**, b. gris · rorcual (PIEL DE GARGAN-
TA Y PECHO SURCADA Y FORMANDO PLIEGUES), calderón (CABEZA VOLUMINOSA)
— **cachalote** (AGUAS TROPICALES), marsopa (COS-
TAS DE SUDAMÉRICA), orca (MARES DEL NORTE), be-
luga (OCÉANO ÁRTICO)
— **delfín**
foca (PINNÍPEDOS, SIRÉNIDOS), morsa o rosmaro
— león marino, elefante m., leopardo m., becerro m., oso m., vítulo m., manatí (COSTAS
DEL CARIBE)
— EXTINGUIDO: vaca marina (CABEZA PEQUEÑA, CUE-
LLO CORTO Y TRONCO ROBUSTO)
manatí o buey marino (SIRENIOS)
— pejemuller o pez mujer, rosmaro o vaca marina, dugongo
canguro (MARSUPIALES)

— koala, marmosa, numbat, talanguero, filan-
dro, xupati · diablo de tasmania
— carachupa, llaca, rabopelado, runcho, ta-
cuacín
— zarigüeya, tlacuache, MÉX tacuache
camello (CAMÉLIDOS)
— dromedario, alpaca, bactriano, cudú, chital,
guanaco
— llama, vicuña
jirafa (JIRÁFIDOS)
— okapi (DE CUELLO Y PATAS MÁS CORTOS)
ciervo (CÉRVIDOS)
— gamo, cervato (MENOR DE SEIS MESES), estaquero
(DE UN AÑO), enodio (DE TRES A CINCO AÑOS)
— CIERVOS JÓVENES: alero, varetón, cervatillo, AND
gabato
— EN ASIA: almizclero
rebeco (RUPICAPRINOS)
— **alce**, a. americano, anta o ante, antílope,
corzo, dama, danta o dante, gamo, palete-
ro (GAMO DE DOS AÑOS), gamuza o camuza o
robezo o bicerra, rupicabra o rupicapra, ta-
ruga, AR sarrio, AST robeco
— huemul, ARG Y CHILE güemul, pudú
— reno, caribú
— berrendo (EN ESTADOS UNIDOS), cervicabra (EN
LA INDIA)
antílope (ANTILOPINOS)
— **gacela**, gacel (MACHO DE LA GACELA), antílope
negro
— AFRICANOS: impala, ñu, orix
cabra (CAPRINOS)
▸ 67.04 ganado caprino
— cabra doméstica, c. hispánica, c. montés ·
íbice, pécora, EN CÓRCEGA Y CERDEÑA: musmón · DE UNA SOLA UBRE: mamía · EN RITUAL RE-
LIGIOSO HEBREO: hazacel o azacel
oveja ↔ **cordero** (OVINOS)
▸ 67.03 ganado ovino
— carnero, morueco (CARNERO PADRE), merino (DE
HOCICO GRUESO Y ANCHO), churra (PATAS Y CABE-
ZA CUBIERTAS DE PELO GRUESO, CORTO Y RÍGIDO)
vaca ↔ **toro** o SI CASTRADO: buey (BOVINOS)
▸ 67.02 ganado vacuno
— búfalo, b. cafre, carabao (FILIPINAS), cebú (IN-
DIA Y ÁFRICA), yak (TÍBET), uro (EXTINGUIDO)
— bisonte americano, b. europeo
cerdo (SUIDOS)
▸ 67.05 porcicultura
— cebón, cochino, cuchi, gorrino, jabalí, marrano, puerco, tarasca · AM, ARG, CHILE Y UR
chancho
27.05 reptiles y anfibios
cocodrilo (COCODRÍLIDOS)
— caimán, aligátor, AM MER iguana, yacaré,
GUAT taludín · gavial (INDIA)
lagarto (SAURIOS)

— fardacho, lución, eslizón o escinco o estinco o esquinco o sepedón o sipedón, lagarto verde, ARG Y PAR teyú, CR, SALV, HOND Y NIC garrobo, HOND Y MÉX cuija, carapopela (VENENOSO DE BRASIL), ÁL Y NAV gardacho · cordilo o cordula (AFRICANO)
 • EN FILIPINAS: dragón, chacón
 • EN EGIPTO Y ASIA MENOR: estelión
— iguana o higuana, basilisco (IGUANA PEQUEÑA)
— lagartija, AR sargantana, AR Y SORIA sargantesa, BUR, CUENCA Y PAL ligaterna, ÁL salderita, RI zarandilla, CR Y NIC gallego, DESUS lagartezna, ANT lacerto
— salamandra, salamanquesa o salamandria, EXT saltarrostro, ARG, CUBA Y SAL salamanquina
— camaleón, CUBA chipojo
— tortuga (QUELONIOS), galápago · MARINAS: caguama, carey, laúd
serpiente (OFIDIOS)
— VENENOSAS: víbora, cerasta, alicante, serpiente de cascabel o crótalo, mamba, m. negra, m. verde, AR MER yarar180á, AM CENT tamagás, CR, HOND Y NIC toboba · áspid, hipnal · cobra o naja, COL equis
— NO VENENOSAS: boa, pitón, anaconda, macagua, anfisbena, cenco, coralillo, cuaima, culebra de collar, macaurel, culebra viperina, jubo, ocozoal, CR cascabela, GUAT, HOND, MÉX Y VEN sabanera, GUAT Y HOND cantil, VEN tragavenado
rana (BATRACIOS)
— rana verde, r. arbórea o de san Antón, r. de zarzal o rubeta, r. dalmantina, r. temporaria · gallipato, salamandra acuática, tritón
— LARVA: renacuajo, zapatero, AR cuchareta, MÉX ajolote
— sapo, escuerzo, calamite, sapo partero, sapillo, ARG Y CHILE coipo, CHILE coicoy
27.06 insectos
abeja (HIMENÓPTEROS)
— abeja reina, abejarrón, abejón, abejorro, ahorcadora, abeja machuega, a. maesa, a. maestra, VEN cimarrón · HUEVOS DE LA ABEJA REINA: cresa, querocha
— ABEJAS EN LA COLMENA: defensora, nodriza, obrera, recolectora, reina, zángano, SAL gabarro
— avispa, avispón o crabrón, centris, icneumón, lida, mangangá, moscardón · AM CENT Y MÉX jicote
hormiga (HIMENÓPTEROS)
— hormiga león, h. blanca, h. roja · carcoma, galga, AND salpuga, AM CENT zompopo, ARG, BOL Y UR tacurú, CUBA soplillo, CON ALAS: aluda
— termes o termita, AM comején, FILIP anay

— HORMIGAS EN EL HORMIGUERO: acróbata, carpintera, granera, larva, legionaria, nodriza, obrera, quitasol o parasol, soldado
mosca (DÍPTEROS)
— mosca común o doméstica, m. azul, m. verde, m. de burro, m. de la carne, m. escorpión, m. tse-tsé
— moscón, moscarda, moscardón, tabarro, tabolango, estro, abejorro
— tábano, CHILE colicoli
— mosquito, cénzalo, cagachín, estegomía, típula, jején, AM zancudo
— LARVA: cresa o queresa, landrilla o lita
mariposa (LEPIDÓPTEROS)
— libélula, alevilla, cerástide, esfinge, falena
— mariposa de la col, m. de la procesionaria del pino, m. del ciruelo, m. del gusano de seda, m. del manzano
— palomilla, pavón, polilla, vanesa
— EN CUBA, MARIPOSA NOCTURNA DE GRAN TAMAÑO: tatagua
luciérnaga (COLEÓPTEROS)
— lucerna, gusano de luz, alumbranoche, carraleja, cantárida, cebrión, cetonia, cicindela, gorgojo, ciervo volante, ARG bichito de la luz, CHILE, CR Y HOND candelilla, CUBA cocuyo
— mariquita o cochinilla, baticabeza
— FÓSIL: trilobites
escarabajo (COLEÓPTEROS)
— escarabajo de la patata, e. enterrador, e. pelotero, e. sepulturero, ARG Y UR cascarudo
— mariquita, ARG bichito de san Antonio, CHILE chinita, MÉX catarina, UR san Antonio
libélula (NEURÓPTEROS)
— caballito de san Vicente, cachipolla o efímera, ARG Y UR aguacil o alguacil, CHILE Y COL matapiojos, CR gallito, MÉX caballito del diablo
cárabo (CARÁBIDOS)
— carenóstilo
cigarra (HEMÍPTEROS)
— abejorro, chicharra, pulgón, ladilla, chinche de campo, VEN cigarrón
— HUEVO DEL PULGÓN: carrocha
saltamontes (ORTÓPTEROS)
— caballeta, langosta, cigarrón, saltón, grillo, acrídido, cortapicos, tijereta, tisanuro, MÉX chapulín
— mantis religiosa o santateresa o rezandera, insecto palo, i. hoja, ARG Y UR mamboretá, MÉX campamocha
— cucaracha, CHILE barata, VEN chiripa
ciempiés (MIRIÁPODOS)
— mancaperro, escolopendra, cardador
araña (ARÁCNIDOS)
— araña lobo, a. peluda, a. saltadora
— mígala, picacaballos, rezno, segador, tarántula, tegenaria, viuda negra

— escorpión, alacrán
pulga (ANOPLUROS)
— pulgón, chinche, piojo, nigua, garrapata, rezno, ladilla, liendre, filoxera, pulga de la sarna, COL sote
ácaro
— triquina (EN LOS MÚSCULOS DE ALGUNOS MAMÍFEROS), tórsalo (BAJO LA PIEL DEL HOMBRE)
— CUBA abuje
lombriz (ANÉLIDOS)
— tenia, solitaria, sanguijuela, acantocéfalo, anquilostoma, CHILE pirgüín
— duela, ARG Y UR saguaipé
— LA QUE DAÑA LAS COLMENAS: tiña
EN GRUPO: enjambre, nube, jabardillo, plaga

27.07 anatomía de los mamíferos
aspecto, aire, aplomo, alzada, capa, cuerda, diente, lámina, paso, pelaje
cabeza
— mandíbula, pesebrejo (ALVÉOLOS EN LAS QUIJADAS), quijada (CADA UNA DE LAS MANDÍBULAS), befo, asiento · babilla, barbada · bolillo, copete, huello · lucero, remiendo · tejuelo (HUESO SEMILUNAR QUE SIRVE DE BASE AL CASCO), testuz (FRENTE), cuartilla o trabadero (ENTRE LOS MENUDILLOS Y LA CORONA DEL CASCO)
— tupé, copete, región de la nuca, cresta, crin, cruz
— **ojos:** lucero, ocelo, lumbreras, güello · cuenca, globo, cono, córnea, órbita · ceja, pestaña, párpado, pálpebra, papila · pata de gallo · cristalino, iris, pupila · retina, fóvea · humor acuoso o ácueo, humor vítreo, lágrima
— nariz, CADA UNO DE LOS ORIFICIOS EN LAS CABALLERÍAS: ollar
— **boca** · bigote, hocico, jeta, morro, trompa · molares, colmillo · pala (DIENTE), neguilla o tintero (MANCHA NEGRA EN LA CAVIDAD DE LOS DIENTES)
tronco
— **grupa** o gurupa, lomo, sillar, palomilla (PARTE ANTERIOR DE LA GRUPA), renga (PARTE SOBRE LA QUE SE PONEN LAS CARGAS) · dorso, inserción del dorso
— **cinchera**, flancos, ensilladura, encuentro, fuente
— ijada, cuadril, quijote, jarrete, corvejón o corvelos
— DE LA COLA A LA CABEZA POR LA PARTE INFERIOR: pies, corvejón, casco, cuartilla, muslo, rótula, tendones del pie, talón, flanco, tórax, manos, espejuela, corona, rodilla, codo, menudillo, comezuelo, caña, brazo, pecho, espalda
— MIEMBROS:
  • **pata**, zanca, patas delanteras, p. traseras, rodilla

• antebrazo, brazo, brazuelo, codo, codillo
• **garra**, zarpa, pezuña, pinza, tenaza
• **rabo**, cola, hopo (CON MUCHO PELO), maslo (TRONCO), COLOQ mosqueador
— CASCOS: talón, ranilla, barra, línea blanca, muralla, planta
piel y pelo
— barba, crines, manchas, púa, rayas, lana, cerda
aparato digestivo
— panza, redecilla
— esófago, herbero o hebrero
— **buche**, ventrón, boca del estómago, cardias
— CAVIDADES DEL ESTÓMAGO DE LOS RUMIANTES: herbario (PRIMERA), retículo (SEGUNDA), libro u omaso o librillo (TERCERA), cuajar o abomaso (CUARTA)
— píloro o portanario · testículo o criadilla · epigastrio, ventrículo
— PASTA ALIMENTICIA EN EL ESTÓMAGO: quimo
— ácido clorhídrico, jugo gástrico, pepsina, saburra · movimiento peristáltico, m. antiperistáltico
cerviz, melenera, rubios, testuz
extremidades o calzos
— **anca**, antebrazo, brazo, brazuelo, armos, codo, codillo, rodilla · CARA INTERNA DEL MUSLO: bragada
— **pierna**, cuarto, cuartos, culata, pospierna
— espejuelo (EXCRECENCIA CÓRNEA EN EL ANTEBRAZO), menudillo (ARTICULACIÓN ENTRE LA CAÑA Y LA CUARTILLA), candado (CONCAVIDAD)
— talón, tarso, tendón
protuberancias
— **cornamenta**, cuerna, encornadura
— **cuerno**, asta, AM cacho, ARG, BOL Y UR aspa, CUBA tarro · EN LOS CIERVOS: vara o estaca · punta, pitones, candiles, DEDAL EN LA PUNTA DEL CUERNO: bellota
— **mama**, mamella o marmella, lechecillas
— **joroba**, bolsa
— garras · uña, casco, corona del casco, DESUS empeine
— **cola**, COLOQ mosqueador · maslo (INSERCIÓN DE LA COLA) · tronco o nabo
— **pelo**, pelaje, crin, tusa, cerneja, COL, EC Y VEN valona · galla (REMOLINO)

27.08 anatomía de anfibios y reptiles
caparazón, capucha, piel viscosa
cascabel o crótalo, colmillos, anillos constrictores, escamas, lengua bífida, l. proyectil, ponzoña
glándulas venenosas, secreción venenosa
pico córneo, fauces, mandíbula movible
sangre fría
respiración branquial, r. pulmonar
ancas

27.09 anatomía de los insectos

caparazón, dermatoesqueleto · SEGMENTOS DEL CUERPO DEL GUSANO: anillo

mandíbula, trompa chupadora, oviscapto, labro, palpos · glándulas salivares, g. del veneno · sifón respiratorio, estigma · epiglosis · ÓRGANO PERFORADOR: oviscapto

abdomen, tórax, coselete, cefalotórax, mesotórax, metatórax

ala, alas membranosas, élitros

patas excavadoras, p. nadadoras, p. recolectoras, p. saltadoras, p. articuladas · tarso, metatarso

tentáculo, pinzas, antena, a. articulada · apéndice, CADA UNO DE LOS APÉNDICES: artejo

ojos simples u ocelos, ojo compuesto

orificio sexual

aguijón, aguja, rejo, navaja, guizque, palpo · EFECTOS: picadura, grano, haba, habón, roncha, urticaria

METAMORFOSIS:

— arañuela o arañuelo, brugo, chisa, cisticerco, coco, convólvulo, corocha, cresa, crisálida, cuca o cuco, curú, gusano, larva, mida, ninfa, nuche, oruga, pintón, rezno, rosón, rosquilla, royega, ruqueta, tena, teña, tórsalo

CICLO DE LA CRISÁLIDA: huevo, larva, oruga, capullo, ninfa

ADJETIVOS Y ADVERBIOS
27.10 descripción de los animales

SEGÚN EL ACOPLAMIENTO: monógamo, polígamo

SEGÚN EL TIPO DE REPRODUCCIÓN: uníparo, ovíparo, vivíparo, ovovivíparo, gemíparo · DEPOSITAN LOS HUEVOS EN CADÁVERES DE OTROS ANIMALES: necróforo

SEGÚN EL MEDIO: doméstico, salvaje, silvestre · diurno ↔ nocturno · sedentario, migratorio · terrestre, reptil, montaraz, minador, rampante, arborícola · acuático, acuátil, marino, abisal, fluvial, lacustre, anfibio · volador · VIVE PEGADO A UNA ROCA: saxátil

SEGÚN LA TEMPERATURA DEL CUERPO: de sangre caliente, de s. fría, hematermo, hemacrimo

SEGÚN LA DOMESTICIDAD:

— **bravío**, bravo, furo, feroz, fiero, salvaje, silvestre, insumiso, indomable

— **dócil**, doméstico, amaestrado, inofensivo, manso, noble, sumiso, domable

SEGÚN EL USO:

— de corral, de trabajo, de labor, de carga, carguero, de leche, de caza, lanar

— volvedor, querencioso · ANIMAL HUIDO QUE PIERDE SUS HÁBITOS DOMÉSTICOS: cimarrón

SEGÚN LA ALIMENTACIÓN:

— SIN LÍMITES: omnívoro

— SÓLO CARNE: carnívoro, carnicero, zoófago, predador, depredador, insectívoro, piscívoro, ictiófago, colmenero · CARNE HUMANA: antropófago, caníbal

— SÓLO VEGETALES: vegetariano, fitófago

— FRUTAS: frugívoro, manzanero

— HIERBAS: herbívoro

— EXCREMENTOS: coprófago

— CADÁVERES: necrófago

— SANGRE: hematófago

— A COSTA DE OTRO: parásito · PEGADO A UNA RAÍZ: radicícola, DE LA SANGRE: hematozoario, DE EXCREMENTOS: escatófilo

— SEGÚN LA FORMA DE ALIMENTARSE: roedor, rumiante

SEGÚN LA FORMA DEL CUERPO:

— EXTREMIDADES: bípedo, bípede, cuadrúpedo, plantígrado · bímano, cuadrumano, digitígrado, caudimano (COLA PRENSIL) · ANFIBIO SIN COLA: anuro · DEDOS TERMINADOS EN UÑAS: unguiculado

— ALAS: áptero (SIN ALAS), díptero (DOS ALAS), hemíptero (CUATRO ALAS), quiróptero (MEMBRANAS ENTRE LAS EXTREMIDADES Y LA COLA QUE LE PERMITE VOLAR)

— CORNAMENTA: astifino, cachudo, corniabierto, cornibrocho, corniveleto, cuatezón, despitorrado · topador, topetudo

— PELAJE: blanco, negro, azul, rubio, rojo, atigrado, rayado, manchado, moscado

AFECTADO POR LA ENFERMEDAD: amormado, ceñoso, desortijado, entrepretado, abierto, alobadado, alunado, ancado, gafo, habado, trasfollado

27.11 descripción de los mamíferos

POR LA ALIMENTACIÓN: carnívoro, herbívoro, insectívoro, frugívoro · pequeño carnicero · roedor, rumiante

POR LA FORMA:

— équido, cánido, felino, úrsido

— PISCIFORME: cetáceo

— DE PIEL GRUESA Y DURA: paquidermo

— DE PIEL APRECIADA EN PELETERÍA: mustélido

POR LA TERMINACIÓN DE LAS EXTREMIDADES: perisodáctilo, ungulado · DE PATAS CORTAS: vivérrido

PRIMATES:

— prosimios, simio

— QUE SE ASEMEJAN AL HOMBRE: homínido, antropoide, antropomorfo

— SEGÚN SEPARACIÓN DE FOSAS NASALES: catarrino, platirrino

RUMIANTES:

— artiodáctilo, bóvido, bovino, cérvido, ungulado

— ovino, caprino, rupicaprino, antilopino, cérvido, bóvido · bovino

— jiráfido, camélido

POR EL MEDIO Y LAS FORMAS:

— cetáceo (PISCIFORMES MARINOS CON ABERTURA NA-SAL EN LO ALTO DE LA CABEZA)
— sirenio (CUERPO DE PEZ TERMINADO EN ALETA CAU-DAL HORIZONTAL)
— plantígrado (APOYAN EN EL SUELO LA PLANTA DE LOS PIES)
— digitígrado (APOYA SÓLO LOS DEDOS)
— ungulado (APOYA UN CASCO O PEZUÑA)

27.12 descripción de reptiles y anfibios

SERPIENTE: venenosa, peligrosa · inofensiva · marina, de agua, de coral · de cascabel
RANA: saltarina · venenosa, común
gecónidos, ofidios o serpientes, plesiosauros, quelonios o tortugas, rincocéfalos, saurios, cocodrílidos, lacértidos o lagartos
anuros, ápodos, batracios, urodelos

27.13 descripción de los insectos

anopluro (PIOJO), coleóptero (ESCARABAJO), díptero (MOSCA), efeméridio (EFÍMERA), hemíptero (CHINCHE, CIGARRA, PULGONES), heteróptero (CUATRO ALAS Y OLOR DESAGRADABLE: CHINCHE), himenóptero (ABEJA Y HORMIGA), isóptero (TERMITA), lepidóptero (MARIPOSA), mantoideo (MANTIS RELIGIOSA), miriápodo (CIEMPIÉS), neuróptero (HORMIGA LEÓN), odonato (LIBÉLULA), ortóptero (SALTAMONTES), tisanuro (LEPISMA), afaníptero (PULGA), áptero (QUE CARECE DE ALAS), carábido (VORACES, DESTRUYEN LAS ORUGAS Y OTROS ANIMALES PERJUDICIALES), cascarrojas (SE CRÍAN EN LOS BUQUES), ceñido (DIVISIÓN SEÑALADA ENTRE TÓRAX Y ABDOMEN: MOSCA, HORMIGA, ABEJA), dímero (SÓLO DOS ARTEJOS EN TODOS LOS TARSOS), escatófilo (LAS LARVAS SE DESARROLLAN ENTRE EXCREMENTOS), flabelicornio (ANTENAS EN FORMA DE ABANICO), homóptero (PICO EN LA PARTE INFERIOR DE LA CABEZA, COMO LA CIGARRA), ortóptero (SALTAMONTES Y GRILLOS), tetrámero (CUATRO ARTEJOS EN CADA TARSO, COMO EL GORGOJO), tisanuro (ANTENAS LARGAS Y ABDOMEN TERMINADO EN TRES FILAMENTOS), xilófago (ROEN LA MADERA) · NIC tapachiche, ARG, BOL, CHILE Y UR vinchuca, PR changa
parasitismo, parásito, ectoparásito o epizoario (EN LA SUPERFICIE), endoparásito o entozoario (DENTRO), hematozoario (SANGRE), radicícola (RAÍZ) · huésped, inquilino, sínfilo

VERBOS Y EXPRESIONES

27.14 acción y mamíferos

aullar
— gruñir, rumbar, arrufarse, gañir, rugir, resollar, ladrar
— jadear, latir, hipar, resollar
— morder, tarascar
— ronronear, bufar, marramizar, agazaparse
comer
— amamantar, mamar, chupar

— mordisquear, masticar, mascar · lamer, roer
— pacer, pastar, apacentar, arrancar, herbajar, tascar · ramonear · rumiar o remugar, triturar, insalivar · digerir, quimificar · enaguachar
moverse
— cabalgar, galopar, trotar, trepar, saltar
— escarbar, carabritear, retozar, triscar · olfatear
— cornear, embestir
procrearse
— encelarse, roncar
— cubrir, coger, prender, saltar, llenar, montar, cabalgar, acaballar, padrear, pisar
— DEJAR DE DAR LECHE: escosar
CAMBIAR LA PIEL O LOS CUERNOS: descorrear o descorrearse, desmogar, escodar
EL PERRO: domesticar, acollarar (PONER COLLAR), embozar (PONER BOZAL), encarnar (ACOSTUMBRARLO A LA CARNE), encarnizar (CEBARLO CON ANSIA)
— azuzar, incitar, apitar, enviscar, DESUS enhotar
EL GATO: gatunear, arañar, rasguñar, desgarrar enratonarse, ratonarse, DESUS murar (CAZAR RATONES) · maullar, miagar, mayar, miagar, miañar, miar

27.15 acción y anfibios y reptiles

reptar, arrastrarse · desovar
RANA: croar o groar, cantar, charlear, saltar
SERPIENTE: serpear, serpentear, culebrear · silbar (SILBO) · picar, morder, atacar · deslizarse, escurrirse, escabullirse, zigzaguear · enroscarse

27.16 acción e insectos

COMER: morder, roer, picar, punzar, apolillar
PONER HUEVOS: carrochar, querochar
UNIRSE Y MULTIPLICARSE: arracimarse, arrebozarse, pulular
RUIDO DE LA ABEJA Y LA AVISPA: abejorreo · zumbar
CONTAGIAR: infectar
despiojar, desinsectar, desapolillar, esculcar, espulgar
picar, apolillar, bordonear, carrochar, querochar, roer, zumbar

27.17 voces y ruidos de los animales

ASNO: rebuzno, roznido · rebuznar
CABALLO: relincho, bufido · relinchar · AL CABALLO Y AL ASNO: arre, cho, huesque, jo, ria, so
CABRA: balido · balar
CERDO: gruñido, guarrido · gruñir · AL CERDO: cochi, coch
CIERVO: bramido, rebudio · bramar, rebramar, rebudiar
CORDERO: balido · balar
ELEFANTE: barrito · barritar
FELINOS: rugido · rugir
GAMO: ronca, gamitido · roncar, gamitar
GATO: maullido o mayido o maúllo, ronroneo, fu, fufo · miau · maullar, fufar, ronronear · marramao, marramiau · bufido, gruñido, re-

funfuño, ronroneo, corcovo · AL GATO: cucho, mino, mió, miz, sape, zape

JABALÍ: gruñido, guarrido, rebudio · gruñir, rebudiar

LOBO: aullido, ululato · aullar, ulular

OVEJA: balido · balar · bee

PERRO: ladrido, guau · ladrar · aullido, gañido, gruñido, hucheo, jadeo, resuello, rugido · AL PERRO: chucho, chus, cuz, tus, tuso, iza, zuzo

TORO: mugido, berrido, bufido, bramido, rebufe, frémito · berrear, bramar, bufar, mugir · VACA: remudio, mu · SAL remudiar

ZORRO: tauteo · tautear

28. ANIMALES ACUÁTICOS
▶ 68. pesca

28.01 tipología

pez, pescado, pececillo, DESUS pesce, peje, ANT pece · DESUS PEZ NUEVO DE CUALQUIER ESPECIE: jaramugo, ANT samarugo

peces de esqueleto óseo (LA MAYORÍA), p. de esqueleto cartilaginoso (TIBURONES Y RAYAS), agnatos primitivos sin mandíbulas (LAMPREAS Y MIXINES)

MEDIO: pez de mar, p. de agua dulce, p. de río, p. de acuario

CLASIFICACIÓN ANATÓMICA: acantopterigio, anacanto, cartilagíneo, ciclóstomo, ciprínido, elasmobranquio, esciénido, escómbrido, ganoideo, hemúlido, lofobranquio, malacopterigio, plagióstomo, plectognato, salmónido, seláceo o selacio, teleósteo

moluscos: acéfalo, anfineuro, capúlido, caracol, lamelibranquio, litófago · cefalópodo, gasterópodo, octópodo · univalvo, bivalvo

crustáceos: anfípodo, braquiuro, cirrópodo, cladócero, copépodo, decápodo, entomostráceo, estomatópodo, macruro, palinúrido

28.02 clases y forma de los animales acuáticos

ACIPENSERIFORME: esturión

ANGUILIFORMES: congrio, negrilla, varga · anguila, morena, gimnoto

ATERINIFORMES: charal, pejerrey

CARACIFORMES: piraña, tararira, pacú

CEIFORMES: trompetero

CIPRINIFORMES: carpa, gobio, lisa, tenca, barbo, boga, albur, bermejuela, cacho, cachuelo, comiza, locha, loina

CIPRINODONTIFORMES: pez volador, picón, aguja paladar, golondrina, guajacón, olomina

CLUPEIFORMES: sardina, boquerón, arenque, sábalo o saboga, trancho, CUBA manjúa

ESCORPENIFORMES: escorpena, raño

ESCUALIFORMES: tiburón, angelote, centrina, mielga

GADIFORMES: bacalao, merluza, barbada, faneca, fice, romero, rubia, alacha o GAL lorcha

LAMNIFORMES: pez martillo, tiburón, tintorera, alecrín, alitán, cazón, lija, gata, marrajo, mustela, pimpido

PERCIFORMES:
— atún, bonito, melva, mero, caballa, palometa, albacora
— besugo, boga, breca, jurel o chicharro, salmonete, dorada, perca, caramel, japuta, róbalo
— abadejo, cabrilla, cangüeso, castañola, cepola, chacarona, chopa, corvina, dorado, dragón marino, escaro, escorpión, escorpina, gobio, lampuga, mena, mojarra, múanjol, papagayo, peje araña, pez espada, rémora, rescacio, roncador, salpa, sargo, torillo, budión o zorzal marino
— pagel, aligote, pagro
— DEL MAR CARIBE: carite, chiribico, chiribita, cojinúa, cubera, guasa, peto, ronco, sesí, tepemechín
— DEL MAR DE LAS ANTILLAS: arnillo, barbero, biajaiba, casabe, catalineta, cají, bajonado, zapatero
— DE LOS MARES DE CHILE: blanquillo, castañeta, pichihuén
— DE RÍO: coto · AM guabina

PETROMIZONTIFORMES: lamprea, lampreílla o lamprehuela

PLEURONECTIFORMES: acedía, fletán, gallo, lenguado, platija, rodaballo

RÁYIDOS O RAYIFORMES: cardario, escrita, obispo, pastinaca, pez sierra, raya, torpedo

SALMONIFORMES: salmón, farra, tímalo, trucha, t. de mar, capelán, eperlano, lucio

SIGNATIFORMES: centrisco, caballito de mar

SILURIFORMES: bagre, congo, corroncho, mandí, manguruyú, pilvén, siluro, zurubí

TETRAODONTIFORMES: chapín, cochino, cofre, erizo, orbe, pez luna, torito, tambor

28.03 clases y familias de animales acuáticos

ballena (CETÁCEOS)
— ballena azul, b. gris · ballenato, cachalote
— marsopa, narval, orca, rorcual, yubarta · delfín

tiburón (SELACIOS)
— tiburón azul, jaquetón, tintorera, marrajo, lamia, galludo, lija, pintarroja, mustela
— pez martillo, CUBA cornuda

cazón o pintarroja (ESCUÁLIDOS)
— centrina, alitán, boquidulce, mielga, musola, pez zorro

foca (PINNÍPEDOS)
— morsa, león marino, lobo m., oso m.

atún (ACANTOPTERIGIOS)
— bonito, tonina, melva, caballa, mero, palometa, dorada, perca, rape, bacoreta, besu-

go, chicharro, corvina, escorpión, estornino, gallo, jurel, lisa, lubina, lucio, mújol, pagel o pajel, pejerrey, rabil, róbalo, pez sierra, pez volador
— pez espada, ALM, GRAN, JAÉN Y MÁL emperador

merluza (ANACANTINOS)
— bacalao, abadejo, barbada, lenguado, lubina, brótola, bacaladilla, pescadilla, gallo, rape, raya, rodaballo, merlán, platija, solla, róbalo

sardina (FISÓSTOMOS)
— boquerón, bocarte, morena, salmonete, anchoa, arenque, congrio, chanquete, chicharro, espadín, japuta, jurel, lisa
— DE RÍO: siluro

salmón (TELEÓSTEOS)
— anguila, boga, carpa, barbo, lucio, tenca, lamprea, perca, tímalo, lucioperca, piraña, rubia, faneca, bermejuela, cachuelo, calandino, carpín, esperlamo, esturión, gimnoto, gobio, lisa, pez gato, sábalo o saboga
— DE AGUA DULCE: trucha, lamprea de río
— EN LOS RÍOS DE GUAT Y MÉX bobo

langosta (CRUSTÁCEOS)
— langostino, cigala, gamba, carabinero, bogavante, chapulín, camarón o quisquilla, santiaguiño
— buey de mar, cangrejo, centollo, centolla, nécora, percebe, jaca, cámbaro, barrilete, ermitaño, bálano

pulpo (CEFALÓPODOS)
— calamar, calamarín, chipirón, jibia o sepia, chopito, pota, volador, argonauta, ostro
— EN EL OCÉANO ÍNDICO: nautilo

almeja (BIVALVOS)
— mejillón, berberecho, chirla, coquina, ostra, vieira, aviñeira, carneiro, concha, dátil, nacra, navaja, pajarita, escupiña, verigüeto

caracol de mar (GASTERÓPODOS)
— bígaro o bigarro, babosilla, lapa, buccino, liebre de mar o marina, oreja de mar o marina, trompo, cañadilla o abrojín, casis, glauco, lapa, múrice o peñasco, nerita, púrpura, tafón, CR cambute, CUBA cigua o sigua, cobo
— SE PEGA A LOS FONDOS DE LOS BUQUES: caramujo

anguila (TELEÓSTEO)
— congrio, culebra de mar, martina, morena, morenata, HOND anguilla
— erizo de mar, caballito de mar, estrella de mar

28.04 anatomía de los animales acuáticos
PECES:
— aleta, a. anal, a. caudal, a. dorsal, a. pectoral, a. ventral · LÁMINA EPIDÉRMICA: escama · ÓRGANO RESPIRATORIO: branquia

— columna vertebral o esquena · espina, ijada, raspa, entrañas
— vejiga natatoria · agalla, gañil, PARA CERRAR LA AGALLA: opérculo
— APÉNDICE EN LA PARTE INFERIOR DE LA CABEZA: barbilla
— VIENTRE: ventresca o ventrecha · ovas, hueva
— cola
— BOLSA DEL LÍQUIDO SEMINAL: lecha, LÍQUIDO: lechaza
CRUSTÁCEOS:
— ojos de cangrejo
— caparazón, carapacho, cefalotórax, manto
— cirro o pata, pinza
— ABDOMEN: pleon
— ÚLTIMO SEGMENTO DEL CUERPO: telson
MOLUSCOS:
— concha, caracola, manto, opérculo, palio, sifón, valva, tentáculo
— SECRECIÓN LÍQUIDA: tinta
CARACOL DE MAR:
— antena, baba, cuerno, manto
— VISCOSIDAD O BABAZA: limazo

ADJETIVOS Y ADVERBIOS
28.05 descripción de los peces
tropical, exótico, de colores, vistoso, luminoso
de río, de mar, de agua dulce, de agua salada, de fondo, abisal
sabroso, apreciado, venenoso, tóxico
volador, carnívoro, depredador, voraz
cartilaginoso, fósil
CRÍA PARA REPOBLAR: alevín

VERBOS Y EXPRESIONES
28.06 acción y animales acuáticos
nadar, flotar, saltar, aletear, descender, emerger, sumergirse, remontar, zambullirse
picar, boquear
frezar (RESTREGARSE PARA DESOVAR), desovar (SOLTAR LAS HUEVAS), mugar (FECUNDAR LAS HUEVAS)
pescar, atrapar, criar

29. AVES
▶ 67.06 avicultura
29.01 tipos de aves
ave rapaz · a. zancuda, a. corredora, a. palmípeda, a. gallinácea, a. de corral · a. migratoria · a. canora, a. parlera · a. nocturna
FORMA: anseriformes (PATO, GANSO, CISNE), apodiformes (VENCEJO Y PÁJARO MOSCA), apterigiformes (KIWI), caprimulgiformes (CHOTACABRAS), caradriformes (GAVIOTA Y GOLONDRINA DE MAR), casuariformes (CASUARIO Y EMÚ), ciconiformes (GARZA Y CIGÜEÑA), coliformes (PÁJARO RATÓN), columbiformes (PALOMA Y TÓRTOLA), coraciformes (MARTÍN PESCADOR), cuculiformes (CU-

CO), esfenisciformes (PINGÜINO), estrigiformes (BÚHO, MOCHUELO, LECHUZA), estrucioniformes (AVESTRUZ), falconiformes (ÁGUILA, GAVILÁN Y MILANO), galliformes (GALLO Y FAISÁN), gaviformes (SOMORMUJO), gruiformes (GRULLA Y RASCÓN), paseriformes (ALONDRA, GORRIÓN Y MIRLO), pelicaniformes (PELICANO Y CORMORÁN), piciformes (PICO Y TORCECUELLO), procelariformes (ALBATROS Y PETREL), psitaciformes (LORO Y CACATÚA)

29.02 familias de aves

alondra (ALÁUDIDOS)
— calandria, totovía, cogujada, copetuda, terrerilla

cigüeña (ZANCUDAS)
— cigoñuela o cigüeñuela, marabú, espátula, chajá, AM bandurria
— flamenco, garza, g. real, garcilla, garceta, avetoro, cataraña, grulla, avoceta, ibis, zaida o grulla damisela
— avutarda, picudilla, sisón, tántalo, morito o falcinelo

becada o choca perdiz (LIMÍCOLA)
— avefría, quincineta, chorlito, agachadiza o AR becardón
— CARADRIFORME: alcaraván, frailecillo
— GRUIFORME: focha, fúlica, gallareta

gallina (GALLINÁCEAS)
— **gallo**, g. silvestre, pavo, gallipavo, pavo real, pavón, pintada, urogallo, pita, PROPIA DE AM TROP pauji
— AM CENT Y MÉX chachalaca, GUAT chacha, SALV, HOND Y MÉX guajolote, VEN tigana
— **perdiz**, garbón (MACHO), faisán, francolín, grigallo, urogallo, monje, perdigón

golondrina (HIRUNDÍNIDOS)
— golondrina acerada, g. de ribera, g. vizcachera
— avión común, a. de roca, vencejo común, v. real

paloma (COLUMBÍNIDOS)
— **palomo**, tórtola, azulona, colipava, coliteja, tojosita, AR sisella, BOL, CHILE, EC Y PERÚ cuculí, BOL urpila, CR yuré, COL Y CR collareja, COL cuncuna o concuna, cutusa, CUBA camao, GUAT espumuy
— **pichón**, palomino
— paloma monjil, p. moñuda, p. rizada, p. torcaz, p. zorita o zurita · p. mensajera
— **chorla**, ganga, churra, ortega, codorniz, colín

águila (RAPACES)
— águila imperial, á. real, á. pescadora o halieto, á. caudal
— cóndor
— aguilucho, pigarno, planga, FABULOSA: arpía
— halcón, baharí, neblí, olivarda, alcotán, gerifalte, gavilán, aguileño, milano, chimango, sacre, PROPIA DE ÁFRICA: alfaneque

— azor, cernícalo, abanto o alimoche, esmerejón, borní, dardabasí, atahorma, aura, macagua

buitre (CARROÑERAS)
— quebrantahuesos o águila barbuda
— BOL, COL, EC Y PERÚ gallinazo, CHILE jote, MÉX zopilote, ARG Y UR carancho, VEN zamuro

avestruz (CORREDORAS)
— casuario, ñandú o avestruz americano, emú

búho (RAPACES NOCTURNAS)
— búho real, miloca, buharro, mochuelo, lechuza, autillo, cárabo, ñacurutú, CHILE chuncho, MÉX tecolote, UR caburé
— lechuza, miloca, mochuelo, gran duque, alucón, BOL Y PERÚ carancho, cucubá, estucurú, siguapa, tuco, zumaya, guaco

murciélago (QUIRÓPTEROS)
— vampiro, zorro volador, orejudo, pipistrelo

pinzón y jilguero (FRINGÍLIDOS)
— ruiseñor, canario, tordo, verderón, zorzal, totovía, calandria, mirlo, alzacola, arandillo, petirrojo, cogujada, colirrojo, curruca, estornino, lugano o chamariz, malvís, pechiazul, trepador, treparriscos
— colibrí, ARG Y UR picaflor, MÉX chupamirto, chuparrosa, VEN tucusito

— **gorrión**, UR pásula

cuclillo o CUCO (TREPADORAS)
— abubilla, avefría, periquito, cacatúa, papagayo, arañero, azulejo, cálao, carraca, correcamiños, guacamayo, guara, maracaná, pájaro carpintero o picapinos, martín pescador o alción, torcecuello, tucán
— AM ñacundá, ARG cacuy, tui, CUBA perico o catey · PROPIA DE AM TROP quetzal

cuervo (CÓRVIDOS)
— corneja, urraca, chova, grajilla, grajo o arrendajo, cascanueces o partenueces

pato (PALMÍPEDAS)
— trullo, somorgujo o somormujo, malvasía, ánade, oca, cerceta, silbón, negrón · cisne, pelícano, onocrótalo · ganso, ánsar, tarro, cuervo marino o cormorán o corvejón, MÉX agachona
— albatros, alcatraz, negreta, CUBA, HOND Y RD yaguasa
— gaviota, alcatraz, cormorán, pelícano, rabihorcado
— petrel, fulmar, jacana, pardela, patín
— charrán, jumarel, pagaza · alca, arao, frailecillo
— colimbo, zampullín
— pingüino, pájaro bobo

tordo (TÚRDIDOS)
— zorzal, mirlo, petirrojo, ruiseñor

loro (PARLERAS)
— papagayo, cotorrera (HEMBRA DEL PAPAGAYO),

cacatúa, cotorra, perico, periquito, guaro, paraguay o loro del Brasil, COLOQ catalnica

— AM lora, guacamayo, AM CENT zapoyolito, ARG, BOL Y CHILE catita, ARG Y CHILE viudita, ARG maracaná, tui, BOL paraba, BOL Y CHILE cata, CHILE caturra, choroy, tricahue, CR cancán, HOND sapaloyo, guara, VEN catana

29.03 anatomía de las aves

pico, p. corvo

cresta, crestón, carúncula, barba, caparazón, golilla

ala, alón, cola, copete, cresta, golilla, GOLPE DE ALA: aletazo

pata, p. palmípeda, garra, espolón, garrón, espoleta, uña

barba, barbillas, barbicelo

buche o papo, esternón, quilla · pechuga, enjundia, muslo, agalla

plumaje

— pluma, pelo, plumazón, plumión, edredón · EN LA CABEZA: moño, moño de plumas o cresta, plumón o flojel, capucha, penacho, CHILE calcha · QUE CUBRE EL LOMO: capa · PARA DIRIGIR EL VUELO: pena

— GRUPO DE PLUMAS: álula (EN EL BORDE ANTERIOR DE LAS ALAS), braga (CUBREN LAS PATAS), capucha (CUBREN LA PARTE SUPERIOR DE LA CABEZA), llorón (LARGAS, FLEXIBLES Y COLGANTES), moño (SOBRESALEN DE LA CABEZA), vuelo (CONJUNTO QUE EN EL ALA SIRVE PRINCIPALMENTE PARA VOLAR)

— COMPONENTES DE LA PLUMA: astil, mástil, barba, bárbula, cendal, cañón, piñón, airón

— TIPOS: timonera, aguadera, cobertera, cobija, piñón, rectriz, tectriz, remera, rémige, pena, corva, cuchillo, manta o mantón, chupón, pincel, tijera

ADORNOS HECHOS DE PLUMA: penacho o penachera, llorón o llorona, garzota, látigo, marabú, piocha, martinete

29.04 alimentación vegetal de las aves

alfalfa, alpiste, altramuz, avena, cañamazo, cáñamo, cebada, cebadilla, centeno, gramilla, guanta, haya, heno, maíz, mijo, panizo, quila, remolacha

abey, agracejo, agrimonia, aguacatillo, alama, alazor, algarroba, algarrobo, almorta, álsine, aulaga, ballico, belloto, briza, bromo, canjuro, capín, cardón, carricillo, carrizo, cebil, cenízaro, centinodia, coligüe, cordobán, curamagüey, cúrbana, cuyá, dagame, díctamo real, encina, esteba, flechilla, frijolillo, grama de olor, gramalote, guácima, guandú, guao, hierba de Guinea, h. del maná, macagua, mielga azafranada, naba, paja brava, pajón, pamporcino, pie de liebre, quejigo, romerillo, sacasebo, saetía, sorgo, suita, súrbana, teocinte, trébol, triguera, yamao, yaya cimarrona

ADJETIVOS Y ADVERBIOS

29.05 descripción de las aves

POR SU FORMA: cañamonado, igualado, saraviado, mantudo, moñudo, papudo, calzado, CHILE calchón o calchudo (CON PELUSA), MÉX cambujo (PLUMAS NEGRAS)

POR SUS HÁBITOS ALIMENTICIOS: grullero o grueso, depredador, lagartero, lagartijero, ratero, picacero

SEGÚN LAS DEFENSAS: harpado o arpado, bravo, picudo

POR SU CANTO: cantor, cantador, cantarín, canoro, parlero, gárrulo o garrulador

POR SUS DESPLAZAMIENTOS: migratorio, emigrante, pasajero, peregrino, terrero, manero

POR SUS HÁBITOS REPRODUCTORES: clueca o llueca, ovado, viudo

POÉT QUE TIENE ALAS O PLUMAS: penígero

DICHO DE UNA PALOMA: buchón, gabacho, zuro, zorito, zurito

VERBOS Y EXPRESIONES

29.06 acción y aves

volar, aletear, revolotear, espadañar, elevarse, planear, cernerse · posarse · levantar el vuelo, batir las alas, mudar las plumas · emigrar, inmigrar · ABALANZARSE SOBRE ALGO PARA HACER PRESA EN ELLO: abatirse, calar

moverse, encrestarse, engarbarse, enclocar o enllocarse

comer, picar, picotear · morder, desmenuzar, moler, majar · cebar, empapuzar, engargantar · desbuchar, desembuchar · ARROJAR EL EXCREMENTO: tullir

reproducirse, pisar, montar, cubrir, fecundar · incubar, enhuerar · huevar · HURTAR LOS HUEVOS DE UN NIDO: escarzar

emplumar, mudar, emplumecer, encañonar, espadañar, pelechar · descañonar, desplumar, pelar

PONERSE TRISTE Y MELANCÓLICA: enmantarse

29.07 voces de las aves

cantar, chirlear o chirriar · gañir, gorjear, graznar · gañir

PÁJAROS EN GENERAL: piar, pipiar, pío, piada, piulido · gorjear, gorjeo · trinar, trinado, trino

CIGÜEÑA: crotoreo · crotorar

CUCULILLO: cucú

CUERVO, GRAJO, GANSO: graznido · graznar o crascitar

GALLINA: cacareo · cacarear · clo-clo, quiquiriquí · A LA GALLINA: pita, pita; tita, tita

GALLINA CLUECA: cloqueo · cloquear, enclocar

GALLO: quiquiriqueo, quiquiriquí · quiquiriquear

GOLONDRINA: silbido · silbar, tisar

PALOMA: arrullo · zureozurear, arrullar o cantalear

PERDIZ: ajeo · ajear

3. CUERPO HUMANO

30. ANATOMÍA
30.01 identidad
nombre
— denominación, DESUS nome · apellido, patronímico · seudónimo, sobrenombre, renombre, antenombre, cognombre, postizo, alias · apelativo, AND sobrehúsa, COLOQ apodo, mote
— FORMA ABREVIADA O DIMINUTIVA: hipocorístico
— QUE TIENEN EL MISMO NOMBRE: tocayo, homónimo, DESUS colombroño
— nombre de pila
pronombres
— personales
yo mismo, tú mismo, él mismo, ella misma, ello mismo, usted mismo, uno mismo

		función			
		sujeto	comp. circunstancial	comp. directo	comp. indirecto
1.ª pers.	s.	yo	mi conmigo	me	
	p.	nosotros/as		nos	
2.ª pers.	s.	tú usted	ti contigo	te	
	p.	vosotros/as, ustedes		os	
3.ª pers.	s.	él, ella, ello	lo (le) la	le se	
	p.	ellos, ellas	los (les) las	les se	

nosotros mismos, vosotros mismos, ellos mismos, ustedes mismos
nos, se, os (ENTRE DOS) · el uno al otro · la una a la otra
nos, se, os (VARIOS) · los unos a los otros · entre sí
— demostrativos

		cerca	medio	lejos
s.	masc.	este	ese	aquel
	fem.	esta	esa	aquella
p.	masc.	estos	esos	aquellos
	fem.	estas	esas	aquellas
raíz		est-	es-	aquel

— posesivos

		formas plenas		formas apocopadas
1.ª pers.	un poseedor	mío míos	mía mías	mi mis
	varios poseedores	nuestro nuestros		nuestra nuestras
2.ª pers.	un poseedor	tuyo tuyos	tuya tuyas	tu tus
	varios poseedores	vuestro vuestros		vuestra vuestras
3.ª pers.	un poseedor	suyo suyos	suya suyas	su sus
	varios poseedores			

raíces	1.ª pers.	mi-
		nuestr-
	2.ª pers.	tu-
		vuestr-
	3.ª pers.	su

— relativos
que, quien, quienes, el cual, la cual, los cuales, las cuales, cuyo, cuya, cuyos, cuyas
que · a quien · con quien · cuál(es) (de) · cuanto -a -os -as · cuyo -a -os -as
el/la cual · lo que · los cuales/las cuales · para quien · que · quien/quienes
quien (es) · todo lo que
— interrogativos
• quién, a quién, de quién, cuál (de)
• qué, por qué
• cuándo, dónde, cómo, cuánto
filiación, ficha · huella dactilar, señas personales, PROPORCIONES Y MEDIDAS: ficha antropométrica
alcurnia, advocación o vocación, cognomento, gracia · DESUS agnomento o agnombre
alma
— ánima, conciencia, psiquis, demiurgo · principio vital

— **mente**, interior, espíritu, inteligencia, entendimiento, voluntad, yo, sujeto
— **ánimo**, aliento, adentros, pecho, sensibilidad

ser
— **ser fantástico**, ser imaginario
— fantasma, espectro, duende, trasgo, genio, mago, hechicero, lémur (ROMA), DESUS martinico, paparrasolla, ANT larva
— monstruo, ogro, gigante, vestiglo, coco, CHILE calchona, SALV, HOND Y NIC ciguanaba o cegua, RD ciguapa
— hada, ninfa (GRECIA), apsara (INDIA)
— enano, elfo, elfina, gnomo, geniecillo
— demonio, diablo, DESUS ayacuá
MITAD ANIMAL, MITAD HOMBRE: semidragón, semicapro o egipán, semicabrón, endriago, anfisbena, arpía, hombre lobo o lobisón, h. de las nieves o yeti, tarasca, sirena

30.02 cabeza
COLOQ
— **testa**
 • tiesto, testera, cabezuela, crisma, chola, mollera, sesera, molondra, mocha, fraustina, zoncha, casco, pelota, calamorra · tapa de los sesos
 • azotea, chimenea, capitel, cachola, chiribita, cafetera, chocolatería
 • melón, chirimoya, pepino, coco, coca
cerebro, sesos, sesada, calavera, casco, meollada, meollo · cráneo, encéfalo · sustancia gris, s. blanca, materia gris
pelo, cabello, cabellera, melena · calva, calvicie
PARTE POSTERIOR DE LA CABEZA: colodrillo

cara
— **rostro**, cutis, semblante, faz, tez, figura, fisonomía, COLOQ jeta, palmito
— **rasgo**, perfil, facción, facies, ceño, gesto, mohín, mueca, visaje, catadura
— **frente**, sien, mejilla, pómulo, carrillo, moflete, mandíbula
— **mentón**, barba, barbada, barbilla
— AÑADIDOS NATURALES: arruga, barrillo, cacaraña, comedón, grano, paño, surco, papada, perigallo
— AÑADIDOS ARTIFICIALES: **afeite**, cosmético, maquillaje, polvos · máscara, mascarilla, mascarón
— APARIENCIA EVENTUAL: bochorno, rubor, sonrojo, sonroseo
— CONTACTOS EN LA CARA:
 • **beso**, carantoña, caricia
 • **palmada**, bofetada, cachete · COLOQ torta, VULG leche

ojos, COLOQ quinqués, fanales
— PARTES: ceja, sobreceja, entrecejo, párpado, pestaña, retina, pupila o niña del ojo, ANT ge-

nilla o guinilla · córnea, cristalino, iris, lagrimal, nervio óptico, órbita
— LÍQUIDOS: humor acuoso, h. vítreo · lágrimas
— AÑADIDO EVENTUAL: legaña

nariz, COLOQ napias, trompa, trufa, picota, narizón, narizota, naricilla, narigueta, nariguilla, naso
— PARTES: ala o aleta, cornete, caballete, fosas nasales, orificio nasal o coana, narina, lóbulo, pituitaria, cornete, silla turca, membrana pituitaria, ventana
— HUESOS: tabique nasal, etmoides, esfenoides, vómer
— AÑADIDO EVENTUAL: mucosa, vegetaciones, mucosidad, moquita, mocarrera, moco o COLOQ velas

orejas
— lóbulo, oído
— OÍDO INTERNO: conducto auditivo, estribo, lenticular, martillo, membrana, nervio auditivo, tímpano, trompa de Eustaquio, yunque, alveario, antitrago, hélice, trago, caracol, estatocisto, laberinto, utrículo, vestíbulo

boca
— COLOQ hocico, jeta, buzón, pico, trompa · caja, molino
— PARTES INTERNAS:
 • mandíbula, maxilar inferior, m. superior
 • labio, lengua, diente, encía, alveolo, paladar, velo del paladar, úvula o campanilla, amígdala, glotis, epiglotis, papilas gustativas, glándulas salivares, parótida, tráquea o gaznate
— AÑADIDOS EVENTUALES:
 • baba, espumarajo, saliva, escupo, esputo, flema, escupidura, salivajo o salivazo, desgarro, flema, espadañada, ANT gargozada o DESUS gorgozada
 • COLOQ escupitajo, escupitinajo, escupitina, gallo, gargajo, lapo
— **insalivación**, salivación, sialismo, tialismo
— **aliento**, hálito, resuello, alentada, vaho, vaharada, huelgo · capacidad respiratoria o COLOQ fuelle

dientes
— **dentadura**
 • dentición, arcada dental, caja dental, COLOQ herraje, herramienta · VEN, DENTADURA MAL ORDENADA: caramera
 • RUIDO AL DARSE GOLPES EN LA BARBILLA: cascaruleta
 — TIPOS:
 • diente canino o colmillo, d. incisivo, d. premolar, d. molar, d. de leche
 • muela cordal, m. del juicio · paleta
 • diente cortador, d. deciduo, d. columelar, d. navaja, d. remolón

• diente caedizo, sobrediente
— PARTES: alvéolo, encía, bulbo dentario, cemento, corona, dentina, diastema, esmalte, marfil, pala, raigón, raíz, pulpa
— IRREGULARIDADES Y ENFERMEDADES: caries, flemón, guijón, limosidad, mella, melladura, neguijón, neguilla, picadura, sarro o tosco, tártaro, tintero, toba
cuello
— PARTES EXTERNAS:
  • garganta o gorja o ANT gorgomillera, gollete, gaznate, gola, pescuezo, cogote, descote o escote, hoyuelo, nuca
  • nuez, COLOQ manzana de Adán o bocado de Adán
— PARTES INTERNAS: cuerdas vocales, faringe o ANT gula, glotis, laringe, nasofaringe, rinofaringe, tráquea · amígdala, angina
30.03 tronco
busto · COLOQ caja, pechera, peto
pecho
— tórax, seno, teta, ubre, mama · glándula mamaria, areola o aréola, mamelón, pezón
— COLOQ delantera, escaparate, espetera, pechera, ganglios, marmellas, mostrador, DESPREST tetas, tetorras, tetamen, melones, limones, domingas, pitones, anginas
abdomen
— vientre · ombligo
— COLOQ pancha o pancho, panza, panzón, barriga, tripa, baúl, timba, gángster, andorga, pandorga, sorra, ventrecha, SAL baltra, AM guata
costado, COLOQ lado, cintura
espalda
— dorso, atrás, detrás, reverso, COLOQ cerro, espaldera, respaldo
— columna vertebral, costilla, riñones, respaldar, envés, COLOQ costillar, espinazo, lomo
nalga, PUNTA DEL ESPINAZO: rabadilla
— COLOQ
  • asentaderas, posaderas, posteridad, polisón, rabada
  • culo, culamen, pandero, popa, pompis, trasero, cachas, FIG as de oros · EUFEM donde la espalda pierde su honesto nombre
ingle o DESUS ingre, pelvis, pubis, empeine, epigastrio, hipogastrio, entrepiernas, horcajadura
30.04 brazo
extremidades superiores
hombro, axila o sobaco, omóplato o escápula
codo, antebrazo, muñeca
mano o DESUS man
— palma, dorso
— monte de Venus, rayas de la mano · huellas dactilares

— COLOQ ancla, cerra, rastrillo, garro, garra, pinza, zarpa
dedo
— TIPOS: anular, corazón, índice, meñique, pulgar
— PARTES: carpo, metacarpo, falange, falangeta, falangina, uña, yema
— puño, nudillo, pulpejo
30.05 pierna
ARRANQUE: regazo, cadera, muslo
extremidad inferior
— PARTE CARNOSA Y REDONDA: molledo, pospierna
— rodilla ↔ corva
— canilla · espinilla, tobillo o maléolo
— COLOQ gamba, muslamen, pantorra, pantorrilla, jamón, jarrete, pata, zanca
pie
— miembro
— antepié, palma, planta, peine, empeine, puntera, calcañar o calcaño (PARTE POSTERIOR DE LA PLANTA)
— suela, talón, espinilla, garganta (PARTE SUPERIOR POR DONDE SE UNE CON LA PIERNA)
— COLOQ pata, pezuña, pinrel, adobe, calcas, queso, casco, garra, zarpa, remo
dedo
— pulgar o pólice o gordo, anular, auricular, cordial, índice o índex, medio, meñique o pequeño
— artejo, artículo, falange, falangeta, falangina, nudillo o DESUS ñudillo, pulpejo
— uña, yema · huella
— COLOQ dátiles
30.06 huesos
DE LA CABEZA:
— frontal, temporal, parietal, occipital
— esfenoides, etmoides, arco cigomático, malar, unguis, vómer
— maxilar superior, m. inferior o mandíbula, hueso nasal
— hioides
DEL TRONCO: columna vertebral · vértebras cervicales, v. dorsales, v. lumbares, v. sacras, cóccix · costillas, esternón
DE LA EXTREMIDAD SUPERIOR:
— cintura escapular: omoplato o escápula, clavícula
— húmero, cúbito, radio
— carpo: escafoides, semilunar, piramidal, pisiforme, trapecio, trapezoide, hueso grande, h. ganchoso
— metacarpo, falanges, ANT falanginas, falangetas
DE LA EXTREMIDAD INFERIOR:
— pelvis: ilion, isquion, pubis
— fémur, rótula, tibia, peroné
— tarso: astrágalo, calcáneo, escafoides, cuboides, cuñas

— metatarso, falanges

HUESO Y COMPONENTES:

— **tejido óseo**: células óseas, osteoblasto, osteoclasto, colágeno, laminillas, cartílago, osteína

— tejido conjuntivo

— diáfisis, extremos o epífisis, metáfisis, médula ósea o tuétano, periostio, endostio

ARTICULACIÓN MOVIBLE: diartrosis

30.07 músculos

QUE TRATA DE LOS MÚSCULOS: miología · QUE LOS DESCRIBE: miografía

DE LA CABEZA: frontal, temporal, epicraneano, occipitofrontal, temporoparietal

DE LA CARA:

— depresor de la ceja, d. del ángulo de la boca, d. del labio inferior

— orbicular del ojo, o. de los párpados, o. de la boca, o. de los labios

— elevador del labio superior, e. del ángulo de la boca

— cigomático (MEJILLA), masetero (MANDÍBULA INFERIOR), risorio de Santorini, triangular de los labios

DEL CUELLO: cutáneo del cuello, esternocleidomastoideo, omohioideo, tiroideo, esternotiroideo, esplenio de la cabeza y del cuello

DEL TRONCO:

— diafragma, músculos intercostales · m. cardiaco

— recto abdominal, dorsal ancho · oblicuo mayor, o. menor · pectoral mayor, p. menor · serrato mayor, s. menor

— DORSO: trapecio · romboides menor, romboides mayor · redondo mayor, infraspinoso, dorsal ancho, posterior inferior

DEL BRAZO:

— bíceps, b. braquial, b. braquial anterior, braquiorradial, coracobraquial, deltoides, epicóndilo, infraespinoso, pectoral, radial, redondo mayor, r. menor, subescapular, supraespinoso, trapecio, tríceps, vaso interno del tríceps

DEL ANTEBRAZO:

— pronador redondo, palmar mayor, p. menor, cubital anterior, c. posterior, extensor de los dedos, radiales

— DORSO: supinador largo, ancóneo, primer radial externo, extensor común de los dedos, cubital posterior, segundo radial externo, abductor del pulgar, extensor corto del pulgar, e. largo del pulgar, e. propio del meñique

DE LA MANO:

— VISIÓN PALMAR: oponente del meñique, flexor corto del pulgar, aductor del pulgar, músculo de la eminencia tenar, m. de la eminencia hipotenar

— VISIÓN DORSAL: primer interóseo dorsal, segundo interóseo dorsal, tercer interóseo dorsal, cuarto interóseo dorsal · lumbrical, flexor, extensor

DEL MUSLO:

— cuadriceps: recto anterior, vasto externo, v. interno

— aductores e isquiotibiales, pectíneo, sartorio, semimembranoso, semitendinoso, tensor de la fascialata, bíceps

DE LA PIERNA:

— aductor mayor, a. mediano

— bíceps, cural o femoral

— extensor de los dedos, flexor de los dedos

— gemelo externo, g. interno

— glúteo mayor, g. menor, pectíneo

— perineo anterior, p. lateral corto, p. lateral largo, poplíteo

— recto anterior, r. femoral, r. interno, r. interno del muslo

— sartorio, semimembranoso, semitendinoso

— sóleo (PANTORRILLA), tendón de Aquiles, tensor de la fascialata

— tibial anterior, t. posterior, tríceps

— vasto externo, v. interno

— RELATIVO A LA CORVA: poplíteo

DEL PIE:

— PLANTA DEL PIE:

— abductor del dedo gordo, a. del dedo pequeño

— accesorio del flexor largo, flexor corto, f. corto del pulgar, f. corto del quinto dedo

— interóseo, plantar, lumbrical, interdorsal

FUNCIONES: flexor ↔ extensor · pronador ↔ supinador · abductor ↔ aductor · inversor ↔ eversor · rotador

COMPONENTES:

— fibra muscular: vientre muscular, fibra estriada, f. lisa

— inervación, inserción, membrana o aponeurosis, ANT sarcolema, sarcoplasma

— tendón

MÚSCULOS Y ESTADOS:

— contracción o contractura ↔ distensión o relajación · ALARGAMIENTO: elongación
  • flexión ↔ extensión

— espasmo

— aducción ↔ abducción

30.08 órganos vitales

APARATO RESPIRATORIO:

— **laringe**, tráquea, bronquio, bronquiolo, alvéolo

— **pulmón**, hilio, cisura, lóbulos, lobulillos, pleura, mediastino

APARATO DIGESTIVO:

— **labios**, dientes

— **lengua**, COLOQ la colorada, la húmeda, la

maldita, la muí, la sin hueso · papilas gustativas · glándulas salivares, g. parótidas, g. sublinguales, g. submaxilares · velo del paladar, istmo de las fauces, epiglotis
— **faringe**, esófago, cardias, estómago, píloro
— **hígado**, vesícula biliar, páncreas
— **intestino delgado**: duodeno, yeyuno, íleon, COLOQ mondongo
— **intestino grueso**: apéndice, colon ascendente, c. transverso, c. descendente · intestino recto o tripa del cagalar · ciego, recto
— **ano**, COLOQ ojete, puerta trasera, MALSON culo, ojo del culo

APARATO CIRCULATORIO:
— **corazón**
  • aurícula, ventrículo, endocardio, miocardio, pericardio, válvula mitral, v. tricúspide · vaso sanguíneo
  • **latido**, pulso, riego sanguíneo, vascularización
— **arteria**
  • aorta, arteria vertebral, a. iliaca, a. femoral, a. axilar
  • arteriolas, capilares
— **vena**
  • venosidad, ramificación
  • ácigos, basílica, cardiaca, cava, cefálica, coronaria, emulgente, leónica, porta, pulmonar, ranina, safena, subclavia, yugular
— **sangre**
  • **glóbulos** rojos o hematíes, g. blancos o leucocitos, hemoglobina, plasma, plaquetas
  • **circulación**, hematosis
  • **coágulo**, cuajarón · ANT ARTE DE SANGRAR: flebotomía · vasoconstricción ↔ vasodilatación
  • COMPONENTES DE LA SANGRE: anticuerpo, colesterina, fibrina, gammaglobulina, glóbulo, hematíes, hemocianina, hemoglobina, leucocito, plaqueta, plasma, protrombina, suero, trombocito · grupo sanguíneo, factor Rh · hemoderivado
  • TIPO: grupo sanguíneo · A, B, AB, 0
— **hemorragia**, efusión, epistaxis, hematemesis, hemoptisis, menstruación, pujamiento, pujo · flujo de sangre · MUJER QUE LO PADECE: hemorroisa o hemorroísa · FUERA DEL PERIODO MENSTRUAL: metrorragia

SISTEMA NERVIOSO:
— **cerebro**
  • PARTES: hemisferios, cerebelo, ganglios, meninges · bulbo raquídeo, encéfalo, médula, m. espinal, mielina, plexo, gran simpático, parasimpático
— **neurona**
  • dendritas, nervio o DESUS niervo

  • ciático, neumogástrico, óptico, trigémino, vago, vasomotor · ramificación
  • SENSACIONES: escalofrío, repeluzno

APARATO GENITOURINARIO:
— **riñón**, uréter, vejiga
— **pelvis** renal, cápsula renal, c. atrabiliaria, c. suprarrenal, glándula suprarrenal, arteria emulgente, uréter, nefrón o nefrona
— arenas, arenillas, cálculo, piedra

APARATO REPRODUCTOR FEMENINO:
— **genitales femeninos**, pubis, partes pudendas, vulva, monte de Venus, labios mayores, l. menores, himen o virgo, vagina · clítoris
— **útero** o matriz, trompa de Falopio, ovarios · óvulo
— claustro materno, madre, matriz, seno materno · membrana alantoides · cuello, endometrio, hocico de tenca · perineo o periné
— COLOQ
  • partes, vergüenzas, intimidades, entrepierna
  • DESPREST chisme, chocho, chumino · chichi, beo · agujero, raja · almeja, quisquilla, conejo, mochuelo · castaña, higo, pimiento, seta · cimbel, felpudo, cepillo · chupajornales, guardapolvos · papo, tonto · ARG zorro, concha, SALV gallo, COL, GUAT y VEN cuca
  • MALSON coño, coñado

APARATO REPRODUCTOR MASCULINO:
— **genitales masculinos**, miembro viril, pubis, partes pudendas, vedija, verija
— **pene** o falo, verga, prepucio, escroto o bolsas, testículo, NIC coyunda · próstata, vesícula seminal · esperma, espermatozoides
— ENTRE LAS PARTES SEXUALES Y EL ANO: periné o perineo
— CABEZA DEL MIEMBRO VIRIL: glande
— COLOQ
  • alegrías, aparato, asunto, bartulillo, canario, canicas, cataplines, chisme, ciruelo, cojines, cola, colita, cosa, cuca, cuestión, pájaro, pera, pito, pluma, vergüenzas
  • MALSON carajo, cojones, picha, pija, polla
  • VULG pichina, pilila, menina · palo, porra, pica, lapicero, látigo, pincho, pirindolo, cebolleta, nabo, platanito, pepino, cimbel, cingamocho, cipote, churro, chuzo · escopeta, pistola, pistolón, trabuco, mechero · longaniza, morcilla · quilé · huevos, huevamen, huevada, pelotas, pelotamen · bolo, bolas, CHILE callampa

30.09 funciones vitales
constantes
— tensión arterial, ritmo cardíaco o pulsación · presión venosa central · temperatura · respiración

corazón
— contracción cardiaca · sístole, diástole · soplo
pulmón
— respiración: espiración ↔ inspiración, inhalación, suspiro, jadeo
— DIFICULTAD: disnea · fatiga, opresión de pecho, ahogo, sofoco
nutrición
— alimentación, ingestión, sustento · dietética
digestión
— absorción digestiva, asimilación, tránsito gástrico, t. intestinal · indigestión o embarazo gástrico
evacuación
— **riñón**, uréter, uretra, vejiga, aparato genitourinario
— necesidad, menester, diligencia · apretón, torcijón, retortijón, torozón, pujo o tenesmo
— **micción**, aguas menores, necesidad menor, diligencia menor, orín, orina, meada, meadura · COLOQ pipí, pis, chiss
— **deyección**, aguas mayores, necesidad mayor, deposición, defecación, heces, excreción, excremento, bacinada, evacuación, COLOQ caca, cagada, VULG mierda, ñorda, plasta, zulla, zurullo, cagarruta, catalina, chorizo, mojón, NIC ñaña, SALV ñisca
— **flatulencia**, eructo, regüeldo, taco · vapor, ventosidad, viento, gas · COLOQ Y A VECES DESPREST cuesco, follo, follón, pedo, pedorrera, pedorreta, pluma, traque, zullón
— **vómito**, amago, ansias, arcada, basca, espadañada, gargantada, náusea, vomitona
REPRODUCCIÓN:
— **menstruación**, ovulación, COLOQ regla, MED dismenorrea
— desfloración, coito · orgasmo, eyaculación · semen, VULG leche
— concepción, embarazo
— parto, alumbramiento, nacimiento
— menopausia, climaterio, andropausia
sueño
— **somnolencia** o soñolencia, soñarrera, sopor, soñera, COLOQ zorrera
— **entresueño**, duermevela, letargo, modorra
— **siesta**, dormida, canóniga, siesta del carnero
— **vela**, velada, veladura, velación, sobrevela, vigilia, pervigilio, sonochada, trasnochada, trasnocho, trasnoche · noche toledana · PREVIO AL ENTIERRO: velatorio
SENSACIONES FÍSICAS:
— **transpiración**, sudor, sudación, resudor, trasudor, resudación, mador, hiperhidrosis, MED diaforesis
— ardor, calor ↔ frescor, frío
— fuerza ↔ debilidad
— placer ↔ daño

— bienestar ↔ malestar
— necesidad ↔ saciedad
— hambre, sed, sueño, dolor
30.10 aspecto
porte
— **presencia**, apariencia, aire, figura, continente o ANT continencia, señas, traza, COLOQ facha
— **talante**, tipo, aire, actitud, modo, forma, condición, proceder, estilo
— **catadura**, complexión, cariz, constitución, cuerpo, proporción, traza
— **empaque**, estilo, expresión, gesto, fisonomía, COLOQ facha
— **rostro**, semblante, mirada, sonrisa
— **postura**, posición, disposición, compostura, afectación, aire, aires, presencia, modales, temple, tesitura
— **edad**
  • años, primaveras
  • niñez, infancia, mocedad, juventud
  • madurez, sazón, desarrollo, florecimiento
  • vejez, ancianidad, senectud
salud
— **energía**, brío, pujanza, fuerza, nervio, potencia, resistencia, robustez
— **lozanía**, salubridad, tono, vigor, equilibrio, savia
— **empuje**, pujanza, nervio, poderío, vitalidad, aguante
— **euforia**, bienestar, fortaleza, fuerza vital
— **dinamismo**, vivacidad, vigorosidad
atractivo
— **belleza**
  • beldad, apostura, trapío, gracia, sal
  • COLOQ bollito, yogurt, esparraguín, bombón, guayabo, pibón · gacela, figulina, venus, lolita
— **guapeza**, guapura, hermosura, lindeza, majeza, tiesura, tronío · sex-appeal
— **encanto**
  • donaire, armonía, gancho, agrado, cortapisa, donosura, gala, galantería, galanura, gallardía, garbo, gracilidad
  • don de gentes, FIG ángel · COLOQ salero, su aquel
  • airosidad, bizarría, cimbreo, desenvoltura, disposición, gala, galanía, garrideza, gentileza, lozanía, marcialidad
— **buena facha**, b. planta, b. figura, buen tipo · COLOQ tipazo, DESUS garabato
— **fealdad** o DESUS feeza, afeamiento, deformidad, desfiguración, desproporción, fiereza, monstruosidad
— **desgarbo**
  • sosedad, pesadez, sequedad, desgracia
  • mala pata, m. sombra

complexión
— **talla**, talle, altura, alzada, descuello, esbeltez, estatura
— **pequeñez**, enanismo, menudencia
— **delgadez**, cateresis, colicuación, emaciación, enflaquecimiento, extenuación, marasmo, MED tabes
— **gordura**, gordor, corpulencia, exuberancia, adiposidad, grasa, vientre, papada
— **dermis**, epidermis, epitelio, glándula sudorípara, hipodermis, poro · papila, tejido adiposo, tubérculo
— PELLEJO EXCESIVO EN EL CUELLO: perigallo · GORDURA EXAGERADA: polisarcia · celulitis
— COLOQ panza, carnaza, molla, mollas, carnes, pulsera, rodaja, rollo, rosca, rosco, sebo, tripa, michelín, flotador, morcilla, curva de la felicidad · piel de naranja
facción
— **rasgo**, gesto, catadura, faz, COLOQ careto
— **cicatriz**, hoyuelo, mácula, hoyo, cacaraña
— **mofletes**, papada, pómulo
— **mancha**, lunar, mancilla, paño, peca o efélide, cardenal, rosa o roséola, antojo, MED petequia
— **barrillo**, barro, espinilla, grano, comedón
— **arruga**, cabrilla, culebrilla, estría, grieta, hormiga, pata de gallo
— **abultamiento**
  • callo, carnosidad, callosidad, cogullada, dureza, duricia, morrillo
  • ojo de gallo, ojo de pollo · verruga, cadillo, ampolla
— **quiste**, carnosidad, padrastro, postilla · callo, clavo, sabañón, juanete o adrián
— **joroba**, chepa, giba, corcova, renga, sifosis · MED cifosis, lordosis, escoliosis
— **llaga**, buba o búa, pupa, úlcera, descamación, desolladura, despellejadura, eflorescencia, erupción, lobanillo, pápula, roña
— **melena**
  • mata de pelo, greña
  • pelusa, vello, rizo, bucle, quiqui, mechón, mecha, flequillo, copete, tupé
  • cola, coleta
— **cana**, entrada, calvicie, COLOQ emparrado
30.11 movimientos
sacudida
— **convulsión**, estremecimiento, sacudión, cimbronazo, concusión, estrechón, tumbo, vaivén, AM sacudón, COL y VEN estremezón · EN AND, VAIVÉN DEL HOMBRE EBRIO: cambalada
— **escalofrío**, tiritón, tiritona, repelús o repeluzno, carrillada (EN LAS MANDÍBULAS)
— **temblor**
  • tembleque, tembladera, estremecimiento, vaivén · parpadeo, balanceo, bamboleo

• agitación, palpitación, oscilación, vibración, libración · ACCIÓN DE ESTIRARSE: pandiculación
— COLOQ tantarantán, espeluzno
salto
— **brinco**, bote, tranco, cabriola, pirueta, respingo, volatín, giro
— **acrobacia**, contorsión, balotada, batuda, corcovo, cortado, chozpo, gambeta, rebote
— **quiebro**, regate, quite, rodeo, estorcimiento
paseo
— vuelta, caminata, vagabundeo, merodeo
— COLOQ garbeo, garbeíto, voltio, paseata, pavonada
huida
— **escapada**, espantada, estampida, carrera, desbandada, disparada, escapatoria, traspuesta
— **evasión**, fuga, deserción
— COLOQ afufa, afufón, apelde, escurribanda
30.12 gestos
posición
— **actitud**, talante, desplante · CON POCA FIRMEZA PARA MANTENERSE: fayanca
— **mueca**, mohín, momo, momería, monada, monería, figurería, morisqueta, garambainas, alcocarra, coco, coquito, seña, tic, visaje, jeribeque · rictus
— **ceño**, regaño, remilgo
— **guiño**, guiñada, guiñadura
fingimiento
— **disimulo**, disimulación, artificio, astucia, socarronería, embozo, malicia, recámara, retranca, retrechería, solapa, tapadera, tinte, trastienda, velo · segunda intención
— **simulación**, afectación, apariencia, simulacro, fruncimiento, mascarada, finta, cuento, farsa, comedia, escena, pamema, remilgo, melindre, ardid, aspaviento, DESUS guadramaña · hipocresía
— **paripé**, zalagarda, pamplina, pantomima, carnavalada, zanguango
— COLOQ gatatumba, pasmarota, maca
llanto
— **lloro**, lloriqueo, lloramico, lloradera o llorera o llantina o llantería o llanterío
— **sollozo**, singulto, vagido, gemido
— **aflicción**, bejín, berrín, guaya, jeremiada, plañido
— **berrinche**, rabieta, verraquera
— COLOQ llantera, perra, zollipo · puchero
risa
— **sonrisa**, risita, retozo
— **risotada**, carcajeo, carcajada
30.13 golpes
CON LA MANO:
— **manotada**, guantada, bofetada, palmada,

pescozada, APRETANDO EL DEDO PULGAR: pulgarada
— **manotazo**, tortazo, guantazo, cogotazo, coletazo, cintarazo, zarpazo, zurdazo, tabanazo, palmetazo, EN LA BOCA: tapaboca
— **bofetón**, manotón, pescozón, sopetón, pechugón, torniscón, CUENCA Y GUADALAJARA: taire
— **azote**, catite, cachete, sopapo, mamporro, metido, moquete
— COLOQ torta, chufa, colleja, galleta, lapo, revés, chuleta, soplamocos · tarascada
— VULG hostia, hostiazo, jetazo
CON EL PUÑO:
— **puñetazo**, puñada, capón, cate, lapo, castaña, castañazo, mojí, mojicón, moquete, mamporro
— COLOQ cosque o cosqui
— BOL Y CHILE chopazo o chope, BOL, CHILE Y PERÚ combo
CON LA CABEZA:
— **cabezada**, cabezazo, casquetazo, testada, testarada, topetón, molondrón, mochazo
— COLOQ hocicada, morrada, calamorrada
EN LA CABEZA:
— **coscorrón**, capirotazo, morrazo, testarazo, tornavirón
— BOL, CHILE Y EC coscacho
CON EL PIE:
— **patada**, puntapié, puntillazo, puntera, pernada, taconazo
— **pisada**, pisotón, pisadura · pataleo
CON OTRA PARTE DEL CUERPO: entrada, encontrón o encontronazo, empujón o empellón · mangonada, codazo, rodillada, rodillazo · nalgada · panzada, panzazo · gaznatazo · COLOQ tiento
REPETIDOS:
— **paliza**, vapuleo, vuelta, lampreada, tentadura, tollina · castigo, flagelación
— COLOQ **zurra**, azotaina, azotina, cachetina, cera, escurribanda, felpa, friega, galopeado, julepe, leña, mano, manta, meneo, metido, sepancuantos, soba, solfa, somanta, sopapina, sotana, tanda, tocata, trepa, tunda, zamanca, zumba, zurribanda, AST tolena
CON UN OBJETO:
— **chinazo**, pedrada, cantazo, guijarrazo, peñascazo · pelotazo, bolazo
— **palo**, leñazo, cañazo, varazo, bastonada, bastonazo, baquetazo, garrotazo, cachiporrazo, paraguazo, badilazo, astillazo, estacazo, escobazo, varapalo, herronada, espolonazo
— **latigazo** o lampreazo, correazo, ramalazo, jaquimazo · sartenazo, tomatazo, abanicazo, aldabazo, aldabonazo, almohadillazo,

azadazo, azadonazo, botellazo, gualdrapazo, machetazo, martillazo, mazada, mazazo, tinterazo · GOLPE DE AIRE O AGUA: gurupada
EL CUERPO CONTRA EL SUELO O ALGÚN OBJETO:
— **golpazo**, golpetazo, golpeadura, impacto, testarada, testarazo, trastazo, chipichape
— **caída**, costalada, costalazo, calabazada, calabazazo, calamorrada o calamorrazo, choque, porrada, zamarrazo
— **porrazo**, batacazo, capirotazo, cimbronazo, cipotazo, combazo, guarrazo, papirotazo, planchazo, toletazo, topetazo, trallazo, trancazo, trastazo, trompazo, vardascazo, vergajazo, zarpazo, zoquetazo, zurriagazo
— **tropezón**, topetón, trompón, cipotón · topetada, trompada, cipotada, pancada, tozolada, costalada, papirotada, pechada
— **solapo**, tiento, viaje, papirote, sardineta, voleo, sequete, sosquín, trompis, remoquete, tantarantán
— ARG, BOL Y EC tincazo, CHILE, COL, EC Y PERÚ quiñazo
— COLOQ guarrazo, mamporro, morrada, morrazo, panzada, panzazo, talegada, talegazo

ADJETIVOS Y ADVERBIOS
30.14 descripción del cabello
COLOR:
— **brillante**, luminoso, reluciente
— **rubio**, platino, dorado, bruñido, rubicundo, trigueño, taheño · refulgente
— **negro**, moreno, cetrino, obscurecido, denegrido, fuliginoso, tiznado
— **rojo**, pelirrojo, bermejo, rufo, atigrado, pelo de cofre, pelo de Judas
— **castaño**, cobrizo, pardo
— **blanco**, cano, canoso, entrecano
— **café**, chocolate
FORMA:
— **fuerte**, rígido, resistente, rebelde, hirsuto o híspido, áspero, tieso
— **fino**, débil, quebradizo, frágil, endeble
— **liso**, lacio, caído, desmayado, apanalado, sedoso, aterciopelado
— **enredado**, enmarañado, AM pasudo, grifo, AM CENT chasco, crespo
— **rizado**, rizoso, voltizo, ondulado, encrespado, arrugado, ensortijado o de medusa, escarolado
— **ahuecado**, alisado, suelto
— atado, con coletas, con moño, con palmera, con trenzas, trenzado, con rastras
— con flequillo, con tupé
— rapado, tonsurado, rasurado, cortado, puntiagudo
— **cepillo** (CORTO Y DE PUNTA) · AM motudo o motoso (DISPUESTO EN FORMA DE MOTA)

— voluminoso, abundante
— velloso, barbudo, depilado, engominado, laqueado

ESTADO:
— arremolinado, despeinado, encrespado, estropajoso, crespo, enredado
— pegajoso, piojoso, casposo
— húmedo, mojado, empapado, chorreando, chorreante
— con mechas, teñido
— limpio, sucio, graso, seco
— largo, por los hombros, por las orejas, por detrás de las orejas

PRESENCIA:
— **peludo**
 • peloso, velludo, vellido, velloso · orangután, oso · POÉT crinado
 • abundante, espeso, tupido, compacto, apretado, prieto, denso, merino (CRESPO Y ESPESO) · SIN CORTAR: intonso
 • peluca, postizo
— **calvo**
 • pelado, pelón, roso, escabechado, glabro, lampiño
 • al rape (CORTADO A RAÍZ), de rata o ralo, VEN cabeza de rodilla
 • CORTADO DESPAREJO: trasquilado

BARBA:
— **barbudo**, barbón, barbillas, barbicerrado, barbiespeso
— barba cerrada, b. cuadrada, barbillón, chiva
— barbiblanco, barbicacho, barbicano, barbicastaño, barbicorto, barbihecho, barbilampiño, barbilindo, barbilucio, barbiluengo, barbimoreno, barbinegro, barbiponiente, barbipungente, barbirralo, barbirrapado, barbirrojo, barbirrubio, barbirrucio, barbitaheño, barbiteñido
— mosca, patillas, pera, perilla, sotabarba
— **bigote**, b. estilo inglés

30.15 descripción de la cara

COLOR:
— blanca, cetrina, albina · rosa, rosácea, encarnada
— colorada, coloradota, rubicunda
— morena, amulatada, adusta, pálida, cadavérica
— carinegro

FORMA:
— redonda, apiñonada, chicharrona, arrebatada, rostritorcida, rostrituerto, carialzado · perfilada
— robusta, esbelta, gruesa · gestuda, hocicona, hocicuda, hosca, malcarada, carantamaula
— RELLENA: COLOQ cara de pan, c. de galleta · carrillos de monja boba, c. de trompetero

bella
— hermosa, guapa, guapetona, venusta, linda, relinda, lucida, maja, mona · risueña
— apuesta, armoniosa, bellida, brillante, divina, galana, gallarda, garrida, grácil, graciosa
— pulcra, pulida, radiante, serrana
— bien parecida, b. encarada, b. agestada, b. arrostrada
— de buena figura, de buen aspecto
— COLOQ carininfo, caribello, carilucio
fea
— fosca, torva, virolenta, vultuosa, grotesca, empedrada, fachosa, deslucida, risible, ridícula, caricaturesca
— informe, disforme · cariancho, carigordo, carilargo, carirredondo, carilleno, cariharto, carichato, cariaguileño
— horrible, espantosa, horrorosa, sombría, atroz, desagradable, repelente, repulsiva, repugnante, asquerosa
— innoble, indecorosa, indecente, vergonzosa
— mal parecida, m. encarada, m. agestada, m. arrostrada
— picada de viruelas
— alargada, redonda
— COMP ING
 • cara de acelga, c. de alguacil, c. de circunstancias, c. de conejo, c. de funeral, c. de hereje, c. de juez, c. de lunes, c. de muerto, c. de palo, c. de papel, c. de pascua, c. de perro, c. de pocos amigos, c. de póquer, c. de rayo, c. de suela, c. de viernes, c. de vinagre, ARG c. de velorio
 • feo con avaricia, f. con ganas, f. como un susto · no tener cara para santiguarse (MUY PEQUEÑA)

DESCRIPCIÓN DE LOS OJOS:
— COLOR:
 • claros, azules, azulinos, garzos, zarcos, verdes, verdecidos, grises, grisáceos, agrisados
 • iluminados, alimonados, azulados, esmeralda, cristalinos, transparentes, turquesa, ambarinos
 • oscuros, grisáceos, acaramelados, violetas, malvas, morados, camaleónicos, descoloridos, desgastados
 • negros, negrazos, negrillos, marrones
 • de gato, de lince
— FORMA:
 • menudos, menudillos, abultados, reventones, saltones
 • rasgados, desgarrados
 • redondos, saltados, sanguinolentos, atigrados
 • cansados, encarnizados
 • ahuevados, achinados, almendrados, en-

tornados, desorbitados, respingones, cavernosos, desiguales, hinchados · cejijunto
- de huevo duro, de rana
— EXPRESIÓN:
  - seductores, seductivos, penetrantes, expresivos
  - brillantes, vidriosos, animados, vivos
  - serenos, tranquilos, conmovedores, sinceros, tiernos, delicados, sensitivos, compasivos
  - turbios, confusos, nebulosos, cegados, sombríos, tenebrosos, huidizos, pesados, pitarrosos
  - tristes, llorosos, lujuriosos, lascivos
  - congestionados, inyectados, extraviados, lagrimosos
  - engatusadores, zalameros, penetrantes, pícaros, cómplices
— LA PERSONA:
  - atravesados, avizores, bisojos · bizco, estrábico, DESUS estrabón, COLOQ bizcorneado, bizcornetas, bizcuernazos
  - tuerto
  - ciego, cegato, cegarra, cegajoso, cegama, cegarrita, cegatoso, nictálope, trasojado, turnio, COLOQ cegarrita, rompetechos, topo
— LA VISTA: miopes, hipermétropes, estrábicos, bizcos, temblorosos, parpadeantes, titilantes
DESCRIPCIÓN DE LA BARBA Y EL BIGOTE:
— poblada, cerrada, abundante, densa, espesa, salvaje, de zamarro
— rala, escasa, hirsuta, perejil, mal sembrada
— rizada, ensortijada, crespa
— recortada, cuidada
— blanca, cana, canosa, blanquecina
— ESCASA EN LAS MEJILLAS Y LARGA EN EL MENTÓN: de macho, de chivo
— BIGOTE MUY PEQUEÑO: mosca, CHILE laucha · MÉX, BIGOTE QUE CAE POR LOS LADOS DE LA BOCA: aguacero
DESCRIPCIÓN DE LA NARIZ:
— COLOR:
  - amarillenta, anaranjada, blanca, brillante, carmín, cereza, cobreña, cobriza, colorada, coral, coralina, encarnada, ennegrecida, enrojecida, ensombrecida, escarlata, granate, pálida, purpúrea, reluciente, roja, rojeante, rosa, rosácea, sonrosada, verdosa
— FORMA:
  - chata, chatunga, achatada, roma, AST nacho, AM CENT Y VEN chinga
  - larga, levantada, arremangada, leptorrina, respingona, respingada, aguileña, abultada · perfilada
  - prominente, pronunciada, puntiaguda, picuda, afilada, aquilina, griega

- encorvada, ganchuda, recogida, remachada, apapagayada, caída
- taponada, atascada · desatascada
- suave, rasposa, áspera
— LA PERSONA: narigón, narizón, narigudo, nasudo, braco, DESUS aventado
DESCRIPCIÓN DE LA BOCA:
— GRANDE: rasgada, oronda
— COLOQ
  - bocudo, boquiabierto, boquiancho, boquirroto, boquirrasgado, boquitorcido
  - hocicudo, morrudo, picudo, jetudo, jetón
  - de buzón, de espuerta, de hucha, de oreja a oreja
— COMP ING tener una boca que ni la del horno
— PEQUEÑA: de piñón, LA PERSONA: boquiangosto
— desdentada · CON DIENTES RALOS Y DESIGUALES: helgado
— carnosa, sensual
DESCRIPCIÓN DE LOS LABIOS:
— COLOR:
  - rojos, rojizos, rosados, encarnados, carmesíes, bermellones
  - blanquecinos, pálidos, azulados, amoratados, morados, negros, góticos, bermejos, luminosos, brillantes, coralinos
— TACTO:
  - sabrosos, carnosos, dulces, jugosos, frescos
  - secos, cortados, agrietados, pelados, quemados, dañados, tatuados, rasgados, encarnizados
  - babosos, grasientos, sucios
  - femeninos, masculinos, viriles
— FORMA:
  - estrechos, finos, pequeños, delgados, perfilados, planos, estilizados, aniñados, menudillos, delgados, delicados, menguados
  - curvos, caídos, torcidos, degradantes
  - prominentes, turgentes, carnosos, gruesos, grosezuelos, hinchados, abultados, aumentados, abullonados, macilentos, voluminosos, grades
  - brillantes, radiantes, resplandecientes, lustrosos
  - HENDIDO EN LA FORMA EN QUE LO TIENE LA LIEBRE: leporino
— ESTADO:
  - sonrientes, alegres, juguetones
  - tristes, miedosos, temblorosos, nerviosos
  - hermosos, bellos, soberbios, cantosos, sellados, infantiles, traidores, adultos, maduros, maltratados
  - apasionados, apetecibles, besucones, sexuales, sensuales, voluptuosos, ardientes, cálidos, agresores, acosadores, atrevidos, vivos

DESCRIPCIÓN DE LOS DIENTES:
— grandes, abultados, empalados · DESPAREJOS: dientes de ajo
— separados, salteados, de embustero, de gallo · ARG parecer una pelea de perros · COMP ING tener más dientes que una carrera de caballos
— menudos, menudillos
— LA PERSONA:
  • dentudo, dientudo, dentón, colmilludo
  • saltón, picón, gelasino
  • mellado, remellado, remellón, mellique, desdentado, desmolado

30.16 descripción de brazos y piernas
derecha, diestra, de oro, hábil, buena
izquierda, zurda, siniestra, de plata, COLOQ zocato, zurdo
QUE USA IGUALMENTE AMBAS: ambidextro o ambidiestro, DESUS maniego
estilizada, amplia, alargada, delicada, esbelta, candorosa, temblorosa, suave, tierna
robusta, ruda, fuerte, recia, tersa, áspera, encallecida, callosa, curtida, enjuta, huesuda, descarnada, gordinflona, rechoncha, regordeta
larga, corta, delgada, gorda, torcida, esbelta, musculosa, fuerte
agarrotada, temblorosa
ortopédica, de madera
DESCRIBIR A LA PERSONA:
— manco, mutilado · TORCIDA O CONTRAHECHA: zopo
— cojo, patojo, patituerto, perniabierto · PIE TORCIDO: zompo
— zambo, befo, estevado, patiestevado, patizambo, gambado, ñangado, pantorrilludo, pateta, AM chueco, cambado
— pernicorto, paticorto, pernituerto, zámbigo, zanqueador, zanquituerto, CHILE pachacho
— patón, piernitendido, cavanillero, zanquilargo, COLOQ Y DESUS zanquivano
DESCRIPCIÓN DE LOS DEDOS:
— delgados, alargados, finos, enjutos, largos, afilados, delicados, firmes · raquíticos, enclenques
— gruesos, carnosos, robustos, cortos
— nudosos, aporretados, encallecidos, descarnados, temblorosos
— ENCORVADOS: gafo

30.17 descripción de la piel
blanca, albina, pálida, nívea, lechosa, de porcelana
rosada, sonrosada, colorada, enrojecida, cetrina
morena, dorada, tostada, cobriza, bronceada, satinada, oscura, quemada
fina, suave, lisa, despejada, delicada, sensible, de seda, saludable, joven, juvenil, hidratada, luminosa

rugosa, correosa, áspera, curtida, desollada, marchita, acartonada, ajada, arrugada, tersa
seca, grasa · pecosa · de carne de gallina

30.18 descripción de la edad
joven
— naciente, reciente, flamante, principiante, tierno, fresco, verde, lozano
— inmaduro, bisoño, neófito, novicio, novato, novel
— en hierba, en verde, en la flor de la vida, en plena juventud, recién salido del cascarón
— REF Hasta el diablo era bello cuando entró en quintas.
maduro, mayor, avejentado, aviejado, añoso, ñoño, canoso, gastado, agotado, ANT canudo COLOQ chocho
— herrumbroso, marchito, gastado, desgastado, usado, COLOQ quintañón, viejales, calamocano, VULG tarra
— de edad, entrado en días, de cierta edad, metido en años, entrado en años, maltratado por los años
viejo
— anciano, acabado, achacoso, ajado, antañón, caduco, cellenco, centenario, clueco, decrépito, machucho, petiseco, decano, ruco, seco, trabajado, valetudinario, POÉT grandevo, ANT dioso
— antiguo, añejo, añoso, primitivo, primevo, arcaico, COLOQ recio
— arrugado, consumido, acartonado, trasnochado, acecinado, amojamado, apergaminado, seco, COLOQ potrilla · con un pie en la sepultura

30.19 descripción de la belleza
bello
— bellido, bellísimo, guapo, lindo, relindo, alindado, hermoso, precioso, venusto, agraciado · imponente, impresionante, incomparable, inigualable
— escultural, fenomenal, fantástico, formidable, grandioso · atipado, macizo, despampanante
— apolo, adonis, narciso, venus, ninfa, perla, primor, pimpollo, bombón, muñeca, sílfide, sirena, valquiria, afrodita · ángel, querubín, serafín
— buen mozo, buena moza
— de buena facha, de b. figura, de b. planta, de b. pinta, de b. presencia, de b. vela
— de buen tipo, de b. aspecto, de b. gusto, de b. tono · de mucho efecto
— bien plantado, b. parecido, b. encarado
— una monada, una idealidad, una gozada, un sueño, una maravilla, una preciosidad, una idealidad

— sin par, sin igual · mujer diez, top model o supermodelo

elegante

— **refinado**, distinguido, radiante, flamante, lucido, pulcro, apuesto, selecto, armonioso, brillante, garrido

— **atildado**, aristocrático, dandi, estilizado, exquisito, fino, galano, COLOQ acicalado, DESUS concino

— **gallardo**, garboso, galán, airoso, brioso, marcial, bizarro, curro, majo, garabatoso, gentil, juncal, lozano, saleroso, SAL rejileto

— **majo**, mono, pulido, gracioso, grácil, rico, ricura, divino, sublime, celestial, angelical

— **espléndido**, estupendo, resplandeciente, maravilloso, pasmoso, portentoso, prodigioso, asombroso, soberbio, sorprendente, sublime, único, extraordinario

presumido

— **engreído**, arrogante, COLOQ chulo, chuleta, chulapón, pocholo

— **coqueto**, airoso, arrecho, cimbreante, cimbreño, donoso, esbelto, flamenco, gallardo, garboso, gitano, telendo, tieso, vivo

— **galán**, garzón, jarifo, narciso, petimetre, figurín, paquete

COLOQ

— bollito, quesito, esparraguín, yogurín, AM macanudo

— tío bueno, tía buena, de pecado, para comérselo, ARG para el crimen

— guapote, guaperas, guapeza, guapura, guapetón, mono, majo, jamón, macizo, monumento, pimpollo

— de aúpa, de órdago, de bandera

— de buen año, de b. ver, de b. parecer

feo

— **inelegante**, ordinario, cursi, vulgar, gestudo, sesgo, torvo

— **desgarbado**, apiñonado, arrebatado, endiablado, repelente, repulsivo, molso, chicharrón, monicaco, zancón

— **pálido**, blanco, cadavérico · coloradote

— **rostritorcido**, carantamaula, escomendrijo, hocicón, hocicudo, rostrituerto, zancajo

— **malcarado** o mal carado · mal parecido, m. arrostrado, m. fachado, m. trazado

muy feo

— **horrible**, horroroso, espantoso, monstruoso, repugnante, atroz

— **adefesio**, caricatura, fenómeno, mamarracho, espanto, espantapájaros

— **monstruo**, aborto, engendro, feto, momia

— **brujo**, diablo, callo, cardo, coco, charro, facha

antiestético

— **deforme** o disforme, grotesco, despropor-

cionado, fachoso, fachudo, incasable, innoble, ANT laido

— **desmedrado**, encorvado, malhecho, rengado

— **jorobado**, cheposo, chepudo, gibado, giboso

— **concorvado**, contrahecho

COLOQ

— **feote**, feúcho, feúco, feróstico, feotón, fosco, hosco, ARG y UR bagayo, ARG, CUBA, EC, SALV, UR bagre

— **bicho**

  • bicharraco, pajarraco, monstruo, ogro

  • oso, gorila, mono, macaco, orangután, mico

  • arpía, tarasca, sierpe, topo

  • grajo, loro, cuervo, cacatúa

  • sapo, escarabajo, cucaracha, grillo

— petardo, aborto, feto, birria, bruja, calchona, callo, carantamaula, carantoña, cardo, cazo, coco, demonio, diablo, espantajo, esperpento, zancajo, zoquete, zurrapa

— **mamarracho**, adefesio, birria, buñuelo, catana, churro, desastre, emplasto, esperpento, facha, higo, irrisión, mondongo, morcilla, morcón, paparrucha, zancocho

— **espantajo**, arlequín, calandrajo, ente, esperpento, estafermo, facha, fantoche, figura, f. grotesca, figurilla, figurón, gaitero, hazmerreír, histrión, monigote, payaso, tipejo, títere, visión

30.20 descripción de la estatura

alto

— **esbelto**, espigado, arbolado, crecido, altote, altaricón, personudo, proceroso, talludo, coloso, buen mozo, DESUS desvaído

— **gigante**, gigantón, mocetón, zagalón, gansarón, perantón, titán, agigantado, galavardo, granadero, moscatel, espingarda, estantigua, fariseo, jayán, varal, SALV y PERÚ macuco

— COLOQ jirafa, langaruto, larguirucho, mocetón, pendón, perantón, perigallo, pingorotudo, tagarote, zagalón, zanguayo, AND cangallo

bajo

— **enano**, nano, tozo, pequeño, pequeñín, bajito, bajete, bajuelo, AM petiso, DESUS tamañito, tamarrusquito, tamarrizquito, COL chingo

— **aplanado**, arranado, aparasolado, arriñonado, achaparrado, chaparrudo, rechoncho, paturro, arranado, cuadrado, culón

— **chico**, chiquitín, chiquirritín, diminuto, exiguo, menudo, parvo, tozo, retaco

COLOQ

— rebolludo, repolludo, rebajado, apaisado, ca-

nijo, calcillas, zancajo, zanquillas, recoquín, rechoncho, PERÚ catimbao, VEN topocho
— pequeñuelo, pequeñujo, pequeñajo, pequeñarra, semihombre, arrancapinos, liliputiense, gofo
— pigmeo, pitufo, pituso, pepona
— renacuajo, gorgojo, rana, escarabajo
— miniatura, tachuela, figurilla, peonza, perinola, botijo, cuba, tapón, tonel, tonelete, talego

30.21 descripción de la corpulencia
grande
— **gigantesco**, agigantado, galavardo, mangón, mayo, moscatel, titán, varal
— **atlético**, vigoroso, apretado, fornido, carnoso, craso, robusto
— **proceroso**, empingorotado, encumbrado
fuerte
— **forzudo**, fortachón, forcejudo, rebolludo, fornido, potente, atleta, estrenuo, guijarreño, canducho, pellín, percherón, rehecho, roblizo, rollizo, trabado, gañán, jayán, DESUS enrobrescido, terete, CR, EC y NIC ñeque
— **poderoso**, vigoroso, musculoso, toroso, DESUS lacertoso · hércules, sansón · garrudo, membrudo, nervudo, costilludo
corpulento
— **mostrenco**, hercúleo, mofletudo, redoblado, pícnico, COLOQ armatoste
— **coloso**, gansarón, granadero, espingarda, estantigua, COLOQ altaricón, fariseo, BOL y COL macuco
— **abultado**, abotagado o abotargado, adiposo, mantecoso, espeso, fornido, orondo, bamboche, voluminoso, amondongado, cachigordo, mofletudo, carigordo, carnoso, fofo, fondón, cebón, ceboncillo, pastel, PR abatanado
gordo
— **relleno**, grueso, recio, robusto, pesado, redoblado, rehecho, rellenito, repolludo, roblizo, rollizo, gordal, graso, grasoso, opulento, entredoble, hobachón, inflado, abultado, AR y NAV zaborro, DESUS terete · MED obeso, bulímico
COLOQ
— salvaje, animal, mulo, toro, borricote · de acero, de bronce, de diamante, de hierro, de piedra, de roca · bíceps, brazo, pulso, puños
— como una roca, c. un roble, c. un toro
— regordete, regordito, gordezuelo, gordinflón, gordinflas, rechoncho, nalgudo, molletudo, potoco, cachigordo
— mole, mollejón, jergón, morcón, motilón, zoquete · foca, vaca, vacaburra · ARG gordo bachicha

— MUJER GORDA Y PESADA: pandorga, jamona, narria, BOL y EC mamancona
— VIENTRE ABULTADO: curva de la felicidad
delgado
— **flaco**, flacucho, famélico, magro, enjuto, menudo, grácil, macilento, maganto, fino, afilado, estrecho, linear, capilar, impalpable, ligero, vaporoso
— consumido, entelerido, lamido, flácido, pilongo
— encanijado, espiritado, estilizado, desmedrado, aplanado, trasijado
— escuálido, acordonado, apergaminado, cimbreño, momio, enclenque
delicado
— **enfermizo**, raquítico, endeble, enteco, escomendrijo, feble, sarnoso, tiñoso, ÁL y AR escamocho, COLOQ DESUS escolimado, COL y VEN sute, HOND cipe
— **demacrado**, desmejorado, descarnado, desnutrido, exánime, exangüe, exhausto, ARG CHILE y UR bichoco
— MED tísico, hético, anoréxico
COLOQ
— **delgaducho**, debilucho, pachucho, flacuchento, chupado, rechupado, escuerzo, vomitado
— **desmirriado** o esmirriado, esquelético o esqueletado, escuchimizado, escurrido, canijo, sietemesino · aleluya, cangalla, canilla, cañifla, cavanillero, cenceño, charcón, chigüín o chigüí, cimbreño
— **espectro**, espingarda, estantigua, esparvel, fariseo
— **seco**, reseco, carniseco, pilongo, cangallo, escomendrijo, zancarrón, arpía, EC, HOND y MÉX fifiriche
— **espárrago**, fideo, oblea · tirilla, palillo, espátula · sabandija, lombriz, lambrija, perigallo, flamenco, gansarón · momia, momio · minuto
— guiñapo, gurrumino, mesingo, morriñoso

30.22 descripción de los gestos
expresivo
— **cordial**
   • abierto, afable, afectuoso, cariñoso, efusivo, elocuente, espontáneo, expansivo, natural, revelador, significativo, simpático, sincero
   • apasionado, vehemente, vivo
   • COLOQ fancote
— **alegre**, sonriente, gracioso, divertido, eufórico, risueño, vivaracho
— **elogioso**, laudatorio, aprobador, encomiástico, admirativo, lisonjero
— **emocionado**, ansioso, interesado, sorprendido, asombrado

afectado
— **amargado**
  • evasivo, caridoliente, carifruncido, caria-
    contecido
  • afligido, apenado, aquejado, conmovido,
    entristecido, misterioso, perturbado, so-
    bresaltado
— **enfadado,** preocupado, nervioso, estresado, enojado, arisco
— **llorica,** llorador, llorante, llorón, jeremías,
  lagrimoso o lacrimoso, plañidero, huerco,
  lloraduelos · quebradizo, tierno
— **acalorado,** enrojecido, amoratado, avergonzado
— **triste,** apenado, siniestro
despectivo
— **despreciativo,** desdeñoso, displicente, desatento, ofensivo, humillante
— **burlón,** guasón, irónico, socarrón, farsante,
  sarcástico
— **hipócrita,** taimado, disimulador, disimulado, diplomático, malicioso, cazurro
— **amenazador,** acusador, provocador
**30.23 descripción de las posiciones
  del cuerpo**
de frente, de espaldas, de escorzo, de perfil, de
medio perfil, de lado, de costado, de medio
lado, de través
vuelto hacia, al revés o del revés
erguido
— **erecto,** derecho, rígido, recto, en pie, de pie,
  firme, levantado, acandilado, arrecho, arre-
  mangado, empinado, estirado, enhiesto o
  enfiesto, tieso, vertical, de puntillas, incorporado, ERGUIDO CON ARROGANCIA: sacando pecho
reclinado
— **apoyado,** agachado, arrodillado, agazapa-
  do, acurrucado, en cuclillas
— **de rodillas,** de hinojos
— **a gatas,** a cuatro pies, a cuatro patas, a gachas, a tatas
— **encorvado,** inclinado, doblado, encogido
— **hecho un ovillo,** hecho una pelota
— **sentado,** SENTADO CON UNA PIERNA A CADA LADO:
  a horcajadas
tendido
— **tumbado,** acostado, echado, horizontal
— **boca arriba,** panza arriba
— **boca abajo,** de bruces
— **decúbito derecho,** d. izquierdo, d. lateral,
  d. prono, d. supino
— TENDIDO SOBRE UNA CABALLERÍA: atasajado
SEGÚN LA POSICIÓN DE LA CABEZA:
— **cabizbajo,** alicaído, cabeza abajo
— **haciendo el pino,** ARG h. la vertical
SEGÚN LA POSICIÓN DE LOS BRAZOS:
— **acodado,** de codos

— en jarras, en asas
— con los brazos cruzados
CON RESPECTO A OTRO:
— AL BRAZO: del brazo · de gancho, de ganchete, de bracete
— SOBRE LOS HOMBROS:
  • a cuestas, a costillas, a caballo, a coscole-
    tas · en hombros
  • AM CENT a tuto, ARG Y UR a babucha,
    HOND a memeches, MÉX a papuchi
  • SOBRE LAS RODILLAS: en el regazo, en la falda
CARACTERÍSTICAS DE LA POSICIÓN: cómoda ↔ incó-
  moda · elegante ↔ inelegante · forzada ↔
  natural · graciosa ↔ ridícula
30.24 descripción del estado físico
descansado
— **reposado,** holgado, apacible, plácido, calmado
— **cómodo,** confortable, a gusto
— **tranquilo,** sereno, templado, sosegado, despejado · fresco, lozano
— **a sus anchas,** a cuerpo de rey · dueño de sí
cansado
— **decaído,** alicaído, apagado, atrabajado, cansino, cansío, canso, cascado, gandido, gastado, lánguido, laso, quebrado, remiso, trabajado, zarrioso
— **agotado,** abatido, aturdido, derrotado, exánime, exhausto, exinanido, extenuado, fatigoso, imbele, jadeante, rendido, reventado,
  EXT cefrado, MÉX ñengo o ñango
  • molido, fundido, deshecho, maltrecho,
    desfallecido, deslomado, despernado, des-
    trozado, pulverizado, desmarrido, desca-
    labrado, roto, tullido, desmazalado o des-
    malazado · demacrado, somnoliento
  • matado, muerto

                    VERBOS Y EXPRESIONES
▸ **32.12 copular**
▸ **32.13 nacer**
▸ **32.14 vivir**
▸ **32.15 morir**
▸ **35.16 comer**
▸ **36.18 beber**
30.25 acción e identidad
llamarse
— **apellidarse** · titularse
— **nombrar,** denominar, designar, apellidar, poner, bautizar, intitular, imponer, dar · decir, llamar, apodar · asignar, aplicar, mentar · recibir
— **llevar por nombre,** tener por nombre
— **atender por,** responder por
ser atractivo
— COMP ING
  • estar como un tren, e. como para parar un
    tren, e. como un camión, e. como un pan,

e. como para mojar pan, e. como para hacerle un favor, e. como para hacerlo padre, e. como una perita en dulce
• estar más bueno que el pan · MALSON Y VULG
e. de puta madre, tener un polvo o estar
para echarle un polvo
• que quita el hipo, que q. el sentido
• que deja bizco, que tira de espaldas
• dar las doce antes de la hora, tener buen
palmito, ARG romper portones
• **ser** un budín, s. de toma pan y moja, ARG,
PERÚ, UR s. un churro, ARG s. un despi-
plume, COL s. un papito, MÉX s. un forro,
s. un cuerazo, GUAT s. un mango, BOL,
CHILE, MÉX, PERÚ s. un cuero

ser poco atractivo
— COMP ING
• ser más feo que Carracuca, ser más f. que
dar un susto al miedo, ser más f. que el
cárabo del castañar, ser más f. que el congreso de la Inquisición, ser más f. que la
muerte, ser más f. que morderse las uñas,
ser más f. que pegar a un padre, ser más
f. que pegarle a Dios en Viernes Santo, ser
más f. que Picio, ser más f. que el sargento
de Utrera, ser más f. que Tito, ser más f.
que un coche fúnebre, ser más f. que un
dolor a medianoche, ser más f. que un dolor de muelas, ser más f. que un pecado,
ser más f. que un susto a medianoche, ser
más f. que una noche de truenos, ser más
f. que una noche oscura, ARG ser más f.
que tropezar descalzo, VULG ser más f. que
la madre que lo parió
• ser tan feo que con su cara defiende su
casa, parecer la estampa de la herejía, hay
caras que de balde son caras, estar hecho
de recortes de maternidad, llegar el último al reparto de caras, ser el antídoto de
la lujuria, CHILE ser porfiado de cara

ser alto
— COMP ING
• ser alto como un pino, ser a. como una
jirafa
• ser más largo que un día sin pan, ser más
l. que un real de hilo

ser de poca estatura
— COMP ING
• ser el enano de la venta, ser un tapón de
alberca, VEN ser el chichón del piso
• no hacer sombra a las cinco de la tarde,
no salir del suelo, no levantar un palmo
del suelo, no vérsele en el suelo
• ARG ser cortito como galope de gusano,
ser c. como pata de chancho, ser c. como
viraje de laucha

cojear, ser cojo · ser manco

30.26 acción y funciones vitales
estar sano, e. en forma, COLOQ e. como un
reloj, VEN e. como un rolo · gastar salud
respirar
— **aspirar**, inspirar, inhalar · jadear, resollar,
acezar, DESUS carlear
— **espirar**, exhalar, expeler, expulsar, soplar, resoplar, echar aire, bufar, CANTB runflar
— **bostezar**, suspirar
— **ahogarse**, sofocarse, abochornarse, asfixiarse
— **estornudar**, toser, hipar, roncar
cansarse
— **agotarse**, extenuarse, reventarse, desriño-
narse, destroncarse, destrozarse, herniarse
— **fatigarse**, agobiarse, abrumarse, hundirse,
lasarse, desalentarse, descoyuntarse, rendirse
— **quedar agotado**, q. derrengado, q. deslo-
mado, q. desriñonado, q. hundido, q. molido, estar abatido
— COLOQ
• estar molido, e. rendido, e. medio muerto, e. que se cae, e. para el arrastre
• estar hecho añicos, e. hecho cisco, e. hecho fosfatina, e. hecho harina, e. hecho
leña, e. hecho mierda, e. hecho migas,
e. hecho papilla, e. hecho pedazos, e.
hecho picadillo, e. hecho polvo, e. por
los suelos, e. hecho puré, e. hecho tabaco, e. hecho trizas, e. hecho un guiñapo, e. hecho un nazareno, e. hecho
una braga, e. hecho una piltrafa, e. hecho unos zorros
• no poder más, no p. con su alma, no p.
consigo mismo, no p. con sus huesos, no
tenerse de pie
• caerse a pedazos, tener los huesos molidos, echar la lengua
• poder ahogarlo con un cabello, ANT no perder con la bula
— COMP ING
• estar con la lengua fuera, e. con la lengua
de un palmo
• estar más molido que la canela, e. más
molido que la pimienta
• estar más muerto que vivo, e. como si le
hubiesen dado una paliza
• ARG estar hecho torta, e. como pollo mojado, e. por el piso
• ARG, CHILE Y UR estar hecho bolsa
• CHILE apagársele la tele, estar aplastado
como sapo
dormir
— **dormitar**
• adormilarse, amodorrarse, arrullar, reposar, cabecear · tener sueño

- estar a cierra ojos, e. a duermevela, e. entre dos sueños
- COLOQ caerse de sueño · estar muerto de sueño, e. que se cae, e. hecho un cesto, e. hecho un zorro · dar cabezadas
— **sestear**, cabecear
  - dormir la siesta, descabezar un sueñecito
  - echar(se) la siesta, echar(se) un sueñecito
  - dar una cabezada, dar cabezadas
  - COLOQ dormir la canóniga, MÉX echar un coyotito · SESTEAR ANTES DE LA COMIDA: echar la siesta del burro, e. la siesta del canónigo · DORMIR TRAS INGERIR ALCOHOL: dormir la mona, d. el lobo, d. el vino · desollar la zorra
— **acostarse**
  - recogerse, tumbarse · echarse a dormir, irse a la cama
  - COLOQ tender la raspa, meterse en el sobre, tomar el pendil y la media manta, hacer la rosca · IR TEMPRANO A LA CAMA: acostarse con las gallinas
— **dormirse**
  - adormecerse, adormilarse, adormitarse, adormentar, adormirse, aletargarse, aquedarse, reposar, sosegar, amodorrarse, azorrarse, transponerse o trasponerse
  - caer dormido, coger el sueño, conciliar el sueño, descabezar un sueño, sumirse en el sueño, cerrar los ojos, quedarse transpuesto
  - COLOQ sobar · quedarse frito, q. roque, q. sopa · planchar la oreja · hacer la rosca, h. la nana, h. seda · estar en siete sueños
— **desvelarse**
  - trasnochar, sonochar, velar, lucubrar
  - perder el sueño, espantar el sueño, no pegar ojo, no cerrar los ojos, no pegar pestaña
  - pasar la noche en claro, p. la noche de claro en claro, p. la noche en blanco, p. la noche en vela o estar en vela
  - pasar una noche toledana, p. una noche de perros
  - espantar el sueño, perder el sueño, quitarse el sueño
— COMP ING
  - dormir a pierna tendida, d. a pierna suelta, d. a sueño suelto, d. como un bendito, d. como un ceporro, d. como un leño, d. como un tronco, d. como un angelito, d. como un patriarca, d. como un santo, d. como un lirón, d. como una marmota
  - estar en siete sueños, e. en brazos de Morfeo · soñar con los angelitos, planchar la oreja, ARG dormir a pata ancha, VEN entregar la guardia
  - ININTERRUMPIDAMENTE: dormir de un tirón

despertar(se)
— desadormecerse, desparpajarse, despabilarse, espabilarse, abrir los ojos, AM recordar, amanecerse
— levantarse, madrugar
tener la regla
— tener la menstruación, t. el periodo
— COLOQ
  - tener la mala semana, t. los pintores
  - estar con el san Gregorio, e. con el mes, e. con el semáforo rojo · recibir la visita del nuncio
vomitar
— **devolver**, arquear, arrojar, basquear, desembuchar, echar, expeler, expulsar, lanzar, regurgitar, rendir, restituir, retrocar, revesar, tornar, trasbocar
— **arquear**, nausear, desaguarse
— COLOQ
  - echar las tripas, e. las entrañas, e. el buitre, e. la pastilla, e. la pava, e. hasta la primera papilla, e. los kiries
  - cambiar la comida, HOND Y GUAT amarrar el zope · DESPREST potar
orinar
— **mear**, mojar
— **desbeber**, desaguar, desaguarse
— hacer aguas, h. aguas menores, h. un río, h. pipí, h. pis, h. un pis
  - COLOQ Y DESPREST echar una meada, e. la chorrada · cambiar el agua a los garbanzos, c. el agua al canario, c. el agua a las aceitunas · c. el caldo · CHILE echar el litro, e. la corta
— PRECIPITADAMENTE: írsele las aguas
excretar
— **descomer**, ciscarse, cuitear, defecar, deponer, descargar, deyectar, eliminar, ensuciar, evacuar, excrementar, frezar, hacer, obrar, regir, soltar
— ensuciarse, escagarruzarse, zullarse, zurruscarse
— hacer de cuerpo, h. de vientre, h. aguas mayores, h. sus necesidades, h. una diligencia, h. una necesidad, h. sus menesteres, h. de su persona
— exonerar el vientre, descargar el vientre, evacuar el vientre
— COLOQ hacer caca, h. de lo gordo · poner un huevo, echar la firma, e. el quilo, e. una carta al correo, CHILE cortar leña, CUBA dar de cuerpo, VEN dar del cuerpo · DESPREST O VULG SEGÚN USOS: cagar, jiñar
— COLOQ, SIN CONTROL: irse, escagarruzarse, ensuciarse en los calzones, hacérselo encima, irse de cámaras, irse de varetas
— COMP ING, VULG cagar hasta la primera pa-

pilla, ARG c. hasta el apellido, dejar la osamenta
— COLOQ, CON FLUIDEZ: estar corriente, tener flujo de vientre, estar como el caño de una fuente · COMP ING irse como una canilla, irse de vareta, irse de patas abajo · padecer cámaras, tener cagalera, PERÚ tener la baticola floja

ventosear
— **expeler**, irse, ventear, descoserse, zullarse
— COLOQ **peer**, peerse, florearse · tener el vientre flojo, arrojar un aire, irse de copas

eructar
— **regoldar**, expeler, repetir, rotar, rutar · echar un aire, e. los gases

reír
— **sonreír**, carcajear, descoyuntarse, despedazarse, desternillarse
— **reír a carcajada limpia**, reír a carcajada tendida, soltar la carcajada, estallar en carcajadas, soltar el trapo
— **hartarse de reír**, mondarse de risa, morirse de risa, revolcarse de risa, retorcerse de risa, caerse de risa, reventar de risa, troncharse de risa, retozar de risa, despedazarse de risa, descoyuntarse de risa, partirse de risa, estar muerto de risa, ARG descostillarse de risa, COLOQ mearse de risa, VULG descojonarse de risa
— COMP ING reír como un bendito, r. a casquillo quitado, r. a mandíbula batiente, r. a pierna suelta, r. a todo trapo, r. a toda vela · ser algo la monda, caberle un pan en la boca
— RISA FALSA: risa de conejo, r. sin ganas · reír de dientes afuera, r. de la boca para afuera

llorar
— **plañir**, lagrimar, lagrimear, encanarse, implorar, guayar, lagrimacer, DESUS plantear
— **lloriquear**, gimotear, gemiquear, jeremiquear, gemir, himplar o jimplar, jipiar, sollozar, zollipar, pujar · llorar lágrimas de cocodrilo, mojar la pestaña
— **berrear**, varraquear o verraquear · llorar a moco tendido, ll. a moco y baba, ll. a lágrima viva, ll. los kiries
— **saltarse las lágrimas**, humedecerse los ojos, empañarse los ojos, nublarse los ojos, estar con los ojos anegados, empañarse la vista, hacer pucheros, temblar la voz
— COLOQ abrir la fuente de las lágrimas, anegarse en llanto, arrasarse los ojos en lágrimas, coger una perra, correr las lágrimas, deshacerse en lágrimas, llenarse los ojos de lágrimas, llorar desconsoladamente, pillar un berrinche · soltar el grifo, s. el trapo
— COMP ING
• llorar como un chiquillo, ll. como una cria-

tura, ll. como una fuente, ll. como una Magdalena
• llorar a lágrima viva, ll. a moco tendido, ll. lágrimas de sangre
• estar hecho un mar de lágrimas, e. hecho una botija
— REF En cojera de perro y lágrimas de mujer, no hay que creer. Quien no quiera ver lágrimas, que no vaya a la guerra.

tener frío
— **enfriarse**
— COLOQ
• estar pelado de frío, e. haciendo calceta · pelarse de frío
• quedarse como un pajarito, q. tieso
• tener fiebre, t. una fiebre de caballo, t. carne de gallina, t. la piel de gallina
• dar diente con diente, dar tiritones
— COMP ING tener más frío que siete viejas

tener calor
— **sudar**, resudar, trasudar, exhalar, transpirar · entrar en calor
— COLOQ sudar la gota gorda, s. a chorros, s. a mares, s. como un pollo · estar hecho un agua

30.27 acción y gestos
gesticular, gestear
— **alterarse**, demudarse, desemblantarse, desencajarse, desfigurarse, inmutarse
— **hacer muecas**, h. un corte de mangas · fruncir el ceño, guiñar el ojo, mirar de soslayo, sacar la lengua, tragar saliva, apretar los dientes, chuparse el dedo

ruborizarse
— **sonrojarse**, palidecer
— ponerse lívido, p. rojo, p. colorado
— mudar de semblante, m. de color
— perder el color, subir los colores
— COMP ING
• ponerse rojo hasta las orejas, p. rojo como un tomate
• ponerse de mil colores, p. hecho unas brasas, p. blanco como un papel
• quedarse más blanco que un sudario, EC hacerse un ají

temblar o tremer o DESUS tremar
— **temblequear**, rehilar, retemblar, rielar, tembletear, tiritar, titilar, titiritar, tremolar, vibrar
— **estremecerse**, castañetear, dentellar, palpitar, bambolearse, azogarse, agitarse, calofriarse o calosfriarse o escalofriarse, fluctuar, rilar, ARG Y UR achucharse

30.28 acción y cuerpo
removerse
— **revolverse**, acorralarse · arremolinarse, caracolear, ceñirse, contornearse, encerrarse, enrollarse, envolverse, menearse, remoli-

narse, revolotear, revoltear, torcerse, tornearse

— ECHAR HACIA ATRÁS LA PARTE SUPERIOR DEL CUERPO: treparse

— **darse la vuelta**, d. media vuelta, d. vuelta en redondo, d. una vuelta de campana · girar en redondo, g. sobre los talones · volver la espalda

levantarse

— **alzarse**, auparse, desasentarse, elevarse, enderezarse, erguirse, estirarse, incorporarse, uparse

— **ponerse en pie**, p. de pie, p. derecho, p. tieso · saltar de la cama, poner los pies en el suelo

— **empinarse**, enarbolarse, MIL cuadrarse

— **subirse**
  • encaramarse, engarabitarse, remontarse, repinarse
  • ascender, escalar, gatear, guindar, levitar, montar, repechar, resquilar, trepar

agacharse

— **inclinarse**, arrodillarse, acuclillarse, agazaparse, apoyarse, doblarse

— **encogerse**, encorvarse, acurrucarse · hincharse de rodillas, ponerse en cuclillas

— **postrarse**, achancarse, aclocarse, arrellanarse, arrepanchigarse, arrodajarse, asentarse, recalcarse, rellanarse, respaldarse, retreparse, seer, COLOQ repanchigarse, repantigarse

— **sentarse**, tomar asiento · sentarse con comodidad, s. con abandono, s. con las piernas cruzadas · s. de media anqueta, s. de medio ganchete, s. de medio lado · s. a horcajadas, COLOQ dejarse caer

girar

— **bailar**, escarabajear, remolinar, remolinear, revirar, revolotear, revolverse, rodar, rolar, rotar, rular, rutar, volitar, volverse

— dar vueltas, darse la vuelta, virar en redondo

caerse

— **resbalar** · tambalearse, desmoronarse, despeñarse, desplomarse, abatirse, arriscarse

— caer a plomo, caer de plano

— dar de bruces, d. en tierra, d. un traspié, d. un porrazo, d. un testarazo

— faltarle el suelo, f. los pies

— irse a tierra, perder el equilibrio, romperse la cabeza, venir a tierra, venirse abajo

— COLOQ
  • bajar, aterrizar, descender, rodar, escullir, pegársela, dársela
  • caer de culo, darse una matada
  • pegarse un tortazo, p. un batacazo, p. un galletazo, p. un castañazo, p. una castaña · medir el suelo, venirse al suelo, caer-

se redondo, SALV Y MÉX darse un madrazo

— COMP ING romperse las narices, morder el polvo, besar el suelo, caer de morros, coger una liebre, apearse por las orejas, tomar las pajas con el cogote, CHILE sacarse la cresta, VULG darse o pegarse una hostia

simular

— **aparentar**
  • fingir, afectar, camandulear, cohonestar, contrahacer, encojarse, fruncirse
  • disimular, encubrirse, enmascararse, solaparse, taparse

— **hacerse el disimulado**, h. el distraído, h. el desentendido, h. de nuevas · hacer la comedia

— **guardar las formas**, g. las apariencias · no darse por aludido, no d. por enterado · poner cara de circunstancias, p. cara de palo · ir a lo tonto

— COLOQ
  • hacer como que, h. que hacemos, h. el papel, h. el paripé, h. como que no · al descuido, al desdén
  • hacerse el sordo, h. el sueco, h. el tonto, h. el longuis, ARG h. el artista
  • mirar a otra parte, m. a otro lado · echarle cuento, mandarse la parte

— COMP ING
  • tirar la piedra y esconder la mano, quedar otra cosa dentro del cuerpo
  • andar a la chita callando, a. burla burlando
  • ir como quien no quiere la cosa, ir como si tal cosa, por lo bajo o por lo bajinis

eludir

— **evitar** o vitar, cuerpear, esquivar, sortear, soslayar

— **abarse**, apartarse, escabullirse, escaparse, escaquearse, evadirse, ladearse, sacudirse, salirse, salvarse, sustraerse, zafarse

— **rehuir**, capear, torear, librarse

— echar el cuerpo fuera, echarse fuera, falsear el cuerpo, hacer gracia de, hacerse a un lado, hurtar el cuerpo

— ponerse a un lado, p. al socaire

— quitarse de en medio, q. de delante

— COLOQ
  • salirse por la tangente, echar balones fuera, escurrir el bulto, huir como de la peste
  • hacerse el escurridizo, h. el remolón

— COMP ING ser escurridizo como una anguila

▶ 32.12 copular

30.29 acción y cabeza

cabecear o amorrar, agarbarse, amochar, agachar · decapitar, descabezar · cubrirse, descubrirse

bajar la cabeza, levantar la cabeza

decir no con la cabeza, d. sí con la cabeza
encogerse de hombros, mover la cabeza
CAMBIAR LA EXPRESIÓN: mudar el semblante, cambiarse el rostro

OJOS
— **pestañear**, parpadear, entornar, torcer, entrecerrar, guiñar o cucar, bizquear, embizcarse, relampaguear, bailar, bajar
— **cedacear**, cegajear · entelar, enturbiarse, nublarse · perder vista, ser corto de vista
— **llorar**, lagrimear, brillar, desojar
— **entortar**, COLOQ mirar contra el gobierno, tener ojos de bitoque

NARIZ
— **congestionarse**, taparse · descongestionarse, destaparse · sangrar · picar, moquear · hurgar

BOCA
— **toser**, estornudar, carraspear, crisparse, sacudirse
— **escupir**, esputar, expectorar, gargajear, salivar, ensalivar, espurrear, espurriar, espurrir
— CON LOS DIENTES: morder, masticar, adentellar o hincar los dientes, ronchar
— EN EL NIÑO EMPEZAR A ECHAR LOS DIENTES: endentecer o dentar
— SONAR LOS DIENTES: castañear o dentellar, rechinar, ÁL carrasquear, PAL chirrisquear, AST Y LEÓN rucar
▸ **35.16 comer**
▸ **36.18 beber**
▸ **50.16 hablar**
▸ **50.17 gritar**
▸ **86.13 cantar**

30.30 acción y brazos
tocar
— **acariciar**, manosear, masajear, manotear, palmotear, rozar, arañar
— **palpar**, sobar, hurgar, tentar, sobajar, pulsar, COLOQ apalpar
— **toquetear**, zarandear, tentalear, trastear, bordonear

coger
— **agarrar**, tomar, asir, atrapar, aprehender, apresar, empuñar, enganchar, trabar, apoderarse, capturar, prender o ANT aprender, hacer presa
— COLOQ echar mano, e. la zarpa, e. el guante, e. el lazo, e. la garfa, e. la garra

mover
— **parar**, frenar, detener
— **soltar**, colgar ↔ descolgar, enganchar ↔ desenganchar, fijar ↔ desfijar, sostener ↔ soltar
— **poner** ↔ **quitar**, meter(se) ↔ sacar(se), conservar ↔ tirar, guardar ↔ abandonar
— **colocar** ↔ **retirar**, esconder ↔ encontrar, cubrir ↔ descubrir

— **apartar**, quitar, cambiar, echar a un lado, hacer a un lado, quitar de en medio, ARG sacarse de encima
— **levantar**, levar, alzar, izar, arbolar, enarmonar, encimar, encumbrar, enderezar, enhestar o inhestar, enriscar, ANT ercer
— **alzar** ↔ **bajar**, descender ↔ elevar, enderezar ↔ inclinar, levantar ↔ apoyar
— **dejar**, abandonar, largar, liberar
— **dar** ↔ **recibir**, entregar ↔ devolver
— **enviar** ↔ **retener**
— **acercar** ↔ **alejar**, juntar ↔ separar, sujetar ↔ empujar, lanzar ↔ recibir
— **almacenar** ↔ **transportar** · cargar ↔ descargar · llevar(se) ↔ traer(se) · recoger ↔ distribuir
— **agitar**, batir

manipular
— **abrir** ↔ **cerrar**, conectar ↔ desconectar, unir ↔ cortar, pegar ↔ despegar
— **atar** ↔ **desatar** · anudar ↔ desanudar
— **apretar** ↔ **tirar** · hincar ↔ arrancar
— **montar** ↔ **desmontar**, embalar ↔ desembalar, doblar ↔ desdoblar, ordenar ↔ desordenar, alisar ↔ rayar, reparar, arreglar ↔ estropear, ajar, volcar ↔ recoger, registrar, remover

bracear
— **abrazar**, codear, acodar, recodar · alzar los brazos, cruzar los brazos, dar el brazo, tender los brazos, ponerse en cruz, p. en jarras · desperezarse · hacer señas
— **dar la mano**, tender la mano, chocar esos cinco
— **aplaudir**, batir palmas
— GESTOS DE BURLA: hacer figuras, h. tres cuartos de nariz, h. un corte de mangas, h. la peseta, ARG h. pito catalán
— **santiguarse**

pegar
— **golpear**, arrimar, asentar, dar, sacudir, tundir, zurrar, FIG administrar
— **azotar**, abanear, abarrar, acachetear, acardenalar, batir, brumar, castigar, cimbrar, cutir, descargar, descrismar, petar, zabucar, zalear, zamarrear, zamarronear, zangolotear, zangotear, zarandear, AM fajar
— REPETIDAMENTE: apalear, vapulear, paporrear, golpetear, paporrear, castañetear, percutir

COLOQ
— **atizar**, arrear, calentar, calzar, cascar, encajar, endiñar, largar, plantar, plantificar, propinar, solfear, soplar, sotanear, zumbar
— dar caña, d. julepe, d. una paliza, d. un meneo, d. una felpa, d. para el pelo, d. para peras, d. para castañas, d. la del pulpo, d. de plano, d. catite

— arrear estopa, a. candela · cargar de leña · cascar las liendres · doblar a palos, hartar a palos · hacer daño, h. pupa, h. batería · medir el lomo, m. las costillas, m. las espaldas · menear el cofre, m. el hato, m. el tarro, m. el bálago · moler a golpes, m. a palos

— poner la mano encima, p. como un pulpo · romper los huesos, r. la crisma · sacudir el bálago · tocar la pámpana, t. el cuadro, t. la ropa, t. la solfa · zurrar la pámpana, z. la badana

— ARG dar una pateadura, CHILE dar la torta, CUBA meter la muñeca, CHILE hacer sonar, sacar la contumelia, s. la cresta, MÉX poner como camote, MÉX VULG dar en toda la madre, PERÚ sacar la mugre, UR dar como en bolsa

— CON IRONÍA: asentar la mano, a. el guante · descargar la mano, poner la mano encima, tener la mano larga, sacudir el polvo

— COMP ING dar un pan como unas nueces, poner como un Cristo, dar más palos que a una estera

PEGAR EN LA CARA:

— **abofetear**, palmear, palmotear, guantear, COLOQ hostiar

— dar un tortazo, d. una galleta, d. un sopapo, d. una leche, d. un moquete

— aplaudir el belfo, cruzar la cara, hinchar los morros · partir la boca, p. la cara, p. los morros · poner los cinco dedos en la cara · quitar la cara de en medio, q. los mocos · rebozar los hocicos · romper la cara, r. las narices, r. los morros, sobar el morro, tomar el molde

— COMP ING te meto un tortazo y llora toda la fila de coches, VULG te pego una hostia que te palmean las orejas

— VULG dar un hostión, dar un hostiazo · inflar a hostias

PEGAR EN LA CABEZA:

— CHILE coscachear

— COLOQ romper la cabeza, abrir la cabeza · dar un bodoque, d. un coscorrón, d. un capón, d. un capirotazo, d. un quico

PEGAR EN EL TRASERO:

— COLOQ dar en el culo, zumbar la pandereta, zurrar la badana

— COMP ING poner el culo como un pandero, p. el culo como un tomate

CON EL PUÑO:

— apuñar, apuñear, apuñetear

CON ALGÚN OBJETO:

— **apedrear**, lapidar

— **varear**, aporrear, zapatear, bastonear, bordonear, batanear, flagelar, fustigar, soguear, verguear, AM cuerear, ARG Y UR curtir, SALV, GUAT Y HOND somatar, NIC coyundear

— CON DISCIPLINAS: acanelonar

30.31 acción y piernas

▸ **30.32 ir**
▸ **30.33 irse**
▸ **30.34 ausentarse**
▸ **30.35 llegar**
▸ **86.14 bailar**

pisar

— **pisotear**, repisar, trapalear, apisonar, hollar, calcar, estampar, conculcar

— **zapatear**, taconear, talonear

patear

— **patalear**, pernear, trotar · dar una patada

saltar

— **brincar**, botar, rebotar, cabrear, corcovear, chozpar, pingar, retozar, triscar

— **alzarse**, elevarse, empinarse

— andar a la pata coja, a. a pie juntillas, dar una zancada

— saltar sobre un pie, s. a la pata coja, s. a pie cojito, s. a pipiricojo, s. a coxcojilla, s. a coxcojita · triscar a coxcox

franquear, traspasar, salvar, cruzar, rebasar

espatarrarse, despatarrarse, despernancarse, esparrancarse, espernancarse, desparrancarse, escarrancharse, despernar · cruzar las piernas · METER LAS PIERNAS ENTRE LAS DE OTRA PERSONA: entrepernar

arrodillarse

— **agazaparse**, hincar la rodilla · hincarse de rodillas, h. de hinojos · ponerse a media rodilla, p. rodilla en tierra

zancadillear, echar la zancadilla

30.32 ir

andar

— **caminar**, marchar, desplazarse, dirigirse, trasladarse, andorrear, anadear · avanzar, recorrer · atajar, atrochar · retroceder, desandar, ciar · RELIG peregrinar

— ir a pie, ir pie ante pie, ir por su pie, ir un pie tras otro, ir por su propio pie

— ir campo a través, ir de un lugar a otro, ir de una parte a otra

— ir de camino, ir de pasada, ir de paso

— ir cuesta arriba, ir a repecho, ir pecho arriba

— ir camino de, ir rumbo a, ir en dirección a, MAR ir proa a

— abrir calle, a. camino, a. paso · hacer calle

— IR DESPACIO: andar a paso de buey, a. a paso de tortuga · a. de puntillas · ir haciendo eses, ir haciendo combas

— TORCER LAS PIERNAS AL ANDAR: zanquear

— COLOQ
    • ir a pata, ir a patita, ir en el coche de san Fernando, ir en el coche de san Francisco, MÉX ir a patín, ir a pincel
    • ir por esos mundos de Dios, ir por esos andurriales, ir a diestra y siniestra

- andar a golpe de alpargata, a. a golpe de calcetín
- DESPREST ir pisando huevos

gatear

— nanear, escarabajear, reptar, serpear, serpentear

pasear

— **callejear**, ambular, apeonar, campear, circular, desfilar, patear, pernear, rondar, ruar
— **airearse**, orearse, oxigenarse, ventilarse
— dar un paseo, dar una vuelta
— tomar el aire, t. el fresco, t. el sol
— COLOQ azotar las calles · darse un bureo, d. un garbeo, d. un voltio, estirar las piernas, ir de ronda, pasear la capa

deambular

— **vagar**, vagabundear o vagamundear o guitonear, bordonear, divagar, errar, devanear, zangolotear o zangotear, zancajear, hopear, pajarear, periquear, ruar, tunar, viltrotear, mangonear, gallofear o gallofar
— **bigardear**, pindonguear o pendonear, zascandilear, zanganear, vaguear, golfear, charranear, pillear, tunantear, tunear
— ir por esos mundos, ir de cotarro en cotarro
— andar como un duende, a. como un fantasma, a. con el hato a cuestas, a. a buscar la gandaya · correr la tuna

correr

— **trotar**, corretear, galopar, volar, AM jalar
— ir a la carrera, ir a paso largo, ir a p. ligero, ir a p. tirado, ir a p. vivo, ir a pasos agigantados, ir a galope, ir a toda marcha, ir a toda prisa, ir a uña de caballo
— ir en flecha, ir sin poner los pies en el suelo
— **arrancar**, dispararse, esprintar o sprintar
— **echar a correr**, acelerar el paso, salir disparado, s. pitando, tomar carrera, t. impulso
— **alcanzar**, dar alcance · echar el guante, e. la garra
— COLOQ
  - ir en dos zancadas, ir en un brinco, ir desempedrando calles, dejar atrás los vientos, andar corre que te corre
  - apretar los talones, picar espuelas
  - tomar la disparada, t. soleta
— COMP ING
  - correr como un galgo, c. como un rayo, c. como una liebre
  - correr más que Cardona, c. que se las pela
  - ir como el alma que lleva el diablo

30.33 irse

marcharse

— partir, desalojar, despejar, egresar
— ausentarse, apartarse, retirarse, moverse, tramontarse o transmontarse o trasmontarse,

desbandarse, evaporarse, dispararse, ARG tomárselas

despedirse, separarse, alejarse

evadirse, escaparse, huir

volver la cara, v. las espaldas

dar las espaldas, dar media vuelta

COLOQ

— **largarse**
  - abrirse, pirarse, esfumarse, najarse, rajarse, escabullirse, guillarse, joparse, desembanastarse, ladearse, sacudirse, salirse
  - apeldarlas, empuntarlas, liarlas
  - dárselas, pirárselas, guillárselas, jopárselas, CHILE emplumárselas, rasparlas
— coger el portante, c. la puerta, c. el hatillo, c. el camino, c. el tole, c. la calle, c. el dos, c. las de Villadiego
— darse una puerta, d. el bote, d. el lique, d. el pire o el piro, d. el zuri, d. el queo
— echarse a la calle, e. al monte, CHILE e. al pollo
— hacer fu, h. fuchina, h. por el foro
— irse por el foro, i. con Dios, i. mucho con Dios, i. bendito de Dios, i. con la música a otra parte · escurrir el bulto · mudar de aires · AM mandarse mudar
— salir de naja, s. por patas
— tomar la disparada, t. el sombrero, t. pipa, t. el pendil, t. el pendingue, t. el portante, ARG tomarse el buque, t. el olivo
— FIG Y MALSON tener culo de mal asiento

ESTAR A PUNTO DE IRSE:

— ahuecar el ala
— alzar o levantar velas, alzar o levantar el vuelo, alzar o levantar el campamento
— estar con un pie en el aire, e. con un pie en el estribo
— hacer la maleta
— hacerse a la vela
— levar anclas con las espuelas calzadas
— liar el hato, l. el petate, l. los bártulos
— ponerse en camino
— AM liar el motete, cargar con los tanates

IRSE PRECIPITADAMENTE:

— irse pitando, irse de estampida · salir disparado, s. huyendo · echar a correr

COLOQ

— salir que se las pela, s. escapado, s. flechado, s. pitando, s. como una exhalación, s. por escotillón, s. por pies, s. echando chispas, s. echando leches, s. echando hostias, s. a espeta perros, s. de estampía, s. de pira, s. de naja, s. como si le quemaran por atrás, ARG s. matando, s. con los bomberos, s. como rata por tirante, CUBA s. fletado
— tomar la puerta, t. las de Villadiego · apretar soleta o picar de soleta, poner tierra por

medio, coger el tole, poner pies en polvorosa, hacerse humo, desaparecer del mapa, marcharse a ciento por hora, ARG no vérsele ni el polvo, MÉX pelar gallo, CUBA quemar el tenis

IRSE SIN DESPEDIDA: despedirse a la francesa · irse como alma que lleva el diablo, irse a uña de caballo · pies para que os quiero

IRSE RIDICULIZADO: irse con el rabo entre las piernas, i. como perro con cencerro, i. con viento fresco

30.34 ausentarse

▶ 89.26 viajar

marcharse

— desaparecer, abandonar · apartarse, escabullirse, escaquearse, eclipsarse, hurtarse, inhibirse, zafarse

— COLOQ

• hacer novillos, h. rabona

• quitarse de en medio

• echar por otra parte, e. por esos trigos

• andar en vueltas, no parar en casa, ser huésped en su casa, mudar de cielo

• escurrir el bulto, e. la bola

• apretar las calzaderas, hacer fu como el gato, llamar a talones, mostrar las herraduras, mudar aires, perder el hato, poner pies en polvorosa, salir por piernas, irse por sus pies

• tomar el olivo, t. las afufas, t. las calzas de Villadiego, t. soleta, t. las viñas

• volver la cara, v. el rostro · no vérsele el pelo

trasladarse

— mudarse, cambiarse, desplazarse, aventarse, desavecindarse

— levantar la casa, cambiar de aires, FIG mudar de aires

— emigrar, expatriarse, exiliarse, desarraigarse · perderse, desviarse, extraviarse

huir o DESUS fuir o fugir

— rehuir, escapar, confuir, desaparecer

— evadirse, fugarse, escapar, escaparse, desertar · darse a la fuga

— desaparecer de escena, d. del mapa · borrarse del mapa, quitarse de en medio, tragárselo la tierra

— COLOQ liarlas, escurrirse, afufarse, amontarse, desbandarse, evaporarse, fletarse, apartarse, escabullirse, DESUS apeldar, CHILE echarlas, envenárselas, COL emplumarlas, empuntarlas, GUAT pelárselas · falsear el cuerpo, ponerse al socaire, patitas para qué os quiero, MÉX pelar gallo, VEN votar el pelero

— COMP ING largarse saltando bardales, coger dos de luz y cuatro de traspón

30.35 llegar

aparecer

— **acudir**, asistir, caer, comparecer, figurar

— **presentarse**, mostrarse, personarse, apersonarse, descolgarse, encontrarse, hallarse, ofrecerse, manifestarse, revelarse

— **venir**, arribar, recalar, alcanzar, abordar, ganar, parar, tocar, abordar, acceder · aterrizar, desembarcar, atracar · inmigrar

COLOQ

— dejarse ver, d. caer · hacerse presente, poner los pies, hacer acto de presencia

— asomar las narices, a. el morro, a. la jeta, a. el hocico

— CONCENTRARSE EN UN LUGAR, COMP ING estar como sardinas en lata, e. como piojos en costura, e. como tres en un zapato, e. más apretado que las uvas de un racimo · no caber de pie, acudir como moscas

REF En nombrando al ruin de Roma, luego asoma. Hablando del rey de Roma, por la puerta asoma. Más vale llegar a tiempo que rondar un año.

entrar

— **pasar**, penetrar, acceder, atravesar, adentrarse, internarse

— **ingresar**, incorporarse · invadir, hacer irrupción · acuartelarse, enclaustrarse

— **agolparse**, arremolinarse, bullir, hormiguear, remolinar

regresar

— **volver**, tornar · acercarse volverse, venirse

— **retornar**, desandar, descorrer, retroceder, recalcitrar, recular, retrasar, retrechar, revocar, tesar, cejar, ciar · replegarse, restituirse, retraerse

— **dar la vuelta**

• andar marcha atrás, andar a reculones · hacerse atrás

• volver sobre sus pasos, v. grupas, v. las riendas

31. SENTIDOS

31.01 vista

visión

— **mirada**, ojeada, contemplación · vistazo, visualización · atisbo · golpe de vista

claridad

— **brillantez**, esplendor, brillo, confulgencia, irisación, albedo, reflejo, ardentía, aureola, halo, lampo, nimbo, rayo, día, MÉX cardillo o escardillo · fuego de Santelmo, fuegos fatuos

— **destello**, centelleo, exhalación, fulguración, resplandor · haz, ráfaga, rayo, relámpago, relumbrón, titilación

— **iluminación**, luminosidad, luminiscencia, luminaria, iluminaria · refulgencia, fluores-

cencia, fosforescencia, bioluminiscencia, fotoluminiscencia, quimioluminiscencia, triboluminiscencia
— **espectro luminoso** · e. solar: amarillo, anaranjado, añil, azul, rojo, ultrarrojo, ultraviolado, verde, violado

oscuridad
— **tiniebla**, opacidad, nubosidad, lobreguez, tenebrosidad, nebulosidad, penumbra, turbiedad
— **apagón**, cerrazón, obnubilación, ofuscación, calígine, eclipse
— **noche** cerrada, n. profunda
— **sombra**, umbría, solombría, adumbración, penumbra, ANT umbra
— **eclipse**

PERCEPCIÓN DEL COLOR
— **matiz**, iridiscencia, tinte, tono, viveza, gradación
— **cromatismo**, dicroísmo, tricromía, policromía
— **decoloración**, lividez, palidez
— **blancura**, blancor, albor, candor, claror, fulgor
— **negrura**, negror, grisura
— **verdura**, verdor
— **rojura**, rojez, rubefacción, rubicundez, rubor, rojizo
— **tinte**, retinte, enrubio
— MATERIALES COLORANTES: alizarina, alumbre, anilina, añil, azul de metileno, a. de Sajonia, caparrosa, verde, carburina, ferrete, fucsina, laca, nogalina, orcina, pastel, sangre de drago, verdete

31.02 oído
sonido
— **astillazo**, cacharrazo, latigazo, portazo, taponazo, zapatazo
— **bum**, pum, plum
— **castañetazo**, aldabonazo, bombazo, zambombazo, trueno
— **cataplín**, catapún, cataplum, pataplum, rataplán
— **crujido**, chasquido, chirrido, estallido, estampido, estrumpido, retumbo, rimbombo, traca, traquido, trique, tronido, zumbido, zumbo, zurrido
— **explosión**, detonación, reventón, reventazón, crepitación, estrépito, estruendo, estridencia, rebumbio, estampida, voladura
— **ruido**, rumor, runrún, murmullo o mormullo o murmurio, abejorreo, susurro, música, musiquilla, rechinamiento o rechinido o rechino
— **soniquete**, sonsonete, sueno, son, fragor, gorgor, clangor, esquilada, toqueado, trasbarrás, traque, trique, traqueo, triquitraque, zipizape

— **tableteo**, aldabeo, castañeteo, chancleteo, chapaleo, chapaleteo, chapoteo, charrasqueo, chisporroteo, golpeteo, gorgoteo, martilleo, palmoteo, repiqueteo, runruneo, tabaleo, taconeo, tamborileo, tijereteo, tintineo, traqueteo, zapateo
— **tictac**, zis-zas, chis-chas, tan-tan, tras-tras, talán-talán
— **tintín**, tintirintín, retintín, tantarantán, rataplán, castañeta, latido, chacachaca, chacarrachaca, chapaleteo, chiquichaque, trique, ROCE DE TELAS: frufrú
— **toque**, taque, tañido, aldabada
— **vibración**, trepidación, reverberación
— **zas**, zis, paf, tac, ran, tris, tric

jaleo
— **abucheo**, silba, pita, protesta
— **alarida**, albórbola, algarabía, algarada o algazara, gazapina, gresca, hollín, barahúnda o baraúnda o vorahúnda, barbulla, batahola o tabahola, bochinche, bolina, boruca, bullanga, bululú, rebullicio o rebujina o rebujiña, tracamundana, trápala, turbulencia, zaragata, zarabanda, zalagarda, MOROS: lelí, lililí, lilaila, AM CENT, COL Y CUBA guasanga, SALV Y NIC samotana
— **alboroto**, cacao, discusión, marimorena, rebullicio, rechifla, COLOQ jollín
— **escándalo**, escandalera, barullo, confusión, desbarrada, farra, ginebra, maremagno o maremágnum, zurriburri, estrapalucio, COLOQ Y DESUS liorna
— **gresca**, cisco, reyerta, trifulca, trisca, rifa, suiza, herrería, tremolina, zacapela, zipizape, trapisonda
— **juerga**, caraba, careo, bullicio, fandango, mitote, tiberio, titiritaina, trapatiesta, holgorio o jolgorio, jácara, jarana
— **riña**, bronca, bulla, disputa, COLOQ fullona

grito
— **chillido**, gemido, lamento, llanto, lloro, queja, rugido, silbido, pitido, ronquido
— **suspiro**, sollozo, susurro, murmullo
— **aullido**, bramido, alarido, clamor
— **vocerío**
  • vocería, vocinglería, chillería, gritería o griterío, greguería, tumulto, grita, tole, trapa
  • COLOQ algazara, guirigay, zambra, tararira
PRODUCIDO EN LAS TRIPAS: borborigmo
CON LOS DIENTES: cascaruleta
CON LAS MANOS: palmas, palmada
CON LA BOCA IMITANDO EL PEDO: pedorreta
AL MASCAR FUERTEMENTE: chiquichaque
CUALIDADES:
— acústica, altisonancia, armonía, eco, heterodinación · diacústica, otacústico · infrasonido

— intensidad, resonancia, sonoridad, timbre, tono, tonalidad

— eco, retinte, retintín, reverberación, sonsonete

— tornavoz, simpatía

— difusión, frecuencia, intensidad, perceptibilidad, propagación

— fonación, fonometría, fonotecnia, megafonía

SONIDO Y OBJETOS:

— **bomba**, explosivo, barreno, mina, petardo, pólvora, proyectil

— **castañeta**, castañuela, sonajero, zumbador, tambor, tantán, zambomba · DE MADERA, PRODUCE UN RUIDO SECO: carraca

— LOS PASTORES PARA GUIAR EL GANADO: bramadera

— RECLAMO O SILBO PARA CAZAR: chilla, chifle, balitadera, ANT bretador

— CAMPANA:
  • GRUPO EN UNA TORRE: carillón
  • EN LOS BARCOS: gongo · EN LOS BARCOS CHINOS: batintín
  • PARA CONVOCAR EN COMUNIDADES: esquila
  • EN LOS JUGUETES E INSTRUMENTOS RÚSTICOS: sonaja
  • PERCUTIDA CON UN DISCO METÁLICO: gong

silencio

— insonoridad, mudez, mutismo, sigilo, callada

— circunspección, enmudecimiento, taciturnidad

31.03 olfato
aroma

— olor, fato, tafo, nariz

— esencia, fragancia, aromaticidad, efluvio

— perfume, sahumerio, ungüento, cazoleta, pachulí, agua de colonia · RESERVADO AL CULTO DIVINO ENTRE LOS JUDÍOS: timiama

hedor

— fetidez, hediondez, hedentina, peste, pestazo, pestilencia, tufo, tufillo, tufarada, bocanada, chotuno, DESUS fetor · sobaquina, AM grajo

— EL QUE DESPIDEN LOS ALIMENTOS PASADOS: husmo · EL QUE ALGUNAS PERSONAS EXHALAN AL RESPIRAR: catinga · EL QUE TOMAN ANIMALES Y VEGETALES SOMETIDOS A FUEGO VIOLENTO: empireuma · EFLUVIO MALIGNO: miasma · ASCO QUE SE TOMA DE ALGO POR SU MAL OLOR: fasquía · MED ocena

OBJETOS: perfumador, perfumadero, pulverizador, fumigatorio, sahumador · vaso, junciera, poma, pomo · caja, bujeta, estuche · PARA QUEMAR PERFUMES: pebetero

SUSTANCIAS USADAS EN PERFUMERÍA:

— DE ORIGEN ANIMAL: algalia o civeto (GATO), almizcle o almizque (MAMÍFEROS)

— DE ORIGEN VEGETAL: rosal, jazmín, romero, nardo, vainilla · BÁLSAMOS: estoraque · ACEITES: estacte (DE LA MIRRA FRESCA), díctamo blanco · RESINAS: almáciga, trementina de Quío · GOMORRESINAS: incienso, mirra, gálbano, pánace, opopónaco o opopánax · RESINA FÓSIL: ámbar gris, á. pardillo · SEMILLAS: espliego o alhucema · OBTENIDO DE LA DESTILACIÓN DE FLORES: neroli · DE ORIENTE: secácul, pachulí, cananga · DE LA INDIA: abelmosco, espicanardo, esquenanto

31.04 gusto
sabor

— regusto, paladar · gustillo, saborcillo

embocadura

— aroma, boca, bouquet, deje, dejo, dejillo, empireuma, herrumbre, punta, regosto, regusto, resabio, resquemo, saborete, sazón, tasto

sinsabor

— desabrimiento, desazón, insipidez, disgusto

31.05 tacto
roce, frote, fricción, restregón, arañazo, rasguño, chasponazo, raspón, erosión, refregón, escorchón, excoriación, rasponazo

rozadura, rozamiento, frotamiento, restregadura, estregadura, raspadura, fregadura, refregadura, rascadura, lijadura, despellejadura, desolladura, rasguñadura

hurgamiento, palpamiento, soba, caricia

DE CALOR: acaloramiento, calentamiento, calorina, bochorno, fogaje · tibieza, hervor, ardor, incandescencia, quemazón

DE FRÍO: fresco, frescor, frescura, frigidez, algidez · hielo, iceberg, témpano, escarcha · COLOQ rasca

ADJETIVOS Y ADVERBIOS
31.06 descripción de la visión
visible

— extrínseco, manifiesto, somero, superficial

— a la vista, a cielo descubierto, a flor, a la inclemencia, a la intemperie · fuera, por fuera

— al descubierto, al raso, al sereno

— a la luz del día, a la vista de todos, cara a cara, de frente, frente a frente, de par en par, de plano, delante, en presencia

— explícitamente, públicamente

invisible

— oculto, velado, latente

— a escondidas, a espaldas, a excuso, a hurtadillas, a puerta cerrada, a santo tapado, a solapo, a sombra de tejado

— de incógnito, de rebozo, de solapa, de tapadillo, de secreto

— CUBA a la gachapanada, a la tapada, EC de tapada, MÉX de capote, VEN en grado treinta y tres

— COLOQ a socapa, a lo somorgujo, de extranjis, a hurtadillas, de matute, bajo cuerda, bajo manga

claro
— **diáfano**, límpido, perspicuo
— **luminoso**, iluminado, lumínico, luminiscente, entreclaro, nítido, nacarado, fluorescente, fosforescente
— **brillante**, radiante, flamante, fulgente, refulgente, iridiscente, luciente, reluciente, resplandeciente, fúlgido, fulgurante, relumbrante, deslumbrante, deslumbrador, cegador
— **radioso**, lustroso, rutilante, lucio, rútilo, terso, febrido, cenital, esplendente
— **transparente**, traslúcido, trasluciente, cristalino, descubierto, despejado, diáfano, limpio, límpido, perspicuo, puro, raso, hialino, terso o relso, perceptible, visible, vítreo
— **parpadeante**, centelleante, relampagueante, titilante, tornasolado
oscuro
— **pardo**, tapetado, apagado · nebuloso, crepuscular, ensombrecido, entenebrecido
— **anochecido**, brumoso, fosco, fusco, hosco, lucífugo, moreno, mulato, negro · como boca de lobo
— **tenue**, débil, coruscante
— **empañado**, mate, turbio, esmerilado, sombreado, entreoscuro, sombrío, sombroso, umbroso · imperceptible, indistinguible, invisible
— **opaco**, velado, gris, empañado, lóbrego, tenebroso
blanco
— **albo**, albar, albor, albero, albín, albino, albugíneo, blancuzco, blancote, blanquecino, cándido · EL CABALLO: bayo
— **plateado**, argentino, alabastrino, nacarado, armiñado, ebúrneo, opalino
— **nevado**, nieve, níveo, perlino, lechoso, armiñado, lactescente, lúcido, satín, albayalde, pálido
— blanco de plomo, b. de plata, b. de titanio, b. de zinc, b. de antimonio, b. de estaño, b. de estroncio, b. de barita, b. de bismuto, b. de magnesio, b. de caledonia, b. de zirconio
— blanco de España, b. de China, b. de París, b. de Viena, b. de Holanda, b. inglés, b. flamenco
— COMP ING
  • blanco como el algodón, b. como la leche, b. como la nieve
  • más blanco que el armiño, más b. que una azucena
negro
— **negruzco**, negral, negrestino, prieto, denegrido, bruno, endrino, fosco, fusco, hosco, oscuro, sombrío
— **ahumado**, atezado, apizarrado, azabachado, achalorado, tapetado

— fuliginoso, quemado, retostado, hollín
— COMP ING
  • negro como el alquitrán, n. como el azabache, n. como el carbón, n. como el tizón, n. como el hollín, n. como la endrina, n. como un duelo
  • más negro que el alma de Judas, más n. que el betún, más n. que el ébano, más n. que la mora, más n. que la olla de un guarda, más n. que la pena, más n. que la pez, más n. que la tinta, más n. que un grajo
gris
— **gríseo**, agrisado, grisáceo
— gris marengo, g. perla, g. plata
— apizarrado, aplomado, argénteo, cenizo, ceniciento, peciento, perlino, plateado, plomizo
— porcelana
— OSCURO: panza de burra, GRISÁCEO: sal y pimienta
rojo
— **rosa**, roso, róseo, rosáceo, rosado, rosillo, rosmarino, aloque, fresa, grosella · frescor
— **rojizo**, rojete, rojeante, rosicler, colorado, bermejo, cobrizo, cobreño, burdeos, fucsia, rojal, ardiente, DESUS rojeto, BOL choco, ARG, BOL Y PERÚ paco · DICHO DE UNA ROCA: rodeno
— **grana**, granate, grancé, ígneo, coralino, encarnadino, encarnado, eritreo, encobrado, enrojecido, carmín
— **púrpura**, purpúreo, purpurino, empurpurado, coccíneo
— **carmesí**, carmín, carminoso, alconcilla, azarcón, escarlata, arrebol, colorete, lacre, punzó, rubí, rubor, albín o carmesí oscuro, almagra o almagre o almazarrón, azarcón, tinto, cereza
— **magenta**, alconcilla, almagrado, amaranto, azarcón, buriel, coralino, corinto, ígneo, lacre, EN LAS NUBES: arrebol
— ENTRE AMARILLO Y ROJO: alazán o alazano, anteado, encerado, flavo, gilvo, hornaza, jaldado, leonado, rútilo · fuego, ascua, brasa · LA UVA QUE EMPIEZA A MADURAR: envero
— COMP ING
  • rojo como un tomate, r. como una amapola, r. como la grana
  • colorado como un cangrejo, c. como talón de cartero, c. como un pimiento
  • más colorado que un madroño
amarillo
— **natural**, real, brillante, aurora, claro, ultramar, permanente, limón, amarillo canario, ARG a. patito
— **gualdo**, ocre o ancorca, crema, blondo, jade, grana, AM amelcochado

— **oro**, áureo, dorado, azufrado, cobrizo, jaldado, ámbar, ambarino
— **rubio**, rúbeo, rubicundo, rubra, rubro, rufo, rusiente, sabino, sobermejo, sonrosado, taheño
— **azafranado**, anaranjado, limonado, datilado, acanelado o canelado, agarbanzado, melado, amacigado, aberenjenado, aborrachado, brasilado, cidra, cerezón, trigueño, pajizo, caqui, siena, siena tostada, bilioso, acre
— **amarillo de barita**, a. de cadmio, a. de cobalto, a. de cromo, a. de estroncio, a. de zinc, a. de hierro, a. de mercurio, a. de bario, a. de antimonio, a. de alizarina, a. de uranio, a. de níquel
— **amarillo de Nápoles**, a. de China, a. de París, a. de Leipzig, a. de Devonshire, a. oriente, a. indio
— COMP ING amarillo como el azafrán, más a. que la epidemia

verde
— **verde claro**, v. botella, v. esmeralda, v. oliva
— **verdemontaña**, verdemar, verdeceladón, verdegay, verderón, verdezuelo, verdinegro, verdoyo
— **verdoso**, cetrino, cardenillo, glauco, pátina, porráceo
— **aceitunado**, aceitunil, oliváceo
— COMP ING más verde que el apio, más v. que el perejil

azul
— **azul real**, a. celeste, a. cielo, a. ceniza, a. lapislázuli, a. cobalto, a. turquesa, a. turquesado, a. turquino, a. zafíreo, a. zafrino
— **azul academia**, a. alejandrino, a. ceruelo, a. intenso, a. de lima, a. de manganeso, a. montaña, a. negro, a. pasta, a. permanente, a. sajón, a. soluble, azurita
— **azul marino**, a. de mar, a. de ultramar, a. prusia, a. turquí, a. ultramarino
— **azulenco**, azulado, azulete, azulino, azulón, azuloso, acaparrosado, añil
— **índigo**, azur, cobalto, endrino, garzo, marina, cerúleo, indio, íñigo, opalino, pavonado, zarco
   • azul de hierro, a. de bronce, a. de acero, a. de cobre, a. de cobalto
   • azul egipcio, a. francés, a. de Italia, a. de Amberes, a. de Viena, a. de Berlín, a. de Bremen, a. de París, a. de Prusia, a. de China, a. de ultramar

marrón
— **pardo**, castaño, bruno, parduzco
— **moreno**, morenote, mulato, bronceado
— **retinto**, barroso, ferruginoso, noguerado, tabaco, sepia

— **buriel**, morocho, musco, zaino · carmelita, franciscano
— **achocolatado**, agarbanzado, albazano, atabacado, avellanado

violeta
— **morado**, malva, lila, lívido, renegrido, violáceo
— **aberenjenado**, acardenalado, amoratado, borracho
— **cárdeno**, cinzolín, columbino, jacintino, solferino

31.07 descripción de la audición

ruidoso
— **estruendoso**, estrepitoso, tumultuoso, escandaloso, fragoso, fragoroso, bullicioso, estentóreo
— **estridente**, instridente, crujiente, chirriador, ensordecedor, enloquecedor, zumbador, atronador, alborotador, escandalizador
— **resonante**, rimbombante, retumbante, penetrante, undísono, jaranero, gárrulo, bronco

potente
— **grave**, agudo, penetrante, intenso, profundo, timpánico, insuave
— **seco**, hueco, sordo, opaco, pardo, duro, pastoso, lleno, mojado
— **cascado**, cascarrón, chillón, chirriante, desapacible, destemplado
— **sonoro** o sonoroso, alto, fuerte, agudo, altísono, cantarín
— **monótono**, cadencioso, cadente, cacofónico, horrísono u horrisonante, inarticulado

bajo
— **cadencioso**, cavernoso, susurrante, grave, hueco, murmurador, murmurante, parlero, ronco, rumoroso
— **apagado**, atenorado, callado, discreto, reservado, sigiloso, taciturno
— **a la sorda**, a la muda, a la chiticalla, a la chita callando · sin sentirlo la tierra, COL, CUBA Y PR a lo sucusumucu

suave
— **melodioso**, armonioso o harmonioso, musical, eufónico
— **tenue**, dulce, débil, claro, sibilante
CALIDAD:
— **audible**, sonoro, oíble, perceptible
— **inaudible**, sordo, insonoro, imperceptible, mudo

31.08 descripción del olor
bienoliente, oloroso, odorante, odorífero, odorífico, aromoso, aromático, fragante, almizcleño, ambarino, balsámico, perfumado, licoroso
maloliente
— **pestilente**, pestífero, hediondo, catingoso,

estadizo, irrespirable, infecto, olisco · cargado, viciado
— fétido, apestoso, carroñoso, nauseabundo, mefítico
— fuerte, intenso, penetrante, repugnante

inodoro

31.09 descripción del sabor

sabroso o saboroso
— **gustoso**, apetitoso, delicioso, suculento, exquisito, bueno, rico
— **fresco**, refrescante, afrutado, delicado
— agridulce
— QUE TIENE ALGÚN SABOR: sápido, QUE CAUSA O DA SABOR: saporífero

desabrido
— **insípido**, disgustoso, ingustable, desagradable, aguachento
— **asqueroso**, empalagoso, detestable, repugnante
— ahumado, quemado

amargo
— **agrio**, herrumbroso, picante, póntico, rancio, rascón, peceño, estíptico
— COMP ING amargo como el acíbar, a. como la hiel, a. como la retama, más a. que la quina
— salado ↔ soso
— dulce, dulzón, empalagoso
— fuerte, picante
— áspero, ácido, acre, aguachento

31.10 descripción del tacto

áspero
— **grumoso**, poroso, rugoso, rispo, ríspido, rudo, ajado
— **pegajoso**, viscoso, glutinoso, graso, pastoso, jugoso, MED lento
— **consistente**, macizo, tupido, espeso
— **duro**, denso, firme, pétreo

suave
— **blando**, flácido, fofo, inconsistente, esponjoso
— **fino**, delicado, pulido, ligero, tierno, mórbido, lacio · de terciopelo
— **sedoso**, terciopelado, aterciopelado, resbaladizo, jabonoso, acariciador, acariciante
— COMP ING como una seda, ARG como sobaco de cisne, como talón de angelito

VERBOS Y EXPRESIONES

31.11 ver

mirar
— **observar**, acechar, alertar, asestar, atender, celar, cerner, contemplar, controlar, cucar, curiosear, entornar, escudriñar, espiar, examinar, explorar, fisgar, inspeccionar, mensurar, merodear, otear, reconocer, registrar, repasar, DESDE LA ATALAYA: atalayar, DESUS catar, guardar

— abrir los ojos, aguzar la vista, alzar la vista, clavar la vista, comerse con la vista, dar vista a
— descubrir a primera vista, d. al primer golpe de vista
— echar la vista encima
— estar en expectación, e. a la expectativa, e. a la vista, e. a vista de ojos, e. a vista de pájaro
— extender la vista, irse la vista
— mirar con el rabillo del ojo, m. de reojo, m. de través, m. por encima
— no perder de vista, poner los ojos en blanco, saltar a la vista, torcer la vista, torcer los ojos, trabar la vista
— COMP ING tener vista de águila, t. vista de lince

visualizar
— vislumbrar, visear, atisbar, avistar, divisar, entrever, reparar, percibir, distinguir, advertir, descubrir, dominar, columbrar, AR alufrar, VULG guipar, MÉX camelar · HACER VISIBLE: visibilizar

vigilar
— acechar, aguaitar, celar, cuidar, custodiar, escrutar, examinar, fiscalizar, fisgar, inspeccionar, reguardar, rondar, velar
— abrir los ojos · andar con cien ojos, a. con cuidado · dormir con los ojos abiertos · echar un vistazo
— estar a la escucha, e. a la mira, e. al cuidado, e. alerta, e. de centinela, e. de guardia, e. encima
— hacer centinela, montar la guardia, tener a la vista
— no dormirse en las pajas, no perder de vista, no quitar los ojos
— COLOQ estar al loro

TRABAS A LA VISIÓN:
— bizcar, bizcornear, parpadear
— cedacear, cegajear, encandilarse
— deslumbrar, encandilar, entelar, ofuscar
— nublarse, embizcarse
— ver a contraluz, v. a trasluz, v. a contrahazlo, v. a media luz, v. en penumbras · ponerse telarañas
— COMP ING
  • no ver más allá de sus narices, no v. ni papa, no v. tres en un burro, no v. un pichote, no v. gota, no v. ni jota, no v. ni torta
  • ver menos que Pepe Leches, v. menos que un gato de yeso, v. menos que un guardia por la espalda, v. menos que un martillo enterrado en paja, v. menos que un pez frito · VULG v. menos que un perro por el culo
  • estar más ciego que un topo

— SIN VER, PERO VALIÉNDOSE DEL TACTO:
- • **a ciegas**, a tino, a tientas, a tiento, a la tentaruja · al tentón, por el tiento

MIRAR ATENTAMENTE:
— **aguzar la vista**, clavar los ojos, comerse con los ojos, dirigir la atención, estar al acecho
— **fijar la atención**, f. la vista · mirar con lupa
— **no quitar ojo** o los ojos
— **poner los ojos en**, prestar atención, quemarse las pestañas, saltársele los ojos, ser todo ojos
— **tener los ojos abiertos**, t. los ojos en algo · torcer los ojos
— MIRAR CON DISIMULO: mirar de reojo, m. de soslayo, m. a lo zaíno, m. con el rabillo del ojo, m. de lado · irse a las vistillas

MIRAR SUPERFICIALMENTE: echar un vistazo, e. una ojeada · dar una ojeada · mirar por encima

FINGIR NO VER: hacer la vista gorda, h. manga ancha, h. ojo de pez

DEJAR DE MIRAR: apartar los ojos, quitar la vista

alumbrar
— **iluminar**, clarificar, esclarecer, clarear, alborear, prelucir, irradiar, relumbrar, deslumbrar
— **proyectar**, reflejar, refractar, arrojar, dar, despedir, emitir, bañar de luz
— **brillar**, fulgir, relucir, refulgir, fulgurar, irisar, lucir, rutilar, fosforecer, chispear, coruscar, espejear, fucilar, resplandecer · cegar
— **titilar**, centellear o centellar, cabrillear, cintilar, chispear, destellar, relampaguear, rielar, parpadear, oscilar
— **transparentar**, tamizar, transflorar, traspintarse
— **transparentarse**, clearearse, traslucirse, entrelucirse, entreparecerse, trasparecer

oscurecer
— **sombrear**, sombrar, asombrar, ensombrecer, entenebrecer, nublar, anublar, alobreguecer, enlutar, ofuscar, DESUS infuscar
— **empañar**, enturbiar, deslustrar, desvitrificar
— **opacar**, apagar, enfoscar, entenebrar, entenebrecer, eclipsar, obnubilar, velar · entremorir, esplender
— **anochecer**, atardecer, oscurecer, lobreguecer, tramontar o trasmontar o transmontar, atenebrarse

31.12 oír
atender
— **escuchar**, entender, entreoír, trasoír, sentir
— **dar oídos**, prestar oídos, ser todo oídos, abrir los oídos, aguzar el oído, aplicar el oído, estar a la escucha, no perder palabra, captar la onda, hacer caso
— **oír hablar de**, tener noticias de
— ALGO DESAGRADABLE: reteñir las orejas
— ALGO PLACENTERO: regalar el oído

— CASUALMENTE: coger al vuelo, AM parar la oreja
— COLOQ no perder ripio, ir a escucha de gallo, prestar oído al parche · estar con las orejas largas, e. al loro

sonar
— **estallar**, explotar, estrumpir, reventar · hacer explosión, dar un crujido, dar un estallido dar una estampida, venirse el cielo abajo
— **resonar**, retumbar, reverberar, rumbar, retinglar, rebumbar o rebombar o rimbombar, detonar, tronar, atronar, retronar, detonar, zuñir
— **tintinar** o tintinear, cascabelear, cencerrear, castañear, castañetear, chasquear
— **crujir**, chascar, chirrear, crepitar, cuscurrear, chapear, restallar o restrallar, restañar, rechinar, recrujir, PAL chirrisquear
— **zumbar**, vibrar, zurriar, zurrir, reteñir, BUR, CANTB Y PAL rutar
— DICHO DE LA HERRADURA: chacolotear

chillar
— **gemir**, gruñir
— **silbar**, rechinar, murmurar o rutar, susurrar, roncar, resoplar o runflar
— **bramar**, rugir

golpear
— **golpetear**, traquear o traquetear, carrasquear, traquetear o DESUS traquear
— **tañer**, tamborear o tamborilear, tabalear o tabletear, retiñir, latiguear, repiquetear · tocar las campanas, doblar las campanas
— **patalear**, taconear, zapatear, chancletear, trapalear, triscar
— **chapalear**, gorgotear, borbollar, borbotar, chacolotear o chapear
— COLOQ guachapear

no oír
— **ser duro de oído**, ser torpe de oído
— **no oír una mosca**, no o. el vuelo de una mosca, no o. una palabra, no o. una voz más alta que otra
— COLOQ estar teniente, tener el oído en los pies, t. un toscano en la oreja

desatender
— **ignorar**, desoír
— **atender de pasada**, oír por encima
— COMP ING no hacer ni caso
— AM no dar bola, ARG no dar calce, no llevar el apunte
— COMP ING estar más sordo que una tapia, ser un poste

FINGIR QUE NO SE HA OÍDO:
— **hacer oídos sordos**, h. como quien oye llover, h. caso omiso · entrar por un oído y salir por otro, oír campanas y no saber dónde
— COLOQ hacerse el loco, h. el sueco

— REF El sordico de la mora que oía los cuartos, pero no las horas.

31.13 oler
olfatear, oliscar, olisquear, ventar, husmear, gulusmear, gazmiar, aspirar, ventear
desprender, despedir, arrojar, emitir, exhalar, espirar, dar, echar, trascender
apestar
— atufar, barruntar, heder, corromper, encarcavinar
— COLOQ cantar, SAL carcavinar
— COMP ING oler a demonios, o. a rayos y truenos, o. a tigre, o. a chotuno, o. que tira para atrás, o. a humanidad, o. a queso, o. a sobaco de comanche · OLER EL ALIENTO: cantar el bote
PROVOCAR EL BUEN OLOR:
— **perfumar**, aromar, aromatizar, sahumar, mirlar, desodorizar, embalsamar

31.14 saborear
probar, gustar, degustar, tastar, paladear, catar · ABEJAS libar
lamerse, relamerse · saber a gloria, COLOQ chuparse los dedos
desabrir, ANT desaborar · saber a rayos, s. a demonios
— QUITAR EL SABOR: desazonar

31.15 tocar
tentar, palpar, sobar, retocar, toquetear · rascar, restregar, frotar, arañar, raer, manosear · golpear, dar golpes · empujar, hurgar, pellizcar · presionar, pulsar
rozar, acariciar, arrastrar, cosquillear, desgastar, deslizar, ludir, pasar, peinar, raspar, resbalar · mascarse, restregarse, tazarse, hacer cosquillas
sentir, percibir, experimentar, advertir, percatarse, reparar, captar, MAR luir

32. CICLO DE LA VIDA
32.01 sexo
FASES: atracción, deseo, cortejo, excitación, erección, penetración, clímax, convulsión, orgasmo, eyaculación
ardor, celo, pasión
— excitación, voluptuosidad, instinto
— seducción, persuasión, incitación, fascinación, ensueño, hechizo
lujuria
— **sensualidad**, volubilidad, lascivia, lubricidad, carnalidad, disolución
— **desenfreno**, incontinencia, libídine, libido, sex-appeal, apetito sexual, DESUS liviandad, COLOQ calentura
— **impudor**, impudicia, impureza, intemperancia, morbidez, concupiscencia, libertinaje, obscenidad, exceso, DER estupro

— **malicia**, picardía, sicalipsis
— **erotismo**, pornografía, perversión, depravación, orgía, saturnal
— MED satiriasis, priapismo, furor uterino
continencia
— **castidad**, honestidad, virtud, templanza, abstinencia, DESUS castimonia
— **virginidad**, pureza, blancura, inocencia, pudor
— **impotencia**, COLOQ gatillazo
SEGÚN RELACIÓN:
— **heterosexualidad**, homosexualidad, bisexualidad, lesbianismo, hermafroditismo, transexualismo, travestismo
— **adulterio**, amancebamiento, abarraganamiento · incesto, estupro · ninfomanía · PLACER COMO FIN SUPREMO: hedonismo
PRÁCTICAS SEXUALES:
— **cópula**, fecundación, coito
— **felación** o felatio, cunnilingus, COLOQ francés, sesenta y nueve, VULG mamada
— **sodomía**, coito anal, COLOQ griego
— **pornografía**, exhibicionismo, voyeurismo
— CON NIÑOS: pederastia, paidofilia o pedofilia
— CON HUMILLACIÓN O MALTRATO: masoquismo, sadomasoquismo
— CON ACTOS CRUELES: sadismo
— CON ANIMALES: zoofilia, bestialismo
— CON CADÁVERES: necrofilia
— PRENDA COMO OBJETO DE LA EXCITACIÓN: fetichismo
— FROTAMIENTO QUE BUSCA PLACER: froteurismo
— **onanismo**, autoerotismo, masturbación, FIG pecado solitario, COLOQ paja
— **ménage à trois**
— **prostitución**, ramería, meretricio, trata de blancas, putanismo, putaísmo, putería, puterío
contracepción, coito interrumpido, método ogino · ligadura de trompas, ovariectomía, vasectomía · píldora anticonceptiva, p. del día siguiente · uso de preservativo o profiláctico · esterilidad
inseminación artificial, i. in vitro, banco de esperma, madre de alquiler · planificación familiar

32.02 nacimiento
gestación: preñez, embarazo, achaque, bombo, ciesis, gravidez, tripa, vientre · meses mayores · embrión, feto · reproducción asistida
aborto espontáneo, a. involuntario, a. terapéutico, ANT efluxión · aspiración o método Karman · interrupción voluntaria del embarazo (IVE)
parto
— parto con cesárea, p. sin dolor
— MED, PARTO LABORIOSO Y DIFÍCIL: distocia
— alumbramiento, natividad, parición

— venida al mundo, recién nacido · prematuro
— TIPOS DE ALUMBRAMIENTOS:
  • presentación de cabeza, p. de nalgas · óc-
    ciput, pelvis, siege, sommet, tronco
  • AYUDA TIRANDO DE LOS PIES: podálico
  • MED, OPERACIÓN PARA EXTRAER EL FETO: cesárea
  • MED, OPERACIÓN PARA CAMBIAR DE POSTURA EL
    FETO: versión
posparto o postparto, sobreparto, puerperio ·
DOLORES: entuertos o tuertos, loquios, mueso
· MED eclampsia puerperal, fiebre puerperal

32.03 vida
existencia
— **alma**, aliento, espíritu
— **energía**, fuerza, vigor, poder, poderío, potencia, pujanza, nervio, vitalidad, vivacidad, fibra, reciedumbre, fortaleza, tono,
  AM ñeque
— **conciencia**, espíritu, razón
— **conocimiento**, entendimiento, inteligencia
FASES DE LA VIDA:
— **fecundación**, embarazo, gestación, parto
— **nacimiento**, infancia, niñez, adolescencia
— **juventud**, mocedad, madurez
— **vejez**, senectud, decrepitud, muerte
vida activa, v. inactiva
— vida social, v. pública, v. privada, v. afectiva,
  v. conyugal, v. de familia · v. disipada · doble vida
— vida espiritual, v. del espíritu, v. contempla-
  tiva, v. interior, v. religiosa · v. profesional, v.
  intelectual, v. de artista
— COLOQ vida padre, v. de padre y muy señor
  mío · v. de perros
EDADES DE LA VIDA
— **lactancia**, edad tierna, flor de la vida, albores de la vida
— **infancia**, primera edad, primeros años, pre-
  adolescencia, COLOQ gente menuda
— **adolescencia**
  • pubertad, pubescencia, crecimiento, de-
    sarrollo, despegue, proceridad, periodo
    crítico, cambio de edad · edad crítica, e.
    viril
  • edad de la razón, e. de merecer, e. tem-
    prana · flor de la edad, albor de la vida,
    primavera de la vida, cambio de edad
— COLOQ acmé, edad del pavo, SALV e. del chucho, MÉX Y CUBA e. de la punzada
  • MUCHACHO QUE MEDRA POCO: redrojo
  • AL QUE SE QUIERE HACER PASAR POR NIÑO: zan-
    golotino
— **juventud**, insenescencia, mocedad, mancebía o ANT mancebez
— **madurez**
  • edad adulta, cierta edad
  • adulto, maduro, mayor

  • cuarentón, cincuentón, sesentón, septua-
    genario, octogenario, nonagenario, cen-
    tenario, COLOQ, SI UNA MUJER CONSERVA LA
    BELLEZA JUVENIL: cuarentañera
  • climaterio, menopausia, andropausia
  • hombre de edad, h. sin edad, señor ma-
    yor · COLOQ carroza
vejez, ancianidad, senilidad, decadencia
— persona mayor, edad avanzada, e. de oro, e.
  dorada, gran e., crepúsculo de la vida · GO-
  BIERNO EJERCIDO POR LOS ANCIANOS: gerontocracia
— EUFEM tercera edad, edad avanzada, e. pro-
  vecta, ocaso de la vida, invierno de la vida
— COLOQ vejestorio, jubilata

32.04 muerte
fallecimiento
— **agonía**, estertor, DESUS sarrillo
— **defunción**, deceso, finamiento, acabamiento, desaparición, óbito, occisión, partida,
  trance, tránsito, inmolación, término, supresión, receso, ANT pasamiento
— última jornada · último viaje, ú. suplicio, ú.
  suspiro, última hora · postrera hora, postrer
  trance · reposo eterno, hora suprema · sueño eterno, s. postrero, viaje sin retorno
— COLOQ la pálida, la pelona, MÉX la huesuda
HECHOS QUE LA PROVOCAN:
— **suicidio**, homicidio, asesinato, ejecución,
  aborto, eutanasia
— **crimen**, sacrificio, occisión, degüello, mata-
  zón, aniquilamiento, ANT matamiento
— **masacre**, matanza, sarracina, escabechina,
  hecatombe, carnicería, riza, COLOQ degollina, ANT carnaje
— **desgracia**, catástrofe, accidente, destrucción, exterminación
— naufragio, inundación, bomba, explosión,
  incendio, terremoto, rayo
— enfermedad, epidemia, mortandad
— MED, MUERTE SIN SUFRIMIENTO FÍSICO: eutanasia
entierro
— **velatorio**, velorio, duelo
— **pésame**
  • condolencia, adhesión, llanto, queja,
    suspiro
  • COMPOSICIONES POÉTICAS ANT elegía, endecha,
    epicedio, nenia, panegírico, copla
— **funeral**
  • sepelio, exequias, obsequias, inhumación,
    enterramiento, funerarias, honras, sufragios
  • DESUS animalias, parentación
  • PARADA PARA CANTAR EL RESPONSO: posa
— **pompas fúnebres**
  • honras fúnebres, oficio de difuntos
  • misa de difuntos, m. de corpore insepul-
    to, m. de réquiem · misas gregorianas,
    COLOQ gorigori, kirieleisón

— ORACIONES: responso, réquiem, oración fúne-
bre, novenario, rosario, EXPRESIÓN PARA REME-
MORAR AL DIFUNTO: requiescat in pace
— OBRAS BUENAS QUE SE APLICAN POR LAS ALMAS DEL
PURGATORIO: sufragios, ANTIGUA OFRENDA: oblada
— **luto**, duelo, dies irae
— REDUCCIÓN A CENIZAS: incineración
— CONSERVACIÓN DEL CUERPO EN FRÍO: criogeniza-
ción
— **testamento**, herencia, derechos de sucesión

32.05 ciclo de la vida y personas
EN EL NACIMIENTO:
— **matrona**, comadre, comadrona, comadrón,
partera, partero, tocólogo
— **parturienta**, primeriza, primípara, puérpe-
ra, secundípara, multípara, cadañera, mal-
parida
— **nodriza**, ama, criandera, nana, madre de
leche, pasiega, P VASCO aña, DESUS nutriz
bebé
— **chiquitín**, criatura, lecherón, lactante, mamante, mamador · sietemesino
— **nene**, peque, pollo, pollito, pollastre, pipeta, pipiolo, pequeño
chico
— **chiquillo**, chicazo, chicarrón, chicuelo, chaval, chavea, chavó
— **crío**, criatura, caballerete, bambino, benjamín, churumbel, infante, flamante, fresco,
zagal
— **ángel**, angelito, angelote
— **bicho**, arrapiezo, codujo, galopín, guaja,
gurrumino, mataperros, mocarra, petizo, redrojo, tunante
— **golfo**, golfillo, bribón, bribonzuelo, rapaz,
rapazuelo, pillo, pilluelo, pillete, granuja,
granujilla, pícaro, picaruelo, maltrapillo
— EN GRUPO: chiquillería, muchachería, prole
— COLOQ pitufo, pituso, pispajo, rorro, vomitón,
braguillas, baboso, mocoso, mamón, meón,
cagón, cagoncillo, ARG, BOL Y UR pibe, CU-
BA, SALV, HOND Y MÉX chamaco
muchacho
— **joven**, jovencito, mozuelo, mozo, señorito,
júnior
— DE PEQUEÑO CUERPO: regojo
muchacha
— **jovencita**, mocita, mancebita, doncella, ninfa,
menina
adolescente
— **mancebo**, efebo, garzón, verde, lozano,
novicio, casadero, cadete, menino, delfín,
doncel
— **quinceañero**, barbilampiño, imberbe, nú-
bil, impúber, púber o púbero, pubescente
— **crecido**, crecidito, talludo, talludito, maduro, pollancón, zangón, BOL Y COL macuco

— COLOQ jovenzuelo, mozalbete, mocito, zagal,
rapaz, chorbo, rapagón, rapazuelo · zagala,
tía, polla, pollita, DESUS tobillera · petimetre,
pimpollo, pipi, titi, pipiolo, tierno · edad del
pavo, abriles, verdores
señor, señorón, seor, AM ño, ANT senior
— **caballero**, noble, ricohombre, señor feudal, marqués, duque, conde, varón, co-
mendero
— **gentleman** (INGLATERRA), monsieur (FRANCIA),
burgrave o landgrave (ALEMANIA), boyardo
(RUSIA), daimio (JAPÓN), castellano (CASTILLA),
patrono, amo
— **hombre**, superhombre, gigante, as, astro,
coloso, estrella, fenómeno, mapa, optima-
te, prócer, titán, vedette
— **eminencia**, supereminencia, preeminencia,
excelencia
individuo
— **sujeto**, elemento, alguien, cualquiera, tío,
criatura, macho, machote, socio
— **nacido**, mortal, alma, a. viviente
— **habitante**, semejante, prójimo, particular,
interfecto, miembro
— **hombretón**, hombracho, prohombre, superhombre, supermán, eccehomo
— **ser humano**, hijo de vecino, sexo feo, sexo
fuerte
fulano o DESUS hulano
— **mengano**, perengano, robiñano, citano, zu-
tano, sursuncorda, perencejo, rita, perico,
perico el de los palotes, otras hierbas
— **un tal**, uno de tantos, cada cual, aquél, éste, ése, quienquiera, cualquiera
homínido, australopiteco, cromañón, sapiens,
pitecántropo, preadamita, prehomínido, pri-
mate · bimano o bímano, bípedo · micro-
cosmo
COLOQ
— **tipo**, tipejo, titi, sujeto, maromo, quídam
— **tronco**, menda, moya, nota, quisque
— **cristiano**, figurilla, personilla, huesos, an-
doba o andóbal, bicho viviente
— **gachó**, gachí, gaché, castizo, barbián
— **cacique**, señor de horca y cuchillo
— **pelele**, títere, cabezón, hechura, madero,
poste, punto, p. filipino
— **muñeco**, monigote, nadie, pigmeo, hombrecillo, licenciadillo
— **donjuán**, gigoló, faldero, galán, seductor
— **un tal**, el que más y el que menos, cada hijo de vecino, cualquier hijo de vecino, perico el de los palotes, pájaro de cuenta, el
más pintado
— DESPREST hominicaco, calzonazos, calzorras,
bragazas, baldragas, mandinga, Juan lanas,
pelele · putero, putañero

mujer
— **señora**, dama, damisela, señorita, doncella, doña, ANT maestresa ARG, BOL Y UR mina
— **lady** (INGLATERRA), madame (FRANCIA), dona (ITALIA)
— **ama**, dueña, matrona, reina, sirena, DESUS ricadueña, ricahembra
— **amante**, concubina, barragana
— RELIG sor
— MUJER BELLA QUE ESPERA EN EL PARAÍSO MUSULMÁN: hurí
— ESCLAVA EN EL HARÉN: odalisca
— EN GRUPO: mujerío, ARG, PAR Y UR hembraje
COLOQ
— costilla
— JOVEN Y AGRACIADA: cielo, encanto, rubia, muñeca, maja, belleza, molde, amazona, pastora, beldad, manola, ASTUTA Y ENGAÑOSA: circe
— ATRACTIVA DE CUERPO: hembra, morena, morenaza, moza, callonca, gitana, gigantilla · tía, tiaza, jamona
— VIVA Y DESENVUELTA HACIA LOS HOMBRES: fulana, chuquisa, pindonga, escaldada, pregona, halconera, ligera, liviana, pécora, mala pécora · perinola, rabisalsera, AND corralera
— PROPENSA AL COMENTARIO SOBRE LOS DEMÁS: maría, maruja, marisabidilla, comadre
— DESP pelandusca, bigarda, marimacho, perico, sargenta, sargentona · loro, arpía o harpía, bruja, cacatúa, callo, cardo, feto, vampi o vampiresa, virago, pazpuerca, suripanta, tarasca, ARG Y UR chirusa, BOL Y EC mamancona, MÉX cuija · lechuza, tigresa, culebrón

anciano
— **abuelo**, maduro · persona mayor
— **viejo**, veterano, jubilado, retirado, decano, patriarca, senador
— **antepasado**, retablo, antiguo, reliquia, matusalén, ruina · chanca, mamancona, zancarrón · talludo, arrugado
— **sesentón**, sexagenario, septuagenario, octogenario, nonagenario, centenario
— COLOQ abuelete, carcamal, cascajo, vejete, viejales, vejestorio, yayo, carroza, jubilata, carraco
— MUJER: carantoña
— DESP fiambre
EN LA MUERTE:
— **agente de pompas fúnebres**, CUBA zacateca
— **enterrador**, sepulturero, sepultador, cavador, panteonero, COLOQ saltatumbas, ANT CLÉRIGO QUE ASISTÍA A LOS ENTIERROS: celebrero
— **llorona**, plañidera o endechera, doliente, dolorido, acompañamiento
— **heredero**, descendiente, sucesor

32.06 ciclo de la vida y lugares
EN LA VIDA SEXUAL:
— reservado, apartado · picadero
— **club**, burdel, prostíbulo, lupanar, lupanario, serrallo, mancebía · sex-shop · barrio chino
— **casa de citas**, c. de prostitución, c. pública, c. de camas, c. llana, c. de mancebía, c. de trato, c. de lenocinio, c. de tolerancia
— COLOQ puticlub, putería, putaísmo, putanismo, AM quilombo, CUBA bayú
EN EL NACIMIENTO:
— **maternidad**, paritorio, incubadora, cuna · patria, nación
▶ **39. vivienda**
EN LA MUERTE:
— **lecho de muerte**, ANT, LUGAR PARA EL LLORO: guayadero
— **funeraria**, tanatorio, morgue, depósito de cadáveres, capilla ardiente
— **crematorio**, horno crematorio, urna cineraria, cámara mortuoria
— **cementerio**
  • **necrópolis**, panteón, camposanto, sacramental, cripta, bóveda, catacumba, ANT fosar
  • ÁRABE: rauda, almacabra
  • COLOQ el patio de las malvas, el barrio de los calvos, la última morada, ARG la quinta del ñato, CHILE el patio de los callados
— **sepultura**
  • enterramiento, tumba, nicho, cárcava o carcavina, hoya, sepulcro, yacija, huesa o fuesa, zanja, hoyo, hoya, fosa, foso, ANT cama, PARA PERSONAS DE DISTINCIÓN: lucillo, BÓVEDA SUBTERRÁNEA ANTIGUA: hipogeo
  • ARCO QUE ALBERGA UN SEPULCRO ABIERTO EN LA PARED: arcosolio
  • EN MARRUECOS: coba
  • PARA INDÍGENAS CHILENOS: ancuviña
  • PARA INDÍGENAS PERUANOS Y BOLIVIANOS: guaca o huaca
— **fosa común**, COLOQ hoyanca
— **lápida**, losa, PILASTRA CONMEMORATIVA: cipo · urna, u. cineraria
— EN LA LÁPIDA: inscripción, epitafio, estela, lauda, laude
— MONUMENTO FUNERARIO:
  • túmulo, catafalco, cripta, panteón, mausoleo o mauseolo, estatua yacente
  • SIN EL CADÁVER: cenotafio
  • PARA LOS ANTIGUOS EGIPCIOS: mastaba, pirámide
— **osario**, osero, osar, calavernario, columbario, huesera, carnero, pudridero
— FIGURADOS:
  • **el otro mundo**, el más allá, la otra vida, la vida eterna, la vida perdurable, la otra

orilla, el seno de Abrahán, el mundo de ultratumba · sueño eterno, descanso eterno
- COLOQ eternidad, postrimerías, ultratumba, novísimos, trasmundo, el otro barrio
- tribunal de Dios, salvación, cielo, infierno, purgatorio

32.07 ciclo de la vida y objetos
EN LA RELACIÓN SEXUAL:
— **preservativo**, protección, profiláctico, COLOQ goma, condón, capote
— **anticonceptivo**, diafragma, gel espermicida · fetiche, vibrador
EN EL ENLACE MATRIMONIAL:
— **ajuar**, dote, don o DESUS donas, vistas, gala, SAL espiga
— invitación de boda
— traje de novia, ROMA ANTIGUA: flámeo
— ramo de azahar
— alianza, pulsera de pedida, anillo de boda, arras, acidaque
— acta matrimonial
EN EL PARTO:
— INSTRUMENTOS: fórceps, pelvímetro, potro
— FAJA PARA SUJETAR EL VIENTRE DE LAS RECIÉN PARIDAS: alezo
— CORTE QUE SE REALIZA EN LA FASE FINAL DEL PARTO: episotomía
EN EL NACIMIENTO Y EN LA INFANCIA:
— **pañal**, cuna
— **chupete**, PERÚ Y VEN chupón
— **biberón**, ARG, CHILE Y UR mamadera, MÉX mamila, VEN tetero
— **cochecito**, MÉX carreola
— parque, ARG Y UR corralito, CHILE, MÉX Y VEN corral
— tacatá, ARG, CHILE Y UR andador, MÉX Y VEN andadera
EN LA MUERTE:
— **ataúd**
  - sarcófago, féretro, caja, cajón, andas, arca, ANT lechiga, FÉRETRO POBRE: galga
  - VESTIMENTA: sudario, mortaja, barbillera · afeite, ungüento
— **esquela**, recordatorio, corona, cruz
— coche fúnebre, furgón
— LIBRO DE PARTIDAS DE DEFUNCIÓN: obituario

ADJETIVOS Y ADVERBIOS
32.08 sexual
ardiente
— **apasionado**, acendrado, acrisolado, adorador, afectuoso, entrañable, tierno
— **lujurioso**, libertino, volcánico, desenfrenado, inagotable, erótico · profundo, intenso
— **sensual**, vehemente, voluptuoso, disipado, delirante, sexy

SEGÚN TENDENCIAS Y HÁBITOS SEXUALES:
— **heterosexual**, homosexual, lésbico, bisexual · travestido, transexual
— **onanista**, fetichista, incestuoso, ninfomaníatico, pederasta, necrófilo
— **exhibicionista**, voyeur
— **masoquista**, sádico, sodomita
— **depravado**, pervertido
CASTIDAD:
— **casto**, estrecho, honesto, incorrupto, inocente, modesto, pudoroso, puro, virgen
— **púdico**, recatado, comedido, moderado, templado, circunspecto, prudente, respetuoso, considerado, modoso, virtuoso
— **frío**, helado, apagado, indiferente, pudoroso, mortificado
— **frígido**, impotente, incontinente
LUJURIA:
— **vehemente**, ardoroso, fogoso, apasionado, férvido, fervoroso
— **erótico**, sensual, voluptuoso, lujurioso, libidinoso, lúbrico, lascivo, salaz, epicúreo
— **carnal**, afrodisíaco, amatorio, epigámico, erógeno, fálico, íntimo, sexual, sexy, venéreo
— **impúdico**, obsceno, deshonesto, escabroso, indecente, sicalíptico, provocativo, licencioso, libertino
— COLOQ caliente, tórrido · verde, picante
ACTITUD DEMANDANTE EN LA MUJER:
— **coqueta**, descocada, incitante, provocativa, insinuante, atrevida, ventanera
— **desenvuelta**, despreocupada, disipada, disoluta, liviana, suelta, piruja
— **libertina**, licenciosa, fácil, galante, DESUS halconera, COLOQ fresca, escaldada · desvergonzada, impúdica, incontinente, promiscua, suripanta, viciosa
— **mujer objeto**, sex-symbol
— DIABLO O ESPÍRITU CON APARIENCIA DE MUJER QUE TIENE COMERCIO CARNAL CON UN VARÓN: súcubo
— COLOQ tigresa, lolita, vampi, vampiresa
ACTITUD DEMANDANTE EN EL HOMBRE:
— **galante**, incitante, insinuante, desenvuelto, disipado, disoluto, libertino, garzón
— **inmoral**, inhonesto, deshonesto, indecoroso, indecente, impudente, impúdico, incasto, escandaloso, promiscuo, vicioso, incontinente
— **atrevido**, licencioso, escabroso, desvergonzado, procaz, mujeriego, mocero
— **malicioso**, pecaminoso, picante, pícaro, picaresco, pornográfico, sicalíptico, obsceno
— **verde**, colorado, subido de color
— DIABLO O ESPÍRITU CON APARIENCIA DE VARÓN QUE TIENE COMERCIO CARNAL CON UNA MUJER: íncubo
— COLOQ Y DESPREST bragazas, braguetero, cachondo, cachondón, calentón, calentorro, putero, salido

— MALSON Y VULG
- mamón, mamonazo
- chuloputas, follador, gachón, huevudo
- pichabrava, pichadura, pichafloja, pichagorda, pichaoro, gilipichas

QUE SUFRE O CONSIENTE LA INFIDELIDAD DE LA MUJER:
— complaciente, paciente, consentido, sufrido, predestinado
— COLOQ cuclillo, novillo, DESUS gurrumino, VULG cornudo, cabrito, cabrón

heterosexual, bisexual

homosexual, gay
— COLOQ Y DESPREST
- ambiguo, amujerado, ahembrado, afeminado, amanerado, andrógino
- pluma, moña
- sospechoso, equívoco, neutro, DESUS manflorita
- acaponado, adamado, lindo, ninfo, barbilindo, carininfo, barbilucio, blando, cocinilla, cominero, débil, fileno, loca, narciso, palabrimujer, DESUS enerve, SALV, HOND Y NIC mamplora, CHILE muerde almohadas, COL cacorro, CUBA pájaro, cundango, GUAT hueco, tamarindo, HOND Y MÉX joto, NIC Y VEN pato
— VULG Y DESPREST
- marica, maricón, mariquita, mariconcete, mariposa, mariposón, amariposado, amaricado, amariconado, marioso, marimarica
- bujarrón, culero, maromo, sarasa, sodomita, mariol
— CIRCUNLOQUIOS OFESIVOS Y NADA RECOMENDABLES: de la acera de enfrente, de la otra acera, del otro bando, perder aceite, tener un ramalazo, ARG andar como el cangrejo, patear en contra, ser medio tócame un vals, CHILE quemársele el arroz, ser un colibrí, SALV ser del otro andén, MÉX batear por la izquierda, hacerle agua la canoa, jugar en el otro equipo, ser del otro lado, NIC volteársele la tortilla
— RECONOCER LA HOMOSEXUALIDAD: salir del armario
— **transexual**, travestí o travesti, travestido · andrógino, hermafrodita
— **lesbiana**, VULG tortillera, bollera, PR Y VEN cachapera · CHILE, VULG maraca

ninfómana
— incontinente, rijosa, salaz
— FIG ardiente, incasta, lasciva, libidinosa, lujuriosa, impúdica, UR loba
— COLOQ cachonda, salida, morionda
— VULG calientapollas, inflapollas, inflagaitas

prostituta
— **ramera**, iza, meretriz, cantonera, maturranga, gabasa, candonga, gorrona, halconera, hetera o hetaira, lea, damisela, ARG Y UR copera, CHILE chuquisa, CUBA fletera, ji-

netera, cuero, EC pilla, NIC zángana, MÉX coscolina, piruja, MALSON chingada, PERÚ de la baticola floja
— FIG fulana, cortesana, campechana, prójima, concubina, daifa, peliforra, coja, enamorada
— mujer del gremio, m. de alterne, m. de la calle, m. pública, m. de mal vivir, m. de punto, m. de vida alegre, m. de vida airada, m. del arte, m. mundana · moza del partido, m. de fortuna · mala pécora
— DESUS capulina, carcavera, mondaria o mundaria, bordiona, baldonada, bagasa, mozcorra, lumia, pecatriz o pecadriz
— COLOQ Y DESPREST **furcia**, socia, moza, buscona, cellenca o callonca · zorra, zorrilla, zorrón, zurrona, zorrona, zorrindanga
— VULG Y DESPREST **puta**, putanga, putaña, putángana, putona, putorra, putiplista, golfa, pajillera, gorrona · tusona, perendeca, chipichusca, piculina, pitusa, pitusina, pelandusca, pelleja, pellejo, pendón, desorejada, pendanga, pingo, pingona, tipa, churriana · buscona, pobreta, prójima, pupila, tusa, suripanta
— EUFEM tía, tuna, una tal, mujercilla, mujerzuela, ninfa, pecadora, cualquiera, araña, esquinera, rodona

proxeneta
— alcahuete, canaca, flete, gancho, gorrón, ribaldo, rufián, taita, ANT lenón, MÉX padrote · padre de mancebía
— COLOQ chulo · VULG Y DESPREST cabrón

alcahueta
— trotaconventos, tercera, cobertera, encubridora, cohen, comadre, corredera, madama, madrina
— COLOQ celestina, correveidile, echacuervos, encandiladora, enflautadora, zurcidora

32.09 nacido
embarazada, encinta, en estado interesante o de buena esperanza, grávida, ocupada, preñada · eutócica, distócica, oxitócica, nonato
prematuro, sietemesino
bebé, recién nacido, pequeño, pequeñuelo, criatura, nene, niño, crío · GAL cativo · hermano de leche, hijo de leche
angelito, rorro, infante, AM guagua

32.10 vivo
existente, viviente, vital, vivaz, vivificador, vivificativo
biológico, biótico, orgánico, armónico
longevo, vitalicio, imperecedero
DESCRIPCIÓN DE LA VIDA:
— ordenada, metódica, recoleta, relajada, fortunosa, sedentaria
— agitada, azarosa, bohemia, borrascosa, descerrajada, desordenada, destrozada, irregular, rota

32.11 muerto
moribundo, agonizante
difunto, fallecido, extinto, exánime, exangüe, inanimado, acabado, inerte · finado, interfecto, occiso · ajusticiado · bajo la losa · insepulto
mortal, mortífero, mortuorio, mortecino, doliente, premuerto, semimuerto, semivivo, medio muerto
macabro, cadavérico, DESUS cadaveroso
fúnebre, lúgubre, sombrío, tétrico
cadáver
— víctima, cuerpo, fiambre, cenizas, despojos, restos mortales
— momia, esqueleto, calavera, huesos
— ánima, espíritu, espectro, aparecido, fantasma, sombra, zombi, alma en pena

VERBOS Y EXPRESIONES
32.12 copular
excitarse, desear, incitar, provocar, calentar · estimularse, erotizarse
hacer el amor
— fornicar, poseer, yacer, gozar, unirse, amarizarse, cohabitar, beneficiar, entregarse, acostarse, hacerlo, desflorar, desvirgar · SALV aventar
— tener trato sexual, t. unión sexual, t. un coito, t. comercio carnal, t. ayuntamiento carnal · hacer el acto carnal, entregar su cuerpo
— eyacular, evacuar, segregar
— SIN VOLUNTAD DE UNO DE ELLOS: forzar, abusar, estuprar, pervertir, prostituir, raptar, violar
— FUERA DEL MATRIMONIO: engañar, faltar · masturbarse
— prostituirse, hacer la calle, h. la carrera, cortar faldas · echarse al mundo
fecundar
— empreñar, encintar, embarazar, engendrar, llenar, fecundizar, fertilizar, generar, inseminar, padrear · embarazarse, empreñarse
— dejar embarazada, dejar encinta, d. en estado, d. preñada
EVITAR LA FECUNDACIÓN:
— practicar la castidad, evitar relaciones
— tomar la píldora, usar preservativo
— hacerse la vasectomía, ligarse las trompas
COLOQ Y EN OCASIONES DESPREST
— arrimarse, calentarse
— putear, zorrear · cubrir, desflorar, desvirgar, calzar, jalar, montar, penetrar, retozar, trajinar
— darse el banquete, d. el lote, d. el calentón, d. el filetazo o el filete, d. el gran lote, d. el mordisco, d. el pico, d. los morros, d. una culada, d. un revolcón
— llevar al huerto, meter mano, pasarse por la piedra

— llevar a la cama · preñar, hacer un bombo, h. una barriga · poner a cien
— ponerse las botas, p. morado
VULG
— joder, AM coger
— encornudar · poner los cuernos, p. el gorro · VEN DICHO DE UNA MUJER: voltear
— tener trato, t. trato carnal
— dar el braguetazo, dar un pollazo
— echar un caliche, e. un caliqueño, e. un casquete, e. un feliciano, e. un flete, e. un palo, e. un polvo o polvete o polvazo, e. un quiqui
— hacer un favor, h. una desgraciada
— ir de golfas, ir de magreo
— mojar almeja, m. caliente, m. el churro
— pasar por la piedra
COMP ING estar loca por la música, pegarse como una lapa, ponerse a cien, p. a tiro, VULG joder más que las gallinas
VULG, DESPREST Y NADA RECOMENDABLE:
— espatarrarse, despelotarse · empalmarse, empinarse, sacársela, desenfundársela
— estar cachonda · ser facilona
— follar, soplar, chingar, montar, calzar, trincar
— beneficiarse, cepillarse, cubrir, gozar · birlársela, colársela, metérsela, tirársela, trajinársela, ventilársela, zumbársela
— mamar · correrse · mojar
— CHILE echarse un pato, pelar el ajo, apalear el loco, NIC hacer el mandado
— cascársela, soplársela, machacársela, frotársela, refanfinflársela · hacerse una paja
— encular, sodomizar, amariconar, dar por culo, CUBA acundangarse
32.13 nacer
estar embarazada
— quedarse embarazada, q. encinta, q. en estado, q. preñada
— estar preñada, e. en estado de buena esperanza, e. en la dulce espera, e. en estado interesante · e. en días, e. fuera de cuenta, e. con dolores
— esperar familia, e. la cigüeña
— ARG estar de compras, CHILE Y BOL e. gorda, GUAT e. pipona, MÉX e. de encargo, e. gorda de hombre
parir
— romper aguas
— partear, librar, engendrarse, reproducirse, formarse, iniciarse, originarse, ANT encaecer
— brotar, fluir, salir, surgir, surtir, FIG partir, principiar, emerger, alzarse · venir la cigüeña
— COLOQ, DAR A LUZ SUCESIVAS VECES: ser una coneja
engendrar
— procrear, reengendrar, generar, germinar, retoñar, ahijar

— alumbrar, nacer, dar a luz, dar nacimiento, echar o traer al mundo, venir al mundo
— propagarse, difundirse, multiplicarse, perpetuarse, pulular
— tener hijos, perpetuar la raza, COLOQ parir como conejas
abortar, desocupar, malparir, DESUS mover, amover
amamantar
— lactar, tetar, atetar, criar, nutrir
— dar el pecho, dar de mamar, dar la teta
— mamar, chupar, tomar el pecho
— destetar, desmamar, COLOQ despechar

32.14 vivir

crecer
— **desarrollarse**, hacerse, formarse, espigarse, estirarse
— **madurar**, prosperar, despegar, ensanchar, bullir, rebullir
— **sobrevivir**, respirar, existir, subsistir, campar, guarir, marchar, pasar, convivir, pervivir, revivir, bienvivir, vivificar, desvivirse
— buscarse la vida, ganarse la vida, vivir la vida, gastar la vida, pasar la vida, prolongar la vida, llegar a ser, tomar cuerpo, t. vuelo, llevar camino de, COLOQ crecer a palmos, dar un estirón
— conservarse joven, no pasar el tiempo, no aparentar la edad que se tiene
— COMP ING estar vivito y coleando, tener siete vidas como los gatos
mocear
— pollear, potrear, hombrear, lozanear, piñonear
— estar hecho un chaval, e. hecho una criatura, segar en flor, bullir la sangre, hervir la sangre, tener la leche en los labios
— no pasar los años, no p. los días por
— REF No hay quince años feos.
malvivir
— renquear, vegetar, tirar, sostenerse
— ir pasando, ir tirando, ir marchando · andar a rastras · jugarse la vida
adelgazar
— enflaquecer, enmagrecer, endelgadecer, escaecer, perder, atenuar, asutilar, desengordar, desengrasar, desengrasar, desgrasar
— enflacarse, enflaquecerse, enjugarse, espigarse, arguellarse, descriarse, desmedrarse, adelgazarse, afeblecerse, afilarse, afinarse, ahilarse, alfeñicarse, amojamarse, apergaminarse, espiritualizarse, transparentarse, secarse, avellanarse, demacrarse
— estilizarse, guardar la línea, recobrar la línea, sutilizar, perder peso
— COLOQ encanijarse, acartonarse, acecinarse, chuparse, clarearse · quedarse en el chasis, q. en las guías

— COMP ING
• estar en los huesos, e. en el pellejo, e. en el chasis, e. en las guías, e. hecho una momia, e. hecho un palillo, e. hecho una sabandija, e. hecho un fideo, e. hecho un espárrago, e. hecho un esqueleto
• ser piel y huesos, ser la efigie del hambre, ser como una caña de pescar, CUBA ser como una vara de tumbar gatos
• parecer el espíritu de la golosina, p. desertado del camposanto, p. que lo han chupado las brujas
• tener pocas chichas, t. el estómago pegado, t. que pasar dos veces para hacer sombra
• más delgado que un silbido, más d. que un fideo, más d. que un palillo, más d. que un espagueti, más d. que una espátula, más d. que la radiografía de un silbido, más d. que un naipe · más d. que la pipa de un indio
• tan delgado que se sale por el cuello de la camisa, tan d. que se pone de perfil y parece que se ha ido
• más seco que un esparto, más s. que un higo, más s. que un «no», más s. que una avellana, más s. que una bacalada, más s. que una paja, más s. que una pasa, más s. que el tiesto de Inés
• poder contársele los huesos
engordar
— **robustecerse**, espesar, engrosar
— **echar carnes**, e. barriga
— de buen año, de buenos cuartos, chicarrón del norte, hecho un bolo, metido en carnes, entrado en carnes
— COMP ING
• como una bola, c. una cuba, c. una botilla
• como un sollo, c. un tonel, c. un roble
• más gordo que un sapo campanero, tan g. que no cabe en su pellejo, ARG g. como ternero de dos madres
envejecer
— **aviejar**, avejentar, bajar, declinar, decaer, encanecer
— **ajarse**, arrugarse, estropearse, acartonarse, apergaminarse, avellanarse, retirarse, apagarse, secarse, estropearse, acabarse, gastarse, consumirse, añejarse, inveterarse
— **ganar años**, avanzar en edad, tener días, caerse de viejo, andar con la barba por el suelo
— COLOQ chochear · arrastrar los pies, peinar canas, caerse la baba
— COMP ING
• estar hecho un cascajo, tener más espolones que un gallo

• ser más viejo que Carracuca, ser más v. que la cuesta de La Vega, ser más v. que Matusalén, ser más v. que un palmar, ser v. como Adán

• estar gagá, e. chocho, e. con un pie en el hoyo, e. con un pie en el otro mundo, e. con un pie en la sepultura, e. en la segunda infancia

REF

— Buena vida, arrugas tira. Cuanto más viejo, más pellejo. A la vejez, alardes de pez. Quien se tiñe la barba sólo a sí se engaña. Basta ser viejo para estar enfermo. Casa vieja, todo es goteras. A la vejez se acorta el dormir y se alarga el gruñir. A los veinte de edad, valiente, a los treinta casado, y a los cuarenta rico; si este dicho no se cumple, este gallo clavó el pico.

— Malo es llegar a viejo, peor no llegar a eso. La edad madura es aquella en la que todavía se es joven, pero con mucho más esfuerzo. La gente joven dice lo que hace, la gente vieja dice lo que hizo, y los tontos lo que les gustaría hacer. Más sabe el diablo por viejo, que por diablo. Más viejos son los cerros, y reverdecen. Moro viejo, mal cristiano.

— Lo que en la leche se mama, en la mortaja se derrama. Lo que entra con faja, sale con la mortaja. Lo que se aprende en la cuna, siempre dura.

rejuvenecer

— vivificarse, remozarse, vigorizarse

32.15 morir

agonizar

— extinguirse, acabar, apurar, boquear, desahuciar

— estar a la muerte, e. a las puertas de la muerte, e. en trance de muerte, e. entre la vida y la muerte, e. al cabo, e. en las últimas, e. in articulo mortis, e. con un pie en la sepultura o en la tumba, e. con el alma en la boca o entre los dientes

— tener sus horas contadas, t. los días contados · luchar con la muerte, dar las últimas boqueadas, vidriarse los ojos

fallecer

— **fenecer**, perecer, finar, acabar, caer, cascar, expirar, sonar, sucumbir, terminar, descansar, faltar, DESUS transir

— apagarse, extinguirse, irse, borrarse, dormirse, escaparse

— caerse redondo · cerrar los ojos, c. los párpados · convertirse en polvo, criar malvas

— dar fin, d. la vida, d. el último suspiro, d. con la carga en tierra, A FAVOR DE ALGUIEN O ALGO: d. la sangre por · dejarse la vida, des-

cansar en paz, despedir el alma, doblar la cabeza

— entregar el alma · exhalar el alma, e. el espíritu, e. el último suspiro · hacer testamento, irse de este mundo

— llamar Dios, ll. Dios a juicio, ll. Dios a su seno · acordarse Dios de alguien, entregar el alma a Dios, morir en paz y en gracia de Dios, dormir en Dios, estar con Dios, gozar de Dios, descansar en paz, d. en el Señor, dormirse en los brazos de Dios · ser llevado por Dios, ser llamado a la gloria de Dios, ser llamado por Dios, subir al cielo · llegar la hora

— morir de dolor, m. de hambre, m. de pena

— partir de esta vida, p. a mejor vida, perder la vida

— quedar en el campo, q. en la estacada, q. en el sitio

— salir de este mundo

— torcer la cabeza

— RELIG FIG dar la extremaunción, dar el viático

matarse

— **desnucarse**, desplomarse, asfixiarse, ahogarse, estrangularse

— **suicidarse**, colgarse, ahorcarse · darse muerte, quitarse la vida, poner fin a sus días, abrirse las venas

yacer

— reposar, descansar

— descansar en paz, estar de cuerpo presente e. sepultado, dormir el sueño eterno, ARG mirar las margaritas desde abajo, NIC estar chele

— que en gloria esté, que en paz descanse, LAT requiescat in pace, sic tibi terra levis

— REF El muerto al hoyo y el vivo al bollo. Al vivo, la hogaza, y al muerto, la mortaja.

enterrar

— **amortajar**, disecar, embalsamar, momificar · velar, llorar

— **sepultar** o ANT sepelir, inhumar, aterrar, soterrar, depositar, incinerar, endechar, dar tierra, dar sepultura, hacer las exequias, h. el funeral

— **exhumar**, desenterrar

resucitar, renacer, revivir, rejuvenecer · volver a vivir, devolver la vida

COLOQ

— diñarla, hincarla, palmarla, espicharla, pringarla, pirárselas

— reventar, despichar

— acabarse la candela, acusar las diez de últimas, bajar al sepulcro, cantar el gorigori, cavar uno su fosa, colgar las botas, c. los guantes

— dar de comer a los gusanos, dejar de hacer sombra, d. el pellejo, doblar la servilleta

— entregar el equipo, e. la cuchara
— estar criando malvas, e. comiendo tierra, e. con el candilón, e. con la candela en la mano, e. con un pie en el hoyo · estirar la pata
— hacerse el harakiri, hincar el pico
— irse al hoyo, i. al otro barrio, i. al otro mundo, i. de este mundo, i. por la posta
— liar el petate
— palparse la ropa, perder el pellejo
— quedarse como un pajarito, quitarse de delante, q. de en medio
— sacar con los pies delante
— torcer el pescuezo
— AM colgar los tenis, irse al tacho, dejar el casquete, ARG Y UR cantar flor, c. para el carnero, clavar las guampas, ARG sonar como arpa vieja, CHILE largar la maleta, parar la charla, estar con un pie en el cajón, e. más cerca del arpa que de la guitarra, COL parar los tarros, CUBA guindar el piojo, g. el sable, SALV doblar el cacho, GUAT patear la cubeta, HOND p. el balde, pegar el riendazo, MÉX doblar el petate, entregar la zalea, pelarse con la huesuda, cantar el tecoloti NIC pelar el ajo, VEN botar el pelero, entregar la guardia
— MUERTE GENERALIZADA: caer como chinches
REF En mal de muerte no hay médico que acierte.

33. ENFERMEDAD
33.01 molestias y alteraciones
malestar
— achaque afección, alteración, complicación, desarreglo, estigma, lacra, mal, morbo, padecimiento, zamarrazo, RI zamarrada
— dolencia, indisposición, sufrimiento, trastorno
— ANT aje, alifafe, malaestanza, maletía o malatía
QUE PRECEDE A UNA ENFERMEDAD: premonitorio, pródromo
DISMINUCIÓN FUNCIONAL: inmunodeficiencia
COLOQ arrechucho, patatús, soponcio, sopitipando, telele, taranta, zangarriana · PROPIO DE LA VEJEZ: goteras
desmayo
— mareo, ataque, aturdimiento, colapso, congoja, conmoción, desfallecimiento, desvanecimiento, enajenamiento, insensibilidad, letargo, paroxismo, shock, síncope, vahído, vapor, vértigo, DESUS vaguido
— COLOQ CUANDO SE CREE QUE ES FINGIDO: pataleta
— MED lipotimia, epilepsia, catalepsia, eclampsia, alferecía · deliquio, éxtasis, rapto · neurosis (INESTABILIDAD EMOCIONAL), frenopatía (ANOMALÍA MENTAL), psicopatía (ANOMALÍA PSÍQUICA)
flojedad
— apatía, atonía, debilidad, debilitamiento, decaimiento, dejadez, descaecimiento, desmadejamiento, enervamiento, exinanición, febledad, flaqueza, fragilidad, impotencia, inanición, languidez o languor, lasitud o laxitud, DESUS langor, delicadez
— MED astenia, MUSCULAR: perlesía, ATROFIA GENERAL DE LOS RECIÉN NACIDOS: atrepsia, DEBILITACIÓN DEL ORGANISMO: depauperación, LESIÓN DE LOS TEJIDOS ORGÁNICOS: reblandecimiento · EXTREMA DEBILIDAD: adinamia
cansancio
— galbana, fatiga, agotamiento, postración, consunción, desmadejamiento
daño
— lesión, herida, absceso, contusión, rotura, estigma, laceración
— rozadura, peladura, desolladura, despellejadura, magullamiento, excoriación o escoriación, escorchón, COLOQ pupa
— ampolla · callo, clavo · lacra
— picor, picazón, comezón, ardor, escozor, comecome, hormigueo
epidemia, endemia, pandemia, pestilencia, peste, p. bubónica, p. levantina, MÉX cocoliste, DESUS constelación · andancio o andancia
recuperación, convalecencia
33.02 dolor
GENERAL: molestia, incomodidad, reflejo, pinchazo, punzada, entrepunzadura, reliquia, COLOQ ramalazo, latigazo, EC cimbrón
DE CABEZA: cefalea, cefalalgia, migraña, jaqueca, hemicránea
DE CUELLO: tortícolis
DE OÍDOS: otalgia
DE DIENTES O MUELAS: odontalgia
DE PECHO O SENO: mastalgia
DE CORAZÓN: cardialgia
DE ESPALDA: lumbago, lumbalgia, lumbociática, dorsalgia, raquialgia, ciática
DOLOR AL TRAGAR: disfagia
DE ESTÓMAGO: gastralgia, COLOQ flato
DE INTESTINOS: enteralgia · retortijón
DE MÚSCULOS: mialgia o miodinia, pleurodinia · agujetas, calambre, rampa, AR garrampa
DE LA PIEL: dermalgia
DE LAS ARTICULACIONES: artralgia, COLOQ agujetas, calambre
A LO LARGO DE UN NERVIO: neuralgia
DE LAS MUJERES RECIÉN PARIDAS: entuertos
33.03 tumor
tumoración, absceso, dureza, excrecencia, adenoma, epitelioma, cirro, escirro, ganglio, COLOQ bulto · BENIGNO: fibroma
sarcoma, angioma, cáncer, COL, GUAT Y MÉX cangro · PROPAGACIÓN DE UN FOCO CANCEROSO: metástasis
sarna, herpes, h. zóster, seborrea, sífilide, sudamina

SEGÚN SU FORMA: papiloma, pólipo, quiste, quiste sebáceo, pápula, lobanillo

EN LA CABEZA: hura, lobanillo o lupia, talparia o talpa

EN EL CEREBRO: meningioma, glioma

FORMADO POR TEJIDO: fibroma, lipoma, linfoma, carcinoma, neuroma, sarcoma, condroma

EN LOS PECHOS DE LA MUJER, ANT: zaratán

EN LA PIEL: grano o COLOQ granujo, furúnculo o divieso, ampolla, ántrax, aporisma, avispero, flemón, flictena, forúnculo o furúnculo, hematoma, melanoma, pápula, papiloma, nodo, nudo, verruga

EN EL BORDE DE LOS PÁRPADOS: orzuelo, EN LAS GLÁNDULAS SEBÁCEAS DE LOS PÁRPADOS: chalazión, EN EL IRIS DE LOS OJOS: berrueco, EN EL GLOBO DEL OJO: estafiloma

DEBAJO DE LA LENGUA: ránula

DEBAJO DEL OÍDO: parótida

EN UN ÓRGANO NERVIOSO: glioma

EN LOS MÚSCULOS: mioma

EN LOS HUESOS: mieloma, osteoma, sobrehueso

FORMADO POR CÉLULAS CON ABUNDANTE MELANINA: melanoma

EN EL ANO: hemorroide o hemorroida o almorrana

EN EL CORAZÓN: aneurisma

EN LA PARTE INTERNA DE UNA ARTERIA: ateroma

EN LA GLÁNDULA TIROIDEA: bocio, papada, AM coto, güegüecho

REGIÓN INGUINAL: incordio, bubón, buba o búa o DESUS botor, landre

EN LAS GLÁNDULAS SUDORÍPARAS DE LAS EXILAS: golondrino, landre · EN LOS GANGLIOS LINFÁTICOS: escrófula · EN LOS TEJIDOS MUCOSOS: mixoma

EN LOS DEDOS: panadizo

EN LAS ENCÍAS: párulis

EN LA VAGINA: pólipo

BAJO LA LENGUA: rana, ránula, sapillo

EN LOS ÓRGANOS GENITALES MASCULINOS: sarcocele, sifiloma, varicocele

EN EL PIE: AM sietecueros

DE ORIGEN EMBRIONARIO: teratoma

ABSCESO SUPURADO: apostema o postema

EXCRECENCIA CARNOSA PRODUCIDA POR HONGOS PATÓGENOS: fungosidad o fungo

VOLUMEN EXCESIVO DE LAS MAMAS DE UN HOMBRE: ginecomastia

CARACTERÍSTICAS DEL TUMOR: benigno, maligno, canceroso, crudo, frío, maduro

33.04 trastornos y enfermedades

ESTUDIO DE LAS CAUSAS DE LAS ENFERMEDADES: etiología

AGENTES DE LA ENFERMEDAD: microbio, microorganismo, germen, bacteria, hongo, parásito, toxina, tripanosoma, triquina, vehículo, veneno, virus

FASES:

— acceso, amago, arrebato, ataque, ramo, retoque, arrechucho, molestias, malestar, dolor, signos, síntoma, COLOQ ramalazo

— predisposición, diátesis, receptividad

— diagnóstico, pronóstico, radiodiagnóstico, semiología, semiótica, señal

— contagio, infección · incubación

— desarrollo, evolución, tratamiento, mejoría, curación · convalecencia

— retroceso · agonía, coma

— recaída, recidiva

— secuelas

PERIODOS O ESTADIOS:

— incubación, invasión

— crisis, hipercrisis, acmé, día crítico, fastigio, paroxismo o parasismo

— día decretorio, lisis

DISCAPACIDADES FÍSICAS:

— **deformación**, enquistamiento, esclerosis, melanosis · ANT linfatismo

— **raquitismo**, enanismo, gigantismo, atrofia, hipertrofia, displasia, aplasia, hipoplasia, hiperplasia, anquilosis, precocidad

— **atonía**, depauperación

— **cifosis** o joroba, COLOQ jiba

— **cojera**, manquera GOTA DE LAS MANOS: quiragra

— **parálisis**, anquilosis, diaplejía, hemiplejia o hemiplejía, paraplejia o paraplejía, paresia, perlesía, tetraplejia o tetraplejía

EN EL ESTADO GENERAL:

— **desmejoramiento**, calcificación, carnificación, degeneración, depauperación, desmineralización · DEBILITACIÓN PRODUCIDA POR UN MEDICAMENTO: cateresis

— **mareo**, desfallecimiento, desvanecimiento, indisposición, aplanamiento, atontamiento, aturdimiento · desmayo, conmoción, convulsión, síncope, vahído · náuseas, vértigo · lipotimia · COLOQ soponcio · SENSACIÓN DE MANTENERSE EN EL AIRE SIN NINGÚN PUNTO DE APOYO: levitación

— **cansancio**, fatiga, agotamiento, abatimiento, abotargamiento · debilidad, desgana, desaliento, muermo, postración, flojedad · laxitud, somnolencia, postración · bajón, sopor, COLOQ arrechucho

— **fiebre**, calentura, destemplanza, escalofrío · MED hipotermia, hipertermia

DE LA ALIMENTACIÓN:

— **desnutrición**, inanición, carosis, encanijamiento, emaciación, inapetencia · delgadez

· caquexia, anorexia, escorbuto, raquitismo EXTREMADO ENFLAQUECIMIENTO: marasmo · avitaminosis, beriberi · diabetes

— **obesidad**, bulimia · empacho, ahíto · GORDURA EXAGERADA: polisarcia

— IMPOSIBILIDAD DE TRAGAR: disfagia · FETIDEZ DEL ALIENTO: halitosis
— hipervitaminosis, hipovitaminosis
DE LA DIGESTIÓN:
— FALTA DE ÁCIDO CLORHÍDRICO: aclorhidria, EXCESO DE ÁCIDO CLORHÍDRICO: hiperclorhidria, FALTA DE DIGESTIÓN: apepsia, ESTANCAMIENTO DE ALGUNA SUSTANCIA: asiento, DIGESTIÓN LENTA: bradipepsia, DIGESTIÓN LABORIOSA E IMPERFECTA: dispepsia
DEL ESTÓMAGO:
— **ardor**, acedía, ardentía, pirosis, rescoldera, vinagrera, VULG agriera
— **indigestión**, empacho o ANT embargo, cargazón, desconsuelo
— **acidez** o hiperclorhidria, aerofagia, dispepsia, gastralgia o calambre estomacal, gastritis, gastropatía · úlcera
— **angustia**, náusea, ardores, pesadez de estómago, COLOQ rescoldina · arcadas, vómitos
DEL INTESTINO:
— **descomposición**, colitis, diarrea, disentería, cólico, c. cerrado, pasacólica o c. pasajero, ANT c. miserere
— **hernia** intestinal, oclusión intestinal, parálisis intestinal o íleo
— **pancreatitis**, peritonitis, apendicitis · fístula anal, hemorroides o almorranas
— **estreñimiento** o constipación de vientre, espasmo, retortijón de tripas o retortijones, timpanización · coprolito
— **flatulencia**, gases, meteorismo · íleo, vólvulo o volvo, invaginación · quebradura, hernia · INFESTACIÓN POR TENIAS: teniasis
— INFLAMACIONES: **gastroenteritis**, enteritis, peritonitis, duodenitis
RENALES:
— insuficiencia renal, litiasis renal, cólico nefrítico, cálculos, nefrosis · riñón flotante · diabetes · prostatismo, prostatitis · pujo, retención
— INFLAMACIONES: nefritis
UROLÓGICOS:
— **incontinencia**, retención, DOLOROSA: estangurria o estranguria o estrangurria, angurria, disuria, CESE: anuria, EXCESIVA SECRECIÓN: tisuria, poliuria, ESCASA PRODUCCIÓN: oliguria, COLOR NEGRO: melanuria
— PÉRDIDA EXCESIVA DE ÁCIDO FOSFÓRICO: fosfaturia
— PRESENCIA DE SANGRE: hematuria, ALBÚMINA: albuminuria, GLUCOSA: glucosuria
— INFLAMACIONES: cistitis, uretritis
DEL SISTEMA RESPIRATORIO:
— **afonía**, disfonía, ronquera, mudez · EN LA ARTICULACIÓN DE LAS PALABRAS: disartria
— **ahogo**, ahoguío, angustia, congoja, sofoco, sofocación, opresión, ansia, anhelo, ansiedad, agonía, soplo · jadeo o acezo o COLOQ acedío · DESUS anhelito, estertor

— respiración difícil, disnea, apnea, asma, asfixia · difteria
— **hipo**, hipido, ronquido · BOSTEZO EXCESIVAMENTE FRECUENTE: casmodia
DE LOS PULMONES:
— **pulmonía**, pleuresía o pleuritis, neumonía o pneumonía, perineumonía, difteria o crup o DESUS garrotillo, silicosis, neumoconiosis, tuberculosis o peste blanca, empiema, hidrotórax
— **tos**, congestión, alergia, asfixia
— **bronquitis**, traqueitis, tos ferina
— **bronconeumonía**, enfisema, derrame pleural · EXPANSIÓN DE LOS PULMONES: atelectasia
DEL CEREBRO Y EL SISTEMA NERVIOSO:
— INFLAMACIÓN DEL ENCÉFALO: **encefalitis**, INFLAMACIÓN DE LAS MENINGES: meningitis, DILATACIÓN DEL ENCÉFALO: hidrocefalia, DEBILIDAD DEL SISTEMA NERVIOSO: neurastenia, DEFICIENCIA MENTAL: oligofrenia, PREDOMINIO DE LAS AFECCIONES MORALES TRISTES: melancolía
— ATROFIA CEREBRAL: **enfermedad de Alzheimer**, demencia senil, TEMBLOR RÍTMICO DE LOS MIEMBROS: **enfermedad de Parkinson**, MOVIMIENTOS BRUSCOS DE LOS MIEMBROS Y LA CABEZA: corea
— **fobia**, histerismo, neurosis, neuralgia, neuritis, polineuritis, parálisis, hemiplejia o hemiplejía, paraplejia o paraplejía, tetraplejia o tetraplejía, poliomielitis · histeria
— **amnesia**, parestesia, disestesia, hiperestesia, catalepsia, epilepsia, esclerosis · contractura
 • COLOQ gran mal, mal caduco, gota caduca, g. coral, mal de corazón, mal de san Juan, enfermedad sagrada
— PERTURBACIÓN DEL SISTEMA NERVIOSO: **ataxia**, baile de san Vito, enervación, PARÁLISIS DE UN LADO DEL CUERPO: hemiplejia o hemiplejía, PREOCUPACIÓN CONSTANTE POR LA SALUD: hipocondría, mal de madre
DE LA GARGANTA, NARIZ Y OÍDO:
— DE LA GARGANTA: **anginas**, difteria, vegetaciones, COLOQ carraspera · nódulo, pólipo · mudez · INFLAMACIONES: estomatitis (MUCOSA BUCAL), gingivitis (ENCÍAS), amigdalitis (AMÍGDALAS), laringitis (LARINGE), faringitis (FARINGE), traqueítis (TRÁQUEA)
— DE LAS FOSAS NASALES O LA NARIZ: **catarro**, constipado, resfriado, coriza, romadizo · enfriamiento · vegetaciones · hemorragia nasal o epistaxis · alergia nasal · gangosidad, ocena (FETIDEZ PATOLÓGICA), platirrinia (ANCHURA EXAGERADA) · DIFICULTAD EN LA PERCEPCIÓN DE LOS OLORES: disosmia · PÉRDIDA COMPLETA DEL OLFATO: anosmia · INFLAMACIÓN: rinitis (DE LA MUCOSA), sinusitis (DE LOS SENOS)

— DEL OÍDO: vértigo o laberintitis, zumbidos · hipoacusia o sordera · FLUJO MUCOSO: otorrea, INFLAMACIÓN: otitis

DE LOS DIENTES:

— **caries**, absceso dental · inflamación, estomatitis, gingivitis, alveolitis

— **melladura**, mella, picadura

— **flemón**, neguijón o guijón, perforación, quiste

— **sarro**, toba, tosca, tártaro, limosidad · FLUJO DE PUS: piorrea

— SENSACIÓN DESAGRADABLE: dentera

— MED, DOLOR DE DIENTES: odontalgia

DE LOS OJOS:

— LIMITACIONES:

• FOCO EN UN PUNTO ANTERIOR A LA RETINA: **miopía**, PERCEPCIÓN CONFUSA DE LOS OBJETOS PRÓXIMOS: hipermetropía, (VISTA CANSADA: presbicia, CURVATURA IRREGULAR DE LA CÓRNEA: astigmatismo, IMPIDE QUE LAS IMÁGENES SE FORMEN DEBIDAMENTE EN LA RETINA: ametropía

• LOS DOS EJES NO SE DIRIGEN A LA VEZ A UN OBJETO: estrabismo, VISTA DOBLE DE LOS OBJETOS: diplopía

• CONFUSIÓN DE COLORES: daltonismo, INCAPACIDAD PARA DISCERNIR LOS COLORES: discromatopsia, DISMINUCIÓN DE LA VISTA: ambliopía

• RECHAZO PATOLÓGICO A LA LUZ: fotofobia, VE MEJOR DE NOCHE QUE DE DÍA: nictalopía

— TRASTORNOS:

• MOVIMIENTO INVOLUNTARIO E INCONTROLABLE: nistagmos

• INCAPACIDAD PARA PERCIBIR LOS COLORES: acromatopsia

• OPACIDAD DEL CRISTALINO QUE IMPIDE EL PASO DE LOS RAYOS LUMINOSOS: catarata, ESPECIE DE CATARATAS: sufusión

— DESAPARICIÓN: **ceguera** o gota serena, amaurosis (POR LESIÓN EN RETINA), escotoma (PÉRDIDA DE VISIÓN DEBIDA A LESIÓN EN LA RETINA) · ciego, GUAT choco · tuerto, bizco

— INFLAMACIÓN:

• **oftalmia** u oftalmía (GENERAL), conjuntivitis (DE LA CONJUNTIVA), tracoma (CONJUNTIVITIS GRANULOSA), blefaritis (DE LOS PÁRPADOS), coroiditis (DE LA CORONA), dacriocistitis (DEL SACO LAGRIMAL), retinitis (DE LA RETINA), queratitis (DE LA CÓRNEA), iritis (DEL IRIS)

• EN PERÚ, INFLAMACIÓN DE QUIENES ATRAVIESAN LOS ANDES NEVADOS: surumpe o surupí

• ojeras

— AUMENTO DE LA PRESIÓN INTRAOCULAR: **glaucoma**, MANCHA BLANCA EN LA CÓRNEA: leucoma, DILATACIÓN ANORMAL DE LA PUPILA: midriasis, CONTRACCIÓN PERMANENTE DE LA PUPILA: miosis, TURBACIÓN POR REFLEJO GRANDE DE LUZ: ofuscamiento, (SEQUEDAD DE LA CONJUNTIVA Y OPACIDAD

DE LA CORNEA: xeroftalmia o xeroftalmía, MANCHA BLANCA DE LA CÓRNEA: albugo, SITUACIÓN SALIENTE DEL GLOBO OCULAR: exoftalmia o exoftalmía

— **orzuelo**, berrueco, dragón, fosfeno, reparo, uña, uva · nube, granizo, paño, mosca, pajazo, musaraña, tela, telaraña, COLOQ chiribitas (PARTÍCULAS QUE, VAGANDO EN EL INTERIOR DE LOS OJOS, OFUSCAN LA VISTA) · FÍSTULA DEBAJO DEL LAGRIMAL: rija

DEL CORAZÓN:

— DEL RITMO: arritmia, extrasístole, taquicardia, bradicardia, fibrilación

— DEL FUNCIONAMIENTO: angina de pecho, infarto de miocardio, insuficiencia cardiaca, soplo cardíaco · asistolia, pulso alternante, p. arrítmico, p. capricante

— INFLAMACIONES: endocarditis, miocarditis, pericarditis, reumatismo cardiaco

DE LA SANGRE:

— EN GENERAL: hemopatía · hipertensión, hipotensión

— OBSTRUCCIÓN O ESTRECHAMIENTO: trombo, trombosis, embolia, coágulo, congestión, estenosis, arteriosclerosis, apoplejía, estasis · DEFICIENCIA EN LOS MECANISMOS DE COAGULACIÓN: hemofilia · DISMINUCIÓN DEL RIEGO: isquemia

— DILATACIÓN ANORMAL: aneurisma o neurisma

— TUMORACIÓN: angioma, variz o varice o várice, hemorroide o almorrana

— INFLAMACIÓN: flebitis, tromboflebitis

— ACUMULACIÓN: hematoma

— PÉRDIDA: hemorragia, derrame, extravasación, hemoptisis (PROVENIENTE DE LA TRÁQUEA), vómito, anemia, a. hemolítica

— PRESENCIA DE LEUCOCITOS MALIGNOS: leucemia, GLUCOSA: glucemia, hiperglucemia, hipoglucemia, TOXINAS: septicemia o sepsis, toxemia SUSTANCIAS NITROGENADAS: azoemia

— MANCHAS EN LA PIEL: petequia, cianosis, equimosis

DEL APARATO REPRODUCTOR:

— esterilidad, impotencia, frigidez

— fimosis

— sífilis o mal francés o morbo gálico o gálico, chancro

— FLUJO: gonococia, blenorragia o gonorrea, FLUJO BLANQUECINO: leucorrea

— INFLAMACIONES: orquitis (TESTÍCULO), vaginitis (VAGINA), ovaritis (OVARIO)

— TUMOR: varicocele (VENAS DEL ESCROTO), búa, buba o incordio, caballo, bubones

— MENSTRUACIÓN DOLOROSA Y DIFÍCIL: dismenorrea, SUPRESIÓN DEL FLUJO: amenorrea

— DE LOS PECHOS DE LA MUJER:

• cáncer de mama o ANT zaratán · mastitis, mamitis

• aglactación, agalaxia, poligalia, galactorrea
• EN EL LACTANTE: lactumen, frenillo, respigón
DE LAS GLÁNDULAS:
— DE LA GLÁNDULA TIROIDEA: hipertiroidismo, hipotiroidismo
— DE LAS GLÁNDULAS ENDOCRINAS Y METABOLISMO:
  • diabetes, colesterol
  • enanismo, gigantismo, infantilismo, acromegalia, macrostomia
  • hipertiroidismo, hipotiroidismo, mixedema
  • enfermedad de Addison, e. de Cushing
— DEL HÍGADO Y LA VESÍCULA:
  • cálculos o litiasis biliar, cólico hepático · COLOQ mal de piedra
  • insuficiencia hepática, hepatomegalia
  • cirrosis, ascitis, colecistitis, colangitis, hepatitis, ictericia
DE LA PIEL:
— INFLAMACIÓN:
  • dermatosis, dermatitis o dermitis (DE LA PIEL), erisipela o DESUS isípula, difteritis (MUCOSAS), reumátide (ORIGINADA POR EL REUMATISMO) · irritación, hinchazón, sarpullido, urticaria · desolladura, despellejadura
  • erupción, exantema, eritema, eccema o eczema, alhorre · descamación, ictiosis, herpes, culebrilla, excoriación o escoriación
  • pupa, acores, lepra
  • dermatosis, DERMATOSIS CRÓNICA: psoriasis · pediculosis
— PROTUBERANCIA:
  • grano, espinilla, barro, barrillo, impureza, absceso, acné, eflorescencia, forúnculo, lobanillo, comedón, punto negro
  • dureza, duricia, callo, callosidad, padrastro, esclerodermia
  • verruga o cadillo, carnosidad, eflorescencia, quiste, papila, pápula · costra, postilla, prurigo
  • ampolla, vejiga, llaga, lactumen, flictena, rupia, sudamina, pústula · herpes o fuego pérsico, herpes zóster
— MANCHA: peca o efélide, roséola, paño, petequia, lunar, antojo, cabrillas, cardenal, sarpullido o salpullido, alergia, púrpura · sarna, MÉX roña · albinismo, melanosis · pinta, rubefacción
— DEFORMACIÓN: arruga, grieta, hendidura, quebraza, bolsa, estría, pata de gallo, ojo de gallo, pie de atleta · piel de gallina
— EN EL CUERO CABELLUDO: alopecia, calvicie, caspa, pediculosis · tiña, seborrea, favo · hirsutismo, exfoliación
DE LOS HUESOS:
— fractura, rotura, fisura, luxación, desviación
— artritis, artrosis, anquilosis, reumatismo

— osteoporosis, osteomalacia, osteomielitis, osteítis
— acromegalia, raquitismo
DE LOS MÚSCULOS:
— desgarro muscular, atrofia, distrofia, hipertrofia
— agujetas, calambre, tirón, contractura
— parálisis, espasmo, temblor
— hernia del músculo, tortícolis · triquinosis, tétanos
— calambre, garrampa, contractura, rigor, trismo (CONTRACCIÓN TETÁNICA DE LOS MÚSCULOS MAESTROS QUE IMPOSIBILITA ABRIR LA BOCA), tétanos (ESTADO ANORMAL DE TENSIÓN Y RIGIDEZ DE LOS MÚSCULOS), perlesía (DEBILIDAD DE LOS MÚSCULOS DEBIDO A LA EDAD), contorsión, contorción, convulsión, distensión, detorsión, luxación, torcedura
— adherencia (UNIÓN CON OTRO ÓRGANO), adinamia (EXTREMA DEBILIDAD), convulsión (CONTRACCIÓN INTENSA)
— TONO MUSCULAR EXAGERADO: hipertonía, hipotonía
— EN LOS TEJIDOS: necrosis (DEGENERACIÓN), neoplasia (MULTIPLICACIÓN), retracción (REDUCCIÓN), linfatismo (TENDENCIA A INFARTOS E INFLAMACIONES DE LOS GANGLIOS)
INFECCIOSAS:
— gripe
— rubéola, escarlatina o escarlata, erupción, exantema
— varicela, VEN lechina
— sarampión, alfombrilla
— viruela, sarpullido, tiña, lepra o mal de san Lázaro, parasitosis, infección bacteriana
— peste, cólera, paludismo o malaria, rabia, tuberculosis, tifus, fiebre amarilla, f. de Malta, f. tifoidea
— difteria, tos ferina
— encefalitis, meningitis, poliomielitis
— sida (SÍNDROME DE INMUNODEFICIENCIA ADQUIRIDA), sífilis
— tracoma, triquinosis · salmonelosis
33.05 herida
arañazo, corte, rasguño, brecha, magulladura o magullamiento, desolladura
desgarro, fístula, hematoma, irritación, perforación, picadura, quemadura, rasponazo, rozadura, supuración
golpe, morado, moratón, descalabradura, contusión, COLOQ cardenal
fractura, fisura, torcedura, dislocación, desarticulación, desmembramiento
inflamación
— hinchazón, abultamiento, ampolla, bulto, chichón, excrecencia, flemón, tumefacción, tumoración

— **edema**, enfisema, fibrosis, hidrartrosis, mixedema

— gavilán, padrastro, uñero

— **cardenal**, brocino, moradura, moretón, porcino, tolondro, turumbón, verdugo, verdugón, MED equimosis

traumatismo

— **dislocación**, desarticulación, distorsión, distensión

— **descoyuntamiento**, desencajamiento

— **esguince**, fractura, luxación, quebradura, rotura, ruptura, torcedura

— **contusión**, COLOQ chichón

lesión

— daño, contusión, desolladura, despellejadura, erosión, escaldadura, escocido, escorchón, escoriación o excoriación, machucadura, mortificación, pelado, peladura, pústula, rozadura, vejiga · hernia o relajación

— carnadura, encarnadura

úlcera

— ulceración, llaga, plaga, calentura, buba o búa, fístula, fontículo, DEBAJO DEL LAGRIMAL: rija, sapada, sentadura, LLENA DE PUS: pústula, EN MUR, EN LA BOCA: buera, EN LA MUCOSA BUCAL O GENITAL: afta, EN LOS LABIOS: bocera o boquera o vaharera, DESUS botor, COLOQ pupa, ANT boja, SALV chira

— POR UN LADO CICATRIZA Y POR OTRO SE EXTIENDE: serpigo

cicatriz, marca, señal, huella, areola, botana, bregadura, costra, costurón, descalabradura, chirlo, picotazo, ramalazo

PARTES DE UNA HERIDA: seno · pezón, aréola · carnazón, mamelón, labio, bezo, película · pus · gangrena · costra, postilla, escara · hongo · ABSCESO SUPURADO: apostema o postema

HERIDAS SEGÚN OBJETOS CAUSANTES:

— **bocado**, dentellada, mordedura, mordisco

— **balazo**, escopetazo, perdigonada, pistoletazo, flechazo

— **cuchillada**, estocada, lanzada, puñalada, sablazo, aguijonada, alfilerazo

— **clavadura**, cornada, estacada, picadura, pinchazo, puntada, puntazo, puntura, punzada

TIPOS DE HERIDAS: contusa, incisa, cortante, punzante, inciso-contusa, inciso-punzante, penetrante · por arma de fuego, por laceración o desgarro

33.06 tabaquismo

tabaco

— tabaco negro (COLOR OSCURO Y SABOR FUERTE)

— tabaco rubio (COLOR AMARILLO Y COBRIZO)

— tabaco picado (EL REDUCIDO SECO A PARTÍCULAS NO ALARGADAS)

— tabaco capero (USADO PARA LAS CAPAS DE LOS CIGARROS)

— tabaco de hebra o de pipa (CORTADO TIERNO EN PARTÍCULAS ALARGADAS)

— tabaco de hoja (HOJAS ESCOGIDAS QUE SE EMPLEAN PARA LA CAPA DE LOS PUROS)

cigarro, cigarrillo, pitillo, boleta, emboquillado, papelillo, cigarro de papel · cortacigarros

puro, cigarro puro, habano, breva, veguero, coracero, tagarnina, trompetilla, entreacto, panetela, túbano, COLOQ chicote · mena, vitola · cortapuros, tenacillas

colilla, perilla, punta, tirulo, tripa, yegua

paquete de tabaco, cajetilla de tabaco · rape, picadura, tabaco de mascar · mascadura, mascada · tabaquera, cigarrera, pitillera, purera, petaca · librillo · papel de fumar, AM mortaja

pipa, cachimba, AM cachimbo

encendedor, mechero, chisquero · caja de cerillas · cerilla, mixto · cenicero

chicle de nicotina, parche de nicotina

estanco, expendeduría, tabaquería, cigarrería, estanquilla · DESUS tercena (ALMACÉN DE ESTADO)

33.07 toxicomanía

adicción, dependencia, drogodependencia, hábito, dopaje, doping, drogadicción, sobredosis · INTOXICACIÓN POR OPIO: tebaísmo

COLOQ ciego, colocón, cuelgue, flipe, globo, pedo, trip, viaje

CARENCIA: abstinencia, síndrome de abstinencia, COLOQ mono

tráfico de tóxicos, t. de estupefacientes, narcotráfico

droga blanda, d. dura, d. de diseño

cáñamo

— **cannabis**, hachís o jachís, mariguana o marihuana, grifo o grifa, chaweu, paquistaní, QUÍM tetrahidrocannabinol o THC

— COLOQ costo, chocolate, china, hierba, porro, peta, verde, canuto, papel, calo, porreta, fumeta, tila

cocaína, COLOQ nieve, farlopa, raya, tiro, nevadito, polvo de ángel · crack

opiáceos

— **morfina**, codeína, metadona, heroína

— COLOQ caballo, burro

— INYECCIÓN: chute, pico, jeringuilla, cucharilla, corte, jaco

alucinógenos

— mescalina, salvinorina, ketamina, LSD, setas, PCP, especial k

— COLOQ tripa (LSD)

alcaloides

— **heroína**, cocaína, codeína, curarina, morfina, opio, hachís, muscarina

— nicotina, mariguana

— beleño, belladona

— atropina, boldina, carapucho, cinconina, daturina, digitalina, ditaína, ergotina, esparteína, estramonio, estricnina, narceína, narcotina, pilocarpina, teobromina, tiroidina
— EC Y PERÚ ayahuasca

drogas de síntesis
— **anfetamina**, benzedrina, dexedrina, metilanfetamina
— pastilla, éxtasis, micropunto, bicicleta, secante, ácido, DMT
— COLOQ rula, pasti, pirula, tripi

inhalantes
— petróleo, gasolina, pegamento, pintura, laca, cola, quitamanchas, cloretilo, éter

SEGÚN EFECTOS:
— **estimulante**, alcaloide, alucinógeno, estupefaciente, estupefactivo, sulfonal, veronal · teína, cafeína, quinina, EC Y PERÚ ayahuasca
— **analgésico**, anestésico, bálsamo, paliativo, opiáceo, barbitúrico
— **sedante**, calmante, somnífero, soporífero, dormitivo, tranquilizante, hipnótico
— afrodisíaco

ADJETIVOS Y ADVERBIOS
33.08 enfermo
▶ 34.09 descripción de una persona sana
caído, decaído, alicaído, abatido, delicado, trastornado, aquejado, fastidiado, dolorido, doliente, ANT malato
débil, flojo, grácil, lánguido, apagado
demacrado, desmejorado, quebradizo, escuálido, avejentado, macilento, trasojado, endeble, achacoso, achaquiento
mareado, desvanecido, desfallecido, desmayado, derrumbado
indispuesto, maldispuesto, malsano, afectado, afecto, perturbado, postrado, quebrantado, acatarrado o encatarrado
infectado, contagiado, atacado, varioloso · QUE TIENE VIRUELAS: virolento
QUE PADECE ENFERMEDAD O LA OCASIONA: mórbido
COLOQ malo, pocho, pachucho, maluco, malucho, podrigorio o pudrigorio, HOND neneque · de capa caída, no muy católico, más o menos, mal dispuesto, con un pie en el hoyo, con un pie en la sepultura
inválido, impedido, imposibilitado, paraliticado, paralítico, parapléjico, tetrapléjico, tullido, anquilosado, baldado, cuto · inútil, lisiado, acabado
agonizante, agónico, moribundo, acabado, MED tábido, QUE, PRESTO A MORIR, ESTÁ TOMANDO LAS UNCIONES: uncionario
ACTITUD ANTE LA ENFERMEDAD: aprensivo, hipocondriaco o hipocondríaco, neurótico

33.09 descripción de una enfermedad
grave, seria, aguda, virulenta, terminal, de cuidado
incurable, mortal, fulminante, galopante
crónica, intermitente, latente
contagiosa, infecciosa, infectocontagiosa, epidémica, hereditaria, endémica
leve, ligera, curable, esporádica
nerviosa, espasmódica
QUE OCULTA LOS SÍNTOMAS DE SU VERDADERA NATURALEZA: larvada
QUE SOBREVIVE DURANTE EL CURSO DE OTRA: intercurrente

33.10 descripción del dolor
grande, intenso, inmenso, insoportable, inhumano, insufrible, desapacible, rabioso
agudo, fuerte, acuciante, violento, cruel, atroz, feroz, fiero, amargo, sordo, riguroso, angustioso
ardiente, abrasador, urente, picante
penetrante, hondo, profundo, punzante, hiriente, lancinante, lacerante, mortificante
suave, soportable, aguantable, sufrible, admisible, tolerable, latente
leve, ligero, llevadero, repentino
persistente, pertinaz, crónico
MED errático, terebrante, pruriginoso

33.11 herido
malherido
— maltrecho, dañado, accidentado, plagado
— fracturado, polifracturado, traumatizado, politraumatizado, contuso, policontuso, COLOQ descalabrado
— COMP ING hecho un Cristo, hecho un cromo, hecho un lázaro, hecho un harnero

ileso
— indemne, incólume, inmune, seguro, salvo, a salvo
VALORACIÓN DE LA HERIDA:
— grave, penetrante, profunda, punzante
— de muerte, mortal de necesidad
— leve, superficial
— sangriento, ensangrentado, encarnizado, inyectado, ruborizado, sanguinolento
— gangrenada, pultácea

33.12 drogadicto
adicto, drogodependiente, toxicómano · cocainómano, heroinómano, morfinómano, opiómano
drogado, espídico, fumado, narcotizado · morado, amarillo · CR, SALV, HOND Y MÉX, INTOXICADO CON MARIHUANA: grifo
traficante, narcotraficante · ORGANIZACIÓN: cartel o cártel
COLOQ drogata, drogota, yonqui · ciego, colgado, colocado · camello, narco

VERBOS Y EXPRESIONES

33.13 enfermar

debilitarse
— **afectar**, amagar, incubar, rondar, acometer, atacar
— **decaer**, quebrantarse, COLOQ cascar, DESUS amalar, ANT enfermizar, debrocar, amorbar, adolecer
— **desmejorarse**, resentirse, encamarse, AR arguellarse, DESUS entecarse, descriarse
— **resfriarse**, acatarrarse, constiparse, destemplarse · toser · coger un catarro, tener fiebre
— **indisponerse**, indigestarse, enaguacharse · revolverse el estómago

marearse
— **desmayarse**, desvanecerse, desplomarse, desfallecer, sincopizar, despulsarse, suspenderse, amortecerse, pasmarse, privarse, DESUS almadiarse o almadearse, DESUS insultar
— perder el conocimiento, p. el sentido, p. la conciencia
— irse la cabeza, irse la vista
— dar vueltas la cabeza, estar mareado, ANGL estar groggy
— COLOQ dar algo, dar un soponcio, caer redondo

ponerse enfermo
— sentirse enfermo, s. mal, sufrir un mal, dar un aire, torcer la cabeza, estar débil
— caer enfermo, c. en cama, estar en la cama, guardar cama

recaer
— **empeorar**, desmejorar, retentar, declinar, recurrir, reincidir, repetir, insistir, retroceder
— **agravarse**, empeorarse, recrudecerse, agudizarse, acentuarse, aumentarse, incrementarse, acrecentarse, exacerbarse, malignarse, malignizarse, crecer, padecer
— venir a menos, ir de mal en peor, COLOQ dar un bajón

transmitir
— afectar, pasar, lacrar, pegar
— contagiarse, contaminarse, infectarse, intoxicarse
— incubar

doler
— sufrir, penar, rabiar, atormentar
— rabiar de dolor, tener un dolor sordo, COLOQ ver las estrellas, estar en un ay, estar en un grito, tener un dolor de viuda (FUERTE Y PASAJERO)
— EN LOS TUMORES: madurar, malignizarse, encancerarse, resolverse, enquistarse, ablandarse, cocerse, supurar · sajar, remover
— COLOQ no estar muy allá, no estar muy católico, no levantar cabeza · estar pachucho · dar un patatús

COMP ING
— estar en las últimas, e. para el arrastre, e. hecho un guiñapo, e. hecho una piltrafa, e. hecho un cascajo, e. hecho un asco · DESPREST e. hecho mierda
— picado de la tarántula, p. del alacrán · SALV estar para el tigre, MÉX e. fregado, PERÚ e. para el gato
— andar hecho un emplasto, a. hecho un hospital · no ser ni sombra de lo que era
— achacoso como judío en sábado, achaques el jueves para no ayunar el viernes

REF FINGIRSE ENFERMO:
— A misa no voy porque estoy cojo, a la taberna voy poquito a poco. El mal del milano, las alas quebradas y el pico sano. Calentura de pollo por comer gallina.

33.14 herirse

dañarse
— damnificarse, magullarse, descalabrarse, descoyuntarse, desgraciarse, desollarse, despellejarse, encarnizarse, ensangrentarse, rasguñarse, ANT nucirse
— maliciar, malignar, maleficiar
— hacerse sangre, h. daño, h. una herida · AM h. un barbijo

lesionarse
— lastimarse, lacerarse, lisiarse

llagarse
— ulcerarse, escocerse, encentarse, decentarse, escoriarse, sahornarse, sentarse, afistularse, cancerarse, enfistolarse
— INFECTARSE GRAVEMENTE: gangrenarse · exulcerar, estiomenar

golpearse
— contusionarse, accidentarse
— desarticularse, desencajarse, desmembrarse, dislocarse, descoyuntarse
— lisiarse, baldarse
— torcerse, fracturarse
— desgarrarse, desollarse, luxarse

33.15 fumar

FABRICAR UN CIGARRILLO: despalillar, desvenar, embotar, empilonar, emboquillar o encanutar, cabecear, boletar, encajetillar, torcer, CR Y CUBA manojear

humear, chupar, aspirar, expirar, expeler, expulsar · encender, apagar

liar un cigarro, echar el humo · dejar de fumar

TEXTOS PÚBLICOS: no fumar, prohibido fumar, el tabaco perjudica la salud, fumar mata

COMP ING fumar como un carretero, f. como una chimenea, ARG f. como un murciélago, f. como un chivo

33.16 drogarse

absorber, administrarse, doparse, esnifar, inhalar, ingerir, inyectarse, narcotizarse

COLOQ engancharse, enzarzarse, enzarparse, estar enganchado · chutarse, colocarse, evadirse, inhibirse, emporrarse, fliparse, picarse, pincharse, viajar
meterse un pico · tener el mono
desintoxicarse, deshabituarse, desengancharse
traficar con drogas
campañas preventivas, desmantelamiento de las redes, incautarse de un alijo

34. SANIDAD
34.01 medicina y especialidades
anatomía, fisiología, patología
biología, bioestadística, biofísica, bioquímica, epidemiología
embriología, farmacología, histología
citología (CÉLULAS)
medicina general, m. interna
PARA LA INVESTIGACIÓN:
— SIGNOS: semiología, semiótica · SÍNTOMAS: patología · ORIGEN Y DESARROLLO: nosogenia · CAUSAS: etiología · FUNCIONES Y ALTERACIONES: fisiopatología · INMUNIDAD: inmunología · MEDICAMENTOS: farmacología · DOSIFICACIÓN: posología · EPIDEMIAS: epidemiología
— CLASIFICACIÓN: nosología, nosografía
EXPLORACIÓN: radiología, electrocardiografía, electroencefalografía
INTERVENCIONES QUIRÚRGICAS: cirugía
REHABILITACIÓN: terapéutica, RECUPERACIÓN: curativa, fisioterapia, foniatría, quinesiología o kinesiología
GESTACIÓN, NACIMIENTO Y PRIMER DESARROLLO: ginecología, tocoginecología, neonatología, obstetricia o tocología, puericultura, pediatría, docimasología
ENFERMEDADES MENTALES: psiquiatría, neuropsiquiatría, frenopatía, SISTEMA NERVIOSO: neurología
OJOS: oftalmología, CEGUERA: tiflología, OÍDO: otología, OÍDO, NARIZ Y LARINGE: otorrinolaringología, BOCA: estomatología, DIENTES: odontología, NARIZ: rinología
ALIMENTACIÓN: dietética, RECTO: proctología
APARATO URINARIO: urología
ENFERMEDADES VENÉREAS: venereología
VOZ Y PRONUNCIACIÓN: foniatría, logopedia, ortofonía
CORAZÓN: cardiología, RIÑÓN: nefrología, HÍGADO Y VÍAS BILIARES: hepatología, PULMONES Y VÍAS RESPIRATORIAS: neumología, AFECCIONES REUMÁTICAS: reumatología
PIEL: dermatología
VEJEZ: geriatría
HUESOS: traumatología, osteología · DESUS álgebra (ARTE DE RESTITUIR A SU LUGAR LOS HUESOS DISLOCADOS), PIES: podología · CORREGIR DEFORMIDADES CON APARATOS: ortopedia

TUMORES: oncología
MEDICINA ALTERNATIVA:
— POR AFINIDAD: homeopatía ↔ alopatía
— acupuntura, naturismo
— aeroterapia, aromaterapia, climatoterapia, helioterapia o hidropatía, magnetoterapia, musicoterapia, mecanoterapia, metaloterapia, organoterapia, sueroterapia, talasoterapia, termoterapia · terapia ocupacional
— ESTUDIO DE LAS AGUAS EN RELACIÓN CON EL TRATAMIENTO DE LAS ENFERMEDADES: hidrología · baños termales, b. de barro
— curanderismo o curandería · iridología (OBSERVACIÓN DEL IRIS DEL OJO)
34.02 pruebas
auscultación, pulsación, temperatura · tacto, tactación
EXPLORACIÓN POR MEDIO DEL ESTETOSCOPIO: estetoscopia · endoscopia, artroscopia, laringoscopia, gastroscopia, colonoscopia, catoptroscopia · laparoscopia, radioscopia, rectoscopia, uroscopia (ORINA)
analítica · análisis clínico, a. de sangre, hemograma, a. de orina, prueba del colesterol, p. de triglicéridos, p. de glucosa, análisis hormonal
radiografía, radioscopia, mamografía, urografía
cateterismo
electrocardiograma, electroencefalograma
ecografía, escáner, TAC (TOMOGRAFÍA AXIAL COMPUTERIZADA), resonancia magnética
citología, citodiagnóstico o citodiagnosis, biopsia, autopsia, necropsia
serodiagnóstico
arteriografía, arteriología
34.03 tratamientos o terapias
PRECEPTOS Y REMEDIOS PARA EL TRATAMIENTO DE LAS ENFERMEDADES: terapéutica
PREVENCIÓN: vacuna, cauterio, profilaxis
cura, desinfección, lavado
punción, velicación
ortopedia, entablillado, escayolado, férula, vendaje · enclavamiento, injerto, plastia, prótesis
régimen, dieta, reposo, inmovilización
hidroterapia, balneoterapia, talasoterapia
climaterapia o climatoterapia, aeroterapia, helioterapia, termoterapia
quimioterapia, radioterapia, laserterapia, galvanoterapia, electroterapia, inmunoterapia, magnetoterapia, seroterapia, sueroterapia, fototerapia, metaloterapia, diatermia
fisioterapia, ergoterapia, quinesiología, quinesioterapia o quinesiterapia, masoterapia, mesoterapia
laborterapia, ergoterapia, mecanoterapia
psicoterapia, hipnoterapia

operación, cirugía, trasplante, extirpación, raspado, legrado · intubación, transfusión · reanimación, rehabilitación · hemodiálisis · anestesia, PARA LA ZONA INFERIOR DEL CUERPO: a. epidural

PARA LOS DIENTES: endodoncia, ortodoncia, curetaje · obturación, revestimiento, empaste, diente de pivote, funda, corona, anillo · puente · perno · implante · corona sobre implante · brackets · prótesis dental, dentadura postiza

TÉCNICA DE DEPURACIÓN: diálisis, sangría, lavado de estómago o l. gástrico

TRATAMIENTOS DE ROCE: masaje, quiromasaje, amasamiento, fricción, friega

34.04 medicamentos

droga, medicina, AM remedio, DESUS mengía

FINES:

— preventivo
— calmante · estimulante, tónico
— antibiótico, antivírico, antiséptico
— analgésico, anestésico, hipnótico, antiespasmódico
— antigripal, antinflamatorio, antirreumático, antitóxico, antituberculoso, antivenéreo, antihemorrágico, antipirético
— cáustico, cicatrizante, callicida
— depurativo, digestivo, antiácido, vermífugo · expectorante · laxante, diurético, purificador, purgante, lenitivo
— reconstituyente
— tranquilizante, relajante, sedante, estimulante
— revulsivo, irritante, sudorífico
— vitamina, hormonas, corticoide
— suero, vacuna
— vomitivo · antiemético · anticonceptivo, abortivo
— ablandatorio, emoliente
— astringente
— afrodisíaco
— SOLUCIÓN GENERAL PARA CUALQUIER MAL: panacea

PRESENTACIÓN:

— pastilla, píldora, cápsula, comprimido, gragea, tableta, oblea, perla
— ampolla, inyección, suero
— crema, pomada, ungüento, colirio
— elixir, gotas, jarabe, infusión, emulsión, poción
— parche, sello
— supositorio

ADMINISTRACIÓN:

— oral, rectal, subcutáneo, intradérmico, sublingual
— endovenoso, intravenoso, intramuscular, intrarraquídeo
— uso tópico

34.05 plantas y uso medicinal

APETITO (APERITIVAS O QUE SIRVEN PARA ESTIMULARLO): achicoria, gatuña, pamplina de agua, sandialahuén

ASTRINGENTES: agrimonia, aleluya, bistorta, caulote, ceanoto, cebipiro, celidonia menor, colombo, hierba doncella, matico, milenrama, olivarda, pan y quesillo, pangue, pie de león, pitanga, ratania, roble, salicaria, sello de Salomón, tormentila

BOCA: betel, capiatí, coca, jaborandi, pelitre

CABELLO (HACE CRECER): abrótano

CALMANTES Y NARCÓTICAS: adormidera, amapola, beleño, borrachero, estramonio, hierba mora, lechuga silvestre, mandrágora, uva de raposa

CALLOS: celidonia, telefio

CICATRIZANTES Y CAUTERIZANTES: almácigo, amaro, árnica, balsamina, cativo, chilca, consuelda menor, correhuela, doradilla, hierba de Santa María, llareta, olivarda, onoquiles, pañil, pimpinela mayor, sanícula, sello de Salomón, siderita, telefio, todabuena, torvisco

CORAZÓN (CORDIALES): digital, guarumo, lengua de buey, muguete

DIURÉTICAS: alquequenje, ameos, apio caballar, cojate, costo, escorzonera, farolillo, gayuba, pichi, pimpinela, pingopingo, sandialahuén

ESPASMOS (ANTIESPASMÓDICA): abrótano hembra, asa fétida, luisa, manzanilla, maravilla, maro, matricaria, mejorana, molle, peonía, tilo, toronjil, valeriana

ESTIMULANTES: azafrán, díctamo blanco, llareta, maro

ESTOMAGO Y VÍAS DIGESTIVAS: ajedrea, albahaquilla de Chile, boldo, cilantro, hierba lombriguera, h. de Santa María, hisopillo, llareta, luisa, manzanilla, m. bastarda, murtilla, quelenquelén, salvia, tomillo

FIEBRE (FEBRÍFUGAS): aguedita, aleluya, apacorral, camarú, camedrio, cedrón, centaura mayor, chuquiragua, covalonga, cuspa, ditá, duraznillo, eucalipto, gavilana, genciana, graciola, manzanilla, m. bastarda, paulinia, quino, reina de los prados, simaruba, sulfatillo

GARGANTA: zarza

GASES (CARMINATIVAS) FAVORECEN LA EXPULSIÓN: angélica arcangélica, costo, eneldo, servato

GUSANOS PARÁSITOS (ANTIHELMÍNTICAS): abrótano hembra, hierba lombriguera, pangelín, pitao, santónico

HEMORRAGIAS: guaritoto, lisimaquia, pan y quesillo, roble

HÍGADO Y RIÑÓN: boldo, lepidio, sasafrás, saxífraga

LÍQUIDO SEROSO ACUMULADO (HIDROPESÍA): cólquico, murajes

MENSTRUACIÓN (EMENAGOGO), PROVOCA LA EVACUACIÓN: artemisa, azafrán, matricaria, perejil, turubí

MUELAS (DOLOR): tormentila

OJOS: eufrasia, ginkgo, golondrina, mezquite

PARÁLISIS: pulsatila

PURGANTES: angolán, bollén, cáscara sagrada, cayapona, cicca, clavelón, coloquíntida, curibay, díctamo real, doca, eléboro negro, euforbio, guaguasí, lauréola hembra, linaria, mercurial, nuño, pamporcino, pichoa, piñón, ricino, romaza, ruibarbo, ruipóntico, sen, tamarindo, trique, tuatúa, turbit

PURGANTES Y VOMITIVAS: graciola, haba de san Ignacio, ipecacuana, pillopillo, pilo, pircún, tártago

RABIA (ANTIRRÁBICA): murajes

RELAJANTES: belladona

REUMA (ANTIRREUMÁTICAS): brusca, cólquico, curbaril, guaco, polígala

SANGRE Y ORGANISMO (DEPURATIVAS): dulcamara, gamón, linaria, pilapila, quinchamalí, zarzaparrilla

SUDORÍFICAS: almácigo, amapola, borraja, díctamo blanco, guayaco, ipecacuana, jaborandi, malva, palqui, pimpinela, polemonio, sambrano, sasafrás, saúco, verónica, violeta, zarzaparrilla

TÓNICAS: achicoria, angélica arcangélica, apacorral, cáscara sagrada, centaura mayor, cola, costo, díctamo blanco, gavilana, genciana, ginseng, hisopillo, ipecacuana, luisa, lúpulo, milenrama, orégano, pie de león, pimpinela, reina de los prados, romaza, salvia, santónico, tomillo, toronjil, verónica

TUBERCULOSIS (ANTITUBERCULOSAS): biengranada, gordolobo

TUMORES Y OTRAS ENFERMEDADES (EMOLIENTES, RESOLUTIVAS, REVULSIVAS): alim, copayero, escoba babosa, hierba cana, higuera, lino, malvavisco, martagón, meliloto, mostaza, nevadilla, ombligo de Venus, orozuz, parietaria, pitao, regaliz, saúco, sebestén, tapsia

VENENO (ANTÍDOTOS): argemone, cálamo aromático, cedrón, guaco, helenio, junco florido, murajes

34.06 sanidad y personas

enfermo, paciente, cliente · clientela

médico
— doctor, facultativo, terapeuta, patólogo, internista, físico, galeno, DESUS alfaquín, menge
— médico de cabecera, m. especialista, m. forense

especialista
— QUE ESTUDIA LAS ENFERMEDADES: patólogo
— EN EL DIAGNÓSTICO: radiólogo
— VÍAS REPRODUCTORAS: ginecólogo, tocólogo o obstetra, urólogo
— SEGÚN LAS EDADES: neonatólogo, pediatra, puericultor · geriatra, nefrólogo, forense
— OJOS: oculista, oftalmólogo · OÍDO: otólogo ·

NARIZ: rinólogo · BOCA: dentista, odontólogo, estomatólogo, COLOQ sacamuelas, sacamolero · GARGANTA, NARIZ Y OÍDO: otorrinolaringólogo
— MEDICINA INTERNA: CORAZÓN: cardiólogo, SANGRE: hematólogo, HÍGADO: hepatólogo, PULMONES: neumólogo, SECRECIONES INTERNAS: endocrinólogo o endocrino
— ALERGIAS: alergista o alergólogo, PIEL: dermatólogo
— HUESOS: traumatólogo, AFECCIONES REUMÁTICAS: reumatólogo
— TUMORES: oncólogo
— TRASTORNOS PSÍQUICOS: psiquiatra, neuropsiquiatra, psicoanalista, ANT frenópata, humoralista o humorista, SISTEMA NERVIOSO: neurólogo, ecografista
— OPERACIONES: anestesiólogo o anestesista, cirujano

enfermero, enfermera
— asistente social, practicante, camillero, socorrista, topiquero, auxiliar, ATS (AYUDANTE TÉCNICO SANITARIO), ayudante sanitario · camillero, celador, DESUS ministrante, barchillón, camilo
— matrona, partera, comadrón, comadrona
— fisioterapeuta, masajista
— callista, podólogo, manicuro, pedicuro

farmacéutico, boticario · auxiliar, mancebo

terapeuta, kinesiterapeuta, fisioterapeuta, masajista

naturista, fisiatra, homeópata, acupuntor

curandero
— saludador, ensalmador, intruso, medicinante, CHILE machi, COL Y VEN sobandero
— COLOQ charlatán, embaucador, esculapio, matasanos, medicastro, medicucho, mediquillo, practicón, sangrador del común

34.07 sanidad y lugares

consulta, ambulatorio, centro de salud, casa de salud, c. de socorro, consultorio, dispensario, enfermería

hospital
— clínica, policlínica, sanatorio, residencia sanitaria
— hospital psiquiátrico, ANT manicomio

farmacia · f. de guardia, AM f. de turno

balneario, baños, termas, aguas medicinales, a. termales o mineromedicinales · ANT igualatorio, lazareto, leprosería, preventorio

DEPARTAMENTOS DE UNA CLÍNICA:
— sala de espera, s. de guardia
— urgencias, emergencias, CHILE hospital de posta o posta de urgencias
— maternidad, paritorio
— quirófano
— reanimación, rehabilitación, fisioterapia

— radiología, radioterapia
— UCI (UNIDAD DE CUIDADOS INTENSIVOS), UCP (UNIDAD DE CUIDADOS DEL POSTOPERATORIO), UVI (UNIDAD DE VIGILANCIA INTENSIVA), unidad de quemados · AM UTI (UNIDAD DE TERAPIA INTENSIVA) · laboratorio, esterilización
— depósito de cadáveres, morgue

34.08 materiales e instrumentos médicos
PRODUCTOS LÍQUIDOS: agua oxigenada, alcohol, mercurocromo, linimento, yodo, bálsamo, caterético, cicatrizante, escarótico, lechino, cáustico, contraste, suero
PRODUCTOS SEMISÓLIDOS: pomada, ungüento
MATERIAL PUNZANTE: aguja hipodérmica, a. intermuscular, a. intravenosa, jeringa, cánula, catéter
MATERIAL DE CUBRIMIENTO:
— **tirita**, botana AM curita, CHILE parche
— **esparadrapo**, AM tela adhesiva, UR leuco, leucoplast
— **apósito**, MÉX fomento
— **algodón**, a. hidrófilo, gasa, hilas, compresa, torunda, tafetán, moxa
— **cataplasma** o embroca, cauterio o cauterización, compresa, contentivo, embrocación, emplasto, epítema o epítima, gasa, paños calientes, parche, torunda, vejigatorio
— **venda**, vendaje
MATERIAL DE INMOVILIZACIÓN: cabestrillo, escayola, férula, grapa
MATERIAL DE AYUDA AL DESPLAZAMIENTO: muleta, silla de ruedas
MATERIAL DE SUMINISTRO: cuentagotas, AM gotero · inyección, inhalador, intubación, irrigador, enema, lavativa · hisopillo, irrigador · PARA EL BAÑO DE PIES: pediluvio
MATERIAL DE PROTECCIÓN: mascarilla, ARG barbijo, MÉX cubrebocas, UR Y VEN tapabocas
ÚTILES DE APERTURA Y EXTRACCIÓN: algalia, postemero o apostemero (ABSCESOS SUPURADOS), fórceps, raquítomo, sacabala, tirafondo, ventosa · PARA DEPRIMIR O HUNDIR: depresor
ÚTILES DE CORTE: bisturí, escalpelo, sajador, jasador, lanceta, sangradera, trocar
EMPLASTOS: socrocio, bizma o bilma, COLOQ botana
ÚTILES DE MEDIDA: tienta, cala, calador
ÚTILES DE EXPLORACIÓN:
— estilete, catéter, sonda, endoscopio, neurótomo, candelilla · espéculo, trépano
ÚTILES DE SUJECIÓN: pinzas, grapa, erina, tenáculo, torniquete · mandril
ÚTILES PARA LA LIMPIEZA: escarificador, escarpelo, legra, legrón, ANT fontanela, escalera, carrilete
INSTRUMENTAL PARA PRUEBAS Y TERAPIAS:
— termómetro · plesímetro

— fonendoscopio, endoscopio, estetoscopio, laparoscopio, laringoscopio, oftalmoscopio, estetoscopio, celescopio, proctoscopio, rectoscopio
— escáner, ecógrafo · rayos, r. Roentgen, r. ultravioleta, rayos X, resonancia magnética
— PARA CORREGIR EL DESCENSO DE LA MATRIZ: pesario
— TRATAMIENTO CON CORRIENTE ELÉCTRICA: electrochoque o electroshock, galvanismo, galvanocauterio
MATERIAL DEL DENTISTA: sillón articulado, brazo articulado
— ÚTILES DE LIMPIEZA: pulverizador, aspirador de saliva, espátula, descarnador, fresa, cincel de huesos, disco de esmeril · enjuagatorio, lavadientes
— ÚTILES DE EXTRACCIÓN: pulicán, tenazas de extracción, pinzas, gatillo, pelícano
— ÚTILES DE EXPLORACIÓN: espejo de boca, lámpara de boca, botador
— ÚTILES DE CALENTAMIENTO: termocauterio o cauterio
ANESTÉSICO: novocaína

ADJETIVOS Y ADVERBIOS
34.09 descripción de una persona sana
sano, saludable o salutífero, aliviado, recuperado, mejorado, convaleciente
bueno, lozano, lustroso, robusto, reluciente, rubicundo, fresco, fuerte, tieso, vigoroso, entero, ardoroso, fornido
lúcido, consciente, juicioso, dispuesto, cuerdo
en forma, bien dispuesto
MED, DE BUEN TEMPERAMENTO Y COMPLEXIÓN: eucrático
COLOQ coloradote, frescachón, frescote, terne · de buen ver
COMP ING como un reloj, c. una rosa, c. una manzana
LAT mens sana in corpore sano
▸ **33.08 enfermo**
▸ **33.09 descripción de una enfermedad**
▸ **33.10 descripción del dolor**
▸ **33.11 herido**
▸ **33.12 drogadicto**

VERBOS Y EXPRESIONES
34.10 cuidar una enfermedad
EN LA CONSULTA:
— pedir una cita, p. hora, dar una cita, dar hora
— **consultar** · reconocer, examinar, auscultar · hacerse un reconocimiento, h. una revisión, h. un chequeo
— **recetar**, recomendar, medicinar
TRATAR LA ENFERMEDAD:
— **ordenar**, prescribir, recetar · medicinar, administrar, dosificar · aplicar, ingerir, inyectar

— **reanimar**, avivar, reavivar, vivificar, regenerar, construir
— **convalecer**, reposar · someterse a un tratamiento, ponerse en cura
— **adelantar**, pelechar · valerse
— **intubar**, legrar · absterger · cauterizar, descongestionar, desentumecer, desintoxicar · encasar, ensalmar, hidratar
— **extirpar** · implantar, reimplantar, injertar, transfundir
CURACIÓN EN PROCESO:
— **reanimar**, confortar, despejar, entonar, avivar, reavivar, refrescar, reparar, revigorizar, tonificar · rehacerse, animarse
— **recaer**, desmejorar, complicarse, agravarse, agudizarse, no responder, hacerse resistente
— **guardar cama**, ingresar en el hospital
— caer en coma, agonizar, estar desahuciado
TRATAR LOS TRAUMATISMOS:
— **curar**, vendar, entrapajar, entablillar, escayolar, enyesar, inmovilizar
— **empeorar**, inflamarse, infectarse, supurar, gangrenarse · encarnar, enconarse, encorar, encorecer, sobresanar · cerrarse en falso
EN EL QUIRÓFANO:
— **anestesiar**
— **operar**, intervenir, cortar, abrir, separar, lavar, secar, liberar, seccionar, coagular · reinsertar, trasplantar · cerrar, coser, suturar
— **sangrar**, sainar, irrigar, restañar, transfundir, picar la vena
EN EL DENTISTA:
— **cariarse**, picarse, caerse, mudarse · hincharse, inflamarse
— escarbar · orificar, desvitalizar, empastar, emplomar
— **extraer** o arrancar, sacar
— poner un puente, p. una corona, p. un injerto
34.11 sanar
mejorar
— remitir, ceder, mitigar
— aliviarse, calmarse, paliarse, quitarse, vencerse, aminorarse, aligerarse, recuperarse, reponerse, restablecerse, recobrarse, robustecerse, estar mejor
— COLOQ pelechar
— recuperar el conocimiento, r. el sentido, r. la conciencia · volver en sí · FIG resucitar
— ponerse bien, cobrar fuerzas, recobrar la salud, levantar cabeza, l. el cuello
— FIG volver de la muerte a la vida
curarse
— **fortalecerse**, restablecerse, regenerarse, restaurarse, rehabilitarse, recobrarse, recuperarse, rehacerse, reponerse, valerse, mandarse, recuperarse, reaccionar, conducirse, AM alentarse

— estar curado, sentirse como nuevo, abandonar el lecho, dejar la cama · dar el alta
— COLOQ arribar, salir de ésta, levantar cabeza, echar el mal pelo fuera
EN LAS HERIDAS: cicatrizar, cerrar, secar

35. COMIDA
▸ 66. agricultura
▸ 67. ganadería
▸ 68. pesca
35.01 alimentación
sustento
— **manutención**, sustentamiento, sostenimiento, mantenimiento, nutrimento o nutrimiento
— **nutrición**, absorción, ingestión, deglución, digestión
— **bocado**, mordisco
alimento
— **vianda**
 • vitualla, provisión, maná, pábulo, sostén, victo o DESUS vito, AM abarrote, DE GRAN CALIDAD: manjar
 • EN SU CONJUNTO: subsistencias, víveres
 • COLOQ condumio, manduca, manducatoria, pasto, puchero, zampa
— **colación**, banderilla, entrante, pincho, tajada, tentempié, refresco, refrigerio, fruslería, DESUS muleta
— COLOQ piscolabis, taco
— **tapa**, ARG picadita, picada, CHILE picoteo, MÉX botana, antojito, UR picada, aperitivo, VEN pasapalo
SEGÚN LAS HORAS: desayuno · ANGL brunch, lunch, aperitivo, almuerzo o comida, merienda, cena
PLATOS EN UNA COMIDA: entremeses · primer plato, entrada o principio · segundo plato, ARG Y UR plato principal, CHILE plato de fondo, MÉX plato fuerte, VEN seco · fruta, postre
SEGÚN CONTENIDO Y SITUACIÓN:
— GENEROSO Y CEREMONIAL: banquete, ágape, convite, COLOQ comilona o comilitona, pipiripao, ROMA ANTIGUA: caristias · ALIMENTO DE LOS DIOSES: ambrosía
— ABUNDANTE Y FESTIVO: fiesta, festín, zahora, bacanal
— EN HONOR A ALGUIEN: agasajo, AR alifara, SAL maesa, PERÚ, A QUIEN VA A EMPRENDER VIAJE: cacharpari
— RÁPIDO Y LIMITADO:
 • merienda, merendola
 • bufé, ambigú, cóctel, picnic, EN FIESTA CASERA: guateque
 • COLOQ francachela, cuchipanda, gaudeamus, refrigerio, bocado, colación, piscolabis, tentempié, bufé, MÉX ambigú, VEN bala fría

— DE MALA CALIDAD: bazofia o gazofia, bodrio, frangollo, guisote, COLOQ pitanza, comistrajo, jamancia, pistraje, DESUS manjorrada, pelma, AM sancocho

— RACIÓN PARA LOS PASTORES: cabañería, cundido

— EN EL EJÉRCITO: rancho

— FÚNEBRE: confuerzo

EN LA RECETA: producto alimenticio, producto natural · ingrediente, proteína, vitamina, hidratos, caloría, grasa · dietética

PREPARACIÓN: cocción, asación, cochura, decocción, ebullición, efervescencia, hervor, infusión, poción, DESUS hervimiento

35.02 apetito

hambre

— **hambrina**, gana, necesidad, debilidad, inanición, exinanición, agotamiento, DESUS fame, fambre, aceros, AM angurria

— **apetencia**, avidez, caninez, buen apetito, buena boca, buen diente

— **glotonería**, tragonería, insaciabilidad, voracidad, gula, MED bulimia

— **atracón**, empacho, hartazgo o hartazón, hartura, saciedad, ahíto, EXT Y SAL tupa o tupitaina, CHILE, EC Y PR empipada

templanza

— **moderación**, continencia, comedimiento, mesura

— **dieta**, régimen, abstinencia, ayuno · huelga de hambre

malnutrición, MED anorexia, bulimia · ESCASEZ GENERALIZADA DE ALIMENTOS: hambruna

POR LA SELECCIÓN DE ALIMENTOS: vegetarianismo, canibalismo, antropofagia · DESEO DE COMER MATERIAS EXTRAÑAS: malacia

COLOQ

— **gazuza**, pica, caninez, carpanta

— **panzada**, tripada, tragantona, hartijón, atraquina

— **buen saque**, buena boca, buenas tragaderas

35.03 pan

ELABORACIÓN:

— candeal, blanquillo, albarejo · integral · SIN LEVADURA EN LA MASA: ácimo, FERMENTADO CON LEVADURA: leudo · HECHO CON LA FLOR DE LA HARINA: pan de flor o floreado · PRENSADO DE HIGOS SECOS: pan de higo · AMASADO CON MANTECA DE CERDO: mantecada

— **pan de molde** o de caja o americano o especial, ARG pan de miga, VEN pan de sándwich o pan cuadrado

— **pan rallado**, MÉX pan molido

CONSERVACIÓN: blando, duro, seco, correoso, enmohecido, sobado, resobado, EL QUE NO ES FRESCO DEL DÍA: pan sentado · ANT, EL OFRENDADO A LA IGLESIA: bodigo

FORMA:

— **barra**, pistola, chusco, chapata, hogaza, canil, libreta, molleta, rosca, rosco, roscón, trena, trenza, ARG Y UR baguette, flauta, VEN canilla

— **panecillo**, bollo, colín, francesilla, repápalo, cuartal, coqueta, gallofa, macarro, mollete, rosquilleta, viena, ANT craquelenque, criadilla, MÉX cocol, BOL, CHILE Y EC hallulla o hallullo, CHILE Y PERÚ marraqueta, CUBA acemita

— **biscote**, colín, palito, pico, ARG Y UR grisín, VEN señorita

— **galleta**, bizcocho, barquillo, broa, mogolla, molleta, perruna, ARG Y UR pirón, SALV, HOND Y NIC cemita · DE VARIAS SEMILLAS: mixtura

— SIN RAYADOS O ABERTURAS: ciego · ESPONJOSO: pan francés

PARTES:

— EXTERIOR: corteza, costra, SIN CORTEZA: regaño · PARTE MÁS TOSTADA: cuscurro o corrusco o currusco, cuscurrón, chusco · EXTREMO DELGADO Y MÁS COCIDO: suegra · MUY TOSTADO: churrusco

— INTERIOR: molla, molledo · miga, miaja, migaja, meaja, migajón, farallo · TROZO: canterito, mendrugo, chusco, zoquete, rosigón, regojo, rebojo, carolo, codorno, SECO Y DURO: sequete

bocadillo

— **emparedado**, montado, pepito, sándwich, hamburguesa, COLOQ bocata, ARG choripán, lomito, MÉX torta, PERÚ butifarra, UR refuerzo

— **perrito caliente**, ARG pancho, CHILE Y MÉX hot dog, UR franckfurters

— **tostada**, tostón, untada, sopa, sopetón · rebanada, melada, pringada, pampringada · picatoste, remojón, torrija o DESUS torreja

— **canapé**, medianoche, bikini, ARG Y UR saladito, VEN pasapalo

— **empanada**

35.04 pasta

LARGA: espaguetis, bigoli, lenguini, vermicelli (FIDEOS FINOS), paparelle (ESPAGUETI CON DIBUJOS EN LOS EXTREMOS), canelón, bincisgrassi, lasaña, tagliatelle, fetucinis, fusille, papardelle, tortelli

MEDIANA: macarrones, penne (MACARRONES GRUESOS CON ESTRÍAS), ravioli, agnoletti, anolini (FORMA DE EMPANADILLA), casonsei, tortellini

PEQUEÑA: strangula, privete, ñoquis, capelettis (CARACOLILLOS), mayoredus (POCO MÁS GRANDE QUE UN GRANO DE CAFÉ), mariposas

EXTREMADAMENTE PEQUEÑA: cuscús

COCINADA:

— **canelones**, lasaña, raviolis o ravioles, tallarines, tapioca

— **macarrones** a la americana, m. con atún, m. con bechamel, m. con chorizo y tomate, m. con espinacas, m. con mayonesa, m. con mejillones al curry
— **espaguetis** a la italiana, e. con guisantes y almejas, e. con guisantes y setas, fécula, fideos
— **pizza**

35.05 quesos

PRESENTACIÓN: blando, fresco, cremoso · semicurado, semigraso · duro, curado, graso · fermentado, fundido, en aceite, oreado · bola, tetilla, porciones, rallado, en lonchas, en tacos, en crema

ESPAÑOLES: burgos, cabrales, cáceres, cebrero, gallego, mahón, manchego, villalón

FRANCESES:
— ALSACIA: munster
— AUVERNIA: azul de Auvergne, azul de laqueuille, cantal, chévretons, fondue d'ambert, fourme d'ambert, gapron, laguiole, murol, salers, savaron
— ANJOU: cremets
— BERRY: chavignol, crottin de Chavignol, levroux, pouligny, valeçai
— BORGOÑA: ceteaux, époisses, mâcon, sanflorentín, soumantrain, vézelay
— CHAMPAÑA: chaource, sangres, les riceys
— LORENA: carré del este, géromé
— NORMANDÍA: aisy-cendré, bondart, bordon, bricquebec, camembert, excelsior, gournay, la bouille, livarot, neufchâtel
— BRESSE: azul de Bresse
— FRANCO-CONDADO: azul de gex, canciollotte, comté, morbier, vacherin
— ÎLE DE FRANCE: brie de meaux, brie de melón, coulommiers, fontainebleau, hoja de dreux
— ISÈRE: sanmarcelino, sassenage
— LYON: monte de oro, rigotte de Condrieu
— ORLEANS: chécy, frinault cendré, olivet, vendôme azul
— PROVENZA: banon, brousses
— POITOU: chabichou
— SABOYA: beaufort, chevrotin, hauteluce, persillé, roblochon, tamie, tomme au marc, tomme de Saboya
— TOURAINE: ligueuil, San Mauro
— LANGUEDOC: bossons

ITALIANOS: gorgonzola, grana, mozzarella, parmesano, CÓRCEGA: broccio, niolo

SUIZOS: emmental, fondue, gruyere

HOLANDESES: holanda, gouda, gris de lille, mimolette

INGLESES: chéster

AMERICANOS: brick

VENEZOLANOS: patagrás

35.06 vegetales
acelgas rehogadas, a. con tomate · tallos rebozados con huevo
alcachofas rehogadas, a. rebozadas, a. al horno, a. rellenas de jamón serrano, a. a la vinagreta, a. en salsa
apio con bechamel, a. con mantequilla y queso rallado
arroz
— **paella** valenciana, p. de pollo, p. de gambas y pollo, p. de pescado, p. mixta de carne y pescado, p. de bacalao
— arroz a banda, a. a la catalana, a. a la cubana, a. a la vinagreta · SIN CONDIMENTAR: a. blanco
— arroz con pescado, a. con calamares, a. con mejillones, a. con almejas, a. con bacalao, a. con bonito, a. con cigalas, a. con rape, a. con gambas, a. con chirlas · caldero de mariscos, rissoto
— arroz con carne, a. con codornices, a. con conejo, a. con costillas, a. con pollo, a. con jamón, a. con magro, a. con salchichas
— arroz con verduras, a. con tomate, a. con champiñones, a. con pimientos · a. tres delicias · crema de a. y verduras
— arroz con legumbres, a. con judías, a. con lentejas, a. con habas
— DULCE: arroz con leche, flan de arroz
berenjenas fritas, b. gratinadas, b. rellenas al horno, b. con jamón y bechamel
calabacines al horno, c. con bechamel, c. fritos, c. gratinados con queso, c. gratinados con salsa de tomate
calabaza rehogada · puré de calabaza
cebollas rellenas de carne · cebolletas con bechamel
champiñones al ajillo, ch. a la plancha, ch. con arroz blanco en salsa, ch. con bechamel, ch. rellenos de queso rallado, tarta de ch.
coles de Bruselas gratinadas, c. de Bruselas rehogadas con bechamel
coliflor rehogada, c. rebozada, c. con bechamel, c. cocida con salsa de mantequilla, c. fría con mayonesa, c. al horno con mantequilla, c. con salsa vinagreta · budín de c., buñuelos de c.
crema de apio, c. de berros, c. de gambas, c. de cangrejo, c. de champiñones, c. de espárragos, c. de ajo, c. de calabacín, c. de calabaza, c. de cebolla, c. de espinacas
endibias con bechamel, e. al gratén, e. con jamón de York y bechamel, e. al jugo
ensalada
— ensalada de lechuga; e. de tomate, lechuga, atún y cebolla; e. mixta, e. de patatas con mayonesa, e. de anchoas y aceitunas, e. de champiñones, e. de endibias, e. de es-

párragos, e. de zanahorias, e. de berros, e. de escarola
— ensaladilla rusa, ensalada fría de arroz · judías blancas en e., lentejas en e., ensaladilla de patatas con atún y huevo duro
— picadillo, pipirrana, salpicón
espárragos con mayonesa, e. a la plancha, e. en salsa, puntas de e. revueltas con patatas y huevos, tortilla de e. trigueros · e. verdes en salsa, e. verdes en tarta, e. verdes rehogados
espinacas con patatas, e. con bechamel, budín de e., revuelto de e. con gambas y huevos
garbanzos · cocido madrileño, olla castellana, pote gallego
guisantes con jamón, g. salteados
habas salteadas con jamón, h. con huevos, h. en salsa, tortilla de h.
judías blancas, j. pintas con arroz, j. estofadas, j. con chorizo · fabada asturiana
judías verdes rehogadas, j. v. salteadas, j. v. con tocino, j. v. con tomate, j. v. con mayonesa, j. v. con vinagreta
lentejas guisadas, l. con chorizo, l. con costilla, l. con tocino
lombarda con cebolla y vino tinto
nabos salteados con mantequilla, n. con zanahorias, n. con bechamel y queso rallado
patatas
— patatas al gratín, p. en buñuelos, brazo gitano, tortilla de p., puré de p., COL naco
— patatas bravas, p. al alioli
— patatas fritas, p. revueltas con huevo y bacalao, p. con chorizo y beicon, p. con salchichas, p. en ajillo, p. con atún, p. con pimientos, p. redondas guisadas con vino blanco, p. rellenas con jamón, p. revueltas con puntas de espárragos y huevos, p. en salsa con huevos duros, p. en ajo y pollo, ensaladilla de p.
— patatas con huevos, p. con chorizo y tocino
— patatas al horno con bechamel, p. con salsa de tomate, p. con leche y huevos · p. al vapor
pimientos fritos, p. rellenos, p. rojos con huevos duros
pisto manchego, p. de calabacín, p. de calabacín con atún, p. de calabacín con arroz, p. de calabacín con patatas, p. de calabacín y berenjenas con patatas
potaje de bacalao, p. de garbanzos, p. de hinojos y caldos, p. con arroz y patatas, p. con acelgas, p. con espinacas
puerros gratinados, p. con vinagreta, p. con mayonesa
repollo con mayonesa, r. con salsa de tomate
setas gratinadas, s. salteadas

sopa de fideos, s. del cocido, s. de verduras, s. de apio y patatas, s. de calabaza, s. de puerros, s. de repollo, s. de tomate, s. juliana, s. de huevos, s. de ajo, s. de ajo con almendras, s. de ajo con huevos, s. castellana · FRÍAS: gazpacho, gazpachuelo, menestrone, AND salmorejo, ajo blanco
tomates al horno, t. en rodajas empanadas y fritas, t. rellenos de bechamel y queso rallado, t. rellenos de carne, t. rellenos de ensaladilla rusa
trigo o **maíz**
— gachas de harina de trigo, hormigo o gachas de harina de maíz, frangollo, AST farrapas, AR farinetas, CANARIAS Y AM gofio, chafarraño, NAV Y P VASCO talo
— AM elote, humita, tamal, mazamorra, jora o sora, AM CENT pinol, AM CENT, MÉX, PR Y RD tortilla, AM MER mote, ARG Y CHILE majado, soplillo, BOL, EC, Y NIC tostada, CUBA Y PR funche, EC chigüil, EC Y PERÚ champuz, SALV Y MÉX memela, nixtamal, GUAT, HOND Y NIC chilaquila, MÉX chalupa, envuelto, chilatole, neja, nejayote, panucho, VEN olleta
— PAN PICADO Y REHOGADO: migas
zanahorias en salsa, z. glaseadas, z. con nabos, puré de z.
VARIADOS: menestra de verduras
35.07 huevos
croquetas de huevo duro, croquetas de queso rallado y h.
huevo frito, h. frito con salsa de tomate
huevos pasados por agua, h. al nido, h. a la flamenca, h. dobles quemados, h. hilados, h. moles
huevos al plato, h. con espárragos verdes, h. a la flamenca, h. con guisantes, h. con higaditos de pollo, h. con puré de patatas, h. con salchichas
huevos duros gratinados, h. d. con anchoas, h. d. con bechamel · croquetas
huevos escalfados con champiñones, h. e. con espárragos
huevos revueltos con arroz y gambas, h. r. con queso rallado, h. r. con tomate, h. r. en tostadas
tortilla a la francesa, t. de patatas a la española, t. de patatas con cebolla, t. de ajetes, t. de atún, t. de espinacas, t. de gambas, t. de jamón, t. de puerros, t. de champiñones, t. de espárragos, t. de espinacas, t. de jamón, t. de sesos, t. paisana
duelos y quebrantos
35.08 carne
SEGÚN PRESENTACIÓN:
— PICADA: picadillo, albóndiga, albondiguilla, hamburguesa · CHILE Y VEN carne molida

— TROCEADA: **pincho**, p. moruno, tostón, tajada, pulpeta, pulpetón, kebab, lonja, magra, posta, tarazón, ragout, ASADA EN LAS BRASAS: somarro, DE VACUNO, ASADA: rosbif · ARG brochette, CHILE ferrito, anticucho, MÉX alambre, VEN pincho

— EN LONCHAS:
- **bistec**, b. ruso, ARG bife, CHILE bistec, beaf-steak, UR churrasco
- filete ruso, f. empanado
- chuleta, solomillo, escalope, entrecot, churrasco, cinta, codillo, ossobuco

— CURADA:
- jamón serrano, j. de York, j. ahumado
- paleta, paletilla, lacón
- cecina, chacina, tasajo, chalona, charque, charqui, mojama, pizpierno, tocino, adobo, ahumado, salazón, bacón o beicon, sabadiego o AST Y LEÓN sabadeño, chacarona, cobre, escabeche, frescal, moraga, panoja, salón, tinapá · CALDO RESULTANTE DE LA SALAZÓN: resalga

— A LA BRASA: barbacoa, chanfaina, chicharrón, churrasco, entreverado, gallinejas, mole, pachamanca, papillote, duelos y quebrantos
— hamburguesa, albóndiga · rollo de carne
— canalones
— carne a la plancha, c. asada, c. guisada
— callos a la madrileña
— cochinillo, codillo asado
— PROPIA DE LOS PASTORES: galianos

PREPARACIÓN:
— muy hecha, en su punto, poco hecha, jugosa, vuelta y vuelta

EN CONSERVA:
— **embutido**, charcutería, embuchado, fiambre, chacina, matanza
— **chorizo**, morcilla, morcillón, morcón, pitarro, salchichón, fuet, longaniza, boheña, chistorra, butifarra, butifarrón, morcón, lomo embuchado, mortadela, chóped, salame o salami, bandujo, bohena, botagueña, botarga, botillo, melliza, morcal, tanganillo, SAL farinato, ZAM filloga, AST Y LEÓN fiyuela, HUES güeña, BUR Y PAL tabea
— **calceta**, chicharro, chicharrón, obispo, obispillo, pitarro, sabadeña, tarángana, tripote
— **salchicha**, s. de Frankfurt o Francfort
— sobrasada, foie-gras o fuagrás, paté
— CONSERVADA EN SAL: jamón, salazón, salón, cecina

pollo
— pollo frito, p. asado, p. cocido, p. adobado, p. relleno
— pollo guisado con cerveza y cebollas, p. guisado con champiñones, p. empanado en trozos
— pollo al ajillo, p. a la parrilla, p. a la naranja, p. a la sal
— pollo en salsa, p. en pepitoria · fritura de p.
— pollo con arroz, p. con patatas, p. con almendras, p. con manzanas, p. con verduras, p. con tomate y pimientos, p. con zanahorias y alcachofas
— muslo de pollo, ARG pata de p., CHILE trutro
— muslos empanados, m. con espinacas, m. con tomate
— pechugas rellenas, p. adobadas, p. estofadas, p. con champiñones, p. con uvas pasas y arroz, p. en salsa, p. al oporto, p. al güisqui
— alitas con vinagre

gallina
— gallina frita, g. gratinada, g. rellena, g. con almendras, g. con arroz, g. en su jugo, menestra de g., blanqueta de g.

capón asado, c. relleno, c. trufado

pato a la naranja, p. braseado con aceitunas · p. relleno, p. asado

perdiz estofada, p. escabechada, p. guisada con vinagre, p. en salsa · p. rellena de pasas, p. con repollo, p. con salchichas y zanahorias, p. con setas, p. con uvas

pichón guisado con aceitunas · p. relleno

codorniz asada, c. guisada, c. en salsa · c. en cacerola

conejo
— conejo frito con ajo o al ajillo
— conejo escabechado
— conejo guisado con verduras, c. g. con vino blanco, c. g. con aceitunas y almendras, c. g. con cebollitas y champiñones · c. g. con naranja

liebre adobada, l. asada con mostaza · terrina de liebre

cerdo
— cerdo guisado · cochinillo asado · codillos de jamón serrano
— cinta de cerdo adobada, cinta de c. asada
— lomo asado, lomo con manzanas
— chuleta con almendras y vino, ch. con cebollas en salsa, ch. con ciruelas pasas, ch. glaseadas, ch. con revuelto de tomate y pimientos verdes · ch. en papillote
— filete sanjacobo, f. con salsa de mostaza · f. de cinta con almendras, f. de cinta con mostaza
— jamón de York con bechamel y champiñones, rollos con espárragos y mayonesa, filetes empanados con bechamel, rollitos con queso blanco
— manos de cerdo empanadas, m. de cerdo con salsa, m. de cerdo con tomate, m. de cerdo en buñuelos

— oreja a la plancha
— CON EL HÍGADO: morteruelo
ternera
— ternera al ajillo, t. asada, t. al horno, t. a la cazuela, t. estofada, guiso de t. en salsa, blanqueta de t.
— ossobuco en salsa, pastel de ossobuco
— ragout con zanahorias, redondo de ragout guisado
— filetes fritos, f. empanados, f. rellenos, f. en salsa
— filetes de solomillo a la pimienta, f. de solomillo con mostaza, f. de solomillo con champiñones, f. de solomillo con cebolla y jamón, f. de solomillo con mantequilla y anchoas · escalopines rebozados
— chuletas de ternera empanada, ch. de ternera con tomate y pimientos verdes · ch. de ternera a la papillote
— higaditos de ternera
vaca
— vaca adobada y guisada, v. con tomates y aceitunas, asado de v., v. picada con puré de patatas, v. en ropa vieja
— filetes fritos, f. empanados, f. picados o hamburguesa, f. a la plancha, f. rellenos de jamón de York y aceitunas
— bisté o bistec, churrasco, espetón, pinchito, rosbif, tostón
— lomo en salsa, l. aderezado
— lengua estofada, l. con bechamel y alcaparras, l. con salsa de cebolla, l. tomate y vino blanco
— mollejas con espinacas · m. guisadas con champiñones y cebollitas, m. guisadas al jerez · m. empanadas con salsa de tomate, m. flameadas con coñac · croquetas de m.
— rabo de buey guisado
cordero
— cordero al ajillo, c. guisado, c. estofado, c. asado a la sepulvedana
— chuletas · cordero lechal asado, paletilla de c. braseada
— pierna asada, p. rellena
— manos de cordero fritas, m. de cordero con salsa de limón, m. de cordero con tomate
— sesos empanados, s. con salsa de tomate, s. en salsa bechamel, s. al gratín con bechamel y champiñones
consomé
— caldo de cocido, c. gallego, c. de rabo de buey
— sopa de picadillo, s. de higaditos, s. de rabo de buey
CON CARNES VARIADAS: cazuela, olla podrida, pepitoria, cocina mareada
35.09 pescados y mariscos
AHUMADOS: anguila, arenque, palometa, trucha, salmón, bacalao, anchoas, sardina

atún gratinado o gratinado de atún, canalones de atún
anguilas a la marinera
almejas a la marinera
bacalao al pilpil, b. con patatas, b. en salsa verde, b. con patatas y mayonesa, b. con pimientos · ajoarriero · porrusalda, brandada · COLOQ atascaburros
besugo al horno, b. a la parrilla
bogavante
bonito con cebolla, b. con cebolla y tomate, b. asado con mayonesa, b. empanado, b. en marmitaco · pastel frío de b.
boquerones fritos, b. en vinagre
caballa en filetes, c. con salsa de ajo y zumo de limón
calamares rellenos, c. fritos, c. a la romana, c. en su tinta · c. pequeños en su tinta o chipirones
caldereta (GUISADO DE PESCADO FRESCO)
cazón rebozado
centollo al horno
cangrejo con bechamel
cigalas con mayonesa, c. con vinagreta
congrio
lenguado
— lenguado en filetes rebozados y fritos, l. en filetes empanados, l. en filetes con bechamel gratinada, l. en filetes con berenjenas y bechamel, l. en filetes con champiñón y bechamel, l. en filetes con espinacas, l. en filetes al horno con salsa de tomate, l. en filetes al horno con vino blanco y picadito de cebolla
— lenguado entero al horno con vino blanco, l. entero a la molinera con mantequilla
gambas al ajillo, g. con gabardina, g. en vinagreta · cóctel de g.
langosta cocida y servida con salsa mayonesa, l. en vinagreta, l. a la americana, l. al horno
langostinos a la plancha, l. empanados y fritos, l. con salsa americana y arroz blanco
lubina al horno, l. cocida, l. rellena
mejillones a la vinagreta, m. a la marinera, m. al curry, m. rebozados y fritos, m. con mantequilla, ajo y perejil, m. en salsa bechamel clarita
merluza
— merluza rebozada, cocida y servida con salsa mayonesa, m. a la romana, m. a la catalana
— merluza en filetes empanados, m. en filetes rebozados y fritos
— merluza en rodajas fritas, m. en rodajas guisadas con chirlas, m. en rodajas al horno con salsa de vino y crema, m. en rodajas con salsa verde, m. en rodajas con tomate y queso rallado, m. a la vasca

— cola de merluza al horno con bechamel y champiñones, cola de m. al horno con salsa de almendras, cola de m. al horno con tomate y queso rallado, cola de m. en rodajas con cebolla, cola de m. en rodajas fritas

mero asado, m. en salsa verde, m. en filetes, m. al horno con vino blanco, m. al horno con salsa de crema y champiñones, m. a la vasca

pescadilla rebozada, p. al horno con vino y pasas

pescadito frito, p. en escabeche, filetes de pescado · broquetas o brochetas

pez espada empanado, p. e. en filetes, p. e. a la parrilla, p. e. con cebolla y vino blanco

pulpo a la gallega, p. a la vinagreta

rape a la americana, r. en salsa con tomate y guisantes

raya cocida con salsa de mantequilla, r. en gelatina con mayonesa de alcaparras

rodaballo cocido, r. al horno en filetes

salmón asado, s. cocido, s. al horno, s. en medallones empanados

salmonetes fritos, s. al horno, s. empanados a la parrilla

sardinas asadas, s. fritas, s. en escabeche, s. al horno, s. rebozadas con huevo y fritas · SOSTENIDAS EN UN LARGO HIERRO, Y ASADAS: espeto de s.

sopa de pescado, s. de mejillones, s. de mero, s. de mariscos, s. marinera · crema de cangrejo

truchas fritas, en caldo, t. frías en gelatina · t. con jamón a la Navarra · t. con jamón, almendras y ajo · t. a la molinera

ostras

zarzuela de mariscos (VARIEDADES)

35.10 salsas y condimentos

aderezo

— aliño, adobo, sofrito

— unto, jugo, moje

— extracto, esencia, saborizante, sainete, ANT guisamiento

— aceite, vinagre, sal, zumo de limón · ajo

— cebolleta, pepinillo, ñora, alcaparra, alcaparrón o ALM taparote

salsa

— salsa de tomate, s. de tomate con cebolla, s. tabasco, ketchup

— mayonesa o mahonesa · salsa rosa, ARG Y UR s. golf · salmorejo

— salsa bechamel o besamel · alioli, capirotada, pampirolada, chimy-churry

— salsa bearnesa, s. holandesa, s. inglesa, s. tártara, s. roquefort

— salsa vinagreta, s. curry, s. mil islas, s. de mostaza, s. verde

especias

— pimienta negra, p. verde, p. blanca

— comino, guindilla, nuez moscada, malagueta, merquén, pebre, pinole

— clavo o DESUS gariofilo, clavillo, madreclavo, matalahúga o matalahúva

— azafrán, pimentón o páprika, curry, jenabe, jengibre, alcaravea, ají

— cayena, mostaza, chile

— canela, vainilla, anís, alcamonías, CUBA cúrbana

hierbas

— perejil, laurel, tomillo, romero, orégano, estragón, menta, albahaca, acedera, alcaravea, alezna, alharma, aliaria, pebre, perifollo

35.11 alimentos dulces

azúcar

— azúcar blanco, a. cande, a. candi, a. de flor, a. de lustre, a. florete, a. glas, a. negro, a. refino

— azúcar moreno, ARG a. negra, MÉX a. mascabado

— sacarosa, sacarina, edulcorante

— EN EL CUERPO HUMANO: glucosa

FORMA:

— CRISTALES GRANDES: azúcar cande o cundí, granulado

— GRANO FINO: azúcar de cortadillo, a. de flor, a. de lustre · a. cande o candi

— TROZOS: terrón, UR pancito blanco

— PEDAZOS IRREGULARES: azúcar florete · sacarina

INGREDIENTES:

— harina, levadura, vainilla

— mantequilla, margarina

— almíbar, jarabe, arrope, melaza, miel · aceite

— crema, chantillí, merengue, nata, mermelada

— chocolate · tableta, ARG, CHILE y MÉX barra

— cabello de ángel, CHILE dulce de alcayota, MÉX dulce de chilacayote · AM CENT Y MÉX cajeta

EN SU CONJUNTO: bizcochería, confitería, pastelería, repostería, zucrería · postres

PLATOS DE POSTRE:

— **tarta** de cerezas, t. de ciruela, t. de limón, t. de manzana, t. de queso · pastel de frutas, ARG tarta, CHILE kuchen, MÉX pay, VEN pie

— **crema** de chocolate, c. de limón, c. catalana · cuajada de limón

— **mousse** de chocolate, m. de café, m. de limón, m. de manzanas con natillas

— membrillo flameado con jalea de grosella, carne de m. o dulce de m., MÉX arte de m. o jalea

— manzana asada, compotas de m.

— fruta escarchada, ARG Y UR f. abrillantada, CHILE f. confitada, MÉX f. cristalizada

— pera en compota con vino tinto
— melocotones en almíbar, m. flameados
— plátanos flameados
— VARIOS: fresas con nata, arroz con leche, flan, brazo de gitano, bienmesabe, tocino de cielo, helado, leche frita, natillas, n. con roca flotante, pudin o pudín, CUBA Y VEN manjarete
— PLATO DE DULCES: ramillete
pastel
— aguja, almendrado, bocadito de nata, carolina, cortadillo, costrada, cubilete, delicia, descubierta, destapada, fajardo, fardel, follada, gloria, hojaldre, lengua de gato, marquesa, merengue, milhojas, monterrey, mustaco, peña, petisú, quesadilla o quesada, quiche, retorcido, sacristán, soplillo, tartaleta, teja, timbal, tortada, trufa, vienés, volován, yema, ANT artal, AM tamal, CHILE Y PERÚ calduda, CUBA hayaca
— **galleta**, pasta, empanada
— **bizcocho**, saboyana, borracho, borrachillo, buñuelo, pionono, pudín, profiterol, gloria, tarta
— **dulce**, alajú, arnadí, barreta, bolillos, bombón, brinquiño, cachapa, carquiñol, casquiñón, chancaca, chancaquita, cocada, corruco, cusubé, empiñonado, gloria, grafioles, hojaldre, hueso de santo, macarrón, melindre, mojicón, mostachón, nuégado, periquillo, piñonate, salpicón, secadillo, suspiro, ticholo, papín, AM alfandoque · PROPIOS DE NAVIDAD: alfajor, mantecado, polvorón, nochebueno
— almendrado, mazapán, turrón
— FRITOS: churro, porra · buñuelo, melindre
— pestiño, marquesa, rosquilla, torrijas
— **bollos**
  • bamba, barquillo, bayonesa, besito, bizcocho, brioche, buñuelo, duquesita, ensaimada, gofre, medialuna, mojicón, mona, napolitana, paciencia, palmera, plum-cake, rosca, roscón, roscón de reyes, rosquilla, sequillo, sobado, suizo, tarta, teja, torrija, torta, tortita, trenza, viena
— magdalena, CHILE quequito, MÉX mantecado, panqué VEN ponqué
— gofre, AM wafle
— cruasán o croissant, ARG Y UR medialuna, MÉX cuerno, cuernito
confitura
— mermelada de albaricoque, m. de melocotón, m. de naranja, m. de tomate, m. de fresa, m. de frambuesa, m. de mora
— compota
— castaña confitada · dulce de membrillo · marrón glacé

— fruta confitada, f. en dulce, f. escarchada, seca
— gelatina, jalea, jarabe, papín
golosina
— **caramelo**, adoquín, chupete, chupón, piruleta, pirulí, chupa-chups
— **bombón**, peladilla, confite, gominola, regaliz, HOND Y MÉX charamusca
— **chicle**, goma de mascar · paloduz
— **cucurucho**, canelón, CHILE barquillo, MÉX cono, VEN barquilla · tarrina, ARG, CHILE, MÉX Y UR vasito, VEN tinita · polo, ARG Y UR helado de agua, CHILE palito, MÉX Y VEN paleta
— DESUS peteretes, AR, lamín, RI golmajería, COLOQ chucherías, laminería
— **palomitas**
  • popcorn, poporopo, maíz, palomillas, pipocas, pochocle, pop, ARG pochoclo, CHILE cabritas, UR pororó, VEN cotufas
  • roseta de maíz, rosas, rositas, alborotos, cabritos, cotufas, AM CENT Y MÉX cacalote, cancha blanca, MÉX esquite
— pipas de girasol
— algodón dulce
35.12 alimentación y personas
tendero
— carnicero, MÉX obrador, VEN pesero · casquero
— pescadero
— verdulero, frutero, rabanero, cebadero, especiero, pimentonero · aceitero, herborista, herbolario, AM yerbatero, yerbero, ARG Y UR yuyero
— pollero, huevero · lechero, quesero
— panadero, molinero
— bodeguero, vinatero
— repostero, pastelero, confitero, chocolatero, heladero
hostelero
— posadero, mesonero, tabernero, restaurador
— jefe de cocina o chef, maitre, cocinero, pinche, sollastre, ENCARGADO DEL SERVICIO DE BEBIDAS: somelier o sumiller, MAR marmitón
— **camarero**, barman, AM mesero, ARG mozo, CHILE Y MÉX garzón, VEN mesonero
— **gastrónomo**, gourmet, catador, gustador, saboreador
comedor
— frezador, devorador, insaciable, intemperante, ansioso, de buen comer
— **invitado**, convidado, comensal, huésped, compañero de mesa
— **goloso**, BADAJOZ golimbro, CANTB lambistón, RI golmajo, DESUS galamero, COL, CUBA Y RD gandido, VEN QUE ACOSTUMBRA A COMER ENTRE COMIDAS: lambucio · PERSONA DOMINADA POR LA GULA: heliogábalo

— hambriento, famélico, ávido, necesitado, apetente, desnutrido, desfallecido, malcomido, transido, trasijado, galdido o DESUS galdudo · muerto de hambre

— COLOQ

 • guloso, sibarita, gomia
 • comilón, tragón, tragador, glotón, zampón, hambrón, epulón, tragantón, tragallón, tripero, ogro, goliardo, golimbro, golimbrón, COL Y VEN garoso
 • tragaldabas, tragamallas, zampabollos, zampatortas, zampabodigos, zampapalo, troglodita, DESUS tumbaollas
 • lameplatos, morrudo, lambrucio, lambucero, galgo, lechuzo, laminero

35.13 restauración

restaurante

— asador, snack bar, marisquería, parrilla, merendero, bufé o buffet, bufete, self-service, comida rápida, casa de comidas, cantina, venta, ventorro, DESUS figón

— pizzería, hamburguesería, bocadillería, croasantería o croissanterie, sandwichería, burger, crepería, churrería, chocolatería, merendero

— buchinche, quiosco, chiringuito, colmado, drugstore, figón, fonda, fresquería, merendero, odeón, parrilla, quiosco · happy hour, TACOS MEXICANOS: taquería

— heladería, MÉX nevería

bar

— café, cafetería, salón de té, ANGL brunch

— mesón, cervecería, sidrería, vinatería, whiskería, EC caramanchel, CHILE schopería, chinchel, CHILE Y PERÚ botillería, MÉX cantina, refresquería, licorería, UR boliche

— pub · bar de copas, bar de alterne

— AL AIRE LIBRE: quiosco, chiringuito

— AM, SIN SERVICIO DE BEBIDAS ALCOHÓLICAS: fuente de soda

taberna

— tasca, bodega, bodegón, bodegoncillo, AM MER chingana

— COLOQ ermita, mezquita, bayuca, tambarria, tasca, timba, ventorrillo, garito, BOL, CHILE Y EC picantería

35.14 alimentación y lugares

grandes almacenes

— centro comercial, hipermercado o híper, supermercado o súper, autoservicio, cadena, gran superficie, ARG shopping, CHILE mall, multitiendas, MÉX tienda departamental, UR shopping center, grandes tiendas, VEN tiendas por departamentos

— feria de muestras, puerto franco, duty-free, decomisos

mercado

— mercado central, m. de abastos · plaza de abastos, central de abastos, galería de alimentación, alhóndiga o lóndiga o almudí, azogue, lonja

— mercadillo, baratillo, malbaratillo, zoco, rastro, rastrillo, real, rodeo, rula, teso, tiánguez o tianguis, valentía, zacatín, DE VENTA DE AVES: recova · LUGAR EN QUE SE HACEN VENTAS EN PÚBLICA SUBASTA: encante

— puesto, quiosco, stand, sucursal, tenderete, carpa, rastro, cajón, tabanco, tablero, MÉX tianguis

tienda

— establecimiento, comercio, almacén, cooperativa, economato, bazar, botica o botiga, repostería · despacho, expendeduría · tendajo, tendejón, tenducha o tenducho, red, covachuela, sótano, VEN tarantín, PARA TRATOS Y COMERCIOS: lonja

— tienda de comestibles, t. de ultramarinos o ultramarinos, t. de coloniales · abacería, colmado, mantequería, mondonguería, salchichería, AM pulpería, boliche, MÉX recaudería, COL, EC Y PERÚ abarrote, GUAT, HOND Y MÉX tortillería, MÉX Y PERÚ almuercería

— carnicería, pollería, casquería, chacinería, charcutería, jamonería, mantequería, ARG, UR y CHILE fiambrería, MÉX salchichonería, tocinería, carnes frías, MÉX Y NIC rosticería

— panadería, tahona

— confitería, pastelería, repostería, bollería, bombonería

— lechería, pollería, huevería, quesería

— pescadería, PARA LA CONTRATACIÓN DEL PESCADO: almotacenía

— herbolario, herboristería

— heladería

— frutería, verdulería, CUBA venduta

ADJETIVOS Y ADVERBIOS
35.15 descripción de la comida

comestible

— sustanciosa, nutritiva, exquisita, suculenta, jugosa, apetitosa, sabrosa, llamativa

— opípara, espléndida, generosa, copiosa, larga, abundante

— digerible, digestible, estomacal, asimilable

— sana, saludable, provechosa

incomestible

— incomible, repugnante, empalagosa, rancia

— malsana, maléfica, insana, insalubre, indigesta, dañable, dañosa, dañina, lesiva, nociva, nocente, nuciente, perjudicial, perniciosa

— venenosa, ponzoñosa, mortífera, deletérea

— pestífera, pestilente, pestilencial

ligera, liviana, frugal · light

pesada, empalagosa, indigesta

TIPOLOGÍA: omnívoro, carnívoro, vegetariano, herbívoro (HIERVA), granívoro (GRANO), frugívoro (FRUTOS)

▸ 31.09 descripción del sabor

VERBOS Y EXPRESIONES

35.16 comer

hambrear · tener hambre, t. apetito, t. ganas, despertar el apetito, abrir las ganas de comer

alimentarse
— sustentarse, nutrirse · manducar, yantar · malcomer, hambrear · ayunar
— **ingerir**, deglutir, engullir, tragar, atizarse, embaular, embuchar, tragonear
— **desayunar**, tomar las once, almorzar, merendar, cenar
— **picar**, picotear, comiscar, comichear, abocadear, tapear · probar, degustar, tastar, catar · golosinear, enlaminarse

no comer
— estar a diente, e. con el estómago vacío, e. en ayunas, e. en flores, e. por esta cruz de Dios, vivir del aire

masticar
— **morder**, mascar, mordisquear, adentellar, triturar, mascujar, mascullar, abocadear, desmenuzar · hincar el diente, menear la mandíbula
— **insalivar**, paladear, saborear
— **roer**, remugar, rumiar, CON RUIDO: roznar
— **atragantarse**, engolliparse

digerir
— asimilar, deglutir, descocer, desempachar, desmoler, desahitarse
— reposar la comida, hacer la digestión

COLOQ
— embuchar, jalar, jamar, manducar, papear, tripear, empajarse, embaular, soplarse, ventilarse, repapilarse
— comerse hasta los puños, hacerse la boca agua, ladrar el estómago, sentir el gusanillo, sonar las tripas · tener el estómago en los talones, t. gazuza, t. hambre canina, t. picado el molino · ARG picarle el bagre, CHILE tener el diente largo
— dar un tiento, darle al diente, echarse entre pecho y espalda, e. al coleto, e. al cuerpo, hacer los honores · llenar la andorga, ll. la tripa, ll. el buche, mover o menear el bigote · tomar algo, t. un refrigerio · echar un bocado, e. algo al cuerpo
— apagar el hambre, cortar la bilis, c. la cólera · echar aceite a la lámpara, e. un puntal a la vida, e. un remiendo a la vida, e. un sello al estómago, e. algo al estómago · engañar el estómago, e. el hambre · guardar

la boca, hacer boca · matar el gusanillo, m. el hambre
— MÉX echarse un taco

COMP ING tener más hambre que Carpanta, tener más h. que Dios talento, tener más h. que el perro de un ciego, tener más h. que el perro de un afilador que se comía las chispas, tener más h. que Rasputín en la corte, tener más h. que los pavos de la tía María que se comieron la vía a picotazos

REF
— A buena hambre no hay pan duro. Apetito agudo no deja crudo ni menudo. El hambre endulza las piedras. A carne de lobo, diente de perro. A pan de quince días, hambre de tres semanas. Por la boca se calienta el horno. Comer y rascar todo es empezar. Hambre que espera hartura no es hambre ninguna.
— Desayunar como rey, almorzar como príncipe y cenar como mendigo.
— De la mar el esturión y de la tierra el jamón. De la mar el mero y de la tierra el carnero.
— En la mesa de san Francisco, donde comen cuatro comen cinco.

35.17 devorar

engullir, embuchar, zampar, glotonear, arrebañar, banquetear

atracarse, cebarse, repletarse, rellenarse, hartarse, inflarse, hincharse, llenarse, forrarse, aforrarse

hartar, atiborrar, atestar, COLOQ empapuzar o empapuciar

indigestarse, empacharse

COLOQ
— atiborrarse, embutirse, repapilarse, soplarse, empapuzarse, empapuzarse, CANARIAS Y PR empajarse, CHILE, EC, PERÚ Y PR empiparse
— comerse las manos, c. los puños, c. los codos, no hacer ascos
— tener buen diente, t. buen saque, t. buena tijera, ser caballo de buena boca
— darse un atracón, d. una panzada, d. un hartazo, d. un verde

COMP ING
— comer por cuatro, c. por siete, c. por los codos, c. con los ojos, c. a pasto, c. a dos carrillos, c. a no poder más
— ponerse las botas, p. tibio, p. morado, p. verde, p. ciego, p. como el chico del esquilador, p. como el Quico, p. como un trompo, p. como un pepe, p. a tope, p. hasta reventar, p. como un cesto
— comer como una fiera, c. como un animal, c. como un mulo, c. como un buitre, c. como un cerdo, c. como un regimiento, c. como un

tudesco, c. como un descosido, c. como una lima, c. como un sabañón, c. como un heliogábalo · c. más que Papús
— ser un saco sin fondo, ser un barril sin fondo
— estar hasta el gollete, e. que revienta
— llenar el baúl, ll. el jergón · atracar bien la plaza, chuparse los dedos, mondar los huesos, MÉX echar papa, entrarle recio, tener barriga de músico
REF Más vale una hartada que dos hambres. Al vientre, todo lo que entre. Es preferible comprarle un traje que invitarlo a comer. De cenas y magdalenas están las sepulturas llenas. De hambre a nadie vi morir, de mucho comer, cien mil. Barriga llena, no cree en hambre ajena. De limpios y tragones están llenos los panteones.

35.18 tener sabor
CON BUEN SABOR:
— ser algo canela fina, ser algo canela en rama
— estar de buen comer, e. de rechupete, e. para chuparse los dedos · tener buen sabor, chuparse los dedos
— saber a gloria, ARG ser un poema
CON MAL SABOR: saber a demonios, s. a rayos
APROVECHAR EL SABOR:
— saborear, degustar, paladear, golosinear o golosear o golosinar, golmajear, golosmear, gulusmear, lambisquear, laminear, lechucear, relamerse
— picar, picotear
— REF De la panza sale la danza. Tripa vacía, corazón sin alegría. Bien canta el tordo, si está gordo. Lo que se han de comer los gusanos, que lo disfruten los cristianos.
SEÑALAR EL MAL SABOR DE LA COMIDA: saber a cuerno quemado, tener mal sabor

35.19 cocinar
guisar, aviar, preparar
ACCIONES PREVIAS:
— limpiar, lavar, cortar
— trocear, despiezar, pelar · machacar
— desvainar, desbriznar, deshebrar, deshilar, desgranar, AR abatojar
— desalar, desangrar, desgrasar
— amasar, tornear, trabajar
— aplastar, estirar, prensar, reducir, armar, atar, desbridar, ensartar, rallar
MEZCLAS:
— bañar, remojar, macerar, emborrachar, mojar, refrescar, adobar, escabechar, albardar, arropar · SEPARAR UN LÍQUIDO DEL POSO QUE CONTIENE: decantar · INTRODUCIR EN AGUA HIRVIENDO: escaldar · ROCIAR UN ALIMENTO CON LICOR: flamear o flambear
— empanar, e. a la inglesa, e. a la milanesa, AND emborrizar

— enharinar, rebozar, enfundar, mechar
ENRIQUECER EL SABOR:
— condimentar, aliñar, salar, sazonar, salpimentar, aromatizar, clavetear, lardear
— aderezar, salsear, reforzar, arreglar, corregir
— dorar, glasear, hermosear, riscar, decorar
ACCIÓN CON EL FUEGO:
— asar, brasear, ahumar, borbotar, bullir, calentar, estofar, cuajar
— flamear, gratinar, hornear, perdigar, saltear, sorrasear, torrar, tostar, turrar, ahogar, rehogar
— freír, fritar, refreír, sofreír, saltear, estrellar · reducir · dar vuelta y vuelta
— cocer, recocer, hervir o VULG herver, rehervir, herventar o DESUS aherventar, borbotar o borbotear, borbollar, borboritar, sancochar · recalentar, recocer · cocer a fuego lento, c. al baño maría, c. al vapor · dar un hervor, alzar el hervor, levantar el hervor
— DURANTE LA COCCIÓN: escaldar, escalfar, espumar, clarificar
PREPARACIÓN DE ALIMENTOS DULCES:
— azucarar, edulcorar, endulzar o endulzorar, adulzar, amelcochar, enmelar, DESUS endulcecer
— acaramelar, almibarar, merengar, escarchar, garrapiñar, glasear, recubrir
ERRAR LA PREPARACIÓN:
— ahumarse, chamuscarse, pasarse, pegarse, quemarse
— MALEARSE UNA COMIDA: arraezarse
ACCIÓN PARA LA CONSERVACIÓN:
— salar o ANT salgar, salpresar
— marinar, escabechar, encurtir
— secar, desecar, disecar · ahumar
— curar, acecinar, salpresar

35.20 acción y pan
amasar, bregar, CON LOS PUÑOS: heñir · fermentar, leudar o lleudar, recentar
cocer, ahornar, escalfar, panificar, COCERSE MAL: arrebatarse
sopar, sopear, ensopar, sopetear, sopapear, pringar
migar, desmigar, desmigajar, rallar
COMER CON PAN: mojar, migar, sopar, sopear, ensopar, untar, empringar, cuscurrear · engañar el pan
COMP ING estar algo tan bueno como el pan o más bueno que el pan, dame pan y llámame tonto
REF Al pan, pan y al vino, vino. No sólo de pan vive el hombre. Pan con pan, comida de tontos. Por mucho pan nunca es mal año. Quien da pan a perro ajeno, pierde el pan y pierde el perro.

35.21 acción y carne
cortar
— acanalar, cincelar, escalonar, filetear, manjar, racionar, trinchar
— descarnar, deshuesar, desvenar, despojar, picar, capolar
carnear
— cuartear, descuartizar, deshuesar, desosar, desollar, despellejar, LIMPIAR LOS VIENTRES DE LAS RESES: jamerdar
— beneficiar, descargar, despostar
salar, salpresar, curar, adobar, acecinar, ahumar, atasajar, escabechar, manir

36. BEBIDA
▶ **35.13 restauración**
36.01 bebida
líquido
— **zumo**, jugo, néctar, elixir, jarabe, sirope, licor, extracto · brebaje, poción, caldo
— **agua**, refresco, leche, café, infusión o tisana, cerveza, vino, licor, aguardiente, combinado
— COLOQ BEBIDA DE MAL SABOR: aguachirle, bebistrajo, brebaje, pistraje, pócima, potingue, zupia · ALCOHÓLICA: alpiste, matarratas, matapasiegos
trago
— **sorbo**, bocanada, buche, buchada, górgoro, gorgorotada, libación, tragantada, lágrima, AMARGO: jarope
— DE VINO O, EN SU CASO, OTRA BEBIDA ALCOHÓLICA: chato, chispo, colana, chisguete, espolada
— COLOQ taco, lapo, latigazo, pelotazo, lingotazo, mamada, sorbetón, trinquis o trinque
consumición
— **ronda**, convidada, ponchada, brindis
— libación, vinificación, escancia
— ACTO DE ABRIR UN BARRIL DE SIDRA: espicha
— COLOQ cerveceo, copeo
36.02 embriaguez
alcoholismo, vinolencia
borrachera, ebriedad, CHILE curadera, guayo · crápula · MUJER EBRIA: bacante · COMPOSICIÓN POÉTICA EN LOOR DE DIONISIO: ditirambo · PINTURA QUE REPRESENTA BORRACHERAS: bambochada
MED adipsia, anadipsia, polidipsia, dipsomanía
LAT delirium tremens
COLOQ
— colocón, juma o humera o jumera, cogorza, papalina, zamacuco, chispa, rasca, bolinga, bomba, globo, filoxera, mamada, melopea, pea, pítima, punto, toña, trinca, tranca, trompa, turca
— tablón, tea, pedal
— castaña, cebollón, berza, torrija, torta, tajada · zorra, mona, lobo, perra, chucha, merluza
— VULG moco, mierda, pedo

36.03 agua
agua potable, a. bebedera, a. bebible, a. no potable, a. del grifo, a. de manantial, a. de lluvia, a. de nieve · a. de cebada, a. de coco, a. de Seltz, aguamiel · a. agria, a. amarga, a. dulce
agua mineral con gas, a. mineral sin gas · a. de débil mineralización · a. medicinal, a. minero-medicinal
agua blanda, a. dura (CON CAL), a. gorda, a. delgada (CANTIDAD MUY PEQUEÑA DE SALES), a. carbónica, a. calcárea
36.04 refresco
soda, bíter, batido
gaseosa, ginger-ale, tónica
granadina, horchata, limonada, naranjada, pampanada, leche de almendras, l. merengada, sorbete · granizado, MÉX raspado, VEN cepillado
mosto · sidra
zarzaparrilla, zumo de fruta
sangría, zurra, ÁL, ALB, NAV Y RI zurracapote
36.05 leche
TIPOS:
— leche de vaca, l. de oveja, l. de almendra, l. de soja · l. materna
— PRIMERA QUE DA LA HEMBRA DESPUÉS DE PARIDA: calostro
PRESENTACIÓN:
— leche entera, l. semidesnatada, l. desnatada, l. descremada, l. deshidratada, l. evaporada
— leche esterilizada, l. pasteurizada, l. caseificada · l. con lactosa, l. sin lactosa
— leche cortada, l. cuajada, l. merengada
— leche condensada, l. concentrada, l. en polvo
PRODUCTOS:
▶ **35.05 quesos**
— **nata**, ARG Y VEN crema de leche, CHILE crema chantillí, MÉX crema, UR crema doble
— **crema**, tona, butiro, manteca, mantequilla
— suero, cuajo, requesón, queso
— yogur · caseína, cuajada, kéfir o quéfir · HOND angola (LECHE AGRIA) · BEBIDA MORUNA CON LECHE AGRIA: lebení
COMPONENTES: ácido láctico, caseína, crema, grasa, lactosa
VASIJAS:
— cartón de leche, ANGL tetrabrik, ANT cuartillo
— cántara, lechera, lecherón
— colodra, CANTB zapita o zapito
INSTRUMENTOS: cremómetro (MIDE LA MANTECA), galactómetro (MIDE LA DENSIDAD)
LUGARES: granja, lechería, vaquería, ARG tambo (CORRAL DONDE SE ORDEÑA)
36.06 café
TIPOS:
— café soluble, c. descafeinado de sobre, c. descafeinado de máquina

— café torrefacto, c. natural, c. mixto o mezclado
- CULTIVADO EN: café arábico (TIERRAS DE MONTAÑA), c. robusta (TERRENOS DE ALTO RENDIMIENTO)

FORMAS:
— **café solo** o c. negro, VEN negrito · c. con leche · expreso, ristretto (MÁS CORTO QUE EL EXPRESO)
— **café cortado**, VEN marroncito
— **corto de café** o café poco cargado, ARG Y UR c. liviano, CHILE c. livianito, MÉX c. americano, VEN guayoyo
— leche manchada, café americano (CON MUCHA AGUA), c. a la turca (CON POSO), capuchino (ESPUMOSO) · bombón (ENDULZADO CON LECHE CONDENSADA)
— recuelo (COCIDO POR SEGUNDA VEZ)

AÑADIDOS:
— café irlandés (CON WHISKY Y NATA), c. vienés (CON NATA), c. ruso (CON VODKA), c. turco (MUY TOSTADO Y MUY OSCURO)
— café con canela, c. con chocolate, c. con helado, c. con hielo, c. con licor, c. con menta, c. con nuez moscada, c. con ron
— carajillo (CON BEBIDA ALCOHÓLICA FUERTE)

EFECTOS:
— alivio del asma · aumento de la capacidad de concentración, a. de la capacidad mental, a. de la eficacia de los analgésicos, a. de la percepción · disminución del dolor de cabeza, estimulador del cerebro, inhibidor de ataques cardíacos, incremento de energía, mejora del estado de ánimo
— dependencia, insomnio

PLANTAS CUYAS SEMILLAS SE UTILIZAN COMO EL CAFÉ: achicoria o chicoria, CUBA guanina

PROCESO DE ELABORACIÓN: recolección, limpieza, almacenaje, torrefacción, separación, embalaje, molienda, envasado, comercialización, explotación

36.07 infusión
té con leche, té con limón, té verde, té negro · cha

tisana, brebaje, cocimiento, AM mate, COL coca, CHILE agüita, EC guayusa, UR tereré

manzanilla · m. bastarda, m. loca · camomila · valeriana, tila, poleo, menta · hierbabuena, maría luisa, hierba luisa, melisa · epazote o pazote

36.08 cerveza
TIPOS:
— cerveza ale, c. pale ale, c. pale-pale, c. faro, c. hugarda, c. Múnich, c. pilsen, c. porter, c. stout
— cerveza lager, c. rubia, c. negra, c. tostada, c. de doble malta, c. fermentada en botella, c. weiben, c. de abadía, c. de frutas

— COLOQ birra

PRESENTACIÓN:
— barril, botellón, botella, botellín, bock, schop, caña, copa, jarra, tanque, tubo · embotellada
— chapa o tapón de la botella, AM tapa, MÉX, HOND Y SALV corcholata, ficha
- MEZCLADA CON GASEOSA: clara

ELEMENTOS: cerevisina, giste, liste, levadura, templa · cebada, lúpulo, malta, trigo · ley alemana de la pureza

36.09 vino
ELABORACIÓN:
— enología (CONOCIMIENTOS), enotecnia (ARTE Y TÉCNICA), enografía (ORIGEN), enometría (GRADO DE ALCOHOL)
- FASES DEL CICLO BIOLÓGICO DE LA VID: reposo vegetativo, desborre, brotación, floración, cuajado, envero, maduración, caída de la hoja
- FASES EN EL TRATAMIENTO: despalillado, pisado, prensado · fermentación espontánea, f. carbónica · enfriamiento en tanques de acero inoxidable · remontado · adanado natural, a. con yemas de huevo · embotellado en madera, evolución en botella

TIPOS DE UVA:
— albillo (HOLLEJO TIERNO Y DELGADO), bodocal (NEGRA DE GRANOS GORDOS Y RACIMOS LARGOS Y RALOS), cardenilla (MENUDA, TARDÍA Y DE COLOR AMORATADO), cencivera (MENUDA Y TEMPRANA), garnacha (PRODUCE UN VINO DULCE), merlot, cabernet-souvignon, franc, gewürztraminer (ALSACIANA), malvasía o masvale (DULCE Y FRAGANTE), moscatel (BLANCA O MORADA, DE GRANO REDONDO Y MUY LISO), lácrima cristi (TIPO DE UVA MOSCATEL), habén (BLANCA, GORDA Y VELLOSA), palomina o habén prieta (NEGRA EN RACIMOS LARGOS Y RALOS), pedrojiménez o perojiménez o Pedro Jiménez o Pero Jiménez o perojimén (RACIMOS GRANDES, RALOS Y GRANOS ESFÉRICOS Y LISOS), tempranillo o cencibel (ADELANTADA), syrac
    • SAL galeana (BLANCA DE GRANO GRUESO Y REDONDO), rufeta (NEGRA Y DULCE)
    • agracejo o agraz (QUE NO LLEGA A MADURAR), jabí (PEQUEÑA Y PROPIA DEL ANTIGUO REINO DE GRAN), calagraña (DE MALA CALIDAD), agrazón (SILVESTRE)
    • casca (HOLLEJO DE UVA DESPUÉS DE EXPRIMIDA), virgen (QUE HA FERMENTADO SIN LA CASCA)
— uva pasa o ANT acebibe o AR pansa (SECA), escombro (PASA DESMEDRADA QUE SE VENDE A MENOR PRECIO), gandinga (EN MÁL, PASA DE INFERIOR CALIDAD)
— racimo, gajo o carpa o garpa, grumo o raspa · DESGRANADA Y SEPARADA DEL RACIMO: granuja o garulla, AQUELLO QUE DEJAN ATRÁS LOS VENDIMIADORES: redrojo o concerrón, CONJUNTO DE REDROJOS: racima, LO QUE SE DESPERDICIA

EN LA COSECHA POR MUY MENUDO: brusco · PIEL DELGADA: hollejo, orujo o brisa, HOLLEJO DESPUÉS DE PISADA: casca

— RACIMO SIN UVAS: raspajo o rampojo o escobajo o SAL escoyo o CHILE esquilmo

— huesecillo o pepita o MUR piñuelo

— PLAGAS Y ENFERMEDADES DE LA UVA: filoxera, mildiu, bortritis

TIPOLOGÍA EN LA ELABORACIÓN:

— ANTES DE FERMENTAR: mosto, mostazo, trasmosto · esperriaca (ÚLTIMO MOSTO QUE SE SACA DE LA UVA), mistela (MOSTO CON ALCOHOL SIN FERMENTAR)

— SIN FUERZA: vinillo, aguachirle, aguapié, purrela

— TURBIO: zupia · repiso (DE UVA REPISADA), vinaza (DE LOS POSOS Y LAS HECES)

— EL ABSORBIDO POR LA MADERA DE LAS CUBAS: dolaje

— RANCIO: fondillón

— FUERTE Y ESPESO: vinazo

— CON AZÚCAR Y CANELA: hipocrás · MEZCLA DE BLANCO Y TINTO: aloque, calabriada · AGUADO Y CON MIEL: carraspada, clarea · DULCE CON RESINA DE CEDRO: cedrito · COCIDO: arrope · POCO SUBIDO DE COLOR: tintillo

— de mesa o de pasto (COMÚN Y LIGERO), natural, dulce (ADEREZADO CON ARROPE), seco (QUE NO TIENE SABOR DULCE), generoso o de postre (MÁS FUERTE Y AÑEJO QUE EL COMÚN), licoroso (ESPIRITOSO Y AROMÁTICO), espumoso (QUE HACE MUCHA ESPUMA), oloroso (QUE EXHALA FRAGANCIA), chacolí (LIGERO Y ALGO AGRIO QUE SE HACE EN EL PAÍS VASCO, EN CANTABRIA Y EN CHILE), de yema (EL DE EN MEDIO DE LA CUBA), pardillo (ENTRE BLANCO Y TINTO Y DE BAJA CALIDAD), verde (ORDINARIO, ÁSPERO Y SECO)

— EL QUE DESTILA LA UVA SIN EXPRIMIR NI APRETAR EL RACIMO: vino de lágrima

— COLOQ peleón, mostagán, zumaque, caldo

— EN EL VINO: madre, flor, heces, poso, sedimento, tanino, tártaro, zupia

CUALIDADES:

— boca o embocadura (GUSTO O SABOR), nariz (SENSACIONES OLFATIVAS QUE EXHALAN LOS VINOS GENEROSOS), transparencia (LIMPIEZA), espejo (TRANSPARENCIA DE LOS VINOS DORADOS), punta (SABOR QUE VA TIRANDO A AGRIO), rabanillo o rábano (SABOR REPUNTADO), pase (ACEPTACIÓN), retrogusto (GUSTO TRAS LA INGESTIÓN)

— gusto, regusto, bouquet, dejo, deje, dejillo, herrumbre, resabio, resquemo, sazón, tasto, aroma · COLOQ gustillo, saborcillo, saborete

— CONDICIONES AMBIENTALES: temperatura, luz, humedad, ausencia de aromas extraños, ausencia de ruidos, posición horizontal

VARIEDADES EN ESPAÑA:

— ANDALUCÍA: finos, olorosos y generosos (JEREZ), moscatel, málaga (MÁLAGA), carló, fenicio, fragata, medalla, pajarete, palo (CÁDIZ), moriles (CÓRDOBA), montilla, pedrojiménez (CÓRDOBA Y CÁDIZ)

— ARAGÓN: cariñena (ZARAGOZA)

— CASTILLA-LEÓN: sígales, rueda, valbuena (VALLADOLID), ribera del duero (BURGOS), vermejo (LEÓN)

— CASTILLA-LA MANCHA: valdepeñas (CIUDAD REAL), montefrío (GUADALAJARA)

— CATALUÑA: penedés (BARCELONA), priorato (TARRAGONA), mosela

— EXTREMADURA: montánchez (CÁCERES)

— GALICIA: espadeiro (PONTEVEDRA), ribeiro (ORENSE), albariño, la ribeira sacra, rias baixas

— NAVARRA-RIOJA: rioja (LOGROÑO)

— PAÍS VASCO o EUSKADI: chacolí

— VALENCIA: fondillol (ALICANTE), tintorera (VALENCIA)

— macabeo, airen, godello, palomino, malvasía, viura, xarel-lo, perellada

VARIEDADES EN FRANCIA:

— TINTOS: cabernet-sauvignon, cabernet franc, pinot noir, malbec, gamay · alsacia, borgoña, romanée, burdeos, chablis, languedoc, loira, macon, turena

— BLANCOS: chardonnay, sauvignon blanc, semillon, muscadelle, aligoté, riesling, gewürztraminer, sylvaner

VARIEDADES EN PORTUGAL:

— periquita, touriga, tinta cao, trincadeira, tinta roriz, bastardo · BLANCOS: fernao pires, arinto, alvarinho, moscatel, roupeiro, antao vaz, bical, vital, cerceal · madeira, porto, oporto

VARIEDADES EN GRECIA:

— aglorgitika, xynomauro, maurodaphne, mandilaria · assirtiko, vilana, robola, savatiano, rhoditis · sanglovesse, montepulcian, barbera, nebbiolo, zinfandel

VARIEDADES EN ITALIA:

— treblanno, picolit, cortesse, vernaccia, chianti, marsala, visando

VARIEDADES EN ALEMANIA:

— geisenheimer, liebfraumilch, markgräfler, markobrunner, bewürztrainer

VARIEDADES EN AMÉRICA:

— ARGENTINA: torrontés

— BOLIVIA: chabela

— CHILE: lagrimilla

36.10 licor

licor de menta, l. de café, l. de manzana, l. de melocotón, l. de chumbo

crema de cacao, c. de café, c. de güisqui

curasao o curazao (CON CORTEZA DE NARANJA), marrasquino (CON CEREZAS AMARGAS), murtilla

(ROJO CLARO, OLOR AGRADABLE Y ESTOMACAL), noyó (CON ALMENDRAS AMARGAS), pacharán (CON ENDRINAS), pipermín (CON MENTA), whisky o güisqui (COMPUESTO AMILÁCEO EN ESTADO DE FERMENTACIÓN)

ajenjo o absenta o absintio (DEL AJENJO CON SABOR AMARGO), angostura (CON CORTEZA DE ANGOSTURA), calonche (ZUMO DE TUNA Y AZÚCAR)

ginebra (AROMATIZADA CON BAYAS DE ENEBRO), perada (PERA), ron (CAÑA DE AZÚCAR)

AM chicha (DE MAÍZ), draque (NUEZ MOSCADA), gloriado (ESPECIE DE PONCHE CON AGUARDIENTE), MÉX tequila (SEMEJANTE A LA GINEBRA), campechana (MEZCLA DE LICORES), sotol (DEL SOTOL, DE LA CAÑA DE AZÚCAR O DEL MAÍZ), binguí (CABEZAS DE MAGUEY), charape (PULQUE, PANOCHA, MIEL, CLAVO Y CANELA), colonche (TUNA COLORADA Y AZÚCAR), tepache (PIÑA Y AZÚCAR), MÉX Y EC pulque (JUGO DEL MAGUEY Y ACOCOTE), FILIP tuba (SUAVE Y VISCOSO)

PROPIOS DE APERITIVOS: vermú o vermut, bíter

FABRICADO POR LOS FRAILES: benedictino, chartreuse

36.11 aguardiente

anís, anisado, anisete, chinchón

cachaza (MELAZA DE CAÑA), coñac o coñá o brandy (DESTILACIÓN DE VINOS FLOJOS), armañac (DE UVA), pisco (DE UVA), kirsch (DE CEREZAS), cúmel (AROMATIZADO CON COMINO), mezcal (CABEZAS DE MEZCAL), ojén (ANÍS Y AZÚCAR), rosoli (CON CANELA Y AZÚCAR) · aguardiente fuerte o COLOQ balarrasa

calvados (DE SIDRA, FRANCÉS), vodka (DE CEREALES, RUSO), sake (DE ARROZ, JAPONÉS), bourbon (MAÍZ, MALTA Y CENTENO, ESTADOS UNIDOS)

AM cañazo (DE CAÑA), AM CENT guaro (DE CAÑA), ARG Y UR grapa (ORUJO DE UVA), CUBA Y MÉX chinguirito (DE CAÑA), MÉX bingarrote (DEL BINGUÍ), COL calaguasca

36.12 combinados

cóctel o cocktail, combinación, mezcla, calabriada, COLOQ pelotazo, bebistrajo

CON VINO: tinto de verano (GASEOSA), calimocho (REFRESCO DE COLA)

CON WHISKY: con ginger-ale, dry Manhattan (VERMUT SECO Y BITTER), cabanis (AGUARDIENTE DE ANÍS Y GRANADINA), café irlandés (CAFÉ Y NATA), rod roy (VERMUT CLÁSICO Y ANGOSTURA)

CON VODKA: con naranja, bloody-mary (ZUMO DE TOMATE, ZUMO DE LIMÓN Y TABASCO), black russian (VODKA Y LICOR DE CAFÉ), cosmopolitan (LICOR Y ZUMO DE ARÁNDANOS), bikini (ZUMO DE LIMÓN, RON BLANCO Y LECHE), vodkatini (VERMUT SECO)

CON GINEBRA: gin-tonic (TÓNICA), martini dry (VERMUT SECO), bronx (VERMUT SECO, VERMUT CLÁSICO Y ZUMO DE NARANJA), gin and it (VERMUT CLÁSICO), negroni (BITTER Y VERMUT CLÁSICO),

singapore sling (BRANDY, CUINTREAU, JARABE DE GRANADINA)

CON RON BLANCO: daiquiri (ZUMO DE LIMÓN O LIMA), piña colada (ZUMO DE PIÑA Y LECHE DE COCO), banana daiquiri (CREMA DE PLÁTANO Y ZUMO DE LIMÓN), mojito (ZUMO DE LIMÓN Y MENTA FRESCA), ponche (LICOR, AGUA, LIMÓN Y AZÚCAR)

CON RON AÑEJO: cubalibre, COLOQ cubata (Y REFRESCO DE COLA), doudou (ZUMO DE PIÑA Y ZUMO TROPICAL), caribean tenptation (LICOR Y ZUMO DE PIÑA), chinatown secret (LICOR, ZUMO DE PIÑA, ZUMO DE LIMÓN)

CON TEQUILA: margarita (COINTREAU Y ZUMO DE LIMÓN), tgv (GINEBRA Y VODKA), blue lagoon (ZUMO DE LIMÓN, CURAÇAO AZUL)

CON CACHAÇA: caipiriña (HIELO PICADO, LIMÓN Y LIMA)

margarita, sanfrancisco · leche de canela, l. de pantera

carajillo (CAFÉ Y BEBIDA ALCOHÓLICA), sol y sombra (ANÍS Y COÑAC), mistela o mixtela (AGUARDIENTE, AZÚCAR, HIERBAS), queimada (AGUARDIENTE DE ORUJO QUEMADO, LIMÓN Y AZÚCAR)

EN COL, PERÚ Y VEN, LECHE CALIENTE Y AGUARDIENTE: caspiroleta

EN CR, SALV Y MÉX, LECHE CON AGUARDIENTE: rompope

36.13 bebida y personas

▸ 35.12 alimentación y personas

aguador, lechero, cafetero, cervecero

vinatero, viñatero, viticultor, vinicultor, enólogo, criador · destilador, refinador, alambiquero · botillero, licorista

tabernero, tasquero, cantinero, camarero, cañero, cervecero, copero · escanciador · sorbedor, tomador · POES sitibundo (QUE TIENE SED)

catador, catavinos, mojón · QUE NO BEBE VINO: abstemio, reglado · MED hidrópico · EN AND, PROPIETARIO DE UNA MARCA DE VINO: marquista

36.14 bebida y lugares

PARA LA ELABORACIÓN DEL VINO: lagar o jaraíz o tino, pisadera, trujal, trujaleta, trullo, AND almijar (DONDE LAS UVAS SE OREAN ANTES DE EXPRIMIRLAS)

ELEMENTOS EN EL LAGAR: calamón (PALOS CON LOS QUE SE SUJETA LA VIGA), gamellón o gamillón (PILA DONDE SE PISA), trabón (TABLÓN QUE SUJETA LA CABEZA DE LA VIGA), viga (PRENSA CON MADERO HORIZONTAL), briaga (MAROMA DE ESPARTO)

PARA EL ALMACENAMIENTO: bodega, bodegón, cedero, caño, AND atarazana

PARA EL CONSUMO: bar, taberna, cantina, tasca, DESUS colmado, AM pulpería

PARA LA VENTA: bodega, venta de vinos y licores, CHILE botillería, MÉX vinatería, VEN licorería

36.15 bebida y objetos

INSTRUMENTOS DE MEDICIÓN:

— alcoholímetro (GRADUACIÓN ALCOHÓLICA)

— termómetro (TEMPERATURA DEL LÍQUIDO)

— enómetro (DETERMINA LA CALIDAD DEL VINO)
— enobarómetro (DETERMINA LOS ESTRATOS DEL VINO) · EN AND, MIDE LA DENSIDAD: salerón

jarro
— **jarra**, bocal, pocillo, belez, pichella, ÁL picoleta
— PARA BEBER A TRAVÉS DE UN CHORRO: botijo, bota, porrón, pistero
— PARA LLEVARLA CONSIGO EN PEQUEÑAS DOSIS: botella, botellín, calabaza, calabacino, cantimplora, AM bototo, guacal, curuguá, güira, PERÚ y UR porongo
— DE MEDIANO CONTENIDO: colodra, lebrillo, metreta
— DE GRAN CONTENIDO: tinaja, cuba, tonel, pipa, pozuelo, pozal
— PARA EXTRAER PEQUEÑAS DOSIS DE VINO DE UNA BOTA: venencia

VASIJAS:
— pocillo, pozal, pozuelo, zaranda, colodra
— DE UVA PISADA: cargo, pie, pisa

MEDIDAS:
— **vaso**, copa, copetín, bock
 • **caña**, chato, tubo, quinto, tercio, mini · ESTRECHO POR EL PIE Y ANCHO POR LA BOCA: papelina, ANT póculo, COLOQ copichuela
 • PARA EL CHAMPAGNE: flauta, media Antonieta
— **copa** · c. burdeos, c. borgoña
— **bota**, boto, calabacino, calabaza · pellejo, cuero
— **odre**, zaque, metreta, ANT roldana · tinaja, GUADALAJARA belez
— **tonel**, cuba, bocal · barril, candiota, carral
— ANT MEDIDAS PRECISAS: chico (UN TERCIO DE CUARTILLO), cuartillo (CUARTA PARTE DE UN AZUMBRE), azumbre (UNOS DOS LITROS), cántara (OCHO AZUMBRES), alquez (DOCE CÁNTARAS) · GAL pichola (POCO MÁS DE UN CUARTILLO)

catavino, AND traste · PARA MEZCLAR EN VINO EN LAS CUBAS: mecedor · PARA EXTRAER PEQUEÑAS CANTIDADES: catavino, venencia

ADJETIVOS Y ADVERBIOS
36.16 descripción del vino

ENVEJECIMIENTO:
— azurrachado, común, de mesa, generoso, cosecha, del año
— joven ↔ añejo
— SEGÚN: crianza, reserva, gran reserva · solera

COLOR:
— blanco, amarillo, pajizo, oro, bermejo
— rosado, clarete, aloque
— tinto, COLOQ pardillo, tintorro, morapio
— cereza, picota, teja, violeta, violáceo, burdeos

SABOR O BOCA:
— **dulce**, semidulce, seco, semiseco, espumoso, de misa, de postre, jumilla, quinado

— **embocado**, amontillado, licoroso · afrutado: plátano, melocotón, albaricoque, frambuesa, mora
— **abocado**, agrete, picado, picante, encorchado, precipitado, raspante, tánico, maderizado
— **áspero**, astringente, agrio, ácido, amargo, acre · madera, tabaco, especias, cuero
— redondo, elegante
— COLOQ DE MALA CALIDAD: peleón, cabezudo, cabezón, garrafón

OLOR O NARIZ:
— **aromático**, aromatizado, afrutado, floral, frutal, oloroso, bienoliente, odorífero, perfumado

DENSIDAD:
— denso, con cuerpo
— sedoso, ligero, glicérico, aterciopelado, tenue, liso, raso

TRANSPARENCIA:
— limpio, límpido, claro, nítido, cristalino, terso, bruñido, brillante, transparente, translúcido, resplandeciente
— untoso, graso, turbio, con capa
— aguado, bautizado
— puro, COLOQ QUE NO ESTÁ AGUADO: moro

VALORACIÓN CONJUNTA:
— redondo, estructurado, equilibrado
— apagado, muerto, mudo

PROCEDIMIENTOS DE ELABORACIÓN:
— fino, entrefino, fino selecto, jerez, manzanilla, moscatel, verdejo, verde (PORTUGAL), chianti (ITALIA), pitarra (EXT)
— espumoso, cava, champaña, brut, semi-brut
— EL OBTENIDO DE UVA REPISADA: repiso
— EL OBTENIDO ECHANDO AGUA EN EL ORUJO PISADO: aguapié

SI LLEVA TIEMPO ADECUADO EN CONTACTO CON EL AIRE: oxigenado

CUALIDADES DE LOS BLANCOS JÓVENES:
— COLOR: amarillo paja, verdoso, pálido, dorado
— AROMA: afrutado, floral, vegetal
— BOCA: ácido, salado, amargo, dulce

CUALIDADES DE LOS TINTOS JÓVENES:
— COLOR: rojo, rojizo, rojo violáceo, púrpura
— AROMA: afrutado (GROSELLA, FRAMBUESA)
— BOCA: suave, no cálido, cuerpo moderado, sabroso

CUALIDADES DE LOS TINTOS CRIANZA:
— COLOR: rojo rubí, r. teja
— AROMA: madera (ROBLE), aroma de oxidación, bouquet
— BOCA: fuerza, complejidad, cuerpo, persistencia

GRADO DE DULZOR: seco, semiseco, abocado, semidulce, dulce

36.17 bebedor
catavinos
alcohólico, alcoholizado, dipsomaníaco
ebrio, ebrioso, embriagado, alumbrado, alegre, bebido, beodo, borracho, entonado, descompuesto, temulento, contento, ANT epoto, MÉX briago, tomado
COLOQ
— **borrachín**, borrachuelo, artillero, esponja, mosquito, potista, tumbacuartillos, vinolento
— **achispado**, acocullado, ahumado o ajumado, azumbrado, bolinga, buzaque, calamocano, caneco, chamicado, chispo, colocado, copetón, curda, grifo, mamado, mareado, pellejo, piripi, rascado, sahumado, tiznado, templado, tostado, turbio
COMP ING como una cuba, hecho un cuero, entre dos luces, entre Pinto y Valdemoro, a medios pelos
sereno, sobrio

VERBOS Y EXPRESIONES
36.18 beber
tomar, ingerir, remojar, rociar, amorrar, atizar, chisguetear, colar, despachar, libar, pimplar, copear, escanciar, abuzarse, refrescarse, encharcarse · FIG regar, brindar
sorber, probar, catar, lamer, relamer, lengüetear
mamar, morronguear, succionar, chupar, chupetear
empinar, trincar, trasegar, chingar, chinglar, chiflar
degustar, saborear, paladear
COLOQ
— tragar, potar, pingar, privar, zampar, beborrotear
— alzar el codo, apagar la sed, atizar la lámpara, beber a chorro
— dar un palo al burro, dar un tiento
— darse a la bebida, d. un latigazo, dejar temblando
— echar cortadillo, e. gasolina, e. un chisguete, e. un trago, e. unas copas
— echarse al coleto, e. al cuerpo, e. entre pecho y espalda, VEN e. los palos
— empinar el codo
— hacer boca, h. los honores
— matar el gusanillo, m. la sed
— mojar el gañote, m. el garguero, m. el gaznate
— quitarse la sed
— remojar el gaznate, r. la palabra
— tomar una copa, t. unos chatos
REF Agua no enferma, ni embriaga, ni endeuda. Agua que haya de beber, no la enturbiaré. Agua que no has de beber, déjala correr. El agua, ni envejece ni empobrece.

36.19 embriagarse
emborracharse
— **entonarse**, alegrarse, marearse, alumbrarse, asomarse
— llevar unas copas de más, arrimarse a las paredes, subirse a la cabeza, ir haciendo eses, tener la lengua gorda, tropezar en las erres
— SER VIOLENTO EN LA EMBRIAGUEZ: tener mal vino
— EFECTOS TARDÍOS DE LA EMBRIAGUEZ: tener resaca
COLOQ
— **jumarse**
   • ajumarse, achisparse, apimplarse, apiparse, empiparse, abombarse, tostarse, amonarse, chingarse, encandilarse, entromparse, rascarse, tomarse, soplarse, MÉX treprársele
   • cogerla, agarrarla, agarrársela
— estar borracho, e. achispado, e. ajumado, e. mamado, e. erre, e. jota, e. tararí, e. como una cuba, e. hecho una equis, e. hecho una uva, ARG e. chupado, e. entre San Juan y Mendoza, CHILE e. arriba de la pelota, GUAT e. moronga, e. a pija, e. a reata, MÉX e. fumigado, e. a medios chiles
— coger un cernícalo, c. un lobo, c. una curda, c. una chispa, c. una mona, c. una turca, c. una zorra, c. una melopea, c. una merluza, c. una cogorza, c. una tea, c. un tablón, MAL-SON c. un pedo
— beber los quiries, b. como un cosaco, b. como una esponja, b. a pico de jarro
— tener una jumera, t. una moña, t. una tea como un piano
— agarrar una tranca, CHILE andar abrazando postes, a. como huasca, a. con el gori, entrar agua al bote, quedar como piojo, CUBA agarrar un agua
— ponerse ciego, SALV patear el alambre, VEN rajar caña
COMP ING beber más que el chico del esquilador, b. más que un odre, b. como una esponja
ASIMILAR LA INGESTIÓN ALCOHÓLICA:
— desemborrachar, desembriagar
— COLOQ desollarla, dormirla · dormir la mona, d. la zorra, d. el lobo, d. el vino · desollar el lobo
REF Después de beber, cada uno dice su parecer. Do entre el beber, sale el saber. Donde entra mucho vino, todos los vicios hacen camino. Hombre avinado, hombre desatinado.

36.20 acción con las bebidas
PREPARAR LAS BEBIDAS:
— **aderezar**, aguar, bautizar, anisar, merar, clarificar, desbravar, desbravecer, destilar, rectificar, CASTILLA LA MANCHA embrisar
— **embotellar**, envasar, encorchar, corchar, capsular

— **escanciar**, trasegar, COLOQ chapurrar o champurrar
— **servir**, administrar, ofrecer · jaropar, jaropear, propinar

CON LA LECHE:
— **ordeñar**, AR muir · mazar, mecer
— caseificar, descremar, desnatar, esterilizar, descremar, desnatar, esterilizar, pasteurizar o pasterizar · maternizar
— agriarse, AR triarse
— cortarse, cuajarse, arrequesonarse, salirse, torcerse
— adulterar, aguar, bautizar, apoyar

CON EL CAFÉ:
— moler, tostar
— desaromatizarse, desbabar, descerezar

CON LOS VINOS:
— UVA: ralear, acarralarse, ardalear, desmostarse, enverar, lagarearse, mostear, remostarse, hacerse lagarejo
— **vendimiar**, recolectar, descobajar, despalillar, deshollejar, AND despichar, verdear, LIMPIAR LA UVA PISADA ANTES DE PONERLA A FERMENTAR: desraspar
— **pisar**, prensar · embodegar, encubar, criar, cocer
— **mezclar**, arropar, aderezar, ahuevar, aspillar, atestar, bastonear, cabecear, componer, desliar, embrisar, encabezar, encolar, mecer, merar, mostear, remostar, empajolar · bautizar o cristianar, DESUS revinar
— echar agua al vino
— taponar
— catar
— **repuntarse**, agriarse, apuntarse, atufarse, avinagrarse, desbravarse, desbrevarse, madrearse, remostarse, remostecerse, torcerse, volverse
— QUITAR DE LOS RACIMOS LAS PASAS MÁS PEQUEÑAS: escombrar

REF
— PROPIEDADES DEL VINO: El vino abre el camino. A quien ajo come y vino bebe, ni la víbora le puede. Baco, Venus y tabaco, ponen al hombre flaco. Con buen vino se anda el camino. Con pan y vino, se anda el camino. El mejor vino se puede tornar vinagre. Para curar el catarro, no hay como el jarro (DE VINO). El vino se hizo para los reyes y el agua para los bueyes. Viejo que buen vino bebe, tarde muere. El agua como buey, y el vino como rey. El vino alegra el ojo, limpia el diente y sana el vientre. Vinos y amores, los viejos son los mejores.
— PLACER DE BEBER: A comer, beber, bailar, y gozar que el mundo se va acabar. A nadie le hace mal el vino, si se bebe con tino. A buen vino, buen tocino. A caracoles picantes, vino abundante. Comer sin vino, es comer mezquino. El buen vino no merece probarlo, quien no sabe paladearlo. Vieja madera para arder, viejo vino para beber.
— EUFORIA DEL BEBEDOR: In vino, veritas. Cuando el vino entra, echa el secreto afuera. El amor y el vino sacan al hombre de tino.
— SOBRE EL EXCESO: Sólo borracho o dormido se me olvida lo jodido. A borracho fino, primero agua y luego vino. A borracho o mujeriego, no des a guardar dinero. El que con vino cena, con agua desayuna. Hay tres cosas que destruyen al hombre: el vino, el orgullo y el enojo. Si a tu amigo quieres conocer, hazlo jugar y beber.

37. CONFECCIÓN
37.01 materiales de confección

DE ORIGEN ANIMAL:
— CABRA: cachemir o cachemira, borra
— VICUÑA: vicuña
— AVES: pluma
— GUSANO DE SEDA: seda natural
— ANTÍLOPE: ante, AM gamuza, cohobo
— CARNERO U OVEJA: lana, astracán, zamarra, becerro, badana, baldés, pelada, zalea
— VACA O TERNERA: vaca, vaqueta, vitela
— ANIMALES DE LA SELVA: leopardo, puma, león
— ANIMALES DE PEQUEÑO TAMAÑO: zorro, castor, nutria, tejón, armiño, petigrís, visón, marta, chinchilla, zarigüeya
— PELLEJO QUE CUBRE LA CARNE DE LOS ANIMALES: cuero
— TELAS DE PELO: alpaca, camellón, camelote o gamella, camelotina, camelotón, chamelote, chamelotón, crinolina, peldefebre, pelo de cabra, picote, vicuña

DE ORIGEN VEGETAL:
— algodón, lino, guata
— pita o agave, cabuya
— bejuco, cáñamo, yute · rafia
— anea, espadaña, esparto

FIBRAS TEXTILES:
— hilo, lana, lino, seda, vicuña, yute
— abacá, bonote, cabuya, cáñamo, caraguatá, estopa, maguey, pelo de cabra, pelo de camello, pita, pleita, ramio, saja
— PLANTAS UTILIZADAS COMO TEXTILES: abroma, bejuco, bombonaje, burí, cáñamo, caraguatá, carandaí, carruata, chagual, cocotero, cortadera, daguilla, damajagua, espadaña, gordolobo, guamá, hierba del maná, liana, lleivún, moriche, ñocha, plátano, quiaca, quingombó, ramio, toquilla, yagua, yarey, yataí, AM CENT Y CUBA chichicaste

37.02 telas

DE HILO: alcabtea, batista, bocací, brin, cendal, cernadero, cernedero, clarín, cotoncillo, esterlín, fernandina, indiana, irlanda, lino, linón, macramé, milán, morlés, quintín, ranzal, retorta, sedeña, sinabafa, tabinete, toca, zangala

DE LANA: alepín, alpujarra, anascote, angora, angorina, arretín, astracán, barragán, bayeta, bayetón, beatilla, bellardina, bengalina, blanqueta, boquín, brunete, cachemir, calamaco, cambrún, camelia, camellón, camelote, camelotina, camelotón, capichola, carisea, cariseto, carla, casimir, casimira, casineta, casinete, castilla, castor, castorcillo, castorina, catalufa, chamelote, chamelotón, cheviot, contray, cordellate, cristal, cúbica, damasquillo, droguete, durando, entrapada, escarlata, escarlatina, estambre, estameña, estameñete, felpa, filderretor, filipichín, filoseda, franela, fresco, frisa, fusta, gabardina, gamuza, guirnalda, herbaje, irlanda, jerga, lamparilla, lanilla, lila, londrina, mediopaño, merino, mezcla, mezclilla, moer, moqueta, muaré, muletón, paño, pardomonte, peldefebre, perpetuán, picote, principela, quinete, raja, rajeta, rasilla, ratina, reps, rizo, ruana, rusel, sagatí, sarga, sayal, sayalete, sempiterna, serafina, tafetán, tartán, terciopelo, terliz, tripe, velarte, vellorí, vicuña

DE ALGODÓN: allariz, alpaca, anjeo, aroca, batista, bierzo, bocadillo, bófeta, bofetán, bombasí, borlón, brabante, bramante, bretaña, cambray, cambrayón, canequí, cañamazo, cañiza, caqui, caserillo, céfiro, chaconada, coco, cólera, coleta, coquillo, coruña, cotanza, cotí, cotón, cotonada, cotonía, crea, crehuela, cretona, crudillo, cruzadillo, curadillo, curado, cutí, damasco, donfrón, dril, espuma, esterilla, estopilla, felpa, filoseda, fineta, florete, franela, fustal, gabardina, gámbalo, gante, guinga, holán, holanda, holandeta, indiana, irlanda, lampote, lienzo, linón, lona, loneta, lorenzana, lustrina, madapolán, madrás, manta, mitán, muletón, nanquín, nansú, ñandutí, opal, organdí, otomán, pana, panamá, percal, percalina, piqué, platilla, popelina o popelín, quimón, raso, rayadillo, retor, ruán, rusia, satén, sinabafa, tabinete, tarlatana, terciopelo, terliz, toalla, tocuyo, trafalgar, true o trué, tul, velludillo, vitre, vivero, zaraza

DE SEDA: aceituní, adamasco, adúcar, anafaya, anascote, batido, bengala, bengalina, bernia, bordadillo, brocadillo, brocado, brocatel, brochado, burato, camocán, carmesí, catite, caza, cendal, cernadero, chaul, china, chiné, ciclatón, crepé, crespón, damasco, damasina, damasquillo, embutido, espolín, espumilla, espumillón, estofa, faya, felpa, filadiz, filoseda, frisado, fular, gasa, glasé, gloria, gorgorán, granadina, granito, griseta, gro, gurbión, jamete, jusi, maraña, moer, muaré, muselina, nobleza, ormesí, otomán, papelina, pequín, persiana, picote, picotillo, piñuela, primavera, propienda, púrpura, rasete, raso, rasoliso, rayón, reps, rizo, saetí, saetín, satén, segrí, setuní, sirgo, soplillo, surá, tabí, tabinete, tafetán, tercianela, terciopelo, tiritaña, tisú, toca, tul, velillo, zarzahán

DE ORO O PLATA: jamete, lama, lamé, restaño, tisú, velillo ANT ciclatón

SINTÉTICAS: acrílico, microfibra, nailon o nylon, poliéster, lycra, poliamida, tergal, viscosa

DE ESTOPA Y SEMEJANTES: angulema, arpillera, ayate, bayón, brea, brinete, cañamazo, carisea, cariseto, ceneja, cerrón, coletón, estopa, estopilla, estopón, gangocho o guangoche, harpillera, malacuenda, márfaga o márfega, marga, márraga o márrega, rázago, retobo, tela de saco

DE OTRAS FIBRAS Y VARIOS: abacá, albengala, alquicel, camanonca, carla, dralón, granatín, gutapercha, hule, humaina, impla, inglés, medriñaque, milrayas, nipis, organza, orlón, peñasco, piña, polímita, poliuretano, príncipe de gales, requemado, sinamay, tirela, tripe, yute

DE RECORTES: mantaterilla, patchwork, gobierno

tejido

— género · pieza, rollo · cinta, paño, pañuelo · contratela, entretela

— pelusa, borra, caedura, curesca, entrepeines, flojel, flojuelo, tamo, tondiz, tundizno · fieltro

— EN CONJUNTO: pañería, lencería, sedería

tapicería: alfombra, estera, esterilla

lana, albardilla, añinos, borra, caídas, carmelina, churra, entrepeines, estambre, liguana, molsa, peladillos, vicuña · cerpa, copo, mechón, paca, pegujón, pelleja, pelluzgón, pila, tusón, vedija, vellocino, vellón · cadillos, carretilla, cascarria, churre, escabro, juarda, mugre, suarda

ganchillo, cañizo, encaje, jipa, jipijapa, malla, pasamanería, pleita, punto, quincha, red, sardo, tejido de punto, trenza, tuérdano, zarzo

37.03 tela según usos

PARA ADORNAR: **berta** (EL ESCOTE DEL VESTIDO), **bies** (AL BORDE DE LAS PRENDAS DE VESTIR), **cenefa** (EN EL BORDE DE LOS VESTIDOS)

PARA AÑADIR: **tirilla** (A LOS CUELLOS DE LAS CAMISAS), **nesga** (PARA DAR EL ANCHO NECESARIO A UN VESTIDO), **entredós** (TIRA BORDADA ENTRE DOS TELAS), **fleco** (HILOS COLGANTES)

PARA REFORZAR: refuerzo (EN GENERAL), remiendo (COSIDA A UN ROTO), abanillo (LOS CUELLOS), bebedero (EXTREMO DEL VESTIDO), codera (CODO), rodillera (RODILLA), talonera (TALÓN), culera (CUBRE LAS ASENTADERAS), entrepiernas (INTERIOR DE LOS MUSLOS), contrahaz (REVÉS), escudete (EN LA ROPA BLANCA), falso (INTERIOR DEL VESTIDO), gorguera (REFUERZA EL CUELLO), cuchillo (REMIENDO TRIANGULAR PARA DAR MÁS VUELO A LOS VESTIDOS), chafallo (REMIENDO MAL ECHADO), DESUS embono

SIN ESPECIAL FIN: trapo, trapajo, andrajo, calandrajo, jira, jirón, estracilla, estraza, guiñapo, pingo, retal, retazo

pedazo, parche, pegote, picaño, refección, remonta, soleta, hijuela (TROZO DE TELA QUE ENSANCHA UN VESTIDO) · CANARIAS chazo, COLOQ corcusido o culcusido

sudario (ENVUELVE UN CADÁVER)

37.04 detalles de las prendas de vestir

corte, hechura, vuelo, caída, largo · cuerpo · CORTE QUE CORRESPONDE A LA PARTE DE LA AXILA: sisa

talla, talle, tiro, metido, ensanche · QUE CUELGAN DE LA CINTURA ABAJO: faldillas · PARTE QUE SE DEJA SIN PLEGAR: tabla

bajo, dobladillo, ARG Y CHILE ruedo, CHILE basta, MÉX bastilla

cuello, capucha, cabezón, canesú, escote, VUELTO SOBRE LA ESPALDA: valón

hombro, hombrera, hombrillo, manga, codera, sobaquera, muñequera, puño

delantera, pechera, solapa · espalda

orilla, limbo, orla

viso, vuelta

forro, entretela

SE COSE A LO QUE ESTÁ VIEJO O ROTO: remiendo

EN LA CAMISA:

— árbol (CUERPO SIN LAS MANGAS), faldón o DESUS pañal (COLGADURA), encosadura (COSTURA QUE SE PEGABA AL RESTO DE LA PARTE SUPERIOR)

— ADORNOS: canesú, chorrera, tirilla, follado, guirindola, lacayo

— PUÑO GRANDE DE USO ANTIGUO: lechuguilla

EN LA FALDA:

— bajos, candil, enfaldador, enfaldo, manera, pasador

— volante, ARG, CHILE y UR volado, vuelo, MÉX olán, VEN faralado

EN EL PANTALÓN:

— cintura, pretina, trincha

— pernera, pernil, boquilla, bragadura · raya · rodillera, talonera

— culera, asentaderas, fondillos, hondillos, entrepiernas, remonta

— DISTANCIA DESDE LA UNIÓN DE LAS PERNERAS HASTA LA CINTURA: tiro

— tirantes, AM tiradores, breteles, CHILE suspensores · charretera, jarretera, trabilla, trincha

EN LAS MEDIAS:

— caña, cuchillo, elástico, estribera, nudillo, peal, pie, punto, tercio, zancajo

APERTURAS:

— PARA QUE POR ELLA SE VEA OTRA TELA DE DISTINTO COLOR: cuchillada

— bragueta o portañuela o COLOQ tapabalazo · trampa o trampilla

— escote, degollado, degolladura, descote, escotadura, manera, sisa

— bolsillo, TROZO DE TELA QUE LO CUBRE: golpe

CIERRES:

— botón, broche, automático, corchete, presilla, hebilla, alamar, pretina, recamo · ojal

— velcro, ARG abrojo, VEN cierre mágico

— cremallera, AM cierre, ARG cierre relámpago, CHILE cierre éclaire, MÉX zipper

37.05 costura y labores

MEDIDAS:

— talla, AM talle

— contorno de cadera, c. de cintura, c. de pecho · cuello · ancho de hombros · puño

— largo de manga, l. de pierna, l. de tiro, l. hasta la cintura, l. total

MODOS DE TEJER:

— zurcido, compostura, remiendo

— a contrahílo, a contrapelo, a redropelo, a redopelo, a repelo, a rodapelo, a pospelo

PUNTADAS:

— entredós, escudete, escudo, espiguilla, festón, frunce, hilván, jareta, jaretón, pespunte, remate, remiendo, ribete, sobrehilo, vainica o vainilla

LABORES DE COSIDO:

— bordado, festoneado, hilvanado, pespunteado, recosido, remendado, ribeteado, sobrehilado, zurcido

— descosido

LABORES DE HILADO:

— bordado de tul, b. inglés, b. plano · vainica

— encaje de bolillos, macramé, malla o red

— punto de adorno, p. de cadeneta, p. de cordón, p. de cruz, p. de escapulario, p. de espiga, p. de festón, p. de nudos, p. de tallo

CALCETA:

— carreta, crecido, crochet, desmalladura, enganchón, malla, media, menguado, pasada, vuelta, v. del revés

— punto de arroz, p. enano, p. inglés

TIPOS DE REMATES:

— bajos, bies, borde, cenefa, cinta, cordón, encaje, faralá, festón, fleco, franja, galón, gaya, pasamanería, tira, volante

DOBLECES:
— afollado, alforza, arruga, bollo, brahón, bullón, cangilón, cañón, dobladillo, enfado, frunce, papo
— doblez, fruncido, plisado, dobladillo, doblado, arrugado, alforza o lorza
— frunce, MÉX respingo
— enfaldo, fraile
— halda, regazo, DESUS gremio
AÑADIDOS: refuerzo, codera, rodillera, culera, remiendo, DESUS embono

37.06 costura y personas
— sastre, sastra, sastresa
  • alfayate, modista, modistilla, costurera, costurero
  • cortador, buena tijera
bordadora
— agujadera, albendera, chalequera, chalequera, costurera, golillera, laborera, labrandera, mantera, pantalonera, vainiquera, zurcidora
— batero, calcetero, capotero, coletero, golillero, jubonero, sayalero
— figurinista
tejedor, batanero, carmenador, pelaire o peraile, repasadora, vellutero, alhaquín, bancalero, sayalero, sinamayera, pañero, ANT drapero
trapero, andrajero

37.07 costura y material
costurero, neceser, tabaque
alfiler, aguja · imperdible, ARG Y UR alfiler de gancho, MÉX seguro · almohadilla, alfiletero, cañutero, acerico
dedal · tijeras · cinta métrica, jaboncillo de sastre · huevo de zurcir
botón, broche, cremallera
hilo, bobina, canilla, carrete, hebra · madeja, ovillo
máquina de coser

37.08 descripción de los tejidos
tupido, acipado · espeso, apretado, tapido · entero, entredoble, hilachoso, impermeable, indesmallable, textil
liso, calvo, claro, crudo, lampiño, mileno · tornasolado, transparente
estampado, moteado, mosqueado, nubado, nubarrado, mezclado, labrado · a motas, a pintas, a lunares · DOS COLORACIONES DIFERENTES SEGÚN MIRADA: dicroico · COLOQ DE COLORES CHILLONES: pajarero
rayado, a rayas, atirelado, atisuado, barrado, canillado, listado, a listas, abarrado, aborlonado, acanillado, batido, CON LISTA MÁS CLARA QUE EL RESTO: razado

ajedrezado, a cuadros
CON FORMA DE O CERCANO A: terciopelado o aterciopelado, adamascado, agrisado, acambrayado o cambrayado, acastorado, arrasado, asargado, atafetanado
GRASIENTO: juardoso o asuardado
SIN COSTURA: inconsútil

37.09 coser
enhebrar, desenhebrar
hilvanar, puntear, pespuntear, pespuntar, sobrehilar, bastear, asegurar · dar puntos, dar unas puntadas
cortar, escotar o descotar, entallar, menguar
fruncir, repulgar, sisar, solapar, tablear
adornar, orlar, orillar, acolchar, drapear, festonear
entretelar, forrar, guarnecer
bordar, labrar, COLOQ cusir, AR entornar
CON PUNTADAS: apuntar, embastar, prender · COLOQ ATROPELLADAMENTE: farfullar, fuñicar, chafallar, chapucear, embarullar, guachapear
recoser, rematar, repasar, recomponer
ribetear, dobladillar, repulgar, sobrecargar, cabecear
descoser, deshilar, deshilvanar, desapuntar, AR descodar
INTRODUCIR EN UNA JARETA: enjaretar
hacer calceta o calcetar
remendar, zurcir, apañar, apedazar, apuntar, arreglar, componer, reparar, repasar, COLOQ corcusir, chafallar
tejer, destejer, entretejer, retejer
37.10 acción con la lana
esquilar, marcear, conchabar, varear, batir
lavar, limpiar, desgrasar, desmugrar, descadillar, desaceitar
preparar, conrear, correar peinar, repasar
ahuecar, arcar, arquear, apartar
desenredar, carmenar o escarmenar, cardar, perchar
EN LAS FÁBRICAS, MANIPULAR CON LA LANA: retinar

38. VESTIDO
38.01 ropa
vestimenta
— indumentaria, ropaje, equipo, atuendo, indumento, ajuar, atavío, prendas, trapos, paños, galas, traeres, vestidura, POÉT veste
— DESORDENADA: faldulario o fandulario, andulario
— DE MAL GUSTO: perifollos, AR guilindujes, RIDÍCULO: botarga
— EN VIAJES: equipaje, hato, hatillo
— ADORNOS FEMENINOS DE POCO VALOR: perendengues, COLORES ALEGRES: gaitería, arlequín

— INAPROPIADO: andrajo, faldamenta o faldamento, adefesio

guardarropa, guardarropía, ANT alcándara · QUE LLEVAN LOS PASTORES: hatería, COLOQ fardo

PRENDA DE VESTIR VIEJA: antigualla, andrajo, jerapellina, COLOQ pingo, pingajo

SIN VESTIDO: **nudismo**, adanismo, desnudismo · strip-tease, topless

38.02 peinado

pelado

— **corte**, c. a lo garzón, c. al cepillo, c. al raso, c. al cero

— **rizado**, tocado · marcado, moldeado, permanente · peinado afro

— **raya**, chencha, partidura, carrera · raya al lado, r. en medio

— **coleta**, coletilla, cola de caballo · flequillo, tupé · mechón, mecha · moño, castaña, zorongo · trenza

— **pelambrera**, pelaje, pelambre, pelamen

bucle, rizo, onda, caracol, caracolillo, tirabuzón, copete, cresta, perico, periquillo, rufo, sortija, tupé, ANT cogotera, AM CENT colocho, COL Y EC churo, GUAT chongo · EN LAS PERSONAS DE RAZA NEGRA: pasa

bigudí, calamistro, chufo, mediacaña, papillote, rizador, rulo, tenacillas, tubo

afeitado, rasuración, rasión, rasura

peluca, bisoñé, postizo

IRREGULARIDADES:

— entrada, trasquilón, escalón, escaleras, remolino

— caspa, ANT fórfolas

— calva, alopecia, calvicie, peladera, pelona, pelonía, plica

38.03 sombrero

sombrero de ala ancha, pavero, calañés, cordobés

sombrero de canal o canalón, s. de plumas, s. de paja, s. de fieltro, s. hongo o bombín, pamela, pava, gacho, caperuza o capilleja

— AM bolero, cubilete, jarano, ARG Y CHILE galera, BOL choco, chupalla, CHILE sombrera, guarapón, COL corrosca, raspón, CUBA, jíbaro, GUAT y HOND charra, HOND guaracho, MÉX balá, jalisco, jorja, sorbete, VEN palodeguama, pava

— FILIP salacot

— MAR sudeste o sueste

— GRECIA Y ROMA ANTIGUAS: pétaso

— DESUS chapeo, COLOQ güito

sobrero de copa, QUE PUEDE PLEGARSE: clac, LEVANTADO POR UN ALA: chambergo, CON COPA Y ALA: panamá, AND castora, COLOQ chistera · bimba, gabina, gavión, GUAT Y HOND bolero

bicornio, tricornio, sombrero de tres picos, s.

de candil, papalina, becoquín, ARG falucho, DESUS galocha, galota

PARTES:

— **copa**, casco, casquillo

— **ala** o falda, visera, sobrevista, pico del sombrero COLOQ candil · QUE CUBRE LAS OREJAS: orejera · QUE CUBRE LA NUCA: cogotera, cubrenuca

— ADORNOS:
  • escarapela, galón, cucarda
  • DE PLUMAS: plumaje, plumero, penacho, airón, garzota, látigo
  • CORDÓN: fleco, cintillo, ínfula, toquilla, trencilla o trencillo, trencellín, moña
  • INSIGNIA DE DOCTORES: borla
  • MIL pompón, flama, galleta, pedrada

— APARATO DEL SOMBRERERO PARA MEDIR LA CABEZA: conformador

gorro

— boina, capota, casquete, caperuza, papalina o bicoquete, PARA ABRIGAR: verdugo

— MIL quepis, teresiana

— TAUROM montera, monterilla

— NIÑOS: capillo

gorra de plato, g. de visera · marmota · ANT barreta o barrete

— ARG visera, CHILE yoqui, yoquey, MÉX Y VEN cachucha

— AST carapucho, CAT barretina, P VASCO chapela, chapelo, chapelete · pasamontañas

— DEPORTISTAS: chichonera

casco

— casquete, celada, testera

— MIL morrión, chacó, yelmo, ros, leopoldina, chascás

RELIG

— bonete, birreta o birrete o birretina, solideo, sombrero de teja, s. de canal

— OBISPOS: mitra

— CARDENALES: capelo, píleo

— PAPA: tiara

— JUDÍOS: kipá

capucha, capucho, capuchón, capirote, capirucho, caperuza, ANT capirón

38.04 velo

toquilla, mantilla, manto, pañuelo, tocado, zorongo, PARA DEFENDERSE DEL FRÍO: papahígo, AR cachirulo

toca, gasa, alquinal, beatilla, céfiro, serenero, escofión, escofieta, griñón, falla, islán, nube, ANT impla, cariñana, rebociño · GAL coroza, SAL rocador · ÁRABE: alfareme, almaizar · IRÁN: chador · MUJER PALESTINA: teristro · ROMA ANTIGUA: flámeo, rica, calántica

turbante, TURCOS capelete, MOROS fez

red, cofia, albanega, capota, capuz, carapucho, garvín o garbín

38.05 traje

CHILE terno, CHILE Y PERÚ ternada (TRES PIEZAS), ARG Y CHILE ambo (DOS PIEZAS), COL fundón, VEN flux
— traje de chaqueta (MUJER), AM t. sastre
— traje de etiqueta, t. de gala, t. de media gala, t. de luces, t. de noche, t. de novia, t. de primera comunión

vestido
— casaca, casacón, casaquilla, coleto, corocha, saco, COLOQ sayo, ANT brial, dulleta, jergón
— GRECIA Y ROMA ANTIGUAS: crocota, estola, peplo, ITALIA: dogalina
— vestido de camino, v. de capa y gorra, v. de color, v. de corto, v. de largo, v. de gitana, v. de luto, v. de medio luto, v. de paisano, v. de serio, v. de trapillo, v. de uniforme
— DE CEREMONIA: esmoquin, frac, chaqué, librea
— DE TRABAJO: mono, guardapolvo, AM overol, ARG, CHILE Y UR mameluco, VEN braga
— DE DEPORTE: chándal, maillot
— DE DORMIR: pijama, camisón, camisola, AM piyama
— DE BAILE: tutú, maillot
— DE LA MUJER QUE MONTA A CABALLO: amazona
— RELIG sotana, hábito, mantelete
— EN LA CUNA: pañales, fajos, envueltas, mantillas, fajero, DESUS envoltura
— EN LA SEPULTURA: sudario, mortaja
— PARA DISFRAZARSE: disfraz, máscara · botarga, colombina, dominó, arlequín, pierrot
— DE OTROS ORÍGENES:
  • BOLIVIA (MUJERES INDIAS) tipoi
  • GRECIA ANTIGUA: chitón, abrámide, exómida
  • INDIA: sari
  • JAPÓN: kimono, kamisino
  • JAPONÉS: kimono
  • MARRUECOS: chilaba
  • HISPANIA MUSULMANA (MORISCO): marlota
  • ROMA ANTIGUA: cástula, dalmática, laticlavia, laticlavo, túnica palmada
  • RUSIA ANTIGUA: sarafán
  • TURQUÍA: chaftán, dolimán

38.06 abrigo

túnica
— ropón, saya, COL tirú, RELIG cogulla, tunicela, túnico, DER toga, garnacha, ANT ciclatón, gonela, roquete

manto
— barragán, carric, casaca, cazadora, chamarra, chaquetón, levitón, macfarlán, mantón, marsellés, pelliza, polonesa, tabardo, trenca, tres cuartos, tuina, zamarra, ZAM gabacha, ARG gabán, sobretodo, CHILE chamal, chamanto, frichicho, poncha, UR saco

— abrigo de señora, ARG Y UR tapado, ARG gabán, CHILE chaquetón, UR sacón, saco

impermeable
— gabardina, anorak, chubasquero, canadiense, barragán, gambeto, capa aguadera, coroza, ARG piloto, UR pilot
— EN LA CABEZA: sueste

capa
— capote, capota, capotillo, capuz, capilla, capuchuela, esclavina, talma, ferreruelo, coroza, gabacha, gallaruza, gambeto, gregorillo, pelerina, poncho, redingote, ARG puyo, CHILE manta de Castilla, COL, VEN Y UR ruana, BOL hunco, EC chiricatana, HOND fringa, MÉX jorongo, tilma
— GRECIA Y ROMA ANTIGUAS: clámide
— RELIG muceta (CANÓNIGOS), sambenito (CONDENADOS POR LA INQUISICIÓN)

COMPLEMENTOS DE ABRIGO:
— pasamontañas, verdugo
— **guantes**, estufilla, manopla, regalillo, manguito, TOSCO: goluba
— bufanda, capucha, capuchón, toquilla

38.07 chaqueta

americana, chaquetilla, chaquetón, calesera, canadiense, AM saco, blazer, MÉX cotona, CHILE cuácara, vestón, CUBA guayabera, filipina, VEN plató

cazadora, sahariana, cárdigan, chamarreta, cuera, pelliza, zamarra, COLOQ chupa
SIN MANGAS: chaleco
MIL guerrera, casaca, dolmán
DE CEREMONIA: levita, frac
DE MUJER: bolero

38.08 jersey

jersey de lana, ARG pulóver de lana, CHILE chombita, MÉX chambrita, UR bucito de lana, VEN suéter de lana
jersey de pico, ARG Y CHILE suéter con escote en ve, MÉX Y VEN suéter cuello en ve, UR escote en ve, buzo
jersey de cuello alto, ARG polera de lana, CHILE beatle, MÉX Y VEN suéter de cuello tortuga, UR rompevientos, polerón, polera
suéter o sweater, pulóver, cárdigan, AM chompa
rebeca, chaqueta de lana, ARG Y UR saco, saquito, CHILE chaleco, MÉX saco corto, VEN suéter abierto
sudadera, ARG Y UR buzo, CHILE polerón

38.09 camisa

blusa, blusón, marinera, camisola, camisolín, canesú, chambra
corpiño, palabra de honor
ESTILO GARIBALDI: garibaldina
ANT jubón, almilla, cástula, cerristopa, sayuela, túnica, tunicela

ARG Y BOL tipoy, CUBA guayabera, MÉX cara-
col, playero (DE MANGA CORTA Y SIN CUELLO),
PERÚ cusma, patacusma, cotón, PAN mola,
VEN liquelique
ROMA ANTIGUA: subúcula
polo, AND nique, ARG Y UR remera, MÉX pla-
yera, VEN chemís
38.10 falda
ARG, UR Y CHILE pollera, COL chircate, MÉX
comité, enagua, EN FILIP patadión
minifalda, maxifalda · pareo (PAÑUELO)
EN LA DANZA CLÁSICA: tutú
CORTA QUE SÓLO CUBRÍA HASTA LAS RODILLAS: tonelete
AJUSTADA Y SOLAPADA POR DELANTE: manteo
TELA QUE CIÑEN LAS INDIAS A LA CINTURA: anaco
EN LAS IMÁGENES DE CRISTO CRUCIFICADO: enagüillas
LOS HOMBRES ESCOCESES: kilt
DESUS halda, brial, guardapiés, tapapiés, trascol,
basquiña, saboyana
falda-pantalón, shorts
BAJO LAS FALDAS: polisón, cancán, refajo, polle-
ra, zagal o zagalejo, gonete, falda bajera,
faldellín, rodado, sotaní, bullarengue, guar-
dainfante, medriñaque, miriñaque o meri-
ñaque o crinolina, tontillo o sacristán, ver-
dugado, P VASCO atorra, COL chircate
PARTES DE LA FALDA: tabla, volante, cola, plisado,
ARRUGA: pliegue, fuelle, FLECO EN LA PARTE IN-
FERIOR DE LAS ENAGUAS: cucharetero, QUE SE CO-
LOCA COMO ADORNO SOBRE OTRA: sobrefalda,
DESUS manera · FALDA RECOGIDA: enfaldo, regazo o DESUS gremio
38.11 pantalón o **pantalones**
calzón o calzones, calza o calzas, calzoneras,
calzacalzón, zamarros, bombachos, zara-
güelles, zafones, zahones, enagüetas, ANT
pedorreras, bragas, gregüescos, AM bombacha, MÉX chibarras, VEN garrasí
tejanos, vaqueros, jeans, ARG jean, CHILE y MÉX
pantalón de mezclilla
pantalón con pinzas, ARG Y UR pantalón pin-
zado, MÉX baggi
pantalón con peto, ARG Y UR enterito, jardinero, CHILE jardinera, MÉX pantalón de peto,
VEN braga de mecánico
pantalón corto, bermudas, short, VEN clores
38.12 ropa interior
bragas, slip, tanga, faja, ARG y UR bombacha,
COL, MÉX Y VEN pantaleta, UR culote, VEN
blumer
sujetador, sostén, balconete, justillo, corsé,
corpiño, ARG Y UR soutien, MÉX Y VEN bra-
sier
combinación, cancán, saya, polisón, basquiña, enagua, refajo, AM MER, SALV, HOND Y
NIC fustán, CUBA sayuela · andulario, faldamenta, faldamento · fondo, viso

medias
— calcetín, calcetón, calcilla, calza, peal, pan-
torrillera, leotardos, soquete, panty o pantys,
pololos, calentadores, ANGL leggins (ACABA EN
EL TOBILLO), MÉX pantimedias
— liga, ataderas, atapiernas, cenojil, ligueros
negligé, picardía
calzoncillos
— slip, calzoncillos largos, marianos, CON AS-
PECTO DE PANTALÓN CORTO AJUSTADO: bóxer, QUE
USAN LOS PESCADORES Y CURTIDORES QUE TRABAJAN
DESNUDOS: pañete, COLOQ gayumbos, MÉX tru-
za, PERÚ trusa, VEN interiores
— tanga, CHILE zunga
— taparrabos, pampanilla
camiseta, c. de mangas cortas, c. sin mangas ·
camiseta (DE MANGA CORTA Y SIN CUELLO), ARG,
CHILE Y PAR chomba, CHILE polera, UR remera, buzo, VEN franela
calcetines, ARG, UR Y VEN medias, ARG soque-
tes (CORTOS HASTA EL TOBILLO)
38.13 vestido y complementos
diadema
— cairel, ARG vincha, CHILE Y VEN cintillo, UR
tiara
— peluca, peluquín, postizo, bisoñé, crepé
— cinta, lazo, ARG moño, CHILE rosita, VEN lazo de cinta
— alfiler, piocha, rascador o rascamoño
pendientes
— almendrillas, zarcillos, dormilonas, aretes,
verduguillos, arracada, DESDE LAS OREJAS HAS-
TA EL PECHO: desaliños, LEÓN vinco, ARG aros,
aritos, ARG, BOL y UR caravanas, CHILE, MÉX
Y VEN aretes, COL candongas, CUBA Y MÉX
argolla, VEN zarcillos · DESUS broquelillo, ANT
chocallo o chucallo · abridor
— QUE LOS INDIOS CUELGAN DE LA OREJA O LA NARIZ:
orejera, nariguera, chaguala
— ANGL piercing
gafas, AM anteojos, lentes
— gafas de sol, ARG anteojos de sol, CHILE Y
UR lentes de sol, MÉX y VEN lentes oscuros
pañuelo de cuello, fular, CHILE Y VEN bufanda,
MÉX gazné, palicate, UR chalina, VEN ban-
dana · pañuelo para la cabeza, pañoleta,
MÉX mascada · ANT cachirulo
chal, chalina, estola, mantilla, mantón, mañanita, muceta, toquilla, ARG echarpe, MÉX rebozo, huipil, quexquémetl
collar, gargantilla, cadena, cadenilla, almeni-
lla, cadena, gola, gorguera
cinturón, correa, cincho, ceñidor, tirantes, al-
zacuello, cabestrillo o cabestro · hebilla del
cinturón
corbata
— pañoleta

— pajarita, ARG moño, moñito, CHILE humita, MÉX corbata de moño, UR moña, VEN corbatín
— alfiler de corbata, pasador, CHILE Y UR prendedor, MÉX fistol, VEN pisacorbatas
broche
— fíbula, imperdible, medallón, media luna, AM prendedor
— colgante, pinjante, alfiler, petillo, lentejuela, relicario, filigrana, molinillo, chorrera, chapa, insignia, pin, bollón, guarnición, marcasita, mazaneta, montura, muelle, perla, piedra, USADO POR LAS CAMPESINAS: patena
— BARRA EMBUTIDA EN EL LABIO INFERIOR: barbote, bezote
joya
— alhaja, brinco, brinquiño, brocamantón, presea, chatón, dije, higa, firmal, tembleque o tembladera, PEQUEÑA: joyel, DE POCO VALOR: perendengue, COL, PR Y RD guanín
— piedra preciosa, metal precioso, piedra semi-preciosa, gema, colgante, tiara, diadema, corona, pulsera, anillo, solitario, capitolino
— PARA VALORAR LA CALIDAD: fuerte, grano, quilate
— PARA GUARDAR LAS JOYAS: guardajoyas, guardapelo, joyelero, joyero, escriño
— EN SU CONJUNTO: pedrería, bisutería, embustes, galas, COLOQ perejiles, perifollos
— CADENILLA DE ORO QUE LOS ROMANOS SOLÍAN PONER EN CUALQUIER ALHAJA: catela
pulsera, esclava, brazalete, ajorca
reloj de pulsera
— COLOQ peluco, MÉX reloj de pulso, VEN r. de muñeca
— correa, ARG Y UR malla del reloj, MÉX extensible (SI ES DE METAL)
gemelos, CHILE colleras, MÉX mancuernillas, VEN yuntas
anillo, alianza, sortija, solitario, tumbaga, aro
bolso, bandolera · riñonera, CHILE banano, MÉX cangurera, VEN koala · cartera, billetera · mochila, VEN morral · JUGUETE PEQUEÑO ATADO CON UNA CINTA PRENDIDA AL BRAZO: filis
botón, ANT brocha JUEGO DE BOTONES PARA UN TRAJE: botonadura
pañuelo de bolsillo, clínex o kleenex
OTROS COMPLEMENTOS: abanico, sombrilla, paraguas, cayado, bastón
DE NIÑOS:
— pañal, paño, tela, lienzo, sabanilla
— pelele, ARG osito, CHILE pijama, MÉX mameluco para dormir, VEN cocoliso
— buzo, body, nana, ranita, ARG Y UR osito, enterito, CHILE y MÉX mameluco, VEN mono para bebé

— blusón o marinera, pantalón con peto, pantalones de trabillas, faldón
— medias-calcetín, leotardos
▸ **49.14 vestimenta religiosa**
▸ **59.10 vestimenta militar**
▸ **87.20 ropa y complementos de deporte**
38.14 calzado
zapato
— mocasín, escarpín, náutico, PARECIDO AL QUE USAN LOS TOREROS: manoletina, TOSCO: ramplón, MOROS: babucha, ARG, PAR Y UR tamango, ROMA ANTIGUA: cáliga
— ZAPATO VIEJO: CHILE calamorro, COL Y CUBA chaguala, PERÚ chanclarreta
— ZAPATO RÚSTICO: alpargata, esparteña, abarca, alborga, almadreña, chancha, chanclo, chapín, choclo, corche, coriza, galocha, haloza, zoclo, zueco, ANT colodro, COL quimba, CHILE bototo
— PARA COLOCAR DEBAJO DEL CALZADO Y EVITAR LA HUMEDAD: chanclo o alcorque
— PARA NIÑOS: botitas, patucos, escarpines, CHILE botines
COMPONENTES DEL ZAPATO:
— planta, plantilla, enfranque o arqueo
— puntera, bigotera
— empella o pala (PARTE SUPERIOR DESDE LA PUNTA HASTA LA MITAD) · copete (PARTE SUPERIOR QUE SALE POR ENCIMA DE LA HEBILLA) · oreja (PARTES QUE SOBRESALEN A UN LADO Y A OTRO), lengüeta · palmilla, pergal, picaño
— suela, piso, tapa. ANT. jostra · media suela
— tacón, talón quebradillo, AM MER taco
— ribete, tope, zancajo
bota
— botina, botín, botito, boto, borceguí, escalfarote, zapata, katiuska
— botas de montar, b. de potro, ilustres, labrados, dichosos, CHILE zumel, CR, CUBA y MÉX cutara, ROMA ANTIGUA: coturno, múleo, cálceo
COMPONENTES DE LAS BOTAS: cabezada (CUERO QUE CUBRE EL PIE), caña (ENTRE LA RODILLA Y EL PIE), empeine (ENTRE LA CAÑA Y EL PRINCIPIO DE LOS DEDOS)
sandalia
— abarca, chanclo, guarache, llanque, suelas, playera, AM MER ojota, MÉX cacle, guaraches o huaraches, CHILE chalala, ARG Y UR chancletas, VEN cholas, cotizas, ROMA ANTIGUA: campago, solea
zapatilla
— chancleta, DESUS jervilla, RELIG mula, AM pantuflas, ARG Y UR chinelas, CHILE zapatillas de levantarse, CUBA chagualas, MÉX babuchas, VEN chanclas
COMPLEMENTOS DEL CALZADO:
— REFUERZOS: puntera (CUBRE LA PUNTA), plantilla (CUBRE LA PLANTA DEL CALZADO), medias suelas

(CUBRE LA PLANTA DESDE EL ENFRANQUE A LA PUN-
TA), barreta (PARA LA COSTURA), cambrillón (RE-
LLENO EN LA PLANTILLA), cerquillo o vira (TIRA),
contrafuerte (POR EL TALÓN), chapa (PARA ASE-
GURAR LAS ÚLTIMAS PUNTADAS)
— AGARRES: cordones, majuelas, MÉX agujetas,
VEN trenzas · galga, coyunda, feladiz, zarria,
corchete
— ABERTURA PEQUEÑA PARA METER EL CORDÓN: ojete
— MEDIDAS: número
— LIMPIEZA: betún, ARG Y UR pomada de zapa-
tos, CHILE pasta de zapatos, MÉX grasa de
zapatos, VEN crema
HERRAMIENTAS DEL ZAPATERO:
— MAQUINARIA: máquina de coser, m. de pes-
puntear · disco de pulimentar, pulidora,
prensa automática, fresa
— INSTRUMENTOS PUNZANTES: lezna, lesna o alesna
o subilla, almarada, broca, estaquillador · PA-
RA AFILAR LAS LEZNAS: callón
— INSTRUMENTOS CORTANTES: cizallas, tijeras, chai-
ra o cheira, tranchete o trinchete
— INSTRUMENTOS PARA EMBUTIR: martillo, estaquilla
— INSTRUMENTOS PARA PULIR: bisagra (PALO DE BOJ
CORTO Y CUADRADO), costa, pata de cabra
— INSTRUMENTOS DE SUJECIÓN: alicates, sacabo-
cados, pinzas desmochadas o de puntas
cortadas, sacaclavos, tenaza, sacabrocas ·
tirapié
— MOLDES: horma, huevo, manopla, marco
— COMPLEMENTOS: cabos, hilos, cerote o cerapez ·
betún, crema · cepillo

38.15 vestido y personas

diseñador, d. de moda, modista, costurero,
cortador, peletero, sastre

modelo, maniquí

zapatero, zapatillero, abarquero, alpargatero,
borceguinero, botinero, galochero

zapatero remendón, hormero, ribeteador, DESP
tiracueros

limpiabotas, betunero, ARG, CHILE y UR lustrabotas, MÉX bolero

barbero, peluquero, fígaro, rapador, COLOQ ra-
pista, desuellacaras, rapabarbas, DESUS alfa-
jeme o alhajeme

esteticista, MUJER QUE QUITA EL VELLO A OTRAS:
vellera

joyero, relojero, guantero

38.16 vestido y tiendas

DE TELAS:
— fábrica de tejidos, tejeduría, telar, atarazana, lanificio, obraje
— tienda de tejidos, pañería, sedería · VENTA
DE RETAZOS DE DIFERENTES TELAS: maulería
— confección, corte y confección, sastrería, mo-
distería, mercería
— COMPRA Y VENTA: prendería, ARG, PAR Y UR

cambalache, almoneda · ropavejero o DESUS
aljabibe
DE ROPA:
— tienda de confecciones, t. de modas · nove-
dades, boutique · prendería · zacatín · EN LA
TIENDA DE ROPA: probador
— camisería, corsetería, lencería
— guardarropa, peletería, tienda de deportes
— sombrerería
— peletería, marroquinería o tafiletería, sedería
— tintorería
DE ZAPATOS:
— zapatería, tienda de zapatos, t. de calzado,
alpargatería, albardería, ANT valentía
PARA EL CUIDADO DE LA ROPA:
— lavandería, tintorería, limpieza en seco
PARA LOS CUIDADOS ESTÉTICOS:
— peluquería, salón de belleza, perfumería
— joyería, relojería, bisutería

38.17 cuidados estéticos y material

CUIDADOS DEL CABELLO:
— peine, cepillo, batidor o carmenador o escar-
menador, escarpidor, canal, caspera, escu-
reta, jaquero, lendrera, partidor, rebotadera,
AM peinilla, CHILE peineta · PARTES DEL PEINE:
forzal, guarda o guardilla, púa · limpiapeine
— pasador, alfiler, bigudí, cofia, clip, ARG Y UR
hebilla, CHILE pinche, traba, MÉX peineta,
broche
— horquilla, MÉX pasador, UR ondulín, VEN
gancho · diadema, peineta
— rulo, mediacaña, rizador, tenacillas, ARG Y
UR rulero, CHILE Y MÉX tubo, VEN rollo
— cinta
• apretador, pedrada, AM MER Y HOND vincha, BOL, CHILE Y PERÚ huincha
• redecilla, bolsa, bolsera, cogotera, crespi-
na, espadilla, gancho, lazo, recogeabuelos,
peinecillo, postizo, prendido · papalina
— espuma, fijador, fijapelo, gomina, laca ·
enrubio
— perfume, loción, acondicionador, vaselina,
brillantina
— secador
CUIDADOS DE LA BARBA:
— brocha de afeitar, CHILE hisopo · jabón, crema, espuma
— cuchilla, hoja, máquina de hoja, navaja, n.
de afeitar, verduguillo, VEN afeitadora, SALV
y MÉX rasuradora · máquina eléctrica · correa, afilador, suavizador
— ANTIGUO JARRO: escalfador, VASIJA: bacía, ESCO-
TADURA DE LA BACÍA: gargantil
— loción, after-shave, asentador
LIMPIEZA DEL CUERPO:
— gel de ducha, gel de baño · champú · jabón,
PASTILLA AROMATIZADA: jaboncillo, jaboneta, ja-

bonete, DESUS, JABÓN PARA SUAVIZAR LAS MANOS: sebillo · jabonada
— **espuma**, burbuja, pompa, bálago

LIMPIEZA DE LOS DIENTES:
— **cepillo** de dientes, dentífrico, crema dental
— palillo de dientes, escarbadientes, limpiadientes, mondadientes, pajuela, hilo dental

LIMPIEZA DE LOS OÍDOS:
— **bastoncillo**, AM cotonetes, ARG, MÉX, UR y VEN hisopo · mondaoídos, mondaorejas

MAQUILLAJE:
— estuche de maquillaje, polvera
— polvos, coloretes, rimel, sombra de ojos, cera, crema de belleza, c. depilatoria, barra de labios, lápiz de ojos · máscara, mascarilla
— desmaquillador

perfumes
— abelmosco, algalia, alhucema, clavel, espliego, estoraque, jazmín, nardo, pachulí, rosal

CUIDADO DE LAS UÑAS:
— **cortaúñas**, endurecedor de uñas, esmalte, laca de uñas, lima de uñas, limpiaúñas, pintauñas, quitaesmalte, tijeras

cosméticos
— producto de belleza, p. de tocador, afeite, COLOQ mejunje, potingue, polvos
— PARA LA CARA:
  • colorete, rojete, crema, leche virginal, hidratante, tónico · mascarilla
  • ANT albarino, alconcilla, argentada, arrebol, badulaque, barniz, blanquete, brasil, cacao, cascarilla, jalbegue, lanilla, lucentor, resplandor, vinagrillo, MANCHA DE COLOR ROJO: chapa
— PARA OJOS: lápiz de ojos, maquillaje, color, sombra de ojos
— PARA LOS LABIOS: barra de labios, lápiz de labios, pintalabios, rímel, tintura, rojo de labios
— PARA HACER CAER EL VELLO: depilatorio, dropacismo
— PARA LA DEFENSA DE LOS RAYOS SOLARES: crema solar, ANGL aftersun
— ELIMINA LAS CÉLULAS MUERTAS DE LA PIEL: exfoliante

lifting o estiramiento

ADJETIVOS Y ADVERBIOS

38.18 descripción del vestido

SEGÚN ESTILO:
— elegante, distinguido, refinado, galano, garrido, fino, delicado
— apuesto, desenvuelto, donoso, airoso, garboso, grácil
— vistoso, sugestivo, atrayente, seductor, fascinador, fascinante
— recargado, respingón, ufano, rozagante

— ordinario, vulgar, cursi, ridículo, chabacano, debajero
— a la medida, sobre medida, de percha, de moda, a la moda

SEGÚN AMBIENTES:
— de diario, de todos los días, de calle, de paisano, de casa, de camino, de trapillo, para todo trote
— de etiqueta, de fiesta, de gala, de media gala, de ceremonia, de pontifical, de boda, de novia, de primera comunión, de p. puesta, de tarde, de noche, de vestir, de mucho vestir, COLOQ de tiros largos · de uniforme · de luto
— playero, de baño

SEGÚN COBERTURA DEL CUERPO:
— largo, rozagante, vueludo, QUE LLEGA HASTA LOS TALONES: talar
— corto, minifaldero, rabanero, rabicorto, sucinto, escotado, ligero, MÉX y VEN zancón, ANT cuellidegollado
— de manga corta, de m. larga, de media m.

SEGÚN EL USO DE LA ROPA:
— nueva, flamante, de estreno
— usada, gastada, andada, acuchillada
— rota, jironada, raída, traída

SEGÚN AJUSTE AL CUERPO:
— justo, ajustado, apretado, ceñido, estrecho
— ancho, holgado, desparramado, desplegado, alargado, HOND guangocho

COMP ING no pegar ni con cola, no ser plan, como a un Cristo un par de pistolas, c. anillo de oro en hocico de cerda, c. magníficat a maitines

38.19 descripción de los cuidados en el vestir

arreglado
— **ataviado**, acicalado, atildado, aliñado, compuesto, curioso, pulcro, aseado, refitolero, vestido, ANT habillado · bien puesto, b. portado, de uniforme
— **impecable**, encolado, engalanado, engomado, enguedejado, impoluto, inmaculado, recompuesto, trajeado
— COLOQ endomingado, peripuesto, petimetre, lechuguino, pisaverde, relamido, barbilindo, currutaco, de punta en blanco, de primera comunión

desarreglado
— **desastrado**, desaliñado, descuidado, despreocupado, abandonado, dejado, desidioso, galocho, incompuesto, mantillón, AM descuajeringado
— **desarrapado** o desharrapado, desaseado, desaderezado, astroso, ajado, maltrapillado, cochambrero, cochambroso, costroso, pañoso

— **desapuesto**, incurioso, maltraído, ANT galavardo · indecente, al desgaire, en mangas
de camisa, en paños menores · mal puesto,
mal trajeado
— COLOQ adán, fardel, zangarilleja · hecho un
asco, h. un adán · como mosca en leche
harapiento
— **andrajoso**, desandrajado, desgalichado, estropajoso, haraposo, pañalón, trapiento, za-
rrapastrón, zarrapastroso
— COLOQ trapajoso, guiñaposo, guiñapiento,
sacrismoche, zancajoso · perdulario, rom-
pegalas, maltrapillo, morcón, cuartazos, AM
chancho, ARG Y CHILE pililo, COL Y MÉX frondio, MÉX chamagoso · VULG ÁL arlote
desnudo
— **nudo**, calato, corito, desplumado
— al natural, en carnes, en carnes vivas, en
cueros, en pelo, en pernetas, en piernas, in
puribus
— COLOQ en pelota o en pelotas, en porreta o en
porretas, en pelota picada, en p. viva, como
su madre lo trajo al mundo, CHILE pilucho
calzado
— **abotinado**, alpargatado, apantuflado, achi-
nelado, abarcado, zapatudo
— descalzo, CR a pata pelada, ARG en patas

VERBOS Y EXPRESIONES
38.20 vestirse
ponerse el sombrero
— **cubrirse**, calarse, encasquetarse, tocarse, encajarse el sombrero, DESUS escofiar · enca-
pucharse, encubrirse, encubertarse
ponerse
— **colocarse**, endosarse, encajarse, FIG taparse · abotonarse, abrocharse · llevar puesto
· estrenar
— **abrigarse**, embozarse, arroparse, envolverse, aborujarse, enfoscarse, aforrarse, arrebozarse, arrebujarse, emburujarse, enca-
misarse, enfundarse, forrarse, recubrirse,
revestirse, taperujarse o tapirujarse, tapujarse, FIG enterrarse
— ABRIGAR A ALGUIEN: tapar o DESUS atapar,
amantar
— COLOQ entapujar · ponerse de corto, p. de
largo · cambiarse, mudarse, disfrazarse · enfaldarse · probarse, ensayar, MÉX medirse ·
clarearse, transparentarse
arreglarse
— **ataviarse**
  • acicalarse, adornarse, aparatarse, componerse, engalanarse, trajearse, lucirse
  • combinar, conjuntar, casar, armonizar, consonar, decir, hacer, resultar, entonar, estar
  a tono

— **pegar**, consonar, convenir, encajar, entonar,
hermanar, responder, resultar
— **ir a la moda**, ir al último grito, vestir bien ·
ir presentable, estar de recibo · SIN UNIFORME
O SIN HÁBITO: ir de paisano
— **hacer juego**, no desdecir, no desentonar, ir
con, ser propio de, venir bien
— COLOQ
  • emperejilarse, emperifollarse, endomingarse
  • ir de punta en blanco, ir de tiros largos, ir
  de veinticinco alfileres, ir hecho un brazo de
  mar, ir h. un brinquiño
— COMP ING vestir más galán que Mingo
vestir mal
— ir hecho un adán, ir h. una lástima, ir h. un
una calamidad, ir h. una pena, ir h. un cristo, ir h. unos zorros, PR ir h. un bojote
— vestir de trapillos, v. de cualquier manera
— tener mala facha, t. mala pinta, t. mala vela
COMP ING sentar como a un santo un par de pistolas, no pegar ni con cola, ser cada uno de
su padre y de su madre, darse de bofetadas
REF De noche todos los gatos son pardos.
38.21 desvestirse
quitarse el sombrero
— **descubrirse**, desgorrarse, desbonetarse, des-
caperuzarse, destocarse · saludar
— VESTIR SIN SOMBRERO: ir a pelo
desnudarse, desarroparse, despojarse, desa-
taviarse, desabrigarse, descoritarse, destocarse, escotarse, decotarse, DESUS descobi-
jarse, ANT despullarse, ANT ahorrarse
desnudar, despojar, denudar
quitarse la ropa, quedarse a cuerpo, estar desnudo, e. en cueros, ir desnudo, ARG, CHILE
Y UR sacarse la ropa
CON LAS FALDAS: enfaldarse, desenfaldarse, re-
mangar, arremangar, sofaldar, regazar o
arregazar
COLOQ
— despechugarse, empelotarse, encuerarse
— remangarse, arremangarse, arrezagarse
— ir a pelo, ir al aire, ir en cueros, ir al descubierto
— estar en pelota o en pelotas, e. en pernetas,
e. en porretas, CHILE e. a popele
— quedarse en bolas, q. en carnes, q. como su
madre lo echó al mundo, andar a la cordo-
bana, enseñar las vergüenzas
— SIN ROPA INTERIOR: CHILE ir a lo gringo, VEN ir
a rueda libre
— SÓLO EN ROPA INTERIOR: estar en paños menores
38.22 calzarse
embotarse, enchancletarse · zapatear, chancletear

lustrar, limpiar, MÉX bolear · cepillar, encerar, tintar, cerotear, embolar

atarse los cordones o majolar, desatarse los cordones o desmajolar, DAR FLEXIBILIDAD: domar, ESTAR HOLGADO EL PIE: nadar, DESTRUIR EL TALÓN: destalonar

descalzarse

EL ZAPATERO:
— coser, aparar
— solar, sobresolar, plantillar, remontar, estaquillar
— destalonar, embrocar, encerotar, cerotear
— adornar, componer, tafiletear · recortar, desvirar

38.23 cuidar la ropa

ensuciar, manchar, empercudir, engrasar, salpicar, percudir, tiznarse, motearse

arrugarse, plegarse, contraerse, doblarse, fruncirse, magullarse, estriarse, acanalarse

echar a lavar, e. a la colada, e. a lo sucio

lavar, lavotear, cepillar, baldear, limpiar, enjabonar, desengrasar, deslavazar, despercudir, torcer, retorcer, restregar, centrifugar

aclarar, enjuagar, extender · BLANQUEAR LA ROPA DESPUÉS DE LAVADA: color · COLOQ LAVAR MAL Y DEPRISA: jamerdar

secar, solear, tender, extender · tender la ropa

planchar, alisar, estirar, aplanchar, humedecer, mojar, acanalar, asentar, encañonar, escarolar, COLOQ dar un planchazo

almidonar, endurecer · desalmidonar

doblar, plegar, plisar

colgar, VEN gindar · desengrasar, deslavar, deslavazar, despercudir · dar aguamanos

deteriorarse, ensuciar, arrugar, desteñir, encoger, manchar, rasgar

38.24 cuidar el cuerpo

LIMPIEZA:
— **lavarse**, bañarse, ducharse · jabonarse, enjabonarse · aclararse · secarse
— cepillarse o lavarse los dientes

CUIDAR EL PELO:
— **pelar**, cortar, rapar, repelar, atusar, tonsurar, cortar el pelo, COLOQ trasquilar, AM peluquear
— **peinar**, repeinar, alisar, cardar, traspeinar, cepillar, enfurtir · hacerse la raya, crenchar · marcar, moldear, hacerse la permanente · engominarse · trenzar, CHILE chapecar · despeinar
— **rizar**, enrizar, arrizar, ondular, alechugar, encañonar, enchinar, encrespar, engarzar, encarrujarse, rizarse el pelo · desrizar
— **desenredar**, desenmarañar, carmenar, SALV Y VEN escarmenar
— **teñir**, tintar, enrubiar, TEÑIR LAS CANAS: escabechar

AFEITADO:
— jabonar, afeitar, rapar, rasurar, desbarbar

— CUIDAR LA BARBA: hacerse la barba, despatillar, descañonar

OTROS CUIDADOS:
— **arreglarse**, ataviarse, componerse, aforrarse, endomingarse, engalanarse, alindongarse, arroparse, enfundarse, tocarse, perfumarse
— **enjoyarse**, enjoyelarse · apunchar, puar, recurar · ensortijarse, entortijar, escarolar · cortarse las uñas, pintarse las uñas
— **maquillarse**, acicalarse, repintarse, sobrepintarse, pintarse los ojos, darse coloretes

COLOQ emperejilarse, emperifollarse, encorbatarse, ponerse de veinticinco alfileres · pintarrajearse

39. VIVIENDA

39.01 vivienda

residencia, domicilio, dirección · señas

hogar, lar, morada, posada, solar, techo, nido

aposento, estancia, refugio, paradero, asentamiento, acomodo · DE MAL ASPECTO: antro

ACOMODADAS:
— casa real, c. solariega
— **palacio**, palacete, mansión, caserón, casona · heredad
— **villa**, pazo, quinta, torre, hotelito, carmen · chalet, ch. adosado, dúplex
— EN EDIFICIO: **apartamento**, piso, AM departamento · estudio, ARG Y CHILE departamento de un ambiente, UR monoambiente, ANGL loft (DE ESPACIOS ABIERTOS)
— ático, AM penthouse · buhardilla

MODESTAS:
— **cabaña**, barraca, chamizo, choza, hornachuela, chabola, barracón, casucha, ANT varga, AM favela, ARG, BOL Y UR toldo, ARG Y CHILE ruca, CUBA bajareque, SALV Y GUAT chinama, HOND Y MÉX jacal, VEN caney
— PASTOR: chiquero, pallaza o palloza, borda, chozo, bohío o buhío
— VIÑADOR: candelecho, gayola
— CAZADOR: huta, puesto, tollo, paranza

FUERA DEL ENTORNO URBANO: casa de campo o de labor, casal, predio, propiedad, finca, granja, ESPAÑA MERIDIONAL: cortijo, LEVANTE PENINSULAR: alquería, P VASCO Y NAV caserío, TOL cigarral, AM rancho, RUSIA: dacha

DE ALOJAMIENTO TRANSITORIO:
— **hotel**, hostal, hostería, hospedería, parador, residencia
— **albergue**, ANT alberguería
— **fonda**, mesón, pensión, posada, casa de huéspedes, c. de dormir, DESUS aposentamiento, PARA VAGABUNDOS: cotarro · BOL Y EC tambo
— **barraca**, barracón, campamento, caserna, falansterio

— **venta**, DESP ventorro o ventorrillo

REFUGIOS:

— **cueva**, cava, caverna, covacha, covachuela, covezuela, cubil, cripta, gruta, oquedad, sima, espelunca, DESUS latebra, ZAM tuda, MUR cachulera

— **cobijo**, cobertizo, abrigo, guarida, horado, hornacho, hornachuela, sopeña

FIG, DONDE SE REÚNEN LOS DELINCUENTES: cueva de ladrones, huerto del francés, patio del Monipodio, corte de los milagros

FIG, SIN ORDEN NI AUTORIDAD: casa de locos, c. de orates, c. de tócame Roque de la Troya · campo de Agramante, corral de la Pacheca

39.02 partes de una vivienda

▶ 69.01 albañilería
▶ 81.01 arquitectura

ESPACIOS DE LA DIVISIÓN POR NIVELES:

— sótano, planta baja, entreplanta, planta alta, piso primero, p. segundo, p. tercero..., entretecho, tejado

— galería, desván, bohardilla o buhardilla, buharda, mansarda, sotechado, zaquizamí

ESPACIOS DE ENTRADA:

— **portal**, portería, vestíbulo o hall, zaguán o DESUS azaguán, casapuerta, vestidor, recibidor, recibimiento, probador, patio, porche, pórtico, soportal, marquesina · portalada, atrio

— antecámara, antesala, camarín

— in antis, tetrástilo, exástilo, octástilo, períptero, polistilo, estoa

— entrada, abertura, porta · salida, surtida, vomitorio

— EN EL HOTEL: recepción

ESPACIOS PARA LA ALIMENTACIÓN:

— cocina, recocina, trascocina

— **comedor**, cenáculo, refectorio, office, MÉX desayunador

— alacena, despensa

— **bodega**

ESPACIOS PARA LA PERMANENCIA:

— **sala**, antesala, saleta, salita, saloncillo, saloncete

— cuarto de estar, sala de estar, gabinete, ARG, CHILE Y UR living

— escritorio, estudio, despacho

ESPACIOS PARA EL DESCANSO:

— **habitación**, dormitorio, alcoba, aposento, cámara, ARG Y CHILE ambiente, MÉX recámara

ESPACIOS DE DISTRIBUCIÓN: **pasillo**, corredor, descansillo, crujía · escalera · rellano, ARG Y UR palier

ESPACIOS PARA EL ASEO:

— **cuarto de baño**

• cuarto de aseo, toilet o toilette o tolete · ENTRE NIÑOS DE CORTA EDAD: cuartito

• EN LUGARES PÚBLICOS: urinario, mingitorio · EN CAMPAMENTOS: letrina · MAR beque

• servicio, baño, lavabo, aseo · váter o wáter, water-closet

• DESUS inodoro, excusado, evacuatorio, garita, poceta · cuarto sanitario, necesaria, privada, secreta, común, casilla, jardín, el cien, el número cien

• COLOQ trono, tigre, cagadero, cagatorio · meódromo

• ELEMENTOS: depósito, taza, VEN poceta · tapa, tabla, tabloncillo · cadena, desagüe · papel higiénico

• UTENSILIO PORTÁTIL: orinal, bacín, bacina, cuña, perico, dompedro, tito, vaso, AR chata, tiorba · PARA USAR EN LA CAMA: galanga · SI ES GRANDE: zambullo, DESUS sillico, ARG Y PERÚ papagayo, COL, CUBA, CHILE, EC Y VEN pato, MÉX cómodo · COLOQ CHILE cantora

— **baño**, bañera, ARG bañadera, CHILE Y MÉX tina

— **ducha** · plato de ducha, alcachofa de la ducha, ARG flor, MÉX Y VEN regadera, UR roseta

— **lavabo**, tocador, aguamanil, pajecillo, palanganero, ARG Y CHILE lavatorio, MÉX Y VEN lavamanos, UR pileta

ESPACIOS ABIERTOS:

— **balcón**, balconcillo, CONJUNTO DE BALCONES: balconada

— **terraza**, azotea, mirador, balaustrada, camón, cenador, galería, pérgola, plataforma · terrado

— **patio**, jardín, huerto, vergel, pensil, GRAN carmen

— **piscina**, ARG pileta

— ABERTURA DE LA TECHUMBRE EN LA CASA ROMANA: compluvio o impluvio

ESPACIOS DE ALMACENAMIENTO:

— **trastero** o cuarto trastero, desván, recámara, sobrado, galería · cuarto de desahogo, c. de la plancha, c. del ropero · ARG baulera, CHILE bodega, MÉX tapanco, cuarto de tiliches, UR depósito, VEN maletero

— **armario**, altillo, chiribitil, ropero, alguarín · armario empotrado, ARG Y UR placard, ARG, CHILE, MÉX Y VEN closet

ESPACIOS PEQUEÑOS DE USO VARIADO:

— **cuartucho**, cuchitril, celda, cubículo, mechinal, escondrijo, AM tapera, COLOQ SI ESTÁ POCO CUIDADO: leonera, cochiquera, pocilga, corraleta, tugurio, zorrera

ESPACIOS DE CALOR:

— **invernadero**, sauna, solario, sudadero, terma, vaporario, calefactorio · SPA

ESPACIOS DE FRÍO:

— cámara frigorífica, enfriadero, fresquera, nevera

ESPACIOS CONSAGRADOS:
— oratorio, capilla

39.03 complementos de la vivienda

PARA DELIMITAR O PROTEGER:
— verja, barandilla, cerca, cercado, empalizada, estacada, frisa, palenque, palizada, parapeto, seto, tranquera, valla
— reja, cancela, enrejado, rastrillo, red, alambrera
— felpudo, esterilla
— aislamiento, doble acristalamiento
— parquet, enlosado, alicatado
— persiana, toldo, marquesina, cortina

PARA LA SEGURIDAD:
— cerradura, candado, cerrojo, pestillo, llave,
mirilla, ojo de la cerradura, pasador de seguridad, cadena de seguridad
— alarma, puerta blindada
— pararrayos

PARA LA COMUNICACIÓN:
— buzón
— timbre, llamador
— portero automático, interfono, ARG, UR Y
VEN intercomunicador, CHILE citófono, MÉX
interfón
— ascensor, MÉX elevador
— antena, a. parabólica

PARA LA CALEFACCIÓN:
— radiador, calentador, calefactor, calorífero,
calefactorio · GRECIA Y ROMA ANTIGUAS: hipo-
causto
— estufa, estufilla, chubesqui, brasero, escal-
feta, mundillo, recuperador, salamandra, gloria · calientapiés, librete, maridillo

PARA LA REFRIGERACIÓN:
— aireación, ventilador, aire acondicionado

REVESTIMIENTOS:
— enlosado, alicatado
— alfombra, moqueta, parquet, estera, felpudo, esterilla
— pintura, tapicería, boiserie, papel pintado
— cortina, visillos, persiana, celosía, biombo,
mampara, parapeto, antipara, cortina

39.04 instalación

CARACTERÍSTICAS:
— habitabilidad, extensión en metros cuadrados, calidad de los materiales, distribución de las habitaciones, confort, armarios
empotrados, orientación, ventanas exteriores, acristalamiento, altura de los techos,
puerta blindada

ACTOS:
— compra a plazos, c. al contado · anticipo ·
firma del contrato
— alquiler, cesión, renta, arrendamiento,
arriendo, canon, flete, ANGL leasing, ANT
enguera

— pago de la entrada, p. de la fianza · traslado, mudanza

ADQUISICIÓN:
— piso piloto, ARG departamento modelo,
CHILE d. piloto, MÉX d. muestra, VEN apartamento modelo
— plazo de entrega · llave en mano
— hipoteca, crédito hipotecario, préstamo hipotecario, plazos, imposiciones, porcentajes · pagos mensuales

ASPECTOS LEGALES:
— catastro, registro de la propiedad, notaría
— contribución, IBI (IMPUESTO SOBRE BIENES INMUE-
BLES) · escritura
— desahucio, desalojo, expropiación
— DERECHO A DISFRUTAR CON LA OBLIGACIÓN DE CON-
SERVARLOS: usufructo

39.05 hotel

hostal, residencia, parador, motel, hospedería,
hostería, apartotel, alberguería, pupilaje,
mesón, DESUS hospedaje, hospedamiento,
ANT hostelaje
pensión, posada, fonda · casa de huéspedes,
dormir, pupilos · BOL Y EC tambo
albergue, refugio, cobijo, cotarro
venta, ventorrillo, ventorro, caserna
balneario · SPA, jacuzzi, baño turco

RÉGIMEN: pensión completa, media pensión · desayuno incluido, sin desayuno

HABITACIONES:
— habitación doble, h. sencilla o individual ·
suite
— habitación con cama de matrimonio, h. con
cuarto de baño, h. con dos camas, h. con ducha, h. con tres camas, h. con vistas

EN RECEPCIÓN: avisador de llamadas, campanilla
o timbre, casillero del correo, conserjería, formulario de entrada, libro de registro

39.06 camping

ALOJAMIENTOS: autocaravana, bungalow, caravana, remolque plegable, tienda

TIENDAS DE CAMPAÑA: canadiense de doble techo,
c. gemelada · chalé familiar · tienda de armadura, t. neumática · t. con avance

PARTES DE UNA TIENDA DE CAMPAÑA: ábside, armadura, bordillo o alero, doble techo, estaquilla, fiador, gallardete, lona, marquesina, mazo, palo o mástil, piquetes, suelo, tela, toldo,
t. delantero, viento o cuerda tensora, visera

MATERIAL: asador, barbacoa, bombona de gas,
botiquín, cantimplora, colchón neumático,
cuchillo de monte, depósito de agua, ducha
portátil, fogón, hacha, hamaca, hornillo,
lámpara, linterna, macuto, manta, mazo,
mesa plegable, mochila, navaja multiusos,
nevera portátil, pala-azadón, quitasol, saco
de dormir, silla plegable, tumbona

39.07 alojamiento y personas

EN LA VENTA Y PROPIEDAD:
— **agente inmobiliario**, CHILE corredor de propiedades, MÉX Y VEN agente de bienes raíces, corredor de bienes raíces
— **propietario**, copropietario, vecino, convecino, poseedor, habiente, teniente, dotado, poderoso, ANT casateniente · QUE POSEE Y DISFRUTA: usufructuario · presidente de la comunidad, administrador · ama de casa · huésped, invitado
— **inquilino**, realquilado · arrendador, subarrendador, arrendante, casero · arrendatario, coarrendador, subarrendatario, ANT logadero · cobrador
PARA LOS SERVICIOS:
— **calefactor**, cerrajero, decorador, deshollinador, droguero, electricista, ferretero, fontanero, tapicero · chamarilero, chatarrero, ropavejero
— **manitas**, ARG hombre orquesta, CHILE maestro chasquilla, MÉX mil usos, UR sieteoficios, VEN todero
— **basurero**, EUFEM técnico de residuos urbanos
— **mayordomo**, doméstico, sirviente · ama de llaves, asistenta, empleada del hogar, criada, doncella, doméstica, sirvienta, chica, limpiadora, muchacha, chacha, AM MER mucama, CHILE nana
— **portero de finca urbana**, conserje
— **niñera**, nurse, canguro, cuidadora, ANGL baby-sitter, AM nana
— **jardinero**, floricultor, plantista
SEGÚN NÚCLEOS DE POBLACIÓN:
— **ciudadano**, urbanita, arrabalero · provinciano, aldeano, huertano, pueblerino · autóctono, aborigen, indígena · FIG troglodita
— **vecino**, convecino, avecindado, residente, ribereño, lugareño, morador, colono, villano, munícipe
— **comunidad de vecinos**, ARG consorcio de vecinos, MÉX asociación de colonos, UR copropietarios, VEN asociación de vecinos
— **extranjero**, forastero, inmigrante · extraterrestre, alienígena, selenita, marciano
— EN GRUPO: vecindad, vecindario, pobladores, moradores, comarcanos, ciudadanos, habitantes · comunidad de propietarios
EN EL HOTEL:
— **hotelero**, alberguero, anfitrión, aposentador, camero, dueña, dueño, figonero, fondista, hospedador, hospedero, hostelero U hosterero, mesonero, patrón, patrona, posadero, pupilero, ventero, DESUS huésped, hoste, AM MER tambero
— **botones**, conserje, ascensorista, mozo, recepcionista

— **doncella**, gobernanta, camarera, ANT moza, ARG Y BOL mucama
— **alojado**, arrimado, comensal, huésped, pensionista, posante, pupilo

39.08 muebles

de cocina
— **encimera**, ARG Y UR mesada, CHILE mesón, MÉX cubierta, VEN tope
— **fregadero** (PLATOS), ARG Y UR pileta de la cocina, MÉX tarja o pileta
  • **grifo**, ARG Y UR canilla, CHILE, MÉX Y VEN llave
  • **desagüe**, sumidero, AM resumidero, MÉX coladera
  • **desatascador**, ARG Y UR sopapa, CHILE sopapo, MÉX bomba, destapacaños, VEN chupón

armario
— **armario de luna**, a. empotrado · guardarropa, ropero
— **cajonera**, cajón, AR calaje, AM jaba
— **perchero**, percha, AM gancho · PARA COLGAR LAS SARTENES: espetera
— **aparador**, vitrina, platero, cristalera, chinero, copero, especiero · cómoda, taquillón · alacena, fresquera · mueble bar
— **zapatero**, paragüero, sombrerera, costurero
estantería, librería, biblioteca, revistero
— **esquinera**, rinconera, ARG, CHILE Y UR esquinero
— **balda**, entrepaño, estante, casilla, veta, plúteo, tabla
— EN FORMA DE PLANO INCLINADO PARA SOSTENER LOS LIBROS: atril

baúl
— **arca**, arcón, arqueta, cofre, cabás, urna
— **caja**, cajeta, cajetilla, cajetín, estuche, tambarillo, bombonera, pastillero, frasquera, DESUS bujeta
— **joyero**, escriño

mesa
— **mesa de comedor**, m. camarera · m. de camilla, m. de centro, m. auxiliar, ARRIMADA A LA PARED: consola, DE UN SOLO PIE Y REDONDA: velador, MUSULMANES: ataifor
— **mesita de noche**, ARG Y UR m. de luz, CHILE velador · PARA PEINARSE Y MAQUILLARSE: tocador, coqueta
— **escritorio**, pupitre, secreter, bufete, buró, mesa de despacho, escribanía · cajón, gaveta, naveta

asiento
— **banco**, banqueta, banquillo, taburete, camoncillo, arquibanco, escabel, puf, poyo
— **silla**, s. giratoria, reclinatorio
— **sillón**, s. giratorio, PARA EL DESCANSO DE LOS PIES: escabel · silleta, silla de manos, s. de ti-

jera, trípode · DONDE GRIEGOS Y ROMANOS SE RE-
CLINABAN PARA COMER: triclinio
— **butaca**, hamaca, mecedora, canapé, diván,
BAJA Y AMPLIA: poltrona
— **sofá**, tresillo, estrado, sillería, ARG, CHILE Y
UR juego de living, MÉX juego de sala, VEN
juego de recibo
— **tumbona**, ARG reposera
— **sitial**, trono, estrado, sede, DONDE EL MAESTRO
IMPARTE LA LECCIÓN: cátedra · EN EL CORO DE LAS
CATEDRALES, PIEZA PARA DESCANSAR DISIMULADA-
MENTE: misericordia
— PARTES DE LA SILLA: dorso, respaldo, espaldar,
asiento, travesera, muelles, brazo, patas, re-
posabrazos, reposacabezas, alzapiés, dosel
— MATERIAL: enea, mimbre, rejilla
— AÑADIDOS: tapizado, funda · cojín, almohadilla, almohadón, almohada · pañito, visillo,
DESUS bancal, acitara, antimacasar
cama
— cama de una plaza o individual, c. de matrimonio · c. abatible, c. mueble, c. plegable,
c. turca · colchón hinchable · DOSEL DE TELA DE
SEDA: baldaquino
— litera, ARG Y UR cucheta, CHILE camarote
— sofá-cama, cama-nido · diván, hamaca,
tálamo
— PARA NIÑOS: cuna, moisés
— COLOQ lecho, camastro, catre, piltra, sobre
MUEBLE DE ESCASO USO Y VALOR: trasto, armatoste,
cachivache, mamotreto
39.09 electrodomésticos
aire acondicionado
aspirador
batidora
cafetera
calentador de agua, caldera, termo, ARG Y UR
termotanque, calefón, termofón, CHILE cá-
lefon o cálifon, MÉX boiler, calentador de
paso · bombona, ARG Y UR garrafa, CHILE
balón de gas, MÉX tanque o cilindro de gas
campana, extractor de humos
cocina, c. eléctrica, placa, p. de vitrocerámica,
hornillo, infiernillo, ARG Y MÉX brasero, MÉX
estufa, ANT hogar, hoguera, lamparilla, mechero, escalfador
cortadora
freidora
frigorífico, ANT nevera, AM freezer, ARG Y UR he-
ladera, CHILE refrigerador, VEN nevera · con-
gelador
hervidor, ARG pava, tetera, UR caldera
horno, h. de asar, h. microondas
lavadora, ARG Y UR lavarropa o lavarropas · secadora, ARG Y UR secarropa, CHILE centrifuga
lavavajillas, friega-platos
máquina de coser

máquina de escribir
molinillo de café
ordenador
peladora, exprimidera, licuadora · CHILE saca-
jugos, MÉX Y VEN extractor de jugos, ARG Y
UR juguera
plancha eléctrica · tabla de la plancha · rocia-
dor, agarrador, almidón, almohadilla
radio, televisor, equipo de música, grabadora,
magnetófono, vídeo, reproductor de DVD ·
ANT gramola, tocadiscos
tostador de pan
39.10 vajilla
PARA PONER AL FUEGO:
— **cacerola**, cazo, cazuela, perol, puchero,
marmita
— **olla**, o. exprés, o. a presión
— **sartén**, paila
— **tapadera**
PLATOS Y FUENTES:
— **plato** hondo, p. llano, p. de postre · platillo
— **fuente**, bandeja, MÉX charola
— **sopera**, ensaladera, frutero
VASIJAS:
— **azucarero**, salero, aceitera, vinagrera, PARA
USO LITÚRGICO: vinajera
— **vinagreras**, aceiteras, ARG aceitera, CHILE
alcuza
— **frasca**, frasco, garrafa, jarra, jarrón, tarro,
búcaro, ARG Y UR damajuana, CHILE chuico
— **huevero** · porrón, redoma · cafetera, tetera, termo
— **botella**, botellín, botijo, bota, cachirulo ·
cantimplora, damajuana · ánfora, cántaro ·
odre, pellejo, bidón · cubierta, tapa, tapón
— **cubitera**, AM hilera
— **fiambrera**, tartera, táper o tupper-ware,
MÉX lonchera, VEN vianda
— **frasco**, botella, jarra, tina, bote, boto, cuero o corambre, garrafa, lata, pipa, pote,
talego, bota, odre o barquino, pellejo, ANT
azacán · envase, envasador, fonil · tonel, cisterna, cuba, fanal
— PARA QUEMAR HIERBAS AROMÁTICAS: chofeta o
copilla
CUBERTERÍA:
— **cuchara**, cucharón · cuchara sopera, c. de
postre, c. de palo · cucharilla de café, c. de té
— **tenedor**, pala del pescado
— **cuchillo** de la carne, c. del pan, c. de postre, c. del jamón
— EN CONJUNTO: cubiertos
VASOS, COPAS, TAZAS:
— **vaso** de agua, v. de vino, v. de licor
— **copa** de vino, c. de champagne, c. de licor,
c. de brandy
— **taza**, tazón, jícara, cuenco, bol, ponchera

— EN CONJUNTO: cristalería, juego de café, juego de té

COMPLEMENTOS:
— **colador**, escurridor, espumadera, pasapurés, rallador · embudo
— **sacacorchos**, tirabuzón, descorchador
— **servilletero**, apartador, abrelatas, salvamanteles, manopla, agarradera

39.11 ropa de casa

PROTECTORES:
— **cortina**, cortinaje, visillo, tapiz · dosel, espaldares, estor · colgadura
— **alfombra**, estera, esterilla, felpudo, tapete, tapiz

DE PROTECCIÓN LIGERA:
— **bata**, batín, batilongo, media bata, andriana
— **toquilla**, mañanita, matinée · peinador
— **alfombrilla**, CHILE bajada de baño, MÉX tapete

DE BAÑO:
— **bañador**, traje de baño, dos piezas, monokini, bikini, trikini, slip, taparrabos, top-less, ARG Y UR malla, CUBA trusa
— **albornoz**, ARG Y UR salida de baño, bata, MÉX Y VEN bata de baño
— **toalla** de baño, t. de manos · limpiamanos · manopla
— **gorro de baño**, g. de sol, sandalias playeras, chancletas

DE CAMA:
— EN CONJUNTO: juego de cama
— **almohada**, almohadón
— **sábana**, tela, sabanilla, alba
— **manta**, cobertor, centón, AM frazada o frezada
— **colcha**, cubrecama, edredón, cubrepié
— **colchón** de lana, c. de muelles, c. de aire, c. de látex
— **camisón**, pijama, salto de cama o deshabillé

COCINA Y COMEDOR:
— **paño** de cocina, sobrepaño, trapo, ARG repasador
— **mantelería**, mantel, cubre mantel, salva mantel, servilleta, babero, falda, faldillas, tapete
— **bayeta**, MÉX jerga, UR fregón, rejilla
— **delantal**, mantelo · mandil

39.12 limpieza de la casa

aspiradora, enceradora

fregona, mocho, mopa, cepillo, esponja, estropajo, AM CENT trapeador, CHILE trapero · escoba, cepillo, ARG Y UR escobillón

tendedero, cuerda · pinzas, ARG broches, CHILE perritos, UR palillos, VEN ganchos

paño
— bayeta, trapo, lanada, vendos, plumero, zorros, gamuza, franela, rodilla, MUR parella, MÉX jerga, VEN coleto

— servilleta · PAÑO BASTO PARA FREGAR EL SUELO: aljofifa · tinte

escoba, escobilla, escobillón, cepillo, paleta, pala, grata

recogedor, cogedor, recogemigas, badil o badila

lavadero, lavabo, palangana, barreño, cubo, artesa, baño, pila, pilón, tina, batea AM balde, tobo

tabla, banca, pala, rodillero, taja, tajo, ZAM tajuela

bolsa de la basura, cubo de la basura, contenedor · recogida de basuras, clasificación de la basura, reciclaje

PRODUCTOS:
— **detergente**, jabón, loción, añil, recuelo
— **aguafuerte**, aguarrás, amoníaco, bencina, cloro · desinfectante
— **quitamanchas**, sacamanchas
— **lejía**, ARG lavandina, CHILE cloro, MÉX blanqueador
— **suavizante**, CHILE bálsamo

ACCIONES:
— **barrido**, cepillado
— **jabonado**, enjabonado, fregado, aclarado, secado · aireación, desinfección
— **lavado**, lavadura, lavación, lavada, lavoteo, colada, AM lavaje · mano, ojo, pasada
— enjuague, enjuagatorio

39.13 jardín

LABORES:
— siembra, plantación · abonado, fumigado
— cruzamiento, injerto, trasplante · poda · rastrillado · riego

ELEMENTOS:
— **arriate**, macizo, parterre, bosquete, zona verde
— **césped**, AM pasto, VEN grama
— **estanque**, roquedal, gruta
— **invernadero**, semillero, rosaleda
— **jardinera**, maceta, tiesto, florero, búcaro, jarrón, vaso
— **seto**, valla, verja, cerca, albitana · SETOS: arrayán, nopal, cambronera, cinacina, bonetero o evónimo, AM cardón, CHILE trebo, VEN urape
— **terraza**, pérgola, cenador o lonjeta, emparrado, umbráculo
— **glorieta**, plazoleta, senda, andador

HERRAMIENTAS:
— **azadón**, binador, laya, escardillo, plantador, desplantador, pala, rastrillo, rodillo · carretilla
— **cortacésped**, CHILE cortadora de pasto, MÉX podadora, VEN cortadora de grama
— podadera, tijeras de podar, hoz
— **manguera**, regadera, rociadera, fumigador

39.14 tiendas para el hogar
tienda de electrodomésticos
cerrajería, cristalería, droguería, papelería, electricidad
floristería, AM florería
ferretería, quincallería, cerrajería, fragua, fundición, herrería · cacharrería, chatarrería, MÉX tlapalería
quincallería, espejería, latonería, platería, MÉX tlapalería
tienda de animales
lavandería
muebles, mueblería, tienda de muebles, espejería, prendería, antigüedades · guardamuebles

ADJETIVOS Y ADVERBIOS
39.15 vivienda y descripción
RESIDENCIA Y HÁBITAT: continental · insular, isleño, insulano · llanero, pampeano, pampero, sabanero · montañés, serrano
exterior, interior · céntrico, distante · dúplex, abuhardillado
adosado, emparejado · aislado
lujoso
— suntuoso, aparatoso, fastuoso, ostentoso, pomposo · brillante
— **cuidado**
   • elegante, engalanado · fino, primoroso, atildado distinguido
   • de aspecto, de clase, de estilo · por todo lo alto, a lo grande
habitable
— acondicionado, arreglado, vividero, cómodo
— sencillo, natural, campechano
ordinario
— normal, corriente, mediocre
— chabacano, hortera
— rudo, vulgar

VERBOS Y EXPRESIONES
39.16 habitar
establecerse
— instalarse, aposentarse, domiciliarse, avecindarse
— poner casa, p. piso, p. cuarto
— tener casa, t. su domicilio
alquilar
— arrendar, rentar, DESUS alogar o alugar, ANT logar
— realquilar, subarrendar, reconducir
— desalquilar, desarrendar
— desahuciar
trasladarse
— mudarse, cambiarse, hacer la mudanza
— levantar la casa, quitar la casa
amueblar o amoblar o mueblar o moblar o alhajar · desamueblar o desamoblar o desalhajar

vivir
— morar, ocupar, alojarse, parar, residir, FIG anidar
— cohabitar, convivir · hacinarse
— pernoctar, parar, refugiarse
— estar avecindado, e. domiciliado
— tener su domicilio, t. su residencia, t. su sede, COLOQ sentar los reales
— no parar en casa, ser huésped en su casa, caérsele la casa encima
39.17 alojar
albergar, hospedar, acoger, recibir, recoger, admitir, aposentar, asilar, amparar, cobijar, guarecer, receptar
dar cobijo, d. amparo, d. albergue, d. asilo · sentar a su mesa
EN HOTEL:
— reservar, tener plazas, estar completo
— parar, pernoctar, hacer noche
— alojarse, aposentarse, albergarse, hospedarse, inscribirse, registrarse
— cancelar una reserva
EN ACAMPADA: acampar · montar la tienda, viajar con caravana
39.18 mantener la vivienda
DE ORGANIZACIÓN:
— **amueblar** · decorar · pintar, tapizar, reparar, acondicionar
— **ordenar**, recoger, organizar, colocar, situar · hacer la cama
— **adornar**, ornamentar, hermosear, alindar
— **mejorar**, refinar, realzar, afinar, sutilizar, completar · idealizar, sublimar, ennoblecer · dar la última mano, poner en su punto
— **deslucir**, desgraciar, carecer, adolecer, deslustrar, marchitar, desmejorar, decaer, COLOQ chapucear
DE LIMPIEZA:
— **limpiar**
   • acicalar, adecentar, asear, desempañar, desembarrar, desempalagar, desherrumbrar, enlucir, enlustrecer
   • acendrar, acrisolar, purificar, limar, pulir
   • hacer la limpieza COLOQ lavar la cara
   • LA CHIMENEA: deshollinar
— **barrer**, pasar la aspiradora
— **desempolvar**, despolvorear, mundificar, quitar el polvo, limpiar el polvo, pasar la bayeta
— **abrillantar**, dar brillo, esclarecer, esmerar, pulir, lustrar, espejar, purificar, purgar, repurgar
— **fregar**
   • fregotear, frotar, jabonar, jamerdar, restregar, AM trapear, VEN pasar coleto
   • enjabonar, enjuagar, estropajear, encerar
— **cepillar** o bruzar, raer, rascar, raspar

— **lavar**, lavotear, estrujar, enjuagar, aclarar, sacudir, ventear, secar, tender · poner la lavadora, p. la secadora, hacer la colada
— **planchar**, almidonar, doblar
— EN EL JARDÍN: rastrillar, afeitar, atusar, emascular, enfaldar, podar
▸ **81.20 construir**

▸ **66.20 laborear**
▸ **66.21 sembrar**
▸ **66.22 abonar**
▸ **66.23 podar**
▸ **66.24 crecer**
▸ **66.25 recolectar**

4. ESPÍRITU HUMANO

40. INTELIGENCIA Y MEMORIA

40.01 inteligencia

entendimiento, discernimiento, clarividencia, competencia, disposición, virtuosidad, mentalidad, intelección, conciencia, DESUS discurrimiento

genio, ingenio, ingeniosidad, habilidad, capacidad, talento, juicio, intelecto, sentido, perspicacia, aptitud, lucidez, intuición, gnosis, alcances

inspiración, imaginación, concepción, creación, musa

agudeza, perspicacia, suspicacia, viveza, sutileza, listeza, fineza, sagacidad, penetración, trascendencia, matrería, astucia, DESUS listura, ingeniatura

malicia, destello, humor, humorismo, ironía

buen sentido, sentido común, voz de la razón, luz de la r., amplitud de horizontes, materia gris, cultura general

COLOQ
— magín, entendederas, ojo, olfato, vista, pupila, quinqué
— ojo clínico, golpe de vista · vista de lince, v. de águila · ciencia infusa, idea luminosa

40.02 necedad

aturdimiento, abobamiento, atontamiento, atolondramiento, mentecatería

deficiencia, estulticia, idiotismo, inhabilidad

cretinismo, ineptitud, imbecilidad, estupidez, insensatez, retraso

PSICOL insuficiencia mental, déficit intelectual

MED agnosia, oligofrenia

COLOQ memez, sandez, chochez

40.03 memoria

recuerdo, retentiva, evocación, asimilación, reminiscencia, remembranza, recordación, DESUS membranza · mención, repaso

asociación de ideas

MEMORIA TRISTE: nostalgia, añoranza, melancolía, morriña, cuita, pesadumbre

ENSEÑANZA BASADA EN LA MEMORIA: psitacismo

40.04 olvido

desmemoria, desatención, distracción, inconsciencia, negligencia, inadvertencia, desapercibimiento, enajenación, enajenamiento

descuido, ligereza, omisión, imprevisión, irreflexión, evagación, incuria, desliz, oscitancia, DESUS olvidanza

MED **amnesia**, dismnesia, paramnesia

COLOQ memoria de gallo, m. de grillo

40.05 atención

concentración, observación, vigilancia, acecho, acechanza · espionaje

ojo, ánimo, circunspección, conciencia, cuidado, esmero

propensión, aliento, apego, apetencia, atracción, curiosidad, deseo, devoción, efusión, inclinación, querencia, inquietud, interés, pasión, predilección, preferencia, seducción · amor, simpatía, voluntariedad

toma de conciencia, deseo de saber

40.06 inatención

distracción, desatención, despreocupación, omisión, desaplicación, irreflexión, descuido, ligereza, torpeza, olvido, incuria, DESUS olvidanza

inadvertencia, negligencia, imprudencia, inconsciencia, imprevisión, postergación, distracción, pasividad, rechazo, turbación

desinterés, desdén, desdeño, desgana, indiferencia, inapetencia, neutralidad, pasividad, desprecio, despego, indolencia, nolición, noluntad, flema · hojarasca

40.07 sabiduría

ciencia, sapiencia, esciencia, clarividencia, omnisciencia, DESUS sabencia, CON DIVERSIDAD: polimatía

instrucción, erudición, cognición, ilustración, información, preparación, dominio, competencia, pesquis, conocimientos, nociones

talento, lucidez, juicio, discernimiento, discurrimiento, discurrimiento, entendimiento, intelectiva, intelecto, mentalidad, penetración, sentido, alcances

sentido común, arte angélico, a. notoria · bagaje intelectual, ciencia infusa · letras divinas, l. humanas · luces naturales, luz de la razón, uso de r., materia gris, vista de águila
principios, bagaje, doctrina, escuela, fuente, elementos, epistemología, preparación, PRIMEROS ESTUDIOS DE CUALQUIER CIENCIA: rudimentos
COLOQ
— cabeza, cacumen, caletre, cerebro, casco, chirumen, chola, cholla, sesera, mollera, entendederas, meollo
— pupila, vista, luces, chispa
— arsenal, barniz

40.08 ignorancia
insipiencia o desipiencia, nesciencia, inerudición, ignorantismo, incompetencia, inexperiencia, inadvertencia, desdeñamiento
incultura, analfabetismo, oscurantismo, inopia, tinieblas, asofía
barbarie, salvajismo
FIG inocencia, candidez

40.09 formas de la inteligencia y la memoria
agudeza ↔ torpeza; aptitud ↔ ineptitud; certeza ↔ duda; certidumbre ↔ incertidumbre; clarividencia ↔ obcecación; conciencia ↔ instinto; conocimiento ↔ desconocimiento; cordura ↔ locura; curiosidad ↔ indiferencia; discreción ↔ indiscreción; experiencia ↔ inexperiencia; habilidad ↔ inhabilidad; inteligencia ↔ ofuscación; juicio ↔ simpleza, madurez ↔ inmadurez; malicia ↔ ingenuidad; memoria ↔ olvido; pericia ↔ impericia; razón ↔ irracionalidad; sabiduría ↔ ignorancia; sensatez ↔ insensatez; sensibilidad ↔ insensibilidad; talento ↔ necedad; tolerancia ↔ intolerancia

40.10 inteligente
culto
— docto, sabio, erudito, experto, competente, experimentado, consulto, lumbrera, luminar, sesudo
— maestro, bachiller, clérigo, letrado, doctor, salomón, séneca
— ENTRE LOS JUDÍOS: háber, rabí, hacán
— ENTRE LOS MUSULMANES: alfaquí
— EN EL ANTIGUO IMPERIO DE LOS INCAS: amauta
sapiente
— esciente o DESUS ciente, omnisapiente, omnisciente, omniscio, sapientísimo
— intelectual, humanista, oráculo
— clarividente, lúcido, genio, ladino, licurgo
instruido, entendido, leído, documentado, ilustrado, cultivado, puesto, impuesto, sabedor, sabidor, consabidor

capacitado, formado, versado, familiarizado, inteligenciado, perito, autoridad, licenciado, técnico, especialista
investigador, pensador, descubridor, estudioso, conocedor, científico, escudriñador, explorador, indagador, averiguador, observador
creador
— fundador, iniciador, principiador, innovador, inventor, inspirador, instigador, operador, fomentador, maquinador
— precursor, promotor, introductor, artífice, pionero, DESUS inceptor
COLOQ
— resabido, sabidillo, marisabidilla, gaceta, pedante, pilonero, redicho, sabihondo, sabelotodo
— enciclopedia viviente, hombre de ambas sillas, erudito a la violeta, rata de biblioteca

40.11 necio
limitado, corto, menguado, inmaduro · simple, simplón, cándido, inocente · lerdo, torpe, AM abombado, salame o salamín, ARG, PAR Y UR otario, pelandrún, ARG Y UR boludo, gil, paparulo, CHILE giliento o gilucho, bolas de chancho, CUBA bobo de la yuca, UR tarúpido, zanguango
alelado, bambarria, belitre, bozal, cantimpla, motolito, sancirole · pánfilo, sandio, mondrego · chirote, panfilote, paparote, pasmarote · ARG, PAR Y UR tilingo, CR, HOND Y NIC noneco
mentecato, mequetrefe, chiquilicuatro, mameluco, tarambana, adoquín, desentido, gaznápiro, AR chafandín
bufón, payaso, clown, albardán, animador, fantoche, chuzón, ganso, hazmerreír, histrión, mamarracho, maya, mimo, moharrache o moharracho, mojarrilla, pantomimo, truhán
infeliz
— infelizote, inocente, ingenuo, buenazo, crédulo, cuitado, bienaventurado, desgraciado, incauto, POÉT infelice
— sin picardía, sin malicia, de pastaflora · alma de Dios, siervo de Dios, bendito de Dios, pobre de espíritu, el sastre del Campillo, gentilhombre de placer
— de poco juicio, de poco fundamento, sin sentido, poco serio, sin sustancia, ligero de cascos
COLOQ
— tonto, bobalicón, bodoque, capullo, cenutrio, ceporro, chambón, cipote, idiota, pajarón, papafrita, papanatas, pastenaca, poste, tarugo, tolondro, tolondrón, tontainas, tontucio, tuturuto, zamacuco, zolocho, zopenco, zoquete, zurumbático

— **calamidad**, badulaque, boceras, botarate, casquivano, catacaldos, chafandín, chiquicuatre, chisgarabís, cirigallo, coqueta, fantoche, ganso, gaznápiro, gurdo, ligero, majadero, mamarracho, mameluco, marocha, mentecato, mequetrefe, muñeco, palabrero, payaso, pelele, tarambana, títere, trasto, vacío, vaina, zángano, zascandil
— **bobo**, boto, gofo, memo, lelo, lila, gilí · pavo, pavote
— MALSON Y VULG tonto del culo, t. de los cojones
COMP ING
— pedazo de animal, p. de bestia, p. de bruto · como un p. de pan
— más tonto que el que asó la manteca, más t. que Abundio que vendió el coche para comprar gasolina, más t. que un haza de pitos

40.12 memorioso
memorión · recordador, recordante
dotado, privilegiado, portentoso, capacitado, superdotado, avisado, espabilado, lumbrera
COMP ING memoria de elefante

40.13 desmemoriado
olvidadizo, descabezado, flaco de memoria · QUE SIRVE PARA AUXILIAR LA MEMORIA: mnemotécnico
COLOQ alcornoque, analfabestia, avestruz, berza, berzotas, bucéfalo, cetro, ladrillo, melón, mentecato, naranjo, papamoscas, papanatas, patán, zulú, AND cuaco
COMP ING memoria de gallo, m. de grillo, m. de mosquito

40.14 atento
avisado
— **cauteloso**, circunspecto, precavido, discreto, equilibrado, formal, vigilante, sensato, serio
— COMP ING prudente como la serpiente, ponerse la venda antes de la herida
despierto
— avispado, espabilado, despabilado, despejado, lince, ladino, diabólico, lúcido, diestro, dispuesto, perspicaz, sensato, vivo
— **agudo**, alarife, dotado, fino, fistol, licurgo, prudente, lumbrera, penetrante, talentoso
aprovechado
— **ardiloso**, matrero, vivo · ARG laucha, BOL Y CHILE macuco, CUBA Y PR guachinango, VEN cuaima
— COLOQ pícaro, pillo, bellaco, cazurro, chuzón, diablo, galopín, guitarrón, martagón, púa, tunante, tuno, zahorí, zamacuco, zamarro, zascandil, zorrocloco, ARG Y UR gaucho, DESUS alpargatilla

40.15 inatento
despistado, distraído, desatento, ausente, inconsciente, irreflexivo, insensato, ligero, perdido, COL atembado

aturdido, atontado, abobado, alelado, aturullado, atolondrado, abombado, abanto, atarantado, atropellado, aventado, desalado
cerrado, confundido, desorientado, despreocupado, díscolo, implacable, inexorable, inflexible, informal, intransigente, intratable, rígido
indiferente, insensible, frío, seco, rudo, severo, glacial, hiriente, áspero

40.16 sabio
ingenioso, talentoso, notable, dispuesto, brillante, linceo, vivo, listo, agudo, sutil, as, zahorí, DESUS fistol
calculador, taimado, ladino, avisado, sutil, artero, malicioso, socarrón, cuco, pérfido, tortuoso, bribón, ARG Y CHILE hurguete, CHILE cauque
astuto, diestro, despierto, espabilado o despabilado, perspicaz, sagaz
COLOQ
— **zorro**, raposo, peje, lagarto, lince, ardilla, trucha, caimán, hurón, águila, monstruo, pardal, candongo, DESUS conchudo
— **pícaro**, fullero, fargallón, frangollón, bicho, bichucho, ARG Y UR alarife
— **listillo**, resabiado, sabiondo o sabihondo, alatinado, lumbrera, guitarrón, largo
— **redicho**, afectado, pedante, sabelotodo · máquina, monstruo

40.17 ignorante
insipiente, nesciente, inciente, iliterato, indocto, desipiente, desconocedor, inerudito, desavisado, desenseñado, desconocedor, intonso, ignaro, ANT desabido
analfabeto, iletrado, inculto, lego
desinteresado, indiferente, desentendido, inaplicado, inconsciente, ajeno, profano, mal informado
inexperto, incompetente, descabezado, limpio, ido

40.18 descripción de la inteligencia y la memoria
grande, excepcional, portentosa, privilegiada, creadora, lúcida, penetrante, profunda, aguda, fabulosa, fantástica · infalible, fotográfica
mediana, superficial, pasable, aceptable, tolerable, razonable, limitada, del montón
escasa, poca · frágil, falible, quebradiza, escurridiza, oscura, difícil, críptica, mediocre, deficiente · vulgar, ramplona, trivial
EN ANTÓNIMOS: abundante ↔ escasa; aguda ↔ torpe; clara ↔ turbia; excepcional ↔ mediocre; inmensa ↔ reducida; lúcida ↔ confusa; penetrante ↔ ligera; privilegiada ↔ vulgar; profunda ↔ superficial; rica ↔ pobre; suficiente ↔ deficiente

SEGÚN FORMAS: asimilativa, asociativa, creativa, discursiva, especulativa, intuitiva, receptiva
▶ 51.08 insultos (a la inteligencia)

VERBOS Y EXPRESIONES

40.19 entender
comprender
— interpretar, desentrañar, aprehender, descifrar, averiguar, advertir, penetrar, concebir, discernir, percibir, distinguir, alcanzar
— captar, hallar, coger, cazar, pescar, pillar, FIG digerir
— darse cuenta, caer en la cuenta, formarse idea, descubrir el sentido, pillar al vuelo, caber en la cabeza
enterarse
— descubrir, interpretar, percatarse, notar
— informarse, instruirse, anoticiarse, ANT catar
— tomar nota, t. conciencia
  • darse por enterado, hacerse cargo, coger el hilo, llegar a oídos, no perder palabra
  • sacar en claro, s. en conclusión, s. en consecuencia, s. en limpio
COLOQ
— verlas venir, cazar al vuelo, pescar al vuelo, pillar al vuelo, sabérselas todas, no chuparse el dedo, caerse de un guindo
— descubrir el pastel, tirar de la manta, dar en la tecla, ARG caerse de la higuera, MÉX darse color de algo
COMP ING
— ser un séneca, s. un pozo de ciencia, s. un pozo de sabiduría, s. hombre de cabeza, s. una enciclopedia, s. más listo que el hambre, ARG s. un bocho, s. un cráneo
— saber latín, s. más que Carracuca, s. más que el maestro ciruelo, s. más que Lepe, s. gramática parda, s. de toda costura, s. más que las culebras
— no tener ni un pelo de tonto
REF El que no corre, vuela. Cándido como la paloma y astuto como la serpiente.

40.20 no entender
no entrar en la cabeza, no c. en la mollera, no tener cabo ni cuerda, no t. ni pies ni cabeza, no haber por dónde cogerlo, írsele por alto
COLOQ
— quedarse a oscuras, q. a dos velas, q. en ayunas, q. en blanco, q. in albis, CUBA q. detrás del palo
— armarse un lío, hacerse un taco, no haber Dios que lo entienda, tener una empanada mental
— estar en chino, e. en arábigo · CUBA e. en china, VEN comer torta
COMP ING no entender ni jota, no e. ni media palabra, no e. ni papa, no e. ni pizca, no e. ni

torta · no aclararse ni con lejía, VULG hacerse la picha un lío

40.21 recordar
acordarse, memorar, rememorar, memorizar, remembrar, recapitular, revivir, evocar, reconstruir, repasar, ocurrirse, refrescar, refigurar, resucitar, desenterrar, exhumar
retener, evocar, descubrir, engranar · reconstruir, conmemorar · ANT lembrar, membrar
hacer memoria
— acudir al pensamiento
— caer en la cuenta, c. en mientes, dar en, refrescar la memoria
— tener a la vista, t. en cuenta, t. en la cabeza, t. presente
— traer a la memoria, t. a las mientes
— venir a la memoria, v. a las mientes, v. al pensamiento
— quedarse grabado, grabar a fuego, saberse de memoria, no echar en olvido
— echar de menos, e. en falta
— bullir en la cabeza, rondar por la cabeza, darle vueltas en la cabeza
— COLOQ estrujarse las meninges, exprimirse el cerebro, devanarse los sesos, saber de carrerilla
COMP ING tener en la punta de la lengua · t. memoria de elefante

40.22 olvidar
desmemoriarse, desacordarse, desvanecerse, perderse, trascordarse, despintarse · pasarse, irse · borrar, omitir desaprender · relegar, arrinconar, desconectar, enterrar · desaprenderse, trascordarse
perder la memoria, borrarse de la memoria, caerse de la memoria, irse de la memoria, tener mala memoria, echar en olvido, caer en saco roto, echar en saco roto, entregar al silencio, no tener presente · tener mala cabeza
VOLUNTARIAMENTE:
— echar tierra, enterrar en el olvido, relegar al olvido, hundir en el olvido, poner en olvido, sepultar en el olvido, hacer tabla rasa, pasar la esponja, p. página, p. por alto
— COLOQ correr un tupido velo, echar al carnero, hacer borrón y cuenta nueva
MOMENTÁNEAMENTE:
— perder la cuenta, quedarse en blanco · tener una laguna, t. un lapsus
— COLOQ perder el hilo, irse el santo al cielo, tener en la punta de la lengua
PARCIALMENTE: dejarse el tintero
RÁPIDAMENTE: entrar por un oído y salir por el otro
COMP ING olvidarse hasta de su nombre, o. hasta de su modo de hablar, no acordarse ni del día en que vivimos

40.23 atender

interesarse, intrigarse, absorberse, sumirse, enfrascarse, desvelarse, fijarse · FIG encariñarse, enamorarse, encantarse

escuchar, buscar, espiar, examinar, acechar, PR Y RD asuntar

estar atento, e. al tanto, e. a la escucha, e. al acecho, e. a la mira, e. pendiente

prestar oído

— prestar atención, fijar la atención, no perder detalle, hacer caso, tomar en consideración, parar mientes
— ser todo oídos, aguzar el sentido, andar sobre aviso, estar sobre aviso, hacerse eco, ponerse al corriente, no perder ripio
— tener en cuenta, t. en mente, t. la antena puesta
— poner esmero, p. los cinco sentidos

COLOQ

— estar al loro, e. a salto de mata · tomarse a pecho, MÉX ponerse chango
— echar el ojo, poner los ojos en, andar con cien ojos, clavar los ojos, no quitar ojo, ser todo ojos, entrar por los ojos, no mover pestaña, no perder de vista, poner la vista, p. los puntos
— beber las palabras, sorber las palabras · ponerse las pilas · pescar al vuelo
— abrir los ojos, quitarse la venda, no chuparse el dedo

REF A buen entendedor, pocas palabras bastan. A otro burro con esa albarda. A otro perro con ese hueso.

40.24 distraerse

despistarse, desconectarse, evadirse, abstraerse, absortarse, embargarse, embeberse, ensimismarse, sumirse, irse · desatender

estar distraído, e. ido, pensar en otra cosa, tener la cabeza en otra parte, perder el norte, p. la brújula, quedarse absorto, no prestar atención

COLOQ desconectar · mirar las musarañas, pensar en las musarañas

COMP ING

— andar como pollo sin cabeza
— dormirse en los laureles
— estar de rositas, e. con los angelitos, e. contando las vigas, e. en Babia, e. en Belén, e. en el limbo, e. en el séptimo cielo, e. en la higuera, e. en la inopia, e. en la luna, e. en la luna de Valencia, e. en las Batuecas, e. en las Hurdes, e. en las nubes, e. más despistado que un pulpo en un garaje, e. pensando en la mona de Pascua
— ir a ciegas, irse el santo al cielo
— no saber lo que se trae entre manos, no s. por dónde sopla el aire

— oír campanas y no saber dónde, perder el norte
— estar más despistado que Adán el día de la madre, e. más despistado que un perro en misa
— tener la cabeza a pájaros, t. la cabeza en las once
— tocar el violín a dos manos, t. el violón
— MALSON Y VULG estar más perdido que un hijo de puta el día del padre
— ARG Y UR andar como maleta de loco, ARG andar como perro en cancha de bochas, a. desorientado como piojo en la pelada, estar pensando en los pajaritos de colores, CUBA estar en el aire, EC cazar tilingos, MÉX andar fuera de onda, PERÚ estar volando, VEN estar en las nebulosas

40.25 saber

conocer

— percibir, percatarse, distinguir, reconocer, DESUS cognocer
— saber a ciencia cierta, s. de buena fuente, s. de buena tinta, s. de buena parte, s. al dedillo, s. de cierto, s. de fijo, s. de primera mano, s. lo que se hace
— **estar en**
  • estar fuerte en, entender de
  • estar al corriente, e. al tanto, e. al cabo de, e. en antecedentes, e. en autos
— **tener conocimiento**, t. noticia, t. claro
— ponerse al corriente, p. al tanto · venir a conocimiento
— ser de dominio público, ser un secreto a voces

COLOQ

— cantar en la mano, cazar muy largo, calzar muchos puntos
— conocer el paño, c. el percal, c. como la palma de la mano
— dar sopas con honda, dar cien vueltas a alguien, dar la talla · dársele bien algo
— estar puesto, e. rodado, e. curtido, e. al día, e. en antena, e. en la onda, e. en antecedentes, e. en los autos, e. en el caso, e. en el cuento, e. en el ajo, e. en la pomada, CUBA e. en el ajiaco, VEN e. en la candela · e. al quite, e. al loro · e. de vuelta
— hilar fino, pintarse solo, poder leer de oposición, p. dictar cátedra
— saber la tira, s. un rato · saberse la cartilla, sabérselas todas
— ser un gato viejo, ser ducho, no ser zurdo, ARG ser un laucha
— tener cancha, t. madera, t. muchas horas de vuelo, t. mucho mundo, t. muchas tablas, t. mucho olfato, t. mucha trastienda, t. mucho aquel, ARG t. mucha calle

COMP ING
— tener más escamas que un pez, t. mucha letra menuda, t. muchas carlancas, t. el colmillo retorcido, t. mano izquierda · no t. ni un pelo de tonto
— saber al dedillo, s. como el avemaría, s. como el padrenuestro, s. con qué bueyes ara, s. con quién se las gasta, s. cuántas son tres y cuatro, s. de cabo a rabo, s. de carrerilla, s. de memoria, s. de pe a pa, s. de qué pie cojea, s. dónde pone los pies, s. dónde tiene la mano derecha, s. el pie que calza, s. latín, s. lo que se pesca, s. lo que se trae entre manos, s. más que Lepe, s. más que Merlín, s. uno el terreno que pisa, CHILE s. como el bendito, CUBA s. más que las bibijaguas, EC s. como el agua
— ser más listo que el hambre, s. más listo que el pensamiento, s. más listo que una ardilla, s. más listo que una lagartija, s. más listo que un conejo, s. más listo que un mono, s. más listo que una rata, s. más listo que un ratón
— ser más fino que un corral, s. más visto que el tebeo, s. más conocido que la rueda, s. una buena guitarra, s. una buena caña de pescar, PR s. más resbaloso que la guabina
— poder arder en un candil, sacar polvo debajo del agua, sacar pelotas de una alcuza, cortar un pelo en el aire, haberle salido la muela del juicio, ver crecer la hierba, MÉX bailar un trompo en una uña

40.26 ignorar
desconocer, olvidar
COMP ING
— estar a la cuarta pregunta, e. a oscuras, e. atrasado de noticias, e. en ayunas, e. en blanco, e. en el limbo, e. en el Olimpo, e. en la inopia, e. en las nubes, e. en mantillas, e. en pañales, e. fuera de órbita, e. in albis, e. pez, ARG e. en bolas
— no saber cuántas son cinco, no s. cuántas son dos y dos, no s. de la misa la media, no s. dónde tiene la cara, no s. dónde tiene los ojos, no s. dónde tiene su mano derecha, no s. el abecé, no s. hacer la o con un canuto, no s. la cartilla, no s. lo que lleva entre manos, no s. lo que se pesca, no s. lo que se trae entre manos, no s. ni jota, no s. ni la hora que es, no s. ni papa, no s. ni torta, no s. ni una palabra, no s. por dónde anda, no s. por dónde van los tiros, VULG no s. quitarse los mocos
— no tener idea, no t. ni zorra idea, no t. la más leve idea, no t. la más remota idea, no t. la menor noción, no t. ojos en la cara, no t. dos dedos de frente, ARG no t. la más pálida idea, VULG no t. ni guarra idea, MALSON Y VULG no t. ni puta idea

— pasar en blanco, p. en claro, p. de largo
— ser más bruto que un arado, ser más b. que la pila de un pozo, ser más b. que una recua de mulas
— no conocer ni por el forro, haber oído campanas y no saber dónde, no haber visto el mundo sino por un agujero, oír cantar sin saber en qué corral, ver el cielo por embudo, no distinguir lo blanco de lo negro
— tener los ojos en el cogote, t. una empanada mental
— REF Aprendiz de todo, oficial de nada. Oficial de mucho, maestro de nada. Quien mucha tierra cava, poco ahonda. Quien mucho abarca, poco aprieta. Quien quiere tañer en muchas bodas, no puede cumplir con todas. Muchos ajos en un mortero, mal los maja un majadero.

no querer conocer
— tener una venda en los ojos, llevar orejeras, meter la cabeza debajo del ala, tener telarañas en los ojos · FIG estar ciego, e. ajeno, cerrar los ojos, pasar por alto, MÉX darse baños de pureza
— hacerse de nuevas, h. el loco, h. el longuis, h. el desentendido, h. el distraído, h. el sueco, h. el tonto, h. el bobo, h. el burro, h. el chiquito, h. el ruso, h. el zorro, AM h. el opa, h. el oso, h. el sota, ARG VULG h. el boludo, CUBA h. el chivo loco, GUAT h. el sapo, CHILE h. el chucho, CR Y HOND h. el maje
— REF No hay peor saber que no querer. Háblanle en cesta y responde en ballesta. No hay peor ciego que el que no quiere ver.

41. RAZÓN
41.01 razonamiento
pensamiento
— **reflexión**, meditación, elucubración, consideración, racionalización, formalización, argumentación
— **conceptualización**, apercepción, abstracción, especulación, discernimiento, planteamiento, concepción
— **cálculo**, análisis, síntesis, inducción, deducción
— **opinión**, apreciación, valoración, evaluación, impresión, juicio, criterio, voto, parecer, dictamen, sentir, plácito
creencia
— **convicción**, postulado, ideología, credo, doctrina, ideario, partido, color, tipo
— **noción**, idea, imagen, concepto, arquetipo, representación, conocimiento, especie, ocurrencia, percepción, plan, prejuicio, prenoción, proyecto, reflexión, rudimentos, tema

— **sospecha**, manía, vislumbre, conjetura, impresión, intuición, pensamiento, rayo de luz · FIL noema, noesis

supuesto

— **presunción**, suposición, presupuesto, presuposición, inducción, prejuicio, inferencia, postulado, teoría, tesis, impresión

— **intuición**, predicción, instinto, presentimiento, premonición, clarividencia, inspiración, iluminación, perspicacia, empatía, lucidez

— **postulado**, sospecha, conjetura, hipótesis, premisa, teoría, cábala, figuración

— **elucubración**, sensación, sentimiento · juicio temerario

COLOQ recelo, barrunto, fantasía, figuración, reconcomio, SAL calandrajo

41.02 irreflexión

imprevisión

— **precipitación**, inconsideración, irracionalidad, inconsistencia, involuntariedad, impremeditación, indeliberación

— **inatención**, ligereza, distracción, inconsciencia

sinrazón

— **ofuscación**, atolondramiento, ceguera

— **desmán**, demasía, desafuero, atropello, desvergüenza, escándalo, exceso, extralimitación, tiranía, tropelía

— **alcaldada**, polacada, cabildada, principada

41.03 verdad

certeza, certidumbre, evidencia, firmeza, solidez, infalibilidad · grullada, perogrullada

convicción, convencimiento, persuasión, seguridad, confianza, fe

principio, dogma, prueba, axioma, evangelio, postulado, artículo de fe

autenticidad, ortodoxia, realidad, acierto, regla

rectitud, equidad, justicia, ecuanimidad, equilibrio, imparcialidad, conciencia, moralidad, probidad, legalidad, legitimidad, severidad

COLOQ fetén

41.04 mentira

engaño

— **argucia**, astucia, artimaña, artificio, habilidad, ardid, DESUS tramoya, chancha, trapaza, adrolla, filatería, magaña

— **falsedad**, camelo, fingimiento, cuento, martingala, embustería, maula

— **embrollo**, lío, encerrona, enredo, embuchado, embudo, encubierta, engañanza, especiota, estelionato, estratagema, DESUS argado, CHILE camote

— **chasco**, dolo, filfa, finta, frao, lazo, maca, mácula, magancería, magancia, manganeta, manganilla

— **disimulo**, fingimiento, hipocresía, doblez, simulación, afectación, disfraz, apariencia · falso testimonio

— **calumnia**, difamación, falacia, difamia, chantaje, impostura, maledicencia, murmuración, COLOQ ladrido

trampa

— **treta**, trecha, engaño, chicana, magaña, fullería, garlito, guadramaña, malas artes, bulo, chisme, fábula

— **timo**, truco, sacadineros, sacaperras, sacaliña, fraude, añagaza o ñagaza, bola, bluf, pufo, perro, gatada, gatazo

— **anzuelo**, red, cepo, ratonera, señuelo, lazo, jarana · SALV Y GUAT caula, GUAT gauchada, MÉX, PR Y VEN trácala

— **marrullería**, hipocresía, maquiavelismo, chalanería, matrería, solercia, taima, taimería, papilla, SAL neguillas, COLOQ camándula, zalagarda, pala

inexactitud

— **infundio**, invención, embuste, sofisma, volandera, trápala, obrepción

— **farsa**, rondalla, aguaje, pastrana, arana, camote, carambola, echada, especiota, HUES fulla o faloria o falordia, DESUS droga, BOL Y CHILE copucha

— **alucinación**, apariencia, carnada, espejismo COLOQ

— **alicantina**, bernardina, bufo, bola, borrego, bulo, bunga, camelo, candonga, changüí, choba, emboque, engañabobos, engañifa, entruchada o entruchado, fanfarronada, faramalla, filfa, gazapa, gazapo, milonga, morisqueta, moyana, pajarota, paparrucha, patraña, patrañuela, pegata, pegote, petardo, píldora, ratimago, recancamusa, renuncio, socaliña, soflama, tapujo, tela, tinterillada, trácala, trapisonda, trola, trufa, zangamanga

— así se escribe la historia

— DESUS berlandina, andrómina, cancamusa · AM guayaba, macana · cuento chino

41.05 importancia

significación, consideración, dimensión, trascendencia, repercusión, influencia, interés, notoriedad, valor, calibre, urgencia, gravedad, calidad

jerarquía, categoría, grado, escala, clase, calidad, cota

peso, miga, monta, seso, caletre, magín, meollo, precio

magnitud, proporciones, grandeza, relieve, calibre, alcance, bulto, cuantía, entidad, envergadura, escala, fuste, grado, interés, medida, momento, valor, volumen

alma, base, busilis, cabeza, centro, eje, esencia, fuerza, médula, sustancia

piedra angular, pieza maestra

41.06 insignificancia
levedad, menudencia, minucia, fruslería, insustancialidad, poquedad, superficialidad,
superfluidad, inutilidad, frivolidad
pequeñez, ridiculez, necedad, nadería, banalidad, liviandad, futilidad, trivialidad
capricho, niñería, puerilidad
COLOQ tontería, tontuna, aguachirle, pamplina,
papanduja, pijotería, bagatela, zarandaja
41.07 idea
asunto
— **cuestión**, fondo, problema, punto, imagen,
designio, materia, tema, trama
— **motivo**, leitmotiv, entraña, esencia, lema,
objeto, sujeto, metafísica
— **noción**, ilusión, invención, concepción, elucubración o lucubración
— **inducción**, deducción, abducción
— **bosquejo**, esbozo, boceto, diseño
— **sutileza**, falacia, argucia, inferencia, paralogismo, silogismo, síntesis, sofisma, sorites,
tautología, quinao · dilema, ilación
invención
— **visión**, alucinación, figuración, delirio, fantasía, espejismo, imagen, integumento, película, utopía, quimera o hircocervo, representación, sueño
— **ofuscación**, pesadilla, sombra, trasmundo,
volatería
— **creencias**, ideales, ideario, ideología, credo,
doctrina, aprensión, capricho, convicciones,
fe, valores
— **desvarío**, espectro, aparición, fantasma,
ficción, apariencia, engaño, mito, fábula,
parábola
— **divagación**, fabulación, valimiento, superchería · libertad de espíritu, sueños dorados,
vena creativa
punto de vista, sentido común, s. crítico, quid
de la cuestión, nota dominante, piedra angular, punto neurálgico, caballo de batalla,
cuentas galanas, quebradero de cabeza, encadenamiento de ideas
41.08 suposición
estimación, apreciación, consideración, valori-
zación, supervaloración
hipótesis, supuesto, teoría, imaginación, figuración, antojo, tesis, intuición, inducción,
pensamiento, cabildeo, conjetura, presunción, sospecha, creencia, barrunto, opinión,
deducción, inferencia
posibilidad, cálculo, cábala, predicción, vaticinio, postulado
fascinación, idealización, mitificación
41.09 cordura
mesura, juicio, tino, tiento, medida, seso, sensatez, sesudez, madurez

asiento, cautela, discreción, prudencia
mente, especulativa, logos, entendimiento, intuición
juicio, razón, raciocinio, sentido, criterio, discernimiento, reflexión, responsabilidad, sin-
déresis, sustancia, sesera, seso, ANT sen
uso de razón, sentido común, buen sentido,
buen juicio, sano juicio
41.10 locura
demencia, delirio, desvarío, devaneo, desequilibrio, enajenación, esquizofrenia, alienación
manía
— **folía**, insania, vesania
— **mitomanía**, megalomanía, paranoia, psicosis, lunatismo, frenesí, histeria, esquizofrenia, frenopatía, furia, furor
— **ataque**, arrebato, vena, ramalazo, rapto, acceso, acometida, arranque, ANT avenate
confusión mental, trastorno mental, enajenación mental, delirium tremens
COLOQ chifladura, guilladura

ADJETIVOS Y ADVERBIOS
41.11 racional
justo, justificado, justificable, juicioso, equitativo, equilibrado, proporcionado, razonable,
sensato, derecho, derechero, puntual, recto, riguroso, fiel, honesto, íntegro, objetivo,
desapasionado, DESUS ecuo
lógico, deductivo, motivado, cabal, concebible,
natural, conveniente, determinado, decente
adecuado, acertado, ajustado, apropiado, coherente, consecuente, ecuánime, fundado,
pertinente, procedente, oportuno, plausible,
laudable, sólido, honrado, probo
lícito, legal, legítimo, conforme, debido
analítico, sintético · inductivo, deductivo ·
apriorístico, dialéctico, discursivo, especulativo, inductivo, conclusivo, concluyente, convincente, decisivo · categórico, asertórico,
INCONDICIONALMENTE CIERTO: apodíctico · metódico, resolutivo, silogístico · indefinido ·
apolíneo, cartesiano
a derechas, a modo, como Dios manda, c. es
debido, c. mandan los cánones, conforme a
derecho, en buena lid, en debida forma, en
su lugar, en toda regla, lo que se dice, lo que
se llama, ni más ni menos, puesto en razón
41.12 irracional
ilógico
— **infundado**, injustificado, inmotivado, aventurado, gratuito, arbitrario, discrecional
— **anormal**, antinatural, incoherente, inconsecuente, insensato, contradictorio, descabellado, descabezado, desproporcionado, impensable, incoherente, ANT desenrazonado

— **irrazonable**, inconcebible, insensato, irreflexivo, absurdo, kafkiano
— **desatinado**, demencial, desatentado, descabellado, disparatado

injusto
— **indebido**, indigno, injustificable, inconsistente, insostenible, improcedente, fútil, gratuito, baldío
— **abusivo**, algarivo, apasionado, arbitrario, atrabiliario, escandaloso, forzoso, ilegal, indebido, inicuo, inmerecido, leonino, parcial, torticero

inexplicable
— **insólito**, impropio, inaudito, increíble, indignante, intolerable, irritante
— **inconcebible**, incomprensible, incognoscible, indescifrable, inescrutable, inescudriñable, ininteligible, inasequible, insabible, insondable, impenetrable

imperfecto
— **incompleto**, truncado, parcial, fragmentario, inconcluso, rudimentario, falto, trunco
— **grosero**, fulero, deforme, defectuoso
— **precoz**, tosco · a medio hacer
por nada, sin haber por qué, por un quítame allá esas pajas, sin ton ni son, sin venir a nada, sin v. a qué, sin v. a cuento

41.13 verdadero
veraz, verídico, vero, cierto, claro, evidente, fehaciente, fidedigno, fiel, flagrante, franco, fundado
manifiesto, concluyente, definitivo, matemático, obvio, ostensible, ostensivo, palpable, patente, probado
auténtico, certificado, axiomático, categórico, consecuente, contundente, decisivo, exacto, genuino, meridiano, natural, objetivo, ortodoxo, reconocido, sincero, sólido
visible, tangible, perceptible, observable, real, notorio, transparente
incuestionable, inatacable, inconcuso, incontestable, incontrovertible, indiscutible, indisputable, indubitable, indudable, inequívoco, infalible, innegable, inopinable, irrebatible, irrecusable, irrefragable, dogmático

a las claras
— a la vista, a todas luces, a ojos vistas, pura verdad, digno de crédito, d. de fe, liso y llano, sin discusión, no hay más, no hay que darle vueltas
— desde luego, sin disputa, sin duda, sin duda alguna, sin ninguna duda
COLOQ
— impepinable
— verde y con asas, que salta a la cara, que s. a la vista, que s. a los ojos, que se ve a la le-

gua, como la luz del día, que se cae por su propio peso
— como dos y dos son cuatro, como tres y dos son cinco, sin lugar a dudas, sin vuelta de hoja
COMP ING
— tan cierto como el sol que nos alumbra, tan c. como que es de día, tan c. como que estamos aquí tú y yo
— verdad como un templo

41.14 falso
incierto
— **inseguro**, refutable, negable, antitético
— **dudoso**, dudable, dubitable, cuestionable, contestable, disputable, hipotético, indemostrable
— **contencioso**, litigioso, discutible, problemático
— **ambiguo**, impreciso, inconsecuente
— **indeterminado**, irresoluto, vacilante, perplejo, remiso
— **impensado**, infundado, descaminado

confuso
— **oculto**, cifrado, esotérico, hermético, intrincado, encovado, sibilino, sinuoso, mistagógico
— **secreto**, clandestino, furtivo · anónimo
— **recóndito**, profundo, recoleto, interior, íntimo, latente, latebroso, repuesto, retirado

erróneo
— **ficticio**, apócrifo, artificial, bastardo, engañoso, espurio, ilegítimo, ilusorio, inexacto, postizo
— **aberrante** · impropio, supuesto
— **de mentira**, de broma, de fantasía, de imitación, de pega, de mala ley
COLOQ camelo, engañabobos, sombra y pintura

41.15 importante
fundamental
— **capital**, cardinal, central, crucial, esencial, primordial, principal, sustancial, toral, trascendental, vital, ANT fontal
— **básico**, neurálgico, crítico, culminante, supremo, imperioso, grave · precipuo
— **atrayente**, sugestivo, candente, palpitante
— **afamado**, acreditado, conocido, ínclito, popular, admirado, glorioso, prestigioso, considerado

trascendental
— **concluyente**, histórico, recordable, imborrable, inolvidable
— **decisivo**, apodíctico, categórico, concluyente, contundente, decisorio, definitivo, indiscutible, irrevocable, perentorio, resolutorio, terminante
de actualidad, digno de atención, palabras mayores, nada menos que, ahí es nada

41.16 insignificante
superficial
— **irrelevante**, indiferente, imperceptible, desdeñable, despreciable, fruslero, inane, inútil, anodino, vano, huero, nimio, baladí
— **minúsculo**, infundado, bizantino, liviano
— **insustancial**, trivial, banal, pueril, fútil, baladí, ARG Y UR chirle
intrascendente, despreciable, insustancial
— **ligero**, frívolo, vano, simple · abandonado, anónimo, arrinconado
— **desconocido**, incógnito, ignorado, oculto, recóndito
— **arbitrario**, espontáneo, facultativo, graciable, optativo, potestativo, volitivo, voluntario
— **secundario**, banal, descafeinado, desustanciado, gris, hebén, insulso, ligero, pequeño, simple, simplón, vacuo, vano
— boniato, bledo, calabaza
sin importancia
— sin sustancia, sin nada de particular
— de poco fuste, de p. monta, de p. porte, de segunda fila, de tercera fila
— COLOQ de chicha y nabo, de mala muerte, de medio pelo, de tres al cuarto · peccata minuta

41.17 pensado
imaginado, intuido, inventado, conjeturado, meditado, mirado, remirado, reflexionado, repensado, deliberado, preconcebido, reflexivo, sentado, pesado
calculado, tanteado, ensayado, trazado, esbozado, hilvanado, discurrido, meditado, especulado, previsto, madurado, acariciado
con conocimiento de causa
COLOQ trillado, de cajón, a ciencia y paciencia

41.18 supuesto
estimado, presumible, posible, verosímil · hipotético, condicional, deducible, teórico · fingido, inventado, supositicio
dudoso, ambiguo, cuestionable, equívoco, refutable, contestable, indemostrable · incierto, irresoluto, perplejo
confuso, controvertido, aleatorio, contingente · dubitativo, eventual, impreciso, opinable · enigmático
ilusorio, aparente, imaginario, fabuloso, falsificado, ilusivo, desleal

41.19 cuerdo
juicioso, poderoso, discreto, maduro, mesurado, moderado, ponderado, prudente, sabio, sensato, sesudo, cabal, circunspecto
asentado
— sentado, formal, razonable, reflexivo
— calculador, razonador, reflexivo, reposado, desapasionado, equilibrado, frío, ponderoso, sereno, DESUS cordato

de peso, en sus cabales, con justo título, puesto en razón, que se cae por su propio peso, de sentido común

41.20 loco
demente
— **desequilibrado**, desquiciado, perturbado, trastornado, atreguado, barrenado, colgado, alienado, enajenado, avenado, ido, anormal, faltoso, furioso, orate, ANT desentido
— **lunático**, maniático, monomaniaco, venático, megalómano, psicópata, paranoico, esquizofrénico
falto de juicio, fuera de su juicio, f. de su acuerdo
débil mental, deficiente mental, enfermo mental
COLOQ
— halado, chiflado, destornillado, endemoniado, grillado, pirado, rematado, tarado, tocado, tronado, venado, zumbado
— locatis, majara o majareta, mochales
— tocado del ala, loco de atar
COMP ING como una cabra, c. un cencerro, c. una chiva, c. una chota, c. una moto, c. una regadera

VERBOS Y EXPRESIONES
41.21 razonar
pensar
— **reflexionar**, analizar, calcular, cavilar, cogitar, colegir, concebir, considerar, constatar, discurrir, elucubrar, examinar, imaginar, raciocinar, recapacitar, ANT comedir
— **filosofar**, meditar, excogitar, ponderar, travesear, DESUS reflejar
— **repensar**, repasar, revolver, reparar, penetrar, remirar, rememorar, recapacitar, recapitular
— **concentrarse**, abstraerse, abismarse, enfrascarse, ensimismarse, escornarse, recogerse, reconcentrarse, marearse, profundizar
— adquirir sensatez, asentar el juicio, entrar en razón, sacar en claro, sentar la cabeza
— tomarse a pecho, t. en serio
— tomar en consideración, t. en cuenta, poner en entredicho, ponerse en lo peor, p. la mano en el pecho
— COLOQ
  • **rumiar**, quillotrar, torturarse, descornarse, descrismarse, despestañarse, calabacearse
  • **calentarse la cabeza**
    • calentarse los cascos, c. los sesos, romperse la cabeza, r. los cascos
    • comerse el coco, c. el tarro
    • consultar con la almohada, dar vueltas a la cabeza, devanarse los sesos, echar humo por la cabeza

• estrujarse el cerebro, e. las meninges, e. los sesos
• fundirse los plomos, hacerse agua los sesos

juzgar

— **enjuiciar**, apreciar, considerar, creer, discernir, entender, estimar, evaluar, opinar, sopesar, valorar, valuar

— **prejuzgar**

    • dictaminar, fallar, sentenciar

    • criticar, comentar, reputar

    • considerar, conceptuar, clasificar, justipreciar, medir

— **formar juicio**

    • tener buen sentido, t. para sí, t. sentido común, t. una opinión

    • FIG tomar el pulso, t. las medidas · poner la etiqueta

    • COLOQ no casarse con nadie, ponerse el mundo por montera

cambiar de opinión

— cambiar de idea, c. la casaca, c. la chaqueta

— mudar de piel, m. el pellejo

— virar en redondo, volver la hoja

— FIG buscar, cavar, tejer, hilar, fabricar, tornear, senderear, tantear, trastear, digerir, masticar, medir, mirar, abrigar, acariciar, amplificar, desarrollar

echar cuentas

— hacer cálculos, h. cordura, h. reflexión

— **fijarse en**, pararse a pensar, parar mientes, echar sus cuentas, andar con ojo, tentarse la ropa, mirar los pros y los contras, madurar una idea

— COLOQ darle al magín, dar vueltas en la cabeza, hilar fino, rizar el rizo, tentarse las barbas, mirárselo mucho

venir a la mente

— pararse a pensar, parar mientes, venir a las mientes, caer en mientes, hacerse cargo, formar una idea, meterse en sí mismo, alzar el pensamiento

— **pasarse** por el pensamiento, p. por la imaginación, p. por la cabeza

— tener presente, t. en cuenta, t. en mente, t. en consideración

— fijar la atención, f. la consideración

— COLOQ atar cabos, encenderse una luz, caerse del nido ARG prenderse la lamparita, MÉX p. el foco, RD dar mente

decir para sí

— **decir** para sí mismo, d. su capote, d. sus adentros, d. su sayo, d. su coleto · hablar consigo mismo

— pensar para uno mismo, p. en su interior, p. en sí mismo

— hacer sus cálculos, h. su composición de lugar

— consultar con la almohada, echarse sus cuentas, entrar en cuentas, volver sobre sí, darle vueltas a un asunto

REF Por el hilo se saca el ovillo. Por el muro se saca la villa. Por el olfato se adivina el plato. Por el humo se descubre el fuego.

41.22 no razonar

empeñarse

— aferrarse, apasionarse, empacarse, empecinarse, encapricharse, entercarse, obcecarse, obsesionarse, obstinarse, ofuscarse, perderse, perseverar

— meterse algo en la cabeza

— COLOQ

    • emperrarse, pirrarse

    • tener dura la cabeza, t. muchas ganas de, andar a la caza, dar un ojo de la cara, coger una perra, poner pies en pares, VULG perder el culo por algo

CON COMPLICACIONES:

— COLOQ meterse en un lío, m. en camisa de once varas, meter las narices en algo

A PESAR DE LAS DIFICULTADES:

— poner todo de su parte

— hacer lo imposible, h. todo lo posible, h. todo lo que está en su mano

— no escatimar esfuerzos, no e. medios

— tocar todas las teclas, t. todos los palillos, t. todos los registros · mover todos los resortes

— COLOQ

    • plantar cara, poner toda la artillería, jugarse el todo por el todo

    • estar dale que dale, e. dale que te pego, e. erre que erre, e. tieso que tieso, e. toma que toma · volver a la carga

    • CUBA tirarse de barriga, SALV hacer la cacha

EN ALGO DIFÍCIL O IMPOSIBLE:

— estar ansioso por, e. muerto por

— COLOQ buscar las pulgas, b. el gato en el garbanzal, b. la aguja en el pajar, b. la cuadratura del círculo

— buscarle tres pies al gato

COMP ING no dar su brazo a torcer, estar o mantenerse en sus trece, hacer algo contra viento y marea, echar toda el agua al molino, juntar el cielo con la tierra, no dejar piedra por mover, revolver Roma con Santiago

REF Adivino de Salamanca, que no tiene dinero quien no tiene blanca. Así es redonda, así es blanca la luna de Salamanca. Con pan o sin pan, el que no muera vivirá para San Juan. En toda tierra de garbanzos, seis gansos y seis gansas son doce gansos. Las verdades de Perogrullo, que a la mano cerrada llamaba puño.

41.23 acertar
deducir, adivinar, atinar, achuntar, asestar, hallar, averiguar
estar en lo firme, e. en lo cierto
dar con, dar con el quid de la cuestión
dar en el blanco, d. en el clavo, d. en el busilis, d. en el hito, d. en el punto, d. en la chita, d. en la tecla, d. en la yema · caer en
entrar con buen pie, e. con pie derecho · ir por buen camino
COLOQ hacer diana, tener buen ojo, atrapar al vuelo, coger al vuelo, ir por ahí los tiros, poner el dedo en la llaga
COMP ING estar algo claro como el agua, ser algo más claro que el agua
REF Por las vísperas se sacan los santos.

41.24 equivocarse
confundirse
— **desacertar**, desbarrar, desvariar · despistarse, desorientarse, descaminarse, engañarse
— **errar**, fallar, desatinar, aberrar, caer, colarse, izquierdear, marrar, trocar, tropezar
— desorientar, oscurecer, embrollar, enredar, liar
— **tomar por**
  • tener una confusión, t. un despiste
  • tomar equivocadamente, t. una cosa por otra
  • dar un mal paso, dar un paso en falso
COLOQ
— trabucarse · pringarla, piafarla, ARG chingarla, errarle fiero, MÉX regarla · VULG cagarla
— armarse un jaleo, a. un barullo, a. un lío, a. un taco
— dar un resbalón, dar un traspié, dar de ojos · darse un planchazo, darle a la tarantela
— no dar una, no dar una en el clavo, no dar pie con bola
— hacer de las suyas, h. buena hacienda, h. una pifia
— hacerse un lío, h. un taco · hacerla buena
— ir bueno, ir apañado, ir arreglado, ir aviado, ir fuera de trastes, írsele los pies
— meter la pata, m. la gamba, m. la pezuña, m. el cazo, VEN m. la torta · tirarse una plancha · IRÓN no fallar una
— bajarse los pantalones, cambiar de chaqueta, tener las manos largas, ser de guante blanco, MALSON Y VULG mear fuera del tiesto
— salir el tiro por la culata, caer con todo el equipo, pegarse un planchazo, pasarse de listo, CUBA comer bolas, c. gofio
COMP ING
— poner pies por cabeza, ir por lana y salir trasquilado, tomar el rábano por las hojas, hacer una de padre y muy señor mío, h. un pan como unas tortas, VULG h. una cagada, hacerse la picha un lío

— ahogarse en un vaso de agua, hacérsele los dedos huéspedes
— confundir las churras con las merinas, c. la gimnasia con la magnesia, c. la velocidad con el tocino, MALSON Y VULG c. el culo con las témporas · ARG c. gordura con hinchazón, mezclar aserrín con pan rallado
ESTAR EQUIVOCADO:
— ir descaminado
— COLOQ echar por esos cerros, e. por esos trigos, ver visiones y no saber dónde, no ir por ahí los tiros
INSISTIR EN EL ERROR:
— acabar de arreglarlo, remachar el clavo
— volver a hacer de las suyas, v. a las andadas
INTERPRETAR MAL:
— echar a mal, torcer las palabras
— tomar una cosa por otra, t. en mala parte, t. por donde quema
— COLOQ dar torniquete, sacar punta, ARG agarrar para el lado de los tomates
NO ACERTAR EN NADA:
— no dar una en el clavo, no dar una a derechas, no dar palotada, no dar pie con bola, no tocar pelota
— tener más fallos que el caballo de Gonela
REF Al mejor cazador se le va la liebre. El mejor escribano echa un borrón. Quien tiene boca se equivoca. Errando, al acierto nos vamos acercando.

arrepentirse
— **lamentar**, deplorar, sentir, retroceder, concomer, desandar, ciar, pesar, corroer, repentirse
— **retractarse**, retraerse, retrotraerse, reblar, recalcitrar, recejar, recular, retroceder, refluir, regolfar, remontarse, retirarse, retornar, retrechar, retrogradar, revocar, tesar
— **dolerse**, compungirse, desdecirse, descorrer, flaquear, concomer, corroer, llorar
— **disculparse**, excusarse
volverse atrás
— acudir a la voz de la conciencia, acusar o remorder o escarabajear la conciencia, dar o hacer marcha atrás, echarse para atrás, hacerse atrás
— NO TENER DE QUÉ ARREPENTIRSE: tener la conciencia tranquila
COLOQ
— rajarse, chaquetear, rebotar
— darse con la cabeza contra la pared, d. de cabezadas contra la pared, llorar lágrimas de sangre, entonar el mea culpa, meter o echar reversa
— morderse las manos, m. los puños
— pesar el alma, recoger velas, tejer y destejer, tirarse de los pelos, volver la grupa
— REF Donde dije «digo» digo «Diego».

41.25 interesar
significar, contar, pesar, predominar, representar, montar
subrayar, acentuar, señalar, marcar, remarcar
tener categoría
— valer la pena, merecer la pena, ser de consideración, merecer consideración, tomárselo en serio, dejar trazas, ser el todo, tener prioridad, t. mucho que ver, pasar antes que nada
— jugar un papel, hacer época
no ser despreciable, no ser cosa de risa, no pasar desapercibido
COLOQ pintar · irle en ello
COMP ING no ser grano de anís, no ser moco de pavo
REF Por dinero baila el perro, y por pan si se lo dan.

41.26 desinteresar
desestimar
— **desdeñar**, desechar, desconsiderar, desacreditar, apartar, descartar, despreciar, menospreciar, subestimar, trivializar, banalizar, repulsar, repudiar, desairar, vilipendiar, rebajar, recortar, parvificar
— **minimizar**, empequeñecer, disminuir, relegar
— **arrumbar**, arrinconar, desaprobar, condenar
— **infravalorar**, menospreciar, rebajar, recortar, subestimar, subvalorar
no tener interés
— estar de más
— no dar importancia, no hacer al caso, no ir ni venir, no llevar a ninguna parte, no ser más que palabras, no tomar en serio
— no tener objeto, no t. peso, no t. que ver, no t. razón de ser
— no valer gran cosa, no v. la pena
— dar igual, dar lo mismo
— ser lo mismo, s. igual, s. de poco pelo, s. agua de borrajas, s. agua pasada · no ser nada
— quitar importancia, q. valor, q. hierro
— tomar en broma, t. a juego, t. a risa
— echar a broma, e. a chacota
COLOQ
— tomar a chunga, traer algo al fresco
— importar tres pepinos, i. un pito, i. un rábano, i. un bledo, i. un comino, i. un cuerno
— como si nada, c. si tal cosa · c. quien no quiere la cosa
— mirar de lado, tener a menos, hacer caso omiso
— no contar para nada
— no valer un bledo, no v. un comino, no v. un pito
COMP ING ni a Sevilla ni al Guadalquivir

REF Cada cual cuenta la feria según le va en ella. Cada cual lleva la lengua allí donde le duele la muela. Quien es enemigo de la novia no dice bien de la boda. Quien no tiene más que un martillo, todo lo que ve son clavos.

41.27 creer
sospechar
— **especular**, sobrentender, subentender, admitir, teorizar, calcular
— **figurarse**, imaginarse, recelarse, preocuparse, forjarse, temerse, antojarse, traslucirse
— **estimar**, barruntar, remusgar, indiciar, sentir, considerar, abrigar la idea
— **suponer**, evaluar, tantear, atribuir, apostar, presumir, deducir, prever, entrever, vislumbrar, intuir, imaginar, idear
— **recelar** o ANT celar, celar, desconfiar, dudar, temer, temerse
— **contar con**, echar cuentas, leer entre líneas, hablar de la mar, forjarse una idea, dar por supuesto · hacer conjeturas, h. calendarios
— dar que pensar, dar mala espina, dar en la nariz
— tener entre ojos, estar sobre aviso
— pensar mal, poner en cuarentena, no tenerlas todas consigo
tener en mente
— anunciar el corazón, caerse por su peso, confiar plenamente
— creer a pie juntillas, c. a ojos cerrados, c. a puño cerrado
— dar por descontado, d. por hecho, d. por sentado, d. por supuesto
— decir el alma · estar en lo cierto, e. en lo firme · forjarse una idea
— hacerse cuenta, h. una idea
— pisar terreno firme, poner la vista en · saltar a la vista, s. a los ojos
— tener entendido, t. noticia, t. idea, t. la pretensión de, t. el propósito de, t. un presentimiento, t. un pálpito, t. por seguro
— tocar de cerca, ver de lejos
COLOQ
— olfatear, escamarse, mosquearse, olerse
— pensar mal, no tenerlas todas consigo, verlas venir, andar mosca, estar mosca, tener la mosca detrás de la oreja
— dar en la nariz, d. mala espina, d. que pensar, d. el viento
— olerse la tostada, tener largas narices, t. entre ceja y ceja, no t. vuelta de hoja
— llevar la idea, ll. la mira
— oler a chamusquina, o. a cuerno quemado
— jugarse el cuello, j. la cabeza, j. cualquier cosa · dejarse cortar la mano, poner las manos en el fuego, CHILE agarrar papa

41.28 suponer
presuponer
— **intuir**, preconcebir, premeditar, presentir, presumir, prejuzgar
— **predecir**, anunciar, augurar, adivinar, presagiar
— **imaginar**, concebir, construir, divagar, elaborar, evocar, fantasear, idear, inventar, representar, soñar, urdir
— **deducir**, educir, inducir
— **conjeturar**, sospechar, figurarse, imaginarse, estimar, calcular, considerar, entender
pronosticar
— **anunciar**, agorar, anticipar, augurar, auspiciar, ominar, presagiar, profetizar, vaticinar
— **advertir**, antedecir, avisar, hadar, prefigurar, preludiar, prenunciar
— **hacerse ideas**, alzar el vuelo, estar en vena, meterse en la cabeza, pasarse por la cabeza, soñar despierto, ver visiones, dar el corazón
— COLOQ hacer castillos en el aire
REF Te conozco bacalao aunque vengas disfrazao.
41.29 estar cuerdo
acordar, aturar
saber lo que se dice, s. lo que se hace
estar en sí, e. en sus cinco sentidos, e. en su juicio, e. en su sano juicio, e. en sus cabales
ser dueño de sí mismo, ser d. de sus actos
sentar la cabeza, asestar el juicio
41.30 estar loco
atontarse, abobarse, embobarse, embobecerse, aborricarse, alelarse, aneciarse, arrocinarse, embrutecerse, enneciarse, enrudecerse, entontecer, gansear
trastornarse, alterarse, aturdirse, azararse, desarreglarse, desarticularse, desbarajustarse, desordenarse, desorganizarse, desquiciarse, disgustarse, emocionarse, enredarse, ensandecer, estropearse, excitarse, extraviarse, impresionarse, perturbarse, transportarse, trastocarse, enajenarse, turbarse
loquear, divagar, desatinar, desaviar, desafiar, desalinear, desentablar, descompaginar, disturbar, enturbiar, estorbar, nublar, oscurecer, pervertir, preposterar, revolucionar, sacudir, sublevar, subvertir
desvariar, delirar, desbaratar, desbarrar, desenfrenarse, deslatar, destorrentarse, devanear, dispararse, disparatar, cantinflear, soltarse
enloquecer, perder la cabeza, p. la razón
privarse de juicio, no tener la cabeza en su sitio, no t. todas sus facultades, faltar un tornillo, irse la cabeza, descomponérsele la cabeza, secarse el cerebro
COLOQ
— **chiflarse**, destornillarse, guillarse, desvariar,

prevaricar, chochear, achocharse, MÉX, CUBA Y SALV fallarle
— **estar ido**, e. fuera de su juicio, e. mal de la cabeza, e. grillado, e. loco de remate, e. loco de atar, e. mal de la azotea, MÉX e. tumbado del burro, e. en el limbo, PERÚ e. coca cola, UR e. del tomate
— **no estar** en su sano juicio, no e. en sus cabales
— **ser** un chaveta, s. un cascabel, s. un cascanueces, s. un caso clínico, s. un caso serio, s. un tarambana, s. un trincapiñones, s. un bala perdida, s. un bendito de Dios, ARG s. un caso de escopeta, s. un tiro al aire
— **tener** seco el cráneo, t. muchos ruidos, t. los cabales pegados, t. la cabeza a pájaros, t. cascos de calabaza, t. el juicio en los calcañares, t. el juicio en la planta del pie, t. la cabeza como una olla de grillos, t. los cascos a la jineta, t. los tornillos flojos, t. sesos de mosquito, t. la cabeza a las once, ARG t. agua en la bóveda
— **perder** el seso, p. el juicio, p. el sentido, p. la chaveta, p. el oremus, p. la cabeza, p. los estribos
— **patinar** las neuronas, p. las meninges, p. el embrague
— **salirse** de sus casillas, faltarle un tornillo, volverse mico
COMP ING
— **estar como** un cencerro, e. como una cabra, e. como una chiva, e. como una chota, e. como una moto, e. como una regadera, e. como unas castañuelas, e. como una cafetera, e. como un grillo, e. como un cencerro, e. como una olla
— **estar más** zumbado que una pandereta, estar más z. que el pandero de un indio, estar más z. que un hablar, estar más z. que una tahona, ARG estar más loco que un plumero
— **volverse** lo de arriba abajo, salirse de su paso
— **irse** por los cerros de Úbeda, apearse por la cola, soltarse el pelo

42. CARÁCTER
42.01 sensibilidad
percepción, perceptibilidad, susceptibilidad, afectividad, emotividad, receptividad, vulnerabilidad, impresionabilidad
sensación, emoción, impresión, intuición, afecto
fibra sensible, estado de ánimo
vida afectiva, v. sentimental
42.02 insensibilidad
indiferencia, indolencia, pasibilidad, imperturbabilidad, impermeabilidad, inconsciencia, desafección, conformidad, flema

crudeza, rudeza, dureza, frigidez, nirvana, analgesia, catalepsia, letargo, acorchamiento, atontamiento

despego, desapego, descariño, desafecto, desgana, desvío, displicencia, frialdad, impasibilidad, apatía · estoicismo

cortedad, insuficiencia, parvedad, parvulez, miseria

corazón de piedra, sangre fría

COLOQ pasotismo · mala gana, falta de interés · bronce, corcho, corteza, piedra

42.03 optimismo

euforia, entusiasmo, satisfacción, regocijo, alborozo, alegría, arrojo, bonanza, confianza, dicha, felicidad, gozo, júbilo, jovialidad · aliento, ánimo

exaltación, fervor, fogosidad, vehemencia, ardimiento, calor, delirio, frenesí, fuego, hervor, locura, paroxismo, rapto, apoteosis

buen humor, b. temple · seguridad en sí mismo

42.04 pesimismo

desolación, aflicción, tribulación, desconsuelo, amargura, malestar, revuelo, revoloteo, mareta

depresión, postración, consternación

tristeza

— melancolía, engurrio, añoranza, nostalgia, congoja, pena, pesadumbre, morriña, mal de la tierra

— MED hipocondría, neurastenia

desasosiego, desazón, agitación, inquietud, efervescencia, intranquilidad, ahogo, agonía, espina, miedo, quebranto

alarmismo, catastrofismo

COLOQ comezón, culillo, hormigueo, hormiguillo, cosquilleo, zangarriana

42.05 diligencia

presteza, prontitud, DESUS esperteza

decisión, energía, esfuerzo, fuerza, poder, viveza, entusiasmo, laboriosidad, afán, brío, nervio, hiperactividad

escrupulosidad, meticulosidad, minuciosidad, vigilancia, exactitud, pulcritud, solicitud, ojo, precaución, procuración

esmero, atención, mimo, cautela, celo, cuidado, miramiento

espíritu de trabajo

42.06 pereza

vagancia, negligencia, indolencia, ocio, DESUS moho, SAL carpanta, faranga, CHILE cancheo

inacción, desocupación, quietismo, sedentarismo, inactividad, inmovilidad, apoltronamiento

dejadez, desgana, galbana, murria, zangarriana, ANT bajotraer

atonía, apatía, haronía, roncería, pelmacería, acedia o acidia, ignavia, desidia, abulia, indiferencia, abandono, flema, flojera, AR melsa

parsimonia, tranquilidad, despaciosidad, morosidad, premiosidad, ociosidad, pasividad

vaguería, holgazanería, haraganería, gandulería, roncería, poltronería

COLOQ zanguanga, mandanga, pachorra, cachaza, pelmacería, porrería, recalmón, cuajo, posma, sorna, remanso, asadura, galbana, ARG fiaca

42.07 paciencia

aplomo, quietud, reposo, moderación, paz, placidez, remanso, beatitud

conformidad, impasibilidad, imperturbabilidad, resignación, serenidad, aguante, mansedumbre · FIL estoicismo, ataraxia

entereza, impasibilidad, impavidez, inalterabilidad, longanimidad, firmeza, perseverancia, indulgencia

FIG prudencia, condescendencia, tolerancia

presencia de ánimo, sangre fría, dominio de sí

42.08 impaciencia

intranquilidad

— **excitación**, exasperación, excitabilidad, impetuosidad, nerviosidad, nerviosismo, neura

— **turbación**, azoramiento o azaramiento, azoro, conturbación, embarazo, empacho, AM tupición

— **desasosiego**, efervescencia, emoción, estrés, fiebre, frenesí, histeria, hormigueo, malestar, preocupación · inquietud, ansia, avidez, zozobra, desvelo, prurito

— **prevención**, recelo, suspicacia, temor, aprensión, cuidado, duda, inconfidencia, incredulidad, malicia, presunción, desconfianza o difidencia

agobio

— **comezón**, agitación, confusión, convulsión, desabrimiento, mohína

— **irritabilidad**, irritación, susceptibilidad, mordacidad, acritud, ira, furia, rabia · mal genio

— **enfado**, malhumor, indignación, alteración, arrebato, reconcomio, atufamiento, enojo, resquemor, resentimiento, rencilla, quemazón

carácter irascible · humor de perros, h. de mil diablos

COLOQ

— **picazón**, mosqueo, arrechucho, pique, fanfurriña, escama, cominillo

— sus cosillas, sus más y sus menos, sus pros y sus contras

— arma de dos filos

42.09 calma

serenidad, mesura, normalidad, impasibilidad, imperturbabilidad, inalterabilidad, ecuanimidad, ponderación, templanza, sobriedad · nirvana, relax solemnidad, formalidad, gravedad · aplomo, austeridad, empaque, grandeza, inexorabilidad, rigor, mesura, tiesura, tesura

reserva, respeto, responsabilidad, sensatez, seriedad, fundamento, prosopopeya · formalidad, dignidad, decoro

equilibrio, pulso, tiento, tino

dominio de sí mismo, presencia de ánimo, sentido de la medida

COLOQ chapa, mirlo

42.10 nerviosismo
preocupación
— tribulación, cavilación, obsesión, aflicción, pesadumbre, desdicha, desventura, disgusto, infortunio, intranquilidad, cuidado, desazón · dolor, temor, sombra · MUR Y ALM regomeyo o regomello
— agitación, ajetreo, revuelo, apuro, desasosiego, disgusto, efervescencia, estrés o stress, COLOQ hormigueo, cosquilleo

ansiedad
— ahogo, agonía, ansia, comezón, congoja, impaciencia, inquietud, opresión, padecimiento, presura, tensión, tósigo, zozobra, DESUS cordojo
— angustia, amargura, pena, malestar, padecimiento · cuita, pesadilla, tormento, revés
— COLOQ quillotro · quebradero de cabeza · comedura de coco, c. de tarro

ira
— furia, furor, coraje, desesperación, berrenchín, corajina, despecho, iracundia, fiereza, irritación, sorda, saña, soberbia, veneno, vesania, violencia
— cólera, crispación, desazón, desesperación, nerviosidad, rabia, sofoco, sofocón
— COLOQ
    • arranque, arrebato, arrechucho
    • berrinche, perra, perrera, perrería, basca, rabieta, petera, refunfuño

ADJETIVOS Y ADVERBIOS
42.11 sensible
vulnerable, impresionable, bonancible, bonachón

afectivo, emocional, emotivo, delicado, fino, perceptivo, susceptible

romántico, sentimental, tierno, sensitivo

apasionado, entusiasta, entusiástico, delirante, diletante, vehemente

de buen talante
— de buena pasta, de b. casta, de b. cepa, de b. sangre · de buenas entrañas
— de pasta flora, de p. de almendra
— de mírame y no me toques
— buena gente, blando de corazón, paloma sin hiel

42.12 insensible
impasible, duro, frígido, frío, impávido, imperturbable, implacable, inalterable, inconmovible, indiferente, indolente, insensitivo, lánguido, sordo, tibio

apático, aséptico, descastado, desdeñoso, despectivo, displicente, estoico, exánime, inerte, inexorable, inhumano, obtuso, yerto

sin alma, sin corazón, sin vida, sin entrañas, sin espíritu

COLOQ pasota, mastuerzo, mostrenco, bodoco, ceporro, cernícalo

COMP ING alma de cántaro, pedazo de carne con ojos

42.13 optimista
animado
— alborozado, animoso, dichoso, jubiloso, ristolero, risueño, sonriente, regocijante
— eufórico, exaltado, exuberante, exultante, entusiasta, radiante, ufano
— festivo, jacarero, jaranero, juguetón, lozano, ocurrente, pajarero, parrandero, parrandista, verbenero, zaragatero, vivaz, vigoroso, vivaracho
— de buen humor, lleno de vida

cómico
— irónico, sarcástico, hilarante, descacharrante, mofador, socarrón
— bromista, agudo, chistoso, divertido, gracioso, humorista, ingenioso, jocoso, jocundo, jovial, burlón, DESUS deportoso
COLOQ cachondo, chunguero, chuzón, guasón, mojarrilla, payaso, quedón, vacilón, zumbón

42.14 pesimista
malcontento
— descontento, disgustado, pesaroso, murrio, resentido, amargado, fastidiado
— insatisfecho, malhumorado, descontentadizo, DESUS escolimoso
— catastrofista, hipocondríaco, FIL nihilista

consternado, apenado, abatido, afligido, angustiado, atormentado

inadaptado, desplazado, malavenido

COLOQ rostritorcido, malencarado

42.15 diligente
emprendedor, batallador, luchador, trabajador, laborioso, esforzado, peleador, cumplidor, combativo, aventurero

activo, afanoso, animado, ardoroso, atareado, brioso, dinámico, enérgico, entusiasta, hacendero, hacendoso, incansable, inquieto, nervioso, pujante, vigoroso

rápido, vivo, dispuesto, apresurado, presuroso o apresuroso, presto, ligero

acucioso, acelerado, desalado, solícito, puntual

eficaz, eficiente, capaz, industrioso, celoso, fecundo, intrépido

42.16 negligente
perezoso, callejeador, cesante, desocupado, flemático, flojo, galfarro, haragán, holgazán, indolente, mirón, ocioso, parado, vagabundo, vago, zángano, zangarullón, zangón
descuidado, despreocupado, inanimado, improductivo, indiferente, inerte
pasivo, amorfo, apático, estéril
COLOQ fresco, viva la Virgen, MUR mindango

42.17 paciente
calmado, sosegado, reposado, apacible, inalterable, inconmovible, indolente, impávido
plácido, lánguido, relajado, flemático, inmutable, moroso
templado, estoico, imperturbable, inmutable, impasible, impertérrito, inalterable, inconmovible, inmoble, DESUS infracto
COLOQ pancho, cachazudo, pánfilo

42.18 impaciente
turbado, intranquilo, desasosegado, desazonado, desesperado, descompuesto, enfadado, excitable, irritado, soliviantado · con el corazón en un puño, hecho un flan
estresado, crispado, excitado, alterado, agitado, inquieto, angustiado, revuelto, neura, ANT exagitado
preocupado, deseoso, vehemente, apurado, desasosegado, desazonado · alarmado, desconfiado
aturdido, atolondrado, atarantado, confuso, impresionado, ardiente, ávido, impetuoso, revoltoso, travieso

42.19 calmoso
templado, aplacado, aplomado, lánguido, plácido, relajado, reposado, resignado, sosegado
sereno, pacífico, tranquilo, manso, paciente, apacible, indolente
flemático, indulgente, flojo, moroso, espartano
imperturbable, inmutable, impávido, impasible, impertérrito, inalterable, inconmovible, inmoble, estoico, DESUS infracto
bonancible, benigno, suave, manso, dócil, blando, convenible, docible, dúctil, dulce, fácil, maleable, manejable, mollar, obediente, suave, sumiso
dueño de sí · sin voluntad propia, fácil de manejar
COLOQ
— pancho, cachazudo, pánfilo, borrego, cordero, calzonazos, pelele
— baldragas, blandengue, bonachón, boquimuelle, bragazas
— buenecito, maniquí, cazurro, mego, Juan Lanas
— ave fría, de sangre de horchata, de pasta flora

COMP ING como una malva, c. una manteca, c. una seda · c. un guante · más blando que una breva, más suave que un guante

42.20 nervioso
impaciente
— resentido, áspero, desabrido, enojadizo, gruñón, rezongón, susceptible, desarbolado, exagitado
— rabioso, ansioso, desapacible, destemplado, estridente, feróstico, quisquilloso, rabietas, raspa, crespo · COLOQ sardesco, pólvora, polvorilla, DESUS perrengue
— de mal carácter, de mal genio · de malas pulgas, de genio vivo, de sangre caliente
irascible
— irritable, adusto, descontentadizo, esquinado, esquivo, excitable, hosco, sacudido, socarrón, tarasca
— áspero, avinagrado, brusco, desabrido, fuerte, geniazo, geniecillo, gruñón, pólvora, polvorilla, pronto, raro, renegón, violento, vivo
— enfadadizo, enojadizo, arrebatadizo, enconoso, picajoso, puntilloso, puntuoso, quisquilloso, susceptible, vidrioso
— COLOQ mala leche, malas pulgas
enfadado
— airado, ardiondo, arrebatadizo, ceñudo, contrariado, crespo, fiero, frenético, quejoso, torvo
— indignado, colérico, enojado, poseído, ceñudo, aferruzado, disgustado
— enfierecido, rabioso, furioso
— iracundo, furibundo, despótico, tiránico, intolerante, demente, rudo, ensañado
— malhumorado
— DESUS furo, furente, furiente, bejín o berrín, perrengue
— COLOQ
  • mosqueado, cabreado, encabritado, corajudo
  • botafuego, bravo, energúmeno, fiera, fuguillas, geniazo, gruñón, paparrabias, pólvora, polvorilla, pulguillas, rabietas, rabietillas, sierpe, tufillas
  • malas pulgas
loco
— alocado, arrebatado, atronado, desatinado, descabezado, desenfrenado, desequilibrado, sonlocado, zombi
— ligero de cascos
  • falto de equilibrio, f. de lastre, f. de aplomo
  • sin fundamento, sin sentido o de poco sentido
  • de poco fundamento, de poco juicio
— COLOQ
  • botarate, calvatrueno, chisgarabís, loqueras, saltabancos, saltabardales, saltapare-

des, tabardillo, tarambana, tararira, tontiloco, trafalmejas, zascandil, zolocho
• cabeza loca, c. de chorlito, c. de cerdo, c.
de hierro, c. vana • pájaro loco

VERBOS Y EXPRESIONES
42.21 sensibilizarse
concienciarse, afectarse, apasionarse, apenarse, apesadumbrarse, apiadarse, compadecerse, conmoverse, consternarse, contristarse
emocionarse, enternecerse, entristecerse
impresionar, herir, padecer, picar, inmutarse,
sensibilizar, sufrir, resquemar
hacer impresión, arrancar el alma, dar en lo
vivo, destrozar el alma, hurgar la herida o la
llaga, llegar al corazón, partir el alma
tocar en lo vivo, t. la herida, t. la llaga • tomar
pesadumbre
42.22 insensibilizarse
endurecerse, acorcharse, adormecerse, curtir-
se, empedernirse, encallecerse • anestesiar,
narcotizarse
desentenderse, despreocuparse, confundirse,
desnortarse, perderse, embotarse • atontarse, aturdirse
no hacer caso
— dejar correr las cosas, d. en manos de, d. en
paz, d. estar, d. para otros, d. que ruede la
bola, d. sobre sí • relegar al olvido
— echarse en brazos de, encogerse de hombros
— correr un tupido velo, dar corte, poner tierra por medio
COLOQ
— pasar, resbalar, desaviar, refanfinflársela
— quedarse tan fresco, q. tan pancho
— mandar al cuerno, perder cuidado, reírse
del mundo, ahí me las den todas, ¡y viva
la Pepa!
— ser un carnicero, s. un moscardón, s. un Nerón, s. un pelma, s. un pelmazo, s. un tostón, s. una buena pieza, s. una cataplasma,
s. una peña, s. cruel como un tigre, AM s.
un mangangá, s. un calzonazos, s. una pavesa, s. jeringa, s. secante, ARG s. un hincha, s. un piola, s. una buena mandarina, s.
más molesto que pulga de tapera, s. más
pesado que mosca de velorio, CHILE s. carne de cogote, CUBA Y VEN s. un pechugón,
s. una araña, HOND s. un sácalas, s. un sacón • VULG s. un hincha pelotas
— ser de bronce, s. de corcho, s. de hierro, s.
de mármol, s. de piedra
— ser duro de corazón, s. la vida perdurable,
s. pariente del marqués de la Pestaña, s. pe-
gadillo de mal de madre, s. perejil de todos
los guisos • no s. trigo limpio

— ser como el fraile del mazo, s. como un dolor de muelas, s. como un puerco
— tener malas tripas, t. malos hígados, t. la
conciencia ancha, t. chinches de sangre, t.
sangre de chinche, t. el corazón de bronce
— no tener alma, no t. corazón, no t. prójimo
— malo como el demonio, m. como mil diablos, m. como asno rojo
— tomárselo con calma, t. con filosofía, tomar
a beneficio de inventario, ARG tomárselo con
soda
— COMP ING
• más malo que el sebo, más m. que la tierra blanca, más m. que pegarle a una madre, más m. que la carne de pescuezo
• hacer de su capa un sayo, ponerse el mundo por montera
• tener pelos en el corazón, t. sangre de horchata, t. cuerpo sin alma
• no tener voluntad propia, no t. sangre en
las venas, no ser carne ni pescado, ponerse el mundo por montera, andar como
el corcho sobre el agua
REF Ande yo caliente y ríase la gente.
42.23 animarse
crecerse, elevarse, subirse, ascenderse, alentarse, confortarse, reanimarse, fortalecerse,
vivificarse, consolarse, levantarse, respaldarse, alegrarse
incitarse, excitarse, aguijonearse, espolearse,
azuzarse, avivarse, inyectarse, empujarse,
impulsarse, llevarse, moverse, exhortarse
COMP ING sacarse un peso de encima, respirar a
pleno pulmón
42.24 desanimarse
apenarse
— **afligirse**, acuitarse, descorazonarse, atormentarse, mortificarse, martirizarse, exasperarse
— **preocuparse**, inquietarse, angustiarse, apurarse, torturarse
— **postrarse**, abatirse, consternarse, abrumarse, acoquinarse, debilitarse, desmoralizarse, consumirse, concomerse, desazonar-
se, acongojarse, encogerse, jarretarse
— **agobiarse**, angustiarse, deprimirse, AM
achucuyarse
decaer
— **desfallecer**, desesperanzar, desmayar, flaquear, enflaquecer, ceder, descuajar
— **desengañarse**, desmotivarse, desmoralizarse, abandonarse, desalentarse, poster-
garse, descorazonarse, desesperanzarse, desinflarse
— **apocarse**, achicarse, acobardarse, acoquinarse, amilanarse, amorronarse, anonadarse, apabullarse, aplanarse, aquietarse, ator-

tolarse, dejarse, derribarse, desalentarse,
deshincharse, desinflarse, desinteresarse,
encogerse
— **aniquilarse**, derrumbarse, desmoronarse,
hundirse, abatirse, repodrirse o repudrirse
COMP ING estar en baja forma, ahogarse en un
vaso de agua, tener la moral por los suelos,
andar como fantasma

42.25 emprender
avivar
— **dinamizar**, entonar, intervenir, participar,
reanimar, vigorizar, vivificar, colaborar
— **activar**, acelerar, alargar, apresurar, correr,
despachar, apretar, cebar, volar, aguijar,
aguijonear, acuciar, acosar, DESUS festinar
moverse
— **agilizarse**, activarse, dinamizarse, agitarse,
accionarse, menearse, movilizarse
— **afanarse**, adelantarse, avivarse, aquejarse,
arrebatarse, despezuñarse, acelerarse, apurarse, apremiarse
poner en actividad, p. en marcha, p. en movimiento
ganar tiempo, no perder el tiempo, estar a
tiempo, llegar con tiempo, avivar el paso
COLOQ **darse aire**, ir zumbando

42.26 contenerse
perecear, dilatar, retardar · holgazanear, haraganear, flojear
desanimarse, desactivarse
ceder, caer, decaer, dejarse, cejar, cerdear, claudicar, debilitarse, flojear, quebrarse, reblar,
recular, rendirse, retroceder
echar pie atrás, dejarse vencer, recoger velas ·
matar el tiempo, mirar las musarañas, pasar
el rato
COLOQ rajarse

42.27 tener paciencia
armarse de paciencia
— armarse de valor, cargarse de paciencia,
componer el rostro, conservar la serenidad,
guardar la compostura, no perder la cabeza, recomponer el semblante, revestirse de
paciencia, saber esperar
— tener los nervios de acero, t. presencia de
ánimo, t. sangre fría
COLOQ
— aguantar mecha, ensanchar el cuajo, tragar
saliva
— tener mucha correa, t. pecho, t. buenas
aguantaderas, t. buen cuajo
COMP ING tener la paciencia de Job, estar en el
banco de la paciencia, con paciencia se gana al cielo, hacer de tripas corazón
REF A cualquier dolencia es remedio la paciencia. Con el tiempo y una caña hasta los verdes se alcanzan. Con paciencia se gana el

cielo. Con paciencia se ganan indulgencias.
Nada es grave para quien esperar sabe. No
se ganó Zamora en una hora. Paciencia es
cristiana ciencia. Paciencia, hermanos, y moriremos ancianos. Si el remedio no alcanza a
la dolencia, la mejor medicina es la paciencia. Tiempo al pez, que él picará alguna vez.

42.28 impacientarse
intranquilizarse
— **molestarse**, ofenderse, resentirse, dolerse,
concomerse
— **turbarse**, conturbarse, mudarse, azogarse,
desencajarse, desquiciarse, azorarse, aza-
rrarse o azarearse, atajarse, atarugarse, atascarse, embarazarse, demudarse o ANT desemblantarse, COLOQ tartalear
— **desasosegarse**, alterarse, aturdirse, aturu-
llarse, confundirse, conmoverse, descomponerse, desconcertarse, empacarse, perturbarse
— **agitarse**, alborotarse, apurarse, alarmarse,
candirse, comerse, coscarse, escoscarse, derretirse, ronronear
— **encresparse**, estresarse, reconcomerse, encorajinarse, agraviarse, endemoniarse
— **hartarse**, hincharse, cargarse, llenarse, encapotarse
mudar el semblante, trabarse la lengua, no saber dónde meterse
quedarse cortado, q. desconcertado, q. ensordecido · encontrarse atado
hacerse un nudo en la garganta, h. un barullo,
h. un lío, h. un ovillo, h. un taco
tener hormiguillo, t. la cabeza como un bombo, t. la cabeza como una olla de grillos, t.
la cabeza llena de pájaros, t. azogue en el
cuerpo, t. pulgas en el cuerpo
estar nervioso, e. hecho un manojo de nervios
no poder parar, no p. estar quieto
ser puro nervio, s. un manojo de nervios, s.
un azogue, s. una pólvora, COLOQ s. un culo
inquieto
complicarse la vida
— ahogarse en un vaso de agua, complicarse
la existencia, darse un mal rato, envenenar-
se la sangre, estar en espinas
— hacer un mundo, h. una montaña, h. mucho ruido por nada, h. un drama de algo, h.
un mar de una gota de agua
— llevar de cabeza, meterse el demonio en el
cuerpo, pasar un mal rato, perder el sueño
— quitarse el sueño
— reparar en migajas, r. en repulgos de empanada
— sentir un grano
— tener un quebradero de cabeza, t. dolor de
cabeza, NIC t. culillo

— tomarse las cosas a pecho, pasar un mal rato, traer de cabeza
— tropezar en un cabello, t. en un garbanzo, t. en una china

perder la paciencia
— caerse el alma a los pies, caérsele o venirse el mundo encima
— echar chispas o rayos, echarse al sur, entrarle a uno la vena, hundírsele el mundo, montar en cólera, revolverse la sangre
— subirse a la parra, s. la sangre a la cabeza, s. los humos
— tener los nervios a flor de piel, t. un pronto · venirse abajo, ver todo negro

COLOQ
— mosquearse, amoscarse, picarse, cortarse, ARG, BOL, HOND, PAR y UR abatatarse
— pasarlas moradas o negras
  • tener la negra, t. un quebradero de cabeza, tocar fondo, ver las orejas al lobo
  • verse negro · vérselas negras, v. y deseárselas
— andar o bailar en la cuerda floja, dar palos de ciego, darse de narices, perder los papeles, ponerse a cien, hinchársele las narices, estar hasta las narices, GUAT e. chino, RD e. hasta la taza
— COLOQ ir de culo, quedarse con el culo al aire, MALSON Y VULG estar como puta por rastrojo
— estar al límite, e. apañado, e. aviado, e. como un trapo, e. con el agua al cuello, e. con el alma en un hilo, e. con la mosca detrás de la oreja, e. con la soga al cuello, e. de mala uva, e. dejado de la mano de Dios, e. en un grito, e. fuera de sí, e. harto de coles, e. hasta el coco, e. hasta el cogote, e. hasta el copete, e. hasta el gollete, e. hasta el gorro, e. hasta el moño, e. hasta el tope, e. hasta la coronilla, e. hasta la punta de los pelos, e. hasta las cejas, e. hasta las narices, e. hasta los pelos, e. que echa humos, e. que muerde, e. que trina, e. sobre ascuas, e. sobre un volcán
— no poder más, no poderse tener en pie, no caber el corazón en el pecho, no dar pie con bola, no ganar para sustos
— ir de cráneo, ir de lado, ir que se mata
— tener carácter agrio, t. un genio de mil diablos, t. un humor de perros

COMP ING
— armar la de Dios es Cristo
— parecer el movimiento continuo, p. hecho de rabos de lagartija, p. molinillo de chocolatería, p. que tiene hormiguillo
— tener el baile de san Vito, t. culillo de mal asiento, t. el diablo en el cuerpo

— ser un fosforito, ser una pólvora, s. puro nervio, s. un manojo de nervios, s. como una ardilla
— haber sido destetado con leche de avispa, estar hecho de hiel, no aguantar una, saltar como granizo en albarda
— ARG ser más bravo que un ají, s. un leche hervida, s. un chinche, tener el carácter podrido, UR s. un calderita de lata
REF No hay que buscarle tres pies al gato, sabiendo que tiene cuatro.

42.29 calmarse
serenarse, sosegarse, aquietarse, confortarse, contenerse, frenarse, refrenarse, relajarse, pacificarse, reposarse, dominarse, tranquilizarse

apaciguarse, aserenarse, suavizarse, asentarse, desalterarse, aplacarse, quietarse, aquietarse, acallarse, reportarse, DESUS asosegarse

conformarse, aguantarse, sacrificarse, resignarse, moderarse, morigerarse

rehacerse, reponerse, sobreponerse

sobrellevar, aguantar, soportar, resistir, transigir

despreocuparse, dormirse, adormecerse, descansar, relajarse, sedarse

42.30 enfadarse
exaltarse
— **acalorarse**, alterarse, airarse, acharrarse, amohinarse, amostazarse, amoscarse, atufarse, azararse, molestarse, mosquearse
— **disgustarse**, alborotarse, apesadumbrarse, consternarse, contrariarse, demudarse o desemblantarse, descontentarse, enardecerse, incomodarse, ofenderse, resentirse, sofocarse, soliviantarse, sulfurarse
— **excitarse**, amostazarse, arrebatarse, asparse, crisparse, deshacerse, enarbolarse, encohetarse, encorajarse, encresparse, enervarse, exacerbarse, sulfurarse
— **desesperarse**, impacientarse, desasosegarse, sublevarse
— **desatarse**, desbocarse, desencadenarse, descrismarse, dispararse, acelerarse, desenfrenarse, exasperarse
— **irritarse**, atravesarse, concomerse, emberrincharse, encocorarse, encolerizarse, encorajinarse, enfurruñarse, enojarse, enrabiarse, escabrosearse, indignarse, sobreexcitarse
— **desencajarse**, desfigurarse, descomponerse, concomerse, encalabrinarse, indigestarse, erizarse, electrizarse
— **repuntarse**, enfurruscarse, añusgarse, contrapuntearse, enfoscarse, atocinarse, hariscarse, AND, PR Y RD enfurruñarse o enfuñarse, CUBA Y PR enfuncharse, GUAT, HOND Y NIC empurrarse

— **enfurecerse**, enfierecerse, embravecerse, amularse, apitonarse
— **quemarse**, encenderse, inflamarse, atufarse, requemarse, endemoniarse, infernarse, allamararse, excandecerse

ofenderse

— **agraviarse**, amoscarse, apitonarse, dolerse, formalizarse, molestarse, mosquearse, picarse, resentirse, saltar, sentirse
— ofenderse del aire, tener la epidermis fina

rabiar

— **rugir**, trinar, bufar, rumiar, bramar, tronar, mugir, gruñir, refunfuñar, volar, encrudecer, espiritar, rehervir, disparatar, renegar, rezongar, CR enchilar
— **patear**, patalear, pernear, saltar, brincar, rechinar, rezongar, botar

estar enfadado

— acabarse la paciencia
— arrugar el entrecejo, comerse con los ojos
— dar palo, dar sentimiento
— echar a mala parte, e. la tremenda, e. las patas por alto
— fruncir el entrecejo, f. el ceño, f. la frente, darse por ofendido
— estar de mal humor, e. de mal talante, e. de mal temple, e. en vilo, e. irritado, e. que bota
— hablar entre dientes, hacer un mundo, hacerse mala sangre, hurgar en la herida o en la llaga
— interpretar mal
— levantar ronchas, llegar a las telas del corazón, llenarse de ira, llevar a mal, llevarse un disgusto o un mal rato o un sofocón, llevárselo los demonios
— mesarse las barbas, montar en cólera, morderse las manos o los dedos o las uñas, mudar de semblante
— partir el alma
— perder la cabeza, p. los estribos, p. la calma, p. la tranquilidad
— ponerse de mal humor, p. de mil colores, p. descompuesto, p. frenético, p. lívido, p. nervioso, p. rabioso
— quedarse desconsolado
— rechinar los dientes
— sacar el genio, salirse de sus casillas, saltar como la leche, saltársele los ojos, sentar como un tiro, sentirse herido, subírsele a uno la sangre
— sentirse molesto, s. ofendido, s. herido
— tener cara de pocos amigos, t. un mal rato, t. horas bajas, t. un bajón, t. mal día, t. mala sangre
— tirarse de las barbas, t. de los pelos · torcer el gesto

— tocar en la llaga, t. en la herida, t. en lo vivo
— tomar a mal, t. a mala parte, t. a pecho, t. por donde quema, t. por la tremenda · tomarse un berrinche, t. un mal rato · torcer el gesto, el sentido
— ver negro, v. las cosas por el mal lado

<small>COLOQ</small>

— **cabrearse**
  • encabronarse, encabritarse, enchivarse, mosquearse, embravecerse, enfierecerse, entigrecerse, enchivarse, apitonarse, SAL enfuriarse, ANT enferozar, COL embejucarse
  • **picarse**, amostazarse, emberrenchinarse, enrabiarse, enrabietarse, endemoniarse, enfurruñarse, enfurruscarse, enfurecerse
  • **emborrascarse**, encalabrinarse, encandilarse, encorajinarse, embotijarse, amorrarse, abroncarse, amorugarse, aborrascarse, rebotarse, coscarse, repodrirse o repudrirse
— hincharse las narices
  • ahumarse el pescado, alterarse la bilis o la sangre, arrugar el entrecejo o la frente
  • caérsele el alma a los pies, c. las alas del corazón · calentarse el horno
  • coger la cesta de las chufas, c. la trompa, c. un globo · comer pimienta, comerse las uñas, crujir los dientes, cruzarse los cables
  • darse al diablo, d. a todos los diablos, d. cabezadas contra la pared, d. por ofendido, d. un berrinche, descargar el nublado, d. la nube, destrozar el alma
  • echar chispas, e. rayos, e. cantos, e. chiribitas, e. espumarajos por la boca, e. fuego por los ojos, e. humo, e. rayos y centellas, e. sapos y culebras, e. venablos, e. todo a rodar
  • encapotarse el rostro, entregarse al diablo
  • dar la vena, d. el pronto, d. el siroco, d. la tarantela, d. la ventolera · actuar a lo loco
  • estar echando bombas, e. en ascuas, e. entregado al diablo, e. furioso, e. negro, e. para subirse por las paredes, e. por las nubes, e. rojo de ira
  • estar de mal aire, e. de mal café, e. de mal gesto, e. de mala uva, e. de malas, e. de morros, e. de trompa
  • estar hecho un basilisco, e. hecho un demonio, e. hecho un torete, e. hecho una fiera, e. hecho una furia
  • estar que arde, e. que bota, e. que brinca, e. que bufa, e. que coge el cielo con las manos, e. que echa bombas, e. que echa chiribitas, e. que echa chispas, e. que echa fuego por los ojos, e. que echa humo, e. que echa las muelas, e. que echa los dientes, e. que echa rayos, e. que re-

vienta, e. que toca el cielo con las manos, e. que trina
- estudiar con el demonio, hincharse las narices
- levantarse con el pie izquierdo, llegar a las telas del corazón
- no estar para bromas, no e. para fiestas, no e. para gracias
- ponerse a cien, p. a mil, p. con los ojos fuera de las órbitas, p. de morros, p. fuera de sí, p. hecho un energúmeno, p. hecho un toro, p. hecho una furia, p. negro, p. por las nubes · picarle la mosca
- subirse a la parra, s. al cerezo, s. el humo a las narices, s. la mostaza, s. la sangre a la cabeza, s. por las paredes
- torcer el hocico, t. el morro
- poner hocico, p. morro, p. careto
- perder la chaveta
- tener un humor de mil diablos, t. un humor de perros · t. el demonio en el cuerpo
- hablar entre dientes, hincharse las narices, ladrar a la Luna, levantar ampollas, no poder consigo mismo, pillarse un cabreo, poner banderillas de fuego, p. ceño, p. el grito en el cielo, p. en el disparadero, p. mala cara, p. morrito, ponerse a cien, p. de mal talante, sacar de quicio, s. de sí, salirse de sus casillas, tomar por donde quema, tomarse algo a la tremenda, torcer el gesto, t. el morro
- AM estar alunado, e. de mala luna, e. como agua para chocolate · despertársele el indio
- ARG andar con el paso cambiado · estar con la cola como un eje, e. con luna · volársele los pájaros
- CHILE andar con el indio, a. con los monos, a. de maletas · estar como ajiaco
- COL saltársele la chispa
- CR botar el tapón
- CUBA Y VEN echar candela
- CUBA andar con el moño virado, estar de bala, estirar la bemba, recomerse los hígados
- EC estar con la luna
- GUAT estar de luna
- HOND revolvérsele el chingaste
- MÉX hacer bilis, ponerse al brinco, caérsele los brazos · llevárselo la fregada, ll. la tiznada

COMP ING
— ser la piel del diablo, s. la piel de Barrabás, s. la piel de Judas, s. el mismísimo demonio, CUBA s. la pata del diablo
— no estar el horno para bollos, no e. la Magdalena para tafetanes

— MALSON Y VULG
- estar de mala hostia, e. de mala leche, e. hasta el culo, e. hasta el mismísimo coño, e. hasta los cojones, e. hasta los huevos, e. hasta los ovarios
- tener las bolas por el suelo, t. las pelotas hinchadas, t. los huevos inflados

REF A quien le pique, que se rasque. Quien se pica, ajos come. Quien se quemare, que sople. Gato enfadado, araña hasta con el rabo.

43. ESTADO EMOCIONAL

43.01 alegría

satisfacción, entusiasmo, contento, contentamiento, gusto, felicidad, hilaridad, jovialidad, jocundidad, alacridad, DESUS leticia, ANT hanzo

euforia, aliento, ánimo, dicha, elación, entusiasmo, exaltación, exultación, gozo, júbilo, optimismo, DESUS regolaje

regocijo, algazara, jolgorio, animación, parranda, COL, EC, HOND Y NIC tambarria

placer, complacencia, deleite, delicia, mieles

buen humor, ligereza de espíritu

COLOQ alegrón, regodeo, francachela, tararira · cuerpo de jota

43.02 tristeza

pena, pesadumbre, tormento, amargura, sinsabor, carga, clavo, herida, hiel, espina, cruz, ANT baticor

nostalgia, añoranza, compunción, congoja, demisión, depresión, engurrio, melancolía, mohína, morriña, murria, pesar, saudade, tristura, vacío, SAL ansión, DESUS tristor, mesticia, ANT bajotraer, moña, COL macacoa

sentimiento, abatimiento, afincamiento, aflicción o afligimiento, apocamiento, atribulación, consternación, contrariedad, decaimiento, desabrimiento, desaliento, desconsolación, descontento, desolación, padecimiento, postración, sufrimiento, tribulación

dolor, angustia, cuita, desazón, desdicha, desengaño, desventura, quebranto, tósigo, LAT vía crucis, DESUS amarulencia, martelo

desánimo, desconsuelo, agonía, ahogo

COLOQ quillotranza, cancamurria, zangarriana, depre

43.03 entusiasmo

pasión, admiración, agitación, emoción, exacerbación, exaltación, excitación, fascinación, figuración, ilusión, sobreexcitación, DESUS delusión

fogosidad, animosidad, impetuosidad, efervescencia

encantamiento o encantamiento, acaloramien-

to, exacerbamiento, arrebatamiento, embe-
lesamiento, arrobamiento o arrobo
euforia, acaloro, aliento, ánimo, ardor, arrebato, brío, celo, coraje, delirio, empuje, energía,
espíritu, éxtasis, fervor, fibra, frenesí, fuego,
fuerza, furia, furor, grandeza, ímpetu, impulso, moral, nervio, pujanza, vigor, AM ñeque
ensueño, embrujo, encanto, fantasía, capricho,
visión, sueño, delirio, utopía, quimera, em-
beleso, embriaguez, enlabio, ilapso, pasmo,
suspensión, transporte
esperanza, confianza, expectación, expectativa, perspectiva, aspiración, presunción, optimismo, proyección
sueño dorado

43.04 decepción
desengaño, desencanto, desilusión, frustración, malogro, despecho, fiasco, fallo, fastidio, DESUS ámago o hámago, fasquía
desánimo, postergación, abajamiento, abatimiento, zangarriana, ANT bajotraer
desesperanza, desesperación, desolación,
aflicción, consternación, contrariedad, decepción, depresión, desaliento, descorazo-
namiento, melancolía, nostalgia, tormento,
vacío · ideas negras
confusión, desconcierto, desorientación, mareo
golpe, calvario, carga, cruz, dogal, espina, herida, losa, martirio, pasión, pena, suplicio,
tortura
COLOQ
— chasco, chueca, culebra, culebrazo, jaquimazo, pega, plancha, planchazo
— ducha de agua fría, golpe en falso
— castillos en el aire, C. de naipes

43.05 satisfacción
deleite, delicia, holganza, godeo, gusto, dicha,
recreo, regodeo, regosto, solaz, placibilidad,
DESUS aplacimiento, ANT hanzo, placentería,
descordojo
bienestar, delectación, delicia, euforia, éxtasis,
felicidad, voluptuosidad
alivio
— consuelo, consolación, confortación, mitigación, aplacamiento, respiro
— desahogo, refrigerio, quitapesares
— báculo, bálsamo, lenitivo
placer, agrado, complacencia, contentamiento,
contento, deleitación, descanso, embriaguez,
encanto, fruición
epicureismo, positivismo, sibaritismo, hedonismo · manjar espiritual
COLOQ gustazo, escorrozo, dolce vita

43.06 insatisfacción
malestar
— **resentimiento**, sufrimiento, frustración, resquemor, reconcomio, repunta, pesadum-
bre, fastidio, AND Y MUR regomeyo, ANT escorrozo
— **desagrado**, inconveniencia, desconveniencia, incomodidad, incomodo, impertinencia,
enojo, fastidio, molestia, incordio, penalidad
— **dolor**, pena, lástima, desazón, escozor
contratiempo
— **calamidad**, apuro, engorro, obstáculo, percance, perjuicio, rémora, revés, sinsabor, tropiezo
— **contrariedad**, decepción, descontento,
desilusión, desgracia, drama, luto, negrura,
sombras
— **disgusto**, berrinche, cojijo, rabia, desengaño, despecho
mal trago, nudo en la garganta, nido de disgustos, semillero de disgustos
COLOQ
— espina, espinilla, lata, latazo, mazada, mazazo, muermo, murga, pedrada, pesadez,
quitasueño, serenata, tabarra, zamarrazo,
zanganada

43.07 tranquilidad
despreocupación, quietud, remanso, equilibrio, relajación, distensión, paz
contención, comedimiento, circunspección,
compostura, prudencia, reportamiento,
moderación, reserva, discreción, mesura,
sobriedad
serenidad, sosiego, temple, templanza, relajación, relajo
seguridad, seguranza, aseguramiento, fiabilidad, calma, aplomo
sangre fría

43.08 intranquilidad
preocupación
— **desconfianza**, aprensión, sospecha, estremecimiento, temblor, cuidado, escrúpulo,
fantasía, imaginación, prejuicio, prevención,
recelo, DESUS dudanza
— **alteración**, desasosiego, nerviosismo, nerviosidad, cuidado, desplacer, sobresalto, de-
satiento, deshacimiento
— **conmoción**, trastorno, sacudida, sorpresa,
zalagarda, ANT solevanto
— **ansia**, agitación, ansiedad, cojijo o cosijo,
comezón, cosquilleo, desazón, repunta, tensión, tormento, torozón, zozobra
— **obsesión**, manía, monomanía, fantasma, figuración
sorpresa
— **asombro**, extrañeza, espanto, estupefac-
ción · consternación, estupor · confusión,
desconcierto, perplejidad · éxtasis, embele-
so, arrebato
— **sobresalto**, alarma, conmoción, turbación ·
espantada, aldabada, aspaviento

miedo
— **temor**, terror, horror, horrura, pánico, pavor, pavura, espanto, resquemor, AM culillo
— **recelo**, aprensión, asombro, desconfianza, respeto, sobrecogimiento, estremecimiento, destiento, DESUS medrosía
— **susto**, espantada, alarido
— **alarma**, aldabada o aldabazo, confusión, desbandada, rebato, sobrevienta
COLOQ
— repullo, respingo, pasmo, trabucazo
— escarabajeo, hormigueo, hormiguillo, gusanillo
— canguelo, acoquinamiento, canguis, jindama, julepe, cerote, mieditis, yuyu
— quebradero de cabeza
— VULG acojone, cague

ADJETIVOS Y ADVERBIOS
43.09 alegre
contento
— **feliz**, dichoso, ufano, radiante, correntón, jocundo, godible
— **animado**, alborozado, eufórico, festivo, jaranero, gozoso, jovial
— **risueño**, reidor, exultante, resplandeciente
divertido
— **bromista**, chancero, chistoso, chocarrero, decidor, descacharrante, cómico, correntón, embriagador, encantador, humorista, ingenioso, ocurrente, oportuno, picante, regocijante, zarabandista
— **gracioso**, donoso, jocoso, ameno, chocante, chusco, festivo · SAL ristolero, sabroso, salado, PR Y RD chango
— **socarrón**, burlón, chuzón, truhán, bufo, fumista, gachón, ganso
— DESUS deportoso, delectable, faceto ANT gasajoso
de buen humor
— **de buen aire**, de b. café, de b. talante, de b. carácter, de b. temple, de b. gesto, de buenas, AM de buena luna
— **a placer**, a solaz, a plena satisfacción, satisfecho de la vida
COLOQ
— guasón, quedón, vacilón, zumbón, cachondo, pancho
— vivaracho, marchoso, tararira, zaragatero, mojarrilla, pajarero, jacarero, juguetón
— cachondo mental, para morirse de risa, para retorcerse o troncharse de risa
— a medida del deseo, a pedir de boca, relamido de gusto
COMP ING
— como las flores, c. niño con zapatos nuevos, c. un sátrapa, c. una mosca en la miel, c. un

rey, c. unas castañuelas, c. unas pascuas, c. unas sonajas, c. zorro en gallinero
— tan ancho como largo
43.10 triste
serio
— **grave**, formal, circunspecto, reservado, taciturno, disgustado, insatisfecho
— **sobrio**, adusto, cetrino, gravedoso, ponderoso, proceroso, rancio, respetable, seco, sentencioso, solemne, tétrico
— **inexpresivo**, augusto, austero, severo, prócer
apenado
— **apesadumbrado**, atribulado, consternado, descorazonado, desazonado, desventurado, acongojado, acontecido, aliquebrado, contristado, DESUS aflicto
— **abatido**, afligido, alicaído, amarrido, aquejoso, cariacontecido, compungido, consumido, cuitado, decaído, deprimido, derrotado, desanimado, desmarrido, dolido, dolorido, entristecido
— **angustiado**, afectado, desolado, desconsolado, trasojado, quebrantado
— **lacrimoso** o lagrimoso, lloroso, luctuoso, penoso
melancólico
— **lánguido**, mustio, taciturno, murrio, murrioso, soledoso, maciento, morriñoso, pesaroso, tristón, maganto, angosto, contrito, doliente, huerco, inconsolable, laido, marchito, mohíno, pesaroso, plañidero, DESUS demergido, amarrido o marrido, ANT hacino, elegio, endechoso
— **nostálgico**, melancólico, cabizbajo, quebrantado
— **gris**, cetrino, fúnebre, lóbrego, lúgubre, negro, nocturno, nubloso, opaco, oscuro, saturnino, siniestro, sombrío, tenebroso, tétrico
COLOQ recio · depre, pachucho · alma en pena
43.11 entusiasmado
exaltado, excitado, cautivado, apasionado, arrebatado, atraído, iluminado, transportado, ardiente, inflamado, frenético, impetuoso
esperanzado, expectante, anhelante, animoso, confiado, consolado, creído, hoto, ilusionado, iluso, reconfortado
interesado, aplicado, concentrado, concienciado · curioso, sonsacador · espía, pesquisidor
optimista, idealista, soñador, ensoñador
embriagado, fascinado, seducido, sacudido, sugestionado
43.12 decepcionado
desencantado
— **apesadumbrado**, acongojado, amarrido, angustiado, apesarado, atribulado, consternado, contristado, desolado, inconsolable

— **pensativo**, pensoso, cabizbajo, cabizcaído, cogitabundo, meditabundo, reconcentrado ensimismado, especulativo, espiritual, introspectivo

— **preocupado**, obsesionado, obstinado, ofuscado, resentido · amargado, asqueado, confuso, inadaptado, ofendido · infeliz, obcecado

— **caído**, decaído, alicaído, derribado, hundido, aliquebrado, apocado, acabado, herido, FIG muerto

— **desilusionado**, chasqueado, despagado, escaldado, frustrado, desengañado, defraudado, fracasado

— **negro**, gris, opaco, sombrío, tétrico, lóbrego, lúgubre

desanimado

— descontento, desesperanzado, desolado, desmoralizado, desconsolado, descorazonado, desmazalado o desmalazado, desmadejado, desmayado, insatisfecho, DESUS demergido, ANT laido

— **contrariado**, dolorido, desvalido, lánguido, mustio, sombrío, trasojado, taciturno, turbado, melancólico, nostálgico, añorante, murrioso, transido, afligido, abatido

— **enfadado**, malhumorado, enojado, disgustado, indignado

— **desesperado**, desencantado, desalentado, angustiado, aterrado, frustrado, derrotado, amargado

43.13 satisfecho

saciado, complacido, conforme, halagado, orgulloso, radiante · campante, cómodo

calmado, aplacado, aliviado, mitigado, pacificado, reconfortado, serenado, sosegado, suavizado, tranquilizado · amansado, consolado

a gusto, a sus anchas, en su elemento, en su salsa

COLOQ como pez en el agua

43.14 insatisfecho

decepcionado, incómodo, incomodado, contrariado, fastidiado, descontento, discrepante

molesto, engorroso, fastidioso, odioso, grave, gravoso, importuno, incómodo, insoportable · pesado, prolijo

malhumorado

— enfadado, irritado, afligido, disgustado, apenado, quejoso, resentido, tirante

— malcarado, rostrituerto, rostritorcido, cariacedo, carilargo, cariacontecido · ceñudo, sentido, ardido, quemado, mohíno, DESUS aferruzado, SAL esturado

a disgusto, con mala cara, mal de su grado, a pesar suyo

COLOQ jodido, pajolero, latoso

43.15 tranquilo

sosegado, reposado, calmado, aplacado, pacífico, templado, sereno, manso, paciente, apacible, impasible, impávido, indolente, estoico

relajado, aplomado, plácido, lánguido

imperturbable, inalterable, inconmovible, inmutable, impasible, impertérrito, inalterable, inmoble, DESUS infracto

dueño de sí, ave fría · a pie firme, sin pestañear

COLOQ pancho, cachazudo, pánfilo, pachorra, cachaza · de pasta flora, sangre de horchata

43.16 intranquilo

alterado

— **contrariado**, desambientado, descentrado, descontento, desplacido, disgustado, inadaptado, insatisfecho, malcontento, molesto, resentido

— **desasosegado**, desazonado, inquieto, alterado, excitado, frenético, conmovido, nervioso, perturbado

— **en vilo**, en ascuas, mal hallado, mal avenido, con el alma en un hilo

— COLOQ cascarrabias, botafuego, carraña, geniazo, perrengue

sorprendido

— **asombrado**, absorto, atónito, desconcertado, deslumbrado, ensordecido, extasiado, extrañado, frío, helado, lívido, parado, pasmado, perplejo, petrificado, suspenso

— **boquiabierto**, paralizado, clavado, cuajado, estupefacto, turulato

— COLOQ espatarrado, despatarrado, patidifuso, patitieso, turulato · de piedra, de una pieza, de hielo, como una estatua, con la boca abierta

miedoso

— **pávido**, espavorido, despavorido, empavorecido, entelerido

— **asustadizo**, espantadizo, aprensivo, encogido, medroso, meticuloso, temedor, temeroso, temiente, tímido, timorato, gazmoño, mojigato, ñoño

— **cobarde**, pusilánime, receloso, aprensivo, azorado

— **aterrorizado**, espantado, horrorizado, sobrecogido, desencajado

— COLOQ miedica

COMP ING más muerto que vivo, con los ojos fuera de las órbitas

VERBOS Y EXPRESIONES

43.17 alegrarse

entusiasmarse

— **alborozarse**, apasionarse, congratularse, contentarse, divertirse, embriagarse, emo-

cionarse, enardecerse, enfervorizarse, envanecerse, exaltarse, felicitarse, gloriarse, gozarse, gratularse, holgarse, inflamarse, lisonjearse, refocilarse, regocijarse, satisfacerse, solazarse
— **celebrar**, confiar, exultar, gozar, jubilar, letificar, rebosar, retozar
estar satisfecho
— **estar feliz**, e. eufórico, e. contento, e. encantado, e. exultante, e. en la gloria, e. como unas pascuas, e. de buen humor, e. la mar de feliz, e. loco de contento, e. en el séptimo cielo, e. lleno de satisfacción, e. encantado de la vida
— **saltar de alegría**, alegrársele los ojos
sentirse alegre
— dar por bien empleado, darse por satisfecho
tomar a broma, t. a juerga, t. a risa, entre bromas y veras, como si tal cosa, por juego, de mentirijillas
COLOQ
— retozar, chotear
— volverse loco de contento, relamerse de gusto, frotarse las manos, tener la mayor alegría de su vida, no poder pedirse más
COMP ING
— ser un cachondo mental, s. un cascabel, CUBA s. un banquete, SALV Y HOND s. un pela jachas
— no caber en sí de contento, no c. en sí de gozo, no c. en sí de satisfacción
— no caber en su pellejo, no caberle el alma en el cuerpo, VULG no c. una paja por el culo
— bailarle los ojos, bañarse en agua de rosas, echar las campanas a vuelo, haber pisado buena hierba, tener buen naipe, tomarse las cosas por el mejor lado, ver la vida de color rosa, tocar el cielo con las manos
— **más contento que** chico con palma el día de Ramos, más c. que un titiritero el día de pascua, ARG más c. que un perro con dos colas
— AM bailar en una pata, ARG chocho de la vida, MÉX estar feliz como una lombriz, VEN estar en la sábana
43.18 entristecerse
apenarse, dolerse, afligirse, afectarse, aquejarse, apesararse, cariñarse, endecharse, apesadumbrarse, acongojarse, amezquindarse, engurruñarse, desconsolarse, descorazonarse, conmoverse, consternase, contristarse
sumirse, abatirse, aplanarse, atribularse, ensombrecerse, amustiarse, acuitarse, encuitarse, deprimirse, quebrarse, ensombrecerse, penarse, sepultarse
penar, sufrir, aquejar, padecer, helear, rehelear, tarazar, traspasar, quejar, palpitar, acorar, deprimir

amurriarse, añorar, extrañar, amohinar, amorriñarse, enmantarse, engurruñarse
estar triste
— andar como sin sombra, a. con las orejas gachas, estar alicaído, e. como alma en pena
— llegar al alma, ll. a las telas del corazón
COMP ING tener cara de cuaresma
43.19 entusiasmarse
complacerse
— **contentarse**, regodearse, agradarse, felicitarse
— **deleitarse**, regalarse, chiflarse, enloquecerse, gozarse, recrearse, relamerse, engolosinarse, enlaminarse, enviciarse, regostarse, arregostarse
— **disfrutar**, gozar, embelesar, embriagar, enajenar, encantar, extasiar, gustar
apasionarse
— **delirar**, renacer, resucitar, surgir, resurgir, confortar
— **encantarse**, exaltarse, excitarse, alegrarse, interesarse, estimularse, fortalecerse, fortificarse, impulsarse, inducirse, levantarse, reanimarse, recrecerse, reforzarse, rehacerse, estimularse, renovarse, tonificarse
levantar el espíritu
— estar cautivado, dejarse seducir
— levantar el corazón, l. la moral, estar en la gloria, e. fuera de sí, darse por contento, salir bien parado, cantar victoria
COLOQ frotarse las manos, hacerse la boca agua, relamerse de gusto
COMP ING estar como niño con zapatos nuevos, e. como pez en el agua, no caber en sí de gozo, ver el cielo abierto, echar las campanas al vuelo · ANIMARSE SIN FUNDAMENTO: tener más naipe que el Alcoyano
REF A mal tiempo, buena cara.
43.20 decepcionarse
desilusionarse
— **contrariarse**, desencantarse, desengañarse, frustrarse, apurarse, ahogarse
— **impacientarse**, reconcomerse, atormentarse, incomodarse, consumirse, candirse, repudrirse
— **añorar**, padecer, sufrir, deplorar, roer, ronronear
— **aburrirse**, aturdirse, hastiarse, saciarse, malhumorarse, cansarse, contrariarse, abrumarse, agobiarse
estar descontento
— **estar afligido**, no caber el corazón en el pecho, no estar para fiestas, tener un nudo en la garganta, estar con el corazón en un puño
— **saber mal**, llevarse un mal rato, tener un disgusto, t. un mal rato, dar que sentir, dar un sofocón

— causar consternación, c. mala impresión, c. pesadumbre, c. desazón, c. sentimiento
— no hacer gracia, no h. ninguna gracia, no h. maldita la gracia, no ser nada extraordinario, no ser cosa del otro mundo, no ser cosa del otro jueves, no ser para tanto, estar muy visto

COLOQ
— dar grima, dar cien patadas, patear el estómago, dejar mucho que desear
— ser del montón, s. uno de tantos, s. algo ni fu ni fa, s. un plomo, s. un ladrillo, s. un rollo Macabeo, s. un petardo, morirse de asco

COMP ING
— estar entre merced y señoría, ser más raro que un perro verde, veremos en qué paran estas misas, no ser plato del gusto de nadie, no salvarlo ni la paz ni la caridad, no ser todo trigo, no ser muy allá, lo que faltaba para el duro, saber a cuerno quemado, CUBA caer algo como un hígado
— no valer ni cinco, no v. un abalorio, no v. un ardite, no v. un cacao, no v. un caracol, no v. un comino, no v. un cuerno, no v. un pimiento, no v. un pepino, no v. un higo, no v. un pito, no v. ni la tonadilla de un amolador, no v. ni la tonadilla de un fraile
— aburrir hasta las ovejas, aburrirse como una ostra, ser más aburrido que el Papa cantando maitines, ser la Biblia en verso, ARG ser aburrido como bailar con la hermana, ser a. como choque de tortugas, ser más a. que chupar un clavo

REF Cada día gallina, amarga la cocina. Cada día olla, amarga el caldo. Siempre perdiz, cansa.

43.21 complacerse
ilusionarse
— esperanzarse, encandilarse, encapricharse, engolondrinarse, enlaminarse, emocionarse, enternecerse, afectarse, impresionarse
— admirarse, conmoverse, consternarse, fascinarse, maravillarse, pasmarse, petrificarse, sobrecogerse, turbarse
— embelesarse, arrobarse, embobarse, enajenarse, extasiarse
— soñar
  • ensoñar, trasoñar, cascabelear, encalabrinar, encandilar, engolondrinar, engolosinar, enlaminar, encaprichar, engaitar
  • concebir, presentir, acariciar, aspirar, confiar, desear, especular
— fascinar, hechizar, hipnotizar, prendar, seducir, suspender, transportar
soñar con
— contar con, alimentar esperanzas, concebir ilusiones, desorbitársele los ojos

— empañarse los ojos, e. la voz
— forjarse ilusiones, imaginarse que
— latir o palpitar el corazón, saltarse las lágrimas, temblar la voz
— tener algo en perspectiva, t. confianza, t. esperanza
— ARG caérsele las medias

COLOQ
— caerse de espaldas
— dejar boquiabierto, d. alelado
— menear el rabo, caérsele la baba, hablar de la mar
— quedarse clavado, q. sin aliento, q. frío, q. bizco, q. hecho una pieza, q. como quien ve visiones, q. como un pasmarote, q. con la boca abierta, q. de hielo, q. de piedra, q. de un aire, q. de una pieza, q. como una estatua, q. sin habla, q. sin respiración, q. patitieso, q. patidifuso, q. embobado
— prometérselas felices
— ARG quedarse frito, q. con los ojos como el dos de oros

COMP ING
— hacer o levantar castillos en el aire, llenar la cabeza de pájaros, ll. la cabeza de viento, ver de color de rosa, hacerse la boca agua
— hacerse un nudo en la garganta, arrasarse los ojos en lágrimas

43.22 alterarse
afectarse
— trastornarse, turbarse, perturbarse, conmoverse, descomponerse, destruirse, aturdirse, inquietarse, alborotarse, concomerse, escocer
— decepcionarse, desilusionarse, desencantarse, desesperanzarse, desmoralizarse, apesararse, consternarse, desalentarse, salir defraudado
— desengañarse, desembelesarse, desimpresionarse, desinflarse, escaldar
— lamentar, deplorar, añorar, sentir
— abrir los ojos, quitarse la venda, ver la cruda realidad, bajarse del burro, estar de vuelta, vivir para ver
— tener una decepción
  • caerse el alma a los pies
  • dar con la badila en los nudillos, dar en la cresta, dar un palmetazo
  • echar un jarro de agua fría
  • quedar decepcionado, q. defraudado, q. frustrado, q. chasqueado
  • salir con el rabo entre las piernas, s. el tiro por la culata
  • sufrir un desencanto
— sentir aversión, s. rechazo, s. repugnancia · mirar con malos ojos

COLOQ
— **fastidiarse**, aguantarse, amolarse, apechugar, chincharse, jeringarse, jorobarse
— estar hasta las narices, no poder ver ni en pintura
— tener un chasco

COMP ING
— sentar como un jarro de agua fría, s. como un tiro, s. como una patada en el estómago, s. como una pedrada, s. como una patada en la espinilla
— salir con el rabo entre las piernas
— MALSON Y VULG sentar como una patada en los cojones o en los huevos

REF Ser algo el cuento de la lechera. Límpiate que vas de huevo. Ir por lana y salir trasquilado.

43.23 tranquilizarse

contenerse, aguantarse, comedirse, constreñirse, constringirse, controlarse, detenerse, dominarse, moderarse, refrenarse, reportarse, reprimirse, resistir, retenerse, sobreponerse, sujetarse, temperarse

entrar en razón
— ponerse en razón, guardar las distancias, andarse con cuidado
— caminar derecho, guardar la medida, cortar las alas, medir las palabras, quitar hierro, hablar con tiento, bajar el tono, mudar de tono

COLOQ parar el carro, bajar el gallo, tentarse la ropa

COMP ING salir con los pies fríos y la cabeza caliente, hacer una salida por la entrada

43.24 intranquilizarse

preocuparse
— afligirse, inquietarse, turbarse, perturbarse
— acongojarse, alarmarse, alborotarse, desasosegarse, desesperarse, impacientarse, intranquilizarse · remorder, zozobrar
— **disgustarse**, atribularse, desconsolarse, amargarse, derrotarse, deshacerse, desolarse, afectarse, apurarse, dolerse, escocerse

alarmarse
— **alertarse**, alterarse, asombrarse, asustarse, aterrarse, avisparse, encresparse, erizarse, escarapelarse, horrorizarse, recelarse, sobrecogerse, sobresaltarse
— **atemorizarse**, aterrorizarse, escalofriarse, espantarse, estremecerse, terrecerse
— terrecer, rilar
— **estar alerta**
   • estar sobre aviso, e. en guardia · poner en cuarentena
   • ponerse en guardia, p. a la defensiva
   • no tenerlas todas consigo
   • arrancársele el alma, beber el cáliz

COLOQ
— escamarse, escamonearse, mosquearse, remosquearse, barruntar · rebotarse
— andar mosca, tener la mosca en la oreja · arrugarse el ombligo, poner los pelos de punta, quedarse sin sangre en las venas, dar un vuelco el corazón, tener el corazón en la boca

COMP ING
— ser un círculo vicioso, s. la pescadilla que se muerde la cola, s. una merienda de negros, s. una jaula de grillos, s. una torre de Babel, s. el cuento de nunca acabar, s. pólvora mojada
— estar como moros sin señor, llover sobre mojado, no estar el horno para bollos, pasar de castaño oscuro, caerse o deshacerse un asunto entre las manos
— ARG ponerse fiero algún asunto, CUBA entrarle agua al bote, torcer la puerca el rabo

REF Aquí caigo, aquí me levanto. En cada sendero hay su atolladero. Zapatos nuevos y rotos. Al primer tapón, zurrapas. En largo camino, por fuerza ha de haber barrancos. No hay atajo sin trabajo. No hay vuelta sin revuelta. Por doquiera hay su legua de mal camino. Aquellos polvos trajeron estos lodos.

asustarse
— **temer**, achicarse, azararse, despeluznarse, encresparse, escarapelarse, espantarse, horrorizarse, intimidarse, rebotarse, recatarse, recelar, remosquear, sobrecogerse, temblar
— **amedrentarse**, acobardarse, amilanarse, atemorizarse, arrugarse, encogerse, PR Y RD ñangotarse
— **desconfiar**, escamarse, escamonearse, acoquinarse, remosquearse, ANT formidar

tener miedo
— abrirse las carnes, arrugarse o encogerse el ombligo, encogerse las tripas, bajarse la sangre a los talones, caer como una bomba
— dar diente con diente, dar un vuelco el corazón · darse o llevarse un susto · dejar de hielo, d. de piedra, d. de una pieza, d. sin habla, d. sin palabras, d. sin respiración
— estar en ascuas, e. temblando, e. con el alma pendiente de un hilo, e. con el corazón en un puño, e. con el alma en un hilo, e. con el alma en vilo, e. con el corazón en la boca, e. vendido, e. entregado
— hacer temblar la pajarilla · hacerse los dedos huéspedes, h. un nudo en la garganta · helarse la sangre en las venas, h. el corazón
— ir la procesión por dentro, irse la sangre a los talones
— llevarse las manos a la cabeza, ll. un susto

— morirse de miedo, no saber dónde meterse, no ganar para sustos, no llegar la camisa al cuerpo, no quedar gota de sangre en las venas, no tenerlas todas consigo

— pasarlas canutas, ponerse a la defensiva, p. alerta, p. en guardia, p. la piel de gallina, p. los pelos de punta

— quedarse frío, q. helado, q. patidifuso, q. tieso, q. más muerto que vivo, q. sin habla, querer que se trague a uno la tierra

— quitar el habla, q. el hipo, q. el juicio

— recibir una ducha de agua fría, sudar la gota gorda

— temblar hasta la barba, t. como una hoja, t. las carnes, temblarle a uno la carne, t. a uno las piernas, tener los pelos de punta, t. un nudo en la garganta, t. más miedo que siete, t. más miedo que vergüenza, t. el corazón encogido, tirar de espaldas

— ARG pegarse un julepe

— VULG cagarse, zurrarse, despatarrarse · acojonarse, acollonarse · caerse de culo, ponerse los huevos de corbata, cagarse de miedo, c. patas abajo, no caberle un piñón en el culo, quedarse con el culo prieto, CHILE cagarse en tres tiempos

REF Cada altar tiene su cruz. Cada gusto cuesta un susto. Estar a las duras y a las maduras. No hay cielo sin nubes ni paraíso sin serpiente. No hay gusto sin disgusto. No hay haz sin envés. No hay medalla que no tenga reverso. No hay miel sin hiel. No hay rosas sin espinas. No son ases todos los naipes. Por un gustazo, un trancazo. Quien come la carne, que roa el hueso. Quien quiere celeste, que le cueste. Sarna con gusto no pica.

44. VOLUNTAD
44.01 valentía
osadía, gallardía, hombradía, hombredad, fogosidad, virilidad, bizarría, energía, ímpetu, entereza, vehemencia

audacia, coraje, denuedo, arrojo, braveza, bravura, aplomo, brío, celo, determinación, impetuosidad, intrepidez, impavidez, entusiasmo

valor, pujanza, aliento, ánimo, deseo, gana, espíritu, alma, corazón, fuego, ardor, coraje, moral, VEN guáramo

FIG agallas, arrestos, hígados, pecho, redaños, fieros, acero · sangre fría

COLOQ
— fanfarria
— INNECESARIA: valentonada, fanfarronada o bernardina, bravuconada, bravuconería, fanfarronería, leonería, baladronada o blasonería, bravata, dijes, farfantonada, jactancia

44.02 cobardía
temor, miedo, espanto, pavor, pavura, susto, pánico, horror, temblor, julepe, aprensión, recelo, desconfianza

flaqueza, blandura, condescendencia, debilidad, fragilidad, lenidad, desaliento

acobardamiento, acoquinamiento, acorralamiento, amedrentamiento, amilanamiento, arredramiento

desesperanza, desmoralización, intimidación, sobrecogimiento

inseguridad, incertidumbre, indecisión, irresolución, indeterminación, titubeo, vacilación

bajeza de ánimo, falta de carácter, respetos humanos · marcha atrás

COLOQ canguelo, yuyo, cerote, VULG acojonamiento

44.03 resolución
decisión
— determinación, autodeterminación, especificación, individuación, predeterminación, prefinición, DESUS decretación
— elección, selección, adopción, escogimiento
— aceptación, consentimiento, corroboración, anuencia, aquiescencia, cesión, complacencia, comprensión

consentimiento
— indulgencia, concesión, condescendencia, lenidad
— aprobación o aprobanza, autorización, admisión, acogida, conformidad, beneplácito, plácet, exequátur · consenso

predilección
— preferencia, prelación, primacía, prioridad, aceptación o acepción de personas · primacía, prioridad
— favoritismo, amiguismo, nepotismo, parcialidad, arbitrariedad

44.04 irresolución
duda o ANT dubda o dudanza
— dubitación, escepticismo, escrúpulo, fluctuación, hesitación, incertidumbre, incredulidad, indecisión, indeterminación, inseguridad, irresolución, perplejidad, reparo, titubeo, vacilación
— dilema, alternativa, conjetura

excusa
— agarradero, alegación, asidero, disculpa, efugio, escapatoria, evasión, evasiva, explicación, huida, justificación, motivo, pie, pretexto, razón, resquicio, rodeo, salida, sesgo, socapa, socolor, son, subterfugio
— astucia, argucia, estratagema, picardía, martingala, artificio, amaño, añagaza

COLOQ
— artimaña, cuento, escamocho, fullería, garambaina, gatada, granujería, lilaila, matu-

rranga, morisqueta, ratimago, romances, treta, triquiñuela, truco, zalagarda, zanga-manga

44.05 constancia

perseverancia, insistencia, persistencia, tenacidad, continuidad, asiduidad, combatividad, dedicación, entrega, afición

entusiasmo, fervor, fijeza, firmeza, resolución

empeño, esmero, afán, ahínco, atención, desvelo, empecinamiento, celo, cuidado, preocupación, procuración, tesón, tensión, AR rasmia

empuje, esfuerzo, atrevimiento, acometividad, animosidad, ardimiento, estrenuidad, fibra, heroísmo, buen temple

44.06 inconstancia

inestabilidad, mutabilidad, versatilidad, volubilidad, inseguridad, indeterminación, ligereza, liviandad

apatía, displicencia, impavidez, perplejidad, variabilidad, insensibilidad, menosprecio

alejamiento, apartamiento, distanciamiento, desistimiento, defección

abandono, capitulación, dejación, desabrimiento, deserción, deslealtad, disuasión, perplejidad, poquedad, pusilanimidad, renuncia, retractación, veleidad

COLOQ pachorra

44.07 deseo

aspiración

— **ambición**, adhesión, atracción, convicción, determinación, incitación, inclinación, intención, pasión, resolución, tentación

— **afán**, anhelo, ansia, apetencia, avidez, furor, ardor, ganas, instinto, sueño, frenesí

— **ímpetu**, acometividad, agresividad, aire, arranque, empuje, énfasis, fe, impulsividad

— **interés**, cuita, hambre, sed, sueño · capricho, desazón

— **pretensión**, demanda, exigencia, instancia, interpelación, petición, postulación, reclamación, recurso, reivindicación, requerimiento, solicitud, súplica

impulso

— **fibra**, fogosidad, vitalidad, fuego, fuerza, furia, furor, gana, redaños, DESUS sobrevienta, AM ñeque, buena gana

— **estímulo**, pundonor, dignidad, acicate, aliciente, apresura, emulación, excitante, móvil, prurito, puntillo, propia estimación, amor propio o ANT filaucía o filautía

entusiasmo

— **espíritu**, moral, aliento, alma, ánimo, ardor, arranque, atrevimiento, convencimiento, autodeterminación, volición

capricho

— antojo, manía, fantasía, frivolidad, desvarío

— exigencia, extravagancia, gusto, impulso, locura, codicia, ventolera, nervio

— tropelía, veleidad, iniquidad

— ensueño, extravagancia, ligereza

COLOQ

— pujo, rabanillo, regosto, gustazo

— pique, honrilla, latigazo, aguijón, aguijonazo, espuela

— arrestos, chifladura, perra, golondro, emperramiento, comezón, reconcomio

44.08 rechazo

desprecio, antipatía, hostilidad, resentimiento, inquina, perinquina, asco, usgo, odio

repulsión, abominación, aborrecimiento, animadversión, animosidad, aversión o ANT adversión, desafecto, despecho, execración, repugnancia, repulsa, revulsión, DESUS omecillo, MÉX cocolía

renuncia, abandono, abdicación, abjuración, capitulación, cesión, dejación, dejamiento, desaprobación, desistimiento, dimisión, renunciación, retractación

aprensión, desvío, encono, escrúpulo, fila, fobia, malquerencia, repelo, repugnancia, tedio

COLOQ manía, rabia, hincha, tirria, ojeriza

44.09 obstinación

ofuscación, obcecación, contumacia, empacamiento, terquedad, testarudez, tozudez, rigidez, MUR atasquería

intransigencia, fanatismo, cerrazón, cerrilismo, emperramiento, obduración, taima

COLOQ

— cabezonada, cabezonería, machaconería · idea fija

— dale que te pego, dale que dale, erre que erre, el que la sigue la consigue

44.10 tolerancia

aguante, paciencia, resignación, mansedumbre, filosofía

respeto, consideración, connivencia, consentimiento, avenencia, anuencia

benevolencia, condescendencia, comprensión, complacencia, indulgencia, compasión, bondad

margen, permisión, dispensa, libertad, licencia · libre albedrío

COLOQ tragaderas, correa · manga ancha

44.11 valiente

audaz, bravo, osado, atrevido, arriesgado, arrojado, arrestado, denodado, avalentado, avalentonado, intrépido, animoso, bizarro, gallardo, agalludo, fogoso, ardido, alentado, estrenuo, ANT barragán, COL, SALV, GUAT, HOND, MÉX y PERÚ aventado

heroico, héroe, heroína, hazañoso, perínclito ·
SI ENTREGA LA VIDA: kamikaze o camicace
fiera, energúmeno, corrupia, furia, ménade,
sierpe · bejín, berrín, botafuego, fuguillas,
violento
impávido, impertérrito, intrépido, impasible,
imperturbable, inalterable, inconmovible, in-
conmutable, indomable, inmutable, inven-
cible, paladín · CON SERENIDAD: templado
valientemente
— animosamente, audazmente, bizarramente,
bravamente, briosamente, denodadamen-
te, gallardamente, impávidamente, intrépi-
damente, osadamente, resueltamente, va-
lerosamente, varonilmente
— fanfarronamente, bravuconamente
COLOQ
— chulo, hampón, jácaro, jaque, terne, terne-
jal, pincho, macarelo, farruco, braveador,
crudo, fiero
— valentón
  • bravucón, fanfarrón, farfantón, fantasma,
    fantasmón, farfante, matón, bocón, ja-
    quetón, baladrón, temerón, guapetón,
    matachín, bravonel, ARG Y UR taita, CUBA
    cheche, DESUS barajador, follón
  • pólvora, polvorilla, pulguillas, rabietas,
    tufillas
  • tragahombres, matamoros, matasiete, per-
    donavidas, rajabroqueles, rompesquinas,
    escarramanado, trabucaire, plantillero,
    manjaferro, macareno
— león, jabato, gallo, gallito, campeón
— de armas tomar, de rompe y rasga, de pelo en pecho, de estómago · echado para
adelante
44.12 cobarde
apocado
— achantado, achicado, amilanado, desgabi-
lado, irresoluto, atacado, medroso, menguado, CR ahuevado, PR chota
— pusilánime, timorato, encogido, inseguro
miedoso, pávido, temeroso, acongojado, aco-
quinado, asustadizo, espantadizo
cobardemente, aprensivamente, asustadiza-
mente, babosamente, blancamente, blandamente, espantadizamente, huidizamen-
te, irresolutamente, miedosamente, pávida-
mente, pusilánimemente, recelosamente,
servilmente, temblorosamente, temerosa-
mente, tímidamente, timoratamente, vacilantemente, vergonzosamente
COLOQ
— cobardón, cobardica, miedica, blanco, blancote, vilote, collón, mandilón, montonero,
rajado, rajón, pendejo, calzonazos, caco,
hominicaco

— cabrito, gallina, hiena, liebre, lebrón
— MALSON mierdica, cagueta, cagado, cagao,
cagón, follón, acojonado
44.13 decidido
dispuesto, predispuesto, preparado, listo, resuelto, seguro, expeditivo
inclinado, interesado, favorable
partidario, forofo, hincha, fan, groupie, MÉX
porrista · hinchada, MÉX porra
decididamente, resueltamente, resolutiva-
mente, decisivamente, concluyentemente,
perentoriamente, evidentemente, indudablemente
a todo trance, por zancas o por barrancas
44.14 indeciso
dudoso, errátil, golondrino, inseguro, irresoluto, lábil, movedizo, perplejo, precario, tornadizo, vacilante, variable, veleidoso, versátil
en el aire, en el alero, prendido con alfileres,
como un badajo, en la cuerda floja, en tan-
ganillas
vacilantemente, indecisamente, perplejamen-
te, fluctuantemente, dudosamente, incier-
tamente, inseguramente, confusamente,
imprecisamente, ambiguamente, cambiantemente, variablemente, versátilmente, ines-
tablemente
en falso, en tanguillas, en tenguerengue, en vilo
COMP ING cambiante como marzo, más ligero
que veleta en marzo, con un pie en el aire,
MALSON culo de mal asiento
44.15 constante
perseverante, persistente, paciente, asiduo,
continuo, tenaz, férreo, firme, acérrimo
metódico, ordenado, riguroso, minucioso
interesado, aplicado, anheloso, ambicioso, ardoroso, atraído, ávido, intrigado, entusiasta
ansioso, codicioso, deseoso
constantemente, asiduamente, tenazmente,
infatigablemente, firmemente, acérrima-
mente, perseverantemente, continuamente, incesantemente, frecuentemente, repetidamente, usualmente, corrientemente,
invariablemente, perpetuamente
44.16 inconstante
variable, mudable, inestable, voluble
vacilante, cambiante, fluctuante, versátil, infiel, informal
inseguro, movedizo, tornadizo, mudadizo, indeciso, irresoluto, dudoso, detenido, perplejo, frágil
veleidoso, alocado, frívolo, informal, veleta
inconstantemente, cambiantemente, capri-
chosamente, desigualmente, discontinuamente, flacamente, fluctuantemente, frí-
volamente, inconsecuentemente, ines-
tablemente, infielmente, informalmente,

inseguramente, levemente, ligeramente, livianamente, mudablemente, noveleramente, vacilantemente, variablemente, variamente, versátilmente, volátilmente, volublemente

44.17 voluntarioso

diligente, laborioso, hacendoso, dinámico, entregado, infatigable, incansable, tenaz, perseverante

cumplidor, activo, asiduo, dispuesto, exigente, estricto, celoso, cuidadoso, serio, formal, yunque

solícito, afanado, afanoso, industrioso, operoso, DESUS actuoso

valeroso, alentoso, decidido, resuelto, denodado, determinado, enérgico, bragado, pechugón, viril, campeador, ANT ensañado

esforzado, arrestado, arriscado, ahigadado, aplicado

acometedor, emprendedor, lanzado, resuelto, atrevido, arriesgado, temerario

voluntariamente

— abiertamente, adredemente, apostadamente, aspirantemente, conscientemente, deliberadamente, deseosamente, especialmente, espontáneamente, expresamente, intencionadamente, potestativamente, premeditadamente, prudencialmente, servicialmente

— a caso hecho, a cosa hecha, a propósito, a sabiendas, a tiro hecho, adrede, aposta, con idea de, de caso pensado, de pensado, de propio, de propósito, ex profeso

— con buen deseo, de buena fe, con buena intención, de buena voluntad

44.18 indolente

negligente

— abandonado, abúlico, acidioso, apático, bigardo, dejado, desafecto, desaplicado, desatento, desdeñoso, desganado, displicente, flojo, guillote, haragán, harón, holgazán, ignavo, impasible, imperturbable, inactivo, inaplicado, inerte, insensible, linfático, neutro, ocioso, omiso, pasivo, pasmado, perezoso, poncho, quieto, reacio, remiso, sedentario, vago, MAR cimarrón

— DESUS rompepoyos, pamposado, follón

— ANT arlote

— AR mandria, SAL gabarro, COL, PR Y VEN realengo, CUBA Y PR mamalón

lento, tardo, pigre, ganso, poltrón, arrastrado, cachazudo, DESUS pigro

desaliñado, chafallón, chapucero, charanguero, embarullador, farfallón, farfullero, fargallón, frangollón, fullero, gualdrapero, zaborrero, zamborotudo o zamborrotudo, zamborondón, zarramplín

HÁBIL PARA HUIR DEL TRABAJO: remolón, candongo, mangante, roncero, sobón, trashoguero, zanguayo, zorro

INÚTIL PARA EL TRABAJO: penco, galavardo, gambalúa, hobachón, panarra, pandorga, pelafustán, maltrabaja

QUE ANDA OCIOSO DE UN LUGAR A OTRO: vagabundo, guitón

indolentemente

— apáticamente, blandamente, calmosamente, flemáticamente, flojamente, haraganamente, holgazanamente, inconmoviblemente, indiferentemente, insensiblemente, inútilmente, lentamente, negligentemente, ociosamente, perezosamente, remisamente, remolonamente, soñolientamente, tardamente

— sin ganas, con desgana, con repugnancia · a la fuerza, a regañadientes, a remolque, a mi pesar, de mal talante, de mala gana, de mal grado · mal de mi grado, aunque me pese, quiera o no quiera

COLOQ

— zángano, poltrón, remolón, candongo, pícaro, tunante, bribón, buscavidas

— gandul, gandumbas, holgachón, badea, culero, follón, maula, maulón, panarra, roncero, tumbón, ablandabrevas, ablandahígos, ahobachonado, huevón, madeja, molondro, molondrón, pelgar, torreznero, vainazas, zanguango, COL maganzón

— blando, flojo, borrego, muñeco, pelele, títere, zombi, vilordo, virote, zangón o zangarullón, zangandungo o zangandongo o zangandullo, autómata

— pasota, ni fu ni fa

COMP ING

— como si nada, c. quien oye llover, c. una roca

— frío como el hielo o el mármol, ARG como Pancho por la vía

44.19 obstinado

tozudo

— aferrado, contumaz, empecinado, entestado, fanático, maniático, numantino, obcecado, pertinaz, recalcitrante, renuente, temático, temoso, terco, testarudo, DESUS capitoso, ANT cervigudo

— ALB Y AR samugo, MÁL porrudo, SAL codorro, BOL, COL, EC Y PERÚ fregado, AM CENT, CUBA Y EC retobado, ARG empacón

obsesionado, apasionado, desquiciado, enajenado, exasperado, inconcino, inquieto, ofuscado, perturbado, revuelto, trastornado

pretencioso, antojadizo, arbitrario, caprichoso, desalado, extravagante, fantasista, fatuo, imprevisible, inconstante, inestable, lunático, presuntuoso, vehemente, veleidoso, versátil, voluble, DESUS lisiado

deseoso, ardiente, avariento, codicioso, fervoroso, goloso, insaciable, rabioso

intransigente, acérrimo, impenitente, impersuasible, implacable, inapeable, incontrastable, inconvencible, incorregible, inexpugnable, inflexible, ingobernable, intolerante, irreducible

COLOQ cabezón, cabezota, cerril, terne, atascado, baturro, testarrón, testarudo, burro, borrico, samarugo

obstinadamente, tercamente, tozudamente, tenazmente, empecinadamente, cabezudamente, incorregiblemente, porfiadamente, testarudamente

COMP ING
— duro de cabeza, d. de mollera, d. de cascos, d. de entendederas, d. de pelar
— cabeza de hierro, VEN c. de huevo
— cerrado de mollera, c. en banda, c. como pie de muleto
— malo de pelar, maldito de cocer
— capaz de sacar un clavo con la cabeza
— erre que erre, dale que dale, tieso que tieso, de ideas fijas, de piñón fijo
— más terco que una mula, a Zaragoza o al charco

44.20 tolerante

aquiescente, complaciente, comprensivo, conciliador, condescendiente, transigente, conformista, contemporizador, flexible, indulgente, paciente

benévolo, comprensivo, consentido, considerado, liberal

dócil, blando, cedente, manso

accesible, amable, deferente, dúctil, flexible, obsequioso, propicio

COLOQ maridazo, esposazo, bragazas, gurrumino

tolerantemente, abiertamente, benévolamente, benignamente, compasivamente, complacientemente, comprensivamente, condescendientemente, dulcemente, filosóficamente, flexiblemente, humanamente, indulgentemente, liberalmente, pacientemente, pacienzudamente, respetuosamente

VERBOS Y EXPRESIONES

44.21 afrontar

emprender, abordar, acometer, arrostrar, embocar, entablar, encarar, desafiar, osar

luchar, combatir, lidiar, batallar, guerrear, pugnar, bregar · esforzarse, afanarse

poner empeño, p. el alma, tener agallas, t. garra

hacer frente, armarse de valor, no ponerse nada por delante

alzar el ánimo, levantar el espíritu, perder el miedo

COLOQ
— guapear, bizarrear
— echarle morros, ser un hombre de pelo en pecho, ser de armas tomar
— aguantar mecha, asentar sus reales, atarse los machos, llevar bien puestos los pantalones, coger el toro por los cuernos, romperse los cuernos
— tener narices, t. madera, t. redaños, t. riñones, t. valor, t. lo que hay que tener
— MALSON Y VULG
  • tener cojones, t. huevos, t. pelotas, t. dos pares de cojones · tenerlos bien puestos, t. cuadrados
  • con dos cojones, con un par de c., con los c. bien puestos, con los c. en su sitio, con los c. cuadrados, con más c. que nadie, echarle c. a un asunto, AM tener bolas, COL Y MÉX tener mucha concha, CHILE tener patas, GUAT ser de a huevo

COMP ING
— agarrarse a un clavo ardiendo
— írsele la fuerza por la boca
— luchar a brazo partido, l. con dientes y uñas
— no volver la cara atrás, no temer ni a Dios ni al diablo, no t. ni al rey ni a Roque, no conocer la cara al miedo
— pasar por trancas y barrancas
— sacar algo de debajo de la tierra, s. fuerzas de flaqueza, s. los pies de las alforjas
— ser más papista que el papa, s. como un león, s. persona de rompe y rasga, s. hombre de Dios es Cristo, s. una pantera, s. más valiente que Barceló por la mar, ARG s. un loco de la guerra
— tener barba complida o cumplida, t. la sangre caliente, t. el alma bien puesta, t. su alma en su armario, t. más agallas que un atún, VULG t. más cojones que el caballo de Espartero

REF A lo hecho, pecho.

44.22 rechazar

desagradar
— **repugnar**, atragantarse, atravesarse, indigestarse
— **contrariar**, descontentar, desgraciar, disgustar, enfadar, escocer, fastidiar, molestar, repatear, resquemar

ahuyentar
— **alejar**, apartar, declinar, denegar, desechar, despreciar, devolver, espantar, propulsar, protestar, frenar, parar
— **recusar**, rehusar, repeler, repudiar, repugnar, repulsar, retundir
— **disculparse**, excusarse
— **desaprobar**, impedir, contrariar, prohibir, vetar, vedar, reprimir

— **desistir**, abdicar, cesar, dimitir, retirarse
acobardarse
— **ablandarse**, acoquinarse, achantarse, achicarse, amilanarse, anonadarse, aplanarse, arredrarse, cuartearse
— **temblar**, atemorizarse, desmoralizarse, intimidarse, encogerse, sobrecogerse
— **rehuir**, retirarse, apartarse, enajenarse
— meterse en sí mismo, echarse atrás, faltar a su palabra, enterrarse en vida
COLOQ
— encoñarse, rajarse · VULG cagarse, acojonarse
— dar grima, d. cien patadas, d. no sé qué, d. de lado, d. un corte de mangas, d. con la puerta en los hocicos o en las narices
— hacer fu, no querer tratos, cerrar los oídos · no ser plato de gusto
— ser un blando, s. un gallina, s. un cobarde, s. un rajado, s. un pobre de espíritu, s. poquita cosa, s. corto de genio, s. un hombrecillo de agua y lana, s. un Juan Lanas, s. poco hombre, s. más medroso que un gamo, s. temeroso como una liebre, ARG s. un mantequita, CUBA s. flojo de piernas, s. un guabina
— no tener agallas, no t. lo que tiene un hombre
— bajarse los pantalones, comer liebre, mancarse en la caballeriza
— MALSON ser un cagón, s. un cagueta · estar cagado, e. acojonado, e. con los huevos de corbata · no tener cojones, no t. huevos · entrar el canguelo, e. la cagalitis · ir con el culo a rastras, irse por las patas abajo, caérsele a uno el culo
REF A moro muerto, gran lanzada. No morirá Curro de cornada de burro.
44.23 decidirse
pronunciarse
— **decantarse**, inclinarse, posicionarse, animarse, resolverse, enfrascarse, embarcarse, echarse, empeñarse, lanzarse
— **disponer**, establecer, determinar, principiar, estatuir, fallar, fijar, juzgar, sentenciar
— **precipitarse**, embalarse, arriesgarse, aventurarse, exponerse
— **determinar**, acordar, decidir, decretar, preceptuar, prescribir, estipular
— **resolver**, precisar, predefinir, predeterminar, prefijar, puntualizar, sentar, señalar, formalizar
tomar una decisión
— abrir brecha, a. camino, hacer cara, ser echado para adelante, poner las manos en, ponerse a
— a riesgo de, al borde de, a pique de, por poco, a punto de

aplazar la decisión
— consultar con la almohada, pensárselo dos veces, cerrar los ojos · mañana será otro día
COLOQ
— echarse para adelante, e. al agua, no pararse en barras, no pensarlo dos veces, romper por todo, sacudir la pereza
— cortar por lo sano, dar un paso al frente, meterse de cabeza, soltarse el pelo, soltarse la melena
— pasar el Rubicón, quemar las naves
— MALSON mojarse el culo
COMP ING
— echar por la calle de en medio, jugarse el todo por el todo, liarse la manta a la cabeza
— romper el fuego, r. el hielo, r. la marcha
44.24 dudar
vacilar, conjeturar, contemporizar, escrupulizar, fluctuar, hesitar, oscilar, renquear, titubear o titubar, zozobrar, DESUS cespitar, AM trepidar · FIG mariposear, revolotear, bandearse
poner en duda, p. en cuestión, p. en entredicho, p. en tela de juicio, p. entre paréntesis, p. en cuarentena
estar dudoso, e. poco seguro, e. por ver, e. a la expectativa, e. con la mente en blanco
ir a tientas, ir a tino
dar vueltas
— andar a vueltas, a. a tientas, no saber qué hacer, rascarse la cabeza, cambiar de idea
— no fiarse, inspirar desconfianza, guardar las distancias
— dar que pensar, dar mala espina, dar en la nariz
— estar a la defensiva, e. sobre aviso
COLOQ
— antojársele los dedos huéspedes
— bailar a cualquier son, b. al son que le tocan, b. en la cuerda floja
— cambiar de chaqueta
— dar vueltas en redondo, dormir con un ojo abierto
— echar a parte, estar a caballo, e. en la tapia, e. entre dos aguas, e. en guardia
— hacer equilibrios
— ir de flor en flor
— jugar a dos bandas, j. con dos barajas
— marear la perdiz
— mirar con el rabillo del ojo, m. de reojo
— moverse a todos los vientos
— mudarse a cualquier aire
— nadar entre dos aguas
— no fiarse ni de su sombra, no f. ni un pelo, no saber con qué carta quedarse, no tenerlas todas consigo
— oler mal, no o. bien, o. a cuerno quemado o a chamusquina

— perderse en conjeturas, poner de su cosecha, ponerse en guardia
— ser mal pensado
— torcer el sentido, traerle a uno como un zarandillo
COMP ING estar con la mosca detrás de la oreja,
e. entre Pinto y Valdemoro, ser como el campo de Agramante, tener conducta de balancín, MALSON t. culo de mal asiento
REF A la noche, chichirimoche, y a la mañana,
chichirinada. Andar de flor en flor como la
abeja. Andar como pájaro, de rama en rama. Poner una vela a Dios y otra al diablo.
Como la tripa de Jorge, que se estira y encoge.

44.25 perseverar
insistir, persistir, perseguir, pugnar, continuar,
pelear, sostener, machacar, porfiar, terquear
hacer hincapié, llevar adelante, seguir en las
mismas, volver a la carga, no darse por vencido, mantenerse en sus trece, andar a vueltas, darle a la matraca, ir y venir con algo,
no dar la ida por la venida
andar tras, rabiar por, penar por, suspirar por,
irse tras
SIN RESULTADOS:
— aporrearse en la jaula, arar en la mar, azotar el aire, cavar en la mar, coger agua en
cesto
— dar cornadas al aire, dar voces al viento, dar
voces en el desierto
— COMP ING escupir contra el viento, echar agua
en la mar, e. guindas a la tarasca, gastar la
pólvora en salvas, llevar lechuzas a Atenas,
machacar en hierro frío, sembrar en arena,
tirar lanzas al mar, AM gastar pólvora en chi-
mangos, EC g. pólvora en gallinazo
REF
— A la tercera va la vencida. Aquí perdí una
aguja, aquí la hallaré. Dando y dando, la
gotera va horadando. De un solo golpe no
se derriba un roble. Gota a gota la mar se
agota. El agua blanda y la piedra dura gota a gota hacen cavadura. La perseverancia
todo lo alcanza. Para alcanzar, porfiar. Para
el hierro ablandar, machacar y machacar.
Quien la sigue, la consigue. Una gota y otra
gota apagan la sed. Y otra vez el burro al
trigo.
— A Dios rogando y con el mazo dando. Ama-
sando se hace pan. Lo que mucho vale, mucho cuesta. Quien algo quiere, algo le cuesta. Quien quiera peces, que se moje. Si no
se pisa el barro, no se hace el jarro.

44.26 desistir
renunciar
— abnegar, declinar, desamparar

— anular, retirar, revocar, contramandar, de-
satestar, desavisar, desconvidar, desmandar,
reblar, retroceder
— rescindir, invalidar, abolir, revocar, cancelar, derogar, inhabilitar, dirimir, neutralizar,
proscribir
— apartar, separar, quitar, descartar, eliminar,
exceptuar, excluir
— dejar, deponer, desdeñar, desechar, excluir,
inhibirse, prescindir, rechazar, recusar, rehuir,
rehusar, repeler, repudiar, sacrificar, abandonar, ceder
— despojarse, desnudarse, despreocuparse,
sacudirse, deshacerse de, pasarse sin
— dimitir, abdicar, capitular
— negar, denegar, oponerse, refutar
— privarse, desprenderse, desapropiarse, desasirse, desentenderse, desentrañarse, despojarse, desposeerse, sacrificarse, separarse, retirarse
dejar a medias
— dejar en el aire, d. colgado, d. en suspenso,
quedarse a medio camino, decir adiós a algo
— echarse atrás, dar marcha atrás, darse por
vencido, levantar el campo, mudar la hoja
— dar de lado
  • dejar a un lado, d. aparte, d. fuera
  • pasar por alto, no hacer caso, hacer caso
    omiso, echar por la borda, no tomar en
    consideración
COLOQ
— apearse del carro, tirar la toalla, cerrar el
kiosco, cerrar la tienda, colgar los guantes,
echarse a la baraja · están verdes
— mandar al diablo, m. al cuerno, m. a paseo,
m. a freír espárragos
COMP ING recoger velas, arriar las velas, ARG irse al mazo, no querer más Lola, tirar la chancleta, CHILE echársele la burra
REF Haragán y gorrón parecen dos cosas, y una
son.

44.27 interesarse
pretender
— codiciar, ambicionar, anhelar, acezar, acuciar, apetecer, demandar, acodiciar o DESUS
acudiciar, FIG acariciar, AM amalayar
— apasionarse, alamparse, consumirse, desa-
larse, desalmarse, deshacerse, desperecer-
se, despulsarse, desvivirse, empeñarse, ex-
halarse, proponerse
— aspirar, apuntar, ansiar, anhelar, querer, envidiar, suspirar, perseguir, soñar
entusiasmarse
— aficionarse, antojarse, encalabrinarse, encandilarse, encapricharse, encariñarse,
engolondrinarse, engolosinarse, enlaminarse, prendarse

— **apetecer**, codiciar, esperar, perseguir, cascabelear, alborotar

preferir

— **anteferir**, anteponer, aventajar, emprimar, preponer · inclinarse, resolverse, disponerse

— **descoger**, entresacar, apartar, cribar, filtrar, separar, preelegir, triar, distinguir, florear, pallar, COLOQ zarandar

interesarse por

— alargarse los dientes, andar detrás de, apuntar alto

— calentar la cabeza

— dar algo por

— echar de menos, e. el ojo, e. en falta

— encontrarle el gusto a algo

— entrar por el ojo derecho, e. por los ojos

— estar loco o muerto por · estar por

— ir de cabeza, ir detrás de, ir en pos de, ir tras

— llenarse la cabeza de aire o de pájaros o de viento

— meterse en la cabeza, morirse por

— pedir el cuerpo, penar por, pensar en, perderse por, picar muy alto, pronunciarse por

— poner en canción, p. la mira, p. la proa, p. los ojos, p. los puntos muy altos

— quedarse con, querer más, q. mejor

— rabiar por, soñar con, suspirar por

— tener pretensiones, t. aires de grandeza, t. debilidad por, t. intención de, t. delirios de grandeza, t. gana, t. la intención de · tomar el gusto por

— venir en gana, volverse loco por

COLOQ

— **pirrarse**, empicarse, emperrarse, despepitarse, chiflarse, lamparse · hipar

— **arder en deseos**, venir en deseo, beber los vientos por, hacerse la boca agua

— dar algo por, d. un dedo de la mano por, d. una mano por, d. años de vida por

— comerse con los ojos, devorar con los ojos, irse los ojos tras, saltarse los ojos, comerse con la vista, devorar con la vista

— metérsele en la cabeza, ponérsele en el moño

— VULG salirle de las narices

COMP ING

— pedir la luna, p. peras al olmo, p. cotufas en el golfo, p. gollerías, p. leche a las Cabrillas

— querer dar con un puño en el cielo, q. soldar el azogue, q. volar sin alas

— ponerse entre ceja y ceja, tener más antojos que una preñada, buscar la cuadratura del círculo, poner puertas al campo

— hacérsele el culo agua, VULG dar un cojín y parte del otro

REF

— Querer es poder. Conde y condadura, y cebada para la mula. ¿Si encontrará Menga cosa que le venga? Hasta los gatos gastan zapatos. Como el camaleón que se muda de colores do se pon. Quiero y no puedo. El corazón del codicioso nunca tiene reposo. No es pobre el que poco tiene, sino el que mucho quiere. Culo veo, culo deseo.

— Beber por lo ancho y dar a beber por lo angosto. Como la madre de san Pedro, que todo lo quería para sí. Como Juan Palomo: yo me lo guiso, yo me lo como.

— CONTRA LA AMBICIÓN DESMESURADA: La codicia rompe el saco. Lo mejor es enemigo de lo bueno. Goza tú de poco mientras busca más el loco. Más quiero asno que me lleve que caballo que me derrueque. Más vale fortuna en tierra que bonanza por el mar. Más vale malo conocido que bueno por conocer. Más vale pájaro en mano que ciento volando. Más vale pan solo en paz que pollos en agraz. Más vale ser cabeza de ratón que cola de león. No dejes lo ganado por lo que has de ganar. Perrillo de muchas bodas, no come en ninguna por comer en todas. Por el alabado dejé el conocido y vime arrepentido. Quien todo lo quiere, todo lo pierde. Ruega a Dios por el mal señor, porque no venga otro peor.

— AMBICIÓN SIN LÍMITES: Cuanto más se tiene, más se quiere. Ahora que tengo potro, pongo la vista en otro. Quien más tiene, más quiere.

44.28 desinteresarse

rechazar

— desechar, desdeñar, apartar, ahuyentar, empujar, expeler, extrañar, exturbar, relevar, remover, zacear, zalear, zapear · HUES jitar, RELIG excomulgar, ANT arrincar

desentenderse

— **despreocuparse**, descabullirse, descuidarse, disiparse, dispersarse, escabullirse, escaquearse, inhibirse, substraerse, zafarse

— **desapasionarse**, desaficionarse, desanimarse, desapegarse, descariñarse, deshincharse, desconcentrarse

— **desatender**, desoír, desdeñar, olvidar, relegar, dejar, descuidar, desechar, ignorar, SAL carabear

— **eludir**, capear, capotear, esquivar, evitar, excusar, huir, ladear, obviar, rehuir, sortear, soslayar, tangar, torear

volverse atrás

— echarse atrás, hacerse atrás

— volver sobre sus pasos, recoger velas

no importar

— cerrar los ojos

— dar de lado, d. igual, d. lo mismo

— dejar frío, d. indiferente, d. para otros

— echar el cuerpo fuera, encogerse de hombros, escurrir el bulto, estar de vuelta
— hacer caso omiso, h. como si nada, h. oídos sordos, no h. caso
— hacerse el desentendido, h. el distraído
— lavarse las manos
— no darse por enterado, no decirle nada, no estar para monsergas, no e. para músicas, no e. por la labor, no hacer caso, no irle ni venirle, no prestar atención
— ser lo mismo
— tomar a risa, traer sin cuidado, vivir en otro mundo

COLOQ
— a mí plim, a mí qué me importa
— **pasar**, pasaportar, resbalar
— **traer al fresco**, t. sin cuidado, t. al pairo · no dar frío ni calor
— dejar correr el agua, d. estar, d. frío
— quedarse como si nada, q. más ancho que largo, q. tan ancho, q. tan pancho, q. tan campante, q. tan contento, q. tan fresco
— tomar a la ligera, t. a risa, t. a cachondeo, t. a chufla, t. en solfa, t. a broma, ARG t. a la chacota
— **pasar de largo** o por alto, hacer caso omiso, írsele por alto
— no prestar la más mínima atención, no tener en cuenta, no darle dos chitas, no dársele un cuarto
— dar la patada, d. humazo, d. pasaporte, d. la cuenta, d. soleta, d. de lado · dejar a un lado
— echar a patadas, e. a puntapiés, e. a la calle, e. a escobazos, e. a palos, e. con cajas destempladas · poner en la puerta de la calle, plantar en mitad del arroyo, mandar noramala
— quitarse de encima, librarse de alguien, poner en la calle o de patitas en la calle, plantar en la calle, darle boleto
— **dejarse de historias**, no romper lanzas por nadie
— **hacerse el loco**, h. el longuis, dejar en manos de
— oír, ver y callar

COMP ING
— dar igual ocho que ochenta, darle lo mismo que de las coplas de Calaínos o don Gaiferos, dársele tanto por lo que va como por lo que viene
— dejar que ruede la bola, dejarse de cuentos, desenchufar las pilas, dormirse en las pajas
— echar a las espaldas, e. en brazos de · entrar por un oído y salir por el otro, escurrir el bulto
— hacer como quien oye llover, h. de su capa un sayo, h. la vista gorda, h. oídos de mercader, h. oídos sordos · hacerse el sordo o el sueco, poner cara de póquer
— importar tres pares de narices, i. un bledo, i. un comino, i. un cuerno, i. un higo, i. un pepino, i. un pimiento, i. un pito, i. un rábano
— no irle ni venirle
— pasárselo por debajo del sobaco, poner en solfa, ponerse algo por montera
— reírse de los peces de colores
— tomárselo a la bartola
— ver el cielo por embudo
— y que salga el sol por Antequera, y con su pan se lo coma
— ARG importarle una pepa, MÉX valerle madre, v. sombrilla

MALSON Y VULG
— sudársela, traérsela floja
— importarle un carajo, i. tres cojones, i. un huevo
— pasárselo por el arco del triunfo, p. por el culo, p. por los cojones, p. por la entrepierna, p. por las pelotas

REF Ahí me las den todas. En lo que no es mi cuenta, lo mismo me da ocho que ochenta. Para lo que queda de convento, me meo dentro.

44.29 obstinarse
empeñarse
— **encapricharse**, aferrarse, encalabrinarse, empacarse, empalarse, empuntarse, encalabernarse, encastillarse, encerrizarse, entercarse
— **encabezonarse**
   • encasquetarse, emborricarse, emperrarse, empecinarse, amacharse, enceguecerse, plantarse, obcecarse, obsesionarse, ofuscarse, endurecerse
   • tenacear, necear, porfiar, tozar
argumentar, argüir, contrapesar, contrarrestar, contrastar, objetar, rebatir, refutar
enfrentarse, encararse, carearse, atravesarse, interponerse, cruzarse, resistirse, entremeterse, entrometerse
oponerse a toda costa, o. como sea, o. sea como sea, o. a costa de lo que sea, o. cueste lo que cueste, o. de cualquier manera, o. pase lo que pase, o. pese a quien pese, o. a cualquier precio, o. a todo trance
saltarse las normas, pasarse de la raya

COLOQ
— cerrarse en banda, no dar su brazo a torcer
— darle la gana, d. la realísima gana
— no apearse del burro, no a. del machito
— meterse en la cabeza, m. entre ceja y ceja
— ponérsele en el moño, coger una perra, seguir en sus trece, volver a la carga

salirle de las narices, MALSON Y VULG s. de los cojones, s. del culo, s. del moño, s. de los mis-
mísimos

COMP ING
— arda Troya, venga lo que viniere
— cuanto antes mejor, herrar o quitar el banco, ¡dentro o fuera!, al vado o a la puente
— y dale Perico al torno, otra vez el burro al
trigo
— LAT alea jacta est

44.30 tolerar
aceptar, admitir, condescender, complacer, consentir, sobrellevar, tragar, transigir
resignarse, acomodarse, achantarse, contentarse, avenirse, plegarse, doblegarse, humillarse
aguantar, apechar, apechugar, apencar, conllevar, consentir, disculpar, disimular, dispensar, exculpar, excusar, explicar, justificar
ceder, rendirse, desentenderse
COLOQ decir amén, cargar con, tener aguante,
quitar importancia

COMP ING
— tener buen estómago, t. buenas tragaderas
— tragar quina, tragarse un sapo
— aguantar carros y carretas, a. el nublado, a.
mecha, ARG a. la vela, aguantársela piola
— sentarse en el banco de la paciencia, tener
la manga ancha

45. ACTUACIÓN
45.01 asunto
cuestión
— tema, argumento, materia, negocio, ocupación
— cosa, objeto, sujeto, rollo, eje, leitmotiv
— comisión, cometido, delegación, diputación, encomienda, fideicomiso, legacía,
mandato, ratihabición
— maniobra, maquinación, intriga, trama, tra-
jín, tramojo, tramoya, tratos, urdimbre, AM
tamal
— conjura, conciliábulo, confabulación, conspiración, contubernio, conventícula o con-
ventículo, complot
— desafío, apuesta, desplante, reto, ronca
— negocio sucio, base de discusión, caballo de
batalla, punta del iceberg, labor o trabajo
de zapa, lo de detrás de la cortina, dimes y
diretes, idas y venidas
proyecto
— programa, propuesta, presentación, apunte, anteproyecto, directrices, esqueleto, esquicio, guía, plano, planta, traza, trazado
— boceto, borrador, bosquejo, croquis, diseño, esbozo, esquema, estudio, guión, maqueta, plan, presupuesto, postulado

— intención, propósito, proyecto, propuesta,
aspiración, resolución, empeño, idea, mira,
fin, finalidad, intencionalidad, objetivo
— concepción, determinación, maquinación,
planificación, planteamiento
— plan de batalla, p. de trabajo, declaración
de intenciones
problema
— conflicto, crisis, dificultad, enredo, embrollo, engorro, disgusto, compromiso, estrechez, necesidad, lance, trance, brete, tropiezo, AM atrenzo, CUBA arranquera (FALTA
DE DINERO)
— dilema, agobio, ahogo, apretura, atasco, embarazo, encrucijada, aprieto, complicación
— fastidio, incomodidad, molestia, extorsión,
carga, inconveniencia
— disgusto, desazón, inquietud, angustia, tormento, preocupación, pesadumbre, mortificación
— FIG avispero, pantano, papeleta, barranco,
belén, berenjenal, cenagal
— mal paso, paso difícil, patata caliente, callejón sin salida
disparate
— atrocidad
  • barbaridad, enormidad, absurdidad, irracionalidad, incoherencia, insensatez, aberración
  • absurdo, engendro, esperpento, herejía,
ignominia, zafarrancho, garrapatón
— despropósito, desatino, desbarro, desaguisado, desacierto, descamino, desvarío,
devaneo, descabellamiento, dislate, DESUS
deslate, argado, badomía, berlandina
— fantochada, bernardina, echada, fachenda, farol, jactancia, majencia, majeza, montantada, poleo, rumbo
— adefesio, arracacha, candinga, clarinada o
clarinazo, gansada, jangada, panderada,
trompetada, trompetazo
extravagancia
— inelegancia, vulgaridad, incongruencia, hu-
morada
— payasada, patochada, mamarrachada, arle-
quinada, bufonada, jerigonza, truhanería ·
farsa, comedia, parodia, caricatura, sátira,
remedo
— fechoría, barrabasada, barraganada, chi-
quillada, diablura, disparate, mataperrada,
picardía, trastada, travesura
— calamidad, percance, catástrofe, cataclismo, desastre, desgracia, drama, hecatombe, mala racha
— escándalo, polvareda, rebullicio
— salida de tono, s. de pie de banco · pata
de gallo, sarta de disparates

pesadez
— molestia, historias, engorro, aborrecimiento, aburrición, aburrimiento, romance
broma
— bufonada, buzcorona, camama, camelo, caraba, changuería, chanza, chasco, chilindrina, chirigota, chiste, chuscada, donaire, escarnio, guasa, ironía, mofa, pulla, relajo, sarcasmo, AM MER Y CUBA changa
— inocentada, novatada, carnavalada, ladrillejo
— COLOQ changüí, chafaldita
insignificancia
— **menudencia**, minucia, nadería, nimiedad, poquedad
— **simpleza**, frivolidad, bagatela, desabor, desabrimiento, inocuidad, insipidez, insustancialidad, insulsez, memez, sosería, superficialidad, tenuidad, tontada, vacuidad
— **palabrería**, borra, borrufalla, broza, farfolla, fárrago, furufalla, hojarasca, paja, pampanaje
— **trivialidad**, ajaspajas, bagatela, baratija, bicoca, chirinola, chorrada, chuchería, cosilla, fruslería, futesa, futilidad, niñería, nonada, papasal, pequeñez, piojería, pispajo, ridiculez, tiritaña, AM zoncera
— **sandez**, imbecilidad, estupidez, patochada, perogrullada, mentecatez
— **pamplina**, pantomima, ñoñería, ñoñez, pamema, alharaca, aparato, aprensión, aspaviento, damería, dengue, denguería, escorrozo, escrúpulo, exageración, fililí, maña, impertinencia, mimo, mitote, momería, monada, tiquis miquis
— un bledo, un comino, un pito, un pitoche, un rábano, un ardite
— poca cosa, el parto de los montes, nada entre dos platos
COLOQ
— **trapicheo**, gatada · ajo, entruchada, lianza, tapujo, tejemaneje, tinglado, gatuperio · conchabamiento, conchabanza, compadrazgo
— **jaleo**, lío, tollo, tramojo, trapisonda, pastel · gaita, lata, majadería, mareo, marranada, murga, pesadez, pijada, rollo, tormento, tostón, morcilla, churro, buñuelo, patata, pastel, quillotranza · gato encerrado
— **coña**, chunga, chufla, chufleta, cuchufleta o chirigota, candonga, gaita, gansada, quedada · cachondeo, choteo, pitorreo
— **burrada**, yeguada, jinetada, pavada, gansada, asnada, leonería, ciempiés
— **lata**, marrón, puñeta, puñetería, monserga, mandangas, chinchorrería, pejiguera, cuentos, giba
— **majadería**, gazmoñería, melindrería, mojigatería, hazañería, farfantonería

— **tontada**, tontería, barrabasada, barrumbada o burrumbada o borrumbada, bobada, bobería, chamuchina, chilindrina, chuminada, especiota, farfantonada, fechoría, gazafatón, gazapatón, gurrumina, pamema, pampirolada, pampringada, paparrucha, patochada, pijada, porra, zarandaja · espantavillanos, DESUS niquiscocio
— MALSON Y VULG jodienda, coñazo, gilipollez, gilipollada, hijoputada, mariconada, mierda, pichada, soplapollez
45.02 preparación
gestación, elaboración, disposición, organización, distribución, ordenación, preparativo, preliminares, apresto, premisa
previsión, provisión, prevención, providencia, perspectiva, disposiciones, medida
prospección, reflexión, premeditación, maduración, meditación, examen
comienzo, introducción, preámbulo, prefacio, introito, preludio, prólogo, proemio, exordio
estrategia, táctica · ensayo, experimento, maniobra
45.03 realización
acto
— **acción**, actuación, perpetración, perpetración
— **ejecución**, materialización, consumación
— **fabricación**, elaboración, confección, producción, producimiento, sobreproducción, creación, generación, hechura, factura, manufactura
— **actividad**, operación, función, quehacer, trabajo, ejercicio, maniobra, procedimiento, proceso
— **evento**, celebración, cumplimiento, incidente, accidente, caso, suceso, peripecia, hecho, emergencia, urgencia, imprevisto, circunstancia, ocasión
— **protección**, prevención, fortificación, preservación
creación
— **construcción**, estructuración, edificación, organización
— **reparación**, reforma, rehabilitación, restauración, reconstrucción
— **arreglo**, compostura, corrección, enmienda, reajuste, rectificación
— **conservación**, mantenimiento
autor
— **ejecutante**, ejerciante, actuante, causante, obrante, operante, comitente, ejecutor, hacedor, almo, artífice, coautor
— **organizador**, planificador, proyectista, programador
destrucción
— **demolición**, desintegración, aniquilación,

devastación, exterminación, eliminación, liquidación
— **erradicación**, desmantelamiento, dislocación, fragmentación
— **destrozo**, carnicería, limpia, poda, riza, hundimiento, masacre, desastre
— COLOQ escabechina, estrapalucio
anulación
— **abolición**, derogación, destrucción, inhabilitación, invalidación, revocación
— **supresión**, disolución, cancelación, recesión
— **estrago**, estropicio, matanza, hecatombe

45.04 inacción
descanso, desidia, desocupación, despreocupación, retiro
detención, entumecimiento, estatismo, paralización, paro
holganza, huelga · apatía, asueto, calma, letargo, sosiego, pasividad
inactividad, indiferencia, indolencia
inmovilidad, inmovilismo, marasmo, ocio, parada, parálisis, pausa, paz, poso
quietud, recreo, remanso, reposo, vacación, satis, jubilación
horas muertas, ratos perdidos, paro forzoso, dolce far niente

45.05 éxito
triunfo, victoria, conquista, palma, laurel, premio, trofeo, botín
consecución, culminación, logro, obtención, victoria, conquista · gloria, honor
reconocimiento, prestigio, renombre, reputación, crédito, notoriedad, popularidad, nombradía, fama, aclamación, alabanza, homenaje
fortuna o fortunio, ventura, venturanza, dicha

45.06 fracaso
defección, abandono, deserción, detención, incumplimiento, inejecución
desastre, naufragio, devastación, destrucción, siniestro, escabechina, derrota, fiasco, epidemia, plaga, rayo, tormenta
desgracia, calamidad, desaventura, malaventura, malaventuranza, descalabro, percance, azote
desamparo, desdicha, disgusto, drama, tragedia, golpe, malogro, penalidad, pérdida, quebranto, ramalazo, través, tuerce, zurriagazo
ruina, quiebra, hundimiento, fiasco, pérdida, caída, derrota
frustración, desengaño, desilusión
catástrofe
— **estrago**, desolación, destrozo, devastación, eversión, riza, limpia, poda, quebrazón, cataclismo, hecatombe, estropicio, sarracina
— **matanza**, carnicería, degollina, escabechina

COLOQ estrapalucio, zafarrancho, DESUS excidio, ANT mata

ADJETIVOS Y ADVERBIOS
45.07 proyectado
planeado, programado, fraguado, forjado, maquinado, ingeniado, imaginado, concebido, inventado, ideado
pensado, calculado, tanteado, ensayado, propuesto, trazado, esbozado, hilvanado, borroneado, discurrido, meditado, especulado, previsto, acariciado, madurado

45.08 preparado
aparejado, aprestado, concertado, ajustado, dispuesto
listo, prevenido, próvido, providente, orejeado, DESUS procinto
combinado, compaginado, acomodado

45.09 realizado
hecho, forjado, engendrado, armado, producido, concluido
ejecutado, efectuado, perpetrado, plasmado, formalizado, cumplido, cometido, consumado, recreado, obrado, actuado, procedido, practicado
formado, creado, elaborado, construido, confeccionado

45.10 rechazado
descartado, desechado, apartado, excluido, separado, alejado, eliminado, retirado, prescindido, pospuesto, arrinconado, descuidado
desdeñado, despreciado, menospreciado, recusado, repudiado, enterrado, expulsado
abandonado, postergado, dejado, desmantelado

45.11 logrado
conseguido, alcanzado, obtenido, sacado, ganado, consumado, completado, acabado, cumplido
ganado, conquistado, triunfado, vencido · pescado, cazado, aprehendido, apresado
otorgado, procurado, apoderado, cosechado agenciado, adjudicado, concedido

45.12 fracasado
malogrado, deslucido, estropeado, desaprovechado, desbaratado, arruinado, destruido, hundido
frustrado, decepcionado, defraudado, derrotado, desengañado, desilusionado
equivocado, desacertado, perdido

VERBOS Y EXPRESIONES
45.13 concebir
idear
— **imaginar**, calcular, combinar, establecer, estatuir, estipular, estructurar, fijar, fraguar, pensar, premeditar, preparar, hilvanar, idea-

lizar, quimerizar, soñar, trasoñar, tramar, trazar, urdir, ANT bastir
— **admitir**, aceptar, asentir, asumir, consentir
— **constituir**, esbozar, esquematizar, organizar, planificar, plantear, planear, predisponer
— **tantear**, amasar, aparar, bosquejar, determinar, programar, proyectar, diseñar, sondear, sopesar, presupuestar, prevenir
— **plantearse**, planearse, aprestarse, programarse, ocurrirse, figurarse, representarse, antojarse, proponerse, pertrecharse
— **cargar con**, estar por, aspirar a, venir en, tener que

tener una idea
— tener a la vista, t. en vista, t. previsto, t. en mente, t. en proyecto, t. en cartera, t. en perspectiva, t. la intención de
— soñar despierto, ver visiones, acariciar una idea, abrir camino, poner a punto, tentar el terreno
— echar cuentas, llevar entre manos, hacerse el ánimo, meterse en la cabeza o en los cascos o entre ceja y ceja · hacer su composición de lugar
— tomar medidas, t. una resolución, t. una disposición, t. a cuestas, t. por su cuenta, t. sobre sí
— meterse en la cabeza, pasar por la cabeza, venir a las mientes, estar en la idea, llevar idea, hacer intención, hacerse el firme propósito
— contraer la obligación, echarse a las espaldas, hacerse responsable, tomar sobre sí
— aceptar a buenas, a. por las buenas, a. de buen grado · hacerse cargo

COLOQ
— cocer, maquinar, trinchar, perdigar
— atarse los machos · estar sobre las armas, e. sobre aviso
— poner los cimientos, tomar carrera o carrerilla, hacerse a la idea
— estar al pie del cañón, e. en la brecha · llevar la carga

COMP ING echarse la responsabilidad al hombro, ver con buen ojo, dar la cara

REF Primero la obligación, luego la devoción. Haga el hombre lo que debe, y venga lo que viniere. A lo hecho, pecho.

45.14 preparar
prever
— **prevenir**, precaver, antever, calcular, caucionar
— **presentir**, presumir, prospectar, predisponer, acondicionar
— **aparejar**, habilitar, alistar, aprestar
— **anticiparse**, precaverse, precaucionarse, cautelarse, guardarse

tomar precauciones
— tomar medidas, estar sobre aviso, ponerse en cobro, p. a cubierto, estar sobre los estribos
— poner los cimientos, preparar el terreno, tantear el terreno

COLOQ
— andar listo, a. con cien ojos, a. con zapatos de fieltro
— andarse con ojo, a. con pies de plomo
— atar bien los cabos, cubrirse las espaldas, curarse en salud, echar el cartabón
— estar al quite, e. en guardia
— ir con los pies en tierra, ir con tiento, ir sobre seguro
— medir el terreno, mirar de qué lado sopla el viento, m. por dónde van los tiros
— oler el poste, oler la chamusquina, ARG tener la vaca atada

COMP ING nadar y guardar la ropa

REF
— Hombre prevenido vale por dos. A Penseque lo llevan preso. Aquel que anda por el llano va más sano. El mal, para quien lo fuere a buscar. Al camarón que se duerme se lo lleva la corriente. Más vale un por si acaso que un bien pensara. Quien adelante no mira, atrás se queda. El gato escaldado, del agua fría huye.
— Sólo al final se canta la gloria. Antes que acabes no te alabes. Aún no asamos y ya pringamos. Aún no ensillamos, y ya cabalgamos. Hasta lavar los cestos todo es vendimia. Hijo no tenemos y nombre le ponemos. Vender la piel del oso antes de cazarlo.
— Quien evita la ocasión evita el peligro. En la calle de la Meca el que no entra no peca.

45.15 realizar
perpetrar
— **proceder**, operar, maniobrar, terciar, intervenir, participar, abogar, contribuir, cooperar, entrar, mediar
— **comenzar**, empezar, emprender, acometer, afrontar, abordar, arrancar, encentar o encetar, fundar
— **conspirar**, intrigar, brujulear, cabildear, cocer, enredar, maquinar, muñir, tejer, tramar, trapisondear, urdir

iniciarse
— **atreverse**, soltarse, estrenarse, comprometerse, arriscarse · entrometerse, intrometerse, entremeterse
— **enredarse**, empeñarse, envolverse, inmiscuirse, complicarse, interponerse, liarse
— **meterse**, unirse, adherirse, interesarse, asociarse, mezclarse
— **multiplicarse**, mantenerse, consagrarse, desvivirse, reventarse

— **sobreponerse**, recobrarse, redimirse, restaurarse, restablecerse, rehabilitarse, reanudarse, reintegrarse, salvarse, sostenerse, sustentarse, recuperarse

dar comienzo

— **dar principio**, d. inicio, d. el primer paso, d. los primeros pasos, d. los primeros toques

— **poner en marcha**, p. en movimiento, p. la primera piedra, p. manos a la labor o a la obra, p. por obra, ponerse en arma

— **abrir brecha**, a. camino, meter en obra, entrar en materia

— **empezar** con buen pie, entrar con el pie derecho · empezar con mal pie, entrar con el pie izquierdo

— **probar fortuna**, p. ventura, tentar la suerte, probar suerte, desafiar a la suerte · correr el peligro de, c. el riesgo de

tomar parte

— **andar a**, andar en, darse a, pasar a, estar de, oficiar de, ponerse a, entregarse a, arrancarse con

— **dar cuerpo**, dar pasos, entrar en acción, prestar la mano, ser del grupo

— **llamarse a la parte**, ganar terreno, llevar adelante, hacer sus primeras armas, poner los medios o todos los medios

venir dado, v. rodado, venirse encima, echarse encima, tener efecto, entrarse por las puertas

COLOQ

— **liarse**, embolicarse, embrollarse, enmarañarse, enredarse, entrincarse, mojarse, pringarse · jugárselas, enjergar · mangonear

— **coger** y · echarse a, e. al agua · meter cuchara, m. las narices, m. mano · meterse en faena · poner en marcha, p. las manos en la masa, p. mano en · ponerse a la obra, p. en acción · romper el fuego, r. el hielo · ARG ponerse en campaña, NIC darle viaje

— **traer entre manos**, hacer maravillas, h. milagros, tomar cartas en, meter las manos en, meter baza, tejer y destejer, sacar de la nada

— **meterse a farolero**, m. a redentor, m. de rondón, m. donde no le llaman, m. en belenes, m. en camisa de once varas, m. en colmenar sin careta, m. en interioridades, m. en la boca del lobo, m. en libros de caballerías, m. en líos, m. en lo que no le va ni le viene, m. en un avispero, m. en un berenjenal, m. en un buen fregado, m. en un cenagal, m. en un laberinto, m. en un pastel, m. en una buena, m. en vidas ajenas, m. entre hoz y coz, ARG m. en un baile, m. en un merengue, SALV m. en un cusuco

— **minar el terreno**, andar de cabildeos, hacer la cama, h. la guerra sorda, mover la silla, segar la hierba bajo los pies, trabajar a la sombra, AM serruchar el piso a alguien

— **actuar a sus anchas**
  • hacerlo por su cuenta y riesgo, hacer las cosas por iniciativa propia, actuar a su libre albedrío, ser dueño de sus actos
  • ir a caño libre, ir a piñón libre, ir a rienda suelta, ir por libre, ir por su lado
  • tener patente de corso · ancha es Castilla

— **echar los hígados**, e. el resto

COMP ING

— **tocar todos los palillos**, remover el cielo y la tierra, poner el cascabel al gato, llevar el gato al agua, levantar la liebre, buscar pan de trastrigo, pasar el rubicón, tomar cartas en el asunto, echar su cuarto a espadas, meter las manos hasta el codo

— **sacar fuerzas de flaqueza**, bullir o hervir la sangre en las venas, apretar los puños, pisar el acelerador

— **poner toda la carne en el asador**, p. su grano de arena, liarse la manta a la cabeza, quemar las naves, cerrar los ojos, por todas partes se va a Roma

— **poner paños calientes**, p. el costal a la gotera, AM p. paños tibios, EC p. paños de agua tibia

— **ir a dos haces**, ir por atún y a ver al duque

REF

— El comer y el rascar, todo es empezar. El primer paso es el que cuesta. El salir de la posada es la mayor jornada. Obra empezada, medio acabada.

— No tener manos para tantas cosas. Del dicho al hecho va mucho trecho. Más vale llegar a tiempo que rondar un año.

45.16 rechazar

abstenerse, aguantarse, cohibirse, comedirse, comprimirse, constreñirse, contenerse, dejarse, dominarse, encogerse, enfrenarse, estrecharse, guardarse, inhabilitarse, oponerse, refrenarse, reprimirse, retenerse, sujetarse, vedarse

alejarse, apartarse, desentenderse, inhibirse, quitarse, refutar, retirarse, retraerse

no hacer nada

— dejar de hacer, d. que ruede la bola

— echar balones fuera, matar el tiempo, perder el tiempo, cruzarse de brazos

— **no tomar parte**, no entrar ni salir; oír, ver y callar; quitarse de en medio, vivir de las rentas, darse vacaciones, tomarse un respiro, recuperar fuerzas

COLOQ

— aplatanarse, apoltronarse

— **tener buen cuajo**
  • cazar musarañas, dormirse en los laureles, no tener sangre en las venas, paseársele el alma por el cuerpo
  • tener la panza en gloria, t. sangre de horchata, t. sangre de nabo, t. sangre gorda
  • ARG tener sangre de pato, MÉX t. sangre de atole
— tumbarse a la bartola, echarse en brazos de, dejarse caer
— echarse a dormir, dejarse llevar, d. en manos de, echarse al surco
— **cortar de raíz**, c. en seco, c. por lo sano, dar un quiebro, huir de la quema

COMP ING ser más vago que la chaqueta de un guardia, paseársele el alma por el cuerpo, echar perlas a los puercos, hacer rayas en la mar, ARG ser tranquilo como agua de pozo

REF Agua que no has de beber, déjala correr.

45.17 conseguir
lograr
— **vencer**, triunfar, llegar, obtener, alcanzar, ganar, conquistar, arrancar, agenciar, tocar, captar
— **coger**, atrapar, pescar, cazar, agarrar, pillar, encontrar, tomar, aprehender, apresar
— **consumar**, coronar, conquistar, acabar, terminar, cumplir, concluir · liquidar, materializar

llevar a buen fin
— **sacar** adelante, llevar a efecto, echar la clave, e. la contera, poner fin, dar fin, poner término, pasar página, cerrar página
— **tener éxito**, llegar alto, cubrirse de gloria, coronarse de gloria, conquistar laureles, arribar o llegar a buen puerto, llegar a puerto de salvación
— **salir airoso**, s. a salvo, s. bien librado, s. bien parado, s. a flote, s. a la orilla, s. adelante, s. del barranco, s. del cenagal
— **dar cima**, d. remate, d. término, d. el último toque, d. la última mano, d. por acabado, d. por terminado, d. por concluido, d. por hecho, d. por zanjado, d. finiquito

COLOQ
— **cantar el alirón**, ganar la partida, salir redondo, quedar con lucimiento, ARG plantar bandera, GUAT dar mate, NIC caer parado
— escapar con vida, nacer de nuevo, volver a nacer, vivir de milagro, salir sano y salvo o vivito y coleando, escapar en una tabla, librarse de una buena, salvar el pellejo
— pasar el chaparrón, dar la última pincelada, dar el campanazo, pasar el nublado, pegar el batacazo
— conseguir a fuerza de manos, c. a fuerza de puños, c. a pie firme, c. a toda costa, c.

a cualquier precio, c. cueste lo que cueste, c. venga lo que viniere, c. con el sudor de su frente
— costar sudor y lágrimas, sacar a pulso, ganar a dedos, llegar a comerse el mundo
— librarse por tablas, escapar a uña de caballo, escaparse de una buena
— EN DETRIMENTO DE OTROS: salirse con la suya
— SIN ESFUERZO:
  • conseguir a poca costa, c. sin despeinarse, c. por sus ojos bellidos
  • encontrarse todo hecho, caerle por la chimenea, venir a las manos, llevarse por la cara

COMP ING
— llevarse el gato al agua, cortar orejas y rabo, poner una pica en Flandes
— tener siete vidas como los gatos, ARG tener un Dios aparte

REF Querer es poder. Querer y poder hermanos vienen a ser. Quien quiso, hizo. Más hace el que quiere que el que puede. No hay mayor dificultad que la poca voluntad.

45.18 fracasar
malograr
— **fallar**, frustrar, quebrar, abortar, aojar, desgraciar, destruir, naufragar, escollar, reventar
— **descomponerse**, desbaratarse, desgraciarse, desvanecerse, descalabrase, desplomarse
— **frustrarse**, perderse, hundirse, derrumbarse, estrellarse, malograrse, arruinarse, inutilizarse, destruirse, CANARIAS Y AM chingarse
— **penar**, expiar, pagar, purgar, sufrir, padecer

salir mal
— acabar mal, a. en punta, resultar fallido, r. mal, errar el golpe
— aguarse la fiesta, dejar empantanado, venirse abajo, v. a tierra, v. al suelo
— echar abajo, e. al suelo, e. por tierra, e. todo a rodar
— irse abajo, i. al tacho
— llevarse el diablo
— quedarse con las ganas, q. en la estacada
— aprender la lección, atenerse a las consecuencias, cocerse en su propia salsa, enterarse de lo que vale un peine, llevarse su merecido, saber lo que es bueno

COLOQ
— **fastidiarla**, ensuciarla, joroparla, AM embarrarla, CR pelársela, MÉX regarla
— acabar en tragedia, echar los latines, e. por tierra, hacerse las narices, hundirse el mundo, poder decir adiós, rezar el responso, salir huera una cosa, venírsele el mundo encima
— costar caro, pagarlo caro

— **dar al traste**, d. el petardazo, d. en vacío, d. en vago
— **irse al garete**, i. a la porra, i. al cuerno, i. a pique, i. al agua, i. al diablo, i. al demonio, i. al traste, i. a freír espárragos, i. a tomar viento, i. todo en humo, i. de vacío, MALSON i. a la mierda, i. a hacer puñetas
— AM irse al tacho, ARG i. al bombo, HOND ahumarse el ayote
— MALSON Y VULG joderla, chingarse, irse al carajo · joder la marrana, se jodió la marrana
COMP ING
— acabar a palos como entremés, a. como el rosario de la aurora, acabarse a capotazos, caerse con todo el equipo, darse con la cabeza en la pared, echar por la borda, errar el golpe, fallar el tiro, llegarse la peor parte, mojársele los papeles, naufragar en el puerto, no rascar bola, no vender una escoba, perder el capítulo, pillarse los dedos, pinchar en hueso, ARG hacer sapo, sonar como arpa vieja
— quedar en agua de cerrajas, q. en la estacada, q. escaldado
— quedarse a media miel, q. a oscuras, q. a verlas venir, q. con las ganas, q. con un palmo de narices, q. en la estacada, q. fresco, q. soplando las uñas, CUBA q. chato, q. colgado de la brocha
— salir con el rabo entre las piernas, s. con las costas en las costillas, s. con las manos en la cabeza, s. con las manos vacías, s. con las orejas gachas, s. con un palmo de narices, s. el tiro por la culata, s. mal librado, s. mal parado, s. por la ventana, s. trasquilado
tornarse el sueño al revés, volverse con las manos vacías · clamar a Dios, c. al cielo
REF
— Ir por lana y salir trasquilado. El hombre propone y Dios dispone. Nadar, nadar y en la orilla ahogar. No hallar nidos donde se pensaba hallar pájaros. Mi gozo en un pozo.
— Donde las dan, las toman. Quien siembra vientos, recoge tempestades. Quien mal anda, mal acaba. Quien tal hizo, tal haya. Como sembráredes, cogéredes. Dios castiga sin palo ni piedra. En el pecado va la penitencia. Haz mal, espera otro tal. Por donde se peca se paga. Quien a hierro mata, a hierro muere. Tras mala procura, llega la mala ventura.
— El docto escarmiento en cabeza ajena. De los escarmientos salen los avisados. El escarmentado busca la puente y deja el vado. Gato escaldado del agua fría huye. Quien del alacrán está picado, la sombra le espanta. Quien se quema en la sopa, sopla en la fruta.

— Del mal, lo menos.
— A lo hecho, pecho. A mal hecho, ruego y pecho.

46. CIRCUNSTANCIAS DE LA ACTUACIÓN
46.01 utilidad
provecho, aprovechamiento, conveniencia, meritoriedad, valor, ventaja, usufructo
eficacia, fructuosidad, funcionalidad, practicidad, valerosidad
ganancia, beneficio, esquilmo, fruto, gabela, ganada, granillo, interés, jugo, lucro, pez, pro, producto, proveza, rédito, rendición, rendimiento, renta, rinde
oportunidad
— **ocasión**, adecuación, congruencia, conformidad, pertinencia, justeza, sazón
— **casualidad**, coyuntura, encrucijada, margen, pretexto, resquicio, lance, trance
— **momento** oportuno, m. propicio, m. crítico
— buen momento, día crítico
— circunstancia favorable, c. ad hoc
46.02 inutilidad
banalidad, esterilidad, futilidad, inhabilidad, ineficacia, ineptitud o inepcia, nulidad, superfluidad, vacuidad
improductividad, ineficacia, recesión, interrupción, esterilidad
levedad, menudencia, minucia, insustancialidad, poquedad, superficialidad, superfluidad, puerilidad, frivolidad
inoportunidad
— **contratiempo**, avatar, azote, caída, calamidad, complicación, contrariedad, fatalidad, inconveniente, infortunio, maldición, maleficio, postración
— **percance**, accidente, tribulación, vicisitud, entuerto, revés, estropicio, perturbación, trastorno, tropiezo, caída
— **mala coyuntura**, m. ocasión, mal momento
46.03 facilidad
ayuda
— **cooperación**, colaboración, protección, soporte, apoyo, asistencia, amparo, favor, refuerzo, socorro, auxilio
— **mecenazgo**, asilo, tutela, apoyo, patrocinio, esponsorización, subsidio, subvención, donación, sufragio, donativo
— **participación**, adhesión, contribución · intervención, mediación, intercesión · buenos oficios
favor
— **don**, donación, donativo, merced, beneficio, concesión, dádiva, gracia, impetra, permiso, privilegio, regalo, cortesía
— **socorro**, subsidio, subvención, sufragio, áncora, beneficio, fautoría, favor, influencia,

limosna, maná, minga, muleta, óbolo, opitulación, servicio, DESUS presidio, AM MER Y CR gauchada

consejo
— **instrucción**, admonición, consigna, directiva, insinuación, opinión, persuasión, recomendación, prescripción, proposición, sugerencia, sugestión
— **advertencia**, aviso, anuncio, preaviso, información, notificación, indicación, comunicación, observación
— **estímulo**, incentivo, incitación, instigación, invitación, llamada, acicate, aliciente, felicitación, impulsión, motivación, señuelo, cebo

plataforma
— **agarraderas**, agarradero, subterfugio, adminículos, método, modo, puerta, receta, recurso, salida
— **trampolín**, camino, senda, vía, solución, comodín, conducto, contacto, maniobra, mano, mecanismo, medida

equipamiento
— **elementos**, escalón, fórmula, guisa, influencia, escabel
— **instrumento**, utensilio, portillo, posibles, resorte, sacabocados, sanalotodo, tentáculo, traza
— **remedio**, reservas, táctica, técnica
COLOQ
— conchabamiento, conchabanza, changa, cambalache, capotazo, compadrazgo
— grano de arena, camino de rosas, varita mágica, polvos de la madre Celestina

46.04 dificultad
inconveniente
— **contrariedad**, estorbo, desventaja, óbice, pega, contra, fallo, pero, conflicto, gabarro, hándicap
— **extorsión**, daño, desfavor, desventaja, extravío, lesión, mella, mengua, menoscabo
— **avería**, deterioro
— **revés**, quebranto, merma, quiebra, roncha, tequio, trasquilimocho, varapalo, yactura
— **tropiezo**, sinsabor, trago, tribulación, varapalo, zamarrazo, zarpazo
— **reproche**, amonestación, reprimenda · admonición, alarma, alerta · llamada al orden

problema
— **complicación**, contratiempo, obstrucción, dificultad, laberinto, límite, separación
— **embrollo**, enredo, rebuscamiento, rémora, confusión, dédalo, entresijo, intrincamiento, jaleo, laberinto, lío, maraña, rodeo, agobio, ahogo, apuro, taco, vericueto

molestia
— **inconveniencia**, desconveniencia, descomodidad, embarazo, engorro, disconveniencia, incomodo, perjuicio, pesadez, pesadumbre, DESUS corma, lacería, SAL cargancia, gabarro
— AM friega, AM CENT tequio, EC gurrumina

impedimento
— **injerencia**, intrusión, incongruidad, incomodidad
— **interrupción**, pausa, receso, intervalo, descanso, paréntesis, vacación, descontinuación, discontinuación, discontinuidad, inciso, intermitencia, tregua, DESUS inducia, jolito
— **supresión**, cesación, letargo, paro, parálisis, detención, fin

situación difícil
— situación apurada, s. comprometida, nudo gordiano, caballo de batalla, callejón sin salida, tiempos difíciles
COLOQ
— marrón, gaita, china, hueso, mochuelo, molienda, lata, coña, pijotada, monserga, murga, tabarrera, tabarra, chinchorrería, jeringa, DESUS lavativa, pejiguera, pijotería, AM calilla, VULG coñazo, cabronada
— animalada, caballada, canallada
— metedura de pata, salida de tono, falta de tacto
— golpe duro, g. de gracia, mal de ojo, vacas flacas, gajes del oficio, la negra
— barril de pólvora, cáliz de la amargura

46.05 prosperidad
florecimiento
— **crecimiento**, desarrollo, progreso, adelanto, mejora
— **riqueza**, hacienda, opulencia, posición, bienestar, desahogo
— **abundancia**, bonanza, acomodo, holgura, profusión

influencia
— **recomendaciones**, amistades, asideros, recursos, relaciones
— **poder**, acción, eco, influjo, inspiración, predicamento, prestigio, vara alta
— **empuje**, ayuda, amigos, apoyo, arrimo, enchufe, favor, influencia, lados
— **poder fáctico**, grupo de presión, establishment, lobby
COLOQ
— **enchufe**, mano, muñeca, padrino, pope, palanca, asidero, cuña, tentáculos, mano negra
— agarraderos, agarraderas, empeños, aldabas, amarras
COMP ING el oro y el moro, este mundo y el otro

46.06 adversidad
obstáculo
— **impedimento**, pega, intríngulis, óbice, objeción, reparo, contra, restricción

— **estorbo**, escollo, cortapisa, traba, entorpecimiento, inconveniente, limitación
— **bloqueo**, detención, freno, rémora
COLOQ
— **barrera**, cortina, muro, valla, foso, dique, presa, monte, pantano, abarrancadero
— **muralla**, caparazón, cortina, pantalla, casco, máscara, parapeto, refugio
— **abismo**, derrumbadero, despeñadero, precipicio.
— **zancadilla**, quisquilla, perendengues
46.07 seguridad
confianza
— **fiabilidad**, garantía, aplomo · protección, quietud, tranquilidad, ANT seguranza, aseguramiento
— **certeza**, estabilidad, fijeza, firmeza, indemnidad, inmunidad
protección, refugio, recado o recaudo, refuerzo, salvaguarda o salvaguardia, salvoconducto, sujeción
confianza en sí mismo, dominio de sí mismo, seguridad en sí mismo
46.08 peligro
inseguridad, peligrosidad, desconfianza, incertidumbre, inconsistencia, inestabilidad, alarma, alerta, riesgo, DESUS discrimen
amenaza, contingencia, emergencia
apuro, arrisco, aventura, borrasca, nublado, trance, ventura

ADJETIVOS Y ADVERBIOS
46.09 útil
práctico
— **productivo**, servible, servidero, válido, valioso
— **fructífero**, fructuoso, lucrativo, oficioso, preciso, utilizable, adecuado, apto, bueno, conveniente, eficaz, eficiente
oportuno
— **pertinente**, conveniente, congruente, propicio, pintiparado, portentoso, providencial
— **apropiado**, conforme, ajustado, debido, indicado, idóneo
— bajado del cielo, llovido del cielo
provechoso
— **benéfico**, beneficioso, bueno, conveniente, saludable, útil, rentable, ventajoso
— **benévolo**, benigno, próspero
— **eficaz**, cómodo, fructuoso, funcional, jugoso, lucrativo, práctico
— **provechosamente**, beneficiosamente, productivamente, ventajosamente, fértilmente, valiosamente, interesantemente, lucrativamente, jugosamente, rentablemente, remunerativamente, fructuosamente, eficazmente, fructíferamente

útilmente
— **oportunamente**, pertinentemente, debidamente, puntualmente
— a propósito, a tiempo, con tiempo, en su día, en sazón, al pero, de molde, de paso, ya que
— en su momento, en el m. debido, en el m. oportuno, con motivo de
46.10 inútil
inservible
— improductivo, infructuoso, infecundo, infructífero, caduco, malogrado, baldío, inoperante
— superfluo, innecesario, redundante, excesivo, imposible, sobrante, prolijo
— sin objeto, sin provecho
inútilmente
— infructuosamente, ineficazmente, vanamente, nulamente, insuficientemente, improductivamente, infructíferamente, inoperantemente, ruinosamente, negativamente, inserviblemente, estérilmente, infecundamente, yermamente, pobremente, vanamente, ociosamente, perdidamente, superfluamente
— en vano, en balde, sin fruto, ni por ésas, sin resultado, sin remedio
inoportuno
— **inconveniente**, impertinente, imprudente, incorrecto, inadecuado, desacertado, incongruente, inapropiado, discorde
— **inoportunamente**, absurdamente, contradictoriamente, discordantemente, impolíticamente, improcedentemente, impropiamente, incompatiblemente, incongruentemente, inconvenientemente, incorrectamente, perjudicialmente, intempestivamente, extemporáneamente, prematuramente, imprevistamente, impensadamente
— a destiempo, a contrapelo, a propósito de caza · en mal momento
  • fuera de tiempo, f. de propósito, f. de sazón
  • sin venir a pelo, sin v. al caso, sin ton ni son
46.11 fácil
factible
— **abordable**, accesible, asequible, comprensible, corriente, elemental, evidente, fluido, inteligible, cómodo, dado, ligero, liso, llano, manejable, obvio, practicable
— **hacedero**, llevadero, mañero · sencillo, simple, ANT rahez
fácilmente
— **sencillamente**, corridamente, expeditamente, descansadamente, cómodamente, simplemente, expeditamente

— **a la mano**, al alcance de todos, al a. de la mano, como la palma de la mano, liso y llano
— **de carrera**, de carrerilla · a placer, a pie enjuto · en canto llano, de ligero, como una seda
protegido
— ayudado, socorrido, auxiliado, asistido, sufragado, concurrido, remediado, amparado, defendido, patrocinado, acogido, cuidado, apoyado, sostenido, reforzado, secundado, coadyuvado
— acompañado, conllevado, colaborado, contribuido
— aliviado, consolado, animado
— **gracias a**, merced a, al amparo de, con el apoyo de, al arrimo de, al calor de, a favor de, al socaire, a la sombra
COLOQ facilón, facilongo, tirado, con la gorra

46.12 difícil
complejo
— **complicado**, intrincado, delicado, espinoso, laborioso, peliagudo, embarullado, embrollado, enmarañado, enredoso, revesado o enrevesado o arrevesado, laberíntico
— **trabajoso**, vidrioso, dificultoso, endiablado, embarazoso, embrollado, escabroso, abstruso, arduo, comprometido, incomprensible, pantanoso
— **rebelde**, renuente, resbaladizo, sobrehumano, inaccesible, inasequible, inextricable, críptico, oscuro
— **gigantesco**, ímprobo, sobrehumano, titánico
— trabajo de chinos, t. de perros · obra de romanos
difícilmente
— embarazosamente, fatigosamente, laboriosamente, dificultosamente, penosamente, arduamente
— a duras penas, entre la espada y la pared
costoso
— **intenso**, latoso, operoso, sostenido, ingrato, ANT erumnoso
— **duro**, penoso, fatigoso, cansado, pesado, trabajoso
— **comprometido**, delicado, escabroso, espinoso, feo, resbaladizo, vidrioso
— **esforzadamente**, trabajosamente, duramente, penosamente, afanadamente, afanosamente, sin economizar esfuerzo
dificultado
— **impedido**, estorbado, embarazado, trabado, molestado, imposibilitado, cohibido, apurado, tropezado, atascado, obstruido
— **enredado**, embrollado, confundido, enmarañado, liado, intrincado, erizado, encallado

paralizadamente
— atascadamente, atolladamente, complicadamente, contenidamente, detenidamente, dificultadamente, disuadidamente, embarazadamente, embargadamente, empantanadamente, entorpecidamente, erizadamente, estorbadamente, imposibilitadamente, interrumpidamente, molestadamente, obstaculizadamente, obstruidamente, ocupadamente, paradamente, perturbadamente, reprimidamente, retrasadamente, tropezadamente, truncadamente
— **prohibidamente**, vedadamente, negadamente, vetadamente, contrariadamente
COLOQ chungo, crudo, puñetero, latazo · duro de pelar, VULG coñazo

46.13 próspero
favorable
— **benéfico**, apropiado, adaptado, conveniente, fasto, fausto, feliz
— **favorecido**, fortunado, afortunado, excusado, favorito, mimado, paniaguado, privilegiado
— **afortunado**, aventurado, bienaventurado, suertero, suertudo, beneficiario, ganancioso, agraciado, dichoso, exitoso, venturoso
— **apacible**, placentero, placible, plácido, placiente, dulce, grato, gustoso, radiante
— **remunerado**, pagado, retribuido, recompensado, indemnizado, gratificado
prósperamente
— **triunfalmente**, benditamente, florecientemente
— **venturosamente**, dichosamente, radiantemente, propiciamente, favorablemente, halagüeñamente, satisfactoriamente
— **ricamente**, opulentamente, fértilmente, prolíficamente
— bien librado, b. parado, b. dotado, con suerte
COLOQ con chorra
COMP ING mejorado en tercio y quinto

46.14 adverso
desafortunado
— **infortunado**, desdichado, desventurado, desgraciado, malaventurado, menguado, infausto, infelice, adverso, desfavorable, desgraciado, malhadado, AM salado
— **pobre**, mísero, miserable, ANT lacerado
— **aciago**, amargo, impróspero, infeliz, nefasto, negro, nubloso, ominoso, siniestro, sombrío, trágico, calamitoso, catastrófico, POÉT infelice, ANT hadario
desfavorable
— **inconveniente**, impertinente, improcedente, imprudente, inadecuado, intempestivo, prematuro, tardío, contraproducente

— **desaconsejado**, desafortunado, descaminado, desorientado, desventajoso, desconvenible, inhábil, inoportuno, perjudicial, contraindicado, ANT desaprovechoso
— **impropio**, desacertado, desatinado, equivocado
— **contrario**, discordante, disonante, extemporáneo, fatídico, funesto
— **ineficaz**, anodino, estéril, frívolo, improductivo, inexplotable, infructuoso, infecundo, inservible, redundante, superficial, superfluo, vano
— **dañino**, lesivo, maléfico, negativo, nocente, nocivo, pernicioso
adversamente
— **hostilmente**, enemigamente, desfavorablemente, antagonistamente, contraproducentemente, contrariamente, opuestamente, refractariamente, contrapuestamente
— **fatalmente**, desastrosamente, trágicamente, amargamente, siniestramente, calamitosamente, desgraciadamente, infortunadamente, desdichadamente
— **ruinosamente**, decadentemente, pobremente, desventuradamente
poco acertado, p. afortunado, de mala memoria, de infeliz recordación
COLOQ de mala pata, de mala sombra
COMP ING dejado de la mano de Dios
46.15 seguro
indudable
— **innegable**, inequívoco, tangible, convincente, inconcuso, fehaciente, cierto, claro, evidente, palmario, notorio, patente
— **firme**, invariable, sólido, estable
— **protegido**, abrigado, resguardado, guardado, inamovible
— **fiable**, inatacable, infalible, inviolable, invulnerable, sólido
— **sin peligro**, digno de confianza
seguramente, probablemente, indudablemente, ciertamente
— **desde luego**, a ciencia cierta, sobre seguro, a pie enjuto
46.16 peligroso
arriesgado
— **aventurado**, lanzado, atrevido, azaroso, expuesto, climatérico, suicida, ANT obnoxio
— **apretado**, apurado, atrevido, comprometido, expuesto, inseguro, resbaladizo, riesgoso, temerario, venturero · DESUS precípite
— **arduo**, complejo, complicado, delicado, dificultoso, duro, enigmático, escabroso, escarpado, espinoso, hermético, incómodo, misterioso, oscuro, puntilloso, rudo, sibilino, sutil, turbulento
— **de abrigo**, de cuidado, colgado de un cabello, pendiente de un pelo, p. de un hilo, amenazado por la espada de Damocles
peligrosamente
— **resbaladizamente**, oscuramente, expuestamente, azarosamente, fortuitamente, temerariamente, amenazadoramente, alarmantemente, temiblemente

VERBOS Y EXPRESIONES
46.17 convenir
concordar
— **sintonizar**, congeniar, armonizar o harmonizar, atemperar, amoldar, contemperar, cuadrar, hermanar, conciliar
— **servir**, casar, consonar, encajar, entonar
— **acomodarse**, acoplarse, adherirse, arreglarse, asociarse, atemperarse, avenirse, compaginarse, compenetrarse, compincharse, componerse, comprenderse, concertarse, conchabarse, conciliarse, confabularse, conformarse, hermanarse, unirse
venir bien
— **ser útil**, s. de utilidad, s. de provecho, s. del caso · venir a propósito
— **estar bien**, e. conforme, e. de acuerdo, e. en armonía, e. a la altura, e. a tono
— **hacer al caso**, h. a todo, h. buen papel, h. buen plan, h. buen tercio, venir al caso
— **ir bien**, ir a una, ir con, ir al unísono, marchar a una
— mostrarse conforme, m. de acuerdo, servir para todo, no tener desperdicio
— **sacar de apuros**, hacer papel, prestar utilidad
— **poner a tono**, p. en paz, p. de acuerdo
COLOQ traer cuenta, dar en avío, estar por la labor, pedir a gritos
COMP ING
— venir como anillo al dedo, v. como pedrada en ojo de boticario
— valer lo mismo para un barrido que para un fregado, v. lo mismo para un roto que para un descosido
— hacer buenas migas, hallar la horma de su zapato
— ser de monte y rivera, servir de toda broza
46.18 importunar
presionar
— **apremiar**, acuciar, coartar, estrechar
— **incitar**, empujar, apretar, intervenir, manipular, mediatizar
— **acosar**, apremiar, empujar, insistir, instar, instigar, perseguir, roncear, rondar, asediar, atacar, acometer
estorbarse, entorpecerse, impedirse, obstaculizarse, trabarse, cohibirse, atascarse, obstruirse, enredarse, complicarse, liarse, molestarse, perturbarse, incomodarse

hacer presión, cargar sobre, volver a la carga, entrar con mal pie, tener mal agüero, llegar en mala hora

COLOQ
— endilgar · picar, pinchar, chinchar
— **machacar**, machaconear, marear, porrear
— **dale que dale**, dale que le das, erre que erre

COMP ING muchos amenes al cielo llegan, otra vez el burro al trigo, la gota de agua colma el vaso

46.19 facilitar

favorecer
— **beneficiar**, socorrer, auxiliar, defender, enderezar, secundar, servir, valer · abogar
— **agraciar**, apoyar, asistir, auxiliar, contribuir, colaborar, cooperar, proteger · privilegiar, eximir
— **posibilitar**, aclarar, desbrozar, desembarazar, desenredar, mascar, obviar, preparar, resolver, suavizar, agilizar o agilitar
— **simplificar**, abreviar, aplanar, allanar, clarificar, esclarecer, vulgarizar

impulsar
— **incitar**, inclinar, inducir, instar, conminar, decidir, empujar, espolear, excitar, impeler, CUBA cuquear
— **instigar**, mover, acuciar, aguijar, aguijonear, aguiscar, aguizgar, aguzar, alentar, apremiar, avivar, invitar
— **estimular**, animar, activar, atizar, azuzar, excitar, provocar, reafirmar, reconfortar, sostener, vitalizar, acompañar, recompensar
— **promover**, propulsar, presionar, provocar, requerir, urgir, DESUS instimular

dar ánimos
— servir de acicate, s. de aguijón, s. de estímulo, ofrecer oportunidad
— tomar carrerilla, no poder más que, no p. menos de, poner en el caso de
— hacerse con la gorra, h. con un dedo

acoger
— **ayudar**, amparar, socorrer, apadrinar, acudir, conllevar, contribuir, cooperar, desapretar, descansar, enderezar, manutener
— **propiciar**, mediar, remediar, secundar, interceder
— **auxiliar**, apoyar, asistir, acorrer, adminicular, coadyuvar, concomitar, concurrir
— **colaborar**, mediar, patrocinar, apadrinar, pensionar, sostener, subvencionar, subvenir, sufragar
— **respaldar**, asistir, socorrer, avalar, abrigar, abrogar, acorrer, alentar, amparar, animar, consolar, enternecerse, sostener, esponsorizar, patrocinar, socorrer, ofrecerse

aconsejar
— **advertir**, asistir, avisar, ayudar, adoctrinar,

incitar, inculcar, indicar, influenciar, insinuar, moralizar, persuadir, prevenir, proponer, recomendar, sermonear, sugerir

prestar ayuda
— abrir camino, a. las puertas, alzar la voz
— dar alas, d. aliento, d. alimento, d. amparo, d. esperanzas, d. la cara, d. la mano, d. margen, d. ocasión, d. pábulo, d. pie, d. vida
— echar un cable, e. una mano
— estar al lado, hablar a favor, hacer bien, hacer un favor
— influir a favor, ir en ayuda de
— levantar el ánimo, l. la moral
— poner espuelas, prestar asistencia, p. auxilio, p. ayuda
— sacar de un apuro o apuros, salir en defensa
— tender la mano, tener la amabilidad de

ser cosa hecha
— **estar hecho**, e. a tiro, ser pan comido
— **no tener ciencia**, t. poca ciencia, t. pocos lances, no t. ningún misterio, ser un paseo, hacerse sin dificultad alguna

AHUYENTAR LA MALA SUERTE: tocar madera

COLOQ
— abrir la mano, allanar el camino, arrimar el hombro
— dar a manos abiertas, dar con franca mano, dar facilidades
— echar la capa, e. un cable, e. un cabo, e. un capote, e. una mano
— hacer un favor, h. el caldo gordo, h. hombre, h. puente de plata
— mirar por, ser los pies y las manos de
— servir en bandeja
— tender la mano, t. un cable
— ARG, CHILE Y UR hacer una gauchada, ARG h. pata, GUAT h. un farolazo, NIC h. un volado, ARG Y UR h. la gamba, VEN h. una segunda

COMP ING
— hoy por ti, mañana por mí; toma y daca
— sacar a alguien las castañas del fuego
— venir algo llovido del cielo, romper una lanza, sacar a paz y a salvo
— ser pan comido, s. coser y cantar, s. tortas y pan pintado, s. un juego de niños
— ser el agua del socorro, s. los polvos de la madre Celestina, s. el ungüento amarillo, s. el santo remedio
— ser fácil como quitar pajas de una albarda, ser f. como quien se come un pedazo de pan
— MALSON Y VULG ser más fácil que mear

REF
— Nunca falta un roto para un descosido. Perro viejo cuando ladra da consejo.
— Unos mueven el árbol, otros recogen las nueces. ARG Calentar el agua para que otro tome mate.

46.20 dificultar
estorbar
— **entorpecer**, atascar, atollar, complicar, confundir, contener, dañar, molestar, embrollar, perturbar, reprimir, trabar, truncar
— **enredar**, embarazar, enmarañar, erizar, intrincar, liar
— **impedir**, imposibilitar, negar, paralizar, vedar
— **disuadir**, cohibir, estorbar, obstaculizar, obstruir
— **frenar**, bloquear, detener, interrumpir, empantanar, encallar, parar
poner impedimentos
— **comer la moral**, atar las manos, cerrar el grifo, c. la espita, correr con la desgracia, cortar el chorro, c. las alas, c. los pasos, c. los vuelos
— **hacer la contra**, ir contra, llevar la contraria, luchar contra, meterse por medio, cruzarse en el camino, dar con la puerta en las narices, echar un jarro de agua fría, escurrir el bulto, estar de malas
— **negar la ayuda**, oponer resistencia, pinchar el globo
— **poner trabas**, p. chinas, p. inconvenientes, p. reparos
— **ponerse enfrente**, p. por medio · presentar batalla, quebrar las alas, romper el cántaro
— **tener mala suerte**, t. la fortuna en contra, t. la suerte de espaldas, t. los hados en contra · volver la espalda
COLOQ
— **aguar la fiesta**, hacer un feo, tirar una puntada, dejar mal
— **dar en la cresta**, d. la puntilla, d. en las narices, d. en la cabeza, d. en la caperuza
— hacer una faena, h. una mala jugada
— **poner freno**, jugar una mala partida
— ser un cenizo, ser un gafe
— tener la negra, t. una suerte perra, t. mala pata, t. a raya
— MALSON tener mala follá, VULG hacer una putada
— ARG patear el nido, p. el tablero, soplar la dama, COL tener la pava, caerle la gota fría, CHILE no tener raja, CUBA tener un chino atrás
COMP ING
— dar coces contra el aguijón
— dejar hecho un matachín, d. hecho un mico
— estar con el agua al cuello, e. en los cuernos del toro, e. con la vida pendiente de un hilo, e. entre la vida y la muerte
— hundir en la miseria, arruinar el estofado
— parecer que lo ha mirado un tuerto

— tener pájaro de mal agüero, t. el santo de espaldas
— tocarle bailar con la más fea, t. la china
REF
— A perro flaco todo se le vuelven pulgas. Si pone un circo, le crecen los enanos. Quien nace desgraciado, en la cama se descostilla. Desde los tiempos de Adán, unos recogen el trigo y otros se comen el pan. Unos nacen para moler, y otros para ser molidos.
— Más se perdió en Cuba. Más se perdió en la guerra.
46.21 prosperar
— **progresar**, avanzar, adelantar, abonanzar, ascender, sobrepujar, sobrexceder, superarse
— **crecer**, evolucionar, subir, amasar, engordar, medrar
— **aventajar**, superar, rebasar, desbordar, culminar
— **mejorar**, florecer, perfeccionar, evolucionar, expandir, incrementar
— **enriquecerse**, hincharse, lucrarse, forrarse, desarrollarse
abrirse camino
— **abrirse paso**, salir del paso, remontar la dificultad, encontrar una salida o una escapatoria o refugio, restablecer el orden o la paz, traer la calma
— **meter la cabeza**, abrirse las puertas, dar una buena acogida, poner buena cara · tener las puertas abiertas · entrar por la puerta grande
— **sonreír la vida**, tener buena estrella, t. suerte, t. viento en popa · abrírsele el cielo, ver el cielo abierto · venir las cosas derechas, ir de bien en mejor · ir a mejor, tomar valor
— **hacer posible**, abrir la puerta, poner al alcance, estar al alcance · dar mascado, dar digerido · dar con la clave
COLOQ
— trepar, medrar, tropicar
— caer de pie, caerle la breva, sonar la flauta, soplar la fortuna
— ir sobre seguro, ir a pie enjuto, ir a bragas enjutas
— estar tirado, e. chupado, e. a huevo, e. en racha
— ser el huevo de Colón, s. el huevo de Juanelo, ARG s. una papa, s. un tarrudo, PERÚ s. un lechero
— tener buena suerte, t. buena sombra, t. la suerte de cara, t. moco, t. buen naipe, t. buena estrella · ARG, MALSON y VULG t. culo, t. la polla lisa
— tender puentes de plata
— nacer con estrella, n. de pie, n. con pie derecho, CUBA haber nacido parado

— aparecerse la Virgen, bañarse en agua de rosas
— ir a velas tendidas, ir viento en popa, levantar cabeza, marchar sobre ruedas
— no importar un ardite, no i. un bledo, no i. un clavo, no i. un pimiento, no i. una chicha, no i. una paja
— pasar el periodo de vacas flacas, picar el viento
— ser corriente y moliente, s. el pan nuestro de cada día, s. pan comido, s. un balón de oxígeno, s. coser y cantar, s. un asunto de cajón, s. un asunto de color de rosa, s. un quítame allá esas pajas
— tener mano de santo
— venir a verlo Dios, v. algo rodado

COMP ING correr el agua por donde solía, guardarse un as en la manga, llegar y besar el santo, volver las aguas a su cauce, v. las aguas por donde solían ir, v. las aguas a su curso normal, MALSON Y VULG haber nacido con una flor en el culo

REF
— Cuando llega el bien, ábrele la puerta. A quien nace para martillo del cielo, le caen clavos.
— Muerto el perro, se acabó la rabia. Quita la causa, quitarás el pecado. A grandes males, grandes remedios. A otro tiempo, otro viento. Cual el tiempo, tal el tiento. Cuando una puerta se cierra, ciento se abren. Cuanto el tiempo hace, lo deshace. Después de la tempestad, viene la calma. Dios, que da la yaga, da la medicina. El tiempo cura las cosas y trae las rosas. La corneta, lo mismo toca a diana que a retreta. La pera dura, el tiempo la madura. No hay daño que no tenga apaño. No hay mal que dure cien años, ni mozo que lo resista. No hay nublado que dure un año.

46.22 complicarse
empeorar
— **declinar**, reclinar, decrecer, recaer
— **obstruir**, obstaculizar, entorpecer, estorbar, frenar, tropezar, topar, trabar, interponerse, restringir, enlerdar, liar
— **dañar**, afectar, damnificar, deteriorar, estropear, menoscabar, perjudicar, vulnerar · ANT nucir
— **desandar**, recular, descorrer, recalcitrar · replegarse, volverse
— **agravarse**
  • **recrudecerse**, agudizarse, enzarzarse, enmarañarse, estrellarse
  • **precipitarse**, abalanzarse, enredarse, atropellarse, dispararse
  • **perjudicarse**, damnificarse, fastidiarse,

lastimarse, castigarse, dañarse, vulnerarse · hundirse, arruinarse
complicarse la vida
— atravesar un mal momento, buscar las vueltas, chocar con, colarse de rondón, correr peligro, costar caro
— dar una mazada, darse mal
— encararse con, encontrarse con, enfrentarse a
— hacer frente a, h. la contra, h. la pascua, h. sudar, h. un flaco servicio, hundirse el mundo
— ir a ciegas, ir a mayores, ir a peor, ir al través, ir mal, jugar con fuego, llegar a mayores, minar el terreno
— partir por la mitad, pasar crujía, poner chinitas, p. impedimentos, ponerse por medio
— salir al gallarín, s. caro
— venir a menos, verse en

COLOQ
— andar con penas y fatigas, atarse las manos, bajar los brazos, caer en la miseria, cogerse los dedos, correr malos vientos, cortar el camino, c. las alas, costar muchas patadas
— dar con la barca en tierra, d. en duro, d. en hueso, d. tumbos, d. de lado, d. de mano, d. esquinazo, darse de bruces, d. de narices
— dejar a la espera, d. en la estacada, d. plantado, dar la espalda
— enredarse la madeja, entrar en terreno movedizo, encontrarse con algo sin comerlo ni beberlo
— haber mucho diablo, hacer aguas, hacerse un mundo
— ir a la deriva, ir a trancas y barrancas, ir a trompicones, ir a tropezones, ir cuesta abajo, ir de cabeza, ir de cráneo, ir de mal en peor, ir para abajo
— llevar la peor parte, ll. la procesión por dentro, llevarse el diablo
— meterse en honduras, m. en líos
— necesitar Dios y ayuda, no ir a ninguna parte, oler a chamusquina, pagar el pato
— pasar la pena negra, p. las de Caín, p. penas y fatigas, p. un calvario, p. un mal momento, p. un mal trago, p. un trago amargo, pasarlas canutas, p. estrechas, p. moradas, p. negras
— picar en hueso, pillarse los dedos, pinchar en hueso, pintar bastos
— salir mal librado, s. mal parado, señalar con piedra negra
— ser algo otro cantar, s. duro de roer, s. hombre al agua, s. todo matas y por rozar, s. un hueso
— trabajar sin red, torcerse el carro, mudarse el aire

— verlas de todos los colores, verse ahogado, v. entre la espada y la pared, v. negro, v. y desearse, vérselas negras, v. y deseárselas, volver la espalda, volverse loco, v. mico
— para remate, para rematar la faena, para colmo de males, para más inri, y por si fuera poco, AM y de ñapa
— AM ir como la mona, ARG ir barranca abajo
— pasarlas canutas, p. moradas, MALSON Y VULG p. jodidas, p. putas, joderse el invento, j. la marrana
— cavarse su propia tumba, echarse la soga al cuello, e. tierra en los ojos, tirar piedras a su propio tejado, escupir al cielo, pegar los azotes al verdugo, ARG patear en contra, VULG mear contra el viento, CUBA comprar soga para su pescuezo

COMP ING

— buscarle tres pies al gato, conseguir a duras penas, costar un triunfo
— dar la vuelta a la tortilla
— entrar en un callejón sin salida
— estar al borde del abismo, e. con el agua al cuello, e. con el credo en la boca, e. con el dogal al cuello, e. con la soga al cuello, e. contra las cuerdas, e. en aprietos, e. en la cuerda floja, e. en un brete, e. en un callejón sin salida, e. entre dos fuegos, e. entre Escila y Caribdis, e. entre la cruz y el agua bendita, e. entre la espada y la pared, e. más perdido que Carracuca, e. pendiente de un hilo, e. sobre un volcán, CUBA e. en aulagas, CHILE Y PERÚ e. en amarillentos aprietos, HOND vérselas tile
— hacer sudar, hacerse cuesta arriba, h. un nudo en la garganta, h. un nudo gordiano, juntarse el cielo con la tierra
— llegar como un pelo en la sopa, llevar las de perder, llover sobre mojado, lo que faltaba para el duro, meterse dentro el demonio
— no estar el horno para bollos, no e. la Magdalena para tafetanes, no saber a qué santo encomendarse, no ser un camino de rosas, no tener vuelta de hoja
— ponerse en la boca del lobo
— pretender contar las estrellas, p. vender hielo a los esquimales, p. meter la mar en un pozo
— querer alcanzar el cielo con las manos, q. alcanzar la luna
— ser la gota que colma el vaso, s. la madre del cordero, s. la punta del iceberg, s. como poner una pica en Flandes, s. duro de pelar, s. duro de roer, s. espada de dos filos, s. imposible como hacer tajadas de un caldo, s. imposible como la cuadratura del círculo, s. la de Dios es Cristo, s. más difícil que ba-

rrer escaleras arriba, s. menester la cruz y los ciriales, s. un arma de doble filo, s. una papeleta
— sentar algo como una patada en el estómago
— tener encima la espada de Damocles, t. lo suyo, t. más espinas que un zarzal, t. menos posibilidades que un gato en una perrera, t. muchos bemoles
— tocar la patata caliente, verle las orejas al lobo, verse en los cuernos del toro
— ARG ser difícil como castrar hormigas, ser d. como vómito de jirafa, ser d. como verle las patas a la sota, CUBA otra pata que le nace al cojo, estar en candela, HOND no ser comida de trompudo, no ser soplar y hacer botellas, MÉX estar colgado de la brocha
— no haber dios que lo consiga, MALSON costar un huevo

REF

— Andar de zocos en colodros. Escapar del trueno y dar en el relámpago. Huí del perejil, y nacióme en la frente. Huir del toro y caer en el arroyo. Huir el perro y dar en el lodo. Ir de rocín a ruin. Ir de Guatemala a Guatepeor. Ir de Málaga a Malagón. Un ruin ido, otro venido. En todas partes cada semana tiene su martes. En todas partes cuecen habas, y en mi casa calderadas. Si pone un circo, le crecen los enanos. Camino de Roma, ni mula coja ni bolsa floja. Con mal vinagre y peor aceite, buen gazpacho no puede hacerse. Del dicho al hecho hay mucho trecho. Cacarear y no poner huevo. Tras que la niña era fea, llámase Timotea. Tras de cornudo, apaleado. Del árbol caído todos hacen leña. A perro flaco todo son pulgas. Aquellos polvos traen estos lodos. Mucho ruido y pocas nueces. Ser algo pan para hoy y hambre para mañana. Desnudar un santo para vestir otro.

46.23 asegurar
defender
— **proteger**, preservar, conservar, fortificar, inmunizar, abastionar, blindar, mamparar
— **consolidar**, afianzar, afirmar, apuntalar, asentar, estabilizar, estibar, fijar, lastrar, reafirmar, sentar, sujetar, trabar, vertebrar
apoyar
— abrigar, acoger, amadrigar, auxiliar, cubrir, encubertar, sostener, salvaguardar, DESUS captener, ANT atregar
— **amparar**, arropar, tutelar, socorrer, cobijar, patrocinar, apadrinar, apatrocinar, escoltar, convoyar
asegurarse
— abroquelarse, aconcharse, acorazarse, adar-

garse, albergarse, arrimarse, atrincherarse, escorarse, escudarse, espaldonarse, fortificarse, guarecerse, parapetarse, refugiarse, resguardarse, respaldarse

mirar por
— tomar precauciones, prestar apoyo
— plantar cara, dar el pecho, aguantar a pie firme, a. el tipo, mantener el tipo, tenerlas tiesas, hacerse fuerte
COLOQ guardar las espaldas, tener cubiertas las espaldas, t. el padre alcalde, t. buenas aldabas

46.24 arriesgar
aventurar, peligrar, enredar, exponer, hipotecar, comprometer, lanzar, arriscar, osar, desafiar, afrontar
atreverse, decidirse, determinarse, lanzarse, resolverse, arriesgarse, aventurarse, exponerse, peligrarse, enredarse, apurarse, comprometerse, ocasionarse, afrontarse, emprenderse
COLOQ
— echarse al agua, descubrir el cuerpo, tentar a Dios, jugar con fuego, dar el pecho, correr riesgo
— estar perdido, e. en un tris, e. vendido, ir vendido
COMP ING oler la cabeza a chamusquina, poner toda la carne en el asador, meterse en la boca del lobo, ver las orejas al lobo

47. MANERAS DE ACTUAR
47.01 experiencia
profesionalidad, profesionalismo, competencia, competitividad, práctica, rodaje, soltura, madurez, mundo, ensayo
capacidad, habilidad, facilidad, disposición, don, empuje, facultad, potencia, pujanza, virtud
eficiencia, eficacia, suficiencia
hábito, uso, usanza, tradición, rutina, inercia, rito, automatismo, maña, manejo, querencia, aclimatación, connaturalización, costumbre o DESUS consuetud, o ANT avezadura, COLOQ vicio
técnica, tacto, tiento, artificio, idoneidad, genio, ingenio, virtuosismo

47.02 inexperiencia
ignorancia, desconocimiento, inadvertencia, incultura, insipiencia, DESUS nesciencia
inutilidad, inhabilidad, ineficacia, recesión, interrupción, esterilidad, regresión, cese de producción
desuso, inmadurez, impericia, desmaña, ineptitud, carencia, inocencia, ingenuidad
ineficiencia, incompetencia, insolvencia, indisposición

mediocridad, imperfección, disipación, disolución, lacra, tacha, flaqueza, incapacidad

47.03 destreza
habilidad
— **pericia**, agilidad, arte, capacidad, desenvoltura, maestría, táctica, soltura, disposición, industria, solercia, manejo, acierto, técnica, DESUS desteridad, AM baquía
— **facilidad**, accesibilidad, inclinación, propensión, comodidad, complacencia, evidencia, fluidez
— **aptitud**, espontaneidad, desparpajo, desenfadaderas, despachaderas
— **precaución**, prevención, previsión, caución, cautela, prudencia, ANT antevedimiento
ingenio, seso, circunspección, disposición, capacidad, competencia, perspicacia, agudeza · don, dotes, peso, lastre
arte, aire, filis, maña, mano, ojo, pulso, tacto, tino, tiento
buen aire, buenas manos · mano izquierda, saber hacer, savoir faire
DESUS desteridad, manganilla, versucia, mónita
COLOQ tejemaneje, trastienda, tranquillo, mundología, zorrería, lilaila, zangamanga, agibílibus · gramática parda, letra menuda

47.04 torpeza
inhabilidad
— **incompetencia**, indisposición, inexperiencia, ineptitud, insolvencia, ineficiencia, incapacidad
— **torpedad**, desmaña, aturdimiento, turbación, confusión, cerrazón, impericia, desocupación
— **desatino**, desacierto, desliz, coladura, confusión, inconveniencia, descuido, despreocupación, disparate, imprevisión, indiscreción, insensatez
— **estrago**, malogro, mengua, menoscabo, quebranto, varapalo, FIG gangrena, golpe, AM CENT tequio
equivocación
— **fallo**, imprudencia, impremeditación, irreflexión, ligereza, locura, temeridad, desliz, despiste, equívoco, desacierto, confusión
— **precipitación**, aceleración, apresuramiento, atolondramiento, atropellamiento, brusquedad, celeridad, indeliberación, arrebato, fogosidad
— **traspié**, tropezón, plancha, resbalón, desaguisado, pifia
— **disparate**, dislate, atrocidad, enormidad, despropósito
error
— **falta**, falsedad, desatino, descamino, extravío, yerro, inexactitud, lapso, falencia, FIG herejía, DESUS badomía, errona, AM erro

— **desorientación**, enajenación o enajenamiento, aberración, tergiversación
— TENAZ: ofuscación, obcecación, contumacia
— **error** crasísimo, e. de bulto, e. por defecto, e. por exceso, e. fatal · craso error, margen de error
— RETÓRICA: equívoco, ambigüedad, anfibología, dilogía, juego de palabras, doble sentido, EN UN LIBRO: errata, EN UNA CUENTA: trascuenta, trabacuenta, EN UNA TELA: gabarro, FUERA DE ÉPOCA: anacronismo
— LAT lapsus, l. cálami, l. linguae, peccata minuta, quid pro quo
COLOQ
— **barbaridad**, burrada, coladura, garrapatón, gazafatón, gazapatón, gazapo, penseque, pifia, plancha, planchazo, resbalón, tontería, traspié, trocatinta, tropezón
— chambonada, zarramplinada, VULG cagada
— mal paso, golpe en falso, metedura de pata

47.05 prudencia
astucia, cautela, estrategia, artificio, disimulo, ardid, gracia, amaño, apaño
malicia, picardía, taimería, cuquería, fullería
precaución, previsión, prevención, circunspección, ponderación, miramiento, cuidado, caución, cautela, reserva, sigilo, desconfianza, recámara, recelo, recaudo, recado o ANT recabdo
prueba, cata, cala
diplomacia, política, reserva, seriedad
COLOQ trastienda

47.06 imprudencia
intrepidez, osadía, temeridad, desbarro, descabellamiento, descamino, ligereza, locura
imprevisión, inadvertencia, inatención, indiligencia, indolencia, incuria, oscitancia
impaciencia, apresuramiento, precipitación, urgencia, velocidad, atrevimiento
COLOQ plancha, planchazo, topinada, traspié, tropezón, zambardo

47.07 esfuerzo
ahínco
— **acometividad**, agresividad, impetuosidad, combatividad, impulsividad, vitalidad, determinación, resolución, vehemencia
— **aplicación**, empeño, fervor, pujo, tensión, brío, energía, arrestos, arrojo, coraje, arranque, empujón, sacrificio
— **diligencia**, conciencia, inquietud, esmero, atención, celo, mimo, cuidado, interés
impulso
— **aliento**, ánimo, decisión, empuje, resolución, acometida, pronto, rapto, rasgo, venada
— **ardor**, vigor, furor, nervio, alma, ímpetu, brío, vena, fibra, furia, garbo, pujanza, DESUS lena, sobrevienta

— **aire**, ánimo, decisión, denuedo, empuje, entusiasmo, espíritu, genio, poderío, pujanza, rabia, redaños, AM ñeque
espíritu de trabajo
COLOQ paliza

47.08 negligencia
desidia, dejadez, desgana, desinterés, flojedad, flojera
abandono, postergación, ligereza, omisión, evagación, incuria, desliz, oscitancia, DESUS olvidanza
imprevisión, despreocupación, impremeditación, improvisación, irreflexión, inadvertencia, desatención, inconsciencia, indiferencia, olvido, omisión

47.09 moderación
mesura, contención, resignación, serenidad, ecuanimidad, conformidad, mansedumbre, conformismo, temple, docilidad
continencia, represión, restricción, serretazo, sofrenada
circunspección, discreción, equilibrio, moderación, modestia, paciencia, ponderación, prudencia, reserva, simplicidad, sobriedad, temperamento, templanza · autodisciplina
filosofía, ontología, estética, estoicismo
control de sí mismo

47.10 inmoderación
desenfreno, intemperancia, exageración
incontinencia, libertinaje, liviandad, abuso, exceso, destemplanza
maldad, agresividad, perversidad, animosidad, brutalidad, hostilidad, malicia, malignidad, mezquindad, miseria, perfidia
depravación, sadismo, vileza, violencia

47.11 experimentado
profesional, competente, especialista, especializado, capacitado, cualificado, diestro, dispuesto, competitivo, maestro, mañoso, portento, solvente, fino, polivalente
experto, rodado, ducho, entendido, veterano, pulido, primoroso, filigrana
responsable, serio, formal, cabal, solidario, circunspecto, juicioso, sensato, maduro, atinado, consecuente, voluntarioso
avisado, ejercitado, corrido, cursado, curtido, ducho, entendido, espabilado, escarmentado, versado
veterano, fogueado, advertido, baqueteado, baquiano, granado, madrigado, matrero, mostrado, práctico, recocido
eficaz, eficiente, fecundo, fértil, fructífero, fructificante, fructuoso, lucrativo, productivo, prolífico, provechoso, rentable
cansado de, harto de

COLOQ
— gato viejo, perro viejo, toro corrido, hombre de mundo
— pájaro de cuenta, IRÓN mosquita muerta

47.12 inexperimentado
inexperto
— desacostumbrado, desmañado, incompetente, incapacitado, imperito, incapaz, negado, inepto, desapto, corto, torpe, zote
— nulidad, calamidad, desastre, obtuso, baldío, inane, ANT enatío, galavardo
principiante
— primerizo, novato, novicio, inmaduro, inexperto · MAR halacabuyas
— aprendiz, colaborador, participante, practicante · mesero
ineficaz
— ineficiente, improductivo, infecundo, infructuoso, pobre, vano
— irresponsable, insensato, alocado, imprudente, intrépido, necio, inconsciente, atolondrado, aturdido
— cosa perdida, mala madera
COLOQ
— patoso, pipiolo, penco, peal, tolondrón, zangandongo, zangandullo, desmanotado, zamacuco, zambardo, zambombo, zarramplín, zamborotudo o zamborrotudo o zamborondón, chapucero
— bisoño, bozal, currinche, cacharro, carraca, cataplasma, barbiponiente, barbipungente
— monigote, muñeco, autómata, calzonazos, dominguillo, instrumento, juguete, pelele, robot
COMP ING dejado de la mano de Dios, la carabina de Ambrosio, la espada de Bernardo

47.13 hábil
ágil, apto, diestro, ducho, avisado, capaz, primoroso, MÉX Y PR colmilludo
habilidoso, virtuoso, industrioso, ambidiestro o ambidextro, expeditivo, suelto
diplomático, político, disimulado
persona de recursos, el más pintado
COLOQ
— manitas, apañado, mañoso, cachicán, camastrón, candongo, dije, monstruo, virguero, practicón
— ardilla, caimán, cuco, gato, lagarto, lince, pájaro, pollo, raposo, trucha, zorrastrón, zorro, zorrón, zorzal
— manitas de oro, m. de plata
hábilmente
— acertadamente, acogedoramente, acomodadamente, adecuadamente, agradablemente, ajustadamente, amablemente, apaciblemente, apropiadamente, arregladamente, benignamente, bonitamente, buenamente,

campechanamente, convenientemente, debidamente, diestramente, escrupulosamente, espontáneamente, fácilmente, favorablemente, igualadamente, justamente, llanamente, maestramente, magistralmente, mañosamente, optimistamente, ordenadamente, propiciamente, prósperamente, providencialmente, religiosamente, rigurosamente, servicialmente, ANT aína
a conciencia
— a derechas, a gusto, a la perfección, a maravilla, a mi satisfacción, a pedir de boca, a pie enjuto, a pie llano · al pelo
— como corresponde, c. Dios, c. pez en el agua, c. es debido, c. las propias rosas, c. un gerifalte, c. una seda
— de aúpa, de bigote, de chipén, de chuparse los dedos, de perillas, de perlas, de primera, de rechupete
— en buen punto, en el cielo, en grande, en la gloria, en punto, en su medio, en su propia salsa, en su punto
a la perfección, a las mil maravillas, como los ángeles, por filo, MÉX al puro chingazo, de poca madre, VEN como una uva

47.14 torpe
inútil, desmañado, incompetente, ineficaz, incapaz, ineficiente, inepto, infecundo, infructífero, infructuoso, inoperante, inservible, inválido, mandria, maula
inhábil, desacertado, equivocado, bruto, bato, bucéfalo, camota, cellenco, cerrado, cerril, chambón, chango, chirote, corto, cutama, duro, porro, premioso, refractario, remiso, salame
zascandil, chafandín, chiquilicuatre o chiquilicuatro, cirigallo, danzante, danzarín, enredador, sonlocado, tarambana, tararira, títere, tontiloco, trafalmejas, trasto
ligero de cascos
— sin fundamento, de poco fundamento, de poco juicio, de poco sentido
— duro de mollera, falto de tacto, f. de tino
COLOQ
— chapucero, chapuzas, charanguero, embarullador, farfullero, fargallón, frangollón, fulastre, fullero, galopeado, patoso, saltabancos, saltabardales, saltaparedes, zaborrero, zamborondón, zamborotudo, zarramplín, zoquetudo
— cabeza dura, malas manos, pedazo de alcornoque
— culebrón, pajarraco, pollastro, rodaballo
torpemente, adversamente, amargamente, calamitosamente, contraproducentemente, contrapuestamente, contrariamente, desagradablemente, desastrosamente, desdi-

chadamente, desfavorablemente, desventuradamente, fatalmente, gratuitamente, infundadamente, injustificadamente, refractariamente, siniestramente, tontamente, trágicamente, vanamente

a ciegas
— a contracorriente, a contrapelo, a duras penas, a la buena de Dios, a la fuerza, a las bravas, a lo loco, a pesar de los pesares, a sangre fría, a tontas y a locas, a trancas y barrancas, a trompicones
— como Dios le da a uno a entender
— de buenas a primeras · dejado de las manos de Dios
— en falso, en vano · fuera de tono, pisando huevos
— por nada, por su cara bonita, por su linda cara, por un quítame allá esas pajas
— sin ton ni son, sin venir a cuento, sin venir a nada, sin venir a qué, sin venir a tono, sin venir al caso

47.15 prudente
comedido, discreto, continente, distante, escéptico, frío, impasible
precavido, avisado, cauteloso, cauto, circunspecto, cuidado, desconfiado, disimulado, estratega, malicioso, mirado, orejeado, ponderado, previsor, reservado, sigiloso, taimado, ANT anteviso
diplomático, político, serio, disimulado, receloso, suspicaz, vigilante
COLOQ pícaro, cuco
prudentemente
— asombrosamente, bárbaramente, bravamente, colosalmente, convenientemente, correctamente, debidamente, divinamente, espléndidamente, estupendamente, excelentemente, extraordinariamente, fantásticamente, fenomenalmente, guapamente, magníficamente, maravillosamente, perfectamente, prodigiosamente, reglamentariamente, ricamente, soberbiamente, superiormente
— con cuidado, con cuenta y razón, con pies de plomo
— buenamente
 • a gusto, a voluntad, a buenas
 • de buena gana, de buen grado
 • con mil amores, con mucho gusto, por las buenas
 • LAT motu proprio, ad libitum

47.16 imprudente
inconsciente
— **irresponsable,** confiado, descuidado, frívolo, inconsiderado, lunático
— **desatinado,** desjuiciado, desquiciado, ligero, loco, mentecato, ANT gurdo

— **irreflexivo,** alocado, atolondrado, aturdido, descabezado, desenfrenado, arriesgado, atrevido, desaconsejado, incauto, insensato, ligero, temerario, kamikaze o camicace
— **impulsivo,** intrépido, impetuoso, precipitado
— **sin sentido,** sin tino, ligero de cascos
— COLOQ tarambana, orate, botarate
imprudentemente, atropelladamente, bruscamente, cualquier día, chapuceramente, desacertadamente, desaconsejadamente, desaliñadamente, desapercibidamente, desarregladamente, desastrosamente, desatinadamente, descuidadamente, desengañadamente, despachadamente, desprevenidamente, el día menos pensado, embarulladamente, equivocadamente, erradamente, erróneamente, espantosamente, expeditivamente, fatalmente, horriblemente, impensadamente, improvisadamente, indeliberadamente, inesperadamente, inopinadamente, insospechadamente, involuntariamente, malamente, perramente, pésimamente, rápidamente, súbitamente, subitáneamente, terriblemente

a boca de jarro o a bocajarro
— a deshora, a la buena de Dios, a la diabla, a la ligera, a la remanguillé, a la ventura, de un plumazo, de cualquier modo o manera, a las primeras de cambio, a lo que salga
— al acaso, al azar, con los pies
— de buenas a primeras, de improviso, de medio mogate, de mentira, de mentirijillas, de sopetón, deprisa y corriendo
— para salir del paso, por jugar, sin previo aviso, ANT asohora

47.17 cuidadoso
esmerado
— **precavido,** previsor, atento, celoso, responsable, aplicado, refinado, redomado, arredomado
— **fino,** delicado, virtuoso, agudo, astuto, astucioso, avisado, inquieto, carlancón, ladino, solerte, DESUS fistol, ANT acurado, DESUS actuoso
— **aplicado,** concienzudo, detallista, formal, maniático, metódico, prolijo, próvido, puntilloso, riguroso, serio, solícito, vigilante
— **expeditivo,** eficaz, eficiente, dinámico, fecundo, laborioso, resuelto, vivo, ágil, operativo, práctico
— **meticuloso,** escrupuloso, aprensivo, gazmoño, melindroso o dengoso, remilgado, remirado
— **minucioso,** fiel, formal, mirado, probo, pundonoroso, recto

punto por punto
— con puntos y comas, con todo detalle, con lupa

— letra por letra, por menudo, palmo a palmo
— sin faltar una coma, sin faltar punto ni coma
COLOQ mojigato, ñoño, tiquismiquis
cuidadosamente
— **esmeradamente**, activamente, afinadamente, atentamente, celosamente, concienzudamente, cuadradamente, delicadamente, desveladamente, diligentemente, escrupulosamente, estrechamente, estrictamente, justamente, literalmente, materialmente, meticulosamente, metódicamente, minuciosamente, nimiamente, ponderadamente, prolijamente, puntualmente, religiosamente, solícitamente, textualmente
— por filo, a la letra, a punto fijo, en punto, palabra por palabra, al pie de la letra, sensu stricto

47.18 descuidado
abandonado, desidioso, ligero, irreflexivo, incurioso, deslizado
desconfiado, caviloso, celoso, receloso, difidente, escaldado, escamón, escarmentado, incrédulo, matrero, suspicaz
imprevisor, despreocupado, desatento, inconsciente, indiferente, olvidadizo
insensato, alocado, desaconsejado, desatentado, descabellado, disparatado, equivocado, irracional, irrazonable
negligente, dejado, abandonado, desganado, desinteresado, flojo
COLOQ
— calamidad, nulidad
— ligero de cascos, sin pies ni cabeza
— cabeza de pájaro, c. de viento, c. de chorlito
descuidadamente
— **atropelladamente**, chapuceramente, desconsideradamente, embarulladamente, expeditivamente, inconsideradamente, precipitadamente, zarrapastrosamente, DESUS despachadamente, perfunctoriamente
— **furiosamente**, impetuosamente, sin pestañear, sin vacilar, resueltamente, a ultranza
— a la baqueta, a la buena de Dios, a la diabla, a la ligera, a la remanguillé, a media talla, a mocosuena, a patadas, a puntapiés
— al descuido, al desdén, al desgaire
— con desaliño, con los pies
— de cualquier manera, de c. modo, de medio mogate
— deprisa y corriendo, embarulladamente, manga por hombro, para salir del paso, por debajo de la pata, salga lo que saliere
— sin cuidado, sin encomendarse a Dios ni al diablo, sin esmero, sin pararse a pensar de mala gana
— a medio camino, a m. ganchete, a m. hacer · de mal grado

— en bosquejo, en calzas y jubón, en fárfara
— mal que le pese a uno, no quedarle otra, no tener más remedio, a la fuerza ahorcan, pasar por el aro o por el tubo, quieras o no quieras, verse en la necesidad o en la obligación
— por narices, MALSON Y VULG por cojones
— CR, SALV Y NIC a medio palo, ARG Y UR de prepo, HOND a puro tubo, MÉX a chaleco, NIC a huevo, a la garnacha, PERÚ de todas mangas

47.19 moderado
comedido
— **mesurado**, doblegado, reservado, contenido, templado, ponderado, reposado, equilibrado, aplomado
— **bonancible**, apacible, razonable, impasible, inalterable, inmutable
— **modoso**, respetuoso, sereno, sentado, pausado, prudente, tranquilo, ecuánime, frugal, mirado, morigerado
— **pacífico**, paciente, manso, módico, quieto, filósofo, plácido, suave
— **dueño de sí**, seguro de sí, como una malva, de buen carácter
— **austero**, catoniano, draconiano, espartano, estricto, exigente, implacable, inclemente, inexorable, inflexible, inmisericorde, inquisitorial, íntegro, intolerante, justiciero, legalista, ordenancista, puritano, rígido, rigorista, riguroso, seco, turnio
COLOQ
— bonachón · de buena pasta, de pasta flora, gente de paz · sangre de horchata
— tieso, virote, tragavirotes · cara de pocos amigos
moderadamente
— **ablandadamente**, acompasadamente, adormecidamente, aflojadamente, aligeradamente, aliviadamente, amainadamente, aminoradamente, amortiguadamente, apaciguadamente, aplacadamente, aquietadamente, arregladamente, atemperadamente, atenuadamente
— **calmadamente**, ceñidamente, comedidamente, constreñidamente, contenidamente, controladamente
— **decentemente**, detenidamente, diplomáticamente, discretamente, dominadamente, dulcemente, dulcificadamente
— **ecuánimemente**, enfriadamente, entibiadamente, equilibradamente
— **frugalmente**
— **honestamente**, limitadamente
— **medidamente**, mitigadamente, modestamente
— **paliadamente**, prudentemente

— razonadamente, reducidamente, regladamente, reportadamente, reprimidamente, reservadamente, retenidamente
— sobriamente, sofrenadamente, suavemente, suavizadamente, sujetadamente
— tasadamente, temperadamente, templadamente
por lo bajo
— a bonico, a cencerros tapados, a la chita callando o a la chiticallando, a la deshilada, a socapa
— burla burlando, callandito
— como quien no quiere la cosa, c. quien, c. si, con sordina
— por debajo de cuerda, por el bien parecer
— so capa de, socolor
47.20 inmoderado
alocado
— **agitado**, alborotado, inquieto, azogado, bullicioso, desasosegado, espídico, malcontento, tumultuoso, turbulento, vehemente, ANT exagitado
— **nervioso**, revuelto, revoltoso, movido, impaciente, intranquilo, irascible, rabioso, impetuoso, impulsivo, arrebatoso, irrefrenable, bruto, desconsiderado, incontrolado · MÉX barbaján, PAR y UR bagual
— **alborotador**, bullidor, enredador, perturbador
— **violento**, apasionado, ardiente, corrosivo, cruel, desaforado, desapoderado, duro, estridente, fanático, frenético, geniazo, iracundo, recio, rudo, seco, virulento
— **agresivo**, brusco, implacable, sanguinario
— **animal**, abestiado, abestializado, aburrado, asno, bestia, burro, vacaburra
— **bárbaro**, salvaje, cafre, caníbal
COLOQ
— cascarrabias o paparrabias
— atarantado, argadillo o argadijo, bullebulle, boruquiento, cirigallo, locuelo, metomentodo, molinillo, levantisco, saltabancos, saltabardales, saltabarrancos, tarambana, tararira, títere, trafalmejas, zascandil, molino, hurguillas, AR y MUR manifacero
— **trasto**, travieso, gamberro
— puro nervio, como una moto
COMP ING cruel como un tigre, animal de bellota
inmoderadamente
— **acerbadamente**, agresivamente, brutalmente, caninamente, cruelmente, desapoderadamente, desenfrenadamente, desmesuradamente, duramente, efusivamente, estiradamente, fogosamente, frenéticamente, furibundamente, furiosamente, impetuosamente, implacablemente, imprudentemente, impulsivamente, insensatamente,

intolerablemente, iracundamente, irasciblemente, irracionalmente, obstinadamente, perdidamente, rabiosamente, reciamente, rudamente, salvajemente, sañudamente, subrepticiamente, vehementemente, violentamente, ANT apresivamente
— **a contrapelo**, a empellones, a malas, a patadas, a puntapiés, a viva fuerza, de mala manera, por la fuerza, por las malas, quieras que no
— **aposta**, adrede, a sabiendas, a cosa hecha, a propósito, a caso hecho, ex profeso
— **a tente bonete**, a brazo partido, dale que dale, erre que erre, terne que terne, porque sí

VERBOS Y EXPRESIONES
47.21 tener experiencia
aplicarse
— desvelarse, desvivirse, esmerarse, amañarse, apañarse, componérselas, foguearse, soltarse, habituarse
— ensayar, comprobar, confirmar, correr, palpar, pasar, p. por, probar, sufrir, tocar, ver, verificar
tener costumbre
— coger la costumbre, tomar por costumbre, t. por oficio, pasarse la vida haciendo, seguir la corriente
saber hacer
— ser un experto, dominar la técnica, tener arte, saber sacar partido, valer un mundo, v. un potosí
— estar alerta, e. en todo, abrir el ojo, no perder de vista, preocuparse por, prestar atención
— tener mundo, t. mano izquierda, hacer buen papel, valer un imperio, llevarse la palma, ser un hombre hecho y derecho, ponerse el mundo por montera
— ir con la frente alta, ir con todas las de la ley, estar limpio de polvo y paja, crecerse en las dificultades
COLOQ
— capear el temporal, catar el melón, coger la comba, cogerlas al vuelo, conocer el juego
— dar en la flor de, d. en la gracia de, d. en la treta de, d. en la cara
— descubrir el percal, d. la veta, d. las cartas, d. por dónde van los tiros
— entender la flor, hacer cara, llegar a buen puerto, llevar a término, mantener el tipo, olerse la tostada
— saber latín, ser un hacha
— tocar de cerca, tomar el chorrillo
— verlas venir, ARG verle las patas a la sota
COMP ING
— actuar contra viento y marea, aguantar el chaparrón, coger el toro por los cuernos,

dar el do de pecho, estar al pie del cañón, salir por la puerta grande
— ser hombre de pelo en pecho, ser un tío de tomo y lomo, ser un tío echado para adelante
— haber sido cocinero antes que fraile, meterse por el ojo de una aguja
— saber más que Lepe, s. más que siete, s. nadar y guardar la ropa
— tener el colmillo retorcido, t. más conchas que un galápago, t. muchas horas de vuelo
— VEN, VULG apretar el culo contra el taburete

REF
— Más sabe el diablo por viejo que por diablo. A mí que las vendo. Buñolero, a tus buñuelos. Cada puerta anda bien en su quicio, y cada uno en su oficio. ¿Qué entiende el conde de calar melones? Zapatero, a tus zapatos. ¿A mí con cañas, que soy el padre de las castañas? ARG ¿A papá mono con bananas verdes?
— La costumbre es segunda naturaleza. Llagas viejas tarde sanan. Mal pelo no se desecha luego. Pierde el lobo los dientes, pero no las mientes. Quien en malas obras suele andar no se sabe de ellas quitar. Quien hace un cesto hace cientos. Quien malas mañas ha tarde las perderá. Quien un mal hábito adquiere esclavo de él vive y muere.

47.22 carecer de experiencia
abandonarse
— desinteresarse, distraerse, relajarse, desatender, desdeñar
— errar, fallar, disonar, equivocarse, desatinar
ir apañado
— caer como un chorlito, c. en el cepo, c. en el garlito, c. en el lazo, c. en el señuelo, c. en la celada, c. en la ratonera, c. en la red, c. en la trampa · caerse del guindo
— **dejarse engañar**, d. coger, echar el anzuelo, errar el golpe
— **estar perdido**, e. ahogado, e. arreglado, e. aviado, e. en conflicto
— hacer el canelo, h. el primo, h. el tonto · haberla hecho buena
— ir arreglado, ir aviado, ir desacertado, ir equivocado, ir errado, ir por mal camino
— no hacer cosa a derechas, perder la brújula, remachar el clavo
— ARG pisar el palito, RD caer de indio
COLOQ
— colarse, pasarse
— ir dado del ala, ir de cabeza, ir de cráneo · MALSON ir de culo, quedarse con el culo al aire
— cambiar de chaqueta, c. de casaca, mudar la bandera · navegar contra corriente
— meter la pata, m. el cazo, m. la gamba

— no dar palotada, no d. pie con bola, no d. una, no d. una en el clavo
— romper las oraciones, no tener remedio, no saber dónde tiene los ojos, apuntarse un tanto en contra, calzar pocos puntos
— tragarse el anzuelo, t. el sapo, t. la píldora
— aflojar las riendas, dormirse en los laureles, apearse por las orejas
COMP ING
— inútil como hacerle cosquillas a un muerto, i. como tener un tío en América, no servir más que para tranca de infierno
— ser algo Juan y Manuela, ser como la carabina de Ambrosio
— no ver más allá de sus narices, salir por los cerros de Úbeda, s. por peteneras
REF Nombrar la soga en casa del ahorcado. Dar una en el clavo y ciento en la herradura. Gato con guantes, no caza ratones.

47.23 desenvolverse
adaptarse, agenciarse, brujulear, cabildear
amañarse, apañarse, arbitrarse, arreglarse, bandearse, componerse, entenderse, gobernarse, industriarse, ingeniarse, manejarse, mañear, moverse, rebuscarse, ventilarse
DESUS destrejar, AM muñequear
ser hábil
— darse buena maña, echar pecho, hacer milagros · no ser manco, no ser zurdo
— saber hacer, s. lo que dice, s. por dónde va, s. sacar partido, s. vivir
— ser la tabla de salvación, s. un as, s. un campeón, s. un hacha, s. un manitas, s. una eminencia, s. una fiera
— tener buena mano, t. manitas de plata, t. muchas manos, AM t. muñeca
COLOQ
— apañárselas, arreglárselas, componérselas, buscárselas, rebuscárselas, ventilárselas, gobernárselas, entendérselas, montárselo
— jugarse el tipo, j. la cabeza, j. la piel, j. el pellejo, j. el bigote, j. la vida, j. el todo por el todo, j. todo a una carta, j. la última carta
— darse trazas, hacer virguerías, no ser rana, tener mano izquierda, t. buen despacho, pintarse solo
— ser un máquina, ser un friki
COMP ING
— poner toda la carne en el asador o en la parrilla, p. la vida en el tablero
— quemar el último cartucho, q. las naves
— saber nadar entre dos aguas, s. lo que lleva entre manos, s. dónde tiene la mano derecha, s. lo que se pesca, s. por dónde anda
— tener gramática parda, conocer la aguja de marear, coger el toro por los cuernos, agarrarse a un clavo ardiendo, pasar el Rubicón

REF Quien no se arriesga, no gana. Al hombre osado la fortuna le da la mano. Quien no se aventura no pasa la mar. Hágase el milagro, y hágalo el diablo. Preso por ciento, preso por mil quinientos. Más vale maña que fuerza.

47.24 trabarse

estorbarse, apurarse, atascarse, cohibirse, contrariarse, dificultarse, embarazarse, entorpecerse, impedirse, imposibilitarse, molestarse, obstruirse, tropezarse

obstaculizarse, enredarse, embrollarse, complicarse, confundirse, enmarañarse, liarse, intrincarse, erizarse, encallarse, vedarse, negarse

tomar a mal, interpretar mal, ir demasiado lejos · poner impedimentos, hacer la contra

COMP ING echar a mala parte, coger el rábano por las hojas, torcer el sentido, tomar por donde quema

47.25 prever

prevenir, precaver, mirar, preservar, precautelar

prepararse, reservarse, resguardarse, atentarse, cautelarse, acautelarse, guardarse, parapetarse, precaucionarse

tomar medidas

— andar con cuidado, a. con ojo, asentar los pies, estar sobre aviso, e. sobre sí

— guardar la ropa, g. las espaldas

— mirar lo que se hace, tener en cuenta, tomar disposiciones

COLOQ

— parar el golpe, ponerse a cubierto, p. en cobro, tentarse la ropa

— por si acaso, por si las moscas, por lo que pueda ocurrir

— no sea que, no sea cuestión que, no vaya a, no vaya a ser que, por lo que pueda ser, por lo que pueda tronar

COMP ING

— dormir con los ojos abiertos, estar con cien ojos, e. sobre los estribos

— nadar y guardar la ropa

REF Cuando las barbas de tu vecino veas pelar, pon las tuyas a remojar. Más vale un por si acaso que un válgame Dios. Hombre prevenido vale por dos. A Segura lo llevan preso. No haber de morir de cornada de burro.

47.26 improvisar

ingeniárselas, intuir, interpretar

arriesgarse, lanzarse, aventurarse, atreverse, exponerse

atropellar, chapucear, chafallar, embarullar, enjaretar, farfullar, fuñicar, guachapear

ser audaz, jugar con fuego, jugarse la vida

COLOQ lanzarse a la piscina, meterse en la boca del lobo, pisar terreno movedizo

47.27 cuidar

vigilar, recelar, presentir, olfatear, prevenir

cuidarse, temerse, alertarse, protegerse, resguardarse, salvaguardarse, preservarse

esforzarse, aplicarse, afanarse, desenvolverse, desvelarse, empeñarse, moverse, movilizarse

tener cuidado

— tener prudencia, prestar atención

— estar alerta, e. en guardia, e. a la escucha, e. a la mira

COLOQ

— apañárselas, componérselas, agenciárselas, arreglárselas, ingeniárselas, manejárselas, gobernárselas, aviárselas

— andar con pies de plomo, curarse en salud, echar un ojo, estar seguro

— ponerse a cubierto, p. en guardia

— preparar el terreno, tomar precauciones, verlas venir

COMP ING hacer algo por si las moscas, nadar y guardar la ropa

47.28 descuidar

dejar

— abandonar, desamparar, desasistir, SAL carabear

— desmantelar, apartar, dejar, frustrar

— arrinconar, arrumbar, desatender, prescindir

— distraerse, entretenerse, despreocuparse, desentenderse

ir a la ligera, ir a ciegas, ir a la carrera, ir de ligero, ir sobre la marcha

dar palos de ciego, actuar a bote pronto · eludir la responsabilidad, dar vueltas

COLOQ

— andar en zancas de araña, andarse con chiquitas, capear el temporal, cubrirse la retirada, curarse en salud, echar el cuerpo fuera, escabullir o escurrir el bulto, huir de la quema, h. el cuerpo, lavarse las manos, pasar la pelota, quitarse el peso de encima, sacudirse las moscas, soltar la carga

— AM darle la viaraza, ARG hacer la gambeta, hacerse el chancho rengo

COMP ING

— hacer las cosas a tontas y a locas, h. las cosas al buen tuntún, h. las cosas de bote y voleo, h. las cosas sin encomendarse a Dios ni al diablo, h. las cosas sin encomendarse a santo alguno

— echarse el alma a las espaldas, escurrirse como una anguila, hacerlo tope donde topare, no preocuparse de que salga pez o salga rana

47.29 moderarse

mitigar, frenar, moderar, reducir, desarmar, atar, coercer, desdramatizar, desenconar, distender, economizar, temporalizar, calmar, razonar, embozar

dominarse, comedirse, abstenerse, aguantarse, cohibirse, comprimirse, constreñirse, encogerse, enfrenarse, estrecharse, frenarse, inhibirse, limitarse, reducirse, refrenarse, reportarse, reprimirse, retenerse, sujetarse, vencerse

COLOQ
— poner freno, atar corto, tener a raya, parar los pies, poner en su sitio
— tragar bilis, t. hiel

COMP ING poner puertas al campo, cortar los vuelos, tirar de la rienda, t. de la cuerda

47.30 descomedirse

exagerar, exceder, extremar, dramatizar

excederse, propasarse, desvergonzarse, atreverse, destemplarse, desentonarse, desmandarse, insolentarse, rebelarse, desatarse, descomponerse, irritarse, encolerizarse, violentarse

añadir o echar leña al fuego, asomar las narices, bullirle a uno la sangre, levantar la liebre, montar el número, tener intención de

COLOQ
— **levantar la voz**, irse la lengua, i. de la boca, i. los pies
— **salir de sus casillas**, perder la paciencia, p. los estribos, subirse a las barbas
— **jugar con fuego**, tentar a Dios, estar dejado de la mano de Dios, no mirar nada, estar cavando su sepultura, dejar Dios de su mano
— estar poseído, e. fuera de juicio, tener la rabia, no estar en su sano juicio

COMP ING ser un carnicero, ser un Nerón, tener malas tripas, t. malos hígados

48. PENSAMIENTO
48.01 teología

CORRIENTES:
— apologética, ascética, casuística, hermenéutica, mística, moral, soteriología, teodicea, cristología, eclesiología, mariología, pastoral
— teología canónica, t. conciliar, t. de la liberación, t. de la muerte de Dios, t. de la palabra, t. escolástica, t. especulativa, t. moral, t. natural, t. positiva

TEORÍAS:
— congruismo, creacionismo, determinismo, dogmatismo, escolastismo, fideísmo, latitudinarismo, libre examen, milenarismo, monoteísmo, politeísmo, quietismo, teísmo, tradicionalismo, tuciorismo
— agustinismo, tomismo, escolástica, escatología
— generacionismo, probabilismo, laxismo

ATRIBUTOS:
— don, espíritu, gracia, moción, intuición
— inspiración, llamamiento, premonición, talento, vocación

PRUEBAS DE LA EXISTENCIA DE DIOS:
— prueba a priori, p. a posteriori
— prueba cosmológica, p. de la causa eficiente, p. de la contingencia del mundo, p. de la diversidad de grados de perfección, p. de la finalidad, p. del movimiento, p. ontológica, p. psico-teológica, p. teológica

48.02 filosofía

MODOS DE ESTUDIO:
— filosofía general, f. especulativa o teórica, historia de la f.

RAMAS:
— ética, estética
— metafísica, moral, ontología · lógica, analítica · antropología filosófica · psicología
— filosofía de la ciencia, f. de la educación, f. de la matemática, f. de la historia y de la cultura, f. de la naturaleza, f. de la técnica, f. de la religión, f. de la vida, f. de la sociedad, f. del arte, f. del derecho, f. del espíritu, f. del lenguaje, f. natural, f. política
— cosmología (COSMOS) · epistemología (CONOCIMIENTO CIENTÍFICO)

CONCEPTOS BÁSICOS:
— ser, nada, bien, mal, causa, efecto, esencia, existencia, experiencia, quinta esencia
— razón, sabiduría, abstracción, conciencia, conocimiento, criterio, finalidad
— concepto, fenómeno
— estado, tiempo, espacio, cantidad, cualidad, naturaleza, potencia
— cogito, idea
— duda, entelequia, entendimiento, juicio, intuición, deducción, percepción, sensación, raciocinio, evidencia, verdad, azar
— acto, método, accidente, circunstancia
— dialéctica, sustancia, absoluto, bello, alma
— sujeto, objeto, atributo, categoría

FILOSOFÍA Y RAZÓN:
— análisis, síntesis
— tesis, antítesis
— argumentación, conceptualización, encadenamiento de ideas · dialéctica
— falacia · formalización, generalización · intelecto, inteligencia
— razonamiento a priori o apriorismo, r. a posteriori, r. analítico, r. sintético
— sofisma

48.03 actitudes y tendencias filosóficas

agnosticismo, amoralismo, antropocentrismo, aristotelismo, asociacionismo, ateísmo, atomismo, cientificismo, conceptualismo, convencionalismo, determinismo, dialéctica, dogmatismo, dualismo, eclecticismo, empirismo, esencialismo, espiritualismo, estructuralismo, fatalismo, fenomenología, hedonismo, historicismo, idealismo, individualismo, intelectualismo, materialismo, nihilismo, nominalismo, ontologismo, panteísmo, personalismo, pragmatismo, probabilismo, racionalismo, realismo, relativismo, sensualismo, solipsismo, utilitarismo, vitalismo, voluntarismo

TEORÍAS SOBRE EL CONOCIMIENTO:
— agnosticismo, apriorismo, asociacionismo
— atomismo lógico, criticismo o kantismo
— dogmatismo, empirismo, e. lógico, escepticismo
— eclecticismo, formalismo, idealismo trascendental, intelectualismo, intuicionismo, neocriticismo
— positivismo, neopositivismo, p. lógico
— pragmatismo, racionalismo, sensualismo, subjetivismo, trascendentalismo

TEORÍAS SOBRE LA VERDAD:
— dogmatismo · escepticismo
— subjetivismo, utilitarismo, pragmatismo, relativismo, convencionalismo, instrumentalismo, probabilismo
— activismo, fenomenalismo, fenomenismo, fideísmo

TEORÍAS SOBRE LA REALIDAD:
— realismo
— aristotelismo, platonismo, neoplatonismo
— materialismo, idealismo, inmaterialismo · acosmismo
— conceptualismo, esencialismo, naturalismo, substancialismo · voluntarismo

TEORÍAS SOBRE LAS ACTITUDES HUMANAS:
— optimismo, pesimismo
— epicureísmo, estoicismo
— humanismo, humanitarismo, individualismo, personalismo
— existencialismo · fatalismo, hedonismo, naturalismo, nihilismo · cinismo

48.04 teorías y corrientes filosóficas

TENDENCIAS Y PENSAMIENTOS:
— aristotelismo, platonismo, kantismo, marxismo, hegelianismo
— escolástica, patrística · estructuralismo, existencialismo, positivismo, neopositivismo, personalismo, racionalismo, vitalismo, raciovitalismo, empirismo, idealismo
— humanismo, renacimiento, ilustración
— pensamiento islámico medieval, p. judío medieval
— budismo, confucianismo, taoísmo

CONCEPTOS DEL PLATONISMO:
— saber, virtud, esencia
— idea de la belleza, i. de la justicia, i. del bien

— analogía, causa, condición
— conocimiento intelectual, c. sensible
— mundo sensible, cosmos, materia
— realidad en sí, r. inteligible, r. visible · dialéctica, mimesis · demiurgo

CONCEPTOS DEL ARISTOTELISMO:
— ente, sustancia, esencia, potencia, forma, causa, efecto, vicio, virtud
— causa primera, c. segunda, c. final, c. eficiente
— conocimiento, razonamiento, entendimiento, sabiduría, sensación, sentidos
— cualidad, movimiento, pluralidad
— accidente, acto, axioma, bien supremo, cantidad

CONCEPTOS DEL RACIONALISMO:
— razón, análisis, verdad, silogismo, sofisma, deducción, inducción, mecanicismo, paralogismo
— ser perfecto, esencia, sustancia, evidencia, experiencia
— adventicia · idea innata, claridad, certeza facticia
— escepticismo, duda escéptica, d. metódica
— atributo, distinción

CONCEPTOS DEL EMPIRISMO:
— experiencia, percepción, reflexión, representación, emoción, sensación, materia, mente
— imagen, idea clara, i. compleja, impresión, i. simple · conexión, contigüidad
— cualidades primarias, c. secundarias, c. sensibles, deducción racional, efecto, pasión, semejanza, sentido, s. interno

CONCEPTOS DEL KANTISMO:
— razón pura, r. práctica, entendimiento, conocimiento, escepticismo, dogmatismo, idealismo, noúmeno
— intuición empírica, i. pura, i. racional · principio de casualidad · juicio afirmativo, j. apodíctico, j. asertórico, j. categórico, j. hipotético, j. indefinido, j. negativo, j. particular, j. singular, j. sintético a priori, j. universal
— a posteriori, a priori
— analítica trascendental, sensibilidad
— antinomia, cosa en sí, crítica, dialéctica trascendental, espacio, estética trascendental, fenómeno, imperativo
— fe, moralidad

CONCEPTOS DEL HEGELIANISMO:
— sistema, verdad, todo, estado, evolución, dialéctica, verdadero, falso, positivo, negativo
— historia, naturaleza, libertad
— espíritu absoluto, e. objetivo, e. subjetivo, identidad indiferenciada · ser fuera de sí, ser en sí, ser para sí

CONCEPTOS DEL POSITIVISMO:
— razón, absoluto
— estado metafísico, e. teológico
— realidad científica, r. lógica
— filosofía positiva, f. teológica, positividad racional
— causas esenciales, destino transitorio, instinto social, sistema científico
— inteligencia, origen, unidad, fenómeno
— cálculo de probabilidades
CONCEPTOS DEL MARXISMO:
— ideología, comunismo, enajenación, mistificación, alienación, a. filosófica, a. política, a. religiosa, a. social
— ateísmo
— capital, capitalismo, conciencia, contradicción, dialéctica, dictadura del proletariado, economía política, estado feudal, fetichismo de la mercancía, fisiocracia, fuerzas productivas, humanismo, imperialismo, infraestructura · materialismo dialéctico, m. histórico
— medios de producción, modo de producción, medios de trabajo, mercantilismo, monopolio, naturalismo, negación
— plusvalía absoluta, p. relativa, praxis, producción espiritual, p. social de la vida, propiedad privada, relaciones sociales reales, revolución, salario, socialismo, superestructura, valor, vida real · clase social, lucha de clases, burguesía, proletariado
CONCEPTOS DEL VITALISMO:
— decadencia occidental, nihilismo
— bestia rubia, casta sacerdotal
— crítica a la ciencia, c. a la epistemología, c. a la metafísica, c. a la moral, c. a la religión cristiana
— culpa, eterno retorno, genealogía, igualación, resentimiento
— sujeto, superhombre, transvaloración, voluntad de poder
CONCEPTOS DEL PERSONALISMO:
— abstracción, agnosticismo, ascesis intelectual, baremo vital, democracias capitalistas, dictadura incontrolada, exigencia ontológica, libertad individual
— lo lleno, lo múltiple, lo vacío, misterio, número inorganizado, persona, principio de intimidad, problema, régimen totalitario, relación instrumental
CONCEPTOS DEL RACIOVITALISMO:
— ser, vida y razón
— circunstancia, intuición, autonomía, pantonomía, categorías de la vida
— hombre masa, h. selecto
— idealismo, historicismo, perspectivismo, generacionismo, vitalismo

— vitalismo biológico, v. filosófico, v. irracionalista
— razón histórica, r. matematizante, realidad radical, vivencia
CONCEPTOS DEL NEOPOSITIVISMO:
— verdad, significación, verificación, síntesis
— categoría, lenguaje, metafísica, metalógica, pseudosignificado, sentencias de protocolo
— análisis lógico, criterio de aplicación, c. empírico, lógica moderna
— proposición elemental, p. errónea
48.05 psicología
inconsciente, instinto, conciencia, contingencia, identificación, libido
mente, alma, carácter, constitución, naturaleza, personalidad, temperamento
ÁREAS DE LA PSICOLOGÍA: psicología general, malos tratos, caracterología, metapsíquica, gerontología, psicogerontología
TEORÍAS:
— biológicas, genéticas, hereditarias, neurofisiológicas
— psicoanálisis, conductismo, cognitivismo, fenomenológica, humanismo
— asociacionismo, freudismo
48.06 trastornos psicológicos
DEL SISTEMA NERVIOSO:
— **nerviosismo**
  • trastorno nervioso, angustia, ansiedad, agobio, estrés, paroxismo
  • congoja, exaltación, excitación, inquietud, intranquilidad, irritación, acaloramiento, desasosiego, arrebato, preocupación, tribulación, zozobra
— **histeria** o histerismo, neurastenia, psicastenia, ataxia
— **neuritis**, neurosis, trauma, trauma psíquico, condicionamiento, introspección, racionalización
— **mareo**, aberración, alucinación, aturdimiento, desmayo, estupor, éxtasis, extravagancia, obsesión, síncope, taranta, transportamiento, transporte, vahído, vértigo
— **atetosis**, enfermedad de Parkinson
— INCAPACIDAD PARA REALIZAR MOVIMIENTOS VOLUNTARIOS: apraxia
— NEUROLÓGICO: impotencia, tic
DE LA MENTE:
— **figuración**, fijación, generalización, regresión, represión, retraimiento, sublimación, negación, anulación, feedback, condicionamiento, dependencia, compulsión, desplazamiento
— **demencia**
  • locura, folía, insania, vesania, frenesí, desequilibrio, desvarío, enajenación, frenopatía, furia, furor

- trastorno mental, enajenación m., debilidad m., deficiencia m., retraso m., subnormalidad
— **idiotez**, idiotismo, cretinismo, imbecilidad, oligofrenia, paralalia, paramnesia, paranoia, idiocia, psicopatía
— **locura**, delirio, esquizofrenia, psicosis, demencia precoz, autismo · chaladura, chifladura, autosugestión · eidetismo (CAPACIDAD PARA REPRODUCIR MENTALMENTE PERCEPCIONES VISUALES ANTERIORES)
— EN EL LENGUAJE: dislexia (EN EL APRENDIZAJE), disfasia (ANOMALÍA GENERAL), ecolalia (REPETICIÓN INVOLUNTARIA DE PALABRAS), escansión (DESCOMPOSICIÓN DE LAS PALABRAS EN SÍLABAS), coprolalia (TENDENCIA A PROFERIR OBSCENIDADES)
— DEL OLVIDO: amnesia, afasia, agrafia, alexia, demencia senil, enfermedad de Alzheimer
DEL PENSAMIENTO:
— depresión, obsesión, fijación, paranoia, delirio, frustración
— ansiedad, estrés, psicosis, esquizofrenia, histeria
— neurosis, neurastenia, alucinación
DE LA CONDUCTA:
— introversión, extroversión, adicción, síndrome de Estocolmo, mecanismo de defensa regresión, represión, transferencia
— complejo, c. de castración, c. de Edipo, c. de Electra, c. de inferioridad, imago
— bulimia (ALIMENTACIÓN COMPULSIVA), anorexia (RECHAZO DE LA ALIMENTACIÓN), vigorexia (CULTO AL CUERPO), ortorexia (OBSESIÓN POR COMER SALUDABLE), tanorexia (ADICCIÓN A TOMAR EL SOL)
— TENDENCIAS PATOLÓGICAS: coprolalia (A PROFERIR OBSCENIDADES)
DE LA PERSONALIDAD:
— yo, ego, superyó o superego, ello, id · eros, tánatos
MANÍAS:
— megalomanía (DE GRANDEZAS), monomanía (SOBRE UNA SOLA IDEA), erotomanía (DELIRIO ERÓTICO), hipocondría (POR LA SALUD), cleptomanía (POR EL HURTO), zoantropía (POR CREERSE ANIMAL), licantropía (POR CREERSE LOBO), lipemanía (POR LA TRISTEZA), erostratismo (POR RENOMBRE CON ACTOS DELICTIVOS), melancolía (POR LA TRISTEZA), ludopatía (POR EL JUEGO), mitomanía (POR ENGRANDECER LA REALIDAD), grafomanía (POR ESCRIBIR), teomanía (POR CREERSE DIOS), ninfomanía o furor uterino (POR COPULAR)
— extravagancia, capricho, erostratismo, idea fija, lipemanía, luna, lunatismo, misandria, misantropía, misoginia, misoneísmo, neura, paranoia, vena
— psicosis, p. maniaco-depresiva, ciclotimia, obsesión, fijación

FOBIAS:
— A LOS ESPACIOS DESPEJADOS: agorafobia
— A LOS HOMBRES: androfobia
— A LOS ESPACIOS CERRADOS: claustrofobia, eritrofobia
— A LA LUZ: fotofobia
— A LA MUERTE: necrofobia, tanatofobia, nictofobia, nosofobia, patofobia

48.07 tratamientos psicológicos
DE INTROSPECCIÓN:
— análisis del carácter, a. interpersonal, a. regresivo, a. sobre autocontrol, a. transaccional
— psicoanálisis, catarsis, sublimación
— evaluación cognitiva, e. conductual, e. de habilidades sociales, e. del potencial de aprendizaje, e. nosológica, e. psicométrica
— valoración clínica
DE CURACIÓN:
— terapia, psicoterapia, psicometría, psiquiatría, purga, terapia de grupo
— terapéutica por el arte o arteterapia, terapia asertiva, t. implosiva, t. insight, t. por asociación libre, t. racional-emotiva
— hipnoterapia, ludoterapia, musicoterapia
— terapia centrada en el cliente
— reforzamiento, defensa, reestructuración, estímulo, asertividad, pulsión, proyección, aprendizaje social
— evitación, extinción
— relajación
— aprendizaje aversivo, a. vicario
— autorrealización
— control de conducta, distorsión cognitiva, efecto de generalización
— estrategia activo-retraída, e. pasivo-dependiente, e. pasivo-retraída, e. de afrontamiento
— imitación de modelos
— intervención de grupo, i. familiar, i. individual, i. psicoanalítica, i. sistémica, i. sobre mecanismos de negación
— manipulación ambiental
— mecanismo de compensación, m. de despersonalización, m. de regresión, m. de descompensación, m. inconscientes, m. introyectivos
— método de extinción, narcisismo compensatorio
— proceso de anulación, p. de generalización, p. de identificación, p. de racionalización, p. de sublimación
— reestructuración cognitiva
— reforzamiento positivo selectivo, retirada de refuerzo
— tratamiento convulsivo, t. implosivo
48.08 filósofo y teólogo
pensador, metafísico, sofista, moralista, ontologista, esteticista

ideólogo, cosmólogo, epistemologista, feno-
menologista, historicista, sofista, metafísico,
intelectual
sabio, virtuoso, prudente, estudioso, investigador
teólogo, padre de la iglesia, doctor de la iglesia · apologista, casuista, escolástico

Adjetivos y adverbios
48.09 filosófico
ortodoxo, heterodoxo
dogmático, conceptualista, ecléctico
vitalista, racionalista, raciovitalista · materialista, espiritualista, nihilista · atomista, deter-
minista
idealista, realista, empírico, sensualista · escéptico, agnóstico
metafísico, ideológico, naturalista, positivista,
realista
estético, escolástico, teológico, doctrinario
aristotélico, sofista, platónico, neoplatónico, pi-
tagórico, epicúreo, socrático, escolástico,
averroísta, lulista, hegeliano, kantiano, krau-
sista, marxista, orteguiano, suarista
hedonista, estoico
académico
humanista, materialista, fatalista, existencia-
lista
enciclopedista, positivista, pragmático, cartesiano, deísta, eleático
atomístico, conceptualista, cosmológico, de-
terminista, esotérico, exotérico, hermenéu-
tico, ideológico, metafísico, sincrético
48.10 psicológico
anímico, moral, espiritual, psíquico, mental,
interior
obsesivo, maniaco o maniático, monomaniáti-
co, lunático, venático, temoso
demente
— desequilibrado, psicópata, alienado, tarado, atreguado, perturbado · loco, orate,
pirómano
— fuera de sí, f. de su acuerdo
chalado, chiflado, mochales, tocado, trastornado, coloq destornillado, ido, faltoso,
idiota
ideático, atreguado

Verbos y expresiones
48.11 filosofar
meditar, reflexionar, argumentar, profundizar
discurrir
— razonar, cogitar, colegir, considerar, cavilar,
deliberar, analizar, elucubrar, especular, estudiar, examinar, excogitar, inducir, presumir, presuponer, raciocinar, recapacitar, reparar, repasar, repensar

— influir, infundir, justificar, predefinir, predes-
tinar, reengendrar
abstraer, aislar, desglosar
conocer, juzgar, conceptualizar, pensar
iluminar, ilustrar, revelar, inspirar, espiritualizar
48.12 acción y psicología
traumar, traumatizar
tratar
somatizar, sublimar
encerrar, internar
analizar el yo o el ego, a. el superyó o el superego
aplicar refuerzos, a. terapia cognitiva, a. terapia cognitivo-conductual
detectar pensamientos erróneos, extinguir refuerzos, modificar conducta
potenciar pensamientos positivos
practicar relajación, p. terapia integrativa, realizar desensibilización sistemática
verbalizar sentimientos y emociones

49. ESPIRITUALIDAD
49.01 actitudes religiosas
Generales: benignidad ↔ malignidad; bondad
↔ maldad; caridad ↔ envidia; castidad ↔
lujuria; diligencia ↔ pereza; esperanza ↔
desesperanza; fortaleza ↔ debilidad; honradez ↔ deslealtad, villanía; esperanza ↔ soberbia; ira ↔ paciencia; justicia ↔ injusticia;
largueza ↔ avaricia; moralidad ↔ inmoralidad; paciencia ↔ ira; prudencia ↔ imprudencia; templanza ↔ gula; unión, unionismo ↔ cisma, herejía, secta; tolerancia ↔
intolerancia · ortodoxia ↔ heterodoxia
religiosidad
— adoración, contemplación, elevación, entusiasmo, misticismo, exaltación, ofrenda,
piedad, promesa, recogimiento, rito, santidad, unción, vocación
— servicio divino, s. religioso, profesión de fe,
acto de fe, retiro espiritual, ejercicios espiri-
tuales, bendición
— inclinación, genuflexión, señal de la cruz
— contemplación, éxtasis, ascética, mística
— mortificación, sacrificio, penitencia, observancia, rúbrica, ayuno
— fanatismo, fetichismo, fundamentalismo,
integrismo, sectarismo
— coloq beatería, devotería, camandulería
fe
— fervor, devoción, inclinación, apego, celo,
adhesión, entrega, respeto, pasión, veneración, éxtasis, fogosidad · coloq fe del
carbonero
— creencia, convicción, credo, doctrina, dogma, evangelio
— salvación, redención

incredulidad
— **irreligiosidad**, ateísmo, gnosticismo, agnosticismo, escepticismo, racionalismo, antropomorfismo
— **anticatolicismo**, anticlericalismo · apostasía
— **despego** o desapego, indiferencia, nihilismo, paganismo
libertad de conciencia, l. de cultos, disparidad de cultos

49.02 tendencias religiosas
CRISTIANISMO:
— catolicismo, protestantismo, adventismo, anabaptismo, anglicanismo, arrianismo, traducionismo
— IGLESIAS CRISTIANAS:
  • comunidad puritana, ejército de salvación, testigos de Jehová
  • Iglesia anglicana, l. armenia, l. baptista, l. católica, l. copta, l. de la cienciología, l. de los mormones, l. episcopaliana, l. etíope, l. evangélica, l. luterana, l. maronita, l. menonita, l. metodista, l. presbiteriana, l. uniata
— IGLESIAS ORTODOXAS:
  • Iglesia autocéfala de Bulgaria, l. a. de Serbia, l. a. de Chipre, l. a. de Georgia
  • patriarca de Bucarest, p. de Moscú
  • ortodoxos griegos o de oriente
islamismo o Islam · chiismo, sunnismo, sufismo · UNIÓN ISLÁMICA: panislamismo
judaísmo, hebraísmo, semitismo, sionismo
RELIGIONES ORIENTALES:
— budismo, hinduismo, brahmanismo, vedismo, confucianismo, sintoísmo (JAPÓN), Hare Krishna, hasidismo
— mazdeísmo, zoroastrismo (PERSIA)
— lamaísmo, taoísmo, sikhs
ADORACIÓN:
— latría (A DIOS), hiperdulía o mariolatría (A LA VIRGEN), angelolatría (A LOS ÁNGELES), dulía (A LOS ÁNGELES Y A LOS SANTOS)
— androlatría (A LOS HOMBRES), heliolatría (AL SOL), litolatría (A LAS PIEDRAS), necrolatría (A LOS MUERTOS), pirolatría (AL FUEGO), zoolatría (A LOS ANIMALES), ofiolatría (A LAS SERPIENTES), gentilidad o gentilismo o paganismo (RELIGIÓN DE LOS GENTILES O PAGANOS), animismo (A LOS ESPÍRITUS), panteísmo (A LA TOTALIDAD DEL UNIVERSO), politeísmo (A MUCHOS DIOSES)
— idolatría (A LOS ÍDOLOS), fetichismo (A LOS FETICHES), totemismo (AL TÓTEM), animismo (A LOS OBJETOS DE LA NATURALEZA)
— CULTO A LUCIFER O EL DEMONIO: **luciferismo**, demonolatría, demonología, demonismo, demoniomanía, demonografía
anticlericalismo, clerofobia, iconoclasia

49.03 manifestaciones religiosas
EN EL CATOLICISMO:
— misa o eucaristía
  • misa cantada, m. rezada, m. gregoriana, m. solemne o pontifical, m. de cuerpo presente, m. de difuntos o fúnebre, m. de acción de gracias, m. mariana o de la Virgen, m. del Espíritu Santo, m. del alba, m. del gallo, m. mayor, m. de campaña
  • RITOS: rito alejandrino, r. armenio, r. copto, r. etíope, r. mozárabe, r. ortodoxo, r. sirio · r. conciliar, r. preconciliar
  • ORACIONES DE LA MISA: introito, confíteor, kirie, gloria, epístola, gradual, preces, evangelio, homilía, credo, ofertorio, prefacio, canon, memento, sanctus, consagración, ablución, cordero de Dios, padre nuestro, comunión, postcomunión, acción de gracias, bendición, evangelio de san Juan, ite missa est
— sacramentos
  • bautismo, confirmación, primera comunión, confesión, penitencia, confirmación, eucaristía, boda o matrimonio, orden sacerdotal, extremaunción o unción de los enfermos
— sacrificio
  • abstinencia, ayuno, privación, mortificación, promesa, penitencia, dedicación, voto
— OBSERVANCIA MUY ESTRECHA DE LA REGLA: recolección
— oración
  • plegaria, rezo, preces, ruego, súplica, petición, RET deprecación
  • padre nuestro o padrenuestro o paternóster, avemaría, ángelus, credo, salve, gloria, alabado, antífona, bendito, confíteor, estación, fervorín, gloria, jaculatoria
  • acto de contrición, salutación angélica, señor mío Jesucristo, hora santa, oración dominical, recomendación del alma
  • bendición de la mesa, acción de gracias
  • duenario, triduo, quinario, novena o novenario, decenario, duodenario
  • hora, horas, h. canónicas, hora santa, oficio, o. divino, responso, responsorio, rogativa, sabatina, salmo, sufragio, tedeum, trisagio, vigilia
  • exequias, funeral, honras fúnebres · réquiem, dies irae
  • exposición del Santísimo, oficios
  • A LA VIRGEN: avemaría, ángelus, salutación angélica, salve, magníficat, oficio parvo, stábat mater · **rosario**: misterios luminosos, m. gozosos, m. dolorosos, m. gloriosos · decenas, padre nuestro, ave maría, letanía

— confesión
- pecado, falta, caída, culpa, error, desliz
- pecado original, p. venial, p. mortal, p. material, p. contra natura, p. por omisión
- profanación, sacrilegio, juramento en vano, blasfemia, injuria, calumnia, herejía, simonía · irreverencia, libertinaje
- recogimiento, examen de conciencia, remordimiento, arrepentimiento, contrición, compunción, pesadumbre
- penitencia · acto de contrición, dolor de corazón

— vida monacal
- EN EL ACCESO: vocación, inclaustración, probación, jovenado, juniorado, postulado, noviciado, toma de hábitos
- DOCUMENTOS DE ACREDITACIÓN: publicata, carta de hermandad, patente, benedícite
- APORTACIÓN: dote, prebenda, violario
- RAPADO CIRCULAR: cerquillo
- OBSERVANCIA: voto de obediencia, v. de castidad, v. de pobreza, v. de silencio, recolección · monacato, monaquismo
- EN LAS COMIDAS DE LOS MONASTERIOS: colación, hierbas · platillo, segundillo
- RECREO TRAS LA COMIDA: quiete

— MANIFESTACIONES ITINERANTES: peregrinación, romería, procesión, visita de altares · vía crucis, calvario, estación

— MANIFESTACIONES DOCENTES: catequesis, apostolado, misión, propaganda · proselitismo

— ATRIBUCIONES: prebenda, beneficio, capellanía, camarico, componenda, congrua, extratémpora, incongruo, ofrenda, prestamera

— HORAS CANÓNICAS: maitines, laude, tercia, sexta, nona, víspera, completa

— GRANDES REUNIONES: concilio, sínodo, conferencia episcopal, conclave, consistorio

— CONTRIBUCIÓN ECONÓMICA: donación, limosna, diezmo, primicias, fábrica, sanctórum, obra pía

— CÁNTICOS: himno, salmo, DE CELEBRACIÓN: aleluya, hosanna, A LA VIRGEN: stábat mater, magníficat, A DIOS: pange lingua, tantum ergo, FUNERARIOS: réquiem, responso, Tedeum, de profundis, dies irae

— LENGUAS LITÚRGICAS: latín (IGLESIA CATÓLICA), esloveno eclesiástico (IGLESIA ORTODOXA ESLAVA), griego bizantino (IGLESIA ORTODOXA GRIEGA), sirio (IGLESIA SIRIA), gueez (IGLESIA ETÍOPE), árabe (IGLESIA MARONITA), copto (IGLESIA EGIPCIA)

— ÉPOCAS:
- año eclesiástico o litúrgico · témporas
- adviento, calenda, cuaresma, día de fiesta, festividad, fiesta de guardar, f. de precepto, galilea, infraoctava, octava
- Pascua, semana grande, Semana Santa, tiempo de pasión, vigilia

- quincuagésima, sexagésima, septuagésima
— FIESTAS: adoración o reyes o reyes magos (6 DE ENERO), anunciación (VARIABLE), ascensión (VARIABLE), asunción de la Virgen (15 DE AGOSTO), Corpus Christi (VARIABLE), Navidad (25 DE DICIEMBRE), Día de Acción de Gracias (ANGLOAMERICANA), Todos los santos (1 DE NOVIEMBRE), Día de los difuntos (1 DE NOVIEMBRE), Virgen del Pilar (12 DE OCTUBRE), Domingo de Ramos (DOMINGO QUE INICIA LA SEMANA SANTA), Domingo de Pascua o Domingo de Resurrección (DOMINGO QUE DA FIN A LA SEMANA SANTA), Inmaculada (8 DE DICIEMBRE), Jueves Santo (JUEVES DE SEMANA SANTA), Miércoles de Ceniza (MIÉRCOLES PREVIO A LOS CUARENTA DÍAS QUE ANTICIPAN LA SEMANA SANTA), Navidad (25 DE DICIEMBRE), Nochebuena (24 DE DICIEMBRE), Pascua de Resurrección (LUNES POSTERIOR AL DOMINGO DE RESURRECCIÓN), Reyes Magos o Epifanía (6 DE ENERO), San José (19 DE MARZO), San Pablo (29 DE JUNIO), San Pedro (29 DE JUNIO), Santiago Apóstol (25 DE JULIO), Semana Santa (PRIMERA SEMANA DE LUNA LLENA POSTERIOR AL 21 DE MARZO, EQUINOCCIO DE PRIMAVERA), Viernes Santo (VIERNES DE SEMANA SANTA)

— guerra santa, cruzada

MUSULMANES:

— oración, zalá, azalá

— CINCO PILARES DEL ISLAM: ayuno del Ramadán, limosna, oración cinco veces al día, peregrinación a la Meca, profesión de fe

— GUERRA SANTA: yijad

— AYUNO: mes de Ramadán

— FIESTAS: Ramadán, Bairam, Moaharram

JUDÍOS:

— oración, plegaria, rezo, DESUS barahá

— ley mosaica, ley vieja, ley oral, mosaísmo, cábala, MASORA, ANT atora

— EN LA TRADICIÓN JUDÍA: circuncisión o bar mitzvah, ablución o lavatorio, levirato o matrimonio entre cuñados, baño ritual o Mikve, bat mitzvah, leyes de la comida o cashrut, sacrificio, permutación, rectificación, reparación, meditación · alegoría, alianza, bendición, cántico, comentario, estudio, explicación, herencia, legado, literal, pacto, pregunta, sabiduría, secreto, testimonio, transmisión

— LENGUAS: hebreo antiguo o bíblico (JUDÍOS), ladino · yídis

— FIESTAS: sábado o shabat, pascua judía, Yom Kipur, Año sabático, cenopegias, fiesta de las cabañuelas o de los tabernáculos, jubileo, parasceve, pentecostés · día del perdón o Kipur, Fiesta de la Reina Esther o Purim, Fiesta de las cabañas o Sucot, fiesta de las luces o Januka, fiesta de las semanas o Shavuot

— MANIFESTACIONES XENÓFOBAS: aniquilación, barbarie, expulsión, exterminación, exterminio, genocidio, holocausto, persecución, inquisición

OTROS CULTOS:

— zazen (MEDITACIÓN QUE DEJA LA MENTE EN BLANCO), danza de la lluvia, d. del sol, hara-kiri
— RITO SOMETIDO AL DEMONIO: misa negra, aquelarre
— RITO PROCEDENTE DE ÁFRICA: vudú
— MUNDO ANTIGUO: hecatombe (SACRIFICIO DE CIEN ANIMALES)
— ROMANOS: lectisternio (ESTATUAS DE DIOSES CON MANJARES)
— PAGANOS: libación (DERRAMAMIENTO DE LICOR EN HONOR DE LOS DIOSES)
— MAPUCHES DE ARG Y CHILE guillatún (RUEGO DE BONDADES)

49.04 dios

deidad, POÉT dea, DESUS deesa

ATRIBUTOS O CUALIDADES:

— eternidad, omnipotencia, omnisapiencia u omnisciencia, omnipresencia o ubicuidad
— amor, bondad, espiritualidad, inefabilidad, infalibilidad, inmensidad, inmutabilidad, misericordia
— justicia, perfección, sabiduría, santidad, verdad

ASIRIOS: Asur (SOBERANO)

AZTECAS: Ometeotl (SOBERANO), Tlazolteotl (AMOR Y BELLEZA)

CELTAS: Taranis (SOBERANO)

EGIPCIOS: Amón, Ra, Amón-Ra, Isis (FERTILIDAD Y MATERNIDAD), Osiris (JUEZ DE LOS MUERTOS), Apis (MUERTE Y RESURRECCIÓN), Aton, Horus (SOL), Nuot, Ator (CIELO), Onuris (CAZA)

ESCANDINAVOS: Odín, Wotan

GRIEGOS: Zeus (DIOS SOBERANO), Afrodita (AMOR Y BELLEZA), Helio (SOL), Ares (GUERRA), Artemisa (CAZA), Atenea (SABIDURÍA), Ceres (CULTURA), Dionisos (VINO), Hades (MUERTE), Hermes (COMERCIO Y ELOCUENCIA), Morfeo (SUEÑO), Poseidón (AGUAS), Urano (CIELO)

INCAS: Viracocha (SOBERANO)

MESOPOTÁMICOS: Anu, Marduk

MAYAS: Hunabku

PERSAS: Mitra (DIOS SOBERANO) · sacerdotisa, diaconisa

ROMANOS: Júpiter (SOBERANO), Apolo (SOL), Baco (VINO), Diana (CAZA), Eolo (VIENTO), Fortuna (DESTINO), Marte (GUERRA), Mercurio (COMERCIO Y ELOCUENCIA), Minerva (SABIDURÍA), Plutón (MUERTE), Venus (AMOR Y BELLEZA), Vulcano (FUEGO), Neptuno (AGUAS)

CRISTIANOS:

— Padre, Altísimo, Causa prima, Creador, Criador, Demiurgo, Padre celestial, Dios Padre, Divina Majestad, Divina Providencia, Nuestro Señor, Omnipotente, Padre eterno, Principio de todas las cosas, Providencia, Rey de Reyes, Rey del Cielo y de la Tierra, Santísima Trinidad, Santo de Santos, Señor, Señor Dios, Ser infinito, Ser Supremo, Soberano, Tetragrámaton, Todopoderoso, Verbo
— Jesús, Cristo, Cristo-Rey, Dios hijo, Dios-hombre, el Eterno, el Señor, Hijo de David, Hijo de Dios, Hijo de María, Hijo del Hombre, Hijo único de Dios, Jehová, Jesucristo, Jesús de Galilea, Jesús de Nazaret, Nuestro Señor, Nuestro Señor Jesucristo, Señor, Señor de los ejércitos, Señor Jesús, Sumo Hacedor, Unigénito
— Mesías, Redentor, Salvador · Nazareno, Galileo
  • Crucificado, Cristo crucificado
  • Logos, Verbo Encarnado
  • Cordero, Dios Hombre, Mesías, Niño Jesús, el Buen Pastor, Verbo · Alfa y omega, I.H.S.
— MOMENTOS EN LA VIDA DE JESUCRISTO:
  • advenimiento, anunciación, encarnación
  • nacimiento, navidad, natividad, misterio, epifanía, huida a Egipto · circuncisión
  • cena, cenáculo · pasión, prendimiento, flagelación, calvario, cirineo, coronación de espinas, crucifixión · descendimiento, desprendimiento
  • resurrección, ascensión
  • redención, salvación
  • ADVENIMIENTO AL FIN DE LOS TIEMPOS: parusía
— Espíritu Santo
— ángel
  • arcángel, querubín, serafín, trono
  • ángel de la guarda
  • potestad, mensajero de Dios, ministro del cielo
  • espíritu alado, e. celestial
— Virgen
  • Anunciación, Asunción, Candelaria, Dolorosa, Expectación, Gloriosa, Inmaculada, Madre de Dios, María, Piedad, Presentación, Purificación, Señora, Visitación
  • la Santísima, la Gloriosa, la Intercesora
— santo
  • venerable, beato, bendito, bienaventurado, almo, glorioso, sagrado, seráfico, celestial, celícola
  • patrón, patrono, interceptor, mediador, confesor, fundador, mártir, patriarca, abogado, padre de la Iglesia, doctor de la Iglesia, apóstol de la Iglesia

JUDÍOS: Adonai, Elohim, Jehová, Skebaoth, Dios de Israel, Yavé

ISLAMISTAS: Alá, Iblis, Ifrit, Yinns

HINDUISTAS: Brahma, Shivá, Vishnú (TRINIDAD HIN-DUISTA) · Shaddai

COLOQ
— a Dios gracias, a la buena de Dios, alabado sea Dios
— bendito sea Dios, bendito y alabado sea Dios
— bien sabe Dios
— cada uno es como Dios le ha hecho, clamar a Dios, como Dios manda
— dejado de las manos de Dios
— Dios dirá, Dios lo quiera, Dios me entiende, Dios me tenga de su mano, Dios mediante, Dios mío, Dios nos asista, Dios nos coja confesados, Dios nos tenga de su mano, Dios santo, Dios te la depare buena
— estar de Dios una cosa
— gracias a Dios
— llamar alguien a Dios de tú, lo que Dios quiera
— maldita de Dios la cosa
— necesitarse Dios y ayuda, ni Dios
— no llamar Dios a alguien por ese camino, quiera Dios
— ofender a Dios
— permita Dios, poner a Dios por testigo, ponerse a bien con Dios, por Dios
— que Dios te bendiga, que Dios te guíe, que Dios te lo pague, que Dios te oiga, que Dios te proteja, que sea lo que Dios quiera, que venga Dios y lo vea
— sabe Dios, santo Dios
— si Dios no lo remedia, si Dios quiere, si Dios quisiera
— tener Dios a alguien de su mano, tentar alguien a Dios, todo sea por Dios
— válgame Dios, vaya con Dios o vaya mucho con Dios, vaya por Dios, venir Dios a ver a alguien, vive Dios, voto a Dios
— COMP ING armarse la de Dios es Cristo, sin encomendarse a Dios ni al diablo
REF A Dios rogando y con el mazo dando. Cuando Dios quiere, estando raso llueve. Dar al césar lo que es del césar y a Dios lo que es de Dios. Como Dios le da a alguien a entender. Costar algo Dios y ayuda. De menos nos hizo Dios. Dios aprieta pero no ahoga. Dios castiga y sin palo. Dios los cría y ellos se juntan.
— Dios da pañuelo al que no tiene mocos. Dios da nueces al que no tiene muelas y muelas al que no tiene nueces.
— Más vale un por si acaso que un válgame Dios.

49.05 demonio
diablo, diabla, diablejo, diablesa, enemigo, energúmeno, cachidiablo, anticristo o anteicristo, diablo cojuelo · el malo, el maligno, el pecado, el tentador, la serpiente

Lucifer, Luzbel, Maligno, Mefistófeles, Pedro Botero, Satán, Satanás, Belcebú, Leviatán
ángel caído, á. negro, á. malo, á. de las tinieblas
espíritu del mal, e. impuro, e. infernal, e. inmundo, e. maligno
príncipe de las tinieblas, rey de los infiernos
COLOQ demontre, demonche, diaño, dianche, diantre, pateta, cachano, mengue

49.06 magia
brujería, cábala, teúrgia, nosomántica, geomancia, hieroscopia, esoterismo, exorcismo, genetliaca o genetlíaca, geomancia o geomancía, hechicería, heteromancia o heteromancía, hidromancia o hidromancía, hieroscopia, nigromancia o nigromancía, nosomántica, ocultismo, satanismo, DESUS tropelía
arte mágica, a. de los espíritus · magia negra, ciencias ocultas
PREDICCIÓN BASADA EN LA POSICIÓN RELATIVA DE LOS ASTROS: horóscopo
SENTIDO Y SIGNIFICADO: anagogía o anagoge, exégesis, hermenéutica, intelección, inteligencia, masora, versión
REUNIÓN NOCTURNA DE BRUJOS: aquelarre
PALABRAS MÁGICAS: ¡abracadabra!, ¡hocus pocus!, ¡aserejé!, ¡magia potagia!, ¡abraxas!, ¡birli birloque!
▶ 20. universo
▶ 23.09 alquimia

49.07 magia y situaciones
hermetismo, ocultismo, embrujamiento
augurio, auspicio, abusión, adivinación, agüero, horóscopo, vaticinio, predicción, pronóstico, prenuncio, presagio, presentimiento, profecía, sortilegio, ENTRE LOS MORISCOS: jofor, AM CENT Y MÉX ahuizote, CHILE imbunche
conjuro, embrujo, encantamiento, hechizo, maleficio, vudú · mal de ojo · DESUS tropelía, sinario, prestigio, alfil o arfil, ANT esconjuro, veneficio
celaje, encantorio, ensalmo, indicio, ligadura, ligamen, nuncio, oráculo, prodigio
prestidigitación, levitación, materialización, fantasmagoría
COLOQ CUBA bilongo

49.08 adivinación y procedimientos
clarividencia, percepción, premonición, telepatía, extralucidez, mediación o médium · CONOCIMIENTO DE LAS COSAS FUTURAS: presciencia
CON OBJETOS O SITUACIONES:
— heteromancia (VUELO DE LAS AVES), alectomancia (CANTO DEL GALLO), aruspicina o hieroscopia (ENTRAÑAS DE LOS ANIMALES), espatulomancia (HUESOS DE LOS ANIMALES)
— ceraunomancia (TEMPESTADES), capnomancia (HUMO), catoptromancia (ESPEJO), lecanoman-

cia (SONIDO DE OBJETOS AL CAER EN UNA VASIJA), numerología (NÚMEROS), oniromancia (SUEÑOS), piromancia (COLOR, CHASQUIDO Y DISPOSICIÓN DE LA LLAMA), uromancia (EXAMEN DE LA ORINA)
— aeromancia (SEÑALES EN EL AIRE)
— bibliomancia o bibliomancía (LIBRO), dactilomancia (ESCRITURA), cartomancia (NAIPES), sortiaria (CARTAS O NAIPES), geomancia (LÍNEAS HECHAS EN LA TIERRA), quiromancia (RAYAS DE LAS MANOS), metoposcopia (LÍNEAS DEL ROSTRO), onicomancia (TRAZOS EN LAS UÑAS UNTADAS CON ACEITE Y HOLLÍN), ceromancia (FORMAS CREADAS POR LA CERA), hidromancia (AGUA)
— genetliaca (DÍA DE NACIMIENTO), onomancia (NOMBRE DE LA PERSONA)
— necromancia (EVOCACIÓN DE LOS MUERTOS), nigromancia (INVOCACIÓN DE LOS MUERTOS)
— demonomancia (INSPIRACIÓN EN LOS DEMONIOS)

49.09 religión y personas

papa
— pontífice, jerarca, beatitud, beatísimo, sumo pontífice, romano pontífice, su santidad, padre santo, santo padre
— cabeza de la iglesia, vicario de Dios, vicario de Jesucristo, cátedra de San Pedro, silla de San Pedro

cardenal
— nuncio, internuncio, vicario, legado, clérigo de cámara · DIGNIDAD ENTRE LOS CARDENALES: camarlengo, arcediano, canciller
— OFICIAL EN LA CÁMARA DEL PAPA: camarero
— PARIENTE Y PRIVADO DEL PAPA: nepote

obispo
— primado, patriarca, pontífice, prelado, exarca, legado, pastor, EN EL IMPERIO BIZANTINO: apocrisiario
— arzobispo, PREEMINENTE EN UNA NACIÓN: primaz · pronuncio, mayor del rey, capellán, datario
— SERVIDORES DEL OBISPO: asistente, paje, caudatario, coadministrador, familiar, vicario o juez ordinario, corepíscopo
— EN EL ENTORNO DE LA CATEDRAL:
  • JUEZ: provisor
  • PREDICADOR: magistral
  • QUE PRESIDE EL CABILDO: deán
  • QUE DIRIGE EL CORO: chantre o sochantre
  • DESTINADO AL CORO: corista
  • QUE CANTABA LA EPÍSTOLA EN LAS MISAS SOLEMNES: epistolero
  • QUE CANTABA EL EVANGELIO EN LAS MISAS SOLEMNES: evangelistero
  • QUE CANTA LA PASIÓN: pasionero

sacerdote
— cura, presbítero, compresbítero, pastor, clérigo, capellán, páter, padre, ordenado, ungido, prelado, preste, arcipreste, ministro de Dios, m. de la Iglesia, m. del Señor, m. del altar, padre de almas, eclesiástico, VERSADO EN LAS RÚBRICAS LITÚRGICAS: rubricista o rubriquista · EN EL ANTIGUO REINO DE AR mosén
— COLOQ Y DESPREST misero, obispillo, goliardo, clerizángano, clerizonte, QUE SE MANTENÍA DE LO QUE GANABA ASISTIENDO A LOS ENTIERROS: saltatumbas
— ÓRDENES PREVIAS AL SACERDOCIO: orden menor, coronado, minorista, misacantano, ostiario, tonsurado, lector, levita, exorcitado, lectorado, tonsurado, subdiácono, diácono, archidiácono, COLOQ capigorrón
— EN EL ENTORNO DE LA PARROQUIA: QUE LLEVA UNA PARROQUIA: párroco o plébano, QUE AYUDA O ACOMPAÑA A OTRO ECLESIÁSTICO EN CIERTAS COSAS: coadjutor o AM sotacura, QUE ADMINISTRA LOS BIENES: ecónomo, QUE CUIDABA DE LA CUSTODIA Y LOS FONDOS: fabriquero, QUE ENSEÑA LAS CIENCIAS ECLESIÁSTICAS: maestrescuela, QUE DICE LA MISA: celebrante, QUE ASISTE A LOS ENTIERROS: celebrero, QUE RECOGE PRUEBAS PARA EL JUEZ: auditor de la Nunciatura, QUE CONFIESA: confesor, penitenciario, QUE DIRIGE LA VIDA ESPIRITUAL: director o padre espiritual, QUE EXPLICA LA DOCTRINA: doctrinero · QUE DIRIGE UNA COMUNIDAD O COLEGIO: rector, QUE DIRIGE UN MONASTERIO: abad, abate · QUE ASISTE A LOS REYES: sumiller de cortina, QUE SUSTITUYE A UN SUPERIOR: vicario · QUE PREDICA LA DOCTRINA EN OTRAS TIERRAS: misionero, QUE SERVÍA CON CAPA Y CETRO: cetrero, QUE RECIBE LAS LIMOSNAS: colector, QUE SE ORDENABA SIN HABER ESTUDIADO MÁS QUE LATÍN Y MORAL: moralista, QUE RECIBE RENTA ECLESIÁSTICA: personado
— RELACIONADOS CON LA BIBLIA: comentarista, exegeta, escriturario, alegorista, expositor, hagiógrafo, masoreta, HEBREO: rabino
— EN GRUPO: clero, clerecía, brazo eclesiástico, DESP clerigalla, cleriguicia
— EN REUNIÓN: congregación, concilio, cabildo, capilla, sínodo
— EN ASOCIACIÓN: cofradía, congregación
— EN ABSTRACTO: sacerdocio, sagrado ministerio

seminarista
— becario, DESUS prestamero, COLOQ licenciadillo · presentado, regular, secular

ermitaño, eremita
COLABORADORES:
— sacristán, acólito, monaguillo, COLOQ misario, rapavelas, obispillo, chupacirios, chupalámparas
— NIÑO EDUCADO PARA EL CANTO: escolano
— PORTADOR DEL INCENSARIO: turiferario
— QUE CUIDA UN SANTUARIO: santero
— QUE CUIDA DEL SILENCIO EN UN TEMPLO: silenciario o silenciero
— QUE ECHABA FUERA A LOS PERROS: perrero, canicularius, COLOQ echaperros, azotaperros

— QUE CUSTODIABA LOS FONDOS: fabriquero
— QUE CUIDABA DE LAS SILLAS: sillero
feligrés, parroquiano, aparroquiado, congregante, discípulo
EN LAS ÓRDENES RELIGIOSAS:
FRAILES: agustinos, benedictinos, capuchinos, carmelitas, cartujos, cistercienses, cluniacenses, corazonistas, descalzos, dominicanos, dominicos, escolapios, franciscanos, jerónimos, jesuitas, mañanistas, maristas, mercedarios, oblatos, padres blancos, pasionistas, recoletos, redentoristas, salesianos, servitas, templarios, trapenses, trinitarios
MONJAS: agustinas, bernardinas, carmelitas, clarisas, dominicanas, franciscanas, hermanas de la asunción, h. de la caridad, hermanitas de los pobres, jesuitinas, mercedarias, oblatas, salesas, teresianas, trinitarias, ursulinas
abad, comendador, corrector, general, ministro, padre general, patriarca, pavorde, prelado, prepósito, presidente, prior, procurador, provincial, sotoministro, superior, suprior, vicario
abadesa, comendadora, madre general, m. superiora, prelada, priora, procuradora, provincial, provisora, supriora, vicaria
— QUE AYUDA AL SUPERIOR O SUPERIORA: discreto, asistenta
monje
— coadjutor, confeso, donado, frade, fraile, hermano, lego, mayoral, padre, profeso, religioso, siervo
— COLOQ motilón, monigote
monja, confesa, confesionariera o confesionera, donada, dueña, freila, hermana, lega, madre, mayorala, ministra
CARGOS:
— MAYORDOMO: cillerero o cillerizo o cilleriza, refectolero o refitolero o pitancero, prioste, QUE CUIDA: guardián, custodio
— QUE AMONESTA LA OBSERVANCIA DE LA REGLA: admonitor
— QUE ATIENDE A LOS ENFERMOS O MORIBUNDOS: operario, agonizante
— QUE PIDE LIMOSNA: alforjero, QUE RECOGE LA LIMOSNA DE TRIGO Y OTROS GRANOS: agostero, QUE GUARDA EL DINERO DE LAS LIMOSNAS: síndico, QUE DA LIMOSNA: pobrero
— QUE CUIDA DEL CAMPO: campero
— RELIGIOSA QUE DIRIGE EL CORO: corretora, QUE CANTA EN EL CORO: corista, QUE DISTRIBUYE LAS RACIONES: racionero, QUE RESCATA LOS CAUTIVOS: redentor, QUE TIENE POTESTAD PARA EXORCIZAR: exorcista
— QUE LEE EN EL REFECTORIO: lector, QUE CUIDA DE LAS COSAS DE LA SACRISTÍA: sacristana, QUE SUPLE A LA SUPERIORA: asistenta

— QUE HACE LOS RECADOS FUERA DEL CONVENTO: mandadera o demandadera
— QUE SIRVE EN EL TORNO: tornera
postulante, novicio, connovicio, júnior, moderno, neófito, pasante, presentado · postulanta, novicia, connovicia, neófita
DE VIDA RETIRADA: ermitaño, eremita, asceta, cenobita · anacoreta, QUE VIVÍA EN UNA COLUMNA: estilita · COLOQ santón, santero, santera
comunidad, congregación, compañía, familia, hermandad, instituto
EN RELIGIONES NO CATÓLICAS:
IGLESIA PROTESTANTE: pastor
IGLESIA ORTODOXA: pope o sacerdote ortodoxo, patriarca · EN GRECIA: archimandrita
ISLAMISMO:
— AUTORIDAD: ayatolá · GUÍA: imán
— CONVOCA AL PUEBLO A LA ORACIÓN: muecín o almuecín o almuédano
— LECTOR DEL CORÁN EN LAS MEZQUITAS: almocrí, ENCARGADO DE DIRIGIR LA ORACIÓN PÚBLICA EN LA MEZQUITA: zabazala
— EXPERTOS EN LEYES: muftí, faquí o alfaquí, cadí, ulema
— ESPECIE DE MONJE: derviche, morabito o morabuto
— PROFETA: nabí o anabí · SANTÓN: faquir
— PREDICADOR: jatib
— DIRIGE LA ORACIÓN: zabazala
— GOBERNANTES: caíd, califa, emir, jalifa, jerife o jarife, jedive, jeque, nabab, sultán, valí, visir
— DE VIDA RETIRADA: morabito, derviche
JUDAÍSMO:
— gran rabino, rabí, rabino, háber · sacerdote, sumo sacerdote
— anciano, arquisinagogo, fariseo, hacán, juez, levita, masoreta, nazareno
— judío, sefardita, semita, elegido, israelí, israelita, sionista · QUE OBSERVABA LOS USOS DE LOS GRIEGOS: helenista, QUE PROFESA LA CÁBALA: cabalista, CONVERTIDO AL CRISTIANISMO: converso, DOCTOR E INTÉRPRETE DE LA LEY: escriba, QUE PROFESA LA DOCTRINA DEL TALMUD: talmudista
— sefardíes, comunidad, correligionarios, raza, pueblo judío, p. elegido, p. del Libro, doce tribus
HINDUISMO: gurú
BUDISMO: bonzo, brahmán, lama, dalai lama
49.10 magia y personas
astrólogo, geneático o genetliaco, judiciario
alquimista, cabalista, exorcista
mesías, profeta
bruja, meiga, pitonisa, hada, sorguina, sibila, saga, CHILE calchona, DESUS jurguina
brujo, adivinador, adivino, agorador, agorero, augur, clarividente, curandero, encantador, hechicero, invocador, mago, médium, na-

gual, nigromante, ocultista, pitón, provicero, sortílego, venéfico, vidente, zahorí, AST, GAL Y LEÓN meigo, DESÚS jorguín, ANT prodigiador, CHILE imbunche, ENTRE LOS ÁRABES: nabí o anabí, ROMA ANTIGUA: arúspice o aurúspice, mistagogo

COLOQ lobero, espantanublados

49.11 religión y lugares

MUNDO CELESTIAL:
— cielo, paraíso, gloria, edén, destino, alturas
— paraíso terrenal, jardín celestial, ciudad celeste, morada celeste, el más allá, mundo sobrenatural, ciudad de Dios, mansión de Dios, morada de los justos, reino de Cristo, r. de los cielos, r. eterno · encarnación, eternidad, eucaristía
— alma, inmortalidad, reencarnación, redención, resurrección, salvación
— milagro, misterio
— CADA UNA DE LAS MUJERES QUE ESPERAN A LOS MUSULMANES EN EL PARAÍSO: hurí

MUNDO DE LOS INFIERNOS:
— infierno, averno, hades, huerco, orco, abismo, báratro, erebo, horco, tártaro, pandemónium
— castigo eterno, fuego eterno, penas eternas, calderas de Pedro Botero
— laguna Estigia · purgatorio

CRISTIANISMO, DEMARCACIONES:
— papado, cardenalato, arzobispado, episcopado, obispado, obispalía, vicariato, canonjía, prelatura, curato · archidiócesis, diócesis, metrópoli · congregación
— parroquia, feligresía, abadía, anejo, rectoral, CAPILLA DE LA CATEDRAL QUE SIRVE DE PARROQUIA: sagrario
— PARA LA FORMACIÓN: seminario

PARA EL CULTO:
— catedral, basílica, colegiata, seo, iglesia, templo, parroquia · iglesieta, ermita, eremitorio, oratorio, capilla, santuario, baptisterio, catecumenía
— casa de devoción, c. de Dios, c. de oración, c. del Señor, cátedra del Espíritu Santo
— SEGÚN DEMARCACIONES: metropolitana, magistral, patriarcal, filial, anejo

monasterio
— convento, cartuja, abadía, monjía, priorato, cenobio, beaterio, noviciado, recolección, residencia, casa profesa, ANT asciterio
— PARTES DE UN MONASTERIO:
• jovenado, noviciado
• claustro, clausura, celda · ENREJADO DIVISORIO: celosía · PARA CALENTARSE: calefactorio
• iglesia conventual, capilla, comulgatorio, coro, VENTANA PEQUEÑA POR DONDE SE DA LA COMUNIÓN A LAS MONJAS: cratícula

• PARA REUNIONES: sala capitular, definitorio, discretorio
• PARA GUARDAR LA ROPA: ropería
• PARA HABLAR CON VISITANTES: locutorio, libratorio, parlatorio, escucha
• PARA HOSPEDAR A VISITANTES: hospedería
• PARA GUARDAR LAS PROVISIONES: provisoría
• PARA COMER: refectorio, DONDE SE COME LA CARNE: infierno

▶ **81.11 catedral**

JUDAÍSMO:
— ciudad santa · BARRIO DE LOS JUDÍOS: judería, gueto
— templo, sinagoga, aljama · sancta, sancta sanctórum · tabernáculo, arca · cementerio judío · DONDE SE RECOGÍAN LAS LIMOSNAS EN EL TEMPLO DE JERUSALÉN: gazofilacio · piscina probática · LÁMINA SOBRE EL ARCA DEL TESTAMENTO: propiciatorio

ISLAMISMO:
— mezquita o aljama: almimbar (PÚLPITO), alminar (TORRE), mihrab (NICHO), alquibla (LUGAR HACIA EL QUE SE DIRIGE LA VISTA), macsura (RECINTO RESERVADO)
— rábida (ERMITA)
— madraza (ESCUELA)

RELIGIONES ORIENTALES: pagoda

49.12 muebles y objetos religiosos

retablo · pila bautismal · púlpito · bancos, sillería, reclinatorio · confesionario o penitenciario · órgano · sepulcro

sagrario o tabernáculo
— sancta sanctórum, monumento, CUADRO QUE CUBRE LA PUERTA DEL SAGRARIO: viso de altar
— cáliz, copón, grial, viril, custodia, ostensorio, hostiario, hostiero, CAJA EN QUE SE GUARDA EL SANTÍSIMO SACRAMENTO PARA LLEVARLO A LOS ENFERMOS: píxide
— viático, santos óleos
— hostia, sagrada forma, pan ácimo, pan de los ángeles, especies sacramentales, sacramento del altar, s. consumativo, Santísimo Sacramento, sanguis, El Santísimo, El Señor · Santa Cena, Última Cena, cenáculo · PLATILLO EN QUE SE PONE LA HOSTIA: patena

cruz, crucifijo, eccehomo, lígnum crucis, santa faz, ANT enagüillas, EN EL ARTE BIZANTINO Y ROMÁNICO: pantocrátor · estandarte

medalla, reliquia, relicario, escapulario, agnusdéi o agnus, detente, estadal, muelle, nómina, paz, propiciatorio, tahalí, rosario

agua bendita, CALDERA PARA LLEVARLA: acetre, calderilla o caldereta, UTENSILIO PARA ESPARCIRLA: hisopo o COLOQ asperges · pila de agua bendita

incensario, naveta, incienso

vinajera, ampolla · cepillo, campanilla

atril, atrilera, facistol
reliquia, amuleto, objeto de devoción, CAJITA DONDE SE GUARDA UNA RELIQUIA: teca
estampa, imagen, efigie, tríptico, lámina, agnus o agnusdéi, aleluya, exvoto, HOJAS IMPRESAS Y ENMARCADAS UTILIZADAS EN LA MISA: sacra, PLACA CON UNA IMAGEN: portapaz
lámpara, vela, candelabro, candelero, cirio, cirial, cirio pascual · LUZ QUE ARDE CONTINUAMENTE DELANTE DEL SANTÍSIMO SACRAMENTO: luminaria
PAÑOS: mantel (CUBRE EL ALTAR), corporal (SOBRE EL MANTEL), frontal (ADORNAN LA PARTE DELANTERA), sabanilla (CUBIERTA EXTERIOR), hijuela (CUBRE LA HOSTIA SOBRE LA PATENA), cornijal (PARA SECARSE LOS DEDOS), purificador (PARA LIMPIAR EL CÁLIZ) paño de cáliz, p. de vinajeras · sábana santa o santo sudario · paño de púlpito · TELA VISTOSA: lustrina
DOSEL COLOCADO SOBRE CUATRO O MÁS VARAS LARGAS: palio
PARA LOS OBISPOS: pectoral, anillo pastoral, báculo pastoral o croza, canon, cayado, esposa, faldistorio · palio, guión · ABANICO GRANDE CON MANGO LARGO: flabelo
EN LOS MONASTERIOS: torno · campanilla, esquila, segundilla
ESTANDARTE DE LOS EMPERADORES ROMANOS CRISTIANOS: lábaro o crismón
JUDAÍSMO:
— arca de la alianza, candelabro, estrella de David
— pan de Jala, pan de pobreza o matza

49.13 libros y textos religiosos

ANTIGUOS PERSAS: Avesta, Zendavesta
JUDEO-CRISTIANISMO: Biblia, B. políglota, B. Vulgata, escritura, sagrada escritura, historia sacra, h. sagrada, letras divinas, l. sagradas, palabra de Dios, antiguo testamento, nuevo testamento, Evangelios · texto sacro, t. sagrado
— CITAS: versículo, verso
— TEXTOS: parábola, profecía, pasaje
— COMENTARIOS: explicación, exégesis, paráfrasis, anagoge o anagogía, armónística, cábala
CATOLICISMO:
— PARA LA MISA: misal, libro de misa, evangeliario, epistolario, leccionario
— PARA LAS ORACIONES: devocionario, breviario, PARA UN DÍA: diurno, PARA LOS DOMINGOS: dominica, PARA DOMINGOS Y FIESTAS: eucologio, PARA LA PASIÓN: pasionario, vía crucis, PROPIAS DE LOS OBISPOS: episcopal · PARA UN AÑO: gallofa, añejo o epacta o COLOQ burrillo · libro ritual · PARA LAS PROCESIONES: libro procesionario
— PARA LOS CÁNTICOS: cantoral, salterio (SALMOS), libro antifonal o antifonario o tonario, libro de coro

— VIDAS O ALABANZAS: santoral (DE SANTOS), marial (A LA VIRGEN), martirologio (MÁRTIRES)
— TEXTOS:
  • **encíclica,** pastoral o carta pastoral, letras comunicatorias
  • **decreto,** amonestación, monitorio, dispensa, motu proprio, rescripto pontificio, bula, breve
  • INDULTOS O LETRAS APOSTÓLICAS: conservatoría · decretales, clementinas, extravagante · TRATADO CON EL GOBIERNO DE UN ESTADO: concordato
  • **homilía,** sermón, locución, plática, explicación, exégesis
  • **dimisorias** o cartas dimisorias, reverendas, testimoniales
ISLAM: Corán · TEXTOS DEL CORÁN: alea o aleya (VERSÍCULO), zalá o azalá (ORACIÓN), sura (CAPÍTULO), zuna (LEY FUNDADA EN DICHOS Y SENTENCIAS)
JUDAÍSMO: Deuteronimo, Eclesiastés, éxodo, filacteros, génesis, guemara, levítico, ley de Moisés, ley escrita, meguila, mezuza, mishna, números, pergamino, preceptos, rollos de la Torá, Salmos, tablas de la ley, Zohar, Torá, Talmud, Tárgum
HINDUISMO: Vedas, sutras
IMPERIO MAYA: Popol Vuh
TAOÍSMO: Tao te ching

49.14 vestimenta religiosa

CATÓLICA:
— CLERO EN GENERAL:
  • **hábitos,** hábito · sotana o COLOQ loba
  • **túnica,** manto, balandrán, dulleta, esclavina, manteo, toga, velo, beca
  • **alzacuellos,** sobrecuello, arillo, collarín, clergyman, gorjal
  • CUBRECABEZAS: bonete, birreta negra, solideo, teja
— PARA LA MISA:
  • **casulla,** dalmática, tunicela, sobrepelliz, capa, capona
  • **alba,** roquete, giraldete, amito, paño de hombros
  • **cíngulo,** estola, estolón, manípulo, banda, escapulario, fanón
— PARA OBISPOS Y ARZOBISPOS: cáliga, capa pluvial, capisayo, cauda, ínfulas, mantelete, muceta, tunicela · CUBRECABEZAS: mitra, birrete o birreta morada, casquete
— PARA LOS CARDENALES: capelo, birrete o birreta roja
— PARA EL PAPA: ESTOLA: orario · CUBRECABEZAS: tiara
— RAPADO DE PELO: corona, tonsura
— FRECUENTES EN EL FRAILE:
  • **capucha** · hábito, túnica, sotana, manto, cogulla, sayuela, argayo
  • **cuello** o gollete, cordón

• PAÑO QUE UNE LAS DOS PARTES DEL ESCAPULARIO: traba
• sandalias, suela
— FRECUENTES EN LAS MONJAS: túnica, túnico, monjil · velo, toca, griñón
MUSULMANA: turbante (CUBRE LA CABEZA), chador (VELO QUE CUBRE CABEZA Y PARTE DEL ROSTRO) · albornoz (CAPA CON CAPUCHA), aljuba (CON MANGAS Y FALDA HASTA LA RODILLA), almaizal o almaizar (TOCA), almalafa (HASTA LOS PIES), almejía o almejí (TÚNICA), alquicel o alquicer (CAPA), caftán (DESDE LOS HOMBROS HASTA LA MITAD DE LA PIERNA Y SIN CUELLO), chilaba (COMPLETA CON CAPUCHA), almalafa o malafa (DESDE LOS HOMBROS HASTA LOS PIES), marlota (SAYO QUE SE CIÑE Y AJUSTA AL CUERPO)
JUDÍA: kipá (CASQUETE REDONDO), taled (CUBRE LA CABEZA Y EL CUELLO), efod o superhumeral (PAÑO QUE CUBRE LAS ESPALDAS DEL SACERDOTE), manto religioso o talit, filacteria (ENVOLTURAS DE CUERO CON TIRAS DE PERGAMINO), racional o pectoral (ORNAMENTO EN EL PECHO)

49.15 magia y objetos
amuleto, talismán, fetiche, herradura, péndulo, bebedizo
bicha, serpiente, lechuza, escarabajo
rueda de Santa Catalina, sello de Salomón, uña de la gran bestia, cuadrado mágico, posos del café, elixir de la eterna juventud
LIBRO DE FÓRMULAS MÁGICAS: grimorio

ADJETIVOS Y ADVERBIOS
49.16 religioso
creyente
— convencido, convertido, prosélito, fanático · confesional · correligionario
— apóstol, teólogo, santo · ascético, místico · profeta · beato, santurrón · peregrino · mártir
— ferviente, fervoroso, místico, piadoso, pío · adicto, entregado, partidario · beato, endevotado
— practicante, penitente, rezador · hijo de confesión, h. espiritual · devoto, justo, piadoso, siervo de Dios · levítico
— panteísta, politeísta · animista, fetichista, zoólatra
— budista, hinduista, confuciano o confucionista, hindú, parsi, védico · sintoísta, taoísta
cismático, heresiarca, heretical, herético, heterodoxo, renegado, réprobo, sectario · excomulgado, hereje
secular, civil, laico, lego, seglar, aconfesional
celestial
— espiritual, divino, etéreo, puro, sobrehumano, sobrenatural, extraterreno, ultraterreno, misterioso

— eterno, inmutable, omnipotente, omnipresente, omnisciente, ubicuo
— santo, beatífico, bienaventurado
bíblico, evangélico · davídico, herodiano, preadamita, salomónico
COLOQ
— ejercitante, estacionero
— beatuco, misero, camandulero, fariseo, misticón, santón, santucho, santurrón o santulón, chupacirios, meapilas, tragasantos
— señor-pequé, rata de sacristía
49.17 irreligioso
antirreligioso, anticlerical, apóstata, blasfemo, irreverente
ateo, agnóstico, gnóstico, infiel, descreído, incrédulo, impío, despreocupado, escéptico, indiferente, librepensador, tibio
pagano, nihilista, renegado, sacrílego, supersticioso
demoníaco
— endemoniado, endiablado, diablesco, diabólico, mefistofélico, satánico
— espiritado, arrepticio, poseso, poseído, energúmeno
49.18 católico
cristiano, ortodoxo, protestante
agustino o agustiniano, antoniano o antonino, asuncionista, barnabita, basilio, benedictino, benito, bernardo, betlemita o betlehemita o betlemítico, camaldulense, camilo, capacho, capuchino, carmelita o carmelitano, cartujo, celestino, cisterciense, cluniacense, concepcionista, dominico o dominicano, escolapio o calasancio, filipense, franciscano o francisco o seráfico, gilito, iñiguista, isidoriano, jerónimo o jeronimiano, jesuita, lazarista, marianista, mercedario, mercenario, mínimo, mostense, oblato, obregón, oratoriano, pasionista, paúl, recoleto, redentorista, sacramentino, salesiano, sulpiciano, teatino, tercero, trapense, trinitario
adoratriz, clarisa, jesuitina, menoreta, oblata, salesa, servita, teresiana, trinitaria, ursulina
aseglarado, bigardo, calzado, campero, conventual, cucarro, descalzo, giróvago, hospitalario, mendicante, profeso, recoleto, regular, sarabaíta, seráfico
ANTIGUA ORDEN DE SANTA CRUZ: crucífero
EN LA ORDEN DE LA CARTUJA, RELIGIOSO LEGO: barbón
ENCARGADO, EN LA COMPAÑÍA DE JESÚS, DE PUBLICAR Y DEPURAR VIDAS DE SANTOS: bolandista
QUE PIDE LIMOSNA: mendicante
PRINCIPALES HEREJÍAS NOMBRADAS POR QUIENES LAS INICIAN: ACACIO Y SUS DOCTRINAS: acaciano · APOLINAR, QUE NEGABA LA NATURALEZA HUMANA DE JESUCRISTO: apolinarista · ARRIO, QUE NEGABA LA

CONSUBSTANCIALIDAD DEL VERBO: arriano · AUDIO Y SUS DOCTRINAS: vadiano · BERENGUER, QUE NEGABA LA PRESENCIA REAL DE JESUCRISTO EN LA EUCARISTÍA: berengario · DONATO Y SUS DOCTRINAS: donatista · EUTIQUES, QUE NO ADMITÍA EN JESUCRISTO SINO UNA SOLA NATURALEZA: eutiquiano · FAUSTO Y CASIANO Y SUS DOCTRINAS: semipelagiano · JOSEPH SMITH Y EL LIBRO DE MORMÓN: mormón · JAN HUS Y SUS DOCTRINAS: husita · LUTERO Y SUS DOCTRINAS: protestante o luterano · MANES, QUE ADMITÍA EL PRINCIPIO DEL BIEN Y EL DEL MAL: maniqueo · MARCELO, QUE CONFUNDÍA LAS TRES PERSONAS DE LA TRINIDAD: marcelianista · MARCIÓN, QUE SOSTENÍA LA EXISTENCIA DEL ESPÍRITU BUENO Y DEL MALO: marcionista · MELQUISEDEC Y SUS DOCTRINAS: melquisedeciano · MENNO SIMONS Y SUS DOCTRINAS: menonita · MIGUEL DE MOLINOS Y SUS DOCTRINAS: molinosista · MONTANO, QUE ANUNCIABA EL FIN DEL MUNDO: montanista · NESTORIO, QUE PROFESABA LA EXISTENCIA DE DOS PERSONAS EN CRISTO: nestoriano · NOVACIANO, QUE NEGABA A LA IGLESIA LA FACULTAD DE PERDONAR LA APOSTARÍA: novaciano · ORÍGENES Y SUS DOCTRINAS: origenista · PATRICIO, QUE ABORRECÍA EL CUERPO POR CONSIDERARLO OBRA DEL DEMONIO: patriciano · PEDRO VALDO, QUE DEFENDÍA LA POBREZA PARA EL SACERDOCIO: valdense · PELAGIO, QUE NEGABA QUE EL PECADO DE ADÁN SE HUBIERA TRANSMITIDO A SU DESCENDENCIA: pelagiano · PRISCILIANO Y SUS DOCTRINAS: priscilianista · SABELIO Y SUS DOCTRINAS: sabeliano · SOCINO, QUE NEGABA LA TRINIDAD: sociniano · VALENTÍN, Y SU TEORÍA DEL TIEMPO: valentiniano

PRINCIPALES HEREJÍAS RELACIONADAS CON DIOS, JESUCRISTO Y LA TRINIDAD: CRISTO HIJO DE DIOS POR ADOPCIÓN Y SUS PADRES: adopcionista · NIEGA LA TRINIDAD: antitrinitario · ATRIBUYE CUERPO HUMANO A DIOS: antropomorfita · NIEGA LA DIVINIDAD DE JESUCRISTO: ebionita · CONOCIMIENTO MISTERIOSO DE LAS COSAS DIVINAS: gnóstico · QUE NO RECONOCE EN DIOS MÁS QUE UNA SOLA PERSONA: unitario · ADMITE EN CRISTO DOS NATURALEZAS, PERO SÓLO UNA VOLUNTAD, LA DIVINA: monotelita · NIEGA QUE EN JESUCRISTO HUBIERA DOS NATURALEZAS: monofisita

OTRAS HEREJÍAS: INTRODUCE NUEVAS OPCIONES: dogmatista · NIEGA EL CULTO A LAS SAGRADAS IMÁGENES: iconoclasta o iconómaco · REBAJA LA AUTORIDAD PONTIFICIA: febroniano · IMPECABILIDAD DEL ALMA: begardo o beguino · PERFECCIÓN EN LA ORACIÓN: alumbrado · CELEBRABAN SUS ENCUENTROS DESNUDOS COMO ADÁN: adamita · CISMA DE LA CIUDAD DE ALBI: albigense · RENUNCIA AL MUNDO: cátaro · FIJABA LA PASCUA EN LA LUNA DE MARZO, AUNQUE NO CAYESE EN DOMINGO: cuartodecimano · AZOTES PARA EL PERDÓN DE LOS PECADOS: flagelante · PROPUGNABA LA AUTORIDAD DE LOS OBISPOS EN EL SIGLO XVIII: jansenista · LA PERFECCIÓN DEL ALMA ESTÁ EN EL ANONADAMIENTO DE LA VOLUNTAD: quietista · HEREJE DEL SIGLO V QUE NO RECONOCÍA JEFE: acéfalo

49.19 mahometano

musulmán o muslime, sarraceno, islámico, magrebí o mogrebí, agareno, mauro, moro
SEGUIDORES DE TENDENCIA O FACCIÓN: suní o sunita · chií o chiita · alauí o alauita (ALÍ, SUCESOR DE MAHOMA, S. VII), fatimí o fatimita (DE FÁTIMA, HIJA DE MAHOMA, S. VII), abasí (ABU-L-ABBÁS, S. VIII), edrisí (EDRIS BEN ABDALA, S. VIII), abadí (MOHÉMED BEN ABBAD, S. XI), druso (MUHAMMAD IBN ISMAIL AL-DARAZI, S. XI), amirí (ALMANZOR BEN ABIÁMIR, S. XI), tochibí (MÓNDIR BEN YAHYA, S. XI), almohade (ABÉN TUMART, S. XII), almorávide (TRIBU DEL S. XII), benimerín (TRIBU MARROQUÍ DEL S. XIII), hachemita o hachemí (ALI IBN HUSSEIN, S. XIII), nazarí o nazarita (YÚSUF BEN NÁZAR, S. XIII), zegrí (FAMILIA RIVAL DE LOS ABENCERRAJES, S. XV), abencerraje (FAMILIA RIVAL DE LOS ZAGRÍES, S. XV), talibán (MILICIA INTEGRISTA), rahalí o rehalí (LABRADORES MARROQUÍES)
EN LA ESPAÑA MUSULMANA: mozárabe (HISPÁNICO), muladí (QUE ABRAZABA EL ISLAMISMO), morisco (MORO BAUTIZADO), mudéjar o modéjar (MUSULMÁN QUE NO HABÍA CAMBIADO LA RELIGIÓN), tagarino (MORISCO QUE SE CRIABA ENTRE LOS CRISTIANOS)

49.20 judío

israelita, hebreo, semita, sefardí o sefardita, asquenazí, judeocristiano, judeoespañol, sabatario, ISLAS BALEARES: chueta
PEYORATIVOS: marrano, hereje
SECTAS: caraíta, esenio, fariseo, saduceo, samaritano, zelote · judaizante, hebraizante

49.21 mágico

cabalístico, brujesco, hadado, hechiceresco, meduseo, meigo, mistagógico, teúrgico
maravilloso, inusitado, sobrenatural, sobrehumano, prodigioso

VERBOS Y EXPRESIONES

49.22 creer

admitir, prestar fe, dar o prestar oídos · sentir, tener para sí, tener por · convertirse
adorar, alabar, venerar, reverenciar, idolatrar, honrar, ensalzar, rendir culto
pecar, faltar, caer, ofender a Dios · estar en pecado · expiar, pagar su pecado · llevar en el pecado la penitencia
retractarse, reconciliarse, arrepentirse · descargar la conciencia, ponerse a bien con Dios, cumplir la penitencia, cumplir con el precepto, estar en gracia

abjurar, apostatar, hereticar, renegar, blasfemar, injuriar, maldecir, profanar, renunciar, negar la fe, renegar de su fe, r. de su religión

salvarse, subir al cielo, ir al cielo, ir al paraíso · condenarse, ir al infierno · estar sentado a la derecha del padre, perder el alma

REF

— Del santo me espanto, del pillo, no tanto. Entre la santa y el santo, paredes de calicanto. Fíate de la virgen y no le prendas la vela. Lo que dios no quiere santo no puede. A cada santo le llega su día. Río cruzado, santo olvidado. Santa Rita, lo que se da no se quita. Sólo se acuerdan de santa Bárbara cuando truena. Santo Tomás, que no venga ninguno más. Por Santa Lucía, acorta la noche y alarga el día.

— A todo cerdo le llega su San Martín (11 DE NOVIEMBRE)

— Más judíos hizo cristianos el tocino y el jamón que la santa inquisición. Nueve cosas hubo en la boda de Antón: cochino, marrano, verraco y lechón, cerdo, puerco, chancho, tocino y jamón.

49.23 practicar

rezar, orar, implorar, invocar, impetrar, pedir, recogerse, rogar, ofrecer, suplicar, recomendar el alma · arrodillarse, postrarse, juntar las manos, ponerse de rodillas, hincarse de rodillas

dar limosna, hacer caridad, compartir, contribuir, respetar, amar, desprenderse, cumplir con la Iglesia

celebrar, glorificar, santificar · ir a misa, oír misa, visitar, peregrinar · tomar la ceniza, andar novenas, recorrer las estaciones

santiguarse, signarse, persignarse, hacer la señal de la cruz

sacrificarse, mortificarse, ofrecerse, cuaresmar · ayunar, no comer carne

bautizarse, confesar, comulgar, oír misa, confirmarse, consagrarse, casarse, recibir la extremaunción · recibir los sacramentos

COLOQ comerse los santos, VULG mear agua bendita

49.24 oficiar

celebrar, ofrendar, bendecir, consagrar, salmear, hisopar, inhalar · vestirse, revestirse

sacramentar, decir misa, consagrar, bautizar, reconciliar, confesar, oír la confesión, reconciliar, absolver, perdonar, casar, consagrar, dar la comunión, dar la extrema unción, viaticar · descubrir el santísimo, manifestar el santísimo, reservar el santísimo · administrar los sacramentos

predicar, evangelizar, convertir, bendecir · excomulgar

ordenarse, cantar misa, habilitar, incardinar, espiritualizar

exorcizar, conjurar · desendemoniar, desendiablar

beatificar, santificar, canonizar, elevar a los altares · obispar, postular, preconizar

49.25 profesar

enclaustrarse

— enfrailarse, hermanarse, descalzarse, encerrarse, capitular, ingresar, adherirse, librar

— entrar en, hacer votos

— tomar el velo, t. los hábitos

— entrar en colegio, e. en religión

— COLOQ abandonar el siglo, retirarse del siglo, enterrarse en vida

exclaustrarse

— aseglararse, aseglarizarse, desenfrailar, secularizarse, apostatar

— COLOQ colgar los hábitos, ahorcar los hábitos

49.26 hechizar

predecir, prever, profetizar, vaticinar, auspiciar, echar la buenaventura, e. las cartas, e. las habas, leer el porvenir, l. la palma de las mano

adivinar, interpretar, acertar, atisbar, inaugurar

encantar, conjurar, embrujar, veneficiar, catatar, hadar, saludar, evocar, santiguar, ANT enartar

hacer mal de ojo, ojear, aojar, fascinar, atravesar, maleficiar

desencantar, deshechizar, desaojar, ensalmar, desligar el maleficio

pronosticar, advertir, agorar, antedecir, anticipar, anunciar, augurar, auspiciar, avisar, dar el corazón, hadar, inaugurar, ominar, prefigurar, preludiar, prenunciar, presagiar, profetizar, revelar, vaticinar

cruzar los dedos, tocar madera

5. VIDA EN SOCIEDAD

50. COMUNICACIÓN ORAL

50.01 lengua

idioma, habla, dialecto, jerga, modalidad, jerigonza · germanía, JERGA POPULAR DE BUENOS AIRES: lunfardo

lengua clásica, l. moderna · l. viva, l. muerta, l. desaparecida · l. artificial

lengua materna o principal, l. inicial

lengua universal (EXTENDIDA POR TODO EL MUNDO), l. vehicular (COMÚN ENTRE HABLANTES DE DISTINTAS LENGUAS), l. internacional (PERTENECIENTE A VARIOS PAÍSES), l. nacional (PROPIA DE UN PAÍS), l. oficial (RECONOCIDA POR UN ORGANISMO PÚBLICO), l. regional (PROPIA DE UNA REGIÓN), l. local (PEQUEÑA EXTENSIÓN TERRITORIAL)

variedad (HABLA REGIONAL O LOCAL DE UNA LENGUA) · dialecto (LENGUA QUE PROCEDE DE LA FRAGMENTACIÓN DE OTRA)

50.02 lenguas del mundo

EUROASIÁTICAS:
— FAMILIAS: altaica, australiana, austroasiática, austronésica, caucásica, daica, dravídica, indoeuropea, miao-yao, paleo-siberiana, sino-tibetana, urálica
— ROMÁNICAS: latín · español o castellano, español sefardí · catalán, valenciano, balear, malloquí, menorquí, ibicenco · gallego, portugués · asturiano o bable, aragonés · francés, occitano, corso · italiano o toscano, ladino o dolomita, ligur, lombardo, napolitano, calabrés, friulano, piamontés, romanche o retio, sardo, siciliano, ticinés, veneciano · rumano · DESAPARECIDAS: mozárabe, dálmata
— GERMÁNICAS: inglés, alemán, holandés, luxemburgués, frisón · sueco, noruego, danés, islandés, faroés · yídis, afrikáans · DESAPARECIDA: gótico
— CELTAS: irlandés o erse, gaélico-escocés, galés, bretón · DESAPARECIDAS: británico, picto, galo, celtíbero, gálata, córnico, manx o manés
— ESLAVAS: ruso, bielorruso, ucraniano · polaco, sorbio, esloveno, casubio, polabo · búl-

garo, serbio, croata, checo, eslovaco, macedonio
— BÁLTICAS: letón, lituano · DESAPARECIDA: prusiano
— IRANIAS: persa · baluchí, gilaquí, kurdo o curdo, lurí, pasto, tajik, talesí, tatí, vají, yagnobí · DESAPARECIDAS: avesta, escita, sogdiano
— INDO-ARIAS: sánscrito · hindi, urdu · asamés, bengalí, cachemir, concaní, cumaguní, landa, maratí, nepalí, oriya, penyabí, sindí, singalés · calé o romaní
— ALTAICAS:
  • TÚRQUICAS: turco, turcomano · azerí, tártaro, uzbeco, basquiro, cazajo, quirguiso, uiguro, yacuto
  • MONGÓLICAS: mongol, buriato, calmico
  • TUNGUSAS: manchú
  • COREANO-JAPONESAS: coreano, japonés
— CAUCÁSICAS: georgiano, checheno, inguso
— URÁLICAS: carelio, comí o ciriano, éncico, estonio, finés, húngaro o magiar, jantí u ostiaco, mansí o vagul, marí o cheremis, mordovo, saamí o lapón
— CHINAS: chino mandarín o pekinés, ch. cantonés o yuè, ch. ganyú o gan, ch. huanés o xiang, ch. min, ch. quejiá o hakka, ch. vuyú o wu
— TIBETANAS: tibetano, birmano, careno
— MUNDA: mundarí, santalí
— MON-JEMER: jemer, muón, nicobarés, palaungo, vietnamita
— DRAVÍDICAS: birahuí, canarés, malabar, tamil, telugú
— TAI: lao, sui, tai
— CHUCOTO-CAMCHATCAS: coriaco, quereco
— LENGUAS SIN FAMILIA O GENÉTICAMENTE AISLADAS: eusquera o vasco, ainú, buruchasquí, nivejí, queto · DESAPARECIDAS: sumerio, etrusco, íbero

AFRICANAS:
— FAMILIAS: afroasiática, nilo-sahariana, nigero-congolesa, koisana o joisiana
— SEMÍTICAS: árabe, hebreo · amárico, arameo,

guez, maltés, siríaco, tigré, tigriña · DESA-
PARECIDAS: acadio, babilonio, fenicio
— BEREBERES: cabilé, chaouí, tachelet, tamacheq,
zanaga · DESAPARECIDA: guanche
— CHÁDICAS: hausa, mandara
— CUSITAS: oromo o galla, somalí
— EGIPCIAS: egipcio (DESAPARECIDA), copto (DE EX-
CLUSIVO USO RELIGIOSO)
— NILO-SAHARIANAS: canurí, chiluco, masái, nu-
bio, songái, turkana
— NIGERO-CONGOLESAS: suajili o swahili, volofo o
wolof, sango, bemba, congo o quicongo,
fangüé, josa, lingala, ruandés, sindebele, so-
to, suací, sucuma, tonga, venda, zulú · KWA
O DEL GOLFO DE GUINEA: acano o tui, bini o edo,
calabar, ebe o ewe, ibo, yoruba · MANDÉ:
mandingo, bambara, diula, mendé, quepe-
lés · VOLTAICA O GUR: bariba, senufo
— KOISANA: cungo, nama u hontenote, sano o
bosquimano
DE AMÉRICA AUTÓCTONA:
— ESQUIMALES-ALEUTIANAS: aleuta, inuí, tupí
— ALGONQUINAS: arapaho, cheyén, chipeva, ojib-
wa, clisteno o cree, mohicano
— NA-DENÉ: apache, montañés, navajo
— SIU: absácara o crow, siu
— IROQUESA: cheroquí, seneca
— PENUTÍ: totonaco, zoqué, zuní
— MAYA: achí, aguacateco
— OTO-MANGUEANA: mixteco, zapoteco
— UTO-AZTECA: hopo, náhuatl
— CHIBCHA: misquito
— ECUATORIAL: guaraní, tupí
— ANDINA: aimara, araucano o mapuche, que-
chua o runa simi
DEL PACÍFICO:
— FAMILIA MALAYO-POLINESIA: indonesio-malayo,
tagalo, javanés, balinés, malgache, maorí,
hawaiano, cebuano, chamo, chamorro, ta-
hitiano, tongano, pascuense o rapanuí, sa-
moano, bicolano, buguinés, ibano, iloca-
no, macasarés, madurés, pampangano,
reyano, sasaco, sundanés, truqués, waray-
waray

50.03 lenguaje

lengua oral, l. escrita · l. culta, l. familiar, l. vulgar · jerga, argot
lenguaje técnico y científico, l. administrativo,
l. comercial, l. jurídico, l. literario, l. periodístico, l. publicitario
DISCIPLINAS LINGÜÍSTICAS:
— filología, dialectología · sociolingüística, etnolingüística, neurolingüística, psicolingüís-
tica · etimología
— literatura, estilística, retórica, prosodia · comentario de textos, crítica literaria · TEXTOS
ANTIGUOS: paleografía

— gramática comparada, g. contrastiva, g.
descriptiva, g. estructural, g. general, g. ge-
nerativa, g. histórica, g. normativa, g. trans-
formacional · sintaxis, morfología
— SIGNOS: semiótica o semiología (EN LA VIDA SO-
CIAL), zoosemiótica (EN LOS ANIMALES)
— SOCIEDAD: sociolingüística, etnolingüística ·
dialectología
— LÉXICO:
• lexicología (UNIDADES, PALABRAS), lexicografía (TÉCNICA DE DICCIONARIOS)
• semántica (SIGNIFICADO), semasiología (SIG-
NO Y SUS RELACIONES), onomasiología (PALA-
BRAS QUE CORRESPONDEN A UN CONCEPTO)
• NOMBRES DE: antroponimia (PERSONA), topo-
nimia (LUGAR), glotología (LENGUAS)
— PRONUNCIACIÓN:
• tono, timbre, entonación
• sonidos: fonética, fonología (FONEMA), fo-
nemática (ESTUDIA LOS FONEMAS)
• COMO ESTÉTICA: prosodia (PRONUNCIACIÓN), or-
tología (PROPIEDAD), ortoepía (ARTE DE PRO-
NUNCIAR) · ortofonía (DEFECTOS DE LA VOZ)
— NORMAS DE ESCRITURA: ortografía
MODOS DE ESTUDIO: diacronía (A TRAVÉS DEL TIEMPO),
sincronía (EN UN MOMENTO DADO)
LINGÜÍSTICA:
— lengua (NORMAS COMUNES), habla (REALIZACIO-
NES INDIVIDUALES)
— denotación (SIGNIFICADO OBJETIVO), connotación (SIGNIFICADOS DE TIPO EXPRESIVO)
— significado (CONCEPTO REAL), significante (IMA-
GEN ESCRITA O IMAGEN ACÚSTICA)
— koiné o coiné (LENGUA COMÚN QUE RESULTA DE
LA UNIFICACIÓN DE CIERTAS VARIEDADES)
— discurso (CADENA HABLADA O ESCRITA), enunciado (SECUENCIA DELIMITADA POR PAUSAS), deixis (SE-
ÑALAMIENTO DE PERSONAS, LUGARES O TIEMPO)
— gramaticalidad (AJUSTE A LAS REGLAS DE GRA-
MÁTICA), metalenguaje (LENGUAJE QUE SE USA PA-
RA HABLAR DEL LENGUAJE)
— nominalización (CONVERTIR EN NOMBRE), lexica-
lización (CONVERTIR EN UNIDAD LÉXICA)
— sincretismo (EXPRESIÓN EN UNA SOLA FORMA DE
DOS O MÁS ELEMENTOS LINGÜÍSTICOS DIFERENTES)

50.04 pronunciación

fonema (UNIDAD FONOLÓGICA MÍNIMA), fonograma
(LETRA O GRUPO DE LETRAS QUE REPRESENTAN UN FO-
NEMA) · alomorfo (CADA UNA DE LAS VARIANTES
DE UN MORFEMA QUE TIENEN SIGNIFICADO IDÉNTICO)
sonido (REALIZACIÓN ORAL DE UN FONEMA), alófono
(CADA UNA DE LAS VARIANTES EN LA PRONUNCIACIÓN
DE UN MISMO FONEMA) · letra o grafema · con-
sonante, vocal
VARIABLES DE LOS SONIDOS DEL HABLA:
— abertura, aspiración, cadencia, cantidad, in-
tensidad, nasalidad, timbre, tono

— MODO DE ARTICULACIÓN: abierto, medio, cerrado · aspirante ↔ espirante, explosivo, implosivo, eyectivo · oclusivo, fricativo, africado, lateral, líquido, gutural, infraglotal · rehilante, sibilante, tenso, vibrante
— PUNTO DE ARTICULACIÓN: labial, bilabial, labiodental, dental, interdental · alveolar, prepalatal, palatal, postpalatal · velar, glotal, gutural, uvular · lingual, dorsal, apical, predorsal, postdorsal, cacuminal
— ACCIÓN DE LAS CUERDAS VOCALES: sorda, sonora
— ACCIÓN DEL VELO DEL PALADAR: oral · nasal
— EN LAS VOCALES: abierta, medio abierta, cerrada, breve, larga, tónica, átona, libre, trabada, aguda, grave · hiato, diptongo, triptongo

RASGOS DE LA ARTICULACIÓN:
— abertura, cerramiento
— consonantización, vocalización
— implosión, explosión, espiración, aspiración · sonoridad, sordez · asibilación, disimilación
— labialización, lateralización · deslateralización, nasalización, palatalización, velarización
— rehilamiento, tensión, vibración

SÍLABAS Y RASGOS:
— átona o inacentuada, tónica o acentuada, protónica, postónica, intertónica
— aguda U oxítona, llana o grave o paroxítona, esdrújula o proparoxítona, sobresdrújula

ENTONACIÓN:
— **acento**, deje, dejo, dejillo, tono, tonillo, tonada, musiquilla, retintín
— **cadencia**, énfasis, dicción, inflexión, expresión, entonación, fonación, prolación, pronunciación
— **afectación**, hinchazón, pomposidad, gravedad, ampulosidad, grandilocuencia, rimbombancia, solemnidad, empaque, elación, aspaviento, engolamiento, pedantería, prosopopeya · aire de suficiencia

PECULIARIDADES GEOGRÁFICAS DEL ESPAÑOL:
— seseo, ceceo
— aspiración, relajación, voseo, yeísmo, asimilación, disimilación, elisión, énfasis, monoptongación, sonorización

50.05 palabra

voz, término, vocablo, lexema
— GRUPOS DE PALABRAS: lista, listado, serie, sarta, río, ristra, retahíla, retartalillas, rosario, letanía · discurso
— VOZ REGISTRADA UNA SOLA VEZ: hápax

PALABRA Y GRAMÁTICA:
— CONTENIDO SEMÁNTICO PLENO: nombre, adjetivo, verbo, adverbio
— SUSTITUTO DEL NOMBRE: pronombre
— RELACIONANTES: nexo, preposición, conjunción
— IMPRESIÓN SÚBITA O SENTIMIENTO PROFUNDO: interjección

NOMBRES Y ADJETIVOS:
— SEGÚN EL GÉNERO: masculino, femenino, neutro, epiceno, ambiguo
— SEGÚN EL NÚMERO: singular, plural, dual, indeterminado
— SEGÚN EL CASO: abusivo, ablativo, acusativo, adhesivo, dativo, direccional, elativo, ergativo, esivo, genitivo, ilativo, inesivo, instrumental, locativo, nominativo, translativo, vocativo
— SEGÚN EL GRADO: positivo, superlativo, comparativo, c. de igualdad, c. de superioridad
— POR EL SUFIJO APRECIATIVO: aumentativo, diminutivo, despectivo
— CONCORDANCIA SEGÚN SENTIDO: silepsis
— FUNCIÓN DEL NOMBRE: sujeto, complemento directo, c. indirecto, c. circunstancial, implemento, suplemento, aditamento, predicado nominal, p. verbal, atributo

VERBOS:
— MODO: indicativo, subjuntivo, imperativo, optativo, potencial, condicional · iterativo, preceptivo, ejecutivo, exhortativo, yusivo
— ASPECTO: perfectivo, imperfectivo, incoativo, ingresivo, factitivo
— TIEMPO: presente · imperfecto, pretérito anterior, p. imperfecto, p. indefinido, p. pluscuamperfecto · futuro, f. perfecto · condicional compuesto, c. simple
— FORMAS NO PERSONALES: infinitivo, gerundio, participio · primera persona, segunda p., tercera p.
— VOZ: activa, pasiva, p. refleja, perifrástica
— TIPOS DE VERBOS, APARIENCIA: forma simple, f. compuesta, perífrasis verbal
— CONJUGACIÓN: regular, irregular, defectiva · de la primera conjugación, de la segunda c., de la tercera c.

PALABRA Y SÍLABAS:
— monosílabo, bisílabo, trisílabo, tetrasílabo, pentasílabo, hexasílabo, heptasílabo, octosílabo… polisílabo
— parisílabo, imparisílabo

PALABRA Y SIGNIFICADO:
— CON RESPECTO A OTRA: sinonimia (IGUAL), sinónimo · antonimia (ENFRENTADO), antónimo · heteronimia (RAÍCES DIFERENTES PARA DOS TÉRMINOS GRAMATICALES EN OPOSICIÓN), heterónimo · hiponimia (DEL MISMO NIVEL SIGNIFICATIVO), hipónimo · hiperonimia (NIVEL SIGNIFICATIVO QUE CONTIENE A OTRAS PALABRAS), hiperónimo · QUE COMPARTE EL MISMO NIVEL DE SIGNIFICADO: cohipónimo
— POR SU SIGNIFICADO: monosemia (UN SOLO SIGNIFICADO) monosémica · polisemia (PLURALIDAD DE SIGNIFICADOS), polisémica · homonimia (MISMO SIGNIFICADO), homónimo

— EN RELACIÓN CON OTRAS: léxico, campo léxico · campo semántico, c. asociativo

— SIGNIFICADO SOCIAL: eufemismo (SUAVE Y DECOROSO), disfemismo (DURO O MALSONANTE), tabú (PROHIBIDA), vulgarismo · cultismo, tecnicismo

— USO Y DESGASTE: cliché, estereotipo, lugar común, muletilla

— SIGNIFICADO CONTEXTUAL: contexto, connotación, denotación, tropo

— **sustantivo** o nombre
  • propio, común · concreto, abstracto · individual, colectivo · primitivo, derivado
  • antropónimo (DE PERSONA), patronímico (DE FAMILIA), topónimo (GEOGRÁFICO), glotónimo (DE LENGUA)

— **adjetivo**
  • antepuesto, epíteto, pospuesto · calificativo, comparativo, determinativo, gentilicio · atributo, predicado

— **verbo**
  • copulativo, predicativo · transitivo, intransitivo
  • PRESENCIA DE «SE»: pronominal, recíproco, reflexivo

— **adverbio**
  • de afirmación, de cantidad, de duda, de lugar, de modo, de negación, de orden, de tiempo

PALABRA Y PRONUNCIACIÓN, CON RESPECTO A OTRA:
— SONORIDAD, CON RESPECTO A OTRA: homofonía (IGUAL), homófono
— ESCRITURA, CON RESPECTO A OTRA: homografía, homógrafa
— paronomasia, paronimia (SEMEJANTE), parónimo
PALABRA Y COMPONENTES:
— **lexema** o semantema o raíz o radical o monema · sílaba · paradigma (ESQUEMA FORMAL EN QUE SE ORGANIZAN LAS PALABRAS)
  • desinencia, terminación · morfema constitutivo, m. facultativo
  • afijo: prefijo, interfijo, infijo, sufijo, postfijo
— sema, semema · significado, significante
— EXTENSIÓN: abreviatura, acrónimo o sigla, diminutivo
— ACENTUACIÓN: acento, tilde acentual, t. diacrítica · oxítona o aguda, paroxítona o grave, proparoxítona o esdrújula, sobresdrújula
PALABRA Y FORMACIÓN:
— onomatopeya
— derivación, composición, parasíntesis, acronimia, sigla
— primitiva, derivada, prefijada, compuesta, parasintética · simple, compuesta
PALABRA Y ORIGEN:
— EN EL TIEMPO: arcaísmo (ANTIGUA O DESUSADA), neologismo (NUEVA), préstamo (PROCEDENTE DE OTRA LENGUA)

— ESPECIALIZACIÓN: cultismo, semicultismo, tecnicismo, vulgarismo, dialectalismo, provincialismo, regionalismo
— EUROPA: anglicismo, galicismo, italianismo, lusitanismo o lusismo o portuguesismo
— LENGUAS ANTIGUAS: latinismo, helenismo, grecismo, arabismo, germanismo, hebraísmo, mozarabismo
— AMÉRICA: americanismo, hispanoamericanismo, argentinismo, bolivianismo, chilenismo, colombianismo, costarriqueñismo, cubanismo, dominicanismo, ecuatorianismo, guaranismo, guatemaltequismo, hondurismo, mexicanismo, nicaragüismo, panameñismo, paraguayismo, peruanismo, puertorriqueñismo, salvadoreñismo, uruguayismo, venezolanismo
— REGIONES ESPAÑOLAS: andalucismo, aragonesismo, asturianismo, castellanismo, catalanismo, galleguismo, leonesismo, vasquismo
— MAL USO: **barbarismo** o extranjerismo, vulgarismo, idiotismo, dequeísmo, leísmo, laísmo, loísmo, solecismo · redundancia, cacofonía
INSULTO:
— **injuria**, injuriamiento, ofensa, vejación, vituperio, improperio, agravio, exabrupto, demasía, denuesto, contumelia, escarnio, sonrojo, rabotada, FIG epíteto, IRÓN lindeza, picardía, palabrita, RELIG blasfemia, sacrilegio
— **palabrota**, maldición, juramento, irreverencia, reniego, voto, taco, terno, DESUS pésete, ANT cazorría, COLOQ ajo
— **barbaridad**, atrocidad, enormidad, obscenidad, disparate, vilipendio, blasmo, calificativo, convicio, denostada, desaguisado, dicterio, escatima, inri, reniego, sobra, tuerto, ultraje, RELIG herejía
— **insultada**, ristra, rociada, sarta, tempestad
— palabra malsonante, p. fea, p. gorda, p. gruesa, p. soez, p. descompuesta, p. mayor, p. pesada · palabras mayores · salida de pata de gallo, s. de pie de banco
— COLOQ bufido, vareta, buldería, coz, alfilerazo, apóstrofe, remoquete, entuerto, andanada
EXPRESIONES ORALES USADAS COMO PALABRAS:
— **grito**, voz, jipío, baladro, clamor, exclamación, interjección, lelilí, reclamo, clamoreo clamoreada
— **chillido**, alarido, berrido, bufido, gorgorito, gorjeo
— **griterío**, gritadera, o gritería, algarabía, bulla, escándalo, ginebra, grita, jaleo, trapatiesta, trifulca, vocerío, vocinglería
— **risa**, risotada, carcajada, risada, cosquilleo, hilaridad, rictus, POÉT riso

50.06 frase
locución
— **expresión**, proposición, exclamación, proclamación, manifestación, insinuación, invitación, enumeración, recitado, recitación, sugestión, concesión · denuncia, intimación
— **enunciado**, fórmula
— **exageración**, ponderación, hipérbole, pleonasmo
— **perífrasis**, rodeo, insinuación, circunloquio, circunlocución, ambages · eufemismo
— **maldición**, juramento · disfemismo
— **frase hecha**, lugar común · unas o dos o cuatro palabras
— QUE SE REPITE: latiguillo, muletilla, estribillo, sonsonete, perisología
— QUE DISUENA: cacofonía
— QUE ADMITE LECTURA IGUAL DE DERECHA A IZQUIERDA: palíndromo
— QUE REPITE EL MISMO PENSAMIENTO: tautología
— QUE TIENE MÁS DE UNA INTERPRETACIÓN: equívoco, anfibología, paradoja
— COLOQ empuñadura, maza de Fraga, parrafada, gazafatón o gazapatón, latinajo · EN LA QUE SE PIERDE EL TIEMPO ANTES DE DECIR LO QUE ES OBVIO: requilorio
comunicación
— **notificación**, declaración, información, observación, aseveración, indicación, proposición, insinuación, explicación, anuncio, aviso, advertencia, confesión, noticia, alegación
— **anotación**, aclaración, acotación, cita, glosa, escolio, llamada, margen, nota, véase, referencia, remisión, reseña · asterisco, cruz, flecha, ladillo · retahíla
— CON INTENCIÓN MORAL: adagio
— CON INTENCIÓN DIDÁCTICA: aforismo, proverbio, refrán, máxima, moraleja
— CON INTENCIÓN PROPAGANDÍSTICA: eslogan, consigna
— EN UN SEPULCRO: epitafio
— CON DIFICULTAD EN LA PRONUNCIACIÓN: trabalenguas
ingeniosidad
— **ocurrencia**, agudeza, lindeza, pensamiento, donaire, pincelada, arranque · clarinada, cuodlibeto, astracanada, juego de palabras, DESUS facecia
— **salida**, golpe, caída, gracia, chiste, broma · pulla, dardo
— RETÓRICA: retruécano · epifonema, exordio
despropósito
— exabrupto, impertinencia, patochada, dicharacha o dicharacho, bufido, descaro, arranque
— RETÓRICA: imprecación, execración
— salida de tono, pata de gallo, salida de pie de banco

protesta, lamento, lamentación, descontento · queja, quejo, quejido, quejumbre, reproche · suspiro, gemido, clamor, ululato, cojijo · lloro, guaya, plañido · jeremiada, treno
disculpa, pretexto, efugio, elusión, escape, escapada, escapatoria, evasiva, excusa, recurso, subterfugio, COLOQ ardid, triquiñuela, callejuela
refrán, proverbio, aforismo, sentencia, dicho, máxima, decir, giro, adagio, apotegma, pensamiento, precepto
oración, PALABRA O GRUPO DE PALABRAS QUE DESEMPEÑAN LA MISMA FUNCIÓN: sintagma · TIPOS DE ORACIONES EN EL ESTUDIO ACADÉMICO DE LA LENGUA:
— yuxtapuesta
— coordinada
   • adversativa, copulativa, distributiva, disyuntiva, explicativa
— subordinada
   • substantiva complemento directo, s. sujeto
   • adjetiva
   • adverbial causal, a. comparativa, a. concesiva, a. condicional, a. consecutiva, a. de lugar, a. de modo, a. de tiempo, a. final

50.07 conversación
diálogo
— **coloquio**, parlamento, conversamiento, confidencia, plática, desahogo
— **habladuría**, parladuría, retartalilla
— COLOQ
   • alpardería, baturrillo, calandrajo, careo, cháchara, charla, charlatanería, charloteo, chicoleo, chinchorrería, chirlería, chismorrería, comadreo, conversa, cotorreo, discreteo, foro, garla, palillo, palique, parla, parleta, parloteo, parola, parrafada, parrafeo, plática, trápala
   • COLOQ Y DESUS alcamonías · ANT balsamía · PALABRAS EMBAUCADORAS: filatería · VULG EN MUR, CONVERSACIÓN MOLESTA Y ENFADOSA: calandraca
   • ANT, CONVERSACIÓN ENTRE MONJES: colación
   • unas palabras, dos p., cuatro p. · diálogo de besugos, d. de sordos
debate
— discusión
   • certamen, choque, contestación, careo, alegato
   • ENFRENTADA: bronca, forcejeo, jaleo, querella, rencilla, reyerta, riña
— **controversia**, agarrada, altercado, caramillo, discordia, disputa, encuentro, escándalo, escaramuza, fricción, lid, logomaquia, polémica, porfía, roce

— disquisición
- divagación, razonamiento, retahíla, murmuración
- historia, fábula, romance, cuento, gallofa, jácara, caraba
- chispazo, colación, fabla, fabliella, farándula, frases · DESUS trónica
— COLOQ
- cacao, chirinola, chisme, discreteo, embrollo, escuchitas, faramalla, follón, gresca, habladuría, hablilla, lío, marimorena, monserga, movida, parlería, parola, patraña, pelotera, pugilato, suiza, tiquismiquis, tormenta, trabacuenta, trapatiesta, trapisonda, tremolina, trifulca, zalagarda, zapatiesta, zipizape, CUBA Y PR zarceo, MÉX mitote
- dares y tomares, dimes y diretes

entrevista
— interlocución
- interviú, interrogatorio, interpelación, examen
- conferencia de prensa, rueda de prensa, r. informativa
— pregunta, cuestión, demanda, cuestionario, encuesta, sondeo
— respuesta
- contestación, reacción, réplica, resultado, solución, explicación, argumento
- evasiva, impugnación, objeción, responsión, retorsión, refutación, desmentida, mentís, obyecto, opugnación, quinao, revolcón
- exabrupto, desplante, destemplanza, estufido, resoplido, réspice, andanada, pega
— DER dúplica, tríplica, litiscontestación
— COLOQ corte, coz, bufido, tarascada, respingo

acuerdo
— afirmación, aseveración, aserción, aprobación · confesión, juramento
— pacto, convenio, alianza, arreglo, concierto, compromiso
— trato, contrato, casicontrato o cuasicontrato, concordato, conjura
— aceptación, conformidad, reciprocidad, consenso, simbiosis, unanimidad
— confirmación, confirmamiento, garantía, prueba, ratificación, ratihabición, visto bueno
— reconciliación
- aquiescencia, avenencia, armonía, adhesión
- acercamiento, conciliación, concordancia, hermandad, confraternidad, afinidad, ajuste, aprobación
- comunión, ligamiento, simpatía

desacuerdo
— disconformidad
- discordancia, divergencia, diferencia
- contrariedad, conflicto, disputa, discordia, disensión

- desunión · fricción, tensión, incomprensión, malentendido
- ruptura, división, escisión, divorcio, cisma
— discrepancia, oposición, rechazo, veto, disentimiento, desaprobación, contradicción, antagonismo, antítesis
— negación
- denegación, negativa, rechazo, refutación, repulsa, recusación
- anulación, oposición, desmentido, impugnación, contestación, condenación, retractación

elogio
— halago, adulación, encomio, embeleco, requiebro, galanteo, floreo, agasajo, COLOQ coba · HALAGO ENGAÑOSO: trampa, DESUS ilécebra
— alabanza, alabancia, apología, asteísmo, buenas, blandura, ditirambo, elogio, encomio, epicedio, epiceyo, flor, jactancia, lauro, lisonja, necrología, nenia, piropo, recomendación, requiebro · cortesía, cumplido, cumplimiento
— loor, loa, panegírico, ditirambo, himno, prez, apoteosis

reproche
— amonestación, admonición, advertencia, correctivo, crítica, desaprobación, exabrupto, imputación, invectiva, monición, monitorio, objeción, queja, reconvención, recriminación, regañamiento, regañina, regaño, reprensión, reprimenda, reprobación, sobarbada, vejamen, vituperación, vituperio, zaherimiento
— abucheo, pateo, pita, chifla, silba, siseo
— lección, sermón, catilinaria, filípica, diatriba, MÉX repelón
— aviso, apercibimiento, increpación, indicación, observación
— una buena, capítulo de culpas
COLOQ andanada, bronca, bufido, carda, carena, chaparrón, chorreo, estufido, felpa, felpeada, lejía, mandoble, matraca, meneo, mesilla, metido, palmetazo, pateadura, pateamiento, paulina, peluca, rapapolvo, reñidura, repasata, repaso, réspice, resplandina, responso, rezongo, rociada, rujiada, salmorejo, tirón de orejas, trepe, vapuleo, zurrapelo

50.08 conferencia
discurso, parlamento, alocución, alegación, alegato, prédica, proclama, argumentación, disertación, charla, enunciado, DESP soflama, DESUS eloquio
pregón, p. literario
monólogo, soliloquio · INÚTIL E INSUSTANCIAL: vaniloquio, ELOGIOSO: laudatoria, panegírico, RE-

CRIMINATORIO: filípica, catilinaria, MOLESTO: perorata, EN BOCA DE PERSONAJE FEMENINO CÉLEBRE: heroida, EN BOCA DE LA PERSONA MUERTA: idolopeya, LAMENTO POR LA MUERTE: elegía, DESP E IRÓN speech
— MIL arenga
— RELIG sermón, homilía, plática, prédica, predicación, vespertina o vespertino, sermón de tabla, palabra de Dios
COLOQ algarabía, guirigay, chinchorrería, matraquería, explicaderas · MODOS: tonillo, retintín, recancanilla, locuela · música celestial
PARTES: introito, exordio, insinuación · argumentación, narración, proposición, periodo · epílogo, epilogación · refutación · FINAL EFICAZ: peroración

50.09 cualidades de la expresión
elocuencia
— grandilocuencia, desenvoltura, colorismo, vigor, viveza, vida · precisión, exactitud
— locuacidad, verbosidad, predicamento, facundia, afluencia, dialéctica, fraseología, propiedad, notoriedad, resonancia
— modulación, elocución, entonación, construcción, expresión, fuerza, genio, sentido, tono · LENGUAJE FIGURADO: tropología
— don de palabra, fluidez de palabra, buenas palabras
— COLOQ labia, desparpajo, soltura, desate, explicaderas, pico, bombo, eco · pico de oro, jarabe de pico, música celestial
sencillez
— naturalidad, llaneza, lisura, claridad, familiaridad, DESUS desplego
— sinceridad, veracidad, franqueza, confianza, lealtad, candor, candidez, honradez, honestidad
— prudencia, discreción, reserva, sigilo, cautela, circunspección, precaución
humor
— gracia, gracejo, donaire, garbo, finura, sal, salero, ocurrencia
— ironía, agudeza, ingenio, ingeniosidad, chispa
— malicia, malevolencia, suspicacia

50.10 carencias de la expresión
palabrería
— verbosidad, verborragia, verborrea, floreo, follaje, parola, charlatanería, filatería, LENGUA ININTELIGIBLE: algarabía · REPETICIÓN INÚTIL DE LOS CONCEPTOS: perisología
— COLOQ relleno, cuento, trápala · rollo · r. macabeo, r. patatero · cuento chino
pesadez
— insistencia, sonsonete, cantinela
— COLOQ tostón, lata, latazo, monserga, cansera, murga, plomo, ladrillo, plasta, machaca, matraca, CHILE candinga

falsedad
— mentira, invención, embuste, rondalla, conseja, infundio, inexactitud, arana, sofisma, pastrana, patraña, jácara, ANT mendacio, AM guayaba, tinterillada, macana, BOL Y CHILE copucha, CHILE camote, CUBA Y RD aguaje, MÉX echada, papa
— medias palabras, m. tintas · DER obrepción
— habladuría, murmuración, fabulación, indiscreción
— farsa, fábula, leyenda, mito, novela · fanfarronada, bernardina o DESUS berlandina
— COLOQ bufo, bulo, bola, filfa, carambola, camelo, borrego, moyana, paparrucha, patrañuela, pegote, píldora, pajarota, trápala, engañifa, gazapo, gazapa, trufa, trola, especiota, volandera, AR faloria o falordia CANTB choba, HUES fulla · hablilla, milonga, renuncio
inconveniencia
— impertinencia, oficiosidad, despropósito, disparate, salida, s. de tono, metedura de pata
— intromisión, intrusión, indiscreción, imprudencia, inoportunidad
— equivocación, desacierto, coladura, ligereza, traspié, error, falta, desliz, lapsus
— aspaviento o espaviento, exageración, melindre, pasmarotada, remilgo, patarata, alharaca, aparato, parajismo · portuguesada, andaluzada · el oro y el moro, el parto de los montes
— COLOQ plancha, planchazo, patinazo, resbalón, tropezón, pifia
afrenta
— ofensa, agravio, vejación, alfilerazo, bofetada, habladuría, maledicencia, sobra, tuerto, vareta · palabras, p. mayores
— insulto, blasfemia, injuria, entuerto, escarnio, vilipendio, vituperio, dicterio, denuesto, contumelia, ultraje, indirecta, ofensión, pedrada, rabotada, grosería, tarascada, coz, CUBA Y HOND chinita
— insolencia, demasía, desprecio, improperio, incorrección, irreverencia, atrevimiento, desalabanza, desaire, burla, brusquedad, diatriba, COLOQ descuerno
— descortesía, descaro, descomedimiento, desconsideración, extralimitación, familiaridad, libertades · mala contestación, tú por tú

50.11 lengua y personas
lingüista
— filólogo, gramático, académico
— helenista, latinista, romanista, eslavista, arabista
— hispanista, anglicista, germanista, italianista, catalanista, galleguista, portuguesista, vascólogo
— orientalista, americanista, africanista

traductor
— **intérprete**, lengua, DEL NAHUA MEXICANO: naguatlato, COLOQ truchimán, DESUS trujamán o trujimán
— expositor, exégeta, decretalista, DESUS dragomán
orador
— **predicador**, sermoneador, misionero · RELIG orador sagrado, magistral, canónigo, conventual, predicante, MARRUECOS: jatib · COLOQ echacuervos
— **portavoz**, heraldo, pregonero, publicador, veredero
— **informante**, informador, reportero, noticiero, avisador, corresponsal, gacetista, confidente, portanuevas, COLOQ pilonero
— **polemista**, discutidor, alegador, altercador, porfiador · moderador · preopinante, contrario · regañón, reprendedor, represor, gruñón, roncero
— **payaso**, bufón, hazmerreír, histrión, gentil

ADJETIVOS Y ADVERBIOS
50.12 hablador
elocuente
— **comunicativo**, desenvuelto, expresivo, sugestivo, atrayente, fascinante, fino, facundo, bienhablado
— **locuaz**, lenguaz, lenguaraz, palabrero, descosido, enrollado, conversador
— anglófono, francófono, hispanófono
COLOQ
— **charlatán**, hablantín, hablanchín, parlanchín, parlador, charlador, garlador, prosador, bocón, bocazas, boquifresco, boquirroto, boquirrubio, parlón, conversón, chacharón, vocinglero, bazagón, descosido, filatero, gárrulo, parlero, COL Y VEN hablantinoso · faramallero, chacharero, churrullero
— **cotorra**, chichara, cotorrera, loro, lora, urraca, papagayo · DESUS fodolí
murmurador
— **criticador**, criticón, cotilla, cuentista, insidioso, deslenguado, malhablado, fastidioso, fisgón, hipercrítico, tachador, zoilo
— **calumniador**, difamador, maldecidor, desbocado, blasfemo, hereje
— **indiscreto**, entrometido, inoportuno · enredador, lioso, promotor, soplador, revoltoso, cizañero, mixturero, puntilloso, puntoso
— **insolente**, censor, reparador, reparón, lenguaraz, impostor, grosero, soez
— **malhablado**, maldiciente, mesclador, mordedor, murmurador, résped, réspede, sicofanta o sicofante, testimoniero, víbora, DESUS respe

— COLOQ
  • boquifresco, cantaclaro, metepatas, preguntón, bocazas, boceras o voceras, boquirroto, boquirrubio, juzgamundos, maldiciente, mordicante, sacafaltas
  • chismoso, cañahueca, caramilloso, chinche, descosido, deslenguado, entrometido, fantasma, gruñón, hablistán, lenguaraz, merolico, palabrero, pandero, parlaembalde, picajón, picajoso, picotero, picudo, quisquilloso, rallador, repeloso, respondón, trápala, vocinglero
  • desentierramuertos, deslenguado, lengüilargo
  • chicharra, jarro, navaja
— COMP ING mala lengua, largo de lengua, lengua larga, suelto de lengua, ligero de lengua, tarabilla descompuesta · lengua de escorpión, l. de sierpe, l. de víbora, l. viperina · IRÓN pico de oro, boca de verdades
adulador
— **alabador**, aclamador, alabancero, celebrador, cobista, demagogo, elogiador, encomiador, halagador, lamedor, lisonjeador, lisonjeante, lisonjero, loador, panegirista, populachero, preconizador, prometedor, requebrador, zalamero, CHILE Y PERÚ patero, HOND labioso, MÉX, HOND Y SALV lambiscón, MÉX barbero
— COLOQ pelota, pelotero, pelotillero, lavacaras, alzafuelles, jonjabero, tiralevitas o estiralevitas, adulón, cobista, populachero, quitamotas, quitapelillos, pegajoso, VULG lameculos, COL Y EC lambón, CUBA chicharrón
entrometido
— **entremetido**, curioso, cominero, enredador, entrador, inoportuno o importuno, indiscreto, mangoneador, metido, oficioso, preguntón, DESUS fodolí, metemuertos, AM metiche · LAT petrus in cunctis
— **discutidor**, pendenciero, belicoso, bravucón, camorrista, riñoso
— COLOQ metomentodo, catacaldos, atizacandiles, bullebulle, caridelantero, cocinilla, factótum, buscavidas, refitolero, AR Y MUR manifacero, NAV Y MUR salsero, CHILE Y PERÚ busquillo, metete
pesado
— inaguantable, insoportable, indigerible, insufrible · cansado, cargante, mortal, moscatel, plomo, plúmbeo, posma, quera, romancero · soporífero, tedioso, temoso, empalagoso, DESUS postema, ANT avucastro, MUR cancanoso, ARG, PAR Y UR mangangá, HOND Y MÉX ahuizote, PERÚ amolado
— COLOQ latoso, pegajoso, machaca, machacón, matraca, cócora, lapa, tábano, maza,

moscardón, paliza o palizas, pelma, pelmazo, plomazo, matraquista, quebrantahuesos, rollista, moscón, plomo
— disco rayado

injurioso
— agresivo, descomedido, afrentoso, ofensivo, indecoroso, vilipendioso, ultrajante, vejatorio, bochornoso, irrespetuoso
— insultante, degradante, denigrante, despectivo, indigno, infamante, sangriento
— provocativo, pendenciero, violento, virulento, volcánico, DESUS guácharo, AM montubio

quejicoso
— quejón, quejoso, quejicón, quejilloso, quejumbroso, querelloso, lamentoso, lastimero, cojijoso
— refunfuñón, regañón, renegón, bronco, gruñón, rabietas, cascarrabias, verdulera, jeremías
— llorador, lloroso, lagrimoso o lacrimoso, gimoteador, llorón, lamentoso, plañidero
— victimista, doliente, elegiaco, gemebundo, sentido, resentido, suspirón, ANT rancuroso, huerco, piante
— COLOQ quejica, llorica, lloraduelos, renegón, quisquilloso, chinche, chinchoso

sincero
— franco, abierto, candeal, candoroso, verdadero, explícito, sentido
— llano, natural, sencillo, espontáneo, expansivo, ingenuo
— COLOQ francote

mentiroso
— embustero, falsario, invencionero, baratador, parabolano, paradislero, pitoflero, sofista, filatero, mendaz, falso, sinuoso, tortuoso, DESUS mintroso
— cuentista, camelista, romancero, pamplinero, aparatero, aspaventero, desatentado, descompasado, descomunal, melodramático, ponderativo
— exagerado, desaforado, desmesurado, descomedido, desorbitado, desproporcionado, exagerador, extremista, extremoso, BOL Y CHILE copuchento
— COLOQ chapucero, echacuervos, fanfarrón, fulero, rollista, petate

callado
— reservado, taciturno, silencioso, mudo, sigiloso, introvertido
— discreto, inexpresivo, disimulado, circunspecto, contenido, hermético, ladino, sobrio, parco, distante, marrajo, AM CENT, CUBA Y EC retobado · metido para dentro
— COLOQ cazurro, chiticalla, retorcido, COL conchudo

tartamudo
— gangoso, tartajoso, trapajoso, premioso, zazoso, tato, gago, zazo
— COLOQ zopas · lengua de trapo, l. de estropajo, media l.

voz argentina, v. blanca, v. de pito, v. de trueno, v. de becerro, v. aguardentosa · torrente de v.

mudo, álalo

50.13 descripción del discurso

elegante
— expresivo, armonioso, acerado, cuidado, afilado, ágil, agudo, enfático, bien construido
— ingenioso, incisivo, ático, barroco, penetrante, florido, gráfico
— fluido, fácil, plástico, suelto, vivo, animado, espontáneo, conceptuoso, conversacional, coloquial

solemne
— magistral, doctoral, grave, gravedoso, sentencioso, suficiente, retórico
— altísono, engolado, sobrio, terso, ANT magnílocuo
— aparatoso, campanudo, declamatorio, grandilocuente, hinchado, ponderativo
— altisonante, altilocuente, rimbombante, grandísono, pleonástico

amanerado
— afectado, pedante, cursi, enflautado, engolado, hinchado, hiperbólico, pomposo, ponderado, recargado
— retumbante, ampuloso, retorcido, rebuscado, campanudo, DESUS comto
— pesado, extenso, continuo, eterno, inacabable, incesante, insistente · machacón, persistente, temoso
— desnudo, hueco, difuso, oscuro
— inconveniente, malsonante, grosero

humorístico, punzante, mordaz, cáustico, castizo, pintoresco

breve, escueto, conciso, lacónico, sucinto, lapidario

50.14 circunstancias de la expresión

oralmente, de palabra, de pico, verbal, de viva voz

públicamente
— abiertamente, notoriamente, paladinamente, placeramente
— a voces, a gritos, en público, en alta voz, en voz alta
— a grito herido, a g. limpio, a g. pelado
— a voz en cuello, a voz en grito
— a los cuatro vientos, a bombo y platillo, a tambor batiente

privadamente
— confidencialmente, reservadamente, a me-

dia voz, consigo mismo, para sí mismo, para sí solo, entre dientes, para su capote, para su coleto
— **en secreto**, al oído, en privado, en confianza, a puerta cerrada, con mucho sigilo, entre tú y yo, de ti para mí · pasito, quedito, quedo, sotto voce, a sovoz, MUR Y TER a bonicoa
— **a las calladas**, a escucho, a la chita callando, bajo cuerda, por detrás, a las espaldas, de extranjis, a hurtadillas, de matute, entre nosotros, de ocultis, a somorgujo, de tapadillo
ampliamente, largamente, detalladamente, a chorros, largo y tendido, por los codos, como un papagayo, sin ton ni son
brevemente, resumidamente, sumariamente, sucintamente, en dos palabras, en pocas palabras, en resumidas cuentas, a medias palabras
sinceramente
— seriamente, cuerdamente, lisamente
— con claridad, con franqueza
— de veras, de verdad
— en serio, en sustancia
— lisa y llanamente
— sin ambages, sin rodeos, sin cortapisas, sin rebozos
doctoralmente, ex cáthedra, con autoridad, con suficiencia
sencillamente
— sensatamente, ponderadamente, desapasionadamente
— abiertamente, campechanamente, claramente, directamente, explícitamente, francamente, lealmente, manifiestamente, obviamente, patentemente
— sin reservas, de corazón, sin tapujos
— a la luz del sol, a banderas desplegadas, a las claras, a cara descubierta, a cielo abierto
— con ponderación, con equilibrio, con tiento, con el corazón en la mano
secretamente
— cautelosamente, cifradamente, discretamente, encubiertamente, enigmáticamente, entrecortadamente, furtivamente, implícitamente, indescifrablemente, insondablemente, ocultamente, sigilosamente, subrepticiamente, tácitamente
— a la sorda, a sordas, a la chita callando · como en misa, c. quien no quiere la cosa, c. si tal cosa, con reservas · en silencio · entre dientes · sin decir palabra
atropelladamente
— precipitadamente, atolondradamente, distraídamente, desordenadamente, confusamente
— a borbotones, a tontas y a locas

— de prisa y corriendo, sin fundamento, con calor
extensamente
— alargadamente, ampliamente, cumplidamente, detalladamente, detenidamente, dilatadamente, maduramente, minuciosamente, prolijamente, largamente
— con detenimiento, por extenso, largo y tendido
POSICIÓN RELATIVA ENTRE DOS PERSONAS:
— **en frente**, a la vista, en la cara, de cara, de frente, uno frente al otro, COLOQ en las barbas, en las narices
— **frente a frente**, barba a barba, cara a cara, faz a faz, rostro a rostro, vis a vis
— **codo con codo**, hombro con hombro
— **detrás**, a la zaga, en retaguardia, en pos de, de espaldas
— **de lado**, de perfil, de costado
— **en privado**, de persona a persona

VERBOS Y EXPRESIONES
50.15 pronunciar
articular, deletrear, silabear, acentuar, cancanear, cargar, emitir, ganguear, herir, nasalizar, recalcar, rozarse · cecear o zacear, sesear
balbucear, balbucir, chapurrar, chapurrear, entrecortarse, gorjear, AM pujar
tartamudear, tartajear, titubear, papear, trastrabarse, trastrabillar
trabarse la lengua, comerse las palabras, decir a medias palabras, bajar el gallo, b. el tono, MÉX tragar camote
hablar al unísono, h. a coro, h. a una voz
COLOQ liarse, trabarse, trabucarse, mascullar, mamullar, farfullar, harbullar, mascujar, embarbascarse
COMP ING tener una lengua de estropajo, t. una lengua de trapo, t. una patata en la boca · t. o hacerse un nudo en la garganta
50.16 hablar
decir
— **intervenir**, proferir, declarar, exclamar, expresar, revelar, sugerir, formular, insinuar, asegurar, conferir, perorar, mencionar, ensartar, hilvanar
— **contar**, recitar, mediar, participar, apoyar, respaldar
— **indicar**, acusar, comportar, connotar, demostrar, denotar, denunciar, evidenciar, patentizar, probar, revelar, significar, suponer, traslucir
— **exponer**, emitir, expresar, atestiguar, testificar, descubrir, mostrar, manifestar, testimoniar, defender, exteriorizar, formular, manifestar

— **discursear**, disertar, orar, perorar, predicar, sermonear

dar su parecer

— querer decir, dar fe, ser señal, dar a entender, sacar la conversación, hacer alusión

— CON ELEGANCIA: tener buen pico, t. un pico de oro, ser de buena boca, hablar como un libro, tener mucha retórica, ARG t. mucho verso · sentar cátedra, poner el paño al púlpito

— CON MODERACIÓN: ser de pocas palabras, s. un arca cerrada, s. un cartujo, s. una esfinge, tener muchas conchas, t. muchos entresijos · decir en una palabra, d. en dos palabras, d. en cuatro palabras · medir las palabras · hablar con prudencia, h. con tacto, tener mano izquierda

— INTERRUMPIR: cortar el hilo, degollar el cuento, dejar con la palabra en la boca, echar el tablacho, romper las oraciones, salir al atajo

— CON EXCESO: gastar palabras, g. saliva, dar voces a un muerto, hablar adefesios, predicar en el desierto, hablar a la pared, dar música a un sordo, caer en saco roto

— CON CONCRECIÓN: ir al caso, ir al grano, dejarse de cuentos, d. de historias, separar el grano de la paja, no pararse en pelillos, dejarse de rodeos

— CON ALGUNA INCONVENIENCIA:
  • apearse por la cola, a. por las orejas
  • decir babosadas, d. idioteces
  • meter borra, m. broza, m. ripio, m. uvas con agraces
  • salir con un domingo siete, s. con una pata de gallo, s. por las de Pavía, s. por peteneras, s. repicando a maitines
  • ARG, UR y PERÚ decir macanas, CUBA echar vainas, GUAT y PR devanarse los sesos

COLOQ

— badajear, boquear, bravocear, bravuconear, cascar, chacharear, champar, chapar, charlar, charlatanear, charrar, chirlar, colgar, colocar, cotorrear, desatar, desembanastar, desembuchar, desparpajar, encajar, encanarse, endilgar, endosar, enflautar, enhilar, enjaretar, enrollar, espetar, garlar, platicar, lanzar, largar, lengüetear, paliquear, parlar, parlotear, patullar, picotear, plantar, prolijear, rajar, roncar, soltar, vanear

— **dejar caer**, echar en el corro

COMP ING

— decir lo suyo, echar su cuarto a espadas, escupir en corro, hablar por no callar, hacer el gasto, lanzarse al ruedo, meter baza, m. cuchara, m. el cuezo, tomar el hilo, traer a colación, volver la hoja, tomar la ampolleta, no soltar la ampolleta, quitar algo de la boca

— hablar como un papagayo, h. como una cotorra, h. como un periquito, h. como un loro, h. como una chicharra, h. como una urraca, h. como un descosido

— hablar más que un sacamuelas, parecer que le hayan dado cuerda, tener más rollo que un saco de tebeos

— irse la fuerza por la boca

REF Por la boca muere el pez. Quien mucho habla mucho yerra. La perdiz por el pico se pierde.

50.17 gritar

vocear, vociferar, chillar, gruñir, pregonar, aclamar, berrear, alborotar, rugir, aullar, bramar

clamar, exclamar, increpar, aclamar, huchear

abuchear, abroncar, silbar, sisear

desgañitarse, desgargantarse, desgalillarse, desgañifarse, desgañirse, desgaznatarse, DESUS cridar, gridar, ANT algarear, gargalizar

dar voces, llamar a voces, dar gritos, hablar a grandes voces

COLOQ

— alzar el gallo, a. la voz, levantar la voz, meter bulla, llamar a gritos

COMP ING

— hablar a voz en cuello, h. a voz en grito, h. a grito herido, h. a grito limpio, h. a grito partido, h. a grito pelado, h. a todo gañote, h. a todo pulmón · irse la fuerza por la boca

— ARG hacer bochinche

REF Perro ladrador, poco mordedor.

50.18 susurrar

musitar, apuntar, mascullar, murmujear, murmurar, soplar

hablar a media voz, h. con sordina, h. con un hilo de voz, h. por lo bajo, DESUS h. a sovoz

COLOQ

— cuchichear, chuchear

— hablar por lo bajinis, h. chiticallando, h. entre dientes, h. para su coleto, h. para su sayo, h. para sus adentros

COMP ING hablar para el cuello de su camisa, no oírlo ni el cuello de su camisa

50.19 callar

silenciar, enmudecer, reservarse, guardarse

no comprometerse, dar largas, no soltar prenda, no s. palabra, decir con la boca chica, COLOQ traer al retortero

cerrar los labios, sellar los l., morderse los l., no despegar los l.

CALLAR POR TURBACIÓN:

— quedarse sin habla, hacerse un nudo en la garganta, anudársele la voz, helársele las palabras en los labios, pegársele la lengua al paladar, tragar saliva

— faltar las palabras, no tener palabras

CALLAR UN SECRETO:
— echar una losa encima, guardar para sí, no salir de la boca, no soltar prenda, poner punto en boca, p. un candado en la boca, ser una tumba
— ARG quedarse piola, q. violín en bolsa, q. mozzarella

CALLAR ALGO QUE SE HUBIERA PODIDO DECIR:
— **disimular**, encubrir, esconder, ocultar, tapar · amordazar, arrumbar, atajar, callantar · reservarse, guardarse
— achantar el mirlo, a. la muí · atar la lengua
— **callar la boca**, callarse como un muerto
— **cerrar la boca**, c. el pico, c. los labios
— contenerse la boca, cortar en seco, coserse la boca
— dar la callada por respuesta, dejar en el tintero, dejarse algo en el estómago
— guardar algo en el buche, g. la boca, g. para sí
— **hacer mutis**, imponer silencio
— **morderse la lengua**, meter el resuello en el cuerpo
— **no chistar**
  • no abrir la boca
  • no decir esta boca es mía, no d. malo ni bueno, no d. ni media palabra, no d. ni mu, no d. ni pío, no d. oste ni moste, no d. palabra, no d. tus ni mus, no d. ni un sí ni un no
  • no descoser los labios, no despegar la boca, no d. los labios, no rechistar, no resollar, no respirar, no soltar palabra, no s. prenda
— pasar en claro, p. por alto, poner punto en boca
— quedarse con algo en el cuerpo o en el pecho, q. en blanco
— reducir a silencio, tapar la boca, tener la lengua atada
— ARG no decir ni «a», mandársela guardar, poner la tapa
— COLOQ **achantarse**, amorugarse, amorrarse, atarugar, DESUS aporrar, VULG meterse la lengua en el culo

COMP ING
— poner candado a los labios, no descoser los labios
— pegar la boca a la pared, ponerse el dedo en la boca, en boca cerrada no entran moscas, echar un candado a la boca, darse un punto en la boca, cerrar el pico
— echar la cremallera, ponerse una cremallera, quedarse con algo en el cuerpo, hacer mutis, oír ver y callar, pasar por alto, p. sin decir chus ni mus, correr un tupido velo, haberse comido la lengua el gato

REF Más vale callar que mal hablar. Quien mucho habla, mucho yerra. Tonto que calla, por sabio pasa. Una aguja para la bolsa, y dos para la boca. El poco hablar es oro y el mucho es lodo. En boca cerrada no entran moscas. En boca del discreto lo público es secreto. · De nada sirve que el sol alumbre para quien cierra los ojos. No hay peor sordo que el que no quiere oír.
▶ 31.12 oír

50.20 dialogar
conversar, debatir, deliberar, discutir, examinar, parlamentar, coludir, conferenciar, conferir, considerar, consultar
carearse, comunicarse
departir, parrafear, dialogizar, comentar, tertuliar
hacer comentarios, dar conversación, trabar conversación, cambiar impresiones, c. pareceres, estar al habla
COLOQ
— **charlotear**, parlotear, platicar, cotorrear, picotear, chacharear, murmurar, chismorrear, cuchichear
— **dar cuerda**, dar soga, pegar la hebra, darle a la sinhueso
— **echar un párrafo**, e. una parrafada
  • estar de cháchara, e. de palique
  • mover la sinhueso, m. la lengua
  • soltar el loro, s. el mirlo
— **no dejar hablar**, no d. meter baza, perderse por el pico
— **gastar mucha prosa**
  • hablar por las coyunturas, h. por los codos, h. de vicio
  • ser una caña hueca
  • tener mucho rollo, t. mucha lengua, t. un rollo que se lo pisa
— **echarle rollo**, enrollarse como una persiana
  • tener cuerda para rato, t. tela para rato
  • ARG hacerla lunga
— **contar batallitas**, venir con belenes, v. con cuentos, CHILE, contar cabezas de pescado
— **cambiar de conversación**, c. de disco, c. de rollo, c. el tercio, c. el naipe
— ser otra canción, s. otra historia, s. otro cantar, s. otros López, ARG hacer párrafo aparte
COMP ING
— calentar la cabeza
— dar el callo o el rollo
— darle a la lengua, d. a la moharra, d. a la tarabita
— echar mucho pico, hablar largo y tendido, haber comido lengua
— hablar a destajo, h. sin ton ni son
— pegar el hilo o la hebra
— soltar la sinhueso, s. la tarabilla

— tender el paño del púlpito, tener palique
— MÉX echar perico
50.21 discutir
argumentar, cuestionar, debatir, disputar, polemizar, tropezar, refutar, objetar, obstruir, desaprobar, replicar, reaccionar, oponerse, contraponer, contrarrestar, desmentir, controvertir, palotear, pelotear, porfiar, ventilar
rebatir, argüir, contradecir, impugnar, rosquear, saltar
regañar, reñir, chocar
meterse, entrometerse, terciar
acalorarse, enzarzarse, embarullarse, tirotearse, encararse, encontrarse, zapatearse
hablar fuera de tono, h. fuera de razón, h. de mal tono
COLOQ
— echar en cara, llevar la contra, tener unas palabras, andar con rodeos, andarse por las ramas, correr la bola, decir entre dientes, medir las armas, echar algo por tierra, tirar de la manta
— plantar cara, buscar la lengua, habérselas con, dar vueltas a la noria, poner en tela de juicio, tenerlas tiesas
COMP ING tirarse los trastos a la cabeza, dejar a alguien con la palabra en la boca, acabar o terminar como el rosario de la aurora, andar cada loco con su tema, habló el buey y dijo mu, írsele a uno la fuerza por la boca
REF Perro ladrador, poco mordedor.
50.22 preguntar
interrogar, inquirir, interpelar, interviuvar, consultar, cuestionar
informarse, interesarse, repreguntar, sonsacar, DESUS pescudar
consultar, demandar, pedir, exigir
reclamar, conjurar, implorar, postular, reivindicar, requerir, rogar, solicitar, suplicar, vindicar
hacer una pregunta, h. una entrevista
pedir consejo, someter a un interrogatorio, dirigir una súplica, hacer una demanda, pedir cuentas, llamar a capítulo
REF Preguntando se va a Roma. Quien lengua ha, a Roma va. Por preguntar no se pierde nada. Quien pregunta no yerra.
50.23 responder
contestar
— replicar, aclarar · aducir, objetar, argumentar, protestar, argüir, reargüir, redargüir, retorcer, retrucar
— sacar de dudas, salir al paso, dar la respuesta, llevar la contraria
COLOQ
— devolver la pelota
— dejar a un lado, echar balones fuera, an-

darse en flores, salirse o irse por la tangente, correr un tupido velo
— dar la callada por respuesta, encogerse de hombros, no decir malo ni bueno

50.24 afirmar
confirmar
— corroborar, aquiescer, aseverar, certificar, proclamar, sustentar, defender, suscribir
— asegurar, evidenciar, asentar, aseverar, atestiguar, sostener, apoyar, mantener, patentizar, probar, solidar, DESUS segurar
— admitir, ceder, tolerar, consentir, asentir, adaptar, aguantar
— aceptar, adherirse, obtemperar, prohijar, suscribirse, sumarse
aprobar
— refrendar, consentir, cerciorar, certificar, corroborar · ajustar, dirimir · acreditar, convalidar, sancionar, homologar
— reafirmar, reiterar, renovar, revalidar, roborar, legalizar
— aclamar, ratificar, visar
estar de acuerdo
— estar o mostrarse conforme, mostrar conformidad
— dar su asenso o su asentimiento, d. la razón, d. por cierto, d. por bueno, d. el visto bueno
— mostrarse conforme, entrar bien, poner buena cara, prestarse de buena gana, hacer causa común, alabar el gusto, seguir la corriente, s. el humor
— tener a bien, t. por cierto
COLOQ
— partir de la idea de, p. de la hipótesis
— estar en la misma onda, decir amén
COMP ING poner las manos en el fuego
50.25 negar
denegar, renegar, rechazar, recusar, abjurar
desaprobar, prohibir, objetar, impedir, vetar, vedar, reprimir
desdecir, rectificar
negarse, oponerse, desnegarse, desdecirse, desmentirse, retractarse, revotarse, retraerse, rajarse, flaquear, recalcitrar, recejar, remontarse, repercudir, resurtir, retirarse, revocar, tesar
discrepar
— discordar, contradecir, impugnar, contrabalancear
— rebatir, refutar, contraír, contrariar, contraponer, contrarrestar, contrastar, contrapesar
— argüir, argumentar
COLOQ
— rajarse · decir que no, encogerse de hombros, poner en duda, cerrarse en banda, responder negativamente, donde dije «digo» digo «Diego»

— negar el pan y la sal, negarse de plano, n. en redondo

50.26 informar

avisar

— **comunicar**, contar, decir, enterar, ilustrar, noticiar, notificar, referir, remitir, reportar, revelar

— **anunciar**
  • exponer, oficiar, participar, radiar, revelar, vehicular
  • insinuar, inculcar, DESUS instilar

— **proclamar**, airear, cedular, declarar, derramar, descubrir, esparcir, expandir, generalizar, insertar, placear, predicar, pregonar, propagar, propalar, ventilar, vocear, ANT pervulgar

— **divulgar**, comunicar, difundir, popularizar, promulgar, publicar, transmitir, ANT vulgar

— **rumorearse**, rugir, sonar, traslucirse

testimoniar

— **declarar**, acotar, afirmar, alegar, atestar, atestiguar, certificar, citar, contestar, deponer, jurar, legalizar, legitimar, probar, rubricar, testificar, testiguar, visar

— **confesarse**, declararse, revelarse, exteriorizarse, manifestarse

— **predicar**, misionar, sermonar, sermonear

resumir

— abreviar, acortar, ceñirse, cifrar, compendiar o compendizar, concretar, condensar, cortar, encerrar, limitar, recapitular, reducir, sintetizar, sucintizar, sustanciar, trasuntar

hacer saber

— abrir su alma, a. su corazón, a. su pecho

— andar en boca de todos, a. de boca en boca

— dar a conocer, d. conocimiento, d. cuenta, d. fe, d. muestras, d. parte, d. pruebas, d. razón, d. señales

— descargar la conciencia, echar un bando, fiar el pecho

— hacer muestra, h. partícipe, h. presente, h. público, ANT h. fe

— ir de boca en boca, ir de lengua en lengua

— poner al corriente, p. al descubierto, p. al tanto, p. de manifiesto, p. en antecedentes, p. en autos, p. en circulación, p. en conocimiento

— rendir cuentas · sacar a la luz, s. a la plaza · tener resonancia

COLOQ

— correr la bola, c. fama, c. la voz

— echar la voz, dar al viento, gritar a los cuatro vientos, vaciar el costal

COMP ING

— echar las campanas al vuelo, extenderse como reguero de pólvora, cundir como mancha de aceite, dar un cuarto al pregonero, dar tres cuartos al pregonero

— decir a los cuatro vientos, d. a bombo y platillo, sacar a vergüenza pública, salir con su media espada

50.27 aconsejar

advertir

— **avisar**, exhortar, guiar, marcar, amonestar, apercibir, dirigir, proponer, recomendar, sopuntar · hacer observar

— **disuadir**, apartar, apear, contraindicar, desaconsejar, desaferrar, desanimar, desarraigar, desencaprichar, influenciar, prevenir, retraer

— **meter en la cabeza**, quitar de la cabeza, poner sobre aviso, p. en guardia, hacer notar, abrir los ojos

REF Consejos vendo y para mí no tengo. Hablar de la mar y en ella no estar. Bien juega el que no juega. Haced lo que yo digo y no lo que yo hago. No entra en misa la campana y a todos llama. Pregonar vino y vender vinagre. Una cosa es predicar y otra dar trigo.

50.28 persuadir

adoctrinar, conmover, fascinar, impresionar, incitar, inculcar, inducir, infiltrar, influenciar, insinuar, inspirar, intimidar, probar, sugerir, DESUS suadir, RELIG catequizar

argumentar, argüir, redargüir, confutar, contestar, contradecir, desmentir, impugnar, objetar, oponerse, opugnar, rebatir, rechazar, rectificar, reherir, repeler, replicar, reponer, retorcer, refutar

influir, animar, disuadir, electrizar, encantar, intoxicar, guiar, impregnar, magnetizar, presionar, seducir, sugestionar

predicar, sermonear, amonestar, catequizar, exhortar, instruir, moralizar, recomendar, responsabilizar

convencer, ahormar, arrastrar, atraer, blandear, concienciar, conquistar, empalicar, ganarse, inclinar, inducir, llevar, mentalizar, mover, quebrantar, reducir, tocar, traer, vampirizar · decidir a alguien · engatusar, jonjabar

partir el corazón, llegar al alma, tocar el alma, partir el alma, ablandar las piedras, atravesar el corazón, llegar muy adentro, mover a compasión

meter en la cabeza, hacerse con, hacer entrar en razón, llevar a su terreno, ganarse la voluntad, abrir brecha, ARG pasar la franela, hacer el bocho

COLOQ

— camelar, enrollar, engatusar o cantusar, encantusar o engaratusar, manipular

— lavar el cerebro, meter en los cascos, vender la moto, comer el tarro

— calentar la cabeza, c. los cascos, llenar la cabeza de viento, pintar de color de rosa, po-

ner la miel en los labios, ganar la voluntad de alguien, meterse en el bolsillo a alguien
— comer el coco, c. el tarro, lavar el cerebro
— quitar de la cabeza, quitarle del casco, q. la voluntad, hacer entrar en razón, meterlo en el camino, traerlo a buen camino

50.29 insistir

repetir, recalcar, reiterar, enfatizar, perseverar, subrayar, remachar

destacar, resaltar, realzar, subrayar, incidir, acentuar, abundar, acuciar, apoyar, confirmar, intimar

instigar, apremiar, acometer, acosar, apretar, asediar, atacar, cortejar, empujar, entrar, estrechar, importunar, incitar, instar, manejar, perseguir, presionar, roncear, rondar, trabajar

hacer hincapié
— hacer presión, h. resaltar, h. notar
— no parar hasta, tratar de convencer, repetir mil veces
— volver a la carga, cargar sobre, no hacer más que decir, no cansarse de repetir
— dar vueltas, d. realce, d. relieve, d. énfasis, d. importancia

COLOQ
— dar la tabarra, calentar la cabeza, volver a la misma, v. a la carga
— salir siempre con lo mismo, s. siempre con la misma canción
— decir lo de siempre, d. el bla, bla, bla
— remachar, machacar, machaconear
— remachar el clavo, refrotar por las narices, no caerse de las manos, repetir la misma canción

COMP ING
— decir por enésima vez, haber aprendido una cosa en jueves, no caérsele algo de la boca, parecer un disco rayado
— repetir algo hasta la náusea, r. algo hasta la saciedad, repetirse más que el ajo
— ser el cuento de nunca acabar, ser una gotera
— tener siempre algo en la boca
— repetir como un loro, r. como un papagayo
— ser un loro de repetición, decir por decir, hablar por hablar · quejarse de vicio
— mantenerse en sus trece, no dar el brazo a torcer

50.30 exagerar

recargar, extremar, dramatizar, excederse

abultar, agigantar, agrandar, aumentar, cargar, dramatizar, engrandar, grandifacer, hinchar, incriminar, magnificar, pintar, ponderar

exorbitar, desorbitar, desquiciar, hiperbolizar, inflar, engrandecer

sobreestimar, sobrevalorar, supervalorar, poner de relieve, p. el acento, ir demasiado lejos

COLOQ
— pasarse, cacarear
— hablar de boquilla, pedir la luna, p. peras al olmo, despacharse a su gusto
— tener mucho cuento, sacar de quicio, rizar el rizo, cargar las tintas, c. los colores, recargar las tintas, exagerar la nota, hacer aspavientos, h. teatro

COMP ING
— hacer de un mosquito un elefante, h. de una pulga un camello · cargar la mano, anunciar a bombo y platillo, hacer un drama, contar el huevo y quien lo puso, explicar con linderos y arrabales

REF De dineros y bondad, la mitad de la mitad.

50.31 divagar

merodear, mariposear, desentonar
— hablar en general, h. en conjunto, h. en líneas generales, h. en términos generales, h. sin entrar en detalles
— contar a grandes rasgos

COLOQ
— hablar en clave, h. en parábola, h. en cifra, h. de misterio, h. en camelo, h. de pájaros y flores, h. de la mar y sus peces
— que si arriba que si abajo, que si fue que si vino, que si patatín que si patatán, que si tal que si cual, que si esto que si lo otro
— gastar frases, a propósito de caza

COMP ING
— andar en jerigonzas, a. con rodeos, ARG andarse con vueltas, CR andar con aleteos
— decir por decir, d. lo primero que se le viene a la boca · hablar a humo de pajas, h. al aire, h. de gracia, h. de volatería, h. por hablar, h. por no callar, h. a tontas y a locas, h. en chino, ARG y UR h. de pájaros perdidos, h. de bueyes perdidos, ARG h. en difícil
— irse por las ramas, i. por los cerros de Úbeda, i. por esos campos de Dios, i. por las márgenes, i. como una canilla, VEN i. por los imbornales
— mentir por la gorja, meterse en altanerías
— no dar puntada, no pegar ni con cola, no venir a cuento
— soltar el rollo, CHILE pelar el cable, MÉX tragar camote
— traer los papeles mojados
— venir con embajadas, v. con gaitas zamoranas, v. con cuentos

REF No sé si amaga, ni sé si halaga. Decir unas veces cesta y otras ballesta. Mezclar berzas con capachos. VULG Confundir el culo con las témporas.

50.32 sincerarse

confiarse, franquearse, abrirse, explayarse, expansionarse, desencastillarse, espontanearse, desfogarse, descubrirse, aliviarse, descansarse

hablar claro, cantar las claras, abrir el pecho, no tener frenillo, quitarse la máscara, hablar sin ambages, h. sin recovecos

COLOQ

— **soltar**, champar, chantar, plantar, desbuchar, desembuchar, desembaular

— **abrir el corazón**, salir del corazón

— hablar sinceramente, h. de corazón, h. de buena fe, h. de veras, h. de verdad, h. sin tapujos, LAT h. ex abundantia cordis

— AUNQUE DESAGRADE A ALGUIEN:

  • decir las cuatro verdades, d. cuántas son cinco, d. cuántas son tres y dos, d. cuatro frescas, d. cuatro palabras bien dichas, d. algo en la cara

  • cantarlas claras, cantar las cuarenta

  • ARG cantar la justa, poner como trapo de piso, EC echar el agua al molino

— CON TODA CLARIDAD: abrirle a alguien los ojos, cantar de plano, ir al grano, no dejar lugar a duda, quitar a alguien una venda de los ojos

COMP ING

— hablar a escala vista, h. a banderas desplegadas, h. a boca llena, h. a bola vista, h. a calzón quitado, h. a la pata la llana, h. a las claras, h. a paladinas, h. a pecho descubierto, h. a rostro firme, h. a tumba abierta, h. cara a cara, h. con la mano en el corazón, h. de hombre a hombre, h. de llano, h. de mujer a mujer, h. de plano, h. de todo corazón, h. en buen romance, h. en canto llano, h. en cristiano, h. en plata, h. en redondo, h. en serio, h. frente a frente, h. lisa y llanamente, h. por lo claro, h. sin ambages, h. sin empacho, h. sin rebozo, h. sin reservas, h. sin rodeos, h. sin tapujos, h. sin trampas ni cartón

— ARG hablar en criollo, VEN h. claro y raspado

— decir con todas las letras, d. las verdades del barquero, d. las cosas claras

— explicarse como un libro abierto, poner las cartas boca arriba, no tener pelos en la lengua, cantar las claras

— llevar el corazón en la mano, descoserse como un saco de paja, no dejar nada en el tintero, decir cuántas son tres y dos, VEN vaciarse como una tapara

— poner a Dios por testigo, p. los puntos sobre las íes, p. las cosas en su sitio

— llamar a las cosas por su nombre, no andarse por las ramas, no morderse la lengua

REF Llamar al pan, pan y al vino, vino. Las cosas claras y el chocolate espeso.

50.33 excederse

descararse, demasiarse, descocarse, desinhibirse, desmadrarse, desmelenarse, desmandarse, despelotarse, despendolarse, detallar

poner énfasis, p. en claro · hacer hincapié, h. constar

alzar la voz, dar un corte · devolver la pelota, volver la oración por pasiva · enmendar la plana

COLOQ

— **liarla**

  • armarla, enredarla, embrollarla, complicarla, MÉX regarla

  • plantar, propasarse

— alzar el gallo

  • calentar la cabeza, calentársele la boca

  • charlar por los codos

  • dar la lata, dar la tabarra, dar dentelladas, darse un chasco

  • dar o meter caña, darle a la lengua

  • decir por decir

  • echar de vicio, e. el toro, e. los gigantones, echarle morro

  • faltar al respeto, gastar saliva

  • hablar a casquete quitado, h. a quemarropa, h. en crudo, h. sin decir agua va, h. a tontas y a locas, h. largo y tendido

  • irse de boca, i. por la tangente, i. por las ramas

  • meter baza, m. cuña

  • no ahorrárselas ni con su padre, no quedarse con nada en el cuerpo

  • pasarse de rosca, perder la vergüenza

  • sacar a alguien de sus casillas, s. de madre, s. los pies del plato

  • salir por peteneras, salirse del tiesto, soltar la maldita, soltársele a alguien la lengua

  • tener cuerda para rato, t. la lengua muy larga, t. una salida de tono

  • volver tarumba

— que si arriba que si abajo, que si esto que si lo otro, que si fue que si vino, que si patatín que si patatán, que si tal que si cual

— ARG ser lengua sucia, ser un boca-sucia, ser un guarango, tener la boca de un carretero, si no la gana la empata, tener más cuento que Calleja · CUBA, UR Y VEN tener la lengua sucia

COMP ING

— **cantarlas claras**, cantar las cuarenta

— contar con lujo de detalles, c. con pelos y señales, c. con puntos y comas, c. de pe a pa, c. letra por letra, c. parte por parte, c. por extenso, c. por largo, c. por menudo, c. punto por punto, c. sin faltar punto ni coma, c. sin faltar una coma, c. sin faltar un sí ni un no, c. sin faltar una jota, c. a la menuda

— decir a por a y be por be, d. ce por be; decir esto, lo otro y lo de más allá; d. que si esto, que si lo otro, que si lo de más allá; d. que si fue, que si vino; d. cuántas son tres y dos, d. las verdades del barquero
— echar la lengua al aire, e. por las de Pavía
— hablar como un carretero, h. como una cotorra, h. por los codos, h. a tontas y a locas, h. al detalle, h. al menudeo, h. al por menor, h. a borbotones, h. a chorretadas, h. de hilván
— irse de la lengua, i. de la boca, i. del pico, i. por los cerros de Úbeda
— llamar a Dios de tú
— meter el cazo, m. el remo, m. la gamba, m. la pata, m. el choclo
— no tener pelos en la lengua, no t. pepitas en la lengua, no t. freno en la lengua
— no cortarse ni un pelo, no pudrírsele nada en el pecho
— piar más que una banda de pollos, poner a alguien la cabeza como un bombo
— ser un correveidile, s. una gaceta, s. blando de boca, s. largo de lengua, s. tierno de morros, s. ligero de lengua, s. suelto de lengua, s. capaz de plantar una fresca al lucero del alba
— tener la lengua larga, t. el estómago resfriado
— ARG ser un bocina, s. un panza fría, s. un quemo, s. un correo sin estampilla, GUAT tener la boca aguada, SALV ser un sacón · VEN tener la boca floja

REF
— Más hiere mala palabra que espada afilada. Palabra de boca, piedra de honda. Palabra y piedra suelta no tienen vuelta.
— El maestro Ciruela, que no sabía leer y puso escuela. El maestro de Algodor, que no sabía leer y daba lección. Mal juzga el arte, quien en él no tiene parte.

50.34 sonsacar
sacar, arrancar, estezar, socaliñar, DESUS sosacar, AM codear
hacer decir, h. hablar
sacar a colación, s. a relucir, s. la conversación, traer a cuento, poner sobre el tapete · entrar en materia, e. en detalles · refrescar la memoria
COLOQ ganzuar · tirar de la lengua, sacar el buche, buscarle la boca, meter los dedos, poner el plato, sacar el alma de pecado, buscar la boca

COMP ING
— meter los dedos en la boca, a saca mentira saca verdad, decir mentira por sacar verdad
— sacar con sacacorchos, s. con tirabuzón

50.35 mentir
engañar, embaucar, camelar, simular, timar, inventar, novelar, tramar, urdir, zurcir, DESUS embustir
silenciar, ocultar, omitir, disimular, fingir
tergiversar, adulterar, alterar, confundir, corromper, deformar, desfigurar, desvirtuar, torcer, retorcer, trabucar, trastrocar, trovar, viciar
falsificar, falsear, corromper, variar, desnaturalizar, enmascarar, disfrazar, suplantar
hacer creer
— faltar a la verdad, decir una cosa por otra
— hablar para guardar las formas, h. de cara a la galería
— hacer algo con segundas intenciones
— decir por compromiso, d. por cumplido, d. por el buen parecer, d. por pura fórmula, d. por puro formulismo, d. de boca para afuera, d. de labios afuera, d. para que no se diga, d. con la boca chica
COLOQ
— bastardear, trocar
— ser un trolero, s. un fantasma, s. un farolero, s. un cuenta bolas · contar cuentos, dar gato por liebre
— AM decir guayabas, ARG ser un bolacero, decir bolazos, d. camelos, MÉX echar habladas, VEN descargar la guanota

COMP ING
— mentir como un bellaco, m. con toda la boca, m. por la barba
— mentir más que la gaceta, m. más que da por Dios, m. más de lo que habla
REF En boca del mentiroso lo cierto se hace dudoso. Quien por los codos miente a la postre se resiente. Quien siempre me miente nunca me engaña.

50.36 elogiar
alabar, halagar, encomiar, enaltecer, aupar, bendecir, encumbrar, ensalzar, ponderar, lisonjear, obsequiar, adular, corear, trasloar, CUBA guatequear, MÉX barbear
agradar, satisfacer, contentar, placer, complacer, aplacer, cumplir, gustar, DESUS atalantar, gratificar, ANT abondar
dar gusto
— hablar bien, decir bien, d. mil bienes, hacer elogios, h. el panegírico, contar maravillas, faltar palabras
— dejar contento, coger las vueltas, cantar la gala, alzar sobre el pavés
COLOQ
— enjabonar, incensar, jonjabar, camelar, petar, pelotear
— dar jabón, d. bombo, d. coba · dorar la píldora

— hacer la pelota, h. la pelotilla, h. la rosca, h. la rueda, h. coro, h. el artículo, h. propaganda · deshacerse en cumplidos

— decir amén a todo, ponerse de rodillas, bailar el agua, reír las gracias, VULG lamer el culo

COMP ING

— poner en la picota, p. por las nubes, p. en el candelero, p. en el cielo, p. en los cuernos en la luna, p. en las estrellas

— regalar el oído, contar maravillas, echar flores, hablar y no acabar, defender a capa y espada, hacerse lenguas

REF Cuando el diablo reza, engañarte quiere. Cuando la limosna es grande, hasta el santo desconfía. Quien te acaricia más de lo que suele, es que te ha engañado o engañarte quiere. Gana más el perro lamiendo que mordiendo.

50.37 regañar

recriminar, impugnar, reciprocar, recudir, reponer, satisfacer

amonestar, afear, desloar, increpar, escaldar, zaherir, ANT blasmar

censurar, alertar, amenazar, intimidar, prevenir, recomendar, vituperar

reprender o reprehender

— abroncar, amonestar, apercibir, corregir, escaldar, improbar, increpar, reconvenir, recriminar, reprochar, retar, roñar, sofrenar, solfear, vapulear, AM enrostrar

— sermonear, predicar, moralizar

reprobar, abominar, acusar, anatematizar, censurar, condenar, criticar, desaprobar, desacreditar, desechar, detestar, execrar, fustigar, incriminar, tachar

llamar la atención

— dar un toque de atención, dar una ropilla

— poner en guardia, p. sobre aviso

— hacer los cargos, llamar al orden, tirar de la capa, dar la voz de alarma

— dar o echar una charla

COLOQ

— ARG y UR felpear

— ajustar las cuentas, apretar las clavijas, calentar las orejas, cantar las claras

— cascar o machacar las liendres, coger o pillar por banda

— dar o echar una buena, d. para el pelo, d. guerra, d. un jabón, d. un metido, d. un recorrido, d. un tirón de orejas, d. un vapuleo, d. una carda, d. una lección

— decir un par de cosas bien dichas

— echar el toro, e. un rapapolvo, e. un trepe, e. una bronca, e. una regañina, e. la escandalosa · echarse encima, encender el pelo, enmendar la plana, estar en pie de guerra, exigir cuentas

— leer la cartilla, llamar a capítulo, ll. al orden

— pedir cuentas, pegar un metido

— poner en aviso, p. en el disparadero, p. firmes, p. tibio, p. verde · presentar batalla

— sentar la mano, s. las costuras, soltar el toro, s. una andanada

— verse las caras

— ARG dar una lavada de cabeza, pegar un levante, ponerle la paletilla en su lugar, ARG y UR dar un sosegate, MÉX echar fríjoles, e. la aburridora, VEN armarle un fox trot

COMP ING

— cantar las cuarenta, dar con la badila en los nudillos

— decir cuántas son cinco, d. cuántas son tres y dos, d. cuatro cosas

— gritar a los cuatro vientos, jurar por todos los santos, no tener pelos en la lengua

— poner el dedo en la llaga, p. las cartas boca arriba, p. los puntos sobre las íes, p. a alguien más suave que un guante

— volver a la carga

REF Quien bien te quiere te hará llorar.

50.38 quejarse

protestar, gruñir, renegar, rezongar, clamar, ayear

dolerse, condolerse, sentirse, lastimarse, querellarse, quillotrarse, ANT rencurarse

llorar, lloriquear, plañir, suspirar, bramar, gemir, gemiquear, gimotear, endecharse, hipar, suspirar, ANT guayar

lamentarse, dolerse, compadecerse, adolecerse

mostrar disgusto, llevar a mal, estar en un grito, revolverse contra

COLOQ

— gazmiarse, refunfuñar, rumiar, piarlas

— echar pestes, ladrar a la luna, quejarse de vicio, hacerse la víctima

— tener derecho al pataleo

COMP ING poner el grito en el cielo

REF Ladran, luego cabalgamos.

50.39 desahogarse

explayarse, desatarse, expansionarse, desbocarse, descargar, desembuchar, deshinchar, despacharse, aliviarse

COLOQ

— soltarse, desbarrar, desfogarse, vomitar

— cantar las cuarenta, cantarlas claras, dar rienda suelta, echar o soltar por la boca

— decir cuatro cosas, d. cuántas son tres y dos, d. las verdades del barquero, d. todo lo que se pasa por la cabeza, d. todo lo que viene a la boca

— despacharse a gusto, echar las patas por alto, e. los pies por alto, no podrirse una cosa dentro del cuerpo o en el pecho, no quedarse con nada dentro o en el cuerpo

— **sacarse una espina**, soltarse el pelo

REF De rabia mató a la perra.

50.40 criticar

murmurar

— **acusar**, afear, atacar, calumniar, menoscabar, manchar, mancillar, amancillar, DESUS murmurear

— **censurar**, recriminar, catonizar, cauterizar, reprobar, reprochar, tachar, tildar, sambenitar, baldonar, imprecar, execrar, motejar

— **difamar**, desfamar, infamar, denigrar, denostar, desacreditar, desalabar, desautorizar, desconceptuar, deshonorar, deshonrar, desprestigiar, desvalorar, detractar, detraer, dilacerar

— **demonizar**, satanizar, condenar, abominar, oprobiar, profanar, ultrajar

— **vilipendiar**, morder, mordiscar, mordisquear, tijeretear, fustigar, flagelar, erosionar, estigmatizar, triturar, vituperar

— AM rajar, DESUS disfamar, malsinar, amenguar, funestar, ANT blasmar, dejemplar, amordazar

hablar mal

— meterse con, m. en vidas ajenas

— hablar por detrás, h. a sus espaldas · señalar con el dedo

— poner lenguas, p. mala fama

— andar en boca de la gente, a. en lenguas

— empañar la fama

COLOQ

— **chismorrear**, cotillear, critiquizar, desollar, despellejar, despotricar, enfangar, enlodazar, ensuciar, entiznar, pringar, tiznar, vapulear, zurrar

— andar en coplas, arrojar fango, comerse crudo

— cortar un sayo, c. un traje

— cubrir de fango, c. de lodo

— dar tralla, d. donde más duele, d. en la tetilla, d. en las mataduras, d. entre ceja y ceja, d. un vapuleo, d. una bofetada, d. una felpa

— decir perrerías, desollar vivo

— echar las bulas, e. pestes, e. un chafarrinón, e. una filípica

— echarse encima, escupir a la cara, faltar al respeto, hablar pestes, hincar el diente, ir de boca en boca, levantar ampollas, llevar y traer

— maltratar de palabra, mentar la madre, mojar la oreja, morder los zancajos

— quitar el pellejo, q. la piel a tiras · roer los huesos

— sacar faltas, s. la lengua, s. los colores, s. los trapos a relucir, ARG s. el cuero · señalar con el dedo, soltar los perros

— tener unas palabras · tirar con bala, t. por los suelos, tocar en la herida

— CUBA cortar una leva, MÉX echar tijera, rayar la madre, CHILE Y BOL hablar periquitos de alguien, MÉX hacerle una mentada

— DESUS echar el agraz en el ojo

— SE DICE DEL CRITICADO: silbar los oídos, zumbar los oídos, calentar las orejas

COMP ING

— acordarse de la madre, arrastrar por el fango o por el lodo

— dar de comer al diablo, dejar para el arrastre, echar carne a las fieras, e. la tijera, no dejar hueso sano

— poner a caer de un burro, p. a caldo, p. a escuadra, p. a escurrir, p. a los pies de los caballos, p. como chupa de dómine, p. como hoja de perejil, p. como no digan dueñas, p. como ropa de pascua, p. como un Cristo, p. como un guiñapo, p. como un pingo, p. como un trapo, p. cual digan dueñas, p. de lodo, p. de mil colores, p. de oro y azul, p. de vuelta y media, p. el dedo en la llaga, p. en la picota, p. tibio, p. verde, VULG p. a parir

— quitar la piel a tiras, sacar los trapos sucios

— tener boca de hacha, t. boca de infierno, t. buena tijera, t. el tejado de vidrio, t. la boca caliente, t. la lengua afilada, t. lengua de doble filo, t. lengua de escorpión, t. lengua serpentina, t. lengua viperina, t. mala boca, t. mala lengua

— tirar por los suelos

— tocar en la lumbre de los ojos, t. en lo vivo

REF Al ausente, hincarle el diente. Ladran, luego cabalgamos. Cuando el río suena, agua lleva. A palabras locas, orejas sordas. A palabras necias, oídos sordos.

50.41 maldecir

insultar, injuriar, ofender, ofensar, acocear, afrentar, agraviar, increpar, ajear, atropellar, desonzar, motejar, desairar, baldonar, baldonear, chantar, espinar, faltar, infamar, manchar, zaherir, ANT entenciar, afollar

blasfemar, jurar, desbarrar, disparatar, despotricar, barbarizar, votar, tronar, escandalizar, tronar, ANT devodar

humillar, abochornar, afrentar, ajar, denigrar, denostar, deshonrar, herir, ultrajar, vejar, vilipendiar, vituperar

imprecar, abominar, barbarizar, condenar, disparatar, execrar, jurar, renegar · tronar, votar, DESUS pesiar

lanzar, chantar, colocar, cubrir, encajar, enjaretar, ensartar, espetar, inferir, largar, llamar, plantar, proferir, soltar, volcar, vomitar, CHILE fletar

soltarse, desahogarse, desatarse, desbocarse, descomedirse, descompasarse, descomponerse, desenfrenarse, desentonarse, deslenguarse, desmedirse, desmesurarse, dispararse, insolentarse

hablar mal, decir tacos, d. palabrotas, d. ajos, d. barbaridades · d. o soltar ternos · llenar de improperios

COLOQ

— echar por la boca, decir todo lo que se viene a la boca, decir todo lo que se pasa por la cabeza, despacharse a su gusto

— soltar tacos, s. ajos, echar o soltar por la boca, levantar ronchas, echar las patas por alto, jurar en arameo

COMP ING

— soltarse el pelo, s. la melena

— echar los pies por alto, ladrar a la luna, soltar sapos y culebras, sacar los pies de las alforjas o del plato

— tener boca de escorpión, t. lengua de víbora

51. EXPRESIONES DE LA CONVERSACIÓN
51.01 saludos

buenos días

— buenas tardes, b. noches

— me alegro de verle, qué alegría verte

— DESUS buenos días nos dé Dios, a la paz de Dios, con Dios

— ANT bien hallado, b. venido

— RELIG alabado sea Dios, ave María, ave María purísima

— COLOQ

• **hola,** buenas, muy buenas, qué cuentas, qué me cuentas · ANT salud, salve

• qué pasa contigo, tío; qué hay, tronco

• qué tal, q. tal estamos · q. dices, q. es de ti, q. hay, q. hay de bueno

• dichosos los ojos, qué caro te vendes

PREGUNTAS:

— cómo está usted, cómo vamos, qué tal anda usted, qué tal sigue usted, cómo se encuentra usted, qué cuenta usted, qué me cuenta usted, qué es de tu vida

— cómo estás, qué tal sigues, cómo te encuentras, c. andamos, c. andas, c. estamos, c. va esa vida, c. va eso, c. van las cosas, c. vas, c. te va, c. le va a usted

RESPUESTAS FAVORABLES:

— estupendo, fenomenal, bien, estoy bien, e. en forma, me encuentro bien, me siento en forma

— COMP ING estoy como un roble, e. sano como una manzana

RESPUESTAS DESFAVORABLES:

— **mal,** fatal, horrible, horroroso, esto es un infierno, e. no hay quien lo aguante, e. es insoportable, está uno que se cae, estar deshecho, tener el ánimo por los suelos, no levantar cabeza, no valer para nada

— COMP ING estar hecho migas, e. hecho polvo, e. hecho trizas, e. hecho unos zorros, MALSON Y VULG e. hecho una braga, e. hecho una caca, ir de puto culo, no valer un cojón

RESPUESTAS QUE PONEN EN DUDA EL ESTADO: así, así; regular, más o menos, pss, tirando, tirandillo, vamos tirando, vaya, viviendo, me voy defendiendo, nada de particular, n. nuevo; ni fu, ni fa; no va mal del todo, se hace lo que se puede

DAR ÁNIMOS PARA LA SALUD:

— que no sea nada, que te alivies, que te mejores, a seguir tan valiente

— te encuentro fenomenal, te e. muy bien, te e. rejuvenecido, tienes buen aspecto, t. un aspecto formidable

— por ti no pasan los años

— COLOQ estás hecho un chaval, e. hecho un pimpollo

51.02 despedidas

adiós

— hasta ahora, h. después, h. la noche, h. la próxima, h. la vista, h. la vuelta, h. luego, h. mañana, h. más ver, h. nunca, h. otra, h. otro día, h. otro ratito, h. pronto, h. que queráis, h. siempre, h. uno de estos días, IRÓN h. el valle de Josafat

— con Dios, vaya con Dios, anda con Dios, ande usted con Dios, vete con Dios, vaya usted con Dios

— DESUS a la paz de Dios, ir en paz, id en paz de Dios, andad en paz y en gracia de Dios · que usted siga bien, que usted lo pase bien

— COLOQ chao, abur, agur · nos vemos

ACABAR UNA CONVERSACIÓN:

— hemos acabado, h. concluido, h. terminado · está bien, he dicho

COLOQ

— acabáramos, se acabó, sanseacabó

— y en paz, y punto, y se acabó, y asunto concluido, y a. despachado, y a. terminado, y no hay tu tía, y no se hable más, y no hay más que hablar, y pare usted de contar

— y nada más, y ya está

— nos vemos, a más ver, hasta más ver, a ver si nos vemos, nos llamamos

— ni una palabra más, no se hable más del asunto

COMP ING

— se acabó lo que se daba, cruz y raya, apaga y vámonos, y todo sea por Dios, y aquí paz y después gloria, hasta verte Jesús mío, y santas pascuas, faltar el rabo por desollar; lo dijo Blas, punto redondo

— LAT finis coronat opus

51.03 acuerdo

sí
— bien, eso · sea
— claro, cierto, exacto, evidente, indudable, justo, seguro
— **efectivamente**, exactamente, ciertamente, evidentemente, naturalmente, indudablemente, afortunadamente, justamente, perfectamente, verdaderamente, naturalmente, obviamente, seguramente

en efecto
— desde luego, sin duda, cómo no, menos mal, eso es, eso mismo, muy bien, está bien, claro está, con seguridad, en verdad, así sea, de acuerdo

por supuesto
— por suerte, por dicha, por fortuna, por ventura, por descontado
— sin duda, sin la menor duda, sin sombra de duda, sin discusión, sin disputa, AM desde ya, ARG ponele la firma, VEN de bola
— a fe mía, a la verdad, a no dudar, a punto fijo
— a buena fe, a ciencia cierta, a buena cuenta, con certeza, de cierto, desde luego, en verdad, ni que decir tiene
— es evidente que, es preciso confesar que, está en la mente de todos que, está clarísimo que, estar convencido de que, estar persuadido de que, hay que admitir que, garantizo que, no ignoro que, no se puede negar que, para que entiendas que, para que sepas que, por supuesto que, salta a la vista que, todo el mundo sabe que
— pensar que, saber que · te lo aseguro, te lo juro, te lo prometo

no cabe duda
— no faltaría más, en buena hora, en buen punto, en eso coincidimos, estoy de acuerdo, a buen seguro
— a fe mía, por mi fe, como hay Dios, cuánto más que, eso está hecho, por cierto, así se habla · como me llamo...
— pues que sí señor, ni que decir tiene, tanto es así que, tanto más cuanto que · me parece muy bien, no hay duda de que

es más
— más aún, máxime, no sólo... sino
— **mayormente**, enormemente, espantosamente, exageradamente, extraordinariamente, extremadamente, fabulosamente, considerablemente, desmesuradamente, endemoniadamente, endiabladamente, fuertemente, grandemente, horriblemente, inmensamente, locamente, perdidamente, rematadamente, seriamente, sumamente, terriblemente, tremendamente

— fíjate, imagínate, mira, agárrense uds., imagínense uds., fíjense uds., miren uds.

declaro que
— mantengo que, tengo que decir que
— lo digo muy alto, lo d. sin dudar, lo d. sin vacilar
— se lo aseguro, se lo garantizo
— sin bromas, fuera de bromas

al unísono
— de común acuerdo, a una mano, a una voz, de conformidad, por aclamación, por una boca, por unanimidad
— seguir la corriente, s. el juego, dar corderillo, dar cuartelillo
— trato hecho · soy de la misma opinión

COLOQ
— **vale**, ok, venga, ajá, ajajá, estamos, amén, ele
— bravo, chapó, ole, viva, hurra
— y tanto, y gracias, lo dicho, de fijo, santa palabra
— ya lo creo, ya te digo, no faltaba más
— como lo oyes, así como suena, quizá y sin quizá
— y que lo digas, y gracias a Dios, y a Dios gracias, bien lo sabe Dios
— si lo sabré yo, ni más ni menos
— saltar a la cara, s. a la vista, s. a los ojos, verse a la legua · estar algo a ojos vista, dar en los ojos, salir de ojo, a todas luces, a toda luz
— ahí es nada, para colmo, y el caso es que, no veas, que no veas, no creas, ni con mucho, muy mucho
— anda, de aúpa, cosa igual, de los de no te menees, para que te enteres, para que lo sepas, por si fuera poco, aunque no lo parezca
— dónde va a parar, que venga Dios y lo vea, sin ir más lejos, VULG chúpate ésa

COMP ING
— ser algo que va a misa, ser a. de lo que no cabe la menor duda, ser a. que no deja lugar a duda, ser a. que no ofrece duda, ser a. que no tiene la menor sombra de duda, ser a. de toda evidencia, ser a. de libro, ser a. una verdad como un puño, ser a. claro como la luz del día, ser a. más claro que el agua, ser a. tan claro como el agua
— fuera de toda discusión, f. de toda duda
— como dos y dos son cuatro, c. tres y dos son cinco, c. que hay Dios, c. hay viñas, c. que me llamo..., c. que ahora es de día
— y lo que te rondaré morena, como el sol que nos alumbra, ciertos son los toros, como quien no dice nada

REF Quien calla otorga.

51.04 desacuerdo

no

— **nunca**, jamás · ni hablar, ni pensarlo, ni soñarlo, ni imaginarlo, ni siquiera, ni de milagro, ni en sueños, ni por asomo, ni por ésas

— **en absoluto**, faltaría más, te equivocas

— **de ningún modo**, en modo alguno, de ninguna manera, de ninguna forma

— **de eso nada**, nada de eso, no ha lugar, por nada del mundo, eso sí que no

— pues no señor, pues sí señor, pero hombre, claro hombre, qué manera de, como si, hay que ver, vamos a ver

— querrás creer que, quieres creer que, Dios sabe, sabe Dios, tanto como eso, allá va, qué va, qué vas tú a; sí, pero menos

— quién sabe, cualquiera sabe, falta saber, vete a saber, vaya usted a saber, está por ver, falta por ver, habrá que ver, será cosa de ver, ver y creer, ya se ve; ya, ya

— habrá cosa igual

COLOQ

— bah, cómo, como que, nones, nanay, jajay, jau, plum, ni que, quia, que Rita, toma, vaya, narices, mmm, hummm, psss, quia, gua, guau, hala, hale, hop, mande, uh, upa, uy, nequáquam, tururú

— **qué va**; quita, hombre; quita allá; qué va, hombre; venga, hombre; quita de ahí, para nada

— **qué puñetas**, qué narices, qué carajo, qué pijos, qué porras, que te den morcillas, unas narices, un cuerno, un rábano, una leche, una lechuga, AM ni a cañones, ARG Y UR ni a palos, EC ni de fundas, MÉX Y SALV ni a balazos

— ni a tiros, ni a tirones, ni para atrás, ni por asomo, ni por casualidad, ni para Dios, ni de lejos, ni de coña, ni en sueños, ni por ensueño, ni por éstas, ni por imaginación, ni por lumbre, ni por sombra, ni por pienso, por ningún cabo, ni remotamente, ni soñarlo · ARG ni ebrio, ni dormido; ni por las tapas, CHILE ni cagando

— **y un rábano**, y un pepino, y un jamón, y una leche, y una gaita, y un cuerno, sin cachondeos

— vamos anda, anda v., v. niño, v. corta, v. pira, v. vete, vete a hacer puñetas, no digas chorradas, no hay tu tía, no te amola

— que te crees tú eso, a saber si, ahí es nada, no es nada, adelante con los faroles, qué gracia, la órdiga, ni por pienso, habrase visto, pero has visto, voto a, ya

— MALSON Y VULG no jodas, por los cojones, qué cojones, qué coño, qué hostias, qué leches,

qué pollas, y un cojón, y un huevo, y un huevo y parte del otro, y una mierda, ni a hostias, ni de coña, ni en joda, métetelo por el culo, ARG ni por puta

COMP ING

— ni hablar del asunto, ni h. del peluquín

— ni por lo más remoto, ni por una de estas nueve cosas, ni por todo el oro del mundo, ni aunque me paguen, ni a. me ahorquen, ni harto de vino, ni por el forro, ni a la de tres

— **por nada del mundo**, jamás de los jamases, no me hagas reír, no me vengas con alicantinas · de eso nada, monada

— cuéntaselo a tu abuela, c. a Rita, c. a otro, c. a tu tía, c. a un guardia, c. al nuncio

— **qué niño muerto**, qué ocho cuartos

— **así me aspen**, aunque me maten, a. lo piquen, tararí que te vi, no hay tu tía, tu tía la gorda, ole con ole, anda la osa, trágame tierra, no te lo crees ni tú, que si quieres arroz Catalina

— MALSON Y VULG le van a dar mucho por culo, ni que me la machaquen, ARG sí, la pindonga; tomá de acá

REF

— Si preguntáis por berzas, mi padre tiene un garbanzo. Quien no te conozca, que te compre. A la vuelta lo venden tinto. A otra puerta, que esta no se abre. A tu abuela que le dé para libros. Por aquí se va a Madrid. Átame esa mosca por el rabo.

— Muy largo me lo fiáis. Que me lo claven en la frente. Naranjas de la China. Averígüelo Vargas.

51.05 amabilidad

PEDIR ALGO CORTÉSMENTE:

— **por favor**, haría el f. de, haz el f. de, me haces el f. de

— me gustaría que · quiere por favor, podría por f. · querrías

— sería importante que · s. tan amable de, te/le ruego que

— tendría o tiene la amabilidad de, tenga la bondad de

— COLOQ por lo que más quieras

SOLICITAR PERMISO:

— da usted su permiso · le importa que, le importaría que · me deja, me permite · podría, puedo

PEDIR EXCUSAS:

— perdón, perdona, con perdón

— perdone, p. usted

— disculpa, discúlpeme, usted perdone

— es culpa mía, qué torpe soy, lo siento mucho

— no he querido molestarlo, no lo haré más, no me he dado cuenta, ha sido sin querer, no lo he hecho aposta

— le presento mis disculpas

— disculpe, d. usted, dispense

— acabáramos, entonces, pues entonces, haberlo dicho, podías haberlo dicho

DAR LAS GRACIAS:

— gracias, muchas g., muchísimas g., mil g., un millón de g., un montón de g., g. de todo corazón

— se lo agradezco, le estoy muy agradecido, ha sido un placer

— es muy amable de su parte, es usted muy amable

AGRADECER LAS GRACIAS:

— de nada, a usted

— no es nada, no hay de qué, no tiene importancia

— no me lo agradezca, usted hubiera hecho lo mismo

— COLOQ vale

RESPONDER A LA PRESENTACIÓN DE UNA PERSONA:

— encantado, es un placer, me alegro de, mucho gusto, tanto gusto

— COLOQ el gusto es mío

EXPRESAR BUENOS DESEOS:

— felicidades, feliz aniversario, f. cumpleaños · enhorabuena

— que tengas suerte, que tenga usted suerte

— a tu salud, me alegro de que haya salido bien, que te/le vaya bien, te felicito por tus éxitos

CONSUELO:

— ánimo, suerte · cuánto lo siento, no te preocupes, olvídalo, te comprendo, no pasa nada, y ya está, y en paz, y listo, y sanseacabó, y santas pascuas

— ARG y chau pinela

APOYO:

— qué lástima, q. pena, q. fastidio, q. le vamos a hacer, q. se le va a hacer, q. mala suerte, q. remedio · ARG que te garúe finito

— es muy comprensible, me pongo en tu lugar, no es nada grave, otra vez será, todo está a tu favor, lo que hay que ver

51.06 desprecio

qué fastidio, tiene gracia, vaya una gracia, maldita la gracia

COLOQ

— hala, bah, fu, aire, hopo, jopo, hospa, largo, moste, moxte, muste, oste, uste, za, zape, zuzo, chucho, fuera, CHILE huichó

— anda; anda, vamos; anda chico, vamos chico, qué te habrás creído para eso

— lárgate

• piérdete, anda, chúpate ésa, pápate ésa

• vamos anda, anda vamos, anda hombre, vamos hombre, y a mí qué, qué lata, vaya una lata, anda niño

— no te fastidia

• hay que fastidiarse

• para que lo sepas, para que rabies, para que te chinches, para que te empapes, para que te enteres, para que te fastidies, para que veas

• estaríamos apañados, e. arreglados, e. aviados, e. buenos

— sería el colmo, sólo faltaría eso, hasta ahí podíamos llegar, anda niño vete a paseo

— no hay derecho, no faltaría más

— a la mierda, a la porra, al carajo, al diablo, a paseo, al cuerno, al infierno, al quinto infierno, a freír espárragos · fuera de aquí, largo de aquí

COMP ING

— que te den morcilla, que te frían un huevo, que te f. un churro, que te zurzan, que te parta un rayo, que te pierdas

— que la Magdalena te guíe, MALSON que le den por el culo

— vete o que se vaya a freír espárragos, v. o que se vaya a freír monas, v. o que se vaya a hacer gárgaras, v. o que se vaya a hacer puñetas, v. o que se vaya a la porra, v. o que se vaya a tomar viento, v. o que se vaya al cuerno, v. o que se vaya al diablo, v. o que se vaya al infierno, v. o que se vaya con mil demonios, v. o que se vaya con viento fresco, v. o que se vaya mucho con Dios

51.07 elogios

amor

— cielo, corazón, encanto, tesoro, vida

— amor mío, corazón mío, tesoro mío

— nena, pichón, prenda, rico, monín, monona

ángel, cariño, cariñito, churri, cielo, corazón, chiqui, gacela, gatito, muñeca, querido, rey, reina, tesoro

encanto, dulzura, belleza

— mi vida, vida mía, alma mía, corazón mío

— luz de mis ojos

— hijo de mi corazón, h. de mi alma, h. de mis entrañas

COLOQ pedazo de mi corazón, p. de mi alma, p. de mis entrañas

51.08 insultos

A LA INTELIGENCIA:

— tonto

• bobo, bobales, bobalías, bobalicón, bobarrón, bobatel, lelo, memo, necio, idiota, imbécil, insensato, majadero, calamidad, vaina, gurdo, simple, simplón, simplote

• EC Y HOND camote

— atontado

• alelado, bambarria, belitre, boceras, bozal, cantimpla, motolito, sancirole

• pánfilo, sandio, mondrego

- cipote, chirote, panfilote, paparote, pasmarote
- ARG, PAR y UR tilingo, CR, HOND y NIC noneco
— **mentecato**
  - mequetrefe, chisgarabís, chiquilicuatro, chiquilicuatre, mameluco, tarambana, badulaque, adoquín, cirigallo, gaznápiro
  - ANT desentido
  - AR chafandín
— **muñeco**
  - payaso, pelele, botarate, títere, fantoche, trasto, saltarín
— **animal**
  - bestia, burro, asno, pollino
  - palomo, ganso, pato, pavo, samarugo, cabestro
— RELACIONADO CON COMESTIBLES:
  - alcornoque, membrillo, zanahoria, melón
  - PERÚ lenteja
— **estúpido**
  - retrasado, cretino, majadero, anormal, menguado, panoli, cazurro, cateto, ceporro, MED oligofrénico
  - débil mental, retrasado mental, ligero de cascos, duro de mollera, falto de luces, incapaz de sacramentos
— **gilipollas**
  - ablandabrevas, ablandahigos, cagapoquito, cantamañanas, cascaciruelas, chisgarabís, chupajornales, correlindes, espantanublados, gilimursi, majagranzas, mamacallos, papamoscas, papanatas, parapoco, pavitonto, pelahuevos, pinchaúvas, rascatripas, sacabuche, soplagaitas, soplamocos, tiracantos, zampabodigos, zampabollos, zampatortas
— COMP ING
  - tonto de narices, t. de baba, t. del capirote, t. del haba, t. del higo, t. de remate
  - más tonto que Abundio, más t. que Pichote, más t. que Perico el de los Palotes, más t. que el que asó la manteca, más t. que una manta de habas, más t. que hacerle la permanente a un calvo
  - tonto a más no poder
  - agudo como punta de colchón, más tonto que pellizcar cristales
  - MALSON y VULG soplapollas, tonto del culo · más tonto que la tía Joaquina que no sabe si mea o si orina, más tonto que los cojones que llevan toda la vida juntos y no se saludan, ARG más boludo que las palomas
A LA EDUCACIÓN:
— fresco, frescales, golfo, cerdo, asqueroso, borracho, indeseable, mentiroso, miserable, salvaje, sinvergüenza, gamberro, caradura

— pesado, plasta, cataplasma, plomo · molondro, mamarracho, zascandil, mequetrefe
A LA HABILIDAD:
— **inútil**, inhábil, inepto, obtuso, insensato, patoso, penco, petardo, gambalúa · apantallado, atolondrado, fatuo
— madero, zoquete, zángano, pamplinero, badajo, mendrugo, marmolillo, pandero, pendejo
— chapucero, chapuza, birria, desastre, emplasto, mamarracho, parche, pegote
A LA BONDAD:
— miserable, bellaco, malvado, mezquino, depravado, perverso, pérfido, ruin, vil
— víbora, ogro, demonio, satán
— alma de Judas, a. de Caín, a. de caballo · mal bicho
— mala bestia, m. cuca, m. sombra
— MALSON y VULG hijo de tal, h. de puta, h. de perra, h. de Satanás, h. de su madre, h. de la grandísima, ARG h. de mil putas, MÉX y SALV h. de la gran chingada
A LA CORDURA:
— **loco**, chalado, chiflado, pirado, grillado
— **ingenuo**, crédulo, cándido, candoroso, inocente, infeliz, incauto, inexperto, infantil, iluso, idealista
— papanatas, paparote, papatoste, pasmarote o pasmón, pardillo
— buen Juan, alma de cántaro
— caído del guindo, c. del nido, ARG c. del catre, c. de la cuna, c. de la palmera, CUBA c. de la cama
— tragárselo todo, tener buenas creederas, t. buenas tragaderas, creer en los peces de colores
A LA ACTUACIÓN TAIMADA:
— **socarrón**, socarra, socarro, cuco, macuco, morlaco, gazapo, marrajo, mego, mindango, samugo, samarugo, somardón, zamacuco, zamarro
— **moscón**, tumbón, morlón, coscón, camastrón, carlancón, macandón, martagón, zanguayo, zorrocloco, DESUS maxmordón
— VULG cabrón, cabronzuelo, cabronazo, consentido, cornudo, cuclillo, gurrumino, malcasado, novillo · la madre que te parió, la madre que te trajo
A LA VALENTÍA:
— cobarde, mandilón, calzonazos, cagueta, cagón, culeras
— gallina, hiena, liebre, cabrito
— pendejo, traidor
51.09 entusiasmo
excelente
— **fantástico**, asombroso, celestial, colosal, divino, espléndido, estupendo, excepcional,

extraordinario, fenomenal, fenómeno, grandioso, imponente, impresionante, maravilloso, magnífico, pasmoso, portentoso, prodigioso, sensacional, soberano, soberbio, sorprendente, único
— ARG Y UR bárbaro, regio · AM CENT chévere
— **loable**, estimable, alabable, laudable, plausible, incomparable, inigualable, formidable, inmejorable, inolvidable, insuperable
— **oportuno**, pintiparado

admirable
— **agradable**, apreciable, deseable, estimable, favorable, formidable, incomparable, intachable, inigualable, plausible
— COLOQ
    • morrocotudo, pistonudo, pintiparado
    • de chipé o de chipén, de buten, dabuten o dabuti
    • chupi, guay, fetén, súper, pipa, MALSON teta

de bien
— **de aúpa**, de valor, de categoría, de mérito, de maravilla, de buena cepa, de recibo, de cuenta, de altos vuelos, de campanillas, del siglo, de primera fila
— **de buen corazón**, de buena pasta, de pasta flora, de cuerpo entero, de buenos sentimientos, de buena ley
— **de oro**, de oro molido, de marca, de m. mayor, de órdago, de chupete, de rechupete
— **sin par**, lo último, el non plus ultra, que vale un imperio, que no hay más que pedir
— MÉX a todo dar, al tiro, HOND a todo mecate, RD por la maceta, VEN como un clavo, por la goma
— COLOQ de tomo y lomo, de padre y muy señor mío

DAR ÁNIMOS:
— **olé**, adelante, arriba, así, bien, bravo, bueno, colosal, ea, ele, eso, hala, hale, hurra, más, mejor, muy bien, vamos, venga, viva
— **aúpa**, dale, eso es, está bien, lo haces muy bien, que ya es tuyo, bien hecho, sigue así, échale coraje, é. lo que hay que echarle
— **menos mal**, qué bien, qué alivio, ya era hora

COLOQ
— **fetén**, morrocotudo, chupi, guay, pipa, teta, pistonudo, chachi piruli, chachis, dabuten o dabuti
— **buen bocado**, canela fina, una bendición de Dios, una maravilla, una pasada
— CUBA ser un tiro, ser un cañonazo, ser una maravilla, MÉX a todo dar
— **de antología**, de artesanía, de aúpa, de bandera, de bigotes, de buena ley, de buten, de calidad, de campeonato, de categoría, de chipé, de cine, de concurso, de condición, de confianza, de cuidado, de Dios, de dos

narices, de ensueño, de escándalo, de espanto, de excepción, de exposición, de fábula, de fiar, de garantía, de locura, de lujo, de maravilla, de marca mayor, de mérito, de miedo, de morirse, de muerte, de narices, de no veas, de nota, de olé, de órdago, de oro, de pata negra, de película, de perillas, de perlas, de primera, de pronóstico, de rechupete, de una vez, de valor, de vicio, CUBA Y VEN de pinga, GUAT de a pelos, MÉX de pura uva, UR de la planta
— **la gloria**, la leche, la releche, la reoca, la repanocha, la tira, la caraba, la monda, la pera, lo no visto, lo nunca visto, el no va más, el non plus ultra, la flor y nata, sin igual, sin par, sin un pero
— **fuera de serie**, f. de lo común · cosa fina · canela fina, c. en rama · oro en polvo · para morirse
— MALSON Y VULG cojonudo, acojonante, del carajo, de cojones, de tres pares de cojones, de la hostia, de puta madre, teta de novicia · ARG de la gran flauta, de la gran siete, CUBA de madre, MÉX a toda madre

COMP ING
— **como de la noche al día**, c. mano de santo, c. no hay dos, c. no hay otro, c. él solo, c. llamar a Dios de tú, c. una perita en dulce
— **de agárrate y no te menees**, de aquí te espero, de bigote y bandera, de chicha y nabo, de chuparse los dedos, de etiqueta negra, de lo que no hay, de los que entran pocos en una libra, de los que hacen época, de padre y muy señor mío, de quitar el hipo, de tres pares de narices
— **valer un imperio**, v. un mundo, v. todo el oro del mundo, v. más que su peso en oro, v. un ojo de la cara, v. un Perú, v. un Potosí, v. un sentido
— **no tener desperdicio**, ser una alhaja, servir lo mismo para un barrido que para un fregado
— **ser una bendición de Dios**, s. un primor, s. pan y miel, s. un dije, s. una viña · estar a pedir de boca
— MALSON Y VULG que se caga la perra, que te caes de culo · más que la hostia, más que la puñeta · valer la hostia, valer un cojón

51.10 decepción

caramba
— **adiós**, anda, arrea, atiza, bingo, bravo, bueno, canarios, canastos, caracoles, carape, caray, cáscaras, cáspita, cielos, contra, córcholis, cormios, ea, hala, hale, hombre, jesús, leche, leñe, maldito, mecachis, miau, miércoles, mira, narices, ostras, pataplum, porra, rayos y truenos, sopla, ta-

te, tira, vaya, zambomba, zapateta, zape, DESUS pardiobre
— **demonio**, demontre, diablo, diantres
  • qué asco, q. barbaridad, q. caramba, q. cuernos, q. demonios, q. demontre, q. diablos, q. disparate, q. fastidio, q. gracia, q. gracioso, q. lata, q. mala pata, q. narices, q. rabia, q. rollo
  • cuidado con, caramba con · el colmo
  • jajay o ajajay, ayayay, amalaya, ananay, apa, aprieta, arre, arrea, arriba, aúpa, COL Y PERÚ achachay, GUAT achís
— **anda**
  • vamos, anda vamos, dale, dichoso
  • jo, jobar, jolín, jolines, joroba, jope
  • madre mía, mi madre, mi abuela
  • rediez, pardiez, recontra, recórcholis, rediós, repámpanos
ésas tenemos
— pues estamos bien, cuidado con, mira con, cómo es eso, hay que ver, habrase visto, pero has visto, vamos anda
— el demonio de, demonio con, el diablo de, cómo diablos, vaya una gracia, vaya una lata
— ... de mi alma, ... de mi vida, DESUS voto a
— pero hombre, ahora sí que, ésa es otra
— **es un infierno**, es una pesadilla, tiene mala sombra, no lo hubiera creído, no sea el diablo que
— no digo nada, buena la he hecho
habrase visto
— pero has visto, pues estamos bien, p. estamos buenos, es el colmo, habrá cosa igual, pero tú qué te crees, pero usted qué se cree, qué se habrá creído, cuidado con, habrá igual, ya empezamos, bien está, qué gracia, pero alma mía
— **Dios**, Dios santo, Santo Dios, por Dios, vive Dios, Dios mío, alabado sea Dios, Dios nos asista, Dios nos coja confesados, válgame Dios, vaya por Dios, v. bendito de Dios, v. con Dios, v. mucho con Dios, vive Cristo, por los clavos de Cristo, Virgen santísima, Ave María Purísima, Ángela María, por todos los santos, en qué pararán estas misas, santa palabra, Jesús; Jesús, María y José; Jesús mil veces
ah
— oh, cielos, vaya, cómo, anda, válgame
— ah, Ángela María, aprieta, arrea, atiza, lo bueno es que
— calla, calle, chico, chica, cuerno, el colmo
— lo chocante es que, cómo, concho
— qué me cuentas, qué me dices, no me digas, deja
— demonio, diablo, demontre, diantre, Dios
— cómo es eso, para eso, COL cómo así

— qué gracia, sí que tiene gracia la cosa, lo gracioso es que, habrá, habrá igual
COLOQ
— de abrigo, de agua y lana, de aúpa, de bigotes, de chicha y nabo, de cuidado, de imitación, de la leche, de la piel del diablo, de lo más grande, de lo que no hay, de locura, de los de no te menees, de mal agüero, de mal efecto, de miedo, de morondanga, de munición, de nada, de órdago, de pacotilla, de pena, de poca monta, de tres al cuarto
— MALSON Y VULG mierda, EUFEM, CHILE miéchica · cojones, coño, carajo, hostias, joder · de puta madre, la leche puta, me cago en la leche, que te cagas, chúpate ésa
— ARG así nomás, hasta por ahí nomás, la pucha digo, la gran siete, GUAT Y SALV dos que tres, MÉX ahí nomás, dos-tres, valer bolillo, valer puro bonete
COMP ING
— ser el acabose, s. el colmo, s. el copón de la baraja, s. el desiderátum, s. el despiporre o despiporren, s. el disloque, s. la caraba, s. la hostia, s. la leche, s. la monda, s. la pera, s. la puñeta, s. la reoca, s. la repanocha, s. la repera, CUBA s. hasta la madre de los tomates, MÉX pasarse de lanza
— que si quieres, qué se habrá creído
— tiene bemoles, t. gracia, t. maldita la gracia · tener lo suyo, t. bigotes
— **de mala muerte**, de mala mano, de media tijera, de medio pelo, de pacotilla, de baja calidad, de baja estofa, de mucho cuidado, de no te menees, de sustancia, de talla, de tomo y lomo, de vara alta, de categoría, de envergadura, de medio ganchete, CUBA de apéame uno
— me cachis, me c. en diez, me c. en la mar, me cago en la mar, me c. en la leche, habrá cosa igual
— hasta ahí podíamos llegar, habrase visto cosa semejante, Dios nos tenga de su mano
— correr malos vientos, soplar viento en contra, estar en un lecho de espinas, venir de malas, v. mal barajado un asunto
51.11 deseo
me interesa
— me agrada, me gusta, me atrae, me tienta, me complazco con, me cae en gracia
— qué bien si, qué bueno sería que, quiera Dios que, Dios quiera que, permita Dios que, plega a Dios que, si Dios quisiera que, ojalá que, qué más quisiera yo
— tener predilección por, t. debilidad por, querer más, q. mejor
— a que, a lo mejor, estaría bueno que, el día menos pensado, un buen día, si a mano

viene, mira que si, pero es posible que, quién sabe, vete a saber si, me temo que, a ver si
— qué te apuestas a que, qué te juegas a que
— estar loco por, quedar prendido por, q. hechizado con, sentir curiosidad por, tener un especial atractivo

LLAMADAS:
— **socorro**, auxilio, aquí, eh, hao, a mí
— señor, señora, jefe, oye, oiga, oiga usted, mira, mire usted, a ver
— alto, atención
— basta, cállate, cuidado, métete en tus asuntos
— rápido, vamos

COLOQ
— gustar la mar, g. la tira, g. un rato, g. una bestialidad, g. una burrada, g. una enormidad · molar cantidad, MALSON Y VULG m. la hostia, m. la leche, m. la polla
— me chifla, me hace tilín, me cae bien
— parecer magnífico, encontrar la idea interesante, no estar falto de interés, ser un fanático de
— Dios te oiga

51.12 rechazo
anda hombre
— hombre, pero hombre, vamos hombre, vamos, vamos anda
— **qué horror**, q. lástima, q. pena, q. barbaridad, q. disparate, cómo, de dónde
— aborrezco, me decepciona, me desagrada, me disgusta, me horroriza

no me gusta
— lo detesto, lo odio, me cae gordo, me cae mal, no me satisface
— no hay quien lo aguante, no lo soporto, pero esto qué es, por quién me toman, adónde vamos a parar, qué se han creído
— mal haya, me da igual, ni lo nombres, no me dice nada, oh no, se me atraganta, ser algo despreciable
— es el acabose, sería el colmo, no hay derecho, no faltaba o faltaría más, es grande que, ahí es nada, pues no es nada, pues, hábrase visto
— tendría gracia, sí que tiene gracia la cosa
— por Dios, vaya por Dios, válgame Dios, alabado sea Dios, por el amor de Dios, Ángela María, Ave María Purísima, por los clavos de Cristo
— pues estamos apañados, pues e. arreglados, pues estaría bien, pues e. bueno

COLOQ
— anda, chúpate ésa
— hasta ahí podíamos llegar
— alto el carro, vamos venga, unas narices, por las narices

— anda con, para eso, mi gozo en un pozo, fíjate, fíjese usted, mira, toma, vaya
— chipendi lerendi, manda narices, no te amola, nos ha amolado, nos ha merengado
— MALSON Y VULG no te jodes, a tomar por culo, de tres pares de narices, tres pares de cojones, nos ha jodido mayo con sus flores, nos ha jorobado, por mí como si se la machacan, un huevo y la yema del otro, a mí me la refanfinfla

COMP ING
— para que te empapes, para que te enteres, para que rabies, para que lo sepas, para que veas
— corta Blas que no me vas; c. el rollo, repollo; c. y rema que vienen los vikingos
— tararí que te vi; toma del frasco, Carrasco
— dar con la puerta en las narices o en los hocicos
— mandar con viento fresco, hacer un corte de mangas
— no te digo, no te fastidia, no te jeringa · nos ha fastidiado
— mal rayo le parta, y un jamón con chorreras, echa el freno Magdaleno
— **mandar** a buscar berros, m. a capar ratones, m. a escardar cebollinos, m. a escupir a la vía, m. a espulgar un galgo, m. a freír buñuelos, m. a freír churros, m. a freír espárragos, m. a freír monas, m. a hacer gárgaras, m. a hacer leches, m. a hacer puñetas, m. a la eme, m. a la finca del obispo, m. a la porra, m. a los infiernos de Loja, m. a paseo, m. al cuerno, m. al diablo, m. al infierno, m. con la música a otra parte, m. con viento fresco, MALSON m. a la mierda
— ARG dar el opio, CHILE a la cresta, a la punta del cerro, COL al chorizo, CUBA a empinar chiringas, a e. papalotes, SALV al Chan, MÉX a Bolívar, VEN al cipote
— MALSON Y VULG
  • mandar al carajo, m. a tomar por el culo, m. que le den por el culo, m. que le den por donde amargan los pepinos, m. al quinto coño, m. a buscar la cagada del lagarto, m. donde mea María, MÉX m. a la fregada, m. a la chingada
  • cagarse en diez, c. en la leche, c. en la leche jodía, c. en la leche puta, c. en la leche que te han dado, c. en la madre que te parió, c. en la mar salada, c. en la sota de bastos, c. en la puta de oros, c. en toda la familia, c. en la estampa, c. en la madre/padre, c. en la puta madre, c. en los muertos

REF A palabras necias, oídos sordos.

51.13 opinión
creo
— imagino, sugiero, presumo, pienso
— me parece que, no dudo que, no ignoro
  que, he creído oportuno, no puedo negar
  que, no se me escapa que, estoy de acuerdo con, e. seguro de que, sé muy bien que
— se diría que, es un poco como si, no puede
  dejar de admitirse que
a mi juicio
— a mi entender, en mi concepto, a mi modo de ver, a lo que se me alcanza, en mi opinión, a mi parecer, según mi leal saber y entender, en mi sentir, desde mi punto de
  vista, según mi entender
— según parece, al parecer, por lo visto, se
  conoce que, se ve que, todo parece indicar
  que, según la cuenta, a lo que parece, a
  lo que se ve, a sobre haz
a juicio de
— a criterio de, a los ojos de, a su entender, a
  su modo de ver, en opinión de, a lo que se
  le alcanza
— a primera vista, al primer envite
a o en fin de cuentas
— en realidad, en rigor, a decir verdad, después
  de todo, en honor a la verdad, en medio de
  todo, al fin y al cabo, al cabo y a la postre,
  al fin y a la postre
— en conciencia, con todas las de la ley, en
  buena ley, por derecho, con todo derecho
— bien considerado, b. mirado, si b. se mira,
  al remate
— en definitiva, en el fondo
51.14 duda
depende
— eso depende, ya veremos, allá veremos
— eso está por verse, falta por ver si
— supongamos, supón · casi, hacia
— así así, cosa de, cuestión de, digamos que
quizá o quizás
— es posible, posiblemente, puede ser, tal vez
— temo que, dudo mucho que, a saber, cualquiera sabe, Dios sabe, vaya uno a saber,
  vete a saber
— ya veré, ya lo pensaré, no sé si, déjeme pensarlo, dame tiempo, debo pensarlo mejor
— estar en un mar de dudas, puede que sí,
  puede que no · se presta a confusión
COLOQ no te lo crees ni tú
COMP ING
— una de dos, o una cosa o la otra
— ayunar o comer trucha, caja o faja, o calvo
  o con dos pelucas, o césar o nada, o cien varas de nariz o cortarla de raíz, o perdiz o no
  comer, al vado o a la puente
REF Será lo que tase un sastre.

51.15 sorpresa o **asombro**
ay, qué, ya, cómo, Señor, hombre
asombroso
— fabuloso, maravilloso, milagroso, pasmoso,
  portentoso, prodigioso, tremendo
— fenomenal, colosal, sensacional
— fantástico, extraordinario, imponente, impresionante, despampanante, enorme
— incomprensible, inconcebible, increíble, inexplicable, inaudito, insólito, inusitado
— cuidado con, mira con, el demonio de, qué
  veo
aparatoso
— **impactante**, brillante, coruscante, deslumbrante, despampanante, descacharrante, deslumbrador, efectista, epatante, espantoso,
  imponente, impresionante, indescriptible, ostentoso, pasmoso, portentoso, magnífico
— **espectacular**, esplendoroso, estrepitoso, estridente, estupendo, explosivo, extraordinario, faraónico, maravilloso · grande, grandioso, homérico, llamativo, majestuoso
— **sensacional**, señorial, soberbio, sorprendente, sublime, terrible, tremendo
— **vistoso**, de apariencia, de mucho efecto,
  que tira de espaldas, que tumba
qué barbaridad
— **qué dices**, qué horror, parece mentira, es
  posible, parece imposible
— **qué me dices**, q. me cuentas, q. viene, a
  q. conduce, quién lo diría, es el colmo, a
  qué santo, cómo es eso, cómo es posible,
  pero será posible, qué es eso, hay que ver,
  habrá cosa igual, h. cosa parecida, h. cosa
  semejante, pero has visto, no me digas
— **a cuento de qué**, a santo de qué, a son
  de qué, dónde vamos a parar, conque ésas
  tenemos
no poder imaginar
— qué, cómo, habrá
— ahí va, pero hombre, pero bueno, parece
  mentira, de verdad, es cierto, es increíble,
  tiene gracia, qué dices, qué sorpresa, santo
  cielo, ésas tenemos
— no es posible, no me digas, vivir para ver,
  pero si es, vaya una broma, con lo que, es
  grande que
— no haber visto nunca, de lo que no hay, me
  resulta extraño, no lo hubiera creído
ahí es nada, hasta allá, que es una bendición,
  cosa igual, lo que se dice, no digo nada,
  no ser para dicho, como una delicia, como
  el diablo
COLOQ
— **ah**, oh, eh, ea, zas, to, ta, tate, ay, paf, ca,
  che, ojo, ole, huy, ya, ahlalá, zape, válgame,
  ya, re-, requete-, vaya

— ARG, BOL, CHILE, SALV Y PERÚ epa
— **así de**, a qué viene, cómo, c. demonios, c. diablos, con decir que, cuál, cuidado que, de un modo, el demonio de, el gran, el muy, estar que, lo chocante es que, menudo, milagro sería, mira con, mucho es que, no tienes idea de lo, pero cómo, qué, q. cosa tan, q. demonios, q. diablos, q. diantre, q. es eso, q. hermosura de, q. modo de, vaya un, v. una manera de
— **ahí va**, anda la osa, otro que tal, vaya, a qué viene, ares y mares, un huevo, con que ésas tenemos
— **nada más**, nada menos, nada más y nada menos, qué manera de, pues no es nada, como hay pocos, que para qué, cómo diablos, cómo diantres
— **habrase visto**, pero has visto, cualquiera lo diría, no me digas, cómo es eso, parece mentira, ésas tenemos, ver para creer, qué veo, hay que ver, vivir para ver, quién te ha visto y quién te ve, cosas veredes; los haya, si los hay
— Dios mío; Jesús; Jesús, María y José; ave María; ave María Purísima; Ángela María; santo Dios; Dios santo; válgame Dios
— **no me jorobes**, no me fastidies, VULG no me jodas, ARG a la pindonga, a la pucha, a la madona, a la flauta, a la pelotita

COMP ING
— **quedarse** patidifuso, q. sin respiración, q. sin habla, q. despatarrado, q. con la boca abierta
— quitar el habla, q. el hipo
— dejar sin habla, d. como una estatua, d. con la boca abierta
— caerse de espaldas, tirar de espaldas, hacerse cruces, llevarse las manos a la cabeza
— no me lo habría imaginado, no me lo puedo creer, aunque parezca mentira, a. no lo parezca, vivir para ver
— cómo está el patio, no haberlas visto nunca tan gordas, en toda la redondez de la Tierra, qué tripa se le habrá roto
— de lo que no puede imaginarse, como quien no dice nada, todo lo que se diga es poco
— VULG no ser excremento de cigüeña · no ser grano de anís, no ser moco de pavo

REF Donde menos se piensa salta la liebre. Faltar palabras a pares. Echarle guindas al pavo. Echarle hilo a la cometa. No es nada lo del ojo, y lo llevaba en la mano. La cura va bien, pero el ojo lo pierde.

51.16 indiferencia
dar igual
— es igual, dar o ser lo mismo, qué más da, tanto da, no le hace, que diga misa, es lo

mismo, tanto monta, no vale la pena, y qué, y a mí qué, y eso qué, no tiene que ver, qué tiene que ver
— no me importa, me da lo mismo, me deja frío, me deja indiferente
— ir a lo suyo, ir a sus cosas, meterse en lo de uno, llámelo hache

COLOQ
— pche, ps, pse
— tanto da, qué más da, por mí, a mí plin, y eso qué, para el caso
— al infierno, cruz y raya, allá películas, allá cuentos, allá cuidados
— a mí qué, hacerse el tonto
— me trae al fresco, me trae sin cuidado, tal día hará un año, no haber dónde escoger

COMP ING
— ahí me las den todas, y que siga la danza, que le den dos duros, ni me va ni me viene, cuéntaselo al moro Muza, que cada palo aguante su vela, con su pan se lo coma, dame pan y llámame tonto, el que venga detrás que arree, a la vuelta lo venden tinto
— no darle a uno vela en el entierro, zapatero a tus zapatos
— hacer a pelo y pluma, lo mismo es a cuestas que al hombro, olivo y aceituno todo es uno; ser lo mismo ocho que ochenta; tanto monta, monta tanto
— de legaña al moco va muy poco, juntarse el hambre y las ganas de comer, lo que no va en lágrimas va en suspiros, los mismos perros con distintos collares

REF
— Mientras dura, vida y dulzura. A vivir que son dos días. Comamos y bebamos que mañana moriremos. Que se mueran los feos. Hágase el milagro y hágalo el diablo.

51.17 posibilidad
puede
— **acaso**, quizás, posiblemente, puede ser, tal vez
— es posible, me pregunto si, quizá o quizás, no sé, quién sabe, o como sea, el tiempo dirá, tal vez
si acaso
— igual, hombre, por si, veremos, tú crees, Dios dirá, sabe Dios, Dios sabe, es fácil
— en caso, en todo caso, si llega el caso, a un caso, en caso extremo, en caso de fuerza mayor, en caso de necesidad
— en último extremo, en ú. caso, en ú. término, en ú. lugar, en ú. recurso, en última instancia
— como último remedio, si no hay más r., si no hay otro r., a una mala
— **por si acaso**, estaría bueno que, todo cabe,

no faltaría más, sino que, tendría gracia que, si a mano viene, a lo mejor, lo más que puede ocurrir es que, todo puede ocurrir, a saber si, cualquiera sabe, quién sabe, no vaya a ser que, todo puede ser

más o menos
— algo así como, como cosa de, o cosa así, puede decirse que, como si dijéramos, como quien dice, es un decir, vamos a decir, a eso de, allá se irán, del orden de, muy bien puede, vamos a poner, es un suponer, vamos a suponer
— poco más o menos, sobre poco más o menos, que si arriba que si abajo, tal cosa y tal otra, cual más cual menos

es posible que
— es probable que, es improbable que, da la impresión de, hay rumores de que, no parece que, se dice que, se diría que, se puede pensar que, todo indica que
— puede que, puede ser que, quién sabe si, tal vez, a poder ser, a ser posible, en lo posible, al mejor tiempo, a lo mejor, AM es capaz que, capaz que, ARG por ahí, MÉX a la mejor, a poco
— seguramente, a buen seguro, con toda seguridad

COLOQ
— pche, psss, mmm, chi lo sa, ya veremos, allá veremos
— vete tú a saber, según y cómo, no sé qué te diga, según y conforme, por sí o por no

COMP ING
— no sea el demonio que, por si las moscas
— ya veremos en qué paran estas misas, será lo que tase un sastre

51.18 imposibilidad
inviable
— **impracticable**, inaccesible, inadmisible, inalcanzable, inasequible, inhacedero, irrealizable, quimérico, utópico
— **por nada**, en nada, en el mundo, por nada del mundo, ni por pienso, ni soñarlo, ni a la de tres, que si quieres
— de todo punto absurdo, ni por ésas

COLOQ pobre de mí, qué quieres que haga

COMP ING pedir la Luna, hablar de la mar, pedir peras al olmo, p. cotufas en el golfo, la cuadratura del círculo

51.19 relacionantes: preposiciones
a, ante, bajo, con, contra, de, desde, en, entre, hacia, hasta, para, por, según, sin, sobre, tras
cuando, donde (P. EJ. CUANDO NIÑO, DONDE TU MADRE)
excepto, salvo, durante, mediante (P. EJ. EXCEPTO LOS DOMINGOS; SALVO TU MADRE; DURANTE LAS VACACIONES; MEDIANTE UN TALÓN)

no obstante (P. EJ. NO OBSTANTE INTENTARÉ CONVENCERLO)
ANT SO, cabe

QUE EXPRESAN LUGAR:

en	VIVO EN MURCIA	LOCALIZACIÓN
a	VOY A MURCIA	APROXIMACIÓN
de	VENGO DE MURCIA	SEPARACIÓN
tras	TRAS LOS CRISTALES	SITUACIÓN
entre	ENTRE ROMA Y EL MAR	
hacia	VE HACIA EL RÍO	DIRECCIÓN
por	ANDA POR LA ACERA	ITINERARIO
con	ESTÁ CON MARÍA	COMPAÑÍA

QUE EXPRESAN TIEMPO:

a	A LAS SIETE Y MEDIA	MOMENTO PRECISO
en	EN EL VERANO	MOMENTO AMPLIO
de	DE MADRUGADA	DURACIÓN
por	POR EL DÍA	MOMENTO AMPLIO
desde	DESDE EL DÍA UNO	PARTIDA
con	NO VAYAS CON ESA ROPA	SIMULTANEIDAD
sobre	SOBRE LAS DIEZ	PROXIMIDAD
para	PARA MAÑANA	APLAZAMIENTO

QUE EXPRESAN CAUSA Y FINALIDAD:

por	BRINDO POR LA PAZ	CAUSA
para	PARA ELISA	FINALIDAD

51.20 relacionantes: conjunciones
ADVERSATIVAS
— mas, pero, empero, sino, sin embargo
— ahora bien, ahora que, antes bien, más bien, en cambio, si como, por contra, al contrario, mientras que, es que, sensu contrario, sino que, solamente que, con todo
— por el contrario, por lo contrario, por otro lado, lejos de eso, a lo mejor, si así como, siendo así que, muy al contrario, así y todo, todo lo contrario
— el asunto es que, el caso es que, lo cierto es que, antes por el contrario, la cosa es que, la cuestión es que, el hecho es que, lo malo es que, si lo mismo que, al revés de eso, la verdad es que
— la cuestión está en que, el inconveniente está en que, si en lugar de que, si en lugar de eso, si a mano viene, lo que ocurre es que, lo que pasa es que, al revés de lo que, lo que sucede es que, con todo y con eso, si en vez de eso, si en vez de que
COMPARATIVAS
— así de, así... como, como, cual, cuanto... tanto, idéntico a, igual a, de igual manera que, de igual modo que, igual que, de la misma manera que, del mismo modo que, lo mis-

mo que, nada como, no hay nada como, no hay... como, según, tal como, tal cual, tal... como, tan o tanto como
— al igual que, así como, de igual manera, de igual modo, de igual suerte, de la misma manera, del mismo modo, lo mismo, según y conforme, tal y como
— a la inversa, al contrario, al revés, en cambio, por el contrario
— a tuertas, a zocas, a zurdas · la otra cara de la moneda, el otro polo, el polo opuesto

CONCESIVAS
— aun, aunque, con, como, pero, empero, por, si, sino, cuando, siquiera, y
— aun así, bien que, si bien, sin embargo, mal que, más que, cuando menos, al menos, por... que, puesto que, que... que, con ser, ni siquiera, con todo, aun cuando, no obstante, no por
— así y todo, si... como si, a despecho de, aun con eso, y con eso, y eso que, por más que, a lo menos, por lo menos, por mucho que, pese a que, de todas maneras, quieras que no
— si bien es cierto que, de cualquier manera que, lo mismo si... que si..., sin perjuicio de que, a pesar de que, quiera o no quiera, tanto si... como si..., con todo y con eso, con todo y que, si bien es verdad que

CONDICIONALES
— si
— según como, con que, según que, siempre que, si ya, solamente que
— con tal que, con sólo que, a menos que, en función de, siempre y cuando, bien entendido que, según y conforme
— a base de que, a calidad de que, a condición de que, en el entendimiento de que, en la inteligencia de que, si no es que, a no ser que

HIPOTÉTICAS
— pongamos, sea, si
— caso que, dado que, puesto que, hacer cuenta, siempre que, supongamos que, supuesto que, COLOQ llámale hache
— en ese caso, en todo c., llegado el c., poner por c., pongamos por c., vamos a decir, bien entendido que, vamos a suponer, una vez que, por las trazas, es un decir, es un suponer
— si llega el caso, en c. de que, dado el c. de que, puestas así las cosas, pongamos por ejemplo, en el entendimiento de que, en la inteligencia de que, si a eso vamos, muy bien puede ser, vamos a poner que, sea o no sea

CONSECUTIVAS
— pues, luego, al, así, conque, consiguientemente, naturalmente, entonces, ergo, total

— ahora bien, así pues, así que, y así, y bien, en conclusión, en consecuencia, por consiguiente, en definitiva, por ende, por eso, en resumen, en suma, por tanto, por lo tanto, en total
— de ahí que, en ese caso, en resumidas cuentas, a la postre, de forma que, de manera que, de modo que, en una palabra, de suerte que
— tanto es así que, si a eso vamos, a fin de cuentas, en fin de c., al fin y al cabo, puestas las cosas así

CORRECTIVAS
— o, realmente, vamos
— si acaso, ahora que, antes bien, mejor dicho, más bien, bien considerado, considerándolo bien, de hecho, al menos, cuando menos, bien mirado, mirándolo bien, bien pensado, pensándolo bien, en realidad, salvo que, salvo si
— en todo caso, a menos que, no digamos que, por mejor decir, o si no, y si no, a lo menos, por lo menos, después de todo, es verdad que
— si se considera bien, si bien se mira, otra cosa sería que, otra cosa sería si, al fin y al cabo, en fin de cuentas, a mano viene, so pena de que, si bien se piensa, la realidad es que, a reserva de que, a no ser que, como no sea que, en medio de todo, si vamos a ver, la verdad es que, es bien verdad que

CORRELATIVAS
— conforme, correlativamente, de igual manera que, a medida que, mientras, lo mismo que, de igual modo que, paralelamente, según, simultáneamente, cual... así, cuanto más... más, cuanto más... menos, cuanto más... tanto más, cuanto más... tanto menos, cuanto menos... más, cuanto menos... menos, cuanto menos... tanto más, cuanto menos... tanto menos, no sólo... si no, tal... así, tal... cual, tal... tal, tan... como, tanto... tanto.

ATENUATIVAS
— si acaso, en todo caso, no digamos que, pero, aunque sólo sea, siquiera, después de todo, en medio de todo, a menos que, so pena de que, salvo que, como no sea que, a no ser que, verdad es que, bien es verdad que, en cierta medida, en cierto modo, no es por nada, pero; hasta cierto punto

RESTRICTIVAS
— basta, menos, puramente
— lo más, no más, ahora que, menos si, salvo que, salvo si, cuando más, como máximo, cuando menos, lo menos, no menos, como mínimo, por mucho, como poco, por poco, bueno está, menos de

— a lo sumo, a todo tirar, y eso que, y eso sí, a menos que, a lo más, todo lo más, a lo menos, todo lo menos, por lo menos, poniendo por mucho

— cada cual a su oficio, cada cual a lo suyo, zapatero a tus zapatos

PREVENTIVAS

— preventivamente

— por si · por si acaso, no vaya a, a una mala

— no sea caso que, para el caso de que, no sea cosa que, no sea cuestión que, no sea el demonio que, no sea el diablo que, por si las moscas, en previsión de que, no sea que, no vaya a ser que, por si o por no

RELATIVAS

— acerca de, al respecto, concerniente a, en cuestión, para con, por mí, respecto a, tocante a

— a propósito de, con referencia a, con relación a, en punto a, con respecto a, en cuanto a, en consideración a, en lo tocante a, en orden a, en vista de, por mi parte

— en lo que se refiere a, en lo concerniente a, en lo que concierne a, en lo pertinente a, en lo que de mí depende, en lo que hace a, en lo que mira a, en lo que respecta a, en lo que se relaciona con, en lo que toca a, en lo relativo a, en relación con, por lo que atañe a, por lo que concierne a, por lo que hace a, por lo que mira a, por lo que toca a, referente a

— relacionado con, a cuento de, a propósito de, acerca de, al hilo de, al respecto, con referencia a, con respecto a, en cuanto a, en lo concerniente a, en lo que atañe a, en lo relativo a, en materia de, en orden a, en punto a, en referencia a, en relación con, por lo que respecta a, referente a, respecto a, en lo que toca a

— en cambio, en contraposición, en contraste, a diferencia de, mientras que, en tanto que

— actuando como, a guisa de, a manera de, a modo de, a título de, en calidad de, en función de, en plan de, en son de, por vía de · en vez de, a cambio de, a cuenta de, a trueque de, en igual de, en lugar de, en su defecto, en trueque

— comparativamente, en comparación, correspondientemente, relativamente, respectivamente o respective

52. IMAGEN PROPIA Y MORALIDAD
52.01 orgullo – desenvoltura
engreimiento
— egolatría, egotismo, autosatisfacción, autosuficiencia, engolamiento, megalomanía, vanagloria, fatuidad, estima, autoestima

— vanidad, jactancia, inmodestia, afectación, hinchazón, pretensión, fanfarronería

— amor propio, estimación propia

altivez

— elevación, elación, copete, pescuezo, descuello, humos, humillo, ínfulas, lozanía, ufanía, altanería, blasón, empaque

— DESUS orgulleza, argullo, follonía, jinetada, montantada, fieros, porra

atrevimiento

— soltura, desparpajo, facilidad, desembarazo, libertad, manejo, destreza, habilidad, desenfado, tablas, desencogimiento

— resolución, desfachatez, insolencia, impudicia, cinismo, valor, anchura

desvergüenza

— descomedimiento, desembarazo

— descaro, desenvoltura, desgarro, osadía, desplante

— fanfarronada, pavonada, fantasmada, baladronada o bravata, farol, faroleo, galleo, pavoneo, DESUS enjuague, berlandina, COL flota

COLOQ

— chulería, flamenquería, bernardina, barrumbada o borrumbada, lilao

— postín, pisto, humos, alas, aires, copete, tofos

52.02 vergüenza – timidez
turbación
— pundonor, humillación, confusión, bochorno, sonrojo

— bajeza, envilecimiento, abyección, degradación

— ignominia, indignidad, infamia, oprobio, vileza

— degradación, desdoro, deshonor, deshonra

— sofoco, indignación, irritación, coraje, escorrozo

apocamiento

— discreción, circunspección, poquedad

— retraimiento, inhibición, irresolución, pudor, pusilanimidad, reserva, prudencia

52.03 inmodestia – presunción
arrogancia
— jactancia, alabanza, petulancia, suficiencia, vanidad, entono, presunción, virotismo

— engreimiento, envanecimiento, engolamiento, desvanecimiento, rimbombancia, presuntuosidad, quijotismo

— afectación, persuasión, sofisticación

— pedantismo, pedantería, prosopopeya, letraduría

— autobombo, baladronada, barrumbada o borrumbada, berlandina o bernardina, desgarro, dijes, echada, montantada, ronca, ventolera

ostentación
— **ostensión,** aspaviento, derroche, despliegue, exhibición, fastuosidad, miramiento, ostentosidad, rebuscamiento
— **pose,** alarde, tiesura, contoneo, alardeo, boato, oropel, fasto, aparato, pompa, postín, parafernalia, bambolla, fausto, fachada
— **esnobismo,** pedantería, amaneramiento, ñoñería, MÉX Y PAN chocantería
COLOQ
— **fachenda,** majencia, poleo, farde, virote, ronca
— **melindre,** patarata, pudibundez
— **chulería,** compadrada, fachenda, fanfarria, fanfarronada, fanfarronería, fanfarronesca, farfantonada, farfantonería, flamenquería, jinetada, leonería, majencia, matonería
— **aire de suficiencia**

52.04 modestia – naturalidad
circunspección, comedimiento, compostura, decoro, discreción, mesura, humildad, simplicidad, pequeñez, recato, reserva
llaneza
— **espontaneidad,** simplicidad, sencillez, sobriedad, familiaridad, afabilidad, sociabilidad, sinceridad, franqueza, claridad, lealtad
— **campechanía,** transparencia

52.05 moralidad – honestidad
nobleza
— **orgullo,** pundonor, rectitud, caballerosidad
— **decoro,** decencia, dignidad, probidad, pulcritud, pureza, gravedad, respetabilidad
— **ecuanimidad,** equidad, equilibrio, imparcialidad, justicia, legalidad
— **propia estima,** amor propio, respeto de sí mismo
honor
— **honradez,** honorabilidad, honra, hombría · conciencia, entereza, vergüenza · COLOQ honrilla, lacha, puntillo
— **decencia,** lealtad, civismo, ética, dignidad, corrección, educación, fidelidad, integridad, probidad, pudor, rectitud, respetabilidad, derechez o DESUS derechura
— **norma,** virtud, principio, regla, deontología, austeridad, rigor
— **ley moral,** código de honor, manos limpias, fuero de la conciencia

52.06 inmoralidad – deshonestidad
amoralidad
— **inhonestidad,** deslealtad, improbidad, infidelidad, indignidad, indecencia, abyección
— **corrupción,** depravación, descompostura, enviciamiento, perversión, disipación, disolución
— **hipocresía,** alevosía, desaprensión, felonía, ignominia, impudicia, impudor, invecundia, perfidia, procacidad, sordidez, ANT arlotería
— **audacia,** descoque, avilantez, raimiento
— **bajeza,** pequeñez, parvificencia, vileza, villanía
— **mentira,** traición, insinceridad, infamia
— **ratería,** roñería o roñosería, ruindad
— **cinismo,** desaprensión, desvergüenza
injusticia
— **arbitrariedad,** sinjusticia, sinrazón, extralimitación, favoritismo, ilegalidad
— **abuso,** alcaldada, atropello, desafuero, despotismo, indecencia, jugada
poca vergüenza
— **cuento chino,** c. tártaro
— **falta de aprensión,** f. de escrúpulos
COLOQ
— **frescura,** tupé, descoco, bellaquería, chabacanería, horterada
— **canallada,** sinvergonzonería o sinvergüencería
— **picardía,** bribonería, rostro, jeta, cara · caradura

52.07 virtud – expiación
dignidad
— **integridad,** probidad, severidad, valor, hombría, honor
— **austeridad,** prudencia, templanza, competencia, distinción, estima, merecimiento
— **sobriedad,** frugalidad, comedimiento, mesura, privación, recato, parquedad, abstinencia, circunspección, compostura, delicadeza, discreción, mitigación, moderación
— **elegancia espiritual,** grandeza de alma, g. de ánimo, amplitud de horizontes
perdón
— **absolución,** compasión, condonación, exculpación, lenidad, magnanimidad, olvido, rehabilitación, remisión
— **gracia,** indulgencia, endolencia, amnistía, indulto, jubileo, merced, perdonamiento, primilla, remisión, venia, RELIG porciúncula, DESUS parce, COLOQ alafia
— **clemencia,** indulgencia, benevolencia, absolvederas, blandura, lenidad, misericordia, tragaderas, manga ancha
— **expiación,** reparación, enmienda, satisfacción, cumplimiento, compensación, pago, paga
— **arrepentimiento,** sufrimiento, padecimiento, sacrificio, purgación, rastra, purificación

52.08 vicio – pecado
indignidad
— **indecencia,** procacidad, amoralidad, profanidad, obscenidad, villanía
— **corrupción,** degeneración, depravación, desmoralización, disolución, distracción, en-

vilecimiento, flaqueza, lacra, licencia, pasión, perversión, perdición, promiscuidad
— **gula**, glotonería, avidez, exceso, festín, insaciabilidad, voracidad, DESUS gulosidad, glotonía, gargantería · ANT venternía · sibaritismo, tragonía · alcoholismo, dipsomía
— **disipación**, bohemia, desenfreno, desapoderamiento, desorden, estricote, extravío, libertinaje, relajación, soltura, torería · DESUS casquetada
— **derroche**, despilfarro, dilapidación, dispendio, largueza, rumbo
— mala vida, m. costumbre
— COLOQ desmadre · tragonería, hambrazón · roñería · verdulería
pecado
— **infracción**, cargo, contravención, desistimiento, inobservancia, quebrantamiento, violación
— **tacha**, barro, borrón, cieno, fango, lodo, lunar, mácula, mancha, mengua, sambenito, tilde
— **descuido**, olvido, omisión, negligencia, engaño
— **desmesura**, descomedimiento, abuso, exceso, desmán, exageración
— **incontinencia**, inmoderación, intemperancia, extravagancia, exuberancia, frenesí

ADJETIVOS Y ADVERBIOS
52.09 orgulloso – desenvuelto
engreído
— **creído**, desvanecido, envanecido, convencido, erguido, persuadido, presumido
— **arrogante**, insolente, dominante, distante, pedante, runflante, suficiente, impertinente, rozagante
— **vanidoso**, pomposo, majestuoso, jactancioso, argulloso, fastuoso
— **estirado**, alzado, empampirolado, empinado, encandilado, encastillado, encopetado, encrestado, endiosado, engallado, engolletado, enterado, entonado, envirotado, finchado, hinchado, finchado, soplado
— **inmodesto**, altivo, ufano, orondo, cerrero, cogotudo, copetudo, crestudo, altanero, ancho, olímpico, elato, soberbio, tieso
— **fatuo**, grifo, lijoso, fantoche, vacío, vano
— **tontivano**, lomienhiesto o lominhiesto, pechisacado, tragavirotes, patitieso
— lleno de viento
presuntuoso
— **ostentoso**, pretencioso, sofisticado, engolado, rimbombante
— **afectado**, enflautado, melifluo, mirlado, lamido, relamido, lechuguino, campanudo, hueco, sentencioso, suficiente, terminista

— COLOQ enterado, enteradillo, listillo, sabidillo, afilosofado, alatinado, bachiller, leído, dómine, redicho, marisabidilla, sabido, sabihondo, sabelotodo, melindroso, tiquismiquis
atrevido
— **impertinente**, cantaclaro, chinche, empalagoso, envalentonado, estirado, exigente, fatuo, grosero, imprudente, inconveniente, indiscreto, inoportuno, intemperante, molesto, poseído, presuntuoso
— **desvergonzado**, descomedido, irrespetuoso, insultante, ofensivo
— **descarado**, descocado, desenfadado, desgarrado, deslavado, mocoso, moscona, rabisalsera, relamido, soleta, sota, tarasca, verdulera
— **provocativo**, desenvuelto, despreocupado, inhonesto, inhonestable, inmodesto, liviano, pirujo, profano
— **incitante**, desahogado, desaprensivo, desuellacaras
— COLOQ
  • **fanfarrón**, fantasmón, farfantón, farolero, patitieso, petulante, fresco, arrabalero o rabalero
  • **verdulera**, rabanera, corralera
  • **fantoche**, bocón, curro, farol, figurante, figurón, gallito, gallo, papelero, papelón, principote, rumboso
  • **chulo**, chulito, descarado, farruco, pechugón
  • de los que se paran en pelillos, de la media almendra, señorita del pan pringao
— COMP ING tieso como un ajo, leído y escribido
52.10 vergonzoso – tímido
avergonzado
— **abochornado**, confuso, confundido, recatado, pudendo, pudibundo, pudoroso, ruboroso, verecundo
— **cortado**, escurrido, erubescente, cabizbajo, cabizcaído, ARG abatatado · con las orejas gachas
reservado
— **discreto**, prudente, retraído, timorato, apocado, apretado, cohibido, consumido, encogido, zamujo
— **apagado**, circunspecto, confundido, cuitado, desconcertado, inhibido, miedoso, medroso
— **menguado**, pusilánime, premioso, remiso, detenido
— **corto**, insignificante, infeliz, púdico, pacato, ruboroso, huraño, hurón, nocturno, recoleto
— **acomplejado**, atacado, atado, corito, DESUS doctrino

COLOQ
— agonías, calcillas · pobre hombre, p. diablo, p. de espíritu, poquita cosa, corto de genio, hombre para poco, recién salido del cascarón, gallina en corral ajeno
— FIG licenciado Vidriera

52.11 ostentoso – presuntuoso

presumido
— **atildado**, acicalado, almidonado, compuesto, aparatoso, empampirolado, engolado, engomado, ninfo, narciso, relamido, repulido, pomposo, dandi, AM catrín, chévere, EC, HOND Y MÉX fifiriche, VEN parejero
— **fantasma**, fachendista, fachendón, fachendoso, fachoso, fanfarrón, fantasioso, fantasmón, fantoche, fardón, farol, fatuo, flamenco
— **vanidoso**, vano, virote, chirrichote, tonto, cargante, vacío, MÉX faceto
— **egocéntrico**, narcisista, vanidoso

cursi
— **remilgado**, empalagoso, escrupuloso, majo, mico, mona, AR niquitoso
— **cargante**, delicado, dengue, denguero, dengoso, fileno, finústico, gazmoño
— **melindrero**, melindroso, menino, mesingo, mirado, mogato, mojigato, momero, ñoño, pudibundo, timorato
— **pedante**, pretencioso, jactancioso, presuncioso, presuntuoso, escuderón

chulo
— **achulado**
  • chulesco, estirado, redicho, repulgado, repulido, peripuesto
  • amanerado, alatinado, almidonado, enguedejado
— **artificial**, aparatoso, empalagoso, falso, hierático
COLOQ
— **petimetre**, narciso, pisaverde, espantajo
— **bravucón**, barbilindo, barbilucio, boquirrubio, currutaco, farolero, figurín, figurón, gomoso, lechuguino, mirliflor, pera, peripuesto, postinero, principote, refitolero, señoritingo, vendehúmos
— **remirado**, esquilimoso, finolis, pijo, saltacharquillos, pamplinero, pamplinoso, gallo, gallito, as, hacha
— amo del cotarro, el que corta el bacalao
— lindo don Diego, niño bonito, n. gótico, pagado de sí mismo, punta en blanco

52.12 modesto – natural

humilde
— **moderado**, reservado, recatado, comedido, encogido, apocado, templado, decoroso, pudoroso, respetuoso
— **sobrio**, parco, austero, modoso, servil, seráfico, decente, pudibundo, púdico

— **gris**, oscuro, opaco

llano
— **inafectado**, liso, instintivo
— **sencillo**, simple, sobrio, módico, parco, campechano, familiar, franco, cándido, genuino, jovial
— **sincero**, abierto, claro, candoroso, espontáneo, expansivo, explícito
COLOQ
— francote
— cualquiera, arrapiezo, badea, caco, monigote, muñeco, nadie, pacota, pelado, pelanas, pelele, pelete, pelón, pichiruche, pigmeo, pisco, quídam, zarramplín
— del montón · de mala muerte, de medio pelo, de chicha y nabo, de tres al cuarto
— títere, currinche, currutaco, hominicaco, macaco, mamarracho, pelafustán, pelagallos, pelagatos, tiracantos, dominguejo, echacantos
— pobre hombre, p. diablo, p. de espíritu
— muerto de hambre, cero a la izquierda, poquita cosa, Juan Lanas, el último mono

52.13 moral – honesto

honrado, acrisolado, aguisado, correcto, decente, entero, fiel, íntegro, justo, leal, noble, noblote, probo, pulcro, puro, recto, sano, virtuoso

incorruptible, insobornable, honorable, intachable, responsable, concienzudo

pudoroso, púdico, pundonoroso, escrupuloso, respetuoso, decoroso, cabal, cumplidor, estricto, rectilíneo, celoso, digno

decente
— recatado, moderado, noble, estimable, íntegro, justo, leal, fiel
— excelente, excepcional, extraordinario, extremado, estupendo, fantástico, fenomenal, magnífico, maravilloso, soberbio
— humano, cordial, piadoso, sensible, próvido, hospitalario, acogedor, protector
— un ángel, un cielo, una gloria, un primor, un santo, un bendito, una maravilla
— buena gente, g. de bien, g. de paz, gran corazón, todo corazón, hombre de bien, h. de honor
COLOQ
— buenazo
— sin par, sin igual, sin un pero, cosa fina, canela fina, c. en rama, paloma sin hiel
— como corresponde, como es debido, lo no visto, lo nunca visto
COMP ING
— un pedazo de pan, un cacho de pan, un santo varón, un alma de Dios, una bendición de Dios
— como el pan, como mano de santo

— no caber el corazón en el pecho, no ser capaz de hacer daño o de matar a una mosca

52.14 inmoral – deshonesto

abyecto

— **amoral**, antimoral, cínico, desaprensivo, inhonesto, miserable, perdido, podrido, putrefacto, corrompido, corrupto, tramposo
— **descarado**, desvergonzado, atrevido, procaz, nocente, maliciador, malicioso, pecaminoso
— **impúdico**, impudente, incasto, indecente, indecoroso, libertino, licencioso, obsceno, degenerado, depravado, escabroso, disoluto, picante, sucio, verde, viciado
— **desalmado**, desaprensivo, inaprensivo, artero, atravesado, calamitoso, despiadado, enredador, indecente, indigno o indino, infame, infando, infausto, mezquino, ímprobo, inescrupuloso, innoble, turbio
— ANT enatío, rompenecios

aprovechado

— **oportunista**, ventajista, pancista, arribista, abusón, aprovechón
— **vividor**, explotador, advenedizo, interesado, intruso, tránsfuga, trepa, veleta
— COLOQ chaquetero, convenenciero, ventajero, cazadotes

sinvergüenza

— **desvergonzado**, frescales, cínico, coletudo, desahogado, desfazado, despachado, farota, farotón, fresco, inverecundo, procaz, raído · AM conchudo
— **granuja**, canalla, changa, criminal, demonio, diablo, fierabrás, judas, negrero, pécora, rufián, verdugo
— **intrigante**, mangoneador, bullebulle, bullidor, danzante, hábil, laborante, muñidor, trapisondista, travieso, urdemalas
— **resabiado**, atravesado, bilioso, desconfiado, enconoso, esquinado, picardeado, retorcido · abollado
— persona de cuidado, p. sin escrúpulos, p. de malas costumbres, p. de vida airada, p. de vida disipada
— caballero de industria, ave fría, poca vergüenza, diablo cojuelo

malo

— **malévolo**, bajuno o DESUS bahúno, feroz, maldito, maléfico, malejo, malhadado, malicioso, maligno, malillo, malintencionado, malnacido, miserable, monstruoso, mostrenco, perverso, pirata, rastrero, ruin, soez, vil, villano, vitando
— **capcioso**, venenoso, avieso, protervo, torcido
— **bicho**, avechucho, avucastro, buitre, caimán, camaleón, cerdo, cernícalo, cuaima, fiera,

fiero, ganso, gusano, hiena, monstruo, ogro, pajarraco, perro, rata, reptil, sabandija, sierpe, tiburón, tigre, trucha, víbora
— **diablo**, demonio, diabólico, demoníaco, barrabás, condenado, empecatado, caín, satánico, endemoniado, endiablado, herodes, nerón · diablo cojuelo
— **travieso**, revuelto, revoltoso, bullicioso, calamitoso, díscolo, inquieto, duende, funesto, enredador, infame, retozador, retozón, trasto, turbulento, tremendo, vaina, MÉX zaragate

despiadado, desapiadado, impiadoso, depravado, desalmado, deyecto, impío, implacable, inclemente, inhospitalario, inhumano, inicuo

despreciable, abominable, aborrecible, condenable, detestable, incompasible, incorregible, indeseable, insensible, execrable, zarandajo

indigno, abyecto, alevoso, avieso, incompasivo, nefando, nefario, nefasto

vengativo, vengador, revanchista, vindicador, desfacedor de entuertos, ANT ultriz

verdugo, atroz, bellaco, canallesco, carnicero, pérfido, sádico, salvaje, sanguinario, sañoso, sañudo, sicario, ANT avol, celerado o celerario, mancelloso, DESUS escelerado

COLOQ

— argadillo, baldragas, cagarruta, cascaciruelas, chiquilicuatre, desorejado, drope, echacantos, echacuervos, fierabrás, malaleche, malasangre, malauva, mamarracho, mameluco, manifecero, mastuerzo, mentecato, ñiquiñaque, pelafustán, pelagatos, pinchaúvas, pintamonas, zarandillo, zurrapa, IRÓN alhaja
— **calavera**, chamuscado, desuellacaras, vivalavirgen
— **tipejo**
  • boceras, farfolla, maleta, ñiquiñaque, pinchaúvas, pingajo, pingo, vaina
  • DESUS alfarnate, ANT arlote, ARG Y UR, DESP atorrante
— **fresco**, gorrista, gorrón, DESUS mogrollo
— **gusano**, reptil, sabandija, pájaro, avechucho · perdulario
— **golfo**, golfillo, granuja, bigardo, bribón, bribonzuelo, bellaco, canalla, follón, fullero, bandido, rufián, tuno, tunante, bergante, mangante
— **zorro**, malandrín, peine, picaño, retrechero, truhán, vivales, COLOQ belitre, picha, púa, randa, DESUS charrán, guaja, guitón, perillán, ribaldo, truchimán
— **pillo**, pillete, pilluelo, pillastrón, pillastre, maulón, gatallón, galopín, ganforro, zorrastrón, sollastre, MÁL chambre

— **cara**, caradura, caridelantero, carirraído, carota, desahogado, desfachatado, despachado, fresco, impúdico, inverecundo · poca lacha, pájaro de cuenta

— **sin dignidad**, sin alma, sin compasión, sin corazón, sin entrañas · buen elemento, buena pieza

COMP ING

— alma de cántaro, duro de corazón, pedazo de carne con ojos, corazón de bronce · como el pedernal

— de la piel del diablo, de la piel de de Barrabás, de baja estofa, de baja ralea, de medio pelo, de poco más o menos

52.15 virtuoso – arrepentido

honesto, probo, honrado, justo, íntegro, ejemplar, moral, digno, impecable, santo, virgen

moderado, prudente, frugal, templado, sobrio, austero

cándido, limpio, pudibundo, púdico, puritano, puro, sobrio

industrioso, argumentoso, apañado, allegador

hormiga, hormiguita, abeja, araña

arrepentido

— **contrito**, penitente, lloroso, suplicante, confundido, pesaroso, sentido, dolido, afligido

— **apesadumbrado**, apenado, dolorido, abatido, abrumando

52.16 vicioso – pecador

pervertido

— **perdulario**, corrompido, degenerado, invirtuoso, inmoderado, intemperante, juerguista, perdido, corrido, incontinente, relajado, sensual

— **degenerado**, depravado, desenfrenado, perdigón, relajado, roto, tarambana, tronera, trueno, ANT garzón, perdis

— **malversador**, prevaricador, sibarita · traficante, tramposo, usurero

— **endiablado**, endemoniado, arrastrado, condenado, dañado, endino, indino, maldito, malhadado, pajolero, pijotero, puñetero, recondenado, rematado, repajolero

pecador

— **libertino**, mujeriego, licencioso, disipado, disoluto, bohemio, crápula, goliardo, juerguista · mesalina, MÉX coscolina

— **voluptuoso**

  • carnal, crapuloso, depravado, erótico, escabroso, impúdico, indecente, indecoroso, lascivo, libidinoso, liviano, lóbrico, lúbrico, lujurioso, obsceno, orgiástico, procaz, sensual, sicalíptico, sucio, vicioso

  • picante, porno, pornográfico, verde

— **pecaminoso**, relapso, iracundo, nefando · ominoso

— mala cabeza, bala perdida, de mala vida

COLOQ

— golfo, tarambana, chamuscado, perdis, trueno, tronera, escaldada

— calavera, balarrasa, calvatrueno, desorejado, galocho, borrasquero

VERBOS Y EXPRESIONES

52.17 vanagloriarse – crecerse

enorgullecerse

— **envanecerse**, ufanarse, amanerarse, ensimismarse, jactarse

— **achularse**, achulaparse, engallarse, esponjarse, relamerse, remilgarse, repulirse

— **elevarse**, cernerse, contonearse, crecerse, empingorotarse, enaltecerse, encampanarse, encaramarse, encopetarse, encumbrarse, endiosarse, engarabitarse, engarbarse, engarriarse, engolletarse, engreírse, ensancharse, erguirse, inflarse, pompearse, remontarse, repinarse

— **ahuecarse**, hespirse, hincharse

alabarse

— **gloriarse**, glorificarse, preciarse, apreciarse, relamerse, repicarse

— **escucharse**, prodigarse, exhibirse, contonearse, engreírse, entonarse, espetarse, lucirse, mirlarse, pavonearse, pompearse, pomponearse

presumir

— **ostentar**

  • alardear, blasonar, empingorotar, fantasear, gallear, hombrear, montantear, papelear, paquetear, pavonear, pedantear, tremolar, vocear, vociferar

  • dragonear, exhibir, gatear, guindar, levantar, levitar, montar, repechar, resquilar, trepar, volar

— **fanfarronear**, fanfarrear, fantochear, farandulear, bravear, pompear, palanganear

ponerse ancho

— **ponerse tonto**, ahuecar la voz, alzar la cresta, darse pisto, d. tono, hacer gala, h. gloria, ponerse medallas, p. moños, p. tieso, tener a gala, t. a mucha honra

— **jactarse de rico**, dárselas de guapo, escupir doblones

— **dar lecciones**, echar bocanadas, hacer blasón, h. profesión, h. vanidad, vender juncia · tirarse un farol, t. un pegote, t. el pliego

— **hacerse el valiente**, echar bravatas, e. fieros, e. piernas, echarla de plancheta, escupir por el colmillo, hablar gordo, no tener más que palabras, proferir baladronadas, toser fuerte, CUBA echar flotas, MÉX e. habladas

COLOQ

— cacarear, gallear, fardar, farolear, fachendear,

farandulear, fanfarronear, pintarla, papelonear, engallarse
— dárselas · darse aires, d. pisto, d. postín, d. pote, d. charol, d. importancia, d. lija, d. tono · dárselas de, echárselas de
— hacer alarde, h. gala, tener a gala, hacer el paripé, sacar el pecho
— creerse alguien, tirarse el moco, ponerse moños, p. tieso, p. tonto
— ser un engreído, s. un fanfarrón, s. un gallito, s. un perdonavidas, s. el enano de la venta, estar más tieso que un ajo
— subírsele el pavo, irse la fuerza por la boca, no tener más que fachada
— tener muchas ínfulas, t. muchos humos
— ARG ser pura cáscara, s. pura espuma · s. un palangana

COMP ING
— estar encantado de haberse conocido
— levantar el vuelo, l. la cabeza, l. la cerviz
— levantarse a las estrellas, alzar la cresta, subirse en zancos
— no caber en sí, no c. en el pellejo, no c. en este mundo
— hacerse el gallito, llevar la frente muy alta, mirar de muy alto, subírsele a la cabeza, s. los humos
— quedarle chico el mundo, no pesarle haber nacido, ponerse muy ancho
— mirarse a la sombra, m. el quinto botón, mirar por encima del hombro
— no necesitar abuela, haberse muerto la abuela
— andar a estocadas con el lucero del alba, creerse el ombligo del mundo
— ARG ancho como sapo de jardín, CHILE creerse la muerte, ser buena tela, VEN creerse la última limonada del desierto, tener el culo apretado, ser un facistol

REF
— De él al cielo falta un dedo. Hombre de voz hueca, sesera seca. Mientras él viva, no faltará quien lo alabe.
— Quien al cielo escupe, a la cara le cae. Anchura, anchura, que viene el carro de la basura. Hasta los gatos tienen tos. Mucho ruido mete el tambor y está lleno de aire.
— Charlatán y valentón, dos cosas en una son. El enano de la venta, que a los niños aspavienta. Valiente por el diente.
— Más vale ser cabeza de ratón que cola de león. Mejor cabeza de sardina que cola de salmón.
— Esa espiga, alta tiene la mira.

52.18 avergonzarse – intimidarse
turbarse
— abochornarse, confundirse, achuncharse, afrentarse, aturdirse, azararse o azorarse,

embarazarse, encogerse, envergonzarse, AM azarearse
— encenderse, embermejarse, enrojecerse, ruborizarse, soflamarse, sofocarse, sonrojarse, sonrojearse, sonrosearse
— intimidarse, achantarse, achicarse, acobardarse, acollonarse, acomplejarse, acoquinarse, alebrarse, amedrentarse, amilanarse, anonadar, apocarse, enarcarse, embarazarse, fruncirse
— asustarse, apabullarse, atemorizarse
— dar apuro, dar reparo, tener vergüenza, morirse de vergüenza, ponerse colorado, quedarse confuso

COLOQ
— cortarse, dar corte, ponerse rojo
— pasar bochorno, tener un papelón, salirle los colores, ARG pasar un calor, ARG Y UR p. un verano
— bajar la cabeza, b. la vista, b. los ojos, b. el gallo

COMP ING
— caerse la cara de vergüenza
— desear que se lo trague a uno la tierra
— estar colorado como un tomate, e. más colorado que un madroño, e. rojo como el culo de una mona, e. como gallina en corral ajeno
— no saber dónde meterse
— ponerse de mil colores, p. las orejas coloradas
— quedarse hecho un mico, q. corrido como una mona, q. pegado a la pared
— sacar los colores, salir los colores a la cara, s. con el rabo entre las piernas
— tener las orejas gachas

52.19 distinguirse – presumir
imponerse
— crecerse, adelantarse, avanecerse, aventajarse, calzarse, demasiarse, descararse, destacarse, encimarse, enquillotrarse, envanecerse, gloriarse, infatuarse, señalarse
— enorgullecerse, envalentonarse, ensoberbecerse, engreírse, insolentarse, descocarse
— destacar, descollar, despuntar, dominar, exceder, pasar, predominar, rebasar, señorear, sobrepasar, sobresalir, sobrexceder, superar
— brillar, eclipsar, lucir, resplandecer
tener a honor
— tener a honra, valer más, coger la delantera, excederse a sí mismo, pasar delante, hacer sombra
— hacer alarde, h. gala, h. ostensible, h. ostentación, poner de manifiesto, p. a la vista

COLOQ
— dárselas, pavonearse, engallarse, encrestarse
— gallear, farolear, fachendear, fantasear, pompear, farandulear

— **alzar** el gallo, a. la voz, ponerse hueco, poner cátedra, dejar chiquito, d. tamañito, ponerse tieso

— **darse** aires, d. barniz, d. betún, d. bombo, d. importancia, d. ínfulas, d. lustre, d. postín, d. pote, d. tono

— AM darse caché, ARG d. corte, d. dique, hacer cáscara, h. pinta, batir el parche, mandarse la parte, COL dárselas de café con leche, CUBA darse lija, d. cariate, GUAT echar chile, EC darse o tirar teja, MÉX d. taco, d. paquete, echar cardillo, VEN darse bomba

COMP ING

— cortar el bacalao

— dar cien vueltas, d. ciento en raya, d. quince en raya, d. sopas con hondas

— derramar vientos

— estar encantado de haberse conocido, e. hinchado como pavo real, e. lleno de aire, hacer raya, no haber quien le tosa

— ser echado para adelante, ser engreído como gallo de cortijo

— ser más chulo que un ocho, estar más tieso que el palo de una escoba, e. más tieso que un ajo

— ser el amo del cotarro, estar tieso como una vela, ser tieso de cogote

— subírsele el pavo, s. a la cabeza

— tener la cabeza llena de pájaros, t. la cabeza llena de viento, t. la ventana al cierzo, t. mucho gallo

52.20 humillarse – afectarse

rebajarse

— **rendirse**, doblarse, reclinarse, encorvarse, vencerse, avasallarse, entregarse, allanarse, enarcarse, ceñirse, comedirse, supeditarse, CUBA encasquillarse

— **arrastrarse**, doblegarse, plegarse, afectarse

— **fingirse**, simularse, disimularse, aparentarse

claudicar, sucumbir, acatar, aflojar, ahocicar, capitular

COLOQ

— **hacer el ridículo**, ponerse en ridículo, p. en evidencia, dar el espectáculo, hacer el payaso, h. el oso

— echarse por los suelos, arrastrar los pies, besar correa, b. los pies, cantar el kirieleisón

COMP ING

— **hincar la rodilla**, doblar el espinazo, bajar la cerviz, doblar el lomo, agachar las orejas, doblar la cabeza, echarse en tierra, morder el polvo

— **pasar por el aro**, entrar en vereda, arriar la bandera, salir con banderas desplegadas, rendir la espada, pasar por las horcas caudinas, poner la otra mejilla, cantar la palinodia, dar o rendir parias, hincar el pico, caer bajo el poder de, dejarse vencer, darse por vencido, VULG bajarse los pantalones

— meter el resuello en el cuerpo, ahogarse en un vaso de agua.

REF Dedo encogido no rebaña el plato. Fray modesto nunca fue prior. Mano que se encoge, nada coge. Quien no se alaba, de ruin se muere.

52.21 enaltecerse – honrarse

realzarse, engrandecerse, ensalzarse, encumbrarse, ennoblecerse, encomiarse, alabarse, glorificarse, sublimarse, premiarse, galardonarse, condecorarse

respetarse, venerarse, reverenciarse, adorarse, admirarse, distinguirse, estimarse, apreciarse, favorecerse, afamarse

COMP ING ser de lo que no hay

52.22 envilecerse – deshonrarse

malearse

— **maliciarse**, engañarse, dañarse

— **mancharse**, mancillarse, arrastrarse, encanallarse, enfangarse, engranujarse, prostituirse

— **venderse**, desenfrenarse, ensuciarse, pasarse, torcerse

ser mala persona, actuar mal, a. con segunda intención, a. maliciosamente, pasarse de listo, ir con segundas, ir demasiado lejos

COLOQ

— desvergonzarse, descararse

— echarle cara, e. rostro, perder la vergüenza, soltar la rienda, dejar bastante que desear

— hacer a mal hacer, h. una de las suyas, h. mala harina

— dar un mal paso, andar en malos pasos, ir por mal camino

COMP ING

— ser como el pedernal, s. de cuidado, s. de la cáscara amarga, s. de la piel del diablo, s. de mírame y no me toques, s. duro de pelar, s. el colmo, s. el diablo encarnado, s. el mismísimo demonio, s. la leche, s. la monda, s. la pera, s. la peste bubónica, s. la repanocha, s. la repera, s. más fresco que una lechuga, s. muy suyo, s. pájaro de mal agüero, s. un arrastrado, s. un caradura, s. un hijo de Satanás, s. un hijo de su madre, s. un hijo de tal, s. un hueso duro de roer, s. un mal bicho, s. un mal nacido, s. un manta, s. un pájaro de cuentas, s. un poema, s. un sujeto de cuidado, s. un viva la Virgen, s. una buena pieza, s. una lata, s. una mala bestia, ARG s. un avivado, s. un cararrota

— ser más malo que Caín, s. más malo que la carne de pescuezo, s. más malo que la peste, s. más malo que la quina, s. más malo que la sarna, s. más malo que un dolor,

ARG s. más malo que un ají · s. más ruin que su zapato
— **tener** alma de caballo, t. alma de Caín, t. alma de Judas, t. cara de cemento, t. cara de corcho, t. hígados, t. el diablo en el cuerpo, t. la cara más dura que el cemento, t. mal café, t. mal carácter, t. mal corazón, t. mal genio, t. mal humor, t. mala hostia, t. mala idea, t. mala intención, t. mala leche, t. mala madera, t. mala muerte, t. mala sombra, t. mala uva, t. malas entrañas, t. mucha cara, t. mucha jeta, t. mucho cuento, t. mucho hocico, t. mucho morro, t. mucho tupé, t. una cara con dos haces, t. un morro que se lo pisa, t. uno mala prensa, ARG t. cara de fierro, t. cara de palo, t. cara de piedra, CUBA t. cara de guante, t. fuerza de cara, EC t. cara de suela, MALSON Y VULG t. mala follá, t. mala hostia, PAN t. concha
— tener más cara que espalda, t. más cara que un elefante con paperas, t. más cara que un saco de perras chicas o gordas, t. más cara que un camión de muñecas, t. más cara que un buey con flemones
— no ser trigo limpio, arrastrarse como un gusano, actuar como un puerco, ser ancho de conciencia, dar que hacer al diablo
— MALSON Y VULG ser un hijo de puta, s. un hijo de la grandísima puta, s. un hijo de perra, SALV Y MÉX s. un hijo de la gran chingada
REF
— Bicho malo nunca muere. Mala hierba nunca muere. De todo hay en la viña del Señor. A carnicera por barba, y caiga el que caiga. Al prójimo, contra una esquina. No se las ahorra ni con su padre. Quien pilla, pilla. La ocasión hace al ladrón. Ocasión y tentación madre e hija son. Puerta abierta, al santo tienta.

52.23 disculparse – perdonar
excusarse
— **justificarse**, purificarse, sincerarse
— **pretextar**, aducir, alegar, argüir, invocar, paliar, disimular
— responder a, dar cuentas, tomar ocasión, t. pie, cargarse de razón, hacer valer, servirse de
perdonar
— **disculpar**, absolver, amnistiar, condonar, consentir, dejar, dispensar, exculpar, excusar, exentar, eximir, explicar, indultar, liberar, olvidar, redimir, ANT parcir
— comprender, entender
— rebajar, relajar, relevar, remitir, tolerar
— ser de justicia, ser de razón
— atenuar, cohonestar, colorear, disimular, exonerar, motivar, paliar
— pasar por alto, tener a bien, rebajar la pena, levantar el castigo · dar pasada

COLOQ
— echar un capote, poner de su parte, quitar paja, recoger velas, tener en su favor, t. en su haber, cantar la palinodia
COMP ING
— no ser la cosa para menos, o se tira la cuerda para todos o no se tira para ninguno, echar pelillos a la mar, tener un pase, dar lo pasado por pasado, cerrar los ojos, dejar correr
REF Más justo que la balanza de san Miguel. Dar a Dios lo que es de Dios y al césar lo que es del césar. Cada uno es como Dios le ha hecho.

52.24 malearse – pecar
extraviarse
— **descarriarse**, abandonarse, aseglararse o aseglarizarse, contaminarse, corromperse, desuñarse, encenagarse, encenegarse, encharcarse, entregarse, enviciarse, envilecerse, extrañarse, perderse, pervertirse, picardearse, relajarse, torcerse, viciarse, ANT aviciarse
— **maliciar**, corromper, contagiar, depravar, emponzoñar, envenenar, enviciar, malear, pervertir, picardear, resabiar, viciar
volver a las andadas, recaer, reincidir
caer en, ir por mal camino
faltar
— **infringir**, quebrantar, incumplir, violar, transgredir, vulnerar, desacatar, errar, fallar
— **travesear**, juguetear, diablear, enredar, jugar, picardear, retozar, revolver, trebejar, triscar
— hacer alguna
COLOQ darse a, hacerla, correrla, echarse al fango
COMP ING parecer que tiene el demonio en el cuerpo
REF
— En todas partes cuecen habas, y en mi casa calderadas. Ni hombre sin vicio ni comida sin desperdicio. Quien tiene tejado de vidrio, no tire piedras al de su vecino.
— Ver la paja en el ojo ajeno y no ver la viga en el propio. Quien mal canta, bien le suena. El que tiene un vicio, si no lo hace en la puerta lo hace en el quicio.

53. RELACIONES AFECTIVAS
53.01 amistad
compañerismo
— **camaradería**, compadrería, intimidad, ligamento, contacto, coexistencia, compañía
— **trato**, tratamiento, relación, convivencia, frecuentación, ANT comunaleza, COLOQ roce
— **hermandad**, hermanazgo, fraternidad, familiaridad, confraternidad, compadrazgo
— **don de gente**, habilidad social, carácter abierto, espíritu de asociación

aceptación
— **simpatía**, empatía, armonía, avenencia, asentimiento, correspondencia, corroboración, reciprocidad, conformidad, solidaridad
— **acuerdo**, entendimiento, comprensión, adhesión, aquiescencia, beneplácito, consenso
— **admisión**, transigencia, unión, valimiento, concordia
bondad
— **caridad**, apoyo, clemencia, condescendencia, consideración, indulgencia, larqueza, misericordia, piedad, protección, seguridad
— **estima**, afabilidad, afección, afinidad, apego, predilección, privanza
— **franqueza**, candor, confianza, credibilidad, credulidad, fiabilidad, fidelidad, lealtad, transparencia
amigo
— **pareja**, partenaire, socio, asociado, acompañante, aliado
— **compañero**, condiscípulo, compadre, cofrade, camarada, colega, compinche, cómplice, conocido, conocimiento, compañero de fatigas
— **concofrade**, consocio, consorte, conmilitón, comprofesor, ANT, EN UN MISMO ALOJAMIENTO: contubernal
— **buen amigo**, a. íntimo, a. del alma, a. de la infancia · a. de conveniencia
— COLOQ amigacho, amigote · tronco, titi, tío
53.02 enemistad
rivalidad
— **antagonismo**, desencuentro, diferencia, divergencia, distanciamiento, animadversión, antiperístasis
— **incomprensión**, inconformidad o inconformismo, incompatibilidad, alejamiento, animosidad, antipatía, competencia, conflicto, contestación, contradicción, contralla, contrariedad, discrepancia, disentimiento, disidencia
— **aversión**, desacuerdo, desafección, desamor, desaprobación, desavenencia, desconcordia, desconfianza, descontentamiento, desunión, disconformidad o desconformidad, repugnancia, revulsión
— **discordia**, detestación, rechazo, repudio, despecho, hostilidad, guerra, DESUS desamistad
— **frialdad**, tibieza, suspicacia, egoísmo, envidia, extrañeza, avaricia, resentimiento, reticencia, reconcomio, reserva, susceptibilidad
división
— **cisma**, escisión, disensión, incongruencia, indisposición, infidelidad, insolidaridad, ANT disparcialidad

— **enfado**, acaloro, rencilla, ceño, cojijo, cuestión, desvarío, encuentro, enojo, entrecejo, espina, mohína, moña, nublado, pechuga, perra, picazón, rozamiento, tirantez, vidriosidad, querella, recelo, ruptura, MUR regomello o regomeyo, CUBA renculillo, DESUS inimicicia, agrazón, ANT escorrozo, COLOQ fanfurriña, entripado
— **choque**, pique, repunta, tropiezo, sofocón, tensión, arrechucho, berrinche, bramuras
— distinta posición, distinto punto de vista, AM MER, CUBA Y GUAT diferendo
— cara larga, nube de verano, guerra abierta, luchas intestinas
individualismo
— **inadaptación**, insumisión, marginalidad, misantropía
— **provincialismo**, aldeanismo, primitivismo, rusticidad
— **marginación**, separación, incomunicación, aislamiento, alejamiento, apartamiento, distanciamiento, confinamiento, retraimiento
— **ostracismo**, proscripción, destierro, deportación, expatriación, desarraigo, huida, exclusión, expulsión
— **abandono**, desamparo, orfandad
enemigo
— **rival**, adversario, antagonista, competidor, contendiente, contrincante, coopositor, emulador, émulo, parte contraria, DESUS combluezo
— **contrario**, antagonista, oponente, opósito, opositor, opuesto
— abencerrajes y cegríes, agramonteses y beamonteses, bejaranos y portugaleses, capuletos y montescos, gibelinos y güelfos, giles y negretes, tirios y troyanos
53.03 amor
deseo
— **emoción**, entusiasmo, euforia, excitación, fiebre, fuego, furor, impulso, inclinación, locura · arrebato, ardor, delirio
— **agitación**, exaltación, ebullición, tensión, derretimiento, efervescencia, vehemencia, frenesí, temblor
— **apetito carnal**, concupiscencia, desenfreno, disipación, erotismo, lascivia, lujuria, sensualidad, voluptuosidad · mal de amores
— **capricho**, gana, gusto, regosto
afecto
— **pasión**, apasionamiento, llama, ardor, fervor
— **adhesión**, apego, adoración, devoción, predilección, preferencia, idolatría, filantropía, altruismo, COLOQ MUR enza
— **cariño**, inclinación, debilidad, dilección, entrega, pasión, querer, querencia, solicitud, ternura, FIG prisión

— adulación, lisonjería, piropo, terneza, requiebro, blandura, flor, floreo, pelotilla, roncería, rosca, soflama, zalamería, zalema, AND cirigaña, gachas

— SIMULADO: coba, gatería, gitanada, gitanería, potetería, rendibú · IRÓN incienso, jabón, zorrocloco, zarracatería, LIT parresia

atractivo

— **encanto**
  • adherencia, adhesión, atracción, erótica, fascinación, gancho, gracia, hechizo, incantación, libido, magia, seducción, sexappeal, tirón, DESUS libídine
  • aliciente, gachonería, garabato, espejuelo

— **ángel**, sal, gitanería, sortilegio, magia, embrujo, embrujamiento, incantación, incentivo, DESUS Y COLOQ quillotro

— **garra**, anzuelo, señuelo, imán, cebo, cimbel · su aquel, don de gentes, habilidad social

— **atracción**, adoración, apego, aprecio, estima, filia, COLOQ flechazo

— **amor**, afecto

agasajo

— **abrazo**, roce, mimo, terneza, zalema, angulema, palmada

— **beso**, besuqueo, picoteo, baboseo · carantoña, mimo

— **caricia**, lisonja, zalamería, cariño, monada

— **piropo**, delicadeza, alabanza, reclamo, flor, requiebro, requebrajo

— COLOQ achuchón, arrumaco o arremueco, candonga, carantoña, caroca, ciquiricata, cucamona, dingolondango, gachonada o gachonería, garatuja, garatusa, jametería, lagotería, mojinete, ronce, roncería, zorrocloco

— AND cirigaña, DESUS meguez, amoricones

relaciones

— **galanteo**, seducción, coquetería, chichisbeo, festejo, martelo, ANT garzonía, COLOQ camelo

— **coqueteo**, flirteo, flechazo

— **cortejo**, devaneo, ronda

— **aventura**, ligue, plan, conquista, amorío, capricho, devaneo, enredo

— **noviazgo**, idilio · prendamiento, amartelamiento

— COLOQ arrumaco, manoseo, sobo, toqueteo, tocamiento · goce, placer, VULG jodienda · baboseo, quillotro, POR ENCIMA DE LO ACEPTABLE: vicio, perversión

enamoramiento

— relación, romance · historia

— amor cortés, a. platónico, a. espiritual

— COLOQ amorío, apaño, arrebato, chaladura, chifladura, chochera, chochez, engatusamiento, enredo, lío, rollete, rollo, CHILE camarico

conquistador

— **seductor**, adulador, castigador, cortejador, galanteador, requebrador, rondador

— **galán**, galancete · caballero, servidor

— **tenorio**, casanova, donjuán, burlador

— **novio**, pretendiente, prometido, amante, acompañante, compañero

— COLOQ
  • ligón, noviero, rompecorazones
  • a lo casanova, a lo donjuán, a lo dandi, a lo gigoló, a lo latin lover
  • EN LA MUJER: vampiresa

53.04 frialdad

frigidez, tibieza, despego, impotencia

envidia, celos, desazón, odio, rencor, emulación

aversión, animadversión, aborrecimiento, animosidad, fobia, hostilidad, inquina, malquerencia, ojeriza, perinquina, prevención, rabia, repugnancia, repulsión, roña, tirria, usgo, DESUS omecillo, MÉX cocolía

resentimiento, distanciamiento, revanchismo, repulsión, aversión

revancha, represalia, desquite, desagravio, despique, esquite, reparación, venganza, vindicación, vendetta

ajuste de cuentas, ley del talión

COLOQ hincha, manía · pique, pelusa

53.05 matrimonio

noviazgo

— petición de mano

— **amonestación**, proclama, pregón, banas, dichos

— **dote**, dotación, donación o excrex, capital, capitulaciones, otorgo, capítulos esponsalicios

boda

— EDAD APTA: nubilidad

— **casamiento**, unión, esponsales, desposorios, nupcias, coyunda, himeneo, bendición, vínculo, maridaje, enlace matrimonial, POÉT connubio, ROMA ANTIGUA: confarreación, POCO LUCIDO: casorio, COLOQ casaca

— **matrimonio**
  • matrimonio religioso, m. canónico, m. civil, m. heterosexual, m. homosexual, m. gay
  • matrimonio clandestino, m. de conciencia, m. morganático, m. de conveniencia, m. in artículo mortis
  • consorcio, pareja de hecho, unión civil, concubinato
  • MUSULMANES: harem o harén, serrallo

— TIPOS DE UNIÓN: endogamia (ENTRE ASCENDENCIA COMÚN), exogamia (CON DISTINTA PROCEDENCIA), poligamia (VARIAS ESPOSAS), poliandria (VARIOS MARIDOS) · bienes gananciales, separación de bienes

— viaje de novios, luna de miel · DÍA SIGUIENTE AL DE LA BODA: tornaboda
— **aniversario** de boda, bodas de plata (25 AÑOS), b. de oro (50 AÑOS), b. de diamante (60 AÑOS), b. de platino (75 AÑOS) · separación, divorcio

contrayentes
— **prometido**, novios, pareja, pretendiente o proco, COLOQ futuro, futura, cazadotes, cazafortunas
— **novia** o ANT alaroza, novio, acompañante, desposado, esposado, casado, recién casados
— **esposo/a**, hombre, marido, mujer, amigo/a, compañero/a, querido/a, el otro o la otra
  • consorte, cónyuge, media naranja
  • costilla, amasia, dama, parienta, tronga, ANT dueña, oíslo
— **invitados**, damas de honor, padrinos de boda, pareja
— **padrino**, madrina o prónuba · juez, oficiante, testigos

infidelidad, adulterio, amancebamiento, abarraganamiento, concubinato, contubernio, deslealtad, traición, vileza, COLOQ ligue, lío, apaño, arreglo, desliz

separación, divorcio, rechazo, repudio, aborrecimiento, anulación, disolución, descasamiento · abandono del hogar

53.06 familia
genealogía
— **árbol genealógico**, á. nobiliario, á. de costados, información de sangre, libro verde, línea genealógica, nobiliario
— **generación**, rama, tronco · apellido, patronímico · libro de familia · hogar, seno de la familia

estirpe
— **linaje**, origen, casa, cepa, casta, cuna, dinastía, abolengo, abolorio, ascendencia, descendencia, filiación, ralea, raza, sangre, solar, progenie, prosapia, alcurnia o DESUS alcuña
— **parentela** · casta, tribu, gente, clan, ANT geno, alcavera o alcavela, COLOQ mi gente, los míos, los tuyos, los vuestros, obligaciones
— **generación**
  • afinidad, consanguinidad, agnación, cognación, connotación, costados, cuarto, cuñadía, grado, lado, rama, tronco, lado
  • línea recta, l. transversal
  • EMPARENTADO CON CASA ILUSTRE: escudero · pedigrí
  • limpieza de sangre, impureza de sangre
— **primogenitura**, progenitura, mayorazgo, varonía · ley sálica
— **afín**, colateral, lateral, transversal

MODOS:
— **monogamia**, poligamia, poliandria, poliginia · pareja homosexual
— **familia monoparental**, f. nuclear, f. extensa
— matriarcado, patriarcado

ESTADOS CIVILES:
— soltero, COLOQ solterón
— prometido, novio
— casado · divorciado, separado, viudo
— religioso, clérigo, cura, fraile

parentesco
— **paternidad**, hermandad, fraternidad, maridaje, primazgo, compadrazgo, COLOQ paisanaje
— **consanguinidad**, entroncamiento, entronque, filiación, intimidad, relación, vínculo
— primo hermano, aire de familia

CON ANTEPASADOS:
— antepasado, ascendiente, antecesor, mayores, padres, progenitores
— **tataradeudo**, tatarabuelo, bisabuelo, tío abuelo, abuelo, yayo, abuelastro

CON LA GENERACIÓN DE LOS PROGENITORES:
— padre, madre, padrastro, madrastra
— padre adoptivo, p. putativo · p. político, madre política · padre de familia, cabeza de familia, FIG autor de mis días · patriarca, progenitor, primogenitor, padrazo, padrón · tutor
— APELATIVOS: papá, mamá · papa, mama · papaíto, mamaíta · papito, mamita · taita, tata · COLOQ viejo, vieja
— **suegro**, suegra · tío, tía

CON LA PROPIA GENERACIÓN:
— hermano carnal, h. consanguíneo, h. gemelo, h. mellizo, h. trillizo, h. de leche, h. de madre, h. de padre · h. mayor, h. menor
— **hermanastro**, hermano bastardo, medio hermano
— cuñado, concuñado, hermano político
— **marido**, esposo, mujer, esposa · pareja
— primo hermano, p. segundo

CON LOS DESCENDIENTES EN PRIMERA GENERACIÓN:
— hijo, hijastro, entenado
  • hijo adoptivo, h. adulterino, h. bastardo, h. ilegítimo, h. incestuoso, h. natural, h. político, h. sacrílego
  • niño, retoño, vástago · DESUS fi, hi, fijo
  • HIJO DE MUJER PÚBLICA: máncer · CUYOS PADRES HAN MUERTO: huérfano
  • elegido, predilecto, preferido, niño mimado, ojito derecho, COLOQ regalón
— **descendencia**, retoño, sucesión, familia, vástago, garzón, niño, progenie, prole · fruto de bendición, pedazo del alma, p. del corazón, p. de las entrañas · ARTE QUIMÉRICA DE PROCREAR HIJOS HERMOSOS: calipedia · APLICACIÓN DE

LAS LEYES BIOLÓGICAS DE LA HERENCIA AL PERFEC-CIONAMIENTO DE LA ESPECIE HUMANA: eugenesia
— **heredero**
  • delfín, infante, príncipe, primogenitura, progenitura
  • EN HUES, HIJO QUE NO ES HEREDERO: cabalero
  • unigénito, primogénito, mayorazgo, segundogénito, segundón, benjamín
— **yerno**, nuera · sobrino
CON OTROS DESCENDIENTES:
— EN SEGUNDA GENERACIÓN: nieto, sobrino-nieto
— EN TERCERA GENERACIÓN: bisnieto, trasnieto
— EN CUARTA GENERACIÓN: tataranieto, rebisnieto, trasbisnieto, chozno
— EN QUINTA GENERACIÓN: bichozno
ALLEGADOS:
— pariente cercano, p. lejano, p. político
— novia, novio, padrino, madrina · niñera
SIN RECONOCIMIENTO FAMILIAR:
— **querido**, amante, amorío, amigo, plan, concubina, coima, barragana, DESUS combleza
— COLOQ apaño, arreglo, arreglito, arrimo · odalisca, querendona, querindanga, entretenida, manceba, quillotra, DESUS manfla

53.07 herencia
sucesión, legado, heredamiento, heredaje, legítima, espolio, fideicomiso, manda, memoria, quinto
testamento, llamamiento, mañería, otorgamiento, preterición, querella, representación, sustitución, troncalidad, EN CAT codicilo
— mejora o mejoría, ventaja o aventaja, DOCUMENTO DONDE SE RESEÑAN LOS BIENES QUE TOCAN EN UNA PARTICIÓN: hijuela
— abertura de un testamento, transmisión de bienes, última disposición, ú. voluntad, partición de bienes, derecho de acrecer, identidad de persona
PERSONAS:
— **testador**, causante
— heredero, coheredero, colegatario, legitimario, mayorazgo, AM asignatario, FAVORECIDA POR EL TESTADOR: legatario, DESUS heredípeta
— **testamentario** o cabezalero, albacea, fideicomisario, fideicomitente, fiduciario
— CITA DE LAS PERSONAS FAVORECIDAS: nominátim
SEMEJANZA CON LOS ABUELOS O ANTEPASADOS LEJANOS: atavismo, carácter heredado
REF De casta le viene al galgo. De tal palo tal astilla.

ADJETIVOS Y ADVERBIOS
53.08 amistado
hermanado, armonizado, avenido, compenetrado, unido, juntado, vinculado, reconciliado

encariñado, apegado, adherido, bienquisto, devoto, endevotado
franco, leal, sincero, carioso, afectuoso, tratable, recurrente
comunicativo, expansivo, expresivo, efusivo, demostrativo, explícito, locuaz, accesible, humano, afable, simpático, afectuoso, franco, abierto
íntimo
— inseparable, incondicional, predilecto, fiel, de siempre
— dama de compañía, señorita de compañía
53.09 enemistado
enfadado
— **malhumorado**, disgustado, regañado, reñido, desavenido, esquinado, amostazado
— **frío**, tibio, entibiado, tieso, tirante, torcido, opuesto, hostil, mal dispuesto
— **contrario**, desacordado, inconciliable, irreconciliable, mal avenido
enfadadizo
— **enojadizo**, susceptible, vidrioso
— **malcontento**, áspero, agrio, malhumorado, malsufrido, resentido
— **despegado**, alejado, apartado, distanciado
— **esquivo**, taciturno, huraño, morugo
COLOQ picado, de pique, de malas, de morros, de mala cara, de mal humor
53.10 enamorado – amado
fascinado
— **cautivado**, apasionado, entusiasmado, exaltado, derretido, electrizado, hechizado, seducido, rendido, COLOQ trastornado, colado, chalado, embobado
— **atraído**, aquerenciado, ilusionado, iluminado, embrujado, embelesado, encelado, lanzado
querido, admirado, adorado, apreciado, estimado, idolatrado, venerado
TIPOS DE AMOR
— **ardiente**, ardoroso, cautivante, desenfrenado, desordenado, enajenado, encendido, extremoso, fanático, fascinante, febril, fervoroso, frenético, impetuoso, inflamado, posesivo, volcánico
— **obsesivo**, insistente, maníaco, perturbador
— **cariñoso**, efusivo, afectuoso, afable, amoroso, caluroso, cumplidor, entrañable, expresivo, querendón, amartelado, tierno · cordial, cortés
— **caricioso**, mimoso, pegajoso, acaramelado, sobón, empalagoso, pulposo, tocón, zalamero
— **platónico**, espiritual, casto, honesto, decente, virtuoso, elevado, distante
— **romántico**, idealista, sentimental, quijotesco

— **loco**, ciego, apichonado, chalado, chiflado, chocho, quedado
— perdido por, muerto por, m. por los pedazos de

53.11 desencantado – detestado
desilusionado
— **desengañado**, escarmentado, escéptico, incrédulo, miedoso, dudoso
— **frío**, tibio, inconstante, versátil, ligero, liviano, altanero, desdeñoso, despectivo
— **distante**, enojoso, olvidadizo, huidizo, esquivo, huraño, desafecto
— COLOQ escamado, escamón
rechazado, abominado, desdeñado, despreciado, maldecido, odiado, repelido, reprobado, repugnado

53.12 casado
pretendiente, novio, prometido, DESUS proco
desposado
— **enlazado**, ligado, relacionado, juntado, unido, apadrinado, matrimoniado
— CASADOS POR SEGUNDA VEZ: bígamo (VIVE EL PRIMER CÓNYUGE), bínubo (HOMBRE), madrigada (MUJER)
querido, pretendido, adorado, dueño, dulce dueño, romeo, servidor, príncipe encantado, p. azul, COLOQ querendón, querindango
querida, dueña, sueño, amor, dulcinea, dama de sus pensamientos, amante, CHILE lacho · concubina o barragana, COLOQ ligue
ESTADOS SUCESIVOS: separado, divorciado, viudo

53.13 familiar
doméstico, casero, consanguíneo, genealógico, hogareño, parental, político, putativo
emparentado, entroncado, relacionado, vinculado, hermanado, fraternizado
PARA LOS HIJOS:
— **adoptivo**, donado
— **descastado**, desligado, desnaturalizado, despegado
— empadrado, enmadrado, madrero
— **huérfano** · ahijado · hijastro
— **natural**, mestizo (DE PADRES DE RAZAS DIFERENTES), cosijo (CRIADO SIN SERLO), sacrílego
— **bastardo** o DESUS noto (DE UNIÓN NO MATRIMONIAL), borde (NACIDO FUERA DEL MATRIMONIO), ANT fornecino u hornecino, espurio o espión (DE PADRE DESCONOCIDO), máncer (DE MUJER PÚBLICA)

53.14 heredado
hereditario · legítimo
dejado, transmitido
sucesorio, inoficioso, nuncupativo, nuncupatorio
genético, hereditario, somático
HIJOS Y HERENCIA:
— unigénito, único · delfín, infante, príncipe ·

primogénito, segundogénito, segundón, cuartogénito, mayorazgo
— AM, EL MÁS JOVEN DE UNA FAMILIA: cumiche
MODOS DE HERENCIA:
— directa, lateral, universal, testado, intestado, abintestato o ab intestato, a beneficio de inventario, a puerta, de travieso, pro indiviso

53.15 congeniar
intimar
— **amigar**, amistar, conciliar, concordar, confiar, confraternar, confraternizar, corresponder, fraternizar, hermanar, hermanear, sintonizar
— **simpatizar**, acordar, alternar, armonizar, bienquistar, conllevar, convenir, convivir
— **avenirse**, aliarse, codearse, compaginarse, concertarse, conchabarse, confabularse, conjurarse, entenderse, frecuentarse, juramentarse, unirse
— **tutearse**, vosear · DARSE EL TRATAMIENTO DE PRIMOS: primearse · llamar de tú
conciliar
— **reconciliar**, apaciguar, arbitrar, avenir, dirimir, dulcificar, mediar, pacificar
— **conciliarse**, acomunalarse, arreglarse, bienquistarse, congraciarse, encontrarse, quistarse, reconciliarse
— **apadrinar**, abanderar, abogar, apatrocinar, espaldear, exculpar, excusar, patrocinar, preconizar, propugnar
ser amigos
— andar con, contar con
— estar unidos, e. identificados, e. de acuerdo, e. a bien, e. a buenas, e. en armonía, e. en buen entendimiento, e. en gracia, e. bien avenidos
— hacer causa común, h. buena liga
— ir a una, ir de la mano
— llevarse bien, ll. como hermanos, ll. como buenos amigos
— mirar por, m. con buenos ojos
— ponerse a favor de, p. del lado de, p. de parte de
— recibir con los brazos abiertos, romper lanzas por
— ser su otro yo, s. amigos del alma, s. uña y carne, s. la soga tras el caldero, ARG s. como chanchos
— tratarse de igual a igual, t. de tú por tú, t. codo a codo, hombro a hombro
poner paz
— poner en razón, entrar de por medio, meter el bastón, m. el montante
— limar aristas, l. asperezas · templar gaitas
ponerse a bien
— atender a razones, dar el brazo a torcer

— darse a buenas, d. a manos, d. las manos, d. a razones, d. por buenos
— echar pelillos a la mar, hacer las paces
— reducirse a razón, rendirse a la evidencia
— venirse a razones
quedar en paz, tener la fiesta en paz
COLOQ
— caer en gracia, llevarse de calle, estar en la misma onda, hacer buenas migas
— dar la mano, tender la mano, t. un puente, CUBA darse la lengua
— no tener secretos, no t. un sí ni un no, t. confianza en alguien, caer bien, causar buen efecto
— quedar bien, q. en buen lugar, q. de perlas
— venirse a buenas, decir amén
COMP ING
— ser la sombra de alguien, s. de la misma cuerda, s. el ojo derecho de alguien, s. uña y carne
— estar a las duras y a las maduras, e. a partir un piñón, e. unidos como los dedos de la mano, e. en amor y compaña, e. en la misma onda, ARG andar en yunta
— hacer buenas migas, h. buena pareja
— tratarse como oro en paño, contigo pan y cebolla, marchar al unísono, partir peras, comer en un mismo plato
— hallar la horma de su zapato
REF
— Dime con quién andas y te diré quién eres. Si hay trato, amigos pueden ser el perro y el gato.
— Al amigo y al caballo, no apretallo. Más vale amigo en plaza que dinero en casa. Vida sin amigo, muerte sin testigo. A buen amigo, buen abrigo. Amistad fuerte, llega más allá de la muerte. Amistades que son ciertas, mantienen las puertas abiertas. Ni caldo recalentado ni amigo reconciliado. Quien bien te quiere te hará llorar. Amigo que no da pan y cuchillo que no corta, aunque se pierda no importa. El que de amigos carece es porque no los merece. El calibre de un hombre se mide por la cantidad de sus enemigos. Si a tu amigo quieres conocer, hazlo jugar y beber.
— Allá va Sancho con su rocín.
— El perro y el niño, donde les den cariño.
— Manzana podrida pudre el cesto. Ovejas bobas, por do va una van todas. Poca hiel hace amarga mucha miel. Quien con un cojo pasea, al año cojea.
53.16 enemistarse
enemistar
— incitar, azuzar, instigar, atizar, avivar, encrespar, engrescar, achuchar, aguizgar, con-

citar, enguizgar, enzarzar, enviscar, malmeter, enzurizar, guizgar, CUBA cuquear
— **desunir**, cizañar, encizañar, enredar, aguiscar, cismar, encismar, desavenir, descomponer, indisponer, descompadrar, malquistar, DESUS malsinar, ANT rencionar
— **desconfiar**, dudar, maliciar, presumir, recelar, sospechar, temerse, COLOQ mosquearse, escamarse
— COLOQ embolismar, engrescar · meter cizaña, poner a mal, echar leña al fuego, sembrar la discordia, meter zuriza
discutir
— **regañar**, altercar, bregar, chasquear, chocar, departir, desairar, enemigar, escarapelar, pelotear, pendenciar, quebrar, quimerear, reñir, reyertar, rifar, romper, tronar, tropezar, ANT refertar · DAR INOPORTUNAMENTE EL TRATAMIENTO DE SEÑOR: señorear
— **diferir**, discordar, discrepar, disentir, divergir
— tener unas palabras, t. sus más y sus menos
— ponerse a razones, trabarse de palabras
— llevar la peor parte, ll. las de perder
— llevar la mejor parte, ll. las de ganar
— COLOQ armarla, organizarla
pelearse
— **disputarse**, agarrarse, atravesarse, contrapuntarse, desavenirse, descompadrarse, devorarse, disgustarse, enredarse, enzarzarse, repuntarse, trabarse
— **enfrentarse**, encontrarse, enrarecerse, entibiarse, indisponerse, malquistarse, picotearse, ANT homiciarse
— **separarse**, distanciarse, alejarse, apartarse, desunirse
— **dejar plantado**, d. con la palabra en la boca
— **retirar el saludo**, r. la palabra, no dirigir el saludo, romper las amistades, no mirar a la cara, volver la cara
— ponerse a mal, ir cada cual por su camino, ir cada uno por su lado
llevarse mal
— **no hablarse**, no tratarse, no saludarse, no entenderse, no dirigirse la palabra, no querer cuentas, no dar los buenos días
— **estar enfadados**, mantener malas relaciones, no hablarse con alguien, no mirar a la cara de alguien
— estar de morros, e. reñidos, e. a mal, e. a matar, e. a rabiar, e. a malas · andar a palos
— **querer mal**, caer mal, causar mal efecto, quedar mal, guardar rencor
— **partir el campo**, p. el sol, quedar en el campo, retarse a muerte, r. a primera sangre
— **ir cada cual por su lado**, ir cada cual por su camino, no ser de la cuerda

— ir en contra, hacer la contra, alzarse contra, llevar la contraria, armarse contra, plantar cara, verse las caras

vengarse
— desquitarse, desagraviarse, desforzarse, despicarse · vindicar · deshacer agravios, d. entuertos · ajustar las cuentas
— estar a la recíproca, herir por los mismos filos, lavar con sangre, no quedar a deber nada
— pagar con la misma moneda, p. la peonada
— sacar un fuego con otro fuego
— sacarse el clavo, s. una espina
— tomar venganza, t. la revancha, t. el desquite, t. satisfacción · tomarse la justicia por su mano
— volver el recambio, v. la cara, v. las tornas

COLOQ
— **armarla**, liarla, pagarlas, envedijarse, guardársela · vérselas, tarifar
— **mirar mal**
   • no entrarle, tenerle rabia
   • tener a menos, t. en poco
— **vérselas con**, habérselas con, volver la cara, dar en las narices
— **hacer cara**, plantar cara, verse las caras
— **habérselas con**
   • acabar de mala manera, agarrarse del moño, armarse la gorda
   • andar a golpes, a. a la greña, a. a palos
   • haber hule, llegar a las manos, tener unas palabras, tomar las armas, trabarse de palabras
— **ponerse** a mal, p. a malas, p. de punta · tenerse la guerra declarada
— hacer un feo, h. un desaire, h. un desprecio · dar esquinazo, poner en evidencia
— dejar mal, d. feo, d. en mal lugar · hacer quedar mal
— AM tener bronca, ARG agarrársela con alguien

COMP ING
— andar a golpes, a. a la greña, a. a la morra, a. a la rebatiña, a. a mátame la yegua, a. a tres menos cuartillo, a. al daca y toma, a. como perros y gatos, a. de puntas, a. el diablo en Cantanilla, a. el diablo suelto, a. en dares y tomares, a. en dimes y diretes, a. en lenguas
— armarse la de Dios es Cristo, a. la de San Quintín, a. la de Troya, a. la marimorena, a. un tiberio, a. un zipizape, a. una gorda · armar el pollo
— arrojar el guante, atizar el fuego, avivar el fuego
— buscar camorra · buscarle el busto, b. la lengua, b. la paja en el oído, b. las cosquillas, b. las pulgas

— caer gordo, c. mal · comerse unos a otros, c. vivos
— dar alguien cien patadas, d. alguien ganas de vomitar, d. alguien mangonada, d. alguien náuseas
— darse de bofetadas
— decirse de todo menos bonico
— discutir sobre el sexo de los ángeles, d. sobre si fue o si vino
— echar a las barbas, e. en cara, e. leña al fuego, e. los títeres a rodar, e. para atrás, e. sal en las llagas
— enseñar las uñas, e. los dientes · escupir en la cara
— estar a la defensiva, e. a las manos, e. a matar
— estar como capuletos y montescos, e. como el perro y el gato, e. como moros y cristianos, e. como zegríes y abencerrajes
— estar con las espadas en alto, e. dolido con alguien
— estar de cuerno con alguien, e. de malas, e. de monos, e. de morros, e. de pique, e. de punta, e. de uñas
— estar en guardia, e. en guerra, e. en la lista negra, e. en pie de guerra, e. en pugna
— haber cizaña, h. hule, h. toros y cañas, h. una de todos los diablos
— hacer ascos, h. de menos, h. frente, h. la guerra, h. la higa, h. malas migas · hacerle a uno la cruz
— levantar una polvareda, llegar a las manos, llevar la contra
— llevarse a matar, ll. como el perro y el gato
— meter cisco, m. los dedos en la boca, m. malillas, m. palo en candela · meterse dentro del demonio
— mirar con malos ojos, m. de medio lado, m. desde arriba, m. por encima del hombro · mostrar el careto
— no dar dos higas por alguien, no entrarle, no llegar la sangre al río, no mirarlo a la cara, no poder con alguien, no p. tragar a uno, no p. tragarlo, no p. ver a alguien ni en pintura, no p. ver a uno, no prestarle atención, no querer uno cuentas, no q. ver el pelo de alguien, no ser santo de su devoción, no tenerle un higo de estima, no tragar a alguien
— partir peras, ponerse a mal, presentar batalla
— quebrar lanzas
— quedarse con la espina clavada, q. con la sangre en el ojo, querer comerle los hígados a alguien
— recibir a alguien como a los perros en misa, resultar alguien insufrible, reventar alguien a uno

— revolver el ajo, r. el estómago, r. la bilis, r. las tripas
— sacar a uno de sus casillas, s. la uñas, s. los ojos
— salir al encuentro, sembrar cizaña, ser su bestia negra
— tener entre ceja y ceja, t. ganas de fiesta, t. la guerra declarada, t. una agarrada, t. atravesado como espina en boca de gato, t. atravesado en la garganta, t. cuentas pendientes, t. en menos
— tirarse los bonetes, t. los trastos
— tocarle las narices
— tomar a uno entre dientes · tomarla con alguien
— tratar como a un perro, t. como a un trapo
— volver las espaldas
— tenerle ganas, t. hincha, t. idea, t. manía, t. ojeriza, t. rabia, t. tirria
— tenérsela jurada

REF

— Acabados los higos, los pájaros idos. Comida hecha, compañía desecha. El pájaro que comió, voló. Quitósele el culo al cesto, y acabose el parentesco. Reniego del amigo que cubre con las alas y muerde con el pico. Amigo que no presta y cuchillo que no corta, que se pierda poco importa. Enemigo que huye, puente de plata. Quien a burros favorece, coces merece. Al enemigo honrado, antes muerto que afrentado. Si dices las verdades, pierdes las amistades. Buen amigo es el gato cuando no araña. Con esos amigos, para que quiero enemigos. Quien la hace, la imagina.
— Cuando uno no quiere, dos no se pelean.
— El gato y el ratón nunca son de la misma opinión.
— Ojo por ojo, diente por diente.
— Según sea el hato, así te trato. Conforme ven el traje, tratan al paje. Si la envidia fuera tiña, cuantos tiñosos habría.
— A dar, que van dando. A ruin, ruin y medio. Amor con amor se paga. Quien ríe el último, ríe mejor.
— Zamarra y chaqueton, iguales son. Dios los cría y ellos se juntan. Estar cortados por el mismo patrón. Camarón y cangrejo corren parejo. Cojear del mismo pie. Juntáronse el codicioso y el tramposo. Juntáronse el hambre y las ganas de comer. Lo que la loba hace, al lobo de place. Dos que duermen en el mismo colchón, se vuelven de la misma condición.

53.17 amar

pretender

— **interesarse**, requerir, galantear, garzonear, halconear, mocear, enardecer · seguir, solicitar, escoltar, acompañar, ruar, engancharse

— **atraer**, encantar, fascinar, hechizar, prendar, embelesar o embeleñar, embriagar, absorber, extasiar, deslumbrar, agradar, arrastrar, arrebatar, contentar, embargar
— **satisfacer**, enajenar, encativar, trastornar, suspender

cortejar

— **rondar**, arrullar, camelar, cautivar, solicitar, pretender, acompañar, afilar, desempedrar, seguir, tallar, recuestar, festejar, mimar, solicitar
— **halagar**, agasajar, obsequiar, florear, galantear, garzonear, piropear, requebrar, arrullar DESUS adamar · echar flores
— **coquetear**, relacionarse, prendarse
— **citarse**, verse, encontrarse, entenderse, hablarse, cortejarse, galantearse, declararse, hablar, salir
— **besarse**, besuquearse, abrazarse, amartelarse, acariciarse
— **alcahuetear**, celestinear, zurcir voluntades

gustar

— **agradar**, arrastrar, atraer, embelesar o embeleñar, embriagar, embrujar, enajenar, encandilar, encantar, engolosinar, enlabiar, extasiar, fascinar, flechar, sorber, tirar, AM halar
— **ir detrás**, andar detrás, hacer la corte, echar flores, hacer angulemas, rondar la calle, poner los puntos, mirar con ojos tiernos

enamorar

— **conquistar**, arrebatar, captar, cautivar, convencer, embargar, enganchar, hechizar, seducir
— **flirtear**, hablar, ventanear
— **ganarse el afecto**, g. el corazón, g. la estima · ponerse tierno

querer

— **adorar**, estimar, venerar, idolatrar, exaltarse, apreciar, reverenciar, bienquerer, prendarse, exaltarse, amar ciegamente
— **estar enamorado**, e. enamoriscado, pedir en matrimonio, p. la mano
— suspirar por, tener debilidad por

enamorar

— **declararse** · acaramelarse, amartelarse, amelcocharse
— **encariñarse**, apegarse, embelesarse, embriagarse, enamoricarse, encamotarse, encampanarse, encapricharse, enchularse, enquillotrarse, enternecerse, interesarse, AM encamotarse
— **amarse**, quererse, adorarse, idolatrarse, entenderse, corresponderse, arreglarse
— **apasionarse**, cautivarse, deslumbrarse, encandilarse, entusiasmarse, perderse, prendarse, trastornarse

— **entregarse**
- enajenarse, enloquecer, fascinarse, extasiarse
- enamorarse ciegamente, e. locamente, e. perdidamente · rendir el albedrío

— **perder la cabeza**
- perder el sentido, beber los vientos
- querer con locura, q. a ciegas, q. a morir
- morir de amor, incendiar el espíritu

COLOQ
— **ligar**, camelar, cazar, pescar, enrollar, lagotear, pavear, tontear, flirtear · molar, pasmar, petar
— **babear**, babosear, barbear, chochear, flipar
— **morrear**, piñonear, sobar
— **liarse**, arrocinarse, atocinarse, atortolarse, cautivarse, chalarse, chiflarse, colarse, derretirse, desvivirse, electrizarse, emborricarse, encelarse, encoñarse, engolondrinarse, enrollarse, perderse, pirrarse, VULG empelotarse, pringarse, magrearse, porrearse
— caer en gracia, c. en gusto
— comerse con los ojos, c. a besos
— **dar caza**, pelar la pava, rondar la calle, suspirar por
— dejar boquiabierto, d. con la boca abierta
— estar chalado, e. loco por, e. perdido por, e. fuera de sí, e. por los huesos de
— gustar a rabiar, g. con locura
— hacer el cadete, h. el oso, h. la corte, h. la rueda, h. manitas, h. cocos
— hacerse arrumacos
— darse el morro, d. el pico, d. el filete, d. el lote
— meter mano, CHILE andar pinchando
— hacer perder la cabeza, h. tilín, h. títere · hervir la sangre
— ir de conquista, tirar los tejos, echar el anzuelo, estar en palique, arrastrar el ala, AM echar los perros, GUAT arrastrar la cobija, HOND echar el ala
— llevar de cabeza, ll. en el alma, ll. en su corazón
— perder el juicio, p. el seso, p. la cabeza · pasear la calle
— tener un ligue, t. una historia · t. en el saco, t. sorbidos los sesos
— AM tener un camote, ARG llevar el apunte, tener un metejón, PR comer jiguillo, RD dar yuca
— volverse loco, v. tarumba

COMP ING
— ponerse a alguien en la cabeza, entregarse en cuerpo y alma
— mirar con buenos ojos, mirarse en los ojos, morirse por, írsele a uno los ojos, no ver más que por los ojos de

— estar como un colegial, e. por los huesos de, ir con los papeles debajo del brazo
— enamorado como un borrico, e. hasta los hígados, e. como un cadete, e. como Macías

REF
— AMOR Y FUERZA: Quien bien quiere, tarde olvida. El amor lo puede todo. El amor no quiere consejo. El amor mueve montañas. Donde hubo fuego, brasas quedan. El amor es ciego. Bien ama quien nunca olvida. Contigo pan y cebolla. Más vale pan con amor, que gallina con dolor. El amor es una locura que solo el cura lo cura. Donde hay amor no hay pecado. Adonde el corazón se inclina, el pie camina. Corazón cobarde no conquista damas ni ciudades. Para el amor y la muerte no hay cosa fuerte. El amor y el vino no sacan al hombre de tino.
— AMOR Y AMADO: Quien feo ama, hermoso lo parece. Amor con casada, solo de pasada. Amor con casada, vida arriesgada. Más vale amante bandido que novio jodido. El amor lo pintan ciego. Amor no correspondido, tiempo perdido. Amor loco, yo por vos, y vos por otro.
— AMOR Y FUGACIDAD: Amor, viento y ventura, poco dura. Amores nuevos olvidan los viejos.
— AMOR Y FORTUNA: Boda y mortaja, del cielo baja. Afortunado en juego, desgraciado en amores.
— AMOR Y PRINCIPIO: De amores el primero, de lunas las de enero. Amor viejo, ni te olvido ni te dejo.
— AMOR Y DOLOR: El amor es como una rosa al revés: tiene las espinas por dentro. El amor entra con cantos y sale con llantos. Amor y dolor son del mismo color. Amor sin celos, no lo dan los cielos. Del odio al amor hay solo un paso.
— AMOR Y CAMBIOS: El amor es demencia, y su médico, la ausencia. El amor es como la luna; si no está en cuarto creciente, está en cuarto menguante. El amor es como la fiebre, brota y aumenta en contra de nuestra voluntad. El amor es el vino que más pronto se avinagra. Amor trompero, cuantas veo tantas quiero. Ay del amante ausentado a los quince días será remplazado.
— AMOR Y RIQUEZAS: Fortuna y ocasión, favorecen al osado corazón. Gran poder tiene el amor, pero el dinero mayor. Cuando la pobreza entra por la puerta, el amor salta por la ventana. Amor con hambre no dura. Barriga llena, corazón contento. Amor por interés, se acaba en dos por tres. Amor verdadero, el que se tiene al dinero. Boda, en igualdad, hasta en la edad. A amor y fortuna, resistencia ninguna.

— AMOR Y DESCENDENCIA: Si al amor haces señales, anda comprando pañales. Si al amor le haces caso, es seguro el embarazo.

— AMOR Y TIEMPO: Vinos y amores, los viejos son los mejores. El amor hace pasar el tiempo, el tiempo hace pasar al amor. La que de treinta no tiene novio, tiene un humor como un demonio. A los quince, los que quise; a los veinte, con el que diga la gente; a los treinta, el primero que se presenta.

— AMOR Y EMPALAGO: Los amantes de Teruel, tonta ella y tonto él.

53.18 detestar

despreciar

— **odiar**, abominar, repudiar, aborrecer, desdeñar, repeler, execrar

— **menospreciar**, demeritar, abominar, vilipendiar, ningunear

— **desairar**, rechazar, rehusar, desapreciar, desatender, desmitificar, dejar, arrinconar, derrenegar, popar, renegar, repeler, ANT aversar, esperdecir

— **aburrir**, antipatizar, fastidiar

no soportar

— caer gordo, c. mal

— dar de codo, VEN dar boche · dejar desairado, d. feo

— echar a un lado, e. la cerradera

— hacer a un lado, h. ascos, h. caso omiso, h. de menos, h. el vacío, h. la cruz, h. un desaire, h. un desprecio, h. un feo · huir la cara

— mirar con malos ojos, m. de lado, m. de reojo

— no poder aguantar, no p. soportar, no p. sufrir, no p. tragar, no p. ver

— no querer nada con alguien, no tomar en consideración, no t. en cuenta

— rehuir el trato

— retirar el saludo, r. la palabra

— sacar la lengua, AM sacarle el cuerpo

— tener en menos, t. en poco, t. horror, t. a menos

— tenerla tomada con

— volver el rostro, v. la espalda, v. la cara

COLOQ

— pasar de alguien · no entrar con alguien

— dar calabazas, d. de lado, d. con el pie, d. en la cresta, d. higa, d. una bofetada, d. con la puerta en las narices

— dejar plantado, decir nones

— no darse un pito, no d. un pepino, no ser santo de la devoción

— recibir calabazas, no comerse una rosca o un rosco, no comerse un colín

COMP ING

— tener montado en las narices, t. atravesado, t. sentado en la boca del estómago

— ligar menos que el chófer del papa, l. menos que los gases nobles

— huir como de la peste

REF Ira de enamorados amores doblados. Rencillas entre amantes mayor amor que antes. · El que a hierro mata, a hierro muere.

53.19 casarse

prometerse

— comprometerse, prometer, ofrecer

— pedir la mano (DE LA NOVIA), p. la novia · sacar los recados

— **dotar**, constituir la dote, llevar dote, pagar la cantarada, COLOQ llevar los papeles debajo del brazo, ser alguien un buen partido

— llevar la cesta, hacer de carabina, aguantar la vela, AM hacer de chaperón

— **amonestar**, anunciar · correr las amonestaciones, c. las proclamas

enlazarse

— **unirse**, emparejarse, desposarse

— **maridar**, enmaridar, matrimoniar, amarrarse, enyugarse, abarraganarse, amancebarse, convivir · vivir juntos, convivir con su pareja, irse a vivir juntos

— **contraer matrimonio**
  • unirse en matrimonio
  • dar el sí, llevar a la iglesia, ll. al altar, tomar mujer, tomar marido
  • casarse por la iglesia, c. por lo civil · tomar estado
  • casarse en segundas nupcias
  • ir de luna de miel

— COLOQ juntarse, liarse · dar un braguetazo

— COMP ING
  • llevar a alguien a la vicaría, pasar por la vicaría, sacar por el vicario
  • casarse de penalti, casarse por la vía rápida, c. por el sindicato de las prisas

divorciarse, separarse, descasarse · abandonar el hogar, romper los papeles

enviudar

quedarse soltera

— quedarse para tía, q. en el poyete, q. para vestir santos

— sentarse en el poyetón, pasársele el arroz

— MÉX ser una quedada

53.20 familia y acción

dar nombre, llamar, nombrar, apellidar, apodar, bautizar, cristianar, denominar · descender de · DAR APODOS PARA CENSURAR ACCIONES: motejar

legitimar, reconocer, ANT, NEGAR LA FILIACIÓN A UN HIJO: desafijar

criar

— educar, ocuparse de, sacar adelante

— mimar, consentir

— alimentar, mantener, albergar, apaniguar,

costear, fulcir, guarir, manutener, pagar, sostener, subvenir, sufragar, sustentar
— dar de comer, sacar adelante
adoptar, ahijar, prohijar · apadrinar, compadrar
emanciparse, independizarse, campar por su respeto, tener campo libre, hacerse independiente, no dar cuentas a nadie
engañar, faltar · ser infiel, cometer adulterio
COLOQ
— encornudar, dársela, pegársela, jugársela
— poner los cuernos, p. la cornamenta, p. el gorro, p. banderillas, adornar la frente, hacer el salto
COMP ING
— ser de la tierra de Cornualles, s. de la cofradía de san Cornelio, VULG s. un cabrón, s. una lagarta
— llegar a coronel sin haber sido teniente
— ARG meter los cuernos, CHILE pegar en la nuca, GUAT y NIC quemar la canilla o las canillas, VEN montar cacho o los cachos, PERÚ sacar la vuelta
REF
— El que a los suyos parece, honra merece. De padre cojo, hijo rengo. De padres gatos, hijos mininos. De tal barba, tal escama. De tal cepa, tales sarmientos. Donde buenas ollas quiebran, buenos cascos quedan. El hijo de la cabra, cabrito ha de ser. El hijo de la gata, ratones mata.

53.21 heredar
suceder, legar, dejar, disponer, mandar, instituir heredero
testar, hacer testamento, otorgar testamento
transmitir, translinear o translinear, heredar
mejorar, acrecer
rescindir, revocar, anular · OMITIR EN LA INSTRUCCIÓN DE HEREDEROS A LOS QUE SON FORZOSOS: preterir
desheredar, desmandar, exheredar · desheredarse, estrecharse, adoptar

54. VIDA EN COMÚN
54.01 sociabilidad
ACTITUDES:
— **compostura**, mesura, recato, respeto, miramiento, comedimiento, circunspección, corrección, moderación, consideración
— **amabilidad**, afabilidad, elegancia, condición, disposición, temple, talante
— **rito**, ritual, protocolo, aparato, ceremonial, fórmula, ANT levítico
— **etiqueta**, fausto, formalidad, gala, pompa
ACTOS:
— **encuentro**, saludo, felicitación, salutación, resalutación, salva · apretón de manos
— **reverencia**, cabezada, inclinación de cabeza, DESUS sombrerada o sombrerazo, bonetada, gorrada, gorretada
— **reunión**, invitación, recepción, entrevista, cita, charla, tertulia, velada, visita
— **fiesta**, celebración, diversión, animación, esparcimiento, guateque
— **despedida**, recuerdos, saludos
— COLOQ
   • **juerga**, holgorio o jolgorio, holgura u holgueta, algazara, alborozo, caraba, cascabeleo, godeo, guasanga, jarana, jollín, júbilo, quitapesares, regocijo, albórbola o albuérbola
   • **marcha**, movida, tararira, titiritaina, AMPLIA REUNIÓN DE JÓVENES CON BEBIDAS AL AIRE LIBRE: botellón, DESUS joglería
SOLEMNIDADES:
— **apertura**, inauguración, certamen, colocación de la primera piedra, toma de posesión, t. de hábito, reparto de premios, r. de títulos · sesión solemne, clausura
— **bendición**, besamanos, procesión
— **entierro**, exequias, funeral, DESUS parentación

54.02 insociabilidad
marginación
— **separación**, alejamiento, distanciamiento, retiro, incomunicación, retraimiento, separación, apartamiento
— **aislamiento**, incomunicación, apartamiento, reclusión · retiramiento, recogimiento, exclusión · clausura
— **egocentrismo**, individualismo, narcisismo
— **inadaptación**, insumisión, marginalidad, misantropía
— **rusticidad**, provincialismo, aldeanismo, primitivismo
abandono
— **desamparo**, orfandad
— **ostracismo**, proscripción, destierro, deportación, confinamiento, expatriación, desarraigo, huida, exclusión, expulsión, condena, castigo
— **melancolía**, añoranza, tristeza, nostalgia, pesadumbre

54.03 cortesía
acogida
— **hospitalidad**, acogimiento, agasajo, albergue, amparo, asilo, recibimiento
— **desinterés**, altruismo, desprendimiento, esplendidez, favor, galantería, gentileza, miramiento, obsequiosidad
— **calor**, cobijo, condescendencia, consideración, cumplido, transigencia, adaptabilidad, adaptación
— **acatamiento**, sumisión, pleitesía, observancia, vasallaje, rendibú, inclinación, ge-

nuflexión, obsecuencia, MÉX caravana · inclinación de cabeza

educación
— **formalidad**, moralidad, decencia, honor, honra, honestidad, dignidad
— **afabilidad**, amabilidad, cordialidad, atención, agrado, cumplimiento, cortesanía, ANT curialidad
— **ceremonia**, comedimiento, compostura, circunspección, civilidad, civismo, corrección, reserva, respeto, tacto, tino, diplomacia, protocolo, AFECTADA Y RIDÍCULA: pataratas
— **simpatía**, llaneza, naturalidad, gracia, encanto, modestia, nobleza

fineza
— **finura**, refinamiento, deferencia, delicadeza, discreción, sencillez, sensibilidad, suavidad, mesura, moderación, pulimiento, prudencia, pudor, recato, virtuosidad
— **distinción**, atildamiento, compostura, cuidado, dandismo, desenvoltura, donaire, elegancia, esmero, estilo, etiqueta, galanura, gálibo, garrideza, gracia, gusto, porte, urbanidad
— **buenas maneras**, buen gusto, b. tono, buenos modales, b. modos, buena crianza
COLOQ filustre, tiquismiquis, zalema, buz, DESUS azanahoriate

TRATAMIENTOS:
— **alteza**
  • alteza eminentísima, a. imperial, a. real, a. serenísima
  • majestad, su graciosa majestad, su alteza real
  • magnífico, augusto, celsitud, príncipe, princesa
  • PARA LOS REYES DE PORTUGAL: fidelísimo
  • ALGUNOS PRÍNCIPES: serenidad
  • ALGUNOS PRÍNCIPES DE ALEMANIA: margrave
— **excelencia**, eminencia, ilustre, excelentísimo, eminentísimo, ilustrísima, ilustrísimo, su eminencia, su ilustrísima
— DER **señoría**, usía, DESUS usencia, useñoría, vuecelencia o vuecencia, espectable, ANT micer
— **usted**, ANT su merced, vuestra merced, vuesa merced, ucé, uced, usarcé, usarced, vuesamerced, vuesarced, vueseñoría
— **caballero**
  • señor, señora, señorito, señorita
  • don ↔ doña, damisela
  • DESUS gentilhombre, maese, nuestramo o nostramo, seor, COLOQ seó
— **doctor**, licenciado, profesor, presidente
— DE ORIGEN EXTRANJERO:
  • INGLÉS: lord, milord, sir, sire, mister ↔ lady, mi lady, madam, miss, mistress

  • FRANCÉS: Mrs., monsieur ↔ madama, madame, mademoiselle
  • ALEMÁN frau, fräulein ↔ herr
  • PERSA: mirza
— FAMILIAR:
  • tú, ARG, BOL, CR, NIC, PAR, SALV, UR Y VEN vos
  • vosotros, CANARIAS Y AM ustedes
  • comadre, compadre, hermano, primo, COLOQ tío, tía
  • A LA NIÑERA: tata
  • AND Y AM, CARIÑOSO ENTRE PERSONAS QUE SE QUIEREN BIEN: negro
— RELIG
  • PAPA: santidad, beatísimo padre, ANT beatitud
  • CARDENAL: monseñor, eminentísimo
  • OBISPO: ilustrísimo, su ilustrísima, reverendísimo, eminencia, reverencia
  • SACERDOTE: reverendo
  • EN LAS ÓRDENES RELIGIOSAS: hermano, hermana, fratres, fray, frey, sor o sóror · madre, padre · caridad, su caridad, su reverencia, beatitud, discreto, paternidad, serenidad, venerable · cristianísimo, serenísimo · dom (CARTUJOS Y BENEDICTINOS ANTEPUESTO AL APELLIDO)

54.04 descortesía

arrogancia
— **insolencia**, altivez, alas, altanería, chulería, descaro, engreimiento, ninguneo, afectación, vanidad, desuello, frivolidad, orgullo, petulancia, osadía, procacidad, sorrostrada, AND, PERÚ Y PR empaque
— **antipatía**, acritud, aspereza, desdén, desprecio, desestima, desestimación, desconfianza, inflexibilidad, inhumanidad, insensibilidad, presunción, repulsa
— **inatención**, desabrimiento, desaire, desaprobación, desatención, desconsideración, desgaire, desmán, desplante, disfavor, esguince o desguince, esquivez, indiferencia, menosprecio, nadería, vilipendio, zaherimiento, zurriagazo, ANT desprez · cinismo, ventanazo, feo, coz

inelegancia
— **bajeza**, abandono, chabacanería, cursilería, dejadez, desaliño, desaseo, descuido, desgaire, desgana, desidia, desmaño, extravagancia, incuria, negligencia, ordinariez, rudeza, tosquedad, vulgaridad, ANT desapostura, enatieza
— **incorrección**, bronquedad, demasía, descomedimiento, descompostura, desfachatez, imprudencia, impudor, inconveniencia, indecencia, indelicadeza, ineducación, intransigencia, irreverencia

— incivismo, incivilidad, inurbanidad
— **bastedad**, aldeanismo, basteza, brusquedad, brutalidad, cazurría, chabacanería, dureza, ferocidad, garrulería, rudeza, rusticidad, rustiquez, tosquedad, vulgaridad, vulgarismo, zafiedad, ANT grosedad
— GESTO DE DESPRECIO CON LA MANO: higa o ANT pujés
injuria, palabrota, oprobio, contumelia, grosería, groseza, impertinencia, exabrupto, frescura, atrevimiento, vejación, ordinariez, rabotazo o rabotada, burla, ultraje, ANT cazorría
mal gusto, malas maneras, mala educación, malos modales, m. modos, mala crianza
falta de consideración, f. de educación, f. de respeto · mal trato, metedura de pata, salida de tono
COLOQ descuerno, fanfarria, sequete, zanganada, DESUS naranjada, ARG, BOL Y UR guasería · desprecio olímpico

54.05 generosidad
benignidad
— **dadivosidad**, magnanimidad, prodigalidad, caballerosidad, esplendidez, largueza, magnificencia, DESUS generosía, largición
— **clemencia**, comprensión, altruismo, filantropía, gentileza, humanidad, indulgencia, misericordia, piedad, tolerancia
— **despego**, dejamiento, desasimiento, desinterés, desprendimiento, magnanimidad, prodigalidad, galantería, largueza, rumbo, consideración
— **abnegación**, humanitarismo, indulgencia, renuncia
beneficencia
— **altruismo**, asistencia, benefactoría, benefactría, donación, favor, limosna, mejora, merced, protección, providencia
— **favor**, beneficio, gracia, servicio, AM gauchada
— **derroche**, dispendio, despilfarro, dilapidación, profusión, barrumbada, fausto, lujo, prodigalidad
— **caridad**, obra de caridad, buena obra, o. piadosa, o. pía
— **hidalguía**, gallardía, galantería, nobleza, garbo, abnegación, dejamiento, desinterés
donación
— **limosna**, alimosna, atención, bodrio, briba, consolación, elemósina, gallofa, óbolo, ofrenda, providencia, DESUS almosna, COLOQ sopa boba
— **regalo**, obsequio, donativo, presente, gracia, merced, don, dación, cesión, A QUIEN TRAE UNA BUENA NOTICIA: albricias, EN UN TESTAMENTO: legado, A DIOS Y A LOS SANTOS: ofrenda, AL CONVENTO EN QUE VA A PROFESAR: dote, A LA IGLESIA: oblata

— abiz o habús, CON OCASIÓN DE MATRIMONIO: doña, AL PUEBLO ROMANO DE PARTE DEL EMPERADOR: congiario, A UNA FAMILIA QUE CELEBRA UNA FIESTA: garama, LA REINA A SUS SERVIDORAS: saya, UN PRÍNCIPE A OTRO: mantillas, EN TESTIMONIO DE BUEN AFECTO: recuerdo, EN MUESTRA DE AFECTO: expresión, EN MUESTRA DE CONSIDERACIÓN: agasajo, EN SAL, LOS CONVIDADOS A LA NOVIA: espiga, DESUS dona, donas, atijara, alfileres
— **subsidio**, ayuda, subvención, A LOS MILITARES: refacción
— **recompensa**, dádiva, cortesía, PARA CORROMPER A ALGUIEN: soborno, EN AGRADECIMIENTO: estrena, EN SEÑAL DE CARIÑO: fineza, COMO MUESTRA DE RESPETO: atención, PARA SATISFACER LOS DESEOS: contenta, COMO PREMIO DE UN SERVICIO: joya, EL DÍA DEL CUMPLEAÑOS: cuelga, LOS DISCÍPULOS A LOS MAESTROS EN LAS ESCUELAS DE BAILE: haya, POR HABER HALLADO ALGO: hallazgo, LO QUE EL VENDEDOR DA MÁS DEL JUSTO PESO: añadidura, ANT jamona, largición
— **propina** o COLOQ bote, aguinaldo o aguilando, agujeta, botijuela, QUE SE DABA A LOS CRIADOS AJENOS: maula, A LAS DAMAS DE PALACIO CUANDO IBAN A VER UNA FUNCIÓN PÚBLICA: canastilla, AM ñapa, yapa, vendaje, EL EXIGIDO CON ABUSO DE SUS ATRIBUCIONES: mordida, PERÚ juanillo

54.06 egoísmo
avaricia
— **codicia**, miseria, cicatería, roñosería, tacañería, interés, ruindad, voracidad, vanidad, avidez, parvificencia
— **malignidad**, mezquindad, iniquidad, inmoralidad, perversidad, protervidad, malvestad, crueldad, improbidad, indignidad, ferocidad, malevolencia
— **malicia**, nequicia, sevicia, protervia, pravedad, envidia, roña, miseria
— **encarnizamiento**, ensañamiento, depravación, satanismo
— **mala fe**, m. idea, m. intención
— **hiel**, bilis, saña, vicio, resabio, AST Y CANTB zuna
— **individualismo**, egolatría, privativismo, exclusivismo
— **afán**, ambición, anhelo, ansia, apetencia, apetito, ardicia, aspiración, deseo
infamia
— **abyección**, bajeza, ignominia, insidia, disfavor, vileza, traición, AM CENT Y MÉX leperada
— **villanía**, granujería, sinvergonzonería o sinvergüencería, bahorrina, estigma, ruindad, cuquería, ANT bermejía
— sed insaciable, sueño dorado
COLOQ
— **jugada**, faena, canallada, granujada, bellaquería, pillería, fechoría

— conchas, carlancas, trastienda, veneno

— mala leche, m. sombra, las de Caín

54.07 sinceridad

franqueza, veracidad, realidad, limpieza, seriedad, claridad

fidelidad

— **adhesión**, autenticidad, cumplimiento, honestidad, honor, honradez, incorruptibilidad, integridad, nobleza, obediencia, sometimiento

— **lealtad**, responsabilidad, obligación, deber, cargo, carga, peso, cruz, imposición, instrucción, mandamiento, cumplimiento, tarea

promesa

— **compromiso**, confianza, deber, juramento, lazo, obligación, vínculo, voto · promisión, repromisión, policitación

— **palabra de honor**, p. de caballero, contrato moral

54.08 hipocresía

fingimiento

— **disimulo**, artificio, falsedad, fariseísmo, gazmoñería o camandulería, hazañería, simulación, parodia, maquiavelismo, doblez, doblura, impostura, duplicidad, DESUS fruncimiento, mónita

— **alevosía**, apostasía, beatería, devotería, superchería, teatinería, mojigatería, bigardía, felonía, galería

— **representación**, ficción, pantomima, comedia, carnavalada, mojigatez, pasmarotada o pasmarota

— **máscara**, disfraz, mascarada, tramoya, fachada, integumento, solapa

deslealtad

— **traición**, defección, delación, deserción, retractación, vileza, infamia, prodición, engaño, embuste, falsía, farsa, trampa, emboscada, DESUS guadramaña

— **infidelidad**, adulterio, perjurio, perfidia, engaño, artificio, zancadilla

— **incumplimiento**, inobservancia, informalidad

mala pasada

— **mala partida**, m. acción, m. jugada, m. fe, golpe bajo, partida serrana, doble juego

— **beso de Judas**, cambio de chaqueta, trato doble, fe púnica

COLOQ

— **faena**, barrabasada, bellacada, bellaquería, canallada, fechoría, galopinada, gatada, granujada, granujería, jangada, judiada, jugada, jugarreta, lilaila, pirula, trastada, tunantada, DESUS cancamusa, malcaso, malón, COL pilatuna

— **cerdada**, cochinada, guarrada, gorrinada, perrería

— **cuentitis**, zanguanga, zalagarda, camándula, gatería

— MALSON Y VULG putada, cabronada, mariconada

54.09 sociable

amable

— **agradable**, afable, amigable, tratable, sensible, adorable, apacible

— **acogedor**, cautivador, arrebatador, encantador, seductor, fascinador

— **tierno**, lánguido, delicado, sentimental, piadoso, emotivo, deleitoso, delicioso, celestial, grato, depurado, exquisito

comunicativo

— **expresivo**, abierto, ameno, efusivo, bienhablado, diplomático, simpático, político

— **interesante**, fascinante, chispeante, competente, condescendiente

— **atractivo**, atrayente, donairoso, vistoso, dulce

— **gracioso**, ingenioso, entretenido, cordial, jovial, gentil, vivaz, lisonjero

bien educado, b. enseñado

de buen gusto, de postín, de prestancia, de viso, de significación social, de buen tono, ARG ser muy dado

conjuntamente

— **juntamente**, simultáneamente

— al alimón, en colaboración, en comunidad, en conjunto, de consuno, en cooperación, semble, en sembra, ensemble, entre, mano a mano, en montón, a la par, a la vez

COLOQ

— **bonachón** · hechicero, retrechero, gitano, majo, salado

54.10 insociable

asocial

— antigregario, antisociable, antisocial, esquinado, esquivo, incívico, incivil, incivilizado, indisciplinado, ineducado, introvertido

— AM guaso, guarango, CHILE guasamaco

solitario, anacoreta, cartujo, cenobita, eremita, ermitaño, estilita, huidizo, individualista, misántropo, monje, recluido, robinsón, salvaje, soledoso, taciturno, troglodita

desapacible

— **detestable**, displicente, duro, escabroso, fastidioso, repelente, repugnante, cascarrabias, repulsivo

— **árido**, áspero

— asqueroso, nauseabundo

— **ingrato**, osco

soso

— **seco**, sosaina, soseras, sonso, ñoño, zonzo, gofo, AR jauto, ARG Y UR chirle

— **frío**, desaborido o desaborío, desabrido, desangelado, friático, gris, huraño, insignificante, insípido, neutro, parado, pasmado, tocho, tonto

— **inameno**, áspero, desustanciado, esaborío, inexpresivo, ininteresante, insípido, insulso, insustancial, sinsustancia, AND patarra, DESUS desdonado

— **simple**, simplón, hebén, secatón, sieso, boniato, calabaza, cebolludo, pavo, pavisoso, pato, patoso

ordinario

— **abrutado**, abrupto, adocenado, agarbanzado, agreste, áspero, bárbaro, baturro, brozno, cazurro, cerrero, cerril, charro, gañán

— **basto**, tosco, brusco, bruto, villano, vulgar, zafio, ríspido, rispo, rudo, rústico

— **indelicado**, chabacano, chamagoso, hortera, jarocho, mazorral, patán, pedestre, porro, rabalera o rabanera

— DESUS sayagués, AND cuaco, AM montuno, AM CENT Y MÉX lépero, AM CENT bayunco, SALV Y NIC jayán

enfadadizo

— **enfadoso**, enojoso, enconoso, irascible, arrebatado, desatado, rabioso, impulsivo, fogoso, AND Y COL frondio, VEN casquite

— **irritable**, irritante, iracundo, intemperante, excitable, atrabiliario, bilioso, descontentadizo, endemoniado, endiablado, ceñudo

— **retorcido**, quisquilloso, puñetero, aguafiestas

sin principios

— sin sustancia, alma de cántaro, ave fría, sangre pesada

— de mal efecto, de mal genio

COLOQ

— **badea**, bodoque, cernícalo, erizo, esguince, faltón, ganapán, garbancero, garrulo, gruñido, hocico, malaleche, malauva, mazacote, mazorral, modrego, mogrollo, morro, patán, refunfuñón, tufillas, villanchón, zamacuco, zambombo, zamborotudo o zamborondón, zonzorrión, zoquetudo, zorronglón, zulú

— **cara de asco**, c. de alguacil, c. de dómine, c. de beduino, c. de juez, c. de perro, c. de pocos amigos

— **mal ángel**
  • mal dotado, m. educado, m. enseñado
  • mala pata, m. sombra
  • poco favorecido, de brocha gorda, de cascabel gordo, pan sin sal

54.11 cortés

distinguido, educado, afable, apacible, tratable, exquisito, agraciado, fino, galante, refinado, solícito, encantador, tolerante

elegante, atildado, mirado, esmerado, dispuesto, pulido, digno, radiante, ceremonioso, escrupuloso, notable

atento, caballeroso, aseñorado, ameno, complaciente, considerado, indulgente, correcto, delicado, depurado, penetrante, discreto, prudente

virtuoso, respetuoso, obsequioso, honesto, modesto, sensible, suave, sutil, perspicaz

noble, cortesano, aristocrático, selecto, eminente, escogido, ilustre, honorable

de buen gusto, de b. tono, de buenas costumbres

54.12 descortés

antipático

— **apático**, adusto, anodino, árido, arisco, borde, cenizo, hosco, hurón, vinagre, malasombra, desatinado, DESUS vulgado, AM aguado

— **agrio**, agriado, avinagrado, amargo, aguafiestas

— **desagradable**, abominable, atravesado, chanflón, desapacible, execrable, inaguantable, incompetente, insoportable, insufrible, intolerable, irresistible, lamentable

— **detestable**, aborrecible, deplorable, intratable, odioso, repelente, repugnante, repulsivo, vitando

desatento

— **inatento**, incorrecto, esquinado, indelicado

— **irrespetuoso**, descarado, descomedido, desconsiderado, impertinente, imprudente, inmoderado, inoportuno, indiscreto, importuno

— **pesado**, cargante, molesto, latoso, nauseabundo, mortal, mosca, moscón, pegajoso, plomo, aburrido, DESUS postema

sin distinción

— mal criado, m. educado, m. enseñado, sin principios, sin categoría

— un cualquiera, de pacotilla, de medio pelo, de mal gusto, de poco más o menos, de baja estofa, de chicha y nabo, de mal tono, de lo que no hay, alma de cántaro

COLOQ

— **pijotero**, pajolero, jifero, repajolero, macarra · arrabalera

— **gañán**, faltón, mastuerzo, bodoque, bravucón, fanfarrón, cataplasma, cazurro, pegote, espantanublados, embeleco, sinapismo, talcualillo, verruga, indino, MUR cancanoso, AND malaje, AM guarango, AM CENT bayunco, CHILE guasamaco, HOND Y MÉX ahuizote

54.13 generoso

benévolo, benigno, caritativo, garboso, largo, pródigo, dadivoso, altruista, espléndido, caballeroso, indulgente, ANT limosnador, limosnadero

magnánimo, magnificente, munificente o munífico, desinteresado, desprendido, obsequioso

abnegado, cordial

clemente, compasivo, filántropo, humanitario, humano, indulgente, misericordioso, piadoso, pío, probo, sensible

bueno, benigno, bondadoso, benefactor, bienhechor

54.14 egoísta

avaro, ambicioso, avaricioso, avariento, codicioso, estrecho, interesado, usurero

mísero, mezquino, miserable, escaso, escatimoso, lacerado, menguado, guardador, guardoso

ávido, celoso, cicatero, amarrado, apegado, atacado, aurívoro, duro, endurador, parco, parsimonioso, parvífico, prieto, ruin, sórdido, transido, voraz

— ANT hacino, ARG amarrete, CR Y HOND alagartado, CHILE pirquinero, MÉX martillo, PR maceta

COLOQ

— agarrado, cerracatín, manicorto, rácano, rasposo, rata, roído, roña, roñica, roñoso, tacaño, tiñoso, urraca, BOL, CHILE Y PERÚ coñete

— puño en rostro, devoto de la virgen del puño

54.15 sincero

honesto, fiel, honrado, incorruptible, indefectible, inquebrantable, íntegro, noble, recto

abierto, comunicativo, efusivo, expansivo, extravertido o extrovertido

natural, candeal, candoroso, claro, cordial, espontáneo, explícito, franco, llano, sencillo, sentido, verdadero

confiado, cándido, crédulo, descuitado, despreocupado, incauto, ingenuo, inocente, tranquilo

COLOQ boquifresco, cantaclaro, francote, desahogado, descarado, boceras, boca de verdades

54.16 hipócrita

mentiroso, alevoso, avieso, bauzador, bellaco, camandulero, charlatán, cuentista, delusivo, delusorio, doloso, donillero, embaucador, embrollón, embustero, engañabobos, engañador, engañamundos, engañanecios, engañoso, falsario, falso, fementido, invencionero, malqueda, parabolano, trufador, trufaldín, zorro, ANT mego, marfuz

farsante, fingido, fingidor, follón, fulero, fullero, socarrón, solapado, lioso, mojigato, santón, santucho, santulón, santurrón, simulador, suplantador, taimado, caradura, cazurro, cuatrero, facineroso, jesuítico, miserable, misticón, refalsado, renegado, tracista, trepante

deshonesto, desleal, disimulado, doblado, doble, arrastrado, gazmoño, impostor, infiel, mogato, nebulón, nugatorio, pérfido, petardista, prestigiador, proditor, sinvergüenza

comediante, circe, farandulero, histrión, tartufo, teatral, tramoyista, trapacista

tramposo, trapacero, faramallón, farisaico, fariseo, granuja, marrajo, maulero

traidor, apóstata, desertor, desleal, esquirol, felón, judas, prófugo, traicionero, vendido, zaino, AM conchudo, DESUS feral, maxmordón, magancés ANT algarivo

COLOQ

— coscón, truchimán, zascandil

— cabeza torcida, caldo de zorra, cara con dos haces, mátalas callando, mosquita muerta, AND callacuece

54.17 relacionarse

tratarse

— **verse**, visitarse, encontrarse, juntarse, invitarse, reunirse, saludarse, descubrirse · aliarse, asociarse, integrarse

— **acudir**, asistir, avenir, coincidir, concurrir, confluir

— **saludar**, cumplimentar, felicitar, celebrar, convivir, festejar, alternar · dar el pésame

— **acompañar**, condolerse, congratularse, convidar, cumplir, descubrirse, inclinarse, invitar, obsequiar, visitar

despertar simpatía

— **dar los buenos días**, DESUS dar los días · pedir por favor, presentar sus respetos · dar las gracias

— **dejarse ver**, tomar parte, aceptar la invitación, presentar gente, quedar con alguien

— **dar la mano**, tender la m., agitar la m., alargar la m., apretar la m., presentar la m., estrechar la m., besar la m. · desear la bienvenida, d. lo mejor

— **quitarse el sombrero**, agitar el s., presentar sus respetos

— **ceder el paso**, ofrecer el brazo, o. la casa

— hacer por cumplir, h. por quedar bien, h. por no quedar mal, actuar por cumplido

COLOQ

— **tener ángel**, t. duende, t. buena sombra, t. su aquel

— **ser buena persona**, s. buena gente, s. gran persona, s. de buena pasta, s. un gran tipo, s. un tío estupendo, s. la alegría de la casa

COMP ING

— tener madera de santo, t. simpatía a raudales

— saber templar gaitas
— MÉX simpático a toda madre, CHILE s. a toda leche, CUBA ser un tiro
REF Allí donde fueres, haz lo que vieres. Donde hablen, habla; donde ladren, ladra. Donde veas a todos cojear, debes, a lo menos, renquear. En cada tierra, su uso, en cada casa, su costumbre. Si entre burros te ves, rebuzna alguna vez.

54.18 no relacionarse
aislarse, confinarse, encerrarse, enclaustrarse
estar marginado
— **estar de más**, ser un marginado, quedarse colgado
— **dar de lado**, tratar por separado, enterrarse en vida, hacer rancho aparte, cerrarse las puertas, no tener a quién volver la cara, no tener fuego al que arrimarse
— **no haber quien lo aguante**, no dignarse dirigir la palabra, parecer un alma en pena
— **no dejarse ver**, mantenerse al margen, buscarse la vida, hacer un vacío, renunciar al mundo, satisfacerse a sí mismo, ser un caso, vivir en su rincón, hacer corro aparte, hacerse allá · quedarse aparte, ser capítulo aparte
— **vivir su vida**, no dar cuentas a nadie, no casarse con nadie, huir de la gente, mantener la distancia
COLOQ **ser raro**, s. un bicho, s. un malaje, s. un tío del montón, s. un tío echado para atrás · s. muy suyo, ir a lo suyo · partir peras
COMP ING
— meterse en su torre de marfil, estar más solo que la una, e. solo como un hongo
— no tener a dónde volver la cabeza, no t. a dónde volver la vista, no t. a dónde volver los ojos, no t. a dónde volverse, no t. a quién recurrir, no t. a quién volver la cara, no t. a quién volver los ojos, no t. perro que le ladre
— aislarse como un ermitaño, vivir como un monje, v. lejos del mundo, meterse uno en su concha, cerrarse todas las puertas
— estar entre cuatro paredes, e. como gallina en corral ajeno, e. lejos del mundanal ruido, e. dejado de la mano de Dios
— el villano en su rincón, tener mala sombra
— más áspero que un cardo, más á. que una lija · más serio que espantajo de melonar, más s. que un juez · amable como una ortiga
REF Sin padre, ni madre ni perro que le ladre.

54.19 agasajar
elogiar, aclamar, alabar, celebrar, coludar, lisonjear, loar, cumplimentar, preconizar, DESUS trasloar
elevar, alzar, altivar, ensalzar, encaramar, enaltecer, encarecer, encomiar, encopetar, en-

cumbrar, engrandecer, realzar, exaltar, exalzar, levantar, ponderar, remontar, relevar
condecorar, honrar, distinguir, honorar, canonizar, deificar, gloriar, glorificar, magnificar, recomendar, solemnizar, sublimar
ganarse a la gente
— **ser persona abierta**
 • ser persona de buen carácter, ser una bellísima persona, ser de buen trato
 • ser considerado, ser agradecido
 • tener buen fondo, t. don de gentes
— **tener amabilidad**, t. buen corazón · confundirse en excusas, pedir perdón
— **guardar la compostura**, g. las formas, g. ceremonia, darse a manos, ARG mantener la línea, hacer buena letra
— **actuar en conciencia**, a. a derechas · a. según su entender · a. con guante blanco, a. con guante de seda
— **ir por derecho**, ir por el buen camino, irse con las manos vacías, no echarse nada en el bolsillo, salir con la cabeza bien alta
COLOQ dar bombo, dar jabón, hacer el artículo, contar y no acabar, hacerse lenguas
COMP ING alzar sobre el pavés, poner por los cuernos de la luna, p. por las nubes, meter por los ojos
REF A boda ni bautizado, no vayas sin ser llamado. A cada puerta, su dueña. Agua que no has de beber, déjala correr. Allá se lo haya Marta con sus pollos. Cada cual en su corral. Cada lobo, en su senda, y cada gallo, en su muladar. Cierra tu puerta y loa a tus vecinos. En lo que te toca, punto en boca. En lo que no te va nada, no metas tu cucharada. Más sabe el loco en su casa, que el cuerdo en la ajena. Ni mío es el trigo, ni mía es la cibera, y muela quien quiera. Ver, oír y callar.

54.20 molestar
importunar
— **incomodar**, apesadumbrar, alterar, desasosegar, desazonar, estorbar
— **enredar**, enturbiar, perturbar, hariscar, hostigar, marear, trastornar, aburrir, alborotar, empalagar, baquetear, brear, desplacer, empachar, engorrar
— **abrumar**, acosar, acuitar, agobiar, amargar, amustiar, angustiar, crispar, desquiciar
— DESUS tarazar, NAV alobar, RI enguerar, AM majaderear
enfadar
— **disgustar**, encrespar, impacientar, soliviantar, sulfurar, tribular, amohinar, añusgar, inquietar, afligir, apurar, atribular, concomer, entristecer, contristar, apesarar, consumir, desconsolar

— **enfurecer**, hartar, hastiar, exacerbar, exasperar, excitar, freír, endemoniar, descomponer, descorazonar, desesperar, desolar, indignar, irritar, enojar, estomagar, infernar, cargar, DESUS enhadar

maltratar

— **acongojar**, mantear, fatigar, zaherir, zarandear, afligir, asaetear, asediar, atropellar, aturdir, turbar, dañar, disturbar, acribillar, patear, perseguir, moler, traquetear

— **atormentar**, mortificar, jaquear, maltraer, pisar, pisotear, postergar

— **relegar**, espetar, estrujar, asenderear, embaír, trillar, sopetear, revolcar, RD asicar

tratar sin consideración

— **actuar** sin miramientos, a. sin cumplidos, a. sin más ni más, a. sin reparo, a. a capricho, a. a codazos, a. como sea, a. de un plumazo, a. pese a quien pese, a. por la brava o a las bravas, a. por la tremenda, a. a su antojo, a. a tuertas o a derechas

— **ponerse inaguantable**, p. insoportable, dar la murga, hacerse odioso, acabar con la paciencia, hacer perder la paciencia, consumir la paciencia

— **amargar la vida**, dar mala vida, atravesar el corazón, avivar la pena, dar de lado · dar el día

— **hacer perder la calma**, h. perder la paciencia, h. perder los estribos

— **no dejar en paz**, no d. respirar, no d. vivir · poner nervioso, traer de cabeza, tratar con desconsideración, volver loco

— **echarse encima**, emprenderla con alguien, traer a mal traer

COLOQ

— **achicharrar**, amolar, aspar, cabrear, chinchar, chingar, empalagar, empreñar, encabritar, encabronar, enchinchar, encocorar, fastidiar, freír, gibar, hartar, hundir, jacarear, jeringar, jorobar, merengar, picar, pinchar, potrear, rayar, repatear, repuntar, reventar, torear, triturar, zamarrear, zapatear

— **achicharrar la sangre**

— **actuar a banquetazos**, a. a calzón quitado, a. a lo bestia, a. a lo bruto, a. a roso y velloso, a. por la cara, ARG a. sin asco, MÉX a. a como dé lugar, HOND a. de un macanazo

— **aguar la fiesta**

— **alborotar el avispero**, a. el cortijo, a. el cotarro, a. el gallinero, a. el palomar, a. el rancho

— **amargar el caldo**, apretar hasta que salte la cuerda, a. los cordeles

— **armar barullo**, a. bochinche, a. cisco, a. jaleo, a. la marimorena, a. un alboroto, ARG a. quilombo, a. escombro

— **buscarle el bulto**, b. las cosquillas

— **chupar la sangre**, coger a alguien por la banda, crispar los nervios, MÉX, MALSON cagar el palo

— **dar a beber hieles**, d. caña, d. donde le duele, d. el latazo, d. el motete, d. el rollo, d. el té, d. el tostón, d. en la gracia de, d. en los morros, d. esquinazo, d. guerra, d. humo a narices, d. jaqueca, d. la barrila, d. la braza, d. la castaña, d. la lata, d. la matraca, d. la tabarra, d. la vara, d. tralla, d. un plantón, COL d. la lora, PAN d. brocha, RD d. carpeta

— **dejar en la estacada**, d. hecho polvo, VULG d. en pelotas

— **echar bravatas**, e. chufas, e. chuzos, e. la soga al cuello, e. los perros, e. plantas

— **encender la sangre**

— **enseñar los colmillos**, e. los dientes

— **entrar a saco**, e. como Pedro por su casa, e. de rondón

— **habérselas con alguien**, hablar gordo

— **hacer ascos**, h. carne, h. el vacío, h. enfadar, h. la pascua, h. la barba, h. la cusca, h. la santísima, h. la vida imposible, h. padecer, h. papilla, h. perder la cabeza, h. rabiar, h. saltar, h. tragar quina

— **hacerle a uno la cama**, hinchar las narices, ARG hacerle a uno el coco, SALV hacer roncha

— **írsele a uno la mano**

— **levantar ronchas**, llevar a la baqueta, ll. a maltraer, ll. al estricote, ll. al retortero

— **meter caña**, m. el cuezo, m. el hocico, m. las narices, m. tralla

— **meterse a redentor**, m. donde no lo llaman, m. en lo que no le importa, m. en lo que no le incumbe, m. en todo

— **mirar de arriba abajo**, m. de medio lado, m. de reojo

— **montar un cirio**, m. un escándalo, m. un número, m. un pitote, m. un pollo, NIC meter una yuca, VEN montar cañón

— **no dar cuartelillo**, no dar respiro

— **partir el alma**, p. el corazón, p. por el eje · pasar factura

— **poner de mal humor**, p. descompuesto, p. en aprietos, p. en el disparadero, p. en jaque, p. en un brete, p. frenético, p. fuera de sí, p. mala cara, p. negro, p. banderillas de fuego, p. el pelo blanco, p. los nervios de punta, p. contra la pared, p. contra las cuerdas, p. mala cara, p. de morros · CHILE pintar monos

— **quemar la sangre**

— **remover humores**, r. la llaga, revolver la feria, CUBA, UR Y SALV revolver el avispero, VULG ARG romper los quinotos

— sacar de juicio, s. de madre, s. de quicio, s. de sí, s. de su paso, s. de tiento, s. de tino, s. la lengua, s. de sus casillas

— ser una cruz, s. la condenación, s. una muerte, AM sacar canas verdes, CUBA Y PERÚ ser un bofe, VEN sacar la piedra

— tener consumido, t. frito, t. manía

— tentar la paciencia

— tirar a degüello, t. a matar, t. al codillo

— tomar el pelo, tomarla con alguien, torcer el gesto

— traer a mal traer, t. al redopelo, t. en jaque

— tratar a baquetazos, t. a empellones, t. a empujones, t. a mano airada, t. a patadas, t. a puntapiés, t. a zapatazos · tocar las narices, ARG tener seco

— volver el rostro, v. la cara, v. las espaldas

— MALSON Y VULG joder, putear · joder la marrana · dar por culo, dar por donde amargan los pepinos · estar hasta el moño, e. hasta las narices · importar un cojón, i. un pito · dar la coña, dar el coñazo · hacer la puñeta, tocar los cojones · hinchar los cojones, h. las pelotas

COMP ING

— dar con la badila en los nudillos, dar con la puerta en las narices, dar más lata que una fábrica de conservas, MALSON dejar con el culo al aire

— hacer leña del árbol caído

— no dejar a alguien ni a sol ni a sombra

— echar un jarro de agua fría

— estar como gallina en corral ajeno, ARG ser como sapo de otro pozo, estar más incómodo que pollo en olla chica

— meter la hoz en mies ajena, meterse en camisas de once varas, m. en la renta del excusado, GUAT meter el huevo doblado

— molestar más que una china en un ojo o en un zapato

— poner a los pies de los caballos, p. como un Cristo, p. entre la espalda y la pared, p. por los suelos, ponerle las peras al cuarto

— restregar por las narices

— sacar de sus casillas

— ser más pesado que un burro muerto, ser más p. que un collar de melones, ser más p. que una vaca en brazos, ser más p. que el plomo, ARG ser más p. que un portaviones a remo, ser más p. que un rosario de bochas

— ser amable como un erizo, s. como la romana del diablo que entra con todas, s. la gota que colma el vaso, s. plato de segunda mesa

— traer por la calle de la amargura, tratar como a un perro

— MALSON Y VULG estar más negro que los cojones de un grillo

REF

— Poco os duelen don Jimeno, estocadas en cuerpo ajeno. Como no cuesta nada, sartenada. Perro ladrador poco mordedor. El perro del hortelano, que ni come las berzas ni las deja comer a su amo.

— A buen servicio, mal galardón. Así paga el diablo a quien bien le sirve. Batalla ganada, general perdido. Del buen trato nace el ingrato. Rogar al santo hasta pasar el tranco. Si te he visto no me acuerdo.

54.21 desprenderse
regalar

— **donar**, obsequiar, dejar, dotar, acordar, ceder, conceder, otorgar, agraciar, renunciar, soltar, prescindir, librarse, enjurar, DESUS ajenar

— **alienar**, enajenar, desencarnar, compartir

— **agasajar**, dadivar, espigar, feriar, ofrecer, ofrendar, gratificar, presentar

— expender, librear, ofertar, placear

entregarse

— privarse, quitarse, desposeerse, despojarse, desapropiarse, desapoderarse, desasirse, desentrañarse, desnudarse

— deshacerse de, obsequiar con, hacer disposición de

COLOQ tener buena sombra, ser uno de buen contentar

COMP ING

— quitarse el bocado de la boca

— **ser una perla**, s. buena gente, s. de buena casta, s. de buena cepa, s. de buena ley, s. de buena sangre, s. de buenas entrañas, s. de lo que no hay, s. de una pieza, s. la flor y nata, s. manso como un cordero, s. más bueno que el pan, s. más dulce que la miel, s. todo corazón, s. un alma de Dios, s. un cielo, s. un pan de Dios, s. un pedazo de pan, s. un santo varón, s. una bellísima persona, s. una buena persona, s. una hermanita de la caridad, s. una paloma sin hiel

— no caberle el corazón en el pecho, no hacer mal a un gato, no hacerle daño a una mosca · tener el corazón de oro

— estar hecho de pasta de almendra

— no haber roto un plato en su vida

REF

— Dar al césar lo que es del césar y a Dios lo que es de Dios. Quien da pan a perro ajeno, pierde pan y pierde perro. Más hace el lobo callando, que el perro ladrando.

54.22 aprovecharse
servirse

— **beneficiarse**, lucrarse, excederse, extralimitarse, propasarse

— **explotar**, exprimir, apurar, estrujar, abusar
— **rentabilizar**, usufructuar, utilizar, ventajear, ANT aprodar, aprovecer
— **disfrutar**, gozar, instrumentalizar, utilizar, prevalerse, usar, usufructuar, vendimiar, SAL onecer

sacar partido
— **sacar fruto**
  • llevarse lo mejor, ll. la mejor parte
  • aprovechar la ocasión, salir ganando, redundar en provecho propio
— **vivir** a costa de otro, v. a cuenta de alguien, v. a expensas de alguien, v. a mesa puesta, v. de motolito

COLOQ
— gorrear, gorronear, buitrear, chupar
— sacar astilla, s. baza, s. en limpio, s. grano, s. jugo, s. partido, s. provecho, s. punta, s. raja, s. tajada, s. ventaja
— chupar del bote, ch. rueda · vivir de las rentas, agarrarse a un pelo, estar a la que salta
— no perder ocasión, no p. ripio, no ser manco
— ARG hacerse el vivo, rascarse para adentro

COMP ING
— arrimar el ascua a su sardina
— barrer hacia dentro, b. para casa
— beber de calabaza
— coger la ocasión por los pelos
— despacharse con el cucharón
— estar a la olla de alguien, e. a dos miras, e. al plato y a las tajadas, e. comido y bebido, e. en misa y repicando, e. repicando y en la procesión
— llevar el agua a su molino, llevarse la mejor parte
— ordeñar la cabra, o. la vaca
— pescar a río revuelto, ponerse las botas
— quedarse con la parte del león, querer costal y castañas
— sacar agua de las piedras
— un ojo a una cosa y otro a otra
— vivir a pan y cuchillo, v. a pan y manteles, v. de la sopa boba, campar de golondro
— más agarrado que un chotis, más a. que un mono en un trapecio, más roñoso que el picaporte de un cementerio, ser devoto de la virgen del puño, AM duro como el codo, ARG codito de oro, más agarrado que mugre de talón, tener un cocodrilo en el bolsillo, COL ser del codo, CUBA caminar con los codos, CHILE tener manito de guagua

REF
— Andar a viva quien vence. Arrimarse al sol que más calienta. Dame pan y llámame tonto. Denme bollos de azúcar y vaya por Dios. Irse con el viento que corre. Meter aguja y sacar reja. No dar patada sin mordida. No

dar puntada sin hilo. Poner la capa como viene el viento. El interés mueve los pies. Menea la cola el can no por ti, sino por el pan. Oyendo «toma» ¿quién no se asoma? ¿Quieres que te siga el can?, dale pan. Cargar con el santo, la limosna y la cera. No dejar roso ni velloso. Quiébrese la presa de mi vecino, y venga más agua a mi molino. El diablo, harto de carne, se metió a fraile. Del árbol caído todos hacen leña. A la ocasión la pintan calva. A río revuelto, ganancia de pescadores. A tuerto o a derecho, nuestra casa hasta el techo.
— De esto que nada me cuesta, llenemos la cesta. Como soy del campo, aquí me zampo. Como soy paleto, aquí me meto.
— Quien ya no puede ser vicioso, se pregona por virtuoso. A la mocedad, ramera; a la vejez, candelera. Harto de carne, el lobo se metió a fraile.
— Cuando el gato está ausente, los ratones se divierten.

54.23 comprometerse
implicarse, involucrarse, enzarzarse, enredarse, ligarse, obligarse
lanzarse, aventurarse, embarcarse, volcarse, meterse

quedar en
— venir en
— adquirir un compromiso
— **dar palabra**, empeñar la p., mantener su p., tomar la p., coger la p.
— **tomar partido**, t. posición, t. una disposición, t. una determinación, t. una resolución, t. una providencia, decidirse a, decir la última palabra, dejar sentado

jugar limpio, actuar de buena fe, revelar las intenciones, enseñar las cartas, actuar con la verdad por delante, jugar a cartas vistas, quitarse la careta, q. la máscara

COLOQ
— tenerlo escrito en la cara, llevarlo escrito en la frente
— le doy mi palabra

COMP ING
— poner las cartas boca arriba, p. las cartas sobre la mesa, entregar las cartas
— hacer las cosas a derechas, h. las cosas con la cabeza bien alta, h. las cosas a la luz del día, llevar la cara descubierta

REF Quien promete, en deuda se mete. Prometer el oro y el moro. Prometer este mundo y el otro.

54.24 traicionar
engañar
— **embaucar**, deslumbrar, fascinar, enlabiar, mentir, embaír, embelecar, embudar, encla-

var, burlar, deludir, engaitar, entrampar, soflamar, trapacear o entrapazar, DESUS decebir, embaucar, COL Y PAN embolatar
— **falsear**, adulterar, alterar, ANT enfingir, aparentar, desfigurar, disfrazar, falsificar, fingir, mistificar, ocultar, ofuscar, omitir, raposear, revestir, tapar, timar, traspintar, trompar, trufar
— **equivocar**, confundir, distraer, desorientar, bolear, calvar, cegar
— **incumplir**, eludir, decepcionar, quebrantar, sobreseer, chasquear · substraerse, venderse

hacer creer
— decir una cosa por otra, faltar a la fidelidad, venir contra su palabra, faltar a su palabra
— actuar de lado, a. por la espalda, a. de cara a la galería, a. de mala fe, a. a traición, a. traidoramente

COLOQ
— **meter**, liar, engatusar o encatusar o encantusar, engaritar, cascabelear, engatar, entruchar · ARG Y UR pichulear
— **darla**, dársela, pegársela, enviársela, jugarla, enzainarse, MALSON Y VULG metérsela doblada
— **dar el pego**, d. la tostada, d. papilla, d. camelo, d. un chasco, d. el timo, d. gatazo, d. poste, d. un plante, d. un plantón, d. perro muerto, d. o hacer mico, d. trascantón, d. esquinazo, d. un cambiazo, ARG d. farol, hacer la pera, CHILE dar capote
— **dejar plantado**, d. a oscuras, d. fresco, d. burlado, d. chasqueado
— **hacer tragar**, h. trampa, h. doble juego, h. dos claras, h. la mamola, meter una trola
— jugar sucio, quebrar la soga, quedarse con alguien, tender un lazo, tomar el pelo, ver cara de semilla
— ARG colgar la galleta, MÉX tirar una plancha, VEN dejar el pelero
— SER ENGAÑADO: caer en el garlito, c. en la ratonera, c. en el cepo, hacer el indio, tragar el anzuelo, pegar un parchazo

COMP ING
— andar con medias tintas · VEN clavar el cacho
— dar gato por liebre, dar una puñalada trapera, MÉX, HOND Y CR dar atole o atolillo con el dedo · dársela con queso
— engañar como a un chino, e. como a un indio
— enseñar el plumero, e. la oreja
— guardar algo en la manga, ARG hacer el cuento, h. el verso
— jugar a dos bandas, j. a dos hitos, j. con dos barajas, llevar al huerto
— matarlas callando, meter la castaña, ARG m. el perro, m. la mula, PERÚ m. yuca

— parecer hormiga y ser avispa, p. que no enturbia el agua, pegársela con queso
— ser caldo de zorra, s. más falso que Judas, s. un lobo con piel de oveja, s. un mosquito muerta, s. un palabritas mansas, s. un sepulcro blanqueado, ARG s. un falluto, PR s. un juey dormido
— tener cara con dos haces, t. dos caras, t. la cabeza torcida
— tiznar al carbonero, traerse algo entre manos
— vender la burra, v. la moto · venir con segundas, vérsele el plumero
— cambiar de chaqueta
  • mudar el pellejo, m. de piel, m. de bisiesto
  • volver la hoja, v. la casaca, v. la tortilla
  • pasar de un extremo a otro
  • dar un giro de 180 grados
  • ir de Herodes a Pilatos

REF
— Cara de beato y uñas de gato. Delante hago acato y por detrás al rey mato. Detrás de la cruz está el diablo. El gato de Mari Ramos halaga con la cola y araña con las manos. El rosario al cuello y el diablo en el cuerpo. Halagar con la boca y morder con la cola. La cruz en los pechos y el diablo en los hechos. Palabras de santo, uñas de gato. Tocas de beata y uñas de gata. Tener un pie en Judea y otro en Galilea.
— Del dicho al hecho hay mucho trecho. Gato maullador, nunca buen cazador. Intención sin ejecución nunca gana perdón. Más vale un toma que dos te daré. Más vale pájaro en mano que ciento volando. Obras son amores que no buenas razones. Palabras y plumas el viento las tumba. Quien todo lo ofrece, todo lo niega.

55. DOMINIO Y SUMISIÓN
55.01 dominio
poder
— **poderío**, autoridad, fuerza, derecho, influencia, influjo, mano, peso
— **mando**, mandato, control, hegemonía, potestad, predominio, preeminencia, preponderancia, prepotencia, omnipotencia, supremacía, yugo
— **absolutismo**, autocracia, caudillaje, despotismo, dictadura, tiranía, tiranización, avasallamiento, subyugación, sumisión
— **soberanía**, soberanidad, inviolabilidad, regalía
— **influencia**, atracción, sugestión, seducción, carisma, fascinación, hipnosis, magnetismo

coacción
— **obligación**, amenaza, boicot, coerción, compulsión, exigencia, imperativo, imposi-

ción, intimación, predestinación, prescripción, presión
— **sujeción,** premio, cadena, carga, compromiso, gabarro, gabela, gravamen, lazo, ley, peso, vínculo, FIG mochuelo
— **fuerza,** f. mayor, violencia, DESUS enforcia
jefe
— **soberano,** regente, regidor, gobernador, director, mánager
— **autoridad,** mandarín, mandatario, cacique, favorito, privado, líder, preboste, principal, superior
— **patrón,** patrono, amo, dueño, maestresa, nostramo, nuestramo, señor, señora, señorita, señorito
— **protector,** protectriz, defensor, valedor, tutor, sostenedor, POÉT servador · padrino, mecenas, paladín, guardaespaldas
— **delegado,** emisario, valido, compromisario, representante, gerente, interventor
— la plana mayor, las altas esferas · FALSO PODER: tigre de papel
— COLOQ matón · gallo, gallito, mandón, mandamás, mangante, mangoneador

55.02 acatamiento
acato, observancia, sumisión, sometimiento
consideración, devoción, veneración, miramiento, respeto, respetuosidad, culto, mesura, pleitesía, rendibú, entrega, deferencia, reverencia
inclinación, genuflexión, subordinación, humillación, resignación, obediencia, observancia, feudo
pupilaje, dependencia, adhesión, dedicación, sujeción, inferioridad, esclavitud
subordinado
— muchacha, asistenta, asistente, sirviente, servidor, criado, criada, fámula, fámulo, china, chino, collazo, cubiculario, dama, doméstico, doncel, doncella, zagala, DESP adlátere
— paniaguado o DESUS apaniaguado, SALV, HOND y MÉX achichinque, moza, mozo, valet, lacayo o DESUS alacayo, familiar o DESUS familio, ANT aportellado o aportillado, QUE SIRVE CON DESASEO: merdellona, AM mucama, mucamo, naborí, yanacona, BOL y PERÚ pongo (INDIO) · ENTRE LOS VISIGODOS: bucelario
— paria, marfuz, réprobo · anatema
— SE OCUPAN DE:
  • LA ORGANIZACIÓN: mayordomo, ama, ama de gobierno, dueña, ama de llaves
  • LA COCINA: cocinera, cocinero, pinche, CORTAR LA COMIDA EN LA MESA: trinchante
  • LA LIMPIEZA: fregona o fregatriz, DE LA ROPA: lavandera
  • EL VESTIDO: ayuda de cámara
  • LA BEBIDA: copero o pincerna

  • LLEVAR RECADOS: botones, recadero, mandadera, mandadero, chico de los recados, LOS ENCARGOS: encomendero, AND sobajanero, TRAER AGUA: moza de cántaro
  • LOS NIÑOS: niñera, orzaya, rolla, aya, nodriza, ÁL y BUR cinzaya o cenzaya
  • LOS CARDENALES EN EL CÓNCLAVE: conclavista
— SIRVEN EN:
  • UN BAR O CAFETERÍA: camarera, camarero, mesero, COMEDORES DE HOTELES: maestresala
  • LA PORTERÍA DE UN EDIFICIO: portero
  • UNA OFICINA: ordenanza, subalterno
  • UNA CABALLERIZA: caballerizo, cebadero, celeminero · mozo de caballos, m. de espuela, m. de mulas, m. de paja y cebada · palafrenero · ACOMPAÑA A SU AMO, QUE VA EN LA CABALLERÍA: espolique, volante
  • UNA ORDEN O CONGREGACIÓN RELIGIOSA: donado o hermanuco
  • LABORES DE LABRANZA: gañán
  • UN CONVENTO DE MONJAS: lega, COFRADÍAS: muñidor
  • EL COMEDOR DE LA SERVIDUMBRE: tinelero
  • AM, EN LOS BARCOS: camarotero
— CUIDAN A:
  • LOS REYES: continuo o contino, camarista, menina, menino, azafata, guardamujer, credenciero (CREDENCIA)
  • UN SEÑOR O UNA SEÑORA: señora de compañía, paje, ANT gentilhombre, UN CABALLERO: escudero
  • UN CIEGO: lazarillo, destrón, mozo de ciego
  • UN AMO: plegaria (EN TOL)
— EN GRUPO: servicio, s. doméstico, servidumbre, EN FILIP tanoría
— COLOQ
  • alzafuelles, candongo, carabina, cobista, halagador, jonjabero, lamebotas, lameculos, lavacaras, lisonjeador, lisonjeante, pelotero, pelotillero, quitamotas, quitapelillos
  • marmota, maritornes, chacha, menegilda · rodrigón (CRIADO ANCIANO QUE ACOMPAÑABA A LAS SEÑORAS)
  • NIÑERA: tata, rollona
  • DESP Y DESUS mondonga (CRIADA FALTA DE MODALES)
  • COMPAÑERO DE UN SUPERIOR: acólito, adlátere, apéndice, rastra, satélite, MÉX, SALV Y HOND achichinque · IRÓN edecán

55.03 respeto
admiración
— **consideración,** culto, cumplido, devoción, genuflexión, inclinación, rendibú, reverencia, veneración
— **atención,** galantería, gentileza, mesura, tacto
— **adulación,** adulonería, blandicia, ciriganá,

garatusa, gitanada, guataquería, halago, jabón, lisonja, peloteo, pelotilleo, pelotilla
— **aclamación**, aplauso, apología, congratulación, ditirambo, elogio, encomienda, encomio, exaltación, felicitación, lisonja, loor, ovación, panegírico, inclinación, reverencia, zalema
deferencia
— **miramiento**, observancia, rendimiento, cumplimiento, afabilidad, amabilidad
— **compostura**, afabilidad, amabilidad, comedimiento, consideración, corrección, mesura, miramiento, moderación, recato, respeto
— **elegancia**, fineza, finura, ceremonia, circunspección
— **entrega**, rendición, sumisión · ROMA ANTIGUA: dedición

55.04 irreverencia
arrogancia
— **petulancia**, insolencia, audacia, irrespeto, reprobación, desuello, osadía, sorrostrada
— **atrevimiento**, avilantez, contumelia, demasía, descaro
— **descomedimiento**, descompostura, desconsideración, desvergüenza, desplante, familiaridad, profanación
— **impertinencia**, inconveniencia, incorrección, insulto, intemperancia, inverecundia
— **libertades**, claridades, alas, claras, tupé, cuatro verdades · COLOQ tarascada
burla
— **burlería**, grosería, bigardía, momería, chuzonería, inocentada, novatada, candonga, desdén, DESUS cancamusa
— **parodia**, escarnio, ludibrio, sarcasmo, mimesis, rechifla, vejación
— **mofa**, befa, bufa, brega, chasco, chifla, chufa, fisga, higa, jonja, maza, pifia, vaya, zumba, DESUS como, gazgaz, fayanca, ANT sosaño, libramiento, AND, AM MER y CUBA changa, HOND macana
— **mueca**, momo, desmán, inri, irrisión, aguijonazo, mojiganga, morisqueta
COLOQ
— **abucheo**, choteo, pitorreo, recochineo
— **cachondeo**, cantaleta, carena, chanada, changüí, chirigota, chueca, coba, coña, copete, culebra, culebrazo, frescura, guasa, jaquimazo, parchazo, tártago, vacile
— **chunga**, chufla, cuchufleta o chufeta o chufleta

55.05 sumisión
servilismo
— **obediencia**, aquiescencia, condescendencia, dependencia, observancia
— **subordinación**
  • subyugación, adulación, adhesión, humi-

llación, capitulación, sujeción, alienación, vergüenza, vileza
  • acatamiento, avasallamiento, cumplimiento, sometimiento
— **complacencia**, humildad, bajeza, mansedumbre, docilidad, indignidad
— **esclavitud**, esclavonía, servidumbre
— **rendición**, resignación, derrota, entrega, fidelidad
— **víctima**, cenicienta, paria · **trata**
vasallaje
— **feudalismo**, señoreaje o señoraje, albergaje
— TRIBUTOS DE LOS VASALLOS A LOS SEÑORES: conducho (EN ALIMENTO), infurción o enfurción (SOBRE LA VIVIENDA), luctuosa o minción (A LA MUERTE DE UN SÚBDITO), mañería (COMO SUCESORES DE BIENES), trecén (DECIMOTERCIA PARTE DEL VALOR DE LAS COSAS VENDIDAS)
— **derecho de pernada**

55.06 rebeldía
desobediencia, inobediencia, indisciplina, indocilidad, insumisión, insubordinación, insurrección, resistencia, irreverencia, trasgresión, violación
desacato, conculcación, contrafacción, contravención, incumplimiento, infracción, quebrantamiento, vulneración
rebelión, sedición, amotinamiento, levantamiento, deserción
resistencia, reticencia, acareamiento, afrontamiento, impenitencia, obduración, obstrucción, oposición, negativa, repulsa
crítica, censura, diatriba, alfilerazo, caloña, sátira
protesta, reproche, reparo, reprobación, desaprobación
COLOQ pita, silva, rechifla, pateleo, grita, pateo, bronca, alboroto

55.07 autorización
licencia
— **anuencia**, aquiescencia, consentimiento, asenso, conformidad, connivencia, consenso
— **pase**, pasaporte, pasavante, salvoconducto
beneplácito, benedícite, plácet, data, fíat, impetra, tránseat, exequátur
aprobación, concesión, facultad, permiso, permisión, poder, visado, venia
carta blanca, vía libre

55.08 prohibición
interdicción, inhibición, desaprobación, restricción, exclusión, interrupción, limitación, inaceptación, recusación
impedimento, rechazo, tabú, veda, veto, estorbo, obstáculo, coto
negativa, abstención, denegación, oposición, privación

ADJETIVOS Y ADVERBIOS
55.09 autoritario – influyente
dominante
— imperativo, imperioso, mandón, mangoneador, mangonero, posesivo
— **dirigente**, poderoso, pudiente, omnímodo, todopoderoso
— COLOQ gallo, gallito, ordeno y mando
influyente
— **encumbrado**, acomodado, elevado
— **prestigioso**, responsable, respetado, omnipotente, importante, destacado, prominente, poderoso
— **patrono** · esclavista, negrero
55.10 dominado – influenciado
— **coaccionado**, avasallado, coartado, forzado, obligado, oprimido, sojuzgado, subordinado, sujeto, violentado, esclavizado
— **raptado**, recluido · chantajeado
domesticado
— domado, disciplinado, sumiso, rendido, manejable, dócil, fiel, leal
— **acatante**, capitulante, sucumbiente, deferente
servidor
— **esclavo**, faraute, feudatario, solariego, súbdito, tributario, vasallo, siervo, servilón, consiervo, criado, CUBA muleque
— **acólito**, lacayo, adepto, mozo, quitamotas, girasol, reptil, satélite
— DE LOS GRANDES SEÑORES:
  • continuo, cubiculario
  • GRECIA ANTIGUA: hieródula, ilota
  • ENTRE LOS VISIGODOS: bucelario
  • EN TURQUÍA, AL SERVICIO DEL HARÉN: odalisca
  • DE ORIGEN MORO: exarico
  • PARA LA CUSTODIA DE LAS MUJERES: eunuco
  • EN LOS COMEDORES DE HOTELES: maestresala
como una malva, como la seda, manso como un cordero
55.11 respetuoso – respetado
considerado
— **cortés**, amable, afable, honroso, modoso, honorífico
— **adulador**, lisonjeador, alabancero, MÉX barbero, CHILE Y PERÚ patero
— COLOQ
  • **pelota**, pelotero, pelotillero, quitamotas, quitapelillos, tiralevitas o estiralevitas
  • **adulón**, cobista, CUBA chicharrón, EC Y HOND labioso, HOND, SALV Y MÉX lambiscón, VULG COL Y EC lambón
  • **lamedor**, lameculos, lavacaras, alzafuelles
respetado
— **reverenciado**, bienquisto, considerado, venerado, reverenciado, amado, admirado, querido

— **respetable**, estimable, honorable, reverenciable, venerable, acatable
— **grave**, majestuoso, meritorio, digno, santo, serio, augusto, calificado
— **sagrado**, reverendo, venerando
55.12 irrespetuoso – irrespetado
atrevido
— **inoportuno**, irritante, despótico, procaz, sobrado, tirano
— **arrogante**, descarado, descomedido, desconsiderado, impertinente, osado, insolente, soberbio, engreído, presumido, pedante, vanidoso, orgulloso, DESUS plantillero
— **incivil**, desdeñoso, despreciativo, desvergonzado, imprudente, inconsiderado, intemperante
— **bruto**, cínico, grosero, jarocho
COLOQ
— **boquifresco**, cantaclaro, malmirado
— **fanfarrón**, bocón, bravucón, compadre, curro, echador, estirado, fachendoso, fantasmón, fantoche, farandulero, farfantón, farol, farolero, farruco, figurante, figurón, follón, jácaro, jactancioso, jaque, jaquetón, macarelo, macareno, matón, palangana, rumboso, vendehúmos
— **gallito**, gallo, flamenco, caradura, chulo · IRÓN guapo, guapetón, majo
irrespetado
— **ridiculizado**, desacatado, menospreciado, descomedido, faltado
55.13 sumiso – dominado
subordinado
— **avasallado**, circunspecto, manejable, manso, obediente, bajo, indigno
— **dócil**, modoso, noble, reservado, respetuoso, reverenciador, reverente, leal · apocado
— **dominado**, amaestrado, disciplinado, domado, domesticado, doméstico, esclavizado, fiel, humilde, mesurado, rendido, resignado
— **acatante**, capitulante, deferente, humillante, sucumbiente
COMP ING manso como un cordero · suave como una malva, S. como la seda
55.14 rebelde – libre
desobediente
— **inobediente**, indisciplinado, incorregible, indomable, indomesticable, indómito, ingobernable, inmanejable, insubordinado, insumiso, indócil, inquieto
— **díscolo**, bravío, desmandado, malmandado, repropio, retobado, revesado, zahareño
— **insurrecto**, insurgente, levantador, levantisco, perturbador, incendiario, subversivo, turbulento
— **alborotador**, agitador, provocador, suble-

vador, amotinado, amotinador, conspirado, conspirador · comunero, trabucaire
— **revolucionario**, faccioso, jacobino, rebelde, revoltoso, revuelto, sedicioso, sublevado, tumultuante, tumultuoso, CUBA, INSURRECTO CONTRA ESPAÑA: mambí o mambís
— **reticente**, recalcitrante, contumaz

libre
— **independiente**, autónomo, desembarazado, destiranizado, disoluto, emancipado, expedito
— **franco**, abierto, dueño, inmune, libertino, suelto · MAR zafo
— **liberto**, aforrado, horro, manumiso
— **liberado**, emancipado, autónomo, soberano, absoluto
— **autárquico**, dueño, exento, franco, separado

55.15 autorizado – aceptado
admitido
— **aprobado**, legal, legalizado, legitimado, legítimo, lícito
— **ratificado**, sancionado, revalidado, certificado
— **autorizado** por la fuerza, a. por la gracia de Dios
aceptado
— **tolerado**, soportado, consentido, permitido, aguantado, resistido

55.16 prohibido – rechazado
censurado
— **clandestino**, ilegal, ilícito, indebido, proscrito, tabú
— **eludido**, negado, dejado, refutado, resistido, objetado, contestado
rechazado
— **expulsado**, ahuyentado, alejado, apartado, condenado, desalojado, desaprobado, despachado, despedido, protestado, suspendido
— **rehusado**, abominado, declinado, denegado, desairado, desdeñado, desechado, desestimado, despreciado, devuelto, excluido, repelido, repudiado, repugnado

VERBOS Y EXPRESIONES

55.17 dominar
mandar
— **ordenar**, decretar, dictar, acordar, fijar, imponer, conminar, sojuzgar, DESUS inyungir
— **controlar**, manejar, maniobrar, conducir, presidir, preponderar
— **regentar**, regir, dirigir, guiar, señorear
— **imperar**, acaudillar, acuadrillar, capitanear, comandar, gobernar, reinar, soberanear, tiranizar
— **disponer**, constituir, decidir, decretar, establecer, estatuir, estipular, exhortar, fallar, invitar, notificar, preceptuar, prescribir, resolver

— **imponerse**, señorearse, enseñorearse, sobreponerse, empeñarse, meterse
— **avasallar**, coercer, esclavizar, esposar, estrechar, frenar, herrar, moderar, obligar, refrenar, reprimir

someter
— **obligar**
  • acuciar, apremiar o apremir, apretar, apurar, asediar
  • doblegar, compeler o compelir, constreñir, conminar, imponer, violentar
— **presionar**, acorralar, acosar, oprimir, subyugar, despotizar
— **chantajear**, coaccionar, coartar, exigir, forzar
— **disciplinar**, domar, domesticar, esclavizar
— **encadenar**, atar, vincular, sujetar, contener, retener

intimidar
— **achantar**, achicar, achucuyar, acobardar, acochinar, acogotar, acollonar, acoquinar, acorralar, alebrarse, amedrentar, amenazar, amilanar, anonadar, apabullar, apocar, asustar, atemorizar, atortolar, AM achucuyar

dar órdenes
— **estar al frente**, e. en cabeza, e. encargado, e. por encima, e. sobre
— **hacer cabeza**, h. figura · hacerse obedecer, h. dueño de la situación
— **venir en**, tener a su cargo, tomar disposiciones, t. resoluciones
— **hacer fuerza**, h. presión, tener sujeto, ponerlo en su sitio, caer bajo el poder
COLOQ
— **manejar**, mangonear, sargentear · hacerse con, h. el amo · meter en cintura

COMP ING PARA MANDAR:
— **llevar la batuta**, ll. la palabra, ll. el timón, ll. las riendas, ll. la voz cantante, ll. bien puestos los pantalones
— **cortar el bacalao**, dirigir el cotarro
— **empuñar el bastón**, e. el cetro
— **mandar a coces**, m. a puntapiés
— **ponerse los calzones** o los pantalones
— **ser el amo de la banda**, ser el dueño del cotarro
— **tener el mando**, t. en sus manos, t. el mando y el palo, t. horca y cuchillo, t. la sartén por el mango, t. vara alta, VULG t. cogido por las narices

COMP ING PARA SOMETER:
— **apretar las clavijas**, a. las tuercas, a. los tornillos
— **bajar el copete**, b. los humos
— **caer en las garras**, c. en las manos, c. en las uñas
— **dar a morder cebolletas**, d. cien patadas, d. cien vueltas, d. un baño, d. una lección

— dejar clavado, enseñar la oreja, estar a merced, e. bajo la férula, estrechar el cerco, ganar por la mano
— hacer andar derecho, h. entrar en trotes, h. entrar en vereda, h. pasar por el aro, h. sombra
— leer la cartilla, llevar de un cabello, llevarse el gato al agua
— meter en cintura, m. en costura, m. en el bote, m. en freno, m. en presa, m. en pretina, m. en razón, m. en vereda · meterse a alguien en el bolsillo
— mirar por encima del hombro, mojar la oreja, mostrar las uñas
— parar en seco, p. el carro a alguien, p. los pies · pisar los talones
— poner contra la pared, p. un dogal al cuello, p. un puñal al pecho, p. una pistola en el pecho
— quitar moños · quitarle los mocos
— subirse a las barbas
— tener a raya, t. agarrado por las narices, t. cogido por el estómago, t. de la oreja, t. en el bolsillo, t. en el bote, t. en la faltriquera, t. en su puño, t. en sus manos
— ARG tener la manija, t. al trote, t. como muñeco de trapo, CUBA t. en la muñeca, MÉX Y SALV traer de un ala
REF Si quieres saber cómo es periquillo, dale un carguillo. No hay hombre cuerdo a caballo.

55.18 acatar
aceptar, ahocicar, capitular, ceder, claudicar, consentir, obedecer, observar, respetar, sucumbir
rendirse, acomodarse, allanarse, amansarse, avasallarse, doblarse, doblegarse, entregarse, humillarse, inclinarse, jusmeterse, plegarse, resignarse, someterse, subyugarse, supeditarse
abandonar la lucha
— bajar la cabeza, ejecutar una orden, darse por vencido, echarse por tierra, abandonar el campo
— rendirse a discreción, rendir la espada, batirse en retirada
COLOQ ponerse firme, morder el freno, doblar la cabeza, agachar la cabeza, darse por vencido, hincar el pico, morder el polvo, doblar la rodilla, entrar por el aro
— ARG marcar el paso, CHILE agachar el moño
COMP ING
— cargar con el fardo, c. con el muerto, c. con la culpa
— pagar el pato, p. justos por pecadores, p. los platos rotos
— pasar por las horcas caudinas, ponerse más suave que un guante

— ser un cabeza de turco, ser un chivo expiatorio
— tener las orejas gachas
— tragar saliva, tragarse un marrón
REF
— A falta de caldo, buena es la carne. A falta de pan, buenas son tortas. A mal tiempo, buena cara. A quien Dios se la diere, san Pedro se la bendiga. Donde no entra tajada, entra rebanada. Si no puedes lo que quieres, quiere lo que puedes. Se perdieron los anillos, aquí quedaron los dedillos. · CHILE Peor es mascar laucha.
— MALSON Y VULG A joderse y a aguantarse. San joderse cayó en lunes.

55.19 respetar
aclamar, adorar, alabar, considerar, deferir, distinguir, elogiar, enaltecer, encarecer, encomiar, ensalzar, exaltar, glorificar, honestar, honorar, honrar, loar, preconizar, pregonar, proclamar, prodigar, requebrar, reverenciar, venerar
inclinarse, descubrirse, postrarse
rendir homenaje, r. honores, presentar armas · no escatimar elogios
COLOQ dar bombo, dar jabón · echar flores
COMP ING
— besar la tierra que otro pisa, b. las manos
— dar un voto de confianza
— poner en un pedestal, p. en un pináculo, p. por las nubes, p. sobre las estrellas
— quitarse el sombrero

55.20 burlarse
mofarse, befarse, chiflarse, reírse, rechiflarse, regodearse, DESUS alfonsearse
ridiculizar, befar, bufonear, caricaturizar, chiflar, chufar, chacotear, degradar, deshonrar, embromar, escarnecer, fisgar, hostigar, iludir, ironizar, mantear, marear, rechiflar, remedar, satirizar, torear, vacilar, volcar, zaherir
faltar al respeto
— echar a chacota
— hacer chacota, h. mofa
— no tomar en serio
— poner en berlina, p. en ridículo, p. en solfa
— tomar a risa, t. el pelo
COLOQ
— cachondearse
  • chotearse, chulearse, chunguearse, desternillarse, guasearse, pitorrearse, recochinearse, MALSON Y VULG coñearse, descojonarse
  • dársela, pegársela
  • chasquear, brear, zumbar
— estar de vacile
  • cantar el trágala
  • dar changüí, d. coba, d. mate, d. soga

- hacer befa, h. escarnio, h. la mamola
- jugar al abejón, poner en evidencia, quedarse con, sacar la lengua
- tomar a chacota, t. a chunga, t. el pelo, t. el tupé

COMP ING
— tomar por el pito del sereno, reírse de su sombra, poner una banderilla

55.21 someterse
doblegarse
— **ablandarse**, allanarse, blandearse, debilitarse, desamotinarse, doblarse, ligarse, plegarse, prestarse, rendirse, revenirse
— **aflojar**, ahocicar, amainar, amollar, capitular, ceder, cejar, claudicar, condescender, consentir, contemporizar, deferir, desistir, flaquear, obtemperar, reblar, recular, retroceder, temporizar, tolerar, transigir

tener que
— abandonar el campo, a. la lucha · arrimarse al parecer
— dar palabra · darse a partido, d. por vencido
— decir que sí · dejarse llevar, d. vencer
— estar predestinado, e. sometido a
— hacerse responsable
— no haber o tener más remedio, no poder por menos
— pasar por, perder de su derecho, ponerse en razón
— tener la obligación, tomar sobre sí

COLOQ pastelear, decir amén

COMP ING
— apearse del burro, arriar bandera, atarse las manos
— bajar o doblar la cerviz
— cantar el kirieleisón, c. la palinodia
— doblar la cabeza, d. o hincar la rodilla
— echarse al hombro, e. en brazos de
— hincar el pico, ir a remolque
— pasar por el aro, p. por las horcas caudinas
— rendir las armas
— seguir la bandera de
— ser esclavo de, ser la voz de su amo
— tragar bilis, t. hiel
— no llegarle alguien a la suela del zapato
— VULG no tener más cojones

REF Como canta el abad responde el sacristán.

55.22 rebelarse
insubordinarse
— atreverse, avilantarse, demasiarse, desbocarse, descararse, descocarse, descomedirse, descompasarse, desmandarse, desmedirse, enfestarse, enfrentarse, extralimitarse, indisciplinarse, insolentarse, revolverse
— **negarse**, oponerse, saltarse, sublevarse, traslimitarse, propasarse
— **crecerse**, engallarse, engreírse, ensoberbecerse, envalentonarse, encampanarse, pavonearse

desobedecer, afrontar, arrostrar, atropellar, conculcar, contrarrestar, desacatar, desafiar, desatender, desoír, encarar, irreverenciar, pelear, provocar, rebatir, recalcitrar, rechazar, reírse, replicar, resistir, traspasar
transgredir, quebrantar, contravenir, vulnerar, violar, infringir, incumplir

DESUS deservir

dar la cara, plantar cara, dar el pecho, arrojar el guante, hacer caso omiso, h. oídos sordos

COLOQ
— vérselas
— alzar el gallo o la voz
— cantarlas claras, enseñar los dientes
— hacer frente, hacerse el sordo o el sueco
— llamar a Dios de tú
— mostrar batalla, plantar cara
— no hacer ni caso
— perder la vergüenza
— salir al encuentro, saltarse a la torera, subir el tono, subirse a las barbas
— tenerlas tiesas, tomar a risa

COMP ING no tener pelos en la lengua, sacar los pies de las alforjas, salirse del tiesto, navegar contra corriente

55.23 autorizar
liberar
— **librar**, libertar, liberalizar, licenciar, independizar, indultar, mancipar, emancipar
— **exentar**, eximir, descargar, destrabar, excusar, exonerar
— **redimir**, soltar, desatar, desacotar, excarcelar, desaprisionar, desencarcelar, desenfrailar, DER, DAR LIBERTAD A UN ESCLAVO: manumitir

conceder
— acceder, aceptar, acordar, adjudicar, agraciar, asignar, atribuir, condescender, conferir, consentir, contemporizar, deferir, dejar, desvedar, dispensar, exaudir, facultar, otorgar, pasar, temporizar, tolerar, transigir
— dar pie, dar el visto bueno, dar libertad para, decir que sí, abrir paso

delegar, encomendar, subdelegar, confiar, endosar, entregar
— **encargar**, apoderar, cometer, comisionar, deferir, diputar, empoderar, ordenar · confiar, responsabilizar · dejar al cuidado
— **dar atribuciones** · hacer posible, h. gracia, h. merced
— **dejar pasar**, d. correr, d. el campo libre, d. en libertad

COLOQ
— abrir la mano, a. la puerta, a. las cárceles, a. la espita, soltar las amarras, aflojar la cuerda, a. las riendas

— **dar alas**, d. cancha, d. luz verde, d. rienda suelta, d. suelta, d. vía libre, d. carta blanca · d. las manos libres
— **hacer la salva**, h. la vista gorda, cerrar los ojos, pasar por alto, dejarse tomar el pelo

55.24 prohibir
invalidar, inhabilitar, suspender, inhibir, incapacitar, proscribir, vedar, vetar
negar, denegar, desaprobar, anular, censurar, objetar, excluir, excomulgar
rechazar, refutar, recusar, impedir, frenar, condenar, abjurar
COLOQ
— **apretar la mano**
  • apretar las clavijas, a. los tornillos
  • cortar los vuelos, parar los pies
  • poner en su sitio, p. freno, p. puertas al campo
— **meter en cintura**, sentar las costuras, hacer entrar en vereda
— **atar corto**
  • atar de pies y manos, tener rienda corta
  • tirar de la cuerda, t. de la rienda

56. PRESTIGIO SOCIAL
56.01 gloria
celebridad, aureola, eco, esplendor, estatus, fama, halo, nombradía, prestigio, prez, renombre, reputación, resonancia, significación, ANT hao
categoría, boga, brillantez, brillo, crédito, dignidad, empaque, estima, estrellato, importancia, mérito, nombre, realce, señorío, tono, viso
ostentación, aparato, apariencia, boato, consideración, demostración, derroche, despliegue, distinción, escaparate, exhibición, fachenda, pompa, posición, postín
ostentosidad, majestuosidad, notoriedad, personalidad, pomposidad, popularidad, suntuosidad, vistosidad
opulencia, abundancia, desahogo, estanding, fasto o fausto, holgura, magnificencia, solvencia, tenencia
COLOQ bambolla, barrumbada, fanfarria, oropel, tronío
lauro, laureles, lucimiento, lujo, lustre
MOTIVADA POR EL LINAJE: prosapia
MANÍA QUE LLEVA A COMETER ACTOS DELICTIVOS PARA CONSEGUIR RENOMBRE: erostratismo, LAT vox populi, voz pública
— buen pasar, situación económica, s. acomodada, lujo asiático
— posición social, p. económica
56.02 ostracismo
descrédito
— **desprestigio**
  • deslustre, desreputación, impopularidad,

profazo, borrón, sambenito, tilde, vergüenza, vilipendio
  • chantaje, desabono, difamación, libelo
— **discriminación**
  • deportación, eliminación, exclusión, exclusivismo, excomunión, exilio, expatriación, expulsión, intolerancia, marginación, proscripción, relegación
  • mala reputación, puesta en cuarentena
— **desamparo**, abandono, desabrigo, desarrimo, desvalimiento, orfandad, soledad
pobreza
— carencia, escasez, estrechez, indigencia, ahogo, inopia, mendicidad, mengua, miseria, necesidad, pauperismo, penuria, piojería, pobrería, pobretería, pobrismo, privación, DESUS laceria
— falta de medios, situación apurada, circunstancias difíciles
— COLOQ pelonería, tiña
— CUBA arranquera, MÉX Y PR prángana, MÉX chinaca

56.03 honor
honra
— **honestidad**, honorabilidad, honradez, probidad, integridad, magnificencia, nombre, prestigio, prez, pundonor, virtud
— **porte**, distinción, donaire, prestancia, casta, elegancia, estilo, gusto, refinamiento, talante
— **clase**, aureola, decoro, delicadeza, desenvoltura, dignidad, esplendor, garbo, gracejo, grandeza
— **exención**, bula, dispensa, elación, elevación, ennoblecimiento, fuero, inmunidad, inviolabilidad, merced, prerrogativa, privilegio, prodigalidad, regalía
aristocracia
— **abolengo**, alcurnia, blasón, calidad, condición, crema, ejecutoria, esplendor, estirpe, gloria, grandeza, heráldica, hidalguía, linaje, lustre, pergaminos, porte, prosapia, rango, ricahombría, título
— **realeza**
  • majestad, nobleza, señorío, hidalguía, caballerosidad, plutocracia, mesocracia, tecnocracia
  • orden ecuestre, buena sociedad, sangre azul
buen gusto
— buen tono, buenas maneras, respeto de sí, sentido del deber, s. del honor
— inmunidad diplomática, i. parlamentaria
— tarjeta de visita, AM tarja o tarjeta de presentación
56.04 descrédito
decadencia, degradación, retroceso

desprestigio
— desconsideración, deshonor, deshonra
— burla, caída, calumnia, demérito, descalificación, desgracia, desvalorización, difamación, ignominia, impopularidad, mengua, oprobio, reprobación, ruina, vilipendio, vituperio

mala fama, m. reputación

56.05 promoción
elevación, ascenso, ascensión, acreditación, avance, coronamiento, designación, honramiento, palio

premio
— accésit, contenta, DESUS atijara, enmienda
— recompensa, compensación, retribución
— condecoración, galardón, distinción, honor, laurel, medalla, homenaje, merced
— nominación, investidura, titularización, diploma, aplauso, ovación

mención honorífica, matrícula de honor, premio extraordinario, apto cum laude · FIG vuelta al ruedo

corona mural, c. naval, c. olímpica, c. oval, c. rostrada, c. rostral, c. rostrata, c. triunfal, c. valar, c. obsidional

56.06 degradación
descrédito, deshonor, deshonra, detraimiento, descalificación, vilipendio, DESUS desreputación

destitución, cese, evicción, expulsión

dimisión, desistimiento, abandono, abdicación

ignominia, indignidad, infamia, ludibrio, mancilla, oprobio, padrón, profazo, ruina, tizón, vergüenza, caída, desdoro, dolencia, estigma

caída en desgracia

56.07 afamado
famoso, celebérrimo, célebre, conocido, considerado, estimado, eximio, famado, glorioso, legendario, memorable, memorando, memoratísimo, nombrado, popular, prestigioso, prócer, prominente, renombrado, reputado

ilustre, alto, aristocrático, conspicuo, distinguido, egregio, emérito, eminente, encumbrado, esclarecido, grande, importante, ínclito, insigne, laureado, noble, preclaro, selecto, señalado, señero, significado, singular, superior

destacado, aventajado, brillante, cimero, culminante, descollante, encopetado, notable, notorio, preeminente, preferente, sobresaliente

de categoría
— de alcurnia, de alto copete, de calidad, de campanillas, de cartel, de elevada posición, de renombre, sin igual

— el desiderátum, el no va más, el non plus ultra, el rey, la reina
— la crema, el cogollo, la flor, la f. y nata, la f. de la canela
— número uno, por todo lo alto

COMP ING miel sobre hojuelas · vaca sagrada

56.08 ignorado
despreciado
— abandonado, dejado, olvidado
— postergado, ignoto, incógnito, desconocido, relegado, excluido, anónimo

retirado, confinado, arrinconado, desatendido, disgregado, olvidado, desdeñado

escondido, oculto, recóndito, secreto, lejano, velado, hermético, inédito, oscuro

56.09 acreditado
distinguido
— aseñorado, augusto, aventajado, benemérito, considerado, descollado, destacado, distinguido, encopetado, ennoblecido, grande, hegemónico, precipuo, primicerio, elevado, encumbrado, estimado, nombrado, renombrado, significado
— ilustre, insigne, brillante, íntegro, linajudo, magnánimo, señorial, solariego, cimero, prócer, prócero, sublime, superior, supremo, eximio
— eminente, importante, culminante, dominante, prominente, supereminente, sobresaliente, relevante, conspicuo
— estimable, apreciable, honorable, venerable, respetable, notable
— de nota, digno de nota

gente bien
— gente de viso, g. de distinción, g. de categoría, g. gorda, g. de pelo
— alta sociedad, buena sociedad, el gran mundo, hombre de manera
— bien nacido, sangre azul, de antigua estirpe, IRÓN de rancia alcurnia
— de alto copete, de alto coturno, de altos vuelos, de buen apellido, de buena familia, de condición elevada

COLOQ
— arribista, pijo, trepa, oportunista, advenedizo, chaquetero
— pez gordo, vaca sagrada
— de muchas campanillas, de cuenta, de nota
— NUEVO RICO: piojo puesto en limpio, p. resucitado

56.10 desacreditado
ordinario
— corriente, chabacano, bajo, común, fachoso, grotesco, irrisorio, manido
— inelegante, despachurrado, estrafalario, extravagante
— plebeyo, popular, prosaico, ramplón, trivial

— adocenado, arlequinesco

despreciable

— detestable, deplorable, execrable, reprobable, recusable, desfavorable

— incalificable, inconcebible, inconfesable, lamentable

— sin sustancia, de poco juicio, nacido en las malvas

— gente de capa parda, g. de gallaruza, g. de baja estofa, g. de poco pelo, g. de bajos fondos

COLOQ

— **malandante**, pordiosero, pobrete, pobretón, pobreto, piojoso, cenicienta, pelagatos, zarramplín, destripaterrones, lázaro, cenicienta

— **fantoche**, bufón, histrión, payaso, mameluco, monigote, figurón, matachín, pelele, títere

— **gracioso**, animador, cómico · apatusco, botarga, cabecilla, cabezudo, cachidiablo, cagalaolla, catimbao, chiborra, chuzón, diablito, dominguillo, gigante, máscara, maya, moharracho, don Tancredo, tazaña, zaharrón

— **espantajo**, adefesio, avechucho, birria, cacatúa, espantapájaros, esperpento, estafermo, estantigua, facha, fachoso, hazmerreír, irrisión, loro, tipejo, visión

— **mequetrefe**, catacaldos, cataté, chafandín, chiquilicuatre o chiquilicuatro, chisgarabís, cirigallo, danzante, enredador, fantoche, sin fundamento, gamberro, ganso, gaznápiro, gurdo, ligero, majagranzas, mameluco, muñeco, payaso, pelele, petate, tarambana, títere, saltabancos, saltabarrancos, saltaembanco, saltimbanco, saltimbanqui

— badulaque, boceras, botarate, cantamañanas

— ligero de cascos

56.11 promocionado

promovido, alzado, ascendido, destacado, reconocido, titularizado, galardonado

laureado, premiado, recompensado, aplaudido, ovacionado

elevado, encumbrado

56.12 degradado

relegado, aislado, expulsado, ignorado, marginado, segregado, expatriado

desacreditado, criticado, denigrado, desautorizado, desconsiderado, despreciado, difamado, impopular, malmirado, malquisto, mancillado

caído, humillado, abatido, doblegado, DESUS abyecto

VERBOS Y EXPRESIONES

56.13 destacar

descollar

— **abultar**, aventajar, despuntar, dominar, pre-

dominar, preponderar, exceder, sobreexceder, sobresalir, superar

— **brillar**, eclipsar, resplandecer, presidir, rebasar, relucir, resaltar, señorear

distinguirse

— diferenciarse, acreditarse, adelantarse, afamarse, imponerse, inmortalizarse, particularizarse, señalarse, significarse

— alzarse, empinarse, sobreponerse

— melindrear, melindrizar

estar en lo alto

— cubrirse de gloria, darse importancia

— dejar atrás, d. chico · dejarse notar

— estar en la cumbre, e. por encima de

— hacer época, hacerse el interesante

— llegar alto · llevar la delantera

— pasar a la historia, p. a la posteridad

— ser tenido por, ser personaje de muchas campanillas

— tener cartel, t. nombre, t. buena fama, t. buena prensa

COLOQ

— gallear

— andar en lenguas

— calzar muchos puntos, cortar el bacalao

— dar cien mil vueltas, d. cien vueltas, d. ciento y raya, d. quince y falta, d. quince y raya, d. sopas con hondas, d. un baño, d. vuelta y media

— estar en boga, e. en el candelero, e. en pinganitos

— excederse a sí mismo

— ganar el barlovento, g. por varios cuerpos

— hacer punta, h. raya, h. sombra, h. el gallito

— llevar el viento en popa

— llevarse la bandera, ll. la joya, ll. la mapa, ll. la palma

— no haber quien le tosa, poner el mingo, sacar de la puja, sentar cátedra, ser el amo del cotarro

— tener la sartén por el mango

— ARG pisar el poncho, tener de hijo, CHILE dar boleta, UR dar cola y luz

COMP ING

— más vale ser cabeza de ratón que cola de león, más vale ser cabeza de sardina que cola de salmón

REF

— Unos cobran la fama y otros cardan la lana. En tierra de ciegos, el tuerto es el rey. En tierra de necios, el loco es el rey. Cría fama y échate a dormir.

56.14 pasar desapercibido

postergar, relegar, desechar

COLOQ

— **hacer bulto** o ir de bulto, no tener arte ni parte

— ser alguien que ni pincha ni corta, s. carne de cañón, s. cascarilla, s. el hazmerreír, s. el último mono, s. la voz de su amo, s. poquita cosa, s. un cero a la izquierda
— **ir a la zaga**
  • quedarse atrás
  • no llegarle a la suela del zapato, no ll. a los talones, no ll. a los zancajos, no ll. al pie, ARG no pisarle el poncho

COMP ING
— ser del montón, s. un cualquiera, s. un ramplón, s. el farolillo rojo, s. el furgón de cola, s. el patito feo, s. la última palabra del credo, s. la última sardina de la banasta, s. un cero a la izquierda, s. un don nadie, s. como san Jinojo en el cielo
— no pinchar ni cortar, no pintar nada, no tener voz ni voto, no salir de azotes y galeras
— pintar menos que don Cirilo en Madrid, p. menos que la Tomasa en los títeres

REF La mala llaga sana, la mala fama mata.

56.15 honorar
aclamar
— **adular**, alabar, considerar, coronar, enaltecer, engrandecer, estimar, exaltar, realzar, sublimar
— **aplaudir**, aprobar, bendecir, cacarear, celebrar, corear, incensar, jalear, magnificar, ovacionar, palmear, tamborilear, vitorear, vocear
— **venerar**, adorar, reverenciar, glorificar, idolatrar

premiar
— **galardonar**, laurear, recompensar, remunerar, reportar, retribuir, satisfacer
— **encumbrar**, elevar, empinar, encampanar, encaramar, encopetar, enmontar, ensalzar, exaltar, remontar

halagar
— **alabar**, adular, agradar, barbear, blandir, complacer, contemplar, corear, enjabonar, escopetearse, festejar, incensar, jonjabar, lisonjear, popar, DESUS lisonjar, ANT falagar, afalagar
— **conquistar**, encantusar, encatusar, engatar, engatusar, ganarse, enlabiar, propiciar
— **agasajar**, mimar, obsequiar

rendir honores
— **rendir homenaje**, r. tributo, colmar de elogios, c. de honores, tener en gran estima
— dar bombo, d. coba, d. jabón, d. aguamanos, d. betún, d. incienso, d. vaselina
— hacer la ola, bailar el agua, pelar el diente, reír las gracias
— **poner por las nubes**, besar la tierra que pisa, poner en un pedestal, alzar sobre el pavés

COLOQ
— camelar, lagotear, roncear
— hacer la pelota, h. la pelotilla, h. la rosca, h. la rueda, h. la zalá

— ser un pelota, s. un tiralevitas, s. un lamebotas, AM s. un chupamedias, ARG chupar las medias, RD Y VEN dar lija, CHILE Y PERÚ hacer la pata
— regalar el oído, sobar el lomo, reír la gracia, adobar los guantes, bailar el agua, VULG lamer el culo

COMP ING tirar de la levita, pasar la mano por el lomo, regalar el oído, dar palmaditas en la espalda, arrimarse al sol que más calienta

REF A veces logra una flor lo que un diamante no. Cortesía de sombrero, hace amistades y no cuesta dinero. Gracias y buen trato valen mucho y cuestan barato. Más moscas se cogen con miel que con hiel. Más puede el sombrero que el dinero. Mejor lamiendo que mordiendo.

56.16 desacreditar
desautorizar, descalificar, desprestigiar
calumniar, infamar, denigrar, difamar, dilacerar, maldecir, mancillar
oprobiar, ridiculizar, humillar, vilipendiar, vituperar

desairar
— **despreciar**, abatir, afrentar, confundir, desentonar, disminuir, herir, hollar, mortificar, pisar, pisotear
— **desengañar**, desinflar, escaldar, revolcar, chafar

deshonrar
— **deshonorar**, almagrar, amancillar, amenguar, baldonar, blasmar, denigrar, desdorar, desfamar, oprobiar, ANT cohonder
— **disfamar**, deslucir, deslustrar, desnoblecer, detractar, detraer, envilecer, estigmatizar, profazar, salar, sambenitar, vilipendiar
— **enlodar**, enlodazar, ensuciar, entiznar, funestar, empañar, manchar, menoscabar o inhonorar, mancillar, tiznar
— cubrir de barro, c. de cieno, echar un chafarrinón, herir el amor propio, oscurecer la fama, poner mala fama, p. por los suelos, profanar la memoria, VULG cubrir de mierda

achicarse
— apocarse, degradarse, envilecerse, rebajarse, infamarse, pringarse
— revolcar, vejar, ANT rafezarse, rahezarse
— postrarse, prosternarse, arrodillarse, arrastrarse
— caer muy bajo, perder la honra, cubrirse de ignominia, c. de lodo
— bajar la cabeza, b. el tono, b. la vista, darse a menos

dar en la cabeza · señalar con el dedo, echar por tierra

COLOQ
— dar en la cresta, d. un latigazo, d. un palmetazo, d. un revolcón
— bajar los humos, parar los pies
— TENER MALA FAMA: estar por los suelos, e. en la picota · perder puntos, tener mala prensa
COMP ING
— ser el garbanzo negro, ser la oveja negra
— doblar la cerviz, doblar el espinazo · agachar el lomo · VULG bajarse los pantalones
— bajar los humos, poner por los suelos, hacer morder el polvo
— mirar por encima del hombro, hacer pasar por las horcas caudinas, tener el pie sobre el cuello, arrastrarse a los pies de alguien, hacerse menos, no levantar los ojos
— quedar a la altura del betún, CHILE q. a la altura de unto

56.17 promocionar
promover
— ascender, elevar, subir · destinar · rehabilitar, reponer
— concursar, hacer oposiciones
— optar, titularizarse, introducirse, progresar
ganar prestigio
— subir puestos
— tratar de igual a igual, t. de poder a poder
— estar en pie de igualdad
— **tener buena fama**
 • tener buena prensa, t. cartel, t. sentado el crédito
 • pasar a la historia, hacer época
— ganar en consideración, g. puestos
COLOQ
— encaramarse, ASCENDER SIN EL ORDEN DEBIDO: trompicar
— ir a más, llegar lejos, hacer baza
— no irle a la zaga, no quedarse atrás, no tener nada que envidiar
COMP ING echar un buen pelo, e. buena pluma, no quedarse manco
REF Ayer vaquero y hoy caballero. Panadera erais antes, aunque ahora traéis guantes. Pensando adónde vas, se te olvida de dónde vienes. Quien de servilleta pasa a mantel, ni Cristo puede con él.

56.18 degradar
deponer
— **depurar**, desacomodar, desentronizar, desinflar, sancionar, cesar
— **destituir**, destronar, echar, expulsar, despedir, licenciar, rebajar, repudiar, retrogradar
— **desconsiderar**, desdeñar, descender, desendiosar, desensoberbecer
— **desacreditarse**, desconceptuarse, deshonrarse, infamarse, desprestigiarse, deslucirse, empañarse

venir a menos
— volverse la tortilla, no tener a quién recurrir, no tener a dónde volverse
— poner en la puerta, deshacerse de alguien
— perder la estima, p. credibilidad
— caer en picado, c. en desgracia
COLOQ
— dar la patada, andar en coplas
— mancharse las manos, m. de barro, salir por el albañal, cubrirse de cieno
COMP ING
— **cargar con el mochuelo**
 • cargar con el muerto
 • tocarle bailar con la más fea, t. la china
 • ser plato de segunda mesa
— **cerrarse las puertas**
 • no tener dónde volver la cabeza, no t. dónde volver la cara, no t. dónde volver la mirada, no t. dónde volver los ojos
REF Sin padre ni madre ni perro que le ladre. Como el gallo de Morón, sin plumas y cacareando. Cada cual es hijo de sus obras.

57. ORGANIZACIÓN TERRITORIAL
57.01 historia
TIPOLOGÍA:
— historia universal · h. del arte, h. de la literatura, h. social, h. de la ciencia y de la técnica, h. de la diplomacia, h. de la economía, h. de la política, h. del derecho · h. de las religiones, h. sagrada, h. de la Iglesia, h. de las lenguas
— psicohistoria, etnohistoria, geohistoria
— arqueología, codigología, cronología, diplomática, epigrafía, filología, genealogía, geopolítica, numismática, paleografía, politología, sigilografía
EDADES DE LA HUMANIDAD:
— **prehistoria**: paleolítico, mesolítico, neolítico · edad de piedra, e. de bronce, e. de hierro · protohistoria
— edad antigua, e. media, e. moderna, e. contemporánea
crónica
— cronicón, cuento, narración, noticia, página, periódico, era, relato, anécdota · efemérides
— cronología · historicismo
— COLOQ cosas del mundo, c. que pasan, c. que ocurren, el pan nuestro de cada día
FUENTES:
— ESCRITAS: anuario, archivo, autobiografía, biografía, crónica, cronicón, diales, diario, epopeya, fábula, genealogía, gesta, hagiografía o vida de santos, informe, martirologio, narración, poema heroico · documento, acta, anal

— ORALES: tradición, anécdota, comentario, testimonio, habladuría, leyenda, recuerdo, memoria, relación, mito

57.02 nación

imperio, reino, virreinato o virreino · república

país, estado, confederación de estados, estado federal, GRECIA ANTIGUA: anfictionía

patria, cuna, país natal, suelo natal, s. patrio, terruño, tierra, t. natal

DOMINIOS ADMINISTRATIVOS:

— **dominio**
  • área, cantón, circunscripción, comarca, cuenca
  • demarcación, enclave, marca, pago, protectorado, sitio, término, terrazgo
  • cercado, punto

— **región**
  • comunidad autónoma, autonomía, delegación, subdelegación, prefectura, municipio
  • encartación, encomienda

— **provincia**
  • departamento, distrito, marca, senescalado, tetrarquía, toparquía, cacicazgo o cacicato, castellanía, colación
  • territorio, distrito federal
  • ayuntamiento, alcaldía, alcaidía, casa consistorial, concejo

— ALEMANIA: landgraviato, margraviato, burgraviato

— ANT MUNDO PERSA: satrapía

— ANT IMPERIO OTOMANO: bajalato

— ANT MUNDO MUSULMÁN: califato, valiato, sultanato o sultanía, taha, cora, morería

DOMINIOS NOBILIARIOS:

— adelantamiento, archiducado, baronía, condado, ducado, gran ducado, infantado, infanzonazgo, marquesado, palatinado, principado, encomienda, señorío, vizcondado

DOMINIOS RELIGIOSOS:

— archidiócesis, diócesis, arzobispado, obispado, arcedianato, vicaría, decanato, mitra

— parroquia, abadía, legacía, guardianía, patriarcado, pavordía

DOMINIOS MILITARES: capitanía, c. general, comandancia · maestrazgo

DOMINIOS JURÍDICOS: corregimiento, juzgado, merindad, bailía o bailiazgo

DOMINIOS UNIVERSITARIOS: rectorado

frontera, extranjero · colonia

57.03 urbe

ciudad

— burgo, villa, localidad · ciudadela, metrópoli, megapolis, acrópolis, ANT behetría · zona urbana

— **capital**
  • corte, sede, cabecera, merindad
  • cabeza de partido, plaza fuerte

pueblo

— **aldea**
  • aldeorrio, aldeorro, lugar, lugarejo, villero, villorrio, castro, comuna, poblazo, poblazón, puebla, concejo, poblado, villaje, anejo, pedanía, población
  • DESP poblacho

— **caserío**, casar, villar, arrabal, ejido, cabañal, ranchería

— GRUPO DE PUEBLOS ASOCIADOS: sesmo

— PUEBLOS QUE DEPENDEN DE OTRO PRINCIPAL: alfoz

— A ORILLAS DEL MAR: puerto, SITUADA EN VEGA: almarcha

— PEQUEÑA POBLACIÓN DE BEDUINOS: aduar

— EN AST, CABAÑAS HABITADAS TEMPORALMENTE POR VAQUEROS: alzada

— **ruinas**, AM tapera, HOND calpul

ayuntamiento, municipio, municipalidad, ARG Y UR intendencia, MÉX palacio municipal, VEN alcaldía

ÁREAS:

— **afueras**, aledaños, alrededores, arrabal, cercanía, contorno, corona, ejido, ensanche, extramuros, extrarradio, inmediaciones, periferia, rabal, suburbano, ARG conurbano, CHILE zonas periféricas, MÉX Y UR zona conurbana

— **suburbios** · zona de chabolas, ARG villa miseria, CHILE Y EC población callampa

— **muralla**, contorno · puerta, portal, portillo, postigo · intramuros

— **centro histórico** · casco urbano, c. antiguo · centro ciudad, zona peatonal

— **barrio**
  • barriada, distrito, colonia, polígono, barrio residencial, urbanización, CHILE condominio, villa, MÉX fraccionamiento
  • judería, morería · platería, trapería, tripería
  • BARRIO MARGINADO: gueto

— emplazamiento, situación, orientación, planta, solar, suelo · bloque, manzana, isla, AM cuadra

— **avenida**, bulevar, paseo, ronda, vía, calzada, arteria, rambla, travesía, alameda, espolón, malecón, pradera, prado, pretil, ronda · calle mayor, coso (CALLE PRINCIPAL EN ALGUNAS POBLACIONES), zacatín (CALLE DEL MERCADO)

— **manzana**, AM cuadra

— **calle**
  • calleja, callejón, callizo, callejuela, carrera, corredera, rúa, bocacalle, paso, pasaje, pasadizo, cuesta, costana, costanilla, angostillo, bajada
  • calle comercial, c. peatonal
  • esquina, chaflán, ochava
  • calzada, vial, vía

— **paso de peatones** o paso cebra, acera
— **rotonda**
  • glorieta, cruce, confluencia, esquina
  • bifurcación, cruzada, derivación, despartidero, encrucijada, crucero, horqueta, trébol · cuadrivio
— **parada de autobús**, AM p. de guagua · p. de taxis, estación de metro, quiosco
— **plaza**, ágora, altozano, explanada, foro, plaza mayor, plazoleta, glorieta, plazuela, zoco
— **camino**
  • sendero, senda, vereda, pista, desvío, derrota, derrotero, estrada, galiana, trocha, bajada, carruna, vial, subida, batidero (CON HOYOS Y PIEDRAS)
  • atajo, AR alcorce (ATAJO) · CANARIAS Y CUBA, serventía
  • vuelta, meandro, revuelta, zigzag
— **paso**, acceso, arriate, coladero, ANT calada (ESTRECHO Y ÁSPERO)
— **jardín** · aparcamiento, parking · zona industrial
— **cuneta**, holladero, margen, ribazo, terraplén, trinchera, veril
— **desviación**, desvío, hijuela, travesía, travesío
— **puente**
  • puente atirantado, p. colgante, p. giratorio, levadizo · viaducto
  • pasadero, pasarela, planchada, pontana, pontón
CONSTRUCCIONES:
— **ayuntamiento**, casa consistorial, consistorio
— **anfiteatro**, circo, coliseo, estadio, plaza de toros
— **catedral**, colegiata, convento, iglesia, templo, capilla
— **castillo**, palacio, palacete, hotel, edificio, casa, almacén, DESUS almona · quinta
— **estación** de autobuses, ARG Y UR terminal de ómnibus, CHILE t. de buses, MÉX central de autobuses, c. camionera · parada de autobús · estación de ferrocarril, apeadero
— **aeropuerto**, aeródromo, base aérea, pista de aterrizaje
— **hospital**, clínica, ambulatorio · institución benéfica, casa de beneficencia, asilo, albergue, alberguería · casa de maternidad · comedor, hospicio, hospital, montepío, refugio
— **biblioteca**, museo, cine, escuela, pabellón de deportes, polideportivo
— **cárcel**, penitenciaría
— **oficina** o estafeta de correos · o. de información, o. de turismo
— **mercado**, centro comercial, zona comercial
— **club**, casino, ágora, casa de conversación, ROMA ANTIGUA: basílica

57.04 gobierno
autogobierno, régimen, administración, autogestión
poder político · p. ejecutivo, p. legislativo, p. judicial · separación de poderes, COLOQ mando, riendas, señorío, timón
libertad de culto, l. de enseñanza, l. de expresión, l. de opinión, l. de pensamiento, l. de prensa, l. individual, l. económica, l. religiosa, l. sindical · derecho a la vida privada, d. a la intimidad
absolutismo
— autarquía, autocracia, autoritarismo, totalitarismo, despotismo, dictadura, dogmatismo, nepotismo, tiranía, oligarquía
militarismo, golpismo, maximalismo
democracia
— plutocracia (RICOS), ginecocracia (MUJERES), hierocracia (JERARQUÍA), mesocracia (CLASE MEDIA), partitocracia (PARTIDO), timocracia (CIUDADANOS DE CIERTA RENTA), teocracia (DIOS), tecnocracia (TECNÓCRATAS) · monopartidismo, bipartidismo, pluripartidismo
— **derecha**
  • extrema derecha
  • fascismo, nazismo, hitlerismo, franquismo, falangismo
  • nacionalcatolicismo, nacionalsocialismo
  • neonazismo, neofascismo
  • anticomunismo, antiliberalismo
— **centro**, centralismo, centro derecha, c. izquierda, socialdemocracia, democracia cristiana
— **izquierda**
  • extrema izquierda
  • socialismo, comunismo, bolchevismo, menchevismo
  • marxismo, leninismo, trotskismo, estalinismo, maoísmo, sandinismo
  • acracia, anarquismo, anarcosindicalismo
  • antifascismo, antiimperialismo, antimilitarismo, anticolonialismo
monarquía
— monarquismo, regencia, alfonsismo, carlismo
— tetrarquía, triunvirato, dinastismo, pentarquía, poliarquía, sinarquía, legitimismo
— república, republicanismo
57.05 actitudes políticas
aperturismo, atlantismo, colonialismo, neocolonialismo, panafricanismo, panamericanismo, panarabismo, paneslavismo, paneuropeísmo, pangermanismo, panhelenismo, panhispanismo, panislamismo
armamentismo, anexionismo, expansionismo, imperialismo
unionismo, unitarismo
federalismo, separatismo, independentismo,

secesionismo, nacionalismo, andalucismo, catalanismo, galleguismo, vasquismo, cantonalismo, descentralización, segregacionismo, autonomismo, regionalismo, regionalización

demagogia, populismo, oportunismo, electoralismo, cinismo, amiguismo, arribismo, filibusterismo, chovinismo, transfuguismo, maquiavelismo, sansimonismo

inmovilismo, involucionismo, continuismo, tradicionalismo

progresismo, liberalismo, igualitarismo

intervencionismo, revisionismo, reformismo, regeneracionismo

catolicismo, clericalismo, neocatolicismo, islamismo

racismo, xenofobia, sectarismo, sexismo, machismo, PATRIOTISMO EXALTADO: jingoísmo

extremismo, fanatismo, integrismo, radicalismo, fundamentalismo

57.06 situaciones políticas

EN LA INDEPENDENCIA:
— **soberanía** · autodeterminación, autogestión, autogobierno, autonomía, autarquía, autodecisión

EN LA MONARQUÍA:
— **coronación**, advenimiento, ascensión, asunción, audiencia, entronización, exaltación, imperio, inauguración, proclamación, reinado
— **destronamiento**, abdicación
— interregno, regencia · ley sálica · matrimonio morganático

EN LA ESTABILIDAD:
— **estado de alarma**, e. de excepción, e. de guerra
— crisis ministerial · purga · razón de Estado · golpe de Estado · interregno
— **cuestión de confianza**, c. de gabinete, suspensión de las garantías constitucionales
— **disturbio**, alboroto, algarada, amotinamiento, asonada, desorden, jaleo, levantamiento, motín, rebelión, remolino, revolución, revuelta, solevanto, sublevación, tumulto, turbulencia, violencia, alteración del orden público, P VASCO kale borroka
— **migración**, inmigración, integración, ostracismo · éxodo, diáspora
— **desigualdad social**, lucha de clases, empobrecimiento, enriquecimiento, explotación, pobreza, mendicidad, riqueza desigual
— **racismo**, discriminación racial, segregación racial, xenofobia
— **delincuencia**, violencia
— **corrupción**, corruptela, amiguismo, nepotismo

EN LA COLABORACIÓN:
— **colaboración**, cooperación, liberalización, privatización, injerencia, paternalismo
— no injerencia, neutralidad, inmovilismo, coexistencia pacífica, guerra fría
— **civismo**, acatamiento, adhesión, cumplimiento, fidelidad, lealtad, nacionalismo, observancia, patriotismo, sentido del deber, sentimiento nacional · burocracia

EN LA REVOLUCIÓN:
— **subversión**, incivismo, agitación, amotinamiento, asonada, complot, confabulación, conjura, conspiración, desestabilización, desobediencia, disturbio, golpe de Estado, insurrección, perturbación, pronunciamiento, revuelta, sedición
— **revolución**, sublevación, levantamiento, rebelión, fronda · la gloriosa · conmoción, sacudida, trastorno · contrarrevolución · disturbio
— represión

57.07 elecciones

plebiscito, referéndum, votación, sufragio, comicios

coalición política · ala o facción, alianza

partido de masas, p. de oposición, p. del gobierno

TIPOS:
— **elecciones nacionales**, e. presidenciales, e. legislativas
— **elecciones autonómicas**, e. municipales, e. locales
— **elecciones sindicales** · e. corporativas

FASES:
— **convocatoria**, presentación de candidatura · comprobación del censo electoral, c. de la circunscripción
— **precampaña**, campaña electoral
— **sondeo**, estimación, intención de voto
— **votación**, recuento de votos, escrutinio, resultado, reclamaciones, proclamación de candidatos
— POLÍTICA PURAMENTE ELECTORAL DE UN PARTIDO: electoralismo

LUGARES:
— **colegio electoral**, centro electoral, mesa electoral, CHILE local de votación, MÉX casilla electoral, UR circuito electoral
— RELIG cónclave

OBJETOS:
— **cabina electoral**, mesa electoral
— listas, sobre, urna, acta
— **papeleta**, bola, haba, RELIG, CARACOLILLO QUE SIRVE PARA VOTAR: altramuz
— **documento acreditativo**, MÉX credencial de elector, UR credencial cívica · papeleta, CUBA Y MÉX boleta

ESCRUTINIO Y RESULTADOS:
— **voto**, voz, v. y voto · sufragio universal · votación nominal, v. secreta · abstención
— **voto en blanco**, v. nulo, v. válido · v. por correspondencia, v. por poder, v. decisivo, v. delegado · v. secreto, v. directo · v. de calidad
— **unanimidad**, mayoría absoluta, m. relativa, minoría
— **escrutinio**, cómputo electoral, AM conteo

57.08 parlamento
hemiciclo
— mesa, tribuna, banco azul, diario de sesiones, cuaderno de cortes
cámara
— **régimen monocameral** o **unicameral** · r. bicameral
— senado · cámara alta, c. de los lores
— cámara baja, c. de los comunes
— congreso de los diputados, cortes
  • GRIEGOS: ágora anfictionía
  • MOROS Y JUDÍOS: aljama
  • RUSIA: duma
  • JAPÓN: dieta
  • RELIG cabildo
— **grupo parlamentario**, AM bancada · partido bisagra, grupo mixto, comisión parlamentaria
— **escaño**, ARG, BOL, PAR Y UR banca, COL, EC, SALV, MÉX Y PERÚ curul

SITUACIONES:
— **legislatura**, acta, mandato
— **pleno**, convocatoria parlamentaria, sesión, s. parlamentaria, s. plenaria, s. secreta
— **propuesta de ley**, proyecto de ley, anteproyecto, enmienda, ley, orden del día
— **debate**, discusión, alusión, iniciativa, interrupción, obstrucción, ponencia, proposición, p. incidental, p. de ley, rectificación, suplicatorio · turno
— **votación** · v. nominal, v. secreta · quórum · escrutinio
— **inmunidad** parlamentaria, inviolabilidad parlamentaria
— **moción**
  • moción de censura
  • voto de censura, v. de confianza, v. particular
— disolución del parlamento

57.09 instituciones políticas
poder ejecutivo, p. legislativo, p. judicial
corona, corte
— bureo, camarilla, cuarto, c. civil, c. militar, DESUS zaguanete, ANT curia
gobierno
— **presidencia** del gobierno, consejo de ministros · cartera · parlamento, partido político, oposición

— **ministerio**, dirección general, departamento, COLOQ covachuela
— **cuerpo diplomático**, embajada, legación extranjera, cancillería, delegación, misión · cuerpo consular, consulado
— **congreso**, asamblea, cámara alta, c. baja, c. de Castilla, c. de Indias, cortes, directorio, diván, gabinete, junta, mazorca, parlamento, sublime puerta, senado, ANT GRECIA: areópago
— poder moderador
— **hacienda**, fisco, tesorería, agencia tributaria
administración regional
— administración provincial, a. pública, enderezamiento, estado, instituciones políticas, poderes públicos, régimen, r. político
— gobierno autonómico, parlamento autonómico, diputación provincial, gobierno civil
— ayuntamiento, consistorio, generalidad, municipio, alcaldía, ARG Y PERÚ municipalidad

57.10 impuesto
tributo
— **arancel**
  • arbitrio, canon, carga, contribución, gabela, gravamen, imposición, lezda, pecha, pecho
  • censo, diezmo, gruesa, noveno
  • derrama, reparto, repartimiento
  • DESUS dacio, depreces, empréstito
— **impuesto**
  • impuesto directo, i. indirecto, i. municipal
  • impuesto sobre la renta, i. sobre el patrimonio, i. de transmisiones patrimoniales y actos jurídicos documentados, i. de sociedades, i. de sucesiones, i. de donaciones, i. sobre el rendimiento del trabajo profesional
  • fiscalidad
  • tasa fija, t. de descuento, t. de capitalización, t. de interés, t. de rentabilidad · tipo impositivo
— base imponible, líquido imponible, cuota, cupo
— deducción fiscal, bonificación fiscal, franquicia

IRPF (IMPUESTO SOBRE LA RENTA DE LAS PERSONAS FÍSICAS), ARG impuesto a las ganancias, CHILE i. a la renta, MÉX Y VEN i. sobre la renta, UR i. a las retribuciones personales
IVA (IMPUESTO SOBRE EL VALOR AÑADIDO) · plusvalía (ACRECENTAMIENTO DEL VALOR DE UNA COSA) · IVA devengado, IVA ingresado
NIF (NÚMERO DE IDENTIFICACIÓN FISCAL), ARG CUIT (CLAVE ÚNICA DE IDENTIFICACIÓN TRIBUTARIA), CHILE RUT (ROL ÚNICO TRIBUTARIO), MÉX RFC (REGISTRO FEDERAL DEL CONTRIBUYENTE), UR RUC (REGISTRO ÚNICO DEL CONTRIBUYENTE), VEN RFI (REGISTRO DE INFORMACIÓN FISCAL)

contribución rústica, c. territorial, c. urbana

POR USO DE: acequiaje (ACEQUIA), alajor (SOLAR EDIFICADO), boticaje (ALQUILER DE TIENDA), fogaje (VIVIENDA), humazga (HOGAR O CHIMENEA), infurción o enfurción (SOLAR DE LAS CASAS), inquilinato (ALQUILER)

POR TRANSACCIÓN: alcabala (COMPRAVENTA O PERMUTA), bolla (LANA Y SEDA), colodrazgo (VINO), cuatropea (CABALLERÍA), resisa (VENTAS AL POR MENOR), renta de menudos (FRUTAS Y HORTALIZAS), mojona (MEDIDA DEL VINO), octava (UNA AZUMBRE POR CADA ARROBA DE VINO, ACEITE O VINAGRE), octavilla o reoctava (MEDIO CUARTILLO POR CADA AZUMBRE DE VINO, ACEITE O VINAGRE), sisa (SOBRE GÉNEROS COMESTIBLES), subsidio (AL COMERCIO Y LA INDUSTRIA), tertil (SEDA)

POR PASO:
— CON GÉNEROS: diezmo (EN LOS PUERTOS), minucia (DIEZMO DE POCA IMPORTANCIA), almojarifazgo (POR GÉNEROS QUE SALEN O SE INTRODUCEN EN UN REINO), jea (DESDE TIERRA DE MOROS), renta de sacas (DE UN LUGAR A OTRO), tegual (CARGA DE PESCADO)
— SIN GÉNEROS: portazgo, puertas

POR SOMETIMIENTO:
— servicio de lanzas (LOS GRANDES AL REY), finta (AL PRÍNCIPE, EN CASO DE NECESIDAD), valimiento (AL REY POR ALGUNA URGENCIA), anúteba o anubada (REPARACIÓN DE CASTILLOS), EN LA CORONA DE ARAGÓN: talla
— alfarda (DE MOROS Y JUDÍOS), judería (JUDÍOS), tora (JUDÍOS POR FAMILIAS)
— DE VASALLOS: vasallaje (AL SEÑOR), parias (DE UN PRÍNCIPE A OTRO), yantar (TRÁNSITO DEL SEÑOR POR LOS PUEBLOS), trecén (AL SEÑOR JURISDICCIONAL), villazgo (A LAS VILLAS)
— EN TIEMPO DE GUERRA: botecario, fonsadera o fonsado

POR SERVICIO: alfardilla (LIMPIEZA DE ACEQUIAS), alfardón (APROVECHAMIENTO DE AGUAS), cillazgo (ALMACENAMIENTO DE GRANOS), salga (CONSUMO DE SAL)

POR EL GANADO: borra, borro, bovaje o bováttico, cabezaje, carneraje, jineta, recuaje MUR asequi · POR EL PASO: robda o robla o roda, holladura

SEGÚN EL MODO: manlieva o manlieve (DE CASA EN CASA O DE MANO EN MANO)

SEGÚN LA ÉPOCA: martiniega (EL DÍA DE SAN MARTÍN), marzadga (EL MES DE MARZO)

presupuesto
— déficit presupuestario, d. público · deuda pública
— evasión de capitales, e. de impuestos
— corrupción, fraude fiscal, paraíso fiscal
— gastos, ingresos, recaudación, sistema de contribuciones
— declaración de impuestos

57.11 casa real

emperador o DESUS imperador, emperadora, emperatriz

rey, reina, monarca, majestad, potestad, soberano, regente, regidor, corregente, correinante, reina madre · PEQUEÑO ESTADO: toparca, DESP reyezuelo o régulo

princesa, príncipe, delfín, infante, EN LA GRACIA MODERNA: diadoco · heredero de la corona

ABISINIA: negus

ALEMANIA: margrave · führer, káiser

ÁRABE: emir o amir

CARTAGO: sufete (CADA UNO DE LOS DOS)

CHINA: mandarín

EGIPTO ANTIGUO: faraón

IMPERIO INCA: inca o inga (EMPERADOR), coya (MUJER DEL EMPERADOR)

IMPERIO OTOMANO: bajá

IMPERIO ROMANO: césar, pretor, propretor, duunviro (CADA UNO DE LOS DOS), triunviro (CADA UNO DE LOS TRES), EN ORIENTE: exarca o exarco (FUERZAS MILITARES)

INDIA: rajá, maharajá

JAPÓN: micado

MARRUECOS: mazjén, jalifa, jerife

MOLDAVIA: vaivoda, hospodar

PAÍSES MUSULMANES: califa, miramamolín, jeque, dey

PERSIA: sha, sah, sofí

RUSIA: zar o czar, zarina o czarina

TARTARIA: kan o can

TURQUÍA: sultán, soldán, bey, sanjaco, gran turco, gran visir, visir, caimacán

VENECIA Y GÉNOVA: dux, dogaresa

IMAGINARIO: archipámpano

déspota, sátrapa, dictador, autócrata, tetrarca, tirano · poder supremo, p. moderador, p. absoluto · testa coronada

SERVIDORES DEL REY:
— favorito, privado, valido · ANT eunuco
— cortesano, palaciego o palaciano, palatino, costiller, alférez mayor del pendón real, a. del pendón, armero mayor, continuo, los cien continuos
— guarda mayor, g. mayor del cuerpo real, g. mayor del rey · hombre del rey, guardadamas, guardamujer, guardia de corps
— dama, d. de honor, señora de honor, PARA EL CUIDADO DE LOS INFANTES: cunera
— chambelán, canciller o chanciller, c. del sello de la puridad, gentilhombre, maestro de ceremonias, mayordomo, senescal, rey de armas
— camarero
 • camarero mayor, coquinario del rey, camarista, camarlengo, asistenta, copero mayor, cortador, despensero mayor, repostero

• protomédico, protonotario
• ANT azafata, casiller (BACINES Y ORINALES), doncel, dueña de honor, escuyer de cocina, frutier (FRUTA), furriera o furriela (LLAVES, MUEBLES Y ENSERES), menina, menino, potajier (LEGUMBRES), regalero (FRUTAS O FLORES), sangrador del común, sausier (PLATA Y DEMÁS SERVICIOS DE MESA), sotayuda (DE MENOR CATEGORÍA QUE EL AYUDA), sumiller de corps (CUIDADO DE LA REAL CÁMARA), sumiller de cortina (ECLESIÁSTICO)
— capellán de altar, c. de honor, c. mayor del rey
— PARA LAS CABALLERIZAS: palafrenero mayor, acemilero mayor, primer caballerizo, guadarnés, librador, sobrestante de coches, veedor de vianda • carrerista, batidor
— PARA EL PATRIMONIO: baile general, contralor
— PARA LOS ENSERES: cámara de los paños, guardajoyas, guardamuebles, joyelero, tapicero mayor, ujier de armas
— PARA LA CAZA: montero o mayor, cazador mayor
— PARA REPARTIR LIMOSNAS: limosnero

57.12 nobleza
archiduque, gran duque, duque, marqués, conde, vizconde, barón, caballero, condestable, señor, comendador, maestre • hidalgo, hijodalgo, infanzón, COLOQ tagarote
noble, grande, aristócrata, señor, caballero, godo, guzmán, príncipe, rico, ricohombre, DESCENDIENTE DE LOS PRIMEROS SENADORES ROMANOS: patricio, ENTRE LOS ANTIGUOS PERUANOS: orejón
CABEZA PRINCIPAL DE LA NOBLEZA: senescal
titulado, ahidalgado, de calidad, de sangre azul, de alto copete, gótico, redondo
primogénito, segundón, ricahembra, DESUS ricadueña
COLORES HERÁLDICOS: argén, azur, blao, carnación, esmalte, goles, gules, metal, mixtión, oro, plata, púrpura, sable, sinoble, sinople • CADA UNO DE LOS CINCO COLORES HERÁLDICOS: color

57.13 dirigente
presidente, jefe de Estado, j. del gobierno, primer ministro, p. mandatario, canciller, caudillo, tribuno • vicepresidente
ministro de administraciones públicas, m. de agricultura, m. de asuntos exteriores, m. de asuntos sociales, m. de comercio, m. de comunicaciones y transportes, m. de cultura, m. de defensa, m. de economía, m. de educación y ciencia, m. de fomento, m. de gobernación, m. de hacienda, m. de industria, m. de información, m. de justicia, m. de la guerra, m. de marina, m. de obras públicas, m. de relaciones con las cortes, m. de sanidad, m. de trabajo, m. de transportes, m.

de turismo, m. de universidades, m. de vivienda, m. del ejército, m. del interior, m. sin cartera
REPRESENTANTES DEL GOBIERNO:
— **gobernador**, g. civil, g. militar, gobernante, subsecretario, superintendente • vicegobernador
— **delegado** del gobierno, portavoz, secretario de estado, prefecto, ROMA ANTIGUA: procónsul, ANT virrey • JEFE DE PROVINCIA FRONTERIZA: adelantado
— **cuerpo diplomático**, embajador, cónsul, vicecónsul, ministro plenipotenciario, m. residente, agregado cultural, a. militar, a. comercial, a. naval, encargado de negocios, secretario de Estado, primer secretario de Estado y del despacho, ROMA ANTIGUA, cónsul honorario
— **emisario**, enviado, enlace, comisionado, EN EL IMPERIO BIZANTINO: apocrisiario
— **canciller** o chanceler, vicecanciller, canciller del sello de la puridad, introductor de embajadores
— **negociador**, mediador, intermediario • COLOQ mano, m. oculta
— **nuncio**, internuncio, nuncio apostólico, legado pontificio
— AM cacique, curaca, gamonal • ROMA ANTIGUA: legado • ENTRE LOS ÁRABES: ámel (DISTRITO), valí (JEFE LOCAL), nabab o nababo (LOCAL EN LA INDIA MUSULMANA) • MARRUECOS: jalifa • PAÍSES BAJOS: estatúder • ARGEL: ant caíd
REPRESENTANTES DEL PUEBLO:
— **político**, estadista, hombre de Estado, h. público • politicón, politiquero, propagandista, tribuno • barón, correligionario, vieja guardia
— **diputado**, asambleísta, diputado provincial, d. del reino, padre conscripto, p. de la patria, p. de provincia, par, prócer, procurador, senador • asistente, encasillado, síndico • HOMBRE QUE LLEVA LA MAZA: macero
— **comisión**, diputación permanente, grupo mixto, g. parlamentario, sección
— **portavoz**, AM vocero
— **alcalde**, edil, ARG Y UR intendente, MÉX presidente municipal • teniente de alcalde, concejal • juez de paz
EN LAS ELECCIONES:
— **candidato**, aspirante, compromisario, EXTRAÑO AL DISTRITO: cunero • tránsfuga o tránsfugo
— **propagandista**, muñidor, palomo
— **elector**, votador, votante • electorado
— **consejo electoral**, mesa electoral, presidente de la mesa, vocal, delegado, compromisario, escrutador
— candidato electo
▶ 59.07 ejército

57.14 ciudadano
EN RELACIÓN CON LA CIUDAD:
— **conciudadano**, habitante, paisano, vecino, convecino, RELIG feligrés
— **administrado**, compatriota, conciudadano, habitante, residente, súbdito, elector, votante
— **patriota**, patriciano, patricio
— **provinciano**, pueblerino, tosco, paleto
— **caminante**, paseante, peatón, viandante, transeúnte, COLOQ azotacalles
— **emigrado**, emigrante, inmigrado · exiliado o exilado, evacuado, forastero, peregrino, refugiado, residente, turista, viajero, visitante · fugitivo, prófugo, tránsfuga · apátrida, desterrado, expatriado, indiano, proscrito · repatriado
EN RELACIÓN CON EL RÉGIMEN ECONÓMICO:
— **contribuyente**, MÉX causante, erario, excusado, infurcionego, pechero, sujeto pasivo, tributante, tributario, vasallo
— **pensionista**, alimentario, alimentista, rentado, rentista · burguesía
— **populacho**, vulgo, plebe, proletariado, COLOQ turba, canalla, chusma, bajos fondos
CARACTERIZACIÓN SOCIAL:
— **aristócrata**, noble, burgués, pequeño burgués, señor, hidalgo, capitalista, ilota, infanzón, intocable, productor, propietario, pudiente, rico, COLOQ trepa, yuppie (YOUNG URBAN PROFESSIONAL), jasp (JOVEN, AUNQUE SOBRADAMENTE PREPARADO)
— **caballero**, ANT ermunio, équite, ROMA ANTIGUA: célere
— **obrero**, paria, proletario, esclavo · emigrante, DE OTRO PAÍS EN BUSCA DE TRABAJO: extranjero
— **mendigo**, vagabundo, gallofero, guitón, landrero, lázaro, limosnero, pidientero, pobre, pordiosero, sopista, sopón, vergonzante, DESUS pobra (DE PUERTA EN PUERTA), tablera (REPICANDO LAS TABLILLAS), vistoso (CIEGO FINGIDO)
OFICIOS CALLEJEROS:
— vendedor ambulante, puestero, feriante, VEN buhonero
— vendedor de periódicos, AM canillita, ARG, CHILE Y UR diariero, CHILE suplementero, EC MÉX Y NIC voceador, VEN pregonero
— vendedor de lotería, lotero, SALV, MÉX, PAN Y VEN billetero
— mensajero, recadero, ARG Y UR cadete, CHILE júnior, estafeta, MÉX mandadero, asistente, VEN motorizado
— limpiabotas, AM MER Y HOND lustrabotas, MÉX bolero
— repartidor de propaganda, r. de pizzas, músico callejero · florista, afilador, trapero, cerillera

MOVIMIENTOS CONTRACULTURALES:
— **cabeza rapada**, beat, beatnik, freak, grunge, heavy metal, hippie o hippy, mod, psicodélico, punk o punki, rocker, skin head, yeyé
— **okupa** · comuna, tribu urbana
57.15 ciudadanos en grupo
población, censo · empadronamiento, encabezamiento, EMPADRONAMIENTO EN VIRTUD DE CARTA DE PRIVILEGIO: encartación
— **alta sociedad**, élite, high life, jet set, society, el gran mundo
— **burguesía**, clase media
— **clase obrera**, proletariado, pueblo
multitud
— cola, manifestación · hacinamiento
— **comando**, tropa, escuadra, equipo, partida · formación, organización, cooperativa, círculo · RELIG cabildo, secta
— **camarilla**, cuadrilla, clan, banda, horda, bandas urbanas
— **vecindad**, vecindario, comunidad de vecinos
pareja, terna, trinca, cuatrinca
panda
— **pandilla**, parranda, velorio, velada, mentidero, SAL tizonera, AM patota · tribu urbana · DE GENTE RUIN: corrincho
— **peña**, comparsa, clan, partida, tertulia
— **corro**, corrillo, reunión, cenáculo, hornada, manga, panel, ronda, grupúsculo, hato, conciliábulo, AST horuelo, esfoyaza LEÓN filandón, CHILE mingaco
— **mocerío**, pollerío, gatería, gallinero, PR muchitanga
muchedumbre
— **aglomeración**, concentración, humanidad, conciliábulo, plebe, pueblo, concurrencia, afluencia, asistencia, público, gente, gentío, hervidero, ola, oleada, horda, humanidad, CHILE grimillón
— **turba**, tumulto, tropel, montón, pelotón, hervidero, remolino, torrente, río, torbellino, riolada
— **enjambre**, hormiguero, manada, ganado
— **masa**, montón, sinnúmero, agolpamiento, ahogadero, hato, manojo, cohorte
— **todo el mundo**, el común de las gentes, cualquier hijo de vecino
asociación
— **grupo**, rama, piña, plantel, elenco, enclave
— **cooperativa**, hermandad, alianza, capilla, capillita, compadrazgo, mingaco, montepío, mutualidad
— **círculo**, cofradía, cuerpo, entidad, equipo, orden, sociedad, casino, clan, familia
— **corporación**, promoción, junta, sección · comisión, asamblea, consejo, convención,

mesa redonda · comunidad, comunión, partido, bipartito, tripartito · equipo · coro · colectivo, SIN DISCIPLINA: colecticio · alianza, confabulación
— **congreso**, simposio, consejo, conferencia, consistorio, cumbre, junta, pleno, sesión, vistas, allegamiento, ANT coición, SAL serano · SESIÓN DE UNA LOGIA MASÓNICA: tenida
— **manifestación**, concentración, mitin
— **cónclave**, cabildo, concilio, EL NO CONVOCADO POR AUTORIDAD LEGÍTIMA: conciliábulo
— **ejército**, tropa, regimiento, legión, batallón, brigada, compañía, cuerpo, división, pelotón, bandera, patrulla, piquete

chusma
— gentuza, gentecilla, morralla, escoria, cuadrilla, atajo, corrincho, hez, rahez, zupia, hampa, hampo, hez, lumpen, plebe, tuna, DESUS gentualla o gentalla, AM chamuchina, chusmaje, ARG Y UR malevaje, CHILE, GUAT Y HOND pacotilla, CHILE rotería
— madriguera, antro, corrincho, cueva, gatería, gavilla, gazapera, gazapina, gorrionera, grullada o gurullada, hato, huronera, nido, taifa
— gente baja
  • gente maleante, g. de mala vida, g. de mal vivir, g. de vida airada
  • bajos fondos, mala hierba, LAT non sancta
COLOQ
— **basca**, tropa, tribu, gentecilla
— **populacho**, picaresca, pillería, lechigada, canalla, zurriburri o churriburri, golfería, granujería, marranalla, purrela o purriela, DESUS bahorrina, coluvie · DESP vulgo, chusma, gentuza, gentualla, hampa, corrincho, pobretería, gavilla, trulla, hatajo, AM chamuchina, MÉX chinaca, CONFUSA Y DESORDENADA: garulla o garullada, caterva, cáfila, bullaje, germanía, matracalada, jabardo o jabardillo, turbamulta, barullo, patulea, DESUS montantada, ANT condesa, AM gentada, tracalada, AM MER poblada
— todo Dios
  • Dios y su madre
  • todo Cristo, t. bicho viviente, t. quisque, t. la pesca, todos los habidos y por haber
  • hasta María Santísima, hasta el gato, hasta las piedras
  • el que más y el que menos, quien más y quien menos, cuantos aran y cavan
  • de bote en bote
— SI HAY MENOS DE LOS PREVISTOS: cuatro gatos, c. pitos y un tambor, ni Dios, ni el canario, ni el gato, ni el Tato, ni el loro, ni un alma, ni alma viviente, ni rey ni roque, ni piante ni mamante

57.16 símbolos políticos
bandera
— colores nacionales, ikurriña, senyera, banderola, banderín
— **estandarte**, pendón, insignia, enseña, confalón o gonfalón, corneta, grímpola o flámula, jirón, pabellón, tafetanes
— MAR gallardete, gallardetón, torrotito
— ANT REYES FRANCESES: oriflama, ROMA ANTIGUA: lábaro, manípulo
himno
— himno nacional, h. de Riego, Internacional
— DE LIBERALES CONTRA ABSOLUTISTAS: trágala
SÍMBOLOS REALES:
— camón, cetro, corona, c. imperial, cortina, cota, creencia, dalmática, diadema, ínfula, manto, orbe, palio, punzón, púrpura, salva, sello real, solio, tabardo, trábea, trono, venda
— MANTO DE PÚRPURA PARA EMPERADORES DE LA ANTIGUA ROMA: paludamento
SÍMBOLOS HERÁLDICOS:
— águila agrifada, á. explayada, á. pasmada, aguilón, alerión, anulete, armiño, aspa, a. de San Andrés, banda, barra, bastón, besante, bezante, billete, bordadura, bordura, brisura, burel, burelete, cabrio, caldera, campaña, capelo, cartela, c. abierta, c. acostada, casco, castillo, cimera, cinta, compón, concha, contraarmiños, contraveros, cotiza, crancelín, crecal, creciente, crista, cruz, c. flordelisada, dragante, dragonete, encajes, escaque, filiera, flanquís, flor de lis, frangle, frete, huso, jaquel, jirón, lambel, lambeo, lambrequín, lis, lisonja, lobo cebado, l. escorchado, losange, lunel, mano apalmada, mantelete, merleta, moleta, montante, mundo centrado, naciente, orla, pal, palizada, palo, palos flamantes, palón, panela, papelonado, pavo ruante, pila, pira, potenza, punta, rodete, roel, roquete, rumbo, rustro, sautor, sol figurado, sotuer, tablero equipolado, toro furioso, torre cubierta, tortillo, trechor, vergeta, veros, virol
— **lema**, collar, divisa, emblema, empresa, leyenda, mote, soporte, tenante, timbre

57.17 documentos acreditativos
carné de identidad (DNI, DOCUMENTO NACIONAL DE IDENTIDAD), AM cédula de identidad, MÉX clave única de registro de población (CURP)
pasaporte · visado, ANT pase, salvoconducto
partida de nacimiento, CHILE certificado de nacimiento, MÉX acta de nacimiento
libro de familia, ARG Y UR libreta de casamiento, CHILE l. de familia, MÉX Y VEN acta de matrimonio
expediente policial, ficha de policía, AM prontuario policial

demanda, instancia, AM petitorio
despacho, carta credencial, credenciales, plenipotencia, exequátur, pase, plácet
nota, instrucciones, memorándum, nota diplomática, n. verbal, referéndum
tratado, concordato, convenio, negociación, ARG Y PERÚ tratativa
comprobante, justificante, recibo, resguardo
tarjeta de crédito · carnet de conducir, carta verde

ADJETIVOS Y ADVERBIOS
57.18 nación y gentilicios
PROTOTIPOS DE HOMBRES PREHISTÓRICOS: australopitecos, homo hábilis, h. erectus, h. erectus pekinensis, h. sapiens, h. de neandertal, h. de cromañón
PUEBLOS ANTIGUOS: alamanes, alanos, amonitas, anglos, aqueos, arameos, aztecas, babilonios, bárbaros, celtas, celtíberos, corintos, dorios, eolios, fenicios, filisteos, germanos, godos, helvéticas, hititas, hunos, íberos, incas, israelitas, jónicos, ligures, lombardos, mayas, moabitas, oscos, ostrogodos, sajones, suevos, tártaros, tracios, umbros, vándalos, vascones, vénetos, visigodos
PUEBLOS ANTIGUOS DE LA PENÍNSULA IBÉRICA:
— arévacos, ártabros, astures, autrigones, bastetanos, benimerines, béticos, cántabros, caporos, cartagineses, celtas, celtíberos o celtíberos, cerretanos, cibarcos, contestanos, cosetanos, deitanos, edetanos, fenicios, godos, hespéricos, hispanos, hispanoárabes, hispanomusulmanes, hispanorromanos, íberos, ilercavones, ilergetes, iliberitanos o iliberritanos, ilicitanos, ilipulenses, iliturgitanos, indigetes, italicenses o itálicos, lacetanos, layetanos, lusitanos, masienos, moriscos, mozárabes o muzárabes, numantinos, oretanos, pésicos, saldubenses, santones, suevos, tartesios, tugienses, turdetanos, túrdulos, vacceos, vándalos, várdulos, vascones
— hispánico, ibérico, peninsular
ENTORNO GERMANO: alemán, alsaciano, ario, austriaco, bávaro, berlinés, germánico, germano, hamburgués, muniqués, prusiano, renano, sajón, sorbio, suizo, teutón, tirolés, vienés, westfaliano
PAÍSES BAJOS: holandés, neerlandés, frisón, belga, flamenco, valón, luxemburgués
ENTORNO BRITÁNICO: anglosajón, escocés, gaélico, galés, gibraltareño o COLOQ llanito, inglés, irlandés, londinense, sajón
ENTORNO FRANCÉS: alsaciano, bretón, corso, francés o DESP gabacho, franco, galo, gascón, ginebrés, ginebrino, helvético, lemosín, mar-

sellés, monegasco, normando, parisiense o parisino, provenzal, suizo, vascofrancés
ENTORNO ITALIANO: florentino, genovés, itálico, latino, ligur, lombardo, milanés, napolitano, parmesano, romano, sardo, siciliano, toscano, veneciano, veronés, DE PUEBLOS ANTIGUOS: etrusco, osco, umbro
ENTORNO BALCÁNICO: albanés, bosnio, croata, eslavo, esloveno, kosovar, macedonio, montenegrino, serbio, turco, yugoslavo
ESTE EUROPEO: bielorruso, búlgaro, checo, checoslovaco, eslovaco, húngaro, magiar, letón, moldavo, polaco, rumano, ruso, transilvano, ucraniano, ANT soviético, prusiano · moscovita
AMÉRICA LATINA:
— hispanoamericano, latinoamericano, iberoamericano, centroamericano, sudamericano, carioca, COLOQ Y DESP sudaca
— antillano, argentino, boliviano, brasileño, chileno, colombiano, costarricense, cubano, dominicano, ecuatoriano, guatemalteco, haitiano, hondureño, jamaicano, martiniqués, mexicano, nicaragüense, panameño, paraguayo, peruano, puertorriqueño, salvadoreño, uruguayo, venezolano
AMÉRICA AUTÓCTONA:
— amerindio, indoamericano, piel roja
— abipón, aimara o aimará, algonquino, apache, arahuaco, auca, azteca, bayá, botocudo, caiguá, calchaquí, calchín, calpul, caluma, camahua, canaco, caracará, caracas, caraja, carapachay, carapacho, cariaco, caribe, cario, cataubas, cayapa, cayeté, chaima, charca, charrúa, cherokee, cheyene, chibcha, chichimeco, chontal, chuchumeco, chuncho, cocama, comanche, coronda, cuna, gandul, guaraní, inca, iroqués, jíbaro o jibaro, lacandón, ladino, mapuche, maya, misquito, mixteco, mocoví, mohicano, motilón, nahua o náhuatl, navajo, olmeca, omagua, ona, orejón, páparo, patagón, payaguá, pies negros, pipil, puelche, quechua, querando, quiché, semínola, siboney, sioux, taíno, tamanaco, tapuya, tarahumara, tehuelche, tolteca, tupí, tupí-guaraní, yanomami, yaqui, yucateco, yumbo
NORTEAMERICANOS:
— californiano, canadiense, estadounidense, hawaiano, neoyorquino, quebequés, tejano, washingtoniano
— norteño, sureño
— chicano, hispano, latino
— COLOQ yanqui
ENTORNO AFRICANO:
— abisinio, áfrico, afrikáner, afro, angoleño, argelino, beduino, berberisco o bereber o ber-

berisco, bóer, bosquimán, bubi, burundés, cabileño, cafre, camerunés, cenete, cenhegí, centroafricano, chadiano, cirenaico o cireneo, cirineo, congoleño, ecuatoguineano, egipcio, eritreo, etíope, garamanta, gelfe, getulo, gomel o gomer, guineano, hachemita, hassaní, havar, hotentote, hutu, keniata, liberiano, libio, lotófago, magrebí, malgache, marroquín o marroquí o marrueco, masai, masamuda, masilio, mauritano, moro, mozambiqueño, namibio, negroafricano, nigeriano, nilótico, norteafricano, nubiense, nubio, númida, pamue, rifeño, ruandés, saharaui, senegalés, subsahariano, sudafricano, sudanés, tanzano, tuareg, tunecí, tunecino, tutsi, ugandés, uticense, yoruba, zaireño, zulú

ENTORNO GRIEGO: acayo, aqueo, aquivo, árcade, arcadio, argivo, argólico, ascreo, ateniense, ático, beocio, bisalta, bizantino, chipriota, corintio, cretense, curdo, dirceo, dorio, epirota, erétrico, esparciata, espartano, estagirita, etolio, etolo, eubeo, gálata, grecano, greciano, grecisco, grecolatino, grecorromano, greguisco, griego, helénico, helenista, heleno, lacedemonio o lacedemón, locrense, macedonio o macedónico o macedón, maltés, megarense, micénico, milesio, minoico, nemeo, olímpico, otomano, pelasgo, peloponense, pelta, peonio, romaico, romeo, tebaico, tebano o DESUS tebeo, tegeo, teyo, tirintio, turco

PAÍSES NÓRDICOS: danés, dinamarqués, escandinavo, estonio, faeroés, finés, finlandés, groenlandés, islandés, lapón, letón, lituano, nórdico, normando, noruego, sueco, vikingo

ENTORNO ASIÁTICO:
— afgano, armenio, azerí, bengalí, birmano, camboyano, coreano, chechenio, chino, georgiano, hindú, indio, indochino, indonesio, indostaní, iraní, japonés, nipón, kazajo, kirguís, kuwaití, laosiano, malayo, mongol, nepalés, nepalí, norcoreano, pakistaní, persa, siamés, srilankés o cingalés, ceilanés, surcoreano, tayiko, tailandés, taiwanés, turcomano, uigur, uzbeco, vietnamita

ENTORNO DE ORIENTE MEDIO:
— árabe, arameo, hebreo, iraquí, israelita, israelí, jordano, judío, kuwaití, libanés, omaní, palestino, persa, saudita, sirio, turco, yemení
— ANT aaronita, acadio, agareno, amalecita o amalequita, amonita, amorreo, asirio, babilónico, bactriano, benjamita, beritense, betlehemita o betlemita o betlemítico o betlehemítico, bitinio, calcedonio, caldeo, calmuco, camita, capadocio, caspio, cesarien-

se, cingalés, cusita, edomita, efraimita, efrateo, elamita, eolio, escita, fariseo, fenicio, filisteo, frigio, galaadita, gálata, galileo, heteo, hierosolimitano, hircano, hitita, idumeo, ismaelita, jebuseo, jerosolimitano, jonio, laodicense, licio, lidio, madianita, masageta, medo, nacianceno, nazareno, ninivita, oriental, parsi, parto, samaritano, samosateno, sogdiano, solimitano

ENTORNO DEL OCÉANO PACÍFICO: aborigen, australiano, caledonio, filipino, hawaiano, indonesio, javanés, malayo, maorí, melanesio, micronesio, neocaledonio, neozelandés, papú, papúa, polinesio, samoano, tagalo, tahitiano

57.19 región, ciudad y gentilicios

COMUNIDADES AUTÓNOMAS ESPAÑOLAS: andaluz, aragonés o COLOQ baturro o maño o mañico, asturiano, balear, canario, cántabro, castellano-leonés, castellano-manchego, catalán, ceutí, extremeño, gallego, madrileño, melillense, murciano, navarro, riojano, valenciano, vasco
— alpujarreño (ALPUJARRAS, ENTRE GRANADA Y ALMERÍA), bético (REGIÓN DEL RÍO BETIS), astur (ANTIGUO REINO DE ASTURIAS), guanche (ISLAS CANARIAS), alcarreño (ALCARRIA), manchego (MANCHA), ampurdanés (AMPURDÁN), aranés (VALLE DE ARÁN), mallorquín, maragato (COMARCA DE LEÓN), menorquín, ibicenco, pancho o huertano (HUERTA DE MURCIA), baturro (ARAGONÉS), levantino (LEVANTE), alavense, alavés o DESP babazorro, guipuzcoano, vizcaíno (VIZCAYA)

ANDALUCES: algecireño, almeriense, andaluz, ceutí, cordobés, gaditano, gibraltareño o llanito, jiennense o jaenés, granadino, hispalense, jerezano, malacitano o malagueño, melillense, onubense o huelveño, sevillano

ASTURIANOS: gijonés, ovetense

CANARIOS: gomero, herreño, lanzaroteño, palmero, tinerfeño o chicharrero

CÁNTABROS: pasiego (DEL VALLE DE PAS), santanderino

CASTELLANOS: abulense, albacetense, albaceteño, burgalés, conquense, guadalajareño, leonés, madrileño o matritense (RELATIVO A), palentino, salmantino o charro, segoviano, soriano, toledano, vallisoletano o pucelano o pinciano

CATALANES: barcelonés, gerundense, leridano, tarraconense

EXTREMEÑOS: badajocense o badajoceño o pacense, cacereño, emeritense (MÉRIDA)

GALLEGOS: coruñés, ferrolano, lucense o lugués, orensano, pontevedrés, santiagués o compostelano, vigués

ISLAS BALEARES: palmesano (PALMA DE MALLORCA)
MURCIANOS: cartagenero
RIOJANOS Y ARAGONESES: logroñés, oscense, turo-
lense, zaragozano
VALENCIANOS: alicantino, castellonés, ilicitano
(ELCHE)
VASCOS Y NAVARROS: bilbaíno, donostiarra (SAN SE-
BASTIÁN), pamplonés o pamplonica, vitoriano
ESPAÑOLES ESTABLECIDOS EN EL MUNDO:
— cachopín o cachupín o gachupín, gallego,
chapetón (RECIÉN LLEGADO)
— ENTRE LOS ANTIGUOS CONQUISTADORES: viracocha
— FAMILIAS ESPAÑOLAS QUE VIVIERON EN MARRUECOS
EN EL SIGLO VIII: farfán
— sefardí o sefardita

57.20 nación y adjetivos
absoluto, autocrático, autoritario, tiránico, totalitario, despótico, dictatorial, intolerante,
inflexible, opresivo, opresor, oligárquico, teo-
crático, servil, servilón
centralista, unionista, fusionista
independiente, descentralizado, autónomo,
federal, federativo, faccionario, vizcaitarra ·
independentista, nacionalista, separatista
monárquico, real, regio, alfonsí, alfonsino, isabelino, borbónico, carlista, cristino o guiri,
carolingio, enriqueño, merovingio
republicano, antimonárquico
gubernativo, gubernamental, presidencialis-
ta, legitimista, parlamentario · ingobernable
militante, adherente, miembro, partidario, sim-
patizante · disidente, opositor
demócrata, democratacristiano o democristiano, democrático, representativo, constitucional, poliárquico, LOS CIUDADANOS QUE TIENEN
CIERTA RENTA: timocrático · unicameral, bicameral
derechista, de derechas, conservador, retró-
grado, tradicionalista, reaccionario, ultra-
derechista, falangista, requeté, fascista,
franquista, nacionalsocialista, nazi, EN FRAN-
CIA REVOLUCIONARIA: vandeano, COLOQ facha,
carca, ultra
centrista, democristiano, moderado, liberal,
circunspecto
izquierdista, anarco-sindicalista, anarquista,
bolchevique, castrista, comunista, de iz-
quierdas, estalinista, leninista, libertario,
maoísta, marxista, marxista-leninista, revolucionario, sandinista, socialista, trotskista,
ultraizquierdista, COLOQ rojo
monárquico, reformista, SOCIEDADES SECRETAS ITA-
LIANAS REVOLUCIONARIAS: carbonario
ecologista, verde
activista, agitador, alborotador, conspirador,
fomentador, golpista, incendiario, levantador, amotinador, levantisco, manifestante,

opositor, petrolero, pistolero, revolucionario, rebelde, revoltoso, turbulento
fanático, extremista, radical, intolerante, sectario, exaltado
57.21 ciudad y adjetivos
EL HABITANTE Y SU ORIGEN:
— aborigen, autóctono, coterráneo, natural,
oriundo, paisano
— callejero, albendera, andador, andalotero,
andorra, andorrero, aplanacalles, azotacalles, callejeador, camandulero, candajón,
candiletero, cirigallo, corretón, curioso, desocupado, mirón, paseante, pindonga, placero, salidero, vagabundo, visitero, zanga-
rrilleja
— cosmopolita · urbano, ciudadano
— aldeano, arrabalero, huertano, lugareño,
provinciano, pueblerino, ANT villano
— emigrante, inmigrante, forastero, colono
— payo, gitano
LA CIUDAD:
— antigua, amurallada, burguesa, fortificada,
feudal, franca · suburbano, urbano
— capital de nación, c. de provincia, ciudad
estado
— moderna, residencial, hermanada · satélite,
dormitorio
— administrativa, comercial, industrial, universitaria
— norteña, meridional · isleña, peninsular, ri-
bereña
— llanera, sabanera, pampera, montañera,
serrana

VERBOS Y EXPRESIONES

57.22 acción y nación
EL REY:
— **reinar**, coronarse, proclamarse · abdicar
— subir al trono, ceñir la corona, empuñar el
cetro
— destronarse · restaurar la monarquía
— ennoblecer, noblecer · cubrirse, calificarse,
empatar, cubrirse de grande de España · ANT
dar almohada, tomar la almohada
EL GOBIERNO:
— **gobernar**, gestionar, administrar, guiar, regir,
dirigir, instituir, manifestar, declarar, DESUS
gubernar · desgobernar
— mandar, ordenar, dictar, decidir, nombrar, rechazar, representar, pronunciarse
— destituir, ejercer, elegir, influenciar, presidir,
proscribir
— liberalizar, nacionalizar
— expatriar, extrañar, exiliar, deportar, desterrar, desnaturalizar
— formar gobierno, convocar elecciones, someter a votación

— conducir, enderezar, imperar, mandar, señorear
— corromper, espiar, manipular, ocultar, sobornar, traicionar
— aplicar la ley, asumir competencias
— confinar, deportar, proscribir, relegar

EL PARLAMENTO:
— **legislar**, aprobar, discutir, deliberar, interpelar, intervenir, conceder
— tomar en consideración, llevar a las cortes, plantear la cuestión de confianza, hacer uso o estar en el uso de la palabra

LOS PARTIDOS POLÍTICOS:
— pedir el voto, sondear intenciones, presentar candidatura
— conseguir la mayoría, convocar congresos, ganar las elecciones, gozar de autonomía financiera, perder afiliación, tomar el poder
— contemporizar, estar a caballo en la tapia, cambiar de camisa, bailar en la cuerda floja, resellarse, retraerse, dar la vuelta · politiquear, politizar · depurar, purificar

LOS GOBERNADOS:
— acatar, obedecer, respetar
— **contestar**, protestar, desafiar, manifestarse, reivindicar, revelarse, desestabilizar, sublevarse, desmandarse, indisciplinarse, insolentarse · transgredir la ley, echarse a la calle
— **declarar ingresos**, pagar impuestos
— **votar**, balotar, reelegir · sacar, salir, copar · hacer el escrutinio, dar pucherazo, regular los votos
— **ir a las urnas**, elegir en votaciones
— **exiliarse**, arrancarse, desarraigarse, desgajarse, desnaturalizarse, expatriarse, extrañarse, emigrar, inmigrar, transmigrar, trasplantarse · pedir asilo político

EL ESTAMENTO MILITAR:
— **alzarse**, amotinarse, insubordinarse, insurreccionarse, alborotarse, sublevarse
— oponer resistencia, dar un golpe de Estado, haber ruido de sables

CON LA BANDERA:
— **abanderar**, embanderar, abanderarse
— **izar**, arriar, MAR amorronar
— **arbolar**, enarbolar, ondear, ondular, tremolar, flamear, campear, saludar

REF Allá van leyes do quieren reyes.

57.23 acción y ciudad
fundar, construir, poblar, repoblar, urbanizar
pasear, andar, caminar, corretear, periquear, pindonguear, ruar, zascandilear
callejear, deambular, vagar, errar, perderse, barzonear, cantonear, hopear o jopear, pendonear
mendigar, gallofear, vagabundear, guitonear · pedir limosna

desfilar, manifestarse
echar anclas, e. raíces, hacer asiento, h. noche, asentar sus reales
no parar en casa, caerse la casa encima
COLOQ bigardear, cazcalear, viltrotear · no hacer los huesos duros, ser un ave de paso

58. LEY Y DERECHO
58.01 ley
derecho natural, d. romano, d. civil, d. penal, d. administrativo, d. laboral o social, d. mercantil, d. internacional público, d. internacional privado, d. de gentes, d. fiscal, d. procesal, RELIG d. canónico
código, c. civil, c. penal · EN RELACIÓN CON EL TERRITORIO: estatuto
tratado, acuerdo, convenio, concordato, protocolo · ÚLTIMA VOLUNTAD: testamento · CERTIFICACIÓN: auténtica

LA NORMA EN ABSTRACTO: ordenamiento, sistema normativo, s. legal, cuerpo legislativo, ley, norma, precepto, disposición, derecho sustantivo, d. positivo · cuerpo legal · COMPILACIÓN DE LEYES: fuero

RANGO SUPRANACIONAL, UE: directiva, reglamento, recomendaciones

RANGO ESTATAL:
— carta fundacional, c. magna
— constitución, decreto-ley
— ley de bases, l. fundamental, l. natural, l. orgánica
— orden, o. ministerial, resolución, texto refundido

RANGO MUNICIPAL: **ordenanza**, edicto, bando
DESUS partida, pragmática, cédula real, ordenamiento real, ROMA ANTIGUA: senadoconsulto, digesto, IMPERIO BIZANTINO: basílicas, DECRETO DEL ZAR: ucase, MARRUECOS: dahír, TURQUÍA: firmán

PARTES DE UNA LEY:
— exposición de motivos, introducción, preámbulo
— título, capítulo, artículo, apartado · inciso · parte, libro
— disposiciones adicionales, d. finales, d. transitorias, d. derogatorias
— firma
— juridicidad, desuso, excepción
— PRECEPTOS PARA LA EJECUCIÓN: reglamento

VIDA DE UNA LEY:
— discusión parlamentaria en comisión, d. parlamentaria en pleno · LAT, PERIODO PREVIO A LA ENTRADA EN VIGOR: vacatio legis · entrada en vigor, promulgación, proposición, publicación, refrendo, sanción · enmienda · interpretación
— **observancia**, acatamiento, cumplimiento, respeto

— **inobservancia**, infracción, quebrantamiento, incumplimiento, vulneración, violación
— **abolición**, abrogación, derogación, nulidad
— **vigencia** · retroactividad, irretroactividad

58.02 delito

EN SENTIDO GENÉRICO:
— **infracción**, trasgresión, falta, crimen, cuasidelito, crimen de lesa majestad
— **exceso**, desmán, desafuero, demasía, extralimitación, ANT flagicio
— COLOQ fechoría, desaguisado

CONTRA LA LIBERTAD: coacción, amenaza, secuestro, rapto, detención, intimidación, violencia, perturbación del orden público

CONTRA LA VIDA:
— asesinato, homicidio
— filicidio, fratricidio, infanticidio, magnicidio, matricidio, parricidio, regicidio, tiranicidio, uxoricidio, conyugicidio
— aborto, feticidio, interrupción voluntaria del embarazo

CONTRA LA INTEGRIDAD FÍSICA:
— agresión, asalto, ataque, linchamiento, malos tratos, rapto, secuestro, terrorismo, abuso, amenaza, atentado, agresión a mano armada · denegación de auxilio

CONTRA LA PROPIEDAD:
— **robo**, hurto, atraco, rapiña, despojo, estafa, desfalco, fraude, saqueo, escamoteo, AM CENT alzo · DE PERSONAS: rapto
— **sustracción**, usurpación, expoliación, apropiación, defraudación, depredación, latrocinio o ladronicio o ladrocinio, exacción, extorsión, depredación, despojamiento, evicción, malversación, contrabando, desfalco, FIG irregularidad, sutileza de manos, uñas · PSICOL cleptomanía
— AM HURTO DE GANADO: abigeato, ARG, BOL Y UR arreada
— COLOQ
  • **pillaje**, rapacería, pendolaje, baratería, ladronería, piratería, trapacería, golfería, ratería, rapacidad, manos listas
  • **sangría**, sisa, garrama, cambiazo, sablazo, gatazo, camelo, embolado, embudo, engañabobos, pegata, petardo, saco, tiro, tirón, trasquilón
  • **timo**, t. de la estampita, tocomocho, DESUS trapaza, redrosaca, adrolla, ANT enfinta, pecorea, DESUS robería, galima

CONTRA EL HONOR:
— **calumnia**, difamación, infamia, injuria, insulto, ofensa, agravio, soborno, falso testimonio

CONTRA LA VERDAD:
— **engaño**, fraude, falsificación, obrepción, subrepción, perjurio, trampa, falsedad documental
— COLOQ fullería, arana, tongo, embeleco

DE FUNCIONARIOS PÚBLICOS Y DE ESTADO:
— ECONÓMICOS: soborno, cohecho · malversación
— USO DE LAS FUNCIONES EN PROVECHO PROPIO: corrupción, extorsión, chantaje, maquinación, concusión, nepotismo, desfalco, obrepción, peculado, simonía, insubordinación
— DICTAR A SABIENDAS UNA RESOLUCIÓN INJUSTA: prevaricación
— DE REBELDÍA: rebelión, deserción, conspiración, traición, sedición, espionaje, desobediencia, desacato a la autoridad, atentado contra la seguridad del Estado

SEXUALES:
— **acoso** sexual, abusos deshonestos, violación, estupro
— concubinato, bigamia
— proxenetismo, prostitución, inducción a la prostitución
— incesto, amancebamiento, adulterio, celestinazgo, alcahuetería

CONTRA LA OBSERVANCIA DE LA RECLUSIÓN: fuga, huida, evasión

EN COLABORACIÓN: complicidad, encubrimiento, extorsión

CIRCUNSTANCIAS ATENUANTES Y EXIMENTES:
— fuerza mayor, estado de necesidad, ignorancia del hecho, caso fortuito, locura, arrebato y obcecación · obediencia debida, legítima defensa · en cuadrilla, en despoblado
— arrebato y obcecación · enajenamiento · efectos de drogas o alcohol

CIRCUNSTANCIAS AGRAVANTES:
— premeditación, obcecación, ensañamiento, nocturnidad, alevosía, reincidencia, reiteración
— abuso de confianza, a. de superioridad, precio o recompensa, desprecio, d. del ofendido, d. del sexo

OTRAS CIRCUNSTANCIAS:
— imprudencia, i. temeraria, muerte violenta, alta traición, dolo
— coartada, alibi, delito preterintencional (PRODUCE EFECTOS DE MAYOR GRAVEDAD QUE LOS QUE SE PODRÍAN CAUSAR)

QUE NO SE LLEGA A PRODUCIR:
— tentativa, atentación, conato, intentona

QUE PUEDE SER JUZGADO TANTO POR EL TRIBUNAL ECLESIÁSTICO COMO POR EL CIVIL: mixti fori

58.03 acusación

insinuación, murmuración, COLOQ sambenito
inculpación, imputación, criminación, incriminación, cargo, queja, querella, FALSA Y MALICIOSA: impostura · autoinculpación
denuncia, delación, COLOQ soplo, chivatazo

prueba, reprueba, contraprueba, demostración, demuestra, indicios vehementes, muestra, pieza de convicción, señal, testimonio

58.04 actuación policial

vigilancia, control, acecho, alerta, atención, cuidado, custodia, guarda, resguardo, previsión o ANT desperteza

ronda, contrarronda, sobrerronda, vela, sobrevela, trasnochada · vigilia, modorra, modorrilla, alba, prima

arresto, captura, detención, d. previa

declaración, confesión, interrogatorio

investigación, pesquisa, atestado, retrato robot

58.05 proceso

demanda, denuncia, acusación · reconvención (DEMANDA QUE AL CONTESTAR ENTABLA EL DEMANDADO CONTRA QUIEN PROMOVIÓ EL JUICIO)

admisión a trámite · enjuiciamiento, instrucción, información, informe, indagatoria, inquisitoria, interrogatorio

pleito, litigio, pendencia, lite, litis, litispendencia

EXCEPCIONES PROCESALES:

— dilatorias, perentorias · prescripción, caducidad

— falta de legitimación activa o pasiva, cosa juzgada, incompetencia de jurisdicción, falta de agotamiento de la vía previa, f. de constitución del litisconsorcio

acto de conciliación, antejuicio

señalamiento (DESIGNACIÓN DEL DÍA PARA JUICIO ORAL), requerimiento, requisitoria o requisitorio

comparecencia o comparendo o comparición

— declaración, confesión, c. judicial · testimonio

— evidencia, coartada, reconocimiento judicial, r. testifical, inspección ocular, prueba, p. pericial, p. judiciaria, ANT ordalía · posiciones

— FALTA DE COMPARECENCIA A UN JUICIO: rebeldía, contumacia

vista

— juicio, vista oral, audiencia, residencia, revista, tercería (DERECHO QUE DEDUCE UN TERCERO), contención (LITIGIO TRABADO ENTRE PARTES), interdicto (ACCIÓN JUDICIAL SUMARIA DE CARÁCTER POSESORIO), MIL consejo de guerra

— careo, confrontación

— amonestación, apercibimiento

— interrogatorio, declaración, pregunta, repregunta, confesión, contestación, réplica, contrarréplica, dúplica

— pliegos de posiciones

defensa

— vindicación, alegato, apelación, coartada, explicación

— petición de indulto, p. de libertad condicional

sentencia

— arbitraje, arbitrio, laudo, pronunciamiento (ASUNTO QUE SE HA DE RESOLVER POR SEPARADO ANTES DEL FALLO PRINCIPAL), auto (RESOLUCIÓN QUE NO AFECTA AL FONDO), providencia (RESOLUCIÓN PARA EL ORDEN MATERIAL DEL PROCESO), ANT fazaña

— PARTES DE LA SENTENCIA: antecedentes, hechos, fundamentos jurídicos, fallo, resolución, veredicto, ANT considerando, resultando

— absolución, perdón

— pena, condena, punición, sanción, castigo, condenación, encartamiento, escarmiento, vindicta pública · ANT homicillo u homecillo

— MANDATO PARA LA EJECUCIÓN: provisión

recurso

— súplica, queja, suplicación, aclaración, reposición, nulidad

— casación, c. por interés de la ley, c. por infracción de ley o doctrina legal, c. para la unificación de doctrina

— EN VÍA ADMINISTRATIVA: reposición, alzada

— JUZGADOS POR SUS EFECTOS: suspensivos, devolutivos

TRAMITACIÓN JUDICIAL:

— incidente (CUESTIÓN MARGINAL AL PRINCIPAL ASUNTO), diligencia (ACTUACIÓN DEL SECRETARIO JUDICIAL), declinatoria (PETICIÓN PARA QUE UN JUEZ SE INHIBA), inhibitoria (DEFERENCIA DEL CONOCIMIENTO JURISDICCIONAL), tercería (DERECHO DE UN TERCERO), atracción (PREFERENCIA DE LOS AUTOS A LOS CUALES SON ACUMULADOS OTROS)

— conclusión (CADA UNA DE LAS AFIRMACIONES NUMERADAS CONTENIDAS EN EL ESCRITO DE CALIFICACIÓN PENAL), cuantía (VALOR DE LA MATERIA EN LITIGIO), perención (PRESCRIPCIÓN QUE ANULA EL PROCEDIMIENTO)

— pronunciamiento (DECLARACIONES, CONDENAS O MANDATOS DEL JUEZ)

— alarde (RELACIÓN DE ASUNTOS PENDIENTES)

CONJUNTO DE ACTUACIONES: sumario (MATERIA PENAL), autos o expediente (MATERIA CIVIL)

58.06 resoluciones o sentencias

QUE FAVORECEN AL ACUSADO:

— inocencia, absolución · inculpabilidad, irresponsabilidad · remisión · sobreseimiento

— excarcelación, libertad bajo fianza, l. condicional, puesta en l. provisional, l. vigilada

— perdón, absolución, amnistía, gracia, indulto

CONTRARIAS AL ACUSADO:

— culpa, culpabilidad, condena, cargo, expiación, implicación, prisión, p. atenuada, responsabilidad · castigo o castigación

— pena, p. accesoria, p. aflictiva, p. capital, p. correccional, p. pecuniaria, p. del talión, p. de la vida

— caución de conducta (GARANTÍA QUE ASEGURA CUMPLIMIENTO DE PENA)
— MODO DE EJECUCIÓN: régimen abierto, tercer grado

PENAS DE PRIVACIÓN DE LIBERTAD:
— **arresto**, encarcelamiento, cadena perpetua
— **prisión** mayor, p. menor, reclusión mayor, r. menor

PENAS DE APARTAMIENTO:
— **destierro**, expulsión, exilio, confinamiento, deportación, extrañamiento, extradición, postergación, relegación, VOTACIÓN POPULAR ENTRE SIRACUSANOS: petalismo, ANT despachamiento
— interdicción de residencia, alejamiento de la víctima
— RELIG excomunión

PENAS DE CASTIGOS FÍSICOS:
— **suplicio**, tormento, tortura, azote, linchamiento, COLOQ julepe (PALIZA), ANT hervencia o fervencia (COCCIÓN EN CALDERAS), pringue (GRASA HIRVIENDO), trepa (AZOTES, PATADAS...)
— trabajos forzados, remo, ANT galeras
— palmetazo, palo, galopeado (BOFETADAS O PUÑETAZOS)

PENAS DE MUERTE:
— pena capital, castigo ejemplar, última pena, último suplicio, pena de la vida, expiación, ANT palo
— **fusilamiento**, cámara de gas, garrote vil, crucifixión, guillotina, hoguera, horca, inyección letal, lapidación, silla eléctrica

PENAS DE RESTRICCIÓN DERECHOS:
— **inhabilitación**, suspensión, s. de empleo, s. de empleo y sueldo

SANCIONES ECONÓMICAS:
— **multa**, confiscación, decomiso o comiso, ANT caloña

PENAS ACCESORIAS:
— interdicción para el ejercicio del cargos públicos o privados

SANCIÓN LEVE:
— correctivo, escarmiento · regañina, COLOQ ARG Y UR felpeada

PENAS EJEMPLARES:
— **coroza** (CONO ALARGADO EN LA CABEZA DE CONDENADOS), decalvación (RASURADO DE CABELLO), degradación (HUMILLACIÓN), estigma (MARCA EN EL CUERPO)
— ANT auto de fe (IMPUESTO POR LA INQUISICIÓN)

58.07 delincuente

EN SENTIDO GENÉRICO:
— **maleante**, infractor, malhechor, criminal, extorsionador, facineroso, trasgresor o transgresor, vulnerador, traspasador, vulnerario, quebrantador, hampón, forajido, ARG DESUS lunfardo

— **cómplice**, encubridor, coautor, codelincuente, reincidente, inductor
— COLOQ golfo, gamberro, granuja, pícaro, quinqui, ratero, apache, sacamantecas

INTEGRIDAD FÍSICA:
— **homicida**, asesino
— **asaltante**, atacante, agresor, salteador, bandido, forajido, bandolero, saqueador, gángster, pistolero
— **secuestrador**, raptor, pirata aéreo

PROPIEDAD:
— **ladrón**, atracador, desfalcador, defraudador, falsificador, malversador, hurtador, efractor, rapiñador, robador, sisador, timador, usurpador, CHILE malabarista, galafate
— **mafioso**, facineroso, chantajista, despojador, desvalijador, engatado, pillador, rapaz, sacre, sisón · DESUS rapante
— **estafador**, adrollero, aranero, baratador, parchista, petardero, DESUS estraperlista, emprestillador, zascandil
— **pirata**, bucanero, raquero, contrabandista
— COLOQ
  • apache, archiganzúa, buscón, caco, carterista, chorizo, cortabolsas, descuidero, ganzúa, garduño, gato, golfín, granuja, ladronzuelo, manilargo, petate, rata, ratero, sablista, tironero, zurrona
  • FIG de guante blanco, largo de manos, de uñas largas, largo de uñas, de uña en palma, amigo de lo ajeno, salteador de caminos, gente de garra, tomador del dos, ave de rapiña, no ser manco, SALV tamarindo, MÉX uñas largas
  • CHILE, LADRÓN EN LA MINA DONDE TRABAJA: cangallero

HONORABILIDAD:
— **calumniador**, difamador, encubridor, falsario, traidor, delator
— COLOQ acusetas, acusete, acusica, acusón, cañuto, chivato, delator, fuelle, soplón

DELITOS SEXUALES:
— **alcahuete**, chulo, estuprador, proxeneta, rufián, violador

EN GRUPO:
— **banda**, cuadrilla, pandilla, gavilla, cofradía, mafia, hampa, monipodio, picaresca, ladronesca, ladronera, camada, chusma
— **cueva de ladrones**, patio de Monipodio, puerto de arrebatacapas

DESEMPEÑABA EL OFICIO DE REDIMIR CAUTIVOS: alfaqueque o alhaqueque

58.08 testimonio y personas

demandante
— **acusador**, denunciador, denunciante, demandador
— **litigante**, colitigante, pleiteante, pleiteador,

pleitista, querellante, querellador, litisconsorte, requeriente o requirente, parte · tercerista
— **víctima**, perjudicado, actor, leso
demandado
— **detenido**, apresado, arrestado, capturado, rehén
— **acusado**, coacusado, encartado, imputado, inculpado, procesado, indiciado, compareciente, encartado, encausado · sospechoso, defendido
— **preso**
  • prisionero, retenido, cautivo, desposado, esposado, forzado, penado, presidiario, ANT cativo o captivo
  • internado, emparedado, encarcelado, penitenciado, recluido, recluso
  • reo, confesante, confeso, inconfeso, convicto, indiciado, lapso, penado, penante, presidiable
  • CONDENADO A GALERAS: galeote, remiche
— **inocente**, absuelto, exento, irreprensible, irreprochable, limpio
— **condenado**
  • encarcelado, incomunicado, interno, penado, presidiario, preso político, p. preventivo, procesado, penitente, reo
  • ajusticiado, ahorcado, fusilado
declarante
— testigo de cargo, t. de la defensa, t. falso, t. ocular, t. de referencia, t. protegido
— encubridor, compareciente · confidente
58.09 agente policial
policía nacional
— agente de policía, inspector de p., comisario de p.
— gendarme (FRANCIA), carabinero (ITALIA), boby (INGLATERRA)
— antidisturbios, geo
— comisario, guardia
— guardia civil, pareja de la guardia civil, ANT cuadrilla de la santa hermandad
— COLOQ poli, madero, gris, PARA LA GUARDIA CIVIL: picoleto, DESP polizonte, MÉX policleto
guardia municipal
— policía local, DESUS corchete, porquerón
— guardia civil, número
— protección civil, cuerpo de bomberos
— policía judicial, alguacil, esbirro · somatén
— guardia de seguridad, g. de tráfico
— sereno, vigilante nocturno, CHILE rondín, MÉX velador, UR sereno, AM CENT guachimán · miñón (CUSTODIA LOS BOSQUES REALES) · ANT cuadrillero de la santa hermandad
— COLOQ guiri, guripa, madero · guindilla · segurata · AM DESP Y COLOQ paco, MÉX DESP cuico, PERÚ DESP cachimbo

fuerza pública
— fuerzas de orden público, COLOQ bofia, DESP Y VULG pasma
— cuerpo de guardia, cuadrilla, avanzada, avanzadilla, patrulla, piquete, pareja · PARA LOS EMPERADORES ROMANOS: guardia pretoriana
policía regional
— mosso d'esquadra o mozo de escuadra (CAT)
— ertzaintza o policía vasca · miguelete (MILICIA FORAL DE LA PROVINCIA DE GUIPÚZCOA)
guardia de orden público
— guardia de seguridad, vigilante, v. jurado, COLOQ segurata
— guarda forestal, guardabosque, montanero
— ESCOLTA REAL, DESUS continuo, zaguanete
centinela, atalayero, vigía, imaginaria, velador, guardián, guardaespaldas, sobreguarda, hafiz, guarda de vista, DESUS sereno, portalero, plantón, ANT guaita, BOL Y CHILE rondín
detective, d. privado, agente secreto, espía
58.10 agente judicial
juez
— juez de lo civil, j. de lo criminal, j. de menores, j. de paz, j. de primera instancia, j. instructor · j. titular, j. suplente, j. de apoyo
— miembro del jurado, presidente de la audiencia provincial, p. del tribunal, sala, tribunal constitucional
— magistrado, togado, juzgador, sobrejuez, jurisconsulto, corregidor, inquisidor, acompañado, asistente, auditor, conjuez, judicante, ministro, podestá o potestad
— adelantado, alcalde, aportellado o aportillado, prefecto, regente, sargento, árbitro, censor
— RELIG arcediano, provisor · oidor, corregidor, veguer
— EDAD MEDIA: achaquero, zalmedina o zabalmedina
— GRECIA ANTIGUA: areopagita, éfeta · ROMA ANTIGUA: lictor, centunviro
— MARRUECOS: adul · TURCOS Y MOROS: cadí, caíd, muftí · ESTADOS UNIDOS: sheriff
fiscal
— acusador, abogado fiscal, a. de la acusación, fiscal del tribunal supremo, f. general del Estado · ministerio fiscal, m. público
abogado
— **jurista**, letrado, jurisconsulto · abogado defensor · procurador · MUSULMÁN: muftí
— ESPECIALIDADES: civilista, penalista, criminalista, laboralista, legalista, matrimonialista, mercantilista, ordenancista, reglamentista, romanista
— ASISTENTE: pasante
— COLOQ leguleyo, picapleitos, rábula

notario
— ANT fiel de fechos, tabelión · albalaero, cursor · ARG y UR escribano
— fedatario · pasante, tagarote
— EN MARRUECOS: adul

PERSONAL JUDICIAL:
— **agente** judicial, ministro de justicia, secretario judicial, defensor del pueblo, traductor jurado, EDAD MEDIA: sayón
— **secretario**, oficial, alguacil, ejecutor, escribano, plumista, curial, fedatario, auditor, excusador, ordinario, ponente, provisor, relator, repartidor, actuario, satélite, ANT galfarro
— **portero**, ujier, corchete
— ÁRABES: chauz · ROMA ANTIGUA: centunviro
— funcionario de prisiones, carcelero, verdugo, piquete

COLECTIVO:
— **judicatura**, tribunal superior de justicia y corte, t. supremo visitador, t. supremo, audiencia nacional, a. provincial, juzgado de instrucción, j. de paz · jurado
— **juzgado de primera instancia**, j. de primera instancia e instrucción
— **sala de lo civil**, s. de lo contencioso administrativo, s. de lo criminal, s. de lo social
— **consejo de guerra** · consejo, audiencia, chancillería, corte, consulado, provisorato, foro, ANT Santa Hermandad, Inquisición, Consejo de Castilla, Consejo de Indias, Casa de Contratación de las Indias, Consejo Real
— ARMADA: almirantazgo
— RELIG curia, c. romana, vicaría, Rota
— GRECIA ANTIGUA: areópago, ROMA ANTIGUA: centunvirato, signatura
— CONSEJO SUPREMO DE LOS JUDÍOS: sanedrín

58.11 ley y lugares
comisaría, cuartel, prevención, puesto de control, garita, vigía, atalaya BOL, COL, SALV, HOND y MÉX retén, COL y VEN alcabala
juzgado, palacio de justicia, templo de la justicia, audiencia, sala de vistas, basílica, visita · ROMA ANTIGUA: pretorio · banquillo, barra, estrado
cárcel
— **prisión**, penal, penitenciaría, correccional, encierro, prevención · campo de concentración
— ANT presidio, ergástulo o ergástula, galera
— FIG a la sombra, entre rejas
— COLOQ chirona, talego, trena, trullo. caponera, gayola, jaula, SAL churra
calabozo, mazmorra, celda, CUBA, SALV y HOND bartolina
— LUGAR EN QUE LOS MOROS ENCERRABAN A LOS CAUTIVOS: baño
— DONDE ESTÁN PERMANENTEMENTE INCOMUNICADOS: celular

paredón, patíbulo, ahogadero, brasero, cadalso, cruz, dogal, guillotina, horca, linterna, palo, picota, quemadero, tablado, tajo
LUGAR DE REUNIÓN DE DELINCUENTES:
— cueva de ladrones, huerto del francés, patio de Monipodio, corte de los milagros
— LUGAR SIN ORDEN NI AUTORIDAD: campo de Agramante, casa de locos, c. de orates, c. de Troya, c. de Tócame Roque, corral de la Pacheca

58.12 documentos jurídicos
escrito
— legajo, notificación, providencia, diligencia, expediente, apuntamiento, atestado, autos, auto, edicto, remisoria, respuesta · compulsa (COPIA)
— dictamen pericial, d. policial
demanda
— requerimiento, mandamiento, apercibimiento, emplazamiento, citación, pedimento o pedimiento, petición, instancia, alegación o alegato, cargo
— ENTRE UN JUEZ Y OTRO DE IGUAL CATEGORÍA: exhorto
recurso, réplica, contrarréplica, dúplica, súplica, replicato, requisitoria, protesta, suplicatorio
sumario, protocolo, minutario o bastardelo
permiso, consentimiento, licencia, otorgamiento
fallo, sentencia
escritura, acta notarial, testificata, fe pública, fíat · saca (COPIA AUTORIZADA)

58.13 ley y objetos
esposas
— grillete, calceta, grillos, cadena, capuchón, carlanca, hierros o fierros o DESUS adobe, herropea o ferropea, pihuela, prisiones, reja, torga
— cadena, collera, cuerda, horca
— llave, ganzúa, calador, palanqueta
INSTRUMENTOS PARA LOS CASTIGOS FÍSICOS:
— cadalso, patíbulo, tablado, degolladero, quemadero, brasero · guillotina, hacha, tajo · silla eléctrica
— horca o ene de palo, dogal, ahogadero
— cruz, aspa, picota, rollo
— férula, látigo, flagelo, palmeta
— cadenas, argolla o branza, pie de amigo o guardamigo (PARA EVITAR QUE EL REO BAJE LA CABEZA)
— SACO DE LOS AJUSTICIADOS: hopa
PAGO DEL PRISIONERO: malentrada
CANTIDAD QUE SE OFRECE POR EL RESCATE DE UN CAUTIVO: talla
CESTILLO EN LA CESTA DEL CALABOZO PARA RECOGER LIMOSNAS: sombrerillo

ADJETIVOS Y ADVERBIOS

58.14 judicial

procesal, sumarial, justiciable, litigioso, contencioso administrativo, extrajudicial · ordinario · forense

declaratorio, requisitorio, inhibitorio, citatorio, compulsorio o conminatorio, confirmatorio, interlocutorio, decisorio, monitorio o DESUS conmonitorio · agravatorio, contumaz, pertinente, dilatorio

absolutorio, condenatorio

ejecutorio, firme, confirmatorio, definitorio

confeso, convicto, probado, bandido, causídico, confesante, curialesco, extintivo, fehaciente, incitativo, inconfeso, notificado, odioso (DICHO DE UNA COSA QUE CONTRARÍA LOS DESIGNIOS O LAS PRESUNCIONES QUE LAS LEYES FAVORECEN), pasivo, pobre, prejudicial, proveído, rebelde, sumario, sumarísimo

visto, v. para sentencia, concluso

sumariamente, mixtamente, cumulativamente, de oficio, de plano, a pedimento, a petición de parte, plenariamente · en rebeldía

penable, punible, penal, criminal

embargado, enajenado, estafado

hurtado, robado, birlado, rapiñado, separado

QUE NO SE PUEDE O NO SE DEBE JUZGAR: indiyudicable

VERBOS Y EXPRESIONES

58.15 delinquir

EN GENERAL:

— infringir, transgredir, conculcar, consumar, contravenir, extorsionar, perjudicar, perpetrar · reincidir, reiterar

— cometer un delito, violar la ley, vulnerar la ley, quebrantar la ley

CONTRA LA INTEGRIDAD FÍSICA:

— **agredir**, amenazar, atacar, atentar, atracar, forzar, intimidar, maltratar, raptar

— **herir**, lesionar, lastimar, lacerar

— COLOQ pegar un baldeo, abrir la cabeza, romper la cabeza, terciar la cara, dejar malparado, hacer trizas, sacar el alma, s. las entrañas, s. las tripas, s. los tuétanos

— **forzar**, fustigar, sublevarse, tiranizar, torturar, atacar, arreciar, desatarse, desencadenarse, desenfrenarse, dislocar, forzar, violentar, martirizar

CORRUPCIÓN CON OBSEQUIOS:

— sobornar, cohechar, corromper, prevaricar, untar, trampear

— abrir la mano, mancharse las manos

— COLOQ untar la mano, u. el carro, u. el eje, pescar con anzuelo de oro, hablar con lengua de plata, ARG coimear, EC calentar la mano

CONTRA LA LIBERTAD O LA SEGURIDAD: amenazar, coaccionar, detener, raptar, secuestrar

CONTRA LA HONORABILIDAD: calumniar, difamar, injuriar, ofender, profanar

DE TIPO SEXUAL: alcahuetear, amancebarse, estuprar, prostituirse, violar · cometer adulterio

58.16 matar

asesinar

— **linchar**, masacrar, acogotar, ahogar, desnucar, destripar, degollar, flechar, ahogar, estrangular, asfixiar

— **ajusticiar**, ejecutar, ahorcar, electrocutar, agarrotar, decapitar, guillotinar

fusilar

— aniquilar, inmolar, fulminar

— **envenenar**, venenar, intoxicar, atoxicar, toxicar, atufar, gasear, azogar, ciguatar, tosigar, entosigar, emponzoñar, enherbolar, herbar, herbolar, inficionar

CON ALGÚN MEDIO: apedrear, lapidar (PIEDRAS), balear o abalear (BALAS), apuñalar (PUÑAL), flechar (FLECHAS)

eliminar, suprimir, finiquitar, liquidar, ultimar, rematar, apurar, despechar, acabar, terminar, extinguir, exterminar

descuartizar, despedazar, fulminar, sacrificar, inmolar

despeñar, estrangular, destripar, DESUS trucidar

dar muerte

— **quitar la vida**, arrancar la vida, segar la vida, arrancar el alma, romper el alma, cortar el hilo de la vida

— **quitar de en medio**, pasar el cuchillo, hacer papilla, llevar a la tumba

— **cortar el cuello**, retorcer el cuello, r. el pescuezo

— pasar por las armas, saltar la tapa de los sesos

COLOQ

— **liquidar**, cargarse, cepillarse, ventilarse, acochinar o achinar, birlar, despachar, eliminar, tumbar, vendimiar, ultimar, rematar, acabar con · escabechar, freír, AM difuntear, CUBA afrijolar, DESUS atocinar, apercollar, capolar, despenar

— **dejar seco**, d. frito, d. tieso, d. en el sitio, borrar del mapa, dar la puntilla, d. gañote, d. pasaporte, d. jicarazo, d. morcilla, quitar el pellejo, sacar los tuétanos, hacer picadillo

— pasar por las armas, p. a cuchillo · cortar la cabeza · hacer carne, h. riza · lavar con sangre, pegar cuatro tiros

COMP ING mandar a criar malvas, m. al otro barrio, m. al otro mundo, rebanar el pescuezo, saltar la tapa de los sesos, eliminar del mapa

58.17 robar

hurtar, sustraer, usurpar, quitar, tomar, despojar, desvalijar, arrebatar, enajenar · apoderarse, llevarse · DESUS expilar, ANT galimar

atracar, saquear, piratear

estafar, timar, defraudar, desfalcar, usurpar, malversar, contrabandear, expoliar, AM pechar, ESTAFAR POCO A POCO: escarmenar

COLOQ
— afanar, apandar, apañuscar, arramblar, arrancar, arrapar, birlar, carmenar, cepillar, chupar, desnudar, desplumar, desvalijar, distraer, garrafiñar, guindar, limpiar, mondar, pelar, petardear, pillar, privar, rapiñar, raspar, sangrar, sisar, soplar, VULG afanar
— darla
 • jugarla, pegarla · untarse, desuñarse
 • dar camelo, d. el cambiazo, d. el pufo, d. gato por liebre, d. un santiago · darla con queso
 • cambiar las cosas de sitio, chupar la sangre
— dejar con un palmo de narices, d. a pie, d. en cueros, d. en la calle, d. en pelota, d. sin camisa
— ensuciarse las manos, meter dos y sacar cinco, no ser manco, pagar tributo a caco
— pegar el palo, p. un parchazo, p. un parche, p. un petardo, p. una tostada, p. una ventosa
— tener las uñas afiladas, tocar el piano, vender un burro verde
— ARG vender el paquete, vender un buzón, v. un tranvía, hacer dorremifá, contar el cuento del tío

58.18 proteger

legislar
— establecer, promulgar, estatuir, decretar, dictar, disponer
— firmar, refrendar, poner en vigor
— derogar, abolir, abrogar, anular, despenalizar, invalidar, revocar, dejar sin efecto

vigilar
— presumir, conjeturar, suponer, oler, olfatear, sentir, presentir, presagiar, prever, vislumbrar
— tutelar, resguardar, salvaguardar, amparar, defender, acoger, socorrer, auxiliar, ayudar
— fichar, registrar, relacionar

indagar
— investigar, averiguar, inquirir, buscar, analizar, examinar, sondear, rastrear, inspeccionar, escrutar, rebuscar
— informarse, husmear, escarbar, entremeterse, merodear, otear, hurgar, deducir, inferir
— perseguir, acosar, hostigar, atosigar, apremiar, estrechar, apretar, oprimir

detener
— arrestar, atrapar, capturar, recluir, incomunicar, aprisionar, encerrar, castigar, reducir, forzar, enjaular, aprender
— COLOQ poner a la sombra

58.19 inculpar

culpar
— acusar o incusar, achacar, acriminar, aponer, atribuir, cargar, criminar, recriminar · autoinculparse
— detraer, encartar, expedientar, responsabilizar, motejar, murmurar, recargar
— imputar, incriminar, insimular
— denunciar, querellarse

delatar, calumniar
— proceder contra, pedir justicia, llevar a los tribunales, llamar a capítulo, hacer cargos, h. responsable
 • echar la culpa, e. el muerto, e. las vacas, e. sobre las espaldas
 • cargar las cabras, hacer pagar los platos rotos
 • ARG cargar el fardo

COLOQ
— ABRIR EXPEDIENTE: empapelar
— chivarse, chivatear, soplar
— dar el cante, ir con el cante, ir con el cuento, señalar con el dedo, colgar el milagro, sacar los trapos sucios, colgarle el sambenito, hacer un falso testimonio, CR echarse al pico
REF Agua vertida, no toda cogida. Calumnia, que algo queda. El golpe de la sartén si no duele tizna bien.

58.20 defender

abogar
— asesorar, aconsejar, sugerir, recomendar, proponer
— amparar, apelar, interpelar, litigar, mediar, respaldar

demandar
— denunciar, reclamar, querellarse, poner pleito
— replicar, aducir, alegar, argüir, redargüir, demostrar, interceder
— pedir justicia, llevar a juicio, demandar en juicio, llevar a los tribunales, sentar en el banquillo

pleitear
— litigar
— ganar el pleito, obtener la libre absolución
— perder el pleito, sucumbir
— recurrir, recusar, apelar
— EJERCITAR ACCIÓN CONTRA QUIEN PROMOVIÓ EL JUICIO: reconvenir
— DESVANECER LOS INDICIOS QUE HAY CONTRA ALGUIEN: purgar

58.21 juzgar

enjuiciar
— judicar, decidir, resolver, comparar, consi-

derar, encontrar, librar, reconocer, suponer, zanjar · administrar justicia
— **conceptuar**, diputar, reputar, tener por
— **procesar**, tramitar, dirimir, discernir, distinguir, evaluar, opinar
— **citar**, emplazar, conminar, ANT encartar · sumariar

expedir
— **extender**, otorgar, cursar, autorizar
— **legalizar**, legitimar, acreditar, autenticar, autentificar, consignar, compulsar, certificar, dar fe
— **testimoniar**, sellar, visar · protocolar, protocolizar

instruir
— **incoar**, apremiar, encausar, sustanciar, ver, venir en, ATRAER A SÍ LA RESOLUCIÓN DE UN ASUNTO: avocar
— **actuar**, indagar, deliberar, apercibir, arbitrar, imputar, penar, proceder, proveer, acumular, notificar, aplicar la ley, asesorarse
— **constituirse**, entender de, conocer de, tenerse por
— **articular**, determinar, expedir, producir, repetir, reponer, residenciar, rever · constar en autos
— **despachar**, deducir, deponer, prevenir, proveer, compulsar, cumplimentar
— abandonar la causa, desertar, desistir

preguntar, repreguntar, requerir, apercibir, informar, carear · oír

aplicar, interpretar, ajustar, ajustarse, atenerse, obligar, guardar, mantener

fallar
— **sentenciar**, dictaminar, pronunciar, decidir, decretar, dictar, ejecutoriar, fulminar, librar
— echar el fallo, proferir la sentencia, pronunciar la sentencia
— revisar, revocar, requerir, recargar, salvar, sustanciar un proceso

exculpar, eximir, sobreseer, absolver, amnistiar, indultar, liberar, declarar inocente, decretar la libertad · reducir la pena · ALIVIAR LA PENA: relajar

condenar
— **aprisionar**, encarcelar, desterrar, extraditar, sancionar, multar, punir, RELIG excomulgar
— ANT echar o mandar a galeras, sentenciar a bajeles, CON LA PENA DEL TALIÓN: talionar

anular
— **abrogar**, derogar, casar
— concluir, dar por concluso
— sobreseer, suspender

inhibirse, recusar, remitir
TESTIGOS:
— **comparecer**, personarse, apersonarse, presentarse

— **declarar**, testificar, testimoniar, confesar, manifestar, afirmar, contrafirmar, COLOQ cantar
REF Pleitos tengas y los ganes. Ya que me lleve el diablo, que sea en coche.

58.22 expiar
acatar
— **cumplir**, respetar, someterse, sujetarse, observar o ANT servar
— **sufrir**, penar, pagar, purgar, satisfacer
— **indemnizar**, reparar, resarcir, compensar un daño
— cumplir una pena, estar en la cárcel, COLOQ e. metido en caponera

encerrar, internar · emparedar (ENTRE PAREDES), encubar (EN UNA CUBA), encestar (EN UNA CESTA)

ajusticiar
— **ejecutar**, llevar al paredón · atormentar
— **fusilar**, arcabucear · pasar por las armas
— **decapitar**, guillotinar, degollar, descuartizar, cortar la cabeza
— **crucificar** (EN UNA CRUZ), aspar (EN UNA CRUZ EN ASPA), empicotar (EN LA PICOTA), enrodar (EN UNA RUEDA EN MOVIMIENTO), empalar (EN UN PALO, COMO UN AVE EN EL ASADOR) · acañaverear o cañaverear (HERIR CON CAÑAS)
— electrocutar, sentar en la silla eléctrica
— dar garrote · gasear · colgar, ahorcar o IRÓN guindar
— apedrear, lapidar · aperrear (ECHAR LOS PERROS)
— quemar vivo, pringar o lardear (QUEMAR CON PRINGUE HIRVIENDO)
— **azotar**, fustigar, EN LAS GALERAS, HACER PASAR AL DELINCUENTE ENTRE DOS FILAS RECIBIENDO GOLPES: pasar crujía
— RIDICULIZAR PÚBLICAMENTE: decalvar (RASURANDO EL CABELLO), emplumar (CON PLUMAS), encorozar (CON UN CONO ALARGADO DE PAPEL), herrar (MARCADO CON HIERRO)
— AJUSTICIAR SIN PROCESO: linchar

58.23 locuciones latinas
ad bona (PARA EL BIEN) · **ad cautelam** (POR PRECAUCIÓN) · **ad lítem** (PARA UN PLEITO, LIMITADO A UN PROCESO) · **affirmatio non neganti, incumbit probatio** (AL QUE AFIRMA Y NO AL QUE NIEGA INCUMBE LA PRUEBA) · **animus defendendi** (CON ÁNIMO DE DEFENDERSE) · **casus belli** (CASO DE GUERRA) · **contrario sensu** (CONTRARIO A LA RAZÓN) · **corpus delicti** (CUERPO DEL DELITO) · **de jure** (DE DERECHO, SEGÚN LA LEY) · **dies a quo** (DÍA A PARTIR DEL CUAL SE COMPUTA UN PLAZO) · **dies ad quem** (TÉRMINO O VENCIMIENTO DE UN PLAZO) · **do ut des** (DOY PARA QUE DES O DONDE LAS DAN, LAS TOMAN) · **dura lex, sed lex** (AUNQUE SEA DURA, LA LEY ES LA LEY) · **impossibillum nulla obligatio est** (NADIE ESTÁ OBLIGADO A HACER LO IMPOSIBLE) · **in dubio pro reo** (EN CASO DE DUDA, A FAVOR DEL REO) · **in utroque jure** (EN UNO Y OTRO

DERECHO) · ipso jure (POR EL DERECHO MISMO, POR MANDATO DE LA LEY) · jure et facto (DE DERECHO Y DE HECHO) · juris et de jure (DE DERECHO Y POR DERECHO) · lex data (LEY IMPUESTA POR LOS VENCEDORES) · locus regit actum (LOS ACTOS JURÍDICOS SE RIGEN POR LA LEY DEL LUGAR DE SU REALIZACIÓN) · mortis causa (POR CAUSA DE MUERTE) · nemine discrepante (SIN QUE NADIE DISCREPE) · non bis in idem (NO DOS VECES POR LA MISMA CAUSA) · non liquet (NO ESTÁ CLARO) · nullum crimen, nulla pena sine previa lege (NINGÚN DELITO NI PENA, SIN LEY PREVIA) · pacta sunt servanda (LOS PACTOS HAN DE CUMPLIRSE) · per se (POR SÍ MISMO) · regula juris (NORMA DEL DERECHO) · si vis pacem, para bellum (SI DESEAS LA PAZ, PREPARA LA GUERRA) · sub judice (PENDIENTE DE RESOLUCIÓN JUDICIAL) · summum jus, summa injuria (EXCESO DE JUSTICIA, EXCESO DE INJUSTICIA) · testis unus, testis nullus (TESTIGO SOLO, TESTIGO NULO)

59. GUERRA Y PAZ
59.01 enfrentamiento
guerra
— contienda, conflicto, conflagración, lucha, hostilidades · guerrilla, AM follisca
— batalla, combate, colisión, choque, encuentro, disturbio, altercado, lid, liza, AL AMANECER: alborada o albazo · lance, campaña
— incursión, invasión, irrupción, ataque, interpresa, AM MER malón
— preguerra · postguerra o posguerra
pelea
— brega, bronca, cacao, encontronazo, bochinche, bolina, camorra, disputa, forcejeo, bronquina, bulla, escarapela, pedrea, pelaza, pugilato, querella, rebate, riña, rivalidad, rencilla, repique, repiquete, repunta, revuelta, reyerta, rifa, ruido, tormenta, DESUS monote, DE UNO A UNO: monomaquia, AM CENT, ANT Y COL molote
COLOQ
— agarrada, chacarrachaca, chamusquina, chirinola, cisco, escurribanda, fullona, gazapera, gazapina, gresca, grida, herrería, jaleo, jarana, lío, marimorena, mitote, paloteado, pelazga, pelotera, pendencia, petera, redopelo, refierta, refriega, regañina, repelo, rififrafe, rija, sarracina, suiza, tambarimba, tasquera, trapatiesta, trapisonda, trifulca, tropiezo, zacapela o zacapella, zafacoca, zafarrancho, zalagarda, zapatiesta, zaragata, zinguizarra, zipizape, zuriza, zurra, zurribanda
POÉT, RELATIVO A LA GUERRA: mavorcio
ANT entenzón, concertación, departimiento, facienda

— acción de armas, a. de guerra, golpe de mano, hecho de armas, guerra de nervios, g. psicológica, lance de honor, paso de armas, trance de armas, zafarrancho de combate, acto hostil
— levantamiento, golpe de Estado, intentona golpista
— lucha a la bayoneta, l. a la defensiva, l. a muerte, l. cuerpo a cuerpo, l. sin cuartel
TIPOS DE GUERRAS:
— guerra civil, g. colonial, g. de guerrillas, g. de independencia, g. de liberación, g. de secesión
— guerra fría, g. psicológica, g. de desgaste
— guerra religiosa, g. santa, cruzada
— guerra mundial, g. nuclear
59.02 paz
concordia, neutralidad, armisticio, pacto, tregua
desarme, desmilitarización, desnuclearización, distensión, pacificación
coexistencia pacífica
— alto el fuego, tratado de paz, firma de la paz, política de disuasión, cese de hostilidades
— bandera blanca, b. de paz, paloma de la paz, rama de olivo, ANT caduceo
59.03 ataque
avance, avanzada, despliegue, incursión, irrupción, reconocimiento, salida
aceifa, acometida, algarada o algara o algazara, anticipada, arremetida, asalto, asedio, bloqueo, cabalgada, campeada, carga, cerco, complot, correría, desafío, desembarco, embate, embestida, emboscada, encamisada, escaramuza, escomesa, espolonada, estratagema, harca, infiltración, invasión, movilización, ocupación, ofensiva, operación, queda, razzia, rebato, sitio, translimitación, DESUS incurso, ANT fajazo, AM MER, ATAQUE DE INDÍGENAS: malón, maloca
bombardeo, cañoneo
estrategia, táctica, agonística, arte militar, logística, polémica, poliorcética · balística, pirobalística
flechazo, saetazo, ballestada, hondazo u hondada
fuego
— detonación, traquido, estallido, estampido, explosión, fogonazo
— andanada, carga cerrada, contrasalva, descarga cerrada, fuego graneado, f. incendiario, f. infernal o nutrido, salva, tiroteo
— disparo, tiro, ráfaga, arcabuzazo, escopetazo, metrallazo, mosquetazo, pistoletazo, trabucazo, fusilería, morterada
— bombazo, cañonazo, esmerilazo, lombarda, morterazo, DE GRANADAS: pollada
— alto, apunten, fuego, quién va

blanco, objetivo, terrero · trayectoria · **diana**, impacto · puntería, tino · alcance, ángulo de mira, á. de tiro

59.04 defensa

protección, amparo, resguardo, salvaguardia, tutela

contraataque, contraofensiva, contraguerrilla, represalias

rendición, repliegue, retirada, tierra quemada

59.05 victoria

triunfo, trofeo, laurel, palma, gloria, honor, honra, aureola, corona

conquista, consecución, invasión, ganancia, dominio, superioridad

aniquilación, exterminio, destrucción, matanza, mortalidad, liquidación, ruina

botín, trofeo, presa

59.06 derrota

escabechina, degollina, sarracina, desmoche, escamocho, expurgo, limpia, poda, genocidio

desastre, desbandada, descalabro, fracaso, paliza, biaba, rota, carnicería, carnaje, estrago, matanza, mortandad

retirada, capitulación, ENTRE LOS MUSULMANES: amán

59.07 ejército

contingente, institutos armados, fuerzas armadas · orden militar

división, ala, columna, costado, cuadro, cuerno, escuadra, escuadrón, fila, hilera, hueste, línea, manga, patrulla, pelotón, piquete, sección, sostén

compañía, regimiento, abanderamiento, destacamento, agrupación, guarnición, bandera, mesnada

capitanía, coronelía, brigada · cuerpo, flanco, haz, frente, citara, cúneo o cuño, escalón, lanza, tercio, unidad

banda, bando, bandería, facción, guerrilla, partida, colecticio, gente armada, g. de armas

tropa, almogavaría (DE ALMOGÁVARES)

formación, cuadrilongo, revista, alarde

avanzada, vanguardia, granguardia, retaguardia, retén · convoy, DESUS espalda

ROMA ANTIGUA: legión, cohorte, centuria, década, decuria, falange, manípulo

EN MARRUECOS: áscar, mehala, harca, mía, tabor

TROPA A CABALLO: algara, corneta, AM montonera

leva, quinta, reemplazo, fonsadera, ANT almofalla, COLOQ soldadesca, patulea, concejil, ANT almofalla

SECTORES:

— armada, artillería, aviación, caballería, división acorazada, ejército de tierra, fuerzas aéreas, f. armadas, marina, infantería, i. de marina

— sanidad militar, intendencia, mecánica

COMISIÓN DE JEFES PARA IMPEDIR UN PRONUNCIAMIENTO: cuartelada

TIPOS DE EJÉRCITOS:

— **ejército profesional**, e. regular, e. auxiliar, e. colonial, e. combinado, e. de reserva, e. de mercenarios, e. de voluntarios · e. de observación, e. de socorro

— **enemigo**, adversario, contendiente, contrario

59.08 soldado

militar

— **legionario**, regular, miliciano, mílite, militronche, cruzado (PARTICIPA EN LAS CRUZADAS) · marino, alier, lembario

— A CABALLO: caballero, montado, algarero (TROPA), húsar (VESTIDO A LA HÚNGARA), jinete (CON LANZA Y ADARGA)

— A PIE: infante, suizo, zoizo

— EN EJÉRCITO NO REGULADO: guerrillero, guerrero, partisano, somatenista, maquis, hombre de armas, BOL Y CHILE montonero

SEGÚN ARMA QUE LO ACOMPAÑA:

— ARMADURA: almete (CASCO), bacinete (YELMO), coracero (CORAZA), lorigado (LORIGA), coselete (CORAZA DE CUERO), antiparero (POLAINAS)

— ESCUDO: rodelero (REDONDO), empavesado (ALARGADO), adarguero (ADARGA)

— HONDA: hondero o pedrero o fundibulario

— ARCO Y FLECHAS: arquero, flechero, saetero o sagitario · BALLESTA: ballestero, lacayo

— LANZA: lancero o lanza, ulano, alabardero (ALABARDA), piquero (PICA)

— MONTANTE O ESPADA GRANDE: montantero

— ARMA DE FUEGO: fusilero (FUSIL Y BAYONETA), chucero (CHUZO), arcabucero (ARCABUZ), trabucaire (TRABUCO), carabinero (CARABINA), banderín (BANDERITA EN LA BAYONETA), mosquetero (MOSQUETE), escopetero (ESCOPETA), riflero (FUSIL Y BAYONETA)

— ARTILLERÍA: artillero, bombardero (CAÑÓN), espingardero (ESPINGARDA), lombardero (LOMBARDA O CAÑÓN DE GRAN CALIBRE) · granadero (GRANADAS DE MANO), petardero (APLICA Y DISPARA EL PETARDO), pirobolista (MINAS)

SEGÚN EL EJÉRCITO:

— ALBANÉS: estradiote

— ALEMÁN: herreruelo, lansquenete, reitre

— ARGELINO AL SERVICIO DE FRANCIA: zuavo

— BIZANTINO: bucelario

— EGIPCIO: mameluco

— FRANCÉS Y DE OTROS PAÍSES EUROPEOS: ribaldo

— INDIO EN EJÉRCITO EUROPEO: cipayo

— MARROQUÍ: áscar o áscari, moro del rey

— MILICIA TERRITORIAL: mozo de escuadra (CATALANA), miguelete o miquelete (GUIPÚZCOA), miñón (ÁLAVA Y VIZCAYA)

— ANT ROMANO: falcario (CON UNA HOZ), astero o astado (CON ASTA), vélite (INFANTERÍA LIGERA)

— RUSO: cosaco

— TURCO: agá, archi, espahí o espay, jenízaro, levente

— URUGUAYO: blandengue

POR SU OFICIO:

— EN ORGANIZACIÓN: biarca (CUIDA DE LOS VÍVERES EN LA MILICIA ROMANA), aposentador (APOSENTA LAS TROPAS EN LAS MARCHAS), bagajero (CONDUCE EL BAGAJE MILITAR), contralor (INTERVENTOR DE CUENTAS), furriel (NOMBRA AL PERSONAL DESTINADO AL SERVICIO DE LA TROPA), habilitado (RECAUDA LOS INTERESES DEL REGIMIENTO), forrajeador (BUSCA PASTO PARA LOS CABALLOS), gastador o hachero (ABRE TRINCHERAS), remontista (CUIDADO DE LAS SILLAS DE CABALLERÍA), mochilero o mochillero (LLEVA LAS MOCHILAS), guardador (CONSERVABA LAS COSAS GANADAS AL ENEMIGO)

— EN PROTECCIÓN: pretoriano (DE LOS EMPERADORES ROMANOS), bardiota (PROTEGE AL EMPERADOR BIZANTINO), chambergo (PARA LA GUARDIA DE CARLOS II), escolta (A PERSONALIDADES), guzmán (ARMADA REAL)

— AVANZADILLAS: batidor (RECONOCE EL CAMPO PARA VER SI ESTÁ LIBRE DE ENEMIGOS), cazador (SIRVE EN TROPAS LIGERAS), corredor (OBSERVA AL ENEMIGO), descubridor (EXPLORADOR), edecán (AYUDANTE DE CAMPO), almogávar (ENTRADAS Y CORRERÍAS EN TIERRAS ENEMIGAS)

— EN VIGILANCIA: centinela (VIGILA), cuartelero (SEGURIDAD DEL DORMITORIO DE SU COMPAÑÍA), guaita (EN ACECHO DURANTE LA NOCHE), imaginaria (VIGILA EN TURNOS DE NOCHE), salvaguardia o salvaguarda (CUSTODIA DE UN LUGAR)

— AL SERVICIO DE: ordenanza (DE UN OFICIAL), machacante (DE UN SUPERIOR), mesnadero (DE UN REY O CABALLERO PRINCIPAL)

— PORTADORES DE:
  • LA BANDERA: abanderado, portabandera, corneta
  • ESTANDARTE DE UN REGIMIENTO: portaestandarte
  • ESTANDARTE DEL JEFE: portaguión
  • INSIGNIAS DEL ÁGUILA EN LAS LEGIONES ROMANAS: aquilífero
  • CONFALÓN O PENDÓN: confalonier o confaloniero o gonfalonero

— MUJER ACOMPAÑANTE: rabona

— QUE VENDE VÍVERES A LOS MILITARES: vivandero, rifarrafa

EN RELACIÓN CON EL SERVICIO:

— mozo, peluso, recluta, caloyo, guiri, guripa, quinto, sorche • voluntario • ANTIGUO PAJE DE LOS REYES: doncel

— ALUMNO DE LA ESCUELA NAVAL: guardia marina

— COMPAÑERO DE OTRO EN LA GUERRA: conmilitón o comilitón

— QUE NO PERTENECE AL EJÉRCITO REGULAR: francotirador

POR SU ANTIGÜEDAD:

— nuevo, bisoño, sorche o sorchi • vivo • veterano • mercenario, voluntario • de a pie, montado • raso, aventajado

— emérito, exento, excedente de cupo, licenciado, rebajado, reformado, reservista, retirado, supernumerario, triario (VETERANO DE LA MILICIA ROMANA)

— veterano, excombatiente, licenciado, reservista, movilizado, desmovilizado

— inválido o COLOQ culón

POR SU ABANDONO:

— ELUDE EL SERVICIO MILITAR: objetor de conciencia, en situación de prórroga, prófugo (AUSENTE), emboscado (EN TIEMPO DE GUERRA)

— desertor, golondrino, COLOQ Y DESUS tornillero • objetor, insumiso • DESERTADO EN UN EJÉRCITO Y QUE SIRVE EN EL ENEMIGO: pasado

— DISGREGADO DEL CUERPO AL QUE PERTENECE: disperso

— prisionero de guerra

RANGOS:

— tropa: soldado, s. raso, cabo, c. primero • c. de escuadra, caporal

— suboficial: sargento, brigada, subteniente

— oficial: alférez, teniente, capitán

— JEFES: comandante, teniente-coronel, coronel • mayor, ayudante de campo • ANT brigadier, subrigadier, alférez del pendón real o señalador

— general de brigada, g. de división, teniente general

— caudillo, generalísimo • mariscal

— EN LA MARINA:
  • alférez de corbeta, a. de fragata, a. de navío
  • teniente de corbeta, t. de fragata, t. de navío
  • capitán de corbeta, c. de fragata, c. de navío
  • vicealmirante, almirante

— RECOMPENSADO CON ALGÚN HONOR: laureado

— QUE HA ASCENDIDO DESDE SOLDADO RASO: chusquero o patatero

— QUE ASCIENDE A OFICIAL SIN PASAR POR LOS GRADOS INFERIORES: cadete

jefe

— caudillo, adalid, alférez, almirante, comandante, cabecilla, capitán, cabo, cuadrillero, frontero, EDAD MEDIA: condestable, COLOQ espadón • maestre de campo, contramaestre

— ROMA ANTIGUA: tribuno (CUERPO DE TROPAS), legado (DE CADA LEGIÓN), séviro (DE CADA UNA DE LAS SEIS DECURIAS), centurión (DE UNA CENTURIA), decurión (DE UNA DECURIA)

— VISIGODO: tiufado
— ÁRABE: jeque, emir o DESUS amir
— MORISCO: arráez o arráyaz o arraz
— TURCO: serasquier
— ITALIANO: condotiero
— COSACO: atamán
— MAPUCHE CHILENO: toqui

EN LAS ÓRDENES MILITARES:
— anciano, bailío, caballero, cabido, capacho, cillerero, clavario, clavero, comendador, comendadora, cruzado, encomendado, familiar, freila, freile, freira, freire, grefier, maestrante, maestre, gran maestre, obrero, pitancero, prior, gran prior, recibidor, sacristán, sergenta, subclavero, subcomendador, trece
— colegial freile, c. militar, doncel
— calatravo, hospitalario, mercenario, sanjuanista, santiaguista, templario
— andante, ecuestre, maestral

59.09 milicia y situaciones
reclutamiento
— abanderamiento, alistamiento, enganche, reemplazo, leva, militarización, movilización, reenganche, desmovilización · deserción
— licencia · reserva

logística
— provisión, bagaje, bastimento, impedimenta, munición, m. de boca, pertrechos, suministros, vitualla, víveres

instrucción
— **desfile**, formación, posición militar, firmes · conversión · descanso, rompan filas
— **paso adelante**, p. atrás, p. lateral · p. regular, p. lento, p. redoblado, p. largo, p. corto, p. ligero, p. de ataque, p. de carga · media vuelta a la derecha, media v. a la izquierda
— **revista**, alarde, salva, toque, proclama, parada, muestra, relevo · imposición de medalla, jura de bandera, DESUS alcamiz
— **arenga**, discurso, grida, monta, orden, proclama, rebato, salva, toque, voz de mando
— **maniobra**, despliegue, marcha, avance, reconocimiento, desembarco, flanqueo

paga, soldada, alcance, etapa, masa, masita, pre, prest, refacción, talega
comida, rancho, gábata
arresto

59.10 vestimenta militar
gorro: casco, chacó, chascás, gorra de plato, leopoldina, morrión, quepis, ros, teresiana, tricornio · ANT birretina, capacete, talpack
— MOROS Y TURCOS: fez
— ACCESORIOS: barboquejo o carrillera (CINTA O CORREA QUE SUJETA EN LA BARBILLA), cogotera,

pedrada, sobrevista, antipara (CUBRE LA PIERNA SÓLO POR DELANTE)
— PARTES: cimera, cogote, visera
uniforme
— **casaca**, guerrera, chupa, dolmán, jubón, pelliza, perpunte, polaca, sahariana, sayo, tabardo, corbata, corbatín, ceñidor, banda, faja, fajín, hombrera, forrajera, polaina, petate · chaleco antibalas
— **capote**, c. de montar, bohemia, gambeto, poncho, capona
— **insignia**, barra, bastón, brazalete, castillo, charretera, cíngulo, cordones, cruz, detente, distintivo, divisa, dragona, emblema, entorchado, enseña, escarapela, escisión, estrella, galón, gola, jineta, pasador, rombo, sardineta, serreta, trenza
— **adorno**, airón, bellota, flama, galleta, penacho, plumero, pompón, presilla, trébol
— condecoración
  • EN LAS ÓRDENES MILITARES: banda, chorrera, collar, compuerta, cruz, gran c., c. sencilla, encomienda, espaldilla, hábito, jarra, jarretera, lagarto, manto capitular, martillo, placa, remiendo, tao o tau, toisón de oro, venera

PRENDAS ANTIGUAS: almilla, brial, cuera de armar, dalmática, farseto, gambaj, gambax, gambesina, gambesón, gonela, martingala, sobreveste, velmez

armadura
— **armas**, arnés, brigantina, camisote, catafracta, clíbano, coracina, coraza, media coraza, coselete, cota, escaupil, gramalla, jacerina, jaco, jubete, jubón de nudillos, j. ojeteado, loriga, lorigón, panoplia, perpunte, peto, p. volante, plaquín, tinicla, ventrera
— EN EL CABALLO: barda, capistro, capizana, loriga · abanico, avambrazo, babera, baberol, barbote, barbuta, braceral, bracil, brafonera, brazal, brazalete, bufa, canillera o cañillera, cañón, codal, colla, escarcela, escarpe, escotadura, espaldar, espaldarcete, espaldarón, espinillera, esquinela, falda, faldar, gocete, gola, gorguera, gorjal, greba, guardabrazo, guardapapo, guardapeto, hoja, hombrera, mentonera, orejera, pancellar, pancera, quijote, ristre, tarja, tonelete
— **yelmo**, almete, almófar, almofre, bacinete, barreta, calva del almete, capacete, capellina, capillo de hierro, casco, casquete, celada, cervillera, cofia, gálea, morrión
— **visera**, alpartaz, amento, amiento, crestón, cubrenuca · cesto, guantelete, mandilete, manopla

FIGURA QUE SIMULA A UN COMBATIENTE: bausán

59.11 milicia y lugares
caja de recluta, c. de reclutamiento · banderín de enganche, academia militar
cuartel
— **comandancia**, cuadro, estado mayor, mando, plana mayor, Pentágono
— **capitanía**, mayoría, sargentía, banderín
— **prevención**, intendencia, transmisiones, cuerpo de guardia
campo de batalla
— **línea de fuego**, frente, línea de batalla, l. de combate, posición, teatro de la guerra · vanguardia, retaguardia
— **barricada**, trinchera, defensa, dique, empalizada, estacada, fortificación, cobertizo, abrigadero, refugio, barracón, cañonera, refugio antiaéreo
— **campamento**, zona, cerco, base de operaciones, campo de operaciones, cabeza de puente
— campo de concentración, paredón
59.12 armas blancas
biricú o bridecú, tahal, talabarte, tiracol, tiracuello, tiros
espada
— acero, bracamarte, chafarote, colada, cris, escarcina, espadín, estoque, florete, garrancha, guarrusca, herrusca, mandoble, montante, parazonio, ronfea, terciado, tizona, trastos, verdugo, verduguillo · espada blanca, e. cazuda, e. de esgrima, e. negra
— PARTES DE LA ESPADA: alcaparrón, áliger, alma, arrial, arriaz, cazoleta, empuñadura, espiga, filo, fuerza, gavilán, guarda, guardamano, guarnición, hoja, manzana, mesa, pomo, recazo, taza, teja, tercio flaco, t. de fuerza · caña, crujido, fortalezas, pelo, quebrazas · vaina · sable
— ROLLO ENCERADO DE UN METRO DE LARGO: bispón
— INSTRUMENTO EN EL QUE SE TIENDE O SIENTA LA ESPADA PARA LABRARLA: escamel
GOLPES CON LA ESPADA: chincharrazo, cimbronazo, cintarazo, estocada, fendiente, hendiente, mandoble, molinete
flecha, saeta, mandrón
59.13 armas de fuego
CIENCIAS: balística, neurobalística, pirobalística
TIPOS:
— armas atómicas, a. bacteriológicas, a. biológicas, a. convencionales, a. estratégicas, a. nucleares, a. químicas
radio de acción, alcance
CONVENCIONALES:
— **proyectil**, bala, balín, grinalde, lombarda, metralla, palanqueta, pelota, pepinillo
— **cartucho**, carcasa
— **carga**, munición

— **cartuchera**, cacerina, saquete
— boquilla, cápsula, casquillo, cofia, collarín, culote, espoleta, ojiva, pipa, taco
— DIÁMETRO INTERIOR: calibre
DEL EJÉRCITO DE TIERRA:
— **lanzacohetes**, cohete, misil, proyectil
— **tanque**, carro de combate, vehículo blindado, pieza de artillería, obús, ametralladora, cañón, c. antiaéreo
— **bomba**, b. de mano, granada, mina
— fusil
  • lanzallamas · pistola, revólver
  • disparador, gatillo, percusor, albalastrilla, mampuesto, telémetro
  • culatazo, coz, rebufo, desabrimiento
DE LAS FUERZAS NAVALES:
— acorazado, armada, buque de guerra, cazatorpedero, corbeta, crucero, destructor, dragaminas, escolta, fragata, navío, patrullero, portaaviones, submarino, s. nuclear, torpedero, torpedo
DE LAS FUERZAS AÉREAS:
— avión de combate, a. de observación, a. de reconocimiento, a. nodriza · caza de guerra, cazabombardero, helicóptero · paracaídas
NUCLEARES: bomba atómica, b. de neutrones, b. H, cabeza nuclear

VERBOS Y EXPRESIONES
59.14 instruir
reclutar
— **alistar**, asoldar, enganchar, levantar, militarizar, quintar, reenganchar, terciar, servir
— **alistarse**, enrolarse, filiarse, afiliarse, engancharse · cuadrarse
— VESTIRSE UNA ARMADURA: armarse, encubertarse · desguarnecer, falsear
— **sentar plaza**, hacer el servicio, h. la mili, jurar bandera, ser alta, entrar en caja, e. en quintas, estar en filas, llamar a filas
militarizar
— **llamar**, acantonar, acaudillar, aguerrir, amunicionar, atropar, desplegar, enganchar, escuadronar, formar, guarnecer, levantar, movilizar, regimentar, requisar
— **armarse**, movilizarse, desplegarse, enguerrillarse
— **desfilar**, formar, marchar, escuadronar, decampar, oblicuar, hacer maniobras
— **pasar revista**, presentar armas, batir banderas, quedarse en cuadro
— **hacer guardia**, h. centinela · estar de cuartel
— **ascender**, decorar, condecorar, recompensar
— **degradar**, descabezar
— **licenciar**, rebajarse
ACCIÓN EN LAS ÓRDENES MILITARES:
— velar las armas

— acaballerar, armar caballero, ceñir espada, calzar espuela, tomar el hábito
— cruzar, encomendar · dar el espaldarazo, dar la acolada

59.15 combatir
provocar
— **promover**, suscitar, encender, movilizar, merodear · espiar
— **sublevarse**, alzarse, levantarse, encarnizarse, apoderarse, espaldonarse
guerrear
— **batallar**
  • bregar, cargar, chocar, contender, enfilar, forcejear, guerrillear, hostigar, hostilizar, jaquear, luchar, opugnar, pelear, pugnar
  • arremeter, acometer, lanzarse, agredir, embestir, saquear, batir, dispersar
— **campear**, escaramuzar o escaramucear
— **invadir**, ocupar, irruir, irrumpir, asaltar, asediar, sitiar, bloquear, cercar, acorralar, envolver, estrechar, embotellar
— **destruir**, devastar, destrozar, saltear, depredar, dañar, descabezar
— **capturar**, cobrar, aprehender, apresar, despojar, tomar, expugnar, rescatar, recobrar
— copar, cortar la retirada, cubrir la retirada
alzarse en armas
— **declarar la guerra**
  • echarse a la calle, tomar las armas, levantarse en armas, tomar la ofensiva, salir a campaña
  • emprenderla con, empuñar la espada
— **estar en guerra**, hacer la guerra, h. riza, batirse en armas, hacer armas, h. explotar, llegar a las armas, pegar un metido, poner sitio
— **presentar batalla**
  • no dar cuartel, revolverse contra
  • pasar a cuchillo, p. por las armas · entrar a degüello
ACCIÓN CON LA ESPADA:
— blandir, desceñirse, desembanastar, desenvainar, envainar, esgrimir, hurgonear, jugar, poner mano, tirar
— afilar, reseguir, templar

59.16 pacificar
armonizar, amistar, dirimir, distender, sosegar, reconciliar, allanar, desenconar, desenzarzar, DESUS adunarar, despartir
negociar, mediar, terciar, parlamentar, acabildar, concurrir, confrontar, consensuar, contratar, coordinar
pactar, aliarse, adobar, apaciguar, devisar, bienquistar, concordar, trabar
desarmar, desarmarse, desmilitarizar
darse la mano, firmar la paz

59.17 atacar
luchar
— **batallar**, altercar, chocar, combatir, competir, contender, cutir, digladiar, lidiar, pelear, reñir, resistir
— **rebelarse**, enredarse, entreverarse, enzarzarse, agarrarse
— llegar a las armas, medir las armas, andar a la brega, plantar cara, desceñirse la espada, desnudar la espada, hacer frente, arrojar el guante, desenterrar el hacha de guerra
disparar
— asaetear, flechar, ballestear, batir
— ametrallar, abalear, acañonear, lombardear, arcabucear, balear
— cargar, cebar, ensalerar
— calzar, rebumbar, rehilar, retumbar, silbar, zumbar
— bombardear, bombear, cañonear, contrabatir, escopetear, torpedear
— apuntar, encarar, descerrajar, desfechar, deslatar
— tirar, tirotear, descargar
— hacer fuego, romper el fuego · pegar cuatro tiros
— tirar al aire, t. a boca de jarro o a bocajarro, t. a quema ropa o a quemarropa, t. a tenazón, t. a mansalva, t. al volateo, t. al vuelo, t. a cuerpo limpio, t. a la descubierta
— acertar, atinar, encajar, dar, asestar, alcanzar, dar en el blanco · caer bajo las balas

59.18 defender
resistir
atrincherarse, abroquelarse, aconcharse, acorazarse, adargarse, ampararse, arrimarse, cubrirse, encastillarse, encubertarse, escudarse, espaldonarse, fortificarse, guarecerse, parapetarse, refugiarse, resguardarse, respaldarse
cubrir, custodiar, proteger, recubrir, salvaguardar, abrigar, acoger, cobijar, preservar, tutelar, DESUS captener, ANT atregar
contraatacar
hacerse fuerte, dar la cara, estar en la brecha, buscar apoyo

59.19 vencer
derrotar, desguarnecer, desguarnir, triunfar
destruir, aplastar, desolar, saquear, abatir, abrasar, consumir, degradar, demoler, desarticular, descomponer, desintegrar, desmantelar
exterminar, liquidar, fragmentar, devastar, pulverizar, disolver, quemar · aniquilar, anonadar, arrasar, arrollar, batir
ganar, dominar, humillar, hundir, desarmar, desbaratar, deshacer, destrozar, reducir, rendir, someter, triturar, vapulear, zurrar

conquistar
— doblegar, rendir, derrotar, avasallar, oprimir
— hacer desaparecer, dejar fuera de combate, cortar la retirada

COLOQ
— dar un repaso, d. un revolcón, d. un vapuleo, d. una paliza
— dejar hecho cisco, d. hecho migas, d. hecho papilla, d. hecho pedazos, d. hecho polvo, d. hecho trizas, d. hecho un guiñapo, d. hecho un taco · d. humillado, d. K.O., d. maltrecho, d. pegado a la pared
— hacer morder el polvo, partir por el eje, poner la ceniza en la frente, quedar señor del campo, ARG dar el pesto, mandársela a guardar

COMP ING
— hacer tabla rasa, no dejar piedra sobre piedra, pasar por las horcas caudinas

— reducir a cenizas, r. a la nada

LAT vae victis

59.20 perder

replegarse, rendirse, entregarse, retirarse, someterse · capitular, huir, desertar

dejar las armas
— batirse en retirada, ser derrotados, volver la espalda al enemigo, darse por vencido
— firmar la paz, hacer una tregua, arriar la bandera, dar con la carga en tierra, rendir la palma

COLOQ hincarla, morder el polvo, quedarse en la estacada, salir con la capa arrastrando, s. con las manos en la cabeza

REF Salir como el gallo de Morón, sin plumas y cacareando.

6. ACTIVIDADES ECONÓMICAS

60. TRABAJO
60.01 trabajo
empleo
— **puesto**, cargo, plaza, destino, colocación, oficio, acomodo, medio de vida, AM CENT, EC Y MÉX chamba
— **vacante**, hueco, lugar
— mayorazgo, alferezazgo
— RELIG beneficio, capellanía, prebenda, parroquia, coadjutoría, obispado, cardenalato
— **trabajo temporal**, ARG Y UR changa, ARG changuita, laburito, CHILE pololo, pololito, MÉX trabajo transitorio o tempora, UR trabajo contratado, trabajito, VEN rebusque, tigre
— ANGL, QUE TRABAJA POR SU CUENTA AL SERVICIO DE OTROS: free lance

tarea
— **ocupación**
  • papel, función, ministerio, obligación, prestación, servicio, tercio, utilidad
  • misión, quehacer, encargo, gestión, asunto, diligencia, ejercicio, actividad, menester, negocio, recado, operación
— **carga**, faena, labor, laborío, DESUS hacendería, DESUS ajobo, COL tonga · ajetreo, aperreo, labranza
— **jornal**, obrada, peonada, tanda, tajo, destajo o ANT estajo, DESUS hiera, SAL jera
— **prebenda**, enchufe, SI ABUSA DE LA AUTORIDAD: dedocracia · QUE PROPORCIONA POCO O NINGÚN TRABAJO: sinecura
— **prestación personal**, azofra, vereda, sufra, AL QUE DEBE ACUDIR TODO EL VECINDARIO: hacendera, EN LA GUERRA: fonsadera, ÁL adra, AST sextaferia, ANT angaria, DESUS dúa

afiliación sindical · reclamación, reivindicación, sección sindical · convenio colectivo, convocatoria, negociación salarial · congelación salarial, pérdida salarial, techo salarial · conflicto colectivo

COLOQ
— PUESTO DE FAVOR: bicoca, chollo, ganga, pera, turrón, ARG, MÉX Y UR acomodo, COL chanfaina
— **chapuz**, chapuza, EC Y PERÚ minga
— **curro**, curre, currelo · paliza, trote, tunda, tute, zurra, julepe, purgatorio, reventón, tráfago, trabajera · vida arrastrada, v. de perros COMP ING mito de Sísifo (INÚTIL), trabajo de chinos (MINUCIOSO), tela marinera (DIFÍCIL)

60.02 actividad
contratación
— **demanda** · oferta, expectativa · AFÁN POR UN EMPLEO PÚBLICO: empleomanía
— **aptitud**, competencia, probidad, méritos, expediente, credencial, hoja de servicios · currículo o currículum vítae
— **aprendizaje**, formación, periodo de pruebas
— **propuesta**, concurso, oposición, entrevista, nombramiento, investidura · jurisdicción
— DURACIÓN: contrato provisional, c. temporal, c. indefinido · c. de interinidad
— TIPO DE JORNADA: a tiempo parcial, a t. completo · media jornada, j. completa

eficacia
— **producción**, rendimiento, interés, lucro, renta o DESUS renda
— **eficiencia**, productividad, fecundidad, fruto, ganancia
— **beneficio**, rédito, provecho, ventaja, esquilmo, ganada

acoso moral, a. psicológico

60.03 inactividad
desempleo
— **paro estacional**, p. forzoso, p. obrero, AM desocupación, CHILE cesantía
— **regulación de empleo**, subempleo · reducción de jornada · pluriempleo

permiso
— **licencia**, excedencia
— LICENCIA CON SUELDO DE ALGUNAS INSTITUCIONES DOCENTES: año sabático
— LOS PREBENDADOS, PARA NO ASISTIR A CORO: recre, recle, recésit

— ABSTENCIÓN DELIBERADA DE ACUDIR: absentismo
descanso
— pausa, recreo, respiro, poso, reposo, solaz, suelta, tregua, sosiega, asueto, ANT posa
— EN ALGUNAS COMUNIDADES: quiete
huelga
— derecho de huelga
— TIPOS: huelga de brazos caídos, h. de celo, h. a la japonesa · h. escalonada, h. indefinida, h. por turnos · h. salvaje, h. sorpresa · h. de hambre · h. patronal · sabotaje
baja
— incapacidad laboral transitoria
— baja por maternidad, ARG licencia por maternidad, CHILE Y UR l. maternal, MÉX incapacidad por maternidad prenatal o postnatal, VEN reposo prenatal y postnatal
cese
— destitución, despido, d. improcedente
— subsidio de paro
— dimisión, abandono
— disponibilidad
— jubilación, retiro
— cierre patronal
60.04 trabajador
director, presidente, rector, decano, regente, patrón · gobernador
jefe
— jefe de administración, j. de negociado
— oficial, o. mayor
— maestro, contramaestre, sobrestante
— contratista, encargado, oficial, capataz, mayoral, amo, HOND Y MÉX calpixque
subdirector
— subgobernador, subinspector, subintendente, subordinado, subprefecto, subsecretario
— vicedirector, vicegobernador, vicepresidente, vicesecretario
agente
— gerente, administrador, habilitado, delegado, intendente, superintendente, interventor, factótum, consejero, c. delegado
— funcionario, empleado público, EN MARRUECOS: amín
— COLOQ covachuelista
empleado
— burócrata, oficinista, chupatintas, escribiente, oficial
— COLOQ papelista, cagatintas
ayudante
— auxiliar, aprendiz, botones, mozo
— subalterno, bedel, conserje, empleado, ujier, ordenanza, portero
obrero
— operario, peón, oficial, quintero, tareero, mano de obra, manobre, manos, brazos
— COLOQ currante, currinche, currito

jornalero
— temporero, temporal, agostero, bracero, destajista, destajero o estajero, estajista
— AM camilucho, ARG Y UR mensual, COLOQ destripaterrones
sindicalista, afiliado · delegado del personal · huelguista
EN GRUPO:
— gremio, personal, plantilla, sindicato
— brigada, cuadrilla, escuadra, peonaje
— dotación, equipo, varada
— colectivo, asociación, corporación
— sección sindical
— piquete de huelga · comité de empresa
60.05 sueldo
categoría
— atribuciones, jerarquía, escalafón, ascenso, grado
— jornada
  • peonada, peonía, obrada, obraje, horas extraordinarias
  • antigüedad, años de servicio
  • trienio, quinquenio, sexenio
salario
— paga, nómina, honorarios, haberes, emolumentos, derechos, cobro, cobramiento, dividendo · retribución, asignación, remuneración, quitación, ANT alafa, gaje, loguer
— DE UN DÍA: jornal o DESUS hiera, SAL jera
— DE UNA SEMANA: semanalidad
— DE UN MES O MÁS: mensualidad, mesada · DE DOS MESES: bimestre, DE TRES MESES: trimestre, DE SEIS MESES: semestre, DE UN AÑO: anualidad
— salario bruto, s. neto · s. mínimo
  • derechos de autor, d. de explotación
  • minuta, caché
  • anticipo
  • pensión, jubilación, retiro, pasivo, orfandad, viudedad · prestación social
— renta
  • alimentos, terrazgo
  • MIL soldada, MIL, DESUS prest o pre
  • RELIG terzuela, doblería, congrua
  • A LOS MARINEROS AL LLEGAR A PUERTO: adiafa
— efectivo, íntegro, limpio, líquido, nominal, COLOQ mondo, pelado, mondo y pelado
— liquidación, finiquito
complemento
— sobresueldo, comisión, gratificación, extra, plus, emolumento, incentivo, prima, paga extraordinaria, COL ancheta
— merced, obvención, estipendio, regalía, dieta, propina, REGALO QUE SE DA EN NAVIDAD: aguinaldo · COLOQ bufanda
descuento
— deducción, retención

— IRPF (IMPUESTO SOBRE LA RENTA DE LAS PERSONAS FÍSICAS)
— cargas sociales, cuotas sindicales
— MIL, ANT masita

ADJETIVOS Y ADVERBIOS
60.06 descripción de los puestos de trabajo
SITUACIÓN:
— **candidato**, aspirante, pretendiente, AM postulante
— **sustituto** o substituto
• suplente, interino, sobresaliente, supernumerario, suplantador, excusador, testaferro o testa de ferro · doble
• EN CASO DE HUELGA: esquirol, AM rompehuelgas, CHILE vendido, MÉX requisador, UR carnero
• OCULTANDO LA IDENTIDAD: negro
— **ayudante**
• adjunto, adjutor, asistente, auxiliar, coagente, pasante, pinche, subsidiario, brazo derecho, mano derecha, RELIG coadjutor · COLOQ cirineo, edecán, marta
• mediador, muñidor, tercero, agente, delegado
— **eventual**
• temporal, temporero, interino, disponible, amovible
• semanero, vecero
• trabajador en prácticas, becario
— **titular**
• numerario, supernumerario, de plantilla
• propietario, en propiedad, inamovible
• fijo, perpetuo, vitalicio
— **parado**, desempleado, sobrancero, despedido, cesante, disponible
— **jubilado**, retirado · emérito
— **subempleado**, electivo, subalterno, CHILE Y NIC, EMPLEADO DE ÚLTIMA CATEGORÍA: suche
— **honorario**, emérito, meritorio, político, DESUS entretenido
— **cesado**, despedido, expulsado, jubilado, apartado
DEDICACIÓN:
— a tiempo completo, a t. parcial
— a sueldo, a jornal, por horas, AR Y NAV a tornapeón, CHILE al pirquén
— a destajo, ANT estajo
— INDEPENDIENTE: por cuenta propia, autónomo
— DEPENDIENDO DE OTRO: a las órdenes de, al mando de, por cuenta ajena · a domicilio
— **ocupado**, atareado, atosigado, agobiado, apretado, apurado, ahogado, asendereado, atrafagado, azacanado, encallecido, COLOQ liado, atrabajado
— **desocupado**, desempleado, parado, cesante, saliente

VERBOS Y EXPRESIONES
60.07 contratar
emplear
— **nombrar**, asalariar, coger, asoldar, asentar, dar, designar, adscribir, agregar, asimilar, colocar, acomodar, poner, meter · sustituir, reemplazar
— **dar trabajo**, dar empleo, dar ocupación, SI ES CARGO IMPORTANTE: investir, DESUS ministrar
— INFERIOR AL QUE SU CAPACIDAD: subemplear, AM MER conchabar
— DE MANERA GENÉRICA: crear puestos
— **ingresar**, servir, asentar, tomar posesión
colocarse
— **emplearse**
• acomodarse, CUBA acotejarse
• reingresar, reintegrarse, reincorporarse
— **hacerse cargo**, cargarse con, correr a cargo · tomar a su cargo, t. sobre sí · ocupar un puesto
COLOQ
— **estar enchufado**, dar un trabajo a dedo
— **tener enchufe**, t. agarraderas, t. buenas aldabas, t. padrinos, t. el padre alcalde, t. mano con alguien, AM t. palanca, ARG Y UR t. cuña, t. banca, CHILE t. muñeca, t. pituto (SIMULTANEADO CON UNO ESTABLE), MÉX t. hueso, NIC t. pata
— PUESTO DE FAVOR: comer a dos carrillos
60.08 trabajar
ejercer
— **realizar**
• actuar, desempeñar, detentar, efectuar, ejercitar, elaborar, faenar, hacer, jornalear, ministrar, ocupar, oficiar, operar, profesar
• gestionar, tramitar, intervenir, despachar, atender, azacanear
— **sustituir**, relevar, amover, remover, trasladar, purificar
— **dedicarse**, ocuparse, establecerse, instalarse, consagrarse
— **batallar**, luchar, pelear, empujar, perseverar, apretar, sudar, insudar, lidiar, forcejear, ANT forcejar, costribar
hacer de
— **ocuparse de**, estar de, andar en, darse a, entender en, oficiar de, ir por
— **hacer horas**, echar horas · ir a jornal
— **tener trabajo**, estar en nómina, e. en plantilla, ARG e. en plantel, MÉX ser de planta · darse de alta · tomar posesión
ACCIÓN SINDICAL:
— afiliarse, sindicarse, reivindicar
— arbitrar un conflicto, mediar en un asunto
— presentar solicitud de huelga · hacer huelga, ir a la huelga, declararse en huelga · luchar por sus derechos, manifestarse públi-

camente, tener derecho a · parar, estar en paro laboral, e. en huelga, adherirse a la huelga

COLOQ

— **buscárselas**, ingeniárselas, apañárselas
— **bregar**, trajinar, currar, currelar, accionar, ejecutar, ARG Y UR laburar
— **meterse a**, ponerse a, traer entre manos, echar o poner manos a la obra, arrimar el hombro
— **ganarse la vida**, g. el pan, g. el sustento, g. el cocido, g. los garbanzos, ganar de comer
— **buscarse la vida**, buscar la gandinga, andar a la gandaya, a. a la brega, dar vueltas a la noria, AM ganarse los fríjoles, buscarse los fríjoles, ARG ganar para la olla, CUBA buscarse los féferes

COMP ING

— trabajar por una miseria, t. por la paja, t. por un mendrugo, t. por amor al arte, t. a coste y costas, t. para el inglés, t. para el obispo, t. por un pedazo de pan
— ganar el pan con el sudor de la frente, descansar haciendo adobes, no ser la primera zorra que ha desollado
— SIN TRABAJAR: chupar del bote

REF Manos duchas, comen truchas. Está el pandero en manos que lo sabrán bien tañer. Ser capaz de contarle los pelos al diablo. No hay atajo sin trabajo.

60.09 desatender

relegar, desechar, desdeñar, rehuir, evitar, evadir

desentenderse, despreocuparse, resistirse, inhibirse, retraerse, apartarse

COLOQ

— no dar la talla, no tener ropa, no ser quién
— costar trabajo, c. un triunfo, c. Dios y ayuda
— venirle grande el puesto, v. muy ancho el trabajo · no estar para esos trotes, no saber por dónde se anda

COMP ING

— ser un maleta, s. un manazas, s. un piernas, s. un manta, s. buena tierra para sembrar nabos, MÉX s. un papa · no s. para silla ni para albarda
— estar verde, e. de un lado para otro, e. para arriba y para abajo, e. de acá para allá, e. de Herodes a Pilatos, e. de la ceca a la meca, e. como palillo de barquillero · no e. para dar migas a un gato
— tener malos dedos para organista, t. pocas barbas · AM no t. uñas para guitarrero
— no saber dónde tiene la cara, no s. dónde tiene los ojos, no s. dónde tiene su mano derecha

— faltarle un hervor, calzar pocos puntos, haber nacido ayer, no saberse la cartilla, estar recién salido del cascarón, tener la leche en los labios, andar a retortero, no llamarlo Dios por ese camino, hacerse cuesta arriba, serle extraña una cosa

60.10 holgazanear

vaguear

— haraganear, haronear, candonguear, racanear, flojear, AM canchear, zanganear, vagabundear, pajarear, gandulear, remolonear, cantonear, CHILE bartolear, COL magancear
— **dormitar**, sestear, flojear, holgar, vegetar, pendonear
— **abandonarse**, dormirse, emperezarse, apoltronarse o poltronizarse, apandorgarse, aplatanarse, escaquearse, emperezarse, resistirse

perder el tiempo

— matar el tiempo, cubrir el expediente, c. las formas, dejarse llevar, echarse al surco, no estar por la labor

COLOQ

— **zascandilear**, pindonguear, gandulear, mariposear, perecear
— **hacer el vago**, cruzarse de brazos, hacer el gandul, hacerse el remolón
— estar con las manos cruzadas, e. con las manos en los bolsillos, e. mano sobre mano
— mirar las musarañas, mirarse las uñas · rascarse la barriga, contar las vigas, estar de miranda, escardar cebollinos, mondar nísperos
— echarse a la bartola, e. a la briba
— no dar chapa, no d. golpe, no d. palotada, no d. pie ni patada, no d. un palo al agua
— no pegar clavo, no p. golpe, no p. ni chapa, no p. ni clavo, no hincarla, no mover un dedo, papar moscas, p. viento, CHILE dar la cacha, CUBA no disparar un chícharo
— MALSON Y VULG tocarse los huevos, t. los cojones, t. la pera, t. el pito, t. el nabo, t. el bolo, rascarse las bolas, r. el culo a cuatro manos

COMP ING

— no tener oficio ni beneficio, ser paseante en corte, estar de florero
— tocarse la barriga, t. las narices
— tumbarse a la bartola
— vivir a la birlonga, v. del cuento, ARG v. de la caza y de la pesca

REF

— Holgar hoy, mañana fiesta, buena vida es esta. Mano sobre mano, como mujer de escribano. Como la mona del abad, que no cuece y tiene pan. · Holgar y medrar no son a la par. La pereza nunca hizo nobleza. Mal hace quien nada hace. Si quieres buena fama, no te dé el sol en la cama. Si quieres ser dichoso, no estés nunca ocioso. Viaja la pereza con tal lentitud que la alcanza la pobreza con gran prontitud.

— VIGILAR EL CUMPLIMIENTO DE LA TAREA: Auséntase el amo y bailan los criados. Cuando el gato no está, los ratones bailan. Quien tenga tienda, que la atienda.

60.11 esforzarse

afanarse, forzarse, consagrarse, desvelarse, desvivirse, empeñarse, asparse, atosigarse, volcarse, DESUS azacanarse

aplicarse, descrismarse, deshacerse, despestañarse, despizcarse, desuñarse, embalumarse, moverse

poner empeño

— hacer un esfuerzo, h. lo posible, h. lo imposible

— poner de su parte, p. todos los medios

— no ahorrar esfuerzo, no perdonar esfuerzo, sacar fuerzas de flaqueza

COLOQ

— **matarse**, fundirse, destrozarse, escornarse, descornarse, descalabazarse, despestañarse, despezuñarse, despizcarse, AM CENT, ANT Y VEN fajarse, ARG pelearla

— agachar el lomo, andar a la brega, arrimar el hombro

— batir el cobre

— costar Dios y ayuda

— dar el callo, dar el do de pecho

— darse la paliza, d. un tute

— dejarse el pellejo, d. la piel, d. la vida, d. las uñas, d. los dientes

— doblar el espinazo

— echar el alma, e. el resto, e. la hiel, e. la lengua fuera, e. las asaduras, e. los bofes, e. los hígados, e. un pulso

— estar como un zarandillo, e. hecho un azacán

— hacerse añicos, h. polvo, h. pedazos

— hincar el pico

— llevar la carga

— menear las muñecas

— no dejar piedra por mover, no dolerse de sus carnes, no poder ni respirar, no tener mano para tantas cosas, no t. tiempo ni para rascarse

— partirse el pecho, p. los cuernos

— pegarse un tute, poner toda el alma, ponerse las pilas

— recorrer las siete partidas

— romperse los cuernos, r. las narices

— sobarse los lomos

— sudar tinta, s. el quilo, s. la camiseta, s. la gota gorda, s. sangre

— tirar del carro · trabajar de sol a sol, t. hasta reventar

— verse y desearse

— AM darse una matada, ARG darle con todo, gastarse todo, quedar de cama, romperse la espalda, CHILE echársele la yegua, HOND hacerle huevos, PERÚ sacarse la mugre

COMP ING

— trabajar como una mula, t. como un animal, t. como una bestia, t. como un enano

— hacer más horas que un reloj

60.12 descansar

pararse

— **detenerse**, reposar, respirar, librar, holgar, sosegar · DESCANSO DEL SÁBADO PARA LOS JUDÍOS: sabatizar · VARIAR DE OCUPACIÓN PARA HACERLO LLEVADERO: desensebar

— **sentarse**, tumbarse, acomodarse, arrellanarse o rellanarse

acabar la jornada

— terminar la jornada, dar de mano, hacer fiesta, santificar las fiestas

— **hacer puente**, ARG agarrarse un fin de semana largo, CHILE hacer un sándwich · dar vacaciones, dar permiso, COLOQ dar suelta

— **estar de baja**, ILT (INCAPACIDAD LABORAL TRANSITORIA), AM estar con licencia médica, MÉX e. de incapacidad, VEN e. de permiso médico

COLOQ repanchigarse, repantigarse, darse un respiro, aflojar la cuerda

60.13 cesar

despedir, destituir, echar, suspender, separar, defenestrar, licenciar, relevar, remover, destronar, derrocar, degradar, retirar, exonerar, privar

dimitir, declinar, deponer, ceder, renunciar, vacar, salir

jubilarse, retirarse, excluirse, apartarse

dar el cese

— **dar la cuenta**, dar la liquidación, dar dimisorias · terminar el contrato

— **ir al paro**, estar en paro, e. parado, AM e. desocupado, CHILE e. cesante

COLOQ

— dar el canuto, d. la patada, d. el pasaporte, d. puerta, d. el dos, d. el portante, ARG d. el olivo, d. el buque, d. el flete, CR cortar el rabo, MÉX correr, dar aire, suspender la canasta, NIC sobar la vara, VEN botar, cortar el cambur

— echar a la calle, dejar en la calle, poner en la calle, p. al fresco

COMP ING poner de patitas en la calle, dar una patada en el culo, poner en mitad del arroyo · TAUROM cortarse la coleta

▶ 63.30 vender
▶ 63.31 ahorrar
▶ 63.32 gastar
▶ 63.33 pedir
▶ 63.34 prestar
▶ 63.35 pagar
▶ 63.36 cobrar
▶ 63.37 negociar

61. GESTIÓN
61.01 administración
burocracia, COLOQ papeleo, pasos
contaduría, contabilidad, caja, tesorería
dirección, gobierno, jefatura, regencia, gerencia, intendencia
trámite
— asunto, diligencia, cometido, negocio, servicio, tarea
— trabajo, misión, comisión, recuesta
— expediente, informe
61.02 contabilidad
contabilidad de costes, c. mercantil, c. por partida simple, c. por partida doble
presupuesto, MÉX Y VEN cotización
asiento, estado, registro, partida, renglón, razón, porcentaje, ratio, receta
cálculo, cómputo, recuento, coste, costo, cálculo de costes, ANT compto
abono, amortización, avance, cargo, egreso, descargo, imposición, inversión · desamortización
haber, activo, líquido, capital, superávit, ingreso, entrada, descuento, intereses, beneficios, bruto, monto, monta, montante, neto, contrapartida, ganancias, AM utilidades
debe, deuda, adeudo, déficit, números rojos, gastos de mantenimiento, g. generales, saldo deudor, descubierto, balanza de pagos · albaquía
saldo, resultado, saldo acreedor, balance, salida, suma y sigue, total, transferencia
cuenta · c. de activo, c. de caja, c. de costes, c. de deudas bancarias, c. mixta, c. de deudas y capital propio, c. de gastos e ingresos, c. de mercancías, c. de pérdidas y ganancias
patrimonio, pasivo, reservas estatutarias, r. expresas, r. obligatorias, r. voluntarias
arqueo, inventario, evaluación, auditoría, liquidación, finiquito, cancelación
ERROR EN LAS CUENTAS: gabarro
61.03 administrativo
director
— jefe, presidente, p. del consejo de administración, vicepresidente, jefe de personal, manager, ejecutivo
— supervisor, intendente, superintendente, interventor

— consejero, c. delegado, asesor
— gerente, encargado, apoderado, testaferro
administrador, gestor, agente, corredor, diligenciero, promotor, promovedor, solicitador
tesorero, cajero, contable, economista, tenedor de libros
empleado
— oficinista, funcionario, secretario, secretaria, s. de dirección, contable, ANT taquimecanógrafo · informático, programador
— escribiente, mecanógrafo, amanuense
— comercial, visitador, viajante
— auxiliar, botones, conserje, recadero
auditor, contador, interventor, censor de cuentas, AM contralor
61.04 material de oficina, AM insumos de oficina
MATERIAL DE ARCHIVO:
— archivador, portafolios, carpeta, ARG Y UR bibliorato, MÉX fólder, VEN carpeta manila
— estantería, clasificador, archivo, armario, caja fuerte
— fichero, bastardelo, legajo, minutario, registro
— grapadora, ARG abrochadora, CHILE corchetera, MÉX Y VEN engrapadora, UR engrampadora · grapa, ARG broche, CHILE corchete, UR grampa, gancho · agujereadora, perforadora, taladradora
— clips o sujetapapeles, pisapapeles · pósit
— goma elástica, ARG gomita, CHILE elástico, MÉX liga de hule, UR banda elástica, VEN liga
— cinta adhesiva, celo, ARG c. scotch, MÉX c. diurex, VEN teipe
— chincheta, AM chinche
MATERIAL DE ORGANIZACIÓN:
— tampón, ARG, HOND Y VEN almohadilla, MÉX cojinete, cojín de sellos · sello de caucho, s. fechador
— cola, goma de pegar, papel celo
— cuchilla, cúter, lámina cortadora, CHILE cuchillo cartonero, ARG Y UR trincheta, VEN exacto · ANT cortaplumas · tijeras
— papelera, cesto, ARG tacho, CHILE papelero, cambucho, MÉX bote de basura
MATERIAL DE COMUNICACIÓN:
— ordenador, máquina de escribir
— teléfono, t. móvil, contestador, intercomunicador, fax, télex
— magnetófono, dictáfono, fotocopiadora
— abrecartas, bandeja de correspondencia, esponja humedecedora, etiquetas adhesivas, hojas impresas, pesacartas, portasellos, sobres impresos, máquina franqueadora
DOCUMENTOS:
— carta, despacho, directorio, cheque, escrito, expediente, ficha, legajo, pagaré, póliza,

recibo, talón, tarifa, letra de cambio · orden de compra, o. de venta
— **comunicación**, circular, decreto, expediente, minuta, oficio, orden, traslado, volante
— **factura**, CHILE Y UR boleta
— **albarán**, ARG remito, CHILE guía de despacho, MÉX Y VEN nota de entrega, MÉX n. de remisión, acuse de recibo, UR recibo de entrega
— **visto**, v. bueno, conforme, despachada, fecho, fíat, refrendo
— **informe**, instrucción, procedimiento, trámite, curso, despacho, expedición
MATERIAL DE CÁLCULO: hoja de cálculo, calculadora, ANT ábaco

61.05 gestión y lugares
administración
— **dirección**, subdirección, secretaría, subsecretaría, vicesecretaría, ordenación
— **administración pública**, función pública, ministerio, delegación, despacho, departamento, dependencia, negociado, legación, sección, ventanilla, taquilla, información · COLOQ covachuela
— **registro**, archivo, notaría, ARG Y PAR escribanía
— **tesorería**, contaduría, depositaría, pagaduría, caja, intendencia, superintendencia, subintendencia, ordenación de pagos, habilitación, DESUS telonio
— **inspección**, subinspección, intervención, veeduría
— **dependencia**, despacho, sección, gestoría, negociado, área
empresa
— **sociedad**, sede social · central, oficina
— **agencia**, bufete, gabinete, asesoría, estudio, organismo, ayudantía
sindicato, mesa de negociación · oficina de empleo

VERBOS Y EXPRESIONES
61.06 gestionar
dirigir, administrar, regentar, mandar, supervisar, presidir, conducir, gobernar, regir
negociar, ordenar, diligenciar, tutelar, agenciar, facilitar, procurar, proporcionar, ocuparse, moverse, menearse, afanarse o DESUS azacanarse
tramitar, cursar, despachar, formalizar, oficiar, proceder, procesar, resolver, solucionar, solventar
hacer gestiones
— andar a vueltas con, a. tras, dar vueltas, echar el resto
— no parar hasta, poner los medios
— COLOQ ir de acá para allá, ir de un lado para

otro, ir tras, ir y venir · tocar las teclas, t. todos los registros
— COMP ING mover o remover el cielo y la tierra, no dejar piedra por mover

61.07 contabilizar
inventariar
— **arquear**, operar, alcanzar · importar, montar, remontarse, llegar, subir
— **girar**, facturar, adeudar, cargar, amortizar
— **anotar**, asentar, registrar · descontar, desgravar · cuadrar, resultar, arrojar, ascender, salir, finiquitar, liquidar
— **acreditar**, bonificar, datar, defenecer · pagar, abonar, ajustar · puntear, pelotear, repasar, BOL tarjar
— PASAR UNA PARTIDA DEL DEBE AL HABER O VICEVERSA: extornar
calcular
— **contar**, recontar, computar, connumerar, suputar, tantear, cifrar, deducir, determinar, convalidar, enumerar, promediar, sacar
— **echar cuentas**, hacer cuentas, llevar las cuentas, pasar las cuentas, barajar números, llevar los libros, tomar razón
— **cargar en cuenta**, perder la cuenta
— COLOQ contar con los dedos, hacer la cuenta de la vieja
presupuestar, valorar, evaluar, presuponer, determinar
cerrar, cuadrar, saldar, liquidar, sumar, totalizar, hacer balance

62. INFORMÁTICA, cibernética, AM computación
62.01 ordenador
AM computadora, CHILE computador
ordenador personal o PC (PERSONAL COMPUTER) · ordenador portátil · PDA (PERSONAL DIGITAL ASSISTANT, ASISTENTE PERSONAL DIGITAL)
placa base, chips, jumpers, procesador o microprocesador, tecnología Plug&Play, pila de la placa
equipo o hardware (PARTE FÍSICA)
— megas de memoria ram, gigas de memoria rom o disco duro, lector de tarjetas, entrada USB
programas o aplicaciones o software (INFORMACIÓN CODIFICADA Y ALMACENADA)
62.02 monitor
pantalla, p. panorámica
VDT (VIDEO DISPLAY TERMINAL), resolución (ALTA O BAJA), LCD (LIQUID CRISTAL DISPLAY, PANTALLA DE CRISTAL LÍQUIDO), RGB (RED GREEN BLUE, ROJO, VERDE, AZUL), digital, plana, entrelazado o no entrelazado, de baja radiación, de 14, 15, 17, 19 y 21 pulgadas
velocidad de barrido (MEDIDA EN Hz) CGA (COLOR GRAPHICS ADAPTER) · EGA (ENHANCED GRAPHICS

ADAPTER) · MDA (MONOCROME DISPLAY ADAP-
TER) · VGA (VIDEO GRAPHICS ARRAY) · Super VGA
de tipo PCI, tecnología Plug&Play (PnP), chip
para 3 dimensiones
tarjeta de televisión (SINTONIZADORAS DE TELEVISIÓN)

62.03 sonido
tarjeta de sonido, t. gráfica, t. de vídeo, t. de
red, web cam (CÁMARA DE TOMA DE VÍDEO)
micrófono, altavoces
multimedia, CD-ROM · GIF (GRAPHICS INTERCHAN-
GE FORMAT, FORMATO GRÁFICO DE INTERCAMBIO)

62.04 control
teclado, t. táctil · tecla enter, t. de función, t.
de retorno, t. de inserción, t. escape, t. control o ctrl, t. alternativa de gráficos · margi-
nador · arroba · bloque numérico, bloqueo
de mayúsculas
ratón o mouse · botón derecho, b. izquierdo ·
rueda de navegación · ratón inalámbrico,
r. óptico · mini-ratón óptico con memoria ·
alfombrilla
joystick, dispositivo de entrada, dos o tres botones, apuntador, palanca, ruedas, botones de disparo, tarjeta de sonido de 16, 32,
64 bits
lápiz óptico, gamepad
escáner o scanner

62.05 memoria
memoria ROM (READ ONLY MEMORY, MEMORIA DE
LECTURA), memoria convencional, memoria
tipo EDO, memoria SIMM de 72 contactos
o DIMM de 128 contactos, memoria de 16
MB o de 32 MB, memoria EMS (EXPANDED
MEMORY SPECIFICATION, ESPECIFICACIÓN DE MEMO-
RIA EXPANDIDA), memoria central o principal,
HMA (HIGH MEMORY AREA, ÁREA DE MEMORIA
ALTA), placas de memoria
— disco duro o rígido, capacidad, unidades de
disco, cederrón o CD-ROM (COMPACT DISC
READ ONLY MEMORY), unidad de discos de
3 1/2 pulgadas, unidad de discos de 5 1/4
pulgadas, ZIP
— lápiz de memoria, memoria USB, dispositivo de almacenamiento, ANGL pen driver, memory stick, USB memory, memory key, CO-
LOQ cachirulo, cucaracha, chiriflú, pinchito,
supositorio, EC usbito
memoria RAM (RANDOM ACCES MEMORY, MEMO-
RIA VIVA O DE ACCESO ALEATORIO), placa de 256
MB, placa de 512 MB, placa de 1GB
UNIDADES DE MEDIDA: byte, octeto, kB (KILOBYTE,
1024 BYTES), MB (MEGABYTE 1024 kB), GB
(GIGABYTE 1024 MB), TB (TERABYTE 1024 GB)

62.06 conexiones
fuente de alimentación (A LA RED ELÉCTRICA)
conector USB, c. firewire
conector de tarjetas PCMCIA

módem (MODULADOR-DEMODULADOR), m. interno
(TARJETA EN LA UNIDAD CENTRAL), m. externo (IN-
DEPENDIENTE DE LA UNIDAD CENTRAL), grabadora
de dvd, grabadora de CD-ROM
conexión de red: router, hub
puerto, p. de serie, p. paralelo, velocidad en
bits por segundo (BPS)

62.07 impresión
impresora de agujas o matricial, i. de inyección
de tinta, i. láser, i. multifunción · plotter
buffer, calidad de la impresión en puntos por
pulgada, velocidad en páginas por minuto,
nivel de ruido · CMYK (CIAN, MAGENTA, AMA-
RILLO, NEGRO)
DPI (DOTS PER INCH), puntos por pulgada, MHz
(MEGA HERTZIOS, 1 000 HERTZIOS) · velocidad en
CPS (CARACTERES POR SEGUNDO) · v. en PPM (PÁ-
GINAS POR MINUTO) · resolución en PPP (PUN-
TOS POR PULGADA)
hertzio, ciclo por segundo, baudio, pixel
CONSUMIBLES: cartucho, cinta, tóner · conector,
interfaz
escáner o lector óptico, copiadora

62.08 programas o aplicaciones o software
EN LA BASE: sistema operativo, lenguaje ensam-
blador · programa, aplicación
PARA LA ESCRITURA: procesador de textos o trata-
miento de textos · OCR o lector óptico de
caracteres (OPTICAL CHARACTER READING), sis-
tema de escritura con voz, preparación pa-
ra la impresión o maquetación
PARA LA GESTIÓN DE DATOS: base de datos, banco
de datos
PARA LA CONTABILIDAD: hoja de cálculo
PARA EL DIBUJO: diseño asistido por ordenador
(CAD, COMPUTER AIDED DESIGN)
PARA LA INDUSTRIA: fabricación asistida por orde-
nador (CAM, COMPUTER AIDED MANUFACTURE)
JUEGO CON SONIDO E IMAGEN: videojuego
DETECTA LA PRESENCIA DE VIRUS Y NEUTRALIZA SUS EFEC-
TOS: antivirus, cortafuegos
CONVIERTE EL LENGUAJE INFORMÁTICO DEL USUARIO EN
EL PROPIO DEL COMPUTADOR: compilador
PARA LA IMAGEN:
— tratamiento de imágenes JPEG (JOINT PHOTO-
GRAPH EXPERT GROUP, UNIÓN DE GRUPOS DE EXPER-
TOS FOTOGRÁFICOS), MPEG (MOTION PICTURES EX-
PERT GROUP, GRUPO DE EXPERTOS DE IMAGEN EN
MOVIMIENTO)
— animación y vídeo
— edición de sonido, MIDI (MUSICAL INSTRUMENT
DIGITAL INTERFACE), MMX (MULTI MEDIA EXTEN-
SIONS, EXTENSIONES MULTIMEDIA)
PROGRAMA Y ELEMENTOS
— archivo, edición, párrafo, numeración, viñe-
ta, borde, sombreado
— FUENTE: mayúsculas, minúsculas · times new

roman, trebuchet, verdana, arial, courier, georgia, tahoma
— EFECTOS: tachado, sombra, contorno, relieve, versales
— EFECTOS DE TEXTO: texto luminoso, t. chispeante, fondo intermitente
— PÁRRAFO: alineación derecha, a. izquierda, a. centrada, a. justificada, sangría en primera línea, s. francesa, interlineado sencillo, i. doble, i. mínimo, i. exacto · control de líneas viudas, c. de líneas huérfanas

62.09 operaciones
conexión, desconexión
inicialización, reinicialización, visualización, restauración
programación, compilación, análisis, encriptación, transmisión, fijación
configuración, asignación, reasignación
almacenamiento, encadenamiento, alineación
comprensión, descompresión
formateo, reformateo
consulta, llamada, cálculo · aumento, control, digitalización

62.10 informatización
sistema, s. operativo, lenguaje, nodo
compatibilidad
clave, código, programación, programa
función, menú, dato, aplicación, archivo, barra de tareas, almacenamiento, decodificador, fuente, instrucción, lista, procedimiento, superación de capacidad · texto, hipertexto, vínculo, hipervínculo, enlace, hiperenlace
entrada, salida, campo · error
directorio, archivo
back-up, comando, cursor, formato, fichero, icono, input, instrucción, interfaz, ítem, macro o macroinstrucción, memoria, mensaje, menú, output, palabra clave, pixel, puntero, registro, rutina, salida, subdirectorio, ventana
virus, antivirus

62.11 informática y personas
informático
programador, analista · pirata informático, COLOQ hacker

VERBOS Y EXPRESIONES
62.12 acción e informática
conectarse
— entrar, instalar, visualizar, cargar, editar, abrir una aplicación · guardar, almacenar, grabar
— restaurar, recuperar · limpiar, vaciar
— inicializar, reinicializar · salir, cerrar
teclear, señalar, pinchar, hacer clic, h. doble clic
programar, formatear, configurar, informatizar, crear, ejecutar, indexar · codificar, descodificar

activar, asignar
bloquearse, COLOQ colgarse
contraer, expandir, maximizar, minimizar, ocultar
incrementar, memorizar, organizar, reproducir
seleccionar, s. todo, cortar, copiar, pegar, remplazar, insertar, eliminar
compilar, computadorizar, computarizar, digitalizar, procesar
exportar, importar
COLOQ cacharrear
EN EL USO DEL PROGRAMA:
— abrir, cerrar, sangrar
— guardar, g. como, g. como página web, buscar archivos, configurar página, vista preliminar · deshacer, repetir · borrar, buscar, remplazar, ir a
— ver en pantalla completa, v. en pantalla reducida, v. en diseño de impresión, v. en diseño de escritura, v. en esquema, v. mapa de documento, v. en miniatura, v. encabezado y pie de página
— insertar salto de página, i. salto de columna
— corregir caracteres erróneos, contar palabras, aplicar el corrector ortográfico
— comparar documentos, combinar documentos, proteger documentos · grabar macro, personalizar
— imprimir
— tabular

63. ECONOMÍA Y COMERCIO
63.01 economía
economía o DESUS crematística
— PARA NACIÓN O REGIÓN: macroeconomía, PARA FABRICANTE O EMPRESA: microeconomía
— REGIDA POR PLANES PERIÓDICOS GUBERNAMENTALES: economía planificada, EN BUSCA DEL MAYOR BENEFICIO: e. de mercado, EN BUSCA DE SERVICIOS Y MEDIOS PARA UNA VIDA DIGNA: e. del bienestar, CON DETERMINADOS OBJETIVOS: e. dirigida, INTERVENCIONISTA Y LIBRE: e. mixta, CON RESTRICCIONES COMERCIALES: e. cerrada, AL MARGEN DE LOS CAUCES LEGALES: e. sumergida
— CON TÉCNICAS MATEMÁTICAS Y ESTADÍSTICAS: econometría, AMPLIAMENTE ESTUDIADA Y SINGULARIZADA: ingeniería financiera
sector privado, s. público · s. primario, s. secundario, s. terciario
mercado de dinero, m. de divisas, m. de emisión, m. de descuento · m. primario, m. secundario · m. negro
monopolio (EXCLUSIVIDAD), oligopolio (PLURALIDAD)
PROCESOS: industrialización, capitalización, socialización, reconversión · crisis · globalización, PROPUGNA LA CONCEPCIÓN DE CADA REALIDAD COMO UN TODO DISTINTO DE LA SUMA DE LAS PARTES QUE LO COMPONEN: holismo

63.02 políticas económicas

economía de mercado, ley de la oferta y la demanda

liberalismo (LIMITA LA INTERVENCIÓN DEL ESTADO), industrialismo (PREDOMINAN LOS INTERESES INDUSTRIALES), librecambio (SIN TRABAS AL COMERCIO INTERNACIONAL), oportunismo (PRESCINDE DE LOS PRINCIPIOS FUNDAMENTALES TOMANDO EN CUENTA LAS CIRCUNSTANCIAS), monetarismo (PRIMA LA IMPORTANCIA DEL DINERO)

capitalismo (CAPITAL COMO ELEMENTO DE PRODUCCIÓN), neocapitalismo, mercantilismo (PRIMA EL DESARROLLO DEL COMERCIO)

socialismo, comunismo, marxismo, obrerismo, proteccionismo, colectivismo · monometalismo (RIGE UN PATRÓN MONETARIO ÚNICO) · política de rigor · sansimonismo (CADA CUAL DEBE SER CLASIFICADO SEGÚN SU CAPACIDAD Y REMUNERADO SEGÚN SUS OBRAS)

INFLUENCIA ECONÓMICA SOBRE PAÍSES DESCOLONIZADOS: neocolonialismo

SISTEMAS: proteccionismo, liberalización, libre cambio, libertad de comercio

ATRIBUCIÓN EXCLUSIVA A LA NATURALEZA DEL ORIGEN DE LA RIQUEZA: fisiocracia

SISTEMA MONETARIO QUE ADMITE COMO PATRONES EL ORO Y LA PLATA: bimetalismo

SISTEMA PERSA QUE PRETENDIÓ LA ABOLICIÓN DE CIERTAS LEYES SOCIALES DE MAHOMA: babismo

ECONOMÍA Y GOBIERNO: oligarquía (REDUCIDO GRUPO DE PERSONAS), plutocracia (PREPONDERANCIA DE LOS RICOS), timocracia (LOS QUE TIENEN CIERTA RENTA), autarquía (INTENTA BASTARSE CON SUS PROPIOS RECURSOS), neoliberalismo (REDUCE AL MÍNIMO LA INTERVENCIÓN DEL ESTADO)

63.03 situaciones económicas

encarecimiento, alza, aumento, elevación, apreciación, subida, carestía, plusvalía, inflación (ELEVACIÓN DE LOS PRECIOS), revalorización (AUMENTO DEL VALOR), repunte (CRECIMIENTO ECONÓMICO), ARG, PAR Y UR suba · ampliación de capital · dividendo, cambio, entero, tanto por ciento

abaratamiento, baja, bajón, depreciación, devaluación, desvalorización, recesión (DEPRESIÓN DE ACTIVIDADES ECONÓMICAS), deflación (DESCENSO DE LOS PRECIOS)

estabilización (SUPRESIÓN DE OSCILACIONES), fluctuación (DIFERENCIA ENTRE SU VALOR INSTANTÁNEO Y SU VALOR NORMAL), reajuste (CAMBIOS DE VALOR POR MOTIVOS COYUNTURALES), flotación (COTIZACIÓN DE LA MONEDA QUE OSCILA SEGÚN LOS MOVIMIENTOS DE MERCADO), paridad (VALOR COMPARATIVO DE UNA MONEDA CON OTRA)

quiebra voluntaria, q. culpable, q. fortuita, q. forzosa, q. fraudulenta · suspensión de pagos, crack, bancarrota, insolvencia, cierre, cese de actividad, asunción de deuda

embargo o ANT peindra, traba · procedimiento ejecutivo, corte de cuentas, incautación, requisa, retención, ejecución, DEPÓSITO JUDICIAL: secuestro · apremio, recargo, moratoria, vía ejecutiva · confiscación, enajenación · DERECHO DE LOS FIADORES: excusión

fiscalidad, recaudación, fielato, telonio · exención, dispensa, perdón, quita, quitación, quitamiento, franquicia

inspección, licitación

MOVIMIENTOS FINANCIEROS:

— oferta, emisión, tasación

— demanda, negociación, especulación, reevaluación, reinversión

— imposición, reintegro, transferencia, endoso o endose o endorso, orden de abono, pago, giro · descuento, rendimiento, liquidación, vencimiento · descubierto, compensación, provisión de fondos

— contratación · ruptura de contrato, rescisión de contrato

63.04 cifras económicas

balanza comercial, b. de pagos, déficit comercial, superávit comercial

Euribor, ANT Míbor

renta nacional (RN), renta per cápita (RPC) producto interior bruto (PIB), producto nacional bruto (PNB), producto nacional neto (PNN), índice de precios al consumo (IPC)

tasa de paro, t. de ocupación

tipos de interés

cesta de la compra, ARG Y UR canasta familiar, MÉX c. básica, VEN cesta básica

DETERMINACIÓN DEL PRECIO DE UNA MERCANCÍA: escandallo

63.05 negocio

operación

— contratación, enajenación, inversión, tráfago, cambio, intercambio, compensación, ANT facienda

— COLOQ pelotazo, trato, trapicheo, jugada, buena jugada, changa, filón, AM ancheta

venta

— AL EXTRANJERO: exportación, AL POCO TIEMPO DE HABERLO COMPRADO: reventa, PÚBLICA Y COMÚN: vendeja, POR JUNTO Y EN MONTÓN: pancada, FINGIDA O SIMULADA: mohatra, A PRECIOS INFERIORES AL COSTO: dumping, EN NÚMERO SUPERIOR AL DISPONIBLE: overbooking o sobreventa, DESUS véndida, vendición, mancipación

— ÉXITO DE VENTAS: best seller (EN LIBROS), superventas (EN MÚSICA)

— EN FUNCIÓN DE LA COMPETENCIA: monopolio (EXCLUSIVIDAD EN ALGUNA INDUSTRIA O COMERCIO), monopsonio (UN SOLO COMPRADOR), oligopolio (CONCENTRACIÓN DE LA OFERTA EN REDUCIDO NÚMERO DE EMPRESAS)

subasta, o DESUS subastación
— postura, mejora, puja o DESUS alzamiento, POSTURA QUE OBTIENE LA PREFERENCIA: remate
— SUBASTA PÚBLICA DE BIENES MUEBLES: almoneda o ANT lailán
— ENTRE QUIENES ASPIRAN A ENCARGARSE DE EJECUTAR UNA OBRA: concurso

transacción ilegal, tráfico ilegal, contrabando, estraperlo, narcotráfico, mercado negro, SE-RES HUMANOS COMO ESCLAVOS: trata, DE MUJERES: trata de blancas, AM negociado

MODOS:
— venta ambulante, v. libre, v. por correo, v. racionada · v. al contado, v. aplazada, v. a crédito, v. fiada · v. a granel, v. al por mayor, v. al detalle, v. al por menor · v. por fin de temporada, v. post balance · v. de ocasión
— venta a plazos, AM v. en cuotas, MÉX v. en abonos
— entrada, ARG anticipo, CHILE pie, MÉX enganche, UR entrega, VEN inicial

FASES:
— **abastecimiento**, provisión
— **oferta**, lanzamiento, salida, comercialización
— **rebaja**, descuento, bonificación, deducción · liquidación · merma (PORCIÓN QUE SE SUSTRAE), refacción (PORCIÓN AÑADIDA), mejora (AUMENTO DE PRECIO)
— REGALO ENTRE QUIENES INTERVIENEN: alboroque, robra o robla o corrobra, hoque, CR feria
— **saldo**, oportunidad, COLOQ bicoca, breva, cucaña, chollo, ganga, momio, pera
— **compra** o COLOQ merca, demanda, pedido, transacción, adquisición, DESDE EL EXTRANJERO: importación, transferencia, transmisión, traspaso
— **distribución**, expedición, reparto, servicio a domicilio
— **entrega**, aportación, asignación
— **beneficio**, ganancia, margen de beneficio, COMISIÓN QUE RECIBEN LOS CORREDORES DE COMERCIO: corretaje, EL OBTENIDO CON MERCANCÍAS PÚBLICAS: especulación, APROVECHANDO LA DIFERENCIA DE PRECIOS: arbitraje
— pérdida

63.06 capital
efectivo
— **líquido**, liquidez, metálico, montante, monto, monta, partida, fondos, oro, numerario, total, ANGL cash-flow
— economías, ahorros
— una suma, un tanto
fortuna
— **patrimonio**, propiedades, pertenencias, posesiones, tierras, fincas, heredades, recursos, alodio, acervo, efectos, arraigo, erario, posibles, posición

— **fondos**, hacienda, riqueza, predio, haber, medios, tesoro, bolsa, facultades, peculio, emporio, trapillo, caudal o ANT cabal
— **financiación**, AM financiamiento
herencia, aportación o aporte, dote, expolio, relicto, COLOQ gato, bolsillo, Indias, Jauja, potosí
valores
— **títulos**, activo, cartera, caja, carpeta, papel, inmovilizado
— **fondo** de inversión, f. de pensiones, valores fiduciarios

63.07 dinero, AM plata
dinero en efectivo, d. contante · EL QUE AL COBRAR SE REINTEGRA PARA AJUSTAR LA CUENTA: vuelta, AM vuelto
dineral, dinerada, dineralada, ANT dinarada, doblonada, SAL y ZAM canchal, CHILE platal, platada, MÉX billetiza, feria
dinero suelto, ARG suelto, moneditas, más chico, ARG y UR chirolas, CHILE y VEN sencillo, MÉX morralla
billete · fajo de billetes, ARG fangote, CHILE turro, MÉX y VEN paca, UR y VEN faco
moneda, DESUS argén, argent, ANT cumquibus
COLOQ
— **pasta**
  • cuartos, parné, perras, tela, trigo, lana, oro, plata · peculio, pecunia, pella, viruta · contante y sonante
  • pastón, pasta gansa, potosí, ARG toco de guita, fangote de guita, VEN realero
— **calderilla**, cuatro cuartos, ARG y CHILE una chaucha, COL lupia
— **chatarra**, níquel, china, guita, monis, mosca, vil metal, china, chipe, din, luz, moni, monises, morusa, mosca, numo, talega, ARG y UR mangos, MÉX lana, feria, varos, VEN reales, cobres, billuyo
— NETO: limpio de polvo y paja
— ANTIGUAS PESETAS: calandrias, calas, candongas, castañas, cucas, chuchas, leandras, leas, lúas, pelas, petas, plumas, púas, rubias, las del ala
— ANTIGUOS DUROS: bolos, machacantes, machos, pavos, tejos
— BILLETE: talego, pápiro, sábana, verderón, de los grandes
— SIN DINERO: a ruche, a dos velas, en blanca, sin blanca, sin un chavo, en las últimas, a la cuarta pregunta

63.08 dinero y valores
precio
— **importe**, montante, monto, justiprecio, valor, valía, cuantía, costo, coste, costa, tanto alzado, adehala, extorno, DESUS anafaga, ANT alfaya, COLOQ pitanza

— **tarifa**, cuota, prima, peaje, arancel
— precio al contado, p. al por mayor, p. al por menor, p. de coste · p. de ejercicio, p. de mercado, p. de fábrica · p. neto, p. de venta al público (P.V.P.), p. alzado, p. fijo, p. justo
— sobreprecio · EL QUE LA MADERA O LA PIEDRA ALCANZAN CUANDO LAS PIEZAS SUPERAN CIERTAS DIMENSIONES: encuarte
— DISCUSIÓN SOBRE EL PRECIO: regateo
valor real, v. nominal, v. recibido, v. añadido, v. contable, v. de cambio, v. de mercado, v. de reposición, v. de rescate, v. de uso, v. en cuenta, v. en libros, v. en plaza, v. residual
valores bancarios
— valores convertibles, v. fiduciarios, v. mobiliarios, v. rescatables
— contravalor, emolumento, estimación, estipendio, asignación, cuota, importe, pensión, precio, remesa
acción
— bono, beneficio, fondo, cédula
— acción al portador, acciones convertibles
— bienes de equipo, b. gananciales
— bono de estado, b. convertibles, b. de caja
— capital nominal, c. social · masa monetaria
cuenta bancaria, c. corriente, c. de ahorros
— crédito, c. hipotecario, cuenta de c., c. disponible
— depósito a plazo fijo, libreta de ahorros
propiedad, copropiedad, coposesión
fluctuación
— alza, revalorización, apreciación, crecimiento, mayor valía, plusvalía, repunte
— baja, descuento, rebaja, depreciación, desgravación, detasa, liquidación, promoción, deflación, devaluación · serpiente monetaria
63.09 dinero y documentos
tarjeta de débito, t. de crédito, t. monedero
factura
— recibo, resguardo, justificante, comprobante, vale, vendí, contento, libramiento, libranza, tique, comprobante, AM ticket o tiquet, CHILE Y UR boleta
— acción, cupón, efecto, efecto público, matriz, obligación
— carta abierta, c. de crédito, c. de pago, c. de declaración de bienes
— extracto de cuenta, giro bancario
contrato
— contrato de compraventa, pacto de retro, venta · AM, CONTRATO DE VENTA EN MONTÓN: pancada
— conocimiento, guía, hoja de ruta, coto, tasa · comisión, vendaje
— escritura, testamento, título, t. de propiedad, libramiento
— certificado de depósito, c. de origen

cheque, talón
— talón nominativo, t. cruzado, t. de viaje, t. en descubierto · t. al portador, t. en blanco, t. postal, t. sin fondo
— talonario de cheques, AM chequera
póliza, cédula, patente, licencia, garantía, poder · póliza de seguro, poder notarial, cédula hipotecaria
pagaré
— abonaré, carta de pago, quita, quitación, quitamiento
— orden de pago o ANT ponimiento
— letra de cambio, l. del tesoro, l. abierta, l. a la fecha, l. a la vista, NUEVA LETRA GIRADA: resaca
63.10 dinero y objetos
cartera, billetero, monedero, portamonedas
caja, c. fuerte, cajón oculto, arca, calcetín · caja registradora, cajero automático
hucha, alcancía, AM chanchito, MÉX cochinito
cepillo, bacineta, bacinica, bacín, cesta, cajeta, cepo, limosnera · ABERTURA PARA LAS MONEDAS: tolva
63.11 moneda
moneda fraccionaria, céntimos, COLOQ calderilla, chatarra · billetes de banco
AFGANISTÁN: afgani, pul, ANT rupia kabuli · ALBANIA: lek, quinar, ANT franco · ALEMANIA: euro, ANT marco alemán, tálero · ANDORRA: euro, ANT franco francés y pesetas · ANGOLA: kwanza, lwei, ANT escudo · ARABIA SAUDÍ: rial o riyal saudí, halala · ARGELIA: dinar argelino · ARGENTINA: peso argentino, ANT austral · ARMENIA: dram, luma, ANT rublo · AUSTRALIA: dólar australiano, ANT libra australiana · AUSTRIA: euro, ANT chelín austriaco · AZERBAIYÁN: manat azerí, kepik, ANT rublo
BAHAMAS: dólar de las Bahamas · BAHRÉIN: dinar bahreiní, fils · BANGLADESH: taka, poisha · BARBADOS: dólar de Barbados · BÉLGICA: euro, ANT franco belga · BELICE: dólar de Belice · BENÍN: franco · BIELORRUSIA: rublo bielorruso, kopek · BIRMANIA O MYANMAR: kyat, pya, ANT rupia birmana · BOLIVIA: boliviano, ANT peso boliviano · BOSNIA I HERZEGOVINA: marco bosnio, pfennig, ANT dinar bosnio · BOTSUANA: pula, thebe · BRASIL: real, ANT cruzeiro · BRUNÉI: dólar de Brunéi, dólar singapurense, sen · BULGARIA: lev, stotinka · BURKINA FASO: franco · BURUNDI: franco de Burundi · BUTÁN: ngultrum, rupia india, chetrum, paisa · CABO VERDE: escudo de Cabo Verde
CAMBOYA: riel, sen, ANT piastra · CAMERÚN: franco · CANADÁ: dólar canadiense · CHAD: franco · CHEQUIA: corona checa, haler · CHILE: peso chileno, ANT escudo · CHINA: yuan renminbi · fen, jiao · CHIPRE: libra chipriota · CISJORDA-

NIA Y FRANJA DE GAZA: shequel, agora · CO-LOMBIA: peso colombiano · COMORES: franco comorano · CONGO: franco, ANT zaire · CO-REA (DEL NORTE Y DEL SUR): won, chun · COSTA DE MARFIL: franco · COSTA RICA: colón costarricense · CROACIA: kuna, lipa · CUBA peso cubano

DINAMARCA: corona danesa, ore · DOMINICA: dólar del Caribe Oriental · ECUADOR: dólar estadounidense, ANT sucre

EGIPTO: libra egipcia, piastra · EL SALVADOR: colón, ANT peso · EMIRATOS ÁRABES UNIDOS (EAU): dirham, fils · ERITREA: nakfa · ESLOVAQUIA: corona eslovaca · alier, PLURAL: hellers · ESLOVE-NIA: euro, ANT tólar · ESPAÑA: euro, ANT peseta, ducado, maravedí, ochavo (DOS MARAVEDÍS), real (34 MARAVEDÍS O 25 CÉNTIMOS DE PESETA) · ESTADOS UNIDOS: dólar estadounidense · ES-TONIA: corona estona, sent · ETIOPÍA: birr · FIYI: dólares de las islas Fiyi

FILIPINAS: peso filipino · FINLANDIA: euro, ANT marco finlandés · FRANCIA: euro, ANT franco francés, luis, napoleón · GABÓN: franco

GAMBIA: dalasi, butut, ANT libra · GEORGIA: lari, tetri, ANT rublo · GHANA: cedi, pesewa · GRA-NADA: dólar del Caribe Oriental · GRECIA: euro, ANT fénix, dracma griego, óbolo (SEXTA PARTE DEL DRACMA) · GUADALUPE: euro, ANT franco francés · GUATEMALA: quetzal · GUINEA, GUI-NEA-BISSAU, GUINEA ECUATORIAL: franco · GUYA-NA: dólar de Guayana · HAITÍ: gourde, gurda

HONDURAS: lempira · HONG KONG: dólar de Hong Kong · HUNGRÍA: forint, filler, ANT pengö

INDIA: rupia, paisa · INDONESIA: rupia, sen, ANT florín indonesio · IRÁN: rial iraní · IRAK: dinar iraquí, fils · IRLANDA: euro, ANT libra irlandesa · ISLANDIA: corona islandesa · eyrir, PLURAL aurar · ISLAS MARSHALL: dólar estadounidense · ISLAS SALOMÓN: dólar de las Islas Salomón · IS-RAEL: shequel, PLURAL sheqalim · agora, PLU-RAL agorot, ANT lira · ITALIA: euro, ANT lira italiana · ROMANAS: as, sestercio (DOS ASES Y MEDIO), denario (DIEZ ASES O CUATRO SESTERCIOS), talento, onza (DUODÉCIMA PARTE DEL AS)

JAMAICA: dólar de Jamaica, ANT lira · JAPÓN: yen, sen · JORDANIA: dinar jordano, fils

KAZAJSTÁN: tenge, tiyn · KENIA: chelín keniano · KIRGUIZISTÁN: som, tyiyn · KIRIBATI: dólar australiano · KUWAIT: dinar kuwaití, fils

LAOS: kip, att, ANT piastra indochino · LESOTO: loti, PLURAL: maloti, sente, PLURAL lisente · LE-TONIA: lats, PLURAL lati, santims, PLURAL santimi · LÍBANO: libra libanesa · LIBERIA: dólar liberiano · LIBIA: dinar libio, dirham · LIECH-TENSTEIN: franco suizo · LITUANIA: litas, PLURAL litai, as, PLURAL ai · LUXEMBURGO: euro, ANT franco luxemburgués

MACAO: pataca · MACEDONIA: denar, deni · MA-DAGASCAR: franco malgache · MALASIA: ringit, sen · MALAWI: kwacha de Malaui, tambala, ANT libra de malaui · MALDIVAS: rupia de Maldivas o rufiyaa, laari · MALÍ: franco · MAL-TA: lira maltesa · MARRUECOS: dirham marroquí · MAURICIO: rupia mauriciana · MAURITA-NIA: ouguiya, khoum · MÉXICO: peso mexicano · MICRONESIA: dólar estadounidense · MOLDA-VIA: leu mold, PLURAL lei, ban, PLURAL bani · MÓ-NACO: euro, ANT franco francés · MONGOLIA: tugrik, möngö · MONTENEGRO: euro · MONTSE-RRAT: dólar del Caribe Oriental · MOZAMBIQUE: metical

NAMIBIA: rand sudafricano, dólar de Namibia · NARU: dólar australiano · NEPAL: rupia nepalesa, paisa · NICARAGUA: córdoba · NÍGER: franco · NIGERIA: naira, kobo, ANT libra · NORUEGA: corona noruega, ore · NUEVA CALEDONIA: franco · NUEVA ZELANDA: dólar neozelandés, ANT libra neozelandesa

OMÁN: rial omaní, baisa, ANT rupia

PAÍSES BAJOS, HOLANDA: euro, ANT florín neerlandés · PAKISTÁN: rupia paquistaní, paisa · PANAMÁ: balboa, ésimo · PAPÚA - NUEVA GUINEA: kina, toea, ANT dólar australiano · PARAGUAY: guaraní, ANT peso · PERÚ nuevo sol, ANT sol de oro, inti · POLONIA: zloty, grosz, PLURAL groszy · PORTUGAL: euro, ANT escudo portugués

QATAR: rial o riyal de Qatar, dirham, ANT rupia india

REINO UNIDO O GRAN BRETAÑA: libra esterlina, penique · chelín, guinea · REPÚBLICA DEMO-CRÁTICA DEL CONGO: franco congoleño, ANT nuevo zaire · REPÚBLICA DOMINICANA: peso dominicano · RUANDA: franco ruandés · RU-MANIA: leu rumano, PLURAL lei · ban, PLURAL bani · RUSIA: rublo ruso, kopek

SAMOA: tala, sanse · SANTA LUCÍA: dólar del Caribe Oriental · SANTO TOMÉ Y PRÍNCIPE: dobra · SENEGAL: franco · SERBIA: dinar, para · SEY-CHELLES: rupia de Seychelles · SIERRA LEONA: leone · SINGAPUR: dólar singapurense; dólar de Brunéi, sen · SIRIA: libra, piastra · SOMA-LIA: chelín somalí · SRI LANKA: rupia de Sri Lanka · SUAZILANDIA: lilangeni, PLURAL emalengeni · SUDÁN: libra sudanesa, piastra · SUE-CIA: corona sueca, öre · SUIZA: franco suizo · SUDÁFRICA: rand, ANT libra · SURINAM: dólar surinamés, ANT florín surinames

TAILANDIA: baht, satang · TAIWÁN: nuevo dólar de Taiwán, fen · TANZANIA: chelín tanzano · TA-YIKISTÁN: somoni, diram, ANT rublo tayiko · TI-MOR ORIENTAL: dólar estadounidense · TOGO: franco · TONGA: pa'anga, seniti · TRINIDAD Y TOBAGO: dólar de Trinidad y Tobago · TÚNEZ: dinar tunecino, milésimo

PARTES DE UNA MONEDA: anverso, reverso · cara, cruz · contorno, cuño, escusón, faz, frente, impronta, lado, leyenda, módulo, nimbo, exergo

63.12 ingreso

ganancia
— bonificación, dividendo, margen, plusvalía, reintegro, renta, rentabilidad · renta perpetua, r. variable
— subsidio, subvención
— incremento de capital, ingresos brutos, i. netos

lucro, logro, margen, ganada, vendaje, ANT gajes

provecho, utilidad, ventaja, agosto, ganga, gano, granjería, mangas, momio, obvención, producto

dieta, receta, remuneración, prima, avance

colecta, cuestación, postulación, recaudación, recaudamiento, recaudo, ANT coniecha, recabdación

63.13 pago

paga, gasto, desembolso, expendio, dispendio, expensas, costas, salida, descargo, DESUS despesa, ANT manlieva, CHILE Y MÉX egreso

EXCESIVO: derroche o COLOQ barrumbada

EL NECESARIO PARA MANTENER LA CASA EN UN DÍA: gasto diario, EL QUE SE HACE EN LA COSA POSEÍDA: impensa, EL QUE REMATA LAS CUENTAS: finiquito · LOS QUE VAN A CAUSAR EL SEGUIMIENTO DE UN PLEITO: litisexpensas

anticipo, adelanto, avance, aval, fianza, señal, ARG Y UR seña

comisión, corretaje, AM vendaje · prima · multa, rescate

alquiler, arrendamiento, rento

renta, rédito, provento, SOBRE UNA TIERRA DE LABOR: terrazgo o terraje, SOBRE UN LUGAR: encomienda, SOBRE ALGUNOS BIENES PRODUCTIVOS: situado · ECLESIÁSTICA: prebenda, congrua, anata, prestamera, obtento, ANT grosa

PROCEDIMIENTOS DE PAGO: al contado, a la vista, cheque al portador · a plazos o aplazado, a cuenta, a plazo fijo · pago en destino

63.14 crédito

préstamo
— empréstito, ANT prestimonio, prestado, préstido, AM acreencia, avío
— SUSTITUCIÓN DEL TITULAR DEL CRÉDITO: subrogación
— restricción crediticia, retención en cuenta · descuento
— adelanto, anticipo, avance, COLOQ sablazo
— fianza, garantía, prenda
— tipo de interés, interés bancario, recargo, gravamen, porcentaje
— TIPOS: personal, hipoteca o préstamo hipotecario · sobre mercancías, sobre valores ·

a interés fijo, a i. variable · préstamo amortizable

deuda
— adeudo, débito, déficit, descubierto, obligación, dividendo pasivo, números rojos, DESUS debda, AM droga, COLOQ agujero, trampa, pella, AM dita
— impago, impagado · AUMENTO QUE POR ACUMULACIÓN DE INTERESES VA TENIENDO UNA DEUDA: cargadilla

TIEMPO: a corto plazo, a medio plazo, a largo plazo, a fecha de vencimiento · mora, moratoria, morosidad, vencimiento · a la vista, a plazos, a plazo fijo, a... días vista, en firme, a letra vista, a plazo vencido

MODO DE EXTINGUIRSE LAS OBLIGACIONES POR REUNIRSE EN UNA MISMA PERSONA EL CRÉDITO Y LA DEUDA: confusión

63.15 empresario

fabricante, contratista, hombre de negocios

gerente, agente, apoderado, ejecutivo, COLOQ CON ALGUNA AUTORIDAD: baranda

consejero, asesor, consultor, economista, actuario

tesorero, cajero, depositario, administrador, financista, contable, AM contador o contador público

almacenista, proveedor, VEN suplidor, PERÚ cangallero

publicitario, anunciante, anunciador, divulgador, propagandista, técnico en publicidad

COLECTIVOS: sociedad mercantil, junta directiva, consejo de administración, c. directivo, directorio

QUE REALIZA AUDITORÍAS: auditor

EN RELACIÓN CON EL CAPITAL:
— patrocinador, promotor, mecenas, inversionista, avalista, prestamista, accionista, plutócrata, socio capitalista · prestatario, fiador, garante, librador, mandante
— acreedor, asentador, SI APRONTA EL DINERO PARA UNA EMPRESA DE RESULTADO DUDOSO: caballo blanco · CUBA factor, EN MARRUECOS: almotacén
— especulador, defraudador, acaparador, monopolista, explotador, logrero, usurero, MÉX agiotista, EC, SALV, HOND Y MÉX coyote
— banquero, ANT numulario, ANT genovés, QUE TIENE CUENTA CORRIENTE: cuentacorrentista · accionista, agente, bolsista, agente de bolsa, corredor, broker, CORREDOR DE BOLSA NO MATRICULADO: zurupeto
— traficante, contrabandista, estraperlista, negrero

COLOQ tiburón, potentado, millonario, creso, mecenas, pájaro gordo, gente gorda, g. de pasta

63.16 comerciante
comercial
— **negociante**, representante, viajante, tratante, corredor, comisionista, intermediario, subcontratista, mercader, marchante, mercante o merchante, agente de seguros
— QUE ACUDE A LAS FERIAS: feriante, DE CABALLOS: chalán o ANT baratón, DE JUGUETES Y QUINCALLA: tirolés, EN UN MERCADO PÚBLICO: asentador, DE CANASTAS: canastero, DE PRENDAS: prendero, DE TRASTOS VIEJOS: chamarilero o chamarillero
— PERÚ, DE OBJETOS A BAJO PRECIO: cangallero, QUE VENDE AL POR MAYOR: mayorista, QUE VENDE AL POR MENOR: minorista, detallista, DESP mercachifle, ANT rifarrafa, FILIP sinamayera, AM CENT Y MÉX, VENDEDOR DE TILICHES: tilichero, GUAT Y MÉX VENDEDOR DE CHILE: chilero
vendedor
— **expendedor**, librador, dador, consignador, distribuidor, acreedor ACTUANDO POR CUENTA DE OTROS: corredor, QUE POSEE UNA LETRA DE CAMBIO: tenedor
— **dependiente**, dependienta, vendedera, tendero, hortera, aprendiz, motril, EN LAS ALHÓNDIGAS: alcaide, DESUS lonjista · SI FÍA: fiador
— **revendedor**, mangón, AM revendón, UR visitador, cadete, VEN bodeguero
— **subastador**, AM MER martillero
— **vendedor ambulante**, comerciante callejero, buhonero o bufón, placero, cajonero, cajero, toldero, trapero, ropavejero, saldista, gorgotero, AND charanguero, AM pacotillero, MÉX abonero, merolico
apoderado, pasante, subejecutor, subsidiario · teniente, lugarteniente, mercenario, corresponsal, delegado, portavoz · sucesor, regente, mandatario, rey de romanos, delfín · RELIG vicario, internuncio, EN MARRUECOS: jalifa, EN TURQUÍA: caimacán
prestamista, prestador, agenciero, mutuante, DER comodante
prestatario, emprestillador, mutuario o mutuatario
COLOQ pericón, portanveces, sota, sucedáneo, supleausencias, suplefaltas, tapagujeros

63.17 cliente
consumidor
— **usuario**, parroquiano, feligrés, AR comprero · A QUIEN SE GIRA UNA LETRA DE CAMBIO: tomador, librado
— cliente fiel, c. potencial
— A QUIEN VA DESTINADO UN BUQUE: consignatario
— GENÉRICOS: clientela, parroquia, público, asociación de consumidores, sociedad de consumo
— titular de una tarjeta de crédito, MÉX Y VEN tarjetahabiente

— COLOQ SI PAGA LAS CUENTAS DE OTRO: pagano o pagote, paganini
deudor
— acreedor, codeudor, saldista, obligacionista, atrasado, OBLIGADO AL PAGO DE UN IMPUESTO: contribuyente
— SI HA HECHO BANCARROTA: quebrado
— ANT, SI OBLIGABA A PAGAR LA DEUDA DE OTRO: manero
— QUE MERECE CRÉDITO: solvente, buena firma
— QUE NO MERECE CRÉDITO: insolvente, insoluto, maula, moroso, mala firma, COLOQ inglés
EN LAS SUBASTAS: pujador, ofrecedor · postor, ponedor, licitador · adjudicatario, mayor rematante

63.18 cobrador
perceptor, EN LOS TRIBUNALES: derechero, DE LOS TRIBUTOS: exactor, forero, lezdero, EN LAS INDIAS: factor, DEL PEAJE: peajero, DEL PONTAZGO O DERECHO PARA PASAR POR LOS PUENTES: pontazguero o portazguero, AND cuartero, ENTRE LOS ROMANOS: publicano, QUE RECAUDABA LAS RENTAS DEL REY: almojarife, DESUS consumero, mampostero
recaudador, colector, recolector, subcolector, receptor, rentero, serviciador, alcabalero, rodero, DESUS, EN LOS ESPECTÁCULOS: tablajero, ANT recabdador, sobrecogedor
cajero, habilitado, contable, contador, interventor, registrador, supervisor, tomador, usufructuario, mandatario
COLOQ lechuzo, sacamantas

63.19 establecimiento comercial
tienda
— **departamento**, división, sección, trastienda almacén
— **producto**, mercancía, mercadería, efecto, género, artículo, ítem, DESUS atijara, ANT emplea, merchantería, AM abarrote · EN CONJUNTO: existencias, partida, remesa, vendeja, stock, gama, PORCIÓN CORTA: ancheta, DE CONTRABANDO: alijo, EVITANDO EL IMPUESTO: matute · rebajas, saldos · código de barras, marca, muestra, garantía
— **anaquel**, aparador, estante, estantería, librador, muestra, rótulo, tablero, trampa
— **sección**, sala de exposición, trastienda, punto de venta, probadores
— **mostrador**, caja, maniquí
— **escaparate**, vitrina, ARG Y UR vidriera, MÉX aparador
— carro, carrito, ARG changuito
— horario ininterrumpido, h. continuo, AM h. corrido, CHILE h. permanente
empresa
— **grupo**, sociedad financiera, holding
— **compañía**, razón social, sociedad mercantil, s. anónima (S.A.), s. limitada (S.L.)

— empresa privada, e. pública
— pequeñas y medianas empresas (P.Y.M.E.S.), sociedad personalista, s. por acciones, s. sin ánimo de lucro
— sociedad multinacional, s. transnacional, empresa familiar
— consultoría o consulting
— cooperativa, filial, mutua
— CONCESIÓN DE DERECHOS DE EXPLOTACIÓN DE UN PRODUCTO: franquicia
— VENTAS EN PÚBLICA SUBASTA: encante
banco
— banco central, caja de ahorros, c. de pensiones · agencia, sucursal
— banca, casa de banca, tabla, ANT t. numularia
— oficina de cambio, mesa de cambio · casa de empeños, c. de préstamos, monte de piedad, monte pío, ANT pósito
bolsa
— bolsín · bolsa de valores, mercado de valores, cartera de valores, parqué, compañía, consorcio, filial, grupo, sociedad, sector, red comercial
— ENTIDADES: cámara de comercio, comisión nacional del mercado de valores (C.N.M.V.)
hacienda, tesorería, recaudación, recetoría o receptoría, colecturía, DESUS fielato, telonio, fieldad
63.20 publicidad
marketing, mercadotecnia
— agencia de publicidad
— estudio de mercado, cuota de mercado, economía de mercado, segmento de mercado, campaña publicitaria, imagen de marca, patrocinio, relaciones públicas
— publicidad institucional, p. engañosa, p. machacona
anuncio o spot
— **aviso** publicitario, frase publicitaria, lema o eslogan
— **sugestión**, agresividad, motivación psicológica, reflejo condicionado
— **producto**, consumo, sociedad de consumo
— **difusión**, divulgación, expansión, propagación, publicación, reclamo, revelación
— **persuasión**, partidismo, proselitismo, sectarismo
— **cartel**, bando, edicto, folleto, inscripción, letrero, mailing, pancarta, pasquín, pegatina, placa, prospecto, rótulo, catálogo
VÍAS:
— cine, televisión, radio, prensa, guía telefónica, buzoneo
— valla publicitaria, exposiciones, exhibiciones, escaparate, hombre anuncio, transportes públicos, globo
— objetos grabados, vales de obsequio

— premios, regalos
MODOS DE REALCE:
— asociación de palabras, a. de ideas, polisemia, sonoridad
— belleza, clase, elegancia, elocuencia, erotismo, exotismo, juventud, lugar idílico, ternura
— naturalidad, originalidad, progreso social, reverencia ante la ciencia

ADJETIVOS Y ADVERBIOS
63.21 caro
costoso, oneroso, gravoso, dispendioso, alzado, alto, elevado, subido
excesivo, exorbitante, disparatado, inmoderado, exagerado
inasequible, inaccesible, prohibitivo
a millón, a precio de oro, a p. de plata, por las nubes, fuera del alcance · el oro y el moro
COMP ING caro como los pelos del demonio, más caro que el azafrán
63.22 barato
comercial, venal o venable, endosable, negociable · consumible, fungible, gastable · vendible, invendible
económico
— **asequible**, razonable, rentable, convenible, módico, moderado, reducido, bajo, ANT baldono
— **pagable**, pagadero, acomodado
— **rebajado**, saldado, abaratado, abatido, tirado, regalado, sobrebarato, último
— **ocasión**, lance, oferta, segunda mano, bajo precio, buen precio
COLOQ una ganga, por los suelos
COMP ING por un pedazo de pan, NIC a precio de guante mojado, VEN por tres lonchas
gratis, gratuito · sin pagar
— COLOQ de balde, de gorra, de boquilla, de guagua, de mogollón, de momio, de rositas, de bóbilis-bóbilis
— por nada, porque sí, por el morro, por amor al arte, por las buenas, por tu cara bonita, por tu linda cara, caído del cielo, llovido del cielo, así como así · DESUS gratisdato
— buenamente, graciosamente, gratuitamente
63.23 rico
adinerado
— **acaudalado**, hacendado, acomodado, desahogado, holgado, heredado, poderoso, caudaloso, opulento, dineroso, fondeado, hacendado
— **millonario**, amillonado, multimillonario, archimillonario
— **capitalista**, burgués, cacique, creso, fúcar, godo, harto, mecenas, plutócrata, pudiente, rentista, poderoso, potentado, EN LA INDIA: nabab

— QUE VUELVE RICO DE AMÉRICA: indiano, habanero
— DESUS lauto, fúcar, facultoso, acontiado, ANT haberado, haberoso, valioso
COLOQ
— forrado, sobrado, granido, millonario
— ricacho, ricachón, ricote, pijo
— de posibles, de sobrado, con posibilidades, de buena posición, en b. situación, en la sabana
— pez gordo, niño de papá, hijo de papá, gente bien, g. gorda, g. guapa, podrido de dinero, beautiful people
— AM platudo, rastacuero, cogotudo

63.24 pobre

pobretón, paupérrimo, indigente, desbragado, descamisado, desarrapado o desharrapado, desheredado, necesitado, arruinado, apurado, desacomodado, achuchado, alcanzado, raído, rasposo

desdichado, desgraciado, desafortunado, desvalido, desventurado, lacerado, lacerioso, menguado, malaventurado, arrastrado

indigente, miserable, miserando, menesteroso, falto, infausto, DESUS maharón

mísero, humilde, lázaro, proletario, DESUS inope, sopista, brodista, gandido, ANT espilocho, BOL atingido

hambriento, afamado, famélico, pelado, marginado

mendigo, pobrero, limosnero, pordiosero, despensero, postulante, santero, agostero, animero, cuestor, demandador, plegador, vergonzante, varado

mal de dinero, mal de fondos, escaso de dinero, e. de fondos, pobre de solemnidad
COLOQ
— lameplatos, pelagatos, pelafustán, pelarruecas, tagarote, ganapán, tieso, seráfico, pelete, pelón
— sin un cuarto, sin un céntimo, sin cinco céntimos, sin un ochavo, sin una perra, sin una p. chica, sin una p. gorda, sin una peseta, sin un real, sin chapa, sin un chavo
— muerto de hambre, a dos velas, a verlas venir · MALSON con el culo a rastras

VERBOS Y EXPRESIONES

63.25 enriquecerse

ingresar, ganar, obtener, sacar, conseguir, devengar, embolsarse, lucrarse, lograr

recaudar, cobrar, postular, ANT recabdar

acumular, ahorrar, prosperar, acopiar, aumentar

hacerse rico, h. de oro, hacer dinero, h. fortuna · ganarse la vida, buscarse la vida
COLOQ hincharse, forrarse, engordarse, adinerarse, entrujar, bandearse, buscárselas, garbear · hacer su agosto, h. su pacotilla

COMP ING ganar dinero a espuertas, ponerse las botas, llenarse los bolsillos, hacer las Américas, ARG h. la guita loca, pararse o salvarse para toda la cosecha, NIC echarse la papa

63.26 empobrecerse

arruinarse, desplomarse, esquilmarse, fundirse, desangrar, depauperar, descapitalizarse, desdinerarse · perder
COLOQ descamisarse, pobretear, malpasar, malvivir, sobrevivir, trampear · ir tirando, quedarse sin nada
COMP ING
— quedarse a espadas, q. en bragas, q. en camisa, q. en cruz, q. en cuadro, q. en cueros, q. en la calle, q. sin blanca, q. con la bolsa limpia
— perder la camisa, ARG irse a los caños, VEN quedarse en el esterero
— no tener dónde caerse muerto, no t. más que el día y la noche, no t. más que la capa en el hombro, no t. más que lo puesto, no t. sobre qué Dios le llueva
REF
— Donde no hay harina, todo es mohína. Mal suena el don sin din. Los duelos con pan son menos. Pobreza no es vileza. Más vale libertad con pobreza, que prisión con riquezas. Honra y dinero no caminan por el mismo sendero. No es oro todo lo que reluce. Si no gozo de mi dinero, para qué lo quiero.
— El dinero del mezquino hace dos veces camino. El dinero requiere tres cosas: saberlo ganar, saberlo gastar y saberlo despreciar. El oro hace poderoso pero no dichoso. El prometer no empobrece; el dar es lo que aniquila. El que para pobre esta apuntado, da igual que corra o que esté parado.

63.27 tener

poseer, atesorar, guardar, conservar, esconder · ostentar, lucir

contar con
— estar bien de, e. fuerte de, disponer de, juntarse con, gozar de, beneficiarse de, tener en su haber, t. a disposición, t. disponible
— ser rico, vivir bien, v. a lo grande, v. con desahogo, estar en fondos, no saber uno lo que tiene
— COLOQ tener cuartos, t. talego, estar forrado, ir sobrado

hacer un fondo, h. una colecta, AM h. una vaca, CHILE h. una cucha, PAN h. un serrucho, PERÚ h. una chancha

tener suelto, t. cambio, CHILE Y VEN t. sencillo, UR t. cambio chico · COLOQ CHILE t. molido, MÉX t. morralla

COMP ING

— estar montado en el dólar, e. podrido de dinero, ARG e. podrido en plata
— nadar en la abundancia, sacar dinero de las piedras
— tener bien herrada la bolsa, t. el riñón bien cubierto, t. más pasta que un restaurante italiano, t. más que el Banco de España
— vivir como un príncipe, v. como un patriarca, v. como un pachá, v. como un general, v. como un obispo, v. como un cura, v. como un marajá · VULG v. de puta madre
— vivir a cuerpo de rey, v. a lo grande, llevar una vida por todo lo alto
— atar los perros con longaniza y apedrearlos con lomo, comer a dos carrillos

REF

— SOBRE LA OPORTUNIDAD PARA LAS RIQUEZAS: Vivir pobre y morir rico es propio de un borrico. A la vejez, dinero y mujer. A los veinte, edad valiente, a los treinta casado, y a los cuarenta rico; si este dicho no se cumple, este gallo clavó el pico. Amor verdadero, el que se tiene al dinero.
— SOBRE LA FACILIDAD DE GASTARLO: A borracho o mujeriego, no des a guardar dinero.
— SOBRE EL PODER DEL DINERO: A balazos de plata y bombas de oro, rindió la plaza el moro. Al pobre y al feo de todo le da deseo. Al doblón, nadie le toma filiación. Asno con oro, alcánzalo todo. Con mucho dinero, todo es hacedero. Dios es omnipotente, y el dinero es su teniente. Duros hacen blandos. El dinero bien huele, salga de donde saliere. Ganzúa de oro abre puerta de hierro. Quien dinero tiene, hasta sabio parece. Quien tiene dineros, pinta panderos. Tanto vales, tanto tienes. Poderoso caballero es don dinero. Gran poder tiene el amor, pero el dinero mayor. Entre el honor y el dinero, lo segundo es lo primero. No hay tan buen compañero como el dinero. En todo el mundo entero, llaman señor a quien tiene dinero. Por dinero baila el perro, y por pan si se lo dan. Quien puede, arrastra. Los dinerillos del sacristán cantando se vienen, cantando se van Ya que me lleve el diablo, que sea en coche. El ojo del amo engorda al caballo.
— SOBRE LA HABILIDAD PARA MANEJARLO: A quien cuida la peseta nunca le falta un duro. Acomodarse con la pobreza es ser rico. No se es pobre por tener poco, sino por desear mucho. Al hombre pobre no le salen ladrones. Al pobre le faltan muchas cosas; al avaro, todas. Era tan pobre tan pobre que sólo tenía... dinero. Dinero sin caridad es pobreza de verdad.

— DINERO Y AMISTAD: Amigo sin dinero, eso quiero; que dinero sin amigo, no vale un higo. Amigo verdadero no va contra tu honra ni contra tu dinero. Antes de pedir dinero a un amigo piensa bien cuál de las dos cosas necesitas más. Antes mujer de un pobre, que manceba de un conde. No hay hacienda sin contienda. Sobre dinero no hay compañero.
— DINERO Y DECENCIA: Cuando el dinero habla, la verdad calla. No crece el río con agua limpia. Con sólo rocíos no crecen los ríos. Honra y provecho no caben en un techo. A tuerto o a derecho nuestra casa hasta el techo. Más medra el pillo que el hombre sencillo.
— SOBRE LOS PROVECHOS DEL AHORRO: Gota a gota se llena la bota. Quien guarda, halla. Un grano no hace granero, pero ayuda al compañero.
— SOBRE LA DIFICULTAD PARA VENDER: Calles mojadas, cajón seco.
— NECESIDAD Y DIFICULTADES: En la casa donde no hay panchón, todos riñen y todos tienen razón. Gran maestra es la pobreza, pero empuja a hacer vileza. La pobreza nunca alza la cabeza.
— ENRIQUECERSE ES MÁS FÁCIL CON DINERO: ¿Adónde vais, bienes? A do más tienen. Cobre gana cobre, que no huesos de hombre. Fortuna, ¿a dónde vas? A donde hay más. Vase el oro al tesoro.
— LAS RIQUEZAS LLEGAN A QUIENES MENOS LAS NECESITAN: Dios da habas a quien no tiene quijadas. No se hizo la miel para la boca del asno. No son las margaritas para los cerdos. Cuando la pobreza entra por la puerta, el amor salta por la ventana. Cuando se trata de dinero todos somos de la misma religión. Cuatro cosas no pueden ser escondidas durante largo tiempo: la ciencia, la estupidez, la riqueza y la pobreza. Dale a los ricos lo suyo, a los pobres lo tuyo. De cola de perro y llanto de mujer, la mitad has de creer. De dinero y santidad o calidad o bondad, la mitad de la mitad. Dios da habas a quien no puede comérselas. MALSON Dios da bragas a quien no tiene culo.
— SOBRE LA NECESIDAD DE DARLE USO: Dinero guardado, barco amarrado.
— LA POBREZA DE LA RIQUEZA: Era un hombre tan pobre que sólo tenía dinero. Hay gente tan pobre, que sólo tiene dinero. Los que miden el oro por celemines, suelen ser los más ruines. Más lo quiero mozo y pobre que viejo que se doble. Más vale riqueza de corazón, que riqueza de posesión. No es más rico el que más tiene sino el que menos necesita.

63.28 no tener
escasear, pobretear, malpasar, malvivir, perecer
carecer, faltar, necesitar
vivir mal, v. de milagro, comerse los codos
no tener a dónde volver la cabeza, no t. a quién
    volver la cara, no t. a quién volverse, morir-
    se de hambre, comerse de miseria, bailar el
    pelado, quedarse a dos velas, COL sudar pe-
    tróleo, CUBA pedir el agua por señas, CR aga-
    rrarlas del rabo, VEN tener el pesebre alto
ser pobre de necesidad, ser p. de solemnidad ·
    poner la boca al viento, CUBA tener tres va-
    ras de hambre · ir cabeza abajo, MALSON Y
    VULG irle de puta pena
COLOQ
— estar a la cuarta pregunta, e. con una ma-
    no detrás y otra delante, e. en bancarrota,
    e. en el chasis, e. en las últimas, e. en quie-
    bra, e. falto, e. fundido, e. hasta el cuello,
    e. limpio, e. sin blanca, e. sin un céntimo, e.
    sin un chavo
— ARG estar sin un mango, e. seco, e. sin un
    peso, correr la coneja, c. la liebre, CHILE es-
    tar sin un cinco, e. pato, CUBA e. bruja, e.
    en la olla, e. más pelado que un plátano,
    MÉX e. fregado, MÉX Y PR e. en la prínga-
    na, NIC e. palmado, MÉX e. sin un quinto, e.
    quebrado, e. sin un clavo, UR e. sin un vin-
    tén, VEN e. en la lona, e. ladrando
— empeñar, COLOQ estar algo en Peñaranda
COMP ING
— no levantar cabeza, ser más pobre que las
    ratas
— no tener blanca, no t. casa ni hogar, no t.
    dónde caerse muerto, no t. más que el día y
    la noche, no t. nada que llevarse a la boca,
    no t. ni gorda, no t. ni para pipas, no t. ni
    un céntimo, no t. para un bocado, no t. pa-
    ra un remedio, no t. un chavo, no t. un cuar-
    to, no t. un duro, no t. una perra, no t. una
    peseta
— andar muerto de hambre, a. a tres menos
    cuartillo, MALSON Y VULG a. como putas en
    cuaresma
— AM no tener un cobre, no t. lana, no t. un
    mango · estar en la palmera, e. pato, no t.
    guita, ARG andar seco o estar seco como
    lengua de loro, CHILE andar en la pitilla, a.
    a pata con los piojos, estar a tres cuartos y
    un repique
REF La necesidad enseña más que la universi-
    dad. Más discurre un hambriento que cien
    letrados. Más enseña el hambre que diez
    maestros.
63.29 comprar
gastar
— adquirir, consumir, mercar, hacer gasto

— desembolsar, soltar, aflojar, invertir, DESUS
    impender
— prodigarse, desprenderse, estirarse, lucir-
    se, portarse, SAL rumbar, gastar generosa-
    mente, g. a manos llenas
— CON INTENCIÓN DE HACER NEGOCIO: negociar, co-
    merciar
— EN EL EXTRANJERO: importar
— DEBATIR EL PRECIO DE VENTA: regatear
malgastar
— malversar, malemplear, disipar, desparra-
    mar, pulir, quemar, tirar, fumarse, fundirse
    • convertir en humo, tirar por la ventana,
    deshacerse entre las manos
    • no tener nada propio, no t. nada suyo
adeudar
— deber, aplazar, debitar, ANT manlevar
— endeudarse, empeñarse, obligarse, COLOQ
    entramparse, CHILE encalillarse, GUAT endi-
    tarse, CANARIAS Y MÉX endrogarse
— dejar a deber, contraer obligaciones, estar
    en números rojos
COLOQ rascarse el bolsillo, soltar la mosca
COMP ING
— tirar la casa por la ventana · tener más deudas
    que el gobierno, deber a cada santo una vela
63.30 vender
expender
— despachar, facturar, girar, AL EXTRANJERO: ex-
    portar, CON PAGO APLAZADO: fiar, POR CÁNTARAS:
    acantarar
— arrendar, traspasar
— ofertar, saldar, liquidar, baratear, vender re-
    bajado · hacer su agosto
— malvender, malbaratar, revender
— devolver, redhibir, retrovender, arredrar o
    DESUS redrar
subastar
— correr o sacar a pública subasta, vender en
    subasta, AR encantar
— tantear, retasar, OFRECER PRECIO: licitar
— pujar, quintar, requintar, hacer postura, do-
    blar la parada
— rematar, TERMINAR EL TIEMPO SEÑALADO PARA LOS
    REMATES: acabarse la candela
— adjudicar · quedar desierta
COMP ING venderse como rosquillas, v. como
    churros, v. como pan caliente · v. hasta la
    camisa
63.31 ahorrar
economizar
— reservar, endurar, reducirse, guardar, SAL
    enguerar · hacer economías, reducir gastos
— tacañear, racanear, mezquinar, alagartarse,
    escatimar · estrujar el dinero, atar el gato,
    apretar la mano, cerrar la mano, tener la ma-
    no manca

COLOQ
— cicatear
— apretarse el cinturón, tirar de la cuerda, cerrar el grifo
— NO PAGAR, AUNQUE DEBIERA HACERSE: ir de balde, ir de gorra, ir de gracia, ir de barato, ir de bóbilis-bóbilis, ir de botijuela, ir de cachete, ir de gañote, ir de guagua, ir de momio, ir de oque, ir de patilla, ir por la cara, ir por el morro, ARG ir de arriba, ir de garrón, ir de jeta, MÉX ir a grapa, PR ir de boquilla
COMP ING
— ser un agarrado, s. un roñoso, s. un rasposo, s. un rata, s. una hormiga, s. un muerto de hambre, s. como un puño, s. de puño en rostro, s. devoto de la virgen del puño, s. el caballero de la tenaza
— gastar menos que Tarzán en corbatas, g. menos que un ciego en novelas, g. menos que una monja de clausura en coloretes
— no dar ni la hora, no dar ni los buenos días, no comer plátano por no tirar la cáscara, por no echar nada ni escupe
REF
— Muerto estará y aún el cementerio regateará. Al miserable y al pobre, todo les cuesta el doble. Dineros del avaro, dos veces van al mercado. Piensa el avariento que gasta por uno, y gasta por ciento. Quien se viste de ruin paño, dos veces se viste al año. Guarda el avaro su dinero para que pompee su heredero. Guardan guardadores para buenos gastadores.
— Buenas costumbres y dineros, hacen de los hijos caballeros. Bueno y barato, no caben en un zapato.

63.32 gastar
dilapidar
— despilfarrar, disipar, derrochar, desperdiciar, DESUS guastar
— ser un manirroto, ser un bolsa rota
dar sin tino, d. sin duelo, d. hasta las entrañas · d. un tiento, dejar temblando, sacar los ojos
COMP ING echar la casa por la ventana, tener un agujero en la mano, t. un agujero en el bolsillo, no hacer una casa con azulejos, salir más caro que un hijo tonto, echar por la borda
REF Lo que el padre ahorra, el hijo malogra. Nuestros padres a pulgadas, nosotros a brazadas. Quien bien lo hereda, mal lo conserva.

63.33 pedir
apelar
— acudir, hambrear, invocar, llamar, recurrir, gallofear o gallofar, ANT recudir, confuir
— mendigar, limosnear, pordiosear, bordonear, pedir, postular, colectar

solicitar ayuda
— buscar ayuda, echar mano de, echarse a los pies, hacer uso de, implorar la caridad, llamar a la puerta de, pasar la bandeja
— pedir auxilio, p. limosna, p. prestado, p. socorro, p. árnica
— alargar la mano, tender la mano
— hacer una colecta, AM h. una vaca, h. una vaquita, MÉX h. una coperacha
— PEDIR LO QUE SE DEBE: pasar la factura
deber, adeudar, adeudarse, endeudarse, entramparse, contraer deudas
COLOQ
— sablear
— dar un sablazo, meter la mecha, pegar un parche, tirar de la manga, ARG pegar un mangazo, ARG y UR dar un pechazo
COMP ING ir de puerta en puerta
REF Quien no llora, no mama. Quien no pía, no cría. Quien no sabe pedir, no sabe vivir. A quien no habla, no lo oye Dios. Amén, amén al cielo no llega.

63.34 prestar
fiar, emprestar, dejar, financiar, dar a crédito, dar a interés, dar al fiado, conceder un crédito
ceder, dejar, dar, renunciar, abdicar, ajenar, alienar, compartir, desencarnar, prescindir, soltar
deshacerse, desapropiarse, desasirse, desentrañarse, desheredarse, desnudarse, despojarse, desposeerse, desprenderse, enajenarse, expropiarse, librarse, sacrificarse, privarse, quitarse
hipotecar, empeñar, consignar, pignorar
disponer de, hacer disposición de, quedarse sin nada
COMP ING quitarse el bocado de la boca

63.35 pagar
abonar
— liquidar, anticipar, amortizar, reembolsar, adelantar, cargar, endosar, depositar, contraendosar, comandítar, entregar, girar, sobregirar, ceder, invertir, cotizar, ingresar, acreditar, beneficiar, sufragar, devolver, saldar, regularizar, descontar, transferir, transmitir · devengar un interés
— entregar, retribuir, reportar, satisfacer, solventar, corresponder, devengar, desembolsar, cubrir, cumplir, BOL, COL, CR, HOND, MÉX Y NIC enterar, SIN DILACIÓN: aprontar, CADA UNO LO SUYO: escotar, LO QUE ALGUIEN DEBE PAGAR CON EL DERECHO DE REINTEGRARSE: lastar, LO QUE ALGUIEN DEBE RECIBIR: recudir
— ingresar, depositar, poner, cubrir, descontar, integrar, anticipar, adelantar
— sufragar, subvencionar, subvenir, costear, indemnizar, gratificar, remunerar, retribuir, estipendiar, prebendar, primar

— **tributar**, contribuir, encabezarse, pechar, quintar, serviciar, feudar, octavar

devolver

— **reintegrar**, tornar, reembolsar, restituir · desempeñarse, desendeudarse, desentramparse

— **amortizar**, liquidar, cancelar, deshipotecar, finiquitar, saldar, enjugar, compensar, debitar, desadeudar

— **hacer llegar**, pagar con las setenas, correr con los gastos, quedarse en paz

pagar al contado, p. de inmediato, p. en efectivo, p. a tocateja, p. con dinero contante y sonante, p. con dinero en tabla, ARG p. taca-taca, MÉX p. a chas-chas

pagar a crédito, p. a plazos, p. a resultas, p. a cuenta, p. en garantía, AM p. en armadas, ARG p. en cuotas, MÉX p. en abonos

dar una entrada, d. un anticipo, CHILE d. el pie, MÉX d. un enganche, UR hacer una entrega, VEN dar una inicial

pagar cada uno lo suyo, p. a escote, p. a pachas, p. a la inglesa, p. a la romana

COLOQ

— **acoquinar**, apoquinar, diñar, sacudir, estirarse

— **aflojar** o soltar la mosca, a. o soltar la bolsa, a. o soltar la lana, a. o soltar la pasta

— **rascarse el bolsillo**, r. la faltriquera, r. pelo arriba

— SI SE HACE DE INMEDIATO: pagar a toca teja o a tocateja

— SI SON DEUDAS: tapar agujeros

— QUEDARSE SIN PAGAR LAS DEUDAS: hacer flux

— **echar mano al bolsillo**, e. mano a la cartera

COMP ING pagar tarde, mal y nunca

63.36 cobrar

percibir

— **embolsar**, recibir, ingresar, conseguir, alcanzar, obtener, lograr, cosechar, recolectar

— **pasar la cuenta**, pagar el recibo · presentar la cuenta, p. el recibo · cobrar intereses

— **beneficiarse**, lucrarse, embolsarse, reembolsarse, rentar, ganar, colectar, montazgar, amontazgar

— sacar provecho, hacer su jugada

COLOQ

— **dar un palo**, d. una clavada, d. las cuentas del Gran Capitán, ARG d. con un caño, d. con un hacha · sacar la cabeza, CHILE dejar con el hoyo cacareando

— hacer su pacotilla, ganarse unas pesetillas, ponerse las botas

COBRAR IMPUESTOS:

— **recaudar**, imponer, cargar, recargar, devengar, gravar, apremiar, derramar, descabezar, despechar, tallar, encabezar, encartar, encomendar · recargar

— REDUCIR EL PAGO: desgravar, eximir

NO COBRAR: perdonar, condonar, dispensar, prescribir

63.37 negociar

gestionar, especular, traficar, explotar

contratar

— **comercializar**, acordar, tratar, conciliar, suscribir, ejecutar, habilitar, validar, rentar · celebrar un contrato

— **abrir una cuenta corriente**, a. una cuenta de crédito · cancelar una cuenta, bloquear una cuenta, bajar el interés, cambiar dinero, inmovilizar

— COLOQ trapichear, gitanear

tasar

— **valorar**, evaluar, valuar o avaluar, valorizar, revaluar, avalorar

— **ajustar**, estimar, retasar, cuantiar, justipreciar, tantear, concertar · pedir, querer

valer

— **importar**, costar, montar, alcanzar, sumar · cotizarse

— **salir a**, estar a, estar en, ascender a, subir a, llegar a

— COMP ING
  • costar un riñón, c. un sentido, c. la torta un pan, c. un ojo de la cara, c. el oro y el moro, c. un pico, c. una porrada, c. más el salmorejo que el conejo · VULG c. un cojón, c. un huevo y la yema del otro
  • valer más el collar que el galgo, v. más la salsa que los caracoles
  • estar por las nubes

incrementar

— **aumentar**, gravar, encarecer, alzar, añadir, revalorizar, subir, avalorar

rebajar

— **abaratar**, afinar, bajar, baratar, baratear, bonificar, deducir, depreciar, descontar, desvalorizar, devaluar, liquidar, rematar, saldar, DESUS desencarecer · congelar

— malbaratar, malvender

quebrar

— **desbancar**, suspender pagos, hacer crack, h. bancarrota

— **embargar**, confiscar, requisar, aprehender, decomisar, intervenir, incautarse, desmortizar

— **desembargar**, desempeñar, redimir, recobrar, recuperar, levantar el embargo

64. ENSEÑANZA
64.01 didáctica

docencia

— **pedagogía**, maestría, didactismo, didascálica, magisterio, educación, instrucción, ilustración, RELIG evangelización, catequesis, catequismo, misión

— **educación**, civilidad, urbanidad, civismo, corrección, cortesía, delicadeza, finura, buenas maneras
— **enseñanza laica**, e. pública, e. estatal, e. privada, e. religiosa
aprendizaje
— **formación**, preparación, adquisición, asimilación, cultura, aleccionamiento, experimentación, disciplina
— **lección**, moraleja · vivencia, experimento, fogueo, mundo, mundología
MÉTODOS Y VÍAS:
— **coeducación**, formalismo, verbalismo
— **método socrático**, m. acroamático
— **memorismo**, EJERCICIO DE LA MEMORIA: psitacismo
— DIÁLOGO MEDIANTE PREGUNTAS: mayéutica
64.02 niveles
guardería, jardín de infancia, kindergarten
enseñanza primaria, primera enseñanza, estudios primarios, certificado de estudios, ANT graduado escolar · primeras letras
enseñanza media, segunda enseñanza, bachillerato, bachiller, grado de bachiller · selectividad, reválida, ANT cuodlibeto
enseñanza superior
— **carrera de grado medio**, ingeniero técnico, peritaje, diplomatura, maestro en artes, graduación
— **carrera de grado superior**, licenciatura, licencia, memoria de licenciatura
— EN LA CONVERGENCIA EUROPEA: grado, máster, doctorado
— ANT trivio o trivium (GRAMÁTICA, RETÓRICA, DIALÉCTICA), cuadrivio o cuadrivium (MATEMÁTICAS, ARITMÉTICA, MÚSICA, GEOMETRÍA Y ASTROLOGÍA O ASTRONOMÍA)
enseñanza de postgrado: cursos de doctorado, tesis doctoral · doctor, d. honoris causa
64.03 curso
matrícula
— **inscripción**, escolaridad
— **beca**, ayuda, gratuidad, colegiatura, prebenda
año académico o año escolar, curso académico, cursillo, máster
— **plan**, programa, método, metodología, horario, incompatibilidad
— **reglamento**, asistencia, ausencia · deberes, tareas
— **trimestre**, cuatrimestre, semestre · calificaciones, expediente académico
apertura de curso
— **junta de evaluación**, claustro, j. de seminario
— ACTO ACADÉMICO QUE SE HACÍA LOS DOMINGOS: dominical, ACTO LITERARIO QUE SE CELEBRABA POR LAS TARDES EN LAS UNIVERSIDADES: vespertina, EN LA UNIVERSIDAD DE ALCALÁ: alfonsina
clausura de curso, LÁMINA EN QUE SE AGRUPAN LOS RETRATOS DE UNA PROMOCIÓN: orla
64.04 asignatura
disciplina, materia, m. troncal, m. optativa o asignatura optativa · a. obligatoria, a. de libre configuración o de libre elección · a. matriculada, a. aprobada · a. pendiente · a. secundaria, COLOQ maría
área, cátedra, seminario
ASIGNATURAS: álgebra, aritmética, caligrafía, canto, ciencias naturales, conocimiento del medio o COLOQ cono, dibujo, educación física o COLOQ gimnasia, educación para la ciudadanía, ética, filosofía, física, geografía, geometría, gramática, historia, hogar, primer idioma, segundo idioma, lengua castellana, literatura, matemáticas o COLOQ mates, música, química, religión, tecnología
64.05 clase
lección, explicación, exposición, conferencia, demostración, conversación, doctrina, lectura, muestra, repaso
apuntes, deberes, problema, redacción, dictado · corrección de errores
comentario, instrucción, definición, disquisición, acotación, postila, postilación, apostilla, leyenda, llamada, preámbulo, colofón, coletilla
explicación de un texto o explanación o desdoblamiento
interlineado, interpretación, nota, paráfrasis
64.06 examen
prueba
— **control**, ejercicio, evaluación, verificación, sondeo, test de aptitud
— **examen escrito**, e. oral · e. parcial, e. final, REPETIDO PORQUE NO ALCANZABA EL NIVEL: recuperación, ANT reparación
— **examen de ingreso**, e. preparatorio, e. psicotécnico · concurso, oposiciones · examen de reválida, e. de selectividad, e. de estado
— EN LAS UNIVERSIDADES: tesis, ANT cuodlibeto
ANUNCIO O ESCRITO CON QUE SE CONVOCAN: convocatoria
pregunta, problema, pega, punto · falta, fallo, laguna · papeleta, p. de examen
COLOQ chuleta, ARG y COL machete, CHILE torpedo, CUBA, SALV, HOND y MÉX acordeón, UR trencito
64.07 calificación
nota
— **matrícula de honor**, AM contenta, premio extraordinario, DESUS parce
— **sobresaliente**, notable, bien, suficiente, aprobado

— **suspenso**, deficiente, insuficiente, muy deficiente, COLOQ cate
— asignatura pendiente
— COLOQ APROBADO GENERALIZADO: coladero · VALORACIÓN EXIGENTE DE LOS EXÁMENES: carnicería, degollina, escabechina, sarracina
fracaso escolar · media de la clase · expediente académico, informe, nivel

título
— postgrado, licenciatura, doctorado
— graduado, licenciado, maestro en artes, doctor, d. honoris causa
COLOQ, PERGAMINO EN QUE SE DABA EL TÍTULO DE GRADO EN LAS UNIVERSIDADES: panza de burra

64.08 estudio
trabajo, reflexión, averiguación, indagación, inquisición, pesquisa · deberes, tarea
exposición, memoria, reparación, repetición · LECCIÓN COMPUESTA DE TODAS LAS DE LA SEMANA: sabatina · ACTO ACADÉMICO QUE SE HACÍA LOS DOMINGOS EN LAS UNIVERSIDADES: dominical
investigación
— exploración, prospección, disección, verificación, control, búsqueda, análisis, sondeo, tanteo, trabajo de campo
— escudriñamiento, reconocimiento, sonsacamiento, averiguación, fisgoneo, batida · encuesta, consulta · especulación
— **disquisición**, tesis, DISCUSIÓN SOBRE UN PUNTO CIENTÍFICO ELEGIDO POR EL AUTOR: cuodlibeto
descubrimiento, hallazgo, invención, inventiva, novedad, ingeniosidad, visión, localización, detención, exploración · reconocimiento, identificación

64.09 profesor
enseñante, pedagogo, educador, instructor, institutriz, enseñador, preceptor, preceptista, leccionista, dómine, lector, mentor, monitor, QUE ENSEÑA LAS CURIOSIDADES DE UNA LOCALIDAD: cicerone
maestro, m. de escuela, m. de primera enseñanza, parvulista, ANT pedante, COLOQ maestrillo, RELIG apóstol, COLOQ, POCO CONOCEDOR: zancarrón · MAESTRO DE NOCIONES RECÓNDITAS: hierofante · guión, ayo, ANT ganso
CATEGORÍAS:
— rector, vicerrector, decano, director, regente
— catedrático, conferenciante
— agregado, asociado, adjunto, interino, titular, visitante, ayudante, auxiliar
— jefe de estudios, j. de departamento · tutor · lector
— ANT, CON FACULTAD PARA DAR LOS GRADOS: cancelario
— **investigador**, COLOQ sabueso, ratón de biblioteca, ratón de archivo
— comentador, comentarista, escoliador, escoliasta, glosador, postilador, QUE EXPLICA LA DOCTRINA DEL TALMUD: talmudista
EN GRUPO:
— profesorado, cuerpo docente, claustro de profesores, seminario, gremio
— tribunal, ARG Y UR mesa, CHILE comisión, MÉX sinodal, VEN jurado
— ANTIGUO TRIBUNAL MÉDICO: protomedicato
— consejo escolar, asociación de padres de alumnos (APA)

64.10 alumno
estudiante, colegial, CHILE liceano, UR liceal, VEN liceísta
compañero, discípulo · LIMITACIÓN EN EL NÚMERO DE ALUMNOS ADMITIDOS: numerus clausus · QUE TIENE AYUDA ECONÓMICA: becario
SEGÚN NIVEL:
— párvulo, escolar, bachiller, aprendiz
— GRADUACIÓN: graduando, graduado, DIPLOMA: diplomando, diplomado, LAUREA: laureando, laureado, DOCTORADO: doctorando, doctorado, LICENCIA: licenciando, licenciado, QUE COMPLETA UN CICLO: titulando, titulado, AM egresado
— QUE REPITE CURSO: repetidor
— QUE ESTUDIA EN UNA ESCUELA NORMAL: normalista, MIL cadete, galonista, RELIG seminarista
— SEGÚN RÉGIMEN DE ALOJAMIENTO: externo, interno
— NUEVO: novato
ANT, EN LA UNIVERSIDAD, ESTUDIANTE NUEVO: obispillo · QUE SE IBA A PASAR LAS PASCUAS FUERA DE LA CIUDAD: pascasio · DE VIDA IRREGULAR: goliardo · SEGÚN COLEGIO: escolapio, calasancio, bolonio · DE ESCASOS RECURSOS: sopista, QUE VERTÍA MANTEO: manteísta, SEGÚN NIVELES DE ESTUDIO: mayorista, medianista, minimista · QUE TOMABA LAS LECCIONES A OTROS: decurión · GRUPO DE DIEZ ESTUDIANTES: decuria
COLOQ, DE CONOCIMIENTOS SIN FUNDAMENTO: pitagorín · DESP, MÁS APLICADO QUE INTELIGENTE: empollón, ARG Y UR traga, CHILE mateo, MÉX matado, UR Y VEN cráneo

64.11 centro
guardería, preescolar, jardín de infancia, parvulario, CHILE prekinder, kindergarten, MÉX jardín de niños, cendi, UR jardín de infantes, escuelita, jardinera, VEN kinder
primaria, ARG primario, CHILE enseñanza básica, UR escuela · e. de párvulos, e. primaria
secundaria, enseñanza media, UR liceo · formación profesional, AM capacitación · instituto, colegio, academia, liceo, ateneo, escuela, gimnasio, politécnico · colegio privado, c. público, c. religioso · P VASCO ikastola · RELIG seminario menor
universidad · facultad · escuela técnica · universidad privada, u. pública, u. popular · en-

señanza laboral, e. superior · colegio mayor, departamento, paraninfo, rectorado · RELIG seminario mayor
centro de adultos, c. de educación especial · MÚS conservatorio · RELIG seminario
PARTES DE UN CENTRO ESCOLAR: aula, AM MER salón, CHILE sala de clases · biblioteca · laboratorio de ciencias, l. de idiomas · campo de deportes, gimnasio · cantina, comedor · patio de recreo · sala audiovisual, s. de ordenadores, s. de profesores · vestuario, claustrillo, paraninfo
ALOJAMIENTO DE ESTUDIANTES: colegio mayor, c. menor
facultad, **carrera universitaria y especialidad**
— arquitectura, bellas artes, biblioteconomía
— ciencias biológicas, c. de la educación, c. de la información, c. del mar, c. económicas, c. empresariales, c. exactas, c. físicas, c. geológicas, c. matemáticas, c. políticas, c. químicas
— derecho, diseño industrial, enfermería, farmacia
— filología alemana, f. bíblica trilingüe, f. catalana, f. clásica, f. eslava, f. española, f. francesa, f. gallega, f. germánica, f. hispánica, f. inglesa, f. románica, f. semítica, f. vasca
— fisioterapia
— geografía, graduado social, historia, humanidades, informática, i. de gestión
— ingeniería técnica aeronáutica, i. técnica agrícola, i. técnica forestal, i. técnica industrial, i. técnica minera, i. técnica naval, i. técnica de obras públicas, i. técnica de telecomunicaciones, i. técnica topográfica
— ingenieros aeronáuticos, i. agrónomos, i. de caminos, i. de canales y puertos, i. de minas, i. de montes, i. de telecomunicaciones, i. industriales, i. navales, i. químicos
— magisterio, medicina, náutica
— odontología, óptica
— pedagogía, periodismo, psicología
— sociología, trabajo social
— traducción e interpretación, turismo
— veterinaria
64.12 material de enseñanza
DE GESTIÓN: acta, boletín, certificado, examen, impreso · orla
DE CLASE: pizarra, encerado, AM pizarrón · tiza, MÉX gis · borrador, trapo · vídeo-proyector, retro-proyector, proyector de diapositivas, p. de opacos, televisión · magnetófono, papelera, pupitre, tablón de anuncios, tarima
DE ORGANIZACIÓN: bolsa, carpeta, cartera, estuche, lapicero, mochila, neceser, plumero, portafolios, libro escolar, boletín de notas

· plumier, ARG, UR Y VEN cartuchera, MÉX lapicera
DE ESCRITURA: agenda, apuntes, bloc, clasificador, cuaderno de borrador, c. de ejercicios, libreta · bolígrafo, boli, cartucho, goma, lápiz, l. borrador, pluma, p. estilográfica, portaminas, rotulador, tinta, tintero, sacapuntas
DE CLASE DE MATEMÁTICAS: calculadora, cartabón, compás, escuadra, regla, transportador de ángulos
VESTIMENTA: POR ENCIMA DEL TRAJE ORDINARIO: toga, CAPA: manto, CAPA GRANDE O POMPOSA: hopalanda · ANT, PARA COLEGIALES: sotanilla, loba cerrada · ESCLAVINA QUE CUBRE EL PECHO Y LA ESPALDA: muceta, BANDA DE TELA COMO DISTINTIVO COLEGIAL: beca, ROLLO CIRCULAR EN UNA DE LAS HOJAS DE LA BECA: rosca · MUCETA DEL COLOR DE CADA FACULTAD QUE USAN LOS DOCTORES EN ACTOS SOLEMNES: capirote · CUBRECABEZAS: capelo de doctor, birrete

ADJETIVOS Y ADVERBIOS
64.13 didáctico
académico
— **docente**, educativo, lectivo, magistral, pedagógico, selectivo · aleccionador, ejemplarizante
— **ilustrativo**, informativo, instructivo
TIPOS DE ENSEÑANZA:
— básica, elemental, primaria, especial, laboral
— oficial, profesional, religiosa, superior, técnica, universitaria
— privada, pública, concertada
— conformista, convencional, tradicional, puritana, laica, liberal, libre

VERBOS Y EXPRESIONES
64.14 enseñar
explicar
— **aclarar**, esclarecer, clarificar, elucidar, dilucidar, exponer, definir, desarrollar, describir, explanar, glosar, demostrar · DESUS desarrebujar, espaladinar, clarar, complanar
— comentar, departir, referir, interpretar, divulgar, vulgarizar
— **repetir**, postillar, apostillar, puntualizar, afinar · dilatarse, extenderse
educar
— **formar**, informar, guiar, preparar, disciplinar, adiestrar, tutelar, orientar, moralizar, ejercitar, reeducar, FIG civilizar
— **alfabetizar**, domesticar, desbastar, desasnar, afinar, pulir · desentorpecer
— **instruir**, aleccionar, alumbrar, ilustrar, documentar, maestrear, amaestrar, dictar, guiar, ANT meldar

— **adoctrinar** o doctrinar, documentar, iniciar, RELIG catequizar, ANT tinturar
estimular
— **motivar**, acuciar, activar, avivar, empujar, excitar, impeler, espabilar, COL acotejar
— **impulsar**, incitar, aguijar, aguzar, inclinar, inducir, instigar, invitar, mover, picar · animar, apremiar, incentivar, acicatear
dar clase
— **dar lección**, dar una lección, poner en claro, poner luz, arrojar luz
— **hacer ver**
  • hacer visible, h. ostensible, h. patente
  • poner ante la vista, p. ante los ojos, p. de manifiesto
COLOQ
— desasnar, encasquetar, civilizar
— meter en la cabeza, m. con cuchara, mostrar cómo, abrir los ojos, poner al corriente
— soltar, vaciar
COMP ING quitar el pelo de la dehesa · machacar en hierro frío
REF Cada maestrillo tiene su librillo.

64.15 estudiar
matricularse, inscribirse · ingresar · cursar, frecuentar
trabajar, preparar, consultar, buscar, rebuscar, repasar
atender, escuchar, preguntar, contestar, responder, copiar, practicar, redactar
pensar, asimilar, comprender, compulsar, entender, enfocar, elucubrar o lucubrar, memorizar, especular · aplicarse, ejercitarse, adiestrarse, familiarizarse
investigar
— averiguar, descubrir, desentrañar, documentarse, escrutar, escudriñar, explorar, hurgar, indagar, inquirir, leer, remover, sondear, tantear
— **informarse**, pesquisar, prospectar, DESUS perquirir o pesquerir o pesquirir, ANT esquisar
tomar nota, t. apuntes
hacer ejercicios, h. problemas, h. exámenes
COLOQ
— empollar, machacar, darle, curiosear, husmear, escarbar, despestañarse
— **apretar el codo**
  • hincar el codo, romperse los codos, desgastarse los codos, dejarse los ojos
  • quemarse las cejas, q. las pestañas
  • calentarse los cascos, romperse los cascos, quemarse la cabeza, meterse en honduras
— **coger el aire**, c. el compás, c. el tranquillo, c. el truco, ARG pescarle la vuelta
— **estar pez**, e. pegado · tener cerrada la mollera

— no levantar la cabeza, ahorcar los libros, colgar los libros, estorbar lo negro
— hacer novillos, h. pellas, h. rabona, h. bolas, h. gorra, h. pimienta · fumarse la clase · AR hacer fuchina, ARG hacerse la rata o ratearse, CHILE hacer cimarra, COL capar clase, EC Y PERÚ hacerse la pera, PERÚ h. la vaca, tirarse la pera, MÉX hacer la pinta, PR comer jobos, irse de jobillos

64.16 aprender
ilustrarse, instruirse, educarse, formarse, enterarse, percatarse, despertarse
comprender
— **entender**, descifrar, decodificar o descodificar, desentrañar, sacar, traducir, DESUS deprender o deprehender, ANT meldar
— **vislumbrar**, adivinar, percibir, apercibir, reparar, apreciar, captar, coger, entrever, notar, ver, hallar, distinguir, recoger, detectar, localizar, averiguar, elucidar
dar en
— **darse cuenta**, dar en el clavo, caer en la cuenta, abrir los ojos, cobrar conciencia
— correr el velo, c. la cortina
— formarse idea
COLOQ
— coger, mamar, pescar, pillar, beber, embeberse, VULG diquelar
— dar en el blanco, d. en el busilis, d. en el hito, d. en el clavo, d. en el quid, d. en la tecla
— aprender punto por punto, dar de paporreta
— saber al pie de la letra, s. de memoria, s. al dedillo
— ser un pitagorín, ser un empollón, ARG ser un bocho
REF
— Del leer sale el saber. El saber es señor y ayudador. El saber no ocupa lugar. Libro cerrado no saca letrado. Más vale saber que haber.
— La letra con sangre entra. Para aprender es menester padecer.

64.17 examinar
preguntar, ejercitar, tomar la lección
examinarse
— hacer una prueba, h. un control
— ARG y UR dar una prueba, rendir un examen, CHILE r. una prueba, MÉX prestar un examen, VEN presentar una prueba
corregir, valorar · comentar, marginar o marginar · poner la nota, hacer la media · EN LA UNIVERSIDAD: devolver la papeleta
aprobar
— **recuperar** · CHILE Y MÉX pasar, UR salvar
— **diplomarse**, graduarse, licenciarse, doctorarse · recibirse, revalidarse, investirse · diplomar, graduar, licenciar, doctorar

— salir bien, pasar la prueba, conseguir buena nota, pasar de curso, tomar la borla
— dar un título, extender un certificado
— COLOQ aprobar por los pelos, a. de milagro

suspender
— ARG desaprobar, ser bochado, CHILE reprobar, echarse, MÉX Y VEN reprobar, UR perder, VEN raspar
— repetir, perder año
— COLOQ catear, escabechar, calabacear, dar calabazas

65. INDUSTRIA
65.01 tipos de industria
aeronáutica, bélica, carbonífera, petrolífera, minera, naval, química
de construcción, de transportes, manufacturera, textil
metalúrgica, siderúrgica, electrometalurgia, metálica
altos hornos

65.02 energía
TIPOS:
— calorífica (CALOR), cinética (MOVIMIENTO), eléctrica (FENÓMENOS ELÉCTRICOS), electromagnética (MAGNETISMO Y CORRIENTES ELÉCTRICAS), atómica o nuclear (ÁTOMO), potencial (MOLÉCULAS, ÁTOMOS Y PARTÍCULAS), mecánica (MOVIMIENTO Y PESO DE LOS CUERPOS), química (REACCIONES), radiante (RADIACIONES), térmica (COMBUSTIÓN DE CUERPOS SÓLIDOS, LÍQUIDOS O GASEOSOS)
— solar (SOL), eólica (VIENTO), hidráulica (AGUA)

combustible sólido
— antracita, carbón, lignito, hulla, agua pesada, deuterio, hidrógeno pesado, neptunio, plutonio, torio, uranio, cera, coque, madera, resina, turba
— PLANTAS DE LAS QUE SE OBTIENE EL CARBÓN: encina, brezo, arraclán, guao, tralhuén, yana

combustible líquido
— petróleo, queroseno, alcohol, hidrógeno líquido, aceite ligero, a. mineral, a. pesado, carburo de hidrógeno
— gasolina, ARG Y UR nafta, CHILE bencina
— gasoil o gasóleo, CHILE petróleo, diesel

combustible gaseoso
— gas natural, g. propano, g. butano, g. ciudad, acetileno, carburo de hidrógeno, gas de petróleo
— metano, EL DESPRENDIDO DE LAS MINAS: grisú

equipo energético
— central nuclear, c. térmica, c. eólica, aerogenerador, central mareomotriz, célula solar
— molino de agua, m. de viento

65.03 metales industriales
metalurgia
— praseodimio (CATALIZADOR), cromo (PROTECTOR),
estaño (SOLDADURAS), lantano (MALEABLE), manganeso (ALEADO CON EL HIERRO PARA FABRICAR ACERO), magnesio (TAMBIÉN EN PIROTECNIA Y EN MEDICINA), neodimio (TAMBIÉN EN VIDRIO), níquel (RECUBRIMIENTO DE SUPERFICIES)

hierro
— arrabio, barra, cuadradillo, chatarra
— hierro colado, h. dulce, h. forjado, h. fundido
— hojalata, lingote, palastro, pieza, plancha, planchuela, tocho

acero
— acero al carbono, a. al cobalto, a. al cromo, a. al magnesio, a. colado, a. duro, a. fundido, a. inoxidable, a. magnético, a. rápido · molibdeno

industria eléctrica
— cobre (CABLE), erbio (FILAMENTOS DE LÁMPARAS), circonio (LÁMPARAS DE INCANDESCENCIA), europio (TAMBIÉN NUCLEAR), iterbio (TAMBIÉN EN EL VIDRIO), lutecio (TAMBIÉN DEL VIDRIO), wolframio o volframio o tungsteno o vanadio (FILAMENTOS), samario (TAMBIÉN VIDRIO Y CERÁMICA), osmio (FILAMENTOS INCANDESCENTES), litio (ACUMULADORES), aluminio

componente electrónico
— itrio (COMPONENTES), cinc (PILAS ELÉCTRICAS), cesio (CÉLULAS FOTOELÉCTRICAS), rubidio (CÉLULAS FOTOELÉCTRICAS)

industria nuclear
— actinio, francio, plutonio, polonio, radio, torio, bario, uranio, berilio o glucinio, cadmio, tulio, disprosio, gadolinio, germanio, niobio, plomo (COMO BLINDAJE)

PRODUCCIÓN DE RAYOS LÁSER: terbio
JOYERÍA: oro, plata, platino, rodio, iridio
PINTURA: titanio, prometio
VIDRIO: cobalto (TAMBIÉN PARA ESMALTES Y PINTURAS), estroncio (TAMBIÉN EN PIROTECNIA), talio (TAMBIÉN INSECTICIDAS Y RATICIDAS), mercurio (ESPEJOS)
FERTILIZANTE: potasio
EN PIROTECNIA: cerio
EN ODONTOLOGÍA: bismuto, galio, rutenio, tantalio, paladio
DE ALEACIÓN:
— alpaca o metal blanco, azófar, bronce, cuproníquel, duraluminio, hojalata, metal tipográfico, metales de corte rápido, latón (DE COBRE Y CINC)
— constantán, elgiloy, invar (ZINC, NÍQUEL, ALUMINIO), latón, micrón (NÍQUEL Y TITANIO), zamak
FORMAS NATURALES: bauxita, blenda, filón, ganga, metal nativo, mineral, pepita, pirita, vena, veta · carbonatos, óxidos, silicatos, sulfatos
FORMAS Y PERFILES:
— alambre, barra, cable, lingote, palastro, perfil en doble T, perfil en T, perfil en U, perfil en Z, plancha, tocho, tubo, varilla, viga

— muelle, resorte

— alambre, barra, cizalla, escobina, granalla, lámina, launa, limaduras, lingote, pasta, pella, pepita, quincalla, riel, viruta

— flor, hoja, nervosidad, pelo

— **filón**, ganga, mena, vena, veta

— **limadura**, culote, escoria, flor, granzas, grasas, mata, mazarota, metalada, viruta

RECUBRIMIENTO METÁLICO: baño electrolítico, capa, cincado, cromado, chapado, dorado, electrolisis, electroquímica, estañado, galvanizado, galvanoplastia, metalizado, niquelado, pavonado, placado, plateado, plomado

CUALIDADES: agrio, autópsido, bronco, dócil, dúctil, fino, heterópsido, inoxidable, maleable, nativo, oxidable, precioso, raro

PÉRDIDA DE LA RESISTENCIA MECÁNICA DE UN MATERIAL: fatiga

65.04 maquinaria industrial

aparato

— artificio, automotor, dispositivo, ingenio, mecanismo, servomecanismo, servomotor, utensilio, COLOQ artefacto, artilugio, cacharro

— amoladora, depuradora, esmeriladora, excavadora, fresadora, laminadora, perforadora, remachadora, taladradora, soldadora

— hormigonera, tobera, compresor, turbina, torno, muela, relevador, buldócer

cadena de montaje, grúa, g. de corredera, montacargas, bomba hidráulica, robot, tren motor, tramoya

CARACTERÍSTICAS:

— cilindrada, desmultiplicación, embolada, engargantadura, engargante, escape, marcha, montaje, rendimiento, transmisión

— rozamiento

65.05 herramientas industriales

PARA LA INDUSTRIA EN GENERAL:

— **gato**, cabrestante, cabria, cric, palanca, palanqueta, plano inclinado, polea

PARA LA FORJA:

— crisol · tenaza, cizalla · aplanador, destajador, cincel, lima · mazo, martillo, acotillo (MARTILLO GRUESO)

— aplanadora, artesa, atizador, bigornia o yunque de cola, buril, cortafrío, chimenea, delantal de cuero, fogón, fragua, fuelle, horno, lima, mandril, martinete, matriz, maza, prensa, punteador, punzonadora, tajadera, tobera, yunque

— tenazas de boca ancha, t. de boca de lobo, t. de forja

PARA LA SOLDADURA:

— AUTÓGENA:

• batería de botellas

• boquilla de soldar, b. del soplete, b. de acetileno, b. de oxígeno

• cepillo de alambre, gafas de soldador

• manómetro de alta presión, m. de baja presión

• martillo de desbastar, pasta de soldar, soplete

• tubo del gas, t. del oxígeno

• válvula del gas, v. reductora

• varilla de aportación o de fusión

— ELÉCTRICA: borne de tierra, carcaj de los electrodos, cepillo de alambre de acero, electrodo, guante de soldador, mandil o delantal de cuero, manga de protección, martillo de desbastar, portaelectrodos, protección de los hombros, soldador eléctrico, soplete, vidrio protector abatible

PARA LA MINERÍA: bocarte, ábaco, abocardo, atrio, barcal, baritel, barreno, cintero, conacho, criba, dama, despuntador, garbillo, gualdrilla, jaula, hitón, huso, lámpara de seguridad, malacate, manga, manta, mesa de lavar, muletilla, ojal, punterola, raedera, testigo, trapiche

PARA LA FUNDICIÓN:

— alma, antecrisol, arena de moldear, bebedero, caldero de colada

— canal de escoria, c. de sangría, c. de colada

— colada, crisol, cubilote, cuchara de colada, fundidor, grúa, horno de fundición, macho, mirilla, modelo, molde, moldeador, respiradero

— taller de desbaste, tubería de aire, vaciador

EN EL ALTO HORNO:

— aire caliente, caldero de colada, colada, conducto de gas, convertidor, coque, cuba, c. de acero fundido, chatarra, depurador, escoria, gasógeno, grúa, hogar

— horno de buba, h. de cubilote, inyección de aire

— lingote de acero, lingotera, molde, montacargas, plataforma de carga, tobera, tocho, tolva, vagoneta

VASIJAS:

— **crisol**, berlinga, brasca, callana, caperuza, castina, cebadera, convertidor, copela, cornamusa, envaina, escalzador, fusor, hilera, hormigo, horno, magistral, martinete, matriz, molde, retorta, rielera

65.06 piezas industriales

motor, transmisión, culata, diferencial, émbolo, diafragma, distribuidora, pistón, radiador, regulador, sensor, válvula

arandela, abrazadera, anilla, anillo, argolla, armella, aro, chapa, junta, lámina, corona, cursor, placa, remache, vástago, varilla, vilorta, zapata, hembra, hembrilla, macho

clavija, clavo, espiga, punta, cáncamo, casquillo, collar, chaveta, estanquilla o claveta, espárrago, mango, manguito, herraje, perno

rosca, rueda, rueda dentada, caracola, cilindro, cojinete, mandril, piñón, hélice, excéntrica, manivela, manubrio, matriz, pedal, satélite, tuerca · álabe, eslabón
barra, barrote, eje, astil, biela, árbol, carril, raíl, chumacera, palanca, cuña, alzaprima, gancho, gorrón, leva, linguete, rangua, tejo, tejuelo o tajuelo
articulación, balancín, bisagra, cigüeña, cigüeñal, cruceta
muelle, amortiguador, resorte, ballesta, fleje
engranaje, cremallera, cadena, correa de transmisión, rodamiento, r. de bolas, correa, grillete, polea, retranca, rodete
tornillo, t. sin fin, tirafondo, contratuerca, filete, clavo
DISPOSITIVO QUE REGULA EL PASO DEL COMBUSTIBLE: chiclé
caja de distribución
65.07 tareas en industria
fabricación, elaboración, manufactura, producción, explotación, industrialización, mecanización, automatización
puesta en funcionamiento, mantenimiento
lubricación, aceitado, engrase
almacenamiento, confección, distribución, división del trabajo, entrega, financiación, gestión, planificación, transformación
EXPLOTACIÓN Y RENDIMIENTO: desarrollo, estabilización, estancamiento, expansión, explotación, incremento, producción, recesión, recuperación
PROCESOS EN MINERÍA: encofrado, encostillado, entibación, camada, encadenado, encamación, estemple, fajado, galgas
65.08 minería
TIPOS: alumbrera (ALUMBRE), arrugia (ORO), azufrera (AZUFRE), carbonera (CARBÓN), salina (SAL), lapizar (LÁPIZ DE PLOMO), DESUS almadén, BOL Y CHILE boratera (BORATO) · gredal (RICO EN ARCILLA ARENOSA), telera (MONTÓN PIRAMIDAL DE PIRITA)
asiento
— cantera, criadero, cuenca, manto, panizo, placer, venero, yacimiento · subsuelo · barra
— borrasca, broceo · demasía, estaca, pertenencia
— calicata · hornacho
filón, vena, veta, afloramiento, antepecho, aspa, azanca, banco, bocamina, bocarrena, bolsa, bolsada, bonanza, caballete, caballo, calón, catimía, cochizo, corpa, crestón, cuesco, farallón, fisura, gandinga, guía, haba, matriz, quemazón, reventón, salbanda, soplado, tejado, testero, yacente
— GASES PERNICIOSOS: grisú, mofeta
galería
— agogía, arrastre, bancada, bifurcación, bo-

queta, brocal, caña, cerrojo, codal, coladero, cóncavo, contramina, cortadura, costero, cruce, despacho, desviación, desvío, entrepiso, estante, forastera, frontón, hastial, hurto, llave, machote, maritata, piso, plan, planta, pozo, rafa, rompimiento, tiro, traviesa
— aguada, aisa, atierre, buzamiento, chiflón, corrida, derrumbe, echado, revenimiento
— lavadero, pileta, almijara, alpende, buitrón, canchamina, cocha, despensa, era, grasero
tanda, endoble, varada, AM tequio
escombro
— apure, arena, bacisco, cangalla, desmonte, despinte, despojo, escoria, gandinga, ganga, garbillo, garduja, granzón, lama, pallaco, relaves, zafra
— remolido, requiebro, rodado
— escombrera, desatierre, terrero
65.09 industria y personas
técnico, perito, ingeniero industrial, ingeniero técnico
especialista, jefe de taller, maestro, montador, obrero especializado
maquinista, ascensorista, ajustador · calefactor, frigorista, fumista · tornero, fresador, soldador, montador
METALURGIA: ajustador, carrocero, chapista, estampador, forjador, fresador, fundidor, herrador, herrero, maquinista, mecánico, montador, rectificador, remachador, soldador, tornero
MINERÍA:
— ingeniero de minas, capataz, aperador, cabecera, partidario, roncador, AM mandón · AM, QUE COSTEA LABORES DE MINAS: aviador
— minero, aladrero, alarife, apurador, barrenero, barretero, cajonero, cantero, entibador, huidero, pegador, picador, piquetero, trecheador, zafrero, AM apiri, colero, MÉX achichinque
— CUADRILLA DE OPERARIOS: gavia, pueble, DESUS dúa
65.10 industria y lugares
fábrica, almona, empresa, explotación, factoría, manufactura, usina, fábrica de acero, acerería o acería
planta, nave, almacén, dependencia, laboratorio, taller, cadena de montaje
vertedero, basurero, incineradora
yesería, yesera, aljecería, aljezar, CANTERA DE YESO: yesar o yesal
65.11 medio ambiente
PROBLEMAS: polución, contaminación, radioactividad, irradiación, calentamiento de la temperatura del planeta, capa de ozono, efecto invernadero, gases de escape, lluvia ácida, marea negra

CONTAMINANTES: humos, suciedad, aerosoles, veneno, clorofluorocarbonos, dióxido de carbono, residuos atómicos, r. radioactivos, r. tóxicos, ruido ambiental

PROTECCIÓN MEDIOAMBIENTAL:
— conservación, ecología, reciclaje, defensa del planeta
— agricultura biológica, eliminación de los desechos, explotación de los residuos tóxicos, industrias limpias, política ambiental, preservación de las especies, protección de la biodiversidad, tratamiento de los desechos, recogida de basura, tratamiento de las basuras

ADJETIVOS Y ADVERBIOS
65.12 industria y descripción
automático, dinámico, electromecánico, energético, estático, locomotor, locomotriz, mecánico · torculado · a brazo, conjugado, locomovible, locomóvil, a mano
metálico, ametalado, metalado, metalino, bimetalismo
fabril, industrial
EN LAS MINAS: azogado, modorro

VERBOS Y EXPRESIONES
65.13 acción y metalurgia
depurar, acendrar o cendrar o encendrar, acrisolar o crisolar, purificar, afinar, refinar, beneficiar, blanquecer, desnatar, CHILE bogar
fundir, alear, amalgamar, copelar, ligar, soldar, recocer, refundir · enfriar, templar
labrar, forjar, cincelar, moldear, estirar, laminar, embutir, mandrilar, REDUCIR UN METAL A ALAMBRE: trefilar
metalizar, galvanizar, cromar, niquelar, platear
PERDER EL TEMPLE: destemplar
CON EL HIERRO: herrar, acerar, adulzar, caldear, cementar, cinglar, pudelar
65.14 acción y maquinaria
marchar, andar, funcionar, rular, maniobrar
conectar, desconectar · acoplar, desacoplar · embragar, desembragar · engranar, desengranar · multiplicar, desmultiplicar, morder, endentar, zafarse
engrasar, lubrificar, alimentar, enmalletar
roscar, arroscar, enroscar, atornillar, entornillar · trasroscarse, pasarse de rosca, desatornillar, desentornillar, destornillar
recubrir
— bañar, cubrir, cincar, cromar, dorar, estañar, galvanizar, metalizar, niquelar, platear, abrillantar
— chapar, plomar, tratar
65.15 acción y producción
producir, fabricar, confeccionar, manufacturar, crear, elaborar, forjar, generar, realizar, elaborar, extraer, obtener, incrementar la producción
automatizar, mecanizar, robotizar, electrificar, industrializar, montar
almacenar, acopiar
distribuir, expedir, mandar, despachar
65.16 acción en minería
aterrar, aterrerar, emboquillar · quitar los escombros, desatorar o desatibar
encofrar, encubar, entibar, atinconar
picar, recuñar, desvenar
transportar, trechear
lavar, aclarar, cribar, escarmenar, garbillar, AM hormiguillar, BOL Y PERÚ pallar o pallaquear
sustraer, explotar, beneficiar
rellenar, atibar, encamar
aflorar, armar, aviar, brocearse, buzar, emborrascarse, mantearse, acostarse el metal, a. la vena, yacer
dar a pirquén, trabajar al pirquén, CHILE pirquinear
robar metales, CHILE cangallar
65.17 acción y medio ambiente
contaminar, destruir, explotar, ocasionar, producir basuras, contaminar el agua, c. el aire, despedir olor
depurar, reciclar, eliminar, descontaminar, enterrar, prevenir, reforestar, transformar
convertir en, deshacerse de

66. AGRICULTURA
66.01 tipos de agricultura
agricultura o geoponía o geopónica
agronomía (CONOCIMIENTOS APLICABLES AL CULTIVO), agrimensura (MEDICIONES), agrología (SUELO Y VEGETACIÓN)
arboricultura, floricultura, horticultura, hortofruticultura, oleicultura, jardinería, praticultura, silvicultura, viticultura
bioagricultura
latifundismo, minifundismo
aparcería, o COLOQ alparcería, arriendo, medianería, mediería, senara, colonato, medias, rabassa, morta · esquilmo, granjería
66.02 terreno cultivado
unidades de plantación
— minifundio, latifundio
— área, deciárea, decárea, centiárea, hectárea, kiliárea o quiliárea
— acre, alfaba, almud, almudada, amelga o mielga o emelga, aranzada, atahúlla, celemín, cuartal, cuartera, cuarterada, cuartón, cuerda, estadal, fanega, ferrado, hemina, marjal, mojada o mohada, picotín, quiñón, soga, suerte, BOL cato
— LABOR EN UN DÍA: arada, huebra, jera, obrada, yugada o yunta

finca, huerta, huerto, invernadero, josa, pago, prado, predio, sembrada, sembradío, sembrado, sembradura, sementera o semencera, vega, explotación agrícola, AM CENT Y MÉX, TERRENO DEDICADO AL CULTIVO DEL MAÍZ: milpa
bancal, parata, atajadizo, serna, terrazgo, melga, verdegal, vergel, haza, ALARGADA: longuera, estórdiga, almajara, EN LA LADERA DE UNA MONTAÑA: terraza · DELGADA Y FÁCIL DE CULTIVAR: arijo · DE INFERIOR CALIDAD: rebujal · ESPESO EN PLANTAS: manchón
plantaciones
— almendral (ALMENDRAS), arrozal (ARROZ), berenjenal (BERENJENAS), cafetal (CAFÉ), limonar (LIMONES), maizal (MAÍZ), melonar (MELONES), naranjal (NARANJAS), olivar (ACEITUNAS), parral (UVA), platanal (PLÁTANOS), trigal (TRIGO), viña o viñedo o majuelo (UVA), yeral (YERO O ALGARROBA)
secano, secadal, sequío, sequero, sequizo, rastrojo, albar, solanar, ejido, campo raso, terreno montuoso, monte bajo, AST sardón, CHILE rulo, DESUS albero · QUE PROCEDE DE MONTE BAJO O MATORRAL: artiga o artica
erial, eriazo, erio, estivada, gándara, AND vendal COL Y VEN chiribital · chamicera
ACOTADO: abrigaño, acotada, almáciga, almajara, amelga, cebollino, embelga, hoya, melga, plantario, semillero, simiente, semilla, vivero, repajo
CEDIDO: peguyal, senara, CUBA conuco
PROCEDENTE DE DONACIONES REALES: donadío, gleba, haza, hato, huerta, SAL fajina
solana o solejar, ombría o umbría
lindero
— caballón, acirate, loba, lomo, surco, gleba, mojón, seto, terrón, zanja
— fila, almanta, entreliño, hilera, liño
66.03 terreno no cultivado
andurrial, páramo, estepa, pampa, sabana
arenal, gredal, pedregal, calvero
descampado, despoblado, campaña, campiña, naturaleza, paisaje, superficie, aire libre
tierra, suelo, terruño, agro, terrones, terrazgo o terraje, terrera
ENTRE OTRAS QUE LO ESTÁN: calva, calvero, clapa, clara, entrepanes, claro, rodal, SAL chorra
erial, añojal, yermo · barbecho, ANTES DE RECIBIR NUEVA LABOR: rastrojo · POBLADO DE ZARZAS: zarzal, DONDE ABUNDA EL ALMAGRE: almagral, DONDE ABUNDA EL COLOR BERMEJO: bermejal, DONDE ABUNDA LA ARCILLA ARENOSA BLANCA: blanquizal
66.04 siembra
simiente, almendra, camuña, cibera, comuña, cuesco, grano, granuja, hueso, legumbre, núcleo, nuez, pepita, piñuelo, pipa, potajería, tito, NABO QUE SE DEJA PARA SIMIENTE: bunio

esqueje, desqueje, acodo, barbado, estaca, garrota, mugrón, plantón, rampollo, sarmiento
germen, arilo, celda, celdilla, cofia, cotiledón, embrión, epispermo, funículo, ligamaza, machuelo, rafe, rejo, ANT capilla
PELLA DE TIERRA ADHERIDA A LAS RAÍCES PARA SU TRASPLANTE: cepellón
66.05 cereales
trigo, mies
— VARIEDADES: candeal, ceburro, mijo · fanfarrón, álaga, bascuñana, fiñana, fontegí, rubión, PROPIA DE LA MANCHA Y MURCIA: jijona · chamorro, desarrapado, tosa o toseta, EN LEÓN Y LAS BALEARES: de Polonia, PROPIA DE ANDALUCÍA: cuchareta o cascaruleta · DE TERRENOS POBRES: escanda o escandia o escaña o espelta, carraón o escalla · alforfón o sarraceno
— MEZCLA DE TRIGO Y CENTENO: tranquillón
— espiga, HOJAS PRIMERAS: porreta · cáscara, grano, LEÓN poisa · FILAMENTO ÁSPERO: arista, CASCARILLA EN QUE SE CONTIENE EL GRANO: cascabillo, ESPIGA SECA Y SIN GRANO: paja
— EN LA SIEGA, PORCIÓN DEL SEGADOR: SAL ducha, CADA GOLPE DE HOZ: hozada, MIES SEGADA: cerda, PARTE SIN APURAR: rabo, rabera, POLVO MENUDO: tamo, RESIDUO TRAS LA SIEGA: rastrojo, ESPIGA QUE QUEDA ENTRE LOS RASTROJOS: cabra, DESPERDICIOS: ahechaduras o echaduras, MONTÓN EN LA ERA: pez, RESIDUOS DE PAJA: granzas, DESPERDICIO TRAS LIMPIAR EL GRANO: barcia
— manojo, haz, gavilla, falcada, morena · ATADURA: tramojo
— PORCIÓN DE GRANOS: corzuelo, CÁSCARA DEL GRANO DESMENUZADA: salvado, garbillo, MOLIDO: harina, crimno, sémola, COCIDO: grañón
— ENFERMEDADES: centella, tizón
maíz
— avatí, mijo, millo, panizo, mamoso, AST narvaso, AM MER capi, curagua, ARG, CHILE Y UR choclo, CR, HOND Y NIC guate, CUBA maloja o malojo, EC canguil, MÉX mazorca, elote
— hoja de maíz, ARG Y UR chala, CHILE chalala, hoja de choclo, VEN h. de jojoto
— mazorca o majorca, panoja o panocha o AR pinocha, piña, AM CENT Y MÉX jilote, AM MER choclo, COL chócolo, CHILE muñequilla, VEN jojoto
— raspa, corazón, carozo, AST tuco, ALB, AND Y MUR zuro, CANTB garojo, ARG, CHILE Y PERÚ coronta, ARG, BOL Y UR marlo
— farfolla, gallarofa, chala, concho, doblador, espata, panca, perfolla, pinochera
— barbas, cabellos, filote, pelo, AM CENT Y EC tusa
— ENFERMEDADES: pintón, roya
cebada, centeno, girasol, avena o ballueca, arroz, cacao, chufa

sorgo, zahína, daza, alcandía o alcandiga, panizo, bonizo

alpiste, anís, comino, cañamón, pipa de girasol triticale, mijo

66.06 leguminosas

algarroba o garroba · veza, yero

almorta o cicércula o cicercha, guija, tito, MÉX arvejón

altramuz o chocho o lupino

fréjol, fríjol, frijón, fásol, MÉX ayocote

garbanzo, cícera, COLOQ gabrieles, pitronchos

haba, h. seca · capote

judía o frisol, alubia, habichuela, h. pinta, cigüelo, pocha, judión, frisuelo, CANTB fisán, ARG, UR Y CHILE poroto, MÉX fríjol, PERÚ pallar, VEN caráota

lenteja

PARTES: brizna, gárgola, grano, hilo, tabilla, tabina, vaina, valva, ventalla · coco, cuco, gorgojo

66.07 oleaginosas

olivo

—— TIPOS DE ACEITUNAS:

—— aceituna arbequina, a. celdrana, a. cornicabra, a. corval, a. de la reina, a. de verdeo, a. doñaguil, a. dulzal, a. gordal, a. hojiblanca, a. judiega, a. manzanilla, a. picual, a. picudilla, a. tetada, a. verdial, a. zapatera, a. zorzaleña

—— GRADOS DE CALIDAD: aceite virgen-extra, a. virgen, a. puro, a. refinado, a. de orujo (DE CALIDAD INFERIOR, DEL RESIDUO DE LA ACEITUNA), aceitón (GORDO Y TURBIO), aceite de hojuela · a. de talega o de pie (SE OBTIENE PISANDO LAS ACEITUNAS METIDAS EN UNA TALEGA)

algodón, almendro, cacahuete, coco, colza, girasol, linaza, lino, maíz, palma, sésamo, soja

66.08 hortalizas

ajo, chalote, rocambola

alcachofa, ARG Y UR alcaucil o alcaucí

apio

berenjena

cacahuete, PELADO Y FRITO: panchito · altramuz, calamocano, AM maní

calabacín, ARG Y UR zapallito, CHILE zapallo italiano, MÉX calabacita italiana

calabaza, ARG Y UR zapallo, VEN auyama

cardo

cebolla, cebolleta, cebollino, cebollana, albarranilla, ajipuerro · puerro, MÉX porro, VEN ajoporro

coliflor, colinabo, col, repollo, brécol, brócoli · coles de Bruselas, AM repollitos de Bruselas, lombarda

guisante o arvejo, pésol seco, chícharo, ALM présule, AR bisalto, ARG, CHILE Y UR arveja, MÉX chícharo, VEN petit-pois

judía verde, MUR bajoca, AND habichuela verde, ARG Y UR chaucha, CHILE poroto verde, MÉX ejote, VEN vainita

lechuga, acelga, escarola, espinaca, hinojo, endibia, berro o mastuerzo, berza, llanta, espárrago, lombarda, canónigo, arromaza, SILVESTRES: colleja, cerraja

patata, AM papa · batata, boniato, CHILE Y MÉX camote

pepino, cohombro

perejil · manojo de p., ARG, CHILE Y UR atado de p. · apio

pimiento, ARG Y UR morrón, CHILE Y VEN pimentón, MÉX pimiento morrón · p. rojo, MÉX chile morrón · guindilla, ARG Y UR ají picante, CHILE Y VEN ají, MÉX chile

soja, MÉX Y CHILE soya

tomate, MÉX jitomate

verdura, ensalada, hierbas, gallofa, DESUS olura, ÁL Y VIZC vendeja

yuca, ARG, CHILE Y UR mandioca

zanahoria, rábano, nabo · remolacha, CHILE betarraga, MÉX betabel

FRUTO O LEGUMBRE QUE SE CONSERVA EN VINAGRE: encurtido, ARG, CHILE Y UR pickles

66.09 frutales

albaricoquero (ALBARICOQUE), alfóncigo (PISTACHO), algarrobo (ALGARROBA), almendro (ALMENDRA), avellano (AVELLANA), caqui (CAQUI), castaño (CASTAÑA), cerezo (CEREZA), chumbera o higuera chumba (CHUMBO), ciruelo (CIRUELA), duraznero (DURAZNO), encina (BELLOTA), granado (GRANADA), higuera (HIGO), limonero (LIMÓN), manzano (MANZANA), melocotonero (MELOCOTÓN), membrillo (MEMBRILLO), morera (MORA), naranjo (NARANJA), níspero (NÍSPOLA), palma o palmera o datilera (DÁTIL), peral (PERA), platanero o plátano o banano (PLÁTANO)

DE AMÉRICA: aguacate (AGUACATE), coco o cocotero (COCO), guayabo (GUAYABA), mango (MANGO)

frutas

—— DE PEQUEÑO TAMAÑO:

• endrina, azufaifa, acerola, majuela

• fresa, fresón, ARG, CHILE Y UR frutilla

• arándano, frambuesa, cereza picota, c. guinda, c. mollar · dátil, madroño, grosella

• mora de árbol, m. de zarza o zarzamora

—— DE TAMAÑO MEDIO-PEQUEÑO:

• ciruela negra, c. amarilla, c. claudia, c. damascena, c. de corazoncillo, c. de Génova, c. de pernigón, c. de yema, c. imperial, c. verdal, c. zaragocí

• albaricoque, AM damasco, MÉX chabacano · albaricoque de Nancí, a. de Toledo, a. pérsico · fresquilla, níspero

• melocotón, AM durazno

- **higo**, h. chumbo, CHILE Y MÉX tuna, VEN lefarias · breva
- **papaya**, ARG mamón
— DE TAMAÑO MEDIO:
- **naranja** navel o navelina, n. agria, n. cajel, n. china, n. sanquina, n. zajarí, pomelo, MÉX Y VEN toronja
- **mandarina**, UR tangerina o tanjarina · clementina · nectarina, AM pelón
- **limón**, lima, cidra
- **pera** de agua, p. conferencia, p. limonera, p. agostiza, p. bergamota · guayaba
- **plátano** o banana, VEN cambur
- **aguacate**, ARG, CHILE Y UR palta
- **manzana** golden, m. reineta, m. starking, m. verde doncella, m. tamarindo, m. zapote
- **chirimoya**, paraguaya, granada, kiwi, maracuyá o fruta de la pasión
— DE GRAN TAMAÑO:
- **melón**, sandía, DE MALA CALIDAD: badea
- **coco**, mango, manga, caqui, membrillo, AM guanábana
- **piña**, ARG Y UR ananá
— OTROS FRUTOS:
- **nuez** de brasil, n. de California, n. de Macadamia, n. de Pecán
- **castaña**, avellana, almendra, aceituna, anacardo, pistacho, pipa, cacahuete o maní, piñón, PROPIO DE AM NOR pacana
- **ciruela** pasa, uva pasa, pasas de Corinto, higo paso o seco

PARTES DE UNA FRUTA:
— cáscara, corteza, piel
— rabo, rabillo, ARG Y UR cabo, cabito, CHILE Y VEN palito
— pepita, semilla, gajo, grano, hollejo, hueso, ARG Y UR carozo (SI ES GRANDE), CHILE cuesco, MÉX semilla, VEN pepa
— zumo, AM jugo, pulpa

66.10 vid
parral, emparrado, bacelar, bacillar, majolar, pago, majuelo o viña o viñedo, viduño o veduño o vidueño, CR barbacoa o barbacúa, parra de Corinto, CHILE parrón
vid salvaje o silvestre, vid labrusca o parriza o parrón, AM CENT y COL agrás
uva abejar, u. albarazada, u. bodocal, u. cigüete, u. garnacha, u. lairén, u. moscatel, u. palomina, u. tempranillo, u. tinta, u. turulés

PARTES:
— vástagos, cierzas, lágrima, perchón, pulgar, SAL bacillo, CHILE cargador
— **sarmiento**, pámpano, esforrocino, jerpa o serpa · EL QUE SE ENTIERRA, SIN ARRANCARLO DE LA VID, PARA QUE PRODUZCA UNA NUEVA PLANTA: mugrón o codal o codadura, o provena o rastro

· PARTE INTERMEDIA ENTRE NUDO Y NUDO: cañuto
· PUNTA QUE QUEDA EN LA CEPA CUANDO SE PODA: saeta
— UVAS SOSTENIDAS DE UN MISMO TALLO: racimo
— hoja de la vid, pámpana
— **zarcillo**, tijereta o tijerilla o tijeruela o cercillo o pleguete
ENFERMEDADES: ceniza, cenizo, cenicilla, ceñiglo, corocha, corrimiento, filoxera, mildéu, oídio

66.11 setas
COMESTIBLES: agárico, bejín o cuesco de lobo, colmenilla, champiñón, falso agárico, hongo campestre, lengua de buey, matacandiles, meloso, níscalo o rovellón, oronja
VENENOSAS: amanita faloides o bulbosa, a. muscaria, giromitra, hongo de Satanás, lactario, rusula, tricoloma, volvaria
CUALIDADES DE LAS SETAS: color, comestibilidad, dibujo, forma, hábitat, olor, sabor, tacto
FAMILIA DEL AGARICUS (SOMBRERO GENERALMENTE BLANCO Y ANILLO EN EL PIE): agárico amarillento, a. de carne roja, a. de los bosques, vainillado · bola de nieve · champiñón anisado, ch. de prado o camperol
FAMILIA DE LA AMANITA (SOMBRERO CARNOSO Y BLANDO CON LÁMINAS, VOLVA EN EL PIE, ANILLO):
— amanita citrina, a. de los césares o oronja, a. de pie grueso, a. enfundada, a. maloliente, a. ovoide o farinera, a. pantera, a. vinosa
— cicuta blanca, c. verde
— matamoscas, piña, yema de huevo
FAMILIA DEL BOLETUS (SOMBRERO MUY CARNOSO CON TUBOS PARALELOS O POROS FÁCILMENTE SEPARABLES DE LA CARNE):
— camaleón azul, hongo negro o cabeza de negro o boleto bronceado o tentulio o cabeza de fraile, hongo o calabaza o viriato o miguel o faisán o matute o pan de sapo, pajillo negro, seta de olivo, s. reluciente
— boleto anaranjado, b. anillado o baboso, b. bayo, b. blancuzco, b. bovino, b. cetrino, b. de carne amarilla, b. de la jara, b. de pie moteado, b. de pie rojizo, b. de pino, b. de Satanás, b. elegante, b. escamoso, b. granulado, b. manchado, b. multicolor, b. picante, b. real, b. reticulado, b. robusto
FAMILIA DEL CATHARELLUS (NERVIOS EN LUGAR DE LÁMINAS):
— rebozuelo común, r. atrompetado
— trompeta negra, t. amarilla, t. de los muertos
FAMILIA DEL COPRINUS (ENVEJECEN LICUÁNDOSE EN TINTA NEGRA):
— barbuda
— corpiño blanco nieve, c. de las casas, c. diseminado, c. micado, c. plegado, c. silvestre · pie de liebre
FAMILIA DE LA HELVELLA (FORMAS ORIGINALES):
— orejón o bonete, oreja de gato negro

FAMILIA DEL LACTARIUS (LÁMINAS QUE AL CORTE SUELTAN LÁTEX O LECHE):
— lactario anaranjado, l. aterciopelado, l. controversu, l. de leche dorada, l. de los robles, l. escrobiculoso, l. húmedo, l. humo, l. mucoso, l. pálido, l. pimentero, l. plomizo, l. rojizo, l. sangre
— níscalo falso, n. o lactario delicioso
FAMILIA DE LA LEPIOTA (LÁMINAS EN EL SOMBRERO, ANILLO EN EL PIE):
— lepiota castaña, l. en escamas puntiagudas, l. en escudo, l. maloliente, l. mamemolada
— parasol o apagacandelas o apagador o mameta o galamperna o cachote o patamela
FAMILIA DE LA LEPISTA (SOMBRERO CARNOSO CON LÁMINAS FÁCILMENTE SEPARABLES SIN ANILLO EN EL PIE):
— lepista de olor a lirio, l. inversa
— pardilla, pie azul o borracha, pie violeta o pezón azul, seta de breza
FAMILIA DEL PLEUROTUS (CON LÁMINAS Y PIE LATERAL QUE GENERALMENTE VIVEN SOBRE LA MADERA):
— seta de cardo o orejuda, s. de caña
— orejas de burro o cuerno de la abundancia
— cabeza de fraile o seta en forma de concha
FAMILIA DE LA RUSSULA (SOMBRERO DE COLORES LLAMATIVOS Y ESTRUCTURA GRANULOSA DEL PIE QUE AL ROMPERLO PARECE TIZA):
— carbonera
— rusula acre, r. blanca, r. color cardenillo, r. de láminas verdosas, r. dorada, r. emética, r. ennegrecida, r. fétida, r. negra purpúrea, r. oliva, r. sanguínea
— seta de cura o gorro verde
FAMILIA DE LA TRICOLOMA (GRAN VARIEDAD DE FORMAS Y COLORES):
— capuchina, negrilla o ratón, palomita
— seta de los caballeros o verderol, s. de san Jorge o perrochico
— tricoloma atigrado, t. blanco pardo, t. de los álamos, t. de olor a gas, t. de pie granulado, t. pardo amarillo, t. rayado
FAMILIA DEL TUBER (SUBTERRÁNEA COMO LOS TUBÉRCULOS O PATATAS):
— trufa negra, t. blanca, t. de verano, t. de invierno

66.12 labores agrícolas
cultivo, laboreo, laborío, obrada, peonada, peonería, peonía, reforestación, repoblación, RECIBIR INFLUENCIA DE LOS METEOROS: meteorización
labranza, labradura, escarda, besana o abesana, bina, renda, rebina, roturación, terciazón, PORCIÓN DE TIERRA QUE PUEDE ARAR EN UN DÍA UNA YUNTA: arada, TERRENO QUE SE ARA EN UN DÍA: huebra, AND obrá
siembra, siembra al tresbolillo, s. de rama, HOYO PARA PLANTAR UN ÁRBOL O ARBUSTO: gavia, clota

siega, segada, segazón, arrancasiega · espigueo · trilla · avienta · despajadura o despajo
cosecha, chapisca, cogida, cogienda, guilla, vendimia, COLOQ agosto, verano, recolección, DESUS cogecha · CONJUNTO DE MERCANCÍAS DESTINADAS A LA VENTA: vendeja
ADVERSIDADES PARA LA COSECHA: granizada, griseta, helada, plaga, sequía, temporal
EN EL BOSQUE: forestación, repoblación · apeo, clareo, corta, descuaje, levante, malcorte, resalvo, tala

66.13 riego
TIPOS: riego por aspersión, r. por pivot, r. a manta, r. por goteo
presa
— estanque, balsa · arca, arqueta, depósito
— AUMENTO DE AGUA EN LOS RÍOS A CAUSA DE LAS GRANDES LLUVIAS: ejarbe
canal
— cauce, caucera, reguera, regona, reguero, acequia, almatriche, regata, cacera, cavalillo, roza, surco, zanja, febrera, regadera, regadero · POR DONDE PASAN LOS SOBRANTES: azarbe, azarbeta
dique
— EN LOS BANCALES: caballón, atochada, torna, traviesa, DE TIERRA: mota, rafa, LEÓN torga
— atajadero, repartidor
— PARA DETENER EL AGUA: tablacho, GRAN, CORTE EN UN RÍO PARA UTILIZARLO EN RIEGO: alquezar
boca de riego, boquera, boquilla, bocacaz, bocatoma, clavijera
huerta, regadío, ribera, vega · HOYO AL PIE DE LAS PLANTAS: socava o alcorque · PAL, CADA UNO DE LOS ESPACIOS EN QUE SE DIVIDE UNA HUERTA PARA SU RIEGO: tablada
tanda
— TIEMPO SEÑALADO: ador, AGUA EN UN TURNO: alema, DISMINUCIÓN: tandeo
— PORCIÓN DE TIERRA QUE RECIBE RIEGO: dula o adula, MUR jarique
INSTRUMENTOS: noria, ANT, NORIA GRANDE: azacaya, EN MARRUECOS: cenia · regadera, rociadera, manga o manguera · alcachofa, lanza, dispersador, roseta · bomba, MÁQUINA CON QUE SE SACA AGUA DE LOS RÍOS: azud
CANON O IMPUESTOS: AR Y MUR alfarda, AR alfardón, alfardilla, ANT cafizamiento

66.14 agricultor
campesino
— labrador, labrantín, labriego, cultivador, hortelano, horticultor, huertano, COLOQ destripaterrones, AND, ARG Y UR campero, CHILE guaso, CUBA guajiro, EC, HOND Y MÉX campirano, PR jíbaro · EN MARRUECOS: rehalí, EN RUSIA: mujik

— **ingeniero** agrónomo, perito agrónomo, hombre del campo
— **lugareño**, rústico, pueblerino, capipardo, churro, isidro, jarocho, matiego, aldeano, meleno, paisano, paleto, palurdo, páparo, payo, ANT forano, machín, COLOQ cateto, AND zarrio, AR baturro, CAT E ISLAS BALEARES: payés, SAL charro, AM guanaco, montubio, poblano, EC chagra, MÉX barbaján

EN RELACIÓN CON EL CULTIVO:
— ÁRBOLES: arboricultor, arvicultor
— FLORES: floricultor · MÉX CHINAMPAS O HUERTOS: chinampero
— CEREALES: cerealista
— MIESES: meseguero
— ARROZ: arrocero
— AM, HUERTAS DE CACAO: cacahuero
— OLIVO: olivicultor
— TABACO: tabacalero
— VIÑAS: viñero, viñador, viñatero, vendimiador, viticultor, EN CÁDIZ: mayeto

EN RELACIÓN CON LA ACTIVIDAD:
— AM, QUE ABASTECE DE INSTRUMENTOS: aperador
— CON LA TIERRA: amelgador (HACE SURCOS), arador (ARA), cavador o SAL cavaril o ÁL cavero
— CON LAS MIESES: segador, atador (QUE ATA LAS GAVILLAS), AND barcinador (LAS LLEVA) · espigadora (RECOGE LAS QUE QUEDAN) · guadapero (LLEVA LA COMIDA)
— CON LA SIEGA: guadañador, guadañero, guadañil, machetero (CAÑA DE AZÚCAR), dallador (LA HIERBA)
— QUE VAREA: vareador, arreador, remecedor, AND apurador · QUE RECOGE: arriscador · recolector, LAS ROSAS DEL AZAFRÁN: rosero
— EN LOS BOSQUES: silvicultor, leñador, machetero, aserrador · bardero, EN CUENCA, QUE GUÍA LAS MADERAS POR EL RÍO: ganchero
— CON LA LEÑA: leñador, leñatero, leñero, aceguero, arrimador, carapachay, carguillero

EN RELACIÓN CON LA PROPIEDAD:
— **propietario**, estanciero, cosechero, huebrero, quiñonero, guillote, AM chacarero · terrateniente (DE GRANDES EXTENSIONES), cacique, pegujalero o pelantrín (DE POCA SIEMBRA)
— QUE TOMA A MEDIAS: aparcero, medianero, mediero, PERÚ yanacona o yanacón
— QUE TOMA EN ARRENDAMIENTO: arrendatario, rentero, locatario, terrazguero o terrajero, CAT rabasaire, casero o AM agregado (UNA CASA), masovero (UNA MASÍA), quintero o ANT degano (UNA QUINTA), herbajero (HIERBAS PARA EL PASTO), alijarero (ALIJAR O DEHESA), veguero (UNA VEGA) · exarico (MORO QUE PAGABA UNA RENTA PROPORCIONAL A LOS FRUTOS DE LA COSECHA)

EN RELACIÓN CON LA DEDICACIÓN AL TRABAJO:
— POR DÍAS: jornalero, bracero, AM camilucho
— POR TEMPORADAS: temporero, temporil, agostero, mercenario, AND temporal
— DIRIGE A OTROS TRABAJADORES: capataz (CIERTO NÚMERO), cachicán (HACIENDA DE LABRANZA), manijero o manigero (UNA CUADRILLA), ROMA ANTIGUA: vílico (DE UNA GRANJA)
— MOZO DE LABRANZA: peón, mozo, gañán, yacedor
— EN GRUPO: cuadrilla, varada, gente de capa parda, g. de gallaruza, PERÚ negrería

SEGÚN LA HACIENDA DE LA QUE SE OCUPAN: cortijero (CORTIJO), granjero o ANT degañero (GRANJA), ranchero (RANCHO), quintero (QUINTA), colono (TERRITORIO COLONIZADO), AM chacarero (CHACRA O GRANJA), veguero (VEGA), ZAR torrero (TORRE O GRANJA)

SEGÚN LOS ANIMALES CON LOS QUE TRABAJAN: yuntero o yuguero (PAREJA), acoyuntero o coyuntero (UN ANIMAL QUE ACOYUNTA CON OTRO) · caporal (GANADO), mayoral (PASTOR PRINCIPAL)

RELACIONADAS CON EL RIEGO: alamín, atandador, MUR tablachero, AR codero

66.15 agricultura y lugares

latifundio, minifundio

granja, almunia, alquería, cafería, casa de campo, casería, caserío, cortijo, decania, estancia, finca, fundo, gañanía, gleba, hacienda, heredad, hijuela, josa, labranza, lagar, llosa, masada, masía, pago, potrero, predio, quinta, quintería, rafal, rancho, senara, terreno, villoría

sementera, almáciga, almácigo, arboreto, chirpia, chirpial, criadero, estacada, germinador, hoya, injertera, paragranizo, plantario, plantel, plantío, plantonar, semillero, seminario, viveral, vivero

explanada, hondonada, mangada, ejido, era, alera, terrizo

estercolero, covadera, esquilmo, esterquero, femera, guanera, pajucero · almajara

DE ALMACENAMIENTO:
— almiar, bodega, cobertizo, hangar, pajar, pozo, silo
— **granero**, alfolí o alforiz o alholí o alholía o alhorí o alhorín, almacería, cía, horón, hórreo, silo, troje o troj
— PARA EL HENO: henal, henil, AST Y LEÓN tenada, SAL henazo

FRANJA COLINDANTE CON UN CAMINO: veril · PORCIÓN LARGA Y ESTRECHA: longuera · POBLADO DE ÁRBOLES DE UNA MISMA ESPECIE: mata

CHOZA DESDE DONDE EL VIÑADOR GUARDA LA VIÑA: candelecho o bienteveo, AND gayola

66.16 fertilizantes

mantillo, arcilla, arena, barro, cal, légamo, lodo, sílice, tierra vegetal · gasón, gleba, tabón, terrón, tormo

estiércol, acoto, basura, borrón, cucho, enmienda, fosforita, gario, guano, hormiguero, humus, letame, majada, mantillo, marga, nitrato, pajuz, superfosfato, tarquín, tierra negra, tierra vegetal, vicio

PRODUCTOS PROTECTORES: fungicida, insecticida, plaguicida, herbicida

66.17 maquinaria agrícola

tractor, remolcador, propulsor, remolque

abonadora, alimentador, alpacadora, arrancadora-recogedora de patatas, binadora, cosechadora, cultivador, despulpadora, empacadora, escarificadora, extractora, fumigadora, gavilladora, grada, guadañadora, henificadora, horno de secado, inyector de salmuera, lavadora de grano, máquina de tratamientos, mesa alimentadora, motocultivador o motocultor, niveladora, peladora de almendra, pulverizadora, roturador, segadora, sembradera o sembradora, trilladora

COLOQ mula mecánica

APARATO QUE DETERMINA LA CAL CONTENIDA EN LAS TIERRAS DE LABOR: calcímetro

66.18 herramientas agrícolas

CONJUNTO DE UTENSILIOS: aperos de labranza, aliño, AND alpatana

PARA LABRAR: arado, AR Y NAV aladro · PARTES: reja, dental · laya, aguijada o aijada

PARA ALLANAR: rodillo, aplanadera, atabladera, robadera, trailla, grada, robadera, EXT biendra

PARA CAVAR: azada, azadilla, azadón, legón, ligón, binador, batidera, pico, zapapico, piqueta, alcotana, escavillo, sallete, AR jada, ligona, sotera, AST fesoria, MUR picaza, piocha, piqueta, CUBA guataca, MÉX talacho, BOL, CHILE, EC Y PERÚ lampa · LADO OPUESTO: mocheta

PARA ESCALDAR: escarda, escardadera, escardilla, escardillo, escarificador, almocafre, carpidor, zarcillo, escabuche, sacho

PARA PLANTAR: plantador, herrón, hocino, AM calla · PARA ARRANCAR PLANTAS: desplantador

PARA PODAR: podadera, podón, hacha, calabozo o calagozo, cazcorvo, corvillo, márcola, podón o HUES bodollo

PARA SEGAR: guadaña, hoz, falce, segur, dalle, segadera, falcada, rozón o címbara, AST segote, AM carpidor, CHILE echona · PARTES: manija, maniquete, zoqueta

PARA VAREAR: vara, garabato, manganilla, AND zanga · PARA LAS PIÑAS DE LOS PINOS: gorguz · PARA DESGRANAR EL CENTENO: mayal · MECÁNICO: vibro

PARA TRILLAR: trillo o trilla, trilladera, andaraje, cambiza, volvedera

PARA AVENTAR: aventador, aventadora, horca, horqueta, horquillo, horquilla, bieldo o bielgo o aviento, tridente, EXT biendra o bierga, DESUS ventador

PARA RECOGER: recogedor, pala, allegador o aparvador, aparvadera o aparvadero, lenzuelo, rastra, rastrilladora, rastrillo o rastro, aparvadera, ÁL Y RI allegadera, AST angazo

PARA TRANSPORTAR: carreta, carretilla, carro · cesta, espuerta, canasto, serón, sera, manta, costal, talega, TER alguinio, cuévano, portadera, sacadera, COL catabre o catabro · PARA LA UVA: aportadera, comporta, aguadera

PARA ESPANTAR A LAS AVES: espantapájaros, espantajo

ADJETIVOS Y ADVERBIOS

66.19 cultivado

agroalimentario, agropecuario · labrantío o DESUS labradío, plantío, tierra campa, t. de sembradura

abierto, abertal, desavahado, SIN ROTURAR: lleco

abrupto, accidentado, imbricado, desazonado, agarrado, ahurragado o aurragado, amazacotado, calverizo, duro, empobrecido, fariño, magro, pobre, recio

fértil, arijo, delgado, macizo, de cultivo, de labranza, de realengo, de regadío · triguero, paniego, tupido

estéril, baldío, cansado

preparado, rompido o arrompido, LEÓN arroto

SEGÚN EL COLOR: blanquecino, albarizo · ceniciento · rojal

POR LA COMPOSICIÓN DE LA TIERRA: terregoso, arcilloso, arenoso, calizo, silíceo, talcoso, harinoso, farináceo, pantanoso, pedregoso, polvoroso, uliginoso

QUE SE CULTIVA POR PRIMERA VEZ: noval

QUE ROBA FÁCILMENTE EL AGUA: robadizo

QUE RETOÑA DESPUÉS DE CORTADO: renadío, ricial o rizal

DESTINADO AL GANADO VACUNO: aboyado

VERBOS Y EXPRESIONES

66.20 laborear

roturar, aparar, abancalar, erar, melgar, amelgar, romper o arromper, artigar, desfondar, escaliar, panificar

allanar, terraplenar

cavar, excavar, recavar, binar, rebinar, entrecavar, sallar, arrejacar o rejacar o aricar o carpentear, escavanar, AR mantornar

labrar, asurcar, surcar, cachar, rozar, aladrar, alomar, alombar, agostar, desvolver, layar, GAL, LEÓN Y ZAM ralbar, EN LOS EXTREMOS: cabecear, POR SEGUNDA VEZ: cruzar, POR CUARTA VEZ: cuartar, POR QUINTA VEZ: quintar, ÁL Y RI forcatear, EC huachar

arar, rearar, sobrearar

faenar, rastrillar, remover, desmajolar, desmatar, desrastrojar, desterronar, escardar, escarificar, rozar, sachar, beldar o bieldar, talar · CUBRIR CON TIERRA: aporcar, ARRIMAR TIERRA AL TRONCO: atetillar, cribar

66.21 sembrar

forestar, arbolar, arborizar, comarcar, rehoyar, enjardinar, estaquillar

plantar, asemillar, granear, resembrar, replantar, acodar, sementar, diseminar, volear, matear, sobresembrar, transplantar, transponer, sembrar a chorrillo, s. a golpe, s. a voleo, RI hincar · EL TRIGO: empanar, LA VID: amugronar o amorgonar o ensarmentar

desquejar, injertar

66.22 abonar

arcillar, encrasar, engrosar, entarquinar, nitratar, fosfatar

estercolar, alegamar, arcillar, cuchar, embostar, engrasar, entarquinar o enlegamar, fertilizar, margar, meteorizar, CON LAS OVEJAS: majadear, AR femar, ÁL, RI y SOR aciemar, aviciar, SAL viciar

azufrar, sulfatar

▶ 21.19 acción y agua

66.23 podar

segar, cortar, dallar, despanar, espigar, falcar, forrajear, guadañar, henificar, rapuzar, espigar, resegar, tumbar, ECHAR LAS GAVILLAS AL CARRO: barcinar

desbrozar, carpir, desherbar, desmalezar, desmatar, escamujar, escardar, matonear, ramonear, rastrillar, rastrojar, socolar, zocolar

QUITAR LOS CHUPONES: deschuponar, desmamonar, desvaretar

66.24 crecer

prender

— agarrar, arraigar, acertar, coger, encepar, tomar, trabajar, acudir, darse

— entrecriarse, grillarse, engrillarse

— **brotar**, retoñar, abrotoñar, entallecer, entalonar, mover, pulular, rebrotar, retallar, retallecer, retoñecer, revenar, serpollar, tallecer, campear, granar, florecer, SOFOCARSE POR HABER ECHADO DEMASIADA SIMIENTE: empanar

— **verdear**, enverdecer, reverdecer, SAL entuñarse

— **enyerbarse**, embosquecer, ensilvecerse, enmatarse, enmalecerse, llenarse de maleza, AM enmontarse, CHILE empastarse

PARA LAS MIESES: espigar, encañar, granar, matear, ralear, ardalear · alheñarse, apuntarse, descabezarse, empajarse, empanarse, encamarse, encañutar, aborrajarse

marchitarse, ajarse, secarse, extinguirse, consumirse, abrasarse, quemarse · languidecerse, debilitarse, declinarse, agostarse

66.25 recolectar

LABOR DE SEPARACIÓN: aventar, abalear o balear, abatojar, beldar o bieldar o albeldar o ablentar, alzar de eras, levantar de eras, desgranar, desgranzar, escardar, RI escomar

DERRIBAR FRUTOS: varear, agarrotear, batojar, sacudir, zarandear · AST dumir o dimir, solmenar

cosechar, arrancar, coger, esquilmar, recoger, allegar, vendimiar

rebuscar, espigar, racimar, SAL cerrebojar

CON LOS CEREALES:

— crecer, pintarse, AND berrendearse

— recolectar el maíz, SALV, GUAT, HOND y NIC tapiscar

— MALOGRARSE: azurronarse (POR LA SEQUÍA), ahervorarse (POR LA FERMENTACIÓN), echarse los panes

— DISPONERLO PARA LA TRILLA: aparvar, emparvar o esparvar

— **trillar**, retrillar, despajar, cribar, ahechar, frangollar, soguear

— RECOGER LA PARVA: desparvar, desemparvar

— RECOGERLO LIMPIO EN LA ERA: amuelar

— QUITAR LAS HOJAS DE LAS PANOCHAS DE MAÍZ: despinochar, espinochar, MUR desperfollar, AM CENT destusar

CON LOS VIÑEDOS:

— EN LA PLANTACIÓN: acodar, amugronar, amorgonar, ensarmentar, ataquizar

— CON LA TIERRA: cavar, binar o edrar, COBIJAR CON TIERRA: acollar, DESAHOGAR DE TIERRA ALREDEDOR DE LA CEPA: alumbrar, jirpear, RI desacollar

— **maestrear**, arrodrigonar o arrodrigar (PONER RODRIGONES), caponar (ATAR LOS SARMIENTOS), encapachar (CUBRIR LA CEPA CON LOS SARMIENTOS PARA RESGUARDAR DEL SOL A LOS RACIMOS), pamplonar (ESPARCIR LOS VÁSTAGOS), callear (CORTAR O SEPARAR LOS SARMIENTOS), horquillar (EVITAR QUE LAS CEPAS TOQUEN EL SUELO)

— LABORES DE LIMPIA: desbarbillar (LAS RAÍCES DE LOS TRONCOS), deslechugar (LAS HIERBAS), desmajolar (LOS MAJUELOS), desmamonar (LOS MAMONES), despampanar o despampanillar (LOS PÁMPANOS), despimpollar (LOS BROTES EXCESIVOS), despleguetear (LOS PLEGUETES DE LOS SARMIENTOS), esforrocinar (LOS ESFORROCINOS), sarmentar (LOS SARMIENTOS PODADOS)

— producir grano, granar, RI tronquear

ACLARAR LAS PLANTAS EN SEMILLEROS: acuchillar · dejar para simiente

67. GANADERÍA

▶ 27. animales terrestres

67.01 animales de fuerza y carga

asno, burro, buey, caballo

yegua, potro, mulo, mula, acémila

yunta, pareja, biga, tiro · par, mancuerna, revezo

— TIRO DE DOS O MÁS: tronco · ENLAZADAS PARA LA TRILLA: cobra

— TIRO DE TRES: triga · TIRO DE CUATRO: cuadriga

EN GRUPO: atajo, bandada, bestiaje, brigada, caballada, caballería, caballeriza, cabaña, cuadra, escuadrón, ganado, grey, haberío, hatajo, hato, manada, muletada, nube, porrada, potrada, reata (HILERA), rebaño, recua, recuaje, rutel, tropa, tropilla, vacada, yeguada, yegüería, yugada, yuntería, ANT cobre, AM MER tropa, ARG Y UR tropilla · EN ARG, PAR Y UR, MANADA DE BAGUALES: bagualada

67.02 ganado vacuno

vaca · buey o COLOQ vaco, toro

CRÍA: chorato, mamón · RECIÉN DESTETADA: pastenco

CRÍA HASTA UN AÑO: becerro, ternero, choto, jato

DE MÁS DE UN AÑO: eral, sobreañal o sobreño

DE DOS O TRES AÑOS: utrero, novillo o magüeto

DE CUATRO AÑOS: cuatreño

EL QUE SIRVE DE GUÍA: cabestro

ganado bovino, g. bravo

RAZAS: avileña, retinta, frisona, charolais, limousin

cabaña, acogido, acollido, armento, arria, boyada, cabestraje, ganadería, grey, haberío, hacienda, harria, hato, lote, manada, mayoralía, minada, pegujal, pegullo, piara, pico, punta, rebaño, rebujal, recua, rehala o reala, rejo, rutel, torada, tropa, vacada, vez · bienes semovientes

marca, calza, cercillo, hierro, sello, SAL escobado

67.03 ganado ovino

carnero · oveja, morueco, borrego

marón, carnero padre, AR mardano, MUR mardal

balante, carnero adalid, pécora, SAL machorra, sacadera, DESUS ramiro, ANT bidente · ganado lanar, res lanar

— RECIÉN NACIDO: caloyo

— QUE MAMA: lechal, recental, chotuno, ternasco, velloso, GAL Y LEÓN año

— QUE NO PASA DE UN AÑO: cordera, cordero pascual

— DE UN AÑO CUMPLIDO: borro

— DE UNO A DOS AÑOS: cancín, primal

— MÁS DE UNO O DOS AÑOS: andosco, trasandosco, SAL sobreprimado · AR DE TRES AÑOS: tercenco

RAZAS: manchega, churro, caracul, liguano, aragonesa, awassi, assaf, romanov, landchaf, flaichaf, merino, m. precoz, ARG Y UR caranegra · musmón

SEÑAL O MARCA: pegunta

rebaño, borregada, cabaña, carnerada, chicada, grey, hato, majada, manada, mayoralía, ovejería, reala o rehala, rutel · carnerada o ARG carneraje (CARNEROS), borregada (BORREGOS O CORDEROS)

topetazo o topetada o topetón, encuentro, morocada

67.04 ganado caprino

cabra · jarropa (DE PELO CASTAÑO TOSTADO)

MACHO DE LA CABRA: macho cabrío o cabrón, castrón, bode, barbón, garañón (EL DESTINADO A PADRE), buco o AR boque, ÁL, AR Y NAV irasco, ANT cabrío, AR bucardo, HUES segallo, ANT hirco

CRÍAS DE LA CABRA:

— DESDE QUE NACE HASTA QUE DEJA DE MAMAR: ternero o choto, cabrito o chivo · chozpón (QUE CHOZPA O SALTA)

— QUE AÚN NO HA PASTADO: ternasco

— QUE NO LLEGA AL AÑO: chivato

— QUE NO LLEGA A PRIMAL: ceajo o cegajo

— QUE TIENE MÁS DE UN AÑO Y NO LLEGA A DOS: primal, ceaja

— MÁS DE DOS AÑOS: igüedo

RAZAS: murciano, granadino, verata

67.05 porcicultura

cerdo

— cebón, cochino, chino, cocho, cuchí, gorrín, guarro, marrano, puerco, animal de bellota, CASTRADO: castrón

— verraco, verrón · cerda, tarasca

— AR tocino, AST cuino, SAL garrapo, AM chancho, COL sute · TER sancho, SALV, HOND Y MÉX tunco

— QUE TODAVÍA MAMA: lechón, guarín, RI tetón

— MENOR DE CUATRO MESES: gorrino, rungo, LEÓN SAL Y ZAM gurriato

— cochinillo, corezuelo, ASADO: rostrizo, tostón

— COLOQ gocho

SALVAJES: jabalí, verraco, cochino de monte, JOVEN: jabato, babirusa (EN ASIA)

ganado porcino, g. de cerda, g. moreno, jarique, piara, vara, varada, vecera, vecería, vez

EN GRUPO: piara

RAZAS: ibérico, duroc jersey, landrace, large white, pietrain, hampshire

67.06 avicultura

gallina · gallo, masto

pollo, DÉBIL Y ENFERMIZO: galpito, polla

DE CINCO O SEIS MESES: pularda

pita, pión, AM CENT Y MÉX chachalaca o chacha, CHILE Y EC francolino, COL calceto, CR Y HOND congolona, GUAT cologüina

EMPOLLANDO: clueca o llueca, POLLO CASTRADO Y CEBADO: capón, QUE NO TIENE COLA: reculo, QUE TIENE MUCHA PLUMA: papujado, RAZAS: castellana, gallipava, de guinea o pintada

pavo o gallipavo, ganso, pato, oca, perdiz, faisán

67.07 cunicultura

conejo, NUEVO: gazapo

acure, agutí, COL cameará

conejillo de Indias, cavia, corí, AND cuin, AM MER cuy, CUBA curiel

CUBA, EXTINGUIDO: quemí

RAZAS: neocelandés, californiano, belier, gigante especial

67.08 apicultura

abeja

— abeja reina, príncipe, pollo, obrera, abejón, laminera, machiega, enjambradera · zángano · abejaruco · cresa, moscarda, queresa, querocha

— EN GRUPO: enjambre, ganado, ENJAMBRE PEQUEÑO: jabardo

— TIEMPO QUE DURA LA FLORACIÓN: florada

colmena

— abejar, abejera, colmenar, banquera, enjambradero, asiento de colmenas, posada de colmenas

— panal, bresca, sobrepuesto, ÁL Y VIZC tártano · PARTE QUE CARECE DE MIEL: destiño, macón, SAL secón, PANAL CON SUCIEDAD: escarzo · PALO ATRAVESADO: trenca

— celda, celdilla, vasillo, realera, alvéolo, maestril o maestral o maesil, teta de maestra · vaso, arena

— tapa, corcho, hatijo, témpano · PUERTA: piquera

— CONCAVIDAD EN QUE CRÍAN FUERA DE LA COLMENA: horno

miel

— jalea, melaza, melcocha, meloja, arrope, aguamiel, hidromiel

— cera, ámago o hámago (CORREOSO Y AMARILLO DE SABOR AMARGO), propóleos o tanque (SUSTANCIA CÉREA), reseco (PARTE DE CERA QUE QUEDA SIN MELAR)

— cerón, residuo, espejuelo, fosquera

67.09 ganadería y personas

veterinario o albéitar, protoalbéitar, veterinario de campo, mariscal · PARA CABALLOS: hipólogo

caballista

— caballerizo, caballero, yegüerizo o yegüero, burrero, recuero, hatajador o atajador, acemilero · mayoral, jilmaestre · ganadero · ARG gaucho · CHILE guaso

— jinete, montador, amazona, jineta, charro, jockey, bridón

— mozo, palafrén, palafrenero, cajonero, yacedor, encuartero

— domador, amansador, desbravador, picador, MÉX campirano

arriero o harriero

— carretero, encuartero, palafrenero, postillón, DE MULOS: almocrebe, CHILE atajador

— acarreador, capachero, cargador, costalero, esportillero, ordinario, porteador o atija-

rero, recuero, trajinero, trascantón, soguero, soguilla, añacal o añacalero, mozo de cordel o de cuerda, AND sobajanero, alhamel o aljamel, DESUS ajobero

ganadero

— granjero, pegujalero, hacendado, posesionero, riberiego, caporal, mayoral, rabadán, ANT albarrán

— caballerizo, cabestrero, caballista, burrero, boyero, tropero, resero, yeguarizo o yegüerizo o yegüero · vaquero, vaquerizo, AST vaqueiro · mulero · ENCARGADO DEL FORRAJE: zacapín

— acemilero, cajonero, mozo de mulas · ganapán o bastaje, faquín, DESUS galafate

— yacedor, AYUDANTE DE MONTA: mamporrero

— esquilador, herrador, descallador

— tratante, chalán

pastor

— ovejero, cabrero, manadero, zagal

— apacentador, borreguero, cabañero, cabañil, cabrerizo, carnerero, dulero, guardacabras, hatero, rehalero, revecero, CANTB sarruján, CUIDA DE LAS OVEJAS PARIDAS: ahijador

— ayudador, mozo, ropero

porquero, porquerizo, camperero, guarrero, variteno, COLOQ rey

pollero, pavero

apicultor, abejero, colmenero, melcochero, melero

OTRAS PROFESIONES RELACIONADAS CON LOS ANIMALES:

— EN GENERAL: zoólogo, zootécnico

— INSECTOS: entomólogo

— DISECACIÓN: taxidermista

— SERES ORGÁNICOS DESAPARECIDOS: paleontólogo

67.10 ganadería y tareas

reproducción

— banco de semen, inseminación artificial

— celo · apareamiento, coito, cópula · feto

— gestación

— parición, paridera, ventregada, CRÍAS NACIDAS EN EL MISMO PARTO: camada, SI SE CRÍAN JUNTOS EN EL MISMO LUGAR: lechigada o cachillada

alimentación

— apacentamiento, pastoreo, pastoría, pasturaje, talaje, ramoneo, trashumancia (TRASLADO EN BUSCA DE PASTOS) · EN AM MONTAR A PELO POTROS SALVAJES: rodeo · TIEMPO DE PASTO: montanera · engorde, ceba, cebo

— forraje, frangollo, garbillo, heno, hierba, pasto, pienso, salvado, A LOS CERDOS: puchada, ramón, herrén, AR Y MUR garba, SAL salón, AM zacate

— alcacer, alfalfa, alforfón, algarroba, almorta, avena, bellota, cebada, centeno, mijo, paja, remolacha, sorgo, trébol, maíz, soja, girasol, trigo o AST narvaso, COL cauca, MÉX tlazol

producción
— sacrificio · seccionado
— matanza, COLOQ sanmartín o San Martín, sanmartinada
— esquileo (CORTE DE LANA)

67.11 ganadería y lugares

PARA LA REPRODUCCIÓN: paridera, monta, picadero, acaballadero, ahijadero · CIERVOS: bramadero

PARA BEBER: abrevadero, bebedero, aguadero · bañadero

PARA COMER:
— comedero, pacedero, pastadero, apacentadero, apartadero, borreguero, veranadero, agostadero, andada, pesebre
— prado, pastizal, majadal, herbazal, herrenal, ricial, dehesa o acampo, dula, enciso, manchón, pasturaje, boalaje o boalar, rastrojera, paradina, PARA LA SAL: salegar
— AST alzada, braña, pastón, NAV facería, AM MER y HOND pajonal, AM CENT, FILIP y MÉX zacatal, AM CENT y MÉX zacatón

PARA RESGUARDARSE:
— caballeriza, potrero, PARA EL CABALLO: apeadero, encerradero, montadero
— boyera o boyeriza, o boíl, vaqueriza, vaquería o ARG y UR tambo, toril, novillero
— majada, redil, aprisco, priscal, ovil, cubil, apero, establo, venadero, dormidero
— cabreriza, cabrería, chivetero, chivital, chivitil
— gallinero, gallera o gallería, pollera, pollero · palomar
— madriguera, conejar o conejal, conejera, gazapera, vivar, huronera, lobera, osera, perrera, topera, zorrera · guarida, cueva, cama, cubil, AR cado
— veranero · escarbadero · DONDE HUYEN LAS PIEZAS DE CAZA: huidero
— cochinera, cochiquera, porquera, porqueriza, gorrinera, pocilga o zahúrda, cochitril, chiquero
— cuadra, establo, estala, cobertizo, presepio · acemilería, yuntería · SAL mosquil · CABALLERIZA REAL PARA CABALLOS DE REGALO: regalada
— corral, corraliza, cuadra, cañiza, cañizo, corrido, cortil, cubilar, estancia, granja, nido, invernadero, otoñada, parada, tinada, RI teña, AM invernada, ARG ensenada, UR manguera
— encerradero, engordadero, ponedero
— reserva natural, parque zoológico o zoo, casa de fieras · terrario, vivario, vivero, animalario, charcón, acuario · nido, pajarera, jaula, palomar
— EN LA ENTRADA: manga, SECCIÓN MÓVIL: telera · BROZA O MATAS CORTADAS: pesebre, presepio, esquilmo, mullida

PARA EL TRASLADO: cañada, azagador o azagadero, cabañal, colada, AR cabañera

ADIESTRAMIENTO Y APRENDIZAJE: picadero

PARA DESCANSAR: sesteadero, rodeo, AST, CANTB, y VIZC sel, AR asestadero, SAL carba

PARA TRASLADARSE: cañada, cabañal, colada, coladero, ejido

DESTINADO A LA MARCA CON HIERRO: herradero, AM bramadero

matadero, tablada, peladero, BOL, EC y PERÚ camal

PARA LOS INSECTOS: AVISPA: avispero · ABEJA: colmena · HORMIGA: hormiguero · ARAÑA: telaraña · TERMITA: termitero

67.12 ganadería y productos

TIPOS DE CARNE:
— AVÍCOLA: pollo, gallo, gallina, ganso, oca, pato, pavo, perdiz, codorniz · avestruz
— VACUNA: buey, vaca, toro, ternera
— OVINA: cabrito, chivo, cordero, carnero
— PORCINA: cerdo, cochinillo
— CAZA: ciervo, corzo, gamo, gacela, venado, jabalí
— CORRAL: conejo
— CAZA: liebre

PARTES:
— CABEZA: carrillada (LADOS DE LA CARA), cascos (CRÁNEO), sesada (SESOS), lengua, morro, EN EL CERDO: careta, orejas
— CUARTOS DELANTEROS: paletilla, paleta
— CUARTOS TRASEROS: pata, jamón, pierna
— PARTES CENTRALES: lomo (JUNTO AL ESPINAZO Y BAJO LAS COSTILLAS), lomillo (PARTE SUPERIOR DE LA ALBARDA), costillas (HUESOS DEL ESPINAZO HASTA EL PECHO), chuleta (COSTILLA CON CARNE), solomillo o entrecuesto (ENTRE LAS COSTILLAS Y EL LOMO), aguja (COSTILLAS DEL CUARTO DELANTERO), falda (CUELGA DE LAS AGUJAS SIN ASIRSE A HUESO NI COSTILLA), badal (ESPALDA Y COSTILLAS HACIA EL PESCUEZO) · morcillo (PARTE ALTA Y CARNOSA), delgados (PARTES INFERIORES DEL VIENTRE) · DESUS almilla (PECHO DEL CERDO) · CHILE y PERÚ malaya (POR ENCIMA DE LOS COSTILLARES) · corazón, bazo, hígado, riñón
— EXTREMIDADES: babilla (EXTREMIDADES POSTERIORES), tapa (MEDIO DE LA PIERNA TRASERA), rabada, caña de vaca (HUESO DE LA PIERNA), uña de vaca (MANO O PIE), mano, rabadilla, rabo, espaldilla, aguja, redondo · MÉX cuete (PARTE DEL MUSLO) · garrón (EXTREMO DE LA PATA POR DONDE SE CUELGAN)
— PULMÓN: bofe o bofena o chofe o liviano
— ESTÓMAGO: callos, doblón de vaca, tripicallos · EN EL CABRITO: lechecillas
— TRIPAS: mondongo (INTESTINOS), cordilla (DEL CARNERO) · CHILE guatitas
— TESTÍCULOS: criadillas · EN EL CARNERO: escritillas · turmas, mondongo

— TROZOS DESPRECIABLES: menudo, menudencia, malcocinado
— EN LAS AVES: muslo, pechuga, cacha · ala, aleta, alón · higadilla, higadillos, menudillos, menudo, despojo · contramuslo, molleja, cresta, patas, obispo, piel
— OTROS CONCEPTOS: landrecilla, magra, molla, pulpa, pulpejo, descargadura, asadura, corada, manteca, entraña, presa, COLOQ corazonada · grasa, pingüe, gordo, grosura, hebra, hilo · COLOQ, CARNE DE CERDO PRÓXIMA AL LOMO: magro · víscera · riñones, hígado · ARG, PAR Y UR achura (VÍSCERA COMESTIBLE)

DEL CERDO:
— carrillada, chacina, cochevira, cogullada, congo, empella, espaldilla, espinazo, hoja de tocino, jamón, jeta, lacón, lomo, lunada, magro, mondongo, moraga, pajarilla, papada, pernil, pezuña, porcipelo, sabanilla, tempanil, témpano, tocino

DEL VACUNO:
— anca, anguina, antebrazo, armos, asiento, babilla, barbada, befo, blanco, bolillo, bragada, brazo, brazuelo, cabos, calcha, calzos, cambujo, canal, candado, casco, cerneja, cerruma o ceruma, cinchar, cinchera, cinta, clin, codillo, codo, codón, copete, cordón, corona del casco, corvejón o corvelos, crin, cruz, cuadril, cuartilla, cuarto, cuartos, culata, delgados, empeine, encuentro, ensilladura, espejos, espejuelo, estrella, fuente, grupa o gurupa, huello, jarrete, lomo, lucero, mano de la brida, m. de la lanza, m. de la rienda, maslo, menudillo, morcillo, mosqueador, nabo, neguilla, ollar, pala, palomilla, pesebrejo, pierna, pospierna, pulpejo, quijote, raya de mulo, remiendo, renga, rodilla, sillar, talón, tarso, tejuelo, tendón, testuz, tintero, trabadero, tusa, valona

67.13 arreos y aparejos

PARA LOS ANIMALES DE CARGA:
— INSTRUMENTO QUE LOS UNE: yugo, ARCO: gamella, ARREO EN FORMA DE HERRADURA: horcate, PARA QUE ÉSTE NO HAGA DAÑO: collera

ANILLO PARA ATAR LAS CABALLERÍAS: arrendadero, ARGOLLA FIJA DE HIERRO A LA QUE SE ATAN POR UN PIE LOS CABALLOS: trabón, manea, manota

ARREOS DE MONTAR
— EN GENERAL: arneses, guarniciones
— cabezada, anteojera, frontalera, quijera, ahogadera, ahogadero, carrillera, muserola o sobarba, codón, testera, collera
— freno, bocado, bozal
— filete, articulado de anillas, filete de olivo, f. retorcido
— riendas, tiro, ramal, ronzal, cabestro, jáquima · fulmer, verdún, vulcanita

— montura, montadura, silla de montar, s. bastarda, almohadilla, sudadero, borrén, arzón delantero, a. trasero, asiento, estribo, correa del estribo, faldón, manta, hoja falsa, perilla, baticola, ALMOHADILLA TRASERA: grupera · barriguera, bocado · estribo
— albarda, aguaderas, cincha, serón
— brida, espuela, espolín, ESTRELLA DE LA ESPUELA: rodaja
— botas de montar, b. de potro, boto, mallas de montar
— látigo, baqueta, fusta, MÉX chicote, fuete, chibera, UR rebenque, VEN fuete
— herradura · vendaje, vendas de descanso, v. de ejercicio
— CONTIENEN EL PIENSO: caparazón, cebadera, sarrieta, MUR cebero

HERRAMIENTAS DEL HERRADOR:
— potro, porrilla, puntero, despalmador, torcedor, pujavante, acial o badal o DESUS aciar
— herradura, o DESUS ferradura, fierra, callo, casquillo, herraje · clavadura, enclavadura
— PARTES DE LA HERRADURA: lumbre (ANTERIOR), ramplón (EVITA EL RESBALÓN)

DE LIMPIEZA: rascadera, rasqueta, almohaza, bruza, espartilla, lúa · mandil

PARA GUIAR EL GANADO: bramadera, carimbo, turullo

VASIJAS: artesa, bacía, cuenco, dornajo, gamella

LOS PASTORES:
— zamarra, hatada, pellico
— morral, zurrón, aceitero, cedras, cucharal
— cayado o cayada, cachava, gancho
— PROVISIÓN DE VÍVERES: hatería

PARA PERROS Y GATOS:
— bozal o DESUS garabato, frenillo (IMPIDE QUE MUERDA)
— collar, carlanca
— correa, traílla o treílla, arnés, dogal, ANT laja

EL COLMENERO: máscara, careta, carilla · cruz, tempanador · castradera, cogedera, cortadera, batidera

67.14 enfermedades y dolencias en ganadería

VÍRICAS: psitacosis, moquillo

BACTERIANAS: ántrax, carbunco o ántrax maligno

PARASITOSIS INTERNA: cenuro (GANADO LANAR), triquina (CERDO)

PARASITOSIS EXTERNA: garrapata, tiña, sarna

AGITACIÓN NERVIOSA: basca, fiebre aftosa o glosopeda, hidrofobia o rabia, modorra, peste aviar, p. porcina

LLAGAS O ÚLCERAS: boquera, chancro, muermo

TUMORES: granillo, juanete, meteorismo, mixomatosis, papera, ránula, tofo, aforisma, zurrón, agrión, lamparón, ránula o alevosa, alifafe, almohadilla, ardínculo, barbilla, batraco, cerda, codillera, corva, corvaza, eslabón, esparaván o garbanzuelo, gabarro, galápago, granillo u culero, haba, lechino, lerda o lerdón, lobado, pepita, ranas, sapillo, sobrecaña, sobremano, sobrepié, sobretendón, uva · HUMOR ACUOSO DE ALGUNOS TUMORES: aguaza

DE LAS BESTIAS DE CARGA: alcanzadura o alcance (CONTUSIÓN), arestín o arestil (EXCORIACIÓN), cinchera (EN LA PARTE DONDE SE LES CINCHA), clavadura o enclavadura (PRODUCIDA POR UN CLAVO), dolame o dolama (ACHAQUE), enrejadura (PRODUCIDA POR LA REJA DEL ARADO), escarza (POR UNA CHINA), matadura (POR EL ROCE DE UN APERO)

DEL GANADO VACUNO: hormigón

DE LAS OVEJAS: cuchareta, escabro, modorra, comalia o morriña, nebladura, roña, zangarriana.

DE LAS AVES: morrión, hamez, filandria, gazmol, granillo, güérmeces, piojillo, piojuelo, totolate

DE LAS ABEJAS: calcañuelo, favo, flaquera, tiña

ADJETIVOS Y ADVERBIOS
67.15 ovino y caprino
calamorra (QUE TIENE LANA EN LA CARA), chozpón (QUE CHOZPA), artuña (QUE HA PERDIDO LA CRÍA), cargada (PRÓXIMA A PARIR), SAL garria (REZAGADA)

paridera (QUE PROCREA), teticiega (QUE TIENE OBSTRUIDOS LOS CONDUCTOS DE LECHE EN UNA TETA), castrada (EXTIRPADOS LOS ÓRGANOS GENITALES), machorra o renil (ESTÉRIL), ciclán o rencoso (QUE TIENE UN SOLO TESTÍCULO)

pastoril, cabañil, pastoral, pastoricio
67.16 porcino
cerduno, porcuno, suido
campero, cariblanco, granillero, jaro, verriondo ibérico, de cebo, de recebo
67.17 vacuno
manso, ARG Y UR tambero · bravo
trashumante (VIAJA EN BUSCA DE PASTO), riberiego (QUE NO ES TRASHUMANTE), travesío (QUE SALE DE LOS TÉRMINOS DEL PUEBLO DONDE MORA), estante (QUE PASTA DENTRO DE UNOS LÍMITES) · campero (QUE DUERME EN EL CAMPO)

desmadrado (ABANDONADO POR LA MADRE), horra (QUE NO QUEDA PREÑADA), teticiega (OBSTRUIDOS LOS CONDUCTOS DE LA LECHE), vacía (QUE NO PUEDE TENER CRÍA), orejano u orejisano (QUE NO TIENE MARCA), julo (QUE VA DELANTE DE LAS DEMÁS), cañariego (QUE SE MUERE EN LAS CAÑADAS)

SEGÚN EL COLOR: albahío (BLANCO AMARILLENTO), albardado (LOMO DE DIFERENTE COLOR), berrendo (MANCHADO DE COLORES), botinero (PELO CLARO CON EXTREMIDADES NEGRAS), capirote o chaperón o chapirón o chapirote (CABEZA DE DISTIN-

TO COLOR QUE EL CUERPO), cárdeno (PELO NEGRO Y BLANCO), careto (CARA BLANCA Y RESTO DE LA CABEZA OSCURA), caribello (CABEZA OSCURA Y FRENTE CON MACHAS BLANCAS), chorreado (PELO CON RAYAS VERTICALES), faldinegro (BERMEJO POR ENCIMA, NEGRO POR DEBAJO), jabonero (BLANCO QUE TIRA A AMARILLENTO), listón (LISTA MÁS CLARA QUE EL RESTO), lombardo (CASTAÑO CON LA PARTE SUPERIOR Y MEDIA DEL TRONCO DE COLOR MÁS CLARO), ojalado (PELO MÁS OSCURO ALREDEDOR DE LOS OJOS), ratino (PELO GRIS, SEMEJANTE AL DE LA RATA), salinero (PELO JASPEADO DE COLORADO Y BLANCO), salino (MANCHADA DE PINTAS BLANCAS), sardo (MEZCLA DE NEGRO, BLANCO Y COLORADO), zaino (CASTAÑO OSCURO) zahonado (DISTINTO COLOR POR DELANTE)

RES VIEJA QUE SE DESTINA A LA CARNICERÍA: cutral o cotral

RES RECIÉN PARIDA QUE ESTÁ CRIANDO: jeda
67.18 equino
USOS:
— de montar, de carreras, de cebo o engorde
— DESTINADO A FECUNDAR: semental, garañón, A INCITAR A LAS YEGUAS: recela o recelador, parejero (ADIESTRADO PARA CORRER A LA YEGUA)
— DE CARGA: de tiro, alhamel o aljamel

DOMESTICIDAD:
— dócil, noble, obediente, revuelto (QUE SE VUELVE CON DOCILIDAD EN POCO TERRENO)
— bravo, bravío, soberbio, fogoso, orgulloso, arrogante, brioso, bridón, chúcaro, coceador, falso, guito, zaino, redomón, repropio, resabiado, agresivo, desconfiado, rebelón
— campero (QUE DUERME EN EL CAMPO)
— salvaje, cerril o bozal, ARG Y UR, bagual

RAZA:
— purasangre (CRUCE DE RAZA ÁRABE CON LAS DEL NORTE DE EUROPA), cartujano (CON LAS CARACTERÍSTICAS DE LA RAZA ANDALUZA), frisón (DE FRISIA, PIES ANCHOS Y FUERTES), percherón (RAZA FRANCESA FUERTE Y CORPULENTA), anglo-normando, árabe, boloñés, bretón, inglés, lemosín, mongol, navarro, ruso, tártaro, turco
— QUE USABAN LOS ÁRABES: alfaraz

MOVIMIENTOS:
— suelto, fogoso, ligero, veloz, andón (QUE ANDA MUCHO), trotador (QUE TROTA BIEN O MUCHO), pasero o paseador (ENSEÑADO A MONTAR AL PASO), trotón (SU PASO ES EL TROTE), galopante
— empacón (QUE SE PLANTA CON FRECUENCIA), parador (QUE SE PARA CON FACILIDAD), tropezón (QUE TROPIEZA CON FRECUENCIA), lerdo (PESADO Y TORPE EN EL ANDAR), terrero (LEVANTA POCO LOS BRAZOS AL CAMINAR), topino (PISA CON LA PARTE ANTERIOR DEL CASCO PORQUE TIENE CORTAS LAS CUARTILLAS), revuelto (PRESTO Y DÓCIL PARA VOLVERSE EN POCO TERRENO), pisador (PISA CON VIOLENCIA Y ESTRÉPI-

TO), limonero (QUE TIRA DE UN CARRO) · ponedor (QUE LEVANTA LAS MANOS Y SE SOSTIENE)

COLOR:

— ÚNICO: bayo (BLANCO AMARILLENTO), canelo (CANELA), cervuno o cebruno (ENTRE OSCURO Y ZAÍNO), alazán o alazano (ROJO CANELA), sabino (ROJO CLARO), albazano (CASTAÑO OSCURO), castaño o castañuelo (ROJIZO), peceño (COLOR DE PEZ), pardusco o vellorio (PARDO), mosco (MUY NEGRO), overo (COLOR MELOCOTÓN), alobunado (COLOR DEL LOBO) · ANT hito (HOMOGÉNEAMENTE NEGRO), piel de rata (GRIS CENICIENTO), retinto (CASTAÑO OSCURO) · ARG, CR Y UR doradillo (MIEL BRILLANTE) · ARG tapado (SIN MANCHA NI SEÑAL ALGUNA) · MÉX grullo (CENICIENTO)

— MEZCLADO: azúcar y canela (BLANCO Y ROJO), fajado (COLOR DISTINTO EN LOMO Y BARRIGA), picazo (BLANCO Y NEGRO MEZCLADOS), roano (MEZCLA DE BLANCO, GRIS Y BAYO), rodado (MANCHAS REDONDAS MÁS OSCURAS QUE EL COLOR GENERAL DE SU PELO), rosillo (MEZCLA DE BLANCO, NEGRO Y CASTAÑO), ruano (CRINES Y COLA BLANCA), rubicán (BLANCO Y ROJO), rucio (PARDO CLARO) tordo (MEZCLA DE NEGRO Y BLANCO)

— CON MANCHAS: pío (BLANCO CON MANCHAS), careto (CARA BLANCA Y RESTO OSCURO), mosqueado (SEMBRADO DE PINTAS), testerillo (MANCHA DE COLOR EN FRENTE BLANCA), tobiano (GRANDES MANCHAS BLANCAS), empedrado (REDONDAS), frontino (SEÑAL EN LA FRENTE), estrellado (ESTRELLA EN LA FRENTE), acebrado o cebrado (NEGRAS TRANSVERSALES), atabanado (PINTAS BLANCAS EN LOS IJARES), caroñoso (DESOLLADA O CON MATADURAS)

— EN LAS PATAS:
  • manialbo o maniblanco (PARTE INFERIOR DE LAS PATAS DE COLOR CLARO), trabado (BLANCAS LAS DOS MANOS), argel (BLANCO EL PIE DERECHO), dosalbo (DOS PIES BLANCOS), tresalbo (TRES PIES BLANCOS), cuatralbo (BLANCOS LOS CUATRO PIES), culinegro (GRUPA NEGRA), calzado (COLOR DISTINTO EN LA PARTE INFERIOR DE LAS PATAS), trastrabado (BLANCA LA MANO IZQUIERDA Y EL PIE DERECHO, O VICEVERSA), atrípedo (PIES NEGROS)
  • CALZADO DE UNA PATA: bueno, DE DOS PATAS: mejor, DE TRES PATAS: malo, DE CUATRO PATAS: peor

FORMA:

— joven, potro, potranca, asturión, tusón

— CORPULENTO: alfana, percherón · afrisonado (GRANDE Y PELUDO), avacado (MUCHO VIENTRE Y POCOS BRÍOS)

— DE POCA ALZADA: poni o póney, petizo, sardesco

— FLACO Y ENDEBLE: matalón o mancarrón, AM CENT ruco, COLOQ, MIL, CABALLO INÚTIL: garrapata

— FEO Y DE MALAS MAÑAS: gurrufero, penco

— atigrado (FORMA DE TIGRE), anquiboyuno (SEMEJA A UN BUEY), arrocinado (PARECIDO AL ROCÍN)

— alomado (LOMO ENCORVADO O ARQUEADO HACIA ARRIBA), lomudo (GRANDES LOMOS), ensillado (LOMO HUNDIDO), lomienhiesto (ALTO DE LOMOS), recogido (CORTO DE TRONCO)

— derribado (ANCA MÁS BAJA DE LO NORMAL), trascorvo (RODILLA MÁS ATRÁS DE LA LÍNEA DE APLOMO)

— viejo, ARG Y UR maceta

CABEZA:

— desparpado (QUE LEVANTA MUCHO LA CABEZA), estrellero (QUE LLEVA LA CABEZA DEMASIADO ALTA), engatillado (PESCUEZO GRUESO Y LEVANTADO) · gacho (HOCICO METIDO AL PECHO)

— OJOS: cervuno (PARECIDOS A LOS DEL CIERVO Y LA CABRA)

— DIENTES: denticonejuno (PEQUEÑOS, BLANCOS E IGUALES), dentivano (LARGOS, ANCHOS Y RALOS), picón (SOBRESALEN LOS DIENTES INCISIVOS SUPERIORES)

— BOCA: blando de boca o boquiblando, duro de boca o boquiduro, boquiconejuno, boquifresco, boquifruncido, boquihendido, boquihundido, boquimuelle, boquinatural, boquinegro, boquiseco

EXTREMIDADES:

— abierto (QUE LAS SEPARA DEMASIADO), izquierdo (QUE SACA LOS PIES HACIA FUERA Y METE LAS RODILLAS HACIA DENTRO), claro (QUE APARTA LOS BRAZOS UNO DE OTRO CUANDO ANDA), DESUS amblador (QUE ANDA MOVIENDO A UN TIEMPO EL PIE Y LA MANO DE UN MISMO LADO), cascorvo (PATAS CORVAS), lunanco o palmitieso (UN ANCA MÁS ALTA QUE LA OTRA)

— FORMA DE LAS ANCAS: anquialmendrado (ANCAS ESTRECHAS), anquiderribado (GRUPA ALTA Y EN DECLIVE), anquirredondo (ANCAS CARNOSAS Y CONVEXAS), anquiseco (ANCAS DESCARNADAS), cañilavado (CANILLAS DELGADAS)

— CASCO: casquiacopado (ALTO, REDONDO Y HUECO), casquiblando, casquiderramado, casquimuleño (CASCOS PEQUEÑOS Y DUROS COMO LOS DE LAS MULAS), patimuleño (CASCO A MODO DE MULA), cuartilludo (LARGO DE CUARTILLAS)

COLA:

— colicano o rabicano (CANAS O CERDAS BLANCAS EN LA COLA), colín (CORTADA)

67.19 cánido

SEGÚN LA EDAD: cachorro, cadillo, perrezno

SEGÚN EL CARÁCTER: sagaz, noble, valiente, huidizo, perezoso, meloso, lento

SEGÚN EL USO: cazador, conejero, lebrero, venadero · apodendado, ventero o ventor o ventoso, zarcero, careador, apernador (QUE AGARRA POR LAS PIERNAS A UNA RES), quitador (QUITA LA CAZA A OTROS)

SEGÚN EL COLOR: blanchete, negruzco, pardo, pinteado

SEGÚN EL MEDIO: callejero, de raza, de casta, de caza, de compañía, casero, vagabundo · guardián, guía, pastor · policía, rastrero

DE CAZA:

— de ajeo o de engarro (QUE CAZAN PERDICES), ardero (QUE CAZA ARDILLAS), alforjero (QUE CUIDA LAS ALFORJAS), de busca (PREPARADO PARA LA PERSECUCIÓN), cobrador (PERA RECOBRAR LAS PIEZAS MUERTAS O HERIDAS), guión (EL QUE VA DELANTE DE LA JAURÍA), jabalinero (CAZA DEL JABALÍ), lucharniego (CAZA DE NOCHE), de muestra (OLFATEA LA PIEZA), de punta y vuelta (MUESTRA LA PIEZA Y SE VUELVE PARA COGERLA DE FRENTE), raposero (CAZA DE ZORRAS), rastrero (SIGUE EL RASTRO), tomador (QUE COGE BIEN LA PIEZA)

— basset, bretón, cocker, terrier, fox-terrier, galgo, pachón, pointer, setter

— lebrel, podenco, sabueso

DE LABOR:

— alano, albarranego, bóxer, dóberman, esquimal, labrador, mastín, pastor alemán, perro lobo, sanbernardo, terranova

— perro albarraniego (DEL GANADO)

DE COMPAÑÍA O LUJO:

— caniche, chihuahua, lulú, maltés, pequinés, pomerano, salchicha o teckel

— faldero · de aguas, de ayuda

— lobo o pastor alemán · sanbernardo (ZONAS DE MONTAÑA Y NIEVE)

AGRUPADOS: jauría o curruca o muta · DOS PERROS: trailla o colla · DE CAZA: recova, derecha

67.20 gatuno

felino

cazador, DESUS murador (DIESTRO EN CAZAR RATONES)

doméstico, casero, hogareño

dócil, sumiso, manso, bonachón, apacible, sosegado

indócil, arisco, hosco, esquivo, huraño, montaraz, indómito, agreste, cerril, rudo

VERBOS Y EXPRESIONES
67.21 explotar el ganado

EN LA REPRODUCCIÓN:

— cruzar, cubrir, montar, acaballar, doblar o endoblar, criar · castrar, capar, derrabar

— aparearse, cruzarse, pisar, tomarse, preñarse, amorecer, emparejar · parir, ACOGER UN HIJO AJENO PARA CRIARLO: descorderar

— ahijar, esquilmar, calimbar, ordeñar, pecorear · DESTETAR LOS BECERROS: desbecerrar

— destetar, desahijar, vedar, IMPEDIR QUE PASTE: ensortijar

EN LA ALIMENTACIÓN:

— alimentar, cebar, recriar, engordar, sainar, desainar, encebadar o acebadar

— criar, nutrir, sostener, sustentar, mantener

— beber, abrevar, adaguar

— pacer, pastar, pastear, repastar, pastorear, pasturar, ramonear, apacentar o apastar, campear, agostar, montanear, repacer, repastar, herbajar, herbajear, tascar, SAL rustrir

— DAR SAL: salgar, ENFERMAR DE COMER MUCHA SAL: salmuerarse

EN EL MANEJO:

— encorralar, amajadar, majadear, apriscar, arredilar, enchiquerar, entablar, encuadrar, estabular, manguear, redilar, arredilar, envacar, rodear · correr el ganado, AR embrosquilar, ANT malladar, AM sabanear

— arrear, ensortijar, tropear, trasladar, carear

— marcar, ferrar, ensortijar, empegar o empeguntar · desrabotar o rabotear (CORTAR EL RABO), AR escodar

— herrar, esquilar

— DIVIDIR EL GANADO EN HATAJOS: retazar, SEPARAR LAS RESES ENDEBLES QUE NO PUEDEN SEGUIR EN EL REBAÑO: rezagar · descorderar

— REUNIR CABALLERÍAS PARA FORMAR YUNTA: acoyuntar, SEPARAR LAS VIEJAS: desviejar

— esquilmar, granjear · carnerear

— ordeñar

EL COLMENERO:

— enjambrar, encorchar, desabejar, deshilar, partir, robar

— CUBRIR LA BOCA DE LA COLMENA: enhatijar, QUITAR EL CORCHO O TAPA: descorchar, PONERLO: tempanar

— CORTAR LAS CERAS VANAS: descerar o despuntar, LIMPIAR EL INTERIOR: frezar, PROTEGER EL EXTERIOR: blanquear

— castrar o brescar o catar o cortar, desmelar, escarzar

67.22 acción y ganado

EN GENERAL:

— MOVERSE: bocezar (LOS LABIOS), colear (LA COLA), apezuñar (LA PEZUÑA)

— enfurecerse, enresparse, descarriarse, desgaritarse, desmanarse, desmandarse

— sestear, asestar, yacer, acamarse, acarrarse (RESGUARDARSE DEL SOL)

— DEJAR DE DAR LECHE: escosar

— lisiarse

   • despeñarse, arriscarse, desbocarse, BUR entorcarse

   • derrengarse, descerrumarse, descuadrillarse, desespaldarse o respaldarse, deslomarse, despaldarse, encalmarse, encebadarse · despaldillar

   • alunarse, amorriñarse o amurriñarse, aporismarse, asolearse, atorozonarse, carroñar, AM achajuanarse (SOFOCARSE POR TRABAJAR MUCHO) · ARG acodillar (TALONEAR EN LOS TOBILLOS), aguacharse (ECHAR BARRIGA), empastarse (COMER PASTO EN EXCESO) · CHILE ababillarse (ENFERMAR DE LA BABILLA), apirgüinarse (PADECER PIRGÜÍN)

EL TORO Y LA VACA:
— **bufar**, mugir, bramar, SAL remudiar
— CUBRIR FRECUENTEMENTE A LAS VACAS: vaquear
— refugiarse, acogotarse, amosquilarse
— SEGUIR A QUIEN LLEVA EL RAMAL: ramalear, INCLINAR EL CUERPO TIRANDO DE UN CARRUAJE: carretearse
— **embestir**, amusgar, cabestrear, escarbar, GOLPEAR CON LAS ASTAS: amurcar

LA OVEJA Y LA CABRA:
— **balar**, berrear
— **copular**, amarizarse, amorecer · emparejar · ahijar, descorderar
— **topar**, topetar o tozar
— **sestear**, LEÓN, SAL Y ZAM amarizar, RESGUARDARSE DEL SOL: acarrarse •
— **carabritear**, descabritar, encabritar, ramonear, triscar

EL CERDO:
— **gruñir**
— **hozar**, hocicar u hociquear, pernear, bellotear, bañarse, entrar en vara
— baldarse, ensobinarse (QUEDARSE SIN PODERSE LEVANTAR)

EL GALLO Y LA GALLINA:
— **piar**, cacarear, cloquear o clocar
— **cubrir a la gallina**, pisar, gallar, gallear
— **apitonar**, despicarse (QUITAR LA EXTREMIDAD DEL PICO), escarbar
— **poner huevos**
— PONER TIESA LA CRESTA: encrestarse
— PONERSE TRISTE: enmantarse
— ACOMODARSE PARA DORMIR: aselarse
— **enclocar** o enclocarse, encloquecer, ponerse clueca

EL CONEJO:
— encodillarse, zapatear · engalgar

LA ABEJA:
— **pecorear**, arrebozarse, encastillar, triar, enjambrarse, AR jambrar
— **criar**, barbar, empollar, moscardear, querochar, jabardear o pavordear, desahijarse, regar (HUMEDECER LOS VASOS EN QUE ESTÁ LA CRÍA), AR escamochear
— FABRICAR LA MIEL: melar, enmelar, melificar, DESUS amelar

67.23 acción y caballo

adiestrar
— aderezar, alomar, amaestrar, amansar, apaciguar, aplacar, arrendar, aturar, contener, desbravar, domar, domesticar, enfrenar, jinetear, mampresar, someter, trabajar, AM chalanear
— obedecer, acudir

aparejar
— **ensillar**, embridar, enjaezar, enjaquimar, COLOQ, AST afatar
— **desensillar**, desaparejar, desenalbardar, desembridar, desencabestrar, desenganchar, desenjaezar, desenjalmar, desarrendar, desguarnecer, desmontar, desarrendar, desenfrenar
— **limpiar**, estrillar, mandilar, rasquetear
— **herrar**
  • reherrar, despalmar, enclavar, destalonar, encasquillar, adobar, atarragar, clavar, arrimar el clavo, despalmar, espalmar, hacer la mano, abajar el casco, poner en fianza
  • chapear, chacolotear o chapalear
  • descalzarse, desherrarse

cabecear, desencapotar, encorvar, despapar engallarse · resollar, bufar, resoplar, relinchar

encogerse, encorvarse, acortar · QUEDARSE EN POSICIÓN SUPINA SIN PODERSE LEVANTAR: ensobinarse, asobinarse

levantarse, suspenderse, empinarse, enarmonarse, grifarse, engrifarse, alfar, ponerse de manos, PONERSE SOBRE LAS PATAS TRASERAS: empinar, AM enancarse · ALZAR ALTERNATIVAMENTE LAS MANOS: piafar

caracolear, trenzar, corcovear, escaramuzar · respingar, sacudirse

encabritarse, enarbolarse, repropiarse

cocear, bracear, escarbar, patear, apezuñar, cerdear

encalmarse, cuadrarse

mover la cola, espigar

cabalgar
— MODOS DE MONTAR: a horcajadas o ahorcajarse o AM enhorquetarse, a asentadillas, a escarramanchones, a la bastarda, a la brida, a la estradiota, a la jineta, a mujeriegas, a parrancas, a pelo, a piernas abiertas, a sentadillas
— manejar, mandar, jinetear, tener las riendas, DAR UNA CARRERA CORTA: repelar
— **galopar** o galuchar o amblar, trotar, marchar, bracear, caballear, ruar, tomar el paso, ir al paso, correr a rienda suelta, c. pólvora, sentar el paso · CON LA CABEZA DEMASIADO LEVANTADA: despapar, BAJA: encapotar · HACER QUE LA LEVANTE: desencapotar · HACER QUE CAMBIE DE PIE Y MANO: trocar
— **aguijar**, acicatear, atondar, arrear, avispar, espolear, estimular, apealar, acosar, fustigar, arremeter, hostigar, incitar, picar, dar de espuela, poner piernas, meter piernas
— **desbocarse**, perder los estribos, escapar, reventar, HACER VIOLENTAMENTE QUE EL JINETE SALGA DE LA SILLA: desarzonar

— frenar
  • refrenar, sofrenar, enfrenar, barajar, ANT aturar
  • beber el freno o la brida, saborear el freno, morder el freno, tascar el freno
  • tirar de las riendas, parar en tenazón · ganar las riendas
  • recular, retrechar, retroceder
— desmontar, descabalgar, echar pie a tierra, apearse · arrendar

REF Al potro y al niño, con cariño. El que presta su caballo para garrochar, y a su mujer para bailar, nada tiene que reclamar. Caballo viejo, no aprende trote nuevo. El que nació para burro, nunca será caballo. El que vende un caballo es porque patea. No cambies de caballo cuando estés cruzando un río. No hay tonto a pie que no sea listo a caballo. No le pegues a la yegua antes de empezar la carrera. Una cosa piensa el bayo y otra quien lo ensilla. A mi potro que lo alabe otro. De padres burros, hijos pesebres. A caballo regalado, no le mires el diente. Carrera que no da el caballo, en el cuerpo la tiene. Es mejor domar potro que quitar resabio.

▶ 27.17 voces y ruidos de los animales

68. PESCA
▶ 78. transporte marítimo
68.01 barcos de pesca
arrastrero (ARRASTRA REDES), trainera (CON RED DE FONDO), palangrero (CON CORDEL LARGO Y GRUESO DEL QUE PENDEN ANZUELOS), bou (DOS BARCAS APARTADAS TIRAN DE LA RED ARRASTRÁNDOLA POR EL FONDO), gánguil (CON DOS PROAS Y UNA VELA LATINA), jabeque (TRES BARCAS CON VELAS LATINAS) · PROPIO DE LAS RÍAS BAJAS: dorna, EN EL MAR DEL NORTE: queche, dogre, chalupa, calera, EN AM chincharrero, EN CUBA balandro, DESUS canaballa
atunero, bacaladero, ballenero, salmonero, sardinero
buque factoría, b. frigorífico, b. de arrastre
PARA VIGILANCIA: guardapesca
68.02 aparejos de pesca
ARTES DE PESCA: APAREJOS Y CABOS DE UN BUQUE: jarcia
red de deriva, r. de jábega, r. de manga, r. de rastra · saco de red, copo, malla, albareque, sardinal
ARTES: jábega o bol (UN COPO Y DOS BANDAS DE LAS CUALES SE TIRA DESDE TIERRA), boliche (JÁBEGA PEQUEÑA), almadraba (CERCO DE REDES PARA ATUNES), garlito o buitrón (EN FORMA DE CONO), cazonal (DE GRANDES MAYAS PARA CAZONES), nasa o nansa o nasón (EN FORMA DE EMBUDO), colla (NASAS COLOCADAS EN FILA), cambín (PARECIDA A UN SOMBRERO), trasmallo (TRES REDES, MÁS TUPIDA LA CENTRAL), enmalle (SE COLOCAN EN POSICIÓN VERTICAL), rascle (PARA LA PESCA DE CORAL), filera (FILAS DE REDES A LA ENTRADA DE LAS ALBUFERAS), garlito (ESPECIE DE NASA A MODO DE BUITRÓN), esparavel (PARA RÍOS Y PARAJES DE POCO FONDO)
ARTES DE ARRASTRE: gánguil (DE MALLA MUY ESTRECHA), traína (PARA SARDINAS), bou (TIRADA POR DOS BARCAS)
CON CORDEL: palangre (PENDEN A TRECHOS UNOS RAMALES CON ANZUELOS), espinel (CON LOS RAMALES MÁS CORTOS), curricán (CON UN SOLO ANZUELO)
CONJUNTO DE ÚTILES: tena, guarnimiento
cabo
— cable, cuerda de fondo, c. superior, calabrote (DE NUEVE CORDONES), coarcho, tralla, cingleta, flechaste (HORIZONTAL), trapa (PROVISIONAL)
— PARA DEVANAR LOS CORDELES: corchera
— EN CONJUNTO: cordaje, araña, flechadura, cordelería, obencadura, osta, tabla de jarcia
— RED DE CABOS: jareta, pallete
— RED SUJETA DE UNA CUERDA: velo · PIEDRA ATADA AL CABO DE UNA RED: pedral
— GRUESO MEDIDO POR LA CIRCUNFERENCIA: mena, PORCIÓN QUE SE ARRÍA: salto, CURVATURA CUANDO NO ESTÁ TIRANTE: seno, PARTE EXTENDIDA HORIZONTALMENTE: tira
anzuelo, arpón, curricán, DE TRES DIENTES: fisga
boya, PIEDRA QUE SIRVE DE ANCLA: ancorel · flotador, calimote
PÉRTIGA PARA MEDIR LA PROFUNDIDAD DE UN RÍO: calón
BARRIL EN EL QUE SE CONSERVAN LAS SARDINAS: tabal
SACO PARA SACAR LA PESCA DE LAS REDES GRANDES: salabardo
68.03 tareas de pesca
pesca de altura, p. de litoral o de bajura, p. costera (TEMPORADA DE PESCA DE UNA ESPECIE) · almadraba (DE ATUNES)
pesca marítima, p. fluvial o de río, p. submarina, p. deportiva, p. con caña, p. con red
laboreo, cordonero
ECHAR LA RED: redada, lance
68.04 pesca con caña
caña de pescar o pesca · volantín
anzuelo, a. doble, a. triple, garfio, arrejaque, ballestilla, cucharilla, curricán, AR madrillera · PARA PULPOS: raña
arpón, tridente, fisga, cítora, CANTB guadañeta · PARA MARISCOS: angazo, PARA OSTRAS: raño
carrete, carretel, rabiza · sedal, tanza · plomo
flotador, corcho · cinta, veleta
cebo, señuelo, mosca, carnada, lombriz, macizo (RESIDUO DE PESCADOS), carnaza, bayo (MARIPOSA DEL GUSANO DE SEDA), gueldo, raba (DE HUEVAS DE BACALAO), camarón, gusano, gusarapa, lombriz, mosca, m. artificial, pececillo
cesta de pescador, albarsa, chistera, escripia, nasa, AST cambero · junquillo o lercha

68.05 pesca y personas
armador
pescador, pescadero, fresquero, playero, sardinero, charrán, JEFE EN LAS FAENAS DE LA ALMADRABA: arráez
— aljerifero, almatrero, atunero, bacaladero, ballenero, besuguero, bolichero, camaronero, coquinero, mariscador o marisquero o marisqueador, pulpero, sabalero, sardinero, truchero
jabegote, jabeguero, palangrero
arponero, almadrabero, anzolero, EXT, PESCADOR DE CAÑA: cañero

68.06 pesca y lugares
cala, caladero, NEGRURA DEL AGUA DONDE ABUNDAN LOS ATUNES: pretor
banco, bando, bandada, cardume o cardumen, majal, CANTB manjúa · AFLUENCIA A LAS COSTAS: ribazón o arribazón
lonja de contratación, marisquería, pescadería, almotacenía, pozo, vivero, ASOCIACIÓN PESQUERA: tercio
almadraba o atunara, paranza, perchel
CERCADO: encañizada, cañal o cañaliega, corral, ANT almona
PARA SOLTAR LOS HUEVOS: desovadero
estanque, piscifactoría, vivero, vivar, vivera, viveral, cetaria · acuario, pecera

68.07 productos de la pesca
TIPOS: pescado azul, p. blanco · MENUDO: morralla · hueva, caviar
sardina, boquerón, chanquete, anchoa, arenque
anguila, angula
besugo, chicharro o jurel, dorada
pez espada, emperador, gallo, lenguado, lubina, róbalo, lucio, merluza, pescadilla
atún, bonito, caballa, bacalao
mero, rape, rodaballo
salmón, salmonete, trucha, carpa, tenca, barbo, black-bass
PESCADO CONSERVADO EN SAL: arenque, cecial
CRUSTÁCEOS:
— langostino, l. moruno, gamba, g. rosada, carabinero · quisquilla, camarón
— langosta, l. ora, l. real, bogavante, cigala
— cangrejo americano, c. de río, c. común, nécora, buey de mar, barrilete · percebe
— centollo, apancora, araña de mar, ástaco, cámaro, cámbaro, cangrejo de mar, barrilete
MOLUSCOS:
— ostra, MÉX ostión
— almeja, chirla, berberecho, bígaro, navaja o muergo, mejillón, dátil de mar, coquina, lapa, cabra, CHILE taca o chaca, choro, cholga, piure
— vieira, concha de peregrino, zamburiña, volandeira

— calamar, chipirón, lula, pota, jibia, jibión, volador · pulpo
DE RÍO:
— barbo, carpa, lucio, salmón, tenca, trucha
CONSERVACIÓN: ahumado, apelmazado, congelado, conserva, escabeche, fresco, salazón, salmuera · cecina, mojama

VERBOS Y EXPRESIONES
68.08 faenar
pescar, laborear, rastrear, mariscar · DISPONER UN ARTE: calar, COLOCAR EL ARPÓN EN EL ANZUELO: encarnar, SACAR DEL AGUA LA BOLSA DE LA RES EN EL COPO: enjuagar, FORMAR UN CABO DE TRES CORDONES: acalabrotar
arponear, lanzar, fisgar, pescar a mano, picar · dar carrete, dar estacha, morder (EL ANZUELO)
cebar, ARROJAR MACIZO AL AGUA PARA ATRAER LA PESCA: macizar, ESPANTAR LOS PECES PARA QUE SE ENMALLEN: embalar, ENVENENAR EL AGUA PARA ATONTAR LOS PECES: envarbascar
SACAR EL PESCADO: cobrar, izar, desenmallar, ENGANCHAR EL ATÚN PARA SACARLO A TIERRA: cloquear
CON LOS CABOS:
— amollar, lascar (SOLTAR), quitar hilo
— descolchar (DESUNIR) · aflojar, arriar, saltar, soltar
— rozarse, mascarse, SUFRIR PRESIÓN ENTRE DOS OBJETOS: atocharse, DETENERSE: encajerarse, UNIR: corchar o colchar
echar o tender la red, enredar, redar, remallar
EL PESCADO: caer, mallar o enmallarse, morder el anzuelo · picar
PREPARAR EL PESCADO: ahumar, amarinar, amojamar, amoragar, arencar, congelar, conservar, curar, escabechar, escamar, lañar, macizar, marinar, salar

69. OFICIOS
69.01 albañilería
▶ 81. artes plásticas
ELEMENTOS:
— cimientos, armadura, contraarmadura, contrafuerte, entramado, enarbolado, encopetado, forjado, estribo
— fachada, frente, frontispicio, frontón
— suelo, zócalo, rodapié, citarón
— muro, tabique; pared maestra, PARA LIGAR LOS MUROS ENTRE SÍ: zuncho, arrocabe
— pilar, pilastra, columna, puntal, retropilastra, traspilastra, soporte, sostén, espigón, contrapilastra, mástil
— arco, bóveda, cúpula, ARMAZÓN QUE SOSTIENE UN ARCO: cimbra, cercha, galápago, TRIÁNGULOS DEL ANILLO DE LA CÚPULA: pechina
— techo, tejado, cubierta, vigueta, traviesa,

carrera, cabrío o cabio, canterios, contingación, enrayado, entrecinta, viga, bovedilla, engatillado

— EN LA DECORACIÓN: alero, basamento, cariátide, cornisa, greca, imposta, ménsula, moldura, orla, pechina, pedestal, rodapié, saledizo, voladizo, zócalo

MATERIALES:

— PARA PAREDES Y MUROS: ladrillo ordinario, l. perforado, l. plano, l. refractario · rasilla hueca, r. maciza · adobe (BARRO Y PAJA), MUR atoba · alabastrina o alabastrita o alabastro

— PARA SUELOS: losa, baldosa, baldosín

— PARA TECHOS: teja árabe, t. plana, t. romana · aguilón (CORTADA OBLICUAMENTE PARA QUE AJUSTE), bocateja (PRIMERA DE CADA UNA DE LAS CANALES), luneta (PRIMERA JUNTO AL ALERO), ANT álabe o estora · pizarra, launa, paja

— DE UNIÓN:

• cemento, fibrocemento, hormigón, h. armado, masa, mezcla, mortero, argamasa

• yeso, bizcocho, escayola, estuco o estuque · MINERAL DE YESO: aljez o aljor

• broma (CASCOTE, PIEDRA Y CAL), turronada (CAL Y GUIJO)

• lechada (MASA MUY SUELTA), aguacal (LECHADA PARA BLANQUEAR LAS PAREDES)

• masa, pella, tiento, tortada, CAPA QUE SE TIENDE SOBRE CADA HILADA DE LADRILLOS: tendel, PORCIÓN QUE SE SOSTIENE EN LA MANO: pellada, TORTADA DE YESO EN LOS ÁNGULOS DE UN TEJADO: galápago, CASCOTE DE YESO: gasón, yesón o aljezón o AR zaborro

— DE DESECHO: escombros, despojos, ripio, ruinas, materiales de derribo

PROCESOS:

— cimentación, nivelación, forjado, hormigonado, aparejado · retranqueo

— alicatado, enlosado, enrasado, enyesado, ensabanado, estucado, empañetado, enlucido, guarnecido, enfoscado

— encofrado, encajonado, enchapinado, entrevigado, estropajeo, fraguado

— encalado, enjalbegado, aguada

— COLOCACIÓN DE LOS LADRILLOS: en alberca, de asta, a media asta, a contralecho, a hueso, a sardinel, a soga, a tizón, en voladizo, en saledizo · en seco

— MARCOS PARA FABRICAR TEJA O LADRILLOS: galápago, gavera, gradilla

— ESTUCO DE CAL Y POLVO DE MÁRMOL CON QUE SE CUBREN LAS PAREDES: marmoración

— TROZO DE OBRA: bancada

69.02 cantería

ELEMENTOS:

— acodo, despezo, dovela, lasca, losa, loseta, saltadura, tasquil, tranquero

— laja, lancha o lancho, lastra · mampostería

MATERIALES:

— almohadilla, chambilla, dovela, lápida, losa, sillar

— ANT, PARA PEGAR LAS PIEDRAS: litocola

PROCESOS:

— almohadado o almohadillado, labrado, despezo, falseo, ángulo de corte, labra

— ARTE DE CORTAR PIEDRAS: estereotomía, DIBUJO PREVIO: montea

69.03 carpintería

ebanistería, marquetería · serrería

MATERIALES:

— MADERAS DURAS: abedul, acebo, acebuche, avellano, boj, caoba, castaño, cerezo, ciruelo, ébano, encina, fresno, haya, manzano, naranjo, nogal, olivo, olmo, palo santo, peral, roble, sándalo, teca

— MADERAS BLANDAS: abeto, álamo, alcornoque (CORCHO), aliso, castaño de indias, chopo · pino sueco, p. melis, p. gallego · plátano de sombra, sauce, tilo

— COMPOSICIÓN: aglomerado, conglomerado, contrachapado, cumbrera, chapón, enchapado, enjaretado, portadilla, ripia, ristrel, tablazón

— PLANTAS MADERABLES: abedul, abeto, abey, a. macho, ácana, acebo, aceitero, aceitunillo, acle, agáloco, agracejo, ahuehué, ailanto, álamo, á. blanco, á. negro, á. temblón, albaricoquero, alecrín, alerce, a. africano, alfiler, alipata, aliso, anacardo, antejo, arabo, árbol de la cera, arce, arraclán, ateje, avellano, ayúa, banaba, bancal, barbusano, boj, boldo, bollén, brasil, brasilete, brezo, cajuela, calambac, caldén, camagón, camagua, camagüira, cambará, cañahuate, caoba, capá, capulina, carandaí, carbonero, carey, carisquio, carne de doncella, caroto, carpe, cas, castaño, c. de Indias, cauba, cebil, cedro, ceiba, cenízaro, cerezo, cerillo, chicharrón, chonta, cigua, cinamomo, ciprés, ciruelillo, cocuyo, c. de sabana, coquino, cornejo, coscarrón, cuajaní, cuajará, curbaril, cuyá, dagame, dongón, durillo, ébano, encina, enebro, enrubio, escajocote, espinillo, espino, eucalipto, fresno, frijolillo, granadillo, guabán, guabico, guachapelí, guácima, guamá, guatacare, guayaco, haya, higuerón, inga, ipil, jabí, jabillo, jachalí, jagua, júcaro, lapacho, lentisco, lingue, litre, luma, macagua, maitén, majagua, mangachapuy, marañón, mostellar, narra, nogal, ñandubay, ocote, olivo, olmo, pacaya, palma brava, palo cajá, p. de cochino, pambil, paraguatán, patagua, pellín, pelú, pijojo, pino, p. rodeno, plátano, radal, raulí, repo, roble, sabicú, sabina, s. albar, sándalo, sarapia, sasafrás, sibucao, sicómoro, suche, tabacón, tabaiba, tacamaca, tala, tarco, tataré, teca, tejo, temu, tengue, teníu, tepú, tilo, timbó, tindalo, tipa, tocte, trompillo, tuya, urunday, vacabuey, vera, volador, vomitel, yacal, yaicuaje, yaití, yamao, yanilla, yaya, zapote

FORMAS:
— EN CONJUNTO: maderaje, maderamen, tablaje, enlistonado
— tablero, tabla, tablón, cercha, chapa, entrepaño, contrachapado o contrachapeado, levadura, panel, plancha, ripia, toza
— listón, larguero, peinazo, madero, barrote, vigueta, crucero, tronco, palo, TRAVESAÑOS: jácena, cuadral o cuadrante, espárrago, pontón, virón, tirante
— moldura
  • ataire, espiga, almilla, barra, chaveta, clavija, contrapilastra, cubrejunta, alfarjía o alfajía, junquillo, mediacaña
  • cuña, lengüeta, taco
— defecto, falca
— desecho, albura, carne, cerne, cogollo, corteza, costero, entrecasco, entrecorteza, estopa, floema, fraga, hebra, líber, médula, nudo, pelo, punta, raberón, raigal, repelo, tempanillo, támara
— serrín, añico, aserradura, aserrín, astilla, despezo, escobina, esquirla, garepa, recorte, serradura, tarugo, tea, troza, viruta, zoquete, AM CENT colocho
— SEGÚN MEDIDAS: catorzal, cuarentén, cuartera, cuairón, cincuentén, sesentén, docén, quinzal, veinticuatrén, cuartón o abitaque, pertigueño, terciado, valais, pielga, AND sexmo, sexma, BUR venturero, HUES tempanilla
— vena, veta, aguas, fibra, grano, trepa, atronadura, cebolla, acebolladura o colaina, pata de gallina o cuadranura, fenda, ojo de perdiz, sámago, tueco, falca, PARTE DEL MADERO EN QUE HA QUEDADO ALGO DE LA CORTEZA: gema
PROCESOS:
— corte, listonado, entrepañado, entalladura, farda · OBLICUO: barbilla
— ranura, muesca, mortaja, cárcel, gárgol · entrada, can, canecillo, cospe, coz, entrega, falseo, patilla
— cepilladura, desalabeo, desbaste, rebajo, renvalso, despatillado, escopladura, labrado, machihembrado, taladro, cotana
— empalme, empalmadura, armadura, enclavadura, encolado, embarbillado, samblaje, encepadura, engargolado, ensambladura, ensamblaje
— MODOS DE ENSAMBLAJES: a caja y espiga, a cola de milano, a cola de pato, a cruz y escuadra,

a inglete, a lado simple, a media madera, a ranura y lengüeta, a tabla rasa, a tope, ajustado a flor, de cuña doble, de falsos tendones, de horquilla y tendón, de muesca y tendón, en ángulo, machihembrado

69.04 fontanería

SANITARIOS:
— bañera, bidé o bidet, cisterna, ducha, lavabo · taza, retrete, váter o ANGL water, WC
— fregadero, pila
— grifo, grifería, alcachofa, aspersor, hisopo, pulverizador, dispensador · canilla, espita, llave
— CONDUCCIONES DE AGUA: depósito de agua, contador de agua · cañería, codo, te · desagüe, sifón, tubería de desagüe, alcantarillado
— calefacción, c. central, c. de gas, c. eléctrica, c. por fuel
— caldera, calentador, llave, radiador, termostato programable, purgador, pulsador automático
MATERIALES:
— abrazadera, boquilla, brida, cruceta, empalme, estopa, junta, llave de paso, muñón, sifón, válvula, varilla de soldar, vástago, zapatilla
— masilla, mástique, zulaque o azulaque
PROCESOS:
— AVERÍAS: goteo, inundación, corte de agua, fuga de agua, desagüe atascado
— REPARACIONES: cambio de zapatilla, colocación de zapatilla, desobstrucción, soldadura

69.05 electricidad

PROCESOS: electrificación · instalación, acometida, contacto, conexión, circuito, cortocircuito, derivación, toma de corriente, t. de tierra
ELEMENTOS:
— red eléctrica
— corriente, c. alterna, c. continua, descarga eléctrica
— voltaje, amperaje
— polo negativo, p. positivo
— UNIDADES: amperio (INTENSIDAD), columbio (MASA), faradio (CAPACIDAD), julio (TRABAJO), ohmio (RESISTENCIA), vatio (ENERGÍA), voltio (FUERZA)
MATERIALES:
— cable eléctrico, cinta aislante, tubo aislante, PARA LA UNIÓN: clema, barra de clemas · alargadera, automático de seguridad
— enchufe doble, e. hembra, e. macho, e. de superficie, ladrón
— clavija hembra, c. macho, c. trifásica, c. tripolar
— lámpara, lamparilla · aplique, MÉX y UR lámpara de pared
— portalámparas, CHILE soquete, MÉX sócket, VEN sócate
— bombilla, ARG y UR bombita, lamparita,

CHILE ampolleta, MÉX foco, VEN bombillo · tubo fluorescente
— **araña**, MÉX candil de lágrimas
— **farol**, farola, foco, globo, vela, velón, fluorescente o tubo fluorescente, halógeno · ANT candil, candileja, capuchina, palmatoria, quinqué, candelero
— **interruptor** o cortacorriente, MÉX apagador, VEN suiche
— **llave**, pulsador, pera, perilla, timbre
— **contador**, conmutador, disyuntor, fusible, cortacircuitos

69.06 pintura
ELEMENTOS: pintura al agua, p. al temple
MATERIALES: brocha, rodillo · barniz, cal, esmalte, imprimación, laca, minio
PROCESOS: estucado, barnizado, lacado

69.07 cristalería
ORIGEN:
— de Baccarat, de Bohemia, de Jena, de la Granja, de Murano, de Venecia · compuesto, luna, mate o esmerilado · de colores, de espejo, de roca
MATERIALES:
— arena, sosa, zafre o alquifol · COMPOSICIÓN DE ARENA Y SOSA PARA LA FABRICACIÓN DE VIDRIO: frita
— carquesa, arca, mármol
PROCESOS: biselado, desbastado, esmaltado, esmerilado, laminado, opalino, reforzado, translúcido · vidrio inastillable
PRODUCTOS:
— vidrio, DE COLOR ROJIZO QUE SE EMPLEA EN JOYERÍA: venturina artificial, MUY CLARO Y TRANSPARENTE: viril
— **vidriera**, alabastrina, marquesina, camón de vidrios
— **urna**, fanal, ABIERTO POR ARRIBA Y POR ABAJO PARA COLOCAR LAS VELAS: guardabrisa, CUBIERTA DE CRISTALES SOBRE UN PATIO: montera
— **cristal**, c. hilado, espejo, luna
— **luneta**, lente, carlita
— fibra de vidrio, lana de vidrio
FORMAS:
— cañutillo, lágrima de Batavia, l. de Holanda

69.08 oficios y personas
CONSTRUCCIÓN
— **topógrafo**, agrimensor, apeador, cadenero, estadero, geodesta, ingeniero, geógrafo, portamira
— **promotor**, contratista, constructor, arquitecto, aparejador, topógrafo, delineante, maestro de obras, capataz, oficial
— **encalador**, enlucidor, estucador, fijador, revocador, pizarrero, solador, tabiquero, tapiador, techador, tejador, yesaire, COLOQ paleta
— **albañil**, alarife, alamín, obrero, peón, AM ayudante, MÉX media cuchara

— **cantero**, labrante, dolador, cincelador, lapidario, pedrero, picapedrero
CARPINTERÍA:
— **leñador**, hachero, maderero, rajador
— **carpintero**, c. de armar, dolador, ebanista, ensamblador, listonero, portaventanero, DESUS fustero, tablajero
— QUE FIJA LAS VENTANAS Y SUS CERCOS: fijador, PARA LOS APEROS DE LABRANZA: aladrero
— EN OBRAS NAVALES: maestro de aja o de hacha, PARA CALAFATEAR: calafate
CRISTALERÍA:
— cristalero, vidriero
FONTANERÍA:
— fontanero, AND Y AM plomero
ELECTRICIDAD:
— electricista, COLOQ chispas
PINTURA:
— **pintor** de brocha gorda

69.09 oficios y herramientas
herramental
— **utillaje**, apero, avíos, bártulos, pertrechos, enseres, equipo, juego, aparejo
— **utensilio**, instrumento, artilugio, adminículo, aparato, útil, apatusco, argamandijo o argadijo, trebejo, COLOQ chisme, chirimbolo, trasto
— **portaherramientas**, caja de herramientas
taladrador, taladradora · berbiquí · broca, mecha · avellanador · taco, ARG Y CHILE tarugo, MÉX taquete, VEN ramplú
destornillador, CHILE atornillador, MÉX desarmador
tornillo, perno, bulón, PARA LABRAR LAS ROSCAS DE LOS TORNILLOS: terraja
cinta aislante, ARG Y UR c. aisladora CHILE huincha aisladora, MÉX cinta de aislar, VEN teipe negro, t. eléctrico
pegamento, cola, engrudo o gacheta, maseta, masilla, mástique o másticis, goma arábiga
metro, CHILE huincha de medir
martillo, m. de pico, m. de plomo, mazo, maceta, mazo de madera, bocarte · contrapunzón · desclavador · clavo, puntal, puntel, puntero, puntilla
punzón, buril, rompedera, barrena, barreno, aguja, alambre o alfiler de espiga, cortafrío o ARG, PAR Y UR cortafierro
pico, pica, picoleta, piocha, piqueta, piquetilla, zapapico, espiocha, escoda
alicates, tenazas, tenazuelas, pinzas
llave francesa, ll. inglesa, ll. allen, ll. de cadena
serrucho, sierra, s. circular, s. de metales, s. eléctrica, s. para ingletes, PARA ASEGURAR LA HOJA DE LA SIERRA: codal
nivel, niveladora, escuadra, baivel, regla, reglón, plomada, perpendículo, cartabón, nor-

ma, escantillón o chantillón, cintrel, compás, cordel, guía, mira, gnomon, gramil

cuchilla, troquel, chaira o cheira o trinchete, cuchillo de plomo, cuezo, desbastador, diente de perro, doladera, dolobre

ALBAÑILERÍA:

— **pala**, batidera
— **paleta**, paletín, palustre, alcotana
— **llana**, fratás, badilejo, trulla o badi, esparavel o trolla, espátula, fija
— **artesa**, espuerta, carretilla · silo
— **polea**, grúa, g. giratoria, andamio, castillejo, hormigonera, escalera de mano
— **listón**, iguala

CANTERÍA: martellina, cucarda · cincel, c. dentado, uñeta, cercador, recercador · regla, tirador

CARPINTERÍA:

— **caballete**, borrico o borriquete, banco, barrilete, cárcel, corchete, siete, burro o caballo, cabrilla, gato, gatillo
— **cepillo**, garlopa, garlopín, galera, repasadera, limpiadera, guimbarda, bocel, juntero o juntera, guillame, escarpelo
— **escoplo**, e. en bisel, azuela, acanalador, formón, mediacaña, gubia
— **clavo**, punta, tachuela, tornillo · PARA SACAR LOS CLAVOS: botador
— **escarpia**, gancho, alcayata
— **lijadora**, lima, escofina, e. de ajustar, lija
— **lápiz** de carpintero, rúbrica fabril

FONTANERÍA:

— **soldador**, soplete o lámpara del soldar, varilla de plomo
— **cortatubos**, ensanchador de tubos, escariador

ELECTRICIDAD: caja de contactos, c. de enchufe, c. de fusibles, cajetín, c. del contador, caloriamperímetro, voltímetro, transformador, alternador, amplificador, porta fusibles, disyuntor, conmutador, contador

PINTURA: brocha, brochón, sedera, rodillo

CRISTALERÍA: verga, tingle, moleta, grujidor o brujidor, punta de diamante, porta cristales, cortador de ingletes, corta vidrios de acero, cortador de vidrio en círculo, tenazas de vidriero

VERBOS Y EXPRESIONES

69.10 acción y albañilería

derribar

— abatir, allanar, apear, aplanarse, aportillar, aterrar, batir, birlar, caducar, colear, demoler, derrocar, derrochar, derruir, derrumbar, desarzonar, desmantelar, desmontar, desmurar, destapiar, destruir, devastar, hundir, precipitar, tirar, tumbar, volar, volcar
— caerse, desmoronarse, arruinarse, destruirse

— echar abajo, e. al suelo, e. a tierra
— venirse al suelo, v. abajo, v. a tierra
— reducir a escombros
— no quedar piedra sobre piedra, no dejar títere con cabeza

construir

— **excavar**, picar, mezclar, cimentar
— **cementar**, hormigonar, encofrar, enripiar o ripiar, entomizar, entramar, hacer asiento, encascotar, CON EL YESO: fraguar · apagar, matar, ASEGURAR CON YESO: recibir, retundir, ANT albañear
— **tabicar**
   • enladrillar, maestrear, zaboyar, entunicar, estropajear, rejuntar, retranquear · IGUALAR LOS LADRILLOS: agramilar
   • alicatar, azulejar
   • enyesar, repellar, enlucir, enfoscar, ensabanar · dar de yeso, dar de llana
   • acicalar, blanquear, enjebar, estucar, guarnecer, AM empañetar
— **solar**, enrasar, enlosar, embaldosar, enmaderar
— **techar**, tejar, tapiar, atizonar, encañizar, embrochalar, encabriar, engatillar, entrevigar, jabalconar o jabalonar · EN LAS BÓVEDAS: enjutar
— **nivelar**, aplomar, desaplomar, riostrar o arriostrar
— cubrir aguas

reconstruir, reconvertir, reedificar, rehabilitar, rehacer, renovar, restaurar, reparar, arreglar, reajustar, socalzar · dejar nuevo

69.11 acción y cantería

labrar, relabrar, almohadillar, aplantillar, asalmerar

picar, cantear, cincelar, desbastar, despezar, dolar, dovelar

encuadrar, encuartar, encorchetar, escuadrar, escasear, escodar, falsear, recuñar

69.12 acción en carpintería

EL CARPINTERO:

— **cortar**, hachear, serrar, aserrar, serruchar, trozar, cachar
— **pulir**
   • acepillar, alisar, apomazar, cepillar, desalabear, desbastar, despatillar, dolar, escofinar, lijar, limar, raer, raspar, rebajar
   • agujerear, escoplear, barrenar
— **entallar**, aplantillar, cajear, centrar, cuadrar, enchuletar, encuadrar, escasear, escuadrar, espigar, listonar, relabrar, renvlasar
— **ensamblar**, acodar, acoplar, acuñar, almarbatar, atornillar, clavar, contrapear, embarbillar, embutir, encepar, encolar, engargolar, entrejuntar, fijar, incrustar, machihembrar
— **chapar** o chapear, enchapar, contrachapar o contrachapear · calafatear

LA MADERA: **alabearse**, apolillarse, arquearse, astillarse, carcomerse, cerchearse, recalentarse

69.13 acción en fontanería
ajustar, desajustar, emplomar
soldar, atornillar
cambiar la zapatilla, cortar el goteo

69.14 acción en electricidad
instalar, electrificar, electrizar, cablear, tender un cable
conectar, desconectar · encender, apagar
dar la corriente · irse la luz, saltar el automático, fundirse los plomos

69.15 acción en pintura
mezclar, templar, aparejar

lustrar, crispir, acicalar, enjalbegar o jalbegar, estucar, jaspear, revolver, vetear
pintar, imprimar, bañar, fijar, revocar, miniar · dorar, sobredorar, platear · barnizar, esmaltar, lacar, laquear, niquelar
blanquear, encalar, enjalbegar, ESPESAR LA CAL: encerar

69.16 acción en cristalería
cortar, endurecer, fundir, laminar, recocer, templar, desvitrificar
desbastar, afinar, biselar, deslustrar, esmerilar, grujir o brujir
encristalar o acristalar, enmasillar

7. COMUNICACIÓN

70. COMUNICACIÓN ESCRITA
70.01 escritura
DE LA ANTIGÜEDAD:
— escritura cuneiforme, e. jeroglífica o hieroglífica · e. egipcia hierática, e. demótica · e. fenicia
— EN GRECIA ANTIGUA, ALTERNANDO LAS LÍNEAS DE IZQUIERDA A DERECHA Y DE DERECHA A IZQUIERDA: bustrófedon
— ANT, EN MAYÚSCULAS: uncial
alfabeto
— PARA LENGUAS INDOEUROPEAS: latino, griego, etrusco, íbero, cirílico, armenio, devanagari, urdu, bengalí, gujaratí, canarés, oriya, singalés
— PARA LENGUAS CAUCÁSICAS: georgiano
— PARA LENGUAS AFROASIÁTICAS: árabe, hebreo, copto, amárico
— PARA LENGUAS DRÁVIDAS: malabar, telugú, tamil
— PARA LENGUAS SINO-TIBETANAS: escritura china, birmano, tibetano, jémer, lao, tai
— PARA LAS LENGUAS ALTAICAS: escritura japonesa, e. coreana
TEXTO EN ROMANCE EN CARACTERES ÁRABES: aljamía
BASADA EN DIBUJOS: escritura pictográfica (UNIDAD: pictografía), e. ideográfica (UNIDAD: ideografía), e. gráfica (UNIDAD: grafía)
EN TECLADO: mecanografía o dactilografía
ESCRITURA RÁPIDA MEDIANTE SIGNOS: taquigrafía o estenografía
PARA LOS CIEGOS: sistema Braille, cecografía
LA QUE IMITA FIELMENTE EL HABLA: escritura fonética
ESTUDIO DE LOS DOCUMENTOS ANTIGUOS: MANUSCRITOS: paleografía, CON CLAVE SECRETA: criptografía
NORMAS QUE REGULAN LA ESCRITURA: ortografía, ESCRITURA CONTRA LAS NORMAS: cacografía
ALFABETO GRIEGO: alfa (A), beta (B), gamma (G), delta (D), épsilon (E BREVE), dseta (Z), eta (E LARGA), zeta (Z), iota (I), kappa (K), lambda (L), mi (M), ni (N), xi (KS), ómicron (O BREVE), pi (P), rho (R), sigma (S), tau (T), ípsilon (U), fi (F), ji (J), psi (PS), omega (O LARGA)

ALFABETO LATINO: a (A A), be (B B), AM be larga, MÉX be grande, ce (C C), che (CH CH), de (D D), e (E E), efe (F F), ge (G G), hache (H H), i (I I), jota (J J), ka (K K), ele (L L), elle (LL LL), eme (M M), ene (N N), eñe (Ñ ñ), o (O o), pe (P P), cu (Q Q), erre o ere (R R), ese (S S), te (T T), u (U u), uve o ve (V V), AM ve corta, MÉX ve chica, uve o ve doble (W w), AM doble ve, MÉX doble u, equis (X X), i griega o ye (Y Y), zeta o ceda o ceta o zeda (Z z)
carácter, grafía, ideograma, signo, trazo, vírgula, virgulilla (TILDE DE LA Ñ), zapatilla (RASGO HORIZONTAL DE ADORNO), ANT rúbrica (SEÑAL ENCARNADA O ROJA) · letra mayúscula, l. minúscula
acento, tilde, DESUS ápice
— SEGÚN LA POSICIÓN:
  • acento agudo, a. grave, a. esdrújulo
  • acento circunflejo (ê) · diéresis o crema (ü) · apóstrofo (') · cedilla (ç) · asterisco (*) · almohadilla (#)
puntuación
— punto (.), dos puntos (:), punto y coma (;), puntos suspensivos (...)
— coma (,)
— raya (—)
— comillas (« »), paréntesis ( ), corchetes [ ], guión (-) · ANT calderón o antígrafo (¶)
— signos de admiración o exclamación (¡!), s. de interrogación (¿?)
TRAZOS DE UNA LETRA MANUSCRITA:
— grueso, perfil, cabeceado, claroscuro
QUE SE DISTANCIA DE LA NORMA:
— garabato, garambaina, garrapato, ringorrango, escarabajos
— plumada, plumazo
QUE DIFICULTA LA LECTURA: borrón, errata, mentira, falta de ortografía
ABREVIADA: abreviatura (PALABRA REDUCIDA), sigla (CONJUNTO DE INICIALES), acrónimo (SIGLA PRONUNCIADA COMO PALABRA), anagrama (SÍMBOLO O EMBLEMA), criptograma (CIFRADO)

70.02 texto
▶ 71. libro

EN SENTIDO GENÉRICO:
— **papel**, papelorio, escrito, tarjeta
— **hojas**, cuartillas, papeles, folios · díptico, tríptico
— **expediente**, camisa, carpeta, cartapacio, cartera, dossier, legajo, plica
— **notificación**, apuntación, apuntamiento, indicación, inscripción, mensaje, reclamo
— CON ESPACIOS EN BLANCO PARA RELLENAR: impreso, formulario, ficha, inscripción
— DEL PROCEDIMIENTO PARA HACER ALGO: receta
— COLOQ, PARA USAR DISIMULADAMENTE EN LOS EXÁMENES: chuleta

INFORMATIVO:
— **anuncio**, comunicado, comunicación, notificación, participación, cartel, pancarta, prospecto, propaganda
— **informe**, parte, bando, carta, saluda, besalamano
— **edicto**, manifiesto, proclama, publicata
— **aviso**, circular, directiva, disposición, instrucción, decálogo, conminación

COMERCIAL:
— **contrato**, poder, pliego
— **factura**, abonaré, pagaré, albarán, recibí, recibo, talón, quitanza, vale, volante, resguardo, tornaguía, cargareme, minuta, carta de pago
— **billete**, boletín, boleto, cupón, lasto, letra, liberación, bono, título

JURÍDICO-ADMINISTRATIVO:
— **oficio**, despacho, escritura, atestado, acordada, otorgamiento, patente, concordia, auto, apeo, albalá, acta notarial, providencia, suplicatorio o suplicatoria
— **obligación**, partida, renuncia, repartimiento, tratado, valor
— **ley**, decreto, orden, contraorden, regla, reglamento, sentencia, resolución, ordenamiento, DECRETO DEL ZAR: ucase, EN MARRUECOS: dahír
— **ordenanza**, mandato, mandamiento, precepto, prescripción, ANT comendamiento

ACREDITATIVO:
— **testimonio**, testimonia, acta, auténtica, conocimiento, privilegio, remisoria o remisorias, memoria, memorándum
— **certificado**, certificación, comprobante, justificante, diploma, compromiso, contraescritura, nombramiento
— **invitación**, testificata, boleta, cédula, contracédula, sobrecédula
— **carné** o carnet, pasaporte, salvoconducto
— TESTIMONIO QUE SE DA A LOS SACERDOTES ORDENADOS: cartilla

— INDULTO: conservatoría
— DEL ALCALDE AL COMANDANTE DE LA TROPA: contento o contenta
— EN MARRUECOS: mulquía

PUNZANTE:
— **diatriba**, libelo, memorial, panfleto, perorata, sátira, soflama

DE POCAS LÍNEAS:
— **título**, máxima
— **leyenda**, autógrafo, dedicatoria, epitafio, esquela, filacteria, lema, marbete, recordatorio, signatura, tejuelo, frase, letrero, etiqueta, faja, rótulo, DESUS bervete
— **refrán**, adagio, aforismo, proverbio, sentencia, paremia, frase hecha, f. proverbial, apotegma, axioma, fórmula, pensamiento, moraleja, epifonema, principio, locución, PUESTO EN VERSO Y CANTABLE: anejir, DESUS brocárdico, ANT retraher
— **contraseña**, consigna, nombre, santo, s. y seña

DE UNA SOLA PÁGINA O PLIEGO:
— **cartel**, carátula, pancarta, papeleta, papelón, papelucho, placa, pasquín, cedulón, ANT cartapel

LISTADO:
— **lista**
  • relación, repertorio, retahíla, serie, catálogo, tarifa, inventario, enumeración, guía, programa
  • censo, catastro, padrón, registro
  • palmarés, currículo
— **callejero**, cronología, letanía, tabla
— **léxico**, directorio, nomenclador o nomenclátor · índice, plan

AÑADIDO A OTRO:
— **comentario**
  • aclaración, exégesis, explicación, glosa, interpretación, llamada, nota, paráfrasis
  • observación, apunte, acotación, anotación, apostilla, advertencia, escolio, salvedad, subnota
  • DESUS adversarios

RESUMIDO DE OTRO:
— **resumen**, compendio, síntesis, recapitulación, esencia, epítome, excerpta o excerta, períoca, DESUS resunta · DE LO DICHO EN UN DISCURSO: epílogo · COLOQ remediavagos
— **esquema**, sinopsis, esqueleto, guión, prontuario, cuadro sinóptico

EXTRAÍDO DE OTRO:
— **extracto**, reducción, recolección, recopilación, adaptación
— PARA DEMOSTRAR CONOCIMIENTOS: examen

QUE NO ES EL ORIGINAL:
— **copia**, dúplica, duplicado, policopiado, compulsa, facsímile

PARTES DE UN TEXTO:
— **título**, enunciado, encabezamiento · membrete, póliza
— **párrafo**, epígrafe, apartado, AM acápite
— **línea**, renglón, interlineado · columna · SEÑAL PARA SEÑALAR TEXTO AÑADIDO: llamada
— referencia, nota marginal, POR DETRÁS: respaldo
— AL FINAL: coleta, coletilla, firma, rúbrica, sello, enterado, visto bueno, conforme, cúmplase · pie, EC MÉX Y PR calce
— PARTES EN BLANCO: blanco, claro, margen, frente, birlí, cortesía, hueco, ladillo, laguna

70.03 escritura y personas
▶ 82.08 literatura y personas
escribiente, escriba, escribano, mecanógrafo, mecanógrafa o tipiadora, calígrafo, dactilógrafo, memorialista, notario, pasante, secretario, secretaria, auxiliar · perito calígrafo
historiador, prehistoriador, analista, cronógrafo, medievalista, memorialista, bolandista
biógrafo, hagiógrafo, historiógrafo, cronista · linajista, genealogista
copista, amanuense
QUE CONOCE LA ESCRITURA ANTIGUA: paleógrafo
EN LAS IMPRENTAS: apartador, laurente, levador
COLOQ plumífero, chupatintas, plumista, pendolista, tagarote, MALSON cagatintas

70.04 hoja
papel
— **página**, pliego · papelorio, papelote, papelucho · cara, carilla
— **fotocopia**, MÉX Y VEN copia fotostática
— **papiro**, pergamino, vitela · cartón, cartulina, teleta
— **pizarra**, encerado, pizarrón, tablilla, tríptico · piedra, lápida, caparazón, madera
— **paquete**, cartapacio, ligarza, legajo, CINTA PARA ATAR LEGAJOS: balduque
— PESO EN GRAMOS POR METRO CUADRADO: gramaje · PARA ENJUGAR LO ESCRITO: papel secante · QUE SE CALA O AGUJEREA: caloso
SEGÚN FORMA: confeti, cucurucho, pajarita, recorte, serpentina, sobre, bolsa
SEGÚN EL LADO: cara, dorso, respaldo
SEGÚN TAMAÑO:
— **octavilla**, cuartilla, holandesa, din-A5, din-A4, din-A3, din-A2
— **folio**, AM hoja tamaño oficio · mitad de un folio, AM hoja medio oficio
— cuarto, decimoctavo, dieciseisavo, marquilla · carilla, llana, plana · BORDES DESIGUALES: barbas
— **balón** (24 RESMAS), bala (10 RESMAS), resma (20 MANOS), mano (VIGÉSIMA PARTE DE LA RESMA), cuadernillo (CINCO PLIEGOS O QUINTA PARTE DE UNA MANO), cuaderno (CUATRO PLIEGOS METIDOS

UNO DENTRO DE OTRO), pliego (PIEZA), plieguecillo (MEDIO PLIEGO)
— **pieza** (TIRA CONTINUA QUE SE HACE DE UNA VEZ), rollo (PORCIÓN EN FORMA ENROLLADA)
guía
— hoja rayada, falsilla, regla o seguidero o pauta
— **rayas**, líneas, renglonadura, casilla, corondel, cuadrícula, filigrana, pauta, perforado, puntizón, verjurado
FABRICACIÓN DEL PAPEL:
— molino de papel · pasta, lechada · pudridor, MAZO: malleto, EXTREMO Y REMATE DEL ÁRBOL: pezón, SUELO: henchimiento · PALO LARGO: espito
— PARA CORTAR: desguince, guillotina
— PARA PRENSAR: calandria
— plegadera, encuadernador

70.05 pluma
pluma estilográfica, AM MER pluma fuente, ARG, CHILE Y UR lapicera de cartucho, UR l. de tinta, l. fuente · tinta · secante · péndola, péñola, cálamo · plumín, palillero · grasilla, arenilla, arenillero · raspador · tintero, salvadera, tinta
bolígrafo, ARG, PAR Y UR birome, CHILE lápiz de pasta, MÉX pluma o p. atómica, VEN lapicero, COLOQ boli
rotulador, AM CENT, ARG, EC, PAR Y UR marcador, SALV plumón · señalador, ARG Y VEN resaltador, CHILE destacador, MÉX marcatexto
lápiz, lapicero, crayón, clarión o gis, pizarrín · portaminas, CHILE lápiz de mina, MÉX lapicero, UR lápiz mecánico · afilalápices, sacapuntas · goma de borrar, lápiz borrador · sacapuntas · grafito, tiza, yeso. · EN LA ANTIGÜEDAD: estilo
estuche, plumier, portalápices
▶ 62. informática

ADJETIVOS Y ADVERBIOS
70.06 descripción de la escritura
ilegible, incomprensible, borroso, apretado, garabatoso, garrapatoso, ligado, de pata de araña, COLOQ algarabía
autografiado
— caligrafiado, a mano, de su mano, de propio puño, de su puño y letra, al correr de la pluma, cálamo currente · al dictado, en borrador, en limpio
— DICHO DE UN TESTAMENTO DE PUÑO Y LETRA DEL TESTADOR: ológrafo
TIPOS:
— ortográfica, jeroglífica, cuneiforme, lotiforme
DESCRIBIR UN TEXTO SEGÚN SU CONTENIDO:
— diacrónico, filológico, genealógico, geocronológico, hagiográfico, histórico-crítico, histórico-mítico, historiográfico, numismático, paleográfico

— prehistórico, protohistórico, socio-histórico, periodístico

DESCRIPCIÓN DE UN TEXTO SEGÚN SU EXTENSIÓN:
— **breve**, abreviado, compendiado, conciso, condensado, desnudo, directo, epilogal, extractado, lacónico, resoluto, restricto, resumido, sintético, sintetizado, sobrio, somero, sucinto, sumario
— **largo**, amplio, desarrollado, difuso, dilatado, estirado, extendido, extenso, luengo, prolongado · generoso, interminable, inacabable

VERBOS Y EXPRESIONES
70.07 escribir
redactar
— **extender**, inscribir, apuntar, anotar, citar, encabezar · titular, intitular · estampar, ilustrar, expedir, ANT libelar, COLOQ poner
— **borronear**, emborronar, borrajear o burrajear, garabatear, garrapatear
— A LA CABEZA DEL ESCRITO: encabezar, ENTRE LÍNEAS: entrerrenglonar, AL MARGEN: marginar, EN EL DORSO: respaldar, FALSIFICADO: suplantar, SIN ACABAR: truncar, CON GRACEJO: gracejar
— tomar apuntes, dejar correr la pluma
anotar
— apuntar, asentar, inscribir · copiar, reescribir, transcribir · rotular, puntuar, plumear · manuscribir, caligrafiar
— estenografiar, taquigrafiar · mecanografiar, dactilografiar, ARG Y VEN tipear, CHILE digitar, MÉX capturar
— entrecomillar, entrelinear
corregir, añadir, atildar, espulgar, estilar, modificar, puntuar, revisar, sopuntar, suprimir, tildar
resumir, epitomar, epilogar, extractar, recopilar
trazar, cabecear, rasguear, escarabajear, tagarotear, rotular · sangrar, interlinear · firmar · borrar
rayar, trazar, tirar, subrayar, interlinear, linear, alinear
decir, contener, rezar, estar redactado
70.08 leer
releer, revisar, recorrer, ANT meldar, FIG devorar, beber, sorber, quemarse las cejas
LEER PARA SÍ EL ORIGINAL DE UN ESCRITO: atender
ojear, repasar, recapitular, pasar la vista, pasar los ojos, echar una ojeada, dar un repaso
hojear, pasar las hojas, echar un vistazo
instruirse, documentarse, investigar

71. LIBRO
71.01 libro y forma
volumen, tomo, COLOQ mamotreto, tocho, ladrillo, libraco

prospecto, ficha, pasquín, recordatorio, tarjeta, tríptico
fascículo, escrito, suelto, folleto, libelo, artículo, comunicación, comunicado, despacho, oficio, parte, misiva, carta, epístola, opúsculo, DECLARACIÓN DE DOCTRINAS: manifiesto, gacetilla
agenda, bloc, carnet, cartapacio, cuaderno, libreta, lista, memorándum, memorial, prontuario
LIBROS ANTIGUOS: papiro, pergamino, rollo, códice, manuscrito, palimpsesto, MAGIA: grimorio · EDITADO ENTRE LA APARICIÓN DE LA IMPRENTA Y PRINCIPIOS DEL SIGLO XVI: incunable · EDITADO POR LA FAMILIA DE LOS ELZEVIRIOS: elzevirio
PARTES:
— **portada**, portadilla, anteportada, contraportada
— **forro**, cubierta, frontis, frontispicio, guarda, HOJA EN BLANCO: cortesía
— **hoja**, página, margen de cabeza, margen de pie, m. exterior, m. interior, PARTE INFERIOR EN BLANCO: birlí
— **cabecera**, columna, espacio, interlineado
— **parte**, capítulo, lección, epígrafe, párrafo, frase, palabra
PARA LA COLOCACIÓN EN LA LECTURA: pupitre · atril o retril, GRANDE Y DE IGLESIA: facistol
71.02 libro y contenido
obra literaria
— novela, ensayo, biografía, autobiografía, memorias, monografía
— libro de ficción, l. de viajes, l. científico, l. religioso, l. de consulta
manual
— **tratado**, t. elemental, relación, curso, QUE TIENE CIEN PARTES: centiloquio
— **prolegómenos**, fundamentos, elementos, cartilla
— **guía**, anuario, atlas, catálogo, dietario, directorio, enquiridión, itinerario, memorando, memorial, plano, prontuario, vademécum
— RELIG misal, breviario, catecismo · Biblia, Corán
recopilación
— **antología**, analectas, anecdotario, colección o colectánea, crestomatía, excerpta, fabulario, floresta, florilegio, miscelánea, muestrario, parnaso, ramillete, romancero, selección, selectas, silva, suma
— **resumen**, síntesis, extracto, compendio, copilación o compilación, epítome
— EN LENGUAS ORIENTALES: diván
— COMPUESTA DE EXPRESIONES AJENAS: centón
— DE DIFERENTES MATERIAS: poliantea
— DE JURISTAS ROMANOS: digesto
— GENERALMENTE DE DERECHO: pandectas

diccionario
— vocabulario, glosario, léxico, panléxico, lexicón, tesoro o DESUS tesauro, índice, nomenclatura · enciclopedia
— TIPOS: monolingüe, bilingüe, trilingüe, plurilingüe · de sinónimos, ideológico, analógico, temático, conceptual · etimológico, técnico, de uso, enciclopédico
— EN LOS DICCIONARIOS: entrada o lema, acepción, artículo, definición, referencia, remisión
— TÉCNICA: lexicología (RELACIÓN DE SIGNIFICADOS), lexicografía (COMPOSICIÓN)
libro de caja, l. de contabilidad, l. de cuentas, l. mayor, l. de firmas, l. de franqueo, l. de sellos, l. diario, l. de actas, l. de almacén, l. de inventario y balances · trapacete
PARTES DEL CONTENIDO:
— **dedicatoria**, ex libris · EN LAS BIBLIOTECAS: signatura
— **introducción**, prólogo, preámbulo, proemio, prefacio, premisa, preliminares, preludio, introito, exordio, cuestión previa · QUE LA DEFIENDE DE OBJECIONES: galeato
— **capítulo**, pasaje, párrafo, epígrafe, frase, línea
— **página**, titulillo, margen, AL MARGEN DE LA PLANA: ladillo
— **nota**, subnota, cita, pie de foto, pie de imprenta, nota del traductor
— **colofón**, epílogo, sumario, índice
— **ilustración**, cenefa, estampa, grabado, greca, imagen, lámina, litografía, pintura, reproducción, ribete, viñeta · miniado
— **errata** · fe de erratas
71.03 tipografía
PROCESO:
— **galerada**, maqueta, prueba, comprueba, contraprueba, PLIEGO QUE SE ENTREGA SUELTO: capilla, CORRESPONDENCIA CON EL DORSO: registro, PALABRA AL FIN DE CADA PLANA QUE ERA LA MISMA QUE LA SIGUIENTE: reclamo
— **errata**, mochuelo, línea viuda, l. huérfana
— partición de palabra, alineación, justificación
— página, plana, pliego, posteta
— cuaderno, duerno, remetido, terno
— edición, autoedición, impresión, tirada, tiraje, ANT, TIRADA EN UN DÍA: jornada
PROCEDIMIENTOS: aguafuerte, aguatinta, calcografía, calcotipia, cromolitografía, electrotipia, espolinado, estampado, estenotipia, estereotipia, fotocomposición, fotocopia, fotograbado, fototipia, galvanotipia, heliograbado, huecograbado o calcografía, linotipia, litografía, offset, serigrafía, xerografía, xilografía
PAPEL Y CALIDADES: biblia, bristol, de barba, de calco, de carbón, de China, de estraza, de fu-mar, de marquilla, de plata, de seda, japonés, pergamino, satinado, secante, tela, vegetal, verjurado
TIPOS DE LETRA:
— bastarda, bastardilla, capitular, cursiva, de caja alta o mayúscula, de caja baja o minúscula, florida, itálica, miniatura, negrilla, negrita, redonda, titular, versal, versalita, volada
— RASGOS: empaste, gavilán, grueso, ligado, palitroque, palo, palote, perfil, pierna, plumada, trazo, zapatilla
MÁQUINAS:
— imprenta, linotipia, monotipo, prensa, rotativa, minerva
— filmadora, insoladora, ctp (COMPUTER TO PLAY)
PIEZAS: asentador, bala, banda, blanco, botador, broza, caballete, caja, cajetín, camisa, capuchina, cárcel, carro, cazuela, chibalete, cilindro, cliché, cofre, cojinete, colador, colgador, componedor, contracaja, corondel, crucero, cuadrado o cuadratín, cuadro, cuña, divisorio, forma, fornitura, fotolito, frasqueta, galera, galerín, interlínea, lengüeta, logotipo, mantilla, medianil, metedor, mojador, molde, moleta, mordante, numeradora, pierna, plancha, platina, punta, punzonería, rama, regleta, retiración, rodillo, sacador, somera, taco, tacón, tamborilete, trama, timpanillo, tímpano, tintero, tipómetro, volandera
PLIEGO PARA EMPAQUETAR LAS IMPRESIONES: posteta
71.04 encuadernación
TIPOS:
— cartoné, encartonado, española, guaflex, holandesa, inglesa, pasta, p. española, p. italiana, media p. · a la rústica, en rústica, en tela · en rama · cosida, fresada
— ENCUADERNADO SIN CORTAR LOS PLIEGOS: libro intonso
INSTRUMENTOS:
— mesa, telar, cantonero, chifla, ingenio, aguja, CHILE botalomo · cabezada o cordel
— maqueta · PARA DORAR LOS CANTOS: cantonera
PARTES:
— cubierta, sobrecubierta, solapa, tapa, CUADRO QUE SE PEGA AL LOMO PARA EL RÓTULO: tejuelo
— pliegos, cuadernillos, fascículos, TROZO QUE SE DEJA SIN CORTAR: testigo, PIEZA QUE SE AÑADE A LAS HOJAS SUELTAS: cartivana o escartivana
— lomo, lomera, nervio, nervura, cosidos, PESTAÑA EN EL LOMO: cajo, PARTE QUE SOBRESALE: ceja, FIRMEZA EN EL COSIDO: cadeneta
— corte de cabeza, c. de delante, c. de pie
— forro, EN LAS ESQUINAS: cantonera · TIRA AÑADIDA SOBRE LA CUBIERTA: faja

71.05 publicación y difusión
autoría, colaboración, patrocinio, autoría de traducción
FASES: redacción, borrador, prueba, galerada, corrección, ADICIÓN HECHA AL MARGEN: lardón · impresión, edición, publicación, distribución, venta, reimpresión, segunda edición... · PRIMERA EDICIÓN SI HAY VARIAS: edición príncipe
PERMISOS Y DERECHOS LEGALES: copyright o derecho de autor, depósito legal, derechos literarios, ISBN (INTERNATIONAL STANDARD BOOK NUMBER, NÚMERO ESTÁNDAR INTERNACIONAL DE LIBRO), propiedad intelectual · RELIG nihil obstat, imprimátur
BIBLIOTECAS: pública, privada · nacional, municipal · ambulante, popular · especializada · DE PUBLICACIONES PERIÓDICAS: hemeroteca
CDU (CLASIFICACIÓN DECIMAL UNIVERSAL): generalidades, obras generales · filosofía · religión, teología · derecho, ciencias sociales · filología · ciencias puras · c. aplicadas, tecnología, medicina, industria, agricultura · bellas artes · literatura · historia, geografía · biografía
71.06 libro y personas
autor, coautor, escritor · novelista, narrador, poeta, dramaturgo · diccionarista, lexicógrafo, lexicólogo, vocabulista · traductor
editor, librero · censor
impresor · portadista, teclista, maquetador, corrector, diseñador gráfico · tipógrafo, prensista, alzador, marcador, tirador, componedor, moldero, cajista, platinero, linotipista, minervista, grabador o ANT estampador · atendedor
encuadernador, encartonador, ajustador
distribuidor, publicista
bibliotecario, documentalista
lector, leedor, leyente · bibliófilo, bibliómano · estudiante, estudioso
QUE NO SABE LEER: analfabeto

VERBOS Y EXPRESIONES
71.07 imprimir
EN LA FABRICACIÓN DE PAPEL: arrepistar, batir, calandrar, desguinzar o esquinzar, desbarbar, glasear, satinar
EN LA MAQUETACIÓN:
— maquetar, componer, ajustar, marginar, COLOCAR TIPO DE MENOR TAMAÑO: volar
— casar, descasar · paginar, compaginar · imponer, desimponer
— satinar, entretelar · empastelar, desempastelar · AM, DISEÑAR EL FORMATO DE UNA PUBLICACIÓN: diagramar · hacer galeradas
— justificar, recorrer, espaciar, parangonar, tamborilear, incular, sangrar, regletear · levantar letra

EN LA IMPRESIÓN:
— dar a la imprenta, meter en prensa, registrar, clisar, imprimir, tirar, reimprimir, sobreimprimir · calzar, entintar
— estampar, ESTAMPAR POR EL REVÉS: retirar
— PASAR UNA PRUEBA LITOGRÁFICA A LA PIEDRA: reportar
publicar
— aparecer, salir, ver la luz
— distribuir, reponer · publicitar
— reeditar, reimprimir
71.08 encuadernar
empastar, encartonar, entapar, meter en tapas · alzar, plegar
coser
— cabecear, coser a pasaperro, c. a diente de perro
— AJUSTAR: LOS PLIEGOS: plegar, UN PLIEGO DENTRO DE OTRO: encañonar, LA CUBIERTA: afinar, LAS RESMAS: batir
— recortar, desvirar
— descuadernar, desencuadernar · reencuadernar

72. PRENSA ESCRITA
72.01 periodismo
medio de comunicación o ANGL mass media
reporterismo · periodismo imparcial, p. neutro, p. tendencioso
información
— comentario, crítica
— amarillismo, sensacionalismo
— redacción · ajuste, compaginación, cierre
— ilustración, grabado, huecograbado
— fuente de información, agencia de noticias, corresponsalía
— censura, influencia · libertad de expresión, l. de imprenta, l. de prensa · manipulación
juicio, análisis, examen, impugnación, murmuración, recensión, reprobación, reproche, reseña, retracción, vituperio · opinión pública
72.02 periódico
diario
— gaceta, boletín, órgano, rotativo, hoja, noticiero, publicación, COLOQ papel, AM tabloide
— periódico matutino, p. de la mañana, p. vespertino, p. de la tarde
— periódico sensacionalista, prensa amarilla, p. del corazón, revista de modas · ilustración, cómic, tebeo
revista
— semanario, magacín o magazine
— dominical, suplemento del domingo, anejo, extraordinario
FASES:
— redacción, edición, publicación, impresión, distribución, difusión
— venta, suscripción

SECCIONES:
— **sumario**, índice, primera página
— **noticias** internacionales, n. nacionales, n. regionales, n. locales · nota, suelto, comunicado
— **opinión**, editorial, artículo, a. de fondo, colaboración, columna
— **informe**, reportaje, entrevista, exclusiva, encuesta, crónica
— **páginas de economía**, ecos de sociedad, sucesos, sección deportiva, meteorología, agenda, humor, chiste, cartelera
— **anuncio**, anuncios por palabras, ofertas de empleo
— **necrológica**, obituario, esquela mortuoria

72.03 noticia
comunicación
— **declaración**, referencia, reporte, dato, aviso, confidencia, detalle, especie, mandado, mensaje, parte · DE SUCESOS YA ANTICUADOS: antigualla
— **primicia**, novedad, nueva, DESUS descuento
— **breve**, flas o flash, cuña, gacetilla, alcance
— COLOQ **notición**, bomba, bombazo, escopetazo, macutazo, píldora, FALSA O DIFÍCIL DE CREER: pajarota, guiño, bulo, bluf, canard, chisme
ORIGEN:
— **de buena tinta**, de fuente fidedigna, de primera mano
— **rumor**, infundio, especiota, globo sonda, MÉX borrego
PARTES: titular, cabecera, entradilla, antetítulo, subtítulo · lead
TRATAMIENTO:
— **comunicado**, crónica, exclusiva, informe, portada
— **primera página**, recuadro, reseña

72.04 periodismo y personas
periodista
— **reportero**, gacetero, gacetillero, noticiero, plumífero, revistero, cazador de imágenes, operador, paparazzi, PRINCIPIANTE: currinche, DESUS diarista, DESP folicultario
SEGÚN FUNCIONES:
— **director**, editor, e. responsable, redactor, r. jefe
— **articulista**, editorialista, columnista, sociadista, cronista, colaborador
— **corresponsal**, enviado especial, portanuevas, QUE PUBLICA NOTICIAS VULGARES: pilonero
— **camarógrafo**, fotógrafo, dibujante
— **crítico** de libros, c. de arte, c. de toros, c. de deportes
— **repartidor**, paquetero, suplementero, cuartillero
— **vendedor**, quiosquero, revistero
— **lector**, suscriptor, ANT gacetista

VERBOS Y EXPRESIONES
72.05 informar
divulgar
— **noticiar**, desvelar, comunicar, propagar, circular
— **dar una noticia**, correr una noticia, extender una noticia · matar al mensajero
publicar
— **destacar**, editorializar, entrevistar, redactar, ajustar, compaginar, cerrar, insertar, traer, salir · anunciar · manipular
— **seleccionar la noticia**, tener la exclusiva, sacar en primera página, seguir una rueda de prensa · retirar de la circulación · insertar anuncios
censurar
— **criticar**, denostar, escarnecer, fustigar, murmurar, recriminar, satirizar, vejar, vituperar, COLOQ zaherir, pisotear, desollar, despellejar
elogiar
— **alabar**, enaltecer, halagar, adular, agasajar, aplaudir, festejar, homenajear, lisonjear, ponderar, requebrar, COLOQ mimar, sobar
informarse
— **abonarse**, suscribirse · entretenerse, hojear · comprar un ejemplar, leer por encima · juzgar, censurar · poner en entredicho, p. en cuarentena

73. PRENSA AUDIOVISUAL
73.01 televisión
telecomunicación, radiodifusión, radiofonía, radiotelegrafía, radiotelevisión
cadena pública, c. privada, c. nacional, c. regional, c. local · teledifusión
TIPO DE TRANSMISIÓN: analógica, digital · en diferido, en directo · cuota de pantalla, share
televisor, pequeña pantalla, COLOQ tele
repetidor, antena colectiva, a. parabólica
COLOQ **caja tonta**, c. de felicidad, c. mágica, c. de sonidos

73.02 programa audiovisual
ACTOS:
— **programación** · programa, p. de radio, p. radiofónico, VEN p. radial
— **conexión**, transmisión, retransmisión, emisión, recepción, audición · reposición, grabación · corte publicitario
— **zapeo** o zapping
TIPOS:
— **espacio**, parrilla
— **programa** informativo, p. cultural, p. de humor, p. de variedades, p. deportivo, p. infantil, p. religioso, p. taurino
— **carta de ajuste**, anuncio, concurso
— **consultorio**, magacín o magazine, ANGL reality show, serial, serie, telecomedia, telediario, telefilm o telefilme, teleserie

— espacio publicitario, anuncio publicitario, spot
— COLOQ, PROGRAMAS DE BAJA CALIDAD: telebasura
INFORMATIVOS:
— noticias, telediario, diario hablado, noticias regionales, noticiario, AM noticiero
— avance de programación, a. informativo, boletín informativo, b. meteorológico, información deportiva, reportaje, sorteo de la lotería
CINE Y SERIES:
— telefilme, película, telenovela, novela radiofónica, radionovela, culebrón, folletín, documental
— serie, serial · episodio, capítulo
— dibujos animados, CHILE monitos animados, MÉX caricaturas, monitos, UR dibujitos, VEN comiquitas
MUSICALES: concierto, hit parade, música, videoclip
OPINIONES: entrevista, debate, tertulia, mesa redonda

73.03 técnica y material audiovisual
LA EMISIÓN:
— emisora de radio, estación de radio · cámara de televisión, trípode, foco, jirafa, mesa de mezcla de imágenes, m. de mezcla de sonido, micrófono, modulador, osciloógrafo, reflector, satélite, torre de la antena
— estudio, plató, ARG Y VEN set de filmación, MÉX foro de grabación, estudio de filmación, UR piso · sala de control · s. de espectadores
— alta definición, frecuencia modulada · LONGITUD DE ONDA: onda corta, o. larga, o. media · sintonía
— circuito cerrado, programa codificado, p. interactivo, radio digital, sistema PAL (ALEMÁN), s. SECAM (FRANCÉS), subtítulos, teletexto
LA RECEPCIÓN:
— radio, receptor, autorradio, emisora, radiorreceptor, aparato de radio, radio digital, radioemisora, transistor · canal, estación · dial
— televisión analógica, t. digital, t. por cable, t. por satélite, tdt · balance, brillo, color, contraste, sintonía, sonido, tono, volumen
— vídeo, aparato de vídeo, ARG, MÉX Y UR videocasetera · cinta de vídeo, videocasete
— pantalla, pared de vidrio, pantalla monocromática, p. de plasma, p. LCD · pulgadas, tarjeta gráfica, tubos de rayos catódicos, t. de radiación, gama de colores, filtros, vídeo frecuencia
— antena, a. parabólica, detector, cohesor, excitador, oscilador, sintonizador, tierra, transmisor o trasmisor · onda, o. corta, o. media, o. larga, ciclo, kilociclo · distorsión, parásito atmosférico, ruido de fondo · ANGL fading · antiparasitario, antiparásito

— altavoz, AM parlante · sonido mono, s. estéreo, home-cinema, modulador de sonido, estabilizador · bajos, amplificadores, almohadillas, caja de percusión · audición bilingüe
— mando a distancia, AM control remoto
— batería, potenciador, cañones de electrones, haces de electrones, circuito de procesado, condensadores, transistores, chasis, transformador, bobinas de desviación
— conector, euroconector, puerto USB, entrada para auriculares, e. para antena, e. para altavoces auxiliares, e. para baterías TFT, e. para sintonizador, e. para conversor compacto, e. para decodificador

73.04 radiotelevisión y personas
locutor, presentador, moderador, animador, AM conductor
productor, realizador, redactor, periodista, reportero, cámara, controlador
operador, coreógrafo, maquillador, peluquero, técnico de sonido
guionista, AM libretista · editor
oyente, escucha, radioescucha, radioyente, radioaficionado, telespectador, televidente, teleadicto · colaborador, concursante, seguidor
audiencia, índice de audiencia

VERBOS Y EXPRESIONES
73.05 emitir
televisar
— programar, contraprogramar
— radiar, transmitir, retransmitir, difundir, radiodifundir, radiotransmitir, reponer, emitir, modular · hacer radio, h. televisión
— realizar, producir · informar, presentar · entrevistar, concursar, animar
— anunciar, poner anuncios
— TRANSMITIR POR MEDIO DEL TELÉFONO: perifonear
73.06 sintonizar
conectar, encender, poner, AM prender la televisión
ver la tele, ajustar el tono, a. el color, a. el volumen, subir el volumen, bajar el volumen
cambiar de cadena, captar la imagen, c. la onda, grabar, zapear
seguir una serie
apagar

74. CORREO
74.01 correspondencia
franqueo · sellado, CON SELLO CANCILLERESCO: plumbado · fecha de envío · recogida, horas de recogida
transporte
reparto, distribución
devolución, respuesta
COLECCIONISMO: filatelia

74.02 envíos
carta
— **remesa**, expedición, partida
— **escrito**, letra, mensaje, misiva, COLOQ cuatro
letras, dos letras, unas letras · cartazo
— **postal**, tarjeta postal, hoja de aviso · billete, nudillo, pliego · parte, participación, invitación, comunicación, oficio, besalamano
· esquela · anónimo · circular, mailing
— **certificado**, envío certificado, MÉX e. regis-
trado · acuse de recibo, reembolso, contra
reembolso
— **telegrama**, fax, burofax
— **paquete postal**, AM encomienda
— **cheque postal**, giro postal, g. telegráfico
— **tarifa**, t. reducida, franqueo concertado, valores declarados
— **correo ordinario**, c. aéreo, c. urgente · cupón de respuesta, muestra sin valor
PARTES:
— **encabezamiento**, dirección, membrete, fecha, fórmula de saludo
— **exposición**, desarrollo · línea, renglón, interlínea, párrafo · cortesía
— **despedida**, fórmula de despedida, firma,
posdata o postdata, post scriptum
74.03 sobre
sello, AM estampilla, MÉX timbre · franqueo
concertado, sobretasa · tampón fechador,
matasellos, oblea
destinatario, domicilio, código postal, ciudad,
provincia y país · apartado de correos, AM
casilla de correo o casilla postal
remitente, expedidor
INCIDENCIAS: acuse de recibo, destinatario desconocido, devolución al remitente, porte
pagado, respuesta a vuelta de correo, tasa
insuficiente
SOBRE CON NOTICIA QUE NO DEBE CONOCERSE: plica
74.04 correo y personas
empleado, funcionario, técnico, administrador
de correos, auxiliar · ANT telegrafista
cartero, repartidor, estafetero, AM MER chas-
qui, EN DIPLOMACIA: valijero, ANT cursor, peatón, hijuelero, alfaqueque
mandadero, recadero, cosario, corresponsal,
dador
destinatario · expedidor, remitente
74.05 correo y lugares
estafeta, e. móvil, centro de clasificación, palacio de comunicaciones, oficina, administración
buzón, alcance, apartado, caja, cajón, cartería,
casa de postas, hijuela
ventanilla, apartados de correos, certificados, giro postal, libretas de ahorros, servicio filáte-
lico, telegramas, venta de sellos, caja postal

74.06 material de correos
sello, AM estampilla, timbre, etiqueta · franqueo concertado · marchamo, nema, plo-
mo, precinto, rueda, sigilo, signáculo, signo
rodado, lacre, troquel
formulario, hoja de sellos, impreso, tarifas pos-
tales
balanza, pesacartas, portacartas · fax, télex
matasellos manual, numerador, timbrador, fechador, sello de lacre, bote de engrudo, almohadilla, mojador, tampón
máquina clasificadora, m. de franquear, m. de
matasellar, m. expendedora, m. ordenado-
ra · anillo del pescador, cajetín, cinta transportadora, clasificador
valija, saca

74.07 corresponderse
cartearse
— **dirigirse a**, encabezar
— **mantener correspondencia**, escribirse con
alguien
— **abrir la correspondencia**, a. el correo, redactar el correo, dirigirse a alguien, responder a
vuelta de correo, COLOQ poner dos letras
enviar
— **franquear**, sellar, timbrar, remitir, adjuntar,
consignar, cursar, despachar, dirigir
— **facturar**, girar, librar, mandar, expedir, re-
expedir, remesar, hacer llegar
— **recibir**, responder
— **echar al buzón**, mandar una carta, enviar
un paquete, mandar por correo, m. por fax,
m. por télex · acusar recibo
FÓRMULAS PARA ENCABEZAMIENTOS:
— **señor**, señora, señores, señoras · muy señor
mío, muy señores míos
— **distinguido señor**, distinguida señora · respetado señor, r. amigo, r. jefe
— **estimado señor**, e. amigo, e. colega, estimado...
— **querido amigo**, querido..., muy apreciados
amigos · adorado...
FÓRMULAS PARA DESPEDIDAS:
— **muy atentamente**, agradeciendo su atención, aprovecho la ocasión para, con mis mejores deseos · le saluda atentamente, le ruego acepte mis más sinceros deseos, le ruego
reciba mi más atento saludo
— **saludos**, se despide atentamente, sin otro
particular, un abrazo, un fuerte abrazo, con
todo cariño, besos
— **me despido de usted**, queda a su entera disposición, le saludo a usted con atenta consideración, reciba un atento o cordial o afectuoso saludo

74.08 distribuir el correo
matasellar, obliterar, lacrar, certificar, girar, rembolsar, telegrafiar
clasificar, repartir, despachar, reenviar, entregar el correo · devolver el correo
sellar, resellar, contrasellar, emplomar, estampar, estampillar, lacrar, marchamar, plomar, precintar · desellar

75. TELEFONÍA
75.01 teléfono fijo
teléfono inalámbrico, t. manos libres, , t. de monedas, t. de tarjeta, microteléfono, intercomunicador, interfono, videoteléfono
fax, radioteléfono, supletorio · walkie-talkie, UR handy
PARTES: auricular, ARG Y UR tubo, VEN bocina · caja, disco, dial, indicador luminoso
75.02 teléfono móvil, AM **celular**
de tarjeta o tarjeta prepago, contrato · cobertura, selección de red, operador, saludo inicial · detector de posición
cubierta, carcasa, antena · soporte sobremesa, cargador
batería, carga de b., modo de ahorro de b., indicador de b. baja
lista de tareas, organizador, agenda, notas, ajuste de tonos, a. de fecha y hora, a. de llamada, a. de seguridad
calculadora, alarma, cronómetro, temporizador de cuenta atrás, husos horarios, fecha, calendario
75.03 guía telefónica
EN PAPEL:
— directorio, páginas amarillas · guía alfabética, g. comercial, g. de calles
EN LA MEMORIA DEL TELÉFONO:
— búsqueda de un contacto, añadir nuevo contacto, edición de los detalles de los contactos · busca, borrado, nombres suscritos
— bandeja de entrada, b. de salida · llamadas realizadas, ll. recibidas
75.04 seguridad
código de desbloqueo
código PUK (PERSONAL UNBLOCKING KEY), c. de seguridad
código PIN (PERSONAL IDENTIFICATION NUMBER), c. de acceso
contraseña de restricción, código de monedero
75.05 memoria
tarjeta SIM (SUBSCRIBER IDENTITY MODULE)
tarjeta de memoria
memoria dinámica interna, m. compartida
75.06 pantalla
pantalla luminosa TFT (THIN FILM TRANSISTOR), ajuste de iluminación automático, contraste, resolución

vista de los menús, logotipo del operador, pantalla en blanco, p. en espera
salvapantalla, protector de pantalla, ahorro de energía
75.07 teclado
teclado alfanumérico, bloqueo automático
tecla almohadilla, t. asterisco, t. de encendido, t. de llamada en espera, t. de navegación, t. de paso a datos, t. de repetición de llamada, t. de selección, t. de toma de línea o t. de acceso a línea, t. de volumen, t. de altavoz de manos libres
75.08 llamada, ARG llamado
comunicación, conectividad, conexión, intercomunicación, tono de llamada, t. monofónico, t. polifónico
prefijo, ARG Y UR característica, CHILE código, MÉX clave lada, VEN código de área
timbre electrónico regulable
línea libre, l. ocupada
marcación multifrecuencia, m. rápida, m. mediante voz
llamada local, ll. interurbana, ll. internacional, ll. a tres, ll. de emergencia, ll. desviada, ll. en espera, ll. gratuita, ll. intercomunicada, ll. a cobro revertido
COLOQ telefonazo, toque
llamada perdida, ll. recibida, ll. rechazada · rellamada automática
señal de llamada, s. de ocupado · rechazo
desvío en cambios de domicilio, d. inmediato, d. por ausencia, d. si comunica
restricción de llamadas entrantes, r. de llamadas salientes
llamadas enviadas, lista de últimas llamadas, registro de llamadas, duración de la llamada, información de ubicación, ocultación de identidad
interferencia, multiconferencia, posicionamiento
contestador automático, buzón de voz, ARG casilla de mensajes, UR Y VEN correo de voz
tarifa plana
75.09 mensaje
texto tradicional, texto predictivo
ajustes de mensaje, envío de tarjetas de visita
mensaje de audio, m. de info, m. de texto, m. de voz, m. flash, m. multimedia, m. predefinido, m. de correo electrónico, m. de información
mensajes de texto o SMS (SHORT MESSAGE SYSTEM)
mensajes multimedia o MMS (MULTIMEDIA MESSAGE SYSTEM)
mensajes recibidos, radiomensajería, recepción de tarjetas de visita
75.10 audición
melodía
— tono monofónico, t. polifónico · sonido de teclado

— aviso de llamada entrante, a. por vibración, a. para mensajes

multimedia, reproductor de multimedia, r. de música, gestión de lista de reproducción

radio, grabadora, ecualizador

altavoz manos libres

75.11 visualización

establecimiento de conexión, navegación por páginas, ajustes de aspecto del explorador, buzón de entrada de servicio, memoria caché, seguridad del navegador, descarga

cámara

— foto estándar, f. retrato · modo noche, m. ráfaga · auto-temporizador

— vídeo, videollamada, videoconferencia

75.12 conectividad

conector del cargador, c. pop-port

puerto de infrarrojos, bluetooth

recordatorio vocal

interfaz USB (Universal Serial Bus)

sincronización local de datos, s. remota inalámbrica

75.13 Internet

Aparatos: módem, router, cable ethernet, tarjeta de red ethernet, wi-fi, adaptador de red

firewall o cortafuegos

Conexión:

— WWW (Word Wide Web), web, red

— proveedor de servicios Internet (ISP: Internet Service Provider), p. de acceso, servidor, p. de conexión, RDSI (Red Digital de Servicios Integrados), DSL (Digital Suscriber line, línea de abono digital), ADSL (Asymetric Digital Subscriber Line, línea asimétrica de suscripción digital), SDSL (Symetric Digital Subscriber Line, velocidad simétrica de descarga y subida), PCL (Power, Line, Communication, Internet por red eléctrica), LMDS (Local Multipoint Distribution Service, conexión vía radio inalámbrica), FTTH (Fiber To The Home, fibra hasta el hogar)

— banda estrecha, b. ancha

— dirección IP, máscara de subred (dirección que enmascarando nuestra dirección IP indica si otra dirección IP pertenece a nuestra subred o no), puerta de enlace predeterminada, servidor DNS preferido, s. DNS alternativo

Comunicación a través de Internet:

— correo electrónico, e-mail, coloq y algo desprest emilio

— chat, foro, blog, videollamada, radioweb, teleweb

— navegador, Nestcape, Explorer, Mozilla

IRC (Internet Relay Chat, canal de chat de Internet)

FTP (File Transfer Protocol, protocolo de transferencia de ficheros)

HTML (Hyper Text Markup Lenguage, lenguaje de marcas de hipertexto)

HTTP (Hyper Text Transfer Protocol, protocolo de transferencia de hipertexto), link, enlace · news, noticias

PAP (Password Authentication Protocol)

PGP (Pretty good privacity, paquete de encriptación en clave pública)

PIN (Personal Identification Number, número personal de identificación)

TTN (Telnet Tele Netword, tele red)

URL (Uniform resource locato, localizador de recursos)

unidad de medida: BPS (Bits Per Second, bits por segundo)

75.14 telefonía y personas

abonado, usuario

telefonista, operadora, supervisora, empleada, encargada, teleoperadora

internauta, hacker, phracker, usuario

75.15 telefonía y lugares

cabina de teléfono, compañía telefónica, locutorio

central, c. automática, c. urbana, centralita, ARG conmutador

Verbos y expresiones

75.16 telefonear

bloquear · desbloquear

buscar, añadir contacto nuevo, borrar, copiar, agregar contacto

llamar

— marcar, conectar, comunicar, ARG y UR discar, MÉX hablarle a alguien

— llamar a alguien, hacer una llamada, ARG h. un llamado

— coloq dar un telefonazo, dar un toque

silenciar micrófono, activar micrófono, finalizar llamada, f. todas las llamadas, grabar, responder, rechazar · bloquear teclado

sonar, VEN repicar

comunicar, estar comunicando, sonar ocupado, estar ocupado, ARG y UR dar ocupado

equivocarse de número

estar la línea ocupada, e. la línea intervenida, e. la línea sobrecargada

no haber línea, estar mal colgado el teléfono

saltar el contestador, dejar un mensaje

descolgar, contestar, ponerse, coger el teléfono, ponerse al aparato, estar pegado al teléfono

— diga, dígame, sí, ARG hola, CHILE y VEN aló, MÉX bueno, UR holá, oigo

colgar, desconectar, colgarle a alguien el teléfono, ARG y UR cortar, VEN trancar

desus llamar a cobro revertido

frases para el contestador automático:

— Deje su mensaje, por favor.

— Contestador del número… sentimos no poder atenderle. Deje su mensaje.

— Al oír la señal, deje su mensaje, gracias por llamar, soy...

— Deje su mensaje y lo llamaré en cuanto pueda.

— En estos momentos no estoy disponible, por favor deje su mensaje después de la señal.

— Sentimos no poder atenderle en este momento, si lo desea puede dejar un mensaje.

— Por favor, llame más tarde o deje su mensaje. Disculpe nuestra ausencia, puede llamarnos al... o dejar un mensaje.

— Tenga la bondad de dejar su mensaje.

— Sentimos no poder atenderle, si deja su mensaje le llamaremos.

75.17 navegar en la red

configurar una conexión a Internet, crear una conexión a la red

conectar o conectarse · desconectar o desconectarse

— bannear (ANUNCIARSE EN UNA PÁGINA)

— chatear (CONVERSAR MEDIANTE TEXTOS ESCRITOS)

— craquear (ROMPER LA PROTECCIÓN DE UN PROGRAMA PARA PONER UTILIZARLO SIN LICENCIA)

— googlear (BUSCAR A TRAVÉS DE GOOGLE)

— hackear (INTRODUCIR UN VIRUS EN UN ORDENADOR AJENO)

— kackear (SALTAR UNA CONTRASEÑA)

— nicquear (PONERSE UN NICK O PSEUDÓNIMO)

— piratear (ALTERAR ESTRUCTURAS QUE NO SON PROPIAS)

buscar, detener, actualizar, descargar, vincular, registrar o crear una cuenta, editar, sincronizar, eliminar, borrar

usar página en blanco, agregar a favoritos, ordenar favoritos

trabajar sin conexión, configurar página

76. CARRETERA

76.01 vehículos

bicicleta, bici, biciclo, triciclo

moto, motocicleta, ciclomotor, vespa, CON ASIENTO LATERAL ADOSADO: sidecar

coche

— auto, automóvil, AM carro

— LUJOSO Y DE GRAN TAMAÑO: limusina

— utilitario, turismo, berlina, sedán · deportivo, sport

— familiar, ranchera · descapotable, cabriolé, AM convertible

furgoneta, camioneta, mono-volumen, CHILE furgón, VEN van

todoterreno, jeep, ANGL quad (CON ESTILO DE MOTOCICLETA)

caravana, AM casa rodante, MÉX remolque · autocaravana, casa móvil, MÉX Y VEN motor home · remolque

autobús, CANARIAS guagua, ARG colectivo, CHILE micro, bus, liebre, MÉX camión, UR ómnibus, VEN buseta, carrito

autocar, ARG micro, ómnibus, CHILE bus, MÉX autobús, camión, UR ómnibus · autobús articulado · minibús

camión, c. articulado, camión-cisterna

taxi, ambulancia, coche de bomberos · tractor grúa, UR guinche

76.02 carruajes

SILLA VOLANTE: carrocín

POR EL NÚMERO DE RUEDAS:

— DE DOS RUEDAS, CON DOS ASIENTOS: calesa o calés (TAMBIÉN DE CUATRO RUEDAS, ABIERTA POR DELANTE), bombé (ABIERTO POR DELANTE), berlina, tílburi (LIGERO Y SIN CUBIERTA), AM quitrín (ABIERTO), ARG Y UR DESUS araña, CHILE cabra · CON DOS O CUATRO ASIENTOS: charrete

— DE TRES RUEDAS: carriola (DESTINADO A LA REALEZA)

— DE CUATRO RUEDAS: carroza (GRANDE Y OSTENTOSO), birlocho o barrocho (DESCUBIERTO, CUATRO ASIENTOS), milord (BIRLOCHO CON CAPOTA MUY BAJO Y LIGERO), carretela (CUATRO ASIENTOS), faetón (ALTO Y LIGERO), galera (CUBIERTA DE LIENZO FUERTE), jardinera (CUATRO ASIENTOS), tartana (CUBIERTA ABOVEDADA Y ASIENTOS LATERALES), landó (CAPOTA DELANTERA O TRASERA), clarens (CRISTAL DELANTERO Y CUATRO ASIENTOS), estufa (CON CRISTALES), bávara (ESTUFA, PERO MÁS PROLONGADO), forcaz (CON DOS VARAS O ENGANCHES), volante (VARAS MUY LARGAS Y RUEDAS DE GRAN DIÁMETRO) · ROMA ANTIGUA: carruca

POR EL CONJUNTO DE CABALLERÍAS o tiro

— DE UN CABALLO: silla volante (DOS RUEDAS), calesín (CUATRO RUEDAS), manuela (DE ALQUILER Y ABIERTO), tándem

— DE DOS CABALLOS: biga, charabán

— DE TRES CABALLOS: triga, troica (RUSIA)

— DE CUATRO CABALLOS: cuadriga (PARALELAMENTE EN LÍNEA)

POR EL NÚMERO DE ASIENTOS:

— DE DOS: cupé (CERRADO), victoria (ABIERTO Y CON CAPOTE)

— DE CUATRO: forlón (CERRADO Y CON PUERTAS)

PARA EL SERVICIO PÚBLICO: diligencia, ómnibus, góndola · simón (AL MODO DE LOS TAXIS POSTERIORES) · mensajería, silla de posta

76.03 vías de circulación

autopista · a. de peaje, ARG a. de pago, CHILE a. con peaje, MÉX a. de cuota · autovía, vía rápida · vía de servicio

carretera, ARG y UR ruta

— carretera radial, c. general, c. principal, c. nacional, c. regional, c. local · c. de circunvalación

— pista, calzada, senda, vía, arrecife, arriate, carrera, SAL carrendera

carril, CHILE vía, UR senda, VEN canal

— carril de aceleración o de entrada, c. de desaceleración, c. de sentido contrario al habitual, c. de vehículos lentos

— carril adicional, c. reversible · c. bici, c. bus, c. bus vao
— MARCAS EN LOS CARRILES: eje de la vía, línea continua, l. continua adosada a discontinua, l. discontinua, l. discontinua doble · l. de borde y estacionamiento obligatorio, arcén, límite de velocidad · sentido, s. único, curva

cruce
— **travesía**, empalme, intersección, nudo de carreteras, MÉX entronque
— **bifurcación**, confluencia, nudo, ramal, red, raqueta, DESUS trivio, cuadrivio
— **desvío**, desviación, derivación
— **rotonda**, MÉX glorieta, VEN redoma

EN LA CARRETERA:
— **pavimento**, firme, empedrado, asfalto · MATERIAL: almendrilla, cascajo, grava, gravilla, zaborra, cascote, casquijo
— **arcén**, ARG Y UR banquina, CHILE berma, MÉX acotamiento, VEN hombrillo · mediana
— **cuneta**, margen, ribazo, terraplén, trinchera, ZAM veril
— **bache**, badén, cambio de rasante
— **cuesta**, pendiente, subida, bajada, puerto
— **vuelta**, revuelta, meandro, zigzag
— **punto kilométrico**, kilómetro, hectómetro, poste, ANT piedra miliaria, p. millar

EN LA CALLE:
— **acera**, AM MER vereda, MÉX banqueta
— **bordillo**, ARG Y UR cordón de la vereda, CHILE solera, borde, orilla de la vereda, MÉX orilla de la banqueta, VEN orilla · alcantarilla
— **paso de cebra**, ARG senda peatonal, MÉX paso peatonal, UR cebras, VEN rayado
— **bandas sonoras**, ARG loma de burro, MÉX vibradores, UR despertadores, VEN policías acostados

76.04 señalización
PELIGRO:
— EN CARRETERA LINEAL:
  • curva peligrosa, subida con fuerte pendiente, bajada peligrosa, estrechamiento de calzada
  • bache, badén, resalto, puente móvil, firme deslizante, escalón lateral, perfil irregular, obras
  • desprendimiento, caída de piedras, proyección de gravilla
  • obstrucción en la calzada, altura límite, congestión, circulación en dos sentidos
  • hielo, niebla, nieve, viento transversal, visibilidad reducida
  • ciclistas, animales, niños
  • aeropuerto, muelle
— EN CRUCES:
  • desviación

  • paso a nivel con/sin barreras, p. de animales en libertad, p. de animales domésticos
  • semáforo con paso para peatones
  • intersección con circulación giratoria, i. con prioridad a la derecha, i. con prioridad sobre incorporación, i. con prioridad sobre vía a la derecha
  • cruce de tranvía

OBLIGACIÓN:
— stop, ceda el paso, paso obligatorio, sentido obligatorio, únicas direcciones permitidas
— velocidad máxima, v. mínima
— camino reservado a peatones, c. reservado a animales de montura, c. reservado a ciclos
— alumbrado de corto alcance · cadenas para nieve
— calzada para automóviles excepto motocicletas de dos ruedas, c. para camiones, c. para motocicletas de dos ruedas, c. para vehículos que transporten materias explosivas o inflamables, c. para vehículos que transporten mercancías peligrosas · c. para vehículos de tracción animal
— intersección de sentido giratorio obligatorio, semáforo

PROHIBICIÓN:
— a animales de montura, a mercancías explosivas o inflamables, a motocicletas, a productos contaminantes, a tractores y maquinaria agrícola, a transporte de mercancías, a t. de mercancías peligrosas, a t. de mercancías con mayor peso del indicado, a vehículos de motor, a v. de motor con remolque, a v. de tracción animal
— en un sentido, en ambos sentidos
— prohibido el paso · limitación de altura, l. de anchura, l. de longitud, l. de peso (POR EJE) · prohibido pasar sin detenerse
— límite de velocidad
— adelantamiento prohibido, a. prohibido para camiones
— advertencias acústicas prohibidas
— estacionamiento prohibido, e. prohibido la primera/segunda quincena, e. prohibido los días pares/impares
— giro a la derecha/izquierda prohibido, media vuelta prohibida, parada y estacionamiento prohibido, zona de estacionamiento limitado

SEÑALIZACIÓN DE SERVICIOS:
— gasolinera, aparcamiento, estacionamiento o parking, área de descanso, merendero puesto de socorro
— hotel o motel, albergue, campamento, cafetería, restaurante, información turística, teléfono
— lugar pintoresco, vista panorámica, monumento nacional, parque nacional

SEÑALES EN LOS VEHÍCULOS:
— aprendizaje de la conducción, conductor novel
— dispositivo de pre-señalización de peligro, distintivo de la ITV, d. de minusválido, panel de cargas que sobresalen, placa de ensayo o investigación, transporte de mercancías peligrosas
— vehículo con remolque, v. lento, v. pesado

76.05 desplazamiento

trayecto, recorrido, viaje, circulación

rodaje, ARG, BOL Y UR ablande, conducción de rodaje

aceleración, desaceleración, frenada, parada, punto muerto, ralentí

transporte, porte, locomoción, transportación, transportamiento, mudanza, pasaje, tracción · convoy · EN UN CAMIÓN: camionaje, DESUS atijara, AM, CUALQUIER CARGA POR MAR O POR TIERRA: flete

atasco, embotellamiento, CHILE taco, COL trancón, VEN tranca, cola · hora punta, AM hora pico, CHILE hora pick, hora peak

accidente, colisión, derrape, patinazo, pérdida de control, exceso de velocidad

avería, parada de emergencia, infracción del código

multa, sanción, denuncia, ARG boleta, CHILE parte, MÉX infracción

documentación
— permiso de conducción o de conducir, carné de conducir o de conducción, ARG registro de manejar, MÉX Y VEN licencia de manejar, UR libreta o licencia de conducir
— permiso de circulación, ARG cédula verde, MÉX tarjeta de circulación o Renave (REGISTRO NACIONAL DE VEHÍCULOS), UR patente de rodados, VEN certificado de circulación o documento registro de vehículos
— OTROS:
  • impuesto de circulación, AM patente, MÉX tenencia, VEN matrícula
  • carta verde, célula de identificación fiscal, comprobante del seguro de accidentes, garantía del vehículo, justificante de la ITV, tarjeta de inspección técnica · prima del seguro, s. a todo riesgo, s. de daños a terceros · franquicia

PARTE DE ACCIDENTE: póliza de seguros, atestado, declaración, examen pericial, indemnización, informe pericial

76.06 vehículos y personas

conductor
— automovilista, chófer, taxista, ASALARIADO: mecánico · EN LAS CARRERAS: piloto · monitor de auto-escuela · COLOQ dominguero
— conductor de autobús, ARG colectivero,

CHILE autobusero, micrero · cobrador de autobús, revisor, ARG guarda, CHILE Y UR inspector, MÉX chocador
— motorista, motociclista, COLOQ motero · ciclista
— transportista, transportador, repartidor, COLOQ camionero · EN LOS COCHES DE TIRO ANIMAL: arriero o harriero · QUE IBA A CABALLO DELANTE DE LAS POSTAS: postillón
— PARA LOS COCHES ANTIGUOS: cochero, arriero, automedonte, calesero o calesinero, mayoral, tartanero, tronquista, zagal · carretero, carrero, carretonero, carromatero, carruajero, ARG carretillero
— ROMA ANTIGUA: auriga

mecánico
— chapista, MÉX hojalatero
— empleado de gasolinera, e. de estación de servicio, gasolinero, CHILE bombero, UR empleado de la estación de nafta, VEN isleño
— empleado del taller de neumáticos, ARG gomero, CHILE empleado de la vulcanización o vulcanizador, VEN cauchero, MÉX COLOQ talachero

OTROS:
— asegurador · perito o experto
— aparcacoches, AM valet parking, CHILE aparcador · guardacoches, limpiacoches
— guardia de tráfico, policia de tráfico, agente de policía
— ingeniero de caminos, ayudante de obras públicas, peón caminero
— peatón, viandante, autoestopista · pasajero

76.07 vehículos y lugares

concesionario, tienda de venta de coches

aparcamiento
— estacionamiento, parking, ARG Y CHILE playa de estacionamiento
— garaje, plaza de garaje, cochera, cocherón
— parada de taxis
— zona de parquímetro

gasolinera, estación de servicio, surtidor de carburante, CHILE bomba de bencina, bencinera, servicentro, MÉX gasolinería, VEN bomba de gasolina

tienda de repuestos, AM casa de repuestos, MÉX refaccionaria

taller de reparaciones · taller de neumáticos, ARG Y UR gomería, CHILE taller de vulcanización, MÉX vulcanizadora, VEN cauchera · taller de chapa, t. de pintura

desguace, centro de recuperación de piezas del automóvil, ARG Y UR desguazadero, desarmadero, CHILE desarmaduría, MÉX deshuesadero, VEN chivera

OTROS: inspección técnica de vehículos, compañía de seguros

76.08 piezas de la bicicleta

ESTRUCTURA:
— cuadro, horquilla
— tubo superior, t. de dirección, t. diagonal
— suspensión, amortiguador
— sillín, AM asiento
— manillar, AM manubrio, VEN volante · puños
— portabidones, portaequipajes, cesta del manillar · guardabarros

TRANSMISIÓN:
— maneta de cambio, indicador de velocidades · desviador delantero, d. trasero
— plato pequeño, p. mediano, p. grande · tornillo del p.
— cadena, cubrecadena, piñones, coronas · HERRAMIENTA: troncha cadenas
— jaula de cambio, chapa interior de la jaula, ch. exterior de la jaula, tensor, biela, tornillo de biela
— pedal, p. automático, correa del p. · calapiés
— desarrollo, piñón fijo, p. libre

RUEDA:
— llanta, cubierta, cámara de aire, virola, zapata del freno, bucle, estribo del bucle, leva del freno, pastillas, disco, aceite del cable
— buje, radio, guardabarros, caperuza de la válvula
— HERRAMIENTAS: llave de radios · desmontables · bombín · lija, pegamento, parche

SEGURIDAD:
— faro, reflector, catafaro, dínamo · timbre
— casco · gafas envolventes · guantes abiertos, g. cerrados · botín

COMPLEMENTOS: velocímetro, pulsímetro o pulsómetro, cuentakilómetros, velocípedo

76.09 componentes de los vehículos motorizados

CARACTERÍSTICAS TÉCNICAS:
— medidas: altura, anchura, longitud, número de plazas, volumen del maletero, coeficiente aerodinámico, distancia entre ejes, diámetro de giro
— transmisión, caja de cambios automática, c. de cambios manual
— velocidad máxima, v. punta, aceleración de 0 a 100 km/h
— cilindrada, número de cilindros, posición de los cilindros, número de válvulas, potencia en CV (CABALLOS), p. fiscal, revoluciones por minuto, par
— máximo remorcable con/sin frenos, peso en orden de marcha
— amortiguación, elasticidad, estabilidad, fiabilidad mecánica
— habitabilidad, línea y diseño, nivel sonoro, puesto de conducción, recuperación, ventilación, calefacción, visibilidad

carrocería
— armazón, bastidor autoportante, cuadro tubular, ejes delanteros, e. traseros, largueros
— chapa, chasis, pintura metalizada · parachoques, ARG, UR y PAR paragolpes, MÉX defensas · parabrisas
— retrovisor exterior de doble curvatura, revisor exterior térmico
— matrícula, placa, AM patente, chapa
— capó, MÉX cofre · bastidor, calandra
— limpiaparabrisas, MÉX limpiadores · escobillas del limpiaparabrisas, CHILE plumillas, MÉX plumas, VEN cepillos
— puerta delantera, p. trasera · ventanilla
— luneta trasera, AM vidrio trasero o posterior · luneta térmica

salpicadero, AM tablero, CHILE panel
— indicador de velocidad, i. de revoluciones del motor o cuentarrevoluciones, i. de nivel del depósito de gasolina, i. de luz antiniebla, i. de luz larga · totalizador parcial de cuentakilómetros · cuentakilómetros, check-control
— interruptor de las luces de posición, i. de las luces de seguridad o warning · luz de carretera, l. larga, l. corta o de cruce, l. de posición
— mangueta del intermitente y de luces, m. del limpiaparabrisas, m. de control de sonido, m. de control de velocidad o velocidad de crucero o cruisse · regulador de la aireación
— claxon, COLOQ pito, AM bocina, VEN corneta · encendedor
— testigo de alerta, t. de nivel de carburante, t. de nivel de aceite, t. de nivel de líquido de frenos, t. de temperatura del agua, t. de desgaste de plaquetas de freno
— tacómetro, taquímetro
— ordenador de viaje, navegador o GPS o sistema de posicionamiento del vehículo

dirección
— volante, CHILE manubrio
— engranaje, cremallera, barra de dirección, bielas de acoplamiento, piñón, tornillo sinfín · rótulas

equipo eléctrico
— alternador, bobina, bujía, condensador, dínamo, distribuidor o delco, disyuntor, fusibles, platinos, regulador, ruptor
— batería: borne positivo/negativo, ácido sulfúrico, agua acidulada, carga, descarga, electrodo, placas de sulfato de plomo, sulfatación, voltaje
— faro, AM foco, MÉX fanal, VEN luz delantera · faros de doble óptica, f. xenón, lavafaros
— luz larga, l. corta o de cruce, l. antiniebla o faros antiniebla, luces de posición, l. de emergencia, l. de señalización

— **luces traseras**, luz de marcha atrás, l. de freno o de stop, tercera l. de freno
— **intermitente**, ARG luz de giro, guiño, BOL guiñador, MÉX direccional, UR señalero, VEN luz de cruce
— **luz de lectura**, l. de alumbrado de maletero, l. de alumbrado de la guantera
freno
— circuito de frenos · líquido de frenos, pastillas de frenos
— depósito de líquido de frenos, tubería flexible, zapata, tambor, forros
— freno de pie, f. de mano · f. de tambor, f. hidráulico, f. de disco, f. de zapata, f. ABS (SISTEMA ANTIBLOQUEO)
motor
— **motor de gasolina**, ARG Y UR m. naftero, CHILE m. bencinero o de bencina
— **motor diesel** o de gasoil, ARG m. gasolero, CHILE m. petrolero
— **alimentación** por inyección multipunto, a. por inyección TD con intercooler, encendido electrónico · turbo, turbodiesel · motor de arranque, m. eléctrico
— fases: admisión, compresión, encendido, escape, explosión, ignición
— bloque, bujía, carburador, cardán, cárter, cigüeñal, cilindro, delco, diferencial, embrague, encendido, estrangulador, hélice, inducido, magneto, nodriza, pistón, radiador, rotor, ruptor, estárter, taqué, tobera, transmisión, turbo, turbocompresor, turbomotor, turborreactor, válvula de escape · turbina
— árbol de levas, balancín, biela, bloque de motor, bujía, cárter, catalizador, cigüeñal, correa de distribución, culata, delco o distribuidor, filtro de aire, junta de culata, palier, émbolo, segmentos, silencioso, estárter, tapa de balancines, válvula, vaso catalítico
— tubo de escape, ARG Y UR caño de escape, MÉX mofle, VEN escape
combustible
— depósito, tanque, CHILE estanque
— gasoil, gasóleo, gasóleo B
— gasolina normal, g. sin plomo, g. súper, ARG, PAR Y UR nafta
— inyector, carburador · bomba de gasolina, b. de inyección
— consumo, capacidad del depósito
lubricación
— aceite, arandela de tapón, bomba de aceite, filtro de aceite, tapón de vaciado, varilla de nivel
refrigeración
— agua, bomba de agua, correa del ventilador,

depósito de agua, manguitos, radiador, termostato, ventilador
ruedas
— **neumático**, ARG goma, MÉX llanta, VEN caucho
  • cámara, cubierta
  • neumático radial, n. sin cámara
  • rueda delantera, r. trasera
  • estría, dibujo, desgaste, testigo
  • válvula de aire
— **rueda de repuesto**, ARG r. de auxilio, MÉX llanta de refacción, UR auxiliar, VEN caucho de repuesto
  • equilibrado de ruedas, AM balanceo de ruedas, CHILE b. de cauchos
— **llanta** · ll. de aleación ligera, AM ll. de aluminio, VEN rin de aluminio
— **tapacubos**, ARG, VEN y UR taza, MÉX tapón
— **guardabarros**, CHILE taparrabos, MÉX salpicadera, VEN guardafangos
— **pinchazo**, ARG pinchadura, MÉX ponchadura
— **gato hidráulico**, ARG cricket, CHILE gata hidráulica
suspensión
— amortiguador, a. hidráulico, ballesta
— barra de torsión, b. estabilizadora · eje, estabilizador
— muelle de espiral, m. de suspensión, m. helicoidal
transmisión
— **tracción delantera**, t. trasera, t. a las cuatro ruedas
— **embrague**, COL Y VEN cloche, MÉX clutch · líquido de embrague
— **caja de cambios**, MÉX Y VEN caja de velocidades
— **cambio manual**, CHILE tracción mecánica, MÉX estándar de velocidades, VEN sincrónico
— **cambio automático**
— árbol de transmisión, correa de t., eje de t., junta de cardán, palanca de cambio, diferencial · dirección
ALMACENAMIENTO:
— **maletero**, ARG, COL, CUBA, GUAT, Y HOND baúl, CHILE Y VEN maleta, MÉX cajuela
— **guantera**, CUBA gaveta, MÉX cajuelita, cajuela de guantes
— **baca**, AM parrilla, ARG portaequipaje de techo, MÉX canastilla
— **remolque**, ARG acoplado, UR zorran
seguridad
— barra de protección lateral, b. de refuerzo en las puertas · padding de absorción de impactos laterales
— **cinturón** de tres puntos, c. pirotécnico, c. regulable en altura

— airbag (GLOBO PROTECTOR), MÉX Y VEN bolsa de aire
— antibloqueo de frenos electrónico
— columna de dirección colapsable
— antirrobo, arranque codificado, dispositivo antiladrones, inmovilizador del motor, alarma
76.10 equipamiento para el confort
alarma sonora de robo, a. de faros encendidos, a. de olvido de luces encendidas
alumbrado interior accionado con la apertura de puerta, a. temporizado con extinción progresiva
apertura a distancia de alta frecuencia, a. remota del maletero, cierre centralizado, c. centralizado con mando a distancia
asiento
— asiento anatómico, a. anatómico con regulación con regulaje eléctrico y memoria, a. con regulación lumbar, a. regulable en altura · a. calefactable · a. de seguridad para niños
— respaldo reclinable, r. posterior abatible o reclinable
— reposacabezas regulable · r. trasero, r. central
— empuñaduras para sujeción pasajeros
audio
— **radio**
  • antena automática
  • búsqueda automática de emisoras, b. automática de música
  • cambio de frecuencia automático sin interrupción del programa
  • automemoria para almacenamiento de las emisoras más potentes
  • exploración rápida de emisoras con breve muestra
  • interrupción automática de programas para boletines sobre el tráfico
  • pre-equipo de radio, pre-sintonizaciones
  • control de cambio de emisora en el volante
  • visualización del nombre de la emisora
— **lector de casete** o **de CD**
  • expulsión automática del casete
  • frontal extraíble, lector estéreo de casetes o CD
  • SONIDO: control de agudos y graves, radiocasete, radio-CD · mando de audio en el volante · reducción de ruidos Dolby
— **altavoces**
  • AM MER, CR, SALV Y NIC parlantes, MÉX bocinas, VEN cornetas
  • dispositivo auto-reverse
climatización
— climatizador, c. bidireccional
— aire acondicionado, a. acondicionado con filtro anti-polen · climatización
— calefacción
cortina de luna trasera

dirección asistida, AM d. hidráulica
elevalunas eléctrico
— ARG Y UR levantavidrios eléctrico, CHILE alzavidrios eléctrico, MÉX elevadores eléctricos, VEN vidrios eléctricos
— elevalunas con seguridad anti-pinzamiento, e. con mando secuencial
equipamiento estético
— EXTERNO: pintura metalizada, aleta, alerón trasero aerodinámico, capota, lunas tintadas, paragolpes en color carrocería, tapacubos, tiradores de puertas en color carrocería
— INTERNO:
  • tapicería de piel, t. de terciopelo
  • funda de asientos
  • inserciones de madera en salpicadero · alfombrilla, AM alfombra, MÉX tapete
espejo de cortesía
faros regulables desde el interior · temporalizador de luz interior
guantera con luz y llave
limpiaparabrisas con sensor de lluvia
ordenador de viaje
portaobjetos en puertas
retrovisores exteriores eléctricos
suspensión electrónica
techo corredizo
— MÉX y VEN quemacocos
— techo panorámico deslizante, t. panorámico multiposicionable
volante regulable en altura, v. regulable en profundidad

76.11 conducir, AM manejar
arrancar
— poner el motor en marcha, ponerse en marcha
— ponerse el cinturón
acelerar, pisar el acelerador
— **rodar,** circular, avanzar
— girar, virar, coger una curva
— guiar, maniobrar, cambiar de velocidad, disminuir la velocidad, ceder el paso
— embragar, desembragar
— **adelantar,** ARG Y UR pasar, MÉX rebasar
frenar
— detenerse, pararse, apagar el motor
— poner en punto muerto, p. en ralentí · estar al ralentí
— ir marcha atrás, dar marcha atrás
— aparcar en batería, a. en línea
transportar o trasportar, llevar, traer, acarrear, portear, carretear, convoyar, trasladar, trasegar
IMPERSONAL:
— estar en rodaje, ARG Y UR e. en ablande

— **chocar**, derrapar, patinar, deslizarse, atropellar
— **calarse**, bloquearse, ahogarse
— **tener una avería**, quedarse averiado, q. sin frenos, q. sin gasolina · calentarse, recalentarse
— **pinchar**, reventarse una rueda, tener la rueda pinchada, ARG tener una goma pinchada, MÉX t. una llanta ponchada, VEN t. un caucho espichado
— **llevar a alguien**, ARG Y UR acercar a alguien, MÉX dar un aventón, dar un raid, VEN dar la cola
— **hacer autostop**, h. dedo, MÉX pedir un aventón, dar un raid, VEN pedir cola
— **alquilar un coche**, CHILE arrendar un coche, MÉX rentar un coche

76.12 acción y mantenimiento

repostar, poner gasolina, echar gasolina, llenar el depósito, ARG Y UR cargar nafta, CHILE echar bencina

inflar los neumáticos, cambiar una rueda, hacer el equilibrado de ruedas, controlar la presión de los neumáticos, reparar un pinchazo

cambiar el aceite, c. el filtro de aceite, c. el filtro del aire, c. la correa del ventilador

COMPROBAR NIVELES: de agua del radiador, de líquido de batería, de líquido de frenos, hacer el purgado de frenos

AJUSTES: regular el ralentí, revisar los frenos, tensar la correa del ventilador, t. los cables de frenos, ajustar las luces, a. las válvulas

OTROS: lavar el coche, pasar la ITV (INSPECCIÓN TÉCNICA DEL VEHÍCULO)

77. FERROCARRIL

77.01 trenes

tren de pasajeros, t. de mercancías, t. correo, t. mixto · t. de cercanías, t. de largo recorrido · ave o t. de alta velocidad

tren directo, t. rápido, t. nocturno, t. diurno · intercity, expreso, sudexpreso, taf, talgo, ferrobús, funicular, metro o metropolitano, mixto, tranvía

tren ascendente (DE LAS COSTAS ESPAÑOLAS AL INTERIOR), t. descendente (DEL INTERIOR A LAS COSTAS), t. carreta, t. cremallera, t. de vía estrecha · COLOQ t. botijo (TRASLADADA DURANTE EL VERANO A LUGARES DE VACACIONES)

transiberiano, transpirenaico, trasandino

monorraíl o monocarril, aerotrén

77.02 vagones

TIPOS:

— **vagón** de primera clase, v. de segunda clase · v. de cola, furgón de cola, vagón de equipaje · vagoneta, furgón, batea, carruaje, pullman

— **coche cama**, CHILE c. dormitorio, UR vagón cama · v. litera
— **vagón restaurante**, AM coche comedor, MÉX carro comedor
— **compartimiento**, ARG Y UR camarote, CHILE departamento, MÉX camarín
— **locomotora**, máquina, berlina

DE MERCANCÍAS: cisterna, volquete, vagón frigorífico, v. para contenedores, v. para automóviles, v. grúa, v. cisterna, v. de ganado, v. de carga, perrera, furgón de equipajes, f. taller, f. postal o vagón correo

COMPLEMENTOS:

— mesilla abatible, portaequipaje, puerta oscilante, rejilla, traspuntín, ventana oscilante, freno de alarma
— asiento libre, a. ocupado, a. reservado

77.03 viaje

facturación, carga, salida, llegada, control de billetes, maniobra, parada, trasbordo, adelanto, retraso

choque, descarrilamiento

cercanías, largo recorrido, recorrido internacional, transporte de mercancías, viaje con trasbordo

billete
— billete circular, b. de ida y vuelta, b. kilométrico · AM boleto, pasaje
— correspondencia, destino, dirección, horario, tramo, viaje, trayecto · anulación

tarifa completa, t. económica, t. reducida · primera clase o preferente, segunda clase o turista · abono, suplemento, reducción

77.04 ferrocarril y personas

ferroviario, BOL carrilano, COLOQ AM ferrocarrilero

EN LA ESTACIÓN: taquillero, empleado, ANT factor · guarda jurado, vigilante

EN EL TREN: jefe de tren, inspector, interventor, revisor, azafata, jefe de estación, ingeniero · viajero, pasajero, viajador, viajante · maquinista, mecánico, fogonero

EN EL CUIDADO DE LA VÍA:

— encargado · cambiavía, capataz, guardabarrera, guardagujas, guardavía, guardafrenos, CUBA retranquero
— mozo de cuerda, m. de estación, lampadero

77.05 ferrocarril y lugares

línea de ferrocarril, l. férrea, vía férrea, camino de hierro · raíl · traviesa

metro, subterráneo, ARG Y UR subte

estación, intercambiador, andén, apartadero, apeadero, paradero, derivación, entronque, muelle · rama, ramal

EN LA ESTACIÓN:

— taquilla, despacho automático de billetes, máquina expendedora de billetes

— consigna manual, c. automática, facturación de equipajes
— información de horarios y precios, i. de hoteles, i. turística
— oficina de cambio, o. de información
— panel de horas de llegadas, p. de horas de salida, sala de espera
— bar, cafetería, restaurante, cantina, quiosco de refrescos, distribuidor automático de bebidas
— carro del equipaje

77.06 vías

doble, estrecha, muerta, provisional, única
principal, secundaria
agujas, barrera, paso a nivel
puente, terraplén, túnel · Eurotúnel
PIEZAS DE UNA VÍA: alma, cabeza, durmiente, juntura de dilatación, patín, perno, placa de asiento, p. de sujeción, tirafondo, tornillo, traviesa
balasto (CAPA DE GRAVA), placa giratoria, plataforma giratoria, barrera, viaducto
carril, carrilera, casilla, contracarril, cremallera, entrevía, gálibo, terraplén, trinchera · raíl, AM riel · traviesa, AM durmiente

VERBOS Y EXPRESIONES

77.07 viajar en tren

VIAJERO:
— reservar, comprar un billete
— facturar
— subirse al tren, coger el tren, tomar el tren, perder el tren
— transbordar, cambiar · anular un billete
— apearse, bajar del tren
TREN: salir, rodar, llegar, parar, detenerse · adelantarse, retrasarse, ir con adelanto, ir con retraso · combinar, empalmar, enlazar, entroncar · maniobrar · descarrilar, patinar
EN LAS ESTRUCTURAS: electrificar, encarrilar, enrielar, señalizar

78. TRANSPORTE MARÍTIMO
78.01 barco y desplazamiento

DE REMO:
— bote, balsa, canoa, batel, almadía, piragua, birreme, trirreme, cuadrirreme, SE EMPLEABA COMO EXPLORADOR: fusta, EN CANTB barquía, EN LOS MARES DE LEVANTE: caique, EN VENECIA: góndola, INDIOS DE AM CENT bongo, VEN caladora, EN FILIP vilos, vinta, salisipán, pamandabuán, garay, caracoa, banca, barangay, barangayán, baroto, ESQUIMALES: kayak, EN CHINA: sampán, EN MALASIA: prao, galeota, ROMA ANTIGUA: cimba, DESUS acal
— QUE ACOMPAÑA A UNA EMBARCACIÓN MÁS GRANDE: escampavía

— HECHO DE UN SOLO TRONCO O LEÑO: monóxilo
— EN AGUAS DE POCO FONDO: chalana o chata
DE VELA:
— velero, chalupa, falúa o DESUS faluca, falucho, esquiraza, bergantín, galeón, goleta, carabela, carabelón, escuna, quechemarín o cachamarín o cachemarín, escorchapín o corchapín, tartana, barcolongo o barcoluengo, trincadura, pailebot o pailebote, lugre, cúter, clíper, balandra, balandro, cachirulo, bricbarca, jabeque, saetía, galeota, buque de cruz, polacra, MORUNA: cendal, EN EL MEDITERRÁNEO: místico, laúd, galizabra, EN LOS MARES DE VIZC zabra, AM guairo, EN FILIP pontín, panco, panca, parao, guilalo, MUSULMANES: zambra
— DE DOS CASCOS: catamarán, DE TRES: trimarán · CON MOTOR AUXILIAR: motovelero
DE REMO Y VELA: galera o ANT galea, galeaza, lorcha, yola, pinaza, ANT lembo, LOS INDIOS DE AM MER curiara, ROMA ANTIGUA: actuaria, ENTRE LOS MOROS: cárabo
MOTORIZADOS:
— de hélice, de ruedas, de vapor o piróscafo
— motonave, vaporetto, hidroavión
— fueraborda, planeadora
— DE FONDO PLANO Y SIN QUILLA: cayuco, patera, cachucha
— PARA NAVEGAR POR LOS RÍOS: peniche, champán
— GRANDE, MALO Y PESADO: carcamán
— VIEJO Y TARDO EN NAVEGAR: carraca
SUMERGIBLES: submarino, DESUS: ictíneo

78.02 embarcaciones según uso

nave
— navío, nao, buque, lancha, lanchón, zódiac, madero, POÉT pino, leño
— AGRUPADOS: flota, flotilla, MILITARES: armada, escuadra
— QUE SE ECHA A PIQUE EN UN PUERTO: quebrantaolas
— QUE TOCA PUERTO EN LAS CALAS: caleta
— QUE VA PIRATEANDO O ROBANDO EN LAS COSTAS: raquero
— QUE ABRE CAMINO EN LOS MARES HELADOS: rompehielos
— PARA EL CABOTAJE: sumaca
— COLOQ, PESADO Y DE MALAS CONDICIONES NÁUTICAS: calabaza o calabazo
— DE POCA ENVERGADURA: cascarón de nuez
TRANSPORTE DE PASAJEROS: trasatlántico, crucero, ferry, overcraft, transbordador, aerodeslizador, golondrina, jetfoil, barco omnibus, paquebote o paquebot o paquete
TRANSPORTE DE MERCANCÍAS:
— barco tanque, buque nodriza, b. cisterna, petrolero, superpetrolero, porta-contenedores, DE AGUA: aljibe

— carguero, bajel, gripo, pingue, patache o pataje o DESUS patax, EN LOS MARES DEL NORTE: queche, DESUS carracón, TURQUÍA: mahona, caramuzal, PAR, POR LOS RÍOS: garandumba, DE GRANOS: urca, filibote, DE POCO CALADO, PARA EL PASO DE UN BRAZO ESTRECHO DE MAR: bombo

DE RECREO Y DEPORTIVAS:
— barca de remos, b. de pedal, barco de vela, patín, fuera borda, lancha motora, l. neumática, piragua
— dragón, finn, dingui finn, flying dutchman, monocasco, pirata, sharpie, soling, star, tempest, yola

DE GUERRA:
— acorazado, destructor, navío, fragata, corbeta, bombarda, cañonero, cazaminas
— almiranta, vicealmiranta, capitana, comandanta, patrona, real
— portaaviones, portahelicópteros
— buque escuela, EN LOS MARES DE ORIENTE: jangua
— DIRIGIDO SOBRE BUQUES ENEMIGOS PARA INCENDIARLOS: brulote
— EN LA EDAD MEDIA: tarida, ballener

LLEVADOS A BORDO: bote, canoa, lancha, chalupa, barcón, baroto, chinchorro, esquife, serení

PORTUARIAS: draga, batea, gabarra, lancha de salvamento, l. del práctico, l. patrullera, remolcador, grúa flotante, pontón, candray, barcaza o alijador, falúa o DESUS faluca o haloque, CUBA guadaño
— VIGILA EL CONTRABANDO: guardacostas
— AND, PARA EL TRÁFICO DE UNOS PUERTOS CON OTROS: charanguero
— REMOLQUE: gabarra, lancán
— QUE REMOLCA A OTRAS: remolcador, charrúa
▶ 68.01 barcos de pesca

78.03 navegación

TIPOS:
— a vela, con motor, con remo, a remolque
— de cabotaje, de altura, de bajura, fluvial
— de recreo, regata · crucero, travesía · PARADA EN UN PUERTO: escala o estala

CÁLCULOS DE RECORRIDO:
— latitud, longitud, demora, deriva, derrota, marcación, estima, punto de estima, singladura · uso del sextante
— UNIDAD DE LONGITUD: milla (1852 METROS) · MILLA POR HORA: nudo

CARACTERÍSTICAS TÉCNICAS:
— carga, peso bruto, toneladas registro muerto · VOLUMEN Y PESO DEL AGUA QUE DESALOJA: desplazamiento
— autonomía, consumo, caballos de potencia, velocidad de crucero, v. máxima

— estabilidad, flotabilidad, habitabilidad, estanqueidad
— MEDIDAS: ALTURA TOTAL: guinda, DESDE SU PLAN HASTA LA CUBIERTA PRINCIPAL: puntal, DE LA SUPERFICIE DEL AGUA SOBRE EL FONDO: calado, DESDE EL CANTO DE LA BORDA HASTA LA CUBIERTA: pozo · ANCHURA MAYOR: manga, ANCHURA EN LA CUARTA PARTE DE SU LONGITUD CONTADA DESDE POPA O DESDE PROA: cuadra, DISTANCIA ENTRE LOS PALOS DE LA ARBOLADURA: abra, EN CUBIERTA, DESDE EL CODASTE A LA RODA: eslora · CABIDA: arqueo o tonelaje
— RADIOCOMUNICACIÓN: transmisor, canal, estación costera, banda lateral, S.O.S., onda pesquera · radiobaliza, radiotelefonía, satélite · frecuencia, ganancia, interferencias

IDENTIFICACIÓN:
— matrícula, pabellón, abanderamiento, bandera, registro, insignia (BANDERA QUE DENOTA LA GRADUACIÓN DEL JEFE), flete (CARGA)
— territorialidad, extraterritorialidad
— DOCUMENTOS: patente de navegación, p. de sanidad, conocimiento, pasavante, rol
— CERTIFICADO DE SOLVENCIA QUE SE DA A LOS OFICIALES: contenta
— REVISIÓN DE LA CARGA: sobordo
— SALUDO ARRIANDO E IZANDO LA BANDERA: guindamaina

ORIENTACIÓN:
— proa (DELANTERA), popa (TRASERA), estribor (DERECHA EN EL SENTIDO DE LA MARCHA), babor (COSTADO IZQUIERDO)
— barlovento (PARTE DE DONDE VIENE EL VIENTO), sotavento (PARTE OPUESTA A AQUELLA DE DONDE VIENE EL VIENTO)
— EXTENSIÓN DE MAR DONDE SE CRUZAN LOS BUQUES: crucero, paraje, PARA REBASAR UN PELIGRO: rebasadero, DISTANCIA PRUDENCIAL QUE TOMA EL BUQUE AL PASAR CERCA DE UN PUNTO PELIGROSO: resguardo
— REFERENCIAS: rosa náutica o de los vientos, cuadrante, cuarta · PUNTO FIJO DE LA COSTA: marca · baliza, boya, bola, CONJUNTO DE CORCHOS ENFILADOS A MODO DE ROSARIO: calima
— RASTRO DE ESPUMA QUE DEJA TRAS SÍ LA EMBARCACIÓN: estela

RECOMPENSAS: soldada, ancheta, quintalada, AL LLEGAR A PUERTO: adiafa · PORCIÓN DE GÉNEROS QUE PUEDEN EMBARCAR POR SU CUENTA LIBRES DE FLETE: pacotilla

TRIBUTOS:
— anclaje o capitanía (POR FONDEAR EN UN PUERTO), barcaje (POR PASAR EN BARCA DE UNA PARTE A OTRA DE UN RÍO), muellaje, estadía, sobrestadía (POR LA ESTANCIA), practicaje (POR LA AYUDA DEL PRÁCTICO), pecio (POR NAUFRAGAR POR SUS MARINAS Y COSTAS)

— DERECHO DE APROPIACIÓN DE LOS GÉNEROS DE UN BARCO: pendolaje
PROPIEDAD: naviera
▶ 21.09 mar
▶ 21.14 viento
78.04 movimientos
ECHAR AL AGUA UN BUQUE: botadura
leva, desatraque, arrancada, estrepada, viada, maniobra · PASO FRANCO PARA HACERSE A LA MAR: franquía, RETRASO FORZOSO IMPUESTO EN LA SALIDA: angaria · MOVIMIENTO TARDO Y PEREZOSO: roncería
singladura o asengladura
— navegación, travesía, crucero, periplo, SIN PERDER DE VISTA LA COSTA: cabotaje · CAMINO ENTRE DOS VIRADAS: bordada, BORDADA CORTA: repiquete
— PERIODO DE OPERACIONES DESDE LA SALIDA DE UN PUERTO HASTA SU REGRESO: campaña
— ÁNGULO QUE FORMA LA LÍNEA DE LA QUILLA CON LA DIRECCIÓN QUE REALMENTE SIGUE LA NAVE: abatimiento
— TRANSPORTE EN UNA BARCA: barcaje, EN UNA LANCHA: lanchaje
rumbo
— derrota, derrotero, macha, contramarcha, mareaje
— RUMBO EN QUE SE HAYA Y OBSERVA UN OBJETO: demora
— cambiada, virada, curvatón, VUELTA: ciaboga
balanceo
— bandazo, maretazo, cabezada, embatada
— MOVER CON EXCESO LA POPA A UNO Y OTRO LADO: rabeo
— DESVÍO DE LA PROA DEL BUQUE POR EL MAL GOBIERNO: guiñada
— golpe de mar · naufragio
arribada, a. forzosa, escala, atraque, atracada, recalada, desembarco, varada, fondeo, amarradura
ENTRE DOS EMBARCACIONES:
— COMPAÑÍA QUE SE HACEN CAMINANDO JUNTAS: conserva
— EMBESTIDA DE UN BARCO CONTRA OTRO: trompada
— ACCIÓN DE ABORDAR UN BARCO A OTRO: abordaje
EN LA EMBARCACIÓN:
— DISPONERLA PARA DETERMINADA FAENA: zafarrancho
— DESCUBRIMIENTO DEL HORIZONTE: descubierta
— ARROJAR LA CARGA CUANDO ES NECESARIO ALIGERAR LA EMBARCACIÓN: echazón
78.05 navegación y personas
marinero
— marino, mareante, navegante, tripulante, nauta, DESUS marinante, COLOQ lobo de mar, hombre de mar
— SEGÚN OFICIO: guardabanderas (EFECTOS DE BITÁCORA), serviola (VIGILANCIA), gaviero (VIGILA DESDE LA GAVIA), juanetero (MANIOBRA DE LOS JUANETES), marmitón (COCINA), pañolero (VÍVERES), repostero (AL SERVICIO DE UN JEFE), paje (LIMPIEZA Y ASEO)
— QUE APRENDE EL OFICIO: grumete, halacabuyas
— POCO TRABAJADOR: cimarrón, DESP halacuerdas
— ABORDA OTROS BARCOS PARA ROBAR: pirata
— EN SU CONJUNTO: marinería, marinaje, tripulación o equipaje, gente de mar, GRUPO ADSCRITO A UN DISTRITO MARÍTIMO: trozo · ASOCIACIÓN DE MARINEROS Y PROPIETARIOS: tercio
capitán
— oficial, maestre, contramaestre, ÁRABE: arráez · RESPONSABLE DEL CARGAMENTO: sobrecargo
— patrón, p. de bote o p. de lancha, QUE MANEJA EL REMO DE PROA: proel
piloto
— piloto de altura, p. práctico, p. de puerto, AYUDANTE: pilotín
— timonel, timonero, batelero, barquero, remero, gondolero, galerero, lanchero, piragüero
MILITARES:
— almirante, vicealmirante, contraalmirante, contramaestre, brigadier, subrigadier, condestable
— capitán de corbeta, c. de fragata, c. de maestranza o de navío · alférez de navío
— ANT, QUE TENÍA SU PUESTO EN LOS COSTADOS: alier, ASPIRANTE SIN SUELDO NI UNIFORME: aventurero, INTRODUCÍA LAS CARGAS EN LAS PIEZAS DE ARTILLERÍA: cargador, AL CUIDADO DE LOS SOLDADOS: cuartelero
— marino, TURCO: levente, ESTADOUNIDENSE: marine
EN EL PUERTO:
— presidente o capitán de puerto, c. de dique
— DIRIGE EL RUMBO DE LAS EMBARCACIONES: práctico
— DUEÑO DE UN NAVÍO: naviero, COMPAÑÍA PROPIETARIA DE BUQUES MERCANTES: naviera, PROPIETARIO O CAPITÁN DE UN BUQUE MERCANTE ROMANO: naviculario
— DOTA A UN BARCO PARA SU EXPLOTACIÓN COMERCIAL: armador
— consignador (ENVÍA), consignatario (RECIBE)
— DIRIGE LAS MANIOBRAS DE CARGA Y DESCARGA: amantero, EFECTÚA EL APILADO DE LAS MERCANCÍAS EN LOS MUELLES: arrumbador, EMBARCA LAS MERCANCÍAS PARA QUE SEAN TRANSPORTADAS: cargador, DISTRIBUYE LOS PESOS EN EL BUQUE: estibador, ENCARGADO DE ENTREGAR LA CARGA: fletador
farero, torrero
78.06 puerto
puerto marítimo, p. fluvial · p. comercial, p. de amarre, p. deportivo, p. franco · base naval
PARTE AVANZADA DONDE LOS BUQUES ESPERAN PARA ENTRAR: antepuerto · ENTRADA: ostial

puesto de amarre, p. de fondeo · muelle de ribera, rampa de varadero, amarradero, atracadero, dársena, fondeadero, varadero, embarcadero, desembarcadero, ancladero, surgidero

SEÑALES: faro, baliza, boya

MURO DE SOSTENIMIENTO: cortina, RAMPA INCLINADA: surtida, ESPACIO SOBRE EL MUELLE: andén, CONSTRUCCIÓN CON PIEDRAS EN EL FONDO DEL AGUA: escollera, MURALLÓN PARA DEFENDERSE DE LAS AGUAS: malecón, dique, d. flotante, d. seco, MACIZO SALIENTE: espigón, MUELLE PARA BARCOS DE POCO TONELAJE: pantalán · caño, canal

GRAN DEPÓSITO DE AGUA QUE LIMPIA CON VELOCIDAD LAS ARENAS Y FANGOS DEL FONDO DE UN PUERTO: esclusa de limpia

DEPENDENCIAS: club náutico, salón náutico, tienda de efectos navales · zona franca, edificio de aduanas

PUERTO NATURAL:

— bahía, cala, concha, abrigo, fiordo, rada, golfo, regolfo, seno, grao, abra

— ensenada o DESUS angra, ENSENADA PEQUEÑA EN QUE SE PUEDE FONDEAR: ancón o anconada, ENSENADA LLENA DE BARRAS Y ROMPIENTES: broa, LUGAR DONDE DAN FONDO: surgidero

— EN QUE SE REÚNEN VARIOS BUQUES DE GUERRA: apostadero

78.07 astillero

varadero · MILITAR: arsenal, atarazana o tarazana o tarazanal · ANT carraca

DISPOSITIVOS DE TRABAJO:

— grada (PLANO INCLINADO SOBRE EL QUE SE CONSTRUYEN O REPARAN), basada (APARATO QUE LO SOSTIENE EN LA GRADA), carenote (TABLONES A LOS LADOS), cuna (BASE DE SUSTENTACIÓN), imada (EXPLANADAS DE MADERA A UNO Y OTRO LADO DE LA CUNA), picadero (MADERO SOBRE EL QUE DESCANSA LA QUILLA DEL BUQUE)

DISPOSITIVOS DE BOTADURA: surtida (RAMPA INCLINADA), anguila (BASE DESDE DONDE SE BOTA), paral (MADERO CON MUECA PARA EL DESLIZAMIENTO), camello (MECANISMO FLOTANTE QUE SUSPENDE EL BUQUE DISMINUYENDO SU CALADO)

78.08 espacios del barco

ZONAS ESTRUCTURALES:

— CUERPO DE LA NAVE: casco, vaso · coraza, blindaje

— proa (DELANTERA), popa (TRASERA), estribor (DERECHA), babor (IZQUIERDA)

— FACHADA QUE PRESENTA LA POPA: espejo de popa

— MADERO GRUESO VERTICAL DE POPA: codaste, PIEZA GRUESA Y CURVA DE PROA: roda

— PARTE SUMERGIDA DEL CASCO: fondo · línea de agua o de flotación, obra muerta (ENCIMA DEL NIVEL DEL MAR), obra viva (DEBAJO DEL MAR)

— CADA UNO DE LOS DOS LADOS DEL CASCO QUE CORRESPONDE A LA OBRA MUERTA: costado, banda

PARTE ARQUEADA DE LA FACHADA DE LA POPA: bovedilla, OBRA EXTERIOR DE PROA: beque · ANDAMIO VOLANTE: guindola

— PIEZA DE POPA A PROA POR LA PARTE INFERIOR: quilla, CADA UNA DE LAS PIEZAS CURVAS QUE ENCAJA EN LA QUILLA: cuaderna · CADA UNO DE LOS DOS MADEROS QUE FORMAN LA POPA: aleta · PARTE DE LOS COSTADOS DONDE EMPIEZA A ESTRECHARSE PARA FORMAR LA PROA: amura o mura, POR LA PARTE INTERIOR: amurada · PARTE CASI PLANA QUE FORMA EL FONDO: pantoque · PESO BAJO PARA LA ESTABILIZACIÓN: orza

cubierta (PISO SUPERIOR), entrecubierta (ESPACIOS)

— EN LOS BUQUES DE GUERRA: puente, p. alto, p. de mando

— CUBIERTA DE PROA EN EMBARCACIONES MENORES: talamete · CURVATURA DE LA CUBIERTA: arrufo o arrufadura

— LA COMPRENDIDA ENTRE EL PALO TRINQUETE Y LA PROA: castillo, DESDE EL PALO MAYOR HASTA LA POPA: alcázar, DESDE EL PALO MAYOR HASTA EL CASTILLO DE PROA: combés · EN LOS COSTADOS: mesa de guarnición, COBERTIZO JUNTO AL ASTA DE LA BANDERA: chopa

— DONDE SE MUEVE LA TRIPULACIÓN: bañera, DE POPA A PROA EN MEDIO DE LA CUBIERTA: galería, crujía

— EXTREMOS ESTRECHOS DE POPA Y PROA: delgado, racel o rasel · PEQUEÑA CÁMARA DE POPA: chupeta

— CADA UNO DE LOS PISOS INFERIORES: sollado · ENCASILLADO A UNA Y OTRA BANDA DEL SOLLADO PARA COLOCAR LAS MALETAS DE LA MARINERÍA: cajonada

— chimenea, mambrú

pasillos: DE POPA A PROA JUNTO A LA BORDA: pasamano, CORREDOR DE PROA: rumbada, EN LOS BARCOS DE GUERRA: arrumbada · CANTO SUPERIOR DEL COSTADO: borda, EN LA PARTE QUE CORRESPONDE A LA PROA: coronamiento

camarote, camareta, celda, compartimento, CÁMARA DE LA BRÚJULA: escandalar · MUROS DE DIVISIÓN INTERNA: mamparo o tablero · CAMA: litera, DE LONA: coy

zona de carga, sala de máquinas, s. de calderas, cuarto de derrota, zona de ancla

bodega, pañol, p. de víveres, EN UN BARCO MERCANTE: gambuza, EN LAS GALERAS: corulla o corrulla, PARTE QUE CORRESPONDE A CADA ESCOTILLA: pozo · CONTIENE EL AGUA: aljibe, tanque · PARTE BAJA AGUADA: sentina, PARTE INFERIOR Y MÁS ANCHA: plan, PARTE MÁS BAJA DEL INTERIOR: cala

MOLUSCOS QUE SE PEGAN AL FONDO DE LOS BUQUES: caramujo, cascarrajas, broma o tiñuela

RETRETE O LETRINA: jardín

ABERTURAS:

— CONJUNTO DE TODAS LAS PUERTAS: portería, HUECO TOTAL: alegría, EN EL COSTADO: portalón, EN LA

CUBIERTA: escotilla, ESCOTILLA QUE PROPORCIONA LUZ: lumbrera, CUBIERTA CON QUE SE CIERRAN LAS ESCOTILLAS DE ALGUNOS BUQUES: caramanchel
— VENTANA EN LOS COSTADOS: portilla, CLARABOYA CIRCULAR: ojo de buey
— AGUJERO PARA DAR SALIDA A LAS AGUAS: imbornal o embornal · CANAL POR DONDE SALE AL MAR EL AGUA QUE ACHICA LA BOMBA: dala o adala
— A UNO U OTRO LADO DE LA RODA PARA PASAR LOS CABLES: escobén

78.09 palos

CONJUNTO: arboladura
EN PROA: trinquete, EN EL CENTRO: mayor, EN POPA: mesana
EN LA PROA DE LOS BARCOS ASEGURA LOS ESTAYES O CABOS DEL TRINQUETE: bauprés
HORIZONTAL QUE SIRVE PARA CAZAR LA VELA CANGREJA: botavara
MESETA HORIZONTAL EN EL CUELLO DE UN PALO: cofa, COFA DE LOS MASTELEROS: cruceta
EL QUE SE SACA HACIA LA PARTE EXTERIOR DE LA EMBARCACIÓN: botalón
PERCHA LABRADA A LA QUE SE ASEGURA EL GRÁTIL O BORDE DE DE UN VELA: verga

78.10 velas

EN CONJUNTO:
— velaje, velamen, DESUS trapío
— paño, cárbaso, lino, trapo
— envergadura, broquel, brusca, caída
— alunamiento, bolso, papo de viento, seno
— lona, loneta, vitre · rempujo
EN EL PALO TRINQUETE: redonda, ALA DEL TRINQUETE: balandro, rastrera o arrastradera, RASTRERA DE LIENZO MÁS FINO: morral
EN EL PALO MAYOR: gavia, carbonera (EN EL CABO O ESTAY)
EN EL MÁSTIL DE MESANA: perico (EN EL JUANETE)
SOBRE EL BAUPRÉS O PALO GRUESO: foque, f. volante, contrafoque, petifoque, trinquetilla
VELA MAYOR, EXCEPTO LA MESANA, CUANDO SE NAVEGA CON ELLAS SOLAS: papahígo o papafigo
TRIANGULAR: guaira, montera o monterilla, candonga, cataldo
TRAPEZOIDAL: vela cangreja, PEQUEÑA QUE SE ORIENTA SOBRE LA CANGREJA: escandalosa
VELA PEQUEÑA: arrastraculo (DEBAJO DE LA BOTAVARA), pala (SUPLETORIA)
DE FALUCHO CON TODOS LOS RIZOS TOMADOS: tiple
PARA NAVEGAR EN POPA CON VIENTOS FUERTES: treo
EN EMBARCACIONES PEQUEÑAS: caraja (CUADRADA), unción (EN LANCHAS PESQUERAS)
FUERA DEL BARCO: cebadera
EN LAS GALERAS: borda (LA MAYOR), ANT bastardo
PARTES DE UNA VELA:
— ORILLA INFERIOR: pujamen o pujame
— EXTREMIDAD POR LA QUE SE UNE AL PALO: grátil o gratil

— REFUERZOS: vaina (DOBLADILLO), batidero (EN LOS SITIOS QUE ROZAN), relinga (EN LAS ORILLAS), boneta (PARA AUMENTAR SU SUPERFICIE)
— APERTURA PARA HACER PASAR UN CABO POR ELLA: ollao
— ANILLO DE HIERRO PARA ENVERGAR: garrucho
MOVIMIENTOS:
— INCLINACIÓN: escora, SACUDIDA CUANDO ESTÁN FLOJAS: estrechón, CONTRA SU PALO: parchazo, CONTRA LOS ÁRBOLES Y JARCIAS: gualdrapazo, ESTIRÓN O SACUDIDA: socollada, SACUDIDA CUANDO FLAMEA: zapatazo
— CORRIENTE DE AIRE QUE SE ESCAPA POR LAS RELINGAS: derrame
FORMAS DE RECIBIR EL VIENTO: a fil de roda, a un descuartelar, a un largo, de bolina o ceñir, de través a la cuadra, en popa cerrada, por la aleta

78.11 cabos y nudos

APAREJOS Y CABOS DE UN BUQUE: jarcia
TIPOS:
— SUJETA LA CABEZA DE UN PALO: obenque, SUJETA LA CABEZA DE UN MÁSTIL: estay, BRANDAL DE LOS MASTELEROS DE JUANETE: burda, PARA IZAR Y ARRIAR LAS VERGAS: driza, PARA CAZAR LAS VELAS: escota, PARA MANTENER FIJAS LAS VERGAS: braza, amantillo, MANTIENEN LOS PICOS CANGREJOS: osta, AYUDA A LOS OBENQUES DE JUANETE: brandal, PARA GOBERNAR EL TIMÓN: varón, PARA DIRIGIR LA VELA TIMÓN O RELINGA: bolina
— PARA MOVER GRANDES PESOS: tensor, cabrestante · HECHO DE NUEVE CORDONES: calabrote
— CABO CORTO: boza
ARMADURA DE UN CABO: arraigada · ANILLA QUE ABRE Y CIERRA MEDIANTE MUELLE: mosquetón
GARRUCHA: motón, MOTÓN HERRADO: pasteca, MOTÓN DOBLE: polea, MOTÓN CHATO Y REDONDO: vigota · REFUERZO METÁLICO: zuncho · DOS O TRES POLEAS DENTRO DE LA MISMA ARMADURA: cuadernal
PARA AMARRAR LOS CABOS: cornamusa
CABO DELGADO CON QUE SE CUBRE OTRO MÁS GRUESO: aforro, reata, VUELTA QUE TOMA UN CABO POR VICIO DE TORSIÓN: CADA UNA DE LAS VUELTAS: guarne, coca, CONJUNTO DE VUELTAS: canasta, EXTREMO: chicote
NUDOS:
— cosidura, fajadura, falcaceadura, ligada, piña, lazo, gaza, balso, trincafía
— CORREDIZOS: ahorcaperros, margarita
— PARA ENCAPILLAR O ENGANCHAR: ayuste, arraigado, as de guía
— DE DOS VUELTAS: ballestrinque
— PARA INMOVILIZAR: barrilete
— TRES RAMALES ANUDADOS A UN CORDEL: pie de gallo

78.12 piezas y utillaje
PARA LA NAVEGACIÓN:
— motor, hélice, timón, caña del timón · PARA MEDIR DIFERENCIA CALADO PROA-POPA: clinómetro · ARMARIO AGUJA DE MAREAR: bitácora
— compás, sextante, veleta · carta náutica, cuaderno de bitácora, radar, r. de calado, sonar, radiogoniómetro, radiotelefonía, GPS · prismáticos, PARA OBSERVAR ZONA INACCESIBLE: periscopio · CUERDA PARA MEDIR PROFUNDIDAD: sonda
— ASTA LARGA: bichero (ATRACAR Y DESATRACAR), botador (HACER ANDAR), botalón (DIVERSOS USOS), arpeo (AFERRARSE DOS EMBARCACIONES), botavante (DEFENDERSE EN ABORDAJES)
— BORDE DONDE SE FIJAN LOS REMOS: carel, ESTACA EN LA QUE SE ATAN: escálamo o escalmo o tolete · CABO QUE SUJETA EL REMO: estrobo
— CORDEL PARA MEDIR LO QUE ANDA: corredera
PARA EL AMARRE:
— EN EL NAVÍO: ancla, rejera · ELEVADOR DEL ANCLA: molinete · cadena, CADA UNO DE LOS TROZOS: grillete · DETIENE E IMPIDE LA SALIDA DE LA CADENA DEL ANCLA: mordaza · MADERO VERTICAL: abitón · POSTE PARA ASEGURAR LOS CABLES DEL ANCLA: bita · AGUJERO CIRCULAR POR DONDE SALE LA CADENA: gatera · PUNTAL VERTICAL DE USO VARIADO: candelero, tojino
— EN TIERRA: noray, bolardo (DE HIERRO CON LA EXTREMIDAD SUPERIOR ENCORVADA), proís (PIEDRA U OTRA COSA)
— EN EL MAR: boya de amarre
PARA LA SEGURIDAD:
— COLGANTES PARA EVITAR DESPERFECTOS EN LAS FAENAS DEL PUERTO: defensas, SALVAVIDAS: guindola
— FAROL DE POPA: linternón
— aro salvavidas, bote, cabo, chaleco, extintor de incendios, lámpara morse, bengala
PARA EL MANTENIMIENTO:
— BOMBA PARA EXTRAER LÍQUIDOS: sacabuche
— MANGA PARA VENTILAR: manguera
— MOCHO ENJUAGAR LA HUMEDAD DE LA CUBIERTA: lampazo
ADORNOS:
— gallardete (TIRA O FAJA VOLANTE REMATADA EN PUNTA), grímpola o ranúnculo o ANT flámula (GALLARDETE MUY CORTO USADO COMO CATAVIENTO) · empavesada o pavesada (CONJUNTO DE BANDERAS Y GALLARDETES)
— EN LA POPA: campechana (ENJARETADO)
— EN LA PROA: figurón de proa, león de proa, mascarón de proa, acrostolio (EN NAVES ANTIGUAS), parasemo (EN GALERAS DE ANTIGUOS GRIEGOS Y ROMANOS)
EN LA CONSTRUCCIÓN DE BARCOS DE MADERA:
— PIEZAS: azafrán, barraganete, batiente, batiporte, caperol, chapuz, chirlata, cimbra, codillo, escoa, espolón, estrave, galápago, jimelga, lanza, ligazón, macarrón, mallete, muz, talón, urnición
— LIGADURAS: cintura, empalomadura, trapa, trinca, troza, vinatera
— LISTONES AL COSTADO: galón, verduguillo
— UNIONES: junta, costura
— MADEROS DE REFUERZO: cinta
— PARA RELLENAR JUNTURAS: brea, colla, engrudo, espalmo, estopa, estoperol, filástica, frisa, masilla, precinta
— HERRAMIENTAS: alegra, aviador, calador, cuadrejón, descalcador, ferrestrete, frasquía, gálibo, magujo, mandarria o bandarria, mazo rodero, menestrete, monillo, pincel, pitarrasa, trencha
EN LOS BARCOS DE GUERRA:
— TORRE DE HIERRO REDONDA, CUBIERTA Y GIRATORIA: cúpula
— RED CON ROPAS PARA DEFENSA DE LAS BALAS ENEMIGAS: filarete, empalletado, PARA EL ALCÁZAR: jareta o ajedrez

VERBOS Y EXPRESIONES
78.13 acción y barco en reposo
EN LA CONSTRUCCIÓN:
— DERRIBAR LOS ÁRBOLES: desarbolar, PROTEGER EXTERIORMENTE: blindar, LEVANTAR MAS LA PROA Y LA POPA RESPECTO A LA SUPERFICIE DE AGUA: arrufar, AFIRMAR LAS CUADERNAS: enramar, UNIR DOS PIEZAS: entestar, HACER HERMÉTICA LA UNIÓN: frisar, TRAZAR EL CONTORNO DE LAS PIEZAS: galibar
EN LA PUESTA EN FUNCIONAMIENTO:
— abanderar, consignar, matricular, amadrinar, botar, PROVEER DE PERTRECHOS Y MARINEROS: esquifar, DOTAR DE TRIPULACIÓN: tripular
— PREPARAR PARA LA NAVEGACIÓN: aparejar, aviar
— VOLVER A FLOTAR DESPUÉS DE HABER ESTADO EN SECO: boyar
— EMBARCAR PERSONAS O MERCANCÍAS: fletar, transfretar o trasfretar
— TRASLADAR LAS BARCAS HACIENDO FUERZA O TIRANDO CON LAS MANOS: palmear
MANTENIMIENTO:
— afretar (FREGAR), achicar (EXTRAER EL AGUA), baldear (REGAR LA CUBIERTA), lampacear (ENJUAGAR LA HUMEDAD)
— calafatear (CERRAR LAS JUNTURAS), embrear (UNTAR CON BREA), alcoholar (EMBREAR LO CALAFATEADO), acollar (METER ESTOPA EN LAS COSTURAS)
— carenar (REPARAR EL CASCO), chirlatar (SUSTITUIR MADEROS DEFECTUOSOS), descalcar (SACAR LAS ESTOPAS VIEJAS), despalmar o espalmar (LIMPIAR Y DAR SEBO A LOS FONDOS)
AGUJEREAR EL FONDO: desfondar, PERDER LA FORMA DE LA QUILLA: quebrantarse, DESHACER UN BUQUE: desguazar, desmantelar
cargar, abarrotar · descargar, desestibar

HACER RODAR ALGO HACIA LA PARTE EXTERIOR DE LA NA-
VE: zallar

78.14 acción y navegación

embarcar, embarcarse, EN UN BARCO MERCANTE:
enrolarse

desamarrar, quitar las amarras, largar amarras,
soltar amarras, levar anclas, arrancar ancla,
llamar el ancla, virar cadena, zarpar, desaferrar, desatracar, maniobrar, hacerse a la
mar, salir a la mar, enmararse
— RECOGER UN CABO: adujar

navegar
— atravesar, cruzar, embalar, hondear, sondar
o sondear, transfretar
— surcar, ganar, deslizarse, hender, granjear,
cortar las aguas, ANT marear · EN UNA EMBAR-
CACIÓN PEQUEÑA: salearse · TIRANDO DE UNA CUER-
DA DESDE LA ORILLA: sirgar
— RESPECTO A UN OBJETO: verilear (POR LA ORILLA),
costear (POR LA COSTA), perlongar (A LO LARGO
DE LA COSTA), arranchar (CERCA DE LA COSTA),
encostarse (ACERCÁNDOSE A LA COSTA), bordear
(SIN SEPARARSE DEL BORDE), circunnavegar (ALRE-
DEDOR DE ALGÚN LUGAR) · acostar (ARRIMAR EL
COSTADO) · pasar a toca penoles (MUY CERCA
DE OTRA EMBARCACIÓN)
— RESPECTO AL MODO: amorrar (HUNDIR LA PROA),
espaldear (ROMPER LAS OLAS CON ÍMPETU), ron-
cear (IR TARDA Y PEREZOSA) · adrizar (PONER DE-
RECHA LA NAVE) · aproar (VOLVER LA PROA A AL-
GUNA PARTE)
— RESPECTO A LAS DIFICULTADES: escollar (TROPEZAR
EN UN ESCOLLO), escapular (SUPERAR UN PELIGRO),
abocar (ENTRAR EN UN CANAL ESTRECHO)
— RESPECTO A LA DIRECCIÓN: nortear (HACIA EL NOR-
TE), nordestear (DE NORTE A ESTE) · empopar
(VOLVER LA POPA AL VIENTO)
— RESPECTO AL VIENTO: ir de bolina, navegar de
bolina (LA QUILLA FORMA EL MENOR ÁNGULO POSI-
BLE CON EL VIENTO), sotaventarse (IRSE O CAER A
LA PARTE OPUESTA DE DONDE VIENE EL VIENTO), or-
zar (INCLINAR LA PROA HACIA LA PARTE DE DONDE
VIENE EL VIENTO), arronzar (CAER DEMASIADO A SO-
TAVENTO), ir en bonanza (CON VIENTO SUAVE), es-
tar a sobreviento o ponerse a sobreviento
(TENER EL BARLOVENTO RESPECTO DE OTRA NAVE)
— TIRAR DE OTRA EMBARCACIÓN: remolcar, atoar
— **perder el rumbo**, desviarse de su rumbo,
derivar, derrotarse, destorcerse, abatir, da-
valar, decaer

pilotar
— pilotear, gobernar, llevar el timón · hacer
rumbo, poner r. a, abatir el r., corregir el r.
— virar, revirar, cambiar de rumbo
— remar, bogar, REMAR MAL: paletear
— HACER ANDAR UN BOTE CON UN SOLO REMO PUESTO
A POPA: cinglar o singar

balancearse
— cabecear, trompear, arfar, escorar, acularse,
aferrarse · COLGAR ALGO DE MODO QUE RESISTA
LOS BALANCES Y MOVIMIENTOS: arrizar
— HUNDIR LA PROA: hocicar u hociquear, emba-
rrancar, encallar, AUMENTAR SU INCLINACIÓN A
CONSECUENCIA DE UNA RACHA DE VIENTO: recalcar,
MOVER CON EXCESO LA POPA A UNO Y OTRO LADO:
rabear, EMBARCAR AGUA POR LA PROA POR EXCE-
SO DE ESCORA: ahogarse
— EL VIENTO ENVÍA LA EMBARCACIÓN HACIA UN PARA-
JE PELIGROSO: aconchar
— correr un temporal, capear el temporal, tem-
porejar, PADECER TORMENTA CON RIESGO: correr
fortuna

naufragar
— **hundirse**, irse a pique
— **encallar**, escorar, acantilar
— **zozobrar**, ir a la deriva, irse al garete
— varar · desvarar, desfondar, desencallar, de-
sembarrancar

arribar
— abordar, atracar, tocar, amarrar, tomar tierra, aterrar, recalar, tomar puerto, agarrar
el puerto, fondear, estar fondeado, DESUS
aportar, EN UN GOLFO: engolfar, EN UNA EN-
SENADA: ensenar, PONERSE AL ABRIGO: asocai-
rarse · PONER EN CONTACTO CON EL MUELLE:
abarloar
— PROVISIONALMENTE PARA LUEGO SEGUIR EL DESTINO:
hacer escala
— UTILIZAR LOS BOTES PARA TRASLADARSE: barquear
— SACAR DE LA NAVE LO EMBARCADO: desembarcar
— LLEGAR AL FIN DE UN VIAJE: rendir, r. el bordo, r.
una bordada

anclar
— encadenar, echar el ancla, apear ancla, filar
cadena, lascar cadena (POCO A POCO)
— estar en ancla (ESTAR FONDEADO), trincar cadenas (ASEGURARLAS CON BOZAS), garrar o garrear
(SI NO AGUANTA EN EL FONDO), SUJETAR CON DOS
ANCLAS: arrejerar, PONER CEPOS A LAS ANCLAS:
encepar · QUITAR UN GRILLETE A UNA CADENA: de-
sengrilletar
— faltar el ancla (ROMPERSE)
— IR ARRASTRANDO EL ANCLA: garrar o garrear
ENGALANAR, UNA VEZ EN PUERTO, EN SEÑAL DE REGOCI-
JO: empavesar, encintar

78.15 acción y velas

poner las velas
— envergar, relingar
— desenvergar, desrelingar, desplegar, velejar,
verilear
— POCO A POCO: largar
— izar una vela, dar vela, dar la vela, alzar velas, largar velas, meter velas, tender velas,
cargar velas, hacerse a la vela

— ceñir el viento, ganar el viento, hurtar el viento, tomar el viento, venir al viento
orientar las velas
— templar, tomar el viento, fachear, ponerse en facha, IR EN VIENTO: portarse, MOVERLAS HACIA LUGAR CONVENIENTE: amurar, desamurar, apagar, bracear, cazar, voltejear
— HACER QUE EL VIENTO HIERA EN LA CARA DE PROA: abroquelar
— PRESENTAR MÁS AL VIENTO LA SUPERFICIE: acuartelar
— PONERLAS TIRANTES: tesar o atesar
— NAVEGAR AJUSTADO A LA DIRECCIÓN DEL VIENTO: ir de bolina o navegar de bolina o ceñir, GANAR DISTANCIA CONTRA EL VIENTO, NAVEGANDO DE BOLINA: barloventear
— **ir a toda vela**, ir a velas desplegadas, ir a todo trapo, ir viento en popa, correr a palo seco
NAVEGAR CON POCA O NINGUNA VELA A CAUSA DE LA MUCHA FUERZA DEL VIENTO: correr, c. a palo seco • IR ORZANDO PARA APROVECHAR EL VIENTO ESCASO: puntear, p. el viento • NAVEGAR SÓLO CON EL TRINQUETE: estar a la trinca, correr una trinquetada
NAVEGAR MUY FORZADO DE VELA: atagallar, DEJARSE IMPULSAR POR EL AGUA, QUE SUPERA EN RAPIDEZ AL VIENTO: baquear, barloventear • navegar a la cuadra • ROZARSE: mascarse, rifarse, tocar • RASGAR LAS VELAS CON UN CUCHILLO PARA SALVAR EL BUQUE: degollar
ESTAR QUIETA CON LAS VELAS TENDIDAS: pairar • estar al pairo, ponerse al pairo, quedarse al pairo
PONER LAS VELAS DE MODO QUE LA EMBARCACIÓN ANDE POCO: capear o estar a la corda, ponerse a la capa, estarse a la capa, esperar a la capa
RESULTADO DE LA ACCIÓN DEL VIENTO: flamear, gualdrapear, OPRIMIR UNA VELA: atochar, desaparejar, desenvelejar, DAR ZAPATAZOS: zapatear, ROMPERSE: rifarse
arriar
— recoger velas, plegar velas, acurrullar, amainar, aferrar, cargar, empañicar, enjuncar
— QUITAR EL VELAJE: desenvelejar
78.16 acción y cabos
hacer pajaril (AMARRAR EL PUÑO DE LA VELA), lascar (AFLOJARLO POCO A POCO), desrelingar (QUITAR LOS CABOS O RELINGAS A LAS VELAS), encapillar (ENGANCHARLO A UN PENOL DE VERGA), alegrar (AFLOJARLO)
ajustar, cobrar, adujar
78.17 voces de mando
EN BARCOS DE MOTOR:
— a estribor, a babor, todo a babor, t. a estribor, timón a estribor, t. a la vía
— poco a poco • avante, a toda máquina, largar a proa • ah del barco • ancla a pique • bueno virar (DEJAR DE VIRAR)

EN VELEROS:
— izar velas, i. cangreja, i. foque, i. mesana • a toda vela
— PARAR AUMENTAR O DISMINUIR LA SUPERFICIE: cazar rizos, tomar rizos • virar en redondo, v. por avante • arriar aparejo

79. TRANSPORTE AÉREO
79.01 aviación
aeronáutica, aeronavegación, navegación aérea • aerocriptografía, aeromodelismo
avión
— avión de pasajeros, a. de carga, a. fumigador, a. nodriza
— avión supersónico, a. reactor, a. turbopropulsor • jet, jumbo
— avioneta, avión de hélice, a. de reacción
— propulsión a chorro, p. a reacción
— aeroplano, aerobús, aeromodelo, aeronave, aerotaxi • hidroavión
— monoplano, biplano, triplano, hidroplano, poliplano, sesquiplano
— monomotor, bimotor, birreactor, trimotor, tetramotor, cuatrimotor
helicóptero, ANT autogiro
DE RECREO: ala delta, ultraligero, planeador, avioneta de planeador, a. deportiva • a. de vuelo acrobático
DE GUERRA: bombardero, caza, cazabombardero, anfibio, AGRUPADOS: escuadrilla
79.02 astronáutica
TIPOS: aeroespacial, geoestacionaria, interplanetaria, intersideral, orbital, náutica
lanzadera espacial, lanzador
cohete, satélite, cosmonave, módulo, sonda, nave espacial, sonda espacial
ACTOS:
— viaje espacial, vuelo tripulado
— **lanzamiento**, misión de exploración, puesta en órbita, salida al espacio, separación
— **aproximación**, acoplamiento, aterrizaje, alunizaje, encuentro espacial
ÓRBITAS: geoestacionaria, espacial, de despegue, de aproximación
79.03 partes y componentes de un avión
CARACTERÍSTICAS TÉCNICAS: alargamiento, envergadura, retropropulsión, resistencia aerodinámica, aerofrenos externos, a. internos, ángulo de incidencia, torsión, borde de ataque, b. de salida, perfil
cabina de pilotaje, carlinga, morro
— tablero de mandos • radar, pantalla de radar, horizonte artificial • tacómetro • caja negra, GPS, radio
— acelerómetro, altímetro, amperímetro, aerómetro, variómetro, velocímetro, giróscopo, estabilizador, cuentarrevoluciones

— brújula automática, b. magnética, compás magnético, giroscopio o girocompás del rumbo, coordinador de giro, inclinómetro
— indicador de combustible, i. de presión (DE ACEITE), i. de temperatura, i. de velocidad aerodinámica, i. de velocidad vertical, i. de viraje, i. de altura, i. de dirección, i. de rumbo
— palanca del gas, p. del mando para timón de profundidad, p. del tren de aterrizaje · manómetro de presión de admisión, pedal para timón de dirección
— volante, v. del copiloto
— piloto automático, espoiler
ala alta, a. baja, a. central · alerón exterior, a. interior
luces de vuelo, radiofaro, faros de aterrizaje
fuselaje (CUERPO DONDE VAN LOS PASAJEROS Y LAS MERCANCÍAS), casco, cabina de pasajeros, cocina de a bordo, ventanilla, puerta, salida de emergencia, escalera de embarque, toboganes hinchables, bodega, carga · cinturón de seguridad
tanque de combustible
queroseno, ARG Y UR kerosén, CHILE parafina, MÉX querosén, VEN kerosene
tobera, turbina · tren de aterrizaje · cola
79.04 vuelo
vuelo de líneas regulares · v. nacional, v. internacional · v. chárter, v. afretado · puente aéreo · vuelo con escalas · compañía de bajo coste
navegación
— salida, plan de vuelo, reglas de vuelo, rutas aéreas, corredor aéreo, pasillo aéreo · empuje, resistencia, ángulo de ataque, maniobra
— **despegue**
   • ascenso, subida, sustentación, estabilización, planeo
   • centro de gravedad, c. aerodinámico · altura, altitud
   • velocidad vertical, v. aerodinámica, v. de crucero
   • barrera de sonido, mach
— **rumbo**, trayectoria, derrota · vuelo libre, v. rasante
— **balanceo**, turbulencia, bache, cabeceo, alabeo, ladeo, guiñada, pérdida, peso · bolsa de aire
— **giro**, viraje, fuerza G
— **descenso**, planeo, bajada, aproximación, aterrizaje, acuatizaje, amerizaje · llegada
SOBRE EL BILLETE:
— horarios, reserva, tarifas · destino, escala
— pasaje, ticket, MÉX Y VEN boleto · tarjeta de embarque
— billete de ida y vuelta, ARG, UR Y VEN pasaje o ticket de ida y vuelta, MÉX boleto redondo
— clase preferente, c. turista

79.05 transporte aéreo y personas
piloto, copiloto, capitán de vuelo, comandante de vuelo, auxiliar de vuelo, asistente de vuelo, sobrecargo · aviador
azafata, MÉX Y VEN aeromoza
mecánico de vuelo · controlador aéreo
EN GRUPO: tripulación
pasaje, pasajero
astronauta, cosmonauta, aeronauta o DESUS ascensionista
79.06 transporte aéreo y lugares
base de lanzamiento, lanzadera, rampa de lanzamiento, estación espacial, módulo de ensayos
aeropuerto
— aeropuerto internacional, a. nacional, a. transoceánico, a. civil, a. militar · puente aéreo
— aeroclub, aeroparque, aeródromo, campo de aterrizaje, c. de aviación · helipuerto, terminal · base aérea
VESTÍBULO:
— salidas · llegadas, ARG arribos
— panel de llegadas, p. de salidas
— información, oficina de cambio, agencia de viajes, coches de alquiler, consigna, c. automática
— aduana, control de pasaportes, puerta de embarque, pasarela, plataforma, punto de encuentro, recogida de equipajes
— sala de espera, s. de prensa, s. de llegadas
— salida de urgencia
— salida de vuelos, llegada de vuelos
— tienda libre de impuestos, ANGL duty free
— pasillos de embarque, terminal
PISTAS DE AEROPUERTO:
— pista de aproximación, p. de despegue, p. de aterrizaje, p. de estacionamiento, p. de maniobras, p. de rodaje, p. de emergencia · amarraje
— depósito de mercancías, terminal de carga, servicio de bomberos
— torre de control, hangar, faro, baliza, umbral

VERBOS Y EXPRESIONES

79.07 acción y transporte aéreo
EN EL AEROPUERTO:
— reservar
— **facturar**, ARG Y UR despachar, ARG hacer el check in, CHILE chequear, MÉX checar, registrar, VEN chequear o chequearse
— pasar el control, embarcar
— tomar el avión, coger el avión
— llamar por megafonía, ll. por los altavoces · ARG Y CHILE ll. por los parlantes, MÉX vocear, UR Y VEN llamar por los altoparlantes
— recoger el equipaje

EN EL VUELO:
— **tripular**, pilotar, aerotransportar
— **despegar**, ascender, iniciar la carrera de despegue, levantar el vuelo, tomar altura · remontarse
— **volar**
  • sobrevolar, navegar, radionavegar, evolucionar, alcanzar la velocidad de crucero
  • volar bajo mínimos, v. con mala visibilidad
  • desviar el rumbo
  • estabilizarse, cernerse, deslizarse
— **planear**, descender bajar · picar, caer en picado
— **aterrizar**, amarar o acuatizar, amerizar, posarse, tomar tierra · aterrizar a ciegas · hacer escala
EN VUELOS ESPACIALES: lanzar un cohete, poner en órbita, alunizar

8. ARTE Y OCIO

80. ARTE

80.01 disciplinas artísticas

arquitectura, diseño de interiores o decoración, diseño gráfico

escultura, grabado, modelado, vaciado, cerámica, talla

pintura, dibujo, fotografía, cómic

música, baile, danza, coreografía

literatura, novela, teatro, dramaturgia, poesía, FIG gaya ciencia

cine, fotografía, audiovisual

tapicería, bordado, encaje, abaniquería, metalistería, orfebrería, joyería, eboraria, ebanistería, forja artística

jardinería · papiroflexia (PAPEL) · cabullería (NUDOS)

EFÍMERO: arquitectura efímera, instalación, happening, pirotecnia

80.02 cualidades artísticas

estilo, estética, belleza, beldad, fineza, gusto, sensibilidad, originalidad, perfección

talento, genio, capacidad, lucidez, perspicacia, chispa, agudeza, sutileza

oficio, técnica, habilidad, pericia, destreza, maña

inspiración

— creatividad, imaginación, fantasía, virtuosismo, novedad, creación, renovación, invención, inventiva, originalidad

— vocación, dedicación, disposición, tenacidad, temperamento, aptitud, don, facilidad, inclinación, tendencia

dinamismo, expresión, equilibrio, proporción, ponderación, medida, moderación, mesura, armonía, hieratismo

serenidad, aplomo, quietud, orden, emoción, idealismo

exaltación, turbación, elevación, éxtasis, misticismo

movimiento, movilidad, convulsión, vibración · ilusión, ilusionismo, efectismo

perspectiva, profundidad, hondura

LAS NUEVE MUSAS: Clío (HISTORIA), Euterpe (MÚSICA), Talía (COMEDIA), Melpómene (TRAGEDIA), Terpsícore (DANZA), Erato (ELEGÍA), Polimnia (POESÍA LÍRICA), Urania (ASTRONOMÍA), Calíope (ELOCUENCIA)

80.03 arte prehistórico

CONSTRUCCIONES DE PIEDRAS SIN LABRAR: megalitismo

MANIFESTACIONES: menhir (PIEDRA LARGA HINCADA VERTICALMENTE), alineación (VARIOS MENHIRES), dolmen o tumba megalítica (TEJA PLANA SOBRE PIEDRAS VERTICALES), crónlech o crómlech (MENHIRES EN CÍRCULO), túmulo (DOLMEN CUBIERTO DE TIERRA)

EN LAS ISLAS BALEARES: talayote (TORRE CON POCA ALTURA), taula (EN FORMA DE T), naveta (FORMA DE NAVE INVERTIDA)

DECORACIÓN: pintura rupestre · vaso campaniforme, venus

80.04 arte egipcio

CONSTRUCCIONES: pirámide, mastaba, templo, speo, hipogeo, necrópolis · ESTRUCTURAS INTERNAS: cámara mortuoria

EN EL TEMPLO: avenida de las esfinges, obelisco, pílono, sala hipóstila, s. hípetra, nao o santuario

DECORACIÓN: miniatura, escritura jeroglífica, pintura mural · relieves planos, hueco-relieves

COLUMNAS: lotiforme, palmiforme, papiriforme, protodórica, hatórica

80.05 arte griego y romano

CONSTRUCCIONES:

— acrópolis (SITIO ALTO Y FORTIFICADO DE LAS CIUDADES), polis, stoas, ágora (GRECIA), foro (ROMA)

— templo, basílica, santuario

— teatro, anfiteatro, odeón, circo, estadio, terma

— PARTES DE UN TEMPLO:
  • ALZADO: estereóbato, estilóbato, columna, entablamento, frontón, tímpano, acróteras
  • EN LA PLANTA: pronaos, naos o cella, opistodomos

COMUNICACIONES: calzada, puente, acueducto

ARTE ORNAMENTAL: arco conmemorativo, columna conmemorativa, escultura ecuestre

COLUMNAS:

— DE ORDEN DÓRICO (EN ALZADO): fuste con acanaladuras cortantes, éntasis, collarino · capitel: equino, ábaco · entablamento: dintel o arquitrabe, friso · triglifos, metopas, cornisa · gotas
— DE ORDEN JÓNICO: base o basa: toro, escocia · fuste con acanaladuras separadas, capitel de volutas
— DE ORDEN CORINTIO: base o basa, fuste con acanaladuras separadas, capitel de hojas de acanto
— DE ORDEN TOSCANO: base o basa, fuste liso · capitel: equino, ábaco
— ENTABLAMENTO JÓNICO, CORINTIO Y TOSCANO: dintel o arquitrabe, friso, cornisa

COLUMNAS DE ORDEN CARIÁTICO: estatua de mujer que hace función de columna

80.06 arte bizantino

CONSTRUCCIONES: basílica, iglesia

ESTRUCTURAS EXTERNAS: cúpula de media naranja, cúpula gallonada, pechina (TRIÁNGULOS CURVILÍNEOS QUE FORMAN EL ANILLO), cimacio (MIEMBRO SUELTO QUE VA SOBRE EL CAPITEL), iconostasio (MAMPARA CON IMÁGENES SAGRADAS) · atrio, contrafuerte

ESTRUCTURAS INTERNAS: nártex (VESTÍBULO SITUADO A LA ENTRADA), tribuna

DECORACIÓN: icono, mosaico, marfil

COLUMNAS: capitel de trépano

ARCOS: de medio punto

BÓVEDAS: de medio cañón, de arista, de cuarto de esfera

PINTURA: icono · MARCO EN FORMA DE ALMENDRA: mandorla

80.07 arte islámico

ARQUITECTURA: mezquita (RELIGIOSA), alcazaba (MILITAR) · baño (LÚDICA), palacio (RESIDENCIAL) · madraza (CULTURAL)

— PARTES DE LA MEZQUITA: haram (SALA DE ORACIÓN), iwan (PÓRTICO), maxura (ESPACIO RESERVADO AL GOBERNANTE), mihrab (HORNACINA O HUECO EN EL MURO QUE INDICA EL MURO DE LA KIBLA), mimbar (PÚLPITO DE LA MEZQUITA), muro de la kibla (INDICA LA ORIENTACIÓN HACIA LA MECA), sabil (FUENTE DE PURIFICACIÓN EN EL SHAN), shan (PATIO PORTICADO QUE PRECEDE AL HARAM), alminar o minarete (TORRE POLIGONAL DESDE LA QUE EL ALMUÉDANO O MUECÍN LLAMA A LA ORACIÓN)

ESTRUCTURAS EXTERNAS: alminar (TORRE ELEVADA DE LA MEZQUITA) · mampostería (PIEDRAS IRREGULARES UNIDAS CON O SIN ARGAMASA), ladrillo

APERTURAS: ajimez (VENTANA ARQUEADA DIVIDIDA EN EL CENTRO CON UNA COLUMNA), celosía (ENREJADO)

COLUMNAS: capitel de mocárabes, c. de pencas, c. de ataurique, c. encintado, c. de avispero

TIPOS DE ARCOS: cruzado, de herradura, lobulado, mixtilíneo, túmido · alfiz (RECUADRO DEL ARCO)

TIPOS DE BÓVEDAS: cúpula gallonada, c. nervada, c. de mocárabes

DECORACIÓN: alicatado de azulejos · ataurique (DE TIPO VEGETAL ESTILIZADO), mocárabe (COMBINACIÓN GEOMÉTRICA PARA CORNISAS), arabesco (DIBUJO PARA FRISOS Y ZÓCALOS), modillón (VOLADIZO SOBRE EL QUE SE ASIENTA UNA CORNISA O ALERO) · epigrafía (ESCRITURA ÁRABE EN CÚFICA O CURSIVA), lacería (FIGURAS GEOMÉTRICAS ENTRELAZADAS), sebka (PAÑOS DE ROMBOS)

80.08 arte románico

CONSTRUCCIONES: catedral, iglesia, monasterio, castillo

ESTRUCTURAS EXTERNAS: contrafuerte, arquivolta, vanos, tímpano, jamba, dintel, parteluz o mainel, ménsula, capitel, sillar, sillería · rosetón

ESTRUCTURAS INTERNAS:

— nave, columnas, capitel historiado, tribuna, bíforas, tríforas, crucero, ábside, girola o deambulatorio, absidiolos, planta de cruz latina, claustro, pilar compuesto
— cúpula (BÓVEDA EN FORMA DE MEDIA ESFERA), vano abocinado, cimborrio (CUERPO CILÍNDRICO QUE SIRVE DE BASE A LA CÚPULA)
— PARTES DE UN MONASTERIO: sala capitular, locutorio, refectorio, biblioteca, cilla

ICONOGRAFÍA: pantocrátor (EL SALVADOR SENTADO), tetramorfos (EVANGELISTAS EN REPRESENTACIÓN ZOOMORFA), virgen entronizada, Cristo Majestad, Cristo crucificado · mandorla (MARCO EN FORMA DE ALMENDRA)

COLUMNA: capitel historiado

TIPOS DE ARCOS: de medio punto

TIPOS DE BÓVEDAS: de cañón, de arista, de cuarto de esfera

ESCULTURA: frontalismo, antinaturalismo

PINTURA: frontal de altar, fresco

80.09 arte gótico

CONSTRUCCIONES: catedral, monasterio, palacio, hospital, lonja, ayuntamiento

ESTRUCTURAS EXTERNAS:

— ménsula, contrafuerte, aguja, arbotante, pináculo, nervio, gárgola (CANAL QUE DESAGUA LOS TEJADOS)
— sillería, sillar · DECORACIÓN: florón

APERTURAS: rosetón, ventanales, vidriera, vitrales

ESTRUCTURAS INTERNAS: pilar compuesto, retablo (DECORACIÓN DE UN ALTAR), triforio (GALERÍA ELEVADA), bíforas, tríforas, girola o deambulatorio, ábside, absidiolo

DECORACIÓN:

— doselete (VOLADIZO SOBRE ESTATUAS Y SEPULCROS), gablete (REMATE EN DOS LÍNEAS RECTAS Y ÁPICE AGUDO), tracerías (FIGURAS GEOMÉTRICAS COMBINADAS)
— ADORNOS: cardinas (HOJAS)

TIPOS DE ARCOS: ojival, conopial, rebajado

TIPOS DE BÓVEDAS: estrellada, perpendicular, sexpartita, de crucería, con terceletes
ESCULTURA: naturalismo
PINTURA: díptico, tríptico, políptico

80.10 arte renacentista

ARQUITECTURA: castillo, catedral, colegio, hospital, iglesia, palacio, universidad
ESTRUCTURAS EXTERNAS:
— frontón curvo, f. triangular
— artesonado, balaustrada, cornisa · APERTURA: óculo
— linterna (TORRE PEQUEÑA), crestería (LABORES AÑADIDAS A LAS PARTES ALTAS), almohadillado (PARTE DEL SILLAR QUE SOBRESALE DE LA OBRA)
ESTRUCTURAS INTERNAS: pechina, cúpula (BÓVEDA EN FORMA DE MEDIA ESFERA): tambor (MURO CILÍNDRICO QUE SIRVE DE BASE A LA CÚPULA), casquete (DESARROLLO DE LA CÚPULA)
TIPOS DE ARCOS: de medio punto
TIPOS DE BÓVEDAS: de medio cañón
TIPOS DE COLUMNAS: dóricas, jónicas y corintias, toscanas, compuestas, orden gigante
DECORACIÓN: medallón, escudo heráldico, emblema, grutesco
VARIACIONES DEL ESTILO RENACENTISTA:
— ESTILO PLATERESCO: medallones en las enjutas, grutescos, festones, columnas balaustradas, bóveda de crucería gótica
— ESTILO HERRERIANO: chapiteles de pizarra, pirámides, bolas, sillería

80.11 arte barroco

CONSTRUCCIONES: catedral, palacio, plaza mayor, jardines, fuentes · urbanismo
ESTRUCTURAS EXTERNAS: fachada transparente, estípite, hornacina, muros alabeados, baquetón, entrantes y salientes en los muros
ESTRUCTURAS INTERNAS:
— EN EL ALTAR: retablo, baldaquino, transparente
— COLUMNA: salomónica
— DECORACIÓN: imaginería, rocalla
— PINTURA:
  • bodegón, paisaje, retrato, escena costumbrista, iconografía religiosa
  • temas mitológicos, historia
  • naturalismo tenebrista, colorismo luminoso

80.12 arte rococó

ARQUITECTURA: mansión, residencia, hotel, palacete
PINTURA: escenas pastoriles, fiestas y danzas en parques y jardines, alegoría, dioses, personajes mitológicos · retrato de medio busto
DECORACIÓN:
— concha, palmeta, forma vegetal · madera pintada, seda, porcelana
— consola, canapé o diván, bureau
— pieza de mármol, terracota, figuras de porcelana

— volutas, cintas, guirnaldas · estucos dorados · policromía

ADJETIVOS Y ADVERBIOS

80.13 arte y fines

público, privado · militar, civil · cultural, político, educativo, lúdico, sanitario, de servicios, palaciego · conmemorativo
religioso, monástico, funerario, DE LA ORDEN DEL TEMPLE: templario
ornamental, decorativo, figurativo, estético
funcional, práctico, utilitario · civil, militar, político, industrial, popular

80.14 descripción de los movimientos artísticos

DE LA ANTIGÜEDAD:
— rupestre, primitivo
— mesopotámico, sumerio, acadio, asirio, persa, babilónico, egipcio
— celta, celtíbero, íbero
— cretense, micénico, griego, egeo, fenicio
— etrusco, romano · paleocristiano
DE LA EDAD MEDIA:
— bizantino, ostrogodo, mozárabe, escuela románica catalana, e. románica castellana
— prerrománico español: visigótico, asturiano
— carolingio, merovingio, lombardo
— vikingo, irlandés, anglosajón, escandinavo, germano · románico, cisterciense, gótico, g. flamígero o flamboyante, g. manuelino · g. internacional, primitivos flamencos
— musulmán, hispano-musulmán, mudéjar
DE LA EDAD MODERNA:
— plateresco, renacentista, herreriano, manierista
— barroco, churrigueresco, rococó
— renacimiento italiano, escuela de Siena, e. veneciana, e. flamenca, e. holandesa, tenebrismo, paisajistas ingleses · escuela sevillana, e. madrileña, e. valenciana
DE LA EDAD CONTEMPORÁNEA:
— neoclasicismo, romanticismo, realismo
— HISTORICISMOS: neogótico, neomudéjar, neorrománico, neorrenacentista
— modernismo, impresionismo, puntillismo, naif o naíf, postimpresionismo, simbolismo, nabis, fauvismo
— VANGUARDIAS HISTÓRICAS: cubismo, futurismo, expresionismo, abstracción, dadaísmo, surrealismo
— arquitectura racionalista, a. organicista
— assemblege, constructivismo, orfismo, antiarte, ready-made, suprematismo, de stil o neoplasticismo, pintura metafísica, nueva objetividad, expresionismo abstracto, espacialismo, art brut, neodadaísmo, pop-art, informalismo, happening, arte cinético, a. de la

tierra, a. feminista, instalación, performance, arte conceptual, op-art, arte corporal o body-art, minimalismo, abstracción postpictórica, arte povera, neoexpresionismo
— EN PINTURA: neoclasicismo, romanticismo, realismo pictórico, impresionismo, puntillismo o divisionismo, post-impresionismo, simbolismo, modernismo · fauvismo o fovismo, cubismo, expresionismo, futurismo, abstracción, constructivismo, neoplasticismo, dadaísmo, surrealismo, nueva objetividad, informalismo, tachismo, expresionismo abstracto, nueva figuración, arte naif, a. pop, a. conceptual, hiperrealismo, minimalismo

80.15 descripción de la obra de arte
esquemático
— **bosquejado**, esbozado, sintético, abreviado, sintetizado, simplificado, aligerado, abocetado
— **delineado**, diseñado, apuntado, hilvanado, dibujado, trazado
— **escueto**, conciso, sucinto, lacónico
recargado
— **abigarrado**, abarrotado, sobrecargado, adornado, profuso, exuberante, excesivo
— **complicado**, enrevesado, complejo, confuso, revuelto, rebuscado, embrollado, intrincado
— **pomposo**, aparatoso, agravado, extremado, historiado
— **barroco**, churrigueresco, amanerado
convencional
— normal, corriente, consabido, aceptado, tópico, vulgar
— usual, habitual, corriente, natural, espontáneo, sencillo, simple
— **suave**, redondeado, pulido, estilizado
abstracto
— conceptual, idealista, lucido, moralista, naturalista, ornamental, persuasivo, plástico, simbólico, trascendente
— surrealista, hiperrealista, impresionista
— anguloso, borroso, degenerado, hierático, retorcido, manierista, relamido
sobrio
— **austero**, simple, justo, frugal, parco, templado, temperado, continente
— **desnudo**, despojado, limpio, despejado, liso
— **severo**, riguroso, estricto, sobrio, puritano, templado, hierático
satírico
— **irónico**, sarcástico, punzante, cáustico, mordaz, virulento, agresivo, cínico, socarrón, picante, sardónico, insultante, hiriente, burlón, zumbón
— **burlesco**, caricaturesco, incisivo, acre, agrio, crítico

poético
— **bucólico**, idílico, pastoril, lírico, inspirado, campestre
— **épico**, heroico
— **expresivo**, sensible, emotivo, dulce, plácido
dramático
— **trágico**, tremendo, catastrófico, conmovedor
— **funesto**, ominoso, patético, fúnebre
luminoso
— **brillante**, fulgente, refulgente, reluciente
— **claro**, limpio, transparente, diáfano, soleado
— **lúcido**, cristalino, traslúcido, nítido, terso, puro, inmaculado, limpio, blanco, albo
sombrío
— **nublado**, brumoso, tenebroso, nebuloso
— **oscuro**
  • triste, velado, apagado, luctuoso, lóbrego, cubierto
  • umbrío, umbroso, nocturno, sombreado, anochecido, tétrico, lúgubre, fúnebre
— **negro**, gris, mate, pardo, opaco

80.16 descripción de la estética aceptada
bello
— **bonito**, hermoso, fascinante, fino, airoso, pulcro, gallardo, garboso, grandioso, pulido, selecto
— **atrayente**, atractivo, vistoso, distinguido, galano, garrido
armonioso
— **primoroso**, sublime, delicado, depurado, elevado, refinado, exquisito, majestuoso, sereno, apacible, de buen gusto
— **elegante**, atrayente, resplandeciente, brillante, radiante, despejado, apuesto, altivo, noble, aristocrático
— **espiritual**, celestial, divino, elevado, místico, íntimo, sensible, idealista, soñador
excelente
— **soberbio**, imponente, magnífico, maravilloso, sublime, espléndido, deslumbrante, fastuoso, asombroso, pasmoso, sorprendente
— extra, extraordinario, extremado, brillante, soberano, superior, óptimo, prodigioso, excepcional, magistral, DESUS precelente
grandioso
— **excelso**, estupendo, maravilloso
— **descomedido**, desmesurado, desorbitado, enorme, exagerado, espléndido, hiperbólico, magnífico, monstruoso, impresionante
— **extravagante**, inmoderado, suntuoso
— **notable**, memorable, considerable, insigne, solemne, consecuente, saliente, preponderante, crítico, estelar, serio, significado, significativo, supremo, de valor
— **de talla**, de fuste, de importancia, de altura

apreciable
— **estimable**, agradable, imponderable, inmejorable, insuperable, inapreciable, admirable
— **relevante**, singular, selecto, señalado, destacado, encumbrado

80.17 descripción de la estética rechazada

feo
— **abominable**, aborrecible, aterrador, atroz, chapucero, espeluznante, despeluznante, espantable, estrafalario, estrambótico, rocambolesco, execrable, extravagante, espantoso, fachoso, fiero
— **horrendo**
  • horrible, horrífico, horripilante, horrísono, horroroso, risible, irrisible, irrisorio, mezquino
  • monstruoso, pavoroso, raro, ridículo, terrible, terrorífico, torvo, tremendo, tremebundo, truculento
deplorable
— **lamentable**, reprobable, despreciable
— **bochornoso**, penoso, grimoso, funesto, nefasto, infausto, lastimoso, siniestro
inarmónico
— **antiestético**, inelegante, desacorde, desproporcionado, discordante, estridente, abracadabrante, apocalíptico
— **deforme**, informe, desmañado, amorfo, contrahecho, deslucido, indecoroso, desastroso, patético
imperfecto
— **mediano**, inarmónico, tosco, rústico, áspero, descuidado, innoble, falto, inconcluso
— **inadecuado**, desacertado, desafortunado, errado, equivocado, inexacto, descuidado, inconveniente, desentonado, disonante, insuave
— **fulero**, de pacotilla
vulgar
— **ramplón**, pedestre, basto, mediocre, banal, chanflón, chocarrero, grosero, tosco, tópico, trivial, baladí, huero, vano, anodino, vacío, no refinado
— **simple**, elemental, insignificante, insustancial, prosaico
— **grotesco**, estridente, chillón, destemplado, irritante, rancio, repelente, repugnante, repulsivo
— **sin categoría**, sin distinción, de baja estofa, del montón, para andar por casa, uno de tantos
despreciable
— **ruin**, indigno, depravado, vergonzoso, rastrero, innoble, soez, tosco
— **degradante**, bochornoso, indecoroso, ignominioso, deshonroso, indecente, escandaloso, abominable, nefando

— **desagradable**, fastidioso, molesto, ácido, lamentable, penoso

80.18 descripción del color

CUALIDADES DE LOS COLORES:
— **fresco**, claro, brillante, alegre, llamativo, subido
— **vistoso**, chillón, estridente, iridiscente, sugestivo
— **apagado**, desmayado, mate, muerto
— **oscuro**, pálido, quemado, tostado, retostado
— **abigarrado**, opalescente

COLOR Y FORMA:
— **liso**, jaspeado, listado, nubarrado, salpicado, ajedrezado, alagartado, apedreado, a cuadros, a rayas
— **cromático**, acromático, isocromático pancromático
— **monocromo**, policromo · unicolor, bicolor, tricolor, multicolor, variopinto
— **constante**, permanente, esmalte, mineral

COLOR Y ASPECTO:
— **claro**, iluminado, encendido, irradiado, relucido, radiante, ardiente, esclarecido, preclaro
— **tenue**, desvaído, descolorido, apagado, quebrado, desmayado, macilento
— **pálido**, lívido, mortecino, extinto, teñido
— **tinte**, tinta, teñidura

VERBOS Y EXPRESIONES

80.19 crear

inspirarse, captarse, concentrarse, interpretar, dictar, infundir, soplar, idealizar · estar en vena, soplar la musa, hacer concebir
ingeniar, inventar, idear, discurrir, concebir, innovar, imaginar, suscitar
componer, exponer, expresar, compilar, sugerir, comunicar, inducir, influir, infundir, transmitir

81. ARTES PLÁSTICAS

81.01 arquitectura

CONSTRUCCIONES RELIGIOSAS:
— **catedral**, colegiata, basílica, templo, iglesia, ermita, capilla, oratorio
— **monasterio**, santuario, convento, cartuja, abadía · mezquita (MUSULMANES), sinagoga (JUDÍOS), pagoda (ORIENTE), zigurat (ASIRIA Y CALDEA)

CONSTRUCCIONES CIVILES:
— **palacio**, palacete, palacio de congresos · parlamento, ayuntamiento
— **hospital**, clínica, ambulatorio, sanatorio
— **universidad**, colegio, escuela, instituto · museo

CONSTRUCCIONES MILITARES:
— **castillo**, castro, alcazaba, alcázar, atalaya, baluarte, ciudadela, cuartel, fortaleza, fortificación, fortín, recinto
— **muralla**

OBRAS PARA LA COMUNICACIÓN:
— calzada, carretera, autovía, túnel, puente, viaducto, acueducto
— puerto, aeropuerto, estación, metro o metropolitano

CONSTRUCCIONES DE RECREO:
— anfiteatro, auditorio, cine, circo, odeón, teatro · casino
— polideportivo, estadio, campo de fútbol, plaza de toros

MONUMENTOS CONMEMORATIVOS: arco de triunfo, columna, cruz, estela, monolito, cenotafio
▸ 39.01 vivienda
▸ 39.02 partes de una vivienda

81.02 muro
fachada, frontispicio, REMATE TRIANGULAR: frontón
pared
— **paramento** (CADA UNA DE LAS DOS CARAS), tambor (APOSENTO DE TABIQUES DENTRO DE OTRO APOSENTO)
— **aparejo** (COLOCACIÓN GENERAL DE LOS MATERIALES): regular, irregular, isódomo, paseu-doisónomo, a soga y tizón, almohadillado, poligonal

QUE SOBRESALE DEL PLANO VERTICAL: contrafuerte (PARA FORTALECER UN MURO), ménsula (PARA RECIBIR O SOSTENER ALGO)

ELEMENTOS:
— **mampostería** (PIEDRAS SIN ORDEN), sillar (CADA UNA DE LAS PIEDRAS LABRADAS), s. lleno (MISMO GRUESO QUE EL MURO), s. de hoja (NO OCUPA TODO EL GRUESO DEL MURO)
— **artesonado**, alicatado, ajedrezado, esgrafiado · FRANJA HORIZONTAL: imposta
— AZULEJOS: friso, alizar, zócalo, arrocabe, ÁRABE DE TIPO VEGETAL: ataurique, cenefa o azanefa · MALLAS ENLAZADAS PROPIA DE LA EDAD MEDIA: arción
— REVESTIMIENTO: encostradura, escamado · almohadillado
— EN LOS ÁNGULOS DE LOS FRONTONES: acrotera, contera, fastigio, pomo

81.03 puerta
portón, portalón, portezuela, postigo, portillo, portilla, portillera, boquera, claro, trampa, trampilla, tranquera, escotilla, escotillón, boca, falsete, hueco, luz, ANT uzo
antepuerta, entrepuerta, contrapuerta, sobrepuerta, anteportón, transpuerta, cancel
torno, puerta giratoria · DISPOSITIVO PARA PASAR DE UNO EN UNO: torniquete
puerta corredera · RANURA POR LA QUE SE DESLIZA: raíl, engargolado
verja, valla, cancela, cancilla, enverjado, emperchado, enjaretado · LEVADIZA: rastrillo
EN LAS FORTIFICACIONES: poterna, surtida · EN DEFENSA DE LAS PUERTAS: barbacana, PLANO INFERIOR DE LAS APERTURAS: derrame

SEGÚN USO: puerta de emergencia, p. de servicio, p. falsa o postigo, p. secreta, p. trasera
PARTES:
— CONJUNTO DE PIEZAS: armazón
— **hoja**, batiente, tablero, entrepaño, panel, painel, PIEZA LABRADA: tranquero
— **contrapuerta**, contraventana · cuarterón o postigo
  • LISTÓN QUE ATRAVIESA: peinazo
  • REBAJO EN EL CANTO DE LA HOJA: renvalso
  • MEDIACAÑA AL BORDE DE LA HOJA: contrapilastra
— SUPERIOR: dintel o lintel · DESUS lindel, sobrecejo · FRONTÓN SOBREPUESTO: tambanillo · MIEMBRO VOLADIZO SOBRE EL QUE SE ASIENTA UNA CORNISA O ALERO: modillón o canecillo · REMATE TRIANGULAR SUPERIOR: frontón, tambanillo
— LATERAL: jamba (SOSTIENE EL DINTEL), larguero, quicio, quicial, quicialera, alaroz, PIEZA PARA QUE BATAN: tranquero · CONJUNTO DE LAS DOS JAMBAS Y EL DINTEL: jambaje · LISTÓN O COLUMNA QUE DIVIDE EL VANO: montante o parteluz
— INFERIOR: umbral, lumbral, busco, tranco, POÉT limen
— ESPACIO QUE OCUPA: hueco, vano · VUELTA O DERRAME: alféizar, vierteaguas, fallanca
— QUE LA RODEA: marco, contramarco, cerco, cuadro, bastidor, burlete, tapajuntas · REBAJO EN EL MARCO: mocheta · HIERRO QUE SE PONE EN EL CERCO: rejo · BORDEA Y CIERRA LAS UNIONES: moldura, ataire · ALREDEDOR: chambrana (LABOR O ADORNO), arrabá (DE ESTILO ÁRABE), faja (TELAR LISO), fajón (RECUADRO DE YESO)
— PROTECCIÓN: EXTERIOR: pretil, PARA SEGURIDAD O ADORNO: reja, rejado, enrejado, alambrera · barrote · ENREJADO DE LISTONCILLOS: celosía, rejilla, ALAMBRERA DE PROTECCIÓN: sobrevidriera
— PROTECCIÓN PARA LA LUZ: persiana, cortinilla, visillo · encañado, arriate, sobrevidriera, USADA EN VEN romanilla
— **cristal**, vidrio, espejuelo · TIRA DE PLOMO CON RANURAS EN LOS CANTOS PARA ASEGURAR LOS VIDRIOS: verga

COMPLEMENTOS:
— **clavija**, diente, espigas, muelle, rastrillo, resorte
— **bisagra**, gozne, gonce, pernio, herraje, puerca
— **aldaba**, aldabón, llamador, picaporte, timbre
— **pasador**, pestillo, colanilla, falleba, cremona, españoleta, fiador, resbalón, tarabilla, golpe, zoquete
— **pomo**, manivela, manija, manilla
— **mirilla**, ventanilla, ventanillo, gatera, rejilla, resquicio
— **cerradura**, cerrojo, candado · tranca, trinquete, tranquillo, alamud, barra, barrote ·

cierre, cerradero, colanilla, pasador, cierre metálico · ojo de cerradura, llave, llavín
— tope, torno, seguro, tranquilla · represa, retranca
— PALANCA FIJA EN LA PARED QUE SIRVE PARA MANTENERLA ABIERTA: golpete

81.04 ventana
ventanal
— puertaventana, doble ventana
— de guillotina (QUE ABRE RESBALANDO A LO LARGO DE LAS RANURAS), de corredera rasgada (GRANDE, QUE DA MUCHA LUZ), ajimez (ARQUEADA Y DIVIDIDA EN EL CENTRO POR UNA COLUMNA), geminada (PARTIDA)
ventanillo
— ventanuco, claraboya, celaje, luz, lucera, lumbrera, mirilla, rejilla, hueco, CIRCULAR: ojo de buey, ESTRECHA Y DE LUZ ESCASA: tronera, EN LA PARTE SUPERIOR DE UNA PARED CON DERRAME HACIA ADENTRO: tragaluz, ALTA: lucerna, SOBRE LA PUERTA: montante, EN EL TEJADO: buhardilla o buharda o boardilla o bohardilla · mansarda
— EN LAS SALAS DE PALACIO: escucha, EN LAS CAPILLAS, POR DONDE SE DA LA COMUNIÓN A LAS MONJAS: crática, CON POSTIGO QUE CUELGA DE LA MISMA HOJA: frailera
— DESUS fenestra o finiestra o ANT hiniestra
vidriera, cristalera, vitral, transparente, mampara (EN TABIQUE) · rosa, rosetón, óculo
EN LAS FORTIFICACIONES:
— EN PRISMA SOBRE LOS MUROS: almena, ARQUEADA Y DIVIDIDA EN EL CENTRO POR UNA COLUMNA: ajimez, PEQUEÑA, PARA LUZ: tronera, ESTRECHA EN LAS ESCALERAS: saetera
— PARA LA DEFENSA: LARGA Y ESTRECHA PARA DISPARAR POR ELLA: aspillera, PARA DISPARAR BALLESTAS: ballestera, PARA DISPARAR SAETAS: saetía, PARA LOS CAÑONES: cañonera, ABERTURA MENOR DE LA CAÑONERA: garganta
▶ 69.03 carpintería

81.05 columna
TIPOS Y ESTILOS:
— pilar, pilastra, poste
— estatua, cariátide, atlante, telamón, canéfora, escultura
— ESTILOS:
   • dórica, protodórica, jónica, corintia, compuesta, cretense, hatórica, lotiforme, palmiforme, papiriforme, toscana
   • de mocárabes, de pencas, de trépano, de lacería
— FORMAS: adosada, abalaustrada, almohadillada, anillada · geminada, exenta · historiada
— BUEN ASPECTO DE UNA COLUMNA POR LA ACERTADA PROPORCIÓN DE SUS DIMENSIONES: gálibo

base
— EN ORDEN DE COLOCACIÓN: basamento: basa (plinto, espira o armilla, neto o dado), pedestal
— BASA LARGA Y CONTINUADA: embasamiento, MACIZO CORRIDO SOBRE EL CUAL SE APOYAN: estilóbato · PEDESTAL LARGO EN QUE ESTRIBAN VARIAS COLUMNAS: podio
fuste o escapo o caña o caria
— PARTES CURVAS QUE LO ENLAZAN CON LA BASE O CON EL CAPITEL: apófige
— PARTE INFERIOR: imoscapo, PARTE SUPERIOR: sumoscapo · PARTE MÁS ABULTADA: éntasis · PARTE MÁS DELGADA Y ESTRECHA: garganta
— CADA UNA DE LAS PIEZAS DE PIEDRA: tambor · MEDIACAÑA EN HUECO: estría, ESPACIO ENTRE LAS ESTRÍAS: entrecanal · anillo, gradecilla
— CORDÓN EN FORMA DE ANILLO QUE RODEA EL FUSTE DEBAJO DEL TAMBOR DEL CAPITEL: astrágalo o tondino o joya
capitel o chapitel
— PARTE INFERIOR, ENTRE EL ASTRÁGALO Y EL TAMBOR: collarino o collarín
— PARTE SUPERIOR QUE LO CORONA: ábaco · EN EL CAPITEL DÓRICO: ánulo (ANILLO) · EN EL CAPITEL CORINTIO: hoja de acanto, caulículo o caulícolo (CADA UNO DE LOS VÁSTAGOS QUE NACEN EN EL INTERIOR DE LAS HOJAS) · EN EL CAPITEL JÓNICO: voluta (ESPIRAL), contravoluta (DUPLICA A LA PRINCIPAL)
— EN EL CORNISAMENTO: arquitrabe (DESCANSA SOBRE EL CAPITEL), friso, corona, cimacio (CULMINA) · PLANO INFERIOR SALIENTE: sofito · CANAL QUE SE HACE EN LA CARA INFERIOR DE LA CORONA DE LA CORNISA CON EL FIN DE QUE EL AGUA DE LLUVIA NO CORRA POR EL SOFITO: goterón
— EN EL FRISO DÓRICO: equino (MOLDURA CONVEXA), triglifo o tríglifo (ADORNO RECTANGULAR SURCADO POR TRES CANALES), metopa (ESPACIO QUE MEDIA ENTRE TRIGLIFO Y TRIGLIFO), gota (CADA UNO DE LOS PEQUEÑOS TRONCOS DE PIRÁMIDE O DE CONO QUE ADORNAN)
— EN EL FRISO JÓNICO: dentículo
CONJUNTOS:
— columnata, columnario, peristilo
— atrio, claustro, patio, propileo, logia, galería, pabellón, sala hipóstila
— ARMAZÓN PEQUEÑA QUE COBIJA UNA IMAGEN: templete
— GALERÍA QUE RODEA EL INTERIOR DE UNA IGLESIA: triforio
— TEMPLO O EDIFICIO QUE EN VEZ DE MURO TIENE UN CÍRCULO DE COLUMNAS QUE LO SUSTENTA: monóptero
COLOCACIÓN:
— ESPACIO ENTRE DOS: intercolumnio o intercolunio

— EN FACHADAS LATERALES: áptero (SIN), anfipróstilo (CON COLUMNAS EN AMBAS)

— SEGÚN COLUMNAS EN FACHADA: próstilo (ADEMÁS DE DOS COLUMNAS CONJUNTAS, OTRAS DOS ENFRENTE DE LAS PILASTRAS ANGULARES), díptilo (DOS), tetrástilo (CUATRO), exástilo, octóstilo (OCHO)

— polistilo (PLURAL EN COLUMNAS), períptero (DEJA PASO ENTRE COLUMNAS Y MURO)

— SEGÚN LOS INTERCOLUMNIOS: sístilo (CUATRO MÓDULOS) éustilo (CUATRO MÓDULOS Y MEDIO), areóstilo (OCHO MÓDULOS), areosístilo (COMBINACIÓN DE AREÓSTILO Y SÍSTILO)

— PARTE DE LA PARED COMPRENDIDA ENTRE DOS ELEMENTOS: entrepaño

81.06 arco

PARTES:

— EN LA BASE: imposta (HILADA DE SILLARES), jambas (DOS PIEZAS QUE SOSTIENEN)

— luz (DISTANCIA HORIZONTAL ENTRE LOS APOYOS), flecha (ALTURA), salmer (PIEDRA DE DONDE ARRANCA), clave (PIEZA CON QUE SE CIERRA) · paramento (CADA UNA DE LAS DOS CARAS)

— cimbra o cercha (ARMAZÓN QUE LO SOSTIENE), intradós (SUPERFICIE INFERIOR), trasdós (SUPERFICIE EXTERIOR), dovelas (PIEDRAS LABRADAS EN FORMA DE CUÑA), contraclave (CADA UNA DE LAS DOVELAS INMEDIATAS A LA CLAVE), rosca (FAJA DE MATERIAL)

— MOLDURAS QUE LO RODEAN: arquivolta, alfiz (ÁRABE)

TIPOS:

— a sardinel (CON SILLARES EN FORMA DE CUÑA O LADRILLOS)

— abocinado (MÁS GRANDE POR UN PARAMENTO QUE POR EL OTRO)

— adintelado (VIENE A DEGENERAR EN LÍNEA RECTA)

— apuntado (FORMAN PUNTA EN LA PARTE SUPERIOR)

— arbotante o botarete (UN LADO CONTRARRESTA EL EMPUJE DE OTRO ARCO O BÓVEDA)

— capialzado (MÁS LEVANTADO PARA FORMAR DERRAME EN PUERTA)

— carpanel (TRES ARCOS DE CIRCUNFERENCIA)

— ciego (RELLENO EN SU INTERIOR)

— conopial (PUNTA FORMADA POR DOS ARCOS DE CURVATURA INVERSA A LA DE LOS QUE FORMAN EL ARRANQUE)

— de herradura (MÁS DE MEDIA CIRCUNFERENCIA)

— de medio punto (SEMICIRCUNFERENCIA)

— degenerante (ADINTELADO)

— en tranquil (SIN ESTRIBOS EN LA MISMA HORIZONTAL)

— escarzado (TRES ARCOS DE CIRCUNFERENCIA)

— fajón (ADHERENTE A UNA BÓVEDA)

— formero (CADA UNO DE LOS CUATRO EN QUE SE APOYA LA BÓVEDA VAÍDA)

— galgado (LADRILLOS ACUÑADOS CON SIERRA)

— ojival (DOS ARCOS DE CÍRCULO IGUALES, QUE SE CORTAN EN UNO DE SUS EXTREMOS Y VOLVIENDO LA CONCAVIDAD EL UNO AL OTRO)

— peraltado (EL DE MEDIO PUNTO PROLONGADO EN SUS EXTREMOS POR DOS PORCIONES RECTAS)

— perpiaño (EL QUE FORMA UN RESALTO EN LA PARTE INFERIOR DEL CAÑÓN DE UNA NAVE)

— rampante (TIENE SUS ARRANQUES A DISTINTO NIVEL)

— rebajado (MENOS DE MEDIA CIRCUNFERENCIA)

— terciario (SE HACE EN LAS BÓVEDAS FORMADAS CON CRUCEROS)

— toral (CADA UNO DE LOS CUATRO QUE SOSTIENEN UNA CÚPULA)

— túmido (SE VA ENSANCHANDO DESDE EL ARRANQUE HASTA LA MITAD DE SU ALTURA)

HUECO EN FORMA DE ARCO PARA COLOCAR UNA ESTATUA O UN JARRÓN: hornacina

CONJUNTO O SERIE DE ARCOS: arcada, arquería

81.07 bóveda

PARTES:

— EN LA BASE: tambor (MURO CILÍNDRICO), cimborrio (CUERPO CILÍNDRICO), anillo (CORNISA CIRCULAR)

— MEDIDAS: flecha (ALTURA), luz (DISTANCIA HORIZONTAL), gálibo (ASPECTO PROPORCIONAL)

— SUPERFICIE CURVA: cimbra (CURVATURA), extradós (INFERIOR), trasdós (EXTERIOR), capialzo (PENDIENTE DEL INTRADÓS), cincho (PORCIÓN DE ARCO SALIENTE EN EL INTRADÓS) · nervio (ARCO QUE CRUZADO CON OTRO SIRVE PARA FORMAR LA BÓVEDA DE CRUCERÍA) · camón (ARMAZÓN DE CAÑAS O LISTONES) · luneto (ENTRADA DE LUZ), florón (ADORNO EN EL CENTRO), claraboya (VENTANA ABIERTA EN EL TECHO)

— PIEDRAS LABRADAS: sillar (CADA UNA DE ELLAS), dovela (EN FORMA DE CUÑA), imposta (HILADA DE SILLARES O DOVELAS), clave (PIEDRA CON QUE SE CIERRA), contraclave (CADA UNA DE LAS DOVELAS INMEDIATAS A LA CLAVE) · arista (BORDE DEL SILLAR)

TIPOS Y FORMAS:

— anular (FORMA DE ANILLO) · baída o vaída (HEMISFERIO CORTADO POR CUATRO PLANOS VERTICALES) · bulbosa (FORMA DE BULBO) · cúpula (CUBRE TODO UN EDIFICIO O PARTE DE ÉL) · de aljibe (DOS CAÑONES SEMICILÍNDRICOS SE CORTAN EL UNO AL OTRO) · de cañón (SUPERFICIE SEMICILÍNDRICA QUE CUBRE EL ESPACIO COMPRENDIDO ENTRE DOS MUROS PARALELOS) · de crucería (CRUCE DE ARCOS DIAGONALES) · de cuarto de esfera (ACHATADA COMO UNA PARTE DE LA ESFERA INFERIOR A LA MITAD) · de lunetos (BOVEDILLAS EN FORMA DE MEDIA LUNA) · de media naranja (MITAD DE LA ESFERA) · encamonada (CONSTRUIDA DE TABIQUE, BAJO UN TECHO O ARMADURA, PARA IMITAR UNA BÓVEDA) · esquifada (CON CARGA EN UN ESQUIFE O CAÑÓN DE BÓVEDA EN FORMA CILÍNDRICA) · estrellada (CON FORMA DE ESTRELLA) · helicoidal (EN FORMA DE HÉLICE) · sexpartita (PARTIDA EN SEIS SECCIONES) · tabicada (LADRILLOS PUESTOS DE PLANO SOBRE LA CIMBRA)

AÑADIDOS: con aristas (BORDES LABRADOS), con mocárabes (PRISMAS ACOPLADOS), con gallones o gallonada (SEGMENTO CÓNCAVO REMATADO EN REDONDO POR SU EXTREMIDAD MÁS ANCHA)

81.08 escalera

PARTES:

— hueco, alma, caja, paramento de la caja · arranque · tramo

— peldaño, p. de arranque, escalón de descansillo, rellano · entabladura (PLANO HORIZONTAL), contrahuella (PLANO VERTICAL) · mamperlán (GUARNECE EL BORDE)

— barandilla, barrotes, pasamanos

TIPOS: de caracol (ESPIRAL, SEGUIDA Y SIN DESCANSO) · abovedada (CURVA) · escalinata (AMPLIA Y ARTÍSTICA, EN EL EXTERIOR O EN EL VESTÍBULO) · grada (EN GRANDES EDIFICIOS, DELANTE DE SU PÓRTICO O FACHADA) · poligonal (CON FORMA DE POLÍGONO)

81.09 techumbre

armadura

— faldón o falsaarmadura (VERTIENTE TRIANGULAR QUE CAE SOBRE UNA PARED TESTERA), lomera o mojinete (CABALLETE DE UN TEJADO), modillón (VOLADIZO PARA LA CORNISA O ALERO), socarrén (PARTE DEL ALERO QUE SOBRESALE), vertiente (DECLIVE)

— chaperón (ALERO DE MADERA PARA APOYAR EN ÉL LOS CANALONES), guardacalada (ABERTURA EN LOS TEJADOS) · canal, canelón, canalera, canalón · alero

techado

— techo, cobertizo, cubierta, cúpula, dosel, umbráculo, tapadizo, alfarje (CON MADERAS LABRADAS), artesonado (CON ARTESONES)

— FORMAS DE ACABADO DE UN TECHO: abuhardillado, a teja vana, forjado (RELLENO EN LAS SEPARACIONES), contignación (TRABAZÓN DE VIGAS), zaquizamí (ENMADERAMIENTO)

— HUECO ENTRE CADA DOS MADEROS: socarrena

tejado

— terrado, cubierta, tejadillo, ajaquefa, colgadizo (SALIENTE DE UNA PARED), albardilla (SOBRE LOS MUROS), sobradillo (SOBRE BALCÓN), tejaroz o guardapolvo (SOBRE PUERTA O VENTANA), plomería (CUBIERTA DE PLOMO)

— VERTIENTE: agua o ANT jaldeta · FISURA QUE DEJA PASAR EL AGUA: gotera

viga

— canterios (EN SENTIDO TRANSVERSAL), brochal (ATRAVESADO ENTRE OTROS DOS), aguilón (EN DIAGONAL), cabio (LLEVA ENSAMBLADO EL BROCHAL), teguillo (LISTÓN PARA CIELOS RASOS), almarbate (MADERO CUADRADO QUE UNE LOS PARES), enrayado (MADERAMEN HORIZONTAL), ejión (APOYO A LAS PIEZAS HORIZONTALES), entrecinta (PARALELO AL TIRANTE), lata (TABLA DELGADA SOBRE LA CUAL SE ASEGURAN LAS PIEZAS)

— lima (EN EL ÁNGULO DE LAS DOS VERTIENTES), l. hoya (MISMO ÁNGULO, CUANDO ES ENTRANTE), l. tesa (MISMO ÁNGULO, CUANDO ES SALIENTE), zócalo

envigado

— balsa, cadena, contignación, encabalgamiento, encadenado, entramado, forjado, viguería

— encuentro, fogonadura, socarrena

— escuadra, encuarte, escantillón, escuadría, marco

— FORMAS DEL ARMAZÓN: burro, caballo, cabrilla, tijera

teja

— tejoleta, tejuela, tejaroz, bocateja (PRIMERA JUNTO AL TEJADO), luneta (PRIMERA TEJA JUNTO AL ALERO), aguilón (CORTADA OBLICUAMENTE PARA QUE AJUSTE), canal (PARA LOS CONDUCTOS DE AGUA), cobija o COL roblón (SE COLOCA CON LA PARTE CÓNCAVA HACIA ABAJO)

— MATERIALES: pizarra, tejamaní o tejamanil, micacita, uralita

entablamento o cornisamento

— arquitrabe (PARTE INFERIOR QUE DESCANSA SOBRE EL CAPITEL DE LA COLUMNA), friso (ENTRE EL ARQUITRABE Y LA CORNISA), cornisa (REMATE)

— acroterio (MURETE SOBRE LOS CORNISAMIENTOS), alero o alar o rafe o ANT álabe (PARTE INFERIOR DEL TEJADO QUE SALE FUERA DE LA PARED), romanato (ALERO VOLTEADO)

EN EL TECHADO INTERIOR:

— harneruelo (RECTÁNGULO CENTRAL), almizate (PUNTO CENTRAL DEL HARNERUELO), artesón o casetón (ELEMENTO POLIGONAL), lagunar o lacunario (CADA UNO DE LOS HUECOS QUE DEJAN LOS MADEROS), plafón (PLANO INFERIOR DEL SALIENTE DE UNA CORNISA)

— artesonado, artesón

— PLANO INFERIOR DE UN CUERPO VOLADIZO: paflón o plafón

EN LOS LÍMITES EXTERIORES DE LA TECHUMBRE:

— cornisa, cornisamento, crestería

— gárgola (CANAL ADORNADO POR DONDE SE VIERTE EL AGUA DE LOS TEJADOS), can o canecillo (EN LA CABEZA SALIENTE DE UNA VIGA)

— ADORNO CAPRICHOSO DE BICHOS: bicha, bestión, grutesco o brutesco

— EN FRISOS: arabesco, aceituní, antefija (ADORNO VERTICAL EN EL BORDE DE LOS TEJADOS)

— PRISMAS CUYO EXTREMO INFERIOR SE CORTA EN FORMA DE SUPERFICIE CÓNCAVA, EN BÓVEDAS Y CORNISAS: mocárabe o almocárabe o almocarbe, tracería, dentelete, dentellón, dentículo, diente de perro

▸ 81.07 bóveda

81.10 elementos ornamentales

RELIEVES: escudo, medallón, mascarón, roseta, florón, rosetón, festón, rocalla, emblema, blasón, gablete, gárgola, mainel, lambrequín

ADORNOS:

— ADORNO CIRCULAR REHUNDIDO EN UN PARAMENTO: tondo, DE COGOLLOS Y HOJAS: follaje, TORO O

BAQUETÓN RETORCIDO: funículo, CUARTA PARTE DE UN HUEVO PUESTA ENTRE DOS HOJAS: gallón, IMITA LAS ESCAMAS DE LOS PECES: imbricación, EN FORMA DE HUEVO: ovo, óvolo, EN FORMA DE PERA: perilla, ANIMAL ENTRE ÁGUILA Y LEÓN: grifo
— ADORNOS: acanto (HOJAS), voluta (ESPIRAL), rosa (FORMA DE FLOR), almohadilla (SILLAR QUE SOBRESALE), glifo (CANAL VERTICAL), rocalla (PIEDRAS Y CONCHAS)

MOLDURAS:
— LISA Y LARGA: filete o listel, junco, junquillo, REPITE LA MISMA COMBINACIÓN DE ELEMENTOS DECORATIVOS: greca, ANCHA Y DE POCO VUELO: faja, festón, festoneado, LISTA FINA: filete o cimbria o cinta · NERVIOS DE LAS BÓVEDAS GÓTICAS: nervadura · mocárabe o almocárabe o almocarbe, acanaladura · MOLDURA RESALTADA QUE FORMA EL CERCO DE UN VANO: acodo · canal o ANT encanamiento
— REDONDA: junquillo, baqueta, baquetón · anillo, ánulo · lacería
— CÓNCAVA: PERFIL DE UN CUARTO DE CÍRCULO: caveto, DOS ARCOS DE CIRCUNFERENCIAS DISTINTAS: escocia, SECCIÓN DE DOS ARCOS DE CIRCUNFERENCIAS: escocia o nacela, CUARTA PARTE DE UN CÍRCULO COMO PERFIL: esgucio o antequino, PERFIL EN SEMICÍRCULO: troquilo, SEMICÍRCULO: mediacaña o canaleto, SEGMENTO REMATADO EN REDONDO POR SU EXTREMIDAD MÁS ANCHA: gallón · DOS ARCOS DE CIRCUNFERENCIAS DISTINTAS, Y MÁS ANCHA EN SU PARTE INFERIOR: escocia
— CONVEXA: bocel o cordón, cordoncillo, CARACTERÍSTICA DEL CAPITEL DÓRICO: equino · DE UN CUARTO DE CÍRCULO: toro
— OTRAS FORMAS:
  • DE CUENTAS COMO DE ROSARIO: contero
  • EN FORMA DE ESE: gola o cimacio
  • CURVA POR ARRIBA CÓNCAVA Y LUEGO CONVEXA: gorja
  • SINUOSA, PERFIL DE ARCOS UNIDOS DE CÍRCULO: talón
  • EN FORMA DE HUEVO: ovo
  • ADORNADA CON ÓVALOS: ovario
  • ADORNO AOVADO QUE SE ENTALLA EN LAS MOLDURAS HUECAS Y SUELE LLEVAR FLORONCILLOS: espejo
— SEPARACIÓN O INTERVALO HUECO ENTRE DOS MOLDURAS: entrecalle
— PARA HACERLAS RESALTAR: avivador
— SITIO EN QUE UNA MOLDURA CAMBIA DE DIRECCIÓN: revoltón
— LÍNEAS SINUOSAS Y REPETIDAS: meandro
— CIRCUNDA IMÁGENES ROMÁNICAS Y BIZANTINAS: mandorla
— COMPONENTES DE LA MOLDURA: filete o tenia o listel

REMATES:
— coronación, coronamiento, cerramiento, complemento, coronel
— bola, bolo, boliche, bolillo, gota, goterón, COLOQ chirimbolo
— cabo, cabete, copete, punta, gablete, herrete, pináculo, mocho, mojinete
— perinola, pirindola o pirindolo, pirulo, perilla, estípite (PIRÁMIDE INVERTIDA), gota (PIRÁMIDE O CONO), lazo, ajaraca (ÁRABE Y MUDÉJAR)
— tímpano o témpano

81.11 catedral
EN LA FACHADA PRINCIPAL:
— altozano (DELANTE DEL TEMPLO), anteiglesia (PÓRTICO O LONJA DELANTE DE LA IGLESIA), antetemplo, antuzano
— portada principal, pórtico (GALERÍA CON ARCADAS O COLUMNAS), hastial (FACHADA), tímpano (ESPACIO TRIANGULAR)
— puerta principal, ventanal, vitral
  • ESPACIO DENTRO DEL CUAL SE GOZABA DEL DERECHO DE ASILO: dextro
  • MURO BAJO QUE RODEA LA PLAZUELA: barbacana
EN LOS LATERALES:
— portada lateral, contrafuerte (MACHÓN QUE FORTALECE EL MURO), cornisamiento o entablamento
— arquería (SERIE DE ARCOS)
  • arbotante (ARCO AL AIRE)
  • ménsula (ESTANTE HORIZONTAL QUE SOBRESALE PARA SOSTENER ALGO)
  • doselete (VOLADIZO BAJO UNA ESTATUA)
— ventanal, vidriera · abside o ábsida (SOBRESALE SEMICIRCULAR EN LA FACHADA POSTERIOR)
— PATIO RODEADO DE ARCOS: claustro
— EN LAS PROXIMIDADES: EDIFICIO, POR LO COMÚN DE PLANTA CIRCULAR, DONDE SE ADMINISTRABA EL BAUTISMO: baptisterio
EN LOS REMATES SUPERIORES:
— cubierta a doble vertiente, c. a vertiente sencilla
— torre, DESUS cimorro
  • campanario, campanil
  • DE UNA SOLA PARED: espadaña, linterna
  • campana · COMPONENTES: badajo o espiga o lengua, mazo
  • ARMAZÓN DE MADERA: yugo, cabeza, HIERRO SUJETO A LA CABEZA: cigüeña
  • PALANCA PARA COMUNICAR EL MOVIMIENTO: torniquete
— cúpula (BÓVEDA EN FORMA DE MEDIA ESFERA)
  • CUERPO CILÍNDRICO QUE SIRVE DE BASE: cimborrio o cimborio
  • MOLDURAS DEL CORONAMIENTO: cornisa
— pináculo (REMATE ELEVADO), aguja (CAPITEL ESTRECHO Y ALTO)
EN EL INTERIOR:
— VESTÍBULO PALEOCRISTIANO Y BIZANTINO: nártex

— **planta** de cruz griega, p. de cruz latina, p. basilical o rectangular o de salón, p. centralizada
— **nave** central, n. cruzada, n. colateral
  • CRUCE DE NAVES: causídica, crucero
  • CADA UNA DE LAS TRES FACHADAS CORRESPONDIENTES A LOS PIES Y LATERALES DEL CRUCERO: hastial
  • PARTE SEMICIRCULAR DE LA FACHADA POSTERIOR DONDE SE INSTALA EL ALTAR: ábside
  • MÁS PEQUEÑO QUE EL PRINCIPAL Y AJENO A ÉL: absidiolo
— **coro** (DESTINADO A CANTAR LOS OFICIOS DIVINOS), antecoro, trascoro, entrecoro, socoro, sotacoro · sillería
— **altar**, ara o árula, altar mayor, antealtar, trasaltar, presbiterio, santuario, sancta sanctórum · comulgatorio
  • PABELLÓN QUE CUBRE EL ALTAR: baldaquín
  • MESA ADJUNTA: aparador, credencia
  • CAPILLA PEQUEÑA POSTERIOR: camarín
  • EN EL SUBTERRÁNEO: cripta
  • VENTANA DE CRISTALES: transparente
  • NAVE QUE LO CIRCUNDA: girola
— **capilla**, capilla mayor, antecapilla, hornacina, monumento · sepulcro, DE FAMILIA: carnero
— **sacristía**, antesacristía · MÉX, OFICINA QUE ENTIENDE DE LAS RENTAS DEL CABILDO: clavería
— **púlpito** o predicadera, tribuna · sombrero o tornavoz (TECHO QUE CUBRE EL PÚLPITO)
— ESPACIO TRANSITABLES:
  • TRAS EL PRESBITERIO: deambulatorio
  • DESDE EL CORO HASTA EL PRESBITERIO: crujía
  • GALERÍA QUE RODEA EL INTERIOR: triforio
— ESPACIOS ABIERTOS:
  • claustro, atrio, compás, lonja, AM altozano
MOBILIARIO:
— pila de agua bendita, RECEPTÁCULO: acetre · pila bautismal, fuente bautismal
— confesionario o confesonario, penitenciario, rejilla (VENTANILLA DEL CONFESIONARIO)
— **sagrario**, tabernáculo · retablo · iconostasio (MAMPARA CON IMÁGENES SAGRADAS)
— **imagen**, templete (ARMAZÓN QUE SIRVE PARA COBIJAR UNA IMAGEN), efigie, díptica, díptico, trono · exvoto, reliquia
— **sillería** (CONJUNTO DE ASIENTOS), faldistorio (PARA EL OBISPO), sillón de coro o DESUS estalo · misericordia o coma (PIEZA DE DESCANSO EN PIE EN LOS ASIENTOS DEL CORO), postrador (TARIMA BAJA) · reclinatorio o propiciatorio
— frontalera (PARA GUARDAR LOS FRONTALES DEL ALTAR)
— candelero, cirial, carretón de lámpara (GARRUCHA PARRA SUBIR Y BAJAR LAS LÁMPARAS), lamparín
— cepillo o cepo, capillo (PAÑO CON QUE SE CUBRÍA LA OFRENDA)
— cuadrante (TABLA QUE SEÑALA EL ORDEN DE LAS MISAS)

— CONJUNTO DE PIEZAS DE PLATA U ORO: mazonería
PARA LA LECTURA:
— ambón (PÚLPITO PARA LEER A AMBOS LADOS DEL ALTAR MAYOR), atril (PARA SOSTENER LIBROS), facistol (ATRIL GRANDE DE CUATRO LADOS), atrilera (CUBIERTA QUE CUBRE EL ATRIL O FACISTOL), versícula (PARA COLOCAR LOS LIBROS DEL CORO)
— LIBROS: becerro o cartulario o tumbo (CONTIENE LAS PERTENENCIAS), misal (ORDEN Y MODO DE CELEBRAR LA MISA), canon (MISAL DE OBISPOS), sacra (HOJA ENMARCADA)
PAÑOS: antipendio o frontal (PARTE DELANTERA DE ALGUNOS ALTARES), viso, mantel, palia, paño, sábana, sabanilla, sacra

81.12 castillo

ARTE DE FORTIFICAR UNA PLAZA: munitoria
fortaleza
— alcazaba, alcázar, baluarte, barbacana, bastión, blindaje, blocao, burgo, caponera, castro, ciudadela, cueto, defensa, empalizada, fortificación, fortín, fuerte, palanca, plaza, reducto
— casa fuerte, recinto amurallado
— ANT propugnáculo, cinto, cadalso, bicoca, ROMA ANTIGUA: tálea · INDÍGENAS FILIPINOS: cota
muralla
— muro, adarve, casamuro · escarpa, contraescarpa, contrafuerte, contramuro, contramuralla
— PARTES:
  • LA EXPUESTA AL DAÑO DE LOS VIENTOS Y LLUVIA: hostigo
  • ENTRE DOS BALUARTES: cortina
  • PARAPETO ENTRE UNA CAÑONERA Y OTRA: merlón
  • EVITA QUE LAS PIEDRAS DEL ENEMIGO CAIGAN AL FOSO: berma o lisera
  • MURO BAJO DELANTE DEL PRINCIPAL: falsabraga o tenallón
— **almena**, aspillera
— ÁNGULO ALTERNATIVO ENTRANTE Y SALIENTE: diente de sierra
torre
— **torreón**, torreta, aguja, alminar, atalaya, campanario, campanil, espadaña, minarete, roqueta, garita
— torre albarrana, t. del ángulo, t. del homenaje, t. flanqueante
— EN LAS TORRES: crestería (REMATES LABRADOS), estrella (ESQUINAS ESTRELLADAS), flecha (REMATE PUNTIAGUDO)
— LUGARES DE OBSERVACIÓN: matacán, ladronera, banqueta, garita, cubo
EN LA ENTRADA DE LA FORTIFICACIÓN:
— antepecho, frente
— puente levadizo, cabeza de puente, antepuerta, puerta, contrapuerta, rastrillo, bonete, camino cubierto

— foso, fosado, antefoso, contrafoso, cárcava, bajada al foso, cava, ANT fonsario
— cabezal, cigoñal, báscula, batiente · PIEZAS DE HIERRO DEFENSIVAS: abrojo (PARA DIFICULTAR EL PASO), erizo (EN LO ALTO DE UNA MURALLA), caballo de Frisa o Frisia (MADERO CON CLAVOS), puerco espín (MADERO GUARNECIDO CON PÚAS)

ESTRUCTURAS:
— explanada, cresta de la explanada
— flanco o fuego · flanco derecho, f. izquierdo · ala
— antemuralla, muralla, ronda, paseo de ronda, galería, caserna, escuchas, espacio muerto
— corredor, estrada (ENTRE DOS TAPIAS)
— EN EL SUBTERRÁNEO: mazmorra (PRISIÓN), aljibe (DEPÓSITO DE AGUA), mina (GALERÍA)
— DECLIVE DESDE EL CAMINO CUBIERTO HACIA EL CAMPO: glacis
— RECINTO MURADO EXTERIOR EN EL QUE SE SOLÍA GUARDAR GANADO VACUNO: albacara
— CUERPO QUE SALE FUERA DEL FLANCO: orejón

DEFENSAS:
— DOS CARAS QUE FORMAN ÁNGULO DELANTE DE LOS BALUARTES: contraguardia
— PARAPETO DE TIERRA O LADRILLO CON CAÑONERAS: cortadura
— CUBRE LA CORTINA DE UN FRENTE Y LA DEFIENDE: revellín
— EN FORMA DE ÁNGULO ENTRANTE: cola de golondrina
— DOS MEDIOS BALUARTES TRABADOS CON UNA CORTINA: hornabeque

81.13 escultura y técnica
artes decorativas
— **cerámica**, alfarería, ebanistería, metalistería, orfebrería, rejería, vidrio, encuadernación · bordado, tapices, textiles
— **estatuaria**, iconología, plástica, ceroplástica, galvanoplastia, grabado, modelado, repujado, vaciado, cortado, talla
— **pirograbado** (EN MADERA CON PUNTA DE PLATINO INCANDESCENTE), cincograbado (EN CINC), glíptica (EN PIEDRAS DURAS)
— ANT, BORDADO DE ORO Y PLATA DE REALCE: mazonería

relieve
— alto relieve o altorrelieve, bajo relieve o bajorrelieve, medio relieve o mediorrelieve, todo relieve, relieve plano, escultura exenta, ABULTADO: anaglifo
— talla en madera, t. en piedra
— vaciado, encolado, modelado, soldadura, labra

81.14 escultura y temas
DECORATIVOS EN GENERAL:
— grupo escultórico, composición

— arco, mausoleo, sepulcro, sarcófago, altar, lápida, losa, estela
— columna, estípite · EN LAS PARTES ALTAS DE LOS EDIFICIOS: cresteria
— retablo, predela (PARTE INFERIOR HORIZONTAL DEL RETABLO) · paso procesional
— escudo, medalla, medallón, blasón, emblema, moneda, filacteria
— fetiche, ídolo, muñeco, tanagra, tótem, grutesco

SOBRE EL CUERPO HUMANO:
— estatua, atlante, cariátide, canéfora, coloso, efigie, CON CUERPO Y PIES DE LEÓN: esfinge
— escultura de pie, e. ecuestre, e. orante, e. sedente, e. yacente
— imagen, figura, figulina, maniquí, canéfora, genio, venus, anatomía, desnudo · NIÑO DESNUDO Y ALADO: amorcillo
— busto, bulto, cabeza, torso, herma (SIN BRAZOS) · mascarilla, mascarón

TEMAS TRADICIONALES:
— BÍBLICOS: David, Moisés
— DE LA VIDA DE JESÚS: Última Cena, Beso de Judas, Prendimiento, Oración en el Huerto, Crucificado, Cristo yacente
— SOBRE LA VIRGEN: Encarnación, Inmaculada Concepción, Piedad
— SANTOS: san Francisco, san Sebastián, san Jerónimo
— DIOSES DE LA ANTIGÜEDAD: Júpiter, Hermes, Afrodita, Venus, Laocoonte
— MITOLOGÍA: discóbolo (LANZADOR DE DISCO), auriga (GOBIERNA LOS CABALLOS DE LOS CARROS)

OBJETOS EN CERÁMICA: vasija, jarrón, vaso, cornucopia · azulejo, baldosa, cacharro de barro, china, fayenza, guaco, ladrillo, loza, mayólica, porcelana, teja, tiesto · bizcocho (ANTES DE RECIBIR BARNIZ O ESMALTE), frita · EN LOS SEPULCROS DE LOS ANTIGUOS INDIOS DE AM MER guaco

SEGÚN EL ORIGEN: original, copia, copión, repetición, reproducción

81.15 pintura y técnica
cuadro
— **fresco**, icono, retrato, cartel, papiro, pergamino, tela · díptico, tríptico, políptico, retablo
— **lienzo**, lámina, cartón, tabla, madera, sarga, tapiz, miniatura · pared, muro, mural · cueva, abrigo rocoso
— **bosquejo**, apunte, academia, croquis, esquicio, estudio, esquema, alzado, borrón, borroncillo, rasguño
— **boceto**, esbozo, escorzo, mancha, nota
  • EN TONOS GRISES: grisalla
  • EN TONOS ROJOS: sanguina
  • DEFORME Y CONFUSA: anamorfosis

— **dibujo**
  - viñeta, historieta, ilustración, aleluya, calcomanía, mono, santo, vista, marmosete · ortografía
  - rotulación, figura, figurín, marca, montea, mesa revuelta
  - COLOQ pintarrajo, chafarrinón, monigote
— **gráfica**, gráfico, diseño, croquis, diagrama, perspectiva, plano, planta, trazado, proyección, DE LA PLANTA DE UN EDIFICIO: iconografía
— **retrato**
  - silueta, perfil, efigie, autorretrato, busto, cabeza, copia, dibujo, fotografía, imagen, mascarilla, miniatura, representación, vera, COLOQ monigote
  - caricatura, AM caricato
  - tres cuartos, de frente, del natural, de perfil, sedente, yacente o yaciente
  - grupo, orla
— **imagen**, DEFORME Y CONFUSA: anamorfosis
— **estampa**, aleluya
  - santo, tarjeta postal
  - SUPERPOSICIÓN DE DOS IMÁGENES, UNA ROJA Y OTRA VERDE, PARA PRODUCIR IMPRESIÓN DE RELIEVE: anáglifo
— **tatuaje**, marca
— **lámina**, cromo, estampa, galvano, agua fuerte o aguafuerte, aguatinta · estampería
  - CLAROS PARA ESTAMPAR LETRAS CON TINTA DE OTRO COLOR: encuentro
  - PRUEBA PARA ESTAMPAR DIBUJO Y MULTIPLICAR TIRADAS: reporte
— **copia**, repetición, calco, DE MALA CALIDAD: copión
SEGÚN DISOLUCIÓN DEL COLOR:
— EN ACEITE SECANTE: óleo
— EN AGUA: acuarela, aguada, gouache, a la aguada
— EN LÍQUIDOS GLUTINOSOS Y CALIENTES: temple, témpera, iluminación
— CON BARNIZ DE PEZ GRIEGA Y AGUARRÁS: pintura a la chamberga
— CON CERA EN CALIENTE: al encausto o cerífica
— PASANDO EL COLOR A TRAVÉS DE LOS RECORTES EFECTUADOS EN UNA CHAPA: estarcido
— CON COLORES METÁLICOS SOBRE VASIJAS DE BARRO: figulina · acrílico
SEGÚN SOPORTE:
— SOBRE YESO: estuco
— EN PAREDES Y TECHOS: fresco
— RELIEVES SOBRE ORO BRUÑIDO: estofado
— SOBRE PLATA, ORO, ESTAÑO: transflor
— PASO DE UN PAPEL A OTRO SOPORTE: calcomanía
— EN CAPAS SUPERPUESTAS: esgrafiado
— SOBRE PAPEL CON LÁPICES BLANDOS Y PASTOSOS: pastel
— DECORACIÓN DE LIENZOS Y BASTIDORES: caroca

grabado o fotograbado
— EN LÁMINAS METÁLICAS: calcografía
— EN PIEDRA: litografía, fotolitografía, litofotografía, litotipografía
— EN MADERA: xilografía
— EN PLANCHA DE CINC: cincografía
— EN COBRE: calcotipia
— A TRAVÉS DE UN TEJIDO: serigrafía
— IMITANDO LA PINTURA AL ÓLEO: oleografía
— CON PLANCHAS O CILINDROS GRABADAS EN HUECO: huecograbado
— MEDIANTE LA ACCIÓN DE LA LUZ SOLAR: heliograbado
— CON VARIOS COLORES: cromolitografía
— SOBRE UNA CAPA DE GELATINA EXTENDIDA SOBRE CRISTAL O COBRE: fototipia
— CON PUNTA DE PLATINO INCANDESCENTE: pirograbado
— QUEMADO: encáustica, encausto o encauste o incausto
— CON ÁCIDO NÍTRICO SOBRE UNA LÁMINA: grabado al aguafuerte
— CON PUNTOS OBTENIDOS AL CUBRIR LÁMINA CON POLVOS DE RESINA: grabado al agua tinta
— PULIENDO LOS ESPACIOS QUE HAN DE QUEDAR CON MÁS O MENOS TINTA CUANDO SE HAGA LA ESTAMPACIÓN: grabado al humo
— CON SEDAS DE BARIOS COLORES, MEDIANTE LA AGUJA, SOBRE PIEL O TEJIDO: bordada

estilo
— género, procedimiento, influencia, escuela, manera
— **composición**, proporción, simetría, perspectiva, degradación, ordenación, escenografía, relieve, expresión, elasticidad, movimiento · TONO SENTADO Y SUAVE QUE DA EL TIEMPO A LAS PINTURAS AL ÓLEO: pátina
— ambiente, campo, cercas, lejos, fondo, plano, primer plano, término, PORCIÓN DE FONDO QUE DEJA VER UN OBJETO LEJANO: rompimiento, TERRENO REPRESENTADO: terrazo, FOLLAJE REPRESENTADO: verdura · LA QUE SE FORMA PARA QUE REPRESENTE DOS FIGURAS SEGÚN LA MIRADA: pintura a dos visos

pincelada
— brochada, brochazo, toque · t. de luz, t. de oscuro · media tinta, veladura, baño, mancha, mano, apretón · ENMIENDA O CORRECCIÓN QUE SE ADVIERTE: arrepentimiento
— mota, lunar, mancha, pinta, ocelo, ojo de perdiz, pata de gallo
— círculo, circunferencia, redondel, anillo, espiral
— línea, raya, barra, diagonal, espiga, espiguilla, espina de pez · LÍNEAS ENLAZADAS: arción, QUE FORMAN CUADROS: escocés
— banda, franja, faja, filete, greca, cenefa, cuadro
— rombo, losange

trazos
— **realce**, adumbración, esbatimento, COLOQ trampantojo · campo, claro, claroscuro, contorno, dintorno, fondo, PLIEGUE DEL ROPAJE: trazo
— a motas, moteado, salpicado, nubarrado, esfumado
— a pintas, jaspeado, mosqueado
— a lunares, atigrado, apedreado
— a listas, listado, atirelado
— a cuadrados, cuadriculado, ajedrezado
color
— colorido, luminosidad, policromía, luz primaria, luz secundaria o refleja
— claro, claroscuro, sombra, veladura, esfumado
— DE CARNE: carnación, encarnación de paletilla o mate (NO BRUÑIDA), e. de pulimento (BRUÑIDA)
— DE CIELO: celaje, gloria
— DE PLIEGUES: plegueria
— ARMONÍA DEL COLORIDO: acuerdo, EQUILIBRO DE COLORES Y TONOS: tonalidad, RELACIÓN DE COLORES Y TINTAS EN LAS FIGURAS: empaste o pasta
▶ 31.06 **descripción de la visión**
81.16 pintura y temas
DEL CUERPO HUMANO:
— imaginería, iconografía, iconología
— **retrato**
  • retrato de perfil, r. de tres cuartos, r. ecuestre, r. orante, r. yaciente
  • autorretrato, anatomía · busto, torso · desnudo, DELINEACIÓN DE LAS PARTES CONTENIDAS DENTRO DE SU CONTORNO: dintorno · caricatura · PINTURA DE ENANOS: gofo
— CONJUNTO DE FIGURAS:
  • grupo, batalla, cacería
  • BORRACHERAS O BANQUETES RIDÍCULOS: bambochada
  • CASO HISTÓRICO O FABULOSO: historia
— REPRESENTADAS EN UN TERCIO DEL NATURAL: pusinesco
DE LA NATURALEZA:
— **bodegón**, naturaleza muerta, florón, frutero, boscaje, celaje, flores, verdura, marina, paisaje, vista
— DE AVES DOMÉSTICAS EN ACTO DE COMER: cebadero · PASTORES CON AVES Y ANIMALES: cabaña
— panorama, neorama, diorama, cosmorama, ciclorama
— PAISAJÍSTICOS: escenografía
iconografía
— DEL ANTIGUO TESTAMENTO:
  • creación de Adán, Adán y Eva, Pecado original, Caín
  • arca de Noé, Daniel en la fosa de los leones
  • torre de Babel, Sacrificio de Isaac, Sueño de Jacob

• Moisés, Moisés salvado de las aguas, Paso del mar Rojo, David, David y Goliat, Sansón y Dalila, Juicio de Salomón, Salomón y la reina de Saba, Conversión en estatua de piedra
• Isaías, Jeremías, Job, Joel, Jonás, Judith, Judith y Holofernes, Tobías, Zacarías · Leviatán, Lucifer
• Melquisedec, Moisés, Noé, Oseas, Querubín, Rut, Salomé, Sansón, Susana y los viejos
— DEL NUEVO TESTAMENTO:
• Anunciación, Visitación
• Asunción, Ascensión, Pentecostés, Apocalipsis, Jinetes del Apocalipsis, Juicio Final
• Natividad, Adoración de los pastores, Adoración de los Magos, Sagrada Familia · Huida a Egipto · Presentación en el templo, Circuncisión, Jesús entre los doctores, Expulsión de los mercaderes del templo, Bautismo de Cristo · Cristo en casa de Marta, Multiplicación de los panes y los peces, Bodas de Caná, Resurrección de Lázaro, Curación del ciego
• Última Cena, Oración en el Huerto, Beso de Judas, Prendimiento, Crucifixión, Descendimiento, Cristo yaciente, Piedad, Resurrección, Incredulidad de santo Tomás, Cena de Emaús, Conversión de san Pablo, Pentecostés
• Crucifixión de san Pedro, Matanza de los inocentes, Natividad de Jesús, Natividad de María, Presentación de Jesús, Presentación de la Virgen, Tentaciones de Jesús, Transfiguración de Jesús, Tributo al César
• san Juan Bautista, santa Ana, José de Arimatea, María y María, Judas, Samaritana
— MITOLÓGICA: Adonis, Afrodita, Amazonas, Anubis, Apolo, Apolo y Dafne, Arcadia, Arpías, Asclepios, Atenea, Atlas, Baco, Baño de Diana, Caballo de Troya, Caída de Ícaro, Caronte, Centauro, Ceres, Cibeles, Cíclope, Citerea, Concordia, Concupiscencia, Cronos, Cuerno de la Abundancia, Dánae, Dédalo, Guerra de Troya, Hércules, Isis, Juicio de Paris, Júpiter, Laocoonte, Lares, Leda, Marte, Meleagro y Atlanta, Ménades, Mercurio, Minerva, Minotauro, Musas, Nacimiento de Venus, Narciso, Neptuno, Nereidas, Nereo, Ninfas, Océano, Orfeo, Orión, Osiris, Pandora, Parcas, Penates, Penélope, Perséfone, Perseo, Peso de las almas, Píramo y Tisbe, Pitonisa, Plutón, Plutón y Proserpina, Polifemo, Pomona, Poseidón, Potos, Príapo, Prometeo, Proserpina, Proteo, Quimera, Ra, Rapto de Europa, Rómulo y Remo, Saturno, Selene, Serapis, Seth, Sibilas,

Sin, Sirenas, Sísifo, Siva, Tántalo, Teseo, Tetis, Tánatos, Thot, Titanes, Tor, Tres Gracias, Tritón, Ulises, Urano, Venus, Vesta, Victoria, Vulcano, Zeus
— HAGIOGRÁFICA: santa Águeda, san Agustín, san Alberto Magno, san Andrés, san Antonio Abad, san Antonio de Padua, santa Bárbara, san Bartolomé, san Benito, san Bernardo, santa Brígida, san Bruno, san Buenaventura, san Carlos Borromeo, Desposorios de santa Catalina, santa Cecilia, santa Clara de Asís, san Clemente, santos Cosme y Damián, san Cristóbal, san Ignacio de Loyola, san Ildefonso, san Jerónimo, san Jorge, san Juan de la Cruz, san Juan de Dios, san Juan Evangelista, san Lorenzo, san Lucas, santa Lucía, san Luis Gonzaga, san Luis, Rey de Francia, santa M.ª Magdalena, san Marcos, santa Margarita, santa Marta, san Matías, san Miguel, san Pedro, san Rafael, san Raimundo de Peñafort, san Roque, san Sebastián, santa Teresa, santo Tomás de Aquino
— ALEGÓRICA: adulación, África, alegría, alma, amaranto, ambición, América, amistad, anarquía, anémona, arquitectura, arrogancia, arte, austeridad, avaricia, azahar, azucena, belleza, benignidad, blasfemia, calamidad, calavera, calumnia, caridad, castidad, clemencia, cobardía, cólera, compasión, confianza, confusión, consejo, constancia, continencia, crápula, crepúsculo, curiosidad, dados, hipocresía, historia, hospitalidad, imaginación, imparcialidad, impetuosidad, impureza, inclinación, inconstancia, industria, infancia, injuria, inocencia, inteligencia, justicia, lealtad, lentitud, ley cristiana, ley natural, libertad, lujuria, maldad, mansedumbre, melancolía, mentira, mérito, misericordia, moral, negligencia, obediencia, ociosidad, oración, paciencia, paz, pecado, penitencia, pereza, perfección, perseverancia, piedad, pobreza, prudencia, religión, remordimiento, santidad, soberbia, soledad, superstición, temor, templanza, tiranía, usura, vanidad, verdad, vicio, vileza, virginidad, virtud
— DE LA HISTORIA DEL CRISTIANISMO: Árbol de Jesé, Buen pastor, Coronación de la Virgen, Cristo del Perdón, Divina Pastora, Inmaculada Concepción, Leyenda de la Santa Cruz, Noli me tangere, Padre Eterno, Pantocrátor, Paraíso, Piedad, Psicomaquia, Psicostasis, Quo Vadis, Sagrado Corazón, Soledad, Tetramorfos, Trinidad, Vanitas, Verónica, Viacrucis, Virgen de la Soledad, Virgen del Pilar, Virgen en majestad

81.17 artes plásticas y personas
arquitecto, proyectista, decorador
pintor
— **maestro**, retratista, templista, fresquista, paisajista, marinista, imaginero, sarguero, acuarelista, acuafortista, pastelista, colorista o coloridor, iluminador
— **dibujante** o DESUS dibujador, ilustrador, caricaturista, miniaturista, grabador
— COLOQ pintamonas, chafalmejas
escultor, esculpidor, grabador, estampador, artífice, creador
artesano, orfebre, figurero, modelador, estatuario
cincelador, tallador, tallista, aguafuertista, calcógrafo, cromolitógrafo, fotograbador, litógrafo, reportista
ceramista, alfarero o alfaharero, alcaller, barrero, botijero, cacharrero, jarrero, pichelero, tinajero, alcarracero, ollero, pilero, tinajero · RECOMPONE CON LAÑAS O GRAPAS: lañador
coleccionista, crítico de arte, experto, mecenas, modelo, patrocinador, restaurador, tasador
81.18 artes plásticas y lugares
academia, museo, pinacoteca, museo de reproducciones
galería, g. de arte, sala de exposiciones
taller, estudio, academia, ateneo, escuela de arte, facultad de bellas artes
COLECCIÓN DE PIEDRAS GRABADAS: gliptoteca
81.19 artes plásticas y material
bastidor, caballete, c. de campo, c. de mesa, c. de estudio
lienzo
— **paño**, tela, cartón, linóleo, EN UN RETABLO: tablero
— **armazón**, base, plancha, prensa, tórculo
— **tabla**, lienzo de lino, l. de algodón
— **papel** de acuarela, p. canson, p. de carbón, p. cebolla, p. cristal, p. estucado, p. guarro de acuarela, p. marquilla, p. milimetrado, p. romaní, p. tela o vegetal
marco, moldura, cuadro, cerco
maniquí, modelo, m. de yeso, molde, módulo, clisé
EN CERÁMICA:
— **barrera** (PARA CONSERVAR EL BARRO) · criba, tolva, brocal
— **torno**, tabanque (RUEDA DE MADERA), alpañata (PARA PULIR ANTES DE COCER)
— **horno**, hornaza, crisol, PARA SEPARAR LAS PIEZAS: atifle, PARA PULIR: alaria
— ACABADO EN CERÁMICA:
    • PIEDRA CALCINADA POR DESCUIDO: caliche
    • APERTURA, RAJA: cuarteado
    • CON BARNIZ VÍTREO vidriado

PARA TRAZOS:
— **brocha**, brochón, buril, carboncillo, formón, gubia, lápiz, paleta o DESUS pincel, punzón, lápiz de sanguina, espátula, imprimadera, DESUS tabloza, ensolvedera · mango o asta
— **pincel** de cerdas duras, p. de planos cortos, p. redondo
— TIPOS DE PALETAS: paleta de papel desechable, p. contrachapada de caoba, p. cuadrada de plástico, p. de caoba cuadrada, p. cuadrada de matamina, p. de chapa de caoba, p. conglomerada de chapa de sapelli
— BASTONCILLO PARA APOYAR LA MANO DERECHA: tiento, BOTÓN QUE LO REMATA: cotoncillo
— **lápiz**, pluma, carbón, carboncillo, tiza, esfumino o difumino
— PISTOLA DE AIRE COMPRIMIDO: aerógrafo
regla
— tiralíneas, escuadra, cartabón, cuadrado, cuadradillo, doble decímetro
— compás, bigotera, chincheta o chinche
— PARA SEGUIR LOS CONTORNOS DE UN OBJETO: diágrafo
— goma, raspador
— **escuadra** · compás de espesor, c. de proporciones
— **plantilla**, pantógrafo, transportador
— PARA SACAR MUCHAS COPIAS: hectógrafo
PARA TRATAMIENTO:
— aceite, a. de adormideras, a. de linaza, a. de nueces, agua, a. fuerte, aguarrás, almáciga, anilina, barniz, cal, ceniza, cera, colorante, esmalte, fijador, fijativo, goma arábica, huevo, óleo, trementina, aceite secante, aguagoma, anilina, barniz, ceniza, cernada, clarión, clarioncillo, gutagamba, gutiámbar, laca, mástique, melino, mogate, zafre o alquifol
— secante, templa, trementina
MATERIALES:
— **oro**, plata, bronce, hierro · marfil
— **piedra**, granito, mármol, alabastro, diorita, obsidiana, jade, hormigón
— **madera**, álamo, cedro, cerezo, nogal
— **barro**, b. de hierbas, arcilla, caolín, figulina, caliza, tanagra, engobe o pasta de arcilla, escayola, estuco, terracota o terracotta, yeso · cera · plastilina o plastelina
— china, gres, loza, mayólica, porcelana, vidrio, pasta refractaria
▶ **69.09 oficios y herramientas**

VERBOS Y EXPRESIONES

81.20 construir
▶ **69.10 acción y albañilería**
proyectar
— **planear**, bosquejar, trazar, esbozar · especular

— **parcelar**, triangular, zampear, acordelar, amojonar, apear, acotar, alindar, demarcar, deslindar
edificar
— **cimentar**, nivelar colocar la primera piedra
— **erigir**, alzar, elevar, levantar, emplazar, ANT bastir
tabicar
— aplomar, apuntalar, ALISAR LA PARED: enrasar, azulejar o alicatar
— mampostear, encajonar, encorchetar, acerar, acodalar o acodar
— murar, amurallar, CON ALMENAS: almenar
— REMETER EN MURO EN LA PLANTA SUPERIOR: retranquear · DAR FORMA DE CHAFLÁN: achaflanar · DEJAR DIENTES: adentellar · FIGURAR CON PINTURA HILADAS DE LADRILLOS: agramilar · CON ALMENDRAS: almendrar, CON ALMOHADILLA: almohadillar, AFIRMAR CON TIRANTES: atirantar, ADORNAR CON CINTAS: cintar, TOMAR TALUD O INCLINACIÓN: relejar, PONER UMBRAL AL VANO: umbralar
techar
— **tejar**, retejar, entejar, trastejar, cubrir, recubrir, engatillar, empajar, empizarrar, encabriar, AND enlatar
— **abovedar**, voltear, abocinar, cimbrar, descimbrar, capialzar, RELLENAR LAS ENJUTAS: enjutar, ELEVAR POR ENCIMA DE LO QUE CORRESPONDE: peraltar · RECUBRIR DE MATERIAL EL TRASDÓS: trasdosear o trasdosar
decorar
— **ornar**, adornar, engalanar, hermosear, vestir, ataviar, florear, aderezar, zafar, componer, exornar, guarnecer, guarnir, DESUS alcorzar
— **embellecer**, ataracear, afiligranar, alindar, arreglar, atildar, cintar, moldurar, moldar
restaurar
— reparar, rehabilitar, regenerar, reformar, fortalecer, componer, recomponer, reconstruir, rehacer, subsanar, remediar, sanear, cuidar, adecentar
— recalzar, socalzar
81.21 esculpir
bosquejar
— abocetar, diseñar, trazar, anatomizar, fundir
— meter en puntos, sacar de puntos
cincelar
— **burilar**, labrar, desbastar, insculpir, enlenzar, escarpar, puncionar, vaciar, abollonar, bocelar, desbastar, escarpar, estofar, repujar
— **tallar**, celar, dolar, modelar, estilizar
— **entallar**, retallar, entretallar
grabar
— **esgrafiar**, esquiciar, estarcir
— **litografiar**, pirograbar, encarnar, inscribir, estampar

— **acerar**, granear, morder, remorder, reportar, pulir
— **reproducir**, representar, perfilar, estilizar, formar, plasmar, relevar, anatomizar

CON METALES:

— **forjar**, impresionar, marcar, repujar, abollonar, acuñar, aplastar, cortar, estofar, prensar, sellar, tornear, troquelar

EN CERÁMICA:

— **amasar** la arcilla
— **modelar**, cocer, escarchar, esturgar, moldear, plasmar, sajelar, servir, tornear, vaciar, vidriar, fritar

81.22 pintar

EN LA PREPARACIÓN:

— HACER LA PRIMERA TRITURACIÓN: **desgranzar**
— PREPARAR LAS COSAS QUE SE HAN DE PINTAR O TEÑIR: **imprimar** o **emprimar**, aparejar · cuadricular, cuadrar, recuadrar

PINTAR SOBRE EL ORO BRUÑIDO: **estofar**, EN PLATA, ORO, ESTAÑO: **transflorar** o **transflorear**, EN LA PIEL HUMANA: **tatuar**, HACER SALTAR LA CAPA SUPERFICIAL DEJANDO AL DESCUBIERTO LA SIGUIENTE: **esgrafiar**

TOQUES CON EL PINCEL:

— METER LAS MASAS DE CLARO Y OSCURO ANTES DE UNIRLAS: **manchar**, CUBRIR CON COLOR: **pincelar**, SALPICAR PARA IMITAR EL GRANO: **crispir**, DAR TOQUES DE PINCEL PARA QUITAR IMPERFECCIONES: **retocar**, CONCLUIR CON GOLPECITOS GRACIOSOS Y OPORTUNOS: **picar**, DAR PINCELADAS SOBRE LO PINTADO PARA MAYOR EFECTO: **tocar**, RESTAURAR EL DETERIORO: **retocar** · DAR PÁTINA: **patinar**

REALCES:

— SEÑALAR LA ANATOMÍA: **anatomizar**, TOMAR APARIENCIA DE OTRA COSA POR EFECTO DE LA PERSPECTIVA: **degenerar**, PRESENTAR CON EXACTITUD EL RELIEVE: **modelar**, PARA QUE PAREZCA QUE DESTACA: **relevar**, DAR UN EFECTO ARMÓNICO: **entonar**, MARCAR EL REFINAMIENTO: **estilizar**, SEÑALAR LOS PERFILES: **recortar**, DAR RELIEVE MUY MARCADO: **sobresaltar**
— TOCAR DE LUZ: **realzar**, PARA QUE NO DESDIGAN LOS COLORES: **templar**
— PINTAR VETAS: **vetear**, SALPICAR DE MOTAS: **motear**, IMITAR VETAS Y SALPICADURAS DEL JASPE: **jaspear**
— DAR PÁTINA: **patinar**

borrar, despintarse

81.23 dar colorido

▶ 31.11 ver

pigmentar, pintar tintar, entintar, tinturar, tiznar

avivar, esmaltar, irisar, jaspear, matizar, tornasolar, iluminar, aclarar, meter en claros, CON DEMASIADA VIVEZA: **chillar**, CON LISTAS DE OTRO COLOR: **gayar**

teñir, reteñir, alheñar, alumbrar, azumar, embazar, engazar, escabechar, matizar, poli-

cromar, PARA QUE NO DESDIGAN LOS COLORES: **templar**, CON AGUADAS: **lavar**, ARMÓNICAMENTE: **acordar**, MAL COMBINADOS: **abigarrar**

meter en color, EN BASTANTE CANTIDAD PARA QUE NO DEJE VER LA IMPRIMACIÓN EN EL PRIMER DIBUJO: **empastar**

bañar, teñir, dorar, encarnar, estofar, broncear, metalizar

sombrear

— **asombrar**, oscurecer u obscurecer, plumear, rebajar, apagar, matar, apretar, adumbrar, esbatimentar, meter en oscuros
— **desvanecer**, amortiguar, matar, aballar, desperfilar, corromper los perfiles
— **difuminar** o esfuminar, esfumar o disfumar, amortiguar, desdibujar, aballar, endulzar, velar, degradar
— PERDER EL BRILLO: **pasmar**

blanquear, emblanquecer, blanquecerse, albear

amarillear, enmarillecer, azafranar, purpurar, palidecer

azular, azulear, atezar, amoratar, añilar

verdear, reverdecer, DESUS enverdir

rojear

— **enrojar**, enrojecer, sonrojar, rubificar, almagrar, arrebolar, arrojar, embermejar, embermejecer, enalmagrar, enrubescer, escaldar, herrumbrar, ANT rubricar
— **sonrosar** o sonrosear, bermejear, embermejar, embijar
— **dorar**, broncear, purpurar, empurpurar

agrisar, grisear, ahumar, aherrumbrar

negrear, negrecer, ennegrear, ennegrecerse, asombrar, pardear, pigmentar

PONER COLORES MAL COMBINADOS: **abigarrar**

PERDER EL COLOR: **decolorar**, descurtir, deslustrarse, despintarse, desteñir · amarillear, amortiguar, apagar, encrudecer, palidecer · comerse el color

PERMANECER EN DETERMINADA POSTURA PARA SERVIR DE MODELO: **posar**

81.24 dibujar

abocetar

— **bosquejar**, esbozar, definir, apuntar, linear, delinear, delimitar, trazar, siluetear, perfilar, recortar, escorzar, esquiciar, embadurnar
— **copiar**, calcar

trazar

— **plumear**, diseñar, fijar, tantear, recalcar, CON PUNTOS: **puntear**, EN APUNTAMIENTO O TANTEO: **rasguñar**
— **contornar** o contornear, estilizar, SUAVIZAR LOS CONTORNOS: **desperfilar**, CON GRAFIO: **esgrafiar**, ILUSTRAR CON MINIATURAS: **miniar**, FORMAR LÍNEAS PARA SOMBREAR: **plumear**
— **retratar**, captar, tomar, sacar

— COLOQ garabatear, garrapatear, pintarrajear, pintorrear, emborronar, borrajear

82. LITERATURA
82.01 corrientes literarias
EDAD MEDIA:
— épica, lírica, epopeya
— mester de clerecía, m. de juglaría
— romancero · poesía cancioneril
RENACIMIENTO Y BARROCO:
— renacimiento, humanismo, petrarquismo, erasmismo
— mística, ascética
— novela de caballerías, n. picaresca, n. pastoril, n. morisca, n. sentimental, n. bizantina
— barroco: conceptismo, culteranismo
— AM literatura colonial
SIGLO XVIII: ilustración, neoclasicismo
SIGLO XIX:
— romanticismo, costumbrismo, novela histórica
— realismo, naturalismo, novela de tesis
SIGLO XX:
— modernismo, generación de 1898, novecentismo, vanguardismo · generación de 1927
— creacionismo, cubismo, dadaísmo, expresionismo, futurismo, parnasianismo · simbolismo, surrealismo, ultraísmo, postismo
— tremendismo, existencialismo
— novela social, n. urbana, n. policíaca, n. negra · n. rosa, n. erótica
— poesía social, p. de la experiencia
— teatro social, t. de astracán
— AM literatura chicana, l. gauchesca, poesía negrista · novela de la revolución mexicana, n. indigenista, n. indianista · n. del dictador, n. de la tierra, realismo mágico
82.02 novela
cuento, leyenda, narración, parábola, relato, fábula o apólogo, moralidad, afabulación, epopeya, odisea, ficción
anécdota, chascarrillo, cuento de viejas, burlería, conseja, fabliella, fábula, f. milesia, faloria, AR falordia
biografía, autobiografía, hagiografía, necrología, diario, memorias, libro de viajes, semblanza, DESUS conmonitorio
crónica, cronicón, anales, historia, historieta, miscelánea, recensión, reseña, acta, informe, descripción, exposición
COLOQ historia, batalla, batallita, chilindrina, chisme, chiste
PARTES:
— planteamiento, nudo, desenlace
— trama, contexto, dato, detalle, digresión, episodio, moraleja, pormenor, ribete
— flashback o mirada retrospectiva

— acción, clímax, contrapunto, descripción, desenlace, enigma, exposición, intriga, lance, lugar de acción, tiempo de acción
CONTENIDOS: tema, asunto, ambientación, verosimilitud
TIPOS: novela bizantina, n. costumbrista, n. de amor, n. de aventuras, n. de caballerías, n. de ciencia ficción, n. de tesis, n. erótica, n. gótica, n. histórica, n. negra, n. pastoril, n. picaresca, n. policíaca, n. río · n. rosa, n. de folletín
TÉCNICA NARRATIVA:
— testimonio: argumento, acción, descripción, verosimilitud
— localización: tiempo de acción, lugar de acción, ambientación
— personaje principal, p. secundario · héroe, protagonista, p. colectivo · CARACTERÍSTICAS: dimensión, perfil, profundidad
— perspectiva del narrador: narrador omnisciente, n. testigo, primera persona, segunda persona, tercera persona
— FORMA DE PARTICIPACIÓN DE LOS PERSONAJES: diálogo, monólogo, m. interior o fluir de la conciencia
— ORDEN NARRATIVO: contrapunto, desorden cronológico, retrospección
— ORTOGRAFÍA: puntuación (AUSENCIA DE)
82.03 poesía
VERSO: verso simple, v. compuesto
— ARTE MENOR: bisílabo, trisílabo, tetrasílabo, pentasílabo, hexasílabo, heptasílabo, octosílabo
— ARTE MAYOR: eneasílabo, decasílabo, endecasílabo (enfático, heroico, melódico, sáfico), dodecasílabo, tridecasílabo, alejandrino, tetradecasílabo, pentadecasílabo, hexadecasílabo, octodecasílabo
— RIMA: rima asonante, r. consonante · r. en eco · ripio · verso blanco, v. suelto, v. libre o versículo
RITMO:
— RITMO Y ACENTOS: acento, a. estrófico (yámbico, trocaico), a. final · a. rítmico y extrarrítmico, a. antirrítmico · oxítono (aguda), paroxítono (llana), proparoxítono (esdrújula)
— RITMO Y PAUSAS: pausa, cesura, encabalgamiento · hemistiquio (heterostiquio, isostiquio) · grupo fónico, cadencia
ESTROFA: REGULARIDAD EN LOS VERSOS: estrofa (isométrica, heterométrica)
— DOS VERSOS: pareado
— TRES VERSOS: terceto, tercerilla, soleá, haiku
— CUATRO VERSOS: cuaderna vía, copla, seguidilla · cuarteta, tirana, redondilla, cuarteto, serventesio
— CINCO VERSOS: lira, quinteto, quintilla

— SEIS VERSOS: sexta rima, sexteto, sextilla
— OCHO VERSOS: octava italiana, o. real, octavilla
— DIEZ VERSOS: copla de arte mayor, décima o espinela, ovillejo
— VARIABLE: copla de pie quebrado, silva
POEMA:
— MOZÁRABE: jarcha
— MEDIEVAL: cantar de gesta, cantiga, debate poético, endecha, romance, romancillo, villancico, zéjel, pastorela, serranilla
— RENACENTISTA: soneto, canción, sextina, égloga, oda, elegía, himno, madrigal
— SEGÚN CONTENIDO: epístola, fábula, apólogo, sátira, anacreóntica, epigrama, jácara
— PARTES: estribillo, estancia, contera (DE LA SEXTINA), mudanza (DEL ZÉJEL), pie (DEL VILLANCICO) · AÑADIDOS: glosa, estrambote (AL SONETO), bordón (A LA SEGUIDILLA)
— ALARDES ESTÉTICOS: acróstico (NOMBRE O FRASE CON LAS INICIALES DE CADA VERSO), caligrama (DISPOSICIÓN TIPOGRÁFICA QUE REPRESENTA EL CONTENIDO DEL POEMA)
MÉTRICA: licencia métrica · cómputo silábico, división silábica, grupo fónico
— LICENCIAS MÉTRICAS:
   • UNIÓN O SEPARACIÓN DE SÍLABAS: sinalefa, diéresis, sinéresis
   • AÑADIDOS DE SÍLABAS, SEGÚN LUGAR EN LA PALABRA: prótesis, epéntesis, paragoge
   • SUPRESIÓN DE SÍLABAS SEGÚN LUGAR EN LA PALABRA: aféresis, síncopa, apócope
   • CÓMPUTO EN VOCALES DOBLES O TRIPLES: diptongo, hiato, triptongo

82.04 oratoria
— retórica, EJERCICIO PREPARATORIO: progimnasma
conferencia
— disertación, discurso, alocución, apóstrofe, arenga, argumentación, catilinaria, declamación, heroida, introito, laudatoria, palabras, panegírico, parlamento, peroración, perorata, pregón, p. literario, proclama, sermón, filípica, COLOQ charla, DESP soflama
— TEMA DEL DISCURSO: perístasis
CUALIDADES:
— elocuencia, grandilocuencia, altilocuencia, aticismo, elación
— pico de oro, elocuente, orador, tribuno, cicerón, demagogo, demóstenes, diserto · pronunciación
DEFECTOS: latiguillo, perisología, unisonancia
PARTES DEL DISCURSO:
— **introducción**, preámbulo, exordio
— **narración**, periodo, apóstrofe, confirmación, enumeración, episodio, insinuación, proposición, retazo, digresión
— **epílogo**, epilogación, peroración
— refutación

82.05 retórica
EXPRESIONES:
— EN FRASES HECHAS: locución
— FIN MORAL O DIDÁCTICO: máxima (adagio, aforismo), proverbio, refrán, moraleja
— MAL A SÍ MISMO O A OTROS: execración, imprecación, injuria
— PERSUADIR AL RECEPTOR: exordio, epifonema
— RECUERDO DE UN DIFUNTO: epitafio
SONORIDAD:
— REPETICIÓN DE SONIDOS: aliteración, similicadencia, paronomasia
— IMITACIÓN DE SONIDOS: onomatopeya
— CONJUNTO ARMÓNICO: musicalidad, eufonía
— CONJUNTO INARMÓNICO: cacofonía
— ÉNFASIS EN LA EXPRESIÓN: énfasis, exclamación, apóstrofe, aposiopesis
PROCEDIMIENTOS METAFÓRICOS:
— RECREACIÓN: metáfora, alegoría (METÁFORAS CONSECUTIVAS)
— AFINIDAD GENERAL: analogía, comparación o símil, símbolo, imagen, hipotiposis, antonomasia, catacresis
— AFINIDAD ESPACIAL: metonimia, sinécdoque
— HUIR DEL HÁBITO: eufemismo (PARA SUAVIZAR), disfemismo (PARA REBAJAR) · DAR VUELTAS: perífrasis, circunloquio
— RELACIÓN CON LO HUMANO: personificación, prosopopeya, metagoge
— EXAGERACIÓN: hipérbole
JUEGOS O ENFRENTAMIENTOS DE SIGNIFICADOS:
— DOBLES SIGNIFICADOS: ambigüedad, anfibología, dilogía, equívoco
— JUEGO DE PALABRAS CONTRADICTORIOS: paradoja, antítesis, retruécano
— SIGNIFICADOS NUEVOS: oxímoron, sinestesia, hipálage
— CONTRA LO APARENTE: ironía, sarcasmo, litote · insinuación, reticencia · parodia
— REPETICIÓN O INSISTENCIA: tautología, pleonasmo, redundancia
— FUERA DEL TIEMPO: anacronismo
ORDEN DE LAS PALABRAS: CONTINUIDAD: enumeración, acumulación · ENCADENAMIENTO: concatenación, correlación, gradación · ALTERACIÓN: hipérbaton, inversión · EQUILIBRIO EQUIDISTANTE: quiasmo · REORDENACIÓN DE LAS LETRAS: anagrama · LECTURA AMBOS SENTIDOS: palíndromo · LECTURA EN VERTICAL: acróstico
REPETICIÓN DE PALABRAS:
— anáfora (PERIÓDICAMENTE), epanadiplosis (PRINCIPIO Y FINAL), epífora (FINALES DE FRASES)
— anadiplosis (ENCADENAMIENTO) epanalepsis (IDÉNTICAS Y SEGUIDAS), antanaclasis (CON SIGNIFICACIÓN DISTINTA)
— reduplicación (DOBLE)
— calambur (DOS = UNA NUEVA)

— poliptoton (CON CAMBIOS DE MORFEMAS)
— REPETICIONES INMOTIVADAS: batología, datismo
ORGANIZACIÓN DEL DISCURSO:
— EQUILIBRIO: estructura, simetría, paralelismo, silogismo
— UNIONES Y DEPENDENCIAS:
  • oración, hipotaxis, parataxis
  • yuxtaposición, coordinación, subordinación
— CONJUNCIONES: polisíndeton
— SUPRESIONES: elipsis, zeugma, asíndeton, anacoluto

82.06 estilo
INSPIRACIÓN:
— lira, musa, numen, plectro, estro, genio, gracejo, personalidad, talante, vena · llamamiento o tocamiento
— entusiasmo, instinto, infusión, inmisión, moción · ninfa Egeria · LUGAR DE LA INSPIRACIÓN POÉTICA: Helicón
LENGUAJE Y SITUACIÓN:
— USO Y SITUACIÓN: lengua culta, l. familiar o coloquial, l. vulgar · jerga
— USO ORAL: lengua oral, oratoria
— USO ORAL Y ESCRITO: lenguaje técnico y científico, l. humanístico, l. periodístico, l. publicitario, l. jurídico, l. administrativo y comercial, l. literario
CONTENIDO LÓGICO-SEMÁNTICO:
— concreto, abstracto · coherente, absurdo
— hermético, dubitativo, polémico · galimatías
CONTENIDO ESTILÍSTICO:
— ENRIQUECIDO: ampuloso, barroco, retórico, dinámico
— IRÓNICO: burlesco, satírico
— BREVE: conciso, elíptico, lacónico, lapidario
— AJUSTADO A NORMA: académico, formal
— OTROS: exótico, impresionista, afectado · coloquial
— hinchazón, aparato, empaque, énfasis, engolamiento, gravedad, magnificencia, parafernalia, prosopopeya, rimbombancia, solemnidad, tiesura
TEMAS TRADICIONALES: tópico, bucolismo, carpe diem, locus amoenus, ubi sunt
ACTITUD DEL AUTOR:
— IDENTIDAD: anónimo, apócrifo, seudónimo, título, dedicatoria
— VOLUNTAD: inspiración, intelectualismo
INTENCIÓN: tema, tono, ritmo, humor, verosimilitud, clímax · parodia, pastiche · DIVISIÓN: trilogía, tetralogía, pentalogía
DESCRIPCIÓN DE UN PERSONAJE: etopeya (MORAL), prosopografía (FÍSICO), retrato (MORAL Y FÍSICO), caricatura (ENFATIZADO)
GÉNEROS EN PROSA:
— LA PROSA: prosa, prosaísmo, prosificación

— FICCIÓN: narrativa, narración, novela, cuento, leyenda, folletín
— DIDÁCTICO: didáctica, fábula, apólogo, parábola, ensayo, argumentación, artículo literario
— INSPIRACIÓN REAL: biografía, autobiografía, memoria, libro de viajes, crónica, c. modernista
— SEGÚN CONTENIDO: esperpento (VALLE-INCLÁN), greguería (GÓMEZ DE LA SERNA) · panegírico, paráfrasis, glosa · panfleto (LIBELO DIFAMATORIO)
— RELIG homilía, paulina (APÓSTOL SAN PABLO), encíclica, pastoral

82.07 cualidades y carencias
amenidad
— claridad, elegancia, encanto, fuerza, gracejo, humor, ingenio, interés, invención, lirismo, llaneza, naturalidad, originalidad, realismo, sencillez, soltura, sugestión
— actualidad, contexto, finalidad, intencionalidad, ordenación, procedimiento, propósito, universalidad
afectación
— amaneramiento, pedantería, cursilería, esnobismo, frivolidad
— ampulosidad, artificiosidad, desinterés, inelegancia, oscuridad, pesadez, presunción
— rebuscamiento, retorcimiento, rigidez, simpleza, necedad, torpeza, endeblez

82.08 literatura y personas
escritor o DESUS escriptor
— autor, creador, estilista, literato, COLOQ Y DESP escribidor, plumista, plumífero
— colaborador, coautor, compilador
— QUE HA ESCRITO SOBRE MATERIAS DIFERENTES: polígrafo
prosista
— narrador, novelista, cuentista, fabulista, apologista
— ensayista, tratadista, preceptista, prologuista, crítico
— historiador, cronista, biógrafo, autobiógrafo, hagiógrafo, memoriógrafo, regnícola
— guionista, argumentista, libretista
poeta, poetisa
— aedo, bardo, vate, cantor, glosador, rimador, árcade, cantor, cisne, metrificador, metrista, PROVENZAL: felibre, ESCANDINAVO: escaldo, ENTRE LOS INCAS: aravico, SE DECÍA DE LOS POETAS ÉPICOS: heroísta
— juglar, juglara, juglaresa, trovador · ARG, BOL, CHILE Y UR, CANTOR POPULAR: pallador o payador
— improvisador, versificador, trovero, trovista, coplero · EN ORIENTE: almea, EN VASCONGADAS: versolari
— recitador, rapsoda
— QUE HACE O RECITA ROMANCES: romancerista o romancero, SONETOS: sonetista, COPLAS: co-

plero o coplista, EPIGRAMAS: epigramatista, VE-
JAMEN DE ALGUIEN: vejaminista, LETRA PARA LOS
BAILES: bailinista
▸ **83.03 teatro y personas**

ADJETIVOS Y ADVERBIOS
82.09 clásico
académico, culto
— ciceroniano, cervantino, quevedesco, gon-
gorino, calderoniano
armonioso, elegante, atildado, brillante, vigoroso, elevado, solemne, sublime
antiguo, arcaizante, tradicional
puro, formal, purista, pulido, trabajado, peinado,
limado, terso, exacto, BIEN ADORNADO: galano
poético, épico, lírico, mélico, heroico, bucólico, pastoril, cancioneril, romántico
austero, acerado, acre, grave, templado
82.10 elocuente
altilocuente, grandilocuente, altisonante, grandílocuo, magnílocuo, altísono, grandioso,
grandísono, pomposo, florido, sentencioso,
ceremonioso
fluido, dinámico, plástico, colorista, expletivo,
efectista, vivo, ágil, pintoresco, declamatorio, doctoral, de fiesta, de gala
conciso, elíptico, escueto, impresionista, lacónico, lapidario
claro, llano, directo, liso, lúcido, redondo, sencillo, suelto, natural, fácil
agudo
— punzante, incisivo, chispeante, crespo, cínico, exótico, ingenioso, terso
— irónico, cáustico, sarcástico, burlesco, satírico, jocoso, mordaz
82.11 afectado
hinchado
— abigarrado, ampuloso, amazacotado, inflado, apelmazado, retumbante, rimbombante,
campanudo, recargado, ceremonioso, pomposo, bombástico · barroco
— pretencioso, engolado, fatuo, altanero, engreído, artificioso, pedante, hueco, gerun-
diano, ridículo
— amanerado, lamido, almibarado, acaramelado, azucarado, empalagoso, melifluo,
ahuecado, relamido, meloso, indigesto,
DESUS, FALTO DE NATURALIDAD: atrabajado · bajo,
chabacano, folletinesco
inexpresivo
— constreñido, premioso, vulgar, desanimado, pálido
— lento, tardo, pausado, parsimonioso, remiso, adormecido
— oscuro, conceptuoso, retorcido, difuso,
alambicado, rebuscado, surrealista
popular, castizo, coloquial, familiar, corriente

VERBOS Y EXPRESIONES
82.12 escribir
describir
— redactar, reflejar, apuntar, autografiar, plasmar, traducir, transcribir · titular
— poner por escrito, llevar al papel, gastar
tinta
— escribir a vuela pluma, e. de propio puño, e.
de puño y letra, e. al correr de la pluma ·
correr la pluma
— correr la mano, vivir de su pluma, pasar a
limpio
novelar
— narrar, contar, relatar, recontar, referir, representar, retraer, decir, historiar · detallar,
menudear, minimizar, dar detalles, dar por-
menores
— contar de cabo a rabo, c. sin faltar una coma, c. de pe a pa, c. con pelos y señales, c.
desde el principio hasta el fin, c. punto por
punto, c. sin faltar punto ni coma
— PRINCIPIO DE UN CUENTO: había una vez, érase
una vez, érase que se era, en un país muy
lejano, en esto que, va de cuento
— FINAL DE UN CUENTO: Y colorín colorado, este
cuento se ha acabado. Y colorín colorete,
por la chimenea sale un cohete. Y pimpín,
san Agustín, que aquí el cuento tiene fin. Y
vivieron felices y comieron perdices. Y yo fui,
y vine, y no me dieron nada.
poetizar o DESUS poetar
— cantar, componer, glosar, trovar, versificar,
improvisar, asonantar, consonar, gongori-
zar, endechar, sonetear, DESUS discantar,
aconsonantar
— versificar, rimar, medir, metrificar, escandir,
pallar o payar, hacer versos
— declamar, recitar

83. TEATRO
83.01 géneros dramáticos
— arte dramático, a. teatral
— obra de teatro, o. dramática, o. teatral
— pieza teatral, DESUS OBRA SUSTITUTA: remedión
— dramaturgia, dramática, poesía dramática,
histrionismo
GÉNEROS MAYORES:
— comedia
  • comedia ligera, c. musical, c. de enredo,
c. del arte, c. de capa y espada, c. de costumbres, c. de figurón, c. heroica, c. italiana · comedión
  • astracanada, vodevil o vaudeville, revista,
variedades, TEATRO BURGUÉS: astracán
— tragedia, tragicomedia, drama, d. lírico, me-
lodrama, psicodrama, mimodrama · PROPIO
DE LA OBRA DE VALLE INCLÁN: esperpento

— RELIGIOSOS: auto sacramental

GÉNEROS MENORES:
— **entremés**, sainete, sátira, paso, pasillo, farsa, jácara, mojiganga, caroca, pantomima, mimo, folla, loa, misterio
— **marionetas**, guiñol, retablo, mima, sombras chinescas, fantasmagoría, mundonuevo o mundinovi o totilimundi o tutilimundi, COLOQ títeres

83.02 técnica teatral

ACCIONES Y SITUACIONES:
— **ensayo**, e. general
— **temporada teatral** · reserva
— **representación**, función, performance, espectáculo, exhibición, gala, sesión, velada
— **entreacto**, intermedio, bailete
— aplauso · crítica

COMPONENTES ESCÉNICOS:
— **decoración** o decorado, escenografía, vestuario
— **escenificación**, coreografía, montaje, utilería
— **presentación**, puesta en escena
— **actuación**, adaptación, dicción, iluminación, interpretación, maquillaje, reparto, tramoya

COMPONENTES LITERARIOS:
— **argumento**, guión, libreto, papel, parte
— **exposición**, prólogo, introducción, introito, loa, prótasis
— **nudo**, trama, argumento, asunto, enredo, intriga, epítasis
— **lance**, episodio, tirada, sketch, peripecia
— **diálogo**, monólogo, parlamento, soliloquio, relación, transición, mutis
— **aparte**, contorsión, embuchado, latiguillo, morcilla · acotación
— **acción**, agnición o anagnórisis, catástasis, deus ex máchina, pie
— **desenlace**, solución, epílogo, epítasis, epilogación · EFECTO PURIFICADOR Y LIBERADOR: catarsis
— **unidad de acción**, u. de lugar, u. de tiempo

DIVISIONES DEL TEXTO:
— **prólogo**, acto, jornada, parte, escena, cuadro, blanco, tanda
— **mutación**, sección, sesión

83.03 teatro y personas

EN GRUPO:
— **compañía**, comparsa, gangarilla, garnacha, COMPAÑÍA PEQUEÑA: bojiganga, COLOQ pipirijaina, farándula, DESUS carátula, ANT cambaleo (SEIS CÓMICOS), ñaque (DOS CÓMICOS)
— **reparto**, repertorio, elenco
— **coro**, corista, coreuta, DESUS suripanta, DIRECTOR DEL CORO EN LAS TRAGEDIAS GRIEGAS: corifeo

autor
— **dramaturgo**, comediógrafo, entremesista, farsista, libretista, mimógrafo, parodista, zarzuelista · autor de teatro
— **empresario** · representante, GRECIA ANTIGUA: corego o corega
— **director**, d. de escena

actor, actriz
— **comediante**, cómico, comediógrafo, personaje, histrión, actor de reparto, cómico de la legua, DESUS farsante, alzapuertas
— **heroína**, farsanta, histrionisa, figuranta, vedette, estrella, dama, d. joven
— **protagonista**, primer actor, héroe · antagonista, contrafigura · suplente o sobresaliente · galán, galancete · intérprete, recitante, declamador
— **cantante**, comprimario · EJECUTABA PARTE BREVE EN LAS ÓPERAS: partiquino
— **figurante**, figura, extra, secundario, acompañamiento, INDEPENDIENTE PARA HACER UN PAPEL: bolo, DE ÍNFIMA IMPORTANCIA: parte de por medio o racionista · QUE CAMBIABA LA VOZ: bululú · QUE RECITABA EL PRÓLOGO: faraute · DESUS, QUE HACE EL PAPEL DE ANCIANO: barba
— COLOQ comicastro, farandulero, sainetero, farsista, figurón · QUE AÑADE PALABRAS DE SU INVENCIÓN: morcillero

gracioso
— **bufón**, bobo, humorista, caricato, bufo, mimo, pantomimo, fantoche, truhán
— DISFRAZADOS: botarga, transformista, CON DISFRAZ GROTESCO: homarrache o moharracho o moharrache
— EN LA COMEDIA DEL ARTE: arlequín, polichinela, pulchinela, Giovanni, Pantaleón, il bufone, il capitano, il dottore, il vecchio, principessa

COLABORADORES:
— **apuntador**, apunte, consueta, DESUS traspunte (AVISA A CADA ACTOR CUANDO HA DE SALIR A ESCENA)
— **decorador**, diseñador, escenógrafo, maquillador, peluquero, tramoyista
— **acomodador**, taquillero, arroje, encargada del guardarropa, portero, COLOQ sacasillas, metemuertos, metesillas y sacamuertos
— **tramoyista**, alumbrante
— CADA UNO DE LOS HOMBRES QUE SE ARROJABAN DESDE EL TELAR: arroje

público
— **espectador**, COLOQ reventador, alabardero (MIEMBRO DE LA CLAQUE), tifus (QUE DISFRUTA PASE DE FAVOR), ANT mosquetería, mosquetero (ASISTEN Y ESTÁN DE PIE)
— **concurrencia**, respetable, claque (INVITADOS A APLAUDIR)

83.04 teatro y lugares
auditorio
— ateneo, coliseo, liceo, odeón, ópera, anfiteatro
— corral de comedias, retablo, carretón, tablado
vestíbulo
— taquilla, casilla, contaduría
— sala de descanso, saloncillo, guardarropa · ABERTURA PARA ENTRAR O SALIR DE LAS GRADAS O ASIENTOS: vomitorio · CORREDOR DE LA PARTE MÁS ALTA: tertulia
patio de butacas
— PARTE BAJA: platea, anteplatea, patio de butacas · palco de platea o ANT faltriquera · antepalco · PRIMERA FILA DE PALCOS: balconcillo, APOSENTO BAJO LOS PALCOS PRINCIPALES: cubillo · entresuelo
— GALERÍA ALTA: general, cazuela o paraíso, gallinero, grada, graderío, anfiteatro, ESPACIO ENTRE LOS VOMITORIOS DE LOS TEATROS ANTIGUOS: cúneo
— butaca, aposento, asiento, ASIENTO PREFERENTE FRENTE AL ESCENARIO: luneta
escenario
— escena, tablado, tablas, tarima, escena delantera, e. trasera, DESUS cena · palco escénico, p. de proscenio · ABERTURA POR DONDE APARECEN PERSONAS O COSAS: escotadura, escotillón
— PARTE MÁS INMEDIATA AL PÚBLICO: proscenio · MARCO POR CUYO HUECO SE VE LA ESCENA: embocadura, OPUESTO A LA EMBOCADURA: foro, CAMINO DE TABLAS HACIA EL ESCENARIO: palenque
— fosa o foso, contrafoso · DESTINADO A LOS MÚSICOS: fondo, forillo, orquesta
— SUPERFICIE CÓNCAVA SITUADA AL FONDO: ciclorama, HUECO EN FORMA DE ARCO QUE PERMITE VER LO QUE HAY DETRÁS: rompimiento · PARTE ALTA DEL ESCENARIO: telar · EN PRIMER PLANO: concha del apuntador · PLATAFORMA DESLIZANTE SOBRE LA QUE VA UN DECORADO: carra
— SITIO DEL TELAR DONDE SE ALOJABAN QUIENES CON SU PESO HACÍAN SUBIR EL TELÓN: arrojes
bastidores
— camarín o camerino, saloncillo, corredizo, plataforma, galería, talleres, sala de tertulia, s. de maquillaje

83.05 teatro y material
localidad, entrada, billete, butaca, boleta, boletín
decorado
— decoración, escenografía, utilería o atrezo, tornavoz
— bastidor, trasto, devanadera (INSTRUMENTO SOBRE EL QUE SE MUEVE UN BASTIDOR)
— aplique (PIEZA QUE NO SEA EL TELÓN, LOS BASTIDORES Y LAS BAMBALINAS), pescante (TRAMOYA QUE SIRVE PARA HACER BAJAR O SUBIR EN EL ESCENARIO PERSONAS O FIGURAS)
— ESCENA PINTADA SOBRE LIENZO: apariencia
— CONDUCTO DE CONTRAPESOS PARA LA MANIOBRA: chimenea
— tramoya (PARA FIGURAR TRANSFORMACIONES) · DESUS, BASTIDOR QUE HACE DESAPARECER INTÉRPRETES U OBJETOS: bofetón, TRAMOYA EN QUE VA POR EL AIRE ALGUIEN O ALGO: vuelo, contrapesos (PARA EL EQUILIBRIO), chimenea (CONDUCTO POR DONDE SUBEN Y BAJAN)
— CUALQUIER PIEZA QUE NO SEA EL TELÓN, LOS BASTIDORES O LAS BAMBALINAS: aplique
telón
— telón corto o alcahuete, t. de boca, t. de foro, t. de fondo · palco escénico · faldeta, forillo
— bastidor, LOS VERTICALES EN CADA LATERAL: arlequín
— TIRA DE LIENZO PINTADO QUE CUELGA DEL TELAR: bambalina · cuerda de bambalina
— PARTE SUPERIOR QUE CONTIENE LOS ELEMENTOS MÓVILES DEL DECORADO: telares
iluminación
— proyector, puente de sala, reflector de lente, LÍNEA DE LUCES EN EL PROSCENIO: candilejas, DESUS, CANDELERO CON PANTALLA QUE USABA EL TRASPUNTE: melampo · BATERÍA DE LUCES: diabla, LUCES EN VERTICAL: varal, FILA DE LÁMPARAS SITUADAS AL BORDE DEL PROSCENIO: batería
ELEMENTOS DE LA REPRESENTACIÓN:
— devanadera, faldeta, máquina, melampo, pescante, rompimiento, tramoya, trasto, varal, vuelo
VESTIMENTA: máscara, carátula · ANT CALZADO: coturno, TRAJE ANTIGUO DE HOMBRE CON FALDA CORTA: tonelete

83.06 teatral
escénico, dramatizable, lírico
cómico, gracioso, jocoso, ingenioso, chistoso, ocurrente, farandúlico, pantomímico, asainetado, sainetesco, arlequinesco, atelana (PIEZA CÓMICA LATINA)
dramático, melodramático, trágico, tragicómico, serio, mímico
histriónico, mosqueteril, protático, terenciano, plautino

83.07 representar
dirigir, montar, poner en escena, estrenar · ensayar · CUBRIR LOS LADOS DEL ESCENARIO QUE DEBEN OCULTARSE AL PÚBLICO: aforar
exhibir, hacer, poner, reponer, presentar

subir el telón
actuar
— interpretar, escenificar, declamar, dramatizar, debutar, dar, echar, exhibir, hacer, poner · sainetear, entremesear · apuntar · REPRESENTAR MAL: degollar
— encarnar, caracterizar, intervenir, protagonizar, hacer el papel de
— **salir a escena**, pisar las tablas, abandonar la escena, hacer mutis por el foro
— hacer una tournée
aclamar, aplaudir, celebrar, encomiar, ovacionar, palmear, vitorear
abuchear, murmurar, patear, pitar, protestar, reprobar, reventar, silbar
abonarse, desabonarse · reservar localidades, agotar las localidades

84. CINE Y FOTOGRAFÍA
84.01 película
cine
— séptimo arte, cinematografía · filme o film, EN COLECCIÓN: filmografía
— AFICIÓN AL CINE: cinefilia
PREPARACIÓN:
— presupuesto, producción, localizaciones
— guión cinematográfico, ANGL script, CUBA, MÉX, UR Y VEN libreto
— reparto, papel, p. principal, p. secundario, ANGL casting (PROCESO DE SELECCIÓN DE ACTORES)
PROYECCIONES:
— cinematógrafo, minicine, autocine · linterna mágica
— panorama, ciclorama, diorama, neorama, georama, cosmorama · planetario
— cineclub, teleclub, cine fórum
84.02 rodaje
toma
— secuencia, escena, gag, toma de vistas
— panorámica · panorámico horizontal, p. vertical
— campo · c. medio, c. total · contracampo, contrapicado, contraplano, steady camp
— movimiento ascendente, m. descendente
— encuadre, luminosidad en enfoque
plano
— plano general, p. general medio, p. de conjunto, p. americano, p. de fondo
— figura entera, primer plano, primerísimo plano, plano detalle
ángulo dramático, á. extremo · ANGL dutch angle
— fundido, picado, transparencia, persistencia, travelling
VOCES: acción, cámara, motor, se filma, primera toma, segunda toma, silencio · toma válida · corten

84.03 montaje
VISUALIZACIÓN:
— imagen, fotograma, títulos de crédito
— inserto, cámara lenta, ralentí, corte, efectos especiales, ensamblaje, fundido en negro, f. encadenado, mezcla, ritmo, trucaje
SONORIZACIÓN:
— toma de sonido, sincronización, doblaje, efectos sonoros, música de fondo, ruido de ambiente
— banda sonora
FORMATO:
— doblada, blanco y negro, color, en tres dimensiones, versión original, subtitulada
— 35 mm, 16 mm, 9 mm, súper ocho, vídeo, digital
— mudo, sonoro
84.04 representación
PUBLICIDAD:
— cartel, cartelera, creativos, fotocromos, trailer
— departamento de prensa, difusión en prensa, mailing, marketing o mercadotecnia
PROYECCIÓN:
— preestreno, estreno, reestreno, reposición
— sesión, s. continua, s. de tarde, s. de noche
— sesión numerada, localidades no numeradas, l. numeradas
— no hay localidades, reserva de localidades
festival, premio, galardón, estatuilla, óscar
CALIFICACIÓN MORAL: no apta para menores, no recomendable para..., apta, película X
84.05 fotografía
foto
— **retrato**, foto carné, foto-recuerdo, orla (AGRUPA LOS RETRATOS DE LOS CONDISCÍPULOS DE UNA PROMOCIÓN)
— **tarjeta** postal, vista, v. panorámica, póster, fotograma (CADA UNA DE LAS IMÁGENES EN UNA PELÍCULA CINEMATOGRÁFICA)
— foto artística, f. de exposición · fotografía abstracta, fotomontaje o montaje fotográfico, collage (MATERIALES DIVERSOS SOBRE LIENZO), manchando (PINTURA EN LA SUPERFICIE), fotomosaico (DIVIDIDA EN SECCIONES RECTANGULARES), viñetado (ESQUINAS SOMBREADAS)
— fotografía de prensa, foto-finish
SEGÚN EL MATERIAL EN QUE SE FIJA:
— daguerrotipia (CHAPAS METÁLICAS), fotograbado (PLANCHAS DE CINC), fotolitografía o litofotografía (PIEDRA, MEDIANTE LA ACCIÓN QUÍMICA DE LA LUZ), fototipia (CAPA DE GELATINA EXTENDIDA SOBRE CRISTAL O COBRE), platinotipia (PAPEL SENSIBILIZADO CON SALES DE PLATINO)
— diapositiva o filmina (MATERIA TRANSPARENTE), transparencia (LÁMINA TRANSPARENTE)
SEGÚN LA TÉCNICA:
— blanco y negro, color

— calitipia o calotipia (PRUEBAS DE COLOR SEPIA), catatipia (PRUEBAS POR MEDIO DE LA CATÁLISIS) · negativo, positivo

— bajorrelieve (SENSACIÓN TRIDIMENSIONAL)

— heliograbado (GRABADOS EN RELIEVE MEDIANTE LA ACCIÓN DE LA LUZ SOLAR), heliografía (TRANSMISIÓN DE SEÑALES MEDIANTE EL HELIÓGRAFO)

— holografía (ASPECTO TRIDIMENSIONAL CON RAYO LÁSER), holograma (EMPLEO DE LA LUZ PRODUCIDA POR EL LÁSER)

— cronofotografía (DISTINTAS FASES DEL MOVIMIENTO)

— aerofotografía (DESDE UN VEHÍCULO AÉREO)

AMPLIACIONES O REDUCCIONES:

— microfotografía (PARA REDUCIR EL TAMAÑO DE LA PÁGINA DE UN LIBRO), microfilme (REPRODUCCIÓN EN TAMAÑO MUY REDUCIDO), telefotografía (DE OBJETOS LEJANOS)

— TOPOGRÁFICAS: fotogrametría (PARA MEDICIONES TOPOGRÁFICAS), macrofotografía (REPRODUCCIÓN A ESCALA REAL O MAYOR), ortofotografía (CORRECCIÓN PARA SER REPRESENTADA SIN PERSPECTIVA)

TÉCNICA MÉDICA:

— radiografía (POR MEDIO DE RAYOS X), gammagrafía (REGISTRA LA RADIACIÓN GAMMA), tomografía (IMÁGENES CORPORALES): axial, computarizada, de ultrasonido, de emisión de positrones, de resonancia magnética

84.06 foto y procesos

enfoque, elección de tema, encuadre, plano, composición, exposición, impresión, perspectiva, plano focal · interiores, exteriores

revelado, cliché, prueba negativa, p. positiva, montaje, paralaje · ampliación, reducción · lavado

luz, iluminación, contraluz, claroscuro, contraste, cromatismo · enfocado, desenfocado

definición, resolución, sensibilidad, tiempo de exposición, gran angular, UNIDADES DE RESOLUCIÓN: píxel, megapíxel

flash, COLOQ fogonazo

84.07 cine, foto y personas

productor, realizador, guionista, argumentista, adaptador, documentalista

director, ayudante de dirección, director de doblaje, d. de fotografía, d. de producción, jefe de efectos especiales, j. de sonido, técnico de sonido · secretaria de estudio

actor/actriz, doble, especialista, estrella, extra, animador, figurante, figurinista · anotador

cámara, camarógrafo, maquinista, transfocador, iluminador, operador, montador, electricista · claquetista o claquista · ingeniero de sonido, microfonista

maquillador, peluquero, retocador

84.08 cine, foto y lugares

estudio, e. de sonorización, laboratorio, plató, sala de montaje, talleres

cine, cinema, cinematógrafo · filmoteca, cinemateca, MÉX cineteca · sala de proyección

gabinete fotográfico, GUAT retratería · cuarto oscuro

84.09 material de cine

cámara, c. sonora, dolly, zoom o zum, equipo de grabación, tomavistas, trípode ajustable · cinta cinematográfica

foco, batería de focos, focos con filtro de color, pantalla reflectora, p. negra, reflector, equipo electrógeno, ventilador

trávelin, carro grúa, grúa de la cámara, micrófono de jirafa

PIEZAS DEL PROYECTOR: arco voltaico, bobina, carrete de película, célula fotoeléctrica, espejo reflector, lámpara de arco, lente, objetivo, palanca de centrado, regulador de velocidad, rollo, rueda dentada, tambor

CÁMARA FAMILIAR DE VÍDEO: batería, cabeza de audiosincronización, cabezal, cilindro de sonido, cinta, micrófono integrado, motor de autofoco, objetivo, pista de sincronización, p. de vídeo, p. sonora

MATERIAL: mesa de montaje, moviola, pupitre de mezcla, racor

claqueta · decorado · COPIA DURANTE EL MONTAJE: copión

84.10 material de foto

cámara fotográfica, máquina f., cámara desechable, c. digital

disparador, contador de exposiciones, autofoco (ENFOQUE AUTOMÁTICO), diafragma (CONTROLA EL TIEMPO EN QUE LLEGA LA LUZ AL ELEMENTO SENSIBLE), obturador (CONTROLA EL TIEMPO DE EXPOSICIÓN DE LA PELÍCULA A LA LUZ), fotómetro (MIDE LA INTENSIDAD DE LA LUZ) · flash

exposímetro o ANT actinómetro (MIDE LA CANTIDAD DE LUZ QUE INCIDE O QUE ES REFLEJADA SOBRE EL OBJETIVO), cámara negra, ocular (SISTEMA DE LENTES PARA AMPLIAR LA IMAGEN)

película, carrete, chasis, cliché o clisé

objetivo de corta distancia, o. de larga distancia, o. gran angular (CON LONGITUD FOCAL CORTA), o. rectilíneo, o. simple · teleobjetivo (OBJETIVO DE LONGITUD FOCAL LARGA) · lente convergente, l. divergente · zoom

correa, filtro, fuelle, gran angular, grano

placa, prisma, prueba, réflex, rollo, sensibilizador, telemétrica (ENFOCA GRACIAS A UNA UNIDAD DE PARALAJE), abertura, visor (PERMITE ENCUADRAR EL CAMPO VISUAL QUE SE PRETENDE ABARCAR)

trípode

84.11 material de impresión

cuarto oscuro, luz roja

cubeta, probeta, vaso graduado, prensa de marco, ampliadora, secador eléctrico, pinzas, máscara o pantalla

albúmina, blanqueador, bromuro de plata, celoidina, colodión, desvanecedor, emulsión, fijador, formol, hidroquinona, hiposulfito, humectante, magnesio, metol, pirogalol, rebajador, reforzador, revelador, sensibilizador, virador

placa, prueba, pancromático, platinotipia, negativo, positivo, contacto, diapositiva

papel de copias, p. sensible, p. mate, p. satinado, p. Japón

ADJETIVOS Y ADVERBIOS

84.12 descripción de una película

POR SU FORMATO: largometraje, cortometraje, documental, reportaje · vídeo, DVD o digital · vídeo clip, making off · muda, sonora, subtitulada, remasterizada · en color, en blanco y negro

POR SU TEMÁTICA: de suspense, de intriga, de terror, thriller · western, de aventura, bélica · policíaca, cine negro, c. de acción · biografía, de época, basada en hechos reales · drama, romántica · cine infantil, dibujos animados · erótica, porno o pornográfica · de ciencia ficción, fantástica · comedia · musical

POR SU INTERÉS:

— interesante, entretenida, amena, divertida, agradable, graciosa, deleitosa, atrayente, atractiva, sugestiva, llamativa, enaltecida

— excelente, encantadora, maravillosa, espléndida, lucida, sublime

— fascinante, impresionante, apasionante, cautivadora, deslumbrante, sorprendente, absorbente, fastuosa, abrumadora, exuberante

— original, especial, excepcional, única, curiosa, rara, infrecuente, creativa

— elogiable, decente, talentosa, evocadora, instructiva, estimulante

— ágil, dinámica, industriosa, trepidante, palpitante

— tierna, sensible, sentimental, romántica, delicada, sutil

— buena, bella, bonita, hermosa, preciosa, AM linda

— seductora, elegante, llamativa, distinguida, refinada, exquisita, sensual

POR SU DESINTERÉS:

— ininteresante, deslustrada, deslucida, desabrida, insípida, ñoña, sosa · empañada, oscura, oscurecida

— común, convencional, superficial, típica, simple, banal, vulgar

— vacía, anodina, insulsa, sin sustancia

— aburrida, soporífera, tediosa, inaguantable, desesperante

— pesada, cansina, cargada, repetitiva, monótona

— fea, penosa, ridícula, caricaturesca, grotesca, COLOQ fachosa

— horrible, horrorosa, aterradora, espeluznante, horripilante, repelente, repulsiva, pésima

— grosera, ordinaria, soez, vulgar, indecente

84.13 descripción de una fotografía

borrosa, brillante, descuadrada, desenfocada, encuadrada, enfocada, granulosa, luminosa, mate, movida, oscura, velada

fotosensible, isocromático, pancromático

desenfocado, movido, velado · fotogénico

VERBOS Y EXPRESIONES

84.14 acción y cine

producir, dirigir

rodar, filmar, grabar · montar, retocar, sonorizar, trucar, fundir

actuar, interpretar, doblar

exhibir, dar, echar, estrenar, poner, pasar, proyectar · llevar a la pantalla

84.15 acción y fotografía

retratar, disparar, hacer, obtener, sacar, tomar, hacer fotos

enfocar, encuadrar, diafragmar, exponer, fijar, impresionar, pasar la foto, p. el carrete, rebajar, reforzar, sensibilizar, tirar una foto, ajustar la sensibilidad, apretar el disparador

salir, figurar

revelar, sacar copias, fijar, impresionar, positivar, rebobinar, reforzar, sensibilizar, sobreexponer, virar

ampliar, fijar, rebajar, retocar

85. MÚSICA

85.01 composiciones

TIPOS Y ÉPOCAS: medieval, renacentista, barroca, romántica, impresionista · clásica, moderna

ESTILOS: atonal, de cámara, coral, dodecafónica · sinfónica, ligera · polifónico, homófono

INSTRUMENTOS: sinfonía (TODA LA ORQUESTA), concierto (DIVERSOS INSTRUMENTOS), sonata o sonatina (UNO O MÁS), tocata (INSTRUMENTOS DE TECLADO)

FORMA: suite (UNA MISMA TONALIDAD), rondó (TEMA INSINUADO O REPETIDO), fuga (GIRA SOBRE UN TEMA Y SU CONTRAPUNTO), contrafuga (EN SENTIDO INVERSO), rapsodia (CON FRAGMENTOS DE OTRAS OBRAS)

MODO: impromptu (IMPROVISADA), capricho (DE FORMA LIBRE Y FANTASIOSA), fantasía (FORMA LIBRE), polonesa (AIRE POLACO)

FINALIDAD:

— popular, folclórica, étnica

— religiosa, sagrada o sacra, gregoriana · stábat mater, réquiem, oratorio, canon, misa solemne

— **himno**, marcha
— **serenata** (DEDICADO A ALGUIEN DURANTE LA NO-CHE), **nocturno** (PARA RECORDAR SENTIMIENTOS APACIBLES), **balada** (DE RITMO LENTO Y POPULAR Y GENERALMENTE DE ASUNTO AMOROSO), **alborada** o **albada** (PARA CANTAR EN EL AMANECER)
— **divertimento** (DE CARÁCTER LIGERO), **estudio** (EL EJECUTANTE SE EJERCITA EN EL DOMINIO DE CIERTA FACULTAD)

SEGÚN EL MOMENTO EN QUE SE INTERPRETA CON RESPECTO AL CUERPO DE LA COMPOSICIÓN: **introducción, obertura, preludio, interludio, intermedio · minueto** (INTERCALADO) · ANTERIOR O POSTERIOR A UN TROZO CANTADO: **ritornelo**
SEGÚN LA ESCALA: **pentatónica, dodecafónica**
MODERNAS CONCEBIDAS EN SENTIDO GENÉRICO:
— **pop**, blues, soul, jazz, country, rock, folk
— **funky**, heavy, disco, tecnopop, rap, bakalao
JAZZ Y AFINES:
— **jazz** clásico, Nueva Orleans o tradicional, Chicago, swing, be-bop o bop, hot, jazz-rock, ragtime o rag-time, stride
— **blues**, funk, rhythm and blues, boogie-woogie
COUNTRY Y AFINES:
— **country**, pop, swing, country and western, blue-grass
— **beat**, bossa nova, reggae
ROCK AND ROCK Y AFINES: **hallbilly, rockabille, acid-rock, hard-rock, punk, ska**
FOLK Y AFINES: **folk**, funk o funky, pop, soul, espiritual negro, gospel
RAP Y AFINES: **rap**, hip-hop, bakalao

85.02 guitarra
guitarra española, g. clásica, g. eléctrica, g. acústica, g. electro-acústica
guitarro (PEQUEÑA), **banyo** o **banjo** (RESONANCIA CUBIERTA POR PIEL TENSADA), **balalaica** o **balalaika** (FORMA TRIANGULAR DE ORIGEN RUSO), **ukelele** (POPULARIZADO DESDE HAWÁI)
guitarrillo o **requinto** (CON CUATRO CUERDAS), **charango** (DE CINCO CUERDAS DOBLES), **tiple** o **discante** (MUY AGUDA), **monocordio** (DE UNA SOLA CUERDA), **dobro** (ACÚSTICA CON CAJA DE METAL) · CANARIAS Y MUR **timple** · VEN **cinco** (CINCO CUERDAS), **cuatro** (CUATRO CUERDAS)
laúd, archilaúd, tiorba (DOS MANGOS Y OCHO CUERDAS MÁS PARA LOS BAJOS), VEN bandola o bandolín, CR, HOND, Y NIC quijongo, GRECIA Y ROMA ANTIGUAS: **trigón**
bandurria, bandolón (DIECIOCHO CUERDAS), mandolina o bandolina (CUATRO CUERDAS DOBLES)
lira, arpa, a. eolia, cítara, sitar, salterio o dulcémele, ANT nabla o nebel, sambuca, pentacordio (LIRA ANTIGUA DE CINCO CUERDAS)
TÉCNICAS PARA LA CUERDA PUNTEADA: **rasgueo, punteo, arpegio, tambora, glissando**

PARTES DE LOS INSTRUMENTOS DE CUERDA:
— **caja de resonancia** (ESPACIO DONDE SE PRODUCE LA SONORIDAD), **tapa** (CUBIERTA), **tarraja** (ORIFICIO CIRCULAR)
— **mástil** (PIEZA ESTRECHA Y LARGA SOBRE LA QUE SE EXTIENDEN LAS CUERDAS), **cuello** (MANTIENE SUJETO EL CUERPO Y EL MÁSTIL), **ceja** (LISTÓN ENTRE EL CLAVIJERO Y EL MÁSTIL PARA APOYO Y SEPARACIÓN DE LAS CUERDAS)
— **clavijero** (PIEZA DONDE SE ACOPLAN LAS CLAVIJAS), **clavija** (PIEZA AÑADIDA AL MÁSTIL PARA ASEGURAR Y ARROLLAR LAS CUERDAS), **puente** (PIEZA QUE SUJETA LAS CUERDAS)
— NOMBRES DE LAS CUERDAS DESDE LA MÁS BAJA: **mi** o E o **bordón, si** o B, **sol** o G, **re** o D, **la** o A, **mi** o E o **prima**
EN LA GUITARRA ELÉCTRICA:
— **circuito eléctrico, traste de alpaca, t. de acero, mástil, cabeza, clavijera, clavija, cuerpo sólido, c. semisólido, potenciómetro, cuerda entorchada, c. lisa, puente fijo, p. flotante**
— **pastilla de tonos graves, p. de tonos medios, p. de tonos agudos · regulador de tono**
— **tiro** o **escala** (NÚMERO DE TRASTES QUE CONSTITUYEN EL MÁSTIL), **circuito activo, caja de resonancia, tapa de resonancia, golpeador, roseta, varilla tensora, cutaway** (PUNTO DE UNIÓN ENTRE EL MÁSTIL Y EL CUERPO DE LA GUITARRA) · **micro-afinador**
— EFECTOS: **reverberación, distorsión, eco, coro, puerta de sonido, trémolo, retraso, wah, room, hall, flanger, delay, rotary, overdrive, noise gate** o **phaser**
ACCESORIOS:
— **correa, slide, cable jack, amplificador, pedalera, pedal de efectos, altavoz** o **buffle**
— PARA TAÑER INSTRUMENTOS DE CUERDA: **púa, plectro, clavete** (BANDURRIA)
— **cejilla** o **cejuela** (SUPLEMENTO PARA PRESIONAR SOBRE LA ENCORDADURA Y ELEVAR EL TONO)
— **afinador electrónico**
MOVIMIENTOS:
— **guitarreo, rasgueo, rasgueado, punteo, punteado, floreo, cruzado, armónico, falseta, saltarén, albarillo, campanela**
— SONIDO SECO AL TAPAR CON LA PALMA DE LA MANO EL PRINCIPIO DE LAS CUERDAS: **palm mute**

85.03 violín
violonchelo
— **viola, violón, bajo, contrabajo · vihuela, rabel** (TRES CUERDAS), **guzla** (UNA CUERDA)
— TÉCNICAS PARA LA CUERDA FROTADA: **stacatto** (PICADO), **legatto** (GOLPES LARGOS Y SUAVES), **col legno** (TOQUES CON LA MADERA DEL ARCO), **pizzicatto** (GOLPES CORTOS Y RÁPIDOS), **vibratto** (EL DEDO OSCILA SOBRE LA CUERDA), **armónico** (EL DEDO TOCA SUAVEMENTE LA CUERDA), **de doble cuerda** (SE PISAN DOS CUERDAS)

caja de resonancia, alma (PALO ENTRE SUS DOS TA-PAS PARA QUE SE MANTENGAN A IGUAL DISTANCIA), voluta o cabeza (SUPERIOR), espalda o fondo (INFERIOR), bastidor (PARA APOYAR LOS DEDOS), eses u oídos (APERTURAS EN FORMA DE EFE MI-NÚSCULA), aros (LATERALES), barra armónica (SI-TUADA A LO LARGO DEL INTERIOR DE LA CAJA), sor-dina (EN LA PARTE SUPERIOR DEL PUENTE PARA VARIAR EL TIMBRE)

cuerdas (CUATRO: MI, LA, RE, SOL), clavija (LAS SUJE-TA), cordal (LAS RETIENE EN EL CABO OPUESTO), puente o alzaprima o ponticello (TABLILLA QUE LAS MANTIENE ALZADAS), clavijero (CONJUNTO DE CLAVIJAS), pestaña (ALZADO EN MADERA DONDE SE INSERTAN LAS CUATRO CUERDAS), tensores (TORNI-LLOS PARA AJUSTARLAS)

arco (VARA DELGADA QUE SE DESLIZA) · nuez (PIEZA MOVIBLE EN EL EXTREMO)
— TIPOS: de un cuarto, de un medio, de tres cuartos, completo, blando, semi-blando, se-mi-duro, duro
— PARTES: cabezal, mecha, guía inferior, botón del arco, guarnición, punta, medio, talón
— PRODUCTOS: resina natural, r. sintética, dis-pensador de r. · r. circular, r. rectangular

MOVIMIENTOS DE LA MANO DERECHA: legato (SONIDO MANTENIDO), detaché (SE USA TODO EL ARCO PA-RA UNA SOLA NOTA), martellato o martelé (MO-VIMIENTO SECO Y RÁPIDO DEL ARCO), stacatto (MAR-TELLATO CON MÁS ÉNFASIS), saltellato (SALTOS CON EL ARCO), spicatto (MARTELLATO ACENTUANDO LA PRIMERA NOTA DEL COMPÁS), dobles cuerdas (DOS PLANOS DE CUERDAS DIFERENTES AL MISMO TIEMPO), pizzicato (PUNTEO CON EL DEDO)

MOVIMIENTOS DE LA MANO IZQUIERDA: posición (POSI-CIONAMIENTO DE LOS DEDOS), vibrato (MOVIMIEN-TO DE LA MANO PARA CREAR UN EFECTO DE VIBRA-CIÓN), pizzicato (PUNTEO CON EL DEDO) · TIPOS DE VIBRATO: corto, amplio, martelé

85.04 piano
piano vertical, p. de cola, p. de media cola · pia-nola, zanfonía
clavinova o piano eléctrico, clavicordio
PIEZAS:
— tecla, teclado · pedal
— clavijero · cuerda, macillo, mazo o martine-te, batiente, apagador · puente · sordina
— TABLA ARMÓNICA: secreto
TÉCNICAS PARA CUERDA PERCUTIDA: pianísimo (MUY SUAVE), mezzo-piano (SUAVE), forte (MUY FUER-TE), stacatto (RÁPIDO Y PICADO)

85.05 órgano
órgano de fuelles, ó. electrónico, ó. de manubrio
organillo, realejo, armonio o harmonio, clave, clavicordio, monacordio, espineta, clavi-cémbalo, celesta, claviórgano, muérgano, ANT xilórgano

sintetizador
LENGÜETAS MÚLTIPLES:
— acordeón (FUELLE CUYOS DOS EXTREMOS SE CIE-RRAN POR SENDAS CAJAS), concertina (HEXAGONAL DE FUELLE LARGO)
— bandoneón (COMO EL ACORDEÓN, PERO PROPIO DEL TANGO)
— armonio (COMO EL ÓRGANO, PERO MÁS PEQUEÑO, SIN TUBOS Y CON PEDALES)
— ORIFICIOS CON LENGÜETA: armónica
PIEZAS:
— consola, caja, cornisa · tecla, teclado
— tubo, cañutería, caño, cañonería, lengüetería
REGISTROS:
— flautado, trompetería, clarín, nasardo, orlo, tapadillo · quincena, decimanovena
— LLAVE BASCULANTE PARA EL MANDO DE LOS REGIS-TROS: tablilla
— EJE DE CAMBIO DE REGISTRO: árbol
— pedales o contras, fuelle o AR Y MUR man-cha, PALANCA CON QUE SE MUEVEN LOS FUELLES: entonadera
TABLA ARMÓNICA: secreto

85.06 trompeta
corneta, trompa, trombón, cuerno, cornamu-sa, ROMA ANTIGUA: lituo
oboe, corno francés, c. inglés, RÚSTICO USADO EN LOS ALPES: orlo, torloroto
fagot o fagote, contrafagot, COLOQ piporro, ANT sordón
bugle (LARGO TUBO CÓNICO), fiscorno, tuba, sa-cabuche (SE ALARGA Y SE ACORTA RECOGIÉNDOSE EN SÍ MISMO), figle (TUBO LARGO DOBLADO POR LA MITAD), bombardino
saxo, saxofón · s. barítono, s. tenor · saxo con-tralto, s. soprano, helicón
COLOQ pitos, tiroriros
PARTES DE UN INSTRUMENTO DE VIENTO: boquilla o bo-cal, estrangul (PIPA DE CAÑA), tudel (TUBO) · EN LA FLAUTA, EL CLARINETE Y EL FAGOT: bomba

85.07 flauta
flauta travesera, f. dulce, f. de pico, f. de tubos · flautín · ocarina (OCHO AGUJEROS), quena (DEL ALTIPLANO), chistu o txistu (DEL P VASCO), güi-ro (DE LAS ANTILLAS, CR Y MÉX), guaira (DE AM CENT)
clarinete, clarín, cornetín, requinto, dulzaina, chirimía o ANT bombarda
flautín, cálamo, fístula, dulzaina o BUR, PAL Y VALLADOLID: charambita, EN AMBIENTES RÚSTI-COS: zampoña o caramillo o flautillo, EN ZO-NAS MILITARES: serpentón, EN EL P VASCO: chi-rula, DOS FLAUTAS UNIDAS: gargavero, ANT albogón, PROPIA DE JUGLARES Y PASTORES: albo-gue, PROPIA DE LOS MUCHACHOS: pipiritaña, EC rondador
gaita, g. gallega, g. asturiana, g. irlandesa

85.08 percusión

EN CONJUNTO: batería

idiófonos (VIBRA EL PROPIO MATERIAL DE QUE SE COMPONEN AL SER GOLPEADO, RASGADO O FROTADO):
— **campana,** campanas tubulares, campanilla
— **triángulo,** castañuela, maraca, matraca, carrasca, ginebra, chicharra
— **xilófono,** vibráfono, tímpano, AM marimba
— **maracas,** brazalete de semillas (SE ATA EN BRAZOS Y PIERNAS DEL DANZANTE), sonajero de campanillas, AM güiro (FRUTA EXÓTICA GOLPEADA CON VARILLAS METÁLICAS)
— INSTRUMENTOS PERCUTORES: baqueta, escobilla, palote, palo, palillo, badajo

membranófonos (MEMBRANAS CONVENIENTEMENTE TENSAS QUE VIBRAN POR PERCUSIÓN O FROTACIÓN):
— **tambor,** tambora, tamboril, tamborín, tamborón, atabal, atamor, atambor, bombo, tabal, parche, GRECIA Y ROMA ANTIGUAS: címbalo, EN ALGUNOS PAÍSES DEL CARIBE: bongó, EN LA ANTIGUA CABALLERÍA: nácara, EN ÁFRICA: tamtam o tamtan, candombe, EN BANDAS MILITARES: platillos, redoblante, chinesco
— **ajna** o tabla, bombo, caja, daff (PANDERO CUADRADO CUBIERTO DE PIEL POR LOS DOS LADOS), kultrum (TIMBAL MAPUCHE), timbal, tarija, zambomba
— PROPIOS DE LAS CELEBRACIONES POPULARES NAVIDEÑAS: pandereta, pandero, zambomba, morterete

PROPIOS DEL CANTE FLAMENCO: castañuelas, palillos, punta, cajón, redonda

85.09 notas

do o C o ANT ut, re o D, mi o E, fa o F, sol o G, la o A, si o B
— **tercera,** sexta, séptima · natural, CON UN SEMITONO MÁS: sostenido, CON UN SEMITONO MENOS: bemol, RECUPERAN LA ENTONACIÓN NATURAL: becuadro
— VALORES: redonda, blanca, negra, corchea, semicorchea, fusa, semifusa · ANT longa (CUATRO COMPASES), breve o cuadrada (DOS COMPASES)
— **tónica,** supertónica, dominante, subdominante, superdominante · acorde, discorde o disonante
— EJECUCIÓN: ligado, sincopado, semicopado
— SEGÚN LA FRECUENCIA DE VIBRACIONES: grave, agudo, sobreagudo
— **síncopa** (ENLACE DE DOS SONIDOS)

DE ADORNO:
— **apoyatura** (LA TOMADA DEL SIGNO SIGUIENTE PARA NO ALTERAR LA DURACIÓN DEL COMPÁS), grupeto (ADORNO DE CUATRO NOTAS), trémolo (SUCESIÓN DE MUCHAS NOTAS IGUALES)
— **trino** (SUCESIÓN RÁPIDA Y ALTERNADA DE DOS NOTAS CERCANAS), semitrino (DE CORTA DURACIÓN), trinado (SUCESIÓN RÁPIDA Y ALTERNADA)

— **suspensión** (PROLONGACIÓN DE UNA NOTA SOBRE EL SIGUIENTE ACORDE)

SERIES DE NOTAS:
— **escala** (SUCESIÓN CROMÁTICA DE TODAS LAS NOTAS), deducción (QUE ASCIENDEN O DESCIENDEN), gama (ESCALA MUSICAL)
— **tetracordio** (CUATRO SONIDOS QUE FORMAN UN INTERVALO EN CUARTA), hexacordo (DE SEIS NOTAS), heptacordo (DE LAS SIETE NOTAS)
— **modo** (DISPOSICIÓN DE LOS INTERVALOS EN LA ESCALA), quiebro o mordente (GRUPO DE NOTAS DE ADORNO QUE ACOMPAÑAN A UNA PRINCIPAL)
— **natura** (ESCALA NATURAL DE MODO MAYOR), octava (SIETE SONIDOS DE LA ESCALA MÁS LA REPETICIÓN DEL PRIMERO DE ELLOS)

NOTAS INTERPRETADAS EN TIEMPO CORRESPONDIENTE INFERIOR: tresillo (TRES EN TIEMPO DE DOS), sextillo o seisillo (SEIS EN TIEMPO DE CUATRO), septillo (SIETE EN TIEMPO DE SEIS) · sincopado (NOTA QUE SE HALLA ENTRE DOS O MÁS DE MENOS VALOR, PERO QUE JUNTAS VALEN TANTO COMO ELLA)

intervalo (DIFERENCIA DE TONO ENTRE DOS NOTAS)
— **diapente** (DE QUINTA), diatesarón (DE CUARTA), pausa (BREVE INTERVALO EN QUE SE DEJA DE TOCAR)
— ENTRE LAS NOTAS: tono, semitono, ditono (DOS TONOS), semidítono (UN TONO O UN SEMITONO), tritono (TRES TONOS), diapasón (CINCO TONOS Y DOS SEMITONOS)

silencio, tacet, pausa, suspiro

85.10 acordes

TRES O MÁS NOTAS DIFERENTES EN COMBINACIÓN ARMÓNICA: acorde, TOCADO EN SUCESIÓN: arpegio

TONALIDAD: tono mayor, t. menor

MODIFICACIONES: séptima, quinta, sexta, cuarta, tercera, octava, segunda

MODOS DE INTERPRETARLO:
— rasgueado, tañido, punteado
— redoble, repiqueteo, trompeteo, albarillo

carrerilla (SUBIDA O BAJADA, POR LO COMÚN DE UNA OCTAVA, PASANDO LIGERAMENTE POR LOS PUNTOS INTERMEDIOS)

quincena (INTERVALO QUE COMPRENDE LAS QUINCE NOTAS SUCESIVAS DE DOS OCTAVAS)

85.11 partitura

pentagrama (USADO EN EL CANTO GREGORIANO: tetragrama · llave, línea, l. divisoria, líneas adicionales, doble barra, coda, corchete, signo de repetición

CLAVE: de sol, de fa, de do, de re, de mi, de la, de si

COMPÁS: cuatro por cuatro o compasillo (4/4), dos por dos (2/2), dos por cuatro (2/4), tres por cuatro (3/4), seis por ocho (6/8), doce por ocho (12/8)

RITMOS: puntillo, tresillo, calderón, notas a contratiempo

ACENTUACIONES: ligadura, nota separada, n. picada

ALTERACIONES: sostenido, doble sostenido, bemol, doble bemol, becuadro

ESCALAS: ascendente, descendente · mayor, menor · diatónica, cromática, propia, alterada

TONOS: tono, semitono, s. cromático

ACORDES: mayores, menores, disminuidos

INTERVALOS: de segunda, de tercera, de cuarta, de quinta, de sexta, de séptima, de octava

DINÁMICAS: forte, fortísimo, mesoforte, piano, pianísimo, mezzopiano · crescendo, decrescendo

ADORNOS: arpegio, apoyatura, grupito, trino, mordente, pedal

INDICACIONES DE TONOS EN LA MÚSICA ANTIGUA: alamirré, befabemí, cesolfaút, delasolré, elamí, fefaút, gesolreút

EN LA MÚSICA GRIEGA: diesi, leima

85.12 movimientos

MUY LENTO: piano, pianíssimo

LENTO: adagio, adagietto, largo o lento, larghetto, moderato, cantable o cantábile

MODERADAMENTE LENTO: andante, andantino, scherzo, templado o temperado, maestoso

VIVO: alegreto o allegretto, allegro, vivace, larghetto

MUY RÁPIDOS: presto, prestísimo, vivace, vivacísimo

A GUSTO, A VOLUNTAD: ad libitum

CON FUERZA: forte, fuerte, fortissimo

AUMENTO GRADUAL DEL SONIDO: crescendo

DISMINUCIÓN GRADUAL DE UN SONIDO: diminuendo

PERIODO ARMÓNICO QUE VA SUBIENDO DE GRADO EN GRADO: gradación

85.13 técnica musical

ESTUDIO: musicología (TEORÍA E HISTORIA), melografía (ARTE DE ESCRIBIR), melopeya (ARTE DE PRODUCIR)

AMOR POR LA MÚSICA: filarmonía, SI ES DESMEDIDO: melomanía o musicomanía

CUALIDADES DE LA INTERPRETACIÓN:

— afinación, entonación, proporción, ajuste, tono

— armonía o harmonía, armonización, eufonía, cromatismo, simetría, cadencia, concordancia, consonancia, estética, exquisitez

— melodía, ritmo, movimiento, modulación, variación, polifonía, alteración, contrapunto, SUSPENDIENDO MOMENTÁNEAMENTE EL COMPÁS: fermata, RELIG fabordón

— sonoridad, acento, temperamento, temple

— ejecución, resolución, repentización, digitación, propiedad, punto, semicadencia

— suavidad, sutileza, delicadeza, dulzura, fineza, finura, gracia

— unisonancia, disonancia o disón, homofonía, dodecafonía

GRUPO DE NOTAS SUCESIVAS QUE FORMAN UN ADORNO SOBRE UNA MISMA VOCAL: melisma

85.14 música y personas

compositor, profesor, maestro, arreglista, contrapuntista, virtuoso · director de orquesta · FIG cisne

intérprete, concertista, instrumentista, solista, ejecutante, tocador, jazzman · tuno, murguista

violinista, violonchelista o violoncelista, primer violín, bajo, contrabajo, ENCARGADO DE LOS SOLOS: concertino

trompetista o trompeta · saxofonista · flautista, clarinetista, fagotista, oboe, dulzainero · corneta, añafilero · gaitero

teclista, pianista, organista, clavicembalista, acordeonista

guitarrista, bajo, contrabajo · tocante, payador, tiple, guitarrero, trasteante, vihuelista · arpista, citarista · CONSTRUCTOR DE INSTRUMENTO DE CUERDA: violero, luthier

percusionista, platillero, tamborilero, timbalero, cimbalero, xilofonista · batería, AM baterista, COLOQ batero

disc-jockey o DJ o DESUS pinchadiscos

EN LA IGLESIA:

— QUE DIRIGEN: maestro de capilla, chantre o capiscol, sochantre

— QUE TOCA UN INSTRUMENTO DE VIENTO: menestril o ministril

— QUE MUEVE LOS FUELLES DEL ÓRGANO: entonador, EN AR manchador

GRUPO DE MÚSICOS:

— orquesta filarmónica, o. sinfónica, o. de cámara

— coral, coro, orfeón, escolanía, estudiantina, agrupación

— dúo, dueto, trío o terceto, cuarteto, quinteto, sexteto o sextillo, septeto o septimino, octeto, noneto

— conjunto o c. musical, banda, comparsa, charanga, fanfarria, murga

— tuna, ronda, rondalla, orquestina, parranda, COLOQ chinchín · MÉX mariachis

QUE SE INTERESA POR LA MÚSICA: melómano, musicógrafo, musicólogo, musicómano, diletante

▸ 86.08 canto y personas

85.15 música y lugares

auditórium, sala de conciertos, teatro, t. de la ópera, t. de la zarzuela, PARA EL APRENDIZAJE: conservatorio

EN LA SALA DE CONCIERTOS: festival, gala, recital, velada musical, concierto, DESUS discante

EN LA CALLE: serenata, ronda, CHILE esquinazo, EN EL EJÉRCITO: retreta · EN ALGUNAS CIUDADES, PARA BANDAS MUSICALES: quiosco de la música

85.16 almacenamiento y reproducción

ALMACENAMIENTO:

— CD, compact disc, disco compacto, tarjeta de memoria

— **casete**, cinta magnetofónica, disco, d. de vinilo o microsurco, single, elepé

— TECLAS: ANGL forward (ADELANTAR), rewind (REBOBINAR)

REPRODUCTORES:

— equipo de música, cadena

— lector de discos compactos, compact disc, lector de mp3 (MEDIA PLAYER VERSIÓN 3) · karaoke

— magnetófono, casete, radiocasete, grabadora, ARG, UR Y VEN radiograbador

— walkman, discman

— ANT gramófono o fonógrafo, fonocaptor · caja de música, gramola, tocadiscos, AM rocola, MÉX vitrola

TÉCNICA ACÚSTICA:

— audiometría, audiofrecuencia

— **volumen**, tono, mezcla, reverberación, eco · agudos, graves, altos, bajos · sonido mono, s. estereofónico, s. cuadrofónico

— **amplificador**, audímetro, columna, ecualizador, generador de tonos, mesa de mezclas, pre-amplificador, rever, sonómetro · cables de platino

— **altavoz**, bafle, COLOQ zumbador, AM parlante o altoparlante, MÉX bocina, VEN corneta

— **auriculares**, CHILE, MÉX Y VEN audífonos

— micrófono, megáfono

— REGISTRO DE SONIDO EN SOPORTES ESPECIALES: fonograma, PARA MEDIR LA INTENSIDAD: fonómetro · COLECCIÓN: fonoteca

— UNIDADES DE MEDIDA: fonio, sonio, vatios de potencia

85.17 material complementario

COLECCIÓN DE PARTITURAS:

— cantoral, santoral, vesperal, pasionario, tonario

— libro capitulario, l. antifonario, l. de coro · papel de música, p. pautado

MIDE EL COMPÁS: metrónomo

REGULADOR DE TONOS: diapasón

BASTONCILLO DEL DIRECTOR DE ORQUESTA: batuta

PARA SOSTENER LAS PARTITURAS: atril

PARA RAYAR EL PAPEL BLANCO: pauta

ADJETIVOS Y ADVERBIOS

85.18 armoniosa

celestial

— divina, angelical, arrebatadora, pura, emotiva, enternecedora, grata, entretenida

— amena, apacible, relajante, tranquila

— conmovedora, emocionante

— armónica, eufónica, sinfónica, polifónica, melódica, melodiosa, filarmónica · proporcionada

— rítmica, cadenciosa, ligada, acompasada, consonante · deliciosa, prodigiosa · isócrona, picada, cromática

alegre, ligera, pegadiza, dulce

delicada

— suave, fina, grácil, sutil, sensible, exquisita, expresiva, resuelta

— blanda, cromática, diatónica, enarmónica, picada, semicromática

— afinada, templada, entonada, ajustada

bailable, cadenciosa, sacudida, rítmica, movida, acompasada, sincopada, vivaz, movediza, vibrante

85.19 inarmónica

ruidosa, estrepitosa, estridente, atronadora, retumbante, crujiente, cacofónica, disonante

desafinada, inarmónica, indeterminada, indefinida

soporífera, abstracta, aburrida, cansina, desagradable, discorde, fría, inexpresiva, insoportable, monótona, penosa, repetitiva, triste, vacía

VERBOS Y EXPRESIONES

85.20 componer

orquestar, musicalizar o musicar, armonizar, corear, escribir, preludiar, instrumentar · arreglar, acompasar, pautar · transcribir, transportar

dirigir, tutelar

85.21 interpretar

afinar, acordar, templar, entonar · subir el tono, bajar el tono

ensayar, toquetear, repentizar, rascar · COLOQ hacer dedos

tocar, interpretar, ejecutar, compasar o compasear, acompañar · tañer, teclear · tocar con partitura, t. de oído, improvisar · llevar el compás

entrar, atacar, picar, primorear, pulsar, puntar

modular, ligar, desligar, arpegiar, frasear, octavar, matizar, discantar, redoblar, contrapuntear, sincopar, quebrar, resolver, resonar

guitarrear, rasgar, rasguear, puntear, florear, trastear · arpegiar, COLOQ, SIN ARTE: zangarrear

tamborear, tamborilear, tamboritear, redoblar, tabalear

desafinar

— disonar, desacordar, desentonar, discordar, destemplar, machacar los oídos

— chirriar, cerdear, graznar, berrear

86. CANTO Y BAILE
86.01 canto clásico

CLÁSICAS CANTADAS: ópera, ó. bufa, ó. cómica, opereta, zarzuela, género chico, bailete

PARA VOZ DE BAJO PROFUNDO: contrabajete

PARA QUE CANTE UNA SOLA VOZ: aria, ARIA BREVE: cavatina

COMPUESTA DE VARIAS VOCES: concertante, canon · SOLÍA CANTARSE EN CUARESMA: oratorio

86.02 canto popular

canción, cantiga, cantilena o cantinela, copla, folía, madrigal, mayo, melisma, pasodoble, tonada, trova, zarabanda, GAL muñeira

EN LOCALES DE ESPECTÁCULO: cuplé, trípili, tonadilla, HECHOS DE LA VIDA AIRADA: jácara, DE ASUNTO AMOROSO: balada, DESUS gavota

villancico, chanzoneta

himno, marcha, m. real, oda, alborada

nana, arrullo

canción de tuna, pasacalle, serenata, popurrí, tonadilla

AM ranchera, candombe, cueca o zamacueca, triste, ARG tango, milonga, ARG, BOL Y UR vidalita, ARG, CHILE Y UR payada, COL Y VEN llanera, COL guabina, CUBA habanera, bolero, guajira, guaracha, MÉX corrido, VEN joropo, PERÚ yaraví, RD merengue, BRASIL samba ITALIA barcarola, PORTUGAL fado

86.03 canto religioso

EN OFICIOS: misa cantada, canto gregoriano

EN ALABANZA A DIOS: himno, salmo, salmodia, tedeum, cántico, pange lingua, tántum ergo, alabado

EN ALABANZA A LA VIRGEN: magníficat, stábat mater

EN RECUERDO DE LOS DIFUNTOS: réquiem, responso, miserere

EN LOS OFICIOS DEL VIERNES SANTO: improperio

EXCLAMACIÓN DE JÚBILO: hosanna, aleluya, gloria, gozo, epinicio

EN ALABANZA: loor, saeta, antífona, benedictus, invitatorio, cántico, capítula, pasillo, siesta, treno, trisagio · COLOQ gorigori, salmodia

86.04 cante flamenco

EN SENTIDO GENÉRICO: cante hondo · toná, tonadilla · romance, serrana, corrida

CADA UNA DE LAS VARIEDADES: palo

PRIMITIVOS BÁSICOS SIN ACOMPAÑAMIENTO: corrido gitano, debla, martinete, carcelera

ACOMPAÑADOS DE INSTRUMENTO: seguidilla o seguiriya, calesera, liviana, serrana, soleá, bulería, caña, polo, alboreá

TRES VERSOS: tiento

CUATRO VERSOS EN TODAS LAS TONALIDADES: tango, tanguillo, tiento, mariana, malagueña, petenera, rondeña, cartagenera

CUATRO VERSOS EN TONOS MAYORES: cantiñas, alegría, mirabrás, caracol, romera, rosa

CINCO VERSOS, QUE SE SUELEN CONVERTIR EN SEIS:
— fandango, fandanguillo
— DE MÁL: malagueña, jabera, rondeña, verdial
— DE LEVANTE Y DE LAS MINAS: granaína, media granaína, taranta, taranto, minera

ORIGEN FOLCLÓRICO ANDALUZ:
— sevillana · TIPOS DE SEVILLANAS: bolera, corralera, bíblica, marinera, rociera, litúrgica
— PROPIO DE LOS MINEROS: minera, taranta · caña

ORIGEN HISPANOAMERICANO O CANTES DE IDA Y VUELTA: colombiana, guajira, milonga, rumba

ORIGEN HÍBRIDO INCIERTO: garrotín, farruca

CADA UNO DE LOS VERSOS DE QUE CONSTA UNA COPLA DEL CANTE FLAMENCO: tercia, FRASE DE FLOREO: falseta

SENTIMIENTOS Y CUALIDADES EN EL CANTE FLAMENCO: hipío o jipío, quejío, pellizco, duende, hondura, tristeza, pena, emoción, desplantá

86.05 voz

PARTE DE LA ESCALA MUSICAL QUE SE CORRESPONDE CON LA VOZ HUMANA: registro

canto, cante, tarareo, canturreo, arrullo

FISIOLOGÍA:
— base alta, b. baja, b. media
— capacidad bucal, c. torácica, diafragma, pulmones
— resonador de omóplato, resonadores de pecho, r. de vientre
— cuerda vocal, garganta, laringe, siringe · EMISIÓN DEL SONIDO EN SU PLENITUD: impostación
— afonía

desafinación, gallo, gorgorito, gorjeo, quiebro, trino

ELEMENTOS DEL CANTO:
— **musicalidad**, armonía, melodía, línea melódica, modulación, medida, aire, variación, vocalización, imposta
— **tonalidad**, entonación, aspiración · ritmo, compás, acento, cadencia · altura, tesitura, registro, inflexión, gama, expresión, fuerza, intensidad
— ligado, picado · crescendo, decrescendo
— **parada**, pausa, silencio, suspiro
— **timbre**, tono, fonación, volumen, extensión, inflexión · acento, afinación, color, cuerda, metal, muda
— VOZ MÁS AGUDA QUE LA NATURAL: falsete o falseta

VOCES DEL CORO:
— mezzo o mezzosoprano, soprano
— contralto, tenor, contratenor, barítono, bajete
— bajo, contrabajo

86.06 tipos de baile

baile regional, b. popular · b. de salón, b. de sociedad, b. de etiqueta · b. de disfraces, b. de figuras o de cuenta · b. de candil, b. de botón gordo, b. de cascabel gordo

CLÁSICOS:
— vals, polca, polonesa, mazurca, minué o minueto, marcha
— rigodón, chacona, pasacalle
— gavota, gallarda, giga, pavana, zarabanda
— bourrée, branle, galop, musette, pasapié, saltarello
— EN LOS ESPECTÁCULOS: cancán

POPULARES:
— **danza** · pasodoble, jácara, ENTRE MORISCOS leila o zambra, z. gitana, EXT jorco, COLOQ Y DESUS coliche · sarao, COLOQ saragüete
— **molinete** (LOS PARTICIPANTES, ASIDOS DE LAS MANOS, FORMAN CIRCULO GIRANDO EN DIFERENTES DIRECCIONES)
— AND **alegrías**, bulerías, fandango, fandanguillo, seguidilla, tientos, verdiales, sevillanas, malagueñas, soleares, zorongo, vito
— MADRID: **chotis**, PAÍS VASCO: zorcico, aurresku, GALICIA: muñeira, ARAGÓN: jota, CATALUÑA: sardana, CANARIAS: folía, isa, canarios, polca canaria
— AM **bamba**, ARG tango, milonga, COL torbellino, CUBA rumba, mambo, bolero, salsa, conga, chachachá, RD bachata, merengue
— BRASIL: **samba**, capoeira, lambada, ESTADOS UNIDOS: madison, charlestón, blues, boogiewoogie o bugui, fox-trot, java, jitterbug, onestep, rock and roll, swing, twist, dixie, bigbang, GRECIA: syrtos, ITALIA: tarantella, TURQUÍA Y BALCANES: danza del sable, ESCOCIA: highland fling, LÍBANO: dabke, EGIPTO: danza del vientre, JAPÓN: gagaku, HAWÁI: hula-hula, NUEVA ZELANDA: haka, INDIA: kathakali

86.07 figuras y pasos de baile

POSICIONES: **arabesco** (CUERPO DE PERFIL, APOYADO EN UNA PIERNA), **attitude** (COMO EL ARABESCO, PERO CON LA RODILLA DE LA PIERNA LEVANTADA DOBLADA EN ÁNGULO DE NOVENTA GRADOS)
MOVIMIENTOS DEL CUERPO:
— **cimbrado** (DOBLADO DEL CUERPO POR LA CINTURA), **cruzado** (MUDANZA FORMANDO UNA CUZ Y VOLVIENDO A OCUPAR EL LUGAR QUE ANTES TENÍAN), **doble** (TRES PASOS EN UN QUIEBRO), **quebradillo** (QUIEBRO CON EL CUERPO), **remeneo** (MOVIMIENTOS RÁPIDOS Y CONTINUOS), **borneo** (BALANCEO), **souplesse** (EL CUERPO EJECUTA UNA FLEXIÓN PARA EL FRENTE, ATRÁS O A LOS LADOS), **balancé** (A UN LADO Y OTRO)
— GIROS: **pirueta** (CLÁSICO), **fouetté en tournant** (EL PIE SE ESTIRA Y RECOGE A CADA VUELTA SIN PARAR EL MOVIMIENTO), **maneges** (PASOS SUELTOS EJECUTADOS EN UN CÍRCULO)
— PASOS: **carrerilla** o carrera (DOS PASOS CORTOS ACELERADOS HACIA ADELANTE), **contenencia** (PASO DE LADO QUE APARENTA QUE SE CONTIENE), **contrapaso** (PASO A LA PARTE OPUESTA), **battu** (PASO MEZCLADO CON UN GOLPE ENTRE LOS PIES)
SALTOS:
— **cuatropeado** (ALZADO Y CAÍDA DE LA PIERNA IZQUIERDA CRUZANDO LA OTRA ENCIMA CON ACELERACIÓN), **assemblé** (PIE DESLIZADO POR EL SUELO ANTES DE ELEVARSE POR EL AIRE), **batimán** (SACAR LA PIERNA EXTENDIDA PARA BATIR CON LA OTRA), **brisé** (PEQUEÑO BATIDO CON LOS PIES), **balancé** (AL-

TERNACIÓN DE EQUILIBRIO, CAMBIANDO EL PESO DE UN PIE AL OTRO), **cabriola** (PIERNAS EXTENDIDAS QUE SE BATEN EN EL AIRE A 45° O 90° GRADOS), **chassé** (UN PIE PERSIGUE LITERALMENTE EL OTRO PIE DE SU POSICIÓN, HECHO EN UNA SERIE), **entrechat** (SE CRUZAN RÁPIDAMENTE LAS PIERNAS EN EL AIRE PARA CAER EN LA MISMA POSICIÓN), **pas de chat** (SALTO SEMEJANTE AL MOVIMIENTO DE UN GATO), **jeté** (SE ARRASTRA EL PIE Y SE SALTA DESDE UNA POSICIÓN HASTA OTRA EN LA QUE EL PIE NO TOCA EL SUELO)
— **portes** (ALZADO Y TRASLADO), **campanela** (SALTO DESCRIBIENDO UN CÍRCULO CON UNO DE LOS PIES CERCA DE LA PUNTA DEL OTRO)
MOVIMIENTOS CON LAS PIERNAS:
— **plié** (FLEXIÓN DE RODILLAS), **demi-plié** (MEDIA FLEXIÓN DE RODILLAS), **fondue** (BAJAR EL CUERPO DOBLANDO LA RODILLA DE LA PIERNA DE SOPORTE), **glissade** (DESLIZAMIENTO DE LOS PIES DE UNA POSICIÓN A OTRA)
MOVIMIENTOS CON LOS PIES:
— **cargado** (ALZADO DE PIE DERECHO QUE SE COLOCA SOBRE EL OTRO), **floreo** (BALANCEO DE UN PIE EN EL AIRE MIENTRAS EL OTRO PERMANECE EN EL SUELO), **floreta** (MOVIMIENTO CON AMBOS PIES), **gambeta** (CRUZANDO LAS PIERNAS EN EL AIRE), **girada** (VUELTA SOBRE LA PUNTA DE UN PIE LLEVANDO EL OTRO EN EL AIRE), **mudanza** (HACER AL CONTRARIO), **retirada** (AVANZANDO Y RETIRANDO CON RAPIDEZ EL PIE DERECHO), **salto y encaje** (EL PIE DERECHO SE RETIRA Y PONE DETRÁS DEL IZQUIERDO AL TIEMPO DE DAR EL SALTO), **échapé** (ABERTURA DE AMBOS PIES)
SALUDOS:
— **reverencia** (LAS CHICAS COLOCAN EL PIE DETRÁS Y DOBLAN LA RODILLA, LOS CHICOS INCLINAN LA CABEZA)
— **coda** (LOS BAILARINES PRINCIPALES APARECEN POR SEPARADO O CON SUS ACOMPAÑANTES AL FINAL DEL NÚMERO PARA SALUDAR AL PÚBLICO)
EN EL BAILE FLAMENCO:
— **entrada**, salida, llamada, desplante
— **taconeado** o taconeo, zapateado o zapateo, braceado o braceo, floreado o floreo
— **marcando**, punteado
— **juerga**, sarao, EN GRAN: zambra

86.08 canto y personas

cantante, solista, cantor, cantaor, cantautor, tonadillero, folclórico, coplero · milonguero, tanguero, payador · roquero

tenor, contratenor, soprano, mezzosoprano, barítono, contralto · bajo, contrabajo · tiple, vicetiple · barítono · VOZ QUE VA DELANTE EN LA FUGA: **guía**

VOCES RELIGIOSAS: **versiculario**, antifonero · seise
EN EL CANTE FLAMENCO:
— **cantaor**, tocaor, golpeador, palmero
— QUE RECIBE LA GUITARRA: **baján** o bajando (JERGA GITANA)
— COLECTIVO: **cuadro flamenco**, peña flamenca

86.09 baile y personas

bailarín, o DESUS bailista, danzarín, danzante, danzador, zapateador, bailarina, saltatriz, corista, EN INDIA: bayadera, EN ORIENTE, MUJER QUE DANZA EN PÚBLICO: almea, EN LA MITOLOGÍA: coribante, EN EL TEATRO: histrionisa, EN LAS DISCOTECAS: gogó, ARG y UR milonguero, tanguero

EN LAS PARODIAS: saltarín, matachín, moharracho, SAL zangarrón

QUE ORGANIZA O GUÍA EN ALGUNAS DANZAS: alcalde, guión, bastonero · DESUS, POETA QUE ESCRIBÍA LETRA PARA LOS BAILES: bailinista

pareja, partenaire · EN GRUPO: coro, cuadrilla, agrupación · coreógrafo

figurante

EN EL BAILE FLAMENCO: bailaor

86.10 baile y lugares

salón, discoteca, baile, disco-bar · boîte, cabaret, dancing, night club · café de conciertos, sala de fiestas · barra, espejo

EN EL CANTE FLAMENCO:
— colmao, tablao, café cantante

86.11 baile y atuendo

ACCESORIOS:
— mantón, velo, pañuelo · COSIDO A LOS VESTIDOS COMO ADORNO: lentejuela · EN LA DANZA CLÁSICA: tutú, leotardos, malla, media
— muñequera, rodillera, codera, calentador
— SOSTENIDOS EN LA MANO: bastón, sable, espada, abanico, candelabro
— EN EL FLAMENCO: collar, pulsera, brazalete, pendiente, peineta, castañuelas o POES crótalos, pandero

EN EL PELO: cinta, gomina, horquilla, laca, moño, peine, pinza

ZAPATILLAS: de media punta, esparadrapo, gomas, protector, puntas

ADJETIVOS Y ADVERBIOS

86.12 descripción de la voz

armoniosa, clara, argentina, dulce, plena, profunda, penetrante, entonada, rica, vibrante

delicada, melodiosa, melindrosa, fina, suave, exquisita, primorosa, pulcra

potente
— fuerte, profunda, penetrante, vibrante, estentórea · ronca, sorda
— alta, aguda, aflautada, flauteada, abaritonada, atiplada, chillona, tiplisonante, sonora

baja
— atenorada, timbrada, gutural, hueca, grave
— apagada, falsa, afónica, velada, tomada

áspera
— bronca, cascada, insuave, desabrida, desapacible, empañada, aguardentosa, discordante, queda

— gutural, nasal, opaca, parda, hueca, áspera, pastosa, cavernosa, sepulcral, dura
— destemplada, empañada, inarticulada, entrecortada, gangosa, temblorosa

EN EL CANTE FLAMENCO: honda, afilá, rasgada, ronca · chica, grande

VERBOS Y EXPRESIONES

86.13 cantar

canturrear o canturriar
— canticar, cantusar, contrapuntear, coplear, impostar, modular, afinar, arrancarse, entrar, repentizar, responder
— SIMULANDO UN GEMIDO: jipiar, CON QUIEBROS EN LA GARGANTA: gargantear, CON CADENCIA MONÓTONA: salmodiar, ENTRE DIENTES Y SIN ARTICULAR: tararear o tatarear, CON SON CADENCIOSO: salomar
— acunar, arrullar, tararear · entonar

corear
— solfear, modular, interpretar, impostar, vocalizar, discantar, trinar, PONER BEMOLES: abemolar, RELIG oficiar, capitular, salmear
— bajar el tono, suavizar la voz, modular la voz, ahuecar la voz, bajar el diapasón
— subir el tono, s. el diapasón, dar el do de pecho, ensanchar la voz

berrear
— vocear, jipiar, quebrar, coplear, ganguear, gorjear, grajear, gritar, huchear, ARG, CHILE Y UR payar
— cantar de falsete, lanzar un gallo

COLOQ jacarear, gorgoritear, AND, BOL y CHILE gorgorear · EN UN CORO, SIMULAR CANTAR: hacer el barbo

COMP ING cantar como un ángel, c. como un ruiseñor, c. como una chicharra

REF Quien canta, sus males espanta. Ese fraile que no canta, algo tiene en la garganta.

86.14 bailar

danzar, valsar, milonguear, rumbear, tripudiar, cimbrear, girar, DESUS sotar, SAL bornear

saltar, brincar, correr, quebrar, picar, cortar, cruzar, evolucionar, piruetear, gambetear · patalear, florear, trenzar

zapatear, taconear, AM escobillar (ZAPATEAR SUAVEMENTE)

festejar, retozar, jalear (ANIMAR CON PALMADAS)

COLOQ
— bailotear, cabriolear, contonearse
— menearse, moverse, dislocarse, desgobernarse, desgoznarse
— mover el esqueleto, ARG m. las tabas, MÉX m. el bote · cerner el cuerpo, hacer ademán de

COMP ING parecer abanico de tonta

87. DEPORTES

87.01 tipos de deportes

CON BALÓN:
— fútbol, baloncesto, balonmano, fútbol americano, rugby
— voleibol, balonvolea, AM vóley
— vóley playa, CHILE Y VEN voleibol de playa, MÉX beach-vóley, voleibol playero
— waterpolo, CHILE Y VEN polo acuático

CON PELOTA Y BASTÓN:
— béisbol, críquet, golf, polo
— hockey sobre patines, h. sobre hierba, h. sobre hielo

CON PELOTA Y RAQUETA:
— tenis, squash, bádminton, pelota vasca, pádel o ANGL paddle, ping-pong o tenis de mesa
— frontenis, frontón

DE LUCHA ENTRE DOS:
— aikido, artes marciales, boxeo, catch, jiu-jitsu, judo o yudo, kárate, kung-fu, taekuondo
— lucha libre, l. canaria, l. grecorromana, l. leonesa

A CABALLO: hípica, carreras de caballos, c. de obstáculos, c. de vallas, c. de hándicap, c. lisas, clásicas, critérium, derbi, ARG Y UR turf

CON VEHÍCULO: automovilismo, motociclismo, ciclocrós, motocross, ciclismo

AL AIRE LIBRE:
— alpinismo, montañismo, escalada · acampada
— marcha, senderismo, puenting, barranquismo
— correr, footing, jogging · marcha atlética
— caza, pesca · aerostación o globo, paracaidismo, vuelo libre

EN PISTAS DE NIEVE O HIELO:
— esquí (DESCENSOS), e. de fondo, salto de e.
— patinaje, p. artístico, p. de velocidad, trineo

ACUÁTICOS:
— natación, espalda, crol, mariposa, braza · submarinismo, buceo, pesca submarina
— natación sincronizada, AM nado sincronizado · esquí acuático, motonáutica, navegación
— remo, surf o tabla de, windsurfing, kite surf
— vela, AM MER yachting · piragüismo, AM kayak · p. en línea, AM canotaje
— DE DESLIZAMIENTO: esquí acuático (CON TABLA CORTA Y ALARGADA), surfing o surf (POR UNA OLA SOBRE UNA TABLA), bus-bob (SOBRE NEUMÁTICO ALARGADO), hidro-speed (POR AGUAS REVUELTAS DE RÍO SOBRE TABLA CORTA Y RECTANGULAR)

SUBACUÁTICOS:
— submarinismo con botella, s. en apnea, snorkeling (PESCA SUBMARINA)

SALTOS DE TRAMPOLÍN:
— trampolín, ARG saltos olímpicos, CHILE s. ornamentales, MÉX Y UR clavados, VEN salto de clavados

— SERIE DE SALTOS: batuda

GIMNÁSTICOS:
— gimnasia artística, g. rítmica, trampolín
— aeróbic o aerobic, g. sueca, culturismo, calistenia, gim-jazz, body-fitness, tai-chi, pilates
— EJERCICIOS: voltereta, cabriola, salto, s. de campana, s. mortal, tijera, flexión, molinete, plancha, puente · abdominales
— CON APARATO:
   • **anillas**, barra fija o transversal, b. de equilibrio, barras asimétricas, b. paralelas · suelo · caballo de salto, c. con aros
   • **caballo**, plinto, potro, trapecio, espalderas, extensor
   • **bola**, cinta, aro, mazas
   • **pesas**, haltera, mancuerna · halterofilia

87.02 competiciones deportivas

juegos olímpicos
— olimpiada, preolímpiada, paralimpiada o paraolimpiada
— mundial, universiada, concurso, certamen

partido
— **encuentro**, competición deportiva, AM competencia deportiva
— **prueba**, hándicap, partido amistoso · carrera, match, competición, critérium, derbi o derby, manga, regata
— pretemporada
— partido de clasificación, AM p. preliminar, ARG clasificatorio, UR clasificatorias

liga
— liga de campeones o champions, campeonato, copa nacional, c. del rey, c. de Europa, c. de América, c. del Mundo
— trofeo, torneo, liguilla
— eurocopa, mundialito, mercosur, libertadores, intercontinental, mundial, UEFA
— intertoto, premier league, first division, eirdivise, bundesliga, brasilerao, calcio
— zamora, pichichi
— EN RUGBY: torneo seis naciones, t. tres naciones, copa Calcuta, c. Bledisloe

SITUACIONES:
— final, semifinal, cuartos de final, octavos de f., dieciseisavos de f.
— tiempo añadido, prórroga
— etapa, división · marca, plusmarca, récord · copa, medalla, eliminatoria
— doblete, igualada, ofensiva, parcial, ventaja
— despeje, marcaje, obstrucción, pressing, rechace · gol average
— gol, dejada, pelotazo, rebote, revés, saque, volea, chaza, cotín, contrarresto, falta, pasajuego, pasavoleo, goleada
— doping, control antidoping · tongo
— saque de honor

RESULTADOS:
— victoria, campeón del mundo, c. de copa, c. de liga, subcampeón
— derrota · empate, iguales · plusmarca, record mundial
— medalla de oro, m. de bronce, m. de plata
— podio, trofeo

87.03 atletismo
CARRERAS DE VELOCIDAD: carrera de obstáculos, c. de vallas, c. de relevos, c. de vallas · fondo, maratón, marcha, medio fondo · sprint

MODALIDADES DE CARRERAS:
— 100 m lisos, 200 m lisos, 400 m lisos, 900 m lisos, 1000 m lisos
— 1500 m lisos o milla atlética, 3000 m lisos, 5000 m lisos, 10000 m lisos · maratón
— 110 m obstáculos, 400 m obstáculos, 3000 m obstáculos
— carreras de relevo, AM c. de posta · posta, MÉX estafeta · relevos 4 x 100, r. 4 x 200, r. 4 x 900, r. 4 x 1500
— 20 km marcha, 50 km marcha, dos horas de marcha

SALTOS: salto de altura, s. de longitud, s. de pértiga, triple s.

LANZAMIENTOS: lanzamiento de disco, l. de jabalina, l. de martillo, l. de peso

MODALIDADES COMBINADAS: decatlón, heptatlón, triatlón, pentatlón moderno

TIRO: caza, tiro con arco, t. con armas de fuego, t. olímpico

MODALIDADES DE PISCINA OLÍMPICA:
— 100 m braza o pecho, 100 m libres, 100 m mariposa, 100 m espalda, 400 m estilos
— natación sincronizada, salto de trampolín, waterpolo

87.04 fútbol
DESUS balompié

futbito o fulbito, fútbol-sala, CHILE futsal, MÉX UR Y VEN fútbol de salón

ZONAS Y OBJETOS EN EL CAMPO:
— estadio, terreno de juego, COLOQ coliseo, catedral, AM cancha · hierba, césped, arena
— centro del campo, círculo central, línea de medio campo
— banda izquierda, b. derecha
— portería, puerta, marco, meta, AM arco, CHILE pórtico · palo, poste, travesaño, larguero · red · círculo de área, área de meta, línea de gol · banderín de córner
— punto de penalti, AM punto de penal, MÉX manchón de penalti
— defensa, zaga · delantera
— marcador, m. electrónico

SITUACIONES DURANTE EL ENCUENTRO:
— primera parte, segunda parte, prórroga · gol de oro

— ataque, contraataque, presión, defensa, contención, marcaje por zonas, m. al hombre, sombra de un jugador, CUANDO UN EQUIPO SE CONCENTRA EN DEFENDER: cerrojo · CUANDO SE RECUPERA UN RESULTADO ADVERSO: remontada
— entrada, plantillazo, patadón, zancadilla, agarre, empujón · lesión
— FALTA FINGIDA: tirarse a la piscina

MOVIMIENTOS DEL JUGADOR:
— carrera, internada, sprint · control, desmarque · obstrucción, golpeo · pérdida de balón, recuperación de balón · fuera de juego · barrera

TOQUES DE BALÓN:
— pase, cesión, centro, envío
— CON FUERZA: cañonazo, pepinazo, chupinazo, derechazo, zurdazo, trallazo, punterazo, taconazo, testarazo, cabezazo, COLOQ misil, bombazo, obús, encopetazo, petardazo, riflazo
— ELABORADOS: chilena, volea, vaselina, tijera, tijereta, dejada, rabona, escorpión, cola de vaca
— PARA EVITAR A OTRO JUGADOR: regate, recorte, túnel, pase, autopase, finta, caño, sombrero, pared, bicicleta, ronaldada, COLOQ toreo, meo, caracoleo, AM gambeta
— SIN PRECISIÓN: despeje, patada, patadón, pelotazo, balón al aire
— CUANDO ESTÁ PARADO: saque de puerta, s. de falta, tiro libre, libre directo, l. indirecto, golpe franco, penalti o máximo castigo, AM penal · córner o saque de esquina · CON LA MANO: saque de banda
— HACIA LA PORTERÍA: disparo, remate, r. de cabeza, tiro, chute o chut, gol, penalti, autogol · goleada
— EL PORTERO: parada, paradón, paradiña, estirada, palomita, despeje de puños

EL ÁRBITRO:
— falta, ARG fau, penalti
— amonestación verbal, sanción de tarjeta amarilla, s. de tarjeta roja o expulsión
— fuera de juego, offside u órsay · ley de la ventaja, gol o tanto
— anulación o suspensión del partido
— silbato o pito del árbitro, tarjeta amarilla, t. roja, banderín del linier

87.05 rugby
SITUACIONES DEL JUEGO: avant, melé, placaje, ruc, mall, corbata, golpe de castigo, retención, fuera de juego, pantalla, patada, drop, tapón, línea, cruz, salto, contrapié, pase, touch, parcial, ensayo, transformación

ZONAS DEL CAMPO:
— línea de touch o de fuera, l. de ensayo, l. de cinco, l. de veintidós, l. de cuarenta metros, l. del centro del campo

— zona de ensayo, z. muerta
— postes en forma de U
JUGADAS: ensayo, melé, placaje, transformación
INFRACCIONES:
— avant, corbata
— placaje a destiempo, p. alto, p. en el aire
— golpe de castigo, g. franco
— pantalla, drop, fuera de juego, saque de veintidós, touch, melé
balón ovalado

87.06 baloncesto

básquet, AM básquetbol, ARG basketball, basket
SITUACIONES:
— ataque, contraataque
— PASES DE BALÓN: de pecho, a dos manos, por la espalda, sin mirar, a una mano, de béisbol, largo, de bolos, picado, con bote, con el codo, interior, asistencia
— defensa zonal, d. individual, dos contra uno, zona press, presión, ataque en superioridad, transición, ataque posicional, flez, triángulo ofensivo, aclarado
— lanzamiento, tiro en suspensión, t. en caída, t. por elevación, t. rápido, t. exterior, t. de media distancia, t. libre, t. de dos puntos, t. triple o de tres puntos
— tiro, gancho, bandeja, bomba, finta, mate, m. con molinillo, m. con el codo, m. de espaldas · rebote, palmeo · tiro adicional
— canasta, enceste, canasta limpia
MOVIMIENTOS DE BALÓN:
— amago, aro pasado, bote, b. de velocidad, b. lateral, cambio por la espalda, c. por las piernas, finta, parada en dos tiempos, p. en un tiempo, penetración, traspiés, pérdida, p. de paso, quiebro, rectificado, reverso, salida abierta, s. cruzada, saque de banda, s. de fondo
MOVIMIENTOS DE DISPUTA DEL BALÓN:
— lucha, salto entre dos, pincho, gorro, tapón, pantalla, chapa, rebote defensivo, r. ofensivo, rechace, captura, robo, recuperación, ayuda, corte
— bloqueo directo, b. indirecto, b. ciego, puerta atrás, cambio de ritmo, c. de dirección
INFRACCIONES:
— dobles, pasos, falta personal, f. por tocar con el pie, f. técnica, f. de ataque, f. intencionada, f. antideportiva, f. descalificante, posesión, campo atrás, manejo, tapón ilegal · fuera
PERIODOS DEL PARTIDO:
— calentamiento · mitad, parte, cuarto · intermedio, descanso · tiempo muerto, prórroga
PARTES DEL CAMPO:
— perímetro, línea de banda, l. de fondo
— círculo central

— línea de tres puntos, l. de tiro libre · área de tiro libre
— cabecera de zona, zona, COLOQ bombilla
— lado de ayudas, l. débil, l. fuerte
CONTABILIDAD DE LOS PUNTOS:
— puntos, tantos, tanteo, puntuación, doble-doble, triple-doble, cuádruple-doble
— números, promedios, porcentajes, media
canasta, aro, cesto, cesta, poste de la canasta, soporte de la canasta, tablero · red · banquillo, silbato

87.07 tenis

PARTIDO:
— simples, dobles
— jugar al mejor de tres sets, j. al mejor de cinco sets
— media, entera, doble falta, fuera de pista, falta técnica, net o red (GOLPEA EN LA RED) · rotura de servicio
CAMPO DE JUEGO:
— tierra batida (JUEGO LENTO), césped (JUEGO RÁPIDO), cemento (JUEGO MUY RÁPIDO)
— cuadros de servicio, cuadro de saque
— línea de dobles, l. de fondo, l. de servicio, l. lateral, l. media
— callejón, fleje, pasillo
GOLPES:
— peloteo
— servicio, resto
— saque, primer s., segundo s.
— golpe de derecha, g. de revés o revés, bolea de derecha, b. del revés, golpe a media pista, g. en paralelo, g. cruzado, g. liftado, g. cortado, g. plano, g. a media bolea
— globo, dejada, vaselina, mate · smash, drive, passing-shot
— juego de fondo, j. de red
CONTABILIZACIÓN DE LOS PUNTOS:
— quince, treinta, cuarenta · punto, juego, set, partido
— ventaja, iguales, punto de set, p. de partido, muerte súbita
— deuce o iguales, ventaja, punto directo, ventaja al resto, v. al servicio, pelota de set o set ball
— pelota de partido o match ball, p. de break, tie break
raqueta, cordaje · red, cinta de la red, poste de la red, silla del juez

87.08 golf

MODALIDADES DE JUEGO: match (18 O 19 HOYOS), stroke (UNA SERIE DE HOYOS, GANA QUIEN MENOS GOLPES UTILICE), stableford (SERIE DE HOYOS, CADA UNO CON UN VALOR DETERMINADO)
punto de salida, hoyo · green (TERRENO QUE CIRCUNDA EL HOYO), banderola (INDICA LA POSICIÓN DEL HOYO)

calle o fairway (ZONA DEL RECORRIDO), dodleg (CA-
LLE ANGULADA), rough (ZONA DE HIERBA MENOS
CUIDADA), green (RODEA EL HOYO Y LA HIERBA ES-
TÁ CORTADA MUY BAJA), agujero de arena, bun-
ker, obstáculo de agua, arroyo, fair, link, obs-
táculo natural

LANCES DEL JUEGO:

— par (NÚMERO DE GOLPES DE REFERENCIA), birdie (UN
GOLPE MENOS DEL PAR), eagle (DOS GOLPES MENOS),
albatros (TRES GOLPES MENOS DEL PAR) · bogey
(UN GOLPE MÁS DEL PAR), doble bogey (DOS GOL-
PES MÁS DEL PAR) · hándicap (NÚMERO DE GOLPES
DE VENTAJA QUE TIENE UN JUGADOR SOBRE OTRO)

— GOLPES: approach (PARA ACERCARSE AL GREEN DES-
DE LAS ZONAS ALEDAÑAS), putt (PARA METER LA BO-
LA EN EL HOYO), loft (INCLINACIÓN DEL PALO EN EL
MOMENTO DEL GOLPE), spin (EFECTO QUE VA A TO-
MAR LA PELOTA CUANDO DE GOLPEA), bounce (RE-
BOTE QUE SE CREA CUANDO ENTRA EN CONTACTO EL
PALO CON LA PELOTA), swing (MOVIMIENTO CUAN-
DO SE GOLPEA LA BOLA), backswing (MOMENTO EN
QUE TERMINA EL SWING), slot (POSICIÓN EN QUE SE
COLOCAN LAS MANOS Y LOS PIES)

PALOS:

— DE MADERA: driver, brassie, spoon, little spoon,
cleek

— DE HIERRO: iron, mashie, niblick

— HÍBRIDOS: APROVECHAN LAS CUALIDADES DE LAS MA-
DERAS Y DEL HIERRO

— A UNOS METROS DEL HOYO: wedge

— A ESCASA DISTANCIA DEL HOYO: putter · TIPOS DE
PUTTER: de pala, de peso perimetral, mallet,
de varilla en el tacón, de varilla centrada, escoba

— PARTES: cabeza, varilla, cara, suelo

— agarre o grip (FORMA EN QUE UN JUGADOR SUJE-
TA EL PALO)

carrito de golf, tee (SOPORTE) · boggie (COCHE LI-
GERO QUE FACILITA EL MOVIMIENTO) · pelota o bola · TIPOS DE BOLA: de dos piezas, de tres piezas, multicapas

87.09 ciclismo

— biciclo, monociclo, triciclo, tándem, velocípedo, COLOQ bici

— bicicleta de carreras, b. de montaña o
mountain bike

MODALIDADES:

— EN RUTA: con salida lanzada, de distancia en
carretera, carrera por etapas, c. contrarreloj,
vuelta ciclista

— EN PISTA: velocidad individual, v. por equipos,
kilómetro contrarreloj, persecución individual, p. por equipos, carrera tras moto

— EN MONTAÑA: ciclocrós, ciclo turismo, descenso, cross-country, rally, slalom

— TRIAL: indoor, outdoor, scot trials, circuito
libre

SITUACIONES:

— ascensión, descenso, escapada, persecución,
pinchazo, sprint, viento lateral

— desfallecimiento, COLOQ pájara

— giro brusco, caballito

— avance en pelotón

87.10 boxeo

asalto o round, posición de guardia, cuerpo a
cuerpo · cuenta de diez segundos · victoria
por abandono, v. por inferioridad, v. por
puntos · combate nulo · descalificación

golpe, g. bajo, directo, flexión, gancho, crochet, gancho hacia arriba, jab, swing, up-
percut, parada o bloqueo, esquiva, e. lateral

ring o cuadrilátero, cuerdas, lona, piso, postes,
esquinas · campana, gong

87.11 esgrima

florete, arma blanca, espada de esgrima, e. negra, espadín, careta, puño, plomo

máscara, peto, chaquetilla manual, chaquetilla eléctrica, pasante, manguito · antivibra-
dor, cinta, cordaje de tripa, empuñadura ·
cuerda

ACTOS Y MOVIMIENTOS:

— en guardia

— floreo, floretazo, garatusa, molinete, atajo,
alta, levada, cornada, reparo, uñas abajo,
u. arriba, compás, contra, finta, flaqueza,
pase, botonazo

— asalto, ida, venida, zambullida, quite, revés,
altibajo, tajo, t. diagonal, especie, estado,
expulsión, planta, rebatir, remesón, cuarto
de conversión

— treta, t. del arrebatar, t. del llamar, t. de la
manotada, t. del tajo, rompido, t. del ten-
tado

— movimiento, m. extraño, m. natural, m. de
reducción, m. remiso, m. violento

— parada, p. general · batalla, balance

MARCAS: centro · medio de proporción · línea, l.
del diámetro, l. infinita

87.12 fórmula uno

MATERIALES DE LOS VEHÍCULOS:

— fibra de carbono, titanio, plástico, madera

— T-car o muleto (TERCER COCHE DE UN EQUIPO)

AERODINÁMICA:

— morro, pontón, patín (FONDO PLANO), carga
aerodinámica, estabilizador, difusor (BAJOS
TRASEROS QUE CONDICIONAN LA ADHERENCIA)

— ABERTURAS PARA EL AIRE: toberas, branquias, chimenea o caja de aire (DETRÁS DE LA CABEZA DEL
PILOTO)

— aleta (DELANTE DE LAS RUEDAS TRASERAS), alerón
(PARTE SUPERIOR TRASERA), deflector (MENOR TA-
MAÑO SOBRE EL ALERÓN DELANTERO), gurney
(CONTRA-ALERÓN SOBRE EL BORDE POSTERIOR DEL
ALERÓN)

NEUMÁTICOS: agarre, control de tracción, abrasión, graining (ABRASIÓN SUFRIDA POR EL NEUMÁTICO CUANDO LA TEMPERATURA EN PISTA ES BAJA), ampolla, plano, calentador · vuelta de calentamiento

REPOSTAJE: pit lane (CARRIL DE ACCESO), pit stop (ZONA DE PARADA), boxes, chupa-chups (SEÑAL QUE INDICA AL PILOTO EL FIN DE LOS TRABAJOS), manguera, gato, pistola neumática

SEGURIDAD DEL PILOTO: mono ignífugo, verdugo ignífugo, casco, hans (HEAD AND NEC SUPPORT, SOPORTE PARA EL CUELLO Y LA CABEZA) · MATERIAL PARA LA FABRICACIÓN DE LOS MONOS: nomex

ACCESORIOS:
— cockpit (HABITÁCULO), trapecios, levas, cable de seguridad, ayuda de frenada, barra antivuelco, diferencial, tanque
— estudios telemétricos (REGISTRAN Y TRANSMITEN INFORMACIÓN SOBRE EL MOTOR)

ELEMENTOS:
— bandera amarilla, b. azul, b. negra, b. roja, b. a cuadros
— parrilla de salida, escapatoria, trazada, pianos, parque cerrado (LUGAR DONDE SE PESAN LOS COCHES ANTES Y DESPUÉS DE UNA CARRERA), motor-home, paddock (ÁREA DONDE SE ALMACENA EL EQUIPAMIENTO DE LAS ESCUDERÍAS), peralte, chicane, pole position, muro (LUGAR FRENTE A LOS BOXES DONDE SE SITÚAN LOS INGENIEROS Y LA TELEMETRÍA DE LOS EQUIPOS), barreras de neumáticos, doblado
— curvone (CURVA MUY ABIERTA QUE SE TOMA A GRAN VELOCIDAD), horquilla (CURVA MUY CERRADA, DE CASI 180 GRADOS)

87.13 esquí
MODALIDADES: esquí alpino, e. nórdico · e. de travesía, e. de ruta, e. de fondo, e. salvaje · eslalon, e. gigante, e. súper-gigante

MODOS Y MOVIMIENTOS:
— cuña, paralelo, suelto, tumba abierta, diagonal · ambladura, angulación, arrodillamiento, canteo, festón, flexión
— paso alternativo, p. finlandés, p. giratorio, p. sueco, tijera, vuelta María
— viraje, contraviraje, derrape, extensión, huevo, media tijera

PRUEBAS:
— carrera de fondo, c. de relevos
— descenso, d. alpino, slalom, s. gigante · saltos

CONDICIONES DE LA NIEVE:
— blanda, polvo, champán, virgen, manchada, aguazosa
— dura, helada, pedregosa, costra

ELEMENTOS:
— desnivel, cota máxima, c. mínima, corredor, pared, camino, atajo, SIN PROTECCIÓN: fuera de pista

— pista, plataforma de despegue, mangas, balizamiento, banderines, trampolín
— innivación artificial, cañones, máquina pisapistas
— remonte, funicular, teleférico, telecabina, telesilla, telesquí, telecuerda, cinta transportadora

esquíes, raquetas, bastones, trineo, tabla de deslizamiento

87.14 caza
cacería
— cinegética, venatorio, ANT AM chaco, ANT venación
— montería, ballestería, partida de caza, CAZA MAYOR EN ÁFRICA: safari, BATIDA QUE COGE POCO TERRENO: sacadilla, CAZA CON HALCONES: halconería o altanería o cetrería, CAZA DE UNAS AVES CON OTRAS: volatería
— caza mayor, c. menor, c. furtiva, c. con hurón, c. con perros, c. con trampas, c. de pluma, c. de pelo · c. con halcón, ARTE DE DOMESTICAR HALCONES: cetrería
— batida, veda, día de fortuna
— CONJUNTO DE ANIMALES CAZADOS: cacera

FASES:
— levantamiento de la veda · acecho, rececho, ojeo, acorralamiento, acoso, reclamo, trampa, batida, cerco, tiro o disparo, persecución, seguimiento, cobranza
— PARADA REPENTINA DE LA LIEBRE CUANDO LA SIGUEN LOS PERROS: gatada
— AZOR QUE PASA LA NOCHE CON LA PERDIZ COBRADA: choca
— VOZ QUE EL CAZADOR DA AL AZOR CUANDO SALE LA PERDIZ: grita
— PLUMAS QUE HAN COMIDO LOS HALCONES: plumada
— PARADA DE UN AVE EN EL AIRE: contenencia
— VUELO RÁPIDO DEL AVE DE RAPIÑA: falsada
— CAZA Y VIENTO: viento de pico, pico a viento, rabo a viento, QUE PROCEDE DEL SITIO DEL CAZADOR: redroviento

LUGARES:
— coto, puesto, vedado, parque
— acecho, aguardo, buitrera, cazadero, espera, esperadero, aguardadero, huta, paranza, puesto, tiradero · paso
— agazapada, aulladero, baña, bañadero, bañil, bramadero, caño, cebadero, huidero, perdedero, vivar
— cacha, codillo, cota, tollo · carlanca, trabanco, trangallo
— camada, madriguera
— bramadero, buitrera, cazadero, cercado, tiradero
— LUGAR POR DONDE SE ZAFA LA LIEBRE PERSEGUIDA: perdedero
— LUGAR PARA EL CEBO DEL BUITRE: buitrera

ANIMALES DE CAZA:
— **perro**, lebrel, lebrero, cárabo, perdiguero apernador · GRUPO DE PERROS CAZADORES: jauría, rehala · **perdigón**
— AVES RAPACES: azor o DESUS aztor, milano, nebí o neblí, alcaudón o picagrega, alferraz, búho, caudón, desollador, ferre, halcón, hurón, palumbario, pega, reborda, picaza chillona o manchada, terzuelo, verdugo, zurdal
— AVE DE CETRERÍA QUE NO SE AMANSA: zahareña, arañera · QUE PIERDE SU DOCILIDAD: recreída · DIESTRA EN DETERMINADA TAREA: raleona · QUE TIENE TORPES LOS PIES: gotoso · ACOSTUMBRADO AL CAPIROTE: capirotero · CEBADA CON GALLINA: gallinera

PRESAS:
— **pieza**, res, venado, alimaña, volatería, ANIMAL IMAGINARIO: gamusino
— **liebre**, gabato, gazapo, lebrasta, lebrasto, lebrastón, lebrato, lebratón, lebroncillo, liebrastón, liebratico, liebratón, AR farnaca, AM vizcacha, COL camerá · LIEBRE QUE YA HA SIDO CORRIDA POR LOS PERROS: matacán

MEDIOS:
— **escopeta**, fusil, rifle · mira telescópica · bala, cartucho, perdigón · ballesta, rallón, saetón · mochila, zurrón, morral, escarcela · cartuchera, perdigonera, canana, cacerina · CORREA CON LA QUE SE LLEVA AL PERRO: traílla
— **señuelo**, reclamo, cebo, añagaza, carnada, carnaza, cimbel, cimillo, MUR enza · DESUS, ÁRBOL DONDE SE COLOCA EL SEÑUELO: talamera · HUMO QUE SE HACE ENTRAR EN LAS MADRIGUERAS: humazo · LUZ PARA ENCANDILAR Y DESLUMBRAR A LAS PERDICES: calderuela
— **red**, redejón, albanega, alero, araña, arañuelo, arbolete, arbolillo, buitrón o ANT buitrino, cepo, cerda, contratela, filopos
— **lazo**, l. ciego, percha, tela, zalagarda, alambre de conejo, hilo de conejo · AM boleadoras
— **trampa**, losa, losilla, manga, manganeta, oncejera u oncijera, orzuelo, ratonera, vareta
— **cepo**, pestillo de hierro o pitenza · liga, hisca, liria
— **cuerno**, chifle, chilla, gamitadera, balitadera, trompa de caza, corneta de monte, ANT bretador · CAJA DONDE SE LLEVA EL HURÓN: garigola · AVE O FIGURA DE ELLA: cimbel

AVES DE RAPIÑA:
— **capirote**, capillo, cetro, alares, alcándara, alcándora, fiador, lonja, prisión · percha, palo, pihuela
— ALIMENTACIÓN: canelada, gorga, masón, papo, pasto, sainete · alcatenes, curalle
— ENFERMEDADES: cuento (DOBLEZ DEL ALA), gazmol (GRANILLO EN LA LENGUA Y EL PALADAR), güérme-ces (LLEGAS EN LA CABEZA), hamez (CORTADURA POR LA MALA ALIMENTACIÓN), morrión (VAHÍDO O VÉRTIGO)
— BOZO QUE SE PONE A LOS HURONES: prisuelo

87.15 escalada
TIPOS:
— **tradicional** o de roca, de hielo, mixta, deportiva, atlética
— **natural** (SIN MATERIAL DE SEGURIDAD), artificial (EL MATERIAL PROTEGE AL ESCALADOR Y LE AYUDA A PROGRESAR), en bloque (COMO LA NATURAL, PERO CON MENOS RIESGO PORQUE LA ALTURA DE LA VÍA ES MUY PEQUEÑA), libre (CON MATERIAL DE SEGURIDAD, PERO OBLIGA AL ESCALADOR A EMPEZAR SI COMETE UN FALLO), dinámica (PROHÍBE PARARSE), limpia (MATERIAL DE SEGURIDAD MENOS RESISTENTE PARA PODER LIMPIAR FÁCILMENTE LA ROCA)
— **de entrenamiento** (EN ROCÓDROMO)

TIPOS DE TERRENO:
— **roca** vertical o pared, gran pared, terreno abrupto o escarpado, vía desnuda (NO EQUIPADA ANTERIORMENTE), vía equipada, vía ferrata (CON ESCALONES DE HIERRO)
— **superficie de hielo** vertical, s. de gran inclinación, pared artificial, terreno nevado
— **rocódromo**

MORFOLOGÍA DEL TERRENO:
— APOYOS CÓMODOS: asidero, agarre (FORMACIÓN ABOMBADA O HUNDIDA EN LA ROCA), arista (APOYO CÓMODO), espolón (FORMACIÓN DE BORDE ABOMBADO Y EMPINADO), agujero (FORMACIÓN CÓNCAVA QUE SIRVE DE APOYO), rimaya (GRIETA MUY GRANDE Y PROFUNDA CERCA DE UN GLACIAR), cazo (FORMACIÓN HUNDIDA MUY CÓMODA PARA PROGRESAR EN LA ESCALADA)
— APOYOS DIFÍCILES: raya (FISURA PEQUEÑA SÓLO PARA LA YEMA DE LOS DEDOS), regleta o repisa (FORMACIÓN HORIZONTAL ALARGADA Y ESTRECHA DE TALLAS MUY VARIADAS), relieve (MALO O DESGASTADO), puente de roca o de hielo (FORMACIÓN AGUJEREADA DE ROCA O DE HIELO), orificio (CAVIDAD PEQUEÑA EN LA ROCA), cornisa (SALIENTE QUE REMATA LA CIMA DE UNA MONTAÑA)
— APOYO VERTICAL U OBLICUO: corredor (CONCAVIDAD LARGA Y ESTRECHA EN GLACIALES O NIEVE)

MATERIAL:
— **arnés**, cuerda o cordada, mosquetón simple, mosquetón con abrazadera de rosca o automática, cadena de aseguramiento (CONJUNTO DE UTENSILIOS PARA EVITAR DAÑOS), anclaje artificial o seguro (SISTEMA QUE UNE LA CUERDA A LA PARED), crampón (PIEZA DE METAL CON PÚAS QUE SE SUJETA A LA SUELA DE LA BOTA), ocho u ocho doble, placa stick (FRENO MECÁNICO), gri-gri (BLOQUEADOR AUTOMÁTICO), burilador (TALADRO MANUAL PARA ANCLAJES), pica o piolet (PARA ESCALADA EN NIEVE O HIELO)

— ANCLAJES: spit (EL MÁS POPULAR), friend (EL MÁS SEGURO), plomo (AYUDA PARA HACER PROGRESAR LA ESCALADA ARTIFICIAL), fisulero o empotrador (PARA ENCUNAR EN FISURAS DE ROCA), de expansión (EN CASO DE QUE EL ESCALADOR NO CONSIGA PROGRESAR) · gi-gi (DESCENSOR QUE NO REQUIERE UN ASEGURADOR), bong (CLAVO NEGRO UTILIZADO PARA FISURAR ROCAS DURAS)

— FACTORES PARA ADJUDICAR UN GRADO O NIVEL DE DIFICULTAD A UNA VÍA: desnivel, longitud de la vía, carácter del terreno, continuidad de la dificultad, tiempo requerido, alejamiento de la base más cercana, dificultad del descenso, equipamiento del itinerario

87.16 equitación

DISCIPLINAS:
— carrera, caza, horseball, justas, raid, volteo
— competiciones de salto, concurso completo, doma clásica

FORMAS DE MONTAR:
— a ancas, a asentadas, a asentadillas, atasajado, a la bastarda, a la brida, en cerro, a la estradiota, a horcajadas o escarramanchones, a la jineta, a lomos, a mujeriegas, a sentadillas · a pelo

DESPLAZAMIENTOS:
— paso corto, p. de trabajo, p. largo, p. de ambladura, p. de andadura, entrepaso, pasitrote · al paso
— trote corto, t. largo, t. cochinero · correteo · al trote
— galope, g. corto, g. de trabajo, g. largo, g. tendido, g. sostenido · galopada, cabalgada · a galope, g. tendido, a uña de caballo
— brinco, respingo, balotada, cabriada, cabriola, pirueta, trenzado, corcovo, desbocamiento, elevación de manos
— COZ, DAÑO PRODUCIDO: taina

ESTÍMULOS DEL JINETE:
— ayuda
— POSICIÓN EN QUE QUEDA LA MANO DEL JINETE: uñas abajo, u. adentro, u. arriba
— PARA DAR VUELTAS: caracol, caracoleo, escarceo, SALTO SOBRE LAS PATAS TRASERAS CON LOS BRAZOS EN EL AIRE: lanzada PASOS CON LOS BRAZOS EN EL AIRE: corveta o gambeta, CARRERA QUE DAN DOS JINETES JUNTOS: pareja
— frenada, sofrenada, serretazo, sobarbada, sobrefrenada, parada en firme, p. en seco, p. en tenazón, COL hachazo
— FRENADA VIOLENTA CUANDO VA MÁS RÁPIDO: remesón

pista
— pista de arena, p. de hierba, p. de tierra, p. de «steeplechase», p. de llegada

barrera, obstáculo, paso, seto natural, tanteador, terraplén

87.17 deportes acuáticos

VELA SIN EMBARCACIÓN:
— tabla de wind surf, tablón (ALARGADA CON LA PUNTA REDONDEADA), mini-tablón (MÁS CORTA QUE EL TABLÓN), long-board (MÁS LARGA QUE EL TABLÓN), fun-board (PARECIDA AL TABLÓN), tándem (PARA DOS PERSONAS), pincho grande (LARGA CON PUNTA EN PICO), pincho medio (MEDIA CON PUNTA EN PICO), mini pincho (PEQUEÑA CON PUNTA EN PICO), fish (LA MÁS PEQUEÑA DE TODAS, TERMINADA EN PICO)
— mástil, botavara, vela de sind, surf de plástico, fijaciones de goma, cabos, manillares (EN LAS EXTREMIDADES DE LOS CABOS), fijaciones de goma

PIRAGÜISMO: kayak, canoa, piragua, remo doble, polainas, tapabañera

REMO: trainera, remos de fibra, r. de madera, r. de patrón

DESLIZAMIENTO: esquís, cable, neumático

SUBMARINISMO CON BOTELLA:
— traje de neopreno, mono térmico ligero, chaleco, gafas de buceo, tubo de respiración, escarpines, aletas largas
— máscara, botella de aire comprimido, cinturón de lastre o de plomo, c. para accesorios, arpón de mano
— barómetro, manómetro, brújula, regulador, reloj sumergible, ordenador de muñeca

87.18 deporte y personas

atleta, gimnasta, corredor, esprinter, velocista, fondista, vallista, discóbolo, levantador de pesos · nadador, saltador de trampolín, AM clavadista · judoka, karateca, palista, pelotari · tenista · remero

futbolista
— portero, guardameta, cancerbero, zaguero, AM arquero, guardavalla
— defensa, d. central, d. lateral
— medio, central, medio-centro, centrocampista, AM mediocampista, delantero centro, AM centrodelantero, CHILE defensa central
— delantero, d. centro, atacante, ariete, extremo, volante, medio-punta o mediapunta, carrilero, ala, lateral, libre, cierre, líbero, pivote, punta, rematador, regateador, artillero, goleador, pichichi, crack
— profesional · jugador titular · reserva, jugador suplente, COLOQ chupa-banquillo

jugador de rugby, delantero (8), pilier (1 Y 3), talonador (2), segunda línea (4 Y 5), tercera línea (6, 7 Y 8), flanquer o flanker (6 Y 8), tres cuartos (DEL 9 AL 15), medio melé (9, INTRODUCE EL BALÓN EN LA MELÉ), apertura (10), primer centro (12), segundo centro (13), ala derecho (14), ala izquierdo (11), zaguero (15) cierre

jugador de baloncesto, AM basquetbolista ARG basketbolista · base · escolta · ala, alero, ala-pivot, pívot · defensor, exterior, interior · anotador, encestador, matador, pasador, reboteador, tirador, taponador, triplista

ciclista, amateur o aficionado, profesional, escapado, gregario, líder, maillot amarillo, m. de la montaña, m. de la regularidad, rey de la montaña, routier, sprinter, contrarrelojista, doméstico, escalador, esprínter, gregario, lanzador, rodador, escapado, colgado · globero (CONSERVADOR)

jugador de golf, caddie

boxeador, luchador, púgil · peso mosca, p. gallo, p. pluma, p. ligero, p. welter, p. mediano, p. semipesado, p. pesado

esgrimista, espada, espadachín, floretista, esgrimidor, diestro, acuchilladizo · maestro de armas, m. de esgrima

piloto de carreras de coches, comisario de carrera, ingeniero, mecánico, director de carrera, juez de carrera · pit girl (CHICA QUE SOSTIENE UN PANEL DE CADA PILOTO) motociclista, ciclista

escalador, explorador, guía de cordada, g. de montaña, montañero, senderista, trepador, excursionista

esquiador, alpinista, andinista

cazador
— **montero**, batidor, cosario, escopeta, postor
— **cechero**, redero, lacero, parancero, jaulero, pajarero, chuchero, ojeador, paradislero, EN LOS EXTERIORES DE UN COTO: orillero
— **alimañero**, buitrero, venador, volatero, zorzalero, huronero
— **montero mayor**, cazador mayor, sotamontero, alguacil de la montería
— **cebadero**, cetrero, manero, buhero, buitrero, catarribera
— GRUPOS: armada, busca, manga

jinete, jockey
— **amansador**, amazona, bridón, caballero, caballista, caminante, campirano, desbravador, espolique, gaucho, hombre de ambas sillas, jinete, maestrante, maturrango, mozo de campo y plaza, m. de espuelas, palafrenero, picador

buceador, submarinista, esquiador náutico, surfista

entrenador, mánager, seleccionador, míster, técnico

masajista, preparador físico, fisioterapeuta, utilero o utillero

árbitro
— colegiado, cuarto árbitro, asistente, auxiliar, linier, juez de línea, referee o réferi o ARG referí

— apuntador, ojeador, cronometrador, delegado de campo
— EN EL TENIS: juez de silla o chair man, j. de red, j. de línea, recogepelotas

EN GRUPO:
— **equipo**, club, asociación deportiva, plantilla, AM cuadro, plantel
— **alineación**, once inicial, selección
— **equipo** local, e. visitante
— **alevín**, infantil, cadete, júnior o juvenil, senior
— federación, equipo técnico

PERSONAS EN LAS GRADAS:
— **espectador**, aficionado, seguidor, hincha, suporter, hooligan, tifosi, futbolero, ultra, espontáneo · abonado, socio
— **público**, hinchada, peña, afición, seguidores
— COLOQ forofo

SEGÚN RESULTADOS:
— **ganador**, campeón, plusmarquista, poseedor del título, subcampeón, recordman, recordwoman, finalista, líder, medallista, COLOQ matagigantes
— **principiante**, aficionado o amateur · profesional
— **perdedor**, derrotado

87.19 deporte y lugares

polideportivo
— pabellón deportivo, palacio de deportes, estadio, terreno de juego
— taquillas, gradas, palco, asiento, banquillo, vestuarios, vomitorio, gallinero · fondo norte, f. sur · valla, foso
— focos, videomarcador, altavoz

club de tenis, c. de golf

campo, cancha, frontón, gimnasio

pista, p. de carreras, p. de patinaje, p. de tenis, p. de tierra batida, p. de hierba, p. de hierba artificial, p. de cemento, p. rápida, polvo de ladrillo

velódromo, hipódromo

estación de esquí

87.20 ropa y complementos de deporte

chándal, traje isotérmico, t. de neopreno

casco, c. protector (CICLISMO), gorro, pasamontañas, gafas, máscara, RUGBY: protector bucal, BOXEO: p. de dentadura

guante, manopla, muñequera, vendaje, guantes de neopreno, g. acolchados

cazadora, camiseta, peto (ESGRIMA), c. térmica, cortavientos, hombreras · CICLISMO: jersey o maillot, j. amarillo de líder, j. blanco de montaña, j. verde de regularidad

pantalón corto, calzón corto, pantalón de tubo, braga, coulot o coulote

zapatos deportivos, botas, calzado adherente, tacos, talonera · SUBMARINISMO: aletas

— correa de sujeción, fijación de seguridad
— media, rodillera, tobillera, espinillera · calentadores
cronómetro, velocímetro, pulsómetro

VERBOS Y EXPRESIONES
87.21 competir
entrenar, entrenarse, calentar, calentarse, pelotear, saltar, correr, jugar · ponerse en forma, estar en forma
vencer, ganar, golear, derrotar, descalificar, clasificarse, puntuar, batir el record, eliminar · empatar
cruzar la línea de meta, estar a la cabeza, llegar el primero, poner en pie al público, superar el listón
perder, ser derrotado, llegar el último
patrocinar, esponsorizar, participar
87.22 jugar al fútbol
atacar
— retraerse, venirse atrás
— adelantarse, golear, ganar, perder, empatar · retrasarse, defender, blocar, marcar
— jugar el partido, j. la prórroga
controlar
— llevar, conducir, dirigir, proteger, mimar, cuidar, regatear, doblar, driblar, amagar, recortar, esquivar, engañar, fintar, matar el balón, pinchar el balón, esconder el balón, jugar por la banda, hacer la pared, COLOQ, MANTENER EL BALÓN DE MANERA EXCESIVA: ser un chupón
— pasar, asistir, bascular, centrar, tocar, combinar, marear, profundizar, internarse, esprintar
— estar fuera de juego
disparar
— empalmar, rematar, enganchar, encañonar, volear, chutar, tirar, despejar, cabecear, centrar, rasear, triangular, picar
— tirar un penalti, sacar un córner, s. de banda, s. de esquina, s. de meta
— anotar, resolver, batir, meter un gol, marcar un gol, colar un gol, poner el balón en las mallas, besar la red, clavar el balón, sentenciar el partido
— COLOQ patear, dar un patadón · FIG fusilar
parar
— detener, blocar, rechazar, despejar, sacar de puerta
— actuar como un colador, hacer la estatua
arbitrar, pitar, amonestar, sancionar, sacar tarjeta amarilla, s. tarjeta roja, expulsar, señalar el final del partido · descontar, suspender el partido
agredir, encararse, intimidar, entrar violentamente · lesionarse

EXPRESIONES FUTBOLÍSTICAS TRASLADADAS AL LENGUAJE COMÚN: sacar balones fuera, s. tarjeta roja, estar fuera de juego, rozar el larguero, meter un gol, achicar espacios
87.23 jugar al rugby
CON EL BALÓN: amagar, engañar, esquivar · saltar, chocar · introducir, aguantar, retener · disputar, patear, hacer un drop · pasar, recibir
placar o taclear, fijar ala contrario, limpiar, barrer, empujar, golpear, morder, arrastrar, colocarse, taponar, robar, entrar, cantar una jugada
dropear, chutar, ensayar, marcar, sacar, lesionar, fallar, noquear, parar, correr, transformar, barrer · pasar por encima
87.24 jugar al baloncesto
poner en juego
— sacar de fondo, s. de banda
— botar, fintar, tirar, encestar, anotar, marcar, palmear, rebotear
— detener, driblar, marcar un tiro libre, m. un tiro de tres
— hacer falta personal, h. falta en ataque
defender, taponar, puntear, bloquear, cortar · saltar a la ayuda, cerrar el rebote · recibir, robar, recuperar, fallar
87.25 jugar al tenis
sacar, servir, fallar · matar
dar al derecho, dar al revés, ir al resto · romper el servicio, subir a la red
87.26 jugar al golf
ir abajo (PERDIENDO EL PARTIDO), ir all square (EMPATADOS), ir arriba (GANANDO EL PARTIDO)
dropar (REPONER UNA BOLA EN UN LUGAR), topar o topear (HACER UN GOLPE DEFECTUOSO)
87.27 montar en bicicleta
AM andar en bicicleta
pedalear, llanear, subir, descender a tumba abierta
demarrar, esprintar, atacar, escapar, escalar, perseguir, alcanzar
cambiar de marcha · frenar, f. en seco
PERDER REPENTINAMENTE LAS FUERZAS: coger una pájara
COLOQ, APROVECHARSE: chupar rueda
87.28 boxear
darse puñetazos, lanzar un gancho, esquivar, fintar, AM fintear
protegerse, resguardarse, cerrar la guardia · bajar la guardia
derribar, noquear · contar diez · vencer por puntos, v. por K.O.
abandonar, descalificar, tirar la toalla
87.29 hacer esgrima
jugar, ponerse en guardia, estar en guardia
florear, muñequear, batallar, montantear, desviar

librar el hierro, meter el montante, asentar la espada, tender la espada, ganar los grados del perfil, g. los tercios de la espada, quitar los tercios de la espada, zapatear

desarmar, parar, concluir

87.30 cazar

EL CAZADOR:

— batir, montear, batir el monte, correr montes, acometer, cazar al vuelo, c. al volateo, andar a la caza, ir a la caza, ir detrás, andar tras, echar tras, seguir la pista, pisar los talones, dar caza

— acechar, acorralar, acosar, acosijar, perseguir, abacorar, arrinconar, asenderear, encerrar, entrampillar, estrechar, segudar, seguir, sitiar · CAZAR CON SEÑUELO: señolear, CAZAR CON HURÓN: huronear

— CAZAR PÁJAROS: pajarear

— ANDAR A LA CAZA DE PALOMAS: palomear

— RODEAR UN TROZO DE MONTE: abarcar

— HACER ENTRAR LA CASA EN LUGAR CERCADO: embudar · ACOSAR LA CAZA PARA RECOGERLA EN REDES: ojear · CHILE Y UR, CAZAR ZORROS CON JAURÍA: zorrear · acechar o recechar, engañar, aojar, AVISAR A OTRO CAZADOR DE LA PROXIMIDAD DE UNA PIEZA: cucar · apuntar, encañonar, disparar, rematar · cobrar, lacear, enlazar, ATAR O DESATAR UN PIE CON EL OTRO DE UN ANIMAL MUERTO: apiolar o empigüelar o engarronar, desapiolar · PRENDER CON RED: enredar · espantar, levantar, reclamar · derribar, caer al señuelo, tullir o tollir, caer a la presa, pelar, hacer la plumada

CON LOS ANIMALES:

— INCITAR PARA QUE EMBISTAN: azuzar o enviscar, AZUZAR AL GALGO: engalgar

— ATAR LOS PERROS CON TRAÍLLA: atraillar

— QUITAR AL PERRO EL CEBO DE LAS RESES MUERTAS: desencarnar

— HERIR A UN AVE EN LAS ALAS DEJÁNDOLA IMPEDIDA PARA VOLAR: alicortar

— CORTAR LAS ASTAS AL VENADO: descogotar

— CEBAR UN PERRO EN LA CARNE DE OTRO PARA QUE SE HAGA FIERO: encarnizar

ACCIÓN DEL PERRO:

— huchear (LANZARLOS), jalear (ANIMARLOS), olfatear o ventear, apernar (AGARRAR POR LAS PIERNAS), matear (REGISTRAR LAS MATAS), zarcear (REGISTRAR LAS ZARZAS), zamarrear (SACUDIR LA RES), portar (TRAER LA PIEZA), traer a la mano, desencarnar (QUITARLES LA CAZA)

— otear, rastrear, remover, tantear, trastear, ahondar, tomar el viento

— buscar, acosar, acorralar, apernar, tocar, cobrar · portar · hipar

EL AVE:

— chillar, chuchear, acechar, acosar, agamitar, darse, enligarse, enmatarse, enviscarse, frezar, rebudiar, rehuir, rehurtarse, responder, romper, roncar, huchear, huronear

— embarrarse, empercharse, encadarse, encamarse, encobilarse, encodillarse, encogollarse · TENDERSE CONTRA LA TIERRA PARA NO SER DESCUBIERTA: alastrarse · VOMITAR LAS AVES LO QUE TIENEN EN EL ESTÓMAGO: rejitar

CON EL AVE DE CETRERÍA:

— apiolar, desainar, desbuchar, desemballestar, encapillar, encapirotar, enjardinar, guarnecer, manjolar, señolear, templar

88. TOROS

88.01 tauromaquia

festejos

— corrida de toros, novillada, becerrada · corrida de rejones · festival, capea, charlotada

faenas camperas

— tienta, retienta, herradero, acoso y derribo

ceremonias de la corrida

— sorteo, apartado, paseíllo o paseo, petición de llave, brindis, arrastre, vuelta al ruedo

partes de la corrida

— suerte o tercio de varas, s. o tercio de banderillas, s. o tercio de muerte

lances de la corrida

— salida del toro · quiebro, derrote, quite · cogida, cornada, tarascada

pases de capa

— chicuelina, farol, galleo, gaonera, mariposa, media verónica, navarra, recorte, revolera, verónica

suerte de banderillas

— al quiebro, al sesgo, cuarteo, de dentro a fuera, de poder a poder, por dentro

pases de muleta

— ayudados por alto, a. por bajo · derechazo, manoletina, molinete · pase afarolado, p. de pecho, p. en redondo, p. natural

estocadas

— aguantando, al encuentro, a un tiempo, recibiendo, volapié · bajonazo, golletazo · media estocada · metisaca, pinchazo

— estocada corta, descabello, puntilla

premios y sanciones

— palmas, ovación · vuelta al ruedo, petición de oreja, una oreja, dos orejas, dos orejas y rabo, salida a hombros · abucheo, bronca, pitos · aviso

88.02 toros y personas

ganadero, apoderado, asesor

presidente, aficionado, público

torero, novillero, becerrista, espontáneo, maleta o maletilla, banderillero, espada, matador, diestro, mozo de espadas, picador, puntillero, rejoneador, sobresaliente, peón · EN GRUPO: cuadrilla mayoral, monosabio, alguacilillo, arenero, enterrador

88.03 vestido y complementos del toreo

VESTIMENTA: alamar, cairel, bordado, camisa, capote de paseo, coleta o moña, chaleco, chaquetilla o casaquilla, faja, machos, medias, montera, pañoleta o corbata, taleguilla, traje corto, t. de luces, zapatillas

ÚTILES: banderilla, garapullo, rehilete, capa, percal, capote de brega, estoque, espada, garrocha, muleta, puntilla, puya, pica, vara, rejón, verduguillo

88.04 tauromaquia y lugares

DEL TORO:
— dehesa, campo, corrales, chiquero, toril
— coso, redondel, ruedo
— desolladero

DEL PÚBLICO:
— andanadas, barrera, burladero, callejón, contrabarrera, palcos, grada, palco presidencial
— delantera de tendido, t. de sol, t. de sol y sombra, t. de sombra

ADJETIVOS Y ADVERBIOS
88.05 descripción del toro

EDADES:
— añojo (UN AÑO), eral (DOS AÑOS), utrero (TRES AÑOS), cuatreño (CUATRO AÑOS), cinqueño (CINCO AÑOS)

ARROJO:
— blando, manso, noble
— reservón, tardo · cojo
— avisado, codicioso, bravo, pegajoso

COLOR:
— negro azabache, n. zaino
— BLANCO: cárdeno (Y NEGRO), barcino (Y PARDO), jabonero (AMARILLENTO), entrecano (GRIS), nevado (MULTITUD DE MANCHAS BLANCAS)
— castaño, retinto (CASTAÑO MUY OSCURO), colorado
— CON MANCHAS QUE CONTRASTAN: botinero (EXTREMIDADES NEGRAS), ensabanado (CABEZA Y EXTREMIDADES OSCURAS), bragado (BRAGADURA DE DIFERENTE COLOR), capirote (CABEZA DE DISTINTO COLOR), careto (CARA BLANCA), caribello (FRENTE CON MANCHAS BLANCAS), cebrado (MANCHAS TRANSVERSALES), chorreado (MANCHAS VERTICALES), lucero (MANCHA BLANCA EN LA FRENTE), berrendo (MANCHAS DE COLOR DISTINTO DEL DE LA CAPA)

CORNAMENTA:
— corniabierto (SEPARADOS), cornibrocho (PUNTA INCLINADA HACIA DENTRO), corniveleto (ALTOS Y DERECHOS), gacho (INCLINADOS HACIA ABAJO), AM cachudo (GRANDES), NIC gambeto (TORCIDOS)
— astifino (ASTAS DELGADAS) · despitorrado (ASTA ROTA), mogón (HASTA ROTA O PERDIDA), MÉX cuatezón (QUE CARECE DE ELLOS)

VERBOS Y EXPRESIONES
88.06 torear

tomar la alternativa, doctorar
saludar, brindar el toro
lidiar
— capotear, recibir, tantear, templar, aguantar, citar, arrimar, gallear, muletear, trastear, ligar, burlar, destroncar, tener trapío, GIRAR AIROSAMENTE EN SENTIDO CONTRARIO A LA EMBESTIDA DEL TORO: molinetear, INCITAR PARA QUE ACOMETA: alegrar, AGITAR EL CAPOTE DE UN LADO A OTRO: abanicar · SEPARAR AL TORO DE LA BARRERA: abrir · citar al toro
— banderillear, apuntillar, parear, barrenar, hostigar, cachetear, picar varas, poner varas, p. las banderillas · recargar · HACER UN MOVIMIENTO EN CURVA AL BANDERILLEAR: cuartear
— PREPARAR PARA UNA SUERTE: aliñar, COLOCAR EN POSICIÓN A FIN DE PARAR LA ESTOCADA: ahormar, cuadrar, cerrar · cambiar de tercio · DISMINUIR EL RIESGO: aliviar
— matar, descabellar, estoquear, herir, hundir la espada · escupir el estoque · dar la puntilla · QUEDARSE PARADO CON LA CABEZA ALTA CUANDO RECIBE LA ESTOCADA: embeber · CAER EL TORO AGONIZANTE: doblar
— cortar el rabo, c. las orejas, dar la vuelta al ruedo, salir en hombros

toreo de a caballo, rejonear
abandonar el toreo, cortarse la coleta

EL PÚBLICO: aplaudir, ovacionar, ondear pañuelos, pedir la vuelta al ruedo · abuchear

88.07 embestir

tentar, retentar, derrotar, cocear, dar coces, encajonar, desacorralar, desencajonar · METER EN EL CHIQUERO: enchiquerar · ser de buena casta

ANDAR A LO LARGO DE LAS TABLAS: barbear, LEVANTAR LA CABEZA DESAFIANTE: encampanarse, VACILAR ANTES DE EMBESTIR: tardear, BAJAR LA CABEZA PARA EMBESTIR: humillar, EMBESTIR CON ÍMPETU: acometer, EMBESTIR CON DERROTES CORTOS Y REPETIDOS: puntear

cornear, encunar, empitonar, embrocar, enganchar, revolcar, coger al torero

89. OCIO
89.01 distracción

animación
— diversión, evasión, expansión, entretenimiento, devaneo, distraimiento, refocilación o refocilo · bullicio, contento
— escapatoria, esparcimiento, eutrapelia, bureo, chacota, farra, jácara, festejo, regocijo, solaz, recreo

reunión
— recepción, baile, soirée, tertulia, velada, guateque, manganeo, party, garden party, convite

— **orgía**, bacanal, CUBA bayú
— **salida**, sarao, asueto, pecorea, juerga, parranda, copeo, jarana
— AM mitote, entretención, AM CENT, COL Y CUBA guasanga, CHILE remolienda, CHILE, COL Y PR sandunga, COL, EC, HOND Y NIC tambarria, PR rubiera
DESUS folga, albórbola o albuérbola, añacea, joglería, zambra, ANT evagación, bachata
COLOQ cachupinada, coliche, francachela, domingada, gaudeamus, escorrozo, holgorio, holgueta, jarana, pachanga, jolgorio, jollín, regodeo, tararira, quitapesares

89.02 fiesta
día de fiesta
— **día festivo**, d. de vacaciones, d. de descanso, d. de asueto
— **fiesta de precepto**, f. nacional, f. religiosa · disanto, AM día feriado
— **fin de semana**, puente, DESUS satis · puente de la constitución, p. de San José, p. del uno de mayo
— **vacaciones**, AM receso escolar · vacaciones de navidad, v. de semana santa, v. blancas o semana blanca, v. de verano, v. escolares
festividad
— noche vieja, año nuevo · cotillón
— reyes o reyes magos
— jueves lardero, j. de comadres, j. de compadres, j. gordo
— **carnaval** o carnestolendas, ARG chaya, CONJUNTO DE LOS TRES DÍAS: antruejo o entruejo, al higu · baile de disfraces, b. de máscaras · entierro de la sardina, ARG Y BOL, FIESTA CON LA QUE SE DESPIDE EL CARNAVAL: cacharpaya · BROMA: antruejada
— semana santa, pascua florida
— sanjuanada, sanmiguelada, sampedrada · cascabelada, mascarada, mojiganga
— navidad
celebración
— aniversario, conmemoración, centenario, bicentenario, tricentenario
— cumpleaños · santo, onomástica · bodas de plata, b. de oro, b. de diamante
— bautizo, primera comunión, petición de mano, despedida de soltero, boda, consagración, ordenación, coronación
— fin de carrera, fin de curso
— funeral
— homenaje, recepción, solemnidad, certamen, juegos florales

89.03 feria
fiesta local, verbena
real de la feria
— iluminaciones, iluminarias, luminarias

— barraca de feria, casa de los espejos, caseta de tiro, coches de choque, montaña rusa, noria gigante, tiro al blanco, tobogán, tómbola, tren del infierno, túnel de los horrores, cucaña
— **tiovivo**, carrusel, caballitos, ARG calesita
— **noria**, ARG vuelta al mundo, CHILE rueda de Chicago, MÉX rueda de la fortuna, UR rueda gigante, VEN rueda
desfile
— desfile de carrozas, cabalgata, marcha, procesión, batalla de flores, carrusel, romería, peregrinación
— baile, kermés o kermesse, EXT jorco
— carreras, c. de sacos, correr gallos, c. gansos
— CON EL TORO: encierro
— CON EL CABALLO: cañas, justa, torneo · ROMA ANTIGUA: naumaquia
disfraz
— moros y cristianos, gigantes y cabezudos, majarete, matachín, histrión, machorra, gomia, moharracho o moharrache o pandorga, botarga, maya, mayo, tarasca o tazaña, botarga, travestido
— **máscara**, antifaz, careta, nariz de cartón, gorro de papel, matasuegras, zanco
— arlequín, bruja, bufón, capuchón, colombina, demonio, dominó, hawaiana, maharajá, mandarín, muchacha apache, mujer exótica, payaso, petimetre, pierrot, pirata, polichinela, vampiresa, vaquero, zíngara
— EN GRUPO: chirigota, comparsa
fuegos artificiales
— pólvora, cohete, petardo, trueno gordo, morterete, chupinazo, luz de bengala, traca, estrellón, árbol de fuego, toro de fuego, castillo de fuego, pebete, hogueras
— falla, ninot, tora o toro de fuego

89.04 circo
NÚMEROS: animales amaestrados, bala humana, caballos amaestrados, castillo humano, contorsionadme, doma de fieras, equilibrios, ilusionismo, lanzamiento de cuchillo, malabarismo, motociclismo en esfera, payasos, trapecio
ACCIONES: acrobacia, batuda, cabriola, capitón, contorsión, maroma, pirueta, salto, títeres, trepa, tumba, vela, volatín, voltereta, salto mortal, vuelta de campana
MATERIAL:
— alambre, aro, balancín, cuerda, escalera de cuerda, jaula de las fieras, látigo, lona, pista, red de seguridad, trampolín, trapecio
— anillas, chorizo, contrapeso, tiento, cuerda floja

89.05 juegos de azar
apuesta
— bingo, cupones de la once, lotería nacional, l. primitiva, quiniela

— carreras de caballos, c. de galgos, máquina tragaperras, black-jack, ruleta
— rifa, tómbola

lotería
— loto, bonoloto, primitiva
— billete, número, boleto, papeleta, décimo, vigésimo, participación, rescuentro, suerte
— premio gordo, aproximación, reintegro, pedrea
— sorteo · bombo cántaro, urna · bola, extracción

NOMBRES DE LAS BOLAS SEGÚN SITUACIONES: el abuelo, ambo, cinquina, cuaterna, la niña bonita, quina, quinterna o quinterno, terno

89.06 juegos de cartas
cartas
— naipes, cuaderno, libro de las cuarenta hojas, juego de cartas, j. carteado, j. de envite, j. de naipes
— SEÑAL EN LOS EXTREMOS PARA CONOCER SIN DESCUBRIRLOS DE QUÉ PALO SON: pinta
— tapete verde · naipera · platillo

BARAJA ESPAÑOLA:
— palos: bastos, copas, espadas, oros
— triunfos: as, rey, caballo, sota

BARAJA FRANCESA: corazones, picas, rombo, trébol, comodín, valet, dama, rey, as

BARAJA DE TAROT: el carro, la emperatriz, el ermitaño, la papisa, el loco, la torre, jack, joker, king, queen

JUEGOS:
— albures, alcalde, andaboba, bacará, báciga, berlanga, birlonga, bobo, bridge, brisca, burro, cacho, calzón, canasta, cané, capadillo, cargadas, carteta, cascarela, chilindrón, chinchón, chipolo, ciega, ciento, cientos, cinqueño, cinquillo, comercio, cometa, comprado, cuatrillo, cuca y matacán, dobladilla, dosillo, ecarté, emperrada, escoba, faraón, flor, ginebra, golfo, guerrilla, guiñote, hombre, infierno, julepe, los tres sietes, mala, malcontento, malilla, manta, matacán, matarrata, mazo, mediator, mona, monte, mus, parar, pecado, pechigonga, perejila, pichona, pinacle, pinta, póquer o poker, quince, quínolas, quinolillas, quintillo, reinado, remigio, renegado, rentilla, rentoy, revesino, rocambor, sacanete, secansa, siete y media, solitario, tarot, tenderete, tomate, tonto, treinta, treinta y cuarenta, treinta y una, tres sietes, tresillo, truco, truque o AND zarangollo, truquiflor, tute, tute arrastrado, veintiuna, zanga

SITUACIONES:
— partida, pasada, mano, talla · calidad (CONDICIONES QUE SE PONEN)
— salida, robo

— puesta, apuesta, chacho, dote, polla, pozo, enchilada, encimada, porra, posta, postura, pie, envido, envite, reenvite, repuesto, órdago, relance, vale, resto, LO QUE SE JUEGA ADEMÁS DE LA PUESTA: traviesa, CANTIDAD QUE HAY DE PÉRDIDA O GANANCIA ENTRE QUIENES JUEGAN: travesía · farol (ENVITE FALSO)
— PARA CONTAR LOS PUNTOS GANADOS: punto, tanto, raya · piedra · ventaja
— pároli (NO COBRAR LA SUERTE GANADA PARA COBRAR EL TRIPLE SI SE GANA LA JUGADA SIGUIENTE)
— capote (HACER TODAS LAS BAZAS EN UNA MANO), codillo (LANCE DE PERDER QUIEN HA ENTRADO POR HABER HECHO MÁS BAZAS QUE ÉL ALGUNO DE LOS OTROS JUGADORES), piscolabis (ACCIÓN DE ECHAR UN TRIUNFO SUPERIOR AL QUE YA ESTÁ EN LA MESA), trascartón (SE QUEDA DETRÁS LA CARTA CON LA QUE HUBIERA GANADO Y SE ANTICIPA LA QUE HACE PERDER), vuelta o voltereta (DESCUBRIR UNA CARTA PARA SABER QUÉ PALO HA DE SER TRIUNFO)
— trampa, fullería

CARTAS SEGÚN SITUACIONES:
— palo, manjar, palo de favor · cabo (CARTA INFERIOR DE CUALQUIERA DE LOS CUATRO PALOS)
— carambola (EL AS Y EL CABALLO DE COPAS), tenaza (PAR DE CARTAS), tercera (TRES CARTAS DEL MISMO PALO Y VALOR CORRELATIVO), tururú (TRES CARTAS DEL MISMO VALOR)
— carta blanca (LA QUE NO ES FIGURA), favorito (PALO DE FAVOR)
— espadilla (AS DE ESPADAS), copeta (AS DE COPAS), figura (REY, CABALLO Y SOTA)
— guarda (CARTA BAJA QUE SIRVE PARA RESERVAR LA DE MEJOR CALIDAD), matacán (DOS DE BASTOS), muestra (CARTA QUE INDICA EL PALO DEL TRIUNFO), napolitana (AS, DOS Y TRES DE UN MISMO PALO), flux (TODAS LAS CARTAS DE UN JUGADOR DEL MISMO PALO)
— triunfo, runfla o COLOQ runflada
— escarapela (TRES CARTAS FALSAS), acuse (CADA UNA DE LAS CARTAS QUE SIRVAN PARA ACUSAR)
— EN EL PÓKER: color, pareja, doble pareja, trío, full, escalera, e. de color, figuras, póquer, repóquer
— EN EL MUS: duples, juego, medias, pareja, pares, punto, solomillo, treinta y una, amarraco o amarreco

MOVIMIENTOS:
— reparto, robo
— acuse (MANIFESTAR QUE SE TIENEN DETERMINADAS CARTAS), alce (PORCIÓN DE CARTAS QUE SE CORTA), azar (CARTA QUE TIENE EL PUNTO CON QUE SE PIERDE), baceta (MONTÓN DE NAIPES QUE QUEDAN SIN REPARTIR), baza (CARTAS QUE RECOGE QUIEN GANA LA MANO), comodín (SE PUEDE APLICAR A CUALQUIER SUERTE FAVORABLE), descarte (CARTAS QUE SE DESECHAN), ronda (VUELTA DE TODOS LOS JUGADORES)

— renuncio (FALTA QUE SE COMETE RENUNCIANDO)
— encarte · bolla

89.07 juegos de adivinanza
acertijo, charada, quincena, trabalenguas, juego de palabras
crucigrama, autodefinido, damero, fuga de letras, jeroglífico, logogrifo, rompecabezas, solitario, sopa de letras, palabras cruzadas · sudoku
chinos o morra, pavada
cara y cruz (AL LANZAR UNA MONEDA), taba (SE GANA SEGÚN LA POSICIÓN EN QUE CAIGA), sortija (ADIVINAR A QUIÉN SE LE HA ENTREGADO HACIÉNDOLA PASAR POR VARIAS MANOS), punta con cabeza (COLOCACIÓN DEL PAR DE ALFILERES QUE EL OTRO TIENE EN LA MANO) · ADIVINAR EN QUÉ LUGAR DE TRES POSIBLES SE ENCUENTRA UNA PIEZA MANIPULADA: trile
COLOQ adivinaja, acertijo, quisicosa, cosicosa

89.08 juegos de lanzamiento
CON PIEDRAS: cabrilla, calva, cantillos o pedreta o taquichuela, canto, castro, chita, apatusca
CON BOLAS:
— bolos o chirinola, bochas o arrima o picota o petanca, bola, canicas, hoyo, hoyuelo, chueca, mallo, marro, vero, velota, vilorta
— boliche, AM bochín, VEN mingo · críquet, croquet, gochapeza, cachava, mallo, vilorta
— juego de bolos, bowling, MÉX Y VEN boliche · LUGAR: bolera · petanca, AM juego de bochas, VEN bolas criollas
CON MONEDAS O ARGOLLAS: rana, argolla, apatusca, palmo, tanganillo, coroneja, golosa, uñeta, alfileres
CON TEJOS: tejo o tejuelo, totoloque, chito, tanga, tángana, rayuela, tángano, tango, tarusa, turra, cara y cruz, infernáculo, luche, reina mora, semana
CON TABAS, PALOS, CLAVOS O NUECES: chita, tala o calderón o escampilla, tranco, estornija, gambocho, chirumba, bigarda, billalda, hinque, herrón, hito, castillejo

89.09 juegos de movimiento
papá y mamá, pompas de jabón, prendas, tira y afloja
DE RUEDA Y COPLA: rueda, corro, a las ollas de Miguel, antón pirulero, pavada
EN HILERA: salga la parida (APRETARSE HASTA ECHAR FUERA A UNO DE ELLOS)
CORRIENDO: pilla-pilla, cuatro esquinas, escondite, gallina ciega, policías y ladrones, ratón y gato
LANZAMIENTO DE PIEDRAS AL AGUA PARA QUE REBOTEN: cabrilla
DE REFLEJOS: abejarrón o abejón (EVITAR ZARPAZOS), amagar y no dar, batanes (TENDIDOS Y CON GOLPES), mamola (GOLPECITOS DEBAJO DE LA BARBA), masculillo (MOVIMIENTOS PARA QUE EL TRASERO DE UNO DE CONTRA OTRO), salto de comba, santo macarro (VAN MANCHANDO A ALGUIEN LA CARA CON LA CONDICIÓN DE QUEDAR EN LUGAR DE ESTE EL QUE SE RÍA), quebrantahuesos (DOS MUCHACHOS, UNO DE PIE Y OTRO CABEZA ABAJO SE TIENDEN SOBRE LAS ESPALDAS DE OTROS DOS QUE SE COLOCAN A GATAS)
SALTOS: pídola (POR ENCIMA DE OTRO ENCORVADO)
FORMAR PAREJAS MEDIANTE SORTEO: damas y damas
HABILIDADES DE EQUILIBRIO: pata coja, rayuela, teja
PELLIZCARSE SUAVEMENTE EN LAS MANOS UNOS A OTROS: pimpín o pizpirigaña
HABILIDADES VARIAS: juego de rol

89.10 juguetes juveniles
juguete, trastulo, trebejo, COLOQ trasto, artefacto, chisme, AM chiche
arco · flecha, barra, rehilete o rehilero o repullo
balón, bola, pelota, canica, boliche, globo
bicicleta, triciclo, patineta, patinete, monopatín, tren · coche, cohete · camión, tractor · aro
caleidoscopio o calidoscopio
canica · guá, hoyo o boche o vico
dardos, dados
escardillo o cardillo (REFLEJO DEL SOL PRODUCIDO POR UN ESPEJO)
chinas, chapas
columpio, BUR tambesco, ARG Y UR hamaca · mecedor · comba
cometa, pandorga, ARG barrilete, CHILE volantín, MÉX papalote, VEN papagayo
consola, videoconsola, videojuego
construcciones, mecano, rompecabezas, puzzle
cuerda, comba, saltador, goma, yoyó, diábolo
dominó
ajedrez, damas, andarraya, bisbís o biribís
estampa, calcomanía, recorte, tronera
futbolín, ARG metegol, CHILE tacataca, MÉX UR Y VEN futbolito
juego de bolos o boliche
molinete, molinillo, ventolera, rehilandera, mariposa, pajarita, correverás o corriverás, DESUS rongigata
monopoly, palé, trivial, batalla naval
muñeca o muñeco, pepona, osito, marionetas, soldaditos de plomo, títeres
pala, cubo, rastrillo · paleta, raqueta
parchís, juego de la oca, cordero y león · tres en raya, ARG Y UR tatetí
patín, patinete, patineta, monopatín, MÉX patín del diablo
pito, silbato, tambor, corneta, chicharra, rejiñol, matraca, zambomba, morteruelo, bramadera, zumba, ÁL cantarrana, SAL tarabilla, ARG, CHILE Y PERÚ runrún · sonajero
tejo, tejuelo, cantillo, pedreta, pita, chito, AR pitón, CUBA chinata, PAR taquichuela

tirachinas o tirachinos, tirabala, tirador, tiragomas, tiratacos, tirabeque, cerbatana o cebratana, honda

tobogán, AM sube y baja, CHILE resbalín, MÉX resbaladilla · balancín

trompo, trompa, peonza, peón, perinola, tanguillo, romanina, chapa, taba, chita, güito, AR galdrufa

yoyó

89.11 juegos de magia

prestidigitación, maestrejicomar, masejicomar, pasapasa, juegos de manos, j. malabares, arte de magia, magia blanca, maese o maestre coral o masicoral o masecoral

truco, conjuro, prestigio, trampa, tropelía, abracadabra

talismán, abraxas, amuleto, bebedizo, bicha, bramador, carácter, cerco, circo, círculo, cuadrado mágico, filtro, grimorio, lechuza, nómina, pacto, rueda de santa Catalina, sello de Salomón, uña de la gran bestia

varita mágica, varita de virtudes · espejo mágico, bola de cristal, lámpara maravillosa · piedra filosofal

cubilete, alfombra voladora, pata de conejo, polvos de la madre Celestina

89.12 billar

juego de billar, juego de trucos

MODALIDADES: libre, billar americano, billar francés, fantasía clásica, partida rusa, treinta y una, tres bandas, carambolas · chapó, coto, guerra de bolas, g. de palos, morito, rueda · tanda

MATERIAL:

— mesa de billar, TAPIZ: paño, LADO: banda, BORDE O CERCO: baranda, CADA UNO DE LOS AGUJEROS O ABERTURAS: tronera, TROZO DE BARANDA COMPRENDIDO ENTRE DOS TRONERAS: tablilla, CUALQUIERA DE LOS DOS LADOS DE LA TRONERA QUE MIRAN A LA MESA: azar · ESPACIO DESDE DONDE JUGAR: cabaña

— **bola** blanca, b. roja, mingo (LA QUE SE COLOCA EN LUGAR DETERMINADO)

— **taco** o palo, espadilla (CORTO), retaco (MÁS CORTO), mediana (ALGO MAYOR), larga (LARGO), mediacaña (DE PUNTA SEMICIRCULAR) · EXTREMO MÁS GRUESO: maza, PEDAZO DE CUERO QUE SE PEGA A LA PUNTA: suela o zapatilla · portatacos, taquera, arandela de cuero, tiza · SUSTITUYE A LA MANO PARA APOYAR EL TACO: diablo, PARA APOYAR LA MANO IZQUIERDA: gafa, SOPORTE PARA LA MEDIANA: violín

— reloj de control

TIPOS DE TACADAS:

— tacazo, golpe, bolada, bola llena, media bola · tacada alta, t. baja, t. con efecto, t. con efecto contrario, t. en el centro

— **billa** (BOLA A LA TRONERA TRAS CHOCAR CON OTRA), b. limpia (SI ES LA DEL JUGADOR), b. sucia (OTRA)

— **carambola** (LA BOLA TOCA A OTRAS DOS), encuentro (LA PRODUCIDA POR RETRUQUE), remache (TOCA CONTRA OTRA PEGADA A LA BANDA PARA HACER CARAMBOLA CON LA TERCERA)

— **corbata** (CIÑE A LA CONTRARIA, SIN TOCARLA, ENTRE ELLA Y DOS BANDAS QUE FORMAN ÁNGULO), doblete (LA BOLA REALIZA VARIAS VECES UNA TRAYECTORIA PERPENDICULAR A LAS BANDAS QUE TOCA), pasabola (TOCA LATERALMENTE A OTRA Y VA A DAR EN LA BANDA OPUESTA), recodo (TOCA SUCESIVAMENTE EN DOS BANDAS CONTIGUAS), retroceso (PICADA EN SU PARTE BAJA PARA QUE VUELVA A SU PUNTO DE PARTIDA DESPUÉS DE CHOCAR CON OTRA), retruque o retruco (DA EN LA BANDA Y VUELVE A DAR EN LA BOLA QUE HIRIÓ)

— **pifia** (GOLPE FALSO), errada (NO TOCA LA BOLA QUE DEBE HERIR)

— POR CHOQUE EN UNA DE LAS BANDAS: por tabla o por tablilla

— CONTACTO LEVE: pelo

— ACIERTO O LOGRO CASUAL: chiripa, chamba, bamba, bambarria, zambardo

89.13 ajedrez

PIEZAS: trebejos, figuras · rey, reina o dama, alfil, caballo, torre, peón

TABLERO: casilla, escaque, cuadro, fila, columna, diagonal, centro, esquina, ala, calle, casa, notación · reloj doble

JUGADAS: apertura, enroque corto, e. largo · jaque al rey, j. a la dama, j. mate, j. pastor, lance, ventaja, sacrificio · SACRIFICIO DE UNA PIEZA PARA LOGRAR POSICIÓN FAVORABLE: gambito

89.14 viaje

circuito, crucero, turné, periplo · travesía, turismo, COLOQ viajata · excursión, andada, andanza, caminada, caminata, correría, escapatoria, expedición, exploración, jornada, marcha

TIPOS: viaje de recreo, v. de turismo, v. de vacaciones, v. de novios o de boda, v. de estudios, v. de negocios, v. profesional · RELIG peregrinación, romería o romeraje · viaje oficial, v. organizado · v. de ida, v. de ida y vuelta, v. de vuelta alrededor del mundo

FASES: salida, partida, viaje de ida · recorrido, itinerario, trayecto · escala, etapa · vuelta, regreso, viaje de vuelta, venida, llegada

SEGÚN DURACIÓN Y ÉPOCA: excursión, fin de semana, puente, veraneo · temporada alta, t. baja

maleta

— **maletín**, maletón, ARG Y UR valija, MÉX petaca, velís o veliz

— **bolsa**

• bolso, bolsero o bolsera, bolsillo, barjuleta, burjaca o burchaca, cartera, cacerina, cucharal, esquero, faltriquera o faldriquera, guarniel, herramental, landre, NAV zacuto, COLOQ Y DESUS balsopeto, COL Y VEN garniel o carriel, CUBA jaba

• atadijo, barjuleta, bulto, coracha, costal, farda, fardel, fardo, hato, lío, macuto, paquete, rebujo, reburujón, red, saco, saquete, talega, CHILE cambucho

— alforja, árguenas, taleguilla, mochila, morral, bizaza o biaza, cedras, zurrón, zamarrico, escarcela, ARG Y VEN porsiacaso, HOND Y MÉX tanate

▶ **76. carretera**

▶ **77. ferrocarril**

▶ **78. transporte marítimo**

▶ **79. transporte aéreo**

89.15 playa

ACTIVIDADES:

— baño, b. de sol, buceo, submarinismo, esquí acuático, natación, remojón • zambullida • braza, crawl o crol, espalda, mariposa • salto del ángel, tirabuzón

— nudismo, desnudismo, adanismo, topless o top-less, naturismo

MATERIAL: loción, bronceador o crema solar • sombrilla o quitasol, tumbona, sillón de playa, gafas de sol • balón, pala, cubo, rastrillo • colchón neumático, bote neumático, hidropedal, tabla de surf • manguitos, chaleco salvavidas, flotador, aletas

▶ **21.09 mar**

▶ **28. animales acuáticos**

▶ **78.02 embarcaciones según uso**

89.16 montaña

▶ **21.04 relieve**

ACTIVIDADES: alpinismo, ascensión, caza, escalada, excursión, marcha, montañismo, paseo • senderismo, ARG, CHILE Y UR trekking, MÉX y VEN caminata

MATERIAL: anorak, bastón alpino, bota claveteada, b. con crampones, b. de escalador, cantimplora, clavijas, cuerda de nailon, ganchos de resorte, martillo, mochila, mosquetones, pies de gato, piolet o piqueta

89.17 ocio y personas

artista

— actor, animador, artista de variedades, payaso, showman, travesti, alabardero, mosquetero, tifus • cuadrilla, guía, juez, justador, lanzador de tablado, pareja, parejero, feriante

— DE CIRCO: acróbata, caballista, contorsionista, domador, equilibrista, escapista, faquir, forzudo, funámbulo, lanzador de cuchillos, malabarista, payaso, prestidigitador, tragafuegos, tragasables, trapecista • histrión,

maromero, montambanco, portor, saltabancos, saltador, saltaembanco, saltatriz, saltimbanqui, titerero, titerista, titiritero, volatinero, volteador

— DE MAGIA: prestidigitador, harlatán, cubiletero, escamoteador, ilusionista, jugador de manos, prestímano, salamanquero

— espectador, asistencia, concurrencia, concurso, gente, público, espectador, filatelista, hincha

jugador

— compañero, pareja, contrincante • mirón

— crupier, banquero (LLEVA LA BANCA EN CIERTOS JUEGOS DE CARTAS), pelete (ENCARGADO DE APUNTAR), tanteador (LLEVA LOS TANTOS)

— chamarillón (QUE JUEGA MAL), chambón (DE ESCASA HABILIDAD), donillero (AGASAJA A QUIENES QUIERE INDUCIR A JUGAR), fallador (QUE FALLA), fistol (SAGAZ Y LADINO), mohíno (CONTRA EL QUE VAN LOS DEMÁS), parador (QUE ARRIESGA MUCHO), perdigón (QUE PIERDE NORMALMENTE), tiñoso (QUE TIENE BUENA SUERTE), topador (QUE ACEPTA EL ENVITE DE MANERA IRREFLEXIVA), ventajista (QUE PROCURA OBTENER VENTAJA), zapatero (QUE SE QUEDA SIN HACER BAZAS O TANTOS)

— QUE TIENE POR SU CUENTA UN GARITO: garitero, mandrachero, CR chinguero, QUE PRESTA CON USURA: coime

— tahúr, tramposo, fullero, tablajero, chamarillero, ANT chocarrero, COLOQ CUCO, MUJER ENVICIADA EN EL JUEGO: cuca, gancho

— lotero, agenciero

— EN EL AJEDREZ: ajedrecista

— EN EL BILLAR: carambolero, carambolista, COLOQ chiripero, chambón, PERSONA AL CUIDADO DE LA MESA: truquero

juerguista

— bala perdida, b. rasa o balarrasa, mala cabeza, calavera, corrido, disipado, divertido, holgachón, holgón, jacarero, mujeriego, parrandero, pirandón, tarambana, tronera, trueno

derrochador

— gastador, gastoso, despendedor, despilfarrador, dilapidador, disipador, malbaratador, malgastador, malrotador

— COLOQ manirroto, manilargo, rumbón, rumboso, rumbático, pródigo, derramado, perdulario

viajero

— tour operador, guía turístico

— visitante, veraneante, excursionista, trotamundos, aventurero, descubridor, explorador, campista • turista extranjero, COLOQ guiri

— pasajero, navegante, caminante

— RELIG peregrino, romero

bañista
— buceador, nadador, nudista, surfista, turista
— vigilante, socorrista

89.18 ocio y lugares
casa de juego
— casino, administración de lotería, mandracho o mandrache
— garito, gazapón, timba, tablaje, chirlata, timbirimba, tahurería, DESUS matute, COLOQ leonera · GANANCIA QUE SE SACA DE UN GARITO: tablajería

sala de exposiciones, museo, exposición itinerante, e. universal, feria de exposiciones, f. de muestras, f. del libro, galería de arte, sala de exhibiciones

sala de espectáculos, ópera, zarzuela, anfiteatro, cabaret, cine, salón de actos, sala de conciertos, circo, teatro, GRECIA ANTIGUA: odeón

sala de fiestas, piano-bar, music-hall, show business, tablao flamenco, discoteca, disco-pub, topless, variedades

sala de juegos, bolera, billares, parque de atracciones

club, night club, bar de alterne, bar de copas, barra americana, boîte

pabellón deportivo, estadio de fútbol, hipódromo, plaza de toros, velódromo

juguetería, librería, pajarería, puesto callejero, quiosco, tienda de discos, t. de fotografía, t. de juguetes, videoclub

agencia de viajes, a. de turismo, oficina de turismo

playa, área nudista, dique de contención, embarcadero, paseo marítimo

balneario · SPA, sauna, baño turco, jacuzzi

▶ 35.13 restauración
▶ 35.14 alimentación y lugares
▶ 36.14 bebida y lugares

VERBOS Y EXPRESIONES
89.19 relajarse
sosegarse, solazarse, recrearse, entretenerse, distraerse · holgar, holgazanear, ociar, librar, vagar, vaguear, descansar

matar el tiempo, cruzarse de brazos, estar mano sobre mano, quedarse con las manos cruzadas, mirar las musarañas, no dar puntada, hacer el vago, IRÓN hacer puente

89.20 bromear
chancearse, chasquear, chicolear, chirigotear, chucanear, chuflearse, enredar, truhanear, EN CARNAVALES: antruejar

tomar a juerga, echar o tomar a broma, e. o tomar a risa, mamar gallo, no dar importancia entre bromas y veras, como si tal cosa, por juego, de mentirijillas, como si nada

REF Cuando el diablo no tiene que hacer...

89.21 divertirse
distraerse
— airearse, esparcirse, explayarse, ventilarse, oxigenarse
— entretenerse, animarse, alborozarse, recrearse, reunirse, solazarse, SAL embaírse
— enfiestarse, regocijarse, regodearse, refocilarse, desparramarse, holgarse
festejar
— agasajar, conmemorar, convidar, felicitar, homenajear, recordar, regalar, reunirse, rondar, santificar, solemnizar, endomingarse
— celebrar, retozar, farrear, picardear, trastear, triscar, yogar, devanear, embullar, DESUS gasajar
— loquear, gansear, parrandear, travesear, trebejar
— hacer fiesta, h. domingo, h. puente
pasarlo bien
— darse a la buena vida, d. la gran vida, d. la vida padre, estar de fiesta, pasarlo en grande, vivir la vida
— hacer el gamberro, h. el ganso, h. el indio, h. el payaso, h. gracia, h. las delicias, h. reír
— ir al cine, ir de compras, ir de copas, ir de vinos
— pasar el rato, matar el tiempo, pasar el tiempo · tomar el aire, t. el fresco
COLOQ correrla, liarla, juerguearse · ir de parranda, ir de juerga, ir de pira, irse de picos pardos, pasarlo pipa, p. bomba
COMP ING echar una cana al aire, divertirse como un enano, pasarse la vida en flores, andarse a la flor del berro, tener vida regalada, MÉX darle vuelo a la hilacha

89.22 jugar a las cartas
barajar, tallar · cortar, partir, alzar, levantar, destajar · CONSERVAR CIERTAS CARTAS: reservar

dar, servir, repartir, cuartear · pintar a... (COPAS, BASTOS...) · descartarse, encartarse, trascartarse

llevar, ligar, obtener

robar, pedir, tomar, picar · proponer, querer

apostar, entrar, poner, ir, apuntar, envidar, reenvidar, retrucar, AUMENTAR LA APUESTA: encimar

salir, tirar

pasar, renunciar, plantarse
SEÑALAR QUE ES EL TRIUNFO EN EL JUEGO: pintar
TANTEAR LOS PUNTOS QUE CADA UNO VA GANANDO: señalar
DECLARAR EL NÚMERO DE PUNTOS AL OBTENER ALGUNA COMBINACIÓN: cantar
SEGÚN LA CARTA JUGADA:
— abatir (CONSEGUIR LA JUGADA MÁXIMA Y DESCUBRIR SUS CARTAS)
— amollar (INFERIOR A LA QUE VA JUGADA)

— arrastrar o arrunflar (LA QUE HAN DE SERVIR LOS DEMÁS JUGADORES)

— asistir (ECHAR LAS DEL MISMO PALO)

— atravesar (METER TRIUNFO A LA CARTA JUGADA PARA QUE QUIEN SIGUE NO LA PUEDA TOMAR SIN TRIUNFO SUPERIOR)

— cargar (ECHAR SOBRE LA CARTA JUGADA OTRA QUE LE GANE)

— cartear (LAS CARTAS FALSAS PARA TANTEAR EL JUEGO)

— destriunfar (OBLIGAR A ECHAR LOS TRIUNFOS)

— encartar (QUE PUEDE SERVIR DEL PALO EL CONTRARIO)

— encerrar (DEJAR A ALGUIEN CON LAS CARTAS MAYORES)

— falsear (SALIR DE UNA CARTA QUE NO SEA TRIUNFO NI REY EN LA CONFIANZA DE QUE NO POSEEN OTRA MAYOR LOS CONTRARIOS)

— matar (SUPERIOR A LA QUE HA JUGADO EL CONTRARIO)

— triunfar (JUGAR EL PALO DEL TRIUNFO)

— zapear (NEGAR LA QUE PIDE EL COMPAÑERO)

ganar, desbancar, COLOQ merendar

perder, acodillar o dar codillo, fallar, contrafallar, baldar

trampear, trucar, florear, empandillar, traspintar, zambucar

aceptar el envite, acudir al juego, a. el naipe, asentar la baza, contar el tanteo, cortar el revesino, dar bota, dar capote, dar julepe, despintarse el juego, echar el resto, entrar con haches y erres, e. en suerte, florear el naipe, hacer ronda, ir de farol, jugar discreciones, j. los años, menear los pulgares, mirar por brújula, mirarse las uñas, no ver carta, pedir rey, peinar los naipes, sacar cartas, sacarse la espina, soltar la baza, tirar de la oreja a Jorge, t. las orejas, verlas venir

echar una partida · jugar limpio, j. sucio

89.23 jugar la suerte

jugar, echar, poner, apostar, tantear, traer la suerte

jugársela, arriesgarse, aventurarse, intentarlo · coger riesgos, ir a ciegas, ir a la buena de Dios, ir a lo que salga

sortear

— rifar, quintar, setenar

— probar suerte, echar suertes, e. a suerte, e. china, e. pajas, e. a cara y cruz, e. a pares y nones, sacar un número

— jugarse su última carta, j. el todo por el todo · j. a lo que salga

tocar, salir, caer, sacar, ganar, obtener, tocar la china · perder

89.24 jugar al billar

entizar (FROTAR EL TAZO CON TIZA)

tirar, picar, bolear, trucar, retacar (HERIR DOS VECES CON EL TACO)

carambolear (HACER CARAMBOLA) · entronerar (METER EN LA TRONERA) · retroceder (VOLVER HACIA ATRÁS), doblar (LA BOLA GOLPEADA POR OTRA SE TRASLADA AL EXTREMO CONTRARIO), retrucar (IMPELIDA DE LA BANDA, HIERE A LA OTRA QUE LE CAUSÓ EL MOVIMIENTO)

quedarse (DEJAR LA BOLA FÁCIL), irse por alto (HACER SALTAR FUERA SU BOLA, POR ENCIMA DE LA TABLILLA)

pifiar (FALLAR), chiripear (CONSEGUIR POR SUERTE)

89.25 jugar al ajedrez

ahogar, atacar, clavar, comer, c. al paso, coronar, cubrir, descubrir, encerrar, enrocar, saltar

abrir el juego, dar mate, hacer tablas

dar jaque al rey, dar j. mate, dar j. pastor

hacer gambito de dama, h. gambito de rey

89.26 viajar

preparar el equipaje, hacer el equipaje, hatear, liar el hato, estar con el pie en el estribo, ARG y UR armar la valija, MÉX empacar

irse, salir, marcharse, desplazarse, trasladarse, ausentarse · emprender viaje, ponerse en camino, correr el mundo, coger o tomar carretera y manta, ver mundo, ver tierras, cruzar el charco

visitar, veranear, hacer turismo · transitar, explorar, colonizar · trotar, recorrer, deambular, vagar, errar, trafagar · ver mundo, ver tierras, dar la vuelta al mundo · trasladarse, emigrar, exiliarse · navegar, volar · RELIG peregrinar

deshacer la maleta, d. el equipaje · AM desempacar, ARG y UR desarmar o deshacer la valija

89.27 ir a la playa

broncearse, quemarse, tostarse

nadar

— zambullirse, bracear, bucear, flotar, somorgujar, flotar

— nadar a braza, n. a mariposa, n. a espaldas, n. a crol

esquiar, hacer surf, hacer vela

ir a bañarse, darse un baño, d. un chapuzón, hacer pie, dar pie, perder tierra, p. pie, hacer el muerto · h. la plancha · ¡al agua, patos!

coger una insolación, darse crema solar

exponerse al sol, estar bronceado, e. moreno, e. quemado

quedarse donde rompen las olas, tirarse de cabeza

tomar el sol · tumbarse al sol, t. a la bartola

▶ 21.09 mar

▶ 21.10 clima

ÍNDICES

ÍNDICE ALFABÉTICO

ÍNDICE CONCEPTUAL

BIBLIOGRAFÍA ESENCIAL

Alvar Ezquerra, M., *Diccionario ideológico de la lengua española*, Barcelona: Bibliograf, 1995.

Becerra Hiraldo, J. M., «Diccionario temático del español. Propuesta», *Español Actual* 65 (1996), págs. 5-24.

—— «Diccionario temático del español. Método y resultados», en G. Wotjak (coord.), *Teoría del campo y semántica léxica*, Frankfurt: Peter Lang, 1998, págs. 311-333.

Casares, J., *Diccionario ideológico de la lengua española*, Barcelona: Gustavo Gili, 1959.

Corripio, F., *Diccionario de ideas afines*, Barcelona: Herder, ²2007.

Del Moral, R., *Diccionario temático del español*, Madrid: Verbum, 1999.

McArthur, T., *Longman Lexicon of Contemporary English*, Londres: Longman, 1981.

Moliner, M., *Diccionario de uso de la lengua española*, Madrid: Gredos, ²1998.

Péchoin, D., *Thesaurus. Des idées aux mots, des mots aux idées*. París: Larousse, 1995.

Porto Dapena, J. A., *Manual de técnica lexicográfica*, Madrid: Arco Libros, 2002.

Real Academia Española, *Diccionario de la lengua española*, Madrid: Espasa Calpe, 2003.

Roget, P. M., *Roget's Thesaurus of english Word and Phrases*, Londres: Penguin books, 2002.

Saiajova, L. G, Jasaiova, D. M., Morkovkin, B. B., *Tematichekii slovar russkogo iasika*, [Diccionario temático de la lengua rusa], Moscú: Isdatelstvo, 2000.

Spitzer, C., *Dicionário analógico da língua portuguesa*, Porto Alegre: Livraria do Globo, ⁷1957.